विश्व प्रसिद्ध दिव्य योग मंदिर ट्रस्ट का मुख्यालय कनखल स्थित कृपालु बाग आश्रम में अवस्थित है। कृपालु बाग आश्रम की स्थापना सन् 1932 में श्री स्वामी कृपालुदेव जी महाराज ने की थी, जो मूलतः वीरभूमि मेवाड़ (राजस्थान) के थे और उनका संन्यास से पूर्व का नाम यति किशोरचंद था। स्वाधीनता आंदोलन में यति किशोरचंद जी ने एक सक्रिय क्रांतिकारी की सफल भूमिका निभाई। गुरुकुल कांगड़ी विश्वविद्यालय के संस्थापक स्वामी श्रद्धानंद जी से उनके मधुर एवं घनिष्ठ संबंध रहे। बाद में बाल गंगाधर तिलक, मदन मोहन मालवीय, मोतीलाल नेहरू, महात्मा गांधी, चितरंजन दास, गणेश शंकर विद्यार्थी, वी.जे. पटेल, हकीम अज़मल खां के गहन संपर्क में आए।

यति किशोरचंद जी ने बंगविप्लव दल से जुड़ कर इसके द्वारा निकाले गए युगांतर और लोकांतर पत्रों को उत्तर भारत में प्रसारित करने का जोखिम भरा दायित्व संभाला। बंगविप्लव दल ने दिल्ली से लार्ड हार्डिंग बम-काण्ड को अंजाम दिया, जिसके नायक रासबिहारी बोस थे। उनको हरिद्वार में शरण देने का दायित्व यति किशोरचंद को सौंपा गया था। रासबिहारी बोस पर ब्रिटिश सरकार ने उस जमाने में तीन लाख रुपयों का इनाम रखा हुआ था। यति किशोरचंद ने उनको जंगल के बीच स्थित अपने आश्रम में रखा। स्वाधीनता सेनानी और क्रांतिकारी का जीवन जीने वाले यति किशोरचंद जी की योग एवं अध्यात्म में रुचि प्रशस्त हुई और वे एक सिद्ध योगी बने। सन् 1968 में वे इस संसार को अलविदा कह गए।

क्रांति, योग साधना और अध्यात्म की पुण्यभूमि कृपालु बाग आश्रम का संचालन कार्य महाराज जी के शिष्यों ने संभाला। इसी परंपरा की एक कड़ी श्री स्वामी शंकरदेव जी हैं जिनके योग्य शिष्य श्री स्वामी रामदेव जी महाराज ने इस आश्रम को योग, आयुर्वेद, वैदिक संस्कृति की दिव्य ज्योति से समुज्ज्वल कर इसे देश-विदेश में, लोकमानस में, दिग्-दिगन्त में विख्यात कर दिया है।

ऐसे प्रसिद्ध तपस्वी संत का जीवन चरित्र निश्चित ही भारतीय जनमानस में योग और अध्यात्म के प्रति एक नई चेतना की जागृति के लिए सहायक सिद्ध होगा।

आचार्य बालकृष्ण

संत दर्शन

पतंजलि योगपीठ के संस्थापक स्वामी रामदेव जी महाराज के दादा गुरु स्वामी कृपालु देव जी महाराज का जीवन चरित्र

स्व. श्याम जी पाराशर, एम.ए.

दिव्य प्रकाशन
दिव्य योग मंदिर (ट्रस्ट)
कृपालुबाग आश्रम, कनखल, हरिद्वार-249408

I.S.B.N. : 81-89235-35-9

प्रकाशक : **दिव्य प्रकाशन,**
दिव्य योग मंदिर (ट्रस्ट),
कृपालु बाग आश्रम, कनखल,
हरिद्वार-249408, उत्तरांचल
फोन : 01334-244107, 246737, 240008
ई-मेल : divyayoga@rediffmail.com
वेबसाइट : www.divyayoga.com
वितरक : **डायमंड पॉकेट बुक्स (प्रा.) लि.**
X-30, ओखला इंडस्ट्रियल एरिया,
फेज-II, नई दिल्ली-110 020
फोन : 011-51611861
फैक्स : 011-51611866
ई-मेल : sales@diamondpublication.com
वेबसाइट : www.diamondpublication.com
प्रथम संस्करण : मार्च 1940 (2000 प्रतियां)
द्वितीय संस्करण
मूल्य
Price charged is inclusive of delivery
लेजर टाइपसेटिंग : कम्प्यूटर ग्राफिक्स, दिल्ली-51,
प्रिंटर : आदर्श प्रिंटर्स, शाहदरा, दिल्ली-32

Sant Darshan Rs. 200/-
By Late Shyam Jee Parashar, M.A.

लेखक

पं. श्याम जी पाराशर

एम.ए.

पुरोवाक्

पूज्यपाद स्वामी रामदेव जी महाराज की कर्म-भूमि कृपालु बाग आश्रम, कनखल की स्थापना अपने युग की दिव्य विभूति संत शिरोमणि श्री स्वामी कृपालुदेव जी महाराज ने सन् 1932 में की थी। कृपालुदेव जी महाराज के बहु-आयामी व्यक्तित्व के अनुरूप ही इस आश्रम से संचालित गतिविधियां भी बहु-आयामी रही है। महाराजश्री मूलतः वैरागी, फक्कड़ और अध्यात्मवादी संत थे। लेकिन देश, धर्म, संस्कृति के प्रति भी उनका गहरा अनुराग था। गंगा, गीता और गौ के प्रति भी उनकी अद्‌भुत अनुरक्ति थी। उनका जीवन परमात्मा को समर्पित था अतः ईश्वरीय निष्ठा की अतल गहराईयों में उतर कर वे अपने जीवन को स्वतः खतरों में जानबूझ कर डाल देते थे। इन अद्‌भूत चमत्कारों से उनका जीवन भरा पड़ा है। वे पुत्रैषणा, वित्तैषणा, लोकैषणा से ऊपर उठे हुए संत थे अतः उन्होंने कभी अपने आपको आत्म-प्रचारित करने की चेष्टा नहीं की। यद्यपि उनकी रुचि योग साधना में थी लेकिन फिर भी हम उनको शिक्षा संस्थाओं का निर्माण करते हुए, पुस्तकालय का संचालन करते हुए 'विश्व-ज्ञान' पत्रिका का प्रकाशन करते हुए, गद्य और पद्य में रचना करते हुए, गोरक्षा आन्दोलन में भाग लेते हुए, साम्प्रदायिकता के विरुद्ध लड़ते हुए तथा स्वाधीनता संग्राम में योगदान करते करते हुए देखते हैं। उनका यह जीवन-वृत्त अद्‌भुत एवं रोमांचकारी तो है ही इसके साथ-साथ प्रेरणादायी भी है।

उनके इस मनोहारी जीवन को आज से लगभग 65 वर्ष पूर्व महाराजश्री के अनन्य भक्त पं. श्यामजी पाराशर, एम.ए. ने लिपिबद्ध करके विक्रमी सम्वत् 1996 (मार्च 1940 ई.) में माता शिव देवी स्मारक निधि में आठवें पुष्प के रूप में राष्ट्र निर्माण ग्रंथ माला, करौल बाग, दिल्ली की ओर से प्रकाशित कराया था। प्रथम संस्करण दो हजार प्रतियों का छपा था जो हाथों

हाथ वितरित हो गया। जाहिर है कि उनके भक्तों की संख्या हजारों में थी। इस ग्रंथ रत्न की एक ही प्रति महाराजश्री के पट्ट शिष्य और कृपालु बाग आश्रम के वर्तमान संचालक परम श्रद्धेय स्वामी शंकर देव जी के पास उपलब्ध थी। लेकिन जब इस ग्रंथ को प्रकाशित करने का विचार दिव्य योग मन्दिर ट्रस्ट ने किया तो इस प्रति को भी कोई अज्ञातनामा व्यक्ति ले जा चुका था। 'योग संदेश' के प्रबंध सम्पादक डॉ. सुरेन्द सिंह कादियाण भी इस कार्य में विशेष रुचि ले रहे थे। उन्होंने इस पुस्तक को हरिद्वार स्थित अनेक पुस्तकालयों में तलाशा लेकिन विफल मनोरथ रहे। एक दिन आश्रम में अचानक ही उनकी भेंट कृपालुदेव महाराज के शिष्य लेहरूलाल पालीवाल, महावीर कॉलोनी, बड़गाँव, बेदला रोड, उदयपुर से हुई। उनसे चर्चा करते हुए मालूम हुआ कि कृपालुदेव महाराज के जीवन चरित्र की एक प्रति उनके पास है। डॉ. सुरेन्द्र के आग्रह पर उन्होंने यह प्रति आश्रम में भेज दी और डायमंड पॉकेट बुक्स ने इसे कम्प्यूटर पर टाइप किया। जब इसके प्रूफ देखे जाने लगे तो न जाने किसकी लापरवाही से यह प्रति भी गुम हो गई। चूँकि इस प्रति के एकाध अध्याय फटे हुए थे और कहीं-कहीं कागज फटा होने से मैटर अधूरा था इसलिए भी व्यवधान पड़ा। इस स्थिति के कारण पुस्तक प्रकाशन में अनावश्यक विलम्ब होता रहा। डॉ. सुरेन्द्र कादियाण ने जब अपनी समस्या सत्यधर्म प्रकाशन रोहिणी, दिल्ली के संस्थापक आदरणीय आचार्य सत्यानन्द जी नैष्ठिक के समक्ष रखी तो उन्होंने संकेत दिया कि इस पुस्तक की एक प्रति उनके संग्रह में है। अंतत: सत्यानन्द जी नैष्ठिक के सौजन्य से प्राप्त प्रति के आधार पर यह ग्रंथ रत्न प्रकाशित करने की स्थिति में पहुंचा। एतदर्थ उनका विशेष धन्यवाद है। श्री लेहरुलाल पालीवाल तो धन्यवाद के पात्र हैं ही।

अड़चनों के बावजूद प्रभु-कृपा से यह ग्रंथ पाठकों के समक्ष प्रस्तुत करते हुए हमें अतीव आत्मिक आनन्द महसूस हो रहा है। दिव्य योग मन्दिर ट्रस्ट को अपनी गतिविधियां चलाने के लिए स्वामी शंकरदेव जी ने कृपालुबाग आश्रम में हमें जो आश्रय दिया था उसके लिए हम संत आत्मा कृपालुदेव जी के ऋणी थे। इस पुस्तक के प्रकाशन से हम एक सीमा तक इस ऋण से अपने को अनृण हुआ महसूस करते हैं। दिव्य योग मन्दिर ट्रस्ट भी उसी देव संस्कृति का प्रचारक-प्रसारक है जिसके लिए कृपालुदेव जी महाराज आजीवन प्रयासरत रहे थे। महाराजश्री ने योग की जिस धारा का आलम्बन किया था उसी को पूज्यपाद स्वामी रामदेव जी के सान्निध्य में दिव्य योग मन्दिर ट्रस्ट

पूरे भारत में ही नहीं बल्कि अखिल विश्व में फैला चुका है। आयुर्वेद चिकित्सा पद्धति को लोकप्रिय बना कर दिव्य योग मन्दिर ट्रस्ट स्वदेशी का पाठ भारतीय जनमानस को पढ़ा रहा है। महाराजश्री राजनीतिक पराधीनता की बेड़िया काटने के लिए स्वाधीनता संग्राम में कूदे थे तो दिव्य योग मंदिर ट्रस्ट सांस्कृतिक और आर्थिक स्वाधीनता के लिए बहुराष्ट्रीय कम्पनियों से संघर्षरत है। निश्चय ही हम इस देवासुर संग्राम में विजयश्री प्राप्त करेंगे क्योंकि हमारा यह संघर्ष संत कृपालुदेव महाराज सरीखी योग-आत्मा की पुण्य-भूमि से शुरू हुआ है जिससे हमें निरन्तर आत्म-प्रेरणा और आध्यात्मिक शक्ति प्राप्त होती रही है।

इस ग्रंथ रत्न ने हजारों पाठकों का दृष्टिकोण और जीवन बदल कर रख दिया था जिसकी साक्षी कृपालुदेव महाराज की शिष्य परम्परा आज भी दे रही है। श्यामजी पाराशर एक सिद्धहस्त लेखक थे। उन्होंने यह ग्रंथ महाराजश्री के सान्निध्य में बैठकर भक्ति भाव से लिखा था जिसका अपना अलग ही प्रभाव है। दिव्य योग मन्दिर ट्रस्ट आशा रखता है कि वर्षों से अनुपलब्ध इस ग्रंथ रत्न को पढ़कर पाठक वृन्द अपने को धन्य महसूस करेगा क्योंकि प्रभुभक्ति, योग, साधना, अध्यात्म, देशभक्ति, जनसेवा, धर्म, संस्कृति, मानवता आदि सबका इसमें मधुर मिश्रण है।

इस सद्ग्रंथ के पुनः प्रकाशन में सहयोगी रहे सभी महानुभावों के प्रति मैं दिव्य योग मन्दिर ट्रस्ट की ओर से कृतज्ञता ज्ञापित करता हूं और आशा रखता हूं कि एक बार फिर यह ग्रंथ लोकप्रियता की अपनी बुलंदी को स्पर्श करता हुआ अपने हजारों पाठकों को दिशाबोध देने में सफल होगा।

इसी मंगल कामना के साथ।

आचार्य बालकृष्ण

भूमिका

बद्ध दास्ता के बंधन में पड़े करोड़ों भाई बंध।
लेने जाते हो एकाकी कौन मुक्ति का तुम आनंद।।

सन्त राष्ट्र की विभूति हैं और सन्तों का जीवन राष्ट्र की अमर सम्पत्ति है। इस विशाल संसार सागर की तरंगों के संघर्ष पर डगमगा रहे अनेक पथ-भ्रान्त मानव-पोतों के लिए महात्माओं का चरित्र एक ज्योति-स्तम्भ (Light-Tower) है। जब-जब भी शस्य श्यामला भारत वसुन्धरा शत्रुओं के अत्याचार से आकुल हो उठी, जब-जब भी गौ-ब्राह्मण का जीवन संकटमय हुआ, उसी-उसी समय राष्ट्र के सूत्रधार सच्चे साधु, महात्मा कर्मयोग की कृपाण हाथ में लेकर मातृ-भूमि की आपदाओं का नाश करने के लिए आगे बढ़े। जब तक सूर्य और चन्द्र गगन में विहार करते हैं, तब तक पतित पावनी भगवती भागीरथी की निर्मल धारा भारत जननी के कण्ठ को अलंकृत कर रही है। जब तक भारत का वह महान् संतरी हिमालय जननी जन्म-भूमि की गौरवान्वित पताका को कंचनझंगा के उच्चतम शिखर पर फहरा रहा है और जब तक महान् विशालकाय वरुण देव निरन्तर माँ भारती के चरणों का प्रक्षालण कर रहे हैं तब तक भारतीय इतिहास के अगस्त्य, विश्वामित्र, परशुराम, बुद्ध, शंकर, महावीर, ज्ञानेश्वर, तुकाराम, समर्थ गुरु रामदास, गुरुतेग बहादुर, गुरु गोविन्द सिंह, ऋषि दयानन्द तथा महात्मा गांधी को कौन भूल सकता है।

सन्त जन ही वैदिक संस्कृति का आधार रूप हैं। विगत एक सहस्त्र वर्षों के गजनवी, नादिरशाही और गोराशाही आक्रमणों को निरन्तर सहन करता हुआ भी आज यह भारतीय प्रासाद इन...

यदा यदा हि धर्मस्य ग्लानिर्भवति भारत।
अभ्युत्थानमधर्मस्य तदात्मानं सृजाम्यहम्।।

के भगवद् वाक्य के अनुसार समय-समय पर स्तम्भ रूप बन कर भारतीय प्रासाद की छत को गिरने से बचाने वाले कतिपय सन्त महात्माओं के सदुद्योग के पुण्य प्रताप से ही अपने अस्तित्व को बनाये हुए है।

अस्तु! यदि हम राष्ट्र की सोई हुई आत्मा को जगाना चाहते हैं—यदि हम भारत-वसुन्धरा के करोड़ों बच्चों को निर्धनता, दासता, पराधीनता के प्रबल पाशों से मुक्ति दिलाना चाहते हैं और यदि हम स्वयं अपना अथवा अपनी सन्तान का भविष्य उज्ज्वल बनाना चाहते हैं, तो हम को सन्तों के जीवन का ध्यानपूर्वक मनन कर तदनुसार ही अपनी जीवन नैया को खेना पड़ेगा।

राष्ट्र-निर्माण ग्रन्थ माला के पाठकों की सेवा में मैं आज अपना आठवां पुष्प भेंट कर रहा हूं। जिस प्रकार मेरे **भारत-सन्देश, जवाहर-दिग्विजय**, **भारत में स्वर्ग** इत्यादि ग्रन्थों का जनता ने मान किया है, मैं आशा करता हूं, इस मेरे सन्त-दर्शन का भी पाठक-गण उसी प्रकार स्वागत करेंगे।

इस ग्रन्थ में मैंने एक महात्मा का जीवन-चरित्र लिखा है। दो वर्ष पूर्व पिछले कुम्भ-अवसर पर सर्वप्रथम मुझे इन महात्मा के दर्शनों का सौभाग्य प्राप्त हुआ था। कुम्भ-अवसर पर महाशय खुशहालचन्द खुर्सन्द (महात्मा आनन्द स्वामी) के प्रधानत्व में जिस हिन्दू-नवजीवन कांफ्रेन्स का विशाल आयोजन किया गया था, वह सब इन्हीं महात्मा के अथक परिश्रम का फल था। आप उस कांफ्रेन्स के स्वागताध्यक्ष थे। उन्हीं दिनों मुझे भी आपके निकट सम्पर्क में कई दिन तक रहने का सौभाग्य प्राप्त हुआ। मेरे बहुत से इष्ट मित्रों ने मुझे इन्हीं महात्मा के जीवन सम्बन्धी बड़ी ही विचित्र तथा शिक्षाप्रद घटनाएं सुनाईं। आपकी जीवन-कथा को सुन कर मैंने अनुभव किया कि यदि इस जीवन-कथा को राष्ट्र निर्माण ग्रन्थ माला की ओर से देश के नवयुवकों तक पहुंचाया जाए तो सचमुच देश और जाति का बड़ा ही उपकार होगा। इसी आशा से मैंने इस ग्रन्थ को प्रकाशित कराने का साहस किया है।

सन्त-दर्शन के नायक के जीवन के एक-एक अक्षर में आदरणीय पाठकों को निष्काम कर्मयोग की प्रतिभा दिखाई देगी। जिस जीवनशक्ति को प्राप्त करने के लिए उनकी आत्मा प्रतिक्षण तड़पा करती है, उसी शक्ति को इस सन्त-दर्शन की पंक्तियों पर बिखरी देख कर पाठक अपने आप को सौभाग्यवान समझेंगे। "भक्त प्रह्लाद जैसी उत्कट भक्ति भावना, भक्त ध्रुव जैसी भक्ति दृढ़ता, बलवीर शाकुन्तल जैसी निर्भयता, राम जैसा साहस, कृष्ण

जैसी नीति, बुद्ध जैसा त्याग, महावीर जैसा धर्म साधन, शंकर जैसी विद्वता, गुरु नानकदेव जैसी सहनशीलता, समर्थ गुरु रामदास जैसी धर्म वीरता, वैरागी जैसा आत्म विश्वास, ऋषि दयानन्द जैसा ब्रह्मचर्य, छत्रपति शिवाजी महाराज जैसी देशभक्त, महाराणा प्रताप जैसा स्वदेशाभिमान, गुरु गोविंद सिंह जैसी बलिदान भावना, राष्ट्ररथी जवाहर जैसी लोकप्रियता, से–गांव के सन्त जैसी निर्मलता।'' कदम–कदम पर उनके निराशापूर्ण जीवन पथ पर आशा का मीनार बन कर खड़ी रहेगी।

द्वितीय विश्व–युद्ध की महंगाई के कारण प्रकाशकों ने जिस अर्थ संकट को धैर्य से सहते हुए ग्रन्थ को प्रकाशित किया है, इसके लिए उनका धन्यवाद है। मैंने भी अपना कर्तव्य पालन करने में कोई त्रुटि नहीं रखी... यदि भूले से कोई त्रुटि रह भी गई हो तो पाठकगण उसके लिए मुझे क्षमा करेंगे।

करोल बाग, दिल्ली **पाराशर**

1.3.1940

अनुक्रमणिका

खंड तीसरा– ब्रह्मचारी नन्दकिशोर

खंड चौथा– यति किशोरचन्द्र

खंड पांचवां– स्वाधीनता का पुजारी

खंड छठा– कल्याण मार्ग के पथिक

खंड सातवां– संत कृपालुदेव

खंड पहला

वीर बालक

साधूनामं दर्शनं पुण्यं तीर्थ भूता ही साधवाः।
तीर्थ फलति कालेन सद्यः साधू समागमः।।

भाव–साधुओं का दर्शन ही पुण्य देने वाला है। साधु तो साक्षात तीर्थ होते हैं। अन्य तीर्थों का फल तो समय आने पर प्राप्त होता है जबकि साधुओं का समागम तुरंत फलदायी होता है।

Saints!

They are the inherited property of the Nations.

Especially of Bharata-Varsha, the land of saints, Rishis & Munis

Follow their foot steps!

Young India—

If You want to achieve the goal of your life,

Puran Swarajya.

पहला अध्याय

वीर-भूमि मेवाड़

वीर भूमि मेवाड़, जहं उपजे रविकुलरवि।
वे बांके सरदार, सांगा औ परताप से॥
भारत मां के हेतु, सीस सही विपदा कड़ी।
कबहुं न छांड्यो खेत, पुरजा-पुरजा कट गये॥
भारत भूतल मार, हरयो स्वात्मोत्सर्ग सों।
धन्य-धन्य मेवाड़, जाकी रज पावन परम॥

मेवाड़ की वीर भूमि!–कौन–सा ऐसा भारतीय है जिसके अन्तस्तल में ये शब्द वीरत्व तथा स्वदेशाभिमान की नदियां नहीं बहा देते। कौन–सा ऐसा भारतीय है मेवाड़ का नाम स्मरण होते ही जिसका सिर श्रद्धा तथा प्रेम से भूतल को छूकर फिर गौरव से आकाश की ओर उठता नहीं! शस्य श्यामला भारत–वसुन्धरा के विशाल वक्षःस्थल पर छाये हुए इस महान् मरुस्थल के सूखे कणों में पता नहीं कितनी शक्ति निहित है जो अपने से सहस्त्रों कोस दूर बैठे किसी भी वैदिक भारतीय के रोम–रोम में वीरत्व का संचार किए बिना रहती नहीं, मेवाड़ की रज का एक–एक कण स्वदेश भक्तों के लिए मानो एक संजीवनी बूटी है।

मेवाड़ का एक बार अपने हृदय में ध्यान करो। इसकी रज का प्रत्येक कण एक फिल्म चित्र बन कर तुम्हारे सामने आ खड़ा होगा। कहीं आप को सोलह वर्ष का वीर रणबांकुरा फत्ता अपनी यवन–भक्षी तलवार को सम्भाले अपनी नव विवाहिता सहधर्मिणी के संग यवनों के दल पर इस प्रकार टूटता दिखाई देगा जैसे कि चिड़ियों के झुंड पर बाज टूटता है, कहीं हर–हर महादेव की विजय ध्वनि से नभ मण्डल को कम्पायमान करते हुए केसरिया बाणा

धारण किए सहस्रों राजपुत्र यवनों के कटक को काटते दिखाई देंगे। कहीं महाराणा संग्राम सिंह की ओज़स्विनी आकृति दिखाई देगी–शरीर पर घावों के 80 निशान लगे हैं, एक आंख, एक टांग, एक भुजा रणचंडी की भेंट हो चुकी है, उस पर भी सीकरी के विजय क्षेत्र में अन्तक का रूप धारण कर बब्बर के गब्बर को चूर-चूर कर रहे हैं। कहीं पर उस स्वामी भक्तिनी वीरांगना पन्ना धाय का त्याग है–पापी बनवीर के पाप पूर्ण हाथों से राजकुंवर उदय सिंह की रक्षा करने के लिए जिस धर्म परायणा सती ने स्वयं अपने हाथों अपने ही पुत्र को उस नर पशु की पाप क्षुधा शान्त करने का ग्रास बना दिया। कहीं एक दम बारह हजार पद्मिनियों की कंचनमयी देहों से उठी ज्वालायें गगन पथ को स्पर्श करती दिखाई पड़ेंगी, कहीं प्रातः स्मरणीय राजस्थान केसरी महाराणा प्रताप फकीरी बाणा पहने अपनी रानी तथा फूल से राजकुमारों सहित सूखी कंटकाकीर्ण पर्वत कन्दराओं में स्वाधीनता की खोज में भूखे प्यासे भटकते दिखाई देंगे। "मैं कभी पलंग पर नहीं सोऊंगा, कभी बड़े-बड़े बहुमूल्य सुन्दर सुनहरी थालों में भोजन नहीं करूंगा, कभी अपने सिर के बाल नहीं कटवाऊंगा और कभी दिल्ली में पदार्पण नहीं करूंगा, जब तक कि मैं अपने प्राणों से प्यारे मेवाड़ की खोई हुई स्वाधीनता को पुनः प्राप्त न कर लूं।" यह शब्द किस भारतीय हृदय में स्वाभिमान की गौरवमयी प्रतिमा नहीं बिठा देते।

जिस वीर ने अपना सर्वस्व स्वाहा करके भी स्वाधीनता का विज़य शंख बजाया था। घास की रोटियां खाकर भी जिन्होंने अपनी स्वाधीनता की, अपने धर्म की और अपने वंश की मर्यादा की रक्षा कर वीर माता के दुग्ध को सार्थक किया था। यह वीर क्या कभी किसी की स्मृति से पृथक हो सकता है?

जिस समय अकेले उदयपुर को छोड़ सारा राजपूताना मुगल सम्राट् की पाद-पूजा करने में अपना गौरव समझ रहा था, जिस समय अधिकांश राणा अपने जातीय प्रेम और गौरव को भूल मुगल श्याल बनाने में अपना सौभाग्य समझ रहे थे, महाराणा प्रताप ने उसी समय अपने अपूर्व त्याग का, अपूर्व जातीय प्रेम का और अपूर्व धर्म प्रेम का आदर्श संसार के समक्ष उपस्थित किया था।

यदि सच पूछा जाए, तो राजपूताने का इतिहास मानव समाज के लिए अपूर्व शिक्षक का काम करता है। धर्मवीरता, दानवीरता और युद्ध निपुणता में

राजपूताना, अपनी उपमा खुद ही है। इस पवित्र भूमि ने जैसे देशभक्त उत्पन्न किए हैं वैसे संसार में किसी भूमि ने उत्पन्न नहीं किये। राजपूताने की संतान ने देश के लिए जैसी कुरबानियां दी हैं, संसार के इतिहास में उनकी मिसाल मिलना मुश्किल है। देश के लिए हंसते-हंसते आत्म-बलिदान कर देने का उदाहरण कहां पाया जाता है। उन बलिदानों की कथाएं आज भी मुर्दों में जान डाल देने वाली हैं, देश द्रोहियों को देशभक्ति का पाठ पढ़ाने वाली हैं।

भारतीय इतिहास में चित्तौड़ ने जो ख्याति प्राप्त की है, वह जब तक संसार है, जब तक भारतवर्ष है और जब तक भारत की कुक्षि में राजपूताना है, तब तक वायुमण्डल में गूंज-गूंज कर मानव जीवन को उच्च बनाने का दृढ़ प्रयत्न करती रहेगी। इसी चित्तौड़ के राजकुल में पद्मावती-सी पतिव्रता, संग्राम सिंह जैसे शूरवीर, प्रताप से प्रणवीर और राजसिंह से राजनीतिज्ञ हो गए हैं, जिनकी वीर गाथाओं को सुनकर आदमी आदमी नहीं रहता, उसकी भुजाएं फड़कने लगती हैं और वह दया, कर्मवीरता, देशभक्ति और अपनी जाति पर कुरबान होने की भावनाएं हृदय में भर कर देवता-सा बन जाता है।

मेवाड़ की इसी पवित्र भूमि में सेमटाल एक गांव है, इस गांव को बहुत से लोग प्रायः ब्रह्मपुरी कह कर भी पुकारते हैं। कुछ वर्ष, पूर्व जब तक पाश्चात्य सभ्यता ने अपने पदारविन्द के स्पर्श से उस वीर भूमि को अभी तक कृतार्थ नहीं किया था, उस समय इस सेमटाल गांव में अनेक ब्रह्मवेत्ता पंडित, आचार्य, शास्त्रियों का निवास था। इसी कारण से इस गांव का दूसरा नाम ब्रह्मपुरी ही अत्यधिक प्रचलित था। एक ऊंची पहाड़ी पर बसे हुए इस गांव की शोभा एक राजस्थानी गोवर्धन-सी बन रही है। परमात्मा की लीला बड़ी ही अपरंपार है। सहस्रों कोस तक जहां सिवाय रेत के कुछ दिखाई ही नहीं देता वहां भी उसने मीठे जल के स्रोत बहाये हैं, सुन्दर सुहावने पर्वत बनाये हैं।

मेवाड़ की प्राकृतिक सुन्दरता का केन्द्र यही ब्रह्मपुरी है। राजस्थान के निवासी इस ब्रह्मपुरी को अपना श्रेष्ठतम तीर्थ मानते हैं। उदयपुर से जो मार्ग हल्दीघाटी को जाता है उसी मार्ग पर यह गांव बसा हुआ है। प्रातः स्मरणीय राजस्थान केसरी महाराणा प्रताप सिंह जिस समय यवनों के नये-नये सम्बन्धी मानसिंह के मान का भंडा युद्ध क्षेत्र में फोड़ने हल्दी घाटी में गए थे, उस समय अपने मार्ग में इसी गांव में पड़ाव डाल कुछ दिन यहां निवास कर इसे अमर पूज्य का गौरव प्रदान कर गए।

मेवाड़ की खोई हुई स्वाधीनता को पुनः प्राप्त करने की भीष्म प्रतिज्ञा करने के पश्चात् अपनी रानी तथा फूल से राजकुमारों के साथ महाराणा प्रताप इसी ब्रह्मपुरी के निकटवर्ती पर्वत पर आकर रहे थे। भगवान् मर्यादा पुरुषोत्तम के रामचरित में जो स्थान पंचवटी तथा चित्रकूट का है, वही स्थान प्रताप जीवन में ब्रह्मपुरी का है।

चारों ओर से छोटी-छोटी पर्वत घाटियों से घिरा हुआ और स्वयं भी एक ऊंचे पर्वतीय स्थान पर बसा हुआ यह ग्राम अपनी प्राकृतिक छटा से एक ही है। पूर्णिमा के रात्रिपति के इतस्ततः सप्त नक्षत्र चमकते हुए जिस प्रकार शोभायमान प्रतीत होते हैं, ऐसे ही अपने चारों ओर छाये हुए एकलिंगनाथ, केसरियानाथ, नाथद्वारा इत्यादि सप्त तीर्थों से घिरा हुआ यह सेमटाल तीर्थ बड़ा ही शोभायमान है। मेवाड़ के प्रसिद्ध चारभुजानाथ की एक प्रतिमा ब्रह्मपुरी में भी है। इस विशाल मन्दिर के अतिरिक्त इस गांव में खेड़ा देवी, राम जी, अम्बा देवी इत्यादि कई और भी विशाल मन्दिर हैं। इन मन्दिरों की यात्रा पर आए हुए यात्रियों का बारहों महीने एक मेला-सा लगा रहता है।

इसी सुप्रसिद्ध चारभुजानाथ के मन्दिर के थोड़ी ही दूर एक सुप्रतिष्ठित ब्राह्मण का घर था। इस ब्राह्मण श्रेष्ठ का नाम था पं. चतुर्भुज। वे अत्यन्त ईश्वर भक्त और उदार चेतस सज्जन थे। महाराणाओं के समय में उनके पूर्व पुरखाओं ने एक तपोनिष्ठ ब्राह्मण के समान राजस्थान की स्वतंत्रता की रक्षा की थी। पं. चतुर्भुज जी ने अपने जीवन काल में अपने पूर्वजों द्वारा पाली गई मर्यादा को खूब निभाया।

❑❑❑

अध्याय दूसरा

अनुपम फूल

त्वदीयं वस्तु गोविन्द! तुभ्यमेव समर्पये।

संसार कितना परिवर्तनशील है। इसका एक-एक कण भी तो स्थिर नहीं। क्रान्ति का दूसरा नाम ही तो संसार है। **संसारयत्यात्मानं य स संसारः**, जिसमें उथल-पुथल होती रहे उसे कहते हैं संसार-**गच्छतीति जगतः**, जो चलता रहे उसे कहते हैं जगत्। क्रान्ति तो प्रकृति का नियम ही है। उथल-पुथल तो सदैव होती ही रहती है। रूस के अत्याचारी ज़ार का साम्राज्य, नर-पशु औरंगजेब की हुकूमत वे सब इसी क्रान्ति की भेंट तो चढ़ गए। काल का सर्वभक्षी चक्र तो किसी को भी नहीं छोड़ता। इस भरे संसार में न तो कोई इसका मित्र है और न ही कोई इसका शत्रु है। एक के पश्चात एक यह सब एक संहारक का रूप धारण करके छा जाता है। हिन्दू-मुसलमान सब इस काल की वक्रदृष्टि में एक समान हैं। कन्या कुमारी से लेकर कंचनजंगा तक फैला हुआ मराठा-साम्राज्य आज कहां है? कालिन्दी के पूर्वी छोर से लेकर खंभात की खाड़ी तक फहराती हुई खालसा वीरों की विजय वैजयन्ती आज कहां है?

कुतब की लाठ के शिखर पर चढ़ कर-

I am the master of all I survey,

my right there is none to dispute—

की विजय ध्वनि लगाने वाले शाहजहां की हुकूमत आज कहां है? जिसके अतुल बल का अमित आनंद निखिल लोकों में छाया हुआ था, जिसके प्रबल प्रताप का अटूट प्रभाव समूची धरती पर जमा हुआ था, जिसके प्रखर पराक्रम से देव दानवों का कलेजा कांपा करता था और जिसकी प्रचण्ड

प्रतिभा से दिग्दिगंत व्याप्त थे, उस नर-पशु औरंगजेब का शासन आज कहां है?

यह सब समय का परिवर्तन है। आज जो आदमी धन-धान्य से सम्पन्न होकर विपुल यश वैभव का भोगी होता है, वही कल दूसरे के द्वार पर टुकड़े मांगता देखा जाता है—यही तो संसार का चक्र है।

कस्यास्त्यन्तं सुखमुपनतो दुःखमेकान्ततोवा।
नीचै र्गच्छत्युपरि च दशा चक्रणेमिक्रमण॥

सुख-दुःख, हानि-लाभ, उत्थान-पतन, उतार-चढ़ाव, गर्मी-सर्दी यह तो एक ही रस्सी के दो सिरे हैं। तभी तो किसी कवि ने कहा है—

मा कुरु धन जन यौवन गर्वः। हरति निमेषात् कालः सर्वः।
मायामयमिदमखिलं हित्वा। ब्रह्मपदं निर्वाणं विदित्वा॥
भज गोविन्दम्, भज गोविन्दम्, गोविन्दम् भज मूढ़मते।

विधाता का विधान बड़ा ही अद्‌भुत है। विश्व की पहेली बड़ी ही दुर्गम है। कहीं रेत है तो सहस्रों योजन तक रेत ही रेत है, कहीं पहाड़ हैं तो सहस्रों मील तक पहाड़ ही पहाड़ है। कहीं पानी है तो जहां तक दृष्टि दौड़ाओ वहां तक पानी ही पानी है। कहीं उसने दिया है तो इतना दिया है कि हाज़में की सैकड़ों दवाइयां खा लेने पर भी वह हजम नहीं होता और कहीं नहीं दिया तो यहां तक नहीं दिया कि बेचारे को एक-एक दाने के लिए तड़पा कर मार दिया। कहीं जमींदार हैं तो वे इतने बड़े जमींदार हैं कि उन्हें अपनी सम्पत्ति की देख-भाल के लिए सैंकड़ों मुनीम चाहिएं और कहीं बेघर हैं तो ऐसे बेघर हैं कि इस आकाश रूपी छत के नीचे एक पग भर भूमि का मालिक कहलाने का भी उन्हें अधिकार नहीं।

परन्तु कितना समझदार है, इस संसार रूपी मशीन का वह मशीनमैन! कहीं किसी को अभिमान न हो जाए, उसने तुमुल वेग से दौड़ रही मोटर की ब्रेक तो अपने ही हाथों में रखी है।

Uneasy lies the head that wears the crown.

जहां फूल है वहां कांटा, जहां प्रभुता है वहां चिन्ता है। गगन पति आदित्य भगवान् के मद को चूर-चूर करने के लिए उस विधाता ने राहु-केतु को बना दिया। पूर्णिमा के निशापति को कहीं अपने सौन्दर्य का अभिमान न हो जाए, परमात्मा ने उसके माथे पर पहले ही कालिमा थोप दी, अभिमान हो

भी किस बात का–असुर लोक की राजधानी कोयटा (अब पाकिस्तान में) जो अपने गगन चुम्बी प्रासादों को अपने वक्षःस्थल पर धारण किए इन्द्रपुरी से टकराने को उत्सुक हो रहा था, प्रकृति के एक क्षणिक प्रकोप से उसकी कैसी दुर्दशा हुई! बिहार की वह मिथिलापुरी आज उसका वह पहला-सा सौन्दर्य कहां है! 1934 का भूकम्प और उसके पीछे तत्काल होने वाली प्रलय दोनों की आभा को कैसे विनष्ट कर गई। संसार में स्थिरता है ही कहां, सब कुछ चंचल है, अचल तो है केवल प्रभु का नाम।

ब्रह्मपुरी इस धरती तल पर स्वर्ग की एक प्रतिमा थी। मेवाड़ के चौरासी मंडली में मानो ब्रह्मपुरी के रूप में भगवान् ने एक छोटे से ब्रज की रचना की थी। ऐश्वर्य, आनन्द, संतोष, साधना, भक्ति सभी एक होकर मानो कुछ समय के लिए इस नगरी में निवास करने के लिए आए थे, परन्तु काल का चक्र तो अपने ग्रास की सामग्री को ढूंढ़ रहा था। अपने शिकार की तलाश में घूमते हुए उसकी वक्र दृष्टि ब्रह्मपुरी पर टिक गई, उसकी प्रतिभा को देख कर वह ईर्ष्या की अग्नि में जल उठा।

"आज मैं इसी रम्यस्थली को अपने तांडव नृत्य का रंगमंच बनाता हूं।" ऐसा विचार कर महामारी (प्लेग) को साथ लिए वह तत्काल उस ब्रह्मपुरी पर टूट पड़ा। महामारी ने सारे नगर को घेर लिया, घर-घर में कोहराम मच गया, सुख की नींद जाती रही, हर्ष का स्थान विषाद ने ले लिया। गगन पर विहार करते हुए देव वृन्द भी जिस इन्द्रपुरी के सदृश ब्रह्मपुरी की छटा को निहार अपने आपको धन्य-धन्य समझा करते थे, आज वही ब्रह्मपुरी स्वयं उसके अधिवासियों के लिए एक काल भवन का रूप धारण कर चुकी थी। जहां पहले सुख के आनन्दाश्रु बहा करते थे, वहीं आज वियोग के दुःखाश्रु बह रहे थे। जिस पवित्र-पुरी की गलियों में सूत मागध मंडल गान गाते वीणा बजाते फिरा करते थे, आज उन्हीं गलियों में यमराज का तांडव नृत्य हो रहा था।

ब्रह्मपुरी में सर्वत्र हाहाकार मच गई, महामारी का सामना किस प्रकार किया जाए, नगर वासियों ने इसका सामना करने के लिए प्रत्येक वैधानिक उपाय का आश्रय लिया, घर-घर की सफाई की गई, गली बाजार सब साफ किए गए, मुहल्ले-मुहल्ले में हवन यज्ञ किया गया, नाना प्रकार की वनौषधियों से वायु को शुद्ध करने का पूरा-पूरा प्रयत्न किया गया, परन्तु सब विफल मनोरथ रहा।

सब ओर से निराश होकर अन्त में मनुष्य भगवान् की शरण में जाया ही करता है। अशरण शरण की शरण ही निराश्रितों के लिए एक मात्र आशा का

केन्द्र है, सुख में तो कोई विरला भगत ही भगवान् को याद करता होगा, परन्तु दु:ख में तो भगवान् के शत्रु भी भगवान् के मित्र बन जाते हैं। मानव प्रकृति में स्वार्थ का अंश बहुत अधिक पाया जाता है। जो काम उससे न बन पड़ा उसे उसने भगवान् के मत्थे मढ़ा। जिस बात को वह समझ नहीं सका उसे उसने भगवान् के भरोसे छोड़ दिया, जिस रोग का निदान उसकी समझ में नहीं आया अथवा समझ कर भी जिसका अनुष्ठान वह नहीं कर सका, उस रोग को भगवान् के नाम पर वह उसके किसी देवता के साथ सम्बन्धित कर देना चाहता है। असफलता की दग रही तोप के आगे वह देवी-देवताओं की कतार खड़ी कर उसके पीछे छुप कर अपनी रक्षा करने की आशा रखता है। मानव प्रकृति में कितना स्वार्थ घुस चुका है! इसी स्वार्थ का नाम कायरता नहीं है क्या! महामारी के हाथों अपनी रक्षा की प्रार्थना लिए ब्रह्मपुरी के समस्त नर-नारी भगवान् चारभुजानाथ की शरण में उपस्थित हुए।

प्रात: का समय था। दिवाकर प्रभु अपने सात घोड़ों वाले रथ पर आरूढ़ हो अभी-अभी प्राची दिशा की चरम सीमा पर गगन-विजय की यात्रा की तैयारियों में जुटे थे। ज्येष्ठ का मास था। गर्मियों के दिन थे। महामारी की सूचना पाते ही पवन देवता ने भी उस पुरी की ओर बहना कुछ समय के लिए स्थगित कर दिया था।

अब तो महामारी अपनी सहस्रों भुजाओं का प्रसार कर उस ग्राम पर छा गई। त्राहि! त्राहि!! के आर्तनाद से अंतरिक्ष की अंतरात्मा भी कांप उठी। सर्वभक्षिणी महामारी के हाथों ब्रह्मपुरी की रक्षा करने की प्रार्थना लिए सहस्रों नर-नारी भगवान् चार भुजानाथ की छत्रछाया में उपस्थित हुए।

"भगवन्! आप समस्त जगत् की रक्षा करने वाले हैं, जब-जब भी आपके प्रिय भक्तों पर कष्ट पड़ा आपने सदैव अपने भक्तों की रक्षा की। दीनबन्धो! करुणा-सिन्धो! आज आपकी इस प्यारी नगरी पर महान कष्ट पड़ा है। आप इसकी रक्षा कीजिये।"

उपस्थित नर-नारी हाथ जोड़े भगवान् चार भुजानाथ से प्रार्थना कर रहे थे। एकाएक पुजारी जी ने मन्दिर में प्रवेश किया। उनके चेहरे पर कुछ निराशापूर्ण घबराहट थी। मन्दिर में प्रवेश करते ही समस्त जनों को सम्बोधन कर पुजारी जी बोले-प्रिय बन्धुओ! आज हम भगवान् चार भुजानाथ की पूजा करने के निमित्त यहां एकत्रित हुए हैं परन्तु आपको यह जानकार अपार कष्ट होगा कि मेरे लाख प्रयत्न करने पर भी आज कहीं फूल नहीं खिले, बिना फूल के पूजा

का विधान पूरा नहीं होता और इस ग्रीष्म के प्रकोप ने फूल तो क्या एक पत्ता तक भी बगीचे में नहीं रहने दिया। तो क्या आज की पूजा बिना फूल के ही होगी?

पुजारी जी के मर्मपूर्ण शब्दों से उपस्थित जनों में एक प्रकार का सन्नाटा-सा छा गया। पुजारी जी फिर बोले "यदि आप में से कोई व्यक्ति कहीं से एक आध फूल ला सकता है तो".... पुजारी जी के मुंह से इतने ही शब्द निकले थे तत्काल एक सौन्दर्यरूप ब्राह्मण देवता उठे "मैं अभी फूल लेकर आता हूं" चारों ओर हर्ष की लहर-सी दौड़ गई। "साधु, साधु" की ध्वनि से आंगन परिपूर्ण हो गया। शुभम् भूयात्..., शुभास्ते पन्थानः।

परन्तु फूलों की बात तो दूर रही वृक्षों कीं डाली पर एक पत्ता तक भी न था। ब्राह्मण देवता अपने बगीचे में एक मिट्टी के ढेर पर शोकातुर हो चिन्ता में मग्न हो गए। बिना फूल के पूजा का विधान पूरा न होगा, जिसको मैं फूल लाने का वचन देकर आया हूं उनके सामने आज कौन-सा मुंह लेकर जाऊंगा।

परन्तु थोड़ी ही देर में विद्युत गति के समान ब्राह्मण देवता का मुखमंडल हर्षोत्फुल्ल हो उठा, निराशा भाग गई, उसके स्थान पर आशा ने, आह्लाद ने आ आसन जमाया। उस मिट्टी के चबूतरे पर बैठे हुए ब्राह्मण देवता उठे और तीव्र गति से अपने घर की ओर चल दिए।

ब्राह्मण देवता अभी तक लौट कर नहीं आए। मंदिर में बैठे पूजार्थी आशापूर्ण नयनों से पं. चतुर्भुज की राह पर आंखें बिछाये बैठे थे। अपनी झोली में पुष्पसमूह को सम्भाले ब्राह्मण श्रेष्ठ भागे-भागे मंदिर की ओर आ रहे हैं, पूजार्थियों ने दूर से पं. चतुर्भुज जी को देखा! ओहो!! इतने फूल!!! कौन से बाग में बसन्त छा गई। कौन-सा उपवन फूट पड़ा।

भीड़ में से होते हुए पं. चतुर्भुज आगे बढ़े। भगवान् चारभुजानाथ के चरण कमलों को मस्तक निवा अपना झोली की सम्पत्ति को उन्हीं के चरणों में बिखेर दिया।

त्वदीयं वस्तु गोविन्द! तुभ्यमेव समर्पये।

सभी लोग चकित होकर उस अनुपम फूल की ओर देख रहे थे और वह तीन ही दिन का फूल भगवान् के चरणों में पड़ा हुआ अपने नन्हें-नन्हें होंठों से मुस्करा रहा था।

पूजा का विधान पूरा हुआ। भक्तगण युगल कर जोड़े भगवान् चारभुजानाथ की आराधना में मग्न हो गए।

श्रीमत्पयोनिधि निकेतन चक्रपाणे।
योगीन्द्र योगमणी रञ्जित पुण्यमूर्ते॥
योगीश शाश्वत शरण्य भवाब्धि पोत।
लक्ष्मी नृसिंह मम देहि करावलम्बम्॥
ब्रह्मेन्द्र रुद्रमरुदर्क किरीट कोटि।
संघट्टितांघ्रि कमला मल कांति कान्त॥
लक्ष्मी लसत्कुचसरोरुह राजहंस।
लक्ष्मी नृसिंह मम देहि करावलम्बम्॥
संसारकूपमतिघोरमगाधमूलम्।
संप्राप्य दुःख शत सर्प समाकुलस्य॥
दीनस्य देव कृपणापदमागतस्य।
लक्ष्मी नृसिंह मम देहि करावलम्बम्॥
लक्ष्मीपते कमलनाभ सुरेश विष्णु।
बैकुंठ कृष्ण मधुसूदन पुष्कराक्ष।
ब्रह्मण्य केशव जनार्दन वासुदेव।
देवेश देहि कृपणस्य करावलम्बम्॥

उसी समय काली कमली ओढ़े घुंघराले लम्बे केशों वाला एक वृद्ध महात्मा मन्दिर के अन्दर दाखिल हुआ। भगवान् चारभुजानाथ के चरणों में भेंट स्वरूप पड़े उस तीन ही दिन के फूल को उसने प्यार किया। अत्यन्त आदर तथा सम्मान के साथ उस बच्चे को उठा कर वृद्ध महात्मा पं. चतुर्भुज की ओर बढ़ा और कहा–"ब्राह्मण श्रेष्ठ! यह तुम्हारी भेंट स्वीकार हुई। इस तुम्हारी अनुपम भेंट को प्राप्त कर भगवान् का चित्त प्रसन्नता से खिल उठा है। ब्रह्मपुरी के साधकों की साधना सम्पन्न हुई। तुमने अपने एक बालक की भेंट देकर ब्रह्मपुरी के अनेक बालकों की रक्षा की, आज से इस बालक का नाम फूलकुंवर हुआ। भगवान् की धरोहर समझ इसकी पालना करो।"

उसी समय धीमी-धीमी पवन चलने लगी। सूर्य भगवान् अपनी बिखरी हुई सम्पत्ति को समेटने लगे। आकाश मेघाछन्न हो गया... उस रात जोर की वर्षा हुई और ब्रह्मपुरी का सारा संताप उसी पानी में बह गया।

❑❑❑

तीसरा अध्याय

विचित्र बालक

जिसने भी पढ़ा होगा जरा ध्यान से इतिहास।
उसको ही मिला होगा यह सच बात का आभास॥
लड़कों ही पै निर्भर है किसी देश की सब आस।
बालक ही मिटा सकते हैं निज देश की सब त्रास।
चाहे तो किसी देश को बस स्वर्ग बना दें।
निज धर्म से हट जाएं तो मिट्टी में मिला दें॥

मानव जन्म एक अकस्मात ही घटी जाने वाला घटना (accident) नहीं, परन्तु इसके पीछे पूर्व जन्म के संस्कारों की एक लम्बी चौड़ी श्रृंखला है। इन एक अरब पैंसठ करोड़ श्रृंखलाओं का सम्बन्ध एक बड़े भारी पावर हाउस के साथ है। अपने पिछले जन्म के संस्कारों को साथ लिए देहधारी जीव संसार-संघर्ष में सेनानी बन कर आता है।

वत्स फूलकुंवर के रोम-रोम से पूर्व कृत उज्ज्वल संस्कारों की प्रतिभा चमक रही थी। पिछले जन्म में वे सोना थे इस जन्म में वे कुन्दन बनने के लिए देह धारण कर आए थे। "पं. चतुर्भुज के तीन ही दिन के फूल सरीखे बच्चे ने भगवान् चारभुजानाथ के चरणों में अपना प्रथम मधुर-मधुर मुस्कान किया, तत्क्षण सुन्दर समीर प्रवाहित होने लगी-आकाश धीरे-धीरे मेघाच्छादित हो गया, पवनदेव भी ब्रह्मपुरी में आ विराजे-वर्षा हुई और इतने जोर की हुई कि अपने साथ सारे मल को बहाकर ले गई। ब्रह्मपुरी में अब बीमारी का चिह्न तक नहीं है।" यह खबर बात ही बात में सारे प्रान्त भर में फैल गई। जिस किसी ने भी इस सुसमाचार को सुना, वह इस विचित्र बालक के दर्शनों की आकांक्षा कर ब्रह्मपुरी की ओर भागा। पं. चतुर्भुज का घर नन्दभवन बन गया। सैंकड़ों नर-नारी इस विलक्षण बालक के दर्शन को आने लगे। काली-कमली

वाले महात्मा के अकस्मात् पधारने, बालक को आशीर्वाद देने और उसका नाम फूलकुंवर रखने की वह घटना समस्त दर्शनार्थियों के होंठों पर थी।

एक ऊंची पहाड़ी पर बसने के कारण ब्रह्मपुरी की आभा तो वैसे ही दर्शनीय थी–महाराणा प्रताप का आश्रम-स्थल होने के सौभाग्य रूप जनता इस नगरी को तीर्थ भावना से तो पहले ही मानती थी अब इस दैवी घटना ने मानो इस ब्रह्मपुरी की महत्ता को चार चांद लगा दिए। सहस्रों दर्शनार्थी आते और बालक के दर्शन कर अपने आप को कृतकृत्य समझते और अपने पालने में खेल रहे वत्स फूलकुंवर–मानो पूतना-वध के उपरान्त अपने झूले में अपनी प्राकृतिक छटा बिखेर रहे यशोदानन्दन उन यात्रियों को देखते ही मुस्करा देते।

फूलकुंवर के नन्हें-नन्हें और लाल-लाल होंठों की फूलों की-सी मधुर हंसी–किसी की भी गोदी में बालक का मचलना और तोतली बोली के अनोखे भाव पैदा करने वाले अस्फुट शब्द देख-सुन कर दास-दासी, नौकर-चाकर, पुरजन-परिजन आह्लाद में मग्न हो उठते। कितने ही तो इतने अधीर हो जाते थे कि सारा दिन शिशु की ओर ही टकटकी लगाये रह जाते, और कितने ही घूम फिर कर बीसों बार उस चन्द्रमुख का शुभ दर्शन कर जाया करते थे। जिन्हें अवकाश नहीं मिलता था, वे सुबह-शाम तो यह देव-दर्शन अवश्य ही कर जाया करते थे। लोगों के मारे उस प्रेम के पुतले को बिस्तरे का कभी-कभी नाम मात्र का ही दर्शन होता था। रोना किसे कहते हैं, यह तो उस देव-बालक को कुछ मालूम ही न था। शिशु सुलभ क्रोध, चंचलता और जड़ता अर्थात् जिद तो उसे छू तक नहीं गई थी। मुंह पर अव्यक्त हंसी, शांति, सुन्दरता तथा विकसित पुष्प जैसी प्रभा के सिवाय कभी कुछ देखा ही न गया था और सब से अधिक अचम्भे की बात तो यह थी कि शैशवावस्था में भी बच्चे को अपने पराये का तनिक भी ज्ञान न था। फूल की हंसी के साथ वह हंसता, चिड़ियों के गान के साथ वह गान गाता और शंख के साथ वह अपनी ताली का बाजा बजाता और साधारण वस्तुओं को देख उन्हें पकड़ने की इच्छा उसे न थी, उसे तो केवल एक ही चिन्ता थी कि इसको बनाने वाला कौन है?

भगवद्भक्त माता-पिता का वात्सल्य तथा नगर बन्धुओं के स्नेह का भाजन बना हुआ वह देव-बालक चन्द्रकला के समान दिन प्रति दिन फूलने फलने लगा। पं. चतुर्भुज जी बड़े ही ईश्वर भक्त सज्जन थे। सर्वरूपेण सम्पन्न होते हुए भी उनमें अभिमान लेशमात्र न था। अभिमान होता भी किस बात का!

खजूर के वृक्ष को जब फल लगते हैं तो उसकी टहनियां नम्रता से नीचे की ओर ही झुका करती हैं, ऊंची तो उठती हैं वे खाली हो कर। खाली बादल ही गरजा करते हैं, भरे हुए बादल तो गम्भीर रूप धारण किया करते हैं। अपनी पाई-पाई को भगवान् की धरोहर समझने वाले भगवद्‌भक्त को अभिमान हो भी तो किस बात का।

छोटा-सा अबोध बालक-जब भी कोई व्यक्ति उसे अपनी गोदी में उठाता, वह अपने कोमल-कोमल सुकुमार हाथों को एक विशेष दिशा की ओर उठा... ऊं-ऊं. करके पुकारता। उसी ओर था चारभुजानाथ का मंदिर। उसी ओर चलने की आकांक्षा करता था वह छोटा-सा बारह महीने का बालक। कई बार नटखट बालक उसके बताये मार्ग पर चल किसी दूसरी ओर चल पड़ते। नन्हा-सा फूल झटपट उनकी शरारत को भांप जाता और ऊं-ऊं करता हुआ फिर भगवान् चारभुजानाथ के मन्दिर की ओर इशारा करता।

परन्तु धीरे-धीरे वह पराधीनता भी जाती रही। फूलकुंवर शैशवावस्था को पार कर अब अपने कदमों पर चलना सीख चुका था। प्रात: उठ स्नान कर, दूध का कटोरा पी वह एक सजीव खिलौना-सा अपनी छोटी-छोटी टांगों को हिलाता हुआ धीरे-धीरे भगवान् चारभुजानाथ की ओर चल देता और निरन्तर कई घन्टे भगवान् की प्रतिमा के सामने अपनी तोतली भाषा में प्रभु का कीर्तन करता।

एक दिन फूलकुंवर मन्दिर से घर आते ही माता से बोला।

''मां, मां मुझे बंसी ले दो।''

बच्चे की मधुर वाणी सुन मां का हृदय कुसुम खिल उठा। बालक को अपनी गोदी में ले माता ने प्रेम से उसका माथा चूमा ''मैं अपने मदनगोपाल को एक बड़ी ही सुन्दर बांसुली ले दूंगी।''

''कब ले दोगी, अम्मा?''

''अभी ले दूंगी, आज ही ले दूंगी'' माता बोली।

''कहां से ले दोगी, अम्मा?''

''गोगुंदा से, मेरे लाल!''

''ऐसी ही बांसुली लेना अम्मा जैसी ठाकुर जी की बांसुली है।''

माता ने फिर अपने बच्चे का स्नेह पूर्वक माथा चूमा ''मैं अपने नन्दलाल को वैसी ही बांसुरी ले दूंगी''-इतना कह माता ने दूध का कटोरा भर उसमें

मलाई डाल बच्चे के सामने धरा–"ले मेरे लाल दूध पी ले, मैं बांसुरी आज ही मंगा दूंगी।"

बालहठ तो जगत् विख्यात है ही...बच्चे को क्या पता कि बांसुरी दूर चार मील पर गोगुंदा ग्राम में मिलती है–उसने समझा बांसुरी अम्मा के पास है परन्तु वह देती नहीं।

"मैं तो बांसुरी लेकर ही दूध पीऊंगा।" माता हंस पड़ी...बच्चे ने गम्भीर रूप धारण कर लिया, "मां, ठाकुर जी को बांसुरी किसने दी?" नन्हें से बालक की रहस्य पूर्ण वाणी सुन माता चकित रह गई, "मेरे लाल, ठाकुर जी तो स्वयं सारे जगत् को देने वाले हैं, उन्हें भला कौन देगा।"

"मां–यदि ठाकुर जी सबको देने वाले हैं, तो मुझे क्यूं नहीं देते!"

"तुम्हें भी देंगे...बच्चा ठाकुर जी, तुम्हें बड़ी ही सुन्दर बांसुली देंगे... ले तू दूध पी ले"

बालक ने थोड़ा-सा दूध पिया, दूध के कटोरे को जमीन पर रख, वह धीरे-धीरे बाहर की ओर चल दिया–

"तुम कहां जा रहे हो फूल!"

"मैं जा रहा हूं सारे संसार को बांसुरी देने वाले भगवान् के पास" माता हंस पड़ी–बालक ने पीछे मुड़ कर देखा तक नहीं। और...

"मेले तो गिरधर गोपाल, दूसला न कोई" की रट लगाता वह मन्दिर की ओर चल दिया।

••• ••• •••

"मेले प्रभु! मेली माता ने कहा है ठाकुरजी सब को बांसुली देते हैं। मुझे भी एक बांसुली ले दो।" मुरलीधर बांके बिहारी सरीखी अनोखी छवि की प्रतिमूर्त-सा बनकर वह नन्हा-सा बालक भगवान् के सामने खड़ा होकर प्रार्थना करने लगा। 'ले दो न मुझे भी एक बांसुली।"

बहुत समय हो गया। सूर्य देवता भी अस्ताचल की ओर चले गए–गगन में विचर रहे पक्षीगण भी अपने-अपने घोंसलों में जा छुपे, परन्तु वह नन्हा-सा देव-शिशु अपने भगवान् के सामने बांसुरी प्राप्ति के सत्याग्रह में जुटा रहा।

रात्रि के सात बज गए, बच्चा घर नहीं पहुंचा। चिन्तातुर हो माता मन्दिर की ओर भागी, उसका हृदय दूर से ही धक्-सा रह गया। मन्दिर के द्वार बन्द थे। माता ने धैर्य नहीं छोड़ा। वह आगे बढ़ी, उसने देखा कपाट न केवल बन्द

ही थे, अपितु उनमें तो ताला भी लगा हुआ था। मेरा लाल सिवाय भगवद्चरणों के अलावा जा ही कहां सकता है। पुजारी जी से तालियां ले माता ने कपाट खोले... कपाट खुलते ही उसका हृदय कमल खिल उठा...उसके हृदय का अंश भगवान् चारभुजानाथ के सदृश ही अपनी छवि बनाये उनके सम्मुख हाथ जोड़े बांसुरी की याचना कर रहा था। जिस पवित्र भाव से परिपूर्ण लोक हित से रत ध्रुव धारणा को धारण कर माता ने अपने प्रिय पुत्र को श्रीचरणों की भेंट कर दिया, उसी श्रीचरण में बच्चे की स्थिर दृढ़ता देख मां का हृदय खिल उठा। माता ने दौड़ कर बच्चे को गोदी में उठा लिया "चलो बेटा घर चलो।" "मैं तो बंसी लिए बिना घर जाऊंगा नहीं–मां! तुम्हीं तो कहती थी भगवान् अपने भक्तों को बांसुली देता है फिर मुझे क्यों नहीं देता।"

"तुम्हें भी देगा...चलो घर को।"

बच्चा माना नहीं, माता बच्चे को गोद में उठा घर की ओर चल दी।

बालक की भक्ति भावना दिन प्रति दिन उत्कट होने लगी। वह जो कुछ देखता अथवा जो कुछ सुनता उसमें भगवान् के रूप और सत्ता की भावना करने लगा। प्रत्येक वस्तु में उसे परम पिता परमात्मा की लीला दिखाई देती। प्रकृति के सुविशाल क्षेत्र में उसे एक प्रभु ही की लीला दीखती। जब वह अपने वीणा विनन्दित स्वर से ईशस्तवन करता तब सुनने वालों के हृदय भक्ति रस में लीन हो जाते थे। अभूतपूर्व ईश्वरीय सत्ता उन लोगों के हृदय पर अधिकार कर लेती थी, संसार की असारता का प्रत्यक्ष चित्र उनकी आंखों में झूलने लगता था।

कभी-कभी प्रेम में मग्न हो वह एकान्त में घन्टों एक जगह बैठा रहता। कभी-कभी तो ईश्वर भजन में इतना भावातुर हो जाता था कि आनन्दाश्रुओं से उसकी छाती भीग जाती थी।

बाल्यकाल से ही बालक फूलकुंवर में परदु:ख कातरता, सत्यता, शालीनता और सृजनता कूट-कूट कर भर गई। अब तो वह खेल-कूद में भी ईश्वर के ही गीत गाता, खाते-पीते भी ईश्वर का ही नाम जपता और सोते उठते भी ईश्वर को ही याद करता। चौबीसों घन्टे मानो वह ईश्वर के नाम का ही चरखा चलाने लगा। सुबह होते ही ग्वाले गौओं को चराने उस सुन्दर बन में जहां बहुत-सी पहाड़ियाँ अपना ऊंचा सिर किए खड़ी थीं और कहीं-कहीं सरोवर पानी से भरे हुए और कंवल खिले हुए अपनी अद्भुत शोभा बढ़ा रहे थे, वहां जाने को अपने घरों से निकलते। तब वह छोटा-सा बालक अपनी बांसुरी लिए उनके पीछे-पीछे चल देता। वह सारा-सारा दिन

किसी पहाड़ी पर या सरोवर पर बैठा कोई भजन गाता या बांसुरी बजाता गौओं के चराने की धुन में ही लगा रहता, उसे घर का ध्यान ही नहीं रहता। जंगल के अंदर गौएं चराता हुआ जब वह अपनी मधुर-मधुर बांसुरी बजाता तो सुनने वाले मंत्रमुग्ध हो उसकी ध्वनि पर नाच उठते।

यह मानी हुई बात है कि हजार ज्ञान होने पर भी मन की चंचलता तब तक नहीं मिटती जब तक कि उसकी कोई आधार मूर्ति न हो। अस्तु, बालक ने सर्वत्र ही ईश्वर की सत्ता का आभास करते हुए भी भगवान् चारभुजानाथ को अपनी भक्ति का आधार बनाया। हाथ में बंसी ले उन्हीं के समान अनोखी छवि बना वह घंटों प्रभु भक्ति में इतना लीन हो जाता कि उसे अपने तन-बदन की सुध भी न रहती।

जिस रस को पाने के लिए लोग उग्र तपस्या करते हैं, जिस तत्त्व को समझने के लिए लोग हजारों वर्षों तक कठिन साधना करते हैं और जिस सुधा को पाने के लिए योगी जन कई जन्म योग समाधी लगाते हैं, वह सब उस विचित्र बालक को बाल्यावस्था में ही प्राप्त हो गए। बालक का सारा समय भगवान् की कीर्ति गाने, उसका नाम रटने तथा उसकी वन्दना करने में ही जाता। उसमें न तो बच्चों सरीखी उजड्डता थी और न ही उन जैसी चपलता, वह था बाल रवि के समान गम्भीर, शान्त। नन्ही-सी उमर में ही उसका हृदय प्रेममय हो उठा। उसका हृदय सादगी, साधुता तथा सरलता का स्वच्छन्द आश्रम बन गया।

❑❑❑

चौथा अध्याय

फूलकुंवर

बालक ही तो हैं देश के सम्मान के भंडार।
बालक ही तो हैं देश की बलराशि के आकार।।

ब्रह्मपुरी आज अपने सोलह श्रृंगार किए किसी महान् पर्व का माहात्म्य मना रही है। विषाद, शोक, संताप का कहीं नाम नहीं। घर-घर में हर्ष की एक लहर बह रही है। आज तो कुछ ऐसा प्रतीत होता है मानो सारा ग्राम किसी जगत्प्रिय का शुभ संस्कार मनाने की तैयारियों में जुटा है।

और इस सारे गांव के भीतर पं. चतुर्भुज जी का घर तो उस दिन सारे नगर की शोभा का केन्द्र बना है-''बधाई हो! पण्डित जी को बधाई हो!!'' की आनन्द ध्वनि से भरपूर समस्त घर आनन्दित हो रहा है। बड़े-बड़े गवैयों की सरस स्वर लहरी से सारा भवन गूंज रहा है। ब्रह्मपुरी में आज खूब चहल-पहल है। ''दीयताम्, गृह्यताम्'' की ध्वनि के सिवा गली कूचों में कोई दूसरी बात सुनाई ही नहीं देती।

आज बालक फूलकुंवर का यज्ञोपवीत संस्कार है। कुंवर साहिब आज आठ वर्ष के हो गए। वेद भगवान् के आदेशानुसार प्रत्येक ब्रह्म-बाल का यज्ञोपवीत आठवें वर्ष में हो जाना चाहिए।

संस्कार का सारा सामान जुटा था। कुलगुरु अपने यथोचित आसन पर विराजमान थे। यज्ञ की पवित्र अग्नि प्रदीप्त थी। मस्तक पर चन्दन का त्रिपुण्ड लगाये कौपीन पहने, बदन पर पीत वसन धारण किए-हाथ में कमण्डल ले, बगल में मृगछाला दबाये-पलास डंड धारण किए फूलकुंवर यज्ञशाला में प्रविष्ट हुआ और कुलगुरु तथा पुरजन-परिजनों को नमस्कार करता हुआ अपने आसन पर शोभायमान हुआ।

संस्कार का श्रीगणेश हुआ। वेद पाठी ब्राह्मणों ने मन्त्रोचार किया। कुलपुरोहित ने यज्ञोपवीत की एक लड़ी ले बालक के हाथ में दी और बालक ने...

''यज्ञोपवीतं परमं पवित्रम्'' के मन्त्र का जाप करते हुए उस लड़ी को अपने शरीर पर धारण कर लिया। इसी प्रकार एक के पश्चात् दूसरी फिर तीसरी लड़ी को भी धारण किया।

तीनों लड़ियां अपने शरीर पर धारण कर लेने के पश्चात् बालक ने कुलगुरु से एक जिज्ञासा की...''भगवन्! यह सूत की तीनों लड़ियां मुझे कब तक पहननी होंगी।''

''जब तक तुम इस संसार क्षेत्र में सच्चे सेनानी बन कर डटे रहोगे। पहिले तुम शूद्र थे, अबोध बालक थे, आज तुम सच्चे ब्राह्मण बने हो। यह यज्ञोपवीत तुम्हें एक जातीय-पेटी (National guard) दी गई है। जैसी पेटी अपनी ड्यूटी पर खड़े हुए एक सिपाही के शरीर पर होती है, वैसी ही पेटी यह आज तुम्हें दे दी गई है। इस पेटी का महत्त्व उस सिपाही की पेटी से सहस्रों गुणा अधिक है। सिपाही की पेटी उसके शरीर पर थोड़े ही समय के लिए होती है, फिर वह उसे उतार देता है, परन्तु यह धर्म-चिह्न तुम्हारे शरीर से एक क्षण भर के लिए भी पृथक न होगा। इन तीन तन्तुओं में वैदिक धर्म का सार भरा है।

जो भी भारतीय बालक जन्म लेकर इस संसार में आता है, उस पर सब से पहिला ऋण है उस देवी का जिसने उसे उत्पन्न किया, अपने स्तनों का दूध पिलाया-पाला पोसा, बड़ा किया। दूसरा ऋण है उन प्राचीन ऋषियों का जिन्होंने अनेकानेक कष्टों को सहन करते हुए घोर तपस्याएं की तथा रामायण, महाभारत गीता, उपनिषद्, वेद, शास्त्र के रूप में अपना चमत्कार राष्ट्र को दे गए। इस ऋण को कहते हैं ऋषिऋण। तीसरा ऋण है पितृ ऋण और चौथा ऋण भारत माता का। आज भारत माता पराधीनता के प्रबल पाशों में बंधी हुई है, यह फौलादी बेड़ियां तो एक सहस्र वर्षों से इसके चरणों में पड़ी है। भारत मां अपने प्रत्येक पुत्र की ओर आशा पूर्ण नयनों से देखती हैं। जिस माता का हमने अन्न खाया है, जिस माता की गोद का अमृत-रस पीकर हम बड़े हुए हैं और जिस माता ने न केवल हमें ही अपितु हमारे अनेकानेक बाप-दादाओं को पाला-पोसा, उस माता का–भारत माता का हम पर ऋण है। इसे कहते हैं राष्ट्र ऋण।

इस यज्ञोपवीत की तीन तहें इन्हीं तीन ऋणों को सूचित करती हैं। यह यज्ञोपवीत प्रतिक्षण तुम्हारे साथ रहेगा और तुम्हें सदैव ही इन तीन ऋणों का ध्यान बना रहेगा। अपनी व्याख्या को जारी रखते हुए गुरु जी बोले, वत्स! यज्ञोपवीत दो शब्दों के जोड़ से बना है।

यज्ञ + उपवीत = यज्ञोपवीत

अर्थात् यज्ञ के समीप जाना। यज्ञ का अर्थ है परोपकार। सो यज्ञोपवीत का अर्थ है परोपकार मय जीवन व्यतीत करना। आज से तुम इस संसार क्षेत्र में एक सैनिक के रूप में पदार्पण करने चले हो। यह पवित्र धर्म चिह्न चौबीसों घंटे तुम्हारे साथ रहता हुआ तुम्हें सदैव ही परोपकार-धर्म की याद दिलाता रहेगा।

हे बालक! परोपकार से बढ़ कर कोई धर्म नहीं। परोपकार जीवन का शृंगार है। परोपकार मानवता का भूषण है। परमात्मा की प्रकृति का कण-कण मनुष्य को परोपकार का आदेश देता है। सूर्य तपता है परन्तु अपने लिए नहीं—चन्द्रमा प्रकाशित होता है अपने लिए नहीं, मेघ बरसता है अपने लिए नहीं, पृथ्वी अन्न पैदा करती है अपने लिए नहीं, वृक्ष फल देते हैं, छाया देते हैं अपने लिए नहीं—यह सब कुछ मनुष्य मात्र के उपकार करने के लिए हैं। हे बालक, आज से तुम भी अपने जीवन का उद्देश्य परोपकार ही बनाना।

परोपकार-धर्म को भली प्रकार से निभाने के लिए उस मशीन को सुदृढ़ करना अत्यावश्यक है, जिसके द्वारा उपकार करना है। निर्बल देहधारी मनुष्य कभी किसी का उपकार नहीं कर सकता। इसलिये प्यारे बालक अपने शरीर को सुदृढ़ बनाना। वेद ने इस शरीर को अयोध्या के नाम से सम्बोधित किया है। अयोध्या का अर्थ है एक ऐसा दुर्ग जिसे कोई जीत न सके। यह तुम्हारा शरीर वास्तव में एक सुदृढ़ दुर्ग के समान होना चाहिए और इस शरीर रूपी दुर्ग को सुदृढ़ बनाने का एक अचूक मंत्र है "ब्रह्मचर्य।"

ब्रह्मचर्येण तपसा देवा मृत्युमुपाघ्नत्।

इस ब्रह्मचर्य की शक्ति से देवताओं ने मृत्यु को भी अपने वश में कर लिया। सदाचार का पालन करते हुए अपनी इन्द्रियों को काबू में रखना। तुम्हारा यह शरीर एक रथ है, इन्द्रियां इस रथ के घोड़े हैं, बुद्धि इस रथ का सारथी है, मन इस घोड़े की लगाम है, और तुम इस रथ पर सवार हो। ध्यान रहे! विषय वासनाओं की सड़क पर चलता हुआ यह रथ कहीं तुम्हारे काबू से बाहर न हो जाए।

यह तुम्हारा शरीर राष्ट्र की अमानत है। इसे खराब करने का तुम्हें कोई अधिकार नहीं। यदि तुम इस शरीर का दुरुपयोग करते हो तो याद रखो तुम अपनी आत्मा व परमात्मा से धोखा करते हो। अधिक न सही कम से कम 25 वर्ष तक ब्रह्मचर्य का पालन करते हुए काशी में जाकर भगवती भागीरथी के तट पर बने हुए ऋषिकुल में गुरु के पदारविन्द की सेवा करते हुए विद्या प्राप्त करो और विद्या प्राप्त करके ज्ञान प्रकाश से भारतवर्ष के कोने-कोने में फैले हुए अन्धकार को दूर करो।"

❑❑❑

पांचवां अध्याय

होनहार बालक

कहु मुनि विहंसि गूढ़ मृदु बानी।
अनुज तुम्हार सकल गुण खानी॥
होइहिं पूज्य सकल जग माही।
यहि सेवत कछु दुर्लभ नाहीं॥
सदा अचल यहि कर अहि बाता।
यहि ते यश पैहहिं पितु माता॥
सुनि मुनि गिरा सत्य जियजानी।
भगिनी सुखत अति हिय हर्षानी॥

परोपकार ही मनुष्य जीवन का सार है। हे बालक! तुम ब्रह्मचर्य का पालन करते हुए काशी जी में विद्याध्ययन करो और अपने आप को बल तथा बुद्धि से युक्त करके मातृ ऋण, पितृ ऋण तथा राष्ट्र ऋण से मुक्त करो।''

छोटे से बच्चे के कानों में कुलगुरु द्वारा कहे गए ये शब्द निरन्तर गूंज रहे थे। उठते-बैठते, सोते-जागते, चलते-फिरते...उनके कानों मे सदैव यही आवाज गूंजा करती, उसका दिल था एक कोरा कागज़ और उस पर कुलगुरु ने लिख दिया समस्त जीवन का सार। छोटा-सा बच्चा इसी सार प्राप्ति की ओर झुक गया।

अब तो वह काशी की ही रट लगाने लगा। पहिले उसे बंसी की रट थी अब उसे काशी की रट लग गई–

''अम्मां, अम्मां–मुझे काशी कब भेजोगी?''

''क्या करोगे तुम काशी जाकर–माता ने हंस कर बालक से पूछा।''

'गुरु जी महाराज ने तुम्हारे सामने ही तो मुझे काशी जाने के लिए कहा था।''

''कहा तो था, परन्तु मेरे फूल! वे बातें तो उसी समय कहने की हुआ करती हैं, करने की नहीं, तुम छोटे से बच्चे, मैं भला तुम्हें काशी जी कैसे भेज दूं।''

''तो मैं विद्या कहां प्राप्त करूंगा!''

''विद्या तो अपनी ब्रह्मपुरी में ही बहुत है–फूल! यदि तुम स्कूल में भी पढ़ना चाहोगे तो उदयपुर में बड़े-बड़े स्कूल हैं, वहां जीजी के पास रह कर पढ़ना। काशी जी का ख्याल छोड़ दो, बेटा काशी जी तो यहां से सैकड़ों कोस पर है। काशी जी जाकर विद्या पढ़ने की अभी तुम्हारी उमर ही कहां हुई।''

माता के शब्दों को सुन कर उस समय तो बालक चुप-सा रह गया, परन्तु वह खामोशी उस महार्णव की-सी थी, पता नहीं कब उसकी तरंगों में ज्वार-भाटा आ जाए। चमकती हुई अग्नि पर ऊपर से धूल पड़ गई। परन्तु अग्नि शान्त नहीं हुई थी उस धूल को उड़ाने के लिए वायु का एक ही झोंका काफी था।

फूलकुंवर की बड़ी बहन उदयपुर में ब्याही थी–फूलकुंवर के बहनोई पं. गंगाराम जी उदयपुर के राज-पुरोहित थे। फूलकुंवर की बहन के विवाह को कई वर्ष हो चुके थे परन्तु दुर्भाग्यवश सन्तान का सुख अभी तक उन्हें प्राप्त नहीं हुआ था। फूलकुंवर की बहन अपने भाई से अत्यन्त स्नेह करती थी। सैमटाल से उदयपुर चलते समय बहन ने माता-पिता से प्रार्थना की, वे छोटे भाई को उसके साथ उदयपुर भेज दें।

माता अपने नन्हें से बच्चे को अपनी आंखों से ओझल करना नहीं चाहती थी। जिस प्यारे फूल सरीखे फूलकुंवर को एक दिन-एक घड़ी भी न देखकर माता व्याकुल हो उठती थी–उसे भला वह अपने से दूर उदयपुर कैसे भेज देती! परन्तु प्यार, स्नेह और ममता यह सब धर्म पालन के पीछे ही रहते हैं। बड़ी बहन माता के ही तुल्य होती है–''मेरी आंखों को सन्तोष देने के लिए मेरे सामने दो पुत्र और हैं...'' बेटी की आकांक्षा को अस्वीकार कर उसे दुःखी करना माता के लिए असह्य हो गया। अनिच्छा होते हुए भी उसने भाई को बहन के साथ उदयपुर भेज दिया।

बहन अपने भाई को बड़े ही प्यार से अपने पास रखती, उसके अपने कोई बच्चा न था, उसने फूलकुंवर को ही अपना बच्चा समझा।

जब भी कभी किसी पहुंचे हुए साधु महात्मा अथवा ज्योतिषी का उसे पता चलता बहन अपने भाई के भविष्य के बारे में उससे प्रश्न करती।

एक दिन राज दरबार में एक बड़े ही विद्वान महात्मा पधारे, पं. गंगाराम जी भी उस समय राजदरबार में थे। महात्मा जी से उन्होंने अपने घर को चरण स्पर्श द्वारा पवित्र करने की प्रार्थना की।

बहन ने सर्वप्रथम महाराज का अतिथि सत्कार किया... पश्चात अपने भाई को आगे कर बोली–भगवन्! यह मेरा छोटा भाई है–मैं इसके भविष्य के सम्बन्ध में आप से कुछ जानना चाहती हूं। ज्योतिषी जी महाराज ने बालक को बड़े प्रेम से अपने पास बिठा कर उनका हाथ अपने हाथ में ले ध्यान पूर्वक उस पर आंखें जमा दीं।

बहन की दृष्टि ज्योतिषी जी महाराज के चेहरे पर हो रहे उतार–चढ़ाव पर गड़ गई। बालक के कोमल–कोमल हाथ पर दृष्टिपात करते ही ज्योतिषी जी की मुख मुद्रा गम्भीर बन गई। बालभक्त के जन्म से संसार का सौभाग्य समझ सर्वप्रथम तो वे प्रेम में निमग्न रहे...तत्पश्चात् प्रसन्नचित्त हो बोले–

"देवी! तेरा भय्या तो बड़े ही विलक्षण चिह्नों वाला है। इसकी हस्तरेखा राजर्षियों जैसी है। राजर्षि का पद संसार में सबसे ऊंचा होता है। इस तुम्हारे भाई का राजदरबार में बड़ा ही मान होगा–परन्तु राज्य के नाना प्रकार के प्रलोभन इसे अपने ध्येय से विचलित न कर सकेंगे। राजाओं की सम्पदा गरीबों के रुधिर से सनी हुई होती है–राजाओं द्वारा सहस्रों की सम्पदा भेंट किएं जाने पर भी तेरा भाई उन्हें छूकर त्याग देगा। जिस प्रकार सूर्य की ओर मुंह करने से मनुष्य की छाया उसके पीछे-पीछे भागती है ऐसे ही शंकर भगवान् की ओर मुंह किए निर्भय हो जा रहे तेरे भाई के पीछे लक्ष्मी चेरी बनी हुई फिरेगी।

समस्त तीर्थ गुरुओं द्वारा सम्मान प्राप्त कर तेरा भाई कई बार तीर्थ यात्रा करेगा और प्रायः इसका निवास उत्तराखण्ड में पतित पावनी भागीरथी के तट पर ही होगा।"

उत्तराखण्ड का नाम सुनते ही बहन का हृदय कांप उठा...भगवन्! उत्तराखण्ड का वास तो अत्यन्त कष्टप्रद है। उत्तराखण्ड में तो पांडव लोग गल गए थे। मेरे भाई को तो वहां बहुत कष्ट होगा।

ज्योतिषी महाराज बोले, देवी! तू चिन्ता मत कर, उत्तराखण्ड का वास तो पुण्य कर्मों का ही फल होता है। सर्व साधारण को उत्तराखण्ड वास प्राप्त ही कहां होता है। तेरा भाई उत्तराखण्ड हरिद्वार में पतित पावनी भगवती भागीरथी के तट पर प्राचीन ऋषियों के सदृश शान्ति कुटीर में निवास करेगा और मानव जीवन का जो सर्वोपरि लक्ष्य है–"परम पद की प्राप्ति" उसके लिए तपस्या करेगा। कल्याण मार्ग के पथिक के मार्ग में बाधाएं तो आती ही रहती हैं परन्तु ये बाधाएं उसे अपने ध्येय से विचलित कर देने के लिए उपस्थित नहीं हुआ करतीं परन्तु सोने पर सुहागे की पुट चढ़ा उसे कुन्दन बना देने के लिए ही होती हैं। पुत्री! तेरे भाई को अपने जीवन में अनेकानेक घोरतम कष्ट भी सहने पड़ेंगे। परन्तु, पुत्री! इस संसार रूपी कुरुक्षेत्र में किस-किस पर नहीं पड़े–राम, कृष्ण, बुद्ध, ठाकुर, प्रताप सब पर कष्ट पड़े परन्तु क्या वे महान् आत्माएं इन कष्टों से भयभीत हो क्षेत्र छोड़ भाग गईं–ये कष्ट उनका कुछ भी बिगाड़ न सके।

कष्टों की भट्टी में पड़ कर तेरा भाई कुन्दन बन जाएगा। घोर जंगलों में, पर्वतों में विचरण करते हुए इस पर कष्ट तो पड़ेंगे और कई बार स्वयं भगवान् किसी-न-किसी रूप में तेरे भाई की रक्षा करेंगे।

इतना कहते ही प्रेम और भक्ति भाव से वशीभूत हो वह वृद्ध ज्योतिषी कुछ आगे को झुका। उस बालक के पांव की मिट्टी उठा उसने अपने मस्तक पर लगाई। थोड़ी-सी चरण रज अपने पल्ले बांधी और फिर बोला पुत्री, यह जो बालक तेरी गोद में बैठा है यह कोई पुराना योगी है। तू बड़ी ही भाग्यशालिनी है जो ऐसे देवता तेरी गोदी में निवास कर रहा है। तेरी माता धन्य है जिसने ऐसे धर्मात्मा पुत्र को उत्पन्न किया।"

❑❑❑

छठा अध्याय

नाकू के पेट में

अरक्षितं तिष्ठति दैव रक्षितं। सुरक्षितं दैव हतं विनश्यति।
जीवत्यनाथोऽपि वने विसर्जितः! कृत प्रयत्नेऽपि गृहे न जीवति॥

सन्तों की वाणी कदापि अर्थहीन नहीं हुआ करती। अपने तप और ज्ञान के बल द्वारा सन्त जन कुछ सिद्धियां प्राप्त करते हैं, उसी के बल से वे साधारण जनों के भूत, भविष्य और वर्तमान के सम्बन्ध में ठीक-ठीक जान जाते हैं। प्राचीन कवियों ने अनेक स्थलों पर लिखा है।

"लिखितमपि ललाटे मेटितुं को समर्थः।"

अर्थात् परमात्मा ने मनुष्य के माथे पर जो लिख दिया है वह होकर ही रहता है। साधारण दृष्टि वाला व्यक्ति इस माथे पर लिखी हुई भाषा को पढ़ नहीं सकता परन्तु अपने तपोबल द्वारा प्राप्त दिव्यदृष्टि से सन्त जन उस ललाट-लिखित अपौरुषेय भाषा को भली-भांति पढ़ सकते हैं।

उस भविष्य-वेत्ता महात्मा के कथन में अत्युक्ति का तो नाम तक न था। बालक फूलकुंवर ने तो संसार में अपने प्रादुर्भाव के तीसरे ही दिन इस सन्तोक्ति का प्रथम अध्याय लिखना आरम्भ कर दिया था।

बालक के अन्दर सब से बड़ा गुण यह था कि वह किसी भी साधू महात्मा द्वारा कही हुई किसी भी वार्ता को सुन कर उस पर घंटों मनन करता और शीघ्र ही उस कथन के अनुकूल आचरण करना आरम्भ कर देता।

वह परम पिता परमात्मा से प्रार्थना करता—प्रभो! मुझे बल दो, मैं उस भविष्य-वेत्ता सज्जन के कथनानुसार अपनी जीवन-यात्रा को निभाता हुआ लोक-संग्रह का अधिक से अधिक पुण्य प्राप्त कर सकूं।

उस समय उसकी आयु केवल दस वर्ष थी, परन्तु इतनी छोटी-सी अवस्था में भी उसके अलौकिक कृत्यों का विशद यश उदयपुर के चारों ओर

फैल चुका था। ब्रह्मपुरी की विचित्र घटनाएं बहुत समय व्यतीत हो जाने पर भी जनसाधारण के लिए कुछ भूल सी गई थीं। उनको पुनर्जीवित करने हेतु एक और विचित्र घटना अकस्मात् ही घट गई।

छुट्टी का दिन था। खरबूजों की बहार थी। हरी, गोपाल, इकलिंग और फूलकुंवर चारों मित्रों ने सलाह की–''आज छुट्टी का दिन मनाएं, खरबूज़े ले कर पिछोले पर जाएं, वहीं मजे में नहाएं और वहीं बैठ कर खरबूज़ें खाएं।''

थोड़ी ही देर में चारों मित्र अपने-अपने लंगोट सजाए, खरबूज़े उठाये पिछोले पर पहुंचे गए। जहां हृदय को आनन्दित करने वाली ठंडी-ठंडी हवा चल रही थी। चारों मित्रों ने अपने-अपने कपड़े उतार कर मुंडेर पर रख दिए.... सबने अपने-अपने लंगोट कस रखे थे। ज्येष्ठ आषाढ़ की गरमी में चले हुए मार्ग की थकान को दूर करने के लिए ये इस पिछोले की तलाब के मुंडेर पर बैठ गए।

गोपाल ने एक खरबूज़ा उठाया और चाकू निकाल उसे काटने को ही था, उसी क्षण हरी बोल उठा–''गोपाल! अभी इस खरबूज़े को मत काटो, इन सब खरबूज़ों में केवड़े के फूल धर देंगे तो इनमें केवड़े की सुगन्धी भर जाएगी। वे देखो इस पाल के नीचे केवड़े के कितने पेड़ हैं। चलो हम दोनों फूल तोड़ कर लाते हैं। इकलिंग और फूलकुंवर दोनों यहां कपड़ों के पास बैठेंगे।''

हरी की बात सुन सब को बड़ी प्रसन्नता हुई। केवड़े की सुगन्धी वाले खरबूज़े तो खूब मजे के होंगे–इकलिंग बोला! चलो हरी मैं भी तुम्हारे साथ ही चलूंगा–बहुत से फूल लावेंगे....कपड़ों के पास फूलकुंवर बैठा रहेगा।

पिछोले के मुंडेर बहुत ऊंची थी। इसके नीचे केवड़े के बहुत से पेड़ थे। हरी, गोपाल और इकलिंग तीनों मित्र केवड़े के फूल लाने के लिए पाल के नीचे उतर गए और ऊपर फूलकुंवर पाल पर झट छलांग मार पानी में तैरने लगा। एक बार कूद कर वह बाहर निकल आया–बाहर निकलते ही दूसरी बार फिर कूद पड़ा। वह तैरता हुआ आगे बढ़ रहा था, सहसा उसने देखा एक बड़ा भारी मगरमच्छ मुंह फैलाये उसकी ओर भागा आ रहा था। वह पीछे मुड़ा और अपनी पूरी शक्ति लगा कर बाहर निकलने की कोशिश करने लगा–परन्तु कहां जल का जन्तु और कहां साधारण-सा बालक। मगरमच्छ उसके बिल्कुल पास ही आ गया–वह चिल्लाया!–''मुझे बचाओ!–मेरे भगवान् मुझे बचाओ!!'' वह यह शब्द मुश्किल से कह पाया कि नाकू ने आ उसे समूचे निगल लिया।

उसी तालाब पर थोड़ी ही दूर एक धोबी कपड़े धो रहा था। फूलकुंवर के अन्तिम शब्दों को सुनकर वह चौंक पड़ा। एक छोटे से बालक को उसने पानी में कूदते और तैरते देखा था। वह बालक अब उसे कहीं दिखाई न दिया। उसने समझा उसी बालक को मगरमच्छ ने निगल लिया। वह धोबी भागा-भागा पाल पर आया। वहां बहुत से कपड़े और खरबूजे पड़े देखकर वह जोर-जोर से आवाज लगाने लगा "ओ कपड़े वालो-ओ खरबूज़े वालो, कहां हो! जल्दी आओ।"

उस धोबी की आवाज सुन तीनों लड़के हरी, गोपाल, इकलिंग भागे-भागे वहां आए। फूलकुंवर को वहां पर न देख उस आदमी से बोले-हमारे साथ का लड़का कहां है? धोबी ने सारा वृत्तान्त सुना दिया...

हरी और गोपाल रोने लग गए, परन्तु इकलिंग खिन्न चित्त हो टकटकी लगा पानी की ओर देखता रहा... वह कुछ निराश हो गया... उसने जोर से चीख मारी और हाथ जोड़ प्रभु के दरबार में प्रार्थना करने लगा-

"प्रभो-दीनानाथ! यह तुमने क्या कर दिया। मेरे पिता झूठ तो नहीं बोलते-भगत जी के प्रति तो मैंने सभी लोगों को कहते सुना है भगत जी बहुत ही सच्चे आदमी हैं। लाख रुपये तो क्या उनकी जान भी चली जाए वे कदापि झूठ नहीं बोलते। वे सच्चे आदमी हैं-हे दयानिधे! ऐसे सच्चे पुरुष ने मुझे एक कथा सुनाई थी "एक बार गज और ग्रह में लड़ाई हुई-हाथी हार कर जल में ग्रह से मरने लगा। तिल भर सूंड रही जल बाहर तब ही गज ने प्रभु नाम पुकारा। ग्रह को मार गज को उबारा, तो क्या, भगवन्! मैं पूछता हूं फूलकुंवर भैय्या ने आपको नहीं पुकारा! धोबी तो कह रहा है। "आओ! आओ!! भगवान् मुझे बचाओ" ऐसा कहता हुआ ही वह लड़का डूबा है-तो क्या जो कथा मेरे पिता जी ने सुनाई थी वह झूठी है। नहीं! कदापि नहीं!! मेरे पिता कभी झूठ नहीं कहते थे। तो फिर आप फूलकुंवर की रक्षा को क्यूं नहीं आते।

बालक के पवित्र अन्तःकरण से निकले वे शब्द आकाश की सातों तहें फाड़ कर बैकुंठ में गूंज उठे। उसी समय धोबी चौंक पड़ा और पानी की ओर इशारा करके बोला, देखो! देखो!! वह पानी में उबाल आया है। लड़के उस ओर देखने लगे.... धोबी फिर बोला, "लड़के की लाश मालूम होती है।"

"हां! हां!! वही है हमारा साथी" इतना कह लड़के पानी में कूदने लगे परन्तु छोटे बच्चों को वहीं रोक धोबी स्वयं पानी में कूद उस तैरती हुई लाश को निकाल लाया।

मारने वाले से बचाने वाला अधिक बलवान है। धोबी ने फूलकुंवर को बाहर पौड़ी पर लिटा उसकी नब्ज पर हाथ धरा–नब्ज चल रही थी।

बच्चों ने रोना बन्द कर दिया और हाथ जोड़ प्रभु का धन्यवाद किया... छोटा लड़का इकलिंगनाथ गद्‌गद् हो "सच है, सच है" प्रभो! मेरे पिता द्वारा बताई हुई तेरी कहानी सत्य... कहता हुआ फूलकुंवर के कपड़े ले उसके पास आ कर बैठ गया।

"अब इसे जल्दी इसके घर पहुंचा देना चाहिए ताकि उसका उपचार हो सके।" "हां! धोबी तुम्हीं इसे जल्दी पहुंचा सकते हो... तुम्हारा अपना नुकसान तो होगा ही, परन्तु हमारे बन्धु की जान तुम्हारे कारण बच जाएगी... सचमुच तुम्हें इनाम भी बहुत मिलेगा।

धोबी का अपना काम अभी बहुत बाकी था, उसे छोड़ फूलकुंवर को उठा वह उसके घर की ओर चल दिया–

दो लड़के हरी और गोपाल तो रास्ते में ही कहीं चम्पत हो गए परन्तु छोटा लड़का इकलिंग फूलकुंवर के कपड़े उठाये बराबर धोबी के साथ-साथ घर तक पहुंचा।

सारे घर में शोक और चिन्ता की घटाएं छा गईं। पं. गंगाराम जी शीघ्र ही वैद्य जी को बुलाने के लिए भागे-भागे गए–इकलिंग ने जीजी को सारी घटना सुनाई... जीजी ने खुश होकर धोबी को दस रुपये इनाम में दिए....

यह खबर आस-पास सर्वत्र बिजली के समान फैल गई... पं. गंगारामजी के घर पर एक मेला सा लग गया–सभी लोग फूलकुंवर को देखने के इच्छुक थे, परन्तु बच्चे की चिन्ताजनक अवस्था को दृष्टि में रखते हुए वैद्य जी ने किसी को उसके पास नहीं आने दिया। लोग आते और बाहर से ही राजी खुशी पूछ कर चले जाते।

नत्थु धोबी के घर भी कम भीड़ न थी। फूलकुंवर की राजी खुशी का पता ले कर सभी लोग नत्थु धोबी के घर की ओर भागते। फूलकुंवर नाकू के पेट से किस प्रकार बच निकला यह सारा वृत्तान्त आद्योपान्त सुनने की सबको उत्कंठा थी।

दूसरे दिन सुबह नत्थू कपड़े धोने के लिए पिछोले पर गया। उसने देखा उसके घाट पर एक बहुत बड़ा मगरमच्छ पड़ा है। उस नाकू को उसने सब उपायों से वहां से हटाने का प्रयत्न किया। दूर से उसकी पीठ पर ईंटें, लाठियां, मूसर जोर-जोर से मारे–परन्तु वह नाकू वहां से एक इंच न हिला।

उस समय उस नाकू को देखने के लिए वहां एक अच्छी खासी भीड़ थी। भीड़ में से कई लोग ने उस नाकू पर लाठियां, पत्थर आदि बरसाये परन्तु वह फिर भी वहां से नहीं हिला, आखिर सब लोग मिल कर उस नाकू के पास गए उन्होंने देखा वह नाकू मरा हुआ था और उसका सारा पेट नीचे से चिरा हुआ था।

जिस समय फूलकुंवर को नाकू ने निगल लिया उस समय नाकू एक दम घूम कर आगे पानी में उतरने लगा—वहां एक पत्थर जिस की धार बड़ी पतली और नोकीली थी... वह उस नाकू के मुलायम पेट की झिल्ली में घुस गया... परन्तु नाकू जो अपनी पूरी ताकत से नीचे उतर रहा था अपने आप को सहसा रोक न सका और उसका सारा पेट चिर गया। जिस समय उस नाकू का पेट चिरा उस समय तक फूलकुंवर का श्वास अभी चल रहा था। इसी कारण उस नाकू के पेट में से निकलते ही उसकी लाश झट पानी के ऊपर आ गई। जिस अज्ञात शक्ति ने नाकू के पेट से बालक की रक्षा की उसने घर पर भी उसकी वैसे ही रक्षा की। थोड़े ही दिनों में फूलकुंवर अपने पूर्ववत् अवस्था को प्राप्त हो गया।

❑❑❑

सातवां अध्याय

बंधु वियोग

अस्मिन् महामोहमये कटाहे। सूर्याग्निना रात्रि दिवान्धनेन्॥
मासर्तुदर्वी परिघट्टनेने। भूतानि कालः पचतीति वार्ता॥

इसी प्रकार स्वजनों तथा पुरजनों के आनन्द को बढ़ाता हुआ वह भक्त बालक बल, बुद्धि, विद्या में कल्प-वृक्ष के समान दिन प्रति दिन उन्नति करने लगा। उसका एक मित्र था इकलिंग। यह वही लड़का था जो फूलकुंवर के नाकू द्वारा ग्रसे जाने पर भगवान् से उसकी रक्षा की याचना करता रहा और जब सब लड़के रास्ते में ही चम्पत हो गए थे तो यही लड़का धोबी के साथ घर तक गया था।

इकलिंग अपने मां बाप का इकलौता लड़का था। बेचारा अभी भली-भांति अपने पांव पर चलना भी न सीखा था कि क्रूर काल ने मां की गोद उससे छीन ली। उसके पिता अपना अधिक समय पूजा पाठ में ही व्यतीत किया करते थे, इकलिंग अपने चाचा के पास रहता था।

चाचा-चाची का व्यवहार इकलिंग के साथ ऐसा नहीं था जैसा होना चाहिए था। उसकी अवस्था थी लाड़ प्यार की परन्तु चाची के पास तो उसके लिए यह दोनों ही वस्तुएं न थी। बात-बात में उसे झिड़के पड़ते, नौकरों के समान उससे काम लिया जाता। इकलिंग के पिता को जब इस दुर्व्यवहार का ज्ञान हुआ, उसे बड़ा दुःख हुआ। वह जानता था इकलिंग और फूलकुंवर में सगे भाइयों-सा प्रेम है। अस्तु उसने इकलिंग को फूलकुंवर के साथ ही रखने का निश्चय किया।

इकलिंग अब फूलकुंवर के घर पर ही रात दिन रहने लगा। इकलिंग के पिता ने फूलकुंवर की बहन के हाथों में इकलिंग का हाथ दिया और बोला, "देवी! आज से इस बच्चे को तुम अपना दूसरा फूलकुंवर समझो, इसको अपने ही पास रखो और पालो।" फूलकुंवर की बहन ने इकलिंग का हाथ

पकड़ उसे गोद में बिठा उसका माथा चूमा और हाथ जोड़ इकलिंग के पिता से बोली–"पिता जी! आप कोई चिन्ता मत करिये। मेरे लिए जैसा फूलकुंवर वैसा ही इकलिंग"। इकलिंग अब फूलकुंवर के घर पर ही रहने लगा। दोनों मित्र महाराणा हाई स्कूल में भरती हो गए। कुछ दिनों के पश्चात सैमटाल से पं. गंगाराम जी को सपरिवार सैमटाल पधारने का बुलावा आया। फूलकुंवर के बड़े भाई की शादी थी। अगले दिन सभी लोग सैमटाल के लिए चल दिए। फूलकुंवर को उस दिन बड़ी ही प्रसन्नता थी क्योंकि आज उसका बालसखा प्रथम बार उसकी जन्म भूमि सैमटाल में जा रहा था।

विवाह सकुशल सम्पन्न हुआ। पं. गंगाराम जी तो अगले ही दिन उदयपुर चले गए परन्तु फूलकुंवर और उसकी बहन सैमटाल में कुछ दिन रह गए।

थोड़े ही दिनों के पश्चात सैमटाल में इकलिंग के नाना के यहां से इकलिंग को बुलाने के लिए एक आदमी आया। इकलिंग तो जाने को राजी न था परन्तु फूलकुंवर के पिता जी ने समझा बुझा कर उसे भेज दिया।

फूलकुंवर भी कुछ दिन पश्चात अपनी बहन के साथ उदयपुर चला गया। उदयपुर जाने पर फूलकुंवर को फिर इकलिंग की याद आई परन्तु उसे इकलिंग का कुछ पता न चला। बहुत दिनों के पश्चात् इकलिंग के चाचा की जबानी पता लगा कि इकलिंग अभी तक अपने नाना के घर पर ही है और वह इस समय बीमार है।

मित्र की बीमारी को सुन फूलकुंवर चिन्तित हो उठा। अगले ही दिन अपने नौकर हीरा के साथ डूंगरपुर जा इकलिंग को मिलने का उसने निश्चय कर लिया। अगले दिन वह डूंगरपुर प्रस्थान की तैयारियों में ही था, उसी समय इकलिंग के नाना के यहां से एक आदमी इकलिंग का सन्देश लेकर आया। फूलकुंवर की बहन ने उस आदमी का यथायोग्य अतिथि सत्कार कर उससे इकलिंग के बारे में बहुत पूछा और वह सन्देश जो लाया था, उसे पढ़ा।

डूंगरपुर 10 जून, सन् 1875

मेरे आदरणीय भाई,

आप मुझे बहुत ही याद आते हो। जबसे मैं आपको ब्रह्मपुरी में छोड़ कर आया हूं तब से आपसे मिलने की चाह बराबर बनी रही–दिल करता है दौड़ कर आप के पास आ जाऊं। ब्रह्मपुरी से मैं अपनी मौसी की लड़की की शादी में सम्मिलित होने के लिए आया था, वहां से निपटकर मैं अपने नाना के यहां चला गया। यहां एक दिन अचानक बुखार-सा आ गया। बहुत इलाज किया परन्तु रोग दिन प्रति दिन फैलता गया। अब भी अवस्था कुछ सन्तोषजनक नहीं

है। मैं नहीं चाहता था कि अपनी बीमारी की सूचना आप तक भेज कर आप को दु:खी करूं, परन्तु मैं लाचार हूं। रोग घटता दिखाई नहीं देता। मैं तो बस अब पलंग का ही हो गया हूं। इतनी कमजोरी है कि उठ कर बैठना भी असम्भव हो रहा है।

आपकी याद सदैव ही बनी रहती है। अच्छा होने की आशा बहुत कम है। शायद आप के आशीर्वाद से ही अच्छा हो जाऊं, इसलिये आप इस पत्र को पढ़ते ही मुझे आकर दर्शन देवें।

जीजी को प्रणाम-जीजाजी को प्रणाम।

तुम्हारा अपना पाला हुआ,
इकलिंग...

पत्र को पढ़ते ही फूलकुंवर की आंखों में आंसू भर आए। जीजी ने आश्वासन दिया, "फूल तुम निराश क्यूं हो गए-यहीं दिल तोड़ दिया तो वहां जा कर क्या करोगे। बीमार के सामने जाकर दिल नहीं तोड़ा करते। रोगी की अवस्था यद्यपि निराशा पूर्ण हो तो भी उसे आशा ही बंधानी चाहिए।

उस दिन समय अधिक हो गया था। अगले दिन प्रात:काल उदयपुर से चल कर शाम के लगभग चार बजे फूलकुंवर अपने मित्र के पास पहुंच गया।

अपने प्यारे फूलकुंवर को अपने सामने देख इकलिंग ने उठने की कोशिश की, परन्तु वह उठ न सका। उसी अवस्था में उसने फूलकुंवर को हाथ जोड़ कर नमस्कार किया, "आप आ गए भाई साहिब, आपने बहुत अच्छा किया। मुझे आप के आने से बहुत जीवन मिला है"-इतना कह इकलिंग ने अपना पतला कमजोर-सा हाथ आगे बढ़ाते हुए फूलकुंवर का हाथ पकड़ धीरे से कहा "आप बैठ जाइए, भाई साहिब मेरे सिरहाने आकर बैठ जाइए। भाई साहिब मैं तो आपके पास ही उदयपुर आने वाला था परन्तु इस रोग ने घेर लिया। आपको तकलीफ तो बहुत हुई होगी-क्षमा कर देना"-इतना कह वह रोने लगा।"

फूलकुंवर ने प्रेम के साथ उसके आंसू पोंछे-"इकलिंग! निराश मत होओ! तुम शीघ्र ही बहुत अच्छे हो जाओगे और फिर हम दोनों इकट्ठे उदयपुर चलेंगे।

इतने में वैद्य जी आ गए। इकलिंग ने आंखें खोली और भैयाजी! भैयाजी!! की रट लगाने लगा। "लो! इकलिंग दवाई पी लो" वैद्य जी ने दवाई इकलिंग की ओर बढ़ाते हुए कहा। "मैं अब दवाई नहीं पिऊंगा-वैद्य जी! मुझे

तो अब गंगा जल तथा भगवान् के चरणों का अमृत पिला दो-बस! मैं अब दवाई नहीं पिऊंगा" इतना कह वह फिर भैया जी की रट लगाता हुआ इधर-उधर देखने लगा "इकलिंग! मैं तो यहां तुम्हारे पास ही बैठा हूं दवाई पी लो-भाई दवाई पीने से ही अच्छे होओगे।"

''नहीं भाई साहिब मेरी दवाई तो अब हो चुकी।"

"बस नहीं होली इकलिंग-वाह! बड़ी जल्दी हिम्मत हार ली-लो पीयो मैं पिलाता हूं पी लो! मेरे हाथ से पी लो।" इकलिंग ने उस समय दवाई पी ली।

फूलकुंवर को आए काफी देर हो गई थी। वह जब से आया तभी से इकलिंग के पास बैठा था। इकलिंग की नानी ने रोटी तैयार की।

फूलकुंवर-अब थोड़ा सा भोजन कर लो। फूलकुंवर का चित्त अशांत था। इकलिंग की उस अवस्था को देख उसे विश्वास नहीं होता था कि वह बच जाएगा, इसलिए उसका चित्त खिन्न था। भोजन में उसकी रुचि बिल्कुल न थी परन्तु वह समझदार था। उसने सोचा अन्य घर वालों ने भी सुबह से भोजन नहीं किया, मेरे बहाने से वे भी कुछ खा पी लेंगे। उसने मुश्किल से दो ही ग्रास खाये होंगे कि उसके कानों में आवाज आई भैया जी-भैया जी। रोटी को वहीं धर फूलकुंवर उस ओर बढ़ा-

"क्यों इकलिंग क्या बात है?"

"तुम कहां चले गए थे भैया जी?"

"इकलिंग मैं तो तुम्हारे पास ही था-यहीं था।"

गंगाजल!-इकलिंग ने मुंह खोला। फूलकुंवर ने इकलिंग के मस्तक पर हाथ रखते हुए पूछा-"कैसी तबीयत है?"

"तबीयत तो आपके आने से ही अच्छी हो गई परन्तु अब संसार से अन्न जल उठ गया।"

फूलकुंवर की आंखों से आंसू बह निकले। उसने अपना मुंह एक ओर फेर लिया और जेब से इकलिंग का भेजा हुआ पत्र आंखों के सामने धर लिया। फिर कुछ साहस करके बोला "तुम अच्छे हो जाओगे, इकलिंग!"

"भाई साहिब! मुझे भूल मत जाना। देख लो अब मैंने आपको नाना के घर बुला लिया है फिर और कहीं बुला लूंगा।" इतना कह उसने सदैव के लिए आंखें बन्द कर लीं।

❑❑❑

आठवां अध्याय

पथ-भ्रांत पथिक

बलीयसी केवलमीश्वरेच्छा

इकलिंग के देहावसान से बालक फूलकुंवर के कोमल हृदय पर एक कठोर वज्राघात हुआ। मृत्यु-जीवन का अन्त! बालक के जीवन में अपनी आंखों यह दृश्य देखने का पहला ही अवसर था। उसके देखते-देखते उसका लंगोटिया यार-बाल सखा, किसी अनन्त की ओर चल दिया। इकलिंग का भूत एक फिल्म चित्र बन कर उसकी आंखों के सामने घूमने लगा। उसने अपने मन को बहुतेरा काबू में किया, परन्तु वह अपने आंसुओं को न रोक सका। इकलिंग का निष्कपट प्रेम, उसकी भोली-भाली सूरत याद आते ही उसकी आंखों से आसुओं की धारा फूट पड़ती।

अगले दिन वह डूंगरपुर से उदयपुर की ओर चल दिया-परन्तु उदयपुर में आकर भी शांति कहां! अब तो सारा ही घर मानो उसे काटने को दौड़ रहा था। अब वह कहीं शांति की गोद में भाग जाना चाहता था।

"अब वह इस दुनिया से निराश हो गया। यह हमारा झूठा घर है। हमारा सच्चा घर कोई और है। मैं उस सच्चे घर की खोज करूंगा। उदयपुर की दीवारें अब उसे भयंकर दिखाई देती थीं और वह प्रतिक्षण कहीं भाग जाने की चिन्ता में था और उसके इस मनोरथ को क्रियात्मक रूप देने के लिए प्रभु ने एक अवसर भी उसके लिए घड़ दिया।

अप्रैल का महीना था। विद्यार्थियों की परीक्षा का परिणाम निकल चुका था। जमातें चढ़ चुकी थीं। परन्तु अभी नियमपूर्वक पढ़ाई आरम्भ न हुई थी। बालक फूलकुंवर छठी श्रेणी से पास हो कर अब सातवीं जमात का विद्यार्थी था। अप्रैल की ऋतु बड़ी ही सुहावनी होती है। प्रकृति तो मानो स्वयं अपने प्रेमियों को क्रीड़ा के लिए आवाहन देती फिरती है।

उस दिन मास्टर साहब छुट्टी पर थे। उन का घंटा खाली था। लड़कों ने सोचा कोई खेल खेलें।

फूलकुंवर तथा उसके कतिपय साथी स्कूल कम्पाउंड में ही जंड-पलांगडा खेलने लग गए। जंड-पलांगडा एक भारतीय खेल है। कुछ लड़के आपस में मिल जाते हैं। एक लड़का जोर से लकड़ी फैंकता है दूसरा लड़का भाग कर इसे लेने जाता है। बाकी सब लड़के वृक्षों पर चढ़ जाते हैं। वह लड़का जो भाग कर लकड़ी लाता है एक गोलाकार में लकड़ी रखता है। उसकी यह कोशिश होती है कि वह लकड़ी छूने से पहिले ही किसी लड़के को छू ले।

थोड़ी ही देर के पश्चात हैडमास्टर साहब यहां से गुजरे। पता नहीं बच्चों के उस निर्दोष खेल में उन्हें क्या दोष दिखाई दिया। दफ़्तर में जाकर उन्होंने सातवीं जमात के सब लड़कों को अपने पास बुलाया और उन्हें केवल उस वृक्ष पर कूद-कूद कर खेलने के दण्ड रूप में बैतों से पीटना शुरू कर दिया।

बालक फूलकुंवर ने हैडमास्टर के इस कृत्य को सरासर अन्याय समझा। उस समय उसकी आत्मा से आवाज उठी-फूलकुंवर!

यान्तीमन्याय प्रवृत्तम्य तृणञ्चोपि सहायताम्।
अपन्थानान्तु गच्छन्तं सहोदरोऽपि विमुञ्चवतु॥

न्याय पर चलते हुए एक बालक से भी डरो, परन्तु अन्याय पर चलते हुए किसी राजा की भी परवाह मत करो।

एक लड़के के बैंत लगा कर मास्टर साहिब दूसरे की ओर बढ़े ही थे-फूलकुंवर ने मास्टर साहब की बैंत पकड़ ली और बोला "मास्टर साहब! आप हमें निरपराध क्यूं दंड दे रहे हैं। आखिर हमारा दोष भी तो कुछ हो। हम खेल रहे थे-क्लास में मास्टर साहब थे नहीं, हम यदि खेलने लग गए तो खेलना भला कोई पाप है क्या? वैसे स्कूल टाइम में ड्रिल का घंटा नहीं होता! आपको तो खुशी होनी चाहिए कि आपके स्कूल के विद्यार्थी बड़े होशियार हैं।

मास्टर साहब ने बालक की बातों को अपने लिए अपमान समझा। "अरे! तू हमें पढ़ाने आया है। इतना कह मास्टर साहब ने फूलकुंवर के जोर से एक तमाचा मारा।

फूलकुंवर ने भी तमाचे का जवाब तमाचे से दिया। बस फिर क्या था सभी लड़के हैडमास्टर साहब पर टूट पड़े।

••• ••• •••

फूलकुंवर ने स्कूल जाना छोड़ दिया। दो तीन दिन पश्चात हैडमास्टर साहब दो तीन अन्य मास्टरों को साथ ले पं गंगाराम जी के घर पर आए-

पं गंगाराम जी ने फूलकुंवर को बुलाकर हैडमास्टर साहब से क्षमा मांगने को कहा, परन्तु उस स्वाभिमान के पुतले ने साफ कह दिया।

"मैं किस बात की माफी मांगू? मैंने कोई अपराध किया हो तो माफी मांगू" इतना कह वह बाहर भाग गया। पं. गंगारामजी को फूलकुंवर की यह बात अच्छी नहीं लगी।

हैडमास्टर साहब तथा अन्य अध्यापक घर से चले गए। उनके चले जाने के पश्चात पं. गंगाराम घर के भीतर आ फूलकुंवर की बहन से क्रोधित हो बोले-"देखो न इस छोकरे का दिमाग कितना आसमान तक पहुंच गया, जो हैडमास्टर से माफी तक न मांग सका"। पं. गंगाराम बोल ही रहे थे कि उसी समय फूलकुंवर भी बाहर से भागते-भागते घर आया। पं. गंगाराम जी गुस्से में आकर बोले-"अरे! माफी मांग लेता तो तेरा क्या घट जाता"। बालक ने फिर वही उत्तर दिया- "मैंने कोई अपराध किया हो तभी तो माफी मांगू।"

वह घटना बीत गई, समय भी टल गया। परन्तु फूलकुंवर ने उसी रात उदयपुर छोड़ जाने का निश्चय कर लिया। रात के दस बज चुके थे-चारों ओर अंधेरा छा रहा था। फूलकुंवर अपनी बहन के घर से निकला और सीधा ब्रह्मपुरी के रास्ते पर चल दिया। वह उस मार्ग से बिल्कुल अपरिचित था। एक दो बार वह उस मार्ग से आया तो जरूर था परन्तु उस समय उसके साथ उसके घर वाले थे और अब था वह अकेला। उस समय था दिन और अब थी रात, घोर अंधेरी रात। उस समय था वह घोड़े पर चढ़ा हुआ बांका सवार और अब था वह एक पैदल यात्री। वह चलता गया, कुछ आगे जा कर दो रास्ते फटते थे। एक रास्ता ब्रह्मपुरी को फटता था और दूसरा जाता था बेदला रियासत की ओर। वह उस रास्ते से परिचित न था। उसने अनुमान से काम लिया-परन्तु उसका अनुमान गलत निकला। वह ब्रह्मपुरी की बजाय बेदला की सड़क पर चल पड़ा।

रात अंधेरी थी और मार्ग था विकट। अंधेरी रात में उसे रास्ता भी साफ-साफ दिखाई न देता था। उस समय भगवान् ने अपने भक्त को मार्ग दिखाने के लिए आकाश पर एक बड़ा भारी पावर हाउस रच डाला। आकाश मेघाच्छन हो गया। धीमी-धीमी वर्षा होने लगी। बिजली की चमक में बालक के लिए रास्ता ढूंढ़ना बहुत आसान हो गया।

उसके सभी कपड़े वर्षा से भीग गए परन्तु वह अपनी यात्रा पर निरन्तर चलता रहा। यदि वह पथ-भ्रान्त न हो जाता तो उस समय तक सम्भवतः वह ब्रह्मपुरी तक पहुंच गया होता, परन्तु वह तो अपने मार्ग को भूल चुका था।

वर्षा का वेग अधिक बढ़ चुका था उसके कपड़े पानी में तरबतर हो चुके थे। बिजली की चमक में उसने एक बड़े भारी वृक्ष को देखा। उस वृक्ष के नीचे खड़े हो कर उसने अपने कपड़े निचोड़े। वह वृक्ष थोड़ा नीचे था-थोड़ी देर में उसके नीचे पानी ही पानी भर गया। फूलकुंवर के लिए वहां पैर धरने तक को स्थान न रहा। बिजली की चमक में उसकी नजर थोड़ी ही दूर एक दूसरे वृक्ष पर पड़ी। वह वृक्ष ऊंचे स्थान पर था-फूलकुंवर भाग कर उसके नीचे जा खड़ा हुआ।

बालक फूलकुंवर उस वृक्ष के नीचे जा कर खड़ा हुआ ही था, कि उसने बहुत बड़े धमाके की आवाज सुनी। थोड़ी ही देर में बिजली का प्रकाश हुआ उसने देखा कि जिस वृक्ष के नीचे वह पहले खड़ा था उस पर एकाएक बिजली गिरी और वह वृक्ष वहीं राख का ढेर हो गया।

बालक ने वहीं खड़े-खड़े प्रभु को धन्यवाद दिया "भगवन्! इस संसार के हर्ता, कर्ता, भर्ता तुम्हीं हो-आप ही इस संसार के मूल कारण हो। भगवन् तुम्हारी इच्छा के बिना पत्ता भी नहीं हिल सकता-दीनानाथ, दीनबन्धो! सर्वात्मन् जगदीश-संसार क्षेत्र में विचरते हुए हम सरीखे पथ-भ्रान्त पथिकों पर दया करो।"

उस वृक्ष के नीचे थोड़ा विश्राम कर वह आगे चला। वर्षा का वेग थम चुका था, बादल धीरे-धीरे फट रहे थे। आकाश स्वच्छ और निर्मल रूप धारण कर रहा था। थोड़ी दूर जा कर उसने देखा वर्षा का पानी नदी का रूप धारण कर उसके मार्ग में बह रहा था।

वह रुका नहीं। उसने साहस को हाथ से छोड़ा नहीं। उस वर्षा के जल में घुस कर वह उसे पार कर गया। उसके सभी कपड़े भीग चुके थे। वह कुछ सर्दी का अनुभव भी करने लगा था।

वहीं पर खड़े-खड़े उसने सामने वाली पहाड़ी पर धूआं उठता देखा। "जहां धूआं है वहां कोई न कोई मनुष्य अवश्य मिल जाएगा-उसी से मैं ब्रह्मपुरी का रास्ता पूछूंगा," ऐसा विचार कर वह उसी ओर चल दिया।

रात्रि समाप्त हो चुकी थी- ब्रह्ममुहूर्त का समय था। बालक ने वहां धूनी के पास एक महात्मा को देख नमस्कार किया। महात्मा ने आशीर्वाद देते हुए

पूछा- "बच्चे! इस समय तुम कहां से आ रहे हो और यह तुम्हारे कपड़े भी सारे पानी से भीगे हुए हैं।" बालक ने यथापूर्व हाथ जोड़ महात्मा जी को कहा, "भगवन्! आप तो सब कुछ जानने वाले हैं।" महात्माजी बोले, "भई तुम तो बड़े ही सयाने बच्चे हो-अच्छा! लो अपने गीले कपड़े उतार दो और यह लंगोटी पहन लो। बालक ने लंगोटी ले ली-वह किसी वृक्ष के छाल की बनी थी। लंगोटी पहन कर उसने अपने गीले कपड़े आग पर सुखाये।...

दिन चढ़ने वाला था। थोड़ी देर के पश्चात साधु जी ने अपने कमंडल से तीन चार फल फूलकुंवर को देते हुए कहा-लो भई बालक! हम तो बाहर जाते हैं तुम कल के भूखे हो यह फल खा लेना।

फूलकुंवर को फलों का तो ध्यान भूल ही गया। चकित होकर उसने पूछा-महाराज आपको कहां जाना है-

"इकलिंगनाथ"

इकलिंग का नाम सुनते ही फूलकुंवर के शरीर में बिजली-सी दौड़ गई-महाराज इकलिंगनाथ कहां है।

"वह देखो जिधर से आदित्य भगवान् उदय हो रहे हैं उधर ही इकलिंगनाथ है। यह सीधा रास्ता वहीं जाता है।" इतना कह वे महात्मा उस ओर चल दिए और देखते ही देखते थोड़ी देर में आंखों से ओझल हो गए।

थोड़ी देर वहां विश्राम कर महाराज प्रदत्त फलों का आहार कर फूलकुंवर उसी महात्मा द्वारा दिखाये मार्ग से इकलिंग भगवान् की ओर चल दिया। वहां पहुंचते ही उस धूनी वाले महात्मा को ढूंढ़ने की पूरी-पूरी कोशिश की परन्तु वे महात्मा उसे न मिले। उसी मन्दिर में बैठे किसी दूसरे साधु को उस धूनी वाले साधु की सारी वेश भूषा, बातचीत का भाव बताते हुए फूलकुंवर ने उसके बारे में पूछा। वह साधु बोला-"बालक! वह धूनी वाला स्थान कहां है? उस स्थान पर तो आज तक किसी साधु महात्मा की हमने धूनी नहीं देखी, न ही कभी किसी की कुटिया ही बनी देखी। वे जो धूनी वाले साधु तुम्हें मिले वे तो साक्षात् इकलिंग भगवान् मानव देह धारण कर तुझे मार्ग बताने और वर्षा तथा आंधी से तेरी रक्षा करने वहां गए थे।

❑❑❑

नवां अध्याय

कृष्ण बलदेव की जोड़ी

वयकिशोर सुषमा सदन, श्यामगौर सुख धाम।
अंग-अंग पर वारिये, कोटि कोटि शत काम।।

महात्मा की बात सुन बालक के हृदय में गुदगुदी-सी उत्पन्न हो उठी- "ओहो! मैं कितना भाग्यशाली हूं, विपत्ति में जिसे आश्रय देने के लिए स्वयं इकलिंग भगवान् मनुष्य रूप धारण कर उस पर्वत पर पधारे।" श्रद्धा तथा भक्ति भाव के वशीभूत हो बालक भगवान् की मूर्ति के सामने प्रेम का दीवाना हो गाने लगा।

सदात्मरूपं सकलाहिभूतम् अमायिनं सोहमचिन्त्य बोधम्।
अनादि मध्यान्त विहीनमेकं तमेकलिंगं शरणं ब्रजामः।।
विश्वादि भूतं हृदि योगिनां वै प्रत्यक्ष रूपेण विभ्रान्त मेकम्।
सदा निरालम्ब समाधि गम्यम् तमेकलिंगं शरणं ब्रजामः।।
यं योगिनी योगबलेन साध्यं कुर्वन्ति तं किमस्तवनेन स्तौति।
अतः प्रणामेन सुसिद्धिदोऽस्तु तमेकलिंगं शरणं ब्रजामः।।

भगवान् के चरणों पर अपने प्रेम वात्सल्य के कुसुम अर्पण कर बालक भगवदालय से बाहर निकला।

••• ••• •••

उस समय दिन के लगभग ग्यारह बजे थे। मन्दिर के आंगन में बैठे एक महात्मा ने पूछा।

"बालक तुम कहां जाओगे?"

"ब्रह्मपुरी"

"परन्तु ब्रह्मपुरी का मार्ग उदयपुर से बिल्कुल सीधा था! अच्छा अभी भगवान् को भोग लग जाता है, तत्पश्चात मैं तुम्हारे साथ जा कर तुम्हें ब्रह्मपुरी के मार्ग पर छोड़ आऊंगा। भोजन का समय हो गया है, चलो पहले भोजन कर लो-"

भोजन के पश्चात् वह साधु बहुत दूर तक फूलकुंवर के साथ गया और फिर एक सीधे रास्ते पर पहुंच कर बोला–"देखो बालक यह सीधा रास्ता सैमटाल ब्रह्मपुरी को जाता है-चलते रहोगे तो रात के नौ-दस बजे तक पहुंच जाओगे।"

फूलकुंवर ने साधु को नमस्कार किया और फिर अपने रास्ते पर अकेला ही आगे चल दिया।

वह बहुत देर तक चलता रहा। चलते-चलते लगभग चार बजे उसने एक समवयस्क बालक को सामने से घोड़े पर आते हुए देखा।

"तुम यहां किसे हाथ जोड़े खड़े हो दोस्त! यहां आसपास तो किसी आदमी का निशान तक भी नहीं दीख पड़ता" उस घुड़सवार ने फूल के पास आकर पूछा।

हां! घोड़े पर चढ़े हुओं को बहुत कम दीखा करता है।

फूलकुंवर के इस अद्‌भुत उत्तर को सुन घोड़े का सवार कुछ सम्भल कर बोला- ओहो! आप तो बहुत बड़े आदमियों जैसी बातें कर रहे हो। कौन-सी ऐसी वस्तु है जो घोड़े पर चढ़ों को कम दीखती है!

वह वस्तु है जगन्नियंता परमेश्वर... वह सर्वव्यापक है। रोम-रोम में व्याप्त है। मैं उसी परमपिता परमात्मा को हाथ जोड़े खड़ा हूं।

यह शब्द सुनते ही वह घुड़सवार घोड़े की पीठ से नीचे उछल पड़ा, "सच बताओ दोस्त तुम यहां अकेले कैसे आए..."

फूलकुंवर ने अपने रास्ता भूल जाने का संक्षिप्त रूप से वर्णन करते हुए पूछा–"यहां से गोगुंदा कितनी दूर होगा।"

है तो पास ही दोस्त- परन्तु आज मैं तुम्हें नहीं जाने दूंगा। आज रात आप हमारे यहां विश्राम करें...गोगुंदा यहां से केवल 8 ही मील दूर है। इस समय पांच बज चुके हैं... चलते-चलते रास्ते में अंधेरा हो जावेगा... आज रात हमारा आतिथ्य स्वीकार करें...

"आपका निवास स्थान कहां है!"

"मेरा निवास स्थान बेदला यहां से कुल डेढ़ मील दूर है..."

फूलकुंवर बेदला में ठहरना नहीं चाहता था परन्तु उस घुड़सवार के प्रेम-पूर्ण व्यवहार से बंधित हो उसने वह रात बेदला में बिताने का निश्चय कर लिया।

दोनों मित्र पैदल ही बेदला की ओर चल पड़े।

वह घुड़सवार सवार था बेदला का राजकुमार विक्रम सिंह। वायु सेवनार्थ वह उस ओर आ निकला था। अन्न जल प्रबल है। फूलकुंवर के प्रति उसे ऐसा आकर्षण हुआ मानो वे दोनों सगे भाई हों।

दोनों मित्र नगर की ओर बढ़ रहे थे। बातों ही बातों में विक्रम ने पूछा भैया जी आपकी जन्मभूमि कौन-सी है।

हमारी जन्मभूमि गोगुंदा से तीन मील ब्रह्मपुरी ग्राम है। मेरे पिता जी का नाम पं. चतुर्भुज है।

आपकी जन्मभूमि ब्रह्मपुरी है! राजकुमार ने चकित होकर फिर पूछा।

"हां! परन्तु उसमें आश्चर्य की बात क्या है, भैया जी! जो व्यक्ति संसार में आया है वह कहीं न कहीं तो जन्मा ही होगा।"

परन्तु मैंने बहुत से पुरजनों, परिजनों तथा स्वयं अपनी माता जी से कई बार सुना है-ब्रह्मपुरी में एक भक्त जी के यहां एक बड़ा ही विचित्र भक्त-बाल उत्पन्न हुआ, जिसके प्रादुर्भाव के साथ ही उस नगरी में फैली हुई महामारी का नाश हो गया।

इसी प्रकार बातें करते-करते दोनों सुहृदय मित्र महल के बिल्कुल निकट ही पहुंच गए। घोड़े को नौकर के हवाले कर अपने नये मित्र का हाथ पकड़ विक्रम महल के अन्दर घुसा। उसका चेहरा प्रसन्नता के मारे खिलखिला रहा था। राजमाता के सामने आ दोनों कुमारों ने प्रणाम किया। माता ने आशीर्वाद देते हुए वात्सल्यमयी दृष्टि से फूल की ओर देखते हुए विक्रम से पूछा- "विक्रम यह बालक कौन है।"

"ये हैं भैया जी- माताजी इन्हें नहलाओ, अच्छे-अच्छे कपड़े पहनाओ-भोजन करवाओ, यह बहुत थके हुए हैं। फिर यह स्वयं बताएंगे ये कौन हैं। माता जी यह भैया जी उसी ग्राम में रहते हैं जहां की तुम बातें सुनाया करती हो, जहां एक भक्त जी के घर अद्‌भुत बालक पैदा हुआ था।" माता ने देखा विक्रम

का अपने नये मित्र से बहुत स्नेह है, उसने अपनी दासी शान्ता को बुलाया और बोली "देखो शान्ता! कुछ निवाया पानी करो और इस बच्चे को नहलाओ और नये कपड़े लाकर पहनाओ-"

दासी को आज्ञा दे राजमाता फूलकुंवर को सम्बोधन करके बोली- भैया तुम्हारा नाम क्या है?

प्रश्न तो पूछा था फूलकुंवर से और फूलकुंवर अभी कुछ कह भी न पाया था कि विक्रम सहसा बोल उठा-इनका नाम है भैया जी।

"भैया किसी का नाम नहीं होता विक्रम! भैया तो लोग तुम्हें भी कहते हैं।"

उधर स्नान की सारी सामग्री तैयार थी, फूलकुंवर ने स्नान कर नवीन वस्त्र धारण किये। माता ने दोनों बच्चों के आगे भोजन परोसा। अन्न परमेश्वर को अपने सामने देख फूलकुंवर ने हाथ जोड़ लिये। आंखें मीच थोड़ी देर तक वह मन ही मन उस जगत्-पिता की आराधना में लीन हो गया।

राजमाता ने देखा-छोटे से बालक में कितनी ईश्वर भक्ति है। यह बच्चा तो किसी बहुत ही बड़े घर का प्रतीत होता है। उसी समय एक दूसरी स्त्री जो सम्भवतः राजमाता की सहेली थी कमरे में दाखिल हो कुमारों को देख कर बोली।

"आज तो सचमुच नन्दरानी के घर मानो कृष्ण बलदेव की जोड़ी विराज रही है।" इतना कह वह स्त्री भी राजमाता के पास बैठ बड़े ही ध्यान से फूलकुंवर की ओर देखने लगी।

भोजन समाप्त हुआ। राजमाता ने दोनों के लिए दो पलंग बिछवा दिए। "लो भई तुम थके हुए होगे अब कुछ विश्राम कर लो।" दोनों मित्र विश्राम करने चले गए। थोड़ी देर के पश्चात् राजमाता फिर कुमारों के पास आकर बातों में जुट गई।

"बेटा! भगत जी वाली ब्रह्मपुरी में ही रहते हो, उन का बच्चा क्या पढ़ता होगा। तुम तो उस बच्चे को अच्छी तरह जानते होगे जिन्हें भगत जी ने भगवान चारभुजानाथ के चरणों पर चढ़ा दिया था। बेटा! तुम्हारे पिता का क्या नाम है!

फूलकुंवर बोला "माता जी मेरे पिता जी का नाम पं. चतुर्भुज है।

और तुम्हारा क्या नाम है"-राजमाता ने पूछा।

"मेरा नाम है फूलकुंवर"...

हां! हां! भक्त जी का नाम भी तो चतुर्भुज है और मुझे अच्छी तरह याद है उस बच्चे का नाम भी तो फूलकुंवर ही रखा गया था।

राजमाता को विश्वास हो गया कि यह बालक वही भगवान् चारभुजानाथ की अनुपम भेंट है। उसके हृदय में उस बालक के प्रति भक्ति भावना जाग्रत हो उठी और आंखों में श्रद्धा के अश्रु लिए हुए वह बोली "धन्य हो बेटा! तुम भी धन्य हो तुम्हारे माता-पिता भी धन्य हैं-भैया! जब तुम छोटे से बच्चे थे तब हम ब्रह्मपुरी में तुम्हारे दर्शन करने ओर चारभुजानाथ की यात्रा देने गए थे-आज हमारे बड़े भाग्य उदय हुए जो हमारे घर पर स्वयं भक्तबाल ने दर्शन दिए।"

माता के भक्ति-भाव-पूर्ण शब्द सुन विक्रम झट बोल उठा-माता जी यह तो आते ही न थे, मैं ही इन्हें जबरदस्ती खींच कर यहां लाया।"

"तुम ने बहुत अच्छा किया बेटा" राजमाता ने फूलकुंवर के सिर पर हाथ फेरते हुए विक्रम के उस उद्योग की सराहना की।

❑❑❑

दसवां अध्याय

बेदला में विद्याध्ययन

मित्रं प्रीतिरसायनं नयनयोरानन्दनं चेतसा।

अगले दिन सुबह ही फूलकुंवर ने राजमाता तथा विक्रम से अपने घर जाने की आज्ञा मांगी–"माता जी मेरे माता-पिता मेरे बारे में चिन्ता करते होंगे इसलिये मुझे शीघ्र ही ब्रह्मपुरी जाने की आज्ञा दीजिये।"

विक्रम की आंखों में आंसू भर आए... रुद्ध कण्ठ से वह बोला–"भैया जी कुछ दिन तो यहां ठहरो"। राजमाता ने भी दो तीन दिन तक और ठहरने पर जोर दिया।

फूलकुंवर के लिए उनके सप्रेम-आग्रह को टालना कठिन हो गया। दो दिन के लिए उसे वहीं बेदले में रुकना पड़ा।

बेदला से ब्रह्मपुरी की दूरी केवल नौ मील थी। राजमाता ने फूलकुंवर के बेदले रुक जाने की सूचना ब्रह्मपुरी तक पहुंचाने के लिए अपने एक घुड़सवार को भेज दिया।

ब्रह्मपुरी में फूलकुंवर के अकेले ही उदयपुर से भाग आने की खबर पहुंच चुकी थी। पं. गंगाराम जी भी अगले ही दिन ब्रह्मपुरी पहुंच चुके थे। फूलकुंवर के बारे में सभी लोगों को चिन्ता थी। इतने में बेदला से चला हुआ वह सवार उनके पास पहुंचा और उसने खबर दी "फूलकुंवर बेदला के रणवास में सकुशल है–राजमाता ने आग्रह करके दो तीन दिन के लिए उन्हें वहां रोक लिया है... आप लोग किसी प्रकार की चिन्ता मत करें"।

यह खबर पाकर सब को थोड़ी बहुत तसल्ली हुई, परन्तु सभी आंखें बहुत शीघ्र अपने सामने फूलकुंवर को देखने को उत्सुक थीं। उसी समय ब्रह्मपुरी से दो आदमी बेदला भेजे गए ताकि वे उसी दिन फूलकुंवर को अपने साथ ले आवें।

परन्तु राजमाता की आत्मा उस भक्तबाल को अपने राज-प्रासाद से पृथक होते देख क्लेशित हो रही थी। उन आए हुए आदमियों को राजमाता ने कहलवा दिया-

"फूलकुंवर को दो तीन दिन यहां और रहने दीजिये-तीन चार दिन में हमारे आदमी स्वयं इन्हें ब्रह्मपुरी छोड़ आवेंगे।"

फूलकुंवर को बेदला में रहते चार दिन हो गए। राजकुमार विक्रम तो अब फूलकुंवर से इतना स्नेह करने लगा कि उसे एक क्षण के लिए भी अपने से अलग करना उसके लिए असह्य हो गया... परन्तु आखिर कब तक। फूलकुंवर को तो अपने मां-बाप के घर जाना ही था।

आखिर छठे दिन फूलकुंवर ब्रह्मपुरी चलने को तैयार हुआ। राजकुमार विक्रम सिंह अपने मित्र को ब्रह्मपुरी छोड़ आने के लिए दो दिन की आज्ञा लेकर फूलकुंवर के साथ ही चला गया।

अपने-अपने घोड़ों पर सवार हो दोनों मित्र ब्रह्मपुरी पहुंचे, देर से बिछुड़ों का मिलाप हुआ, अपनी खोई हुई सम्पत्ति को अपने सामने देख पं. चतुर्भुज का हृदय खिल उठा। फूलकुंवर के ब्रह्मपुरी आने की सूचना बिजली के समान समस्त ब्रह्मपुरी में फैल गई। पं. चतुर्भुज के घर पर एक मेला-सा लग गया। फूल के माता-पिता ने विक्रम का अत्यन्त आदर किया। दो दिन बीत गए। राजकुमार को बेदला जाना ही था।

फूलकुंवर से जुदा होते हुए विक्रम के हृदय पर मानो एक धक्का-सा लगा, उसने हाथ जोड़ कर फूलकुंवर से प्रार्थना की-"भैयाजी आप से हमारा बहुत स्नेह बढ़ चुका है...आप की जुदाई को हम अधिक देर तक सहन नहीं कर सकते भाई -भाई का जो रिश्ता आपने स्थापित कर लिया है उसे सच्चे रूप में निभाना ही पड़ेगा। मेरी इच्छा है आप कुछ दिन यहां ठहर कर बेदला आ जावें तो हम दोनों इकट्ठे संस्कृत पढ़ना शुरू करें। फूलकुंवर ने उस समय कोई उत्तर नहीं दिया।

इस घटना को बहुत दिन व्यतीत हो गए। विक्रम के पिता जी ने बाहर से आ फूलकुंवर की सभी बातें सुनी। उस भक्त बालक के दर्शनों की लालसा प्रकट करते हुए रावराजा विक्रम से बोले-"विक्रम तुम कहते थे फूलकुंवर ने शीघ्र बेदला आने का वचन दिया है...अभी तक तो तुम्हारे मित्र के हमें दर्शन नहीं हुए। तुम कहते थे उसकी संस्कृत पढ़ने की बहुत इच्छा है। बेटा संस्कृत पढ़ना तो प्रत्येक हिन्दू का परम धर्म है- हमारा सारा साहित्य

संस्कृत में ही है- मैं तुम दोनों के पढ़ने का बहुत अच्छा प्रबन्ध कर दूंगा-जाओ आज अपने मित्र को तो जाकर ले आओ"।

पिताजी के शब्द सुन विक्रम को बड़ी ही प्रसन्नता हुई और वह उसी समय तैयार हो घोड़े पर चढ़ अपने मित्र को लिवा लाने के लिए ब्रह्मपुरी की ओर चल दिया।

दोनों मित्रों को फिर एक बार आपस में मिल कर बड़ी ही प्रसन्नता हुई। विक्रम ने अपने पिता जी की इच्छा पहले फूलकुंवर को बताई और फिर फूलकुंवर को साथ ले पं. चतुर्भुज जी से अपने पिता की शुभेच्छा कही।

"बेदला बिल्कुल पास है। वहां महाराज की ओर से संस्कृत पठन-पाठन का बहुत ही अच्छा प्रबन्ध होगा। वहां भी आपका घर है। पं. चतुर्भुज फूलकुंवर को अपनी आंखों से परे नहीं करना चाहते थे, परन्तु विक्रम और फूल के पारस्परिक स्नेह को देखते हुए और इस दृष्टि से कि राज दरबार में रहता हुआ बालक अच्छी शिक्षा-दीक्षा प्राप्त कर लेगा, भगत जी ने फूल को बेदला जाने की आज्ञा दे दी। अगले ही दिन दोनों मित्र बेदला की ओर चल दिए।

राजकुमार विक्रम तथा बाल-भक्त फूलकुंवर दोनों को घोड़ों पर चढ़े महल की ओर आते देख महाराज को बड़ी ही प्रसन्नता हुई। वे दोनों मित्रों का स्वागत करने महल के बड़े मुख्य द्वार से बाहर आए। दूर से ही रावराजा को देख दोनों मित्र अपने-अपने घोड़ों से उतर गए और पैदल ही उस ओर बढ़े। पास आ दोनों मित्रों ने पितृ-चरणों में प्रणाम किया। रावराजा ने दोनों मित्रों के सिर पर हाथ फेरा।

"आज मैं कितना भाग्यशाली हूं- जिस ऋषिकुमार की कथाएं आज तक सुनते सुनाते थे, जिसके शुभाशीर्वाद से आज यह मेरा प्यारा विक्रम मेरे पास है- वह ऋषिकुमार आज मेरी आंखों के सामने साक्षात् विराजमान है।"

••• ••• •••

राव राजा ने दोनों मित्रों के पठन-पाठन का बहुत ही अच्छा प्रबन्ध कर दिया। दोनों मित्रों का प्रेम दिन प्रति दिन बढ़ता ही गया। राजमाता तथा राव राजा को भी फूलकुंवर और विक्रम में कुछ भेद न रहा। वे फूलकुंवर को भी अपना ही पुत्र समझ उससे स्नेह करते।

फूलकुंवर को बेदला में विद्याभ्यास करते हुए थोड़े ही दिन हुए थे। एक दिन पं. गंगाराम जी बेदला में आए और फूलकुंवर को उदयपुर चलने

के लिए बहुत जोर दिया। "जीजी तुम्हारे वियोग में रोती रहती है-फूल! तुम उसके पास चले चलो।"

परन्तु उस समय फूलकुंवर उदयपुर जाने को राजी न हुआ।

"मैं नवदुर्गा की छुट्टियों में कुछ दिनों के लिए उदयपुर आ जाऊंगा-जीजाजी आप बहन जी को तसल्ली देना।"

गंगाराम जी ने फिर भी कई बार फूलकुंवर को उनके साथ ही उदयपुर चलने को कहा परन्तु वह फिर भी जाने को राजी न हुआ।

इस घटना से बहन के दिल पर बड़ी भारी चोट लगी। वह फूलकुंवर को अपना सब कुछ समझती थी। उसको कोई बच्चा न था, फूल ही उसके लिए सब कुछ था। और फूल के इस प्रकार उसके पास आने से साफ इंकार कर देने से उसके दिल पर बहुत चोट लगी।

अगले ही दिन वह ब्रह्मपुरी गई और उसने बेदला में आदमी भेज फूलकुंवर को वहीं बुलवाया।

फूलकुंवर तो फिर भी बेदला छोड़ना नहीं चाहता था, परन्तु विक्रम के बार-बार समझाने पर वह आखिर ब्रह्मपुरी जाने के लिए तैयार हो गया। विक्रम के लिए एकाएक फूलकुंवर की जुदाई का सहन करना कठिन था, अस्तु वह भी फूलकुंवर के साथ ही ब्रह्मपुरी चला आया। बहन को फूलकुंवर से मिलकर बड़ी खुशी हुई। दोनों मित्रों ने बहन को तथा पिता जी को सादर प्रणाम किया। बहन ने फूलकुंवर को उदयपुर चलने की प्रेरणा की परन्तु फूलकुंवर ने फिर भी उदयपुर जाने से इंकार कर दिया।

बहन की आंखों में आंसू भर आए...फूलकुंवर तो वैसे ही अपने हृदय को कठोर किए बैठा रहा परन्तु विक्रम का हृदय तो जीजी की करुणा को देख कर पिघल गया।

"उदयपुर जाने में हर्ज ही क्या है भैया जी-वहीं चले चलो। हमारी भी वहां कोठी है। मैं भी वहीं रहा करूंगा। उदयपुर में ही दोनों संस्कृत पढ़ेंगे। बहन जी जिस बात में सुखी हों वही बात हमें करनी चाहिए-भैया जी! बड़ों को दु:ख देना अच्छा नहीं"- विक्रम की अपील कारगर हुई। फूलकुंवर का पत्थर दिल भी पिघला-वह उदयपुर जाने पर राज़ी हो गया।

फूलकुंवर एक बार राजमाता से उदयपुर जाने की आज्ञा प्राप्त करने के लिए बेदला जाना चाहता था। अगले दिन दोनों मित्र बेदला में राजमाता को

मिलने चल दिए। विक्रम ने ब्रह्मपुरी की सारी बात माता जी को बताई। बहन की आज्ञा मान उसकी खुशी के लिए फूलकुंवर का उदयपुर जाना सुन राजमाता को दुःख नहीं हुआ। वह जानती थी कि फूलकुंवर की बहन के अन्दर भी मेरे जैसी आत्मा है, यदि मुझे इस बच्चे को दूर करते दुःख होता है तो जिस आत्मा का इसके साथ विशेष सम्बन्ध है उसे क्या दुःख न होता होगा? परन्तु अपने इकलौते विक्रम को उदयपुर भेजने पर वह राजी न हुई–"विक्रम! जब तुम्हारे पिता जी महाराज की सेवा के लिए तीन महीने तक उदयपुर जावेंगे तब तुम्हें उदयपुर भेज दूंगी। विक्रम चुप रहा।

❑❑❑

ग्यारहवां अध्याय

काशी की धुन

उत्साह ही संसार में है मोद का आधार।
उत्साह ही सरकार में है मान का आगार।।
उत्साह ही उठवाता है कष्टों का महाभार।
उत्साह ही करवाता है गिरसिन्धु नदी पार।।

वाह भाई साहिब! यह आज-काशी! काशी!! की धुन कहां से सर पर सवार हो गई। एक से बढ़ कर एक अनोखी-अनूठी बात ला सामने धरते हो-काशी क्या कोई मील दो मील की बात है-काशी तो है यहां से हजारों कोस-मेरे नाना जी तो कहा करते हैं-जो काशी गया सो गया-

फूलकुंवर ने अपनी कमीज का पल्ला ऊपर को हटाते हुए कहा-"विक्रम! यह देखो यह जो मैंने शरीर पर कर्म-योगी सिपाही की पेटी पहन रखी है, यह मुझे प्रतिक्षण काशी की याद दिलाती है। यह है मेरा यज्ञोपवीत। इसे धारण किए आज सात वर्ष हो गए। जिस समय मैंने इस पवित्र धागे को अपने कुलगुरु के करकमलों द्वारा धारण किया था उस समय सैंकड़ों नर नारियों की उपस्थिति में गुरुजी ने मुझे काशी जी जाकर विद्याध्ययन करने का आदेश दिया था। मैं तो उसी क्षण मृगछाला बगल में दबाये, हाथ में दंड कमंडल लिए, काशी के लिए चल पड़ा था- परन्तु सगे संबंधियों ने उस समय मेरे इस शुभ प्रयास को रोक लिया था। गुरुदेव के वे शब्द आज भी मेरे कानों में वैसे ही गूंज रहे हैं।

••• ••• •••

वह समय टल गया। विक्रम ने सुहृदय मित्र को उस निश्चय से टल जाने के लिए बहुत कुछ कहा परन्तु वह स्वयं भी कुछ न जान सका कि अपने उस प्रयास में उसे कहां तक सफलता प्राप्त हुई।

कुछ दिनों के पश्चात् राजकुमार विक्रम सिंह अपने नाना के घर चला गया। विक्रम के चले जाने पर फूलकुंवर और भी अधिक उदास हो गया। उसी रात उसने सुबह की गाड़ी से काशी जी के लिए प्रस्थान करने का निश्चय कर लिया। वह काशी का रास्ता नहीं जानता था, परन्तु उसने एक कहावत सुन रखी थी-"पूछते-पूछते तो काशी जी तक पहुंच जाते हैं।" इतना तो वह भली प्रकार से जानता था कि काशी जाने के लिए मुझे सर्वप्रथम अजमेर जाना चाहिए, अजमेर के आगे क्या होगा यह अजमेर जा कर देखा जाएगा।

सुबह हुई, वह अपने बिस्तरे से उठा, कपड़े पहन चुपचाप घर से निकल स्टेशन की ओर चल दिया। अजमेर की गाड़ी सामने प्लेटफार्म पर तैयार खड़ी थी। उसने अजमेर का टिकट खरीदा और गाड़ी के एक डिब्बे के कोने में जा बैठा।

जिस क्षण वह गाड़ी में बैठा, उसकी इच्छा थी गाड़ी उसी क्षण चल पड़े। एक-एक क्षण उसे वर्षों तुल्य प्रतीत हो रहा था- उसे भय था की घर वाले उसकी तलाश करते-करते स्टेशन पर ही न आ जाएं। आज अपने जीवन में वह सर्वप्रथम गाड़ी में बैठा था। उसने कई बार चाहा गाड़ी के डिब्बे से बाहर सिर निकाल कर वह प्लेटफार्म तथा ट्रेन की शोभा को निहारे परन्तु उसे भय था कि गाड़ी के बाहर खड़ा कोई परिचित व्यक्ति उसे देख न ले।

थोड़ी ही देर में गाड़ी चल दी। उसके हृदय में जो किसी के द्वारा पकड़े जाने का भय था, वह अब सर्वथा जाता रहा। अब उसके हृदय में प्रसन्नता थी-काशी जी का सुस्वप्न आते ही उसका रोम-रोम आनन्द से पुलकित हो जाता था।

आत्मीय जनों का मोह तो वह निर्मोही बालक पहले ही छोड़ चुका था। ईश्वर के सच्चे भक्तों के लिए तो सारा संसार ही मानो आत्मीय जनों का एक बृहत परिवार है। जिस ब्रह्मज्ञान को महर्षि जन जीवन के बड़े-बड़े कठिनतर अनुभवों के पश्चात् प्राप्त करते हैं, संसार के सार रूप **वसुधैव कुटुम्बकम्** की जिस परिभाषा का अपने जीवन के चौथे पहर में भी किसी विरले तपस्वी को ही ज्ञान होता है, अनेक वेद शास्त्र के पठन-पाठन के पश्चात् भी जिस महानतम जीवन-सूक्त को भली-भांति समझने में बड़े-बड़े योगी जन भी असफल रहते हैं-वह भक्त बालक उस जीवन सूक्त को अपनी इस अल्पायु में न केवल जान ही चुका था अपितु उसके एक-एक अक्षर को क्रियात्मक रूप से अपने जीवन में धारण भी कर चुका था।

ब्रह्मपुरी-उदयपुर-बेदला के आत्मीय जनों के बिछोह से उसके हृदय में विषाद का लेशमात्र भी नहीं उपजा। आज का दिन तो वह धन्य समझता था। कुलगुरु की आज्ञा का पालन करता हुआ वह वाराणसी नगरी की ओर अपने जीवन को उच्चतम बनाने के लिए जा रहा है।

एक छोटा-सा बालक जब पहली ही बार रेलगाड़ी में बैठता है, उस समय जो उसे उत्सुकता तथा आनन्द का अनुभव होता है उसका वर्णन तो कोई कवि ही अपनी लेखनी से कर सकता है। स्वयं गतिशील होता हुआ भी वह अपने बाहर की स्थिर वस्तुओं में अपने से भी अधिक गति देखता है। सामने के हरे भरे खेत-वृक्ष, पर्वत-मकान जब उसकी आंखों में चक्कर खाते घूमते दिखाई पड़ते हैं तो थोड़ी देर के लिए तो यह समस्या उसके लिए एक समस्या ही रह जाती है। वह कभी-इंजन की ओर देखता है और कभी सर्पगति के सदृश बल खाती रेल की पटरी पर बल खाती गाड़ी को देखता है। उस समय उसकी प्रसन्नता का पारावार भला कौन पा सकता है?

उस समय गाड़ी एक पर्वतीय मोड़ पर मुड़ रही थी। ऊंचाई की ओर जाते समय स्वाभाविक ही इंजन की गति मन्द पड़ जाती है। और पर्वतीय मार्ग पर गोलाकार-रूपेण चलती हुई गाड़ी का दृश्य तो वास्तव में एक दर्शनीय वस्तु है ही।

फूलकुंवर रेल की खिड़की से बाहर झुक-झुक कर इंजन की सर्पगति को निहार रहा था। पुल के पार, सड़क के फाटक पर बहुत से लोग रुके खड़े थे-फूलकुंवर ने बड़ी उत्सुकता से उनकी ओर देखा। उसी क्षण घोड़े पर चढ़े हुए एक पन्द्रह सोलह वर्ष के सुन्दर बालक ने अपने दक्षिण हाथ को ऊंचा कर रूमाल हिलाते हुए उसकी ओर इशारा किया और फिर शीघ्र ही अपनी घोड़ी की लगामें ढीली छोड़, उसी सड़क पर रेल की पटरी के साथ-साथ भाग पड़ा।

उस बालक को देखते ही फूलकुंवर ने अपना सिर अन्दर कर लिया। उसके चहरे पर प्रसन्नता की बजाय गम्भीरता छा गई। फिर उसने सिर बाहर नहीं निकाला। वह एक बड़ी सोच में पड़ गया। कभी-कभी लुक-छिप कर वह बाहर देख लेता- वह घुड़सवार रेल की पटड़ी के साथ ही साथ जा रही पक्की सड़क पर अपनी घोड़ी को भगाए जा रहा था। उसने लगामें ढीली छोड़ रखी थीं। पावों की एड़ियां चमक रही थीं-और मुंह से भी कुछ शब्द बोल रहा था...गाड़ी की गड़गड़ाहट में फूलकुंवर वे शब्द सुन नहीं पाया, उसका अनुमान था मानो वह अपनी घोड़ी को कह रहा है-"चलो बेटा चलो-अगला

स्टेशन डेवारी केवल पांच ही मील है–चलो...भागो...अगले स्टेशन पर अपने प्रिय मित्र को पकड़ना है! चलो...गाड़ी से भी पहिले डेवारी पहुंच जाओ–आज तुम्हारे इम्तहान का दिन है।"

वह घुड़सवार था राजकुमार विक्रमसिंह। वह अपने नाना के घर से किसी प्राइवेट काम के लिए उदयपुर की ओर जा रहा था। उस गाड़ी में फूलकुंवर अजमेर की ओर जा रहा है, इस बात का उसे स्वप्न में भी ख्याल न था। सहसा उस मोड़ पर फूलकुंवर को गाड़ी में बैठा हुआ देख...एक ही क्षण में काशी गमन का वह वार्तालाप विक्रम के दिल में जाग्रत हो उठा और वह उसी क्षण पक्की सड़क पर रेल के साथ-साथ चल पड़ा। वह चाहता था फूलकुंवर को काशी जाने से रोके और इसीलिए उस समय उसकी यह कोशिश थी कि वह अगले स्टेशन पर फूलकुंवर को गाड़ी से उतरवा ले।

उसका फूलकुंवर से सच्चा प्रेम था और उसकी चाह भी सच्ची थी। परमात्मा ने उसकी चाह पूरी की–उसकी घोड़ी गाड़ी पहुंचने के पांच मिनट पहले ही पहुंच गई। कितनी स्वामी भक्ति, कितनी वीरता...नर पशुओं से तो साक्षात् पशु ही भले।

राजपूताने के न केवल नर-नारियों ने अपितु पशुओं तक ने वीरता के तथा स्वामी भक्ति के बड़े-बड़े जौहर दिखाये हैं। हल्दी घाटी के युद्ध क्षेत्र में सलीम के हाथी के मस्तक पर अपनी दोनों अगली टांगें धरने वाले चेतक की वीरता को कौन नहीं जानता। पुनः उसी युद्ध भूमि से अपने स्वामी प्रातः स्मरणीय महाराणा प्रताप को सुरक्षित ले जाकर एक ही छलांग में नदी पार कर जाने वाले उसी स्वामी भक्त चेतक की गाथाएं भला कौन भूल सकता है। यवन षड्यंत्रकारियों से अमरसिंह की प्राण रक्षा की लालसा से एक ही छलांग में आगरा के किले की दीवारों को फांद जाने वाले बहादुर घोड़े का चित्र तो आज भी उसी स्थान पर बना है।

अपनी घोड़ी को बाहर छोड़ विक्रम प्लेटफार्म पर जा डटा।

थोड़ी ही देर में गाड़ी प्लेटफार्म पर आ कर रुकी। फूलकुंवर गाड़ी के एक कोने में छुपा हुआ बैठा था। उसी समय एक पन्द्रह वर्ष के सुन्दर बालक ने उस डिब्बे में प्रवेश किया–वही बालक फूलकुंवर का हाथ पकड़ बोला–उठिये-उठिये शीघ्रता कीजिये, भाई साहिब! गाड़ी चलने ही वाली है।

❑❑❑

बारहवां अध्याय

फिर काशी की ओर

उत्साह में हो रांड तो रुस्तम से भी लड़ जाय।
उत्साह में हो सांड तो शेरों से अकड़ जाय॥
उत्साह हो गीदड़ में तो गजराज पछड़ जाय।
उत्साह हो भुनगे में तो वह भीम से अड़ जाय॥

"उड़ने न पाये थे कि गिरफ्तार हो गए" काशी की ओर भाग रहे फूलकुंवर को विक्रम ने एक बार रोक लिया-परन्तु बालू की भीत गंग प्रवाह के सामने टिकती ही कब तक। अपने पिछले संस्कारों के प्रभाव से शक्ति प्राप्त महान् आत्माएं एक बार जिस ओर उलट जाती हैं फिर उस मार्ग से उन्हें भला कौन-सी शक्ति विचलित कर सकती है।

कपिलवस्तु के उस राजकुमार सिद्धार्थ ने एक दिन एक बूढ़े आदमी को लकड़ी टेकते-टेकते बाजार में जाते हुए देखा। वे कुछ आगे बढ़े उनके कानों में "राम नाम सत् है" की आवाज पड़ी-वे चौंक गए...यह है क्या? यह है जीवन का अन्त...बस सिद्धार्थ कुमार उसी रात प्रभु की खोज में राजभवन से निकल जंगल की ओर चल दिए।

ऋषि दयानन्द ने अपनी बहन को मृत्यु शैया पर पड़े हुए देखा। उस दृश्य ने उनके जीवन प्रवाह को ही बदल दिया।

उदयपुर में थोड़ी देर रहने के पश्चात राजकुमार विक्रम अपने पिता के संग बेदला चला गया। दुर्दैव! थोड़े ही दिनों के पश्चात् फूलकुंवर के पास खबर आई-"राजमाता की नयन ज्योत, बेदला के राज प्रासाद की प्रदीप्त ज्वाला अस्त हो गई, रावराजा की नजर का नूर किसी बदनज़र की नजर हो गया-विक्रम का देहान्त हो गया"। बन्धु-वियोग से फूलकुंवर के चित्त पर आघात हुआ। संसार की असारता उसके सामने नाचने लगी। उसने उदयपुर

छोड़ विश्वनाथ भगवान् की पुरी में जा कर तपस्या करने के संकल्प को कार्य रूप में लाने का फिर दृढ़ निश्चय किया।

अगले दिन प्रात:काल वह घर से निकला और स्टेशन पर आ अजमेर तक का टिकट ले गाड़ी में आ बैठा।

गाड़ी उदयपुर से अजमेर की ओर चल दी। निरन्तर विपत्तियों को सहते-सहते बालक का हृदय इतना कठोर हो चुका था कि उदयपुर छोड़ते हुए उसकी आंखों में से दो आंसू भी न बहे। उसके मुख-कमल पर विषाद का कहीं चिह्न तक न था। वह था गम्भीर प्रशान्त सागर के समान नितान्त गम्भीर, मानो वह विश्व की किसी अगम्य पहेली तक पहुंचने का प्रयास कर रहा हो।

परन्तु उस पर्वतीय मोड़ पर आते ही उसके गम्भीर महार्णव वक्ष में एक क्रान्ति मच गई। "इसी फाटक पर वहां मेरा प्यारा विक्रम अपनी नवरत्न घोड़ी लिए खड़ा था। इसी स्थान से वह रेल की गाड़ी के साथ-साथ अपनी घोड़ी को भगाये अगले स्टेशन तक ले गया था-यह विचार उस बालक के दिल में आते ही उसके शरीर में विषाद की एक तरंग दौड़ी परन्तु अश्रु का तो एक भी बिन्दु नहीं बचा था जो कि मित्र की स्मृति पर-प्रेमजाल का संचार करने हेतु आंख के मार्ग से बह निकलता।

थोड़ी-सी देर में वह स्टेशन भी आ गया जहां उसके प्रथम काशी यात्रा के समय उसका सुहृदय बन्धु विक्रम सहसा उसका हाथ पकड़ उसे गाड़ी में से उठा कर ले गया था। उसे ऐसा आभास हुआ मानो अब भी विक्रम उस गाड़ी में घुस आया है–उसके कानों में वही शब्द फिर से गूंजन लगे–"वाह भई चोरों के समान चुपचाप अकेले ही काशी चल दिए–हमें भी तो कुछ दिन जीवित देखना चाहते हो कि नहीं–उतरो! उतरो!! गाड़ी चलने ही वाली है!!!"

गाड़ी उस स्टेशन से चल भी दी, परन्तु फूलकुंवर मुड़-मुड़ कर निरन्तर उस स्टेशन की ओर ही देखता रहा।

"क्यूं भई तुम कहां जाओगे" फूलकुंवर के कानों में यह शब्द पड़े। उसने सिर फेर कर देखा, लगभग 35 वर्षीय एक सौम्य रूप सज्जन उसे सम्बोधन करते हुए फिर बोले–"कहां जाओगे, भई!"

"मैं जाऊंगा काशी जी"

"क्या करोगे काशी जी जा कर"

काशी पवित्र तीर्थ है। विश्वनाथ बाबा की पावन पुरी है। भागीरथी माता के चरणों से पवित्र भूमि है-जो मनुष्य काशी में रहते हैं वे देवता हैं। काशी

वास विगत जन्म के शुभ कर्मों का फल है–इसके अतिरिक्त काशी जी विद्या का भी केन्द्र है–मैं विद्याध्ययन के लिए काशी जी जा रहा हूं।''

बच्चे की प्रखर बुद्धि को देखकर वे महाशय चकित रह गए। उससे वार्तालाप करने में उन्हें एक विशेष आनन्द का-सा अनुभव होने लगा।

''तुम काशी संस्कृत पढ़ने जा रहे हो।''

''जी हां''

''अभी तक कुछ पढ़े हो!''

''जी हां मैं अष्टाध्यायी और लघुसिद्धान्त कौमुदी पढ़ चुका हूं।''

''कहां पढ़ी थी!''

''बेदला और उदयपुर में।''

''तो क्या तुम अकेले ही काशी जा रहे हो!''

''अकेला तो नहीं, मेरे साथ मेरे भगवान् हैं।''

वे महाशय, बालक की प्रखर बुद्धि से आकर्षित हो बातचीत में दुगुना आनन्द लेने लगे। उसके दिल में ख्याल पैदा हुआ, यदि यह बालक अच्छी प्रकार से शिक्षा-दीक्षा प्राप्त कर ले तो देश तथा जाति का इससे बहुत कल्याण हो सकता है–एक मुहूर्त भर के लिए चुप रह कर वे फिर बोले–

''संस्कृत पढ़ने का प्रबन्ध तो अजमेर में भी हो सकता है, यदि तुम अजमेर में रहना चाहो तो मैं तुम्हारे पठन-पाठन का सारा प्रबन्ध कर दूंगा।''

फूलकुंवर ने एक बार ध्यान से उस सज्जन की ओर देखा–और फिर हाथ जोड़ कर बोले

''क्या आप अजमेर में ही रहते हैं?''

''हां! मैं अजमेर वैदिक यन्त्रालय में काम करता हूं। मेरा नाम खेमचन्द्र शास्त्री है।''

फूलकुंवर ने एक बार फिर शास्त्री जी को प्रणाम किया। शास्त्री जी बोले तुम्हारा नाम क्या है?

''मेरा नाम है फूलकुंवर''

वाह भाई नाम तो बहुत ही अच्छा है–तो फूलकुंवर! अजमेर में रहते हुए तुम्हें संस्कृत पढ़ने में क्या आपत्ति है?

''आपत्ति तो कुछ नहीं शास्त्री जी, एक अभिलाषा है, काशी जी में जाकर विद्याध्ययन की।''

मैं तुम्हें फिर कहता हूं, फूलकुंवर! तुम अभी बच्चे हो, एकदम इतनी दूर छलांग लगाना ठीक न होगा, अभी कुछ समय तक अजमेर रहो... तत्पश्चात काशी जी भले ही चले जाना।

जिस गाड़ी में फूलकुंवर सफर कर रहा था वह गाड़ी अजमेर तक ही जाती थी। अजमेर से काशी के लिए दिल्ली वाली गाड़ी में बैठना पड़ता था। अजमेर की ख्याति तो उसने सुन रखी थी परन्तु आज तक अजमेर उसने देखा न था। शास्त्रीजी की सज्जनता ने बालक के दिल में स्थान पा लिया–उसके हृदय में एक भावना जाग उठी, अजमेर में कुछ दिन रह कर यहां के रंग ढंग भी देख चलो–"मियां सबक न देगा तो क्या घर भी जाने से रोक लेगा।" उसने अजमेर में कुछ दिन ठहरने का निश्चय कर लिया।

अजमेर आ गया–शास्त्री जी के साथ फूलकुंवर भी उतर गया और वह शास्त्री जी के साथ उनके घर पर ही रहने लगा।

परन्तु उसके अन्दर काशी गमन की उत्कंठा इतनी प्रबल थी कि अजमेर में ठहरना उसके लिए दूभर हो गया। उसे अजमेर में रहते थोड़े ही दिन हुए थे।

एक दिन शास्त्रीजी के सन्मुख उपस्थित हो कर हाथ जोड़ कर बोला "शास्त्री जी मैं तो कल सुबह की गाड़ी काशी के लिए चल पड़ूंगा।"

शास्त्री जी ने देखा बच्चे की काशी गमन की उत्कंठा इतनी प्रबल है कि उसे किसी भी उपाय से अजमेर में रहने के लिए बाधित किया नहीं जा सकता। फिर भी उन्होंने उसे अजमेर में ही ठहर कर विद्याध्ययन के लिए कहा–परन्तु वह ध्रुव बालक अपने निश्चय पर अटल था।

बाबा विश्वनाथ की नगरी के इस बाल-भक्त को अपनी गोदी में उठाये देहली एक्सप्रेस ने प्रातः 8 बजे के लगभग देहली की ओर प्रस्थान किया। काशी अभी बहुत दूर थी परन्तु काशी का स्वप्न चित्र तो बिल्कुल उसकी आंखों की पुतली के ऊपर चिपका हुआ था। बालक का हृदय प्रसन्नता के मारे उछल रहा था। वायु की गति के समान काशी की ओर भाग रही उस गाड़ी के एक डिब्बे में बैठा हुआ फूलकुंवर बड़ी ही उत्सुकता से रास्ते के स्टेशनों के नाम को पढ़ कर उनके अर्थ पर विचार करने लग जाता।

लगभग बारह बजे गाड़ी एक बहुत बड़े स्टेशन पर आकर रुकी। बालक ने सोचा गाड़ी यहां काफी देर ठहरेगी। वैसे भी भोजन का समय हो चुका है ऐसा सोच वह गाड़ी में से उतर पड़ा। एक पाव भर पूरी ले कर प्लेटफार्म पर एक बैंच पर वह बैठ गया। नल से पानी का लोटा भरा। एक ग्रास तोड़

कर वह मुंह तक उसे ले जाने का प्रयास करने लगा कि एकाएक उसकी दृष्टि सामने तख्ते पर लिखे हुए स्टेशन के नाम पर पड़ी–"जयपुर"...

"देशद्रोही मानसिंह का जयपुर–राजपूत कुलकलंक मानसिंह का जयपुर–हिन्दू कुलावतंस राजस्थान केसरी हिन्दुपति महाराणा प्रताप के शत्रु अपमान श्रृंगाल का जयपुर। अपनी बहन को यवन के साथ विवाह देने वाले म्लेच्छ-बन्धु का जयपुर, हिन्दू कुल दीपक को बुझाने के लिए जो कुल घाती यवन दल को सिर पर उठाये हल्दी घाटी में महाराणा का वध करने आया उस अपमान के ढेर का जयपुर–"

जयपुर का नाम सुनते ही भक्त बालक के हृदय में स्वाभिमान की विद्युत तरंग दौड़ गई–इस पापी राजा के राज्य का अन्न जल करना पाप है, जब तक यह गाड़ी इस जयपुर राज्य में रहेगी। तब तक मैं गाड़ी में एक पानी का घूंट तक न पिऊंगा। वह पूरी का एक टुकड़ा हाथ में ही रह गया।

वे पाव भर पूरियां एक कुली के हाथ में पकड़ा कर वह फिर गाड़ी में आ बैठा। थोड़ी ही देर में गाड़ी चल दी। एक घृणा की दृष्टि से उसने एक बार उस नगर की ओर देखा और फिर डिब्बे में एक ओर बैठ गया।

मार्ग के दृश्यों को कौतूहल पूर्ण नेत्रों से देखता-देखता वह देहली की ओर भाग रहा था। रास्ते में एक स्टेशन था–गुड़गावां। 'गुड़गांव नहीं यह है गुरुग्राम, उसी से बिगड़ कर तो यह गुड़गांव बना है–यहीं पर तो आचार्य द्रोण रहा करते थे। बालक का सिर श्रद्धा भक्ति से झुक गया।

गाड़ी दिल्ली पहुंच गई। यहां काशी जाने वाली गाड़ी नं. 1 प्लैटफार्म पर तैयार खड़ी थी। फूलकुंवर उस गाड़ी में आ बैठा। गाड़ी का समय हो गया और दोपहर के लगभग चार बजे गाड़ी काशी की ओर चल दी। गाड़ी को दिल्ली स्टेशन से चले मुश्किल से दो मिनट ही हुए होंगे एकाएक घडड-घडड की आवाज-सी आने लगी और उसके साथ ही बोल जमुना मैया की जै। बालक समझ गया गाड़ी यमुना जी के पुल को पार करने लगी। हाथ जोड़ वह यमुना जी की स्तुति गाने लगा।

मधुवन चारिणि भास्कर वाहिनी जाह्नवी संगिनी सिन्धु सुते
मधु रिपु भूषिणि माधवतोषिणि गोकुल भीति विनाश कृते।
जगदध मोचनि मानस दायिनि केशव केलि निदान गते
जय यमुने जय भीति निवारिणी संकट नाशिनी पावयमाम्॥
अयि मधुरे मधुमोदविलासिनि शैल विहारिनिवेग भरे
परिजन पालनी दुष्ट निदूषिनी वांछित काम विलास धरे।

ब्रजपुरवासीजनार्जितपातकनाशिनी विश्व जनोद्धरिके
जय यमुने जय भीति निवारिणी संकट नाशिनी पावयमाम्।।

गाड़ी पुल के पार हो गई। फूलकुंवर ध्यानपूर्वक उस प्राचीन ऐतिहासिक नगरी की ओर जब तक देख सका देखता रहा...गाड़ी चली और बहुत देर चलती रही।

उस समय रात्रि के नौ बज चुके थे। फूलकुंवर रेल के फट्टे पर सो गया, जब उसकी आंख खुली उसने अपने पास के बैठे एक व्यक्ति से पूछा...क्या प्रयाग निकल गया या आगे आवेगा...

प्रयाग...आने वाला है—केवल दो स्टेशन आगे हैं—

फूलकुंवर को प्रयाग में भी श्रद्धा थी, उसने कई बार अपनी जीजी को प्रयाग की महिमा बखानते हुए सुना था।

"गंगा बड़ी गोदावरी तीर्थ बड़े प्रयाग"—प्रयाग बड़ा भारी तीर्थ है—गंगा यमुना सरस्वती का संगम स्थान है, भगवान् मर्यादा पुरुषोतम की वन-यात्रा का स्मृति चिह्न है... काशी जाते हुए तीर्थ राज के दर्शन अवश्यमेव करने चाहिएं।

फूलकुंवर का चित्त गदगद हो रहा था, मार्ग का कष्ट और स्वजनों का मोह तो उसे छू तक न गया था। वह तो सारे संसार को ही अपना स्वजन समझ चुका था।

गाड़ी एक बड़े स्टेशन पर आ कर रुकी। साथ वाला आदमी बोला—लो भाई तुम प्रयाग पूछते थे—आ गया तुम्हारा प्रयाग।

फूलकुंवर की दृष्टि ने एक फट्टे पर स्टेशन का नाम लिखा हुआ पढ़ा यह प्रयाग तो नहीं यह तो इलाहाबाद है।

"अल्लाबाद ही प्रयाग का दूसरा नाम है।" फूलकुंवर का शरीर स्वाभिमान की अग्नि से प्रज्वलित हो उठा—ओ हो! अल्लाबाद ही प्रयाग है!! इन म्लेच्छों ने और इन म्लेच्छों की पीठ ठोकने वाली नौकरशाहों ने तो सचमुच आर्य संस्कृति का सर्वनाश ही कर दिया..इन्द्रप्रस्थ को दिल्ली बना दिया—काशी को बनारस बना दिया, अयोध्या को फैज़ाबाद बना दिया—रामगढ़ का नाम अलीगढ़ धर दिया...

फूलकुंवर के मन में एक घृणा, विषाद-सा उत्पन्न हो उठा... गाड़ी से नीचे उतरने को उसका दिल नहीं किया... उसी गाड़ी में बैठा-बैठा ही काशी की ओर बढ़ा...

❑❑❑

तेरहवां अध्याय

बाबा विश्वनाथ की नगरी में

को वीरस्य मनस्विना स्व विषयः को वः विदेशस्तथा।
यं देशं श्रयते तमेव कुरुते वाहु प्रतापार्जितम्।।

जिस विश्वनाथ भगवान् की पवित्र काशी में जाकर विद्याध्ययन का संस्कार कुलगुरु ने बालक फूलकुंवर के हृदय-पत्र पर अंकित किया था, अपने शरीर पर धारण किए पवित्र सूत्र को देखते ही जिस पवित्र काशी का ध्यान उसके हृदय में जाग्रत् हो उठता था और जिस पवित्र काशी के लिए उस निर्मोही बालक ने अपनी जन्म-भूमि के मोह को भी ठुकरा दिया उस पवित्र काशी का भव्य दृश्य उसकी आंखों के सामने आने ही वाला था। "कितनी देर है काशी जी आने में!" उसने पास ही बैठे एक सज्जन से पूछा।

"देर काहे की—अगला स्टेशन काशी ही तो है।"

"अगला स्टेशन काशी ही तो है" यह शब्द सुनते ही बालक का हृदय आनन्द से पुलकित हो उठा... काशी एक फिल्म बन कर उसकी आंखों के सामने घूमने लगी।

"जिस प्रातः दर्शनीय भगवती भागीरथी के पवित्र जल कण के स्पर्श मात्र से महाराज सगर के साठ सहस्र मृतक पुत्र मुक्त हो गए। अपनी जीजी तथा अन्य गुरु जनों के मुखारविन्द से जिस जाह्नवी की इतनी महिमा सुनी थी, वही शिवजी महाराज की जटाओं को अलंकृत करने वाली मातेश्वरी गंगा जी का मैं सर्वप्रथम दर्शन करूंगा। तदनन्तर दो ब्राह्मणों को भोजन करा वहीं मणिकर्णिका घाट पर गंगाजी में स्नान कर अपने इस शरीर को पवित्र करूंगा। उस देवनदी में स्नान करने के पश्चात् भवभय विनाशक देवादिदेव लोक पालक भगवान् विश्वनाथ के दर्शन करूंगा। वाराणसी-पति बाबा विश्वनाथ के

दर्शन कर महामाया शान्त-स्वरूपा अन्नपूर्णा जी का आशीर्वाद प्राप्त करूंगा, फिर उस शहर कोतवाल महाबली विकराल बली को युद्ध में पछाड़ भगत जनों के निर्भय कर निरन्तर काशी में निवास करने वाले उस कालभैरव का दर्शन कर फिर उसके पास ही बने हुए काशी करवट को भी देखूंगा, लाखों अन्धविश्वासी, धर्म भीरुओं ने व्यर्थ में ही जिसके नीचे अपने सिर कटा दिए।

मेरी जीजी ने मुझे महाराजा हरिश्चन्द्र तथा उनके स्त्री बच्चों की जो कथा सुनाई थी-वे सब भी तो इसी काशी में रहते थे। काशी में मैं उस कल्लू चूहड़े का घर और हरिश्चन्द्र घाट सब देखूंगा।''

फूलकुंवर अपने मन में इसी प्रकार विचारों की लड़ी बांध रहा था... उसी समय गाड़ी एक स्टेशन पर रुकी... यह था बनारस। वह जानता था बनारस ही काशी का दूसरा नाम है।

स्टेशन से उतर धर्मशाला में अपना बिस्तरा रखा, वह पूछता-पूछता सीधा मणिकर्णिका घाट पहुंच गया। गंगा का प्रथम दर्शन कर उसका रोम-रोम पुलकित हो उठा और मातेश्वरी भागीरथी को हाथ जोड़ वह आनन्द में आकर गाने लगा।

काशी धन्यतमा विमुक्ति नगरी सालंकृता गंगया
तत्रेऽयं मणिकर्णिका सुखकरी मुक्तिर्हि तत्किंकरी।
स्वर्लोकस्तुलितः सहैव विवुधै काश्यां समं ब्रह्मणा
काशी क्षोणितले स्थितः गुरुतरः स्वर्गो लघु खेगतः॥

दुःखाम्भोनिधिमग्नजन्तुनिवहास्तेषां कुतः निस्कृतिः
ज्ञात्वा तद्धि विरञ्चिना विरचिता वाराणसी शर्मदा।
लोकाः स्वर्ग सुखास्ततोऽपि लघवो भोगांत पातप्रदाः
काशी मुक्तिपुरी सदा शिवकरी धर्मार्थकामोत्तरा॥

गंगातीरमनुत्तमं हि सकलं तत्रापि काश्युत्तमा
तस्यां सा मणिकर्णिकोत्तमतमा यत्रेश्वरो मुक्तिदाः।
देवानामपि दुर्लभं स्थलमिदं पापौघना शक्षमं
पूर्वोपार्जित पुण्य पुजं गमकं पुण्यैर्जनैः प्राप्यते॥

त्वत्तीरे मणिकर्णिके हरिहरौ सायुज्य मुक्ति प्रदौ
वादन्तौ कुरुतः परस्पर भजौ जन्तोः प्रयाणोत्सवे।

यद्रूपो मनुजोऽयमस्तु हरिणा प्रोक्तः शिवस्तत्क्षणात्
तन्मध्याद् भृगु लांछनोगरुडगः पीताम्बरो निर्गतः॥

इन्द्राद्या स्त्रिदशाः पतन्ति नियन्त भोगक्ष्ये ये पुनः
जायन्ते मनुजास्ततोऽपि पशवाः कीटा पतंगादयाः।
ये मातर्मणिकर्णिके तवजले मज्जन्ति ते मानवाः
सायुज्योऽपि किरीटकौ स्तनधरा नारायणास्युः नराः॥

गंगा जी में स्नान कर वह बाबा विश्वनाथ का आशीर्वाद प्राप्त करने के लिए मन्दिर में गया। विश्वनाथ के दर्शन कर अपने आप को कृतार्थ कर वहीं दो ब्राह्मणों को भोजन करवा पश्चात् स्वयं भोजन किया।

उस छोटे से बालक में कितनी दृढ़ता थी–जयपुर में वह भोजन करने लगा–देशद्रोही मानसिंह का नाम आते ही और उसके साथ ही जयपुर के कच्छवाहों द्वारा सिसोदियों के प्रति किए गए दुर्व्यवहार का स्मरण होते ही उसने वह पूरियां वैसे बिना खाये ही एक जयपुरिये को पकड़ा दी....

भावनाएं ही आदमी को ऊंचा बनाती और भावनाएं ही उसे नीचे गिराती हैं। जिसकी भावनाएं ओछी होती हैं, वह नीच कर्मों में भी आनन्द मानता है। और उत्कृष्ट भावना सम्पन्न व्यक्ति उत्कृष्ट कार्यों का सम्पादन करने से भी संतुष्ट नहीं होता। यदि आपको उच्च बनना है तो अपनी भावनाएं उच्च कीजिये आप देखेंगे आप सचमुच उच्च हैं।

वह काशी में किसी को जानता न था, परन्तु राम को पंचवटी में भला कौन जानता था? सच्चा वीर तो वही है तो स्वयं अपने भुजबल तथा बुद्धिबल से स्वयं अपने लिए क्षेत्र को विजय करे। जिस कामना को हृदय में धारण कर वह काशी में आया था वह कामना उसने पूर्ण की। गंगाजी का नित्य स्नान तथा बाबा विश्वनाथ का चरणामृत तो उसे नित्य प्राप्त ही था; अब उसने गुरु के चरण कमल की सेवा करके सरस्वती को भी प्रसन्न कर दिया।

❑❑❑

चौदहवां अध्याय

एक स्वप्न

यदा स देवो जागर्ति तदेदं चेष्टते जगत्।

इसी काशी में रहते हुए उसे तीन वर्ष हो गए। एकचित्त होकर उसने विद्या प्राप्त की। काशी आने का उसका मुख्य उद्देश्य भी विद्या प्राप्त करना ही था। उसकी बुद्धि प्रखर थी। थोड़े ही समय में वह बहुत कुछ पढ़ गया था। गंगाजी के प्रति उसके हृदय में अगाध श्रद्धा थी। गंगा स्नान, विश्वनाथ बाबा का ध्यान यह उसके नित्य जीवन का प्रमुख अंग थे। अपने अमूल्य समय का एक क्षण भी वह व्यर्थ जाने न देता। यह इसी सद्‌गुण का प्रताप था कि थोड़े ही समय में वह आयुर्वेद शास्त्र तथा ज्योतिष शास्त्र का अच्छा ज्ञाता हो गया।

वह शिवरात्रि का दिन था। बाबा विश्वनाथ के मन्दिर में उस दिन भक्तों की इतनी भीड़ थी कि पैर तक धरने का स्थान बाकी न बचा था।

फूलकुंवर के हृदय में भगवान् शिव के लिए अगाध श्रद्धा थी... उस दिन प्रातः उठ उसी घाट पर स्नान कर श्रीगंगाजी से एक लोटा भर चन्दन, पुष्प, धूप, कपूर ले

ओ३म शिवहर शंकर—नमामि शंकर! शिवशंकर शम्भू!!
हे गिरिजा पते भवानी शंकर!! शिव शंकर शम्भू।।

का जाप करता वह भगवान् विश्वनाथ के दरबार में पहुंचा। भीड़ को देख कर वह निराश नहीं हुआ... भीड़ को चीरता हुआ वह आगे बढ़ता गया। थोड़ी ही देर में वह सबके आगे जा पहुंचा...

अब वह भगवान् की प्रतिमा के सन्मुख खड़ा था—शिवहर! शिवहर!! कर विश्वनाथ पर जल, विल्व पत्र, पुष्प, धूप, दीप चढ़ा वह हाथ जोड़े शिवजी महाराज की स्तुति गाने लगा।

हे विश्वनाथ शिवशंकरः देव देव,
गंगाधर प्रमथनायक नंदिकेश।
वाणेश्वरधंकरिपोहर लोकनाथ,
संसार दुःख गहनाज्जगदीश रक्ष॥
वाराणसी पुर पते मर्णिकर्णिकेश,
वीरेश दक्षमख काल वियोगणेश।
सर्वज्ञ सर्व हृदयैक निवासनाथ,
संसार दुःख गहनाज्जगदीश रक्ष॥
हे! पार्वती हृदय वल्लभ चन्द्र मौले,
सूताधिप प्रथम नाथ गिरीशं जाप।
हे नामदेव भव रुद्र पिनाक पाणे,
संसार दुःख गहनाज्जगदीश रक्ष॥
हे नीलकंठ वृषभध्वज पंच वक्त्र,
लोकेश शेष वल्लभ प्रमथेश ईश।
हे धूर्जटे पशुपते गिरिजा पतेमां,
संसार दुःख गहनाज्जगदीश रक्ष॥
ये नार्चयन्ति गिरिशं समये प्रदोशे,
ये नार्चितं शिवमपि प्रणमन्ति चाराये।
ये तत्कथां श्रुति पुटैर्न पिवन्ति मूर्खाः
ते जन्म-जन्म सु भवन्ति नरा दरिद्रा॥

भगवान् विश्वनाथ के चरणों में अपने श्रद्धा के कतिपय पुष्प चढ़ा... फूलकुंवर वहीं एक ओर हो कर बैठ गया! आज उसने चौबीस घंटे का व्रत रखा था। उस रात उसने वहीं लोकनाथ के चरणों में ही जागरण करना था। दर्शकों की भीड़ कुछ देर पश्चात् कम होती गई। उस समय रात्रि काफी व्यतीत हो चुकी थी। उसने एक कोने में अपना आसन जमाया और वहीं बैठ वह प्रेम में मस्त हो शिव-महिम्न-स्तोत्र का जाप करने लगा।

मही पादाघात्तद्व्रजति सहसा संशयपदं
पदं विष्णों भ्राम्यद्भुज परिघ रुग्णाग्रहगणम्।
मुहूर्द्यौदौंस्थ्यं यात्यनि भृतजटाताडित तटा
जगद्रक्षायै त्वं नटसि ननु वामैव विभुता॥

त्वमर्कस्त्वं सोमस्त्वमसि पवनस्त्वं हुतवहः
स्त्वमापस्त्वं व्योम त्वमु धरणिरात्मा त्वमिति च।
परिच्छिन्नामेवं त्वयि परिणता विभ्रति गिरं
न विभ्दस्तत्तत्वं वयमिह तु यत्त्वं न भवसि॥

रात्रि लगभग समाप्त हो चुकी थी। फूलकुंवर अपने ध्यान में ऐसा मस्त हुआ कि उसे तन बदन की होश भी न रही। उसी ध्यानावस्था में बैठे हुए... ब्रह्ममुहूर्त प्रातः चार बजे के लगभग उसने ऐसा अनुभव किया मानो उसे कोई कह रहा है... "भाई साहिब आप तो मुझे भूल गए परन्तु मैं तो आप को नहीं भूला। जीजी भी आप से छूट कर स्वर्ग सिधार गईं और आप भी अपना देश छोड़ परदेशी बन गए। मैंने आप की बहुत तलाश की, आप का कहीं पता ठिकाना तक न मिला। आज बड़ी देर के पश्चात आप से मिलना हुआ।"

वह था स्वप्न का संसार–जिसमें बाहर की आंखें बन्द हो कर अन्दर की आंखें खुल जाती हैं, बाहर के कान बन्द होकर अन्दर के कान खुल जाते हैं–यह स्थूल देह सूक्ष्म शरीर में परिवर्तित हो अपने ऊपर वैसा ही कलेवर चढ़ा दूर-दूर दिल्ली दक्कन घूम जाता है–बड़ी-बड़ी अगम्य पर्वत शृंखलाओं तथा विशाल सागर के वक्षःस्थल को फांद जाता है... यह स्वप्न का संसार बाहर के संसार से कितना भिन्न होता है–थोड़ी देर के लिए राजा को रंक बना देता है–रंक को राज-प्रासाद में प्रविष्ट करा देता है–वास्तविक जगत् में जिसकी एक झलक के लिए मनुष्य तड़पता है उसे कुछ क्षणों के लिए साक्षात् उसके सन्मुख खड़ा कर देता है। थोड़ी देर के लिए दो बिछुड़ी हुई आत्माओं का मिलाप हो जाता है–परन्तु यह सब कुछ होता है क्षणिक, फिर आंख खुलते ही यह सब कुछ बालू की भीत के समान ढेर हो जाता है।

वह थी उसके लंगोटिये यार इकलिंग की आत्मा–उसमें वैसा ही प्रेम, वैसा ही सौन्दर्य और वैसा ही भोलापन था... "भाई साहिब मैं तो आपको भूला नहीं... क्या आप मुझे भूल गए"–इतना कहते ही वह फूलकुंवर के पांव पड़ गया... इकलिंग की आंखों में आंसू थे। उसके एक-एक अश्रु में प्रेम, श्रद्धा, भक्ति तथा वात्सल्य का सागर ठाठें मार रहा था।

फूलकुंवर ने उसे प्रेम से उठा कर उसके सिर पर हाथ फेर उसे आशीर्वाद दिया–इकलिंग! तुम कहां थे! तुम इतनी देर तक कहां रहे, आज कल तुम कहां हो, जीजी कहां है....

जीजी बाहर है–मैं आ गया हूं.... अब जाऊंगा।

"कहां जाओगे तुम"। मैं आज कल पश्चिम की दिशा में गुरु की नगरी में हूं– वहां से थोड़े ही दिनों में उत्तर की ओर जो पवित्र हरिद्वार का तीर्थ है वहां जाऊंगा। उसी समय मन्दिर में जोर से शंख घड़ियाल की आवाज हुई–फूलकुंवर का ध्यान टूट गया। उसने देखा वहां कतिपय भगवद्-भक्तों के सिवाय स्वप्न सम्बन्धी कुछ भी वस्तु न थी।

❑❑❑

पंद्रहवां अध्याय

काशी से हरिद्वार पैदल

उत्साह से घटजात ने सागर को किया पान।
उत्साह से रवि लील गए बाल हनुमान।।

रात्रि व्यतीत हो चुकी थी... विश्वनाथ महादेव का आंगन भक्तजनों से भरा पड़ा था। फूलकुंवर ने महादेव जी की चरण वन्दना की... शिवजी की जलेरी से जल ले आंखों को लगाया... परन्तु स्वप्न लोक में देखा हुआ वह अलौकिक दृश्य प्रतिक्षण उसकी आंखों के सामने घूम रहा था।

"जीजी बाहर खड़ी है–मैं आ गया हूं–भैया जी तुम तो मुझे भूल गए, तुम्हारा कुछ पता ही न चला। आपको बहुत खोजा आज आपके दर्शन हुए" इकलिंग के यह शब्द बार-बार उसके कान में वीणा के झंकार बन कर गूंज रहे थे और अपनी चित्तवृत्तियों को उसी स्वप्न के संसार में केन्द्रीभूत किए हुए वह अपने निवासस्थल की ओर चल दिया।

उसने रात्रि भर जागरण किया था। और भगवान् शिवजी के जन्म दिवस के उपलक्ष्य में उसने पिछले चौबीस घंटे का उपवास किया था। अपने निवासस्थान पर आ स्नान-ध्यान कर उसने भोजन किया। तत्पश्चात् वह कुछ विश्राम करने की इच्छा से लेट गया।

लेटते ही उसकी आंख लग गईं और आंख लगते ही उसके सामने वही रात का दृश्य... वही इकलिंग और वही उसकी भोली भाली सूरत "भाई साहिब मैंने आप से गंगाजी पर मिलने के लिए कहा था–वह मेल तो हो गया अब मैं जाता हूं फिर उत्तराखण्ड में जो पवित्र तीर्थ हरिद्वार है वहां मिलेंगे।"

इकलिंग के शब्द सुनकर फूलकुंवर चौंक पड़ा। उसकी आंखें खुल गई। उसने देखा उसके सामने कुछ भी न था।

उसे बड़ा ही आश्चर्य हुआ... वह वहां से उठ सीधा गुरुदेव के चरणों में उपस्थित हुआ...

सप्रेम आशीर्वाद प्रदान कर गुरुदेव बोले–''फूलकुंवर आज तुम घबराये से प्रतीत होते हो। वह पहली सी प्रसन्नता आज कहां है, आज मुखमुद्रा किस कारण से गम्भीर रूप धारण किए है।''

गुरुदेव की स्नेह पूर्ण वाणी सुन बालक हाथ जोड़ बोला–

''गुरुदेव! आज आपके सन्मुख अपने हृदय के गूढ़तम रहस्य जानने के लिए उपस्थित हुआ हूं।

कौन-सी ऐसी रहस्य की बात है, फूलकुंवर?

फूलकुंवर ने विश्वनाथ के मन्दिर में इकलिंग के स्वप्न लोक में प्रकट होने तथा चार घंटे पश्चात फिर उसके निवासस्थान पर उसी दृश्य की पुनरावृत्ति– इकलिंग द्वारा उसे हरिद्वार पर मिलने का निमंत्रण तथा सब घटना गुरु जी को सुनाई और उसके साथ ही पांच छह वर्ष पूर्व अपनी और इकलिंग की परममैत्री का भी वर्णन किया।

फूलकुंवर की राम कहानी सुनकर गुरुदेव बोले ''बालक–तुम्हारा विचार सर्वथा सत्य है। शिवरात्रि के महाव्रत के दिन उपवास के कारण तुम्हारा मन शुद्ध पवित्र था। तुम्हारे अन्दर दृढ़ता थी, भक्ति थी। तुम्हारी आत्मा के अन्दर प्रकाश था। उसी प्रकाश में तुम्हें अपना मित्र दिखाई दिया सो सर्वथा तत्त्वपूर्ण ही है। स्वप्न-विज्ञान भी एक तत्त्व की बात है। शास्त्रकारों ने लिखा है कि रात्रि के पिछले पहर में मनुष्य जो कुछ भी स्वप्न जगत् में देखता है वह सर्वथा सत्य ही होता है।

इस रात जो कुछ तुमने देखा वह इकलिंग की जीवात्मा थी। यह तुम्हारा मित्र तुम से बड़ा ही प्रेम करता था। यह बालक अब गुरु की नगरी जो अमृतसर है, वहां जन्म ले चुका है... और वहां से भी उसका शरीर छूटने वाला है या अब वह उसी शरीर से उत्तराखण्ड हरिद्वार में जाने वाला है।

फूलकुंवर चकित होकर बोला ''गुरुदेव–क्या इकलिंग सचमुच कहीं जन्म ले चुका है?''

गुरुदेव बोले–अवश्य! शास्त्र में लिखा है।

अनुपश्य यथा पूर्वे प्रति पश्य तथा परे।
सस्यमिव पच्यते मर्त्यः सस्यमिव जायते पुनः॥

जैसे धान के पेड़ को किसान एक स्थान से उखाड़ कर दूसरे स्थान पर लगा देता है, ऐसे ही परमात्मा भी मनुष्य के शरीर को एक स्थान से उखाड़ कर दूसरे स्थान पर लगा देता है।

भगवान् कृष्णचन्द्र ने गीता में कहा है—अर्जुन!

नैनं छिन्दन्ति शस्त्राणि, नैनं दहति पावकः।
न चैनं क्लेदयन्त्यापो, नैनं शोष्यति मारुतः॥

अर्थात्—हे अर्जुन यह आत्मा अमर है... मनुष्य देह के मर जाने पर भीं। इस आत्मा का नाश नहीं होता....

अजो नित्यः शाश्वतोऽयं पुराणो, न हन्यते हन्यमाने शरीरे।

"गुरुदेव! क्या उसी रूप में परमात्मा उस मनुष्य को अन्यत्र पैदा कर देता है"—फूलकुंवर ने प्रश्न किया। गुरुदेव बोले—बालक! रूप शरीर का नहीं होता—शरीर तो मिट्टी है। वास्तविक रूप होता है आत्मा का।

"परन्तु, गुरुदेव! आत्मा का तो कोई रूप ही नहीं—शास्त्र ने तो स्पष्टतः लिखा है।

अशब्दमस्पर्शमरूपमव्ययं तथाऽरसं नित्यगन्ध वच्चयत्।
अनाद्यनन्तं महतः परं ध्रुवं नीचाय्यतं मृत्युमुखात्प्रमुच्यते॥

"तुम ठीक कहते हो फूलकुंवर, आत्मा का कुछ रूप तो नहीं होता, परन्तु रूप से मेरा तात्पर्य प्रकाश से है... आत्मा के प्रकाश से ही शरीर चमकता है... आत्मा है बिजली की तरंग—इस विद्युत की ज्योति पा कर ही यह शरीर जीवित है—इसके निकल जाने पर तो मनुष्य का शरीर केवल मिट्टी का एक ढेर है। बिना ज्योति के तो लालटेन बेकार ही है—मेरा कहने का तात्पर्य यह है कि रोशनी तो वही होती है, केवल लैम्प की चिमनी बदल जाती है—भगवान् कृष्ण ने भी तो गीता में कहा है:

वासांसि जीर्णानि यथा विहाय नवानि गृह्णानि नरो पराणि।
तथा शरीराणि विहाय जीर्णानन्यानि संयाति नवानि देहि॥

जिस प्रकार मनुष्य पुराने कपड़े त्याग कर नये कपड़े धारण कर लेता है, वैसे ही आत्मा भी पुराने शरीर को त्याग कर नया शरीर धारण कर लेता है।

परन्तु, गुरुदेव! इकलिंग का शरीर तो पुराना नहीं था। वह भोला भाला कोमलांग केवल बारह तेरह वर्ष का तो बच्चा ही था–फिर उसके सुन्दर शरीर को उसकी आत्मा ने क्यूं छोड़ दिया!

गुरुदेव बोले–फूलकुंवर! तुम बड़े बुद्धि वाले लड़के हो। तुम्हारे मित्र का शरीर बिल्कुल नया था, परन्तु यदि तुम आज ही कोई नयी कमीज पहनो और अचानक ही चलते-चलते कहीं ऊपर से उस पर गंदा पानी गिर जाए अथवा वह कपड़ा किसी खुंगे में फंस खिंच कर फट जाए तो क्या फिर उसे वैसे ही पहने रहोगे!"

परन्तु गुरुदेव! वह कपड़ा तो धुल सकता है अथवा फटा हुआ हो तो सिल सकता है, एक दम उतार कर जला तो नहीं दिया जाता।"

"परन्तु क्या कभी शरीर पर पड़े-पड़े ही कपड़ा धुलता है? मैला अथवा फटा हुआ कपड़ा धोने अथवा सिलाने के लिए तो उतार कर शरीर से पृथक किया ही जाता है। स्वयं धोना हो, धोबी से धुलाना हो प्रत्येक अवस्था में काफी देर तक वह कपड़ा शरीर से अलग करना पड़ता ही है। उसी प्रकार विकार-पूर्ण देह का परित्याग कर आत्मा दूसरी देह को धारण कर लेती है। आत्मा एक ही होती है केवल कवच दूसरा होता है–शास्त्र में लिखा है।

वायुर्यथैको भुवनं प्रविष्टो रूपं रूपं प्रति रूपो बभूव,
एकस्थिता सर्व भूतान्तरात्मा रूपं रूपं प्रति रूपं बहिश्च।
एको वशी सर्व भूतान्तरात्मा एकं रूपं बहुधा यः करोति॥

शरीर से वस्त्र अलग करते हुए जिस प्रकार किसी को भी कोई दुःख नहीं होता उसी प्रकार इस देह का परित्याग करते हुए आत्मा को भी कुछ दुःख नहीं होता शास्त्र में लिखा है–

सूर्यो यथा सर्व लोकस्य चक्षुर्न लिप्यते चाक्षुषै र्वाह्य दोषैः।
एकस्तथा सर्व भूतान्तरात्मा न लिप्यते शोक दुःखेन बाह्यः॥

परन्तु, गुरु देव! मैं इकलिंग को हरिद्वार में पहचान कैसे सकूंगा। गुरुदेव बोले–"हां! सबको सब कोई पहचान नहीं सकता। तुम ही सोचो, फूल कुंवर! यदि बच्चा उसी रंग रूप में जन्म ले ले और उसे पूर्व जन्म की सभी बातें याद रहें तो फिर उसके पिछले मां-बाप और नये मां-बाप में कितना सिर फटौअल हो... परमात्मा अच्छा ही करता है जो नवीन जन्म देते समय उस

आत्मा को पिछले जन्म की सभी बातें भुला देता है। परन्तु संसार के अन्दर कुछ एक ऐसी विभूतियां भी अवतरित होती हैं, जिन्हें अपने पिछले जन्म की सभी बातें भली-भांति स्मरण रहती हैं और विशेष करके मरते समय जो भी उस व्यक्ति की आकांक्षा होती है... वह आकांक्षा अगले जन्म में उसमें प्रबल रहती है... शास्त्र में लिखा है।

यं यं लोकं मनसा संविभाति।
विशुद्धसत्त्वः कामयते यांश्च कामान्॥
तं तं लोकं जायते तांश्च कामान्।
तस्मादात्मज्ञं ह्यर्चयेदतिकामः॥

तुम्हारे मित्र को तुमसे मिलने की तीव्र उत्कण्ठा थी, उसने तुम्हें खोज लिया। जिस प्रकार सहस्रों मील दूर पड़े दो विद्युत-यन्त्र आपस में कुछ भी सम्बन्ध न होने पर एक ही समय में एक ही गति को प्राप्त होते हैं, ऐसे ही एक समान दो मन भिन्न शरीरों के अन्दर रहते हुए आपस में कुछ भी प्रत्यक्ष सम्बन्ध न होने पर भी एक हो जाते हैं। स्वप्नावस्था में स्थूल शरीर का कार्य बन्द रहता है, सूक्ष्म शरीर काम करता रहता है। स्वप्नावस्था में मन अपनी महिमा का अनुभव करता है, जो देखा हुआ है उसको पुनः देखता है, सुने हुए को पुनः सुनता है, भिन्न-भिन्न अवस्थाओं और स्थानों में जिन-जिन विषयों का अनुभव किया हुआ है उन्हीं का बार-बार अनुभव करता है। प्रातःकालीन स्वप्न को और विशेष करके उपवास, महाव्रत तथा परमात्म चिन्तन द्वारा आकर्षणशक्ति प्राप्त मन द्वारा ग्रहीत स्वप्न को हमारे धर्म शास्त्रों ने बड़ा महत्त्व दिया और उन्हें सर्वथा तत्त्वपूर्ण ही कहा है।

फूलकुंवर के हृदय में इस बात का दृढ़ विश्वास बैठ गया कि इकलिंग शीघ्र ही हरिद्वार में जन्म लेगा। जितनी तीव्र लालसा उसे उदयपुर से काशी जी आने में लगी थी, उससे भी कई गुणा लालसा अब उसे काशी से हरिद्वार जाने की लग गई।

उस घटना के अगले ही दिन प्रातः गुरुदेव के चरणों में उपस्थित हो फूलकुंवर ने प्रार्थना की "गुरुदेव! अपने मित्र से भेंट करने मैं हरिद्वार जा रहा हूं-गुरुदेव मुझे आशीर्वाद दीजिये।"

गुरु देव बोले-"वत्स! तुम्हारी आकांक्षा को मैं रोकना नहीं चाहता। हरिद्वार में रहो अथवा काशी में दोनों ही एक बात है। यदि काशी भागीरथी

का वक्षःस्थल है तो हरिद्वार तो गंगा का मुख ही है। काशी यदि बाबा विश्वनाथ का वास स्थल है तो हरिद्वार शिव शम्भू का क्रीड़ाक्षेत्र ही है। तुम सुखी रहो—आनन्दित रहो। तुम्हारी वृत्तियों को भगवान् सदैव ही ऐसा बनाये रक्खें। कौन-सी गाड़ी से जाओगे!"

"मैं गाड़ी से नहीं जाऊंगा, गुरुदेव! यह भागीरथी माता हरिद्वार से ही आ ही रही हैं मेरी तो इच्छा है गंगा के साथ ही साथ चलता हुआ नित्य प्रति इसके जल में स्नान करता हुआ—मातेश्वरी का अमृत-जल पीता हुआ... प्रतिक्षण मातेश्वरी के दर्शन करता हुआ इसके साथ-साथ जाऊं—"

गुरुदेव विस्मित होकर एकटक फूलकुंवर की ओर देखने लग गए—

फूलकुंवर! रास्ता बहुत लम्बा है—शेर, बाघ, हाथी, इत्यादि हिंसक प्राणियों से परिपूर्ण जंगलों से भरा पड़ा है। कदम-कदम पर खादिर को पार करना पड़ेगा... कई-कई दिन तक कोई ग्राम नहीं मिलेगा। रास्ता भयंकर है, अच्छा है यदि यह अपनी यात्रा रेल द्वारा ही पूर्ण करो।

आज रात रेल में बैठोगे तो कल दोपहर तक पहुंच जाओगे—उस समय गुरुजी ने दस रुपये फूलकुंवर के सामने धरे और बोले—यदि तुम्हारे पास रेल का किराया नहीं है तो लो यह रुपये ले लो। फूलकुंवर हाथ जोड़ बोला, "भगवन्! मेरे पास जो कुछ भी है, यह सब आप ही के आशीर्वाद का फल है—मैं रेल भाड़े के कारण पैदल नहीं जा रहा किन्तु भागीरथी ही के साथ-साथ हरिद्वार पहुंचने की इच्छा है गुरुदेव! आप मुझे आशीर्वाद दीजिये!!"

गुरुदेव ने देखा फूलकुंवर अपने ध्येय पर पवित्रता से दृढ़ है। उन्होंने प्रेम भरा आशीर्वाद दिया।

गुरुदेव का आशीर्वाद प्राप्त कर फूलकुंवर विश्वनाथ भगवान् के चरणों में उपस्थित हो हाथ जोड़ प्रार्थना करने लगा—"हे, देव आप दाता हो, विधाता हो; आप समस्त जगत् के आधार रूप अनाथों के नाथ हो—प्रभो! आप के दर्शन करके मैं कृतार्थ हुआ। काशीपति विश्वनाथ! तू सब का पति है—हे भक्तवत्सल! मेरी आप के दरबार में यही प्रार्थना है...मुझ पर अपनी कृपा का हाथ रखना, अब मैं आपकी इस मनोहर काशी से गंगाजी के किनारे-किनारे आप ही की लीला भूमि हरिद्वार की ओर जा रहा हूं, मुझे शक्ति दो—कृपालु-देव! मैं आप ही के गुण गाता, नित्य प्रति भागीरथी में स्नान करता अपनी यात्रा को पूरा करूं"

प्रभु विश्वनाथ के दरबार में इस प्रकार प्रार्थना कर वह बाहर निकल मणिकर्णिका घाट पर आ गंगाजी को हाथ जोड़, प्रणाम कर प्रेम में उन्मत्त हो स्तुति गाने लगा–

मातः शैल सुता सपत्नी वसुधा शृंगार हारावली।
स्वर्ग रोहणी वैजयन्ति भवती भागीरथीं प्रार्थये॥
त्वत्तीरे वसतस्त्वदम्बु पिवतस्त्वदवीचिषु प्रेखत।
स्वतन्नाम स्मरतस्त्वदर्पितदशः स्यान्मे शरीरव्यय॥

नीलवर्ण आकाश पर निशाकर भगवान् अपनी गण सेना सहित पूर्ण रूप से अपना आधिपत्य जमाए ही थे। कल-कल करती हुई अपने प्राकृतिक मुस्कान में मुस्काती भागीरथी की तरंगें आनन्द वेग से किसी अनन्त की गोद में सामने को भाग रही थी। गंगा माई का वह भगत भी अनन्त के वासी को मिलने के लिए गंग धार के साथ किनारे-किनारे हरिद्वार की ओर चल पड़ा।

❑❑❑

खंड दूसरा

उत्तराखंड के पथ पर

संसार के सब काम हैं उत्साह पै निर्भर।
यह जान के निज चित्त को उत्साह से लो भर॥
फिर देखो कि किस काम को तुम सकते नहीं कर।
पत्थर भी बने पानी अगर जाओ न तुम डर॥
अब आगे सुनाते हैं तुम्हें सत्य कहानी।
उत्साह बढ़े सुनते ही और भीति हो पानी।

सोलहवां अध्याय

डाकुओं के शिविर में

कदर्थितस्यापि हि धैर्यवृत्ते। बुद्धिर्विनाशो न ही शंकनीय॥
अधोमुखस्यापि कृतस्य वह्ने। नाधः शिखा याति कदाचिदेव।

आज ईसा की इस बीसवीं शताब्दी के चालीसवें वर्ष में भारतवर्ष की स्थिति सब प्रकार से बदल चुकी है। रेल, तार, डाक, रेडियो के प्रसार ने भारत-भूतल की मानो काया ही पलट दी। जहां सहस्रों मील तक महान् मरुस्थल के सिवा कुछ दिखता ही न था आज वहां रेल बिछे जाने से घनी आबादियां बस गईं हैं। जहां कभी घोर भयानक जंगल बसा करते थे, सिवाय हिंसक पशुओं की चिंघाड़ के जहां कुछ सुनाई ही न देता था; आज उन्हीं अगम्य वनस्थलों में महकमा जंगलात के बंगले बन रहे हैं। आज जंगल तो कहीं रहे ही नहीं, यदि हैं भी तो केवल हैं गौरांग महाप्रभुओं के मृगयास्थल-

परन्तु उस समय सन् 1884 में जिस समय बाल-भक्त ने उत्तराखण्ड की यात्रा का संकल्प किया उस समय की स्थिति आज से सर्वथा भिन्न थी। ईस्ट इंडियन रेलवे की बड़ी लाईन चालू हो चुकी थी बनारस से हरिद्वार तक। यदि बालक फूलकुंवर रेल द्वारा पहुंचना चाहता तो वह दूसरे ही दिन हरिद्वार पहुंच सकता था, परन्तु उस ध्रुव के अन्दर एक लग्न थी-आत्मविश्वास था, दृढ़ता थी। इन्हीं आत्म बन्धुओं को साथ ले वह भागीरथी तटस्थ घोर जंगल में घुस गया।

गंगा जी के ऊपर की ओर उस तक के साथ ही साथ वह उत्तराखण्ड के पथ पर चल दिया। वह इस रास्ते से पूर्व परिचित नहीं था, परन्तु इतना उसे विश्वास था कि भागीरथी का आंचल पकड़ वह अपने लक्ष्य को अवश्यमेव प्राप्त कर लेगा।

वह चलता गया। भय तो प्रतिक्षण उसके सन्मुख खड़ा ही रहता परन्तु भय को भयभीत कर वह आगे बढ़ता ही गया। कई दिन तक चलते-चलते

वह उस स्थान पर पहुंचा जहां गंगा जी आगे दो धाराओं में विभक्त होती थी... यह दो धाराएं थीं गंगा-यमुना और यह स्थान था पवित्र प्रयाग का संगम। प्रयाग तीर्थराज है—मंदाकिनी तथा कालिन्दी का संगम स्थान है। भगवान् मर्यादा पुरुषोत्तम राम की वन-यात्रा का पावन स्मृति-स्थल है। उद्गीथ-गाथा ब्रह्मर्षियों की तपोभूमि है—

निरन्तर पांच दिन चलते-चलते अपने सम्मुख तीर्थराज को देख, भक्त बाल को मानो मार्ग का सारा ही कष्ट भूल गया। उसका चित्त गदगद हो गया; उसकी आंखों में आनन्दाश्रु भर गए और वह हाथ जोड़ उद्‌मुख हो मधुर-मधुर स्वर से गाने लगा।

तीर्थावली यस्यतु कण्ठ भागे, दानावली वल्गति पापमूले।
ब्रतावली दक्षिण पाद मूले, स तीर्थराजो जयति प्रयागः॥
श्रुति प्रमाणं स्मृतयः प्रमाणं, पुराणामप्यत्र परम प्रमाणम्।
यत्रास्ति गंगा यमुना त्रिवेणी, स तीर्थ राजो जयति प्रयागः॥

देहली से काशी की ओर आते हुए फूलकुंवर पहले भी इलाहाबाद की ओर से गाड़ी में गुज़रा था परन्तु उस समय उसे इलाहाबाद शब्द से इतनी घृणा हो गई कि वह वहां नहीं उतरा... "अयोध्या को फैज़ाबाद बना दिया, प्रयाग को इलाहाबाद बना दिया" इन शब्दों में कितनी करुणा निहित है। इस समय वास्तविक प्रयाग के दर्शन कर बालक फूलकुंवर को अपार आनन्द प्राप्त हुआ। प्रयाग में दो दिन निवास कर महर्षि भारद्वाज के आश्रम की यात्रा कर उत्तराखण्ड का यात्री अपने मार्ग पर आगे चल दिया।

आगे था बड़ा भयानक जंगल-निरन्तर चलते-चलते इसी घोर जंगल में वह एक पेड़ के नीचे अपनी कम्बली बिछा लेट गया। रात्रि के लगभग नौ बजे होंगे। फूलकुंवर ने सहसा अपने से थोड़ी ही दूर पर एक साधारण-सा प्रकाश देखा और उसके साथ ही साथ बहुत से आदमियों की आपस में बातें करने की आवाज़ भी सुनी। थोड़ी-सी देर में वह साधारण-सा प्रकाश विस्तृत रूप धारण कर गया और अब तो इस चांदनी में दूर-दूर की सभी वस्तुएं स्पष्ट रूप से दिखाई देने लगीं। धीरे-धीरे बढ़ती हुई यह चांदनी अब फूलकुंवर तक जा पहुंची। फूलकुंवर झट-पट एक वृक्ष की ओट में छुप कर बैठ गया और वहीं बैठा-बैठा उस प्रकाश की ओर देखने लगा।

उसने देखा कुछ आदमियों ने मिलकर एक बड़ा भारी शामियाना टांगा और फिर जमीन पर बुहारी लगाकर दरी बिछाई। उस दरी पर सफेद चादर

बिछा उस पर एक सुन्दर कालीन बिछाया। उस कालीन पर एक छोटी गद्दी बिछा तकिया रखा। शमियाने के एक और दो तीन घोड़े खड़े थे।

उन आदमियों का रंग काला था। उनके तन पर पहने हुए कपड़े बिल्कुल सफेद थे... वे आदमी आपस में कुछ बातें कर रहे थे परन्तु वे क्या बोल रहे थे कुछ भी समझ न आया।

थोड़ी-सी देर में बीस-पच्चीस आदमी कुछ घोड़े पर चढ़े और कुछ पैदल आए और उस बिछे हुए फर्श पर आकर बैठ गए। उसी क्षण तेज घोड़े पर भागते हुए दो सवार वहां आए। यह दोनों घोड़ों के सवार नौजवान मालूम होते थे। कमर में बंधी तलवार, कटार, गले में पिस्तौल और कारतूस से उनके वीरत्व की प्रत्यक्ष घोषणा कर रहे थे। सभी आदमियों ने खड़े हो उन सवारों को हाथ जोड़ सिर झुका प्रणाम किया। वे दोनों नवागन्तुक अपने यथा आसन पर शोभायमान हुए और उनके बैठ जाने पर सभी लोग बैठ गए।

उस पेड़ की ओट में बैठा हुआ बालक फूलकुंवर यह सारा दृश्य देख कर चकित हो रहा था। "जब मैं यहां पर आया था, उस समय तो यहां बिल्कुल अंधकार था और दूर-दूर तक किसी भी मनुष्य का चिह्न तक न था फिर यह जंगल में मंगल कैसे हो गया। क्या यह किसी राजा की महफिल है, परन्तु राजा को अपनी महफिल जमाने के लिए क्या अपनी राजधानी में कोई उपवन न मिला था जो यहां घोर जंगल में वह अपनी महफिल जमाने आया। फिर राजाओं से इनकी शक्ल-सूरत भी तो नहीं मिलती। क्या ये भूत है?"

बालक के चित्त में रह-रह कर ऐसा ख्याल आता। उसने एक बार ध्यान करके आंखें फाड़-फाड़ कर उस ओर देखा-यहां तो साक्षात् इन्द्र देवता का आसन जम रहा था। उसी समय उस वृक्ष के पास एक आदमी उसी इन्द्र सभा की ओर जाता हुआ गुज़रा। बालक का ध्यान उस महफिल की ओर खिंचा हुआ था। आदमी की नज़र कमली ओढ़े वृक्ष के नीचे बैठे उस बालक पर पड़ी।

"कौन हो तुम?" बालक की ओर देखते ही वह आदमी कड़क कर बोला।

बालक सहम गया-उसने समझा जिन भूतों की कहानियां मैं बालपन में सुना करता था, वही भूत मुझे ग्रसने के लिए आ गया।

बालक को सहमा हुआ देख वह आदमी कड़क कर फिर बोला-"अब बोलता क्यों नहीं?'

फूलकुंवर फिर भी चुप था, उस आदमी के हृदय में सन्देह हुआ, "यह कोई हमारा भेद लेने के लिए यहां आया है।" उसने उसी समय वहीं पर खड़े हुए अपने साथियों को आवाज दी, "पकड़ो! पकड़ो!! देखो-देखो यह शैतान हमारा भेद ले रहा है।"

उसी समय इस महफिल में बैठे दो आदमी भागे-भागे यहां पर आए... उन्होंने आते ही बालक से फिर यही प्रश्न किया। "तुम कौन हो-यहां कैसे आए।"

बालक फिर भी चुप था। उन आदमियों का सन्देह बढ़ता ही गया और वे उसे पकड़ अपने सरदार के पास ले चले।

कुछ देर के लिए महफिल स्थगित कर दी गई और सभी आंखें उस ध्रुव बालक के चेहरे पर गड़ गई। परन्तु बालक के चेहरे पर किसी प्रकार की निराशा, भय अथवा विषाद की झलक न थी। वह पूर्ववत अपनी स्वाभाविक गम्भीरता धारण किए बाल रवि के समान सदृश तेजवान वहां खड़ा था। उसे अपने भविष्य की कुछ भी चिन्ता न थी, उसे चिन्ता थी केवल एक बात जानने की "यह जंगल में मंगल लगाने वाले चोर थे, डाकू थे अथवा भूत थे।"

"तुम यहां कैसे आए और क्यूं आए!" उन लोगों के सरदार ने हाकिमाना लहजे में पूछा। बालक फिर भी चुप था... 'तुम बोलोगे अथवा नहीं?" सरदार फिर गरज कर बोला। परन्तु बालक फिर भी चुप था... 'बदकिस्मत बच्चे मेरे प्रश्न का जल्दी उत्तर दे, अगर जीवन की चाह है-नहीं तो यह तलवार होगी या तेरा सिर होगा।"

परन्तु बालक फिर भी चुप था... सरदार बच्चे की उस हरकत पर आपे से बाहर हो गया-अपनी तलवार उठा जोश में आ गया बोला "अरे बच्चे! तू इतना बेवकूफ और अभिमान का पुतला, मेरी तलवार देख कर भी मेरे सवाल का जबाव नहीं देता क्या तेरे मुंह में जबान नहीं (अपने आदमियों की ओर देखकर) अच्छा इसे इस दरी से परे ले जाओ। मेरी यह उठी तलवार इसका रुधिर चाटेगी इसे परे कर दो"-आदमियों ने फूलकुंवर को दरी से परे कर दिया-सरदार ने तलवार उठाई-

उसी क्षण सरदार के पास ही खड़ा उसी का एक साथी हाथ जोड़ बोला "सरदार क्रोध का परित्याग कर तनिक इस रहस्य को तो सोचो। जान भला किसको प्यारी नहीं। मरना कोई नहीं चाहता, सरदार! लड़का होनहार है...

भूला भटका इधर आ निकला है... हम लोगों को रात के समय यहां देख कर डर गया है। इसे प्यार से, दिलासे से जो पूछना चाहते हो पूछो... जवाब जरूर देगा। तलवार का भय इसे मत दिखाओ।''

सरदार ने अपनी तलवार मियान में डाल दी। दो आदमियों को अपने पास बुला कर वह बोला ''देखो इस बालक को मैं तुम्हारे हवाले करता हूं–महफिल खत्म होने पर इसे मेरे सामने फिर पेश करना–ले जाओ इसे यहां से...''

वे दोनों पहरेदार बालक को वहां से अपने साथ ले गए–नाचना फिर से शुरू हुआ।

उन दोनों आदमियों के पास बैठे फूलकुंवर ने दो घंटे तक लगातार उस नाच को देखा। अब तक उसके दिल पर यही वहम सवार था कि वे सभी लोग भूत-प्रेत थे... परन्तु उन लोगों का रंग-ढंग देख तथा उन दोनों पहरेदारों के साथ कुछ देर रह कर उनकी सज्जनता देख उसका वह भूत वाला ख्याल जाता रहा... ''ये लोग भूत नहीं आदमी हैं...''

महफिल खत्म हुई... सरदार की आज्ञानुसार बालक को फिर उसके सामने पेश किया गया।

फूलकुंवर यथापूर्वक बेधड़क खड़ा था–सरदार बोला... ''प्यारे बालक! तुम इस घोर वन में कहां भूले भटके आ गए।''

''मैं भूला नहीं सरदार! ठीक रास्ते पर जा रहा हूं।''

''कहां जा रहे हो तुम''!

''मैं हरिद्वार जा रहा हूं।''

''कहां से आ रहे हो तुम?''

''मैं काशी जी से आ रहा हूं।''

''काशी जी से आ रहे हो... काशी तो यहां से सैंकड़ों कोस दूर है। तुम रेल में क्यों नहीं गए...।''

''मैंने तो गंगा माई के साथ ही जाने का वचन लिया है। गंगा जी में नित्य-नित्य नहाता हुआ–गंगा जी का जल पान करता हुआ... गंगा जी के तीर पर ही विश्राम करता हुआ मैं हरिद्वार तक पहुंचूंगा...''

''परन्तु यह मार्ग तो कदम-कदम पर खतरे से भरा है–''

"ठीक है, सरदार! मेरे गुरु जी ने भी काशी में ही मुझे बहुत समझाया था परन्तु बालहठ तो समझाए भला कब समझता है, मैं वहां से प्रभु का स्मरण करता हुआ चल पड़ा। पिछली रात इसी जंगल में वहां वृक्ष के नीचे आराम कर रहा था कि उसी समय आपके आदमियों ने मुझे घेर लिया–मैं सहम सा गया। एक तो मैं घोर जंगल में यह इन्द्र का अखाड़ा देख कर ही सहमा हुआ था, फिर यह आपके आदमी मुझे वहां से पकड़ लाये।"

"खैर! तुम बहुत अच्छे, होनहार उत्साही बालक हो। मैं तुम्हें यह कहता हूं कि तुम अब हमारे पास ही रहो। तुम्हारा भविष्य बड़ा सुन्दर बनेगा। हमारे पास रहकर तुम्हारे उत्साह तथा तुम्हारी वीरता की बहुत कदर होगी... तुम्हें यहां रहते हुए किसी प्रकार का कुछ भी कष्ट न होगा।

बालक सरदार के यह शब्द सुनते ही सोच में पड़ गया। सरदार फिर बोला–"बालक! तुम कुछ भी चिन्ता मत करो, तुम्हें यहां कुछ भी तकलीफ न होगी। बोलो जल्दी बोलो।" परन्तु सरदार मैं तो संस्कृत पढ़ता हूं।

"तो इसमें हरज की बात ही क्या है। हम भी तुम्हारे संस्कृत पढ़ने का अच्छा प्रबंध कर देंगे... बताओ।"

"मैं इस प्रश्न का उत्तर कल तक सोच कर दूंगा।" "बहुत अच्छा सोच लो।" दोनों पहरेदार फूलकुंवर को वहां से ले गए।

दिन काफी चढ़ चुका था। स्नान ध्यान का समय था। वे सब लोग अपने-अपने कामों पर चले गए फूलकुंवर भी उन दोनों पहरेदारों के साथ गंगाजी में स्नान करने के लिए चल दिया।

गंगाजी में स्नान कर फूलकुंवर संध्या करने बैठा... वे दोनों पहरेदार बालक के सभी कृत्यों को बड़े ही ध्यान से देख रहे थे–संध्या करते हुए बालक को देख कर एक पहरेदार बोला।

"अरे! यह तो साधु है, यह डाकू कैसे बनेगा।"

"हमारे सरदार तो व्यर्थ ही इसे अपने साथ रखने के लिए मजबूर कर रहे हैं।"

"अरे! यह रह भी गया तो क्या खाक डाका डालेगा–उधर हमारे आदमी किसी के मकान पर चढ़ेंगे और यह वहां अपना आसन जमा कर संध्या करने बैठ जाएगा।"

"मेरा तो ख्याल है इसे अपने रास्ते पर आगे चलने देना चाहिए।"

"हां–मेरा भी यही ख्याल है..."

फूलकुंवर संध्या समाप्त करके उठा... उस दिन भी उन पहरेदारों के पास रहा। पहरेदारों ने देखा बालक उनके पास रहता हुआ इस प्रकार तड़प रहा है जैसे जेल में बंदी अथवा पिंजरे में बंद पक्षी।

अगले दिन सुबह दोनों पहरेदारों ने बालक को सरदार के सामने पेश किया–सरदार बड़े ही प्रेम से बोला "कहो बहादुर बालक तुमने क्या फैसला किया।"

"सरदार! तुम मुझे हरिद्वार जाने से मत रोको, मैं एक पवित्र उद्देश्य की पूर्ति के लिए हरिद्वार जा रहा हूं–मेरा यहां रहना प्रत्येक अवस्था में असम्भव है।"

अच्छा! तुम्हारी खुशी। उसी समय दोनों पहरेदारों को सम्बोधित करते हुए सरदार बोला–जाओ! इस बालक को गंगाजी के पार उतार कर हरिद्वार के सीधे रास्ते पर डाल आओ...

❑❑❑

सत्रहवां अध्याय

गुप्त गुफा की रहस्यपूर्ण लीला

न्यायात् पथा प्रविचलन्ति पदं न धीराः।

परमात्मा जो कुछ भी करता है अच्छा ही करता है। कुछ समय के लिए मनुष्य परमात्मा को बुरा भला भी कह लेता है, उस अजेयसत्ता के विरुद्ध युद्ध घोषणा पर भी उतारू हो जाता है—परन्तु धैर्य तथा सन्तोष के अनन्तर वह परमात्मा मनुष्य को भला ही प्रतीत होता है।

डाकुओं के शिविर से बच कर बूढ़े पहरेदार द्वारा पथ प्रदर्शन के पश्चात् फूलकुमार भगवती भगीरथी के तट के साथ ही साथ उत्तराखण्ड के पथ पर चल दिया। रास्ता तो भयंकर था ही परन्तु उसने उस भयंकरता का रत्ती भर भी भय न माना। उस दिन वह अपनी मस्तानी चाल से प्रभु का स्मरण करता हुआ आगे की ओर कदम बढ़ाये मजे में जा रहा था, उस दिन उसने उसी जंगल में गरजते हुए शेर की आवाज को सुना। कहां 17, 18 वर्ष का बालक कहां घोर जंगल और कहां उसमें शेरों की दहाड़... परन्तु उस गर्जना को सुन कर भी बालक के चेहरे का तेज क्षीण नहीं हुआ। उसने एक कदम भी पीछे मुड़ कर देखा नहीं...

वह निरन्तर अपने रास्ते पर चलता ही रहा। ''इस शेर में भी उसी प्रभु की आवाज है। उसके अन्दर जो शक्ति है, उसका उद्‌गम स्थान भी वही है... मेरे शरीर की शक्ति का उद्‌गम स्थान भी वही है... केवल कवच बदला है, फिर मैं इससे भय क्यूं मानूं। मैं क्या इस जंगल में शेरों का शिकार करने के लिए आया हूं? फिर मुझे शेर का भय क्यूं मानना होगा। क्या मैं शेर से कम हूं... क्या वह शकुन्तला का पुत्र मेरे से भी कम आयु का न था जिसने शेर के बच्चे के सभी दांत गिन डाले थे। इन विचारों से ओत-प्रोत बालक आगे ही बढ़ता गया...

अब शेर उसके बहुत करीब पहुंच चुका था—बालक ने उससे आंख न मिलाई। वह अपने में मस्त चलता रहा... शेर ने एक बार खड़े हो उस बालक

को देखा, फिर वह जिधर जाना चाहता था उधर हो लिया। बालक के जीवन में यह घटना एक साधारण-सी थी।

यह तो वह जानता ही था कि मार्ग कांटों से भरा पड़ा है, यह तो उसे महात्मा ने पहले ही बता दिया था कि रास्ते में बड़े-बड़े जंगल हैं, जिसमें शेर दहाड़ते हैं। यह सब कुछ जान-बूझ कर ही तो उसने इस भय के मार्ग में कदम रखा था फिर वह इस भय को अपने सामने देख घबराता ही क्यूं।

लोग कहते हैं जब रावण सीता को उठा कर ले गया तो उस समय पत्नी-वियोग में रामचन्द्र जी बहुत रोये... परन्तु मन मानता नहीं... राम जानते थे क्ि दंडकारण्य में चारों ओर राक्षसों का साम्राज्य है, चोर डाकू वेश बदल-बदल ऋषियों का नाश करने के लिए इस वन में फिरते हैं। यह सब कुछ जान कर यदि राम को पीछे रोना ही था तो वे पहले ही इस वन में न जाते–क्या उन्हें किसी ने पंचवटी में धक्का दे कर फैंक दिया था! क्या कैकेयी ने उसको पंचवटी के स्थान विशेष पर जाने के लिए बाधित किया था! पंचवटी में जाकर यदि राम को रोना ही था तो वे उधर न जा कर किसी ऋषि के आश्रम में ही अपने वनवास की अवधि पूरे कर लेते...। सीता चुराई तो गई जरूर परन्तु रामचन्द्र जी महाराज रोये नहीं, वे तो हंसे और खूब हंसे... क्यूंकि जिस मिशन को लेकर वे उस घोर बन में आए थे उस लंका दिग्विजय की इस सीता-हरण द्वारा एक भूमिका बंध चुकी थी।

बालक फूल कुंवर जंगल की आपत्तियों को देख कर हंस देता "यह आपत्तियां मुझे जीवन-संग्राम का पाठ पढ़ाने आई हैं... मेरी सुवर्णमयी देह को परीक्षा की अग्नि में तपा कर मानो कुन्दन बनाने आई हैं।"

चलते-चलते तीन दिन हो गए, मार्ग में कोई भी ठहरने की ठोर नहीं मिली। चौथे दिन उसी घोर जंगल में चलते-चलते एक भारी वृक्ष की छाया में तनिक विश्राम करने के लिए ठहर गया। दोपहर शिखर पर थी। निर्मल गगन पर देदीप्यमान दिवाकर प्रभु अग्नि वर्षा कर रहे थे। नीचे से धरती माता भी अग्नि उगल रही थी। उस घने वृक्ष के नीचे पहुंच शीतल-सुखद-समीर का स्पर्श करते ही बालक का चित्त प्रसन्न हो उठा। वह थका हुआ तो था ही उस वृक्ष की छाया में अपना कम्बल बिछा कर वह लेट गया। वह लेटा तो था तनिक विश्राम करने के लिए, परन्तु जब उसकी आंख खुली–नील गगन तारागणों से आच्छादित हो जगमगा रहा था।

"रात्रि के समय इस घोर जंगल में यात्रा करना उचित नहीं, रात यहीं विश्राम कर प्रातः आगे चलूंगा" मन में ऐसा विचार कर बालक उसी वृक्ष के नीचे लेटा रहा।

रात्रि के लगभग 12 बजे बालक ने थोड़ी दूर पर लैम्प का प्रकाश देखा।

प्रकाश धीरे-धीरे उसकी ओर बढ़ रहा था। बालक भयभीत नहीं हुआ। वह एकटक उस प्रकाश की ओर देख रहा था। थोड़े ही क्षणों में उसने देखा एक 25 वर्षीय नवयुवक हाथ में लालटेन लिए आगे- आगे चल रहा है और उसके पीछे दो अति सुन्दर स्त्रियां आ रही थीं।

अर्ध-रात्रि के समय इन तीनों व्यक्तियों के उधर आने के रहस्य को बालक भी समझ न सका। वे लोग अब समीप ही आ गए, बालक ने अपनी आंखें ऐसी बंद कर लीं मानो जागता हुआ भी वह सोने का बहाना कर रहा हो।

''ओहो! यह भगवान् की क्या लीला दिख रही है। ऐसे घोर जंगल में सुन्दर किशोर''–प्रगाढ़ निद्रा में सुख की नींद सो रहे फूलकुंवर की ओर देख एक स्त्री बोली।

''कैसे मजे में सो रहा है–यह बालक यहां आ कैसे गया?''

''यह कोई आने-जाने का रास्ता तो है नहीं–फिर यहां पर यह आया कैसे।''

इस प्रकार उस बालक के प्रति आकर्षित हो दोनों बहनों की परस्पर बातें सुन साथ वाला नौजवान बोला–

''यह बालक रास्ता भूल गया है। यदि इसे कोई देव उठाकर लाता अथवा अन्य प्रकार से अपनी इच्छा के विपरीत बलपूर्वक यहां लाया गया होता तो ऐसे यह कभी न सोता, देखो तो सही कैसे मजे में सो रहा है।''

''यदि यह रास्ता भूल गया है तो इसे सीधा रास्ता दिखाना हमारा कर्तव्य नहीं है क्या?'' ''है बहिन–! मैंने नहीं कब कहा, परन्तु इस समय तो रात है और यह सो रहा है।'' ''मेरा विचार है इसे अपने साथ ही घर ले चलें–जगने पर इसकी कथा सुन कर जो उचित होगा कर देंगे।''

मुझे तो इसे देखते ही अपने नन्दकुंवर की याद आ गई–ऐसा ही सुन्दर व हंसमुख वह भी था। उसकी आयु भी तो सत्रह अठारह वर्ष की ही थी। अब तो भगवान् ने तुम्हारे नन्दकुंवर को तुम्हारे पास ही भेज दिया है, इसे अपना छोटा भाई समझ अपने पास रख लो?''

फूलकुंवर यह सब बातें सुन रहा था। दोनों बहनों का अपने प्रति इस प्रकार स्नेह देख उसके मन का सभी संशय जाता रहा, उसने अपनी आंखें जानकर बन्द कर रखी थीं वास्तव में वह सो नहीं रहा था।

''मेरे विचार में इसे अपने साथ घर पर ले जाना ही उचित होगा।''

''और यदि बाबा जी ने आक्षेप किया!''

''बाबाजी तो परसों आवेंगे, यदि बालक किसी न किसी प्रकार हमारे साथ रहने के लिए राजी हो गया तो बाबा जी को इसमें खुशी ही होगी।''

इतने में फूलकुंवर ने जानबूझकर करवट बदल ली–फूलकुंवर को इस तरह हिलते हुए देखकर वह नौजवान बोला, "अब यह कुछ-कुछ सचेत है। अब इसे जगाओ।

बड़ी बहिन ने फूलकुंवर का कन्धा पकड़ उसे तनिक सचेत किया और बड़े प्रेम से उसे सम्बोधित करती हुई बोली–

"उठो, उठो!! प्यारे बालक इस घोर जंगल में तुम रास्ता भूलकर कैसे आ गए। परन्तु घबराना नहीं हम तुम्हें सुबह ही ठीक-ठीक रास्ता बता देंगे।"

फूलकुंवर ने आंखें खोली–एक बनावटी आश्चर्य से वह इन तीनों की ओर लेटा ही लेटा देखने लगा–

"बहन जी इस घोर जंगल में आप कैसे आ गईं?"

"प्यारे बालक! हमारा घर पास में ही है। आज पर्व पर हम गंगा जी जा रही थीं। तुम्हें यहां देख हमें बड़ा आश्चर्य हुआ–तुम यहां कैसे आए बालक।

बालक ने उत्तराखण्ड-यात्रा की आत्मकथा संक्षिप्त रूप से कह दी–

बालक की भोली-भोली बातें सुन बहनों को फूलकुंवर के प्रति अधिक प्रेम हुआ।

"तुम्हारा नाम क्या है"–बालक?

"नाम है परमात्मा का या आप सरीखे दयावानों का। मुझे फूलकुंवर कहा करते हैं।"

कैसा अच्छा नाम है–मेरे छोटे भाई का नाम भी बड़ा था उसका नाम था नन्दकुंवर, "लो! आज भगवान ने फूलकुंवर के रूप में नन्दकुंवर को भेज दिया है" दूसरी बहन बोली।

"क्यूं भई फूलकुंवर! तुम नन्दकुंवर बनोगे!"

"हां! अवश्य–अपनी प्यारी बहनों का प्यारा भाई तो मैं अवश्यमेव बनूंगा।"

"अच्छा हमारे संग चलोगे?"

"कहां?"

हमारे घर पर।

बालक ने अपने चारों ओर फिर एक बार देखा। उसे आस-पास कोई घर दिखाई नहीं दिया। जब वह दिन के समय चमकती हुई रोशनी में वहां आया, उस समय भी उसने अपने आस-पास दूर-दूर तक कोई ग्राम नहीं देखा था। उस समय बालक ने चकित हो कर पूछा–

"बहिन जी! आपका घर यहां से कितनी दूर है?"

"बहुत दूर नहीं फूलकुंवर पास ही है!"

उसी रात्रि के अन्धकार में सब लोग वहां से चले। आगे आगे लालटेन

वाला नौजवान था पीछे-पीछे अपनी नवीन धर्म बहनों के साथ-साथ फूलकुंवर किसी अदृष्टपूर्व स्थल की ओर जा रहा था।

वह था भूतल के नीचे एक बड़ा ही सुन्दर विश्राम स्थल। रात में भी वहां रोशनी थी मानो सचमुच दिन चढ़ रहा हो। उस गुफा का द्वार बहुत छोटा था। उसमें प्रविष्ट हो एक लम्बा रास्ता कुछ-कुछ नीचे की ओर ढलका हुआ... उस रास्ते को पार कर एक बड़ा ही सुन्दर विश्राम स्थल था-

रात्रि के लगभग बारह बज चुके थे, सब लोग थके हारे सो गए परन्तु फूलकुंवर को नींद कहां... भागीरथी तटस्थ इस गुप्त गुफा के रहस्य को वह जानने को उत्सुक हो रहा था। वह अपनी उत्सुकता को थोड़े समय के लिए भी दबा न सका। उसी गुफा में उस घर की सेविका बुढ़िया से उसने पूछा-

"माई! इस घोर जंगल में यह गुप्त गुफा किस प्रयोजन के लिए बनाई है। सुन्दर मकान इन्होंने जमीन के नीचे बनाया है। यदि यह चाहते तो क्या ज़मीन के ऊपर ही ऐसा मकान न बना सकते थे!"

बुढ़िया बोली-"बेटा! यह मकान है बाबाजी का" "वे इस समय कहीं गए हैं।"

वे क्या काम करते हैं।

वे बाहर गए हैं... बेटा!.. अब सो जाओ देर बहुत हो चुकी है।

सुबह हुई। बहनों ने अपने नवीन भाई को आ घेरा। "फूलकुंवर! अब हमारे ही पास रहोगे न!"

फूलकुंवर हाथ जोड़ कर बोला "बहन जी! मैं हरिद्वार जा रहा हूं। यहां ठहरना मेरे लिए असम्भव है। मैं तो शीघ्रातिशीघ्र हरिद्वार पहुंचना चाहता हूं।"

"परन्तु मार्ग अतीव भयंकर है।"

"मैं यह जानता हूं।"

"यहां हमारे पास रहने में क्या हर्ज है?"

"हर्ज तो कुछ नहीं-परन्तु मैं अपने ध्येय से कदापि विचलित नहीं हो सकता।"

अच्छा! कम से कम आज के दिन तो यहां रहो।

फूलकुंवर दो दिन तक गुफा में ठहरा...तीसरे दिन सुबह ही अपने पथ पर चला गया। उस गुफा के बारे में वह इतना ही समझ सका, इससे अधिक कुछ नहीं।

□□□

अठारहवां अध्याय

शिवालय के अवधूत साधु

सतां सद्भिः संगः कथमपि हि पुण्येन भवति।

गुप्त गुफा की बहनों के प्रेमपाशों को कर्तव्य पालन पर न्योछावर कर बालक फूलकुंवर मातेश्वरी भागीरथी के साथ ही उत्तराखण्ड की ओर चल दिया। चलते-चलते कुंवर गंगा तटवर्ती एक बड़े विशाल नगर में पहुंचा।

"यह कौन-सा शहर है"-बालक ने नगर में प्रवेश करते ही एक वयोवृद्ध व्यक्ति से पूछा।

"यह है कानपुर"

"यह भी कोई तीर्थ है?"

हां! यहां सरसैया घाट पर गंगा जी में नहाने का बड़ा महात्म्य है। यहां से थोड़ी ही दूर बिठूर है। वह स्थान भी गंगाजी के तट पर ही है। वहां महर्षि वाल्मीकि जी का आश्रम है।

"जिन्होंने रामायण लिखी-क्या वही महर्षि वाल्मीकि!"

"हां, हां, वही महर्षि वाल्मीकि-"

"जिनके आश्रम के पास लक्ष्मण ने दूसरी बार राम के कहने से सीता को बनवास में छोड़ा था-वही महर्षि वाल्मीकि..."

"हां, हां, वही तो"

उस वयोवृद्ध व्यक्ति ने बड़ी उत्सुकता से उस बालक की ओर देखा... वाह भई! तुम तो बड़े ही धर्मात्मा हो-अपने धर्मशास्त्रों का तुम्हें बहुत ही ज्ञान है। तुम कहां से आ रहे हो?...

मैं काशी जी से आ रहा हूं।

"कहां जाओगे?"

"हरिद्वार जाऊंगा।"

हरिद्वार पैदल ही जाओगे... गाड़ी में क्यूं नहीं बैठ जाते–साधुओं को तो रेल में किराया माफ है।

माफी की बात नहीं हम तो गंगा जी के साथ ही साथ जाएंगे। "क्या यह गंगा जी के तट पर ही पड़ेगा" "हां!"

"अच्छा! आप का बहुत-बहुत धन्यवाद..."

सरसैया घाट पर स्नान कर गंगा के तट के साथ-ही-साथ वह बिठूर पहुचें। उसका हृदय गदगद हो गया–ओहो! यही वह पवित्र स्थान है। यहां कभी महर्षि वाल्मीकि अपने साठ हजार विद्यार्थियों सहित रहा करते थे। उस प्राचीनतम ऋषि ने यहीं बैठ कर रामायण का वाद्य बजाया था।

मां निषाद प्रतिष्ठाम त्वमगमः शाश्वतीसमः।
यत्क्रौच मिथुनादेकमऽवधिः काम मोहिताम्॥

का वह अमर छन्द यहीं पर गाया तो गया था–चन्द्रकेतु तथा लव का परस्पर मिलन यहीं पर हुआ होगा–वे छोटे से दो कुमार अपनी वीणाओं को बजाते यहीं पर रामचरित मानस को गाते फिरा करते होंगे–

एक के पश्चात् एक ऐसे विचार मन में आते ही उसका हृदय उ़ल्लास से भर उठा... मार्ग का सारा श्रम दूर हो गया–

"यहां कुछ और भी देखने योग्य चीज़ है?"

"हां! बिठूर के नाना साहिब यहीं तो रहा करते थे "कौन थे नाना साहिब।"

वही जो पिछले स्वातंत्र्य समऱ में फिरंगियों से खूब लड़े थे। उनकी कीर्ति तो जगत् में विख्यात है। आज आप उन्हीं के शहर में हैं। स्वाधीनता के उसे अमर पुजारी का घर वह सामने ही तो है। यह भी यहां का एक तीर्थ है।

छोटे से बालक ने पहले तो नाना साहिब का नाम नहीं सुना था परन्तु उस व्यक्ति से नाना की कीर्ति सुनकर वह बड़ी ही श्रद्धा से उस घर की ओर बढ़ा। उसके दहलीज की मिट्टी को अपने मस्तक पर आरूढ़ कर जै गंगा मैया की गाता-गाता आगे चला। कानपुर से चले तीन दिन तीन रात बीत गए–रास्ते में कई ग्राम कई नगर कई नदी नाले पड़े उन सब की शोभा

निहारते-निहारते बालक फूलकुंवर बहुत दूर तक चलता गया। एक दिन चलते-चलते बहुत थक गया। रात्रि होने ही वाली थी। पास में एक टूटा-सा शिवालय देख वह उसी में विश्राम करने की इच्छा से उसकी ओर चल दिया। शिवालय बहुत पुराना टूटा-फूटा था। पुराने पीपल तथा बड़ के वृक्ष उसे चारों ओर से घेर हुए थे। शिवालय के पास ही बेल के वृक्ष भी काफी संख्या में लगे थे। एक अच्छा कुआं भी पास था-यह सब बातें इस बात की साक्षी दे रही थीं कि किसी समय में यह मन्दिर बहुत ही अच्छी अवस्था में रहा होगा। समय का चक्र बड़ा प्रबल है। उसी की प्रचंड प्रबलता में इसका गौरव भी नष्ट भ्रष्ट हो गया होगा।

बालक फूलकुंवर शिवालय के अन्दर घुसा। सिवाय भग्नावशेष दीवार के सिवा उसे वहां कुछ दिखाई ही न दिया। आश्चर्य था इतना प्राचीन मन्दिर और उस में एक पुजारी तक भी नहीं।

खैर! उस रात बालक ने वहीं विश्राम करने का दृढ़ निश्चय किया। रात अंधेरी थी। बादल छा रहे थे। बिजली चमक रही थी। बालक अपनी कमली बिछा भगवान् शंकर की आराधना में मग्न हो गया।

"हे देव! तू सब देवताओं का शिरोमणी है-तू देवों का भी देव है, इसीलिए तुम्हें महादेव कहा जाता है। तू जगत् का कल्याण करने वाला शंकर है। तेरा नाम लेने से सभी बिगड़े कार्य अपने आप ठीक हो जाते हैं, इसीलिए संसार तुझे शम्भू के नाम से स्मरण करता है।

तू संसार की आपदाओं का नाश करने वाला है-जब देवताओं तथा असुरों ने मिलकर अमृत मंथन किया था और उस अमृत मंथन के फलस्वरूप जो हलाहल विष उपजा था, उससे इस संसार की रक्षा भी तुम्हीं ने तो की थी। उस हलहल विष को अपने कंठ में रख तुम्हीं ने तो अपना नाम नीलकंठ धराया था। भगवन् तेरा स्थान ऊंचा है, इतना ऊंचा है जहां तक कोई पहुंच भी नहीं सकता। इतना ऊंचा होकर भी तू अपने भक्तों के लिए अपने उच्चतम सिंहासन को छोड़ भागा-भागा आता है।

अपने भक्तों को वरदान देने के लिए तू अपने कैलाश को छोड़ स्वयं ही भाग कर आता है। प्रभो! तुम्हारी माया कितनी विचित्र है। तू कठोर है और इतना कठोर है कि नरमुण्ड की माला गले में धारण करके भी तुम्हारी कठोरता शान्त नहीं होती-तुम कठोर हो, वज्र से भी कठोर हो और तुम नम्र हो नवनीत से भी अधिक कोमल हो-अपने शत्रुओं द्वारा की गई आंशिक स्तुति से भी तुम्हारा हृदय पसीज उठता है।

प्रभो! क्या भस्मासुर को तुम्हीं ने वरदान नहीं दिया था–अपने ही मुख से वरदान दे कर फिर अपने आपको बचाने के लिए क्या स्वयं आप ही पाताल को नहीं भागे थे–प्रभो! तुम तो सचमुच भोले बाबा हो... इसी भोलेपन के कारण तो तुम ने सब देवों में सर्वोत्तम स्थान पाया है। कृपासिन्धो... दीन बन्धो... मैं आपका दासानुदास हूं। आप ही की पुरी की ओर जा रहा हूं–''

ऐसा कहते-कहते बालक की आंख लग गई...

उसी शिवालय में सो रहे बालक ने अर्धरात्री के समय शंखध्वनि को सुना। वह चौंक पड़ा–उसने देखा मन्दिर के आंगन में बिल्कुल नंगे मात्र दस बारह साधु।

बालक उठा और उन साधुओं का दंडवत कर उन्हीं के बीच सम्मिलित हो गया। उस अकेले बालक को वहां देख साश्चर्य उन्होंने बालक की सारी कथा सुनी। अपनी कथा सुना कर बालक बोला महाराज! आप कौन हैं और किस जन से इस शिवालय में पधारे हैं।

साधु बोले, ''बालक हम भी तुम्हारे ही समान तीर्थयात्री हैं, कैलाश पर्वत निवास-स्थल है। हम इस समय समस्त आर्यवर्त की यात्रा कर रहे हैं। कैलाश से होते होते उत्तराखण्ड की यात्रा समाप्त कर पतित पावनी भागीरथी के साथ हम यात्रा करेंगे।''

''आप हरिद्वार हो आए!''

''हां बालक! हरिद्वार तो उत्तराखण्ड का द्वार ही है।''

''हरिद्वार यहां से कितनी दूर होगा।''

''जितना तुम आ चुके हो इतनी ही दूर और है।''

''परन्तु भगवान् सरीखे तीर्थराज को छोड़ आप किस तीर्थ की खोज में जा रहे हैं।''

बालक! हरिद्वार तो नि:संदेह बड़ा भारी तीर्थ है परन्तु–

प्राचीन ब्रह्मवेता राजर्षियों के पावन चरण कमल के स्पर्श से तो समस्त भारत का कण-कण एक तीर्थ है–

यदि प्रयाग महर्षि भारद्वाज की तपोभूमि है तो अयोध्या मर्यादा पुरुषोत्तम भगवान राम का जन्म स्थान है। यदि कर्णपुर तपोनिष्ठ प्राचेतन ऋषि की है तो समस्त ब्रज मंडल योगेश्वर कृष्ण की क्रीड़ास्थली है, यदि द्वारिकापुरी कृष्ण की योगमाया का चमत्कार है तो रामेश्वरम् भगवान राम का एक स्मारक है–यदि बद्री केदार हिमवान गिरिराज का विहारस्थल है साथ ही वरुण देव

का क्रीड़ा क्षेत्र है–यदि विश्वनाथ केन्द्रीय सत्ता पक्ष है तो सोमनाथ भी सागर तट पर भारत का पश्चिमी द्वार है।..

बालक! यह सारा आर्यवर्त एक तीर्थ है... बाकी रही हरिद्वार की बात तो तीर्थयात्रा की समाप्ति पर फिर हरिद्वार जावेंगे ही और उस तीर्थराज में अपने आश्रम में वास करेंगे।

''इस समय आप किस तीर्थ विशेष की यात्रा करेंगे?''

''इस समय प्रयाग, चित्रकूट, पंचवटी होते हुए रामेश्वरम् जाएंगे और वहां से जगन्नाथ जी के मार्ग से लौट काशी होते हुए फिर हरिद्वार पहुंचेंगे।''

''आप कब तक हरिद्वार पहुंचेंगे!''

''एक महीने तक।''

''मैं भी हरिद्वार जा रहा हूं–हरिद्वार में आप सन्तजनों के दर्शन करने का फिर मुझे शीघ्र ही सौभाग्य प्राप्त होगा!''

साधु ने बालक के सिर पर हाथ फेर उसे आशीर्वाद दिया–बेटा! साधु महात्माओं के प्रति तुम्हारी इस बचपन में ही जो निष्ठा है, भगवान् इसे बनाये रखें... साधुओं का दर्शन पुण्य को देने वाला होता है। शास्त्र ने साधु सेवा का महत्त्व गाते हुए कहा है–

साधुनां दर्शनं पुण्यं तीर्थः भूताहि साधवाः।
तीर्थः फलति कालेन सद्यः साधु समागमः॥

बालक ने महात्मा के चरणों पर सिर रख दिया।

महात्मागण अर्ध–गोलाकार में बैठ गए, गुरुदेव अपने उचित आसन पर आसीन हुए। उस समय सभी महात्मा गण प्रेम में मग्न हो शिव जी महाराज की स्तुति गाने लगे–

अनाद्यं तमाद्य परंतत्त्वमर्थ चिदाकारमेकं तुरीयं त्वमेयम्।
हरिब्रह्म मृग्यं परब्रह्म रूपं मनोवागतीतं महा शैवमीडे॥
स्वशक्त्यादि शक्त्यन्त सिंहासनस्थं मनोहारि सर्वांग रत्नादि भूषणम्।
जटाजूट गंगा शशांकार्क मौले परं शक्ति मित्रं भजेः पंचवक्त्रम्॥
जगन्नाथ मन्नाथ गौरी सनाथ प्रपन्नानुकम्पिन्विपन्नार्तिहारिन्।

महस्तोम भूतैः समस्तैः कबन्धो नमस्ते नमस्ते पुनस्ते नमस्ते॥
महादेव देवेश देवाधिदेव स्मरारे पुरारे यमारे हरेति।
ब्रुवाणाः स्मरिव्यामि भक्त्या भवन्तं ततो मे दयाशील देव प्रसीद॥
और फूलकुंवर भी उन्हीं के साथ मिल कर गाने लगा।
शिव-स्तुति हो चुकी- गुरु जी महाराज बोले! ''भक्त वृन्द!

यह बालक जो आज हमें इस भग्न शिवालय की दीवारों के अन्दर दैवयोग से मिला है इससे बातें कर आज मेरी आत्मा को बड़ी ही प्रसन्नता हुई। कल मैंने आप को ''जीवन का यथार्थ स्वरूप'' बताया था, आज मुझे आप को ''जीवन का उद्देश्य'' बताना है। इस छोटे से बच्चे ने अपनी संक्षिप्त आत्मकथा क्या सुनाई, मेरे कथन को मानो एक साकार रूप दे दिया है। मानव जीवन का उद्देश्य ''आत्म-संग्रह द्वारा आत्मिक शक्तियों का विकास और उस विकसित शक्ति का सद्व्यय लोक संग्रह के पथ पर अविचलित रूप से यात्रा करते हुए जन-साधारण की सेवा में करना बड़ा कठिन है–कदम-कदम पर सहस्रों प्रलोभन उसे डिगाने के लिए उपस्थित होते हैं, परन्तु यदि मनुष्य उन प्रलोभनों की कुछ भी परवाह न करते हुए ध्रुव के समान अपने ध्येय पर स्थिर रहता है तो विजय उसकी ही सुनिश्चित होती है।

भक्त प्रह्लाद अपने ध्येय पर स्थिर रहा उसकी विजय हुई–भक्त ध्रुव अपने मार्ग से विचलित नहीं हुआ उसकी विजय हुई। भक्त पूर्ण अपने ध्येय से गिरा नहीं तो संसार में उसका यश हुआ। विजय, सुयश, कीर्ति सब एकाग्रता, संयम और दृढ़ता से ही मिलती हैं।

यह बालक अपने घर को छोड़ बाबा विश्वनाथ की पुरी में आया, वहां इसने उस दिन संकल्प किया हरिद्वार पैदल जाने का–यह चल पड़ा। रास्ते में जो-जो कष्ट मिला इसने हम सब को सुनाये हैं, परन्तु मुझे इस बात की प्रसन्नता है कि उन कष्टों को सहन करने के पश्चात् और उन प्रलोभनों के उपस्थित होने के पश्चात् भी आज बालक ध्रुव भक्त के समान अपने ध्येय पर अटल है।

अभी तो पता नहीं इसके मार्ग में कितनी-कितनी विपदाएं आयेंगी। अकेला बालक घोर जंगल में जाएगा, बीस बाईस आदमी मिलकर जाएं तो दूसरी बात है। परन्तु इस बालक का सैकड़ों मील जंगल में निर्भय विचरण

करना हमें संकेत देता है कि एक अज्ञात शक्ति है जिस पर किया हुआ विश्वास मनुष्य की सकल कामनाओं को निर्विघ्न पूरा करता है।

मैं आप सब की ओर से इस बाल भक्त को आशीर्वाद देता हूं! परमात्मा इसे दीर्घायु दें ताकि यह बालक चिंरजीव रह कर अपने देश, जाति और साधु, महात्माओं की सेवा कर सके।

आज का उपदेश "जीवन का उद्देश्य" शब्दों में न होकर एक साकार 16 वर्षीय बालक के रूप में आपके सामने उपस्थित है–

सभी साधुओं ने बालक को आशीर्वाद दिया। कुछ समय के लिए उन महात्माओं ने विश्राम किया। सुबह उठ गंगाजी में स्नान कर सभी साधु अपनी मंजिल पर चल दिए। बालक फूलकुंवर भी उनका अन्तिम आशीर्वाद ले उत्तराखण्ड की ओर चल दिया।

❑❑❑

उन्नीसवां अध्याय

अघोरियों का भैरवी चक्र

अविद्ययामन्तरे वर्तमाना धीरा स्वयं पण्डित मन्यमाना।
दंद्रभ्यमाना परियन्ति मूढ़ा, अन्धेनैव नीयमाना यथान्धः॥

उन पवित्रात्मा अवधूत साधु वृन्द का आशीर्वाद प्राप्त कर बालक फूलकुंवर प्रसन्न चित्त हरिद्वार की ओर बढ़ा। पहले उसके सामने एक ही इच्छा थी एकलिंग को मिलने की—अब उन साधुओं के हरिद्वार में पुनर्दर्शन की एक और दूसरी इच्छा उसके दिल में उत्पन्न हो गई और उन्हीं दो मधुर-मधुर आकांक्षाओं के पंखों पर आरूढ़ हुआ वह हरिद्वार की ओर उड़ने लगा।

उस शिवालय से चलते-चलते उसे दो दिन हो चुके थे। तीसरे दिन दोपहर के लगभग तीन बजे फूलकुंवर को पीछे से आते हुए चार आदमी मिले।

फूलकुंवर के पास आ कर उन नवागन्तुकों में से एक फूलकुंवर को सम्बोधित करता हुआ बोला। "क्यूं भई जवान कहां जा रहे हो?"

"हरिद्वार।"

"पैदल ही हरिद्वार!"

"मज़ा तो इसी में है! आप लोग कहां जा रहे हो?"

हम जा रहे हैं समशेरपुर। आज हमारे गुरुजी भैरवी चक्र लगावेंगे, वह दृश्य वास्तव में देखने योग्य है। तुम भी आज रात वहीं ठहरना।"

"क्या वह ग्राम मेरे रास्ते में ही पड़ेगा। क्या वह गंगाजी के तट पर ही बसा है?"

"हां! वह ग्राम गंगा जी के तट पर ही है और तुम्हारे रास्ते में ही पड़ेगा।"

"कितनी दूर है यहां से वह गांव?"

''यहां से लगभग आठ मील होगा–''

''तब तो सूर्य खड़े-खड़े पहुंच जाएंगे... अच्छा! आज आप के गुरु देव का भैरवी चक्र देखेंगे। परन्तु उस भैरवी चक्र में क्या होता है!''

''हम अघोरी साधु हैं–दुनिया हमें शक्ति भी कहती है। हम शक्ति के परमोपासक हैं। देवी के रूप में हम शक्ति की उपासना करते हैं। देवी जी के चक्र में पांच बार बैठ कर जो यति रहे, वह पूरी सिद्धि प्राप्त करता है।''

परन्तु बालक की शंका तो यथावत् बनी ही रही! उसने फिर एक बार पूछा–''महाराज वह बालक बैठे कहां!''

''भैरवी चक्र में''

''यही तो मैं जानना चाहता हूं यह भैरवी चक्र है क्या बला? पूजा, तप, ध्यान, योग यह सभी निष्ठाएं तो चुपचाप एकान्त में बैठ कर ही होती हैं–घूमते हुए चक्र में बैठ कर तो नहीं!!''

बालक का कौतूहल चरम सीमा को पार कर गया। ''यह चक्र पूजा क्या है, मेरी समझ में तो कुछ आता नहीं''

''जब स्वयं आंखों से देखोगे तो समझ में आ जाएगा।''

क्या उसे देखने की पात्रता मुझ में है?

''हमारे चक्र में तो केवल हमारे ही सम्प्रदाय का व्यक्ति जा सकता है। उस चक्र में गए हुए नौ ब्रह्मचारी और नौ ही ब्रह्मचारणियों को भी अन्दर कोई देख नहीं सकता। जब वह पूजा करके बाहर आते हैं और प्रसाद देते हैं। उस समय उनको देखना उनके चेहरे पर कितना तेज होता है, साधारण व्यक्ति तो उनके तेज को सह ही नहीं सकता।'' उस महाशय की बात का समर्थन करता हुआ दूसरा साथी बोला ''हां पारसाल चम्पिया की मां ने उनकी ओर देखा–वह देखती ही अंधी हो गई।''

बालक ने साश्चर्य पूछा ''महाराज यदि उनकी ओर देखने से मनुष्य अंधा हो जाता है तो प्रसाद बांटते समय उन अठारह ब्रह्मचारियों की ओर तो कोई भी नहीं देखता होगा। सभी लोग आंखें बन्द कर लेते होंगे–यदि आंखें बन्द न करते होंगे–तो सचमुच आज तक तो ग्राम के ग्राम अंधों से भर गए होंगे।

अब वह ग्राम बहुत निकट था। सूर्य भगवान् अस्ताचल की ओर प्रस्थान कर चुके थे–ग्राम के बाहर दूर से एक मन्दिर दीख पड़ता था।

मन्दिर के बाहर हजारों लोग समित्र मण्डल सपरिवार बैठे इधर-उधर की गप्पे हांक रहे थे-कोई ऐसी मंडली न थी, जिसके बीच में पांच छह शराब की बोतलें न रखी हों-चार पांच बकरे पास बंधे न हों। वहां एक मेला लगा था।

बाहर बैठे लोगों की अद्‌भुत छटा को निहारता-निहारता बालक मन्दिर की ओर बढ़ा। मन्दिर के भीतर किसी को घुसने की आज्ञा न थी। बाहर से ही फूलकुंवर ने देवी की मूर्ति की ओर देखा-उसका दिल थर्रा उठा।

"एक हाथ में खप्पर, दूसरे में तलवार थामे लाल-लाल रुधिर से सनी जिह्वा को बाहर निकाले विकराल रूप बनाये कोयले के समान काली एक पूरे कद की भयानक मूर्ति, उसके पांव के नीचे रुधिर कुण्ड उसके गले में नर मुण्ड" बालक ने तत्क्षण वहां से अपनी दृष्टि हटा ली। यह दृश्य उसके लिए असह्य हो उठा, खिन्नचित्त हो वह आगे अपनी यात्रा पर चल दिया।

उस समय रात्रि के लगभग 7 बजे थे। उस देवी के वधालय से लगभग दो फर्लांग की दूरी पर समशेरपुर गांव था। बालक ने सोचा ग्राम में पहुंच कर किसी उचित स्थान पर रात्रि भर विश्राम किया जाये। ऐसा विचार कर वह द्रुतगति से कदम उठाता हुआ ग्राम की ओर बढ़ा।

उस ग्राम में प्रवेश करते ही बालक ने एक अतीव सुन्दर शिवालय देखा। उस समय उस शिवालय में आरती हो रही थी। अघोरियों के चक्र की दुर्घटना से खिन्न बालक के हृदय को कुछ थोड़ी बहुत सान्त्वना मिली।

वह भी आरती में सम्मिलित हो गया

••• ••• •••

आरती समाप्त हुई। सभी लोग अपने-अपने घरों को चल दिए। अब रह गए वहां एक मन्दिर के पुजारी और दूसरा वह उत्तराखण्ड का यात्री। पुजारी ने ध्रुव बालक के आगमन का हेतु पूछा। हेतु वर्णन करते हुए बालक ने उस भैरवी चक्र की सारी घटना कही-"महाराज मैंने तो सुना था देवी-देवता बड़े ही दयालु होते हैं परन्तु दया का अर्थ क्या मूक प्राणियों के रुधिर से अपनी पिपासा को शान्त करना होता है।"

पुजारी जी महाराज बोले, "भक्त बालक! इस भारतवर्ष की बहुत बुरी अवस्था है। धर्म का तो प्रायः लोप ही हो चुका है। आज कल तो अधम स्वार्थ पूर्ति को ही मनुष्य ने अपना धर्म समझ रखा है। मनुष्य स्वभाव से ही विलासी है। विलासिता की ओर वह इस प्रकार भागता है जैसे पर्वत शिखर से गिरा हुआ पत्थर भूतल की ओर। यद्यपि परमात्मा ने इस संसार के मनुष्य की

विलासिता की पूर्ति का स्वयं ही उचित प्रबन्ध कर रखा है परन्तु मनुष्य तो दो घड़ी भी विलासिता से पृथक रह नहीं सकता–उसने अपने ईश्वर को भी विलासिता का एक मूर्तिमान स्मारक बना लिया है। प्रभु के स्मरण में भी उसने कूट-कूट कर विलासिता भर दी है।

देखो न बालक! देश में कितनी अज्ञानता है। समस्त प्राणियों में माता के सदृश निवास करने वाली दया, क्षमा, सत्य, अहिंसा की देवी हाथों में खप्पर, गले में नरमुंड, पावों में रुधिर की धार लिये खड़ी है। यह है, इन नरपशुओं की लीला जिसके कारण आज भी आर्यवर्त समस्त जगत् के सामने लजा रहा है।

हमारे प्राचीन धर्म वेत्ताओं ने ब्रह्मचर्य को धर्म का प्रमुख अंग कहा है। ब्रह्मचर्य पालन करने में आहार विहार की नियमितता का पालन आवश्यक है। इसीलिए हमारे पूर्वजों ने मज्जा, मांस, मद्य, मीन इत्यादि गरम पदार्थ खाने का निषेध किया था–क्योंकि इनके प्रयोग से शरीर में एक प्रकार की भाप-सी उठती है, जिस को सम्भालना मानव सत्ता के वश की बात नहीं है।

कन्द, फूल, फल खाने वाले–भूमि पर पत्थरों का तकिया लगा कर सोने वाले प्राचीन तपस्वी भी कामदेव को वश में न कर सके परन्तु ये दुष्ट लोग संसार की आंखों में धूल झोंकने वाले मिथ्याचारी दिन-रात भोग विलास में रत रहते हुए भी अपने आप को ब्रह्मचारी कहते हैं। वास्तव में ऐसे दुष्ट जनों के कृत्यों से हिन्दू धर्म बदनाम हो चुका है।

"हमारे धर्म शास्त्रों ने पुरुष की उपमा घी से की है और स्त्री की उपमा अग्नि से। अग्नि और घृत साथ-साथ नहीं रह सकते। अग्नि का स्पर्श करते ही घी का पिघल जाना एक प्राकृतिक नियम है–इसीलिए ब्रह्मचारी को स्त्री दर्शन से प्रायः बचने का आदेश है–परन्तु इन दुष्टों की उल्टी खोपड़ी तो देखो जो नग्न नवयुवक और नवयुवतियां एक संग बैठ कर मद्य मांस का सेवन कर नाचते गाते हैं और फिर अपनी इस धृष्टता को ईश्वर-प्राप्ति के साथ जोड़ते हैं।

परन्तु महाराज! इन लोगों की दुष्टता तो सूर्य के समान प्रकाशमान है–रत्ति भर बुद्धि रखने वाला कोई भी व्यक्ति इन लोगों की काली और इन लोगों का भैरवी चक्र देख कर ही उनके प्रति घृणा करने लग जाता है–फिर भला वहां जो हजारों की संख्या में उपस्थित लोग थे, क्या वे सारे अपने सिर में रत्ती भर दिमाग भी नहीं रखते थे।

"नहीं रखते थे–सचमुच नहीं रखते थे–प्यारे बालक! इस हिन्दू जाति का तभी तो सर्वनाश हुआ। आज भारतवर्ष में चारों ओर जो अन्धकार दीखता

है वह इन्हीं लोगों की धृष्टता का तो फल है। आज हमारे धर्म की अवस्था उस गाड़ी के समान है जिसका इंजन जो ऊंची पहाड़ी पर चढ़ते हुए गहरे गड्ढे में गिर चुका हो।

आज देश की सारी सत्ता ईसाई शासकों के हाथों में है। वे इन दुष्टों को दंड नहीं देती क्योंकि वह जानती है कि ऐसे दुष्टों के इस प्रकार के कुकर्मों से बहुत लोग स्वयं ही हिन्दू धर्म के प्रति घृणा करके इसे त्याग देंगे।

''इन्हें रोकने का उपाय तो महाराज कुछ न कुछ अवश्य करना चाहिए।''

''उपाय! उपाय तो प्रत्येक रोग का हुआ ही करता है–बालक! यह हिन्दू समाज का रोगी बड़ा ही विचित्र प्राणी है। यह अपने उपचार करने वाले डॉक्टर को अपना शत्रु समझता है। हिन्दू की यह तारीफ ही है, जो इसके लिए मरता है उसे यह और मारता है जो इसे मारता है उसके यह चरण चूमता है। अविद्या के तम तोप में फंसे हुए अपने आप को धर्म गुरु मानने वाले कुछ एक ढोंगी **अन्धेनैव नीयमाना यथान्धः** भोली-भाली जनता को पथ भ्रष्ट करते हैं। बालक! मैं तुम्हें कहता हूं जनता तो बिल्कुल निर्दोष है। जनता को तुम जिस ओर भी ले जाना चाहोगे वह उसी ओर चल देगी जैसे गड़रिया भेड़ों को हांकता ले चलता है। एक योग्य पथ प्रदर्शक जनता को सन्मार्ग पर ला सकता है। ये दम्भी धर्म गुरु अपने स्वार्थ पर राष्ट्रीय हितों का बलिदान करने से कभी बाज न आएंगे।

''इन्हें रोकने का एकमात्र उपाय है लोक शिक्षा–तुम्हारे सरीखे नौजवान गांवों-गांवों में फैल कर इस धार्मिक अन्धकार को अपने ज्ञान प्रकाश से मिटाने का यत्न करें और देश के कोने-कोने में जाकर धर्म, ईश्वर तथा जीवन का यथार्थ स्वरूप बतायें तो स्थिति बदल सकती है।''

रात्रि काफी व्यतीत हो चुकी थी... उसी मन्दिर के बरामदे में पड़ी एक खाट पर फूलकुंवर सो गया... परन्तु सोते को नींद कहां वही काली के मन्दिर का भयंकर दृश्य उसकी आंखों के सामने नाच रहा था। उसने उस रौद्र-दृश्य को भुला देने का बहुत प्रयत्न किया परन्तु सब निष्फल... उसका हृदय उस दृश्य को देखते ही कांप उठता... फिर सहसा उसके कानों में पुजारी के वे शब्द गूंज पड़े–''तुम्हारे जैसे नौजवान ग्राम-ग्राम में दौड़-धूप कर इस धार्मिक अत्याचार को अपने ज्ञान-प्रकाश से मिटाने का यत्न करें...'' उसी मन्दिर में लेटे हुए फूलकुंवर ने प्रण किया... परमात्मा! मुझे शक्ति दे, मैं पुजारी जी के आदेश को जीवन में धारण कर सकूं।''

□□□

बीसवां अध्याय

सन्त-समागम

न देवा दंडमादाय रक्षन्ति पशुपालवत्।

फूलकुंवर तुम बहुत अच्छे लड़के हो। मुझे इस तुम्हारे शरीर के भीतर एक ऐसी जगती ज्योत दिखाई देती है जो कि भारतवर्ष में फैले हुए तम–अज्ञान रूपी अन्धकार को मिटा देगी। तुम हरिद्वार जाने का विचार छोड़ दो। हरिद्वार जा कर करोगे ही क्या? तुम मेरे पास रहो, यदि तुम्हें संस्कृत पढ़ने का शौक है तो वह तुम्हारी आकांक्षा यहां भी भली-भांति पूरी की जा सकती है। यदि तुम्हारी गंगा माई में अगाध श्रद्धा है तो वही गंगा माई यहां भी तो हैं। तुम्हें यहां किसी प्रकार का कष्ट नहीं होगा। अगले दिन सूर्योदय से पूर्व ही पुजारी जी महाराज ने फूलकुंवर से आ कर यह सब कहा।

फूलकुंवर हाथ जोड़ कर बोला–''महाराज आपने जो मेरा आतिथ्य किया है, मैं उसके लिए आप का बारम्बार धन्यवाद करता हूं। आप सरीखे विचारशील–देश-जाति हितैषी सज्जन से मिलाप मानो मेरे शुभ कर्मों का ही फल है। आप सच्चे शिव के पुजारी हैं। आज के दिन को मैं अपने जीवन का एक स्वर्ण दिवस कहूंगा। वास्तव में जो कष्ट उस मेरी कठिन यात्रा में मेरे सामने उपस्थित हुए हैं, वे उस आत्मिक आनन्द की समता में कुछ भी नहीं जो आनन्द मुझे आपके दर्शन से प्राप्त हुआ है।

भगवन् आपने जो उपदेश मुझे दिया है उसका एक-एक अक्षर मुझे कदापि न भूलेगा। वह मेरे पास आपकी एक अनुपम शाश्वत स्मृति बन कर रहेगा। आपने मेरे प्रति जो सच्चा व सहज प्रेम दिखाया है, मैं उसके लिए अपने आपको अहोभाग्य समझता हूं परन्तु मैं जिस पवित्र मिशन की पूर्ति के लिए काशी जी से हरिद्वार की ओर चला था, उसे अधूरा छोड़ना मेरे लिए असम्भव ही है।''

पुजारी जी ने देखा फूलकुंवर ध्रुव के समान अपने ध्येय पर अटल है। उसे एक बार फिर वहीं रुक जाने को कहना सर्वथा निरर्थक समझ पुजारी जी बोले "अच्छा बीर बालक! तुम्हारी आकांक्षा के पथ पर मैं रोड़ा अटकाना नहीं चाहता। तुम जाओ परमात्मा तुम्हें चिरायु करें परन्तु एक बात मैं तुम्हें कह देता हूं। यहां से चार पांच दिन चलते-चलते तुम एक बड़े तीर्थ स्थान पर पहुंचोगे। गंगाजी के तट पर जितने भी बड़े-बड़े प्रयाग, काशी इत्यादि तीर्थ हैं उन्हीं में उस तीर्थ की भी गणना होती है। वह तीर्थ है गढ़मुक्तेश्वर। इसी मास कार्तिक की संक्रान्ति के दिन उस तीर्थस्थल में बड़ा भारी सन्त-समागम होना है। लाखों नर-नारी भगवती भागीरथी के तट पर एकत्रित हो सन्त महात्माओं का आशीर्वाद प्राप्त करते हैं। परन्तु फूलकुंवर देश और जाति का दुर्भाग्य है कि वे ही आशीर्वाद देने वाले सन्त-महात्मा स्वयं ही पथभ्रष्ट हो चुके हैं, रक्षकों ने स्वयं भक्षकों का वेश धारण कर रखा है। जिन साधु सन्तों पर राष्ट्रीय नौका को पार लगाने की आशा थी वे सन्त महात्मा स्वयं ही इस भारतीय नौका में छिद्र करने लग गए हैं। आज देश के अन्दर यवनों तथा ईसाइयों के षड्यन्त्र का जाल बिछ चुका है... इन सन्तों को इस समय राष्ट्र की रक्षा करनी चाहिए–परन्तु ये तो अपनी विलासिता में फंसे हुए हैं। तप त्याग का कहीं चिह्न तक नहीं, राजसी ठाठ हैं। हाथी-घोड़ों की सवारी करते हैं। नाना प्रकार के षट्रस भोजन करते हैं। जरी, कमखाब, मखमल के कपड़े धारण करते हैं–पचास-पचास तथा सौ-सौ रुपये तोले तक के इत्र लगाते हैं–गांजा, भांग, कस्तूरी, केशरी, मोती का चूना और सोने का वरक खाते हैं–बड़ी-बड़ी कोठियों बंगलों और सुखकर मकानों में रहते हैं–दूसरों की रक्षा करना तो दूर स्वयं अपनी रक्षा के लिए बन्दूकधारी शरीर रक्षक अपने साथ रखते हैं और यह सब कुछ करते हुए भी अपने आप को श्री श्री श्री 1008 श्री श्री श्री बीत राग श्री स्वामी त्यागानन्द जी महाराज के नाम से कलंकित करते हैं...

फूलकुंवर! गढ़मुक्तेश्वर में तुम इन के ठाठ को स्वयं देखोगे। मैं तुम्हें यह नहीं कहता कि तुम वहां जा कर उनके पाखण्ड का खण्डन करना परन्तु हां, इतना तो मैं तुम्हें अवश्य कहता हूं। उन पथ-भ्रान्त-पथिकों को सन्मार्ग दर्शाने का प्रयत्न करना। रक्षकों के शरीर पर से भक्षकों का चोला उतारने की कोशिश करना।"

एवमस्तु कह और पुजारी जी का आशीर्वाद प्राप्त कर फूलकुंवर हरिद्वार के पथ पर चल पड़ा। पुजारी जी के द्वारा उसके शरीर में भरी गई विचार विद्युत शक्ति उसे मानो हवा में उड़ाये लिए जा रही थी।

उसी विकट मार्ग पर तीन दिन चलने के पश्चात चौथे दिन फूलकुंवर ने दूर से गंगाज़ी के तट पर बड़ी-बड़ी पताकायें फहराती हुई देखीं। वह ज्यूं-ज्यूं आगे बढ़ता गया त्यूं-त्यूं उसे उन पताकाओं के अतिरिक्त और भी बहुत कुछ दीखने लगा। थोड़ी-सी दूर आगे चल कर उसने घास-फूंस का एक सुविशाल नगर बसा हुआ देखा। जिस कार्तिकी मेले के सम्बन्ध में पुजारी ने उसे बताया था, यह वही मेला है और यह तीर्थ गढ़मुक्तेश्वर ही है—फूलकुंवर को दूर से ही इस बात का पक्का निश्चय हो गया—और यह उसका विचार ठीक निकला।

अब वह गढ़मुक्तेश्वर के उस महामेले के बीच में खड़ा था।

गंगा माई का वह परम भक्त गंगा के प्रति लाखों भक्तजनों की श्रद्धा भक्ति देख गदगंद हो उठा। उसने स्वयं भी गंगा में स्नान किया। प्रभु का ध्यान कर वह गंगा जी की शोभा को निहारने लगा।

शमशेरपुर के शिवालय के पुजारी के वे शब्द उसे अभी भूले नहीं थे। गंगा जी में स्नान कर वह अखाड़ों की ओर बढ़ा। सन्त महात्माओं के प्रति श्रद्धा भक्ति भावना तो उसे जन्म से ही प्राप्त हुई थी। महात्माओं के प्रति उसके हृदय में घृणा लेशमात्र भी न थी। परन्तु हां उसे दुःख था... प्रशान्त सन्ताप था... शंकराचार्य-रामानुजाचार्य—सन्त कबीरदास—गोस्वामी तुलसीदास—महात्मा ज्ञानेश्वर—भगवान् एकनाथ—समर्थ गुरु रामदास सरीखे तपोनिष्ठ वीतराग महात्माओं की परिपाटी पर चलने वाले इन लाखों पथ-भ्रान्त-पथिकों के विलासतापूर्ण जीवन को देख कर...

परन्तु फिर भी उसके अन्दर सन्त जनों के प्रति श्रद्धा थी। भारत के ये 60 लाख पथ भ्रष्ट पथिक—दो करोड़ रुपये रोज़ हज़म कर जाने वाले ये वीतरागी यदि सन्मार्ग पर आ जाएं तो सचमुच देश और जाति की काया ही पलट जाए।

वह उन महात्माओं के अखाड़ों की ओर बढ़ा—उनके हाथी, उनकी सोने की पालकियां, उनके शाही भंडारे...उनके शाही ठाठ देख उसे न तो घृणा ही हुई और न ही निराशा। वह धैर्य के साथ आगे बढ़ा...

वह अखाड़ा था संन्यासियों का। उस अखाड़े में एक स्थान पर एक महात्मा उपदेश कर रहे थे। तीस-पैंतीस नर-नारी चारों ओर बैठे थे। फूलकुंवर वहां जाकर खड़ा हो गया... "गीता के अन्दर भगवान् ने कहा है—जब-जब धर्म की हानि होती है—पाप बढ़ जाता है, उस समय मैं धर्म की रक्षा के लिए

स्वयं अवतार लेता हूं... परमात्मा पर हमारा धन्ने भगत के समान दृढ़ विश्वास होना चाहिए।''

साधु जी के मुंह से गीता का प्रवचन सुनकर फूलकुंवर ने जिज्ञासा भाव से हाथ जोड़ प्रश्न किया, भगवन्! धर्म की हानि के लक्षण क्या हैं–भगवान् कृष्ण को गीता के अन्दर उपर्युक्त शब्द कहे पांच सहस्र वर्ष हो गए, क्या इन पांच हजार वर्षों में एक बार भी भगवान् धर्म की रक्षा के लिए भारतवर्ष में नहीं आए–और भगवन्! यदि भगवान् हिन्दू धर्म की रक्षा के लिए ही सदैव आते रहे हैं तो क्या मुसलमानों, ईसाइयों का ईश्वर कोई और है? यदि भगवान् को धर्म की हानि होने के पश्चात फिर उस बिगाड़े हुए को बनाना ही है तो पहले ही वह उसे क्यूं बिगड़ने देता है।'' फूलकुंवर इतने शब्द बड़ी मुश्किल से कह पाया था... सामने बैठे दो साधु बोल उठे–नास्तिक है नास्तिक है खंडन करता है..

अपने प्रति किए गए इस दुर्व्यवहार से फूलकुंवर को कुछ भी संताप नहीं हुआ क्योंकि वह तो पहले ही जानता था कि उसकी शंका का समाधान करने की इन पथ-भ्रान्त-पथिकों में बुद्धि ही कहां है–

वहां से उठ कर वह आगे चल दिया। सामने ही उसे एक सौम्य रूप महात्मा आते दिखाई दिए–फूलकुंवर ने उन्हें नमस्कार किया? उस महात्मा जी ने उसे आशीर्वाद दिया।

फूलकुंवर बोला, ''भगवन्! उस सामने वाले अखाड़े में एक महात्मा अपने श्रोताओं को उपदेश दे रहे थे–परमात्मा धर्म की रक्षा के लिए स्वयं शरीर धारण करके आता है... उनके इस कथन से मेरे हृदय में एक शंका पैदा हुई है कि यदि धर्म के डूब जाने के पश्चात् फिर धर्म को बचाने के लिए भगवान को शरीर धारण करना पड़ता है तो क्या वह भगवान अपनी शक्ति से उस धर्म को डूबने से पहले ही नहीं बचा सकता था। परमात्मा तो सारे जगत् का एक है फिर क्या वह केवल हिन्दुओं के धर्म की रक्षा करने के लिए ही आता है या सब धर्मों की रक्षा के लिए–मेरी इस शंका का समाधान करने की अपेक्षा मुझे नास्तिक-नास्तिक कह वहां से उठ जाने पर विवश किया।

''उन्होंने बुरा किया, बालक! पवित्र आत्मा से किसी जिज्ञासु द्वारा की हुई किसी भी प्रकार की शंका का अपनी शक्ति के अनुसार समाधान करना ही चाहिए... तुम्हारी शंका सच्ची है। भगवान् तो निराकार है–सर्वव्यापक है अजर है, अमर है, अक्षर है, सारे संसार का पिता है अत: वे किसी देश विशेष के निवासियों की रक्षा के लिए शरीर धारण कर कभी नहीं आए। उस परम

पिता ने तो अपनी सारी सम्पत्ति को अपने बेटों में बांट दिया। फिर यदि कोई बेटा अपनी मूर्खता से अपने हिस्से में आई सम्पत्ति को लुटा दे तो फिर उसकी रक्षा कैसी। परमात्मा केवल इतना करता है कि वह किसी देश-विदेश की बिगड़ी हुई अवस्था को ठीक करने के लिए उसी देश के किसी व्यक्ति के अन्दर प्रेरणा करता है... वह शक्ति उसने समय-समय पर राम-कृष्ण-बुद्ध, शंकर-प्रताप-शिवाजी-गुरु गोविन्द के हृदय में जगाई-उसी परम शक्ति की प्रेरणा प्राप्त कर उन महान् आत्माओं ने समर क्षेत्र में बहुत बड़े काम किए-साधारण शक्ति के रखने वाले देशवासियों ने उनको श्रद्धा से वशीभूत हो ईश्वर के अवतार का सर्टिफिकेट दे दिया.. यह ज्योति प्रभु ने केवल भारत में ही नहीं जगाई किन्तु वह ज्योति तो उसने प्रत्येक देश की बिगड़ी हुई अवस्था को सुधारने के लिए भिन्न-भिन्न समयों में भिन्न-भिन्न महापुरुषों की अन्तरात्मा में जाग्रत की, यही ज्योति उसने ईसा, कौन्फिशस, मुहम्मद, जोरोष्टर-लूथर प्रभृति सन्तजनों की आत्मा में जगाई थी। मनुष्य कर्म करने में स्वतंत्र है। अपनी मूर्खता के द्वारा वह स्वार्थी अपने ही हाथों अपनी सम्पत्ति को लुटा देता है। दयालु परमात्मा एक महान् आत्मा के अन्दर प्रेरणा कर उस राष्ट्रीय भवन की रक्षा करता है।

गीता का प्रथम पुरुष बड़ा ही तत्त्व पूर्ण है। गीता के चतुर्थ अध्याय में जो **यदा यदा हि धर्मस्य** वाला श्लोक है उसमें **संभवामि युगे युगे** के रूप में जो प्रथम पुरुष है, वह तो प्रत्येक भारत-पुत्र के लिए प्रयुक्त हुआ है-''हे भारत माता! जब-जब आर्य संस्कृति पर विपत्ति आती है उस समय मैं अर्थात् प्रत्येक भारत-पुत्र प्रतिज्ञा करता है-''मैं भारतीय संस्कृति की रक्षा के हेतु वीर सेनानी बन धर्मक्षेत्र में कूदता हूं।'' हे बालक! उस श्लोक का यही भाव है। देश-रक्षा के लिए प्रत्येक राष्ट्र-पुत्र नर-नारायण के रूप में इस भारत भूतल पर प्रकट होता है।

बालक की शंका का समाधान हो गया-

इसी धर्म क्षेत्र में बाल-भक्त ने कई दिनों तक विश्राम किया। सन्त-समागम से उसने पूरा-पूरा लाभ उठाया। गढ़-मुक्तेश्वर के उस महा मेले को देख उसे पूरा विश्वास हो गया कि यदि हिन्दू जाति की श्रद्धा को किसी उचित केन्द्र में लगाया जाए तो सचमुच देश का बेड़ा ही पार हो जाए... यह श्रद्धा सुचारु रूप में कैसे परिणत हो...यह वह निरन्तर सोच रहा था और इसी धुन को हृदय पर उठाये वह कुछ दिनों के पश्चात् हरिद्वार की ओर चल पड़ा।

❑❑❑

इक्कीसवां अध्याय

हरिद्वार में

देवानामपि दुर्लभं स्थलमिदं पापौघना सक्षमम्।
पूर्वोपार्जित पुण्य पुञ्ज गमकं पुण्यैर्जनैः प्राप्यते।।

ईश्वर विश्वास को अपने हृदय में दृढ़ता से धारण कर धैर्य, सन्तोष, उत्साह, सत्य तथा निर्भयता रूप अपने बालसखाओं के साथ गंगा माई के पावन सत्संग में वन विहार करते-करते बाल-भक्त फूलकुंवर आखिर हरिद्वार पहुंच ही गया। नवजात शिशु को अपनी गोदी में लेते ही जिस प्रकार माता को प्रसव की सारी ही वेदना भूल जाती है—परीक्षा के परिणाम में उत्तीर्ण हो जाने पर किसी भी विद्यार्थी को अपने द्वारा विगत वर्षों में किए गए अथक परिश्रम की जैसे सारी ही थकान विस्मृत-सी हो जाती, उसी प्रकार भगवती भागीरथी के प्रमुख द्वार की एक झलक देखते ही बालक को अपने मार्ग में झेली हुई समस्त बाधाएं भूल गई।

कार्तिक का महीना था। गंगा का नीर वर्षा ऋतु की मलिनता का परित्याग कर शुद्ध स्वरूप धारण कर चुका था।

नीलधारा के उस पार खड़े हुए बालक ने भगवती भागीरथी के तट पर शोभायमान हरिद्वार को दूर से ही प्रणाम किया।

दिन कुछ भी शेष न बचा था। भगवान् भास्कर अपनी समस्त बिखरी हुई रश्मियों को समेट कर अस्ताचल की ओर जा चुके थे। वहीं पर चंडी मन्दिर के पुजारी बलदेव गिरी के पास उस रात बालक ने विश्राम किया।

सुबह हुई। जाह्नवी के पवित्र जल में स्नान कर बालक चंडी देवी के दर्शन करने के लिए पर्वत पर जा चढ़ा। उस पर्वत की चोटी पर चढ़ते ही उसकी दृष्टि सामने उत्तर दिशा में फैले हुए हरिद्वार पर पड़ी।

भागीरथी के तट पर बसा हुआ हरिद्वार इन्द्रपुरी के सदृश शोभायमान प्रतीत हो रहा था–उसके पीछे ही अपने मस्तक पर सूर्य कुण्ड को धारण किए ऊंचा ऊंचा हरित वसनधारी पर्वत खड़ा था।

इन्द्रपुरी के सदृश तीर्थ राज की अनुपम छटा को देख बालक की आंखों में आनन्द के अश्रु बह गए। प्रेम से वशीभूत हो बालक ने युगल कर जोड़ हरिद्वार को फिर प्रणाम किया...

समृद्धं सौभाग्यं सकलवसुधाया किमपितन।
महैश्वर्यं लीला जनितजगतः खण्डपरशोः॥
श्रुतीनां सर्वस्वं सुकृतमऽथमूर्तं सुमनसाम्।
सुधासौन्दर्यं ते सलिलमशिवं नः शमयतु॥
महादानैर्ध्यानैर्बहुविध वितानैरपिचयनो
ऽलभ्यं घोराभिः सुविमलतपोराशिभिरपि॥
अचिन्त्यंतद्विष्णो पदमखिलसाधारणतया।
ददानां केनासि त्वमिह तुलनीया कथयनः॥
निधानं धर्माणां किमपि च विधानं तवमुदाम्।
प्रधानं तीर्थानाममलपरिधानं त्रिजगतः॥
समाधानं बुद्धेरथ खलु तिरोधानमधियाम्।
श्रियमाधानं नः परिहरतु तापं तव वपुः॥
शरच्चन्द्रश्वेतां शशि सकलश्वेतालमुकुटाम्।
करैः कुंभांभोजैः वरभयनिरासौ च दधतीम्॥
सुधाधाराकारा भरणवसनां शुभ्रमकर।
स्थितां त्वां ये ध्यायन्त्युदयति नतेषां परिंभवः॥
प्रपद्यन्ते लोकाः कति न भवती मत्तभवती।
मुपाधिस्तत्रायं स्फुरति यदभीष्टवितरसि॥
शपे तुभ्यं मार्तं तु पुनरात्मा सुर धुनि।
स्वभावादेव त्वय्यमितमनुरागं विधृतवान्॥

❑❑❑

बाइसवां अध्याय

हरिद्वार में प्रथम दिन

प्रवसि नगर कीजै सब काजा। हृदय राखि अवधूत समाजा।।
अति मृदुरूप धरयो बल बीरा। पैठा नगर सुमरि यदुवीरा।।
मंदिर मंदिर प्रति कर शोधा। देखे जंह तंह अगणित योधा।।

बालक! हम एक मास तक हरिद्वार लौटेंगे और वहां कुछ दिनों तक विश्राम करेंगे। उत्तराखंड की यात्रा में कतिपय नंगे साधुओं द्वारा एक शिवालय में अपने प्रति कहे गए उक्त शब्द बालक को भूले न थे और हरिद्वार में आ गंगा माई के दर्शन कर, हरि की पौड़ी में स्नान कर, उसका ध्यान सर्वप्रथम इसी ओर आकर्षित हुआ। पास में ही खड़े एक सज्जन से बालक ने विनय पूर्वक प्रार्थना की ''भगवन्! यहां हरिद्वार में कहीं अवधूत साधु भी ठहरे हैं?''

''ऐसे साधु प्रायः भीम गोड़ा तथा सप्त सरोवर की ओर ही ठहरा करते हैं–यदि वे साधु हरिद्वार में होंगे तो वे आपको वहीं मिल सकेंगे।''

बालक तत्काल भीम-गोड़े की ओर चल दिया। थोड़ी दूर चल कर उसने एक छोटे से तालाब में बहुत से लोगों को नहाते देखा...

''यह कौन-सा स्थान है?'' उसने पास से जाते हुए एक व्यक्ति से पूछा।

''यह है भीम गोड़ा...''

''अच्छा! यह है भीम गोड़ा!'' ... बालक ने चारों ओर बड़े ही ध्यानपूर्वक देखा, मानो वह किसी को खोज रहा हो...एक ही क्षण में चारों ओर देख वह बालक पास ही खड़े सज्जन से बोला–''श्रीमान् जी! क्या आपने यहां आज अथवा कुछ दिन पहिले कतिपय नंगे साधु भी देखे हैं?''

''हमने तो नहीं देखे भई, ऐसे साधु तो सप्त सरोवर की ओर ही ठहरा करते हैं।''

''सप्त सरोवर यहां से कितनी दूर है–''

थोड़ी ही दूर है–यह जो ऊपर को रास्ता जाता है, यह वहीं जाता है। रास्ते में एक सूखी नदी पड़ती है उसी से परे सप्त सरोवर है।

उस सज्जन का धन्यवाद कर फूलकुंवर सप्त सरोवर की ओर चल दिया।

सूखी नदी को पार करते ही उसे आशा की एक झलक दिखाई दी। उसने दूर से देखा, सप्त सरोवर की ओर गंगा के तट पर सैकड़ों साधु धूनी रमाय बैठे थे। सप्त सरोवर में उसने सर्वत्र खोज की–परन्तु वे साधु उसे कहीं भी दिखाई न दिए। फूलकुंवर ने सशंकामना एक साधु से पूछा, ''महाराज! क्या यही स्थान सप्त सरोवर कहाता है।''

''हां बच्चा यही स्थान सप्त सरोवर है–यहां पर किसी समय में सप्त ऋषियों ने घोर तपस्या की थी। इसी स्थान पर गंगा जी अपने हिमाद्रि पिता के आंचल को छोड़ भारत-क्षेत्र में प्रविष्ट होती है–इसी स्थान पर गंगा जी सात धाराओं में विभक्त हो कुछ दूर जा फिर एक बड़ी धारा में मिल जाती हैं। हरिद्वार से भी बढ़ कर इस स्थान का महत्त्व है। कहो, तुम्हें यहां किस महात्मा से मिलना है।''

फूलकुंवर ने शिवालय के साधुओं की सारी बात कह दी। बालक की आत्मकथा सुनकर साधु बोला–''बालक! ऐसे साधु इधर तो हमने देखे नहीं, उधर नरञ्जनी, निर्वाणी अथवा भैरव अखाड़ों की ओर सम्भवतः उनका कुछ पता ठिकाना मिल सके।''

फूलकुंवर निराश नहीं हुआ। वहां से उठ कर वह उन अखाड़ों की ओर चल दिया। उसे पूर्ण आशा थी। वह अवश्यमेव उस स्थान पर उन साधुओं का पता लगा लेगा... वह पूछता-पूछता उन अखाड़ों तक पहुंचा... परन्तु एक बार ही आंख उठा कर देखने से उसका हृदय धक्क-सा रह गया–ओहो! यह साधुओं का अखाड़ा है या चंडूखाना... राम का कहीं नाम नहीं; प्रभु स्मरण का कहीं चिह्न तक नहीं–एक अद्‌भुत-सा आशाओं के बिल्कुल विपरीत-सा एक दृश्य था।

उसकी आत्मा से एक आवाज उठी–''फूलकुंवर! हरिद्वार किसी दूसरे स्थान पर है–यदि यह हरिद्वार होता तो वे शुद्ध-चित्त अवधूत साधु यहां अवश्य आते। यदि यह हरिद्वार होता तो यह धर्म के ठेकेदार अखाड़ों के धर्म-रक्षक धर्म-भक्षक कदापि न बनते। इन्हीं विचारों में मग्न उस ध्रुव बालक ने सामने से एक महात्मा को आते हुए देखा–पास जा बालक हाथ जोड़ कर बोला...

''महाराज! यह कौन-सा ग्राम है?''

''तुम्हें कहां जाना है?''

"मुझे जाना है, हरिद्वार"

हरिद्वार में खड़ा हुआ–अपनी आंखों के सामने गंगा की तरंगों को देखता हुआ भी प्रखर बुद्धि का नवयुवक "यह कौन-सा ग्राम है" ऐसा पूछ रहा है। इसमें सचमुच कुछ न कुछ रहस्य अवश्य है। महात्मा जी ने एक बार फूलकुंवर को सिर से पैर तक देखा। उसने किसी भी अन्य भावना से ऐसा प्रश्न किया हो यह बात उसके चेहरे पर कहीं भी लिखी न थी। उसके चेहरे पर था निरन्तर भोलापन।

"तुम क्या करोगे हरिद्वार जाकर?"

फूलकुंवर ने फिर संक्षेप में शिवालय के साधुओं की घटना कह दी...

बालक की दृढ़ता, आत्म-विश्वास तथा भक्ति भावना पर प्रसन्नचित्त, साधु-महात्मा बोले–बालक! हरिद्वार तो यही है। इस शहर के तीन नाम है–हरद्वार, हरिद्वार तथा गंगाद्वार... सर्वप्रथम जो–हर! संसार के पिता महादेव शिवजी हैं, उनका निवास स्थान है कैलाश–उस कैलाश पर जाने का जो मार्ग है, उसका आरम्भ यहीं से होता है–इसीलिए इस स्थान को हरिद्वार कहते हैं। दूसरे जो यह पतित पावनी भागीरथी हैं सो भी इसी स्थान पर अपने गिरिराज हिमाद्रि पिता के आंचल को छोड़ भूतल पर अवतरित होता है। जितना विस्तृत क्षेत्र सप्त-सरोवर में गंगा जी के तट पर दीखता है, ऐसा ऊपर गंगोत्तरी तक कहीं भी नहीं है। जिस प्रकार एक व्यक्ति अपने घर के भीतर से मुख्य द्वार के मार्ग से बाहर निकलता है, उसी प्रकार यह स्थान गंगा जी के पितृग्रह को छोड़ बाहर निकलने का है। इसीलिए इसे गंगाद्वार भी कहते हैं–भक्त जन गंगोत्तरी को इसी मार्ग से जाते हैं–तीसरे इधर-ऊपर बद्रिफल का जो घोर जंगल था वहां श्री आदि जगतगुरु शंकराचार्य ने घोर तपस्या कर विष्णु भगवान् की प्रतिमा स्थापित की–वह जो बद्रिनाथ के रूप में हरि की प्रतिमा है, उसका द्वार भी यही स्थान है अस्तु इसे हरिद्वार भी कहते हैं।

बालक! इस स्थान के तीन नाम हैं। हरिद्वार यही है और धरती तल पर केवल यही एक हरिद्वार है... दूसरा कोई नहीं।

"परन्तु वे अवधूत साधु तो यहां मिले नहीं"

'सम्भवतः वे अभी तक तीर्थ यात्रा से लौटे ही न हों"

"हां, भगवन्! हो तो सकता है, अच्छा नमस्कार।"

महात्मा ने बालक को आशीर्वाद दिया...महात्माजी का आशीर्वाद प्राप्त कर फूलकुंवर हर की पौड़ी की ओर चल दिया।

❑❑❑

तेइसवां अध्याय

फूलकुवंर से नन्दकिशोर

को तुम श्यामल गौर शरीरा। क्षत्री रूप फिरहु बनवीरा।।
कठिन भूमि कोमल पद गामी। कवन हेतु बन विचरहु स्वामी।।
मृदुल मनोहर सुन्दर गाता। सहत दुःसह बन आतप बाता।।

महाराज! आपको शास्त्री जी बुलाते हैं। कनखल की ओर से हर की पौड़ी की ओर आ रहे फूलकुंवर को एक साधारण-सा व्यक्ति हाथ जोड़ बोला।

वह व्यक्ति फूलकुंवर को पास ही की एक दुकान पर ले गया... दुकान में घुसते ही फूलकुंवर ने एक सौम्य रूप सज्जन को कुर्सी पर बैठे देख नमस्कार किया...

इस सज्जन ने पास की कुर्सी उस ओर खिसकाते हुए फूलकुंवर को बैठने का संकेत करते हुए—पूछा।

''कहो भई! कहां के रहने वाले हो।''

''मैं उदयपुर राज्य का रहने वाला हूं''

''यहां गंगा स्नान करने आए हो?''

''जी हां।''

''कहां ठहरे हुए हैं तुम्हारे माता-पिता!''

''मैं इस समय अकेला ही यहां आया हूं''

''तुम उदयपुर से अकेले ही आ गए?''

''उदयपुर से नहीं आया—काशी जी से आया हूं''

''काशी जी क्या करने गए थे?''

"विद्याध्ययन के लिए"

"कुछ पढ़े भी हो?"

"जी हां अष्टाध्यायी, सिद्धान्त कौमुदी प्रभृति ग्रन्थ पढ़े हैं।"

"ठीक! काशी जी से तुम कब चले थे?"

"तीन महीने पहिले..."

"गाड़ी तो चौबीस घंटे में पहुंच जाती है, तुम कौन से ठेले पर बैठ कर आए...।"

"मैं गंगा जी के तट के साथ ही साथ पदैल आया हूं–"

ओहो–एक दम पैदल!! शेर, बाघ, चोर, डाकुओं से भरे जंगल में चलते हुए तुम्हें भय न लगा क्या?

"भय किस बात का! मैं जंगल में क्या शेरों का शिकार करने आया था अथवा चोरों को पकड़वाने। जब मेरा उद्देश्य मनसा वाचा कर्मणा किसी भी प्राणी को सताना नहीं था तो भला कोई मुझे क्यों सताता।"

बालक की ओज पूर्ण वाणी सुन शास्त्री जी का हृदय गदगद हो उठा। ओहो कैसा विचित्र बालक है। काशी जी से हरिद्वार पैदल पहुंच गया और फिर कड़क कर कहता है भय किस बात का। वास्तव में इस बालक के अन्दर एक ऐसी शक्ति है यदि उसके विकास के लिए एक उपयुक्त केन्द्र मिल जाए तो सचमुच इसकी ख्याति चन्द्रज्योति के सदृश देश के कोने-कोने में फैल जाए। शास्त्री जी का हृदय उल्लास से भरपूर हो उछलने लगा।

उन्होंने इस बालक को अपने मकान के आगे से कई बार आते-जाते देखा था और उस तेजस्वी स्वरूप से आकर्षित हो उनके हृदय में उसके सम्बन्ध में कुछ जानने की इच्छा जाग्रत हुई थी। इसी उद्देश्य से अबकी बार उन्होंने उसे अपने पास बुलवाया। फूलकुंवर के साथ बात करने में उन्हें मानो एक विशेष रस का अनुभव होने लगा–

"तुम हरिद्वार में क्यों आए?"

"मेरे मित्र ने मुझे हरिद्वार आने का आदेश किया था।"

"कहां है वह तुम्हारा मित्र?"

"वह मेरा मित्र है परमात्मा के घर में"

वाह भई! तुम भी खूब बातें करना सीखे हो, परमात्मा के घर से बुलाया तुम्हें!! हरिद्वार बुलाया था या परमात्मा के घर में।

हरिद्वार बुलाया था ।

"परमात्मा के घर से तुम्हें उसने हरिद्वारा बुलाया?"

"जी हां! वह भी कुछ वर्षों तक मुझे मिलने यहीं हरिद्वार में आयेगा–"

"भई! तुम तो खूब मजे की बातें करते हो जैसी बातें हम यंत्र-मंत्र के ग्रन्थ पढ़ कर भी सीख न पायें, वह बातें तुम आज कर रहे हो–"

फूलकुंवर ने इकलिंग की मृत्यु तथा काशी के स्वप्न की बात कही–और अपनी यात्रा का वर्णन करते हुए शिवालय के साधुओं का वर्णन किया। फिर वह हाथ जोड़ शास्त्री जी से बोला–"महाराज! क्या आपने इन साधुओं को देखा है–"

"भई! साधु तो हम यहां बैठे चौबीसों घंटे देखते हैं–जितने साधु उतनी ही उनकी किस्में–परन्तु नंगे साधु सिवाय बड़े-बड़े पर्वों में इधर प्राय: कम ही आते हैं–जब पर्वों पर आते हैं तो हजारों की संख्या में आते हैं। फिर क्या पता है आप किन साधुओं के सम्बन्ध में पूछते हैं। ऐसा कह शास्त्री जी बोले तो इस समय तुम उन्हीं साधुओं को ढूंढ़ रहे थे?

"जी हां"

"कुछ पता चला?"

नहीं।

"ढूंढ़ा तुमने सब जगह?"

"जी हां! भीम गोड़ा–सप्तसरोवर–निर्वाण अखाड़ा–निरंजनी अखाड़ा-भैरव अखाड़ा सब देख लिए अभी-अभी उसी ओर से आ रहा हूं।"

"वे साधु अब नहीं मिलेंगे..."

"मिलेंगे क्यूं नहीं–वे क्या झूठ कह रहे थे।" "उन्होंने कहा था वे एक महीने तक हरिद्वार पहुंच जाएंगे–"

"और यह भी कहा कि वे तुम्हें अवश्य ही मिलेंगे"

"उन्होंने ऐसा तो नहीं कहा–मैं ही स्वयं उन्हें खोज रहा हूं।"

"ऐसे रमते साधु ढूंढ़ने पर नहीं मिला करते। अपने आप ही भाग्य से मिल जाते हैं... अब उनको ढूंढ़ने का ख्याल छोड़ दो।"

••• ••• •••

थोड़ी देर के लिए शास्त्री जी चुप हो गए। उनके चेहरे ने गम्भीर रूप धारण कर लिया मानो वे एक बड़ी भारी समस्या को सुलझाने में लग गए हों–थोड़ी देर सोच कर शास्त्री जी बोले।

''हरिद्वार में रहने का कब तक निश्चय है।''

''अब तो मैं हरिद्वार में ही रहूंगा।''

शास्त्री जी के चेहरे पर कुछ प्रसन्न्ता-सी छा गई। जिस गम्भीर समस्या का उत्तर वे सोच रहे थे मानो वह उत्तर उन्हें मिल गया...

''अब तो आप हरिद्वार में ही रहोगे—तो क्यूं न आप... फूलकुंवर चुप रह गया—शास्त्री जी भी कुछ देर एकटक फूलकुंवर के चेहरे की ओर देखते रहे और फिर बोले—''देखो! यहां रहने में तुम्हारी कुछ हानि नहीं है। तुम योग्य बालक हो—मैं चाहता हूं तुम्हारी योग्यता का विकास हो—तुम एक रत्न हो मैं चाहता हूं, रत्न में जो आभा होती है वैसी ही आभा तुम्हारे भविष्य में हो। यहां रह कर तुम अपना विद्याभ्यास करो और अपने अन्दर जो दिव्य शक्तियां हैं, उनका विकास करो।''

फूलकुंवर चुपचाप छत की ओर देखने लग गया। शास्त्री जी बोले—''कहो भई! क्या इच्छा है।''

फूलकुंवर चुप रहा।

मौनसाधन की आधी स्वीकृति ही होती है—शास्त्री जी समझ गए। बालक को यहां रहने में कोई आपत्ति नहीं। फूलकुंवर ने भी समझा कहीं न कहीं तो रहना ही है। यह शास्त्री जी बड़े अच्छे सभ्य आदमी हैं, योग्य हैं विद्वान हैं, इनके पास रहने से मुझे भी विद्या प्राप्त होगी और यहीं रहते रहते मैं उन साधुओं की भी खोज कर सकूंगा। ऐसे विचार कर फूलकुंवर ने शास्त्री जी की बात को टालना उचित न समझा...

''अच्छा भई! अब तो तुम्हारा और हमारा मेल हो गया अपना नाम तो बताओ''

''मेरा नाम है फूलकुंवर।''

''भई नाम तो तुम्हारा खूब है और हमारे पिता जी का भी नाम है फूलचन्द्र—तुम्हारा और हमारे पिता जी का नाम बहुत कुछ मिलता-जुलता है।

फूलकुंवर! नाम तो बहुत अच्छा है परन्तु शिष्टाचार को दृष्टि में रखते हुए फूलकुंवर कहकर तुम्हें पुकारना हमारे लिए उचित नहीं—

मैं तुम्हें आज अपना एक प्यारा नाम देता हूं जैसे तुम हो—जैसे तुम्हारे गुण हैं वैसा ही नाम तुझे देता हूं... आज से मैं तुम्हें नन्दकिशोर कहा करूंगा—बुरा तो न मानोगे।''

□□□

खंड तीसरा

ब्रह्मचर्येण तपसा देवा मृत्युमपाघ्नत्।
आयुस्तेजो बलं वीर्यं प्रज्ञा श्रीश्च महायशः॥
पुण्यं च मत्प्रियत्वं च हन्यतेऽब्रह्मचर्य्यया।

Never forget,
O'ye the brave sons of Mother India
That through Tyag, Tapasya & Brahmcharya
blossoms the flower of life.

ब्रह्मचर्य ही जीवन है... मानव शरीर में ब्रह्मचर्य ही एक ऐसी शक्ति है जो कि आत्मा को परमात्मा से मिला सकती है।

चौबीसवां अध्याय

ब्रह्मचारी नन्दकिशोर

सिंहः शिशुरपि निपतति। मदमलिन कपोल भित्तिषु गजेषु॥
प्रकृतिरियं सत्ववतां न खलु। वयास्तेजसां हेतुः॥

बालक फूलकुंवर हरिद्वार में पदार्पण करते ही नन्दकिशोर के नाम से प्रख्यात हुआ। उन्हीं शास्त्री जी के पास रह कर वह अपने विद्याभ्यास को आगे बढ़ाने का निरन्तर यत्न करता रहा। जिन दिनों वह सर्वप्रथम हरिद्वार में आया वह हरिद्वार आजकल के हरिद्वार से सर्वथा भिन्न था। वह हरिद्वार यद्यपि वास्तविक हरिद्वार के तत्त्व की शतप्रतिशत प्रतिमूर्ति तो न था परन्तु वह पंजाब का पैरिस भी न था। यह लम्बे-लम्बे प्लैटफार्म, पक्की चौड़ी सड़कें--जयपुरी सेठों के गगन चुम्बी प्रासाद; गंगाजी के तट पर आलू कचालू का बाजार, स्थान-स्थान पर अधर्म प्रचार के ठेके ये उन दिनों में बिल्कुल न थे। यात्रियों की उन दिनों भीड़ तो ऐसे ही रहती थी परन्तु यात्री थे श्रद्धालु। उन दिनों हरिद्वार की यात्रा इतनी सुगम न थी। मंसूरी और देहरादून के सैर-सपाटे का भी लोगों को इतना चाव न था। जो कोई भी हरिद्वार में आता वह केवल सैर सपाटे के लिए ही नहीं आता था अपितु उसके अन्दर हरिद्वार की सच्ची भक्ति थी।

उन दिनों हरिद्वार में चोरी का कहीं नाम तक न था। यदि कोई चोर बाहर से चोरी की नीयत से आता भी था तो पंचपुरी में पदार्पण करते ही उसकी आत्मा स्वयं ही उसे धिक्कारती "अन्य स्थानों पर किए पाप तो हरिद्वार में धुल जाएंगे, परन्तु हरिद्वार में किए हुए पाप कहां धुलेंगे।"

वह था सन् 1887 का साल! आज से पूरे 53 वर्ष पहिले जब वह हरिद्वार के उस स्वर्ण युग के दिनों में हरिद्वार का निवासी बना। एक बार हरिद्वार में आ फिर उसे छोड़ कर वह भला और कहां जाता?

उस समय उसकी अवस्था केवल 18 वर्ष की थी। उसके सौन्दर्य की प्रशंसा उस समय हरिद्वार के प्रत्येक नर-नारी के मुख पर थी। सुन्दर, गोरा, पूर्ण चन्द्र के समान तेजस्वी मुखमंडल–आम्र की फांक जैसे विशाल एवं ज्योतिर्मय नेत्र, लम्बी परन्तु सुग्गे की चोंच जैसी नाक, कपोत के सदृश लम्बी गरदन, गुलाब के समान गोल गुलाबी गाल–किस देखने वाले के मन को मोह नहीं लेते थे।

अपने अल्पानुभवी शरीर पर आपत्तियों का पर्वत उठाये माता का वियोग–पिता तथा भग्नी का संस्मरण–विक्रम तथा इकलिंग सरीखे सुहृदय सखाओं का वियोग–उत्तराखण्ड के पथ पर अनेकानेक बाधाएं–सब मिल कर भी उस भक्त बालक की शुभ्र कान्ति का अपहरण न कर सके।

उन दिनों जब वह केवल 18 वर्ष की अवस्था में हरिद्वार में आया–पंचपुरी में कोई भी व्यक्ति उसका पूर्व परिचित न था। परन्तु गुदड़ी में लाल भला कब तक छुपा रहता। एक साधारण-सी कागज की पुड़िया में लिपटा चन्दन अपनी सुगन्धी को कब तक दबाए रखता। उसका प्रकाश चारों ओर फैल गया, उसकी सुगन्धी से समस्त पंचपुरी सुगन्धित हो उठी–यही अज्ञात बालक थोड़े ही दिनों में हरिद्वार का हृदय सम्राट् बन गया।

साहस और निर्भयता तो मानो उसे पैतृक सम्पत्ति में ही प्राप्त हुए थे। उसके जीवन-पथ पर कितनी बाधाएं आईं, परन्तु उसने उनकी कुछ भी परवाह न की। मृत्यु सन्मुख खड़ी हंस रही थी और वह मृत्यु को देख उससे भी दोगुने अट्टहास से हंस रहा था, एक बार नहीं अपितु कई बार जान-बूझ कर उसने मृत्यु को चैलेंज दिया–सब कुछ जानता हुआ भी वह डाकुओं के शिविर में कूदा–भावी भय को पहिले से ज्ञान रखते हुए भी वह सहर्ष मनसा शेरों की कन्दराओं की ओर बढ़ा। उसके अन्दर कितनी निर्भयता थी।

एक बार जब वह अभी बच्चा ही था, वह उदयपुर में पढ़ता था। उसका एक मित्र था–इकलिंग। इकलिंग का चाचा उसे बहुत मारता-पीटता था। एक दिन फूलकुंवर अचानक तोप खाने की ओर घूमता-घूमता चला गया। उसने देखा उसका मित्र हाथ पैर बंधे वहां पड़ा था। वह समझ गया यह शरारत थी इकलिंग के चाचा की। स्नेह के पुतले फूल ने अपने मित्र के बन्धन खोलने शुरू किये। इकलिंग का चचा दूर से यह दृश्य देख जल भुन-सा गया–वह भागा और आते ही वह फूलकुंवर को डांट कर कर बोला ''मैं तुम दोनों को तोप के मुंह पर बांध कर उड़ा दूंगा और उसने फूलकुवंर को भयभीत करने

के लिए झूठ-मूठ उसे तोप से बांध भी दिया और झूठ-मूठ उसे तोप में एक जलता हुए कपड़ा भी घुसेड़ दिया-परन्तु उत्साही बालक इससे रत्ती भर भी भयभीत नहीं हुआ। इकलिंग के चाचा को मुंह की खानी पड़ी।

उत्साह, निर्भरता, निडरता तो उसके अन्दर बचपन से ही कूट-कूट कर भर दिए गए थे।

वह सात प्रकार से तैरना जानता था-पक्षीतारी, सीधीतारी, मुरदातारी, गुप्ततारी, अश्वतारी-इत्यादि सभी तारियों का उसे पूरा-पूरा ज्ञान था।

वर्षा ऋतु अपने पूरे यौवन पर थी। गंगा जी ने एक बहते हुए विशाल सागर का रूप धारण कर रखा था। भागीरथी के प्रवाह में पांव तक धरने की किसी की हिम्मत न पड़ती थी। भागीरथी के स्थूलतम शरीर को देखना भी तो कई दुर्बल आत्माओं के लिए असम्भव-सा हो जाता, उसी समय उस बहते हुए जल प्रवाह में एक नवयुवक धड़ाम से कूद पड़ता...देखने वालों के दिल दहल जाते-बचाओ! बचाओ का शोर मच जाता... परन्तु वह गंगा माई का भगत गंगा जी के जल पर ऐसे लेट जाता मानो कई दिन का थका हुआ मुसाफिर पंजाब मेल के सेकंड क्लास में सो रहा हो।

••• ••• •••

एक दिन ब्रह्मचारी जी रोड़ियों के जंगल में सैर कर रहे थे, श्रावण का महीना था। गंगा जी खूब चढ़ी हुई थीं। ब्रह्मचारी जी के दिल में तैरने का शौक जाग्रत हो उठा और वे लंगोट कस गंगा जी में कूद पड़े। मुरदा तारी से तैरते-तैरते वे उस धार की ओर बढ़े जो कि हरिद्वार के साथ-साथ बहती है। एक कौआ भी उनके साथ ही साथ हो लिया। उसने समझा यह 6 फूट की मृतक देह मेरी जठराग्नि को शान्त करने के लिए काफी दिन तक मेरा साथ देगी। कौए मियां को इस प्रकार भागते देख बीबी चील भी उसके साथ ही साथ हो ली। एक लाश के दो दावेदार तो हो ही गए। जल प्रवाह में बह रहे एक व्यक्ति की देह पर इस मियां बीबी को उड़ते देख-किनारे पर खड़े लोग नाना प्रकार की बातें करने लगे।

परन्तु मातेश्वरी की प्रेम भरी गोदी में लेटा हुआ वह अद्भुत तरैया इस मियां वीबी की भावी आकांक्षाओं को सोचते ही हंस देता-अभी थोड़ी ही देर में इन दोनों के वायु प्रासाद ढेर हो जाएंगे।

••• ••• •••

पहले इस लाश के दो भागीदार थे, अब इन दो में एक तीसरा भी आ शामिल हुआ। एक गीदड़ महाशय रोड़ियों की ओर से भागे-भागे आए और वे भी मन में बड़ी-बड़ी आशाएं बांध उस लाश के साथ ही साथ भाग पड़े। ऊपर चील और कौआ निरन्तर उड़ रहे थे और एक ओर किनारे-किनारे गीदड़ महाशय भाग रहे थे–गीदड़ को साथ-साथ भागता देख दूसरी ओर खड़े लोगों को पूरा विश्वास हो गया कि यह तैरती हुई देह वास्तव में निर्जीव हो चुकी है और ज्यूं ही यह किसी किनारे लगेगी त्यूं ही यह गीदड़ महाशय इसे खा लेंगे...और उधर ब्रह्मचारी नन्दकिशोर भी इन घटना लोलुप लीलाओं से अपरिचित न थे...आंख की कोर से कभी-कभी वे इस दृश्य को देख लिया करते थे।

थोड़ी दूर जा कर ब्रह्मचारी जी ने अनुभव किया कि गंगा की तेज लहर उन्हें एक किनारे की ओर बहा कर ले गई। उस समय तत्क्षण उनके हृदय में एक ख्याल आया–कहीं यह गीदड़ पागल तो नहीं...ऐसा विचार कर उन्होंने जमीन पर अपने पैर टेक कर देखा तो पैर जमीन पर लग गए... ब्रह्मचारी जी पानी में सीधे खड़े हो गए...गंगा के तट पर खड़े दर्शकों के लिए मानो यह दृश्य एक स्वप्न सदृश था और उस गीदड़–कौवे तथा उस चील के लिए मानो अपनी आशाओं पर तीव्र तुषारापात।

परन्तु उनका शरीर जितना बलवान था–उनकी आत्मा उससे भी कई गुना बलवती थी। दया-सत्य-अहिंसा तथा करुणा का भाव उनके अंग-अंग में फूट-फूट कर भर चुका था--"परोपकार ही मानव जीवन का सार है" यह मंत्र तो उन्होंने जन्म के साथ ही सीख लिया था। अस्तु! उनके जीवन-पथ के एक-एक पग पर सत्य अहिंसा दया, धर्म बिखरे पड़े थे।

एक दिन आप अपने मकान के दोमंजले में बैठे कोई ग्रन्थ पढ़ रहे थे। वर्षा जोरों पर थी। नीचे बाजार में नाली का पानी बड़ी जोर से बह रहा था, बहुत से बालक वर्षा में बिहार करते-करते नीचे बाजार में से भागे-भागे जा रहे थे। ब्रह्मचारी जी का ध्यान स्वाभाविक ही उस ओर खिंच गया। उस समय उन्होंने देखा और बालक तो आगे गुजर गए परन्तु एक बालक का पांव फिसल गया और वह पानी की नाली में जा गिरा। "सीढ़ी से उतर जाने में देरी होगी ब्रह्मचारी जी एकाएक खिड़की से कूद पड़े। उस बालक को पानी से निकाल गोदी में ले उस लड़के के घर की ओर चल दिए–यही लड़का बड़ा हो कर भारत के नाम से प्रख्यात हुआ।

एक और दिन की घटना है ब्रह्मचारी जी भीम गोड़ा की ओर से आ रहे थे। उन्होंने देखा एक साधुनी एक ऊंचे स्थान पर खड़ी गंगा जी की ओर देख-देख कर हंस रही थी। ब्रह्मचारी जी का ध्यान स्वाभाविक ही उस ओर खिंच गया। क्या है गंगा जी में देख कर हंसने की चीज–जहां वे खड़े थे गंगा जी वहां से 50 फुट नीचे बह रही थीं–उन्होंने वहीं खड़े हो नीचे की ओर देखा–एक स्त्री पानी में गोते खा रही थी। ब्रह्मचारी जी तत्काल गंगा जी में कूद पड़े और अपने प्राणों को खतरे में डाल कर भी उन्होंने उस अबला की जान बचाई।

ऐसी कितनी घटनाओं का वर्णन किया जाए। कौन-सा ऐसा दिन था, जब कि एक-आध ऐसी घटना न घटी हो। ब्रह्मचारी जी का तो जन्म ही गिरतों को उठाने और डूबतों को पार लगाने के लिए हुआ...किसी और दिन की घटना है...

बेरोजगारी से तंग आया हुआ एक नवयुवक अपने जीवन का अन्त कर देने के लिए गंगा जी की धार में घुसा और आत्महत्या की चेष्टा के अनुरूप अपने आप को जानबूझ कर गंगा में डुबाने लगा।

दैवयोग से ब्रह्मचारी जी वहां से गुजर रहे थे। उस नवयुवक को इस प्रकार गोते खाते देख वे गंगा जी में कूद पड़े और जा उस नवयुवक को सम्भाला...परन्तु वाह रे मूर्ख...उसने तो उलटे ब्रह्मचारी जी को ही...पकड़ लिया।

उस समय ब्रह्मचारी जी ने अपने आपको उस मूर्ख द्वारा पकड़े जाने पर ऐसी परिस्थिति में पाया मानो वे अब वहां से उसे साथ लेकर उसी अवस्था में नहीं निकल सकते। उस समय उन्होंने उस डूबते हुए नौजवान की पीठ में जोर से पैर मारा। उसकी चोट खा कर उसने ब्रह्मचारी जी का हाथ छोड़ दिया। ब्रह्मचारी जी अपनी जान को हथेली पर रख फिर भी उस नौजवान को निकाल कर बाहर लाये। बाहर आने पर पता चला कि वह नवयुवक बेरोजगारी से तंग आ कर आत्महत्या कर रहा था। ब्रह्मचारी जी ने उस नौजवान को किसी अच्छे काम पर लगवा दिया।

••• ••• •••

ब्रह्मचारी जी के अन्दर दया का भाव इतना अधिक था कि वे साधारण पशु-पक्षियों की तो बात ही क्या हिंसक प्राणियों तक पर दया करना अपना परम धर्म समझते थे। जब भी कोई निर्धन व्यक्ति उनके पास आ सहायता की

याचना करता तो ब्रह्मचारी जी उसे निराशा की अवस्था में कदापि न लौटाते–कभी अपने निवास स्थान के बाहर जंगल में, पर्वत पर अथवा नगर में कोई पीड़ित पशु, पक्षी भी उन्हें मिल जाता तो वे उसे उठा कर अपने साथ ही घर पर ले आते और उसके दुःख को दूर करने का उपाय करते।

साधुओं की चित्त की प्रवृत्ति परमात्मा ने बड़ी ही अद्‌भुत रची है–

वज्रादपि कठोराणि मृदुनि कुसुमादपि।
लोकोत्तराणां चेतांसि को नु विज्ञातुमर्हति॥

सन्तों की चित्त की महिमा को कौन जान सकता है। सन्तों का चित्त यदि कठोर होता है तो इतना कठोर कि मृत्यु के साथ भिड़ कर भी उसका मुंह तोड़ कर रख दे और यदि वह कोमल होता है तो इतना कोमल कि साधारण धूप की ही उष्णता पाकर नवनीत के समान पिघल जाए।

वे दया, सहनशीलता, नम्रता तथा अहिंसादि सद्‌गुणों की प्रतिमूर्ति थे परन्तु दुष्टों के साथ कैसे व्यवहार करना है, वे इस धर्म को भी भली प्रकार से समझते थे...शठों के साथ शठता ही शोभा देती है...दया और अहिंसा चेष्टा करता हुआ निर्बल को दुःख दे रहा है अथवा अपने पाखंड से भोली-भाली जनता को पथभ्रष्ट कर रहा है, वे तत्काल उस पाखंडी को ठीक-ठाक कर देते।

एक दिन की घटना है–एक सपेरा भगवे कपड़े पहने बीच बाजार अपने झूठे-मूठे फरेब दिखा-दिखा कर जनता को धोखा दे रहा था। ब्रह्मचारी नन्दकिशोर भी तमाशाइयों में खड़े थे। उस धोखेबाज़ की उस ठगबाज़ी को वे सहन न कर सके। लट्‌ठ ले वे आगे बढ़े, कड़क कर लट्‌ठ उठा उस धोखेबाज को ललकार कर बोले "सम्भल। इस तेरे जादू की अभी खबर लेता हूं" ऐसा कह लट्‌ठ ऊपर को उठाया... बस फिर क्या था सपेरे मियां के तो अपने राम कूंच कर गए, हाथ जोड़ वह गिड़गिड़ाने लगा, ब्रह्मचारी जी के पांव पकड़ गिड़गिड़ा कर बोला–"महाराज जादू-बादू कुछ नहीं, क्या करूं, यह सब कुछ पेट के लिए करना ही पड़ता है।"

वे सच्चे आर्य थे, यद्यपि आर्य समाज के प्रकाश से वे उस समय तक अपरिचित ही थे।...वे सत्य के सखा थे, सज्जनता के मित्र थे, अनाथों के रक्षक थे, निर्बलों के पालक थे और धूर्त-पाखंडियों को सन्मार्ग पर लाने वाले देव-दूत थे।

उस समय अर्थात् बीसवीं शताब्दि के अन्त में पाखण्ड का बड़ा जोर था। यद्यपि प्रभु की अपार दयालुता से भारत भूतल पर महर्षि दयानन्द के पवित्र करकमलों द्वारा आर्यसमाज रूपी दीपक जगाया जा चुका था। उस दीपक ने अज्ञानता के अन्धकार को दूर भगाने का पूरा-पूरा यत्न किया और उसे अपने इस प्रयत्न में सफलता भी प्राप्त हुई तथापि पाखण्ड का समूल नाश न हुआ था। आर्यसमाज रूपी भानु के उदय हो जाने पर भी इस भारतीय कल्पवृक्ष पर बैठे कतिपय उलूक अन्धकार की ही याचना में आंखें बन्द किए मग्न थे।

ब्रह्मचारी नन्द किशोर एक सच्चे सुधारक थे। उनका धर्म था ''मानवता'' उनका लक्ष्य था लोक-सेवा। वे अपने आप को सम्प्रदाय विशेष की जेल में कैद कर देना ठीक न समझते थे। हां! उनका यह दृढ़ विश्वास था कि हिन्दू धर्म सम्प्रदायवादी कदापि नहीं। वे प्रत्येक सम्प्रदाय से यथोचित सीमा तक सहयोग करते थे। यदि सनातन धर्म का अर्थ अपने पूर्वजों द्वारा पाली गई संस्कृति को अपने जीवन में धारण करना है तो सचमुच वे सच्चे सनातन धर्मी थे...परन्तु यदि सनातन धर्म का मतलब भोली-भोली जनता की आंखों में धूल झोंक कर अपना उल्लू सीधा करना ही है तो वे ऐसे सनातन धर्म को दूर से ही नमस्कार करने में अपनी भलाई समझते थे-

जंगल के अन्दर शिकारियों को पशु-पक्षियों का शिकार करते हुए जब वे देखते तो उनके हृदय पर मानो वज्राघात-सा हो जाता-वे उन्हें समझाते ''देखो भाई! आत्मा सब में एक जैसी होती है। यदि तुम्हारे एक साधारण-सी सुई चुभ जाने पर भी चोट पहुंचती है तो मान लो दूसरों की गरदन पर तलवार फेरने से दूसरों को भी दुःख होता ही होगा। यदि तुम्हें कोई पकड़ कर जेल में बन्द कर दे तो क्या तुम्हें दुःख न होगा-यदि तुम्हें दुःख होगा तो निश्चय ही दूसरों को भी जिन्हें तुम पिंजरे में बन्द करते हो दुःख होता ही होगा।

उनके अन्दर निर्भयता तो कूट-कूट कर भरी हुई थी। सत्य कहते हुए और धर्मपथ पर चलते हुए वे एक पग भर भी विचलित न होते थे, उनका एक आदर्श था...

''यदि माता तुम्हें सत्य कहने से रोके, यदि पिता तुम्हें सत्पथ में बाधा डाले, यदि राजा तुम्हारे सन्मार्ग में रुकावट हो तो तुम इन तीनों में से किसी एक की भी परवाह मत करो-क्योंकि यह तो तुम्हारे एक जीवन के साथी हैं परन्तु सत्य तुम्हारा सदैव का साथी है-''

यान्तीं न्याय प्रवृत्तस्य तृथञ्चोऽपि सहायताम्।
अपन्थानान्तु गच्छन्तं सादरोऽपि विमुञ्चतु।।

न्याय पर जाते हुए एक बालक से भी डरो परन्तु अन्याय पर चलते हुए एक शक्तिशाली सम्राट् का भी भय मत करो–यह वाक्य उनके जीवन के पहले चरण में ही–अपनी वास्तविकता की चरम सीमा को धारण कर चुका था।

एक दिन ब्रह्मचारी जी को पता लगा "एक महाराज अपनी किश्ती में बैठ नीलधारा पर मच्छी मार रहे हैं। ब्रह्मचारी जी की तबीयत उस दिन खराब थी परन्तु न मालूम यह जानते ही बदन में कौन-सी बिजली दौड़ गई कि झट वहां नीलधारा पर पहुंचे और जाते ही कड़कर कर बोले "खबरदार! खरबदार! कोई मच्छी मत मारना।" सचमुच उस समय ब्रह्मचारी जी की पवित्र आत्मा से निकली हुई उस आवाज का इतना प्रभाव पड़ा कि महाराज साहिब ने उस समय मच्छी का शिकार बन्द कर दिया। किश्ती से बाहर आ उन्होंने इस बारे में ब्रह्मचारी जी से बहुत-सी बातें की, राजाओं के लिए शिकार करना उचित है या नहीं; प्राचीन समय में भारतवर्ष में मांस का प्रयोग होता था कि नहीं था–ब्रह्मचारी जी ने अपनी युक्तियों से महाराज के सामने स्पष्ट बताया कि शिकार सर्वथा अवैदिक है–हां अपेक्षा रूप में केवल राजाओं को शेर का शिकार करने की आज्ञा है क्योंकि इससे राजाओं की वीरता की परीक्षा होती है।

वह सचमुच वीर थे। वह धैर्य की उत्तमता तथा महत्ता भली-भांति जानते थे। वे जानते थे विपत्ति काल में केवल धैर्य ही मनुष्य को सुमार्ग पर ले जाने और विपन्मुक्त करने की शक्ति रखता है।

हरिद्वार में आकर वह एक क्षण भी निट्ठला नहीं बैठा। जिस उद्देश्य को दृष्टि में रखते हुए वह घर से चला था वह उससे एक इंच भर भी विचलित नहीं हुआ। वह संसार की सब विकट बाधाओं का सामना करता हुआ भी अपने कर्तव्यपथ पर दृढ़ रहा। जो आदमी अपने कर्तव्यपथ से च्युत हो जाता है और केवल भोग विलास को ही अपने जीवन का उद्देश्य बनाता है, संसार में वह बिल्कुल ही अयोग्य प्रमाणित होता है। उसका जीवन व्यर्थ हो जाता है। उससे कभी कोई कार्य नहीं होता और न उससे कभी किसी की भलाई ही होती है; ऐसे आदमी भूमि पर भार रूप होते हैं। मनुष्य जीवन की सफलता और महत्ता केवल इसी में है कि वह शुद्ध संकल्प से बिना किसी आशा के

अपने कर्तव्य मार्ग पर चलता जाए। ऐसे ही आदमी ईश्वर के प्रिय होते हैं। ऐसे ही आदमी संसार में कुछ कर जाते हैं और उसकी कीर्ति-चन्द्रिका का इतिहास संसार में सदैव अपना प्रखर प्रकाश विकीर्ण किया करता है।

अपने जीवन के महान् आदर्श को दृष्टि में रखते हुए संसार को कर्म भूमि समझ कर जो भी ईश्वर के भक्त संसार संघर्ष में उतरते हैं, वास्तव में विजयी होते हैं। जब मनुष्य अपने उच्चतम आदर्श को भुला देता है, जब वह अच्छे बुरे का त्याग कर स्वार्थान्ध हो जाता है तब निश्चय ही उसका पतन हो जाता है। यह सिद्धान्त न केवल व्यक्ति विशेष के लिए-बल्कि समाज और देश के लिए भी एक-सा है।

मनुष्य के लिए संसार में कुछ भी असम्भव नहीं। कल्याण मार्ग पर चलता हुआ स्थिर चित्त आचारवान कोई भी व्यक्ति अपने लक्ष्य की प्राप्ति में अवश्यमेव सफलता ही प्राप्त करेगा। ब्रह्मचारी नन्द किशोर ने इस तथ्य को अपनी अल्पायु में ही सिद्ध करके दिखा दिया।

उनमें एक बड़ा गुण था-वह था एकान्त, अध्यवसाय अजस्रपरिश्रम करना। वे जिस काम के पीछे पड़ जाते उसमें मन, वचन, कर्म से सतत संलग्न रहते। इसी से वे इतने उन्नतमना थे कि वे विश्व में कुछ भी असम्भव नहीं समझते थे। इसी प्रकृति के कारण वे विपुल ऐश्वर्य, वैभव, सुख, विश्राम पर लात मार कर घोरतम साधना में लग गए।

जैसे लाख पत्थर के टुकड़े गिरने पर भी पर्वतीय निर्झरणी की धार नहीं रुकती और हजार वज्रापात होने पर भी पर्वत की पीठ नहीं हिलती वैसें ही अनेक प्रलोभनों तथा भयों का सामना करते वे निर्भीक अचल और अटल रहे। वे अपने मन-प्राण को भक्ति स्रोतस्विनी में डुबो कर ऐसे मग्न हुए कि इनके अटूट आक्रमण की उन्हें सुध तक नहीं थी।

उनका मस्तिष्क विशाल था। उनका हृदय दया, प्रेम तथा वात्सल्य के सागर में एक सरोज के समान विकसित हो चुका था-उनका चित्त शान्त, गम्भीर, उनकी बुद्धि स्थिर, उनकी इन्द्रियां एक युक्त सारथी वाले घोड़े की लगाम के समान खूब कसी हुई और उनका शरीर ब्रह्मचर्य के ओजस्वी सरस से सना हुआ। धैर्य उनका बालसखा था, सन्तोष उनका धन था, दृढ़ता उनकी पैतृक सम्पत्ति। अध्यवसाय, आचार, संयम, अहिंसा, दया, पुरुषार्थ...यह सातों नक्षत्र पूर्णचन्द्र के समान सर्वत्र ही उसे घेरे रहते थे। लाख कष्ट आने पर भी उन्होंने धैर्य को अपने हाथ से जाने न दिया। वह आगे ही बढ़ता गया। पीछे

मुड़ कर देखना उन्होंने सीखा ही न था...प्राची दिक्। Forward March—भगवान् के वाक्य को।

या निशा सर्व भूतानां तस्यां जाग्रति संयमी।
यस्यां जाग्रति भूतानि सा निशाः पश्यतो मुनेः।।

उसने अक्षरशः अपने जीवन में धारण किया।

पुरुषार्थ के सामने सब को सिर नीचा करना पड़ता है, पुरुषार्थी के लिए समुद्र एक कुल्ला है, निखिल महिमंडल उसके टहलने का चबूतरा है। हिमालय उसके हाथ मलने की मिट्टी और सूर्य उसके खेल की गेंद है। पुरुषार्थी सब कुछ कर सकता है।

वह जब हरिद्वार में आया उसको वहां कोई जानता न था। वह भी वहां किसी को जानता न था और संसार को चलाने वाली—नश्वर पुतलियों, नचाने वाली ये गोल-गोल चांदी की ठीकरियां भी उसके पास न थीं...परन्तु थोड़े ही समय में धैर्य, संतोष, आत्मविश्वास तथा पुरुषार्थ के सामने इन्हीं ठीकरियों का ढेर लग गया।

❑❑❑

पच्चीसवां अध्याय

देश सेवा के पथ पर

सेवाधर्मः परम गहनो योगिनामप्यगम्यः।।

(जंत्र-मंत्र का गोरखधंधा)

जिन महाशय के पास ब्रह्मचारी नन्दकिशोर अपने हरिद्वार के प्रारम्भिक जीवन में टिके थे, वे महाशय जन्त्र-मन्त्र की विद्या में बहुत दक्ष थे। उन्हीं के संसर्ग से ब्रह्मचारी जी की मनोवृत्ति का झुकाव भी इस जंत्र-मंत्र शास्त्र की ओर बढ़ा।

एक ईश्वर-विश्वासी भगवद्-भक्त के लिए जंत्र-मंत्र के मायाजाल पर विश्वास करना कुछ कठिन हो जाता है, परन्तु चौबीसों घंटे का संसर्ग उस कठिनता को अपने नीचे ढांप ही लेता है।

उन्हीं महाशय के पास रहते हुए ब्रह्मचारी ने जंत्र-मंत्र शास्त्र का विशेष रूप से अध्ययन किया। तत्पश्चात् उन्होंने बीसा यन्त्र, कार्य सिद्धि यंत्र, गर्भरक्षा यंत्र, बालरक्षा यंत्र इत्यादि अनेकानेक यंत्र तैयार किये।

बस एक बार अखबार में विज्ञापन देने की देर थी कि धड़ाधड़ आर्डर आने शुरू हुए। परन्तु ब्रह्मचारी जी की आत्मा उन्हें निरन्तर पुकार-पुकार कर कह रही थी ''इन जंत्रों से राष्ट्र का उत्थान न होगा, राष्ट्र को उठाने के लिए कर्मयोग का विजय मंत्र राष्ट्र की आत्मा में फूंकना चाहिए। ब्रह्मचारी जी ने आत्मा की आवाज का अनुकरण करते हुए इन्द्रजाल की माया को ठुकरा दिया।

ब्राह्मी बूटी के प्रथम आविष्कारक

जंत्र-मंत्र के गोरखधंधे से मुक्ति पाकर ब्रह्मचारी जी ने आयुर्वेद-शास्त्र का अध्ययन आरम्भ किया। काशी में रहते हुए फूलकुंवर के रूप में उन्होंने

निरन्तर दो वर्ष आयुर्वेद शास्त्र का अध्ययन किया था, परन्तु इस आयुर्वेद-विज्ञान को अपनी आजीविक का ध्येय बनाने का उस समय उनका कोई निश्चय नहीं था। जंत्र-मंत्र के मायाजाल से निवृत्ति पाकर वे आयुर्वेद की ओर झुके। थोड़े ही अध्ययन के पश्चात उन्होंने अपनी दिव्य दृष्टि से इस आयुर्वेद महोदधि के गर्भ में अनेकानेक बहुमूल्य रत्नों को छुपे हुए देखा–

''भारतवर्ष के लोग भेड़ें हैं, सचमुच भेंड़े। जिधर एक ने देखा उधर ही सिर ऊंचा कर सभी देखने लगीं–जिधर एक भागी उधर ही सिर नीचा कर सभी भागने लगीं। कुछ एक अंग्रेजी सभ्यता में पली हुई भेड़ों के पीछे लग कर भारत की करोड़ों भेड़ों ने अपने भारतीयत्व को ही तिलांजलि दे दी। आजन्म ब्रह्मचर्य का पालन करते हुए–कन्दमूल फल खा कर हिमालय की कन्दराओं में बैठ घोर तपस्या कर जिन पूर्व ऋषियों ने इस शास्त्र ज्ञान को हमारे लिए पैदा किया आज उन्हीं ऋषियों की सन्तान अपने ही हाथों से इस अमूल्य पैतृक सम्पत्ति का किस प्रकार सर्वनाश कर रही है।

ब्रह्मचारी जी ने आयुर्वेद उद्धार का बीड़ा उठाया। देश मिट्टी और पत्थर से नहीं बनता अपितु देश बनता है मनुष्यों के शरीर से। यदि मनुष्यों के शरीर नीरोग होंगे और उनकी आत्माएं बलिष्ठ होंगी तो सत्यमेव राष्ट्र उन्नति की चरम सीमा पर होगा और यदि उनकी देह निर्बल और आत्माएं पतित होंगी तो देश के रसातल में धंसने में तो कोई सन्देह है ही नहीं।

एक योग्य गोताखोर के समान ब्रह्मचारी जी ने इस आयुर्वेद महोदधि में एक गोता लगाया। उन्होंने देखा उसकी तह में अनेक रत्न छुपे पड़े थे। ब्रह्म बूटी के रत्न को सर्वप्रथम निकाल कर उन्होंने भारत पुत्रों को इसका चमत्कार दिखाया। बीसवीं शताब्दि अभी माता के गर्भ में भी न आई थी। ब्रह्मचारी ने महात्मा मुंशीराम (स्वामी श्रद्धानन्द) जी के ''सद्धर्म प्रचारक'' में, बम्बई के श्री ''वेंकटेश्वर समाचार'', कोलकाता के ''बंगवासी'' तथा डॉ. केशव देव के ''नवयुग'' में सर्वप्रथम ब्राह्मी-बूटी का विज्ञापन दिया। बस एक बार विज्ञापन देने की देर थी, धड़ाधड़ आर्डर आने शुरू हुए। इन आर्डरों की मांग को पूरा करने के लिए ब्रह्मचारी जी ने इस कार्य को ऊंचे पैमाने पर आरम्भ किया। थोड़ी ही देर में कार्य इतना बढ़ गया कि केवल वी.पी. तैयार करने के लिए ही ब्रह्मचारी जी को तीन नौकर रखने पड़े।

ब्राह्मी बूटी की खोज के थोड़ी ही देर पश्चात् ब्रह्मचारी जी ने ब्राह्मी बूटी की बूटिका तैयार की। देश ने इसका भी पूरा-पूरा लाभ उठाया। तत्पश्चात एक

के पीछे एक ब्रह्मचारी जी ने च्यवनप्राश इत्यादि अनेकानेक औषधियां तैयार कीं।

जिस पवित्र उद्देश्य को लेकर उन्होंने इस पवित्र कार्य को उठाया था, वह पूरा हुआ... ब्रह्मचारी जी की देखादेखी देश के अनेकानेक लोगों ने आयुर्वेद शास्त्र की ओर ध्यान दिया। बस फिर क्या था–गाड़ी चलाना मुश्किल होता है गाड़ी चल निकलने पर तो सभी उसमें सवार हो जाते हैं। ब्रह्मचारी जी ने जिस कार्य का श्री गणेश किया था, वह थोड़ी ही देर में देश में खूब फैला।

(क) वी.पी.एन.के. शर्मा सन्त लाइब्रेरी

किसी कवि ने कहा है–

कनक-कनक ते सौ गुनी, मादकता अधिकाय।
वा खाये बौराय जग वा पाए बौराय॥

इन पंक्तियों का लेखक कवि यदि बीसवीं शताब्दि के सर्वप्रथम दिन गंगा स्नान के लिए कहीं हरिद्वार आ जाता तो सचमुच वह अपने हाथों से ही अपनी इन उपर्युक्त दो पंक्तियों में थोड़ा बहुत संशोधन कर देता। सोना धतूरे से भी सौगुना मतवाला बना देने वाला नशा है, परन्तु सब के लिए नहीं। लक्ष्मी चंचल है, जिसके पास जाती है, उसे भी चंचल बना देती है, परन्तु संसार में कुछ ऐसे भी व्यक्ति हैं जिन की शक्ल देखते ही लक्ष्मी की सारी ही चंचलता भाग जाती है।

ब्रह्मचारी नन्दकिशोर ने अपने भुजबल से लक्ष्मी को अपने अधीन किया। रोज सुबह नौ बजे के लगभग पोस्ट ऑफिस से रुपयों का बादल उठता और ब्रह्मचारी जी के औषधालय पर बरस जाता। उस समय आयुर्वेद गगन पर उनका एकछत्र शासन था। सुधासिन्धु अमृतविन्दु, बालामृत, द्राक्षारिष्ट तो कल के छोकरे हैं।

उनके पास इतना धन था कि वे यदि चाहते तो हर की पौड़ी के ऊपर एक बड़ा ही सुन्दर नन्दकिशोर भवन का निर्माण कर लेते। एक नहीं, दो नहीं यदि वे चाहते तो बीसियों विवाह कर सकते थे...परन्तु

विद्या विवादाय धनं मदाय शक्ति परेषां परपीडनाय।
खलस्य साधो विपरीत मेतत् दानाय ज्ञानाय च रक्षणाय॥

प्रभु ने प्रमाद के लिए तो उन्हें प्रभुता नहीं दी थी। फिर वे भला अनधिकार चेष्टा करते ही क्यों? वृक्ष को जब फल लगते हैं तो वह झुकता है नीचे की ओर। ऊपर की ओर तो वह उठता है तब जब कि सभी पत्र पुष्प और फल गिर कर भूतलशायी हो जाते हैं। अपने धन, जन और वैभव को प्रभु की धरोहर समझने वाले महात्मा भला अभिमान करें भी तो किस बात का?

हरिद्वार सरीखे अखिल भारतीय तीर्थ क्षेत्र में किसी भी सार्वजनिक पुस्तकालय तथा वाचनालय का न होना उन्हें प्रारम्भ से ही अखर रहा था। राष्ट्र बनता है व्यक्तियों से और व्यक्ति बनता है विचारों से और विचार बनते हैं सद्ग्रन्थों के स्वाध्याय से। स्वाध्याय ही राष्ट्र की सत्ता का आधार है। इसी उद्देश्य को सम्मुख रख ब्रह्मचारी जी ने हरिद्वार के अन्दर (ब्रह्मचारी पण्डित नन्दकिशोर शर्मा पब्लिक सन्त लॉयब्रेरी) बी.पी.एन.के. शर्मा पब्लिक सन्त लायब्रेरी की स्थापना की। यह उन की एक धुन थी और अकेले ही उन्होंने अपनी इस धुन को निभाया। एक अप-टू-डेट पुस्तकालय तथा वाचनालय के गुरुतम भार का वहन करना कोई सहज कार्य नहीं है। आजकल तो यदि किसी संस्था ने अथवा व्यक्ति ने किसी मेले पर एक छोटा-सा लैक्चर भी देना होता है तो एक वर्ष पहले ही से उसके लिए चन्दे मांगने शुरू हो जाते हैं, परन्तु ब्रह्मचारी जी ने अपनी लॉयब्रेरी के लिए कभी भी किसी से एक धेला तक नहीं मांगा।

उन दिनों हरिद्वार में कोई भी सार्वजनिक संस्था न थी। महात्मा मुंशीराम जी का कांगड़ी गुरुकुल तथा स्वामी दर्शनानन्द जी का महाविद्यालय ज्वालापुर और श्री दुर्गादत्त पंत का ऋषिकुल इन सबका जन्म तो सन्त लॉयब्रेरी खुलने के कई वर्ष पश्चात् हुआ। अस्तु! यदि आज ब्रह्मचारी जी को हरिद्वार के सार्वजनिक जीवन का पितामह कहा जाए तो इस कथन में रत्ती भर भी अतिशयोक्ति की शंका करना व्यर्थ है।''

इस लॉयब्रेरी में ब्रह्मचारी जी ने अथक परिश्रम से साढ़े तीन हजार पुस्तकें एकत्रित कीं। लगभग पचास पुस्तकें बहुत ही प्राचीन काल की हस्त लिखित बांस तथा ताड़ के पतों पर लिखी हुई थीं। लॉयब्रेरी में भारतवर्ष के लगभग सभी तत्कालीन पत्र आते थे। नैटाल से निकलने वाले 'इंडियन ओपिनियन' (Indian Opinion), पूना के 'मराठा' और 'केशरी', कलकत्ता का 'बंगवासी', संयुक्त प्रान्त का एकमात्र हिन्दी ''दैनिक हिन्दुस्थान'' इत्यादि सभी प्रमुख पत्र सन्त पुस्तकालय के पाठकों को पढ़ने का सौभाग्य प्राप्त होता था।

(ख) ग्राम पाठशालाएं

''राष्ट्र की आत्मा का निवास बड़े-बड़े नगरों में नहीं अपितु ग्रामों में होता है। यदि तुम राष्ट्र की प्रसुप्त आत्मा को जगाना चाहते हो तो ग्राम ग्राम में क्रांति का महानाद बजा दो''।

अपने राष्ट्रीय जीवन के पचास वर्षीय राजनैतिक संघर्ष के पश्चात आज जिस तथ्य का अनुभव कांग्रेस ने तथा महात्मा जी ने किया है, उसी तथ्य का अनुभव ब्रह्मचारी नन्द किशोर ने इस बीसवीं शताब्दी के आरम्भ में ही कर लिया था।

हरिद्वार के अन्दर अन्तर्प्रान्तीय बृहत् वाचनालय तथा पुस्तकालय स्थापित कर ब्रह्मचारी जी ने पंचपुरी के आसपास के ग्रामों में अपनी राष्ट्र निर्माण योजनाओं का प्रसार किया। इस योजना को कार्यरूप में लाने के लिए उन्होंने लम्बी चौड़ी अपीलें नहीं निकालीं, चन्दा इकट्ठा करने के लिए उन्होंने न आप झोली पहनी न ही किसी अपने एजेन्ट को पहनाई। स्वयं अपने पास से खर्च कर उन्होंने ग्रामों में दर्जनों पाठशालाओं की स्थापना की। उन पाठशालाओं में पढ़ाने के लिए प्रत्येक ग्राम में एक एक अध्यापक नियत किया।

प्रथम पाठशाला का उद्घाटन करते समय ब्रह्मचारी जी ने उस ग्राम के लोगों, पढ़ने वाले विद्यार्थियों तथा अपने सहयोगियों को सम्बोधित करते हुए कहा–

''मेरे आदरणीय भाइयो''

जिस विशाल योजना का सुस्वप्न मैं निरन्तर कई वर्षों से देखता आ रहा था, आज अपने ही हाथों से उसका श्रीगणेश करते हुए मुझे अपार आनन्द का अनुभव हो रहा है। जिस पवित्र भावना से हमने इस पवित्र कार्य का आरम्भ किया है, परमात्मा करे हमारी वही भावना सदैव बनी रहे। हमने राष्ट्र-माता के कोटि-कोटि सपूतों के दुःख दर्द का अन्त करने का शुभ प्रयास किया है। परमात्मा हमें अपने इस प्रयास में सफलता प्रदान करें।

सर्वप्रथम मैं अपने सहयोगी अध्यापक-वृन्द को कुछ कहना चाहता हूं। तुम्हें ग्रामों को अपनी सेवाओं का केन्द्र बनाना है, अपना जीवन तुम्हें ग्रामों में ही बिताना है, इसलिये तुम्हें ग्रामीण जीवन का भली-भांति अनुभव प्राप्त करना चाहिए। ग्रामीण जीवन का आदर्श है अनावश्यक आवश्यकताओं का परित्याग। आज तक तुम्हारा अपना जीवन शहरी वातावरण में पला होगा, परन्तु

ग्रामीण वातावरण उससे सर्वथा भिन्न है। ग्रामों के अन्दर तुम्हें शहरों की-सी वह चंचलता न मिलेगी और यह तुम्हारे लिए अच्छा ही है। शहरी चंचलता मानव-जीवन पथ पर केवल एक कोल्हू का बैल है। इस चंचलता को तुम ग्राम के अन्दर उत्पन्न करने का प्रयत्न भूल कर भी न करना।

ग्रामों का जीवन खामोशी का जीवन है। यह खामोशी ही गांवों के जीवन का सार है। इस सार वस्तु के नाश का कदापि प्रयत्न मत करना। ग्रामों की समस्याएं कुछ और हैं, जिनकी ओर तुम्हें विशेष रूप से ध्यान देना है और उन समस्याओं के सुधारने का प्रयत्न करना है। ग्रामों की सब से भीषण समस्या है परस्पर का वैमनस्य, जातपात का कचरा, ऊंच-नीच का भूत, छुआ-छूत का भ्रमजाल तथा मुकद्मेबाजी का निशाचर। तुम्हें अपने प्रारम्भिक ग्रामीण जीवन में इन्हीं पंचभूतों का सामना करना होगा। गांवों के लोगों के अन्दर अज्ञानता व निरक्षरता है। जब ये दोनों ही चीजें गांवों से दूर हो जाएंगी तो यह सर्व-भक्षी पांच निशाचर स्वयं भाग जाएंगे।

आज तुम लोग एक डॉक्टर के रूप में इस रोगी हिन्दू समाज का उपचार करने के लिए सुसज्जित हुए हो; परन्तु तुम्हें यह पहले ही जान लेना होगा, जब भी कोई डॉक्टर किसी रोगी का ऑप्रेशन करता है तो रोगी चिल्लाया ही करता है। वैद्य अथवा डॉक्टर की कड़वी दवाई के दर्शन मात्र से रोगी-मूर्ख रोगी-डॉक्टर को गालियां बकने लग जाता है। आज तुम भी एक अद्भूत रोगी का इलाज करने जा रहे हो। यह रोगी तुम्हें गालियां देगा, बुरा भला कहेगा, परन्तु मेरे आदरणीय बन्धुओ! तुम निराश मत हो जाना। "यदि माता तुम्हें सत्य कहने से रोके, यदि पिता तुम्हारे सत्पथ में बाधक हो, यदि राजा तुम्हें सच्च कहने के लिए दण्ड दे तो तुम इन तीनों में से किसी की भी परवाह मत करो, यह तो केवल तुम्हारे एक ही जन्म के साथी हैं परन्तु सत्य तुम्हारा सदैव का साथी है।"

गांवों के बच्चे तुम्हारे पास विद्या प्राप्ति के लिए आएंगे-बच्चे ही तो राष्ट्र के भावी राष्ट्रपति हुआ करते हैं। यदि तुम किसी भी गांव के समस्त बच्चों को सुधार दोगे तो सचमुच उसी गांव में दस पन्द्रह वर्ष के पश्चात एक नवीन युग लाने का श्रेय आप ही को मिलेगा। इसलिये इन बच्चों को सच्ची राष्ट्रीय शिक्षा दो। अभी-अभी वे बिल्कुल कोरा कागज हैं। उन पर तुम जो भी कुछ लिख दोगे वह उनके दिल पर से समस्त आयु पर्यन्त न मिट सकेगा। जब भी वे पहले ही दिन तुम्हारे पास आवें तुम उनके हृदय पत्र पर यह शब्द

मोटे अक्षरों में अंकित कर देना ''मनुष्य मनुष्य से घृणा करे, यह न जाने किस नीच पापी मनुष्य के मस्तिष्क का आविष्कार है। घृणा मनुष्य से नहीं बल्कि उसके दुर्गुणों से की जाती है और उन दुर्गुणों को दूर करने का उपाय है उनका मानसिक सुधार, न कि उन का बहिष्कार। प्रत्येक व्यक्ति राष्ट्र का धन है। इस राष्ट्रीय धन को निर्धन बनाने वाला व्यक्ति राष्ट्र का शत्रु है। प्रभु के दरबार में कहीं ऊंच नीच नहीं–कहीं जातपात का भेदभाव नहीं। जात-पात, ऊंच-नीच, छुआछूत यह तीनों ही पारस्परिक विद्वेष के मूल कारण हैं, उन्हें मिटा कर आपस में प्रेम वृद्धि करो।''

मैं आपको सच्च कहता हूं कि यदि आप प्रत्येक ग्राम में केवल एक भी सच्चा नवयुवक पैदा कर देवें तो समझो किला जीत लिया...

और तुम को, मेरे प्यारे ग्रामीण भाइयों मैं कहता हूं, तुम भारत की आत्मा हो। भारत एक सांस्कृतिक देश है और इस सांस्कृतिक देश की संस्कृति का केन्द्र बड़े-बड़े नगर नहीं बल्कि ग्राम हैं। परन्तु आज ग्रामों के अन्दर इतना घोर अन्धकार फैला हुआ है कि उसके लिए मुझे दुःख है। आपकी भलाई के लिए, आप के बच्चों के जीवन सुधार के लिए ही हम ने ग्राम पाठशालाओं का भरसक उद्योग किया है। मैं आपको एक बार और अन्तिम बार आपकी भलाई की बात कहता हूं कि आप इन पाठशालाओं से अधिक से अधिक लाभ उठावें।''

(ग) दलितोद्धार योजना

It was only said to thee...
Untouchability is a national sin.
But I say unto you every thing that divides &
creates hatred is a sin.

ब्रह्मचारी नन्दकिशोर इस बात पर निरन्तर वर्षों तक बड़ी ही गम्भीरता पूर्वक सोचते रहे कि–

सोऽहं सर्व भूतेषु न मे द्वेषोऽस्ति न प्रिय।।
ईशावास्यमिदं सर्वथ्ठंयत्किञ्चि जगत्यां जगत।।
यो मां पश्यति सर्वत्र सर्वं च मयि पश्यति।।
शुनिचैव श्वपाके च पण्डिता समदर्शिनः।।

उदारचरितानान्तु वसुधैव कुटुम्बकम्।।
सर्वं खल्विदं ब्रह्म।।

ब्रह्मरूपी शिक्षा का अमृत बरसाने वाले प्राचीन तत्त्ववेत्ता ऋषि हिन्दू जाति का सर्वनाश करने वाला यह छुआछूत का विष क्यों वमन कर गए...

गम्भीरता पूर्वक मनन करने के पश्चात वे इस निश्चय पर पहुंचे कि यह छुआछूत और जात-पात पूर्वर्षियों की उपज नहीं बल्कि भारतवर्ष की विगत एक सहस्र वर्षों की यावनी पराधीनता द्वारा सड़े हुए दिमागों की ही उपज है–

परमात्मा ने तो सब को एक समान ही पैदा किया, परन्तु स्वार्थी बन्दों ने अपने ऐशोआराम की खातिर कुछेक भोले-भाले लोगों को मनघड़न्त नियम बना कर कुचल दिया।

एक ब्राह्मण तो जुआरी, शराबी, व्यभिचारी होकर भी ब्राह्मण ही रहेगा, वह तो पतित होता हुआ भी पतित नहीं कहा जा सकता, परन्तु एक बार जिस के माथे पर अछूत का ठप्पा लग गया, वह चाहे लाख तपस्या करे किन्तु वह अछूत ही रहेगा। क्या यह मूर्खता, अन्याय और अमानुषिक अत्याचार नहीं है?

राष्ट्र की आत्मा को जगाने के लिए भारत जननी के ललाट से अस्पृश्यता का कलंक अवश्यमेव धुलना चाहिए–ऐसा विचार कर ब्रह्मचारी नन्दकिशोर ने अस्पृश्यता के प्रति एक विद्रोह उठाया। आज 1939 में यह बात भले ही एक साधारण-सी बात मानी जाए, साबरमती के सन्त की तपस्या ने सचमुच इस अस्पृश्यता के जीर्ण-शीर्ण दुर्ग को खंड-खंड कर दिया है परन्तु उस उन्नीसवीं शताब्दी के चतुर्थ दशक में इस धार्मिक रूढ़ी का गला घोटने का साहस करना कोई साधारण बात न थी।

उन्हीं दिनों–एक बार जिला सहारनपुर के बनजारों के सभापति पद से भाषण करते हुए आपने कहा–"हर एक आदमी अपने अपने घर का राजा है। कोई किसी के यहां मांगने नहीं जाता। कोई किसी का दिया हुआ नहीं खाता। देने वाला तो सारे जगत का है वह भगवान्। उसके दरबार में तो ऊंच नीच नहीं है। उसकी हवा–उसका सूर्य–चांद–जल–प्रकाश, मेघ, अन्न–सब सबके लिए एक समान हैं...तो फिर भला हम ही अपने आपको क्यों ऊंचा-नीचा समझें? मैं आप को कहता हूं, प्यारे भाइओ! तुम अपने अन्दर आत्मसम्मान पैदा करो। पहले तुम अपनी इज्जत अपने आप करना सीखो। फिर देखो तुम्हें छोटा कहने वाले कैसे तुम्हारे पांव पर गिर पड़ते हैं।"

एक दूसरे स्थान पर चमारों की सभा में बोलते हुए आपने बड़े मार्के की बात कह डाली–"मैं आपको चमार नहीं कहता बल्कि चहुमार कहता हूं अर्थात शत्रु दल पर चारों ओर से मार करने वाले। आप वास्तव में चौहान थे, परन्तु समय के फेर से चमार बन गए।

जिस प्रकार पुराने क्षत्रिय वीर आज के खत्री बन कर दुकानों पर बैठ नमक तोलते हैं, अपना कर्म धर्म खो बैठे हैं परन्तु कहते फिर भी खत्री हैं, इसी प्रकार आप भी अपना धर्म कर्म छोड़ चौहान से चहुमार बने...उस समय आप जिन्दा इन्सान की खाल खींचते थे आज समय के फेर में आ मरे हुए जानवर की खाल खींचते हो। मैं यह नहीं कहता कि खाल खींचने का काम बुरा है। पवित्र आत्मा से, मेहनत मजदूरी से किया हुआ कोई काम बुरा नहीं, परन्तु मैं इतना आपको अवश्य कहूंगा कि आप जीवित अथवा मृतक पशुओं का मांस खाना छोड़ दें। अपने शरीर को तथा घरबार को साफ सुथरा रखें। अपने बच्चों को पढ़ायें...शराब पीना छोड़ दें–विवाह शादियों पर व्यर्थ की फिजूलखर्ची बन्द कर दें। आपस की मुकदमे बाज़ी छोड़ कर अपने अपने झगड़े पंचायतों द्वारा निपटायें। परस्पर प्रेम की वृद्धि करें। यदि आप इन बातों पर अमल करेंगे तो सचमुच आपका उद्धार होगा।

उन्हीं दिनों एक अन्य ग्राम में दलित वर्ग की सभा के सभापति पद से बोलते हुए आपने कहा–

मेरे प्यारे बन्धुओ!

आप लोगों ने जो आदर तथा सत्कार मेरे प्रति दर्शाया है, मैं उसके लिए आप का आभारी हूं। मैं तो अपने आपको अपने देश का और अपनी जाति का एक तुच्छ-सा सेवक समझता हूं। लैक्चर देना–यह काम होता है बड़े-बड़े लीडरों का परन्तु मैं तो कोई बड़ा भारी लीडर नहीं। तथापि आपने मुझे इस आसन पर बिठा कर मेरी आकांक्षाओं को तथा आपके निमित्त जो मेरी सेवाएं थी, उनकी गति को तीव्र कर देने का प्रोत्साहन दिया है।

मैं तो अपने जन्म से ही रंकदेव का पुजारी रहा हूं। "रंकदेवो भव" यह पहला मन्त्र था जो कि मेरे गुरुदेव ने मुझे पढ़ाया था और मैंने ज्यूं ज्यूं इतिहास पढ़ा मेरा यह विचार दृढ़ से दृढ़तर होता गया कि गरीबी कोई पाप नहीं अपितु यह तो ईश्वर की एक देन है जो कि मनुष्य के अन्दर श्रद्धा, भक्ति तथा आस्तिकता को बनाये रखती है। आज तक तुम्हें यह बताया गया था कि गरीबी पिछले जन्म के पापों का फल है। मैं अब तुम्हें एक नयी बात बताता हूं कि

अमीरी पिछले पापों का फल है। कितने व्यसन अमीर आदमियों में होते हैं यह आप सब लोग जानते ही हैं। मैं सभी आदमियों को बुरा नहीं कहता और न ही मेरा कहने का यह तात्पर्य है कि तुम सब लोग अपने घर की वस्तुएं बाहर फैंक कर गरीब बन जाओ अथवा संसार में मेहनत से धन कमाना छोड़ कर आलसी बन जाओ। मेरा तो आपको कहने का मुख्य उद्देश्य यही है कि अमीरों की अमीरी का भय मत करो, अमीर आदमी को हौआ मत समझो, अमीर आदमियों को ब्रह्म रूप समझ उनका भय मत मानो। पैसा तो चोरों और डाकुओं के पास भी होता है। पैसा तो बाजार की रंडियों के पास भी काफी होता है। पैसा तो जुएबाजों के पास भी बहुत होता है, तो फिर क्या हमें इन सबको परमात्मा का रूप समझना चाहिए? कदापि नहीं, पैसा तो एक निकृष्ट वस्तु है, जिसको हमारे पूर्वजों ने जूती की नोक से ठुकरा दिया था।

संसार में सबसे उत्तम वस्तु है Character सदाचार। जिस जाति का अथवा जिस व्यक्ति का आचार ऊंचा है। वास्तव में वही मनुष्य संसार में सर्वमान्य है।

मैं तो निर्धनता का पुजारी हूं। मुझे तो निर्धन की झौंपड़ी में ही भगवान् दीखते हैं और मेरा यह सदैव विश्वास रहा है कि निर्धन ही देश का धन होते हैं। जो जाति अपने निर्धनों की अवहेलना करती है, वह जाति अधिक देर तक सुख की नींद नहीं सो सकती। आप लोग जाति के स्तम्भ हैं। हिन्दू जाति को आप पर गौरव है। भगवती सीता को रावण से छुड़ाने में भगवान् राम का, पापी कंस का नाश करने में योगेश्वर कृष्ण का, संसार से अधर्म नाश करने में भगवान बुद्ध का, मेवाड़ की स्वाधीनता की रक्षा के हेतु राजस्थान केशरी महाराणा प्रताप का, हिन्दू राष्ट्र के पुनर्निर्माण में महाराष्ट्र केशरी छत्रपति शिवाजी का, गौ ब्राह्म की रक्षा के लिए दशम पादशाह गुरु गोविन्द सिंह जी महाराज का साथ आपने दिया था। यह आपका अनुपम त्याग कौन-सा ऐसा कृतघ्न है जो उसे भुला दे।

और इतना होने पर भी आप अपने मन में सोचते होंगे कि आज आप को अछूत क्यूं समझा जा रहा है। मैं आपको उसका कारण बताता हूं हिन्दू जाति की एक विशेषता यह है कि जो कोई इसके लिए मरता है उसको यह और मारते हैं और जो कोई इन्हें मारता है, उसके चरण चूमते हैं।

आपके हृदय में स्वयं अपने लिए सम्मान नहीं। आप लोगों में स्वयं ऊंच नीच तथा छूआछूत है। मैं यह देख कर आश्चर्य से परिपूरित हो जाता हूं कि स्वयं आप लोग भी एक दूसरे के हाथ का खाने-पीने को तैयार नहीं। यह बात

यदि सच है तो आपके लिए अच्छी नहीं। आपको अपने आपको बड़ा समझना चाहिए फिर देखना संसार का कौन सा व्यक्ति है जो तुम्हें अछूत कह जाए? जब आप ही अपना मान नहीं करेंगे तो भला दूसरा आपका मान क्या खाक करेगा। इसलिये पहली बात मैं आपको यह कहता हूं कि आप अपने अन्दर से छूआछूत दूर करिये।

दूसरी बात जो मुझे आपको कहनी है वह है अपने जीवन के ढंग के सम्बन्ध में। आप लोगों का पेशा बहुत ऊंचा है, यद्यपि इसकी महत्ता को समझने वाले आज कल संसार में विरले ही हैं।

यह क्रांति का युग है और मैं क्रांति का पुजारी हूं। जब कोई मनुष्य बिल्कुल मृत्यु के निकट पहुंच जाता है तो उसमें गरमी पैदा करने के लिए डॉक्टर लोग कई प्रकार के यन्त्रों का प्रयोग करते हैं। मेरा यह विश्वास है कि भारत के भले के लिए, भारतीय राष्ट्र के नवनिर्माण के लिए अब हिन्दू समाज में क्रांति की भावना पैदा करें। हिन्दू समाज स्वभाव से ही स्वार्थी है। धर्म के ठेकेदारों को जाति की अथवा राष्ट्र की किसी प्रकार भी चिन्ता नहीं है, उन्हें तो अपने हलवे मांडे से काम है। इसलिये मैं तुम्हें कहता हूं कि तुम अपने हृदय से हिन्दू समाज के चौधरियों का भय निकाल दो, तुम अपने आप साक्षात हिन्दू धर्म हो–निकाल दो अपने हृदयों से धर्म के ठेकेदारों के भय को–यदि वे लोग धर्म के ठेकेदार हैं तो तुम धर्म के Chief monopoly holder हो। 1008 नं ट्रेड मार्क धारी धर्म के ठेकेदार तुम्हें कदापि उठने नहीं देंगे। तुम भी अपनी उन्नति के लिए इन लोगों के आश्रय के विचार को छोड़ दो। स्वयं एक गहरे कूप में गिरा हुआ व्यक्ति तुम्हें क्या खाक उठायेगा?

आप लोगों की एक और शंका मैं मिटाना चाहता हूं। आपको यह कहा गया है कि छुआछूत तथा जातिभेद एक धर्म का अंग हैं और ये सर्वथा श्रौत-स्मार्त-धर्म के अनुकूल हैं। मैं आज तुम्हें कहता हूं छुआछूत तथा जातपात कुछेक स्वार्थी धर्म जीवियों का षड्यन्त्र है। यह शत प्रतिशत अधार्मिक और वैदिक धर्म पर एक बदनुमा धब्बा है। शास्त्र तो कहता है–

श‍ृणु यक्ष कुलं तात न स्वाध्यायेन धनेन वा।
कारणं हि तद्विजितेभ्यो वृत्तिरेव न संशयः॥

मैं प्रमाणवाद को कदापि नहीं मानता। मैं तो कहता हूं, भिन्न-भिन्न समयों में देश तथा जाति की भिन्न भिन्न परिस्थिति होती है। इस परिस्थिति

में हमें क्या करना चाहिए। यह उसी समय के देश के वायु मंडल को देख कर निश्चय किया जा सकता है। प्रत्येक बात में मनुस्मृति तथा वेद को घसीटना अपने आप को धोखा देना है। 1200 वर्ष पहले का कानून आज कैसे सही लग सकता है? इन 1200 वर्षों में कई राजा लोग हो गए और कई स्मृतियां बन बन कर नष्ट होती गईं। जिसका राज्य होता है उसी का कानून चलता है। आज यहां अंग्रेज का राज्य है, अंग्रेज की मैकाले-स्मृति चलती है।

हमें अपने प्राचीन धर्म ग्रन्थों का आदर करना चाहिए, परन्तु प्रत्येक राष्ट्रहित की बात में उन धर्म-ग्रन्थों को घसीटना अच्छा नहीं है।

आजकल देश के अन्दर स्वाधीनता प्राप्ति का आन्दोलन चल रहा है। इस आन्दोलन को आगे कैसे ले जाना है, यह हमें देश की आवश्यकता को देख कर ही विचार करना होगा। इसीलिए मैं तुम्हें कहता हूं मेरे देश-बंधुओं अपने हृदय में स्वाभिमान की ध्वजा फहराते हुए उठो और आगे बढ़ो! तुम्हारी जय होगी।

❑❑❑

छब्बीसवां अध्याय

परीक्षा की कसौटी पर

चलौ चलौ सब कोई कहै, पहुंचे विरला कोय।
एक कांच अरु कामिनी, दुर्गम घाटी दोय॥

प्रभु अपने भगतों की परीक्षा लिया ही करते हैं। प्रभु परीक्षा में बैठने वालों की संख्या तो असंख्य है परन्तु इस अग्नि-परीक्षा में पास तो कोई माई का विरला लाल ही हुआ करता है। प्रभु तो बैठा है खजूर के ऊंचे वृक्ष पर और पास ही लिए बैठा है तेल के भरे हुए कड़ाहे। आए जिस का दिल चाहता है और अपना लंगोटा कस कर एक बार लगाले अपना पूरा जोर उस खजूर के पेड़ पर चढ़ने का–परन्तु यदि कोई वीरबहादुर चढ़ता ऊपर तक पहुंचने भी लगा तो वह खजूर के शिखिर पर बैठा हुआ महापुरुष तेल का कटोरा उस वृक्ष के तने पर उढ़ेल देता है...चढ़ने वाले का हाथ-पांव फिसल जाता है और वह धड़ाम से नीचे आ गिरता है। और यदि कोई साहसी वीर इन सर्वतोमुखी बांधाओं की तनिक भी परवाह न करता हुआ ऊपर ही ऊपर चढ़ता जाता है। वही वीर उस परम पद को प्राप्त करता है।

किसी कवि ने स्वयं कहा है–

फकीरी फकीरी दूर है, जितनी लाम्बी खजूर।
चढ़े तो पीवे प्रेम रस, गिरे तो चकना चूर॥

प्रभु की परीक्षा बड़ी ही विचित्र हुआ करती है। इस परीक्षा भवन में प्रवेश करने पर परीक्षार्थी को जो-जो प्रश्न पूछना है वह प्रश्न परमात्मा ने अपने पास गुप्त नहीं रखा। वह प्रश्न तो उसने इस परीक्षा भवन का निर्माण करने के समय ही बाहर मोटे-मोटे अक्षरों में अंकित कर दिया–

तुमने घर को त्याग दिया–धन जन भी त्याग दिया, बड़े-बड़े तीर्थ तप भी कर डाले...सुवर्ण मंडित गौयें भी दान कर लीं-सहस्रों ब्राह्मणों को भोजन

भी खिला लिया, मान, अपमान, यश अपयश की भी तुमने कुछ परवाह नहीं की–परन्तु –ओ! इस परीक्षा भवन में प्रवेश करने वाले वीर पुरुष तू पहले अपने हृदय को टटोल कर तो देख! जिस कामदेव ने विश्वामित्र सरीखे तपस्वियों को पांव के नीचे रौंद डाला...क्या उस कामदेव के तीक्ष्ण तीरों को तू सह भी सकेगा?

उस समय ब्रह्मचारी नन्दकिशोर की आयु लगभग 24 वर्ष की थी। ब्रह्मचर्य का तेज उनके अंग-अंग से फूट-फूट कर बह रहा था। उनकी चमकती हुई आंखें, खिले हुए गुलाब के फूल के सदृश उनके कपोल, गाण्डीव के समान लम्बी-लम्बी भुजाएं, हिमालय के सदृश उठी हुई छाती, मत्त-गजेन्द्र की सी मस्तानी चाल किस देखने वाले के चित्त को चुरा न लेती।

उनके पास थी एक बांसुरी। यह बांसुरी ही उन की जीवन संगिनी थी। इस अपनी बांसुरी को जब वे किसी बन के भीतर खड़े हो कर बजाते, तो बन के पशु पक्षी तक अपने-अपने स्थान पर चुप हो उसकी तान पर सिर हिला उठते। जब साधारण पशु-पक्षियों की ऐसी अवस्था थी तो फिर भला साधारण नर नारियों का तो कहना ही क्या।

कुशावर्त घाट के सामने गंगा जी की नहर के पार जो सुन्दर सुहावना टापू-सा उपवन आज दिखाई देता है, यह उस ज़माने में घोर जंगल के रूप में था। पीछे इस लगभग पांच मील के घेरे के जंगल को नहर वालों ने महन्त से कुल 6000 में खरीद लिया। इस जंगल का नाम था–बेलवाला का जंगल।

चांदनी रातों में ब्रह्मचारी जी जब इस जंगल में विहार करते हुए अपनी वीणा बजाते तो सचमुच उन्नीसवीं शताब्दी में ब्रज के बांके विहारी की याद ताज़ा हो जाती। घाट पर इकत्रित नर-नारी आंखें फाड़-फाड़ गंगा के परली पार देखने लग जाते और कितनी ही नवयुवतियां अपने मकानों की खिड़कियों में बैठ एकान्त में उस वीणा के रस का रसास्वादन करतीं।

मनुष्य का सबसे बड़ा शत्रु है ''कामदेव''–जिसने सबको जीता उसको कामदेव ने जीता और जिसने कामदेव को जीता उसने यमराज को जीता–परन्तु कामदेव का जीतना बड़ा कठिन है।

हरिद्वार में गंगा माई की गोद कितनी शांत है। परन्तु माता की शांतमयी गोद में डुबकी लगा कर संतप्त प्राणियों का संताप क्यों अशांत हो जाता है? शान्त होने की अपेक्षा वह तो अधिक भड़क उठता है।

वह महीना था कार्तिक का। रात्रि के नौ बजे शरद् ऋतु की चांदनी में गंगा जी के उस पार बेल वाले के वन में उस बांसुरी वाले नन्दकिशोर ने एक दिन बड़ी ही सुरीली बांसुरी बजाई...कुछ देर वहां घूमते घामते हाथ में बांसुरी थामे और कभी-कभी इसकी सुरीली तान छोड़ते हुए ब्रह्मचारी नन्दकिशोर अपने घर की ओर जा रहे थे...वे अपनी मस्तानी चाल से जा रहे थे...सहसा उनके कानों में सुरीली-सी आवाज आई

''मेरे बंसुरी वाले–जरा ठहर कर मेरी बात सुन जाना।'' उस बांसुरी वाले ने क्षण भर ऊपर की ओर देखा ''सोलह वर्ष की अप्सरा सदृश सुन्दर... कुमारी ने हंसते हुए कुछ कागजों का बंडल तत्काल उनके कदमों पर फैंक दिया...

ब्रह्मचारी जी इस अकस्मात् घटना के रहस्य को कुछ भी समझ न सके...अवाक् से वे अपने चारों ओर इस समस्या का हल ढूंढ़ने लगे।

उठा लो! उठा लो!! मेरे बंसी वाले श्याम इस मेरी दर्द भरी कहानी को उठा लो–यह मैंने आप ही के लिए फैंकी है। इसे अपने स्थान पर ले जाइये...कल मुझे इसका उत्तर अवश्य मिल जाना चाहिए।...ब्रह्मचारी जी उस बंडल को थामें अपने स्थान को चल दिए–रात्रि के 10 बजे थे...उन्होंने सोने की कोशिश की परन्तु नींद कहां...लैम्प जला उस बंडल की विभूती का उन्होंने उद्घाटन किया...पहले ही पृष्ठ पर लिखा था–

मेरे हृदय के राजा,

जिस दिन से आपकी यह मोहिनी मूर्ति देखी है, उस दिन से यह मेरा दिल मेरे काबू में नहीं रहा। बेल वाले के उपवन में अपने चित-चोर की बंसी की तान जिस क्षण सुनी है, तब से यही दिल चाहता है चौबीसों घंटे अपने बंसी वाले के साथ ही घूमती रहूं। कितना आकर्षण है आपकी बांसुरी में । मनमोहन! श्री मद्भागवत की कथा में मैंने पढ़ा भी और सुना भी मुरली मनोहर बांके बिहारी ने ब्रज-वन यमुना के तट पर खड़े हो कर बंसी बजाई। गोकुल की समस्त गोपिकाएं प्रेम की दीवानी हो उस ओर भागीं परन्तु एक गोपी–उसके घर वालों ने उसे न जाने दिया और उस गोपी का उसी विरह में वहीं पर शरीरान्त हो गया।

मेरे बांसुरी वाले हृदयेश मैं इन बातों को एक साधारण-सा किस्सा समझ कर भूल जाया करती थी। क्या ऐसा कभी हो सकता है? मेरी आत्मा कहती

थी, यह केवल कवि की एक कल्पना है–कवि ने विरह-वेदना का शब्दचित्र खींचा है। परन्तु मेरे देव! वह तो जो कुछ था सो था तो क्या मैं भी एक साकार शब्दचित्र हूं। इस बेल वाले ब्रज वन में गंगा जी के तट पर आप की बंसी की तान सुन किसका हृदय आपकी ओर भाग नहीं आता। परन्तु मैं अभागिन यहां अपनी खाट पर बैठी विरह की दावानल में धधक रही हूं।

मेरे हृदयेश! क्या आप मुझ दासी की आकांक्षा पूरी न करोगे? मेरे हृदय में दहक रही विरह की ज्वाला को अपने प्रेम-पयोधर से शान्त न करोगे? वह गोपी जिसे घर वालों ने कृष्ण के पास जाने से रोक लिया था। मैंने सुना है कृष्ण ने अपनी योग-शक्ति से उसे अपने पास बुला लिया था? क्या आप इस समय मुझे अपने पास न बुलाओगे? मैं समझ सकती हूं आप इतने निष्ठुर नहीं कि एक ललना की आत्म-हत्या का पाप अपने ऊपर लें–जैसा आपका बाहरी स्वरूप कोमल है। मेरा विश्वास है आपका भीतर इससे भी अधिक कोमल होगा।

–आपकी चरणों की दासी

एक पत्र पढ़ लिया...ब्रह्मचारी जी ने अब दूसरा पत्र पढ़ना आरम्भ किया...

मेरे बांसुरी वाले हृदयेश! मैंने काफी सन्तोष कर लिया है। प्रत्येक वस्तु की सीमा हुआ करती है। अब मुझसे अधिक सन्तोष नहीं होता। अब यह सन्तोष भी अपनी सीमा से बाहर हो रहा है। आप ही सोचो...देव! मैं पन्द्रह सोलह वर्ष की अधखिली कली भला क्या मैं इतना दारुण संताप सह सकती हूं। परन्तु यह संताप मेरी जीवनकली को चिपट चुका है–आपको इसे बुझाना ही पड़ेगा।

मेरे नाथ! मैं एक बहुत अमीर आदमी की लड़की हूं और अपने मां बाप की एक ही लड़की हूं। मेरे मां बाप मेरी बात को बहुत मानते हैं और मुझसे अत्यन्त स्नेह करते हैं। मुझे किसी बात की तंगी नहीं। मोटर गाड़ी, नौकर चाकर मेरे एक इशारे की प्रतीक्षा में हैं। आज तक मैं समझती थी मैं सुखी हूं। संसार में कोई वस्तु नहीं, जिसे मैं अपने पैसे से प्राप्त न कर सकूं–परन्तु मेरे प्यारे हृदयेश! आपकी मोहिनी मूर्ति को देख कर मेरा यह विश्वास हो गया कि यह मेरा विचार केवल एक भ्रम है। संसार में ऐसी अनेक वस्तुएं हैं जो कि पैसे से खरीदी नहीं जा सकतीं। मैं समझती थी पैसे में ही सुख है, मैं

समझती थी नाना प्रकार के भोजन करने में ही सुख है। मेरा ख्याल था कि नरम-नरम मखमली गदेलों पर सोने में ही सुख है। मैं समझती थी मोटरों तथा गाड़ियों की सवारी करना ही बड़ा सुख है परन्तु मेरे राजा! मेरा यह भ्रम आपने दूर कर दिया।

ये सब वस्तुएं आज भी मेरे पास हैं परन्तु जिस दिन से आपको देखा है, उसी दिन से वस्तुएं मेरे दुःख का कारण बन बैठी हैं। जिस दिन मैंने पहले-पहल आपको देखा उस दिन मेरी क्या अवस्था हुई, उसका वर्णन तो कोई कालिदास ही कर सकता है। परन्तु मैं इतना कह सकती हूं कि उस दिन से मैंने अपने मखमली गदेलों को उठा कर सन्दूकों में बन्द कर दिया है।

श्रद्धेय स्वामिन! आपकी अवस्था भी कोई अधिक नहीं...22, 23 वर्ष की होगी। मैंने लोगों से सुना है आप ब्रह्मचारी हैं तो क्या आप सारी उमर ही ब्रह्मचारी रहेंगे। यदि आप ऐसा करेंगे तो आप पर कई एक प्राणियों की हिंसा का पाप लगेगा। मैंने लोगों से सुना है आप सारी आयु पर्यन्त ब्रह्मचारी रहना चाहते हैं। भगवन्! आपके इस विचार से मुझे आघात पहुंचा है। पहले पहल मुझे यह आशा थी आप सहज में ही मुझे अपने चरणों की दासी स्वीकार करेंगे। परन्तु जिस दिन से मैंने आपकी भीष्म-प्रतिज्ञा के बारे में सुना है, मेरी अवस्था बहुत खराब हो चुकी है। मेरे नाथ! आपको अपनी दासी के लिए अपने इस प्रतिज्ञा को भंग करना ही पड़ेगा।

मैं हैरान हूं, मेरे हृदयेश! आप सारी आयु भर ब्रह्मचारी कैसे रहेंगे! मैं इतना तो भली-भांति समझ सकती हूं कि इस हरिद्वार में और सभी अनेकानेक बालिकाएं आप पर मोहित होती ही होंगी। जिस अवस्था को मैं प्राप्त हुई हूं वैसी अवस्था और भी कई एक अबोध बालिकाओं की होती ही होगी, तो भगवन्! क्या आप इतने कठोर हैं कि बीसियों अबोध बालिकाओं का अन्तर्दाह भी आपके पाषाण हृदय को पिघला नहीं सकता। आपको अपना विचार बदलना पड़ेगा।

भगवान राम, कृष्ण, बुद्ध, अर्जुन, भीम, हनुमान सब ही ने विवाह किया था। यदि भीष्म पितामह ब्रह्मचारी रहे तो उन्हें अपने शान्तनु के कारण से रहना ही पड़ा और कितने ब्रह्मचारी हो गए। भगवन्! विश्वामित्र की कथा आपने नहीं सुनी कितनी उन्होंने तपस्या की और अन्त में रेणुका को देखते ही वे कैसे फिसल गए।

मेरे नाथ! मैं यह नहीं कहती कि आप में ब्रह्मचर्य का पालन करने की शक्ति नहीं है। आपमें है, परन्तु मेरा आपको यही कथन है कि आपको विवाह

कर लेना चाहिए। मैं आपसे प्रेम करती हूं। मेरा प्रेम एक सच्चा प्रेम है। आप की मूर्ति को मैंने अपने हृदय में इष्ट देव मान कर बिठा लिया है। मैं आपकी सच्ची प्रेमिका हूं। बंसी वाले परमेश्वर आपको अपनी कठोरता को भंग करना पड़ेगा इस अपनी तुच्छ दासी के लिए। मैं आपको अपना सर्वस्व दे चुकी हूं। अब एक बार दे कर वापिस ले नहीं सकती। इसे आपको सम्भालना ही पड़ेगा। मैंने कई बार आपको बुलाने का साहस किया। परन्तु आज तो मैंने यह दृढ़ निश्चय कर लिया है कि चाहे कुछ भी हो आज आप को अवश्यमेव बुलाकर अपनी व्यथा सुनाऊं।

मेरे दीनानाथ! पत्र बहुत लम्बा हो चुका है। पत्र लिखना ही तो मेरा काम रह गया है। परमात्मा ने लिखना भी क्या वस्तु बनाई है। मानव हृदय में उठी वेदनारूपी वाष्प को बाहर निकालने का मानो एक मार्ग है। यदि यह मार्ग न होता तो पता नहीं यह वेदना कैसे सहन की जा सकती। मेरे नाथ लिखने से सचमुच व्यथा बहुत कम हो जाती है। पत्र लिखने में भी कम से कम प्रेम-मिलन का अंशमात्र आनन्द तो आ ही जाता है यद्यपि तृष्णा भड़क उठती है।

मेरे नाथ! आपको अपनी दासी की सुध लेनी ही होगी मेरी यह आपसे अन्तिम प्रार्थना है।

–आपके चरणों की दासी
भुवन मोहिनी

ब्रह्मचारी नन्दकिशोर ने दो ही पत्र पढ़े। ऐसे ही बीसियों पत्रों का एक अच्छा खासा बंडल उनके हाथों में था। जो सन्देह पहले पत्र से उठा था, दूसरे पत्र ने उसका अनुमोदन किया। ब्रह्मचारीजी ने एक लम्बी सांस ली। क्या बनेगा इस संसार का!

अन्तरात्मा से एक ध्वनि उठी, "नन्दकिशोर! सेवा का मार्ग बड़ा कठिन है। कल्याण मार्ग के पथिक को कदम-कदम पर बड़ी कठिन परीक्षाएं देनी ही पड़ती हैं। जिस कंचनजंगा पर चढ़ने का आपने साहस किया है, आप उसके बीच में आ पहुंचे हो। मार्ग कष्टप्रद है, कण्टकाकीर्ण है। नन्दकिशोर अगर फिसल गए तो चकनाचूर हो जाओगे अगर शिखर पर चढ़ गए तो परमानन्द की प्राप्ति करोगे। आपके मार्ग में ऐसे प्रलोभन तो अनेक ही आते रहेंगे। भगवान् अपने सच्चे भक्तों की परीक्षा तो कई प्रकार से लिया ही करते हैं। यह भी आज की परीक्षा का दिन है–

"तो क्या इस विरह गाथा को रद्दी की टोकरी में फेंक दूं। मुझे ऐसा भी करना नहीं चाहिए। पतन की ओर जा रहे मनुष्य को बचाना भी एक परोपकार है। भोली-भाली लड़की जवानी की हवा में बह रही है। इसकी रक्षा करनी ही चाहिए।"

रात के दो बजने वाले थे...किस प्रकार इस की रक्षा करूं...क्या इस रत्ती-सी छोकरी के कारण मैं अपनी ध्रुव-प्रतिज्ञा से टल जाऊं...यही सोचते-सोचते उनकी आंख लग गई...

सुबह हुई। फिर वही विचार...उन्होंने एक पत्र ले उस पर कुछ शब्द लिखे।

आदरणीय बहन!

तुम मेरे बारे में इतना कुछ जानती हो कि अपने बारे में कुछ अधिक लिखने को मेरे पास कोई बात है ही नहीं। परन्तु तुम सब कुछ जान कर भी बेजान बनी हो। तुम चाहती क्या हो। मैंने तुम्हारे पत्रों को पढ़ा, वे पत्र जवानी की हवा में उड़ रहे थे। सम्भवतः वह जवानी की हवा कुछ सम्भल चुकी हो। वह तूफान एक बार आकर कहीं जा चुका हो। मैं स्पष्ट रूप से समझ नहीं सका कि तुम चाहती क्या हो?

ब्रह्मचारी जी ने वह पत्र उस लड़की तक पहुंचा दिया...

"मैं चाहती क्या हूं खूब! दहकती हुई ज्वाला पर मानो घी छिड़क कर आप पूछते हैं, तुम चाहती क्या हो। सब कुछ समझ कर बेसमझ बनना, प्रत्येक बात को जानकर भी जानने का बहाना करना इस कला को आप खूब सीखे हैं। ओहो! आप कितने निष्ठुर हैं नाथ! बीसियों पत्रों पर अंकित मेरे हृदय की वेदना के करुण क्रन्दन को सुन कर भी आप पूछते हैं। मैं चाहती क्या हूं, लो सुनो! मैं चाहती हूं आपको, मैं चाहती हूं आप के शाश्वत प्रेम को-मैं चाहती हूं दिन- रात आप के साथ रह कर आप की मोहनी मुरली की ध्वनि सुनने को और यदि इतनी बातें समझाने पर भी आप नहीं समझे तो लो सुनो मैं चाहती हूं आप की सहधर्मचारिणी बन कर अपने जीवन को कृतार्थ करने को, मेरे देव। अब तो आप समझ गए होंगे।

एक बात मैं और आप को कह देती हूं, आज रात के बारह बजे मुझे मेरे मकान पर आ कर अवश्य मिलें।

यह संताप मेरे लिए असह्य हो रहा है, मैं आपको अभी से बता देती हूं, कोई धमकी नहीं, कोई चैलेन्ज नहीं किन्तु एक विनय है-पूर्व सूचना है...

विनम्र चेतावनी है, यदि आप आज मुझे स्वयं आ कर न मिले तो मैं एक बार और अन्तिम बार आपको कह देती हूं कि मैं आज रात्रि के अन्तिम पहर में ही किसी न किसी प्रकार अपने जीवन का अन्त कर लूंगी—आपकी दर्शनाभिलाषिणी... भुवन।

ब्रह्मचारी नन्दकिशोर ने दो तीन बार इस पत्र को पढ़ा। मूर्खा है मूर्खा! समझती नहीं!! कहती है मर जाऊंगी। मर कर क्या मैं इसे मिल जाऊंगा... जवानी की हवा सचमुच मनुष्य को अन्धा कर देती है।

न पश्यति जन्मान्धो कामान्धो नैव पश्यति।

यह लड़की निश्चय ही आत्म-हत्या कर लेगी और इस आत्म-हत्या का पाप भी निश्चय ही मुझे लगेगा। उनके हृदय में उस समय मानो एक देवासुर-संग्राम छिड़ गया...धर्म की साम्यकता और स्थिरता में युद्ध छिड़ गया—अन्तरात्मा से आवाज उठती..."नन्दकिशोर! यह परीक्षा बड़ी कठिन है, क्या एक छोकरी के शरीर की रक्षा के लिए अपना सर्वस्व लुटा दोगे परन्तु कर्तव्य कहता—नहीं; अपने आप बचा कर भी उस अबला की रक्षा की जा सकती है।

ब्रह्मचारी जी ने उस रात उस लड़की के पास जाने का दृढ़ निश्चय कर लिया—मैं उसे समझाऊंगा, वह पथ-भ्रान्त होना चाहती है। मैं उसे सन्मार्ग पर लाऊंगा। उसी समय उन्होंने एक कागज़ के पुर्जे पर दो शब्द लिखे-

आदरणीय बहन!

तुम्हारा सन्देश मिला, मैं आज रात तुम्हारे पास अवश्य आऊंगा।

"आज रात मेरे प्रियतम आएंगे...मैं अपनी व्यथा उनको कहूंगी, वे अवश्य मान जाएंगे। मेरे व्यथित हृदय को अवश्य शान्त करेंगे"। भुवन मोहनी खिल उठी।

••• ••• •••

वह समय भी आ गया—रात्रि के ग्यारह बज गए। ब्रह्मचारी नन्दकिशोर का हृदय फड़क रहा था, घनघोर बियावानों में मस्त हाथियों की चिंघाड़, वन केशरी की दहाड़ सुन कर भी जिसका हृदय तिल भर न कांपा...डाकुओं के सरदार की तीक्ष्ण तलवार अपने सिर पर देख कर भी जिसका हृदय गिरीराज के समान स्थिर रहा...वही हृदय आज साधारण-सी छोकरी के पास जाते हुए भयभीत हो रहा था।

वह अपनी खिड़की में अपने प्रियतम की राह पर अपनी आंखें बिछाये बैठी थी। थोड़ी ही देर में उसके प्रियतम उसके सामने खड़े थे–आइये! मेरे प्रियतम–उस लड़की ने उस खिड़की से एक लम्बा मजबूत रस्सा लटका दिया...आप इसके सहारे ऊपर आ जाइये।

ब्रह्मचारी नन्द किशोर उस रस्सी के सहारे ऊपर चढ़ गए...

उस लड़की ने बड़े आदर सहित उनके चरण छूये...उनका हाथ पकड़ उन्हें अपने पास बिठाया...ब्रह्मचारी जी बोले! "देवी तुमने मुझे बुलाया था मैं आ गया हूं...परन्तु अपने पत्र में तुमने जो भावना प्रकट की थी, उस भावना को पूरा करने के लिए नहीं, परन्तु केवल तुम्हें दो शिक्षा के शब्द कहने के लिए, बहन! यह मनुष्य जीवन की समस्या बहुत बड़ी जटिल है।

यह जीवन एक घटना नहीं, जीवन एक अटकल नहीं, जीवन फूलों की सेज नहीं, जीवन खिलौना नहीं, जीवन हरिद्वार का प्लेटफार्म भी नहीं, जीवन तो एक समस्या है, जिसको समझने में बड़े-बड़े बुद्धिमान भी चकरा गए।

बहन! मैं तुम्हें फिर कहता हूं जीवन कल ही समाप्त नहीं हो जाएगा। अभी तो सोलहवां ही साल लगा है अभी तो चौरासी वर्ष और पड़े हैं, वे कैसे कटेंगे...कुछ सोचा भी–भागने का विचार अपने हृदय से निकाल दो। समुद्र में उठी लहर तो एक क्षण में ही शांत हो जाएगी–क्या तुमने यह भी सोचा तुम्हारे मां-बाप का क्या बनेगा। तुम कहती हो मां-बाप को भी मैं छोड़ने को तैयार हूं। कामदेव के शिकंजे में जकड़ा हुआ आत्महत्या तक करने पर उतारू हुआ कोई व्यक्ति यह शब्द कह दे तो विचित्रता नहीं। परन्तु बहन तुम गलती कर रही हो।

तुमने मुझे बुलाया था। मैं अपनी प्रतिज्ञा के अनुसार आ गया हूं–मैं यदि चाहता तो न भी आता, परन्तु "तुम आत्महत्या कर लोगी" यह तुम्हारे शब्द थे जिस कारण से मुझे तुम्हारे पास आना पड़ा। मैं तुम्हें यह कहता हूं कि मेरे बारे में जो भी विचार तुम्हारे हृदय में घुसा है वह निकाल दो।

तुम मुझसे प्रेम करती हो! परन्तु क्या बहन अपने भाई से प्रेम नहीं किया करती, क्या माता अपने पुत्र से प्रेम नहीं किया करती, क्या भाई अपनी बहन से प्रेम नहीं करता तो फिर यदि तुम मुझ से प्रेम करती हो तो आओ आज से हमारा प्रेम बहन और भाई का प्रेम हो। प्रेम का अर्थ व्यभिचार नहीं–प्रेम का अर्थ विषय वासनाओं की पूर्ति नहीं, प्रेम का अर्थ अपनी आत्मिक तथा शारीरिक शक्ति का पाश्विक दुरुपयोग नहीं, प्रेम का अर्थ है शुद्ध विश्वास।

यदि तुम मुझसे प्रेम करती हो, तो मैं भी तुम्हें वचन देता हूं कि मैं भी तुमसे प्रेम करूंगा। तुम द्रोपदी बनो मैं कृष्ण बनता हूं, तुम शान्ता बनो मैं राम

बनता हूं। सच्चा प्रेम शाश्वत होता है। झूठा स्वार्थी प्रेम क्षणिक होता है। मैं आज से तुम्हें बहन कहूंगा, तुम मुझे भाई कहना। तुम्हें मुझ से प्रेम है, मेरी बंसी से प्रेम है, मैं तुम्हारे पास रोज आकर तुम्हें बंसी सुना दिया करूंगा। तुम मेरा प्रेम चाहती थी। मैं तुम्हारी बात को मानता हूं, हम दोनों भाई-बहन हुए आज से।

ब्रह्मचारी जी के शब्द सुनकर वह देवी अवाक् रह गई...स्वामिन् तो क्या मुझे निराश होना पड़ेगा।

"क्या पाप का दूसरा नाम आशा रखना चाहती हो"?

"मैं आपसे सच्चा प्रेम करती हूं।"

"मैं भी तुमसे कोई बैर तो नहीं करता।"

"बहन...मेरे प्रति तुम्हारे हृदय में यदि कोई कुत्सित भावना है भी तो इसका परित्याग कर दो..."

"अच्छा! जरा अपनी बांसुरी तो बजा के सुनाओ!"

पागल हो रही हो क्या! इस समय बंसी की ध्वनि से सब जग जाएंगे तो।

"मुझे इसकी परवाह नहीं।"

"तुम्हें परवाह भले ही नहीं मुझे तो है।..."

"तो क्या अपनी बांसुरी भी नहीं सुनाओगे..."

"नहीं...तुम प्रेम में अन्धी हो रही हो।"

हां सचमुच अन्धी हो रही हूं...आप के प्रेम में सचमुच अन्धी हो रही हूं...

"अच्छा जरा मुझे ही बजा कर देख लेने दो..."

"तुमसे नहीं बजेगी! ...अच्छा बहन मैं अब जाता हूं।"

"अब जाओगे कहां पर-रात के दो बजे भला कहां जाओगे।"

"नहीं बहन मेरा यहां रहना असम्भव है..."

"असम्भव की इसमें बात ही क्या है हृदयेश..."

"फिर तुम अपनी दीवानगी से बाज नहीं आती।"

"तो क्या सचमुच जा रहे हो।"

"हां..."

"परन्तु मैं तो आपसे बहुत प्रेम करती हूं।"

"फिर वही बात–मैंने सुन लिया है कि तुम मुझसे प्रेम करती हो।"

"अच्छा हृदयेश न सही सखा तो बनोगे?"

"तुम्हारा मतलब!"

"मैं चाहती हूं दिन में एक बार आपके दर्शन करूं थोड़ी देर के लिए आपकी बांसुरी सुनूं और थोड़ी-सी आप से बातें करूं।"

"अच्छा।"

उस समय दो बज चुके थे। तीन बजने वाले थे। उसी रस्से के सहारे ब्रह्मचारी जी नीचे उतर गए।

••• ••• •••

उलझन...

उन्होंने बहुत प्रयत्न किया आंख लग जाए परन्तु असफल...

यह लड़की मूर्खा है...जवानी की हवा में बह रही है। कुछ भी सोचती समझती नहीं। वह हिमालय की ऊंची चोटी पर टांगें नीचे लटकाये बैठी है...नीचे गिरने में देर ही भला क्या लगेगी, वह तो अब तक गिर गई होती। इस रात यदि मेरे स्थान पर कोई और होता तो सचमुच इस दीवानी को एक ऐसे गड्ढे में गिराता कि जहां से यह जीवन-पर्यन्त न उठ सकती...परन्तु इस बार वह बच गई...परन्तु फिसलने पर उतारू हो चुके व्यक्ति को भला कब तक बचाया जा सकता है–मुश्किल तो है पर्वत पर चढ़ना। हिमालय की उच्चतम शिखर पर यदि कोई चढ़ने का प्रयत्न करे तो समस्त आयु लगा कर भी वह पहुंच नहीं सकता, परन्तु यदि वही व्यक्ति रसातल में पहुंचना चाहे तो इसमें तो कुछ देर ही नहीं लगती...

जिसने एक बार गिरने पर ही कमर कस ली है, वह तो गिर कर रहेगी ही। कहीं किसी ऐरे-गैरे के चंगुल में फंस गई तो व्यर्थ ही अपना जीवन नष्ट करेगी...

परन्तु उसके माता-पिता भी तो उसी मकान में उसके साथ रहते हैं, क्यों न उनकी लड़की की करतूत उन्हें स्वयं जा कर बता दूं। परन्तु इस प्रकार एक दम जा कर बताने से इसकी कहीं उलटी मुझ पर ही बुराई न हो...वे कहेंगे तुम कौन हो हमारी लड़की के बारे में इस प्रकार सलाह देने वाले, परन्तु बताना अवश्य चाहिए। अभी-अभी उस लड़की को पतन से रोका जा सकता है...

••• ••• •••

मां! तुमने ब्रह्मचारी नन्दकिशोर का नाम सुना है...

"हां सुना तो है बेटी...तुम्हारा...मतलब"

"माता जी मैंने सुना है वे जंत्र-मंत्र शास्त्र में तथा ज्योतिष में बड़े निपुण हैं?"

"हैं तो फिर..."

"वे हमारे घर के सामने से ही हो कर अपने निवास स्थान पर जाया करते हैं। मेरा ख्याल है एक दिन घर बुला कर उनसे कुछ अपने बारे में ज्योतिष की बातें पूछें-"

पूछ लेना बेटी...

अगले दिन उसने देखा ब्रह्मचारी जी उसके घर की ओर आ रहे हैं।

वह स्वयं द्वार पर आ खड़ी। पधारिये! पधारिये मेरे बांसुरी वाले श्याम आप की राधा तो आप की बाट देखते-देखते ही निढ़ाल हो गई।

ब्रह्मचारी जी अन्दर दाखिल हुए...

भुवन मोहिनी के माता-पिता ने अपना सौभाग्य जाना। ब्रह्मचारी जी की ख्याति से वे पहले से ही परिचित थे। आज साक्षात अपने घर पर उन्हें आया देख वे बड़े प्रसन्न हुए। उन्होंने दिल खोल कर उनका स्वागत किया। भुवन के माता-पिता भी नन्दकिशोर से प्रेम करने लगे। नन्दकिशोर जी से उनका बड़ा ही प्रेम हो गया और वे ब्रह्मचारी जी को नित्य ही अपने घर पर आने का आग्रह करने लगे।

ब्रह्मचारी जी को यद्यपि इस बात का शौक नहीं था, तथापि कुछ दिन भुवन की समस्या का कोई हल निकालने के लिए उन्हें ऐसा करना ही पड़ा। वे भुवन के घर वालों के साथ इस प्रकार घुल मिल गए कि मानो उन्हीं के घर के एक सदस्य हों।

तीन चार दिन ऐसे ही बीत गए। अब ब्रह्मचारी जी ने एक दिन मौका ढूंढ़ा और सहसा उन्होंने भुवन के बारे में कुछ बात छेड़ दी...

"पिता जी! आपने भुवन के विवाह के बारे में क्या निश्चय किया है। लड़की काफी बड़ी हो गई है। मेरा ख्याल है कि आपने कहीं न कहीं अवश्य ही इसका सम्बन्ध कर दिया होगा।"

"हां, ब्रह्मचारी जी। भुवन की सगाई तो हो चुकी है। एक वर्ष भी सगाई किए हो चुका है।"

''तो फिर आप किस मुहूर्त की प्रतीक्षा में हैं। यह जमाना कलियुग का है महाराज, सतयुग का नहीं। आजकल तो 14 और 16 के बीच में ही लड़की का विवाह कर देना चाहिए।''

''आप का कथन ठीक है। मेरा भी यही ख्याल है।''

''तो फिर आप देर किसलिए लगा रहे हैं। अधिक देर करने से लड़कियों का आचार बिगड़ जाता है, उन्हें दीन दुनिया का कुछ ज्ञान तो होता नहीं। यौवन के आवेग में आकर वे कई एक भूलें कर बैठती हैं, जिससे कुल का नाम कलंकित हो जाता है।''

''परन्तु मेरी भुवन तो बड़ी ही सदाचारिणी लड़की है, वह तो किसी की ओर आंख उठा कर भी नहीं देखती।''

''पिता जी यह आप का विचार सर्वथा मिथ्या है आप सम्भवतः नवयुवतियों के मनोविज्ञान से परिचित नहीं। आप कोई निरन्तर 24 घंटे उसके पास तो रहते नहीं। आप मुझ पर विश्वास कीजिये। बुरा मत मानिए अभी तक तो आपकी भुवन पवित्र है, निर्दोष है, परन्तु उसके पतन का श्रीगणेश हो चुका है।...इतना कहते ही ब्रह्मचारी जी ने वह पत्र भुवन के पिता को दिखाया।

पत्र देखते ही भुवन के पिता का माथा ठनका। वास्तव में ब्रह्मचारी नन्दकिशोर ठीक ही कहते हैं। नन्दकिशोर! तुमने मुझे एक बड़े भारी संकट से बचाया है। कुल पर एक बड़ा तीव्र कलंक जो लग रहा था, उसको मिटाया है। आपने मुझ पर बड़ा उपकार किया है; मैं इसी मास के अन्त में भुवन का विवाह कर दूंगा।

परन्तु, पिता जी...नन्दकिशोर फिर बोले-भुवन बिलकुल निर्दोष है। प्रकृति अपना काम करती ही है। इंजन में स्टीम भर जाने पर फिर यदि वह हरकत करता है तो इसमें इंजन का दोष नहीं। भुवन को कुछ भी न कहना उसे पूर्ववत प्रेम करना। हां! उसका विवाह शीघ्र करवा दो...

'अवश्य'

नन्दकिशोर का हृदय उछल पड़ा। मानो उनकी छाती पर धरा हुआ एक बड़ा भारी पत्थर किसी ने उठा कर बाहर फेंक दिया हो!!!

सत्ताइसवां अध्याय

कोढ़ी का उद्धार

न वा अरे पत्युः कामाय पति प्रियो भवति।
आत्मनस्तु कामाय पतिः प्रियो भवति॥

ब्रह्मचारी नन्दकिशोर सन्त पुस्तकालय में बैठे स्वाध्याय मग्न थे। सिर से पैर तक चादर में ढंपा एक व्यक्ति लायब्रेरी के सामने आकर ठहरा और वह काफी देर तक वहां खड़ा रहा। थोड़ी देर पश्चात ब्रह्मचारी जी का ध्यान उस ओर आकर्षित हुआ। उस व्यक्ति को इस अद्‌भूत वेश में वहां खड़ा देख वे अपने स्थान से उठ बाहर आ नम्र भाव से बोले–''महाशय! पधारिये यह सब आप लोगों के लिए तो है ही।'' परन्तु वह व्यक्ति आगे बढ़ने की अपेक्षा कुछ पीछे हट गया। ब्रह्मचारी जी का यह स्वभाव ही था। लायब्रेरी में आने वाले प्रत्येक व्यक्ति का वे सम्मान करते। उस महाशय को इस प्रकार पीछे हटते देख ब्रह्मचारी जी फिर बोले–''महाशय! आप बाहर क्यों खड़े हैं अन्दर पधारिये।

उस समय ब्रह्मचारी जी की सहानुभूति पूर्ण वाणी सुन वे महाशय दीन भाव से बोले–''महाराज! मैं इस योग्य नहीं जो मैं आपके चरण कमलों में बैठ सकूं, इतना कह उस महाशय ने अपने शरीर पर से चादर एक क्षण के लिए हटाते हुए कहा–''महाराज...यह देखिये लोग कहते हैं परमात्मा मनुष्य को अपने कर्मों का फल देता है, इस जन्म में तो मैंने कोई बुरा कर्म किया नहीं पिछले जन्म में यदि कोई पाप किया हो तो उसका मुझे पता नहीं महाराज! आज बहुत देर के पश्चात मुझे आप सरीखे महात्मा के दर्शनों का सौभाग्य प्राप्त हुआ। जिनसे मुझे कतिपय सहानुभूति पूर्ण शब्द सुनने को मिले हैं और तो क्या मेरे अपने सगे सम्बन्धियों तक ने मुझे घर से निकाल दिया है।

ब्रह्मचारी जी ने देखा, उस महाशय की सारी देह कुष्ट से गल रही थी। शरीर से मलिन रक्त के बिन्दु बह रहे थे। ब्रह्मचारी जी ने एक बार इस सारे चित्र को देखा। कोई और व्यक्ति होता तो वह उसी समय उस कोढ़ी को झिड़के मार-मार कर वहां से भगा देता। परन्तु ब्रह्मचारी नन्दकिशोर का जन्म तो पतितों को उठाने के लिए हुआ था। घृणा की अपेक्षा स्नेह, सहानुभूति की भावना उनके हृदय में प्रबल हो उठी। वे स्नेह पूर्वक बोले ''महाशय तुम इस बात की कोई चिन्ता मत करो। जब तुम मेरे पास यहां दैवयोग से आ ही गए हो तो मेरी एक बात माननी ही होगी।

बैठो यहां पर। ब्रह्मचारी जी ने मूढ़ा आगे कर उस पर उक्त महाशय को बैठ जाने को कहा। परन्तु उस व्यक्ति को वहां बैठने का साहस न हुआ।

''आप सचमुच धन्य हैं...महाराज! वह व्यक्ति हाथ जोड़ बोला–आप धन्य हैं...धरती माता आप सरीखे कतिपय दयावानों के सहारे ही तो खड़ी है। सचमुच आप धन्य हैं–जिसे अपने सगे बेटों ने और सगी धर्म-पत्नी ने धक्के दे दे कर घर से निकाल दिया; रेल गाड़ी में जिस मुझ अभागे को सैकड़ों जनों ने अपने सामने दूर भी नहीं बैठने दिया, उस पतित व्यक्ति को आप इतना स्नेह पूर्वक अपने पास बैठाते हैं। महाराज आप धन्य हैं, मैं इस मूढ़े पर बैठने योग्य नहीं हूं। मैं तो अब इस जीवन का अन्त कर देने में ही शान्ति समझता हूं। इसीलिए मैं अपने आपको गंगा माई की गोद में बहाने के लिए हरिद्वार आया हूं। जीवन का अंत तो रावी में डूब कर भी हो सकता था। परन्तु भगवती भागीरथी में शरीर अर्पण कर देने से गति हो जाएगी इसीलिए यहां आया हूं और हर की पौड़ी की ओर चलने लगा।

ब्रह्मचारी जी आगे बढ़ कर उसकी चादर का पल्ला पकड़ बोले–''देखो! तुम्हारी बातों से ऐसा मालूम पड़ता है जैसे तुम अच्छे पढ़े लिखे हो इसीलिए मैं तुम्हें कहता हूं–''आत्महत्या से बढ़ कर संसार में कोई पाप नहीं–मैं मानता हूं तुम्हारी अवस्था चिन्ताजनक है। मैं यह भी मानता हूं कि तुम्हें इस अवस्था का और दूसरों द्वारा अपने प्रति किए गए अपमान का बहुत दुख है परन्तु यदि मेरी बात मानोगे तो सुख पाओगे। भगवान पर जिन लोगों का भरोसा होता है, वे आत्महत्या कदापि नहीं करते। भगवान सबके लिए अच्छा करते हैं। वे अनहोनी बात भी कर दिया करते हैं। शास्त्र ने कहा है–

मूकं करोति वाचालं पंगुम लंघयते गिरीम्।।

उस परमात्मा पर विश्वास रखो यह सच मानो भगवान की प्रेरणा ने ही तुम्हें यहां भेजा है, इसीलिए तुम्हें थोड़ी देर तक मेरी बात को सुनना ही होगा।

इतना कह ब्रह्मचारी जी ने मूढ़ा आगे कर उक्त महाशय को पुनः उस पर बैठने को कहा। वे महाशय डरते-डरते बैठ गए।

"आप कहां के रहने वाले हैं?"

वह व्यक्ति हाथ जोड़ बोला-"महाराज! मैं लवपुर का रहने वाला हूं। सारस्वत ब्राह्मण हूं। मेरी स्त्री, दो पुत्र और एक कन्या है। मैं लाहौर में पंडिताई का काम करता था। सर्वप्रथम यह रोग मुझे उंगलियों से शुरू हुआ। बहुत दवाई की परन्तु रोग बढ़ता ही गया। पहले तो मेरे घर वालों ने बरतन बासन अलग किए, फिर मेरे रहने को अलग घर दिया और कभी-कभी दूर से भोजन फेंक आते। आखिर जब रोग अधिक बढ़ गया तो मेरे स्त्री बच्चों ने रोटी तक देना बन्द कर दिया और मार कूट कर मुझे घर से बाहर निकाल दिया-"तेरे यहां रहने से लोगों ने हमारे से मिलना जुलना बन्द कर दिया है, जा कहीं जाकर डूब मर।" महाराज, मेरी स्त्री और बच्चों ने ऐसे दुत्कारा। मैंने सोचा रावी में डूब कर मरने से गंगा जी में डूबूंगा तो शयद मेरी गति हो जावे। इसीलिए मैं अभी स्टेशन से उतर हर की पौड़ी की ओर जा रहा था। आपकी यह पुस्तकें देख...अन्तिम दर्शन के लिए खड़ा हो गया-परमात्मा से प्रार्थना करने के लिए-वह परमात्मा अगले जन्म में मुझे फिर ऐसे धर्मग्रन्थ पढ़ने का सौभाग्य दे। महाराज मैं संस्कृत से मध्यमा पास हूं...व्याकरण का अच्छा ज्ञाता हूं।

उक्त महाशय की बात टोक ब्रह्मचारी जी बोले "देखिये श्रीमान जी आप संस्कृत पढ़े हैं, पंडित हैं-पंडिताई इसी में है कि हम जो भी करें, वह सोच समझ कर करें...आत्महत्या बड़ा पाप है-आत्म हत्यारे को मृत्यु के पश्चात भी शान्ति प्राप्त नहीं होती। शास्त्र में लिखा है-

असूर्या नाम ते लोकाः अन्धेन तमसा वृत्ता।
तांस्ते प्रेत्याभिगच्छन्ति येकेचात्महनोजना॥

जो कुछ आपकी आज अवस्था है यह तो आप पिछले जन्म के कर्मों का फल भोग रहे हैं...फिर क्या अगले जन्म में भोगने के लिए यह नये पाप रच रहे हैं...पापों को कम करना चाहिए न कि उन्हें बढ़ाना।

ब्रह्मचारी जी की बात सुन वह महात्मा हाथ जोड़ दीन भाव से बोले-"धन्य प्रभो! आज मेरे भाग्य ने पलटा खाया है-आपके रूप में आज साक्षात भगवान् मेरी रक्षा को आया है-जो कुछ आप कहेंगे मैं करूंगा... आपकी आज्ञा को सहर्ष सीस पर धरूंगा।"

"बहुत अच्छा"–ब्रह्मचारी जी बोले–देखो हम एक उपाय बताते हैं...यह तुम्हारा सारा रोग दूर हो कर तुम्हारी देह कंचन सदृश चमक उठेगी। देखो, यहां से आगे हर की पौड़ी है, उसके आगे भीमगोड़ा है और उसके आगे एक सुन्दर स्थान है सप्तसरोवर...उसी स्थान पर नित्य प्रातः चले जाया करो, अपने बदन से इस चादर को उतार एक लंगोट पहन वहीं धूप में घूमते रहा करो और–

ओ३म् ब्रह्म शिव शक्ति नारायणाय नमः॥

के तारक महामंत्र का जाप करते रहा, करो...जब भूख लगे तो यहीं पास में एक रोटी वाले की दुकान मैं दिखा देता हूं, वहां आकर भोजन कर जाया करो...भोजन के पैसे मैं स्वयं दे दूंगा कोई चिन्ता की बात नहीं..."

ब्रह्मचारी जी के आश्वासन से मानो उस व्यक्ति में एक नया जीवन आ गया–निराशा भाग गई। हाथ जोड़ वह बोला–"महाराज! जैसा आप कहते हैं वैसा ही करूंगा।"

ब्रह्मचारी जी उसे साथ ले रामलाल रोटी वाले की दुकान पर गए और रामलाल से बोले–रामलाल! यह महाशय जिस समय यहां आवें, इन्हें भोजन करवा देना...भोजन के पैसे मैं स्वयं दे दूंगा"–

जिस रोग का निदान बड़े-बड़े वैद्य और डॉक्टर तक न कर सके ब्रह्मचारी नन्दकिशोर ने उसी रोग को प्रकृति द्वारा शान्त करवा देने के एक महान-प्रयोग की रचना की। रोग का निदान मंत्र न था, मंत्र तो केवल एक दृढ़ता व आत्मविश्वास बांधने की वस्तु थी, वास्तव में रोग का निदान तो थी खुली धूप, खुली हवा...

उस व्यक्ति ने ब्रह्मचारी जी के कथन का अक्षरशः पालन किया। चार दिन तक तो बराबर वह रामलाल की दुकान से समय पर आकर भोजन कर जाता, परन्तु पांचवें दिन उसके भोजन का प्रबन्ध वहीं सप्त सरोवर के समीप ही हो गया, अस्तु उसने इधर आना ही छोड़ दिया। चौबीसों घंटे वह प्रकृति की गोद में पड़ा रहता, धीरे-धीरे उसकी अवस्था अच्छी होने लगी।

ब्रह्मचारी जी रामलाल से उसके बारे में प्रायः पूछते रहते–

छह सात दिन के पश्चात रामलाल ने ब्रह्मचारी जी को कहा–"महाराज! आपका आदमी अब भोजन करने नहीं आता" ब्रह्मचारी जी बोले–"शायद कहीं चला गया हो...यदि अब भी कभी वह आवे तो उसे भोजन देते रहना।"

लगभग तीन महीने के बाद वही व्यक्ति ब्रह्मचारी जी के पास आया। उसका बदन बिल्कुल नीरोग था। उस महाशय ने लाहौर जाने की इच्छा प्रकट की। परन्तु ब्रह्मचारी जी ने उसे लाहौर जाने से रोक दिया–

••• ••• •••

उस घटना के एक वर्ष पश्चात ब्रह्मचारी जी अपने पुस्तकालय में यथा–पूर्व बैठे थे। पुस्तकालय में और कई व्यक्ति भी थे। ब्रह्मचारी जी 11 बजे पुस्तकालय को बन्द कर देते थे। यह उनके भोजन का समय था। उस समय जितने भी व्यक्ति वाचनालय में बैठै होते ब्रह्मचारी जी सबको हाथ जोड़ भोजन के लिए पूछ लेते थे।

उस दिन और आदमी तो उठ कर चले गए परन्तु एक आदमी वहां अपने मूढ़े पर बराबर डटा ही रहा। तब ब्रह्मचारी जी ने हाथ जोड़ उस महाशय से कहा

''श्रीमान् जी! चलिये भोजन कीजिये–भोजन घर पर तैयार है,''–परन्तु वे महाशय फिर भी न बोले। ब्रह्मचारी जी ने फिर नम्र भाव से कहा–''अजी! मैं आपसे ही कह रहा हूं आप सुनते हैं या नहीं''

तब वे महाशय बोले–''मैं बैठा हूं आप भोजन कर आवें।''

ब्रह्मचारी जी बोले–''मैं लायब्रेरी बन्द करके जाऊंगा आपने मेरे साथ चलना है तो चलें कृपा करें...

वह आदमी बोला–''अच्छा महाराज आप नाराज़ क्यों होते हैं, मैं जाता हूं।''

''नाराज़ काहे को होना भाई! नाराज़ तो तुम हो रहे हो'' ब्रह्मचारी जी के मुख से इतने ही शब्द निकले थे कि उस महाशय ने ब्रह्मचारी जी के पांव पकड़ लिए–''मेरे प्रभु! मेरी रक्षा करने वाले महापुरुष... आपने मुझे पहचाना नहीं। मैं भी अब तक इस प्रकार इसीलिए बैठा रहा ताकि मैं देखूं आप मुझे पहचानते हैं कि नहीं। मेरे इस अपराध को क्षमा कर देना। इतना कहकर वह आंखों से प्रेमाश्रु बहाने लगा। तब ब्रह्मचारी जी ने ध्यान पूर्वक देखा। वे पहचान गए ''ओहो! अब तो आपका शरीर कंचन के समान चमक रहा है...खूब! इतनी देर कहां रहे।

''मैं भी बद्री केदार की यात्रा करने चला गया था। वहीं से अभी–अभी लौट रहा हूं।''। ब्रह्मचारी जी का हृदय गदगद हो उठा।

उस व्यक्ति का नाम बिहारी लाल तिवारी था। उस घटना के कई महीने बाद तक वह ब्रह्मचारी जी के पास ठहरा रहा। तत्पश्चात् ब्रह्मचारी जी ने समझा बुझा कर उसे अपने स्त्री बच्चों की सुध लेने लाहौर भेज दिया। ब्रह्मचारी जी की आज्ञा पाकर बिहारी लाल लाहौर गया। जो भी कोई उससे मिला उसने यह सारी घटना उसे सुनाई। यह मानो बिहारी लाल का नया जन्म था।

सारे बड़े-बड़े डॉक्टर और वैद्य मिल कर अपना सारा जोर लगा कर भी जिस रोग का निदान न कर पाये प्रकृति ने स्वयं उस रोग को शान्त कर दिया। वास्तव में हम बड़े अभागे हैं जो प्रकृति को छोड़ इधर उधर भाग रहे हैं। प्रकृति से दूर भागना मानो रोग से मेल करना है। भारत में जब से बड़े-बड़े नगरों की रचना हुई तभी से बड़े-बड़े अस्पताल बने। गांवों को फिर से आबाद किया जाए, ताकि मनुष्य को कम से कम खुली हवा और साफ पानी तो मिल सके।

❑❑❑

अट्ठाइसवां अध्याय

पूर्व जन्म के घर की याद

Our life's star hath elsewhere a setting.

ब्रह्मचारी नन्दकिशोर का स्वभाव बड़ा अच्छा मिलनसार था। थोड़ी देर तक आप जिस किसी से भी दो बातें करते आप की सज्जनता तथा सरलता का सिक्का उस पर बैठ जाता। वे कार्यकुशल थे, जिस काम में हाथ डालते उस कार्य की सफलता में कुछ भी सन्देह न रह जाता। उनका चित्त मानो पारसमणी था। जिस विचार के साथ छू जाता उस विचार का केन्द्र अवश्यमेव उनके अनुकूल हो जाता। हरिद्वार का प्रत्येक व्यक्ति अपने कामों में ब्रह्मचारी जी का परामर्श प्राप्त करने की कोशिश में रहता क्योंकि उसे विश्वास था, ब्रह्मचारी जी जिस कार्य से अपना सम्बन्ध जोड़ेंगे, वह कार्य कभी विफल हो ही नहीं सकता।

हरिद्वार के एक स्वनाम धन्य शास्त्री जी महाराज को फैज़ाबाद में कुछ काम था। शास्त्री जी ने ब्रह्मचारी को साथ चलने की प्रेरणा की...मित्र की प्रार्थना को अस्वीकार करना यह ब्रह्मचारी जी के जीवन की एक अनहोनी-सी बात थी...अस्तु! शास्त्री जी के साथ उन्होंने फैज़ाबाद जाना स्वीकार कर लिया।

अगले ही दिन दोनों मित्र फैज़ाबाद पहुंचे...खूब अतिथि सत्कार हुआ-फैज़ाबाद के रईस बाबू धनीराम जी के बाग वाली कोठी में ठहरने का प्रबन्ध किया गया था।

फैज़ाबाद अयोध्या जी का यावनी नाम है। जो जाति शक्ति प्राप्त करती है, वह राजनैतिक प्रभाव के बल पर अपनी सांस्कृतिक सत्ता का प्रभाव भी विजेताओं पर जमाया ही करती है। जब मुसलमान आए, उन्होंने हिन्दू मन्दिरों को, तीर्थों को, देव स्थानों को नष्ट भ्रष्ट कर उनका समूल नाश करने के लिए

प्राचीन नगरों के नाम तक को बदल दिया। फैज़ाबद में जाना मानो अयोध्या में जाना ही है।

अयोध्यापुरी का एक-एक कण हिन्दू के लिए एक तीर्थ है। हिन्दू जाति का आदर्श सदैव वीर पूजा रहा है। मर्यादा पुरुषोत्तम राम वीर थे, योद्धा और पुरुषोत्तम थे। उनके इस आर्य जाति पर महान् उपकार हैं, प्रलय आने पर भी भारत सन्तान उन्हें कदापि भुला नहीं सकती। जब-जब भी भारत वसुन्धरा आततायियों के उत्पात से व्यथित हो उठती है, उस समय भारत की रक्षा के लिए एक शक्ति प्रकट होती है। आज से आठ लाख वर्ष पूर्व अयोध्या नगरी में भगवान् राम के रूप में वही शक्ति प्रकट हुई थी। हिन्दुओं ने अपने उस महान् उपकारक को भुलाया नहीं। भगवान् राम की क्रीड़ास्थली के प्रति हिन्दूमात्र को जो श्रद्धा है, साधारण मनुष्य की लेखनी में वह शक्ति कहां जो उसका वर्णन कर सके।

फैज़ाबाद और अयोध्या पास-पास ही हैं। जो भी व्यक्ति फैज़ाबाद जाता है सरयू का स्नान कर अपने आपको वह बड़ा भाग्यशाली समझता है। ब्रह्मचारी जी तथा शास्त्री जी पहली बार फैज़ाबाद आए। बाबू धनीराम जी ने अपना सौभाग्य समझा, वे अपने इन दोनों सम्मानित अतिथियों को भगवान् के जन्म स्थान के दर्शन करवाने का पुण्य कमाएं।

शाम के लगभग चार बजे अपनी घोड़ा-गाड़ी में दोनों अतिथियों को बैठा बाबू धनीराम जी अयोध्या की यात्रा के लिए चल दिए। लगभग एक घंटे के पश्चात सभी लोग सरयू तट पर तुलसी घाट पहुंचे।

तुलसी घाट की रज का स्पर्श कर ब्रह्मचारी जी ने अपने आपको धन्य धन्य समझा। भगवान् राम को अमर कर देने वाले...पुरुषोत्तम राम को भगवान् बना देने वाले...रामचरित मानस के अमर काव्य को भारत के कोने-कोने में पहुंचा देने वाले भक्त शिरोमणि...कविकुल गुरु गोस्वामी तुलसीदास जी के घाट को देख ब्रह्मचारी जी का हृदय प्रेमानन्द से पुलकित हो उठा।

••• ••• •••

सूर्य भगवान अस्ताचल के पीछे विश्राम हेतु जा चुके थे। वहीं श्री तुलसी घाट पर पड़े हुए एक तख्त पर बैठ ब्रह्मचारी जी सन्ध्योपासना में मग्न हुए...परन्तु दिल सन्ध्या में जमा नहीं...रामायण की समस्त घटनाएं फिल्म-चित्र बन कर उन की मानसिक-आंखों के सामने घूमने लगीं...उन्हीं चित्रों ने ब्रह्मचारी जी के चित्त को डांवांडोल कर दिया।

प्राय: ब्रह्मचारी जी पूरा एक घंटा संध्योपासना में व्यतीत किया करते थे, परन्तु उस दिन वे पांच मिनट के पश्चात ही उठ खड़े हुए। शास्त्रीजी तथा बाबू धनीरामजी पास ही खड़े उस घाट की शोभा को निहार रहे थे। ब्रह्मचारी जी को सन्ध्योपासना से इतना शीघ्र उठते देख शास्त्री जी बोले-''ब्रह्मचारी जी आज क्या बात है।''

ब्रह्मचारी जी बोले-''शास्त्री जी क्या बताऊं आज ध्यान जमता ही नहीं...बिना ध्यान जमे भजन कैसा?

तीनों मित्र बाजारों में से होते हुए हनुमान गढ़ी के मन्दिर में पहुंचे। राम चरित्र में हनुमान जी का चरित्र एक विशेष अनुकरणीय है। हनुमान जी तो सचमुच रामायण की आत्मा हैं। राम के उस सच्चे भक्त-निष्काम कर्म योगी महात्मा के दर्शन कर मित्र-मंडली आगे जन्म स्थान की ओर बढ़ी।

वह शोचनीय दृश्य था। हिन्दू जाति की मूर्खता का, बेबसी का एक प्रत्यक्ष उदाहरण। राम का जन्मस्थान एक मस्जिद में...कहां राम और कहां मस्जिद-कहां है? भारत के धर्म ध्वजी? जीवित भी हैं, क्या? भगवान कृष्ण के जन्मस्थान पर मथुरा जी में आज एक विशाल मस्जिद खड़ी है जिसकी चोटी पर खड़े हो कर दिन में पांच बार अल्ला मियां इस हिन्दू कौम को पुकार-पुकार कर चेतावनी दिया करता है-

''ओ भगवान् कृष्ण का नाम जपने वाले भारत के अट्ठाइस करोड़ गोभक्त लोगो! देखो हमने आज बाहुबल से इस तुम्हारे भगवान् के जन्मस्थान को तोड़ मस्जिद बनाई है। है तुझमें शक्ति इस अपने भगवान् के घर को वापस लेने की।''

हिन्दू जाति कितनी मूर्ख है-''राम का भक्त एक गरीब पददलित व्यक्ति यदि मन्दिर के सामने से भी गुजर जाए तो धर्म-ध्वजियों का धर्म भ्रष्ट हो जाए, परन्तु यदि कोई जोरावर उस मन्दिर को बलपूर्वक तोड़-फोड़ वहां मस्जिद बना ले तो धर्म के ठेकेदारों के कान पर जूं तक न रींगे'' क्या यही है हिन्दू समाज की लोलुप लीला!

राम जन्म स्थान को देख ब्रह्मचारी जी को दु:ख हुआ...जन्म स्थान का मन्दिर बहुत ही छोटा-सा है। केवल इतना कि पुजारी जी अपने ठाकुर के सामने बैठ सकें बाहिर मस्जिद के एक कमरे में चकला-बेलना रखा है... इनका सम्बन्ध सीता जी के साथ जोड़ा जाता है-धर्म-भीरुओं को लूटने की अच्छी चाल है।

ब्रह्मचारी जी खिन्नचित्त हो मन्दिर से बाहर आए। सड़क वाले ऊंचे चबूतरे पर खड़े हो एकटक ध्यान में लग गए। ऐसे लगे कि बस तन बदन की होश भी जाती रही। शास्त्री जी तथा बाबू धनीराम जी ने बाहर आ ब्रह्मचारी जी को मूर्तवत खड़े देख उन्हें चेताने की कोशिश की। काफी देर के पश्चात ब्रह्मचारी जी का ध्यान टूटा...

"कहां हो"–तत्क्षण शास्त्री जी ने ब्रह्मचारी जी से मुस्कराते हुए कहा।

थोड़ी देर के पश्चात ब्रह्मचारी जी बोले–"शास्त्री जी! मुझे ऐसा प्रतीत हो रहा है मानो मैं कभी इसी भूमि पर खेलता-कूदता रहा हूं। ब्रह्मचारी जी ने एक दिशा में हाथ का इशारा करते हुए कहा, उस समय इधर पास ही में हमारा घर था। हमारी हवेली के बाहर एक पुराना वट वृक्ष था। उसके नीचे एक हाथी बंधा रहता था। हम कई मित्र खेलते-खेलते हाथी के पास से गुजरते तो खेल-खेल ही में हाथी के सामने से गन्ने उठा कर ले जाते–यह सामने जो रास्ता है, यह कनक भवन को जाता है"

ब्रह्मचारी जी की बातें सुन कर शास्त्री जी तथा बाबू धनीराम जी चकित रह गए। "इन बातों को एक मिथ्या प्रलाप समझ कर कदापि टाला नहीं जा सकता। इनका एक-एक अक्षर तत्त्वपूर्ण है। उसी क्षण बाबू धनीराम जी बोले–"ब्रह्मचारी जी क्या आप हमें कनक भवन ले जा सकते हैं?

"अवश्य!" इतना कह ब्रह्मचारी जी स्वयं ही कनक भवन की ओर चल दिए। शास्त्री जी तथा धनी राम जी भी पीछे-पीछे हो लिए। थोड़ी देर चलते-चलते नगर की गलियों में चक्कर काटते-काटते ब्रह्मचारी जी ने दोनों मित्रों को कनक भवन के सामने ला खड़ा किया। दोनों मित्रों को बड़ा आश्चर्य हुआ। यह तो वे भली प्रकार से जानते ही थे कि ब्रह्मचारी जी पहले कभी अयोध्या जी में नहीं आए थे।

उस दिन, रात बहुत व्यतीत हो चुकी थी, सब लोग गाड़ी में बैठ फैज़ाबाद आ गए। कोठी के सामने गाड़ी रुकी। शास्त्री जी तथा बाबू धनीराम जी गाड़ी से उतर पड़े परन्तु सब के उतर जाने पर भी ब्रह्मचारी जी यथापूर्व मूर्तिमान बैठे थे।

शास्त्री जी ने कन्धा पकड़ फिर चेताने का प्रयत्न किया-ब्रह्मचारी जी! ब्रह्मचारी जी!! चेतो चेतो....परन्तु ब्रह्मचारी जी तो पता नहीं किस कल्पना लोक में उड़ चुके थे।

थोड़ी देर के पश्चात ब्रह्मचारी जी का ध्यान टूटा....

"किधर घूम रहे हो" ब्रह्मचारी जी!

ब्रह्मचारी जी ने सम्भल कर उत्तर दिया–बाबू जी! जो संस्कार जन्म स्थान में मेरे हृदय में जाग्रत हुआ था, उसी का पुनर्प्रकाश मेरे हृदय में फिर से हुआ है।

"यह क्या प्रकाश था, तनिक हम भी तो सुनें।"

"यह प्रकाश था अपने पिछले जन्म के परिवार के विषय में–"

ब्रह्मचारी जी ने अपने पिछले जन्म के सभी सम्बन्धियों के नाम उनका पूरा परिचय कह दिया...

धनीराम जी ने ब्रह्मचारी जी की सब बातों को लिख लिया–

अगले दिन वे उसी स्थान पर कनक मन्दिर में गए। उन्होंने ब्रह्मचारी जी द्वारा कथित बातों की यथार्थता के सम्बन्ध में पूछताछ की और उन सभी बातों को बिल्कुल सत्य पाया।

❑❑❑

उनतीसवां अध्याय

परीक्षा की दूसरी अग्नि में

लम्बा मारग, दूरि धर, बिकट पन्थ बहुमार।
कह कबीर कस पाइये, दुर्लभ गुरु दीदार॥

भक्त की परीक्षा तो कदम-कदम पर हुआ करती है। पहली परीक्षा में ब्रह्मचारी जी पास हो गए। यह उनका इन्ट्रैन्स का इम्तिहान था। इस इम्तिहान में पास हो जाने पर ब्रह्म-प्राप्ति का द्वार उनके लिए खुल गया। परन्तु इन्ट्रैन्स की परीक्षा दे चुकने के पश्चात M.A. एम.ए. पास करने वाले विद्यार्थी को कई और परीक्षाएं भी देनी पड़ती हैं। जब साधारण-सी सांसारिक परीक्षाओं का यह हाल है तो भला उस ब्रह्मप्राप्ति की पारलौकिक परीक्षा का तो कहना ही क्या।

फाल्गुन का महीना था। ब्रह्मचारी नन्दकिशोर अपने किसी पंजाबी मित्र के साथ ऋषिकेश गए हुए थे।

ऋषिकेश में वे एक धर्मशाला में कुछ दिन के लिए ठहरे।

उस धर्मशाला में रहते हुए दो ही दिन हुए थे। ब्रह्मचारी जी प्रातः दस बजे के लगभग स्नान ध्यान से निबट अपने मित्र सहित अपने कमरे की ओर आ रहे थे।

''आपको मालकिन ने याद किया है'' एक साधारण-सा पुरुष ब्रह्मचारी जी के सन्मुख जा हाथ जोड़ बोला।

''कौन-सी मालकिन?''

''इसी धर्मशाला में पिछली ओर के बड़े कमरों में ठहरी है।''

''क्या कहा था तुम्हारी मालकिन ने तुमको?''

''उसने मुझे आप को लिवा लाने को भेजा है। आप मेरे साथ अभी चलें।''

ब्रह्मचारी जी अभी अपने कमरे के दरवाजे भी न खोल पाये थे। मातृ-शक्ति का उनके हृदय में महान आदर था। यदि ऐसी याचना किसी पुरुष के द्वारा की गई होती तो सम्भवतया वे कुछ विश्राम कर फिर उसके पास जाते परन्तु एक स्त्री ने मुझे बुलाया है, न जाने बेचारी अबला पर क्या विपत्ति आई है।'' ऐसा मन में विचार कर वे शीघ्र ही उस स्त्री के पास चल दिए।

जिस धर्मशाला में ब्रह्मचारी जी ठहरे थे, उसी धर्मशाला में एक 20-21 वर्ष की देवी अपने कतिपय दास दासियों सहित ठहरी हुई थी। जिस समय वह देवी अपने राजसी ठाठ के साथ गंगा स्नान को जाती जो भी देखता उस देवी के भाग्य की सराहना करता। उसके वैभव पर ईर्ष्या करता। कैसी सौभाग्यवती है। कितने-कितने बड़े दर्शक क्या जानते थे कि इस वैभव के पीछे एक कठोर यातनाओं की आत्म-कथा छुपी है। इस सुख की छाया में महानतम दुःख निहित है। जिसे वह सौभाग्यवती समझते हैं, उससे बढ़ कर दुर्भाग्यवती कोई नहीं, कहीं भी नहीं। जिसे वह साम्राज्ञी के तुल्य समझते हैं आज वही अपने आपको एक साधारण घसियारे से भी अधिक दुःखी समझती है।

हिन्दू समाज एक ऐसे अन्यायी अत्याचारियों का दल है जो कि अपने किसी भी सदस्य को एक क्षण भर के लिए भी सुख का सांस लेने नहीं देता। किसी भी समय की राजसी अदालतें तो मनुष्य को इसी जन्म के किए हुए पापों का फल भोगने को बाधित करती होंगी परन्तु अत्याचारी हिन्दू समाज अपने सदस्यों को पिछले जन्म में किए पापों का फल भी इसी जन्म में भोगने के लिए विवश करता है। अहिंसा का साइन-बोर्ड लगा कर अमानुषिक हिंसाएं करना, दया का ढिंढोरा पीट कर कसाइयों के सदृश व्यवहार करना, सत्य की आड़ में महापातक का भागी बनना, धर्म के नाम पर बड़ी-बड़ी अधार्मिक लीलाएं करना, पुण्य के लेबल में पाप के बंडल बांधना, चन्दन और कपूर के तिलक लगाकर दिन-रात अपने अन्तरात्मा को द्वेषानल से दग्ध करना, 1008 नम्बर के ट्रेड मार्क लगा कर संसार की आंखों में मिथ्याचार की धूल झोंकना, यह है हिन्दू समाज का पेशा। हिन्दू समाज की Penel Code मनुस्मृति The sovereign right of man पुरुष के ईश्वरीय अधिकार से आरम्भ होती है। पुरुष जो चाहे सो करे। अगाध जल में दिन-रात पड़ा हुआ कमल जिस प्रकार पानी से अलग ही माना जाता है, उसी प्रकार पापों के महाकुंड में दिन-रात लिप्त हुआ एक पापी पुरुष प्रायः उन पापों से पृथक ही समझा जाता है।

पुरुष तो कितना भी पाप करे परन्तु वह तो सदैव पवित्र ही रहेगा परन्तु एक अबला बेचारी यदि भूले से थोड़ा बहुत अपराध कर भी ले और वह बेचारी एक बार नहीं अपितु अनेक बार उस अपराध का प्रायश्चित भी कर ले परन्तु बेचारी का अपराध क्षमा हो ही नहीं सकता। अपने किए का फल भोगना सो तो भोगना ही परन्तु बेचारी अबलाओं पर तो कसाई हिन्दू समाज ने डबल मार मारी है। पति नामधारी एक स्वार्थी पुरुष का किया हुआ पाप भी पत्नी को भोगना ही पड़ता है।

एक पुरुष तो सारी-सारी रात बाहर नीच विधर्मी वेश्याओं के जूठे पत्ते चाटता फिरे, दिन-रात शराब के दौर लगाता रहे, अपने मां बाप की खून पसीने से पैदा की हुई दौलत को बाज़ारू रंडियों के कबाड़खानों में लुटाता फिरे परन्तु वह सब कुछ करता हुआ भी अपनी स्त्री के लिए देवता है, पूज्य है, इष्टदेव है, परमात्मा के तुल्य है। अपनी धर्मपत्नी के सामने ही चाहे एक नीच नरपशु अनेकानेक पाप पत्नियों से नित्य-नित्य रिश्ता जोड़े परन्तु स्त्री का धर्म है कि वह सब कुछ आंखों से देखती हुई भी पति को ब्रह्मरूप करके माने। स्त्रियों के लिए तो पति परमात्मा के तुल्य है परन्तु पतियों के लिए स्त्री एक घिसी हुई, फटी हुई, प्रयोग में लाई हुई पांवों की जूती। स्त्री के लिए तो पति देवता के समान है परन्तु पति के लिए स्त्री मन्त्र पढ़कर मोल ली हुई चरणदासी। स्त्री के लिए तो सीता सावित्री का आदर्श है परन्तु पुरुष भले ही कीचड़ से दो मील आगे बढ़ जाए। स्त्री के लिए पतिव्रत धर्म स्वर्ग का मार्ग है परन्तु पुरुष के लिए पत्नीव्रत धर्म एक सैकण्ड हैण्ड चीज। यही है न हिन्दू समाज का इकतरफा न्याय। अत्याचार तो एक कसाई भी करता है और हिन्दू समाज भी करता है परन्तु दोनों के अत्याचार में कुछ भेद है। कसाई एक मूक-प्राणी को पकड़ झटके से उसकी गर्दन पर छुरी फेरता है, उस प्राणी को एक क्षण के लिए कष्ट होता है और बस। परन्तु दयालु हिन्दू समाज तपा-तपा कर सींखचे उस प्राणी के शरीर में चुभो कर उसे तड़पा-तड़पा कर मारता है। यह है सबसे बड़ा अन्तर एक कसाई की हिंसा और हिन्दुओं की अहिंसा में।

एक 70 वर्ष का श्मशान-भूमि का यात्री यमराज के घर की ओर जाता-जाता भी एक षोडशी बालिका के जन्म को सफल कर जाए परन्तु एक बालिका यदि अपने मुंह से अपने विवाह की बात भी निकाले तो उस बेचारी की फिर खैर नहीं।

75 वर्ष की उमर को पार करके एक पुरुष अपनी पोती के सदृश कन्या से विवाह करना बड़ा भारी पुण्य समझता है परन्तु वही पुरुष अपने घर में

बैठी हुई 16 वर्ष की विधवा कन्या को यम-नियम-संयम तथा ब्रह्मचर्य का उपदेश देता है। यही है न हिन्दू समाज का एकतरफा न्याय।

9-9 वर्ष की भोली-भाली बालिकाओं को एक लाल कपड़े में लपेट एक श्मशान-भूमि के यात्री के साथ अपने हाथों बांध देना और फिर उस बेचारी अबोध बालिका से आजन्म संयम की आशा रखना क्या यह नीचता नहीं है?

मनुष्य तो एक पत्नी के घर पर होते हुए भी बीसियों स्थानों पर धक्के खाकर भी समाज का चौधरी बना रहे, परन्तु एक अबला बेचारी जरा घर से बाहर निकली कि बस पतित...

मनुष्य तो एक पत्नी के मर जाने पर दूसरी, दूसरी के मरने पर तीसरी, तीसरी के मरने पर चौथी, चौथी के मरने पर पांचवीं और इसी क्रम से बीसियों पत्नियों का खसम बन सकता है परन्तु एक स्त्री एक पति के मर जाने पर आजन्म वैधव्य की अग्नि में जलती रहे–कितना अन्याय!!!

एक ओर देवी को चंडिका, दुर्गा, दमयन्ती का नाम दे उसका पूजा करना। प्रत्येक अवस्था में देवी की पूजा को प्रमुख स्थान देना–सीता-राम, राधा-कृष्ण, रमा-रमेश, उमा-उमेश, लक्ष्मी-नारायण इत्यादि पूज्य नामों में देवी का नाम पहले लेना और दूसरी ओर क्रियात्मक जगत् में देवी को अपने पांव की जूती समझना क्या यह मूर्खता नहीं?

हिन्दू समाज कितना मूर्ख है। घर भी लुटाता है और जूतियां भी खाता है। एक बेचारी विधवा लड़की घर से भले ही भाग जाए अथवा घर में ही देवर जेठ अथवा ससुर से खराब हो जाए, अथवा अपने सारे गहने कपड़े लेकर किसी विधर्मी के साथ भाग जाए यह भी हिन्दू समाज सहन कर सकता है, परन्तु उस बेचारी कन्या का अपने ही हिंदू समाज में कहीं योग्य वर ढूंढ़ कर पुनर्विवाह कर देना, यह है सबसे बड़ा पाप, जो हिन्दू समाज सहने को तैयार नहीं। वह अपनी कन्याओं को अपने बदन पर पेट्रोल डाल कर आग लगाते हुए देख सकता है, वह अपनी देवियों को विधर्मियों के साथ भागते हुए देख कर चुप रह सकता है परन्तु वह उसका दूसरा (पुनर्विवाह) करना बड़ा भारी पाप समझता है।

मानव प्रकृति भी कितनी विचित्र है। मनुष्य कितना स्वार्थी है। अपने पांव में वह जूती पहनता है ताकि उसके पांव में कोई कांटा न लग जाए, परन्तु दूसरे के नंगे पाओं में वह अपने हाथों कीलें ठोकता है। वह ये नहीं समझता

कि जिस कार्य को करने से उसे दुःख होता है, उसी कार्य के हो जाने से दूसरे को भी वैसा ही दुःख होता होगा। आज हिन्दुस्तान में आठ करोड़ मुसलमान हैं। मुंह से बोलते हुए भी लज्जा आती है। हाथ से लिखते हुए भी सिर शर्म के मारे भूतल-शायी हो जाता है। यह मुसलमान कहां से आए? क्या वे आकाश से गिरे थे, क्या वे गन्दम के पेड़ों के समान भारत के शस्यश्यामल खेतों में अपने आप ही उग उठे। यह आठ करोड़ मुसलमान अरब से नहीं आए। अरब से आए भी होंगे तो अधिक से अधिक एक दो हजार। हिन्दू समाज ने इन अपने करोड़ों जिगर के टुकड़ों को काट कर परे फेंक दिया और अधर्म का ढिंढ़ोरा पीट कर मूर्खों ने समझा हम धर्म का प्रचार करते हैं।

हिन्दू कितना मूर्ख है। स्वयं दिन-रात झूठ बोलता हुआ भी वह दूसरे से सत्य बोलने की आशा करता है। स्वयं तो दिन-रात व्यभिचार में लीन रहता है परन्तु दूसरे को सदाचार का उपदेश देना अपना परम धर्म समझता है। वह इतना भी नहीं समझ सकता कि जब एक दर्जन बच्चों का बाप, श्मशान भूमि का यात्री भी अपनी विषय वासनाओं को काबू में नहीं कर सकता तो सोलह सत्रह वर्ष की अबोध बालिका अपने फटते यौवन को कैसे सम्भाल सकती है?

मानव प्रकृति की रचना कुछ अद्‌भुत प्रकार से परमात्मा ने की है। मनुष्य समझता है, गहनों में सुख है, बड़े-बड़े बहुमूल्य वस्त्रों में सुख है, नाना प्रकार के भोजनों में सुख है, बड़े-बड़े गगनचुंबी भव्य प्रासादों की अट्टालिकाओं पर चढ़कर-

I am the Master of all I survey
My right there is none to dispute.

अपने आप को चक्रवती राजा समझने में सुख है, बड़े-बड़े नरम गदेलों पर सोने में ही सुख हैं-परन्तु यदि इन्हीं बातों में सुख होता तो बहुत से लोग तो परमात्मा का बहिष्कार कर देते। परन्तु विधाता का विधान तो बड़ा ही अद्‌भुत है। परमात्मा की लीला तो बड़ी ही विचित्र है।

मनुष्य के अन्दर परमात्मा ने एक रस पैदा किया है। अंग्रेजी में इसे Romance कहते हैं। यह रस ही सब सुखों का सार है। 16 और 25 वर्ष के बीच में यह रस प्रतिक्षण शरीर रूपी सागर में एक ज्वार भाटा लाता रहता है, जिसके प्रसार को दबाना साधारण मानव-शक्ति के बाहर है। Reaction प्रतिक्रिया से तो इसे दबाया नहीं जा सकता, प्रतिक्रिया से तो यह और भी अधिक उछलता है।

वह थी विधवा–बाल विधवा। बारह वर्ष की उसकी आयु थी जब उसे उसके मां-बाप ने एक उसी के हम-वयस्क लड़के के पास बिठा कुछ मंत्र पढ़ अग्नि में घी डाल उसे उस लड़के के साथ भेज दिया। वह उस लड़के के पास तीन साल सुसराल रह आई... बारह वर्ष की नन्हीं-सी बच्ची वह क्या जाने गठजोड़ा क्या और यह सुसराल क्या...और जब उसका यौवन आया ...जब उसे विवाह का प्रथम स्वप्न दीखा तो उसने सहसा एक दिन सुना, जिस लड़के के साथ बैठ कर उसके माता-पिता ने कुछ शब्द बोले थे, वह लड़का अब इस संसार में नहीं रहा। उसे यह जान कर भी कुछ दुःख न हुआ क्योंकि सुख उसने देखा न था। वह फिर भी बच्ची थी। 13 वर्ष की कन्या आखिर होती ही क्या है?

परन्तु अब तो उसका यौवन उछल–उछल कर बाहर गिर रहा था। उसने अपने आपको बहुत देर तक सम्भाला। 15 और 16 के बीच का समय उसके यौवन-प्रवाह में उथल-पुथल मचा देने वाला एक भयंकर तूफान था, उसे भी उसने सम्भाला, परन्तु अब वह अपने आप को सम्भाल न सकी। 36 घंटे पहिले–वह गंगा स्नान से लौट रही थी। उस समय ब्रह्मचारी नन्दकिशोर अपने कमरे के बाहर धूप में बैठे अपने मित्र से वार्तालाप में मग्न थे। ब्रह्मचारी जी को देखते ही उसके कोमल-कोमल हाथों से आत्म-संयम की रस्सी छूट गई।

कितने सुन्दर हैं! कितने स्वस्थ हैं!! इस 22-23 वर्ष की अवस्था में इन का यह तपस्वियों का-सा वेश मैं कैसे सहन कर सकती हूं। मैं इन्हें अपना हृदय-सम्राट बनाऊंगी। अभी नौकर को भेज इन्हें अपने पास बुलाऊंगी, अपना सर्वस्व इनके चरणों पर चढ़ाऊंगी....

वह अपने निवास स्थान पर पहुंची। आज उसके हृदय में एक अनोखी व्यथा थी और वह अनोखी व्यथा भी एक रोग के शान्त करने के हेतु किसी औषधि के खोज की व्यथा। औषधि तो उसे दीख चुकी थी, परन्तु उसने अभी उस...

उस दिन उसने अपने हृदय-सम्राट को बुलवाने की चेष्टा की, वह बुला न सकी परन्तु उसकी व्यथा प्रतिक्षण बढ़ती ही गई। रात उसने बेचैनी से काटी...रह-रह कर उसके दिल में ख्याल आता, क्या वे मेरी प्रार्थना को स्वीकार भी कर लेंगे–सुबह हुई। उसने बड़े ही प्रेम से भोजन तैयार किए उस समय उसने अपने नौकर को बुला कर कहा ''गोविन्द! वे जो सात नम्बर कमरे में एक ब्रह्मचारी जी अपने किसी मित्र के साथ ठहरे हैं उन्हें मेरे पास

बुला लाओ'', और स्वयं वह अपने द्वार पर खड़ी हो अपने भावी प्रियतम के स्वागत का सुख-स्वप्न देखने लगी।

उसने देखा उसके प्रियतम उसकी ओर आ रहे थे। उसके आनन्द का पारावार ही न रहा। वह हाथ जोड़ खड़ी हो गई–''महाराज! आज आपने इस दासी पर बड़ी ही कृपा की जो मेरी तुच्छ-सी याचना पर अपने दर्शनों से मुझे कृतार्थ किया। मेरी यह उत्कण्ठा है आज आप अपने चरण कमलों से मेरे चौके को पवित्र करें।''

''बहन! हमारे प्रति जो श्रद्धा भक्ति तुमने प्रकट की है, हम उसके लिए तुम्हारी सराहना करते हैं...परन्तु हम अपने कारण से किसी को कष्ट देना नहीं चाहते।''....

''....आप तो नहीं चाहते....परन्तु एक भक्त की भक्ति-पूर्ण आकांक्षा को पूरा करना भी भगवान् का कर्तव्य है न। आज आप अपनी भक्ति का मुझे दान दीजिये। आपकी भक्ति में मुझे आनन्द ही होगा।''

''आपको कोई कष्ट है?''

''हां कष्ट तो मुझे बहुत है''–

''क्या मैं आपके कष्ट को दूर कर सकता हूं?''

''सचमुच आप चाहें तो वह कष्ट पल भर में दूर हो सकता है।''

''इसके लिए मुझे क्या करना होगा।''

''मैंने आपके लिए बड़े ही प्रेम से भोजन बनाया है। सर्वप्रथम आपको उसे स्वीकार करना चाहिए''–

ब्रह्मचारी जी के लिए इस श्रद्धापूर्ण आग्रह को टालना कठिन हो गया।

••• ••• •••

भोजन समाप्त हुआ। ब्रह्मचारी जी ने अब वापिस जाने की आज्ञा मांगी। वह देवी एक बड़ा ही कीमती दुशाला ले कर ब्रह्मचारी जी के सामने धर हाथ जोड़ बोली–''मेरे भगवन्! आप इसे स्वीकार कीजिये!''

''हम साधु हैं, हम इस दुशाले का क्या करेंगे।''

''आप सब कुछ करने में समर्थ हैं–इस मेरी तुच्छ-सी भेंट को तो आपको स्वीकार करना ही होगा।''

''हम कदापि स्वीकार नहीं करेंगें'।'

''प्रेमपूर्ण-भावना से दी हुई वस्तु का तिरस्कार साधुजनों को शोभा नहीं देता।''

‘‘आप ठीक कहती हैं, देवी जी! परन्तु हमें इस वस्तु को आवश्यकता नहीं।’’

‘‘तो क्या आप जानबूझ कर मुझे निराश कर रहे हैं।’’

‘‘निराश करने की बात ही क्या है इसमें। देवी जी! यह वस्तुएं तो गृहस्थी-जनों के काम की हैं। ब्रह्मचारी साधु सन्त इसका क्या बनाएगा?’’

‘‘अच्छा! मेरी एक बात तो आपको माननी ही होगी।’’

‘‘वह क्या!’’

‘‘सायंकाल का भोजन आप यहीं करें’’

‘‘इससे क्या हो जाएगा?’’

‘‘मेरी आत्मा को शांति मिलेगी...’’

‘‘बहुत अच्छा’’ .....

वह आए भी और चले भी गए, मैं अपने मन की बात तक उनसे न कह पाई। निर्बलता...आज रात तो मैं उनसे अपने हृदय की व्यथा अवश्यमेव कह दूंगी। एकान्त में-बिल्कुल एकान्त में! न तो वहां कोई भी नौकर हो न नौकरानी हो और न ही वहां उनके साथ आने वाला उनका मित्र ही हो। वे हों और मैं होऊं, फिर मैं अपने दिल को चीर कर उनके सामने रख दूं...

आखिर यह समय आ ही गया। ब्रह्मचारी जी अपने मित्र के साथ उस देवी के निवासस्थान पर आए। देवी जी ने बड़े ही प्रेम से भोजन करवाया।

भोजन समाप्त हुआ–ब्रह्मचारी जी अपने स्थान पर जाने लगे....इतने में वह देवी हाथ जोड़ बोली, ‘‘भगवन! मैं आपसे एकान्त में कुछ बात करना चाहती हूं’’।

ब्रह्मचारी जी का माथा ठनका। एक 20-21 वर्ष की नवयौवना एकान्त में क्या बात करना चाहती है–कुछ ही दिन पहले हरिद्वार में घटी घटना उन्हें स्मरण हो उठी...क्या यह देवी भी वैसी ही कोई बात एकान्त में करना चाहती है। कुछ देर तक सोच कर वे बोले देवी जी! क्या तुम वह बात यहां अभी नहीं कह सकतीं।

‘‘भगवन्! यदि कह सकती होती तो अवश्य कह देती।’’ ब्रह्मचारी जी ने उस समय बात को वहीं समाप्त कर दिया और अपने मित्र को सम्बोधन करते हुए बोले ‘‘भई–भोजन तो हो लिया आप अपने कमरे में चलें मैं इनकी बात सुन कर अभी अभी आता हूं।’’

बस! अब वहां दोनों ही थे। पिछले 48 घंटों से जिस शुभ घड़ी के वह स्वप्न देख रही थी, वह घड़ी यही तो थी। उसके शयनागार में उसके हृदय-देव उसके सामने ही बैठे थे। ''क्या बात कहना चाहती हो देवी जी।''

''आपने कहा था आप मेरी विपदा को दूर करने में मेरी सहायता करेंगे।''

''हां! अवश्य....परन्तु तुम्हारी विपदा क्या है।''

''मैं अभागिन हूं, समाज की सताई हुई बालविधवा हूं, क्या आप इस विपदा में मेरी सहायता करेंगे।''

''आप बालविधवा हैं, मुझे इस बात का अत्यन्त दुःख है। आप इस विपदा में मुझसे क्या सहायता चाहती हैं।''

''मैं चाहती हूं आपका शाश्वत प्रेम....इतना कह उस देवी ने एक छोटी-सी लोहे की संदूकची ब्रह्मचारी जी के सामने धर दी, मेरे नाथ! यह सब कुछ आप ही का है-इस समय इस संदूकची में बीस हजार का धन है। यह सब आप ही का है। इस समय मैं लगभग दो लाख की सम्पत्ति की मालकिन हूं...

''देवी जी, तुम्हारी विपदा के साथ मुझे पूरी-पूरी सहानुभूति है। परन्तु आप जो कुछ चाहती हैं, वह करना मेरे सामर्थ्य के सर्वथा बाहर की बात है। मैं आजन्म ब्रह्मचर्य की प्रतिज्ञा कर चुका हूं, जिसे मैं किसी भी प्रलोभन के वशीभूत हो छोड़ने को तैयार नहीं। जिस स्पष्टता से तुमने अपने हृदय का विशुद्ध भाव प्रकट किया है वास्तव में वह प्रशंसनीय है परन्तु मैं तो एक अपनी बहन के नाते से आप को भी कहूंगा कि आप जहां इतनी देर सम्भली रही हैं वहां थोड़ी-सी देर और सम्भलिये। यह यौवन का उन्माद स्वयं ही ढीला पड़ जाएगा। अपना अधिक समय ईश्वर-भक्ति तथा परोपकार के कामों में लगाइये। इस नश्वर शरीर द्वारा संसार का जितना भी उपकार हो जाए उतना ही थोड़ा है। परोपकार ही मानव देह का सार है।

''तो क्या आप मेरी आकांक्षाओं को पूरा नहीं करेंगे। यदि आपको मेरे माता-पिता की ओर से कुछ भय है तो यह भी व्यर्थ है। अपने विवाह के बारे में मैं स्वतंत्र हूं। मेरे माता-पिता इस समय इस संसार में नहीं हैं। सास-ससुर भी नहीं हैं, केवल एक दस वर्ष का देवर है।''

परन्तु इन तुम्हारी बातों के साथ मेरा कोई संबंध नहीं, मैं तुम्हें फिर वही बात कहता हूं...देवी! तुम पथ-भ्रान्त हो रही हो...

''तो बुरा कर रही हूं–ओहो!! पच्चास-पच्चास वर्ष के बूढ़े श्मशान भूमि के यात्री, छह सात बच्चों के बाप बन कर भी जब अपनी पोती के सदृश एक बालिका के साथ विवाह करते हैं तो क्या वे ही सच्चे धर्म का पालन करते हैं, मैं एक अबोध बालिका जिसे पता भी नहीं विवाह का अर्थ क्या है, वह यदि अपने विवाह के बारे में दो शब्द भी अपने मुंह से कह दे तो यह उस बेचारी का सबसे बड़ा पाप बन जाता है। महाराज! स्वयं नहीं सोच सकते ....एक साठ वर्ष का बूढ़ा भी सारी उमर गृहस्थ भोगने के उपरान्त यदि अपने आप पर संयम नहीं कर सकता तो भला मैं अबोध बालिका कैसे संयम का पालन कर सकती हूं।

''तुम्हारा कथन यथार्थ है–देवी! वर्तमान हिन्दू समाज इससे भी कई गुणा अधिक अत्याचारी है। आप यदि अपना पुनर्विवाह करवाना चाहती हैं तो मुझे इसके लिए बड़ी प्रसन्नता है....आप यदि इसमें मेरा सहयोग प्राप्त करना चाहती हैं, मैं उसके लिए भी तैयार हूं। परन्तु मैंने जो प्रतिज्ञा धारण की है, उसे कदापि भंग नहीं कर सकता। अच्छा बहिन अब मुझे जाने की आज्ञा दीजिये?

वह देवी रोकती ही रह गई और ब्रह्मचारी नन्दकिशोर वहां से चल दिया।

सुन आए देवी जी की एकान्त-बात? उनका साथी बोला।

हां! सुन आया परन्तु कल सुबह ही ऋषिकेश को छोड़ हरिद्वार चले जाना होगा।

□□□

तीसवां अध्याय

इन्द्र शक्ति का विकास

ब्रह्मचर्येण् तपसा देवा मृत्युमुपाघ्नत्।

ब्रह्मचारी नन्द किशोर दूसरी परीक्षा में भी पास हो गए। जिसने भी उनके इस महत्तम त्याग की कहानी सुनी, उसी ने गदगद कंठ हो उनकी स्तुति गाई। चन्द्र ज्योति के समान उनका विशद यश चारों ओर फैल गया। परन्तु ऋषिकेश के क्षेत्र में परास्त हो कर भी उस विधवा नवयुवती ने साहस को हाथ से नहीं जाने दिया। ऋषिकेश से ब्रह्मचारी जी के पीछे ही पीछे वह हरिद्वार भागी। ''जब ऋषि विश्वमित्र सरीखे देवता भी षट्पद के डंक से न बच सके तो यह 23-24 वर्ष के ब्रह्मचारी जी भला कब तक कान्ता-कटाक्ष के सामने टिके रहेंगे''-परन्तु उस देवी का विचार मिथ्या निकला। ब्रह्मचारी नन्दकिशोर जिस चट्टान पर खड़े थे, उसी पर अन्त तक अटल रहे।

औषधियों के व्यापार-क्षेत्र में उन्होंने कदम तो अवश्य रखा था, परन्तु केवल इसी व्यवसाय को उन्होंने अपना जीवनोद्देश्य कदापि नहीं बनाया। उनका अधिक समय लोक-संग्रह के पवित्र कार्यों में ही व्यतीत होता। जब वे हरिद्वार में रहते उनका अधिकांश समय लायब्रेरी की देखभाल तथा पाठशालाओं में पढ़ाने वाले अध्यापकों को समझाने बुझाने में लगता....

बी. पी. एन. के. शर्मा पब्लिक सन्त लायब्रेरी हरिद्वार की इकलौती संस्था थी। उन दिनों हरिद्वार में प्रान्त-प्रान्त के भगवद्भक्त, प्रतिष्ठित सज्जन तथा राजे महाराजे अधिक आया करते थे। यद्यपि उन दिनों यात्रा इतनी सहज न थी। कौन-सा ऐसा पढ़ा लिखा यात्री होगा जो हरिद्वार में यात्रार्थ आ कर सन्त लायब्रेरी में न आता हो। इसीलिए यद्यपि लायब्रेरी में एक आदमी देखभाल के लिए रहता ही था परन्तु सुबह 9 और 11 के दरम्यान ब्रह्मचारी जी स्वयं लायब्रेरी में अवश्यमेव उपस्थित रहा करते थे। हर की पौड़ी की ओर स्नानार्थ आने-जाने वाले यात्रियों का लायब्रेरी में आने का यही समय हुआ करता था।

अखबार पढ़ने का ब्रह्मचारी जी को बहुत शौक था। जो भी नया अखबार आता वे उसे आद्योपान्त अवश्य पढ़ लेते। एक दिन की बात है। पंजाब के किसी प्रसिद्ध साप्ताहिक में उन्होंने एक पहलवान की यशोगाथा पढ़ी। उस पहलवान का नाम था कीकर सिंह। वह एक दिन अपने खेतों में से होकर आ रहा था कि अचानक उसकी पगड़ी कीकर के कांटों में उलझ गई। कीकर सिंह ने इसे अपना एक भारी अपमान समझा और उसने क्रोध में आ सभी कीकरों को उखाड़-उखाड़ कर फेंक दिया। समाचार पढ़ते ही...''ओहो! संसार में तो एक से एक बढ़िया पहलवान हैं। इसके मुकाबले पर मैं तो कुछ भी नहीं।

सहसा ऐसा विचार ब्रह्मचारी जी के हृदय में जाग्रत हो उठा। मानव शरीर पर विचारों का बहुत प्रभाव पड़ता है।

रोगी भले ही यमराज के धर्मालय की ड्योढ़ी में प्रवेश कर चुका हो परन्तु वैद्य और डॉक्टर तो उसे ''अच्छा है अभी ठीक हो जाएगा'' का ही आश्वासन देते हैं। विचारों से मनुष्य बनता है और मनुष्यों से जाति बनती है। जिस मनुष्य और जिस जाति के विचार जितने ही उच्च होंगे वह मनुष्य और वह जाति उतनी ही उन्नति की चरम सीमा पर पहुंची हुई होगी और इसके विपरीत विचार होने से उसकी अवस्था भी विपरीत होगी।

यह हिन्दू जाति जब तक इसका आदर्श–

गुरुं वा बालवृद्धौ वा ब्राह्मणम्वा बहुश्रुतम्।
आततायन्मायान्तं हन्यादेवविचारयन्।।

रहा तब तक यह जाति उन्नति का सीमा पर रही परन्तु....जब यही जीवन का आदर्श–

दया धर्म का मूल है पाप मूल अभिमान।
तुलसी दया न छोड़िये जब लग घट में प्राण।।
राम भरोसे बैठ कर रहो खाट पै सोय।
अनहोनी होवे नहीं जो होनी सो होय।।

में बदल गया तो इस जाति का सर्वनाश हो गया। फिर बहुत देर के पश्चात गुरु गोविन्द सिंह जी महाराज ने अपने खालसे सजाए उस बेकार शिक्षा को उन्होंने नष्ट-भ्रष्ट कर दिया। रावी के तट पर खड़े हो उन्होंने रण-क्षेत्र का बिगुल बजाया–

सूरा सोई जो लड़े दीन के हेत।
पुरजा-पुरजा कट मरे कभी न छांड़े खेत।।

गुरुदेव का यह विजयनाद जिस किसी के कानों में पड़ा वह उसे सुनते ही अमर हो गया।

औरों की होली सिक्खां दा होला, होरां दी दीवाली सिक्खां दा दीवाला-होरां दी बैसाखी, खालसा जी दा बैसाखा-होरां दी दाल खालसा जी दा दाला-होरां दा प्रशाद खालसा जी दा प्रशादा-होरां दे मुन्शीराम खालसा जी दा मुन्शासिंह, औरों के सरदारीलाल खालसा जी के सरदारासिंह-औरों के मोतीराम खालसा जी के मोतासिंह औरों का एक और खालसा जी का सवा लाख-

और इसी सजीव-विचारों के प्रताप से वही पद-दलित पंजाब-जाग उठा...

पंजाब में जो काम खालसा सूरमाओं ने किया दक्षिण-भारत में यही काम महाकवि भूषण ने किया। शिवा जी महाराज को जीताने में भूषण की ओजस्विनी वाणी ही प्रमुख कारण थी। अफज़ल खां का वध करने के हेतु छत्रपति अपनी सेना को लिए तैयार खड़े हैं। भूषण कवि आता है और अपना विजयी-नाद बजाता है।

चढ़ी चतुरंग सैन रंग पै तुरंग चढ़ी।
सरसा शिवाजी जंग जीतन चलत हैं।।

भारतवर्ष का वास्तविक आदर्श यही था। तभी तो नवजात शिशु की जिह्वा पर स्वर्ण अक्षर में ओ३म् लिख दिया जाता था और कुल-पुरोहित बच्चे के कानों में आ कर कहता...''**वत्स त्वम् वेदऽसि।**''

माता भी अपने बच्चे को गोद में उठा कर प्रेम से उसे लोरियां देती।

शुद्धोऽसि बुद्धोऽसि निरञ्जनोऽसि,
संसार माया परिवर्जितोऽसि।
संसार सत्यं हर मोह निद्रा।।

आज भी अंग्रेज माताएं अपने बच्चों को गोद में उठा उन्हें लोरियां देती हैं।

Rule, Rule Britania Rule the waves

Britain shall never be slaves

यद्यपि ब्रह्मचारी नन्दकिशोर का शरीर पूर्ण रूप से नीरोग तथा स्वस्थ था परन्तु कीकर सिंह की खबर पढ़ते ही उनके मन पर यह छाप लग गई "ओहो! मैं तो बहुत कमजोर हूं।" धीरे-धीरे इस मानसिक व्याधि ने उनके शरीर पर पूर्ण रूप से प्रभुत्व जमाना शुरू कर दिया। उठते-बैठते उन्हें यही सुनाई देता "ओहो मैं तो बड़ा ही कमजोर हूं।"

अब तो वे चंगे भले होते हुए भी कमजोर बन गए। उठते-बैठते उनकी आखों के सामने रंग-बिरंगे तारे नाचने लगे–मानसिक दुर्बलता यहां तक बढ़ गई कि बैठे से उठते ही आंखों के सामने अन्धेरा-सा छा जाता।

इतनी निर्बलता! इतना परिवर्तन!!

लायब्रेरी में जब भी कोई वैद्य अथवा डॉक्टर समाचार पत्र बांचने आता तो ब्रह्मचारी जी अपनी तत्कालीन निर्बलता का वर्णन करते हुए उससे उसे दूर करने का उपाय पूछते....उन दिनों हरिद्वार में एक अच्छे लब्ध प्रतिष्ठित वैद्य थे...कई एक वैद्यों अथवा डॉक्टरों ने ब्रह्मचारी जी को अपनी बुद्धि के अनुसार भिन्न भिन्न औषधियों के सेवन का परामर्श दिया....वैद्य शिवचन्द्र जी ने भी एक नुस्खा लिख कर दिया। परन्तु पता नहीं क्या सोच कर ब्रह्मचारी जी ने उन बताई हुई समस्त औषधियों में से एक का भी उपचार न किया....

धीरे-धीरे मानसिक निर्बलता यहां तक बढ़ गई कि उठते-बैठते चक्कर आने लगे आंखों के आगे सितारे घूमने लगे।

इस रोग के प्रसार को अवश्यमेव रोकना चाहिए, ऐसा विचार कर ब्रह्मचारी जी ने सभी नुस्खों को एक बार फिर ध्यान पूर्वक पढ़ा परन्तु किसी में दिल नहीं जमा-आखिरकार सहारनपुर के बड़े जिला अस्पताल में जाकर बड़े डॉक्टर को दिखाने का निश्चय किया।

••• ••• •••

सहारनपुर के डॉक्टर साहब को ब्रह्मचारी जी ने अपनी सारी राम कहानी सुना दी। नब्ज पर हाथ धर डॉक्टर साहब बोले देखिये जनाब! आपका इलाज अच्छी तरह यहां हो जावेगा–कोई फिक्र की बात नहीं है...यह दवाई मैं लिख देता हूं इसकी तीन खुराकें हैं। इस दवाई का कम से कम दो महीने इस्तेमाल करो। एक बात और उस अवस्था में एहतयात की बहुत जरूरत है, इसलिये

अगर आप अपना इलाज करवाना चाहते हैं तो दो महीने आपको अस्पताल में इन्डोर पेशेन्ट (Indoor Patient) की हैसियत से रहना पड़ेगा।

ब्रह्मचारी जी ने उस समय कुछ उत्तर नहीं दिया। डॉक्टर की परची ले वे कंपाउंडर के पास पहुंचे। ब्रह्मचारी जी के पास अपनी कोई शीशी न थी। कंपाउंडर ने अपनी शीशी में ही एक खुराक पिला दी और दो खुराकें एक शीशी में ब्रह्मचारी जी को दे दीं।

परन्तु ब्रह्मचारी जी का दिल दवाई में जमा नहीं–दो महीने अस्पताल में बन्द रहना वे चाहते न थे। शीशी को वहीं एक ओर पटक, वे अस्पताल से चल दिए।

अबकी उन्होंने मुरादाबाद के बड़े सिविल सर्जन से इलाज करवाने का निश्चय किया। इसीलिए वे अगली गाड़ी से मुरादाबाद के लिए चल पड़े।

सिविल सर्जन साहब अस्पताल में बैठे बीमारों की देखभाल कर रहे थे। ब्रह्मचारी जी की इच्छा थी वे अपनी सारी व्यथा डॉक्टर साहब को बताते परन्तु ब्रह्मचारी जी अभी कुछ कह भी नहीं पाये थे। डॉक्टर साहब ने नब्ज पर एक सेकंड भर हाथ रख झट नुस्खा लिख ब्रह्मचारी जी के हाथ में पकड़ा दिया।

''वाह रे साहब! बीमारी देखी भी नहीं....मेरी कहानी सुनी भी नहीं-ज़रा हाथ छू कर ही पर्चे पर लिख मारा....जिस रोग को बड़े-बड़े योग्य वैद्य कई दिनों में समझ न सके। तूने मेरी शक्ल देखते ही समझ लिया....वाह रे साहब'' खाक होगी इसकी दवाई–जैसा इसने रोग पहचाना ऐसी ही ''दे-फैंक'' इसकी दवाई होगी।'' ऐसा विचार कर ब्रह्मचारी जी उसके पर्चे को फाड़ अगली गाड़ी से हरिद्वार चल दिए।

मुरादाबाद से आए हुए ब्रह्मचारी जो को लगभग डेढ़ महीना हुआ होगा। एक दिन शाम के तीन या चार बजे ब्रह्मचारी जी सीधे बाजार से घूमते हुए महाराज टीहरी की हवेली से निकल पहले पक्के चौक को छोड़, फिर कच्चे चौक में हो अपने निवास-स्थान के सामने वाली सड़क पर आने को थे। उसी रास्ते के एक ओर थोड़ी ही दूर हलवाई की एक बड़ी मोटी ताजी गौ बंधी थी। ब्रह्मचारी जी ने पहले चौक को पार कर दूसरे चौंक में पांव धरा ही था उन्हें देखते ही पता नहीं गौ माता के दिल में क्या विचार उठा वह जोर से रस्सा तुड़वा दोनों सींग उठा ब्रह्मचारी जी पर टूट पड़ी। ब्रह्मचारी जी ने आओ देखा न ताओ पास ही पड़ी एक भारी पत्थर की शिला उठा उस गाय को भयभीत करने के लिए उसकी ओर फैंकी। परन्तु उस गौ माता ने तो उस

समय काली का रूप धारण कर लिया। ब्रह्मचारी जी ने अपने दोनों हाथों से उस गाय के सीग पकड़ पीछे को धकेला। बड़े मजे का युद्ध छिड़ गया।

यह भीम-युद्ध लगभग पौन घंटे तक होता रहा।

इसी धक्कम धक्का में एक बार ब्रह्मचारी जी जमीन पर गिर गए। उसी समय गौऊ ने अपने दोनों सींग ब्रह्मचारी जी के पेट में मारने को झुकाये परन्तु ब्रह्मचारी जी ने गौ के दोनों सींग अपनी छाती में आते देख पड़े-पड़े ही झट दोनों हाथ उठा कर दोनों सीगों को पकड़ लिया....''मैं अपने सींग इसके पेट में खुबो चुकी, ऐसा समझ गौऊ ने अपने सींगों को ऊंचा उठाया-ब्रह्मचारी जी अभी इसके सींगों को पकड़े ही थे....उन सींगों के उठते ही वे भी उनके साथ ही उठ खड़े हुए।

ब्रह्मचारी जी ने जोश में आ एक हाथ में उसे गाय का सींग पकड़ दूसरा हाथ उसके पेट के बाजू पर लगा ज़ोर से उसे पीछे धकेला। गाय थोड़ी-सी पीछे हट गई और ब्रह्मचारी जी ने सोचा गौमाता से अधिक युद्ध करना अच्छा नहीं। यह फिर भी पशु है मैं आदमी हूं....पास ही एक नीम का पेड़ था। गौमाता कुछ पीछे हट चुकी थी। समय पा ब्रह्मचारी जी वृक्ष पर जा चढ़े।

ऊपर बैठे-बैठे ब्रह्मचारी जी ने गाय के मालिक को आवाज़ दी...

गाय के मालिक द्वारा काबू में आ जाने पर ब्रह्मचारी जी उस पेड़ से नीचे उतरे। अपने कमजोर होने का संस्कार अभी तक उनके मन पर यथा-पूर्व जमा ही हुआ था। ''आज मेरी जान बच गई'' कुछ बांटना चाहिए। मुंशी राम अचार वाले की दुकान से एक रुपये का पिस्ता ले उन्होंने इसे प्रसाद रूप में बांटना आरम्भ किया।

लो भई प्रसाद! प्रश्न हुआ ''कैसा प्रसाद!'' उत्तर दिया आज जान बच गई-परन्तु जान बच गई कहने में ही छुट्टी न थी-कैसे जान बच गई। अब अपनी सारी कथा भला किस-किस को सुनाते...

थोड़ी ही देर में ब्रह्मचारी जी की अंतरात्मा से आवाज उठी...''जान बच गई'' ऐसा मत कहिये बल्कि यूं कहिये कि आज भीतर की छुपी हुई शक्ति प्रकट हो गई।

इन्द्र शक्ति का पुनः प्रकाश

चलती हुई हथनी को रोकना

इस घटना के कुछ दिन पश्चात। ब्रह्मचारी नन्दकिशोर अपने को आरोग्य समझने लगे। उनके हृदय से अपने निर्बल होने का संस्कार दूर हो चुका था।

एक दिन ब्रह्मचारी जी लाला रामप्रसाद जी के मकान के सामने वाली गली से अपने मन की मौज में घूमते हुए बाज़ार की ओर आ रहे थे। उधर कुशावर्त की ओर से महाराजा टिहरी की हथनी को महावत पानी पिला कर उसी गली के रास्ते ला रहा था। सामने से ब्रह्मचारी जी जा रहे थे और आगे से हथनी आ रही थी और उस हथनी के पीछे कुछ एक मुलतान की ओर के रहने वाले लोग कौतुक से उस हथनी को देखते आ रहे थे।

हथनी को देख सहसा ब्रह्मचारी जी के दिल में शक्ति की एक तरंग उठी–आई जो मस्ती! एकाएक लपक कर हथनी की पूंछ पकड़ कर अंगद के समान धरती पर पैर जमा बस डट गए। हथनी एकदम चलने से रुक गई। ब्रह्मचारी जी के मन को सन्तोष नहीं हुआ–"हो सकता है यह हथनी स्वयं अपनी इच्छा से थोड़ी देर यहां ठहर गई हो।" ऐसा सोच कर एक बार फिर शक्ति परीक्षा के लिए आगे बढ़े। हथनी की उस हिलती हुई पूंछ को ब्रह्मचारी जी पकड़ने की चेष्टा में ही थे, सहसा महावत की दृष्टि ब्रह्मचारी जी पर पड़ी। हथनी के पीछे एक नवयुवक को देख महावत चिल्लाया "परे हो जाओ। हथनी मार देगी।"

"मार देगी"! व्यंगात्मक हंसी हंसते हुए ब्रह्मचारी जी बोले "मारेगी तो उसे जो इससे मार खायेगा, इसका एक कदम भी आगे न उठे तो यह मारेगी किसे?"

अब वहां एक अच्छा खासा मेला लग चुका था...बीसियों तमाशाइयों के बीच में वह तेजस्वी नवयुवक हथनी की पूंछ पकड़े खड़ा था और हथनी...क्या मजाल जो एक कदम भी आगे उठा सके...

"ले भई चलाले अब अपनी हथनी को" ब्रह्मचारी जी ने महावत को चैलेंज दिया।

"ले सम्भल फिर" इतना कह महावत ने गले में पैर मार मार "तिक तिक" करके उस हथनी को आगे बढ़ने के लिए बहुतेरा जोर लगाया...फिर उसने अंकुश उलटा करके मारा...हथनी चिल्लाई उसने आगे बढ़ने की पूरी कोशिश की परन्तु वह बेबस थी...महावत ने एक अंकुश और मारा...हथनी फिर चिल्लाई...ब्रह्मचारी जी को तरस आया...उनकी शक्ति परीक्षा तो हो ही चुकी थी। उसका तो परिणाम भी निकल चुका था–उन्होंने पूंछ को छोड़ दिया...हथनी आगे बढ़ी।

ब्रह्मचर्य की शक्ति का उज्ज्वल उदाहरण इससे बढ़ कर और क्या हो सकता है?

ब्रह्मचर्य-महिमा की यह वीर-घटना विद्युत तरंग के समान समस्त नगरी में फैल गई। अब तो घर-घर में इसी घटना की चर्चा थी। जिसने भी इस वीर कथा को सुना वही ब्रह्मचारी जी के दर्शनों को भागा। ला. रामप्रसाद जी की दुकान पर बैठे हुए ब्रह्मचारी जी ऐसे शोभयमान हो रहे थे मानो सचमुच ब्रह्म-तेज सशरीर पंचपुरी में पधारा हो। इस वीर-घटना को उस समय जिन जिन लोगों ने अपनी आखों देखा उनमें से कई लोग अब भी जीवित हैं और आज कल भी प्राय: वे अपने यौवन काल में देखी उस कभी न भूलने वाली कथा को बड़े गौरव के साथ अपने बच्चों को सुनाया करते हैं।

❑❑❑

इकतीसवां अध्याय

प्रभु के चरणों में

धिग्बलं क्षत्रियबलं ब्रह्मतेजो बलं बलम्।

दिन सुहावना था। प्रातः नौ बजे का समय था। ब्रह्मचारी नन्दकिशोर सन्त-वाचनालय में बैठे कुछेक नवीन समाचार पत्र पढ़ने में व्यस्त थे। उसी समय एक सौम्य तेजस्वी पुरुष हर की पौड़ी की ओर से आता हुआ लायब्रेरी के सामने ठहर गया और बड़े ही ध्यान पूर्वक लायब्रेरी की ओर देखने लगा। उस तेजस्वी पुरुष के आने से ब्रह्मचारी जी का ध्यान सहसा उस ओर आकर्षित हो गया।

प्राचीन ऋषियों के समान पाओं में खड़ांऊ पहने, शिर पर शुभ्र-तुषार सदृश पके हुए केश, हाथ में लम्बी लकड़ी थामे उस व्यक्ति को देख ब्रह्मचारी जी ने अनुभव किया मानो कोई राजर्षि उनके यहां पधारा हो।

वे अपने स्थान से उठ विनय पूर्वक हाथ जोड़ उस नवागन्तुक की ओर बढ़े....आइये! श्रीमान् जी पधारिये....

उस तेजस्वी पुरुष ने ब्रह्मचारी जी को सिर से पैर तक देखा और फिर मुस्करा कर बोले!

''यह सन्त लायब्रेरी म्युनस्पलटी की ओर से स्थापित की गई है अथवा जनता की ओर से।''

''दोनों में से किसी की भी ओर से नहीं श्रीमान्जी! यहां तो सब को अपने-अपने मोक्ष की पड़ी है, फिर भला एक आदमी दूसरे के लिए कुछ भी क्यों करे।''

तो क्या इस महान् कार्य का भार केवल आप ही के कन्धों पर है! धन्य, धन्य! पृथ्वी भी तो थोड़े से सन्तजनों के सहारे ही खड़ी है।

फिर लायब्रेरी के अन्दर पुस्तकों से भरी अलमारी की ओर देख कर बोले–आपने तो बड़ी ही लग्न तथा परिश्रम से इतना भारी संग्रह किया है। मेरा ख्याल है आपके पुस्तकालय में दो तीन हजार ग्रन्थ तो होंगे–

ब्रह्मचारी जी हाथ जोड़ बोले ''श्रीमान जी की कृपा से इस समय लायब्रेरी में साढ़े तीन हजार ग्रन्थ हैं, 50 के लगभग ग्रन्थ ताड़ तथा बांस के पत्तों पर लिखित हैं और इस समय भारत-भर में जितने भी समाचार पत्र निकल रहे हैं, लगभग सभी इस वाचनालय में आते हैं।

ताड़ के पत्रों पर लिखी हुई पुस्तकों का नाम सुन उक्त महाशय को उन पुस्तकों के दर्शन करने की लालसा हुई। और वे हाथ जोड़ बोले–''ताड़-पत्र पर लिखित पुस्तकों के आप मुझे दर्शन करवा सकते हैं?''

अवश्य, इतना कहते ही ब्रह्मचारी जी उठ खड़े हुए। वे महाशय भी उठे। ब्रह्मचारी जी ने उन्हें आदर सहित लायब्रेरी का दिग्दर्शन करवाया।

वे थे श्रीमन्त अयोध्या नरेश श्री ददुआ साहेब। वे हरिद्वार यात्रा को आए हुए थे। ब्रह्मचारीजी के पुरुषार्थ को, उनके तेजस्वी स्वरूप को और अन्य लोगों के मुंह से उनके वीर चरित्र को सुन वे बड़े ही प्रसन्न हुए। उनकी योग्यता की चर्चा भी उन तक पहुंची। ब्रह्मचारी जी के सत्संग से ज्ञान-प्राप्ति की इच्छा उनके हृदय में जाग्रत हुई।

इस घटना के कुछ दिन पश्चात ब्रह्मचारी जी महाराज यथापूर्व अपनी लायब्रेरी के बाहर बैठे थे। दोपहर के लगभग चार बजे एक साधारण-सा आदमी उनके सामने आ हाथ जोड़ बोला–''आपको हजूर ने याद किया है, आप तकलीफ न मानें तो सरकार को दर्शन दें।''

ब्रह्मचारी जी ने दो-तीन बार उस आदमी को सिर से पैर तक देखा, सिर पर बहुतेरा जोर डाला कि वे उस आदमी को तथा उसके हुजूर को समझ सकें, परन्तु....

''कौन हो तुम-कौन है आपकी सरकार''–ब्रह्मचारी जी ने उस व्यक्ति से पूछा-

वह आदमी हाथ जोड़ बोला-''महाराज! वे जो कुछ दिन हुए आपके पास बहुत देर तक बैठे थे और जिन्हें आपने अपनी बहुत-सी पुस्तकें दिखाई थीं–वे श्रीमन्त अयोध्या के राजा श्री ददुआ साहेब हैं। उन्होंने आपको दर्शनों के लिए बुलाया है।

ब्रह्मचारी जी को राजाओं-महाराजाओं को दर्शन देने का अथवा उनके दर्शन करने का कोई शौक न था। राजा शब्द की उनके हृदय में कुछ भी कदर न थी परन्तु राजर्षियों के तो वे परम प्यारे थे–

हिन्दू धर्म सत्ता का बैरी नहीं–बल, शक्ति, धन का भी विरोधी नहीं यदि इन सब विभूतियों के साथ नम्रता और परोपकार का मिश्रण भी हो।

उसी क्षण उनका ध्यान कुछ दिन पहले पुस्तकालय में पधारने वाले उस तेजस्वी पुरुष की आकृति पर खिंच गया ''वे राजा थे और राजा भी भगवान् मर्यादा पुरुषोत्तम राम की पवित्र पुरी के। उनके अन्दर नम्रता तथा विनय के आभूषण चमक-चमक पड़ते थे।

ऐसे राजर्षि की अभिलाषा का अवश्यमेव आदर करना चाहिए। ऐसा मन में विचार कर वे तत्काल उस आदमी के साथ महाराज के पास चल दिए।

महाराज ने मुख्यद्वार पर ब्रह्मचारी नन्दकिशोर जी का स्वागत किया, यथा योग्य आदर सत्कार करने के पश्चात महाराज बोले–''ब्रह्मचारी जी वास्तव में इस सेवक के स्थान को अपने चरण कमलों से पवित्र कर आपने मुझे अनुगृहीत किया है। तीर्थों का माहात्म्य आप सरीखे भगवद्भक्त सत्यपुरुषों की उपस्थिति में ही होता है। वास्तव में आज हमारा हरिद्वार आना सफल हुआ। वास्तव में तीर्थों का माहात्म्य इसी बात में है। गंगा जी की शीतल अमृतधारा शरीर की त्वचा के रोगों को शांत करती है और आप सरीखे तपोनिष्ठ बालतपस्वियों के ज्ञानामृत सुने उपदेश आभ्यन्तरिक व्याधियों को शांत करते हैं। जब से आपके ब्रह्म-बल की यशोगाथा सुनी है तभी से आप के सत्संग की तीव्र उत्कंठा हृदय में बनी हुई है।

ब्रह्मचारी जी बोले–महाराज आप तो स्वयं ज्ञान के सरोवर हैं। मर्यादा पुरुषोत्तम भगवान् राम की पावनपुरी के नायक हैं। मैं तो आपके पुत्रों के समान हूं। आप मुझसे....

''हां! बाल तो मेरे सफेद हैं और मैंने आपसे अधिक देर तक इस सांसारिक वायु मंडल में सांस लिया है, परन्तु–

न तेन स्थविरो भवति येनेदं पालितं शिरः।

केवल सफेद बालों के हो जाने से ही कोई सर्वमान्य नहीं हो जाता और शेष बात रही मेरे राजा होने की। ब्रह्मचारी जी! सच्ची सरकार तो आप हैं। जहां पर हमारी सरकार समाप्त होती है, वहां से आपकी सरकार का आरम्भ

होता है। जो सुख, शांति सन्तोष आपके दरबार में है–वह सुख वैभवों में कहां है?

आप ही की आयु के शुकदेव ने मेरी ही आयु के राजा परीक्षित को जो उपदेश दिया था आज फिर उसी आख्यायिका की पुनरावृत्ति होगी। ब्रह्मचारी जी! मेरे मन में एक शंका है जिज्ञासा भाव से मैं उस शंका की निवृत्ति आप से चाहता हूं।

ब्रह्म का स्वरूप क्या है?

ब्रह्म प्राप्ति का साधन क्या है?

राष्ट्रों के उत्थान और पतन में परमात्मा का क्या भाग है?

ब्रह्मचारी नन्दकिशोर ने गम्भीर रूप धारण कर लिया। बालरवि के सदृश तेजस्वी मुखमंडल पर सभी आंखें केन्द्रीभूत हो गईं।

अयोध्यानाथ! ब्रह्मज्ञान के सम्बन्ध में आपने जो जिज्ञासा की है वह कोई नई चीज नहीं है। परमात्मा ने जब से इस सृष्टि को रचा ऐसी शंकाएं तो तभी से उठती रही हैं। विश्व ज्ञान का क्षेत्र तो इतना विस्तृत है कि मनुष्य सैकड़ों जन्मों तक निरन्तर खोज करता हुआ भी उसे प्राप्त नहीं कर सकता। जो शंकाएं प्राचीन काल में ऋषियों के सम्मुख उपस्थित हुआ करती थीं, वे सब की सब आज भी वैसी की वैसी अधूरी ही पड़ी हैं।

हमारे पूर्वजों ने कितना भारी ब्रह्मज्ञान उत्पन्न किया–ब्राह्मण ग्रन्थ, उपनिषद्, षट्–शास्त्र प्रभृति इतने महत्तम ज्ञानार्णव को बढ़ा कर भी अन्त में निराश होकर वे भी लिख गए–

नाऽहं मन्ये सुवेदेति नो न वेदेति वेद च।
यो नस्तदवेद तदवेद नो न वेदेति वेद च॥

महाराज! पूर्ण ज्ञानी संसार में आज तक न कोई हुआ है और न ही कोई हो सकता है....

ब्रह्मज्ञान की व्याख्या हो ही नहीं सकती। शास्त्र में लिखा है–

न सदृशे तिष्ठति रूपमस्य न चक्षुषा पश्यतिकश्चिनैनम्।
हृदा मनीषा मनसाभि कलृप्तोय एतद्विदुरम्॥
नैव वाचा न मनसा शक्यो प्राप्तुं न चक्षुषा तास्ते भवन्ति।
अस्तीति ब्रूवताडन्यत्र कथं....तदुपलभ्यते॥

जिस ब्रह्मज्ञान के बारे में स्वयं ऋषियों ने यहां तक कह दिया उसके बारे में मैं आपको क्या अधिक बता सकूंगा। तथापि आपकी श्रद्धा-भक्ति तथा साधुत्व को दृष्टि में रखते हुए मैं यथाशक्ति इसका उत्तर दूंगा...श्रीमान् की इससे कहां तक संतुष्टी होगी यह तो मैं स्वयं भी कुछ नहीं कह सकता...

••• ••• •••

''ब्रह्म का स्वरूप क्या है?''

''वेद ने ब्रह्म का स्वरूप वर्णन करते हुए स्वयं लिखा है।''

येन द्यौरुग्रा पृथ्वी चदृढा, येन स्वःस्तभितं येन नाकः।
यो अन्तरिक्षे रजसो विमानः, कस्मै देवाय हविषा विधेम।।

अर्थात् जिस परमात्मा ने तीक्ष्ण स्वभाव वाले सूर्य आदि और भूमि को धारण किया है, जिस जगदीश्वर ने सुख को धारण और जिस ईश्वर ने दुःख रहित मोक्ष को धारण किया है जो आकाश में सब लोक लोकान्तरों को विशेष मानयुक्त अर्थात् आकाश में पक्षी सुखदायक कामना करने योग्य परब्रह्म की प्राप्ति के लिए सब सामर्थ्य से विशेष भक्ति करें। यह है संक्षेप से ब्रह्म का वास्तविक रूप।

भयादस्याग्निस्तपति भयात्तपतिसूर्यः।
भयादिन्द्रश्च वायुश्च मृत्युर्धावति पञ्चमः।।

जिसके भय से अग्नि तपती है। जिस की आज्ञा का पालन करते हुए सूर्य और चन्द्रादि नक्षत्रगण गगन लोक में अपना धर्म पालते हैं। उपनिषद् में एक स्थान पर शिष्य ने गुरु से प्रश्न किया–हे गुरु देव! किस के चलाने से मन अपनी आवश्यक और मनमोहक वस्तुओं की ओर जाता है और किस शक्ति से यह प्राण सर्व शरीर को चलाते और प्रत्येक स्थान पर अपना कार्य करते हैं, किसकी शक्ति से यह जिह्वा इन शब्दों को कह रही है और आंख-नाक इत्यादि इन्द्रियों को अपने अपने कार्य में कौन लगाता है।

शिष्य का ऐसा वचन सुन गुरुदेव बोले...

श्रोत्रस्य श्रोत्रं मनसो मनोयद् वाचो हि वाचः सः प्राणस्य प्राणः।
चक्षुश्च चक्षुरति मुच्य धीराः प्रेत्या स्माल्लंकोदमृता भवन्ति।।

प्रिय शिष्यो–वह शक्ति मन का मन है, कान का कान है वाणी की

वाणी है, आंख की आंख है, प्राण ही का प्राण है उसी शक्ति का ध्यान करके अमरत्व की प्राप्ति होती है। वह बड़ा भारी पावर हाउस उस स्थान पर है।

न तत्र चक्षुर्गच्छति न वाग्गच्छति नो मनो।
न विद्यो न विजानीमो यथैतदनु शिष्यात्॥

न वहां आंख जाती है, न वाणी पहुंच सकती है, न ही उस परमात्मा तक मन ही पहुंच सकता है।

यच्चक्षुषा न पश्यति येन चक्षुषि पश्यति।
तदेव ब्रह्म त्वं विद्धि नेदिं यदिद्यपासते॥

जो ब्रह्म आंखों से नहीं देखता और न देखा जाता है परन्तु जिसके नियमों से शक्ति पाकर आंख देखती है और उसकी सहायता से सब जीव वस्तुओं का ज्ञान, ज्ञान-इन्द्रियों द्वारा प्राप्त करते हैं तो उसी आंख की आंख को देखने की शक्ति देने वाले को ब्रह्मज्ञान और जिन आंखों से देखने योग्य वस्तुओं की मनुष्य उपासना करते हैं, वह ब्रह्म नहीं।

यच्छ्रोत्रेण न शृणोति येन श्रोत्रमिदं श्रुतम्।
तदेव ब्रह्म त्वं विद्धि नेदं यदिदमुपासते॥

अर्थात् वह ब्रह्म कानों से नहीं सुना जाता, परन्तु कान उसी की सहायता से सुनते हैं।

यनमनसा न मनुते येनाहुर्मनो मतम्।
तदेव ब्रह्म त्वं विद्धि नेदं यदिदमुपासते॥

वह परमात्मा मन के विचारों से जानने योग्य नहीं क्योंकि परमात्मा के गुण अन्नत और सीमा से परे हैं। उन पर मन किसी पगकार हो ही नहीं सकता। जो सब नियमों का रचयिता है और जिसकी सहायता से मन कार्य करता है, वही ब्रह्म है।

वेदों ने ब्रह्म का ऐसा ही रूप गाया है....और यही ब्रह्म का वास्तविक स्वरूप है।

अब मैं आपको ब्रह्म प्राप्ति का मार्ग कहता हूं। उसी धर्मशास्त्र के अन्दर जहां ब्रह्म का स्वरूप लिखा है, वहीं पर उसकी प्राप्ति का साधन भी लिखा है।

आत्मानं रथिनं विद्धि शरीरं रथ मेवतु।
बुद्धिमतु सारथिं विद्धि मनः प्रग्रहमेव च॥
इन्द्रियाणि ह्यानाहु र्विषयांस्तेषु गोचरान्।
आत्मेन्द्रिय मनोयुक्तं भोक्तेत्याहुर्मनीषिणः॥
यस्त्वविज्ञानवान् भवत्युक्तेन मनसा सदा।
तस्येन्द्रियाण्वश्यानि दृष्टाश्वा इव सारथे॥
यस्तु विज्ञानवान भवति युक्तेन मनसा सदा।
तस्येन्द्रियाण वश्यानि दुष्टाश्वा इव सारथे॥
यस्तु विज्ञानवान भवति युक्तेन सदाऽशुचिः।
न स तत्पदमाप्नोति न सारं चाधिगच्छति॥
विज्ञान सारथिर्यस्तु मनः प्रग्रह वान्नरः।
सोऽध्वनः पारमाप्नोति तद्विश्नोः परमं पदम्॥

इस शरीर रूपी रथ के भीतर आत्मा रूपी सवार, बुद्धि रूपी सारथी द्वारा चलाये गए मन रूपी लगामों द्वारा इन्द्रिय रूपी घोड़ों को हांकता हुआ प्रभु के दरबार की ओर जाता है–

परन्तु जिस रथ के घोड़े लगामें ढीली हो जाने से बिगड़ जाते हैं, वह रथ किसी कुपथ पर चलता हुआ नष्ट भ्रष्ट हो जाता है और जो सारथी अपनी मन रूपी लगामों को दृढ़ता से पकड़ इन्द्रिय रूपी घोड़ों को काबू में रखता है वास्तव में वही अपने सवार को विष्णु के परम धाम तक ले जा सकता है, प्राप्त होता है।

आत्म-संयम ही ईश्वर प्राप्ति का मार्ग है। ईश्वर तो स्वयं मनुष्य के हृदय में बैठा है फिर उसे खोजने इधर-उधर जाने का अर्थ ही क्या। भगवान् कृष्ण ने स्वयं अर्जुन के प्रति कहा है।

ईश्वरः सर्व भूतानां हृद्देशेऽर्जुन तिष्ठति।
भ्रामयन्सर्वभूतानि यंत्रारूढाणि मायया॥

हे अर्जुन! जिस प्रकार कोई मदारी अपने यंत्रों को घुमाता है, ऐसे ही परमात्मा प्रत्येक मनुष्य के हृदय में बैठा हुआ इसे घुमा रहा है।

इसी परमात्मा के निवास-स्थान शरीर रूपी मन्दिर का विकास करने के लिए महात्मा बुद्ध ने आठ नियमों का पालन आवश्यक कहा था। उन आठ

नियमों में से ब्रह्मचर्य प्रमुख है। ब्रह्मचर्य इस शरीर रूपी मशीन के पुर्जों का तेल है...

ब्रह्मचर्येण तपसा देवा मृत्युमपाघ्नत।

ब्रह्मचर्य मानव-जीवन प्रासाद का मानो आधार है। विषयों के वश में रहना तो पराधीनता में मरना है। इस बेबसी का जीवन तो मानो शरीर को कब्र बना कर मुर्दों के समान सड़ना है। शान्ति उसी को प्राप्त होती है जो इन विषयों का परित्याग कर देता है:

विहाय कामान यः सर्वान पुमानश्चरति निस्पृहः।
निर्ममो निरहंकारः स शान्तिमधिगच्छति॥

इस स्थिति को पाकर तो फिर आत्म-ज्योति शरीर से इस प्रकार चमकती है जैसे फानूस में से रोशनी। अस्तु हम सबको अपने हृदयों से इस विषय वासना की काली नागन को निकाल देना ही चाहिए। अनात्म दृष्टि दुःख रूप है। निशाना तो आकाश पर बैठे हुए ब्रह्म पर लगाना है और देख रहे हो नीचे रसातल की ओर।

इसी लम्बी चौड़ी व्याख्या को हमारे शास्त्रकारों ने सूत्र रूप में ज्ञान-मार्ग तथा कर्म-मार्ग कहा है—परन्तु यह दोनों ही मार्ग तप और त्याग के मार्ग हैं। जिस समय भारतवर्ष के अन्दर तप, त्याग की प्रधानता थी उस समय इन्हीं दोनों मार्गों से यात्रीगण विष्णु-पद तक पहुंचा करते थे। परन्तु संसार चक्र ने पलटा खाया— भारत पराधीन हो गया। महाभारत के पतन के पश्चात देश की शक्ति डांवाडोल हो गई। उस समय कायर तथा नपुंसक लोगों ने ईश्वर तक पहुंचने की एक सुन्दर, सुखद सड़क बनाई। वह सड़क थी भक्ति-मार्ग की। आज तक उस सड़क पर चलते हुए असंख्य जनों ने प्रभु प्राप्ति का दुःसाहस किया परन्तु वह सड़क तो वास्तव में प्रभु तक जाती ही न थी। गीता जी में भगवान् ने कहा है—

क्लेशोऽधिकारस्तेषां अव्यक्तासक्त चेतसाम्।
अव्यक्ता हि गति दुःखं देहवद्भिरवाप्यते॥

अव्यक्त ब्रह्म का चिन्तन बड़ा कठिन है। उसके चिन्तन में नाना प्रकार के कष्ट झेलने पड़ते हैं। मनुष्य स्वभाव से ही कष्ट झेलना चाहता नहीं।

अस्तु! उस भक्ति मार्ग पर चलने वाले ईश्वर-भक्तों ने जहां तक वह चल सके वहीं पर अपने मन के मुताबिक एक ईश्वर की कल्पना करके उसकी प्रतिमा बना खड़ी कर दी। परन्तु उन सबकी दशा ठीक वैसी ही है, जिसका शब्दचित्र खींचते हुए उपनिषद् ने लिखा है–

अविद्यायामन्तरे वर्तमानः धीराः स्वयं पंडित मन्यमाना।
दंद्रव्यमाना परियन्ति मूढा अन्धेनैव नीयमाना यथान्धः॥

श्रीमन्महाराज तथा आदरणीय सज्जनों सूत्र रूप में मैंने आपकी तीनों ही शंकाओं का समाधान कर दिया है। अब मैं अन्त में अपनी ओर से दो शब्द कहता हुआ अपने प्रवचन को समाप्त करता हूं।

इस समय संसार के अन्दर दो संस्कृतियों का प्रबल संघर्ष छिड़ रहा है। एक संस्कृति है वैदिक और दूसरी है यहूदी (Cemetic)। एक का आदर्श है. सदाचार दूसरी का आदर्श है पैसा। भारतवर्ष के प्राचीन ऋषियों ने इस तत्त्व को समझा लिया था कि ईश्वर और धर्म प्रचार की वस्तु नहीं हैं। ये तो केवल आचार की वस्तु हैं। इसीलिए थोड़े से शब्दों में उन्होंने सात्विक जीवन को ही ईश्वर-प्राप्ति का साधन कह दिया था। उन्होंने धर्म (सदाचारी जीवन) के कतिपय नियम बनाए और उन नियमों का पालन करना ही उन्होंने ईश्वर की प्राप्ति कहा....परन्तु मध्य-एशिया से एक और संस्कृति की उत्पत्ति हुई। उस स्थान के लोगों ने सर्वप्रथम चोर, डाकू तथा लुटेरों को ही देखा–जिसकी लाठी उसकी भैंस। जिसने हाथों में डंडा उठाया उसी को वहां के लोगों ने परमात्मा मान लिया। सदाचार का, धर्म का वहां कुछ मान ही न था वहां तो मान था केवल लूट-खसोट का।

यह दो संस्कृतियां बारहवीं शताब्दी में भारतवर्ष में परस्पर में टकराई और वह टक्कर आज बीसवीं शताब्दी तक भी निरन्तर जारी है। परन्तु प्राचीन ऋषियों के तपोबल से उत्पन्न हुई यह भारतीय संस्कृति ही मानव जीवन के सुख का हेतु है। हमारे प्राचीन ऋषियों ने कितना ब्रह्मज्ञान प्राप्त किया। मैं तो कहता हूं सारे संसार का साहित्य मिल कर हमारे एक ग्रन्थ की भी तुलना नहीं कर सकता। इतने बड़े भारी ज्ञान को पैदा किया उन ऋषियों ने अपने ब्रह्मतेज से।

ब्रह्मादयो ब्रह्म हिताय तप्त्वा परः तपस्या शरदः तपांसि।
एतान्य पश्यन् गुरुव! पुराणः स्वान्येव तेजांसि तपोमयानि॥

प्राचीन ऋषियों ने शतशः वर्ष तपस्या करके इस ब्रह्मज्ञान को उत्पन्न किया परन्तु अभिमान तो उनके पास फटका तक नहीं। इतना ज्ञान प्राप्त करके भी उन्होंने अन्त में लिख दिया...

यदि मन्यसे सुवेदेतिदभ्रमेवापि नूनं त्वं वेत्थ ब्राह्मणो रूपम्।
यदस्य त्वं यदस्य देवश्च ननु मीमांस्यमेव ते मन्ये विदितम्॥

अर्थात् "यदि तुम्हारा विचार है कि मैं ब्रह्म को ठीक प्रकार से जानता हूं तो इस बात को मैं नहीं मानता क्योंकि जो ब्रह्म को जानने की प्रतिज्ञा करता है, वह ब्रह्म को नहीं जानता। कारण, ब्रह्म का स्वरूप इतना सूक्ष्म है कि उसके जानने की प्रतिज्ञा करना उचित नहीं...

यस्याऽमतं तस्य मतं मतं यस्य न वेद सः।
अविज्ञातं विजानतां विज्ञातम विजानताम्॥

अर्थात् जो पुरुष यह विचार करता है कि ब्रह्म मन से नहीं जाना जाता, वह वास्तव में ब्रह्म को जानता है और जो यह विचार रखता है कि ब्रह्म को इन्द्रियों द्वारा अथवा स्थूल पदार्थों से जान सकते हैं यह कदापि ब्रह्म को नहीं जानता। जिनको ब्रह्म के जानने का अभिमान है, उनको ब्रह्म का ज्ञान कुछ भी नहीं और जो ब्रह्म को जानते हैं वे किसी दशा में भी ब्रह्म को जानने का अभिमान नहीं करते और न कर सकते हैं। उसके पश्चात उसी शास्त्र ने लिखा है..

प्रतिबोध विदितं मतममृतत्त्वं हि विंदते।
आत्मना विन्दते वीर्य्यं विद्यया विन्दतेऽमृतम्॥

जब मनुष्य अपनी इन्द्रियों के वेग को रोक कर अपने अधीन कर लेता है और इन्द्रियों को विषयों से हटा कर मन को समाधि में लगा कर जब आत्मानुभूति करता है तो उससे जीव मुक्ति के आनन्द को उपलब्ध करता है और आत्मा द्वारा ज्ञान के प्राप्त होने से ही मनुष्य को आत्मिक-बल प्राप्त होता है।

आत्मिक बल को प्राप्त करना ही हिन्दू-जीवन का रहस्य है। हिन्दू धर्म शास्त्रों ने आचार को प्रमुख स्थान दिया है। संसार के भिन्न-भिन्न मजहबों में और हिन्दू धर्म में यही अन्तर है।

यदि तुम रावण को दस गालियां निकाल लो, कंस को बुरा भला कह दो, दुःशासन और दुर्योधन की भरपेट निन्दा कर लो, कोई भी हिन्दू इसका बुरा नहीं मानेगा, परन्तु यदि तुम औरंगजेब को, फर्रुखसीयर अथवा अमीर तैमूरलंग को बुरा कहो तो मुसलमान सुन कर क्रुद्ध हो जाएगा। आज हम अपने दैनिक जीवन में प्रत्यक्ष देखते हैं, एक हिन्दू रत्ती भर भी कोई अपराध कर ले सारा हिन्दू समाज उसे जाति से बाहर निकालने पर उतारू हो जाता है। किसी के हाथ की रोटी खा ली तो जाति से बाहर। किसी के हाथ का पानी पी लिया तो जाति से बाहर। किसी विधर्मी को शुद्ध-पवित्र कर लिया तो जाति से बाहर!!! परन्तु एक मुसलमान चोरी बदमाशी करके, हत्या करके अपने समाज में उतना ही नहीं बल्कि उससे भी कई गुना अधिक माना जाता है—गाज़ी और शहीद। इससे भी कहीं अधिक पता नहीं क्या-क्या पदवी पाता है।

न ही हमारे ऋषियों ने और न ही मैं अपने सत्य का दावा करता हूं। मैं तो बुद्धिवाद के प्रशस्त मार्ग का अनुगामी हूं। ब्रह्मप्राप्ति के बारे में एक अन्य स्थान पर शास्त्र ने कहा है—

श्रेयश्च प्रेयश्च मनुष्यमेतस्तौ सम्परीत्य विविनक्ति धीरः।
श्रेयोहि धीरोऽभि प्रेयसो वृणीते प्रेयो मन्दो योगक्षेमाद् वृणीते॥

ब्रह्मप्राप्ति के दो मार्ग हैं—एक है श्रेय और दूसरा प्रेय। श्रेय मार्ग वह है जिसमें अपने आपको जान कर, अपने शरीर रूपी रथ को स्वयं ब्रह्म के पास ले जाना होता है और प्रेय मार्ग है सुख की चाह। संसार में जो दिल चाहे करते रहो—चोरी, व्यभिचार, भ्रूण-हत्या, सुरापान, नर-हत्या इत्यादि अर्थात् भयंकर से भयंकर पाप करते रहो और यह सब कुछ करते हुए भी ईश्वर प्राप्ति की चाह हृदय में बनाये रखो—यह प्रेय मार्ग पर चलने का आदेश करते हैं।

ब्रह्मप्राप्ति के उपाय के सम्बन्ध में हिन्दू धर्म शास्त्र कहता है—परमात्मा कहीं बाहर नहीं अपितु परमात्मा तो मनुष्य के अन्दर है, वह तो मनुष्य के हृदय में बैठा है।

अंगुष्ठ मातः पुरुषोऽन्तरात्मा सदा जनानां हृदये सन्निविष्ठः।
तं स्वाच्छरीरात्प्रवृ हेनमुञ्जा दिवेषीकां धैर्येण।
तं विद्याच्छुक्र ममृतं तं विद्याच्छुक्रममृत मिति॥

सन्त कबीरदास ने भी इसी आशय का एक भजन गाया है।

मुझ को कहां ढूंढ़े बन्दे मैं तो तेरे पास में।
ना मैं छगरी, ना में भेड़ी, ना मैं छुरी-गंडास में॥
नहीं खाल में नहीं पूंछ में ना हड्डी ना मांस में।
न मैं देवालय, ना मैं मसजिद ना काबे कैलास में॥
ना तो कीनों क्रिया कर्म में नहीं जोग वैराग में।
खोजी होय तो तुतैं मिलि हैं पल भर की तालास में॥
मैं तो रहौ शहर के बाहिर मेरी पुरी मवास में।
कहै कबीर सुनो भाई साधो सब सासों की स्वास में॥

संसार के प्राणी अपने अन्दर परमात्मा को न ढूंढ़ कर बाहर भटकते फिरते हैं—यह उनकी कोरी मूर्खता है।

सत्येन लभ्यस्तपसा ह्येषात्मा सम्यग्ज्ञानेन ब्रह्मचर्येण नित्यम्।
अन्तः शरीरे ज्योतिर्भयोहि शुभ्रोयं पश्यन्ति पतयः क्षीण दोषः॥

यह है ब्रह्मप्राप्ति का सीधा मार्ग। सत्य, ज्ञान, तप, ब्रह्मचर्य द्वारा अपनी आत्मा का विकास करना। इसी सब का समावेश एक अन्य तारक महामन्त्र में हुआ है, जिसका क्रियात्मक जाप पुरुष को पुरुषोत्तम के पास ले जाता है। वह तारक मन्त्र है:

ओ३म् ब्रह्म शिव शक्ति नारायणाय नमः।

व्याख्यान बहुत लम्बा हो गया है। यह समय गंगा स्नान का है। अस्तु मैं इस प्रसंग को समाप्त करता हूं। अपनी बुद्धि के अनुसार मैंने ब्रह्म क्या है और इसकी प्राप्ति का साधन क्या है इस विषय पर काफी प्रकाश डाला है। उसी समय एक ओर एक सत्संगी प्रेम मग्न हो गाने लगा...

कैसा मन मस्ताना प्यारे, कैसा मन मस्ताना रे।
ज्ञान के रंग रंगा जब मनुवा ज्ञान ही ज्ञान समाना रे॥
पांच पचीस भूत सब भागे, आप हि आप दिखना रे।
कैसा मन मस्ताना प्यारे॥
जब मन स्थिर हो गया ज्ञान से, भूल गया उड़ जाना रे,
सत्य रूप से जाय मिला जब, निरखे निरख हंसाना रे।
कैसा मन मस्ताना प्यारे॥

सत्य लोक में पहुंच गया जब, भूला सभी जमाना रे,
तब निज रूप में रूप समाया, पाया खास ठिकाना रे।
कैसा मन मस्ताना प्यारे।।
पूर्ण ज्ञान किया जब मन में, पूर्ण ब्रह्म दिखाना रे,
घट के पट में हुआ चांदना चमक चमक चमकाना रे।
कैसा मन मस्ताना प्यारे।।

सत्संग समाप्त हुआ। महाराज ने ब्रह्मचारी जी का कोटि-कोटि धन्यवाद किया। धन्यवाद करते हुए महाराज ने अन्त में प्रार्थना की-बालऋषे! आपने जो ज्ञानगंगा प्रवाहित की है उसका अमृत पान कर हमारी आत्मा अभी तृप्त नहीं हुई। तारक-मंत्र का माहात्म्य सुनने की तृष्णा यथावत बनी ही रही है। बड़ी कृपा होगी यदि आप कल भी इस दासानुदास की कुटिया पर पधार कर इसी प्रकार ज्ञान की गंगा का प्रवाह बहायें। इतना कह महाराज ने एक चांदी की तश्तरी, 501 रुपया, चन्दन पुष्प पत्र सहित ब्रह्मचारी जी को भेंट करते हुए कहा-"हमारी यह तुच्छ भेंट स्वीकार कीजिये" ऐसी नम्र प्रार्थना की।

उस भेंट को केवल हाथ से छू कर, अस्वीकार करते हुए ब्रह्मचारी जी ने महाराज का धन्यवाद किया। "साधु जन केवल भावना ही के प्यासे होते हैं। यह संसार की सम्पदा तो सांसारिकों के लिए है, साधुजन तो निखिल विश्व की सम्पदा को अपनी ही करके जानते हैं।

महाराज! आपका सौम्य-स्वभाव देख मेरा चित्त तो गदगद हो रहा है। परमात्मा भगवद्भक्तों के प्रति आपकी सद्भावना इसी प्रकार बनाये रखें। अयोध्या नरेश का राज्य सचमुच राम राज्य ही रहे-यही हमारी भेंट है और इसी में सन्तों का सुख है।

❑❑❑

बत्तीसवां अध्याय

तारक मंत्र माहात्म्य

To please the child please the father first--

O" man if you want to please the All-Father the World Father

Take oath of the Service of Humanity.

पतित पावनी अमृत वाहिनी भगवती भागीरथी के पवित्र तट पर बसे हुए श्री मन्महाराज अयोध्यानाथ के निवास स्थान में संघ जुट रहा है। एक ओर कलकल करती भागीरथी के वीचि-क्षोभ का स्पर्श करता हुआ प्राण-प्रद वायु मन्द गति से बह रहा है, सारा वायुमंडल प्राकृतिक दृश्यों से भरपूर हो कर भक्ति और वैराग्य का शिक्षणालय बना हुआ है, भांति-भांति के पक्षी इधर-उधर चहचहा रहे हैं तो सामने ही चंडी का पर्वत अपना हरित वसन धारण किए शोभायमान हो रहा है। आज का संघ विगत संघ से भिन्न है। पिछले सत्संग की चर्चा चारों ओर प्रसारित हो जाने से आज श्रोताओं की काफी भीड़ हो रही है—यद्यपि यह सत्संग सार्वजनिक न होकर एक प्रकार से व्यक्तिगत ही है परन्तु फिर भी श्रोतागणों से सभाभवन भरा हुआ है।

सत्संग का समय मध्याह्नान्तर चार बजे घोषित किया गया था। उपस्थित नर-नारियों की दृष्टि मुख्य द्वार पर जमी हुई किसी के आगमन की प्रतिज्ञा में भी। उसी समय तीन बज कर पचपन मिनट पर ब्रह्मचारी नन्दकिशोर ने भवन में प्रवेश किया। उपस्थित जनता ने हर्षध्वनि से ब्रह्मचारी जी का स्वागत किया। ब्रह्मचारी जी अपने यथोचित आसन पर सुशोभित हुए। चार बजने में तीन मिनट बाकी थे...एक भक्त एक ओर आनन्द विभोर हो मधुर-मधुर स्वर से प्रभु गान करने लगा—

अब तो अबुध आलसी जागो!

उदित भयो विज्ञान-दिवाकर मन्द मोह भागो।

डूब गयो दुर्जन तारागण वृन्द विषय रस पागो॥
अब तो अबुध आलसी जागो!
साहस सर में कर्म कमल बन अब फिर झूलन लागो।
प्रेम पराग हेतु सज्जनकुल भृंग यूथ अनुरागो॥
अब तो अबुध आलसी जागो!
सकल कला कौशल चिड़ियों ने राग 'श्याम' प्रिय रागो।
हिल मिल गैल गहो उधम की पीछे न आगो॥
अब तो अबुध आलसी जागो!

पूरे चार बज गए। अयोध्यानाथ ने हाथ के संकेत से राग गाने वाले को चुप करा दिया। पुनः हाथ जोड़ बोले–"आज हमारे सौभाग्य का दूसरा दिन है। जिस ज्ञान-गंगा का महाराज ने कल अमृतपान कराया था। आज फिर महाराज अपनी गंगा को बहा कर हमें कृतार्थ करेंगे–

ईश्वर स्तुति के पश्चात ब्रह्मचारी जी अपना उपदेश आरम्भ करते हुए बोले,–

श्रीमन्महाराज तथा आदरणीय बन्धुओ! मैंने कल आपको तारक-मंत्र की दीक्षा देते हुए उसका थोड़ा-सा महत्त्व कहा था। आज मैं आपके सामने उसी महामंत्र की व्याख्या करूंगा। मैंने कल भी आपको कहा था और आज फिर कहता हूं कि मंत्र जपने का अर्थ उस मंत्र के तत्त्व का जीवन में धारण करना होता है न कि हाथ में माला पकड़ मनकों की गिनती करना। केवल मुंह से ही मंत्र जप करने में व्यर्थ समय खोना है। इस तारक मंत्र का केवल मुंह से जाप करने से कुछ लाभ न होगा। हां, उसके एक-एक अक्षर में जो तत्त्व भर रहा है वह वास्तव में इतना शक्ति प्रदायक है कि यदि आप उसे क्रियात्मक जीवन में धारण करेंगे तो सचमुच आपका बहुत भला होगा। यह तारक मंत्र मैं फिर एक बार पढता हूं। आप भी स्वयं इसके अक्षरों का मनन कीजिये।

ओ३म् ब्रह्म शिव शक्ति नारायणाय नमः॥

अर्थात् मैं उस अपरा शक्ति को नमस्कार करता हूं जो ओ३म् है, ब्रह्म है, शिव है, शक्ति है और नारायण हैं। इस महामंत्र में पांच नाम आते हैं।

ओ३म् महिमा

सर्वप्रथम नमस्कार है उस ओ३म् को। ओ३म् परमात्मा का सर्वश्रेष्ठ नाम है। प्रत्येक वेद मंत्र के उच्चारण से पूर्व ओ३म् शब्द का उच्चारण होता है।

ओ३म् शब्द में परमात्मा के सभी नाम आ जाते हैं। अ+ऊ+म–इन तीन अक्षरों से मिल कर यह शब्द बना है।

गीता में भगवान् ने बार-बार ओ३म् की महिमा का बखान किया है...

''पवित्रं वेद्यमोंकारम्''

इसी ओ३म् शब्द की महानता को गाते हुए पूर्व ऋषियों ने लिखा था–

सर्वे वेदा यत्पदमामनन्ति तपांसि सर्वाणि च यद्वदन्ति।
यदिच्छन्तो ब्रह्मचर्य चरन्ति तत्ते पदं संग्रहेणब्रवीम्योमित्येतत्॥

समस्त वेद जिस पद की महिमा को मानते हैं, जिसकी महानता तक पहुंचने के लिए ही तपस्वी लोग तपादि निष्ठाएं करते हैं और जिसको प्राप्त करने के लिए ही ब्रह्मचर्य की ओर तपस्याग्नि में ब्रह्मवेत्ता अपने शरीर को तपा देते हैं–वह पद वह अक्षर ओ३म् है। अर्थात् अकार से व्यापक होने का, उकार से प्रकाशक होने का प्रमाण और मकार से बुद्धिमत्ता और प्रकाश स्वरूप तथा इसके अतिरिक्त अन्य सब कर्मों का पता ओ३म् से लगता है।

एतद्धयेवाक्षरं ब्रह्म एतद्धयेवाक्षरं परम।
एतद्धयेवक्षरं ज्ञात्वा यो यदिच्छति तस्य तत्॥

अर्थात् ओ३म् अक्षर है; यही सब से बड़ा और नाश रहित ब्रह्म है और यही मनुष्य जीवन का नियत मार्ग या सब से बड़ा जानने योग्य पदार्थ और ज्ञान की अन्तिम सीमा है। सारे साधन इसके ज्ञान के लिए ही जरूरी हैं। जिस प्रकार मार्ग की सारी सामग्री नियत स्थान पर पहुंचने के लिए होती है, ऐसे ही शरीर, इन्द्रिय, मन आदि सब पदार्थ ओ३म् को जानने के लिए ही हैं, जो लोग ओ३म् के उपासक हैं, उनको हर्ष, शोक, भयादि से कोई सम्बन्ध नहीं। जिस किसी ने ओ३म् को जान लिया है, उसको अविद्या हो ही नहीं सकती। इस नाम के जानने से प्रत्येक कष्ट अपने आप ही दूर हो जाता है। उसी धर्म शास्त्र ने ओ३म् की महत्ता का वर्णन करते हुए आगे लिखा है:

एतदालम्बन ॐ श्रेष्ठमेतदालम्बनं परम।
एतदालम्बनं ज्ञात्वा ब्रह्म लोके महीयते॥

अर्थात् ओ३म् की उपासना सर्वश्रेष्ठ मुक्ति का साधन है–ओ३म् ही परमात्मा की प्राप्ति के हेतु अन्तिम साधन है। इसी को जान कर मनुष्य ब्रह्मानन्द को प्राप्त करता है:

ओ३मित्येतदक्षर मिद ७ं सर्व तस्योपव्याख्यानम्।
भूतं भवद्भविश्यदिति सर्वमोङ्कार एवम्।
यच्चान्यत् त्रिकालातीतं तदप्योङ्कार एवम्।

एक नित्य वस्तु ओ३म् ही है। जो कुछ जगत् दृष्टि पड़ता है, सब इसका प्रकाश करने वाला ही है। भूत, वर्तमान, भविष्य सब ओंकार ही है। तीनों काल से परे जो ब्रह्म अथवा प्रकृति अथवा जीव जो सत्-स्वरूप है, वह भी सब ओंकार ही है। क्योंकि तीन अक्षर मिलकर ओ३म् बना है, इसी प्रकार तीन वस्तुओं से परमात्मा ओङ्कार कहाता है।

ओ३म् परमात्मा का सर्वश्रेष्ठ नाम है। इसलिये हमें सर्वप्रथम ओ३म् की उपासना करनी चाहिए। ओ३म् की क्रियात्मक उपासना यही है कि हम प्राणीमात्र में एक परमात्मा की जगत् की ज्योत को देखें। परमात्मा बिजली की तरंग के समान प्रत्येक प्राणी में बैठा हुआ कठपुतली को नचा रहा है। हम हिंसा का परित्याग करें, मनसा वाचा कर्मणा किसी भी प्राणी को दुःख न दें। सबसे समानता का वर्ताव करें। अपने भीतर जो अहंकार–'मैं' घुस चुकी है, इसे एक दम अपने भीतर से बाहर निकाल दें। यही है वास्तव में ओ३म् का सच्चा जाप। आपको यह कदापि भूलना न चाहिए कि ओ३म् सर्वत्र व्यापक है।

(ब्रह्म की व्याख्या)

ओ३म् के पश्चात दूसरा स्थान है ब्रह्म का। ज्ञान रूप जो परमात्मा है, उसी का नाम है ब्रह्म। ब्रह्म को नमस्कार करना मानो अपने क्रियात्मक जीवन में ज्ञान रूपी ब्रह्म को धारण करना है। **ऋते ज्ञानान्नमुक्ति** बिना ज्ञान के मुक्ति नहीं मिल सकती, भक्ति मार्ग की बात जाने दो, ये मार्ग तो उन लोगों का है जो पंडित जी महाराज के हाथ पर दो पैसे रख अपने लिए 1008 विष्णु सहस्त्र नाम का जाप करवा कर ही मुक्ति के अधिकारी बन जाते हैं। मैं बात करता हूं ज्ञान मार्ग तथा कर्म मार्ग की। बुद्धि का प्रयोग तो दोनों मार्गों में होता है...

बुद्धिर्यस्य बलं तस्य निर्बुद्धेस्तु कुतो बलम्।

संसार में सकल कार्य सिद्धि के लिए बुद्धि की वृद्धि करना अत्यावश्यक है। इस बुद्धि की वृद्धि करने के लिए हम लोगों को सद्ग्रन्थों का स्वाध्याय करना चाहिए। स्वाध्याय की व्याख्या करते हुए श्री पतंजलि ऋषि ने अपने योग-शास्त्र में लिखा है....

''मोक्ष विषयक शास्त्रों को पढ़ना तथा ओ३म् का जाप करना स्वाध्याय कहलाता है।''

और स्वाध्याय से लाभ क्या होता है। इसका उत्तर देते हुए वही शास्त्रकार लिखते हैं–

स्वाध्यायादिष्ट देवता संप्रयोगः।

अर्थात् स्वाध्याय के सिद्ध हो जाने पर इष्ट देवता परमात्मा के साथ योग होता है-अस्तु ब्रह्म को नमस्कार करने का अर्थ परमात्मा-विषयक ज्ञान की प्राप्ति करना है। और यह ज्ञान रूप ब्रह्म जो है यह सर्वत्र छा रहा है

ब्रह्मैवेदममृतं पुरस्ताद् ब्रह्म पश्चाद् ब्रह्म दक्षिण तश्चोत्तरेण।
अधश्चोर्ध्वं च प्रस्तुतं ब्रह्मै वेद विश्वमिदं वरिष्टम्॥

ब्रह्म तो जगत् में अविनाशी रूप से विराज रहा है। ज्ञान की तो कोई सीमा ही नहीं। इस संसार में ज्ञान का इतना विस्तार है कि मनुष्य सहस्रों जन्म ले और एक जन्म का एक-एक क्षण ज्ञान प्राप्ति में लगाये तो भी वह पूर्ण ज्ञानी नहीं बन सकता। प्रकृति का एक-एक परमाणु अपने भीतर एक बृहद् ज्ञान-कोष छिपाये है। हमारे प्राचीन ऋषियों ने इतना ब्रह्मज्ञान प्राप्त किया मानो कोई कसर बाकी न छोड़ी–परन्तु महाभारत में जब यक्ष ने धर्मराज युधिष्ठिर से पूछा–**धर्मराज! कः पन्था?**

तो धर्मराज भी इसका कुछ भी स्पष्ट उत्तर न दे सके। उन्होंने केवल इतना कहा...

धर्मस्य तत्वं निहितं गुहायाम्।

धर्म अर्थात् ज्ञान का तत्त्व एक अंधेरी गुफा है...

न्यूटन एक बड़ा भारी विदेशी विज्ञानवेत्ता हुआ है–योगरूप में उसकी पूजा ऋषियों की-सी होती है। वह न्यूटन भी जब मृत्यु शैया पर पड़ा था, उसने यही कहा...

The world says I have learnt much-but what I am-I know-on the banks of this vast sea of knowledge. I am sitting & simply picking up pebbles.

अर्थात् संसार कहता है कि मैंने बहुत कुछ जान लिया है परन्तु सच तो यह है कि इस ज्ञान-सागर के तट पर बैठा हुआ मैं तो केवल घोंघे चुग-चुग कर गिन रहा हूं। इसी आशय को हमारे पूर्वर्षियों ने–

नाहं मन्ये सुवेदेति नो न वेदेति वेद च।
यो नस्तद्वेद तद्वेद नो न वेदेति वेद च॥

के रूप में प्रकट किया था।

मनुष्य को ज्ञान प्राप्ति में कदापि संतोष नहीं करना चाहिए....

शिव महिमा

ब्रह्म को नमस्कार करने के पश्चात हमें शिव को नमस्कार करना चाहिए। अर्थात् हमें अपने क्रियात्मक जीवन में शिवजी महाराज की भक्ति को धारण करना चाहिए। भारतीय-जीवन में शिव जी महाराज को प्रमुख स्थान प्राप्त है।

ये शिव हैं–पंजाब और बंगाल जिनके दो हाथ हैं, पुष्कर और कटाक्षराज जिसके दो नेत्र हैं, नासिक जिनकी नाभी है–त्रावणकोर तथा रामेश्वरम् जिनके दो चरण हैं, हिमालय जिनका निवास स्थान है। आदि पुरुषों का घर–कैलाश। जिनके सिर पर अपनी श्रृंखलाओं की जटा बनाये छा रहा है, इन जटाओं से हंसती हुई श्री गंगा जी बहती हैं। शिव जी महाराज के सिर की जटाओं से निकल फिर यही गंगा जिन महादेव के कण्ठ का हार बन कर उनकी शोभा को बढ़ाती हैं। पार्वती सदैव जिनके वाम अंग में सुशोभित रहती हैं। बैल जिनकी सवारी है। हस्ती चरम जिनका आसन है और जो सकल जगत् के वरदाता हैं, हमें उस शिव जी महादेव को नमस्कार करना चाहिए।

चारों ओर करतल ध्वनि हुई। एक सज्जन प्रेम के आवेग में आकर गाने लगे।

मेरी भारत माता प्यारी!
लसत सुमन रत्नों से अनुपम।

श्यामल अंचल मंजू मनोरम॥
हैं जिस की मुसकान कौमुदी।
तीन लोक से न्यारी॥
प्रथम प्रभात प्रभासित उज्ज्वल।
जा को सुठि शरीर शुचि निर्मल॥
प्रेम भेंट करती हैं, जिसको निज विभूतियां सारी॥
धनदा वरदा सुमति ज्ञानदा।
हैं सहेलियां रमा शारदा॥
अष्ट सिद्धियां नव निधियां हैं, वर दासियां तुम्हारी॥
आदि सभ्यता की जो जननी।
रिपु दल दलनी है अघ हरनी॥
उडगण आंखों से जसु महिमा लखते स्वर्ग बिहारी॥

भजन समाप्त हुआ–ब्रह्मचारी जी महाराज फिर अपने भाषण को आरम्भ करते हुए बोले–यह हमारा भारत देश शिव है-शंकर है **''शम् करोति यः अस्माकं स शंकरः''** जो हम सबका कल्याण करे वे शंकर हैं, जो हमको सब कुछ देता है, हमारे पूर्वजों को जिसने सब कुछ दिया और हमारी आने वाली सन्तानों को भी जो सब कुछ देगा वह हमारा सर्वोत्कृष्ट देवता शंकर महादेव है। यही तो हमारा प्यारा भारत वर्ष है। हमें इस महादेव की उपासना करनी चाहिए। तन, मन, धन से भारत की सेवा करना ही महादेव की उपासना करना है। इसलिये आओ! हम एक बार सच्चे हृदय से इस महादेव की उपासना का व्रत लें–

इस महादेव का वाहन बैल है। हमारा भारत देश कृषि प्रधान है और यह कृषि बैल के सहारे ही हो सकती है। आपने कई बड़े लड़कों को कहते हुए सुना भी होगा ''यह संसार बैल के सहारे खड़ा है'' **उक्षाधारपृथिवीम्** शब्दशः ठीक है।

इस शिव जी महाराज की उपासना करते हुए हमें इसके वाहन बैल का भी ध्यान रखना चाहिए और आप लोगों को आज से गौ रक्षा का प्रण लेना चाहिए। भगवान् कृष्ण की गोचर भूमि में आज स्थान-स्थान पर गौ हत्थे खुल गए हैं। शिवजी महाराज के परम भक्तों के लिए इन अत्याचारों का अन्त करने में अपना सब कुछ लगा देना चाहिए। जब गौ माता के बछड़े ही न रहेंगे तो शिवजी महाराज को क्या ऊंटों की सवारी करनी पड़ेगी।

पार्वती और शिव जी का जोड़ा अटूट है। शिव जी महाराज चाहे किसी रूप में हों परन्तु पार्वती तो अपना सर्वस्व उन्हीं के चरणों में चढ़ाएगी। शिव जी के उपासकों को इस हिमाचलसुता के समर्पण भाव का भी मान करना चाहिए।

पार्वती का सम्मान किए बिना शिव जी महाराज की पूजा हो ही नहीं सकती। ये पार्वती हैं हमारे देश की संस्कृति। ये पर्वत की बेटी हैं। प्राचीन ऋषियों ने हिमालय पर्वत पर बड़ी घोर तपस्याएं करके इसे पैदा किया। इसका आदर्श इतना ऊंचा है जितना कि इसका पिता हिमालय का। इसका हृदय इतना विशाल है, जितना कि स्वयं गिरिराज हिमालय का। इसका अन्तःकरण इतना शुद्ध है जितना कि इसके आंगन में फैला हुआ मानसरोवर का जल और इसका अन्तरात्मा इतना स्वच्छ और गम्भीर है, जितना कि इसके चरणों में बहता हुआ निर्झरणियों का जल। आज पश्चिम का प्रबल प्रहार हमारी पार्वती का गला घोंट रहा है। अस्तु; हमें अपने धर्म पर दृढ़ रहते हुए अपनी संस्कृति की रक्षा करनी चाहिए। न केवल भारत ही अपितु सारे संसार के कल्याण का मूल मंत्र इसी संस्कृति की रक्षा में है। उस संस्कृति का सर्व प्रथम आदेश है:

"धर्मं चर" अर्थात् धर्म के अनुसार अपना जीवन व्यतीत करो–धर्म क्या है–इस को आगे कहा है

यतो अभ्युदय निःश्रेयस सिद्धि स धर्मः।

जिस नियम को धारण करने से इस लोक में उन्नति हो–अपनी भी और समस्त राष्ट्र की भी, दोनों की जिसमें भलाई हो तथा मृत्यु के पश्चात भी हमारा यश इस लोक में यथावत बना रहे वही धर्म है।....

वैदिक संस्कृति का आदर्श है–सादा जीवन उच्च विचार (Simple living & High thinking)। तुम्हारी आवश्यकताएं इतनी हों जिनसे जीवन यात्रा सुख पूर्वक व्यतीत हो–परन्तु सुख वह है जिसे भोगने के पश्चात भी आनन्द बना रहे। कुछ काम ऐसे होते है, जिन्हें पूरा करने से पहले तो हम दुःख का अनुभव करते है परन्तु भोग लेने के तत्काल पश्चात हमें स्वयं अपने पर ग्लानि आ जाती है। यह सुख इन्द्रिय सुख है और क्षणिक है। सच्चा सुख आत्मा का सुख है, परमानन्द की प्राप्ति का सुख है। अस्तु! हमें विषय वासनाओं से चित्त की वृत्तियों को खींच कर देश सेवा, जाति सेवा और भगवान की भक्ति ही में अपने आपको लगाना चाहिए...

प्रभु की प्राप्ति का सर्वोत्तम साधन इसी शिव-पार्वती की आराधना करना है। यदि हम सच्चे शिव को सच्चे रूप में ध्यान लगाना जानते तो निःसन्देह

हमारा भारत आज पराधीन न होता। हमने पिछले एक सहस्त्र वर्षों से शिव को भुला रखा है। सच्ची देश-भक्ति हम लोगों में कभी आई ही नहीं। हम शिव की पूजा छोड़े अपने उदर की पूजा में जुट गए। स्वार्थ के बन्दों, जयचन्दों ने देश को बरबाद कर दिया। आज भी हम लोग अपने विवाह पर कितना रुपया बरबाद करते हैं, अपने शरीर पर एक छोटा-सा घाव लग जाने पर हम डॉक्टरों के हाथों अपना सब कुछ लुटवाने को तैयार हैं, परन्तु देश तथा जाति के लिए हम क्या करते हैं? यह प्रश्न हमें अपनी अन्तरात्मा से ही पूछना चाहिए।

मैं तो कहता हूं-गुलाम देश में परमात्मा रहता ही नहीं। परमात्मा सच्चिदानन्द स्वरूप, शुद्ध, पवित्र, स्वतंत्र भला पराधीनों की जेल में क्यों बन्द होकर रहे। जो जाति गुलाम बन जाती है उस जाति का ईश्वर भी गुलाम बन जाता है। गुलाम देश का ईश्वर विजेता लोगों की दया पर आश्रित हुआ करता है। बेकार बैठे माला ढरकाना ईश्वर भजन नहीं है-पागलों के समान नाचना और आडम्बर रचाना यह तो अपने आप को धोखा देना है। यदि परमात्मा को प्राप्त करना है तो सर्वप्रथम अपने इस शिवजी की सच्ची पूजा करना सीखो-

(शक्ति महिमा)

ओ३म् ब्रह्म शिव इन तीन अक्षरों के पश्चात हमें नमस्कार करना है, शक्ति को... अर्थात् हमें शक्ति को अपने क्रियात्मक जीवन में धारण करना है। शक्ति के बिना तो संसार में कुछ हो ही नहीं सकता। शक्ति-संचित किए बिना स्वयं भगवान् को भी मनुष्य प्राप्त नहीं कर सकता-भगवान् का आदेश है।

नायमात्मा बलहीनेन लभ्यो...बलं बलवताम् अस्मि।

परमात्मा निर्बल को मिल ही नहीं सकता क्योंकि वह परमात्मा स्वयं बलवानों में बल है। यह शरीर परमात्मा को प्राप्त करने का एक साधन है, हमें इस साधना मन्दिर को अत्यधिक सुन्दर, स्वच्छ तथा सुदृढ़ बनाना चाहिए। इस ईश्वरीय मन्दिर को सुदृढ़ बनाने का सीमेन्ट है-ब्रह्मचर्य। जिसकी महिमा से समस्त वेद शास्त्र भरे पड़े हैं। इसी ब्रह्मचर्य को पतंजलि ऋषि ने एक महान् तप बताया है:

ब्रह्मचर्य प्रतिष्ठायां वीर्यलाभः।

शक्ति को नमस्कार करने का अर्थ है ब्रह्मचर्य तथा सदाचार के पालन द्वारा अपने शरीर को हृष्ट पुष्ट बनाना। रोगी, निकम्मा, पीड़ित तथा दुर्बल आत्मा वाला कोई भी व्यक्ति, उस परमात्मा को क्या खाक पा सकेगा।

आज भारतवर्ष के अन्दर शक्ति की कमी है। ब्रह्मचर्य भारतीय संस्कृति का मूलमंत्र है परन्तु विगत एक सहस्त्र वर्षों के यावनी उत्पात ने इस हमारी संस्था का नाश कर दिया है। आजकल यह भैरवी चक्र, यह राधा कृष्ण के नृत्य, यह सब ब्रह्मचर्य के पूरे शत्रु हैं। अस्तु! मैं आप को यह कहूंगा कि शक्ति के उपासक को एक ब्रह्म की उपासना करते हुए केवल सन्तानार्थ गृहस्थ का उपयोग करते हुए अपने अन्दर शक्ति का सिंचन करना चाहिए-क्योंकि बलवान जातियों को ही केवल संसार में जीने का अधिकार है। भगवान् ने स्वयं एक स्थान पर कहा है-"मैं शक्ति हूं।"

(नारायण महिमा)

शक्ति के पश्चात मैं पांचवें देव नारायण को नमस्कार करना है-अर्थात् नर रूपी नारायण जो हैं, उसकी सेवा को अपने क्रियात्मक जीवन में धारण करना है। नर नारायण परमात्मा की साकार मूर्ति हैं। यदि हम और आप परमात्मा को पाना चाहते हैं तो हमें मानवता से प्रेम करना चाहिए। एक कहावत है-"यदि तुम पिता को प्रसन्न करना चाहते हो तो उसके छोटे से बच्चे को प्यार करो-सो यदि आप लोग उस परमपिता परमात्मा को प्रसन्न करना चाहते हो तो उस परमात्मा के पुत्रों से प्यार करो। यदि तुम मनुष्य से घृणा करते हो तो याद रखो तुम ईश्वर के पुत्रों से घृणा करते हो। यदि तुम पुत्रों से घृणा करते हो तो पिता कदापि प्रसन्न नहीं होगा। आज हम लोगों में मनुष्य के प्रति परस्पर विद्वेष और घृणा पैदा करने वाली अनेक बातें हैं। जात-पात है, छुआछूत है, ऊंच-नीच है, हमें इन समस्त जातीय रोगों का एकदम त्याग करना होगा। प्रत्येक व्यक्ति स्वराष्ट्र की अनुपम निधि हुआ करता है। तुम उस राष्ट्र को निर्बल बना रहे हो। आने वाला युग बहुत भयंकर है। मैं तुम्हें अभी से बता देता हूं समय का चक्र घूमने वाला है। पहले ब्राह्मण युग था....866 ईसवी में जब सिन्धु के तट पर गज़नवी तूफान टूटा उसके साथ ही यह ब्राह्मण युग समाप्त हो गया। गज़नवी के लुटेरों के उत्पात से भारत वसुन्धरा कंगाल हो गई। सोमनाथ के बड़े-बड़े पंडे पुजारी गजनी के बाजारों में दो-दो रुपये में बिके। इस क्षत्रिय युग का पूरे एक सहस्त्र वर्ष तक साम्राज्य रहा परन्तु सात समुद्र पार के बनियों ने इसका प्लासी के युद्ध में अन्त कर दिया। फिर बनिया युग का श्रीगणेश हुआ, पैसे वालों ने बड़े-बड़े शास्त्रियों का मुंह मसल उनकी कलम से जो चाहा लिखवाया और उन्हीं क्षत्रियों को पांच-पांच रुपये में खरीद कर मन माना नाच नचवाया। परन्तु मैं

आप सज्जनों को कहता हूं, यह बनिया युग भी अब अपनी समाप्ति पर है। अब शूद्र युग का आरम्भ होगा-वे लोग जिन्हें आज तक हम अपनी मूर्खता वश दुत्कारते रहे, जिस जाति के पैरों को हमने मूर्खता वश काट कर परे फेंक दिया, जिन भारत जननी के करोड़ों बच्चों को हमने अपनी अज्ञानता के कारण विधर्मी बनने पर विवश किया अब वही लोग भारत में राज्य करेंगे। इसलिये मैं आपको कहता हूं कि आप अपने ऊंच-नीच, छूआछूत के जन्माभिमान को यहीं पर तिलांजलि दे कर उठो। आज साम्यवाद का युग है। समय का प्रवाह समानता की ओर जा रहा है। यदि तुम समय के प्रवाह के विरुद्ध चलोगे तो समय स्वयं तुम्हें ठीक कर के छोड़ेगा। हमें तो संसार को विश्व बन्धुत्व का पाठ पढ़ाना है, फिर भला हम अपने ही स्वजनों को अछूत समझ उनसे घृणा करें, क्या यह मूर्खता नहीं?

मनुष्य को अछूत कहना क्या मनुष्यता से द्रोह करना नहीं है—और मैं आप को सच कहता हूं कि यह छुआछूत, यह जातपात, यह ऊंच नीच यह केवल एक धोखे की टट्टी है। एक ब्राह्मण देवता गाड़ी में एक ही तख्ते पर अपने एक अछूत भाई के साथ जब बैठता हैं, तब उसका धर्म भ्रष्ट नहीं होता-परन्तु उसी आदमी को सड़क पर चलते हुए 600 गज़ के फासले पर देखने से उसी ब्राह्मण देवता का धर्म भ्रष्ट हो जाता है।

एक अपना भाई जब तक वह अपना भाई है, जब तक वह रामकृष्ण का भगत है, जब तक उसके सिर पर चोटी है-तब तक तो उसे अछूत कहना और दूर-दूर करना और फिर उसी आदमी के मुसलमान अथवा ईसाई हो जाने पर उस आदमी से भय खाना और बड़े आदर से उसे "मियां साहिब सलाम कहना" क्या यह मूर्खता नहीं! सर्वप्रथम तो अपने मित्र को दुश्मन बनाना फिर उससे भयभीत होना इससे बढ़ कर और मूर्खता क्या हो सकती है?

मैं आप को कहता हूं यदि इस संसार में सम्मान से जीना चाहते हो तो नर नारायण की कदर करना सीखो। जमाना वह आ रहा है, जबकि न धन की कदर होगी न बुद्धि की और न शक्ति की बल्कि कदर होगी जन-संख्या की। बीसवीं शताब्दी के धर्म ने सम्प्रदाय का रूप धारण कर लिया है। आज हिन्दू समाज के मुकाबले पर बड़े-बड़े गिरोह बन गए हैं, जो कि दिनरात भेड़ें बढ़ाने में लगे हुए हैं। केवल इस धरती तल पर हिन्दू ही ऐसा मूर्ख जानवर है जो कि अपनी भेड़ें घटाने की कोशिश में रहता है।

नारायण की उपासन. मानवता से प्रेम करना है।

मैंने समयानुसार तारक महामंत्र की आपके सामने व्याख्या की है। संक्षिप्त रूप में इस मंत्र का भाव है—परमात्मा की प्राप्ति के लिए, जन शक्ति, ज्ञान शक्ति को बढ़ाते हुए अपने देश को स्वतंत्र करो। इधर ब्रह्मचारी जी ने व्याख्यान समाप्त किया उधर एक भगत बड़े प्रेम से गाने लगा।

साधो एक रूप सब नाहीं,
अपने मनहिं विचार कै देखो, और दूसरा मांहीं।
एकै तुचा, रुधिर पुनि एकै, बिप्र सूद्र के मांही,
कहीं नारि, कहीं नर होई बोलें, गैब पुरुष वह आंहीं।
आपै गुरु होई मंत्र देत है, सिष होई सवै सुनाहीं,
जो जिस गहै, लहै तरु मार्ग, तिन के सतगुरु आंहीं।
शब्द पुकार सत्य मैं भाषौं अंतर राखौं नाहीं,
कहै कबीर ज्ञान जेहिं निर्मल, विरले ताहि लखांहीं।।

सत्संग समाप्त हुआ। महाराज ने ब्रह्मचारी जी का धन्यवाद प्रकट करते हुए 251 रुपये एक तश्तरी में रख भेंट किए। ब्रह्मचारी जी ने वह भेंट सधन्यवाद अस्वीकार कर दी।

❑❑❑

तैंतीसवां अध्याय

राजाओं से भेंट

Kings!

What are they?

nothing else but successful robbers.

वैदिक संस्कृति ने राजाओं महाराजाओं को कोई विशेष महत्त्व नहीं दिया है। यदि राजा का राजस्व धन-वैभव और पशु-बल ही है तो यह दोनों वस्तुएं तो चोरों और डाकुओं के पास भी हो सकती है। वैदिक धर्म ने धन और पशुबल को कोई महत्त्व नहीं दिया। उसकी दृष्टि में सबसे ऊंचा स्थान है ब्राह्मण का।

ब्राह्मणोऽस्य मुखमासीत्

ब्राह्मण—सदाचार और ब्रह्मज्ञान से युक्त श्रेष्ठ नर जाति का सिरमौर है, पूज्य है, वन्दनीय है। वैदिक-धर्म राजाओं का धर्म नहीं बल्कि यह ऋषियों का ऋण है। वैदिक धर्म का आधार-भूत अपने पश्विक बल से संसार को लूट-खसूट कर अपना एकतंत्र निरंकुश साम्राज्य स्थापना करने वाले व्यर्थ में ही आत्म-श्लाघा के दोष के भागी बन कर अपने आपको नरेश कहने वाले नरपशुओं से नहीं बल्कि इसका आधार हैं वे ऋषि, प्राचीन ब्रह्मवेत्ता ऋषि जिन्होंने ब्रह्मचर्य का पालन करते हुए सैकड़ों वर्षों तक केवल कन्द-मूल फल खा कर गिरिराज हिमालय की कन्दराओं में तपस्याएं कीं।

ऋषि दुर्वासा राम को किसी कार्य विशेष के लिए मिलने जाते हैं। द्वार पर खड़ा हुआ लक्ष्मण कहता है ऋषिराज! महाराज अभी किसी विशेष कार्य में लगे हैं थोड़ी देर में मिल लेंगे। परन्तु वाह रे ब्रह्मतेज! लक्ष्मण के वे नम्रता पूर्ण शब्द सुनते ही वह तो एक दम उबल पड़ा ''तुम जा कर कह दो महाराज

को, दुर्वासा बाहर खड़ा है....अभी आप आकर मिलो नहीं तो याद रखो केवल एक ही शाप से सारी अयोध्या को भस्म कर दूंगा''। रामचन्द्र जी महाराज तत्क्षण भागे-भागे ऋषिराज के चरणों पर गिर पड़े।

महाराज दशरथ अपने राजदरबार में बैठे हैं। उन्हें सूचना मिलती है राजर्षि विश्वमित्र अयोध्या की ओर आ रहे हैं। वे उठे और उसी क्षण अपने मंत्रियों सहित नंगे पाओं शहर के मुख्य द्वार पर महामुनि विश्वामित्र का स्वागत करने के लिए गए।

यह है ब्रह्म तेज का प्रकाश, जिससे हिन्दू-समाज का सुविशाल भवन सदैव प्रकाशमान रहा है। हिन्दू धर्म राजाओं का राज-प्रसाद नहीं-यह तो ऋषियों का शान्ति कुटीर है।

यदि एक राजा अथवा महाराजा किसी तपस्वी से भेंट करता है, तो इसमें उस राजा की ही शान है, उस तपस्वी की नहीं।

उन दिनों हरिद्वार में बहुत से राजा लोग आए हुए थे। ब्रह्मचारी नन्दकिशोर का विमल यश सर्वत्र फैल रहा था और विशेष करके महाराज-अयोध्या के वहां दो दिन हुए सत्संग की चर्चा तो प्रत्येक महाराज तक पहुंच चुकी थी।

उन्हीं दिनों प्रातः स्मरणीय महाराणा प्रताप के वंशज उदयपुराधीश स्वर्गीय श्रीमहाराणा फतेह सिंह जी अपने कतिपय राज-दरबारियों सहित मातेश्वरी भागीरथी के पावनोत्संग का अमृतपान करने के लिए हरिद्वार पधारे हुए थे। जिस क्षण उन्होंने ब्रह्मचारी नन्दकिशोर के तप, त्याग और ब्रह्मज्ञान की कीर्ति सुनी-उससे थोड़ी ही देर पश्चात उन्हें यह पता लगा कि ब्रह्मचारी जी का जन्मस्थान उदयपुर है और उनके अपने साथ जो थोड़े बहुत दरबारी आए थे, उनमें से कई तो ब्रह्मचारी जी के सहपाठी रह चुके हैं।

महाराणा को यह जान कर बहुत ही प्रसन्नता हुई। महाराणा के साथियों ने बालक फूलकुंवर की बचपन की सभी लीलाएं महाराणा को सुनाईं। उन समस्त लीलाओं को सुन महाराणा की तीव्र उत्कंठा स्वयं ब्रह्मचारी जी से मिले की हुई और उन्होंने अपना एक नौकर ब्रह्मचारी जी को बुला लाने के लिए भेजा।

सुबह के लगभग दस बजे थे। ब्रह्मचारी नन्दकिशोर अपनी सन्त-लायब्रेरी में बैठे थे। उस समय एक आदमी ने हाथ जोड़ उनसे कहा-''महाराज! आपको उदयपुर के महाराणा साहब ने बुलाया है।''

''मुझे बुलाया है तो धन्यवाद है उनका, परन्तु इस समय उनके पास जाने का मेरे पास समय नहीं।''

उस नौकर ने वैसे ही महाराणा को कह दिया। अब महाराणा ने अपनी गलती का अनुभव किया-''ओहो!

मुझे तो उनके सेवा में स्वयं उपस्थित होना चाहिए था। वास्तव में मैंने एक साधारण-सा व्यक्ति उनके पास भेज कर न केवल एक गलती की है बल्कि एक सच्चे तपोनिष्ठ ब्राह्मण का अपमान भी किया है। उन्होंने उसी क्षण अपने प्राइवेट सैक्रेटरी को क्षमा याचना के लिए ब्रह्मचारी जी के पास भेजा।

सैक्रेटरी ने आ हाथ जोड़ ब्रह्मचारी जी से निवेदन किया–"महाराज स्वयं आपकी सेवा में उपस्थित नहीं हो सके, इसके लिए वे क्षमा चाहते हैं। उन्होंने अपने नौकर द्वारा आपको बुलवा भेजा इसके लिए स्वयं उन्हें दुःख है और वे इसके लिए क्षमा मांगते हैं। महाराज स्वयं आज ही चार बजे दोपहर आपकी सेवा में उपस्थित हो अपने आप को श्रीमान के दर्शनों से कृतार्थ करेंगे।"

परन्तु पता नहीं सन्तों का चित्त भी परमात्मा ने किस विचित्र धातु का बनाया है...

वज्रादपि कठोराणि मृदुनिकुसुमादपि।।

उस सैक्रेटरी की नम्रता पूर्ण वाणी को सुन ब्रह्मचारी जी बोले–महाराज हमारे पूज्य हैं। महाराणा प्रताप के वंशज हाने के नाते पूजा के पात्र हैं। मैं स्वयं ही चार बजे महाराणा की सेवा में उपस्थित हो जाऊंगा...

उसी दिन ठीक समय पर ब्रह्मचारी जी अपने एक मित्र स्वामी शंकरानन्द के साथ महाराणा के डेरे पर पहुंचे। स्वयं महाराणा ने द्वार पर उपस्थित हो बाल-ऋषि का स्वागत किया। दो घंटे तक निरन्तर ब्रह्मज्ञान की चर्चा हुई। चलते समय महाराज ने दो तश्तरियों में 101 रुपए धर पुष्प भेंट के रूप में दोनों अतिथियों के सन्मुख धरे। ब्रह्मचारी नन्दकिशोर ने छू कर सधन्यवाद हाथ उठा लिया। उनके साथी स्वामी शंकरानन्द ने महाराणा की भेंट स्वीकार कर ली।

उदयपुर नरेश वास्तव में सज्जनता, सरलता की प्रतिमूर्ति ही थे। महाराणा की सज्जनता ने मानो ब्रह्मचारी जी के हृदय को मोह-सा लिया। कितनी सरलता थी महाराणा में। एक दिन महाराणा गंगा जी में स्नान कर रहे थे। गंगाजी में स्नान करते समय ऊंच-नीच, छोटे-बड़े का कुछ भेद भाव नहीं रहता। राजा-रंक सब माता के एक पुत्र के समान मातेश्वरी की गोद में खेलते हैं–उस दिन जिस स्थान पर महाराज स्नान कर रहे थे, उधर बाकी साधारण लोग स्नान करने वाले भी जाने लगे। महाराणा के नौकरों ने उन लोगों को आगे बढ़ने से रोक दिया। महाराणा को जिस क्षण घटना का पता चला उसी क्षण अपने नौकरों को फटकारते हुए वे उन लोगों से क्षमा याचना करते हुए बोले "न्हाइये–न्हाइये!! बड़ी प्रसन्नता से जहां दिल करे न्हाइये, गंगा माई तो सबकी

माई हैं, यहां छोटे-बड़े का प्रश्न ही नहीं।'' एक महाराजा के मुख से कहे गए ये शब्द कैसे शोभयामान प्रतीत होते हैं।

ब्रह्मचारी जी भी उस समय महाराणा के साथ ही गंगाजी में स्नान कर रहे थे। यह दृश्य देख उनके हृदय में महाराणा के प्रति अगाध श्रद्धा हो गई।

अब तो नित्यप्रति का मेला रहा। एक दिन ब्रह्मचारी नन्दकिशोर तथा महाराणा साहब दोनों हर की पौड़ी पर खड़े नहाने की तैयारी में थे। महाराणा बोले-''ब्रह्मचारी जी उदयपुर आपकी मातृ-भूमि है। क्या आप इतने निर्मोही बन गए कि मातृ-भूमि का मोह तक त्याग दिया? आप इस बार मेरे साथ ही उदयपुर चलिये, मैंने वहां पिछोले पर सन्त महात्माओं के भजन करने के लिए एक बड़ा ही सुन्दर तपोवन बनाया है। वहां आप की तपस्या में कोई किसी प्रकार का विघ्न नहीं पड़ेगा।''

''ब्रह्मचारी जी सामने ही खड़े पर्वत की ओर हाथ उठा कर बोले-''महाराणा! अब तो हम ऊपर ही जाएंगे, वह सामने खड़ा कैलाश हमें बुला रहा है। अब तो कैलाश पर ही जाएंगे और बाकी रही मातृभूमि की बात-सन्तों के लिए तो सारा ब्रह्माण्ड ही अपनी मातृभूमि है।''

महाराणा ने हरिद्वार से चलते समय भी ब्रह्मचारी जी को उदयपुर चलने के लिए बहुतेरा ज़ोर लगाया परन्तु ब्रह्मचारी जी अपने वचन पर अटल रहे।

••• ••• •••

इसी प्रकार महाराजा प्रतापगढ़ ने भी ब्रह्मचारी जी को अपनी रियासत में चलने के लिए बहुत जोर लगाया। जिस समय महाराज एक स्पेशल ट्रेन द्वारा हरिद्वार से विदा हो रहे थे, उस समय टिहरी रियासत के एजेन्ट लाला रामप्रसाद जी के साथ ब्रह्मचारी नन्दकिशोर सहसा स्टेशन पर महाराजा को मिल गए। महाराज ने तब भी ब्रह्मचारी जी को साथ चलने के लिए जोर लगाया परन्तु ब्रह्मचारी जी नहीं माने। चलते समय महाराज ने 151 रुपये तश्तरी में डाल ब्रह्मचारी जी को भेंट की लेकिन ब्रह्मचारी जी ने हाथ से छू कर भेंट सधन्यवाद लौटा दी। बनारस के महाराज, विलासपुर के महाराज सर विजयचन्द्र जी, टेहरी नरेश श्री सुरेन्द्र शाह तथा कीरती शाह से भी ब्रह्मचारी जी की अत्यन्त घनिष्ठता हो गई, परन्तु इन राजाओं के संसर्ग में आ कर भी ब्रह्मचारी जी ने अपने स्वाभाविक गौरव को एक क्षण भर के लिए भी नहीं छोड़ा। ''साधु-महात्माओं का स्थान राजाओं-महाराजाओं से बहुत ऊंचा होता है।'' इस मन्त्र की महिमा को उन्होंने कदापि नीचा नहीं होने दिया। यही यह गुण था, जिसने उन्हें उत्कर्ष की चरम सीमा तक पहुंचा दिया।

चौत्तीसवां अध्याय

इकलिंग की याद

प्रेम न बाड़ी ऊपजै, प्रेम न हाट बिकाय।
राजा परजा जो चहै, सीस देई ले जाय।।

मत तोड़ो–मत तोड़ो!! महाराज इन अधखिली पंखुड़ियों को अभी मत तोड़ो। संसार में आकर इन्होंने संसार का कुछ भी नहीं देखा। अपने यौवन के दिन इन्हें देख जाने दो। अपनी सुगंधित वायु से संतप्त हृदयों के दारुण संताप को इन्हें देख जाने दो। इस कृत्रिम जगत् के अप्राकृतिक जीवनावलम्बियों को इन्हें अपनी नैसर्गिकता का पाठ पढ़ा जाने दो–इन्हें अभी मत तोड़ो, बल्कि इनसे प्रेम करो, प्रेम ही जगत् का आधार है, प्रेम ही इस असार जीवन का थोड़ा बहुत सार है। प्रेम स्पर्श में नहीं है–प्रेम। अपनी प्रेमिका के जीवन-पुष्प को एक बार सूंघ कर परे फैंक देने में नहीं है–प्रेम। प्रेम तो है अपने प्रियतम के चमकते हुए यौवन का चमत्कार निहारने में।''

एक दिन ब्रह्मचारी नन्दकिशोर घूमते-फिरते हरिद्वार स्टेशन की तरफ जा रहे थे कि एक बाग में अच्छे-अच्छे सुन्दर खिले फूल देख फूल तोड़ने को हाथ बढ़ाया। उस समय उनका हाथ अभी फूल तक पहुंचने भी न पाया था कि एक बालक, जिसकी अवस्था लगभग नौ वर्ष की होगी, अश्विनी कुमारों के सदृश स्वरूपवान, देव बालक, उनके सामने आ हाथ जोड़े और फिर अपने उन्हीं शब्दों को दोहराने लगा–''इन्हें मत तोड़ो-इन्हें यहीं खिलने दो भगवन्! तुम इन फूलों से प्रेम करते हो–परन्तु प्रेम का अर्थ अपने प्रेमी के जीवन को नष्ट भ्रष्ट कर देना तो नहीं।''

सुन्दरता की उस साक्षात प्रतिमूर्ति पर ब्रह्मचारी जी की आंखें गड़ गईं। सौंदर्य की उस प्रतिमा को देख मानो वे स्वयं निस्तब्धता की प्रतिमूर्ति बन गए हों और वह बालक इतने ही शब्द कह उस बाग की मुंडेर की ओर भाग गया और वहीं खेलने लगा।

ब्रह्मचारी नन्दकिशोर की अवस्था विचित्र थी। सचमुच वे अब तक वहां एक आश्चर्य की प्रतिमूर्ति बने खड़े थे। जो कुछ उनकी आंखों के सामने हो रहा था, इसमें कुछ वास्तविकता थी अथवा वह केवल एक स्वप्न का संसार था–वे अभी तक इसी तत्त्व को न समझ सके....सब कुछ अपने सामने देखते हुए भी वे इसे एक स्वप्न मात्र समझ रहे थे। उन्होंने चाहा वे भी मुंडेर की ओर भाग चलें परन्तु पांव उठते नहीं थे...वहीं पर खड़े उसी अद्भुत संसार में वे प्रलाप करने लगे....

''क्या मेरे बालपन के साथी तुम्हीं हो। क्या तुम और हम दोनों ही तोप के मुंह पर बांधे गए थे। क्या तुम्हीं ने अपने नाना के घर मुझे याद किया था। मृत्युशैया पर लेटे हुए क्या तुम्हीं ने अपने जीवन के अन्तिम क्षण मुझसे भेंट करने की इच्छा प्रकट की थी।

अपने नाना के घर मुझे अकेले छोड़ क्या तुम्हीं किसी अनन्त की ओर चले गए थे। बाबा विश्वनाथ की नगरी में स्वप्नलोक में प्रकट हो कर क्या तुम्हीं ने मुझे उत्तराखण्ड की ओर यात्रा करने का प्रोत्साहन दिया था-''जीजी बाहर खड़ी तुम्हारी प्रतीक्षा कर रही है। मैं तुम्हें बुलाने आया हूं''–ये शब्द क्या तुम्हीं ने स्वप्नलोक में आ कर कहे थे। कहो-कहो प्यारे बालक...कहते क्यों नहीं! तुम भाग क्यों गए...क्या तुम्हीं ने मुझे मिलने के लिए हरिद्वार नहीं बुलाया था। अपना जन्मस्थान गुरु की नगरी क्या तुम्हीं ने नहीं बताया था और अब तुम मेरे पास आ कर भी भाग रहे हो। कहो-कहो प्यारे बालक तुम्हारे चेहरे पर मुस्कराहट है, आंखों में मिलन की झलक है–दिल में कुछ दर्द भरा, आदर तथा सम्मान भरा प्रेम भी है–

क्या तुम मुझसे रूठ गए-मैंने तो तुम्हारी याद को दिल से कभी नहीं भुलाया।

ब्रह्मचारी जी उस मुंडेर की ओर बढ़े। वे थोड़े ही कदम चले थे। उन्होंने देखा एक साधारण-सा व्यक्ति उस बालक के पास आया और उसे सम्बोधित करता हुआ बोला–''भाग्य! तुम यहां क्या करते हो–चलो घर! पिता जी बुलाते हैं।''

''मैं न जाऊं–अभी मैं यहां खेलूंगा, पिता जी को जाकर कह दो, भाग्य बगीचे में खेल रहा है।''

''बहुत खेल लिया भाग्य अब चलो घर''...उस व्यक्ति ने बहुतेरा ज़ोर लगाया, परन्तु बालक अपनी दृढ़ता पर अड़ा ही रहा।

इधर ब्रह्मचारी जी यह सब दृश्य देख रहे थे, उधर उनकी दिव्य दृष्टि के सामने उनका बालपन फिल्म चित्र बन कर नाच रहा था। इकलिंग के साथ बिताये हुए वे बचपन के दिन फिर ताज़ा हो गए।

वे पूर्ववत् मूर्तिमान खड़े अपनी स्मृतियों की फिल्म देख रहे थे। वह छोटा-सा लड़का मुंडेर से उतरा और धीरे-धीरे ब्रह्मचारी जी की ओर बढ़ा। उस अवस्था में उन्हें देख वह बालक उनका हाथ पकड़ बोला। ''क्यों जी आपको क्या हो गया है? अभी तो आप भले चंगे थे, अभी यह क्या परिवर्तन आ गया?

ब्रह्मचारी जी का ध्यान टूटा–वह बालक, उनका भूतपूर्व बाल सखा इकलिंग उनका हाथ पकड़े खड़ा था...

''क्या हो गया आपको'' वह बालक फिर बोला।

''मुझसे भूल हो गई, प्यारे बालक।''

''भूल नहीं महाराज, यूं कहो कि फूल हो गया।'' उस फूल सदृश बच्चे के मुंह से फूल शब्द का उच्चारण सुनते ही ब्रह्मचारी जी एकाग्रचित्त हो उस बच्चे की ओर आश्चर्य से देखने लगे। बालक! तुम मेरे एक प्रश्न का उत्तर दोगे?

दे सकूंगा तो दूंगा? क्या है आपका प्रश्न...?

''बालक तुम्हारा नाम क्या है, तुम्हारी जन्म भूमि कहां है।''

''मेरा नाम है भाग्यचन्द्र और मैं रहता हूं गुरु की नगरी अमृतसर में। दे दिया न आपके प्रश्नों का उत्तर!! अब आप मेरे प्रश्नों का उत्तर दीजिए। आपका नाम क्या है और आपका जन्मस्थान कौन सा है?

ब्रह्मचारी जी मुस्करा दिए। तुम बड़े होनहार बच्चे हो–क्या करोगे मेरा नाम ग्राम पूछ कर।

''जो कुछ आपने किया था वही मैं कर लूंगा''।

मेरा नाम है ब्रह्मचारी नन्दकिशोर और निवास है गंगा माई का पवित्र तट।

ब्रह्मचारी जी के मुंह से यह शब्द अभी पूर्ण रूप से निकल भी न पाए थे, वह बालक झट बोल उठा–''बस! बस!! महाराज यही तो आपकी भूल है, आप मुझे बच्चा समझ कर बहकाते हैं। आपका नाम ग्राम यह कदापि नहीं।''

''तुम ठीक कह रहे हो बालक! मेरा बचपन का नाम फूलकंवर है और निवास उदयपुर।''

उसी समय एक ओर से एक आदमी आया और बलपूर्वक उस बालक को अपनी गोदी में उठा कर ले गया।

पैंतीसवां अध्याय

प्रेम का दीवानापन

फकीरा फकीरी दूर जे जितनी लंबी खजूर।
चढ़े तो पीवे प्रेमरस गिरे तो चकनाचूर॥

इकलिंग का संस्मरण होते ही ब्रह्मचारी नन्दकिशोर अपने आपको भी भूल बैठे। परिवर्तन! घोर परिवर्तन! यह बालक मेरा बचपन का साथी है। यह मेरा गुरुभाई है, यह मुझे जानता भी है। मुझसे स्नेह भी बहुत करता है। जब वह आदमी उसे बुलाने के लिए आया। वह उससे बोला तक नहीं, जब उसने उसे घर चलने को कहा, उसने साफ इंकार कर दिया। वह फिर मेरे पास आया। उसे पता था कि मेरा बचपन का नाम फूलकुंवर है। बस, वह मेरा बालसखा इकलिंग ही था।

यह बालक अब नहीं आएगा। यदि वह आना भी चाहेगा तो उसके घर वाले उसे आने नहीं देंगे। प्रेम का दीवाना उस उपवन से बाहर निकला।

अब उसकी दुनिया बदल चुकी थी। परिवर्तन! परिवर्तन!! घोर परिवर्तन महा अगम्य ब्रह्मज्ञान का विख्याता, संत लायब्रेरी तथा ग्राम पाठशालाओं का पंचपुरी में जाल बिछा देने वाला राष्ट्र का विधि विधाता, महामोहनाशक, सद्सद् विवेक प्रकाशक, महातारक–मंत्र का निर्माता, आज स्वयं सांसारिकों की मोह ममता में फंस गया...

असम्भवं हेम मृगस्य जन्म।
तथापि रामो ललुभे मृगाय॥

स्वर्ण–निर्मित हिरण का भूतल पर भ्रमण करना असम्भव है। यह जानकर भी रामचन्द्र जी महाराज उस हिरण को पकड़ने के लिए भागे ही थे।

लोकोत्तरानां चेतांसि को नु विज्ञातुमर्हति।

संसार के तरनतारण कतिपय विभूतियों के चित्त की अवस्था का पता ही कौन लगा सकता है? ब्रह्मवेत्ता ब्रह्मचारी नन्दकिशोर अपने बालसखा के प्रेम में उन्मत्त उस उपवन से बाहर निकले। उनका चित्त अशान्त था। उन्होंने अपने निवासस्थान की ओर मुंह फेंरा...एक ही कदम बढ़ाया....दिल पर जोर का धक्का लगा... वह दिशा मानो काटने को भागी हो। वह कदम उन्होंने वापस फेर लिया ...सामने ही ऊंचा-ऊंचा चंडी माई का पर्वत दिखाई दे रहा था, ब्रह्मचारी जी ने एक बार उसकी ओर देखा, साक्षात चंडिकादेवी मानो उनको अपने पास आने का निमंत्रण दे रही थी।

मन्मना भव मद्भक्तो मद्याजी मां नमस्कुरु।
मामैवेश्यसि सत्यं ते प्रतिजाने प्रियोऽसि मे॥

बस फिर क्या था। अपनी कर्मझोली उठाकर उसी समय भीमगोड़े हो दूधियाबन्द के पुल को पार कर फिर घूम कर पार ही पार बेलवाले में पहुंचे। वहां से नाव के द्वारा नीलधारा को पार कर चंडी जी के मन्दिर की ओर पहाड़ पर चढ़ने लगे। प्रात:काल दस बजने का समय हो गया था। चंडीजी के दर्शन कर के वापसी में कुछ और आदमी आते हुए मिले। वे "जै चंडी मैया की, जै जै चंडी मैया की," कहते हुए नीचे आ रहे थे और ब्रह्मचारी जी ऊपर चढ़ रहे थे। चढ़ते-चढ़ते चंडी जी के मन्दिर पर पहुंच गए और मन्दिर में जाकर चंडी जी का दर्शन करके, जो खिड़की मन्दिर की हरिद्वार की ओर है, उसमें ज़रा पैर रखा और आंखों के सामने हरिद्वार आया ही था कि दिल का जोर लगाया कि ख्याल ही ख्याल आंखों में बदन में समा गया और दिल में यह ख्याल चमक पड़ा कि आज अभी-अभी तुम्हारा प्यारा, प्राणों से भी प्यारा, गुरु की नगरी से आया है। चलो, चल कर उसके दर्शन करें। दर्शन की इतनी प्रबल इच्छा हुई कि हवा बन कर उनसे जा मिलूं। परों से उड़ कर उनके पास जल्दी पहुंचूं। यह ख्याल दिल में आया ही था, फिर रास्ता किसने चलना और किसने देखना। सब रास्ता ही मालूम हुआ और खिड़की से निकल चबूतरे से कूद कर पहाड़ से उछलते-कूदते, गिरते-पड़ते, ऊंचे-नीचे रास्ते को जल्दी-जल्दी, घंटों का रास्ता मिनटों में तय करके गंगा जी की नीलधारा पर, जहां किश्ती लगती है, वहां आ पहुंचे।

मल्लाह से कहा-"भाई मुझे जल्दी से पार उतार दे।" मल्लाह अपने फूस के छप्पर से बाहर निकलकर और चंडी की तरफ से आते हुए यात्रियों को देखकर बोला-"महाराज! अभी उतारे देता हूं, वे चार पांच आदमी और आ रहे हैं, वे आ जाएं। आप तब तक यह पेड़ा खाएं। इस दुकानदार ने बहुत

ही अच्छा बनाया है। ब्रह्मचारी जी ने उस दुकानदार से एक आने का पेड़ा लिया और कर्मझोली से पैसे दे, पेड़ा खाया। मल्लाह गिलास भर गंगा जी से गंगाजल लाया। ब्रह्मचारीजी ने पिया। इतने में ही वे यात्री भी आ गए। वे यात्री ब्रह्मचारी जी को देख कर चकित हो कर बोले–''महाराज! आप तो हमें चंडी जी पर जाते हुए जब हम वापस उतर आए तो यहां रास्ते में मिले थे। क्या आप चंडी जी नहीं गए? किधर से यहां आ गए? ब्रह्मचारी जी बोले–''मैं चंडी जी के दर्शन करके आया हूं।'' दूसरा यात्री बोला ''महाराज! आप तो हमें यहां पास में ही अभी-अभी मिले। वहां कैसे इतनी जल्दी हो आए।'' तीसरा बोला–''देखते नहीं, महाराज के माथे पर चंडी मैया का सिन्दूर का टीका लगा है।'' पहला यात्री बोला–''अच्छा महाराज! अब कहां जाओगे।'' ब्रह्मचारी जी बोले ''हरिद्वार''। वह आदमी बोला–''महाराज! हरिद्वार हमारे साथ चलना।'' इधर यह बातें हो रही थीं, उधर मल्लाह ने नाव हरिद्वार की ओर छोड़ दी।

''बोल श्री गंगा मैया की जय, चंडी मैया की जय के जयकारों के बीच नाव हरिद्वार की ओर बढ़ी। ब्रह्मचारी जी ने सोचा, मायापुर होकर जाएंगे तो बहुत देर हो जाएगी। बेल वाले से हो कर लालजी बाड़े की सरकारी किश्ती में बैठ कर झट से पार उतर कर प्यारे को मिलेंगे। यह ख्याल दिल में आ ही रहा था कि किश्ती नीलधारा के किनारे बेल वाले में आ लगी। उन दिनों बेल वाले में बड़ा जंगल-सा था। ब्रह्मचारी जी किश्ती से उतर कर बेल वाले के जंगल में घुसे और चलते-चलते एक गीत गाते हुए जल्दी-जल्दी चलने लगे। रास्ते के कांटे-खोओं की तो कुछ परवाह ही नहीं थी। यह प्रेम एक ऐसी चीज है कि सब कठिनाइयां क्षण भर में सरल हो जाती हैं। ब्रह्मचारी जी की आंखों में, दिल में, तो वही प्यारी सूरत चमक रही थी और यह ख्याल, यही धुन, दिल में और बाहर बनी हुई थी और मस्ती में गीत गाते-गाते हरिद्वार के सामने आने को चल रहे थे।

ग़ज़ल

आशिकों में हूं न सादिक चाहने वालों में हूं।
अय सनम खाके कदम बस अब तो पामालों में हूं।।
मित्र यह कहते हैं मुझ से हाले दिल फरमाइये।
ईश्वर की मेहर है हरदम मैं तो खुशहालों में हूं।।
तेरी महिमा का बयाँ कैसे करूं जाने-जहां।
यह जुबां कहती है मुझ से बन्द मैं तालों में हूं।।

इश्क में मज़हब कहां और कौन सा मज़हब है इश्क।
तुम अगर दिल में हो तो मैं किसके मतवालों में हूं॥
तुम को मेरी लाज है अब आ गया तेरी शरण।
चन्द्र! अब क्योंकर कहूं मैं अपने आमालों में हूं॥

गाते-गाते चलते हुए रास्ता खत्म हुआ और हरिद्वार से लगकर बहने वाली बड़ी धारा के किनारे पर पहुंचे तो हरिद्वार नगरी को सामने देखते ही लालजी बाड़े की सरकारी किश्ती में बैठ पार जाने के इरादे को छोड़ दिया और एक दम दिल में यह आया कि बस अब लालजी बाड़े नहीं जाएंगे, यहां से ही तैर कर कुशावर्त घाट पर निकल कर जल्दी ही प्यारे के दर्शन करेंगे। दिल में यह विचार कर जहां ड्रामों की पक्की दीवार है, कुम्बारे के पेड़ के नीचे आकर अपने कुल कपड़े उतार और किरमिच का जूता उन कपड़ों के साथ रख बांधकर अभी सिर पर उठाया हीं था कि लालजी बाड़े की नहर के महकमे का जमादार (टंडेल) मायापुर जा रहा था, वह पेड़ के नीचे ब्रह्मचारी जी को देख कर बोला-''महाराज! पायें लागू''। ब्रह्मचारीजी बोले-''आओ टंडेल कहां जाते हो।''

मैं मायापुर जा रहा हूं और अभी लौट कर आता हूं। आप वहीं लालजी बाड़े किश्ती के पास चलें। दुपहरी में वहीं भोजन करें और शाम के वक्त हरिद्वार जाएं''।

ब्रह्मचारी जी बोले, ''अच्छा-अच्छा, तुम जल्दी जाओ''।

ब्रह्मचारी जी के दिल में तो यह लगी हुई थी कि यह यहां से जल्दी हटे तो मैं तैर कर सामने कुशावर्त घाट पर जा निकलूंगा। वह बड़े-बड़े भरे हुए दरियाओं में अच्छी तरह तैर लेते थे और कई प्रकार का तैरना जानते थे। इसी आशा पर हरिद्वार के पास-पास चलने वाली गंगा जी में हमेशा तैरते थे। आज भी सिर पर सारे कपड़े बांध कर श्री गंगा जी में उतरे, पैर भीगे घुटनों तक, फिर गर्दन तक, फिर मुंह तक जब पानी आया तो पैर उठा कर तैरने लगे। जब बहुत देर हुई तैरते-तैरते, तब ब्रह्मचारी जी ने पीछे फिर कर देखा कि मैं कितनी दूर तक तैर कर आ गया हूं। जब देखा तो वहीं धोरे के धोरे ही हाथ पैर चला रहे थे। इसे देख कुछ जोर लगा कर आगे बढ़े, पर जल के वेग से फिर पीछे ही हटते रहे, क्योंकि तैरने की ओर तो ख्याल ही न था-ख्याल जल्दी मिलने का था, इसी से अंधाधुंद हाथ-पैर चलाते रहे और जल पीछे फैंकता रहा। एक जगह ब्रह्मचारी जी जरा जोर लगका आगे बढ़े, पर दिल में यह आया कि क्या बात है, अभी मैं वहीं का वहीं मालूम होता हूं।

फिर तत्काल मन में विचार उठा "देखूं, यहां पैर टिकते हैं या नहीं"। पैर जमीन में टिकाने को जल में सीधे जो खड़े हुए तो वहां सिर से भी तीन-चार हाथ ऊपर पानी था। अब तो सिर पर जो कपड़े बंधे हुए थे, वे भी भीग जाने के कारण बड़े भारी हो गए और भार से गर्दन झुकने लगी। अब वे बीच धारा में आ गए थे। जल भी अपनी पूरी ताकत दिखा रहा था। आखिर भार से गर्दन झुकने लगी तो कपड़ों की गठड़ी सिर से उतार दाएं हाथ से छाती के नीचे दबा दी और बाएं हाथ से तैरने लगे, पर कुछ देर में यह हाथ जवाब दे गया। आखिर उस हाथ की कर्म झोली कपड़ों के समेत छोड़ दी। वह जरा देर बाद निगाह में आई, फिर पानी में गायब हो गई। इस गठड़ी को डूबते हुए देखा ही था कि एक गोता अपने आप जल में ब्रह्मचारी जी को लगा। फिर दूसरा गोता लगा और वह बीच धार में बहने लग गए। गोते पर गोते लगने लगे, तब उन्हें यह ख्याल हुआ कि मैं बाहरी सहायता के बिना अब अपने आप पार नहीं लग सकता।

एक बार फिर गोता लगा। अबके गोते से निकलते ही कुशावर्त घाट पर बहुत से आदमियों को देखते ही आवाज दी "मुझे बचाओ, बचाओ" फिर गोता लग गया और फिर निकले तो हाथ का ईशारा करके बोले, "मुझे बचाओ, मैं डूब रहा हूं, यही आवाजें जब-जब निकलती, तब-तब देते, अब बहते-बहते बार-बार गोते खाते-खाते ब्रह्मचारी जी के दिल में यह ख्याल आया कि श्रवण नाथ जी के घाट पर तो बड़े-बड़े तैराक रहते हैं और तैरने वाले तुम्बे भी हैं वे मुझे जरूर ही निकाल लेंगे। परन्तु वह आदमी अन्दर जा कर बाहर नहीं आया और बहुत से आदमी कुशावर्त घाट की तरफ से भी दौड़-दौड़ कर तमाशा देखने श्रवण नाथ के घाट पर आकर खड़े हो गए और वहीं बड़ी भीड़ लग गई। ब्रह्मचारी जी उसी अवस्था में बहते हुए श्रवण नाथ के घाट से आगे जा रहे थे, तो गोते से बाहर निकले तो इनके कान में आवाज आई, मानो कोई आदमी चिल्ला कर बोल रहा है "जो इस डूबते हुए को निकाले, उसे मैं सौ रुपये दूंगा-" पर कोई भी निकालने को नहीं आया। श्रवण-घाट से आगे बद्री आंवले की हवेली के पास पहुंचे तो इसी श्रवण-घाट से किसी आदमी ने कहा "पैर टिका दे" ब्रह्मचारी जी ने यह सुना और पैर जमीन की तरफ किए, पर फिर गोता लगा।

अब तो अपने बचने की उन्हें कोई आस न रही। मुंह बन्द हो गया। आवाज मुंह से न निकली। परन्तु जब फिर गोता लगा, उस समय समझ लिया बस अब इस मनुष्य देह के संगी-साथी और प्यारे, दुश्मन लेन-देन, भलाई-बुराई सब समाप्त हुई, अब तो अन्त समय परमपिता परमात्मा से ही

ध्यान लगाना चाहिए उसी से जा कर मिलना है। यह बात मुंह से कहने में बड़ी देर लगती है परन्तु मन से सोचने में जरा भी देर नहीं लगती। अब आखिरी गोता लगा तो इस संसार की सुध जाती रही। आंखें मींच अपने सच्चे ध्यान में सर्वव्यापक प्रकाशमय प्रेम-स्वरूप को ध्यान में अंदर बाहर जमाया। पर जब आखिरी गोते में पानी के अंदर ब्रह्मचारी जी उभर रहे थे, उस समय पानी के ऊपर से उनका दायां हाथ किसी को बुलाने का इशारा कर रहा था और जब तक उनके दायें हाथ की उंगली का आखिरी पोरा पानी से बाहर रहा, तब तक हिलता रहा। आखिरी गोते में सब दुनिया की सुध-बुध छोड़ चुके थे, और परमेश्वर सर्व अंतर्यामी का ध्यान बंध गया था। तब एक विचित्र घटना घटी। उस समय उनको यह मालूम हुआ कि मैं एक तख्त पर पतली-सी चादर ओढ़े हुए लेटा हुआ हूं और केवल चादर से मुंह बाहर है और मुंह पर एक भौंरा सा उड़ रहा है। यह प्रतीत हो रहा था कि कुछ ही देर में यह ख्याल जाता रहा और भोला गिर की धर्मशाला के पास दामोदर प्रसाद के चबूतरे के नजदीक पानी में अपने आप को पड़ा देखा।

उसी वक्त उसी जगह से दायां हाथ लम्बा किया, तो दायें हाथ की उंगली का आखिरी पोरा वहां चबूतरे की दीवार पर जा लगा। उसी पोरे से खींच कर चबूतरे के पास पहुंच गए और वहां खड़े हो गए। उस जगह पर केवल घुटने-घुटने पानी था और वह चबूतरा पानी से आधा हाथ ऊपर था। ब्रह्मचारी जी पानी में खड़े होते ही उस चबूतरे पर चढ़ने लगे, परन्तु उस समय न चढ़ा गया। दो चार मिनट खड़े रहे, फिर उस चबूतरे पर चढ़ गए। धूप खूब हो रही थी, वहीं अलोथी-पलोथी मार कर ब्रह्मचारी जी बैठ गए कि दस पांच मिनट में हरिद्वार की तरफ से सैकड़ों आदमी तमाशबीन गदागद भागते हुए आ गए। ब्रह्मचारी जी एक तरफ चुपचाप बैठे आंख मींच इनकी बातें सुनते रहे। कई आदमी तो बेचारे अफसोस करते थे कि देखा जी! न मालूम यह यात्री था या कोई और। इसके बाल बच्चे सुनेंगे कि हमारा बाप डूब गया तो वे क्या करेंगे। कई आदमी कहते थे कि हम ने श्रवणनाथ घाट के आगे तक तो देखा फिर निगाह में नहीं आया। एक आदमी बोला "श्रवणनाथ के घाट पर एक मारवाड़ी सेठ सौ रुपये दे रहा था जो इसको निकाले, इतने में एक नौजवान मस्खरा "लो मैं निकालता हूं" कहकर गंगा जी में कूदा" ऐसे ही तीन-चार आदमी ब्रह्मचारी जी की तरफ आकर पूछने लगे। "इधर कोई आदमी ऊपर से बहता हुआ आपने देखा?" ब्रह्मचारी जी की तबीयत बोलने को नहीं चाहती थी। इसलिए वे "हूं" कहकर चुप हुए और थोड़ी ही देर में कुल आदमी अपने-अपने मन की बातें कहते अफसोस करते हुए चले गए। जगह बिल्कुल खाली हो गई। ब्रह्मचारी जी वहीं उसी तरह बैठे थे। अब सोचा कि कर्म झोली

में ताली (चाबी) मकान की और सब कपड़े भी बह गए हैं और मैं नंगा बाजार में कैसे जाऊंगा। नंगे ही लुहार के पास जाना पड़ेगा, बड़े शर्म की बात है। यह विचार ही रहे थे, इतने ही में एक विद्यार्थी वहां आया और हाथ धोने लगा। तब ब्रह्मचारी जी ने सोचा "यह विद्यार्थी मुझे धोती दे दे तो दो धोती इसको मकान पर जा कर दे दूं। इसके पास और धोती न हो तो इसी में से आधी धोती दे दे" ऐसे सोच ही रहे थे कि वह विद्यार्थी हाथ धोते ही झट-पट चला गया। मुंह से बात तक न निकली, तब दिल में एक और अज़ीब बात आई "ओह दुनिया मरी हुई है, मरी हुई से क्या शर्म करनी। तू जिन्दा है, दुनिया मरी हुई। अगर दुनिया जिन्दा होती तो तुझे डूबने से बचाती, ऐसा ख्याल जरा देर तक रहा, फिर वही, मैं नंगा बाजार में कैसे जाऊंगा, ताला तुड़वाने को लुहार के पास भी जाना पड़ेगा, इत्यादि। अच्छा रास्ते में से पोस्ट मास्टर अपने मिलने वाला है, उनसे धोती या तौलिया, अंगोछा कुछ मांग लेंगे। उसे पहन सब काम कर लेंगे। परन्तु यह ख्याल थोड़ी देर में खत्म हो गया। फिर यह ख्याल आया कि ऊपर एक वैरागी महात्मा अपनी बड़ी लम्बी चौड़ी छतरी के नीचे धूना लगाये बैठा है। उनसे... कोई कपड़ा ले लेंगे। यह विचार कर वहां से उठे और जहां वैरागी बाबा अपनी छतरी लगाये धूना रमाये थे, वहां आए। उस जगह जहां धूना लगा हुआ था पहले खाली पड़ी हुई जमीन जोगीवाड़े के महन्त कानदास की थी, अब रायबहादुर बलदेवदास बिड़ला का मकान बन गया है। वहां आकर ब्रह्मचारी जी ने देखा, छतरी के नीचे वैरागी बाबा अपनी चद्दर ओढ़े सो रहे हैं। यह देखते ही ब्रह्मचारी जी को नंगे ढके का कुछ ख्याल न रहा और दिल में आया कि ओ हो! यह दुनिया सारी सोई पड़ी है, इससे क्या शर्म, चलो अपने मकान पर। यह ख्याल आते ही ब्रह्मचारी जी वहां से अधर-अधर पैर उठाते आनंद की लहरों पर चलने लगे और उस वक्त यह मालूम होता था कि जमीन से एक फूट-फूट हवा में चल रहे हैं। दिल में कोई ख्याल किसी तरह का, न मन में, कोई संकल्प किसी तरह का, बस सड़क-सड़क आनन्द से झूमते हुए अपने मकान की तरफ आ रहे थे। रास्ते भर में एक आदमी को भी देखा। उसी वक्त स्वाभाविक हाथ ताले पर पड़ा। तब ताले को जरा खींचा तो ताला अपने आप खुल गया। ताले को कुंडे से निकाल जंजीर खोली और ताले को अंदर एक तरफ फैंक कर खुद अंदर गए। वहां से कपड़े निकाल पहने और मन में यह आया कि पेट में कुछ पानी है। इससे कुछ रोटी बिना पानी पिये खा लेंवे तो पेट का पानी कुछ कम हो जाएगा। यह विचार कर रोटी वाले की दुकान पर पहुंचे। दो चार रोटी खा कर वापस मकान पर आए और बिस्तर बिछा अन्दर से किवाड़ बन्द कर खूब सोये।

लगभग छह बजे उनकी आंख खुली। उसने मकान का मुख्य द्वार खोल कर बाहर झांका। तत्क्षण उसकी दृष्टि में फिर वही भागचन्द्र छोटा-सा जीवित पुष्प धीरे-धीरे भागता हुआ गाता हुआ...

अजब हैरान हूं भगवन तुम्हें क्यूंकर रिझाऊं मैं।
नहीं ऐसी कोई वस्तु जिसे सेवा में लाऊं मैं॥

प्रेम के दीवाने ने एक कदम आगे बढ़ाया–"ओ जाने वाले बालक! एक बात मेरी सुन जा... ओ जाने वाले बालक! तनिक इधर तो आ जा" परन्तु वह बालक तो वही गीत गाता हुआ भाग गया।

उसका दीवानापन फिर जाग उठा। उसकी सहनशीलता काबू से बाहर हो गई–बस! अब मैं इस संताप का अन्त कर दूंगा... देखो! देखो! बस-अभी...

पास ही रखी हुई छुरी को उसने उठा लिया। वह उस छुरी को उठा कर अपनी छाती में घोंपने लगा ही था, उसी समय पीछे से एक आवाज आई "यति जी क्या करते हो... आत्महत्या से बड़ा संसार में कोई पाप नहीं...प्रेम के दीवाने ने अपना हाथ खींच लिया। छुरी भूमि पर गिर पड़ी, उसने पीछे मुड़ कर देखा, यह था उनका प्यारा इकलिंग (भाग्यचन्द्र)–"भाग्यचन्द्र तुम आ गए"।

"आ कहां से गए यति जी महाराज, मैं तो सदैव आपके साथ ही रहता हूं।"

"नहीं भाग्य, तुम तो मुझ से दूर भागते हो।"

"कदापि नहीं, यह केवल आपका भ्रम है। मैं तो सदैव आपके साथ ही रहता हूं।"

"नहीं! नहीं!! तुम तो मुझ से दूर बगीचे के बड़े मकान में रहते हो"...

"वहां रहता है मेरा स्थूल शरीर। वास्तविक आत्मा तो सदैव आप ही के साथ रहती है"

"परन्तु मुझे इस बात की शांति कैसे हो"

"मैं इसका उपाय बताता हूं।" आपका नाम नन्दकिशोर। और मेरा नाम है भागचन्द। आधा नाम अपने में से ले लो और आधा नाम मेरे में से। दोनों मिला कर हुआ–"किशोरचन्द"। आज से आपका नाम ब्रह्मचारी नन्दकिशोर के स्थान पर किशोरचन्द्र हुआ।

देखा मैंने आपको कैसा अच्छा उपाय बताया –
'हां!' इतना कह वह नटखट बालक वहां से भाग गया।
प्रेम का दीवाना अपने रंग में गुनगुनाता हुआ उसी ओर चल दिया।

प्रियतम! तेरे प्रेम में हम तो खाक उड़ाते फिरते हैं।
कूचे कूचे गली गली में खोज लगाते फिरते हैं।। टेक।।
कोई हमसे बात करे तो बात हमें नहीं भाती है।
सच कहता हूं याद तुम्हारी निश दिन हमें सताती है।।
कहना भी चाहें तो जिह्वा कुछ का कुछ कह जाती है।
चलते फिरते प्रति क्षण वह तो गीत तुम्हारे गाती है।।
दुनिया से कुछ काम नहीं बस हर-हर गाते फिरते हैं।
कूचे कूचे गली गली में खोज लगाते फिरते हैं।।
महिमा तेरी कहते कहते बुद्धि भी चकराती है।
नयन झरोखे होकर निरखें सो छवि सदा दिखाती है।
माया फन्द द्वन्द बन्धन की ग्रन्थी झट खुल जाती है।
लिखी शास्त्र में लीला अद्भूत हरिजन हृदय सुहाती है।।
भूतल पर जो नित्य प्रेम की वीणा बजाते-फिरते हैं।
कूचे कूचे गली गली में खोज लगाते-फिरते हैं।।
हम तो प्यारे तेरे प्रेम में आज बने हैं सौदाई।
ऐसे लट्टू हुए नाम पर तन मन की सुध बिसराई।।
छोड़ दिया सब कुछ मन में इक तेरी मूरत बिठलाई।
श्वास श्वास में तेरे नाम की ही हमने गाथा गाई।।
तेरे प्रेम की तन मन में अब भस्म रमाते फिरते हैं।।
कूचे कूचे गली गली में खोज लगाते फिरते हैं।।
कठिन मार्ग है हरि भक्ति का सतगुरु रीत बताते हैं।
अपना आप भुला प्रेमी सौदाई से बन जाते हैं।।
संकट सब कट जाते हैं जब प्यारे दर्श दिखाते हैं।
भव सागर से वह नट नागर नैया पार लगाते हैं।
लखी अलख छवि केसी चित्र विचित्र लखाते फिरते हैं।
कूचे कूचे गली गली में खोज लगाते फिरते हैं।।

❑❑❑

खंड चौथा

यती किशोरचन्द्र

(उनके जीवन की सुखद स्मृतियां)

Thy name is love,

My God !

Don't you see, Thy beloved is Mad after Love.

Almighty Father, Take me in thy lap.

प्रीति करि काहु सुख न लह्यो।
प्रीति पतंग करी दीपक सों, अपनी देह दह्यो।
अलि-सुत प्रीति करी जल सुत सों, संपति हाथ गह्यो।
सारंग प्रीति जु करी नाद सों, सनमुख बान सह्यो।
हम जो प्रीति करी माधव सों, चलत न कछु कह्यो।
सूरदास प्रभु बिनु दुःख दूनों, नैननि नीर बह्यो।

छत्तीसवां अध्याय

यति किशोरचन्द्र

God is love

प्रभु का प्यारा अपने प्रभु के प्रेम में दीवाना हो गया। उसे तन बदन की सुध भी न रही। वह अपने आपको भी भूल गया। वह सब कुछ भूल गया... अपने सन्त-वाचनालय को, अपने औषधालय को, अपनी ग्रामीण-योजनाओं को, वह सबको भूल गया... उसे तो अब याद था केवल अपने बाल-सखा का नाम।

वह हरिद्वार में आकर अपने उद्देश्य को भूल बैठा था। हरिद्वार में आया था वह इकलिंग को खोजने। गुरु की नगरी से उत्तराखण्ड में उसके मित्र बाल-सखा ने जन्म लेना था। वह आया था अपने बाल रूप-बाल सखा के साथ एक बार फिर वही उदयपुर की-सी बाल लीला रचाने। परन्तु, हरिद्वार में आकर क्या उसने अपने मित्र की खोज की?

कई वर्षों के पश्चात जबकि वह अपने उद्देश्य को भूल चुका था, उसका मित्र बाल रूप धारण कर उसके सामने आ गया—उसकी एक झलक मात्र ने ब्रह्मचारी नन्दकिशोर के जीवन में क्रांति मचा दी।

विशुद्धाद्वैत के व्याख्याता, महामोह मद नाशक तारक-महामंत्र के निर्माता ब्रह्मचारी नन्द किशोर अब किशोरचन्द्र बन गए।

प्रेम-प्रेम में भी अन्तर है—भक्त और भगवान् का प्रेम, पिता-पुत्र का प्रेम, बहन-भाई का प्रेम, पति और पत्नी का प्रेम, प्रियतम और प्रियतमा का प्रेम... प्रेम के यह सभी भिन्न-भिन्न आकार हैं। एक प्रेम वह था जो महावीर ने भगवान् राम से किया था। एक प्रेम वह था जो सीता ने राम से किया था। एक प्रेम वह था जो कृष्ण ने पृथा पुत्र से किया था। एक प्रेम वह था जो

तुलसीदास ने रघुनन्दन से किया था, एक प्रेम वह था जो ध्रुव और प्रह्लाद ने अपने प्रभु से किया था...

वह था उन का विशुद्ध प्रेम–सूफियाना प्रेम। संत तुकाराम, रामतीर्थ, चैतन्य सरीखे भगवद्भक्तों सरीखा प्रेम... इस धरती तल से स्पर्श हुआ भी, जो हवा में उड़ता है... ये पंख भी जो पंखों वाला बन जाता है... अपनी मानसिक उडारी लगाकर वह उस स्थान पर चला जाता है जहां पहुंच कर मनुष्य मनुष्य नहीं रहता, वह छह फुट की विशाल मूर्ति होता हुआ भी वायु से भी सूक्ष्म रूप धारण कर लेता है।

प्रभु तो सर्वत्र विराजमान हैं–कण कण में हैं, अणु परमाणु में हैं। परन्तु उसे देखने के लिए आंख चाहिए। यह आंख-प्रभु के प्रतिबिम्ब को साकार रूप में देखने वाली आंख। सब किसी को नहीं मिला करती और न ही इसे प्राप्त करने के लिए किसी यूनिवर्सिटी की पीएच.डी. की डिग्री हासिल करनी पड़ती है। सन्त कबीर, गोस्वामी तुलसीदास, तुकाराम, मीराबाई किसी यूनिवर्सिटी के डॉक्टर ऑफ लिट्रेचर तो थे नहीं। यह तो भई परमात्मा के दरबार ही एक ऑनरेरी डिग्री है, जो कि प्रभु की प्रेरणा से अपने प्यारों को प्रदान की जाती है।

गुरु नानक देव जी ने इस प्रभु प्रेम को सच्चा सौदा कहा है। सन्त कबीर ने इसे अमर पद कहा है। इसी के लिए रामतीर्थ ने अपने जीवन के ऐश्वर्य को लात मार जंगल की राह ली। लाला कालूराम ने अपने पुत्र को 50 रुपये व्यापार के लिए दिए। उन पचास में नानक ने सच्चा सौदा किया। इसी के लिए महात्मा बुद्ध अपनी चन्द्रमुखी यशोधरा तथा एक ही मास के छोटे से राहुल को महलों में छोड़ रात के अंधेरे में भाग निकले। इसी प्रेम के लिए ऋषि दयानन्द ने जंगलों की खाक छानी। जिसे भी इस प्रेम की रट लगी वह घर का कब रहा। यह सच्चा सौदा तो बड़ा कीमती सौदा है।

प्रेम का दीवाना पांच छह दिन का भूखा प्यासा गंगा किनारे एक पत्थर पर बैठा था। जो उसे देखता वह आश्चर्य में आ जाता। "यहां किसके इंतजार में बैठे हो ब्रह्मचारी जी!" प्रेम का दीवाना कुछ भी जवाब न देता... कभी वह गंगा माई की ओर देखता, कभी वह अपने पीछे उन्नतमना चंडी पर्वत की शिलाओं को देखता, कभी वह एक ओर जंगल में से सर-सर करते हुए पवन के झोंके को सुन कर विह्वल हो जाता।

उसी पत्थर पर बैठे हुए जंगल में से सर-सर करता वायु का झोंका आया।

उसने समझा मेरा प्यारा मुझे मिलने के लिए आ रहा है। प्रेम का दीवाना प्रेम के राग अलापता हुआ उस ओर बढ़ा...

गीत

जब से देखा प्रियवर! मुख चन्द्र तुम्हारा।
संसार तुच्छ जचता है हम को सारा।।
इच्छा रहती है नित्य यह शोभा देखें।
तेरी लावण्य मयी दिव्य मधुरता पेखें।।
यह भाव अलौकिक भोलेपन का देखें।
इस छवि के आगे और भला क्या देखें।।
आहा! यह अनुपम रूप जगत से न्यारा।
संसार तुच्छ जचता है हम को सारा।।
यह मंद मधुर मुसकान अधर पल्लव की।
प्रत्येक बात परिपूर्ण सहज शैशव की।।
स्वाभाविक चितवन पूरित प्रेम सब की।
हरने वाली सर्वथा ज्ञान गौरव की।।
छीने लेती है बरबस जो चित्त हमारा।
संसार तुच्छ जचता है हम को सारा।।
इस कुटिल अलक का क़पोल पर लहराना।
हंसने के समय गालों में गढ़े पड़ जाना।।
तिसपर शोभामय तिल का रंग जमाना।
नहीं सम्भव है क्षणभर के लिए भुलवाना।।
यह जीवन है केवल तब दर्शन द्वारा।
संसार तुच्छ जचता है हम को सारा।।
सर्वदा तुम्हारा ध्यान रहा करता है।
बिन देखे यह मन धैर्य नहीं धरता है।।
अतिशय भारी यह मूर्तिमान सुन्दरता है।
देखे से दु:ख के.सी. किशोर का हरता है।।
कोई भी तुम से अधिक हमें नहीं प्यारा।
संसार तुच्छ जचता है हम को सारा।

जिस दिन इस गीत को एक पेड़ के नीचे खड़े हुए गा रहे थे, उस दिन से पांच दिन पहले से यति जी ने अन्न का एक दाना और पानी की एक बूंद भी मुंह से न छुई थी। परन्तु चेहरे पर भूख प्यास का कोई चिह्न तक दिखाई

न पड़ता था। यति जी ने जब इस अमर पद (प्रेम) के पथ पर पैर रखा उसके पश्चात कई बार दो-दो चार-चार दिन बिन भोजन किए बीत जाते थे। जहां बैठ गए वहीं बैठे रहे। कुछ ख्याल आया तो मकान पर आ गए, नहीं तो रात बाहर गुजार देते थे।

उस दिन वे गीत गाके बैठे ही थे कि एक आदमी कुछ फल और मिठाई ले कर इनके पास जाकर बोला-"लो महाराज! यह खाओ" यति जी ने कहा "मैं न खाऊंगा"। तब वह आदमी बोला-"महाराज! मैं तो प्रेम से लाया हूं"। तब यति जी बोले-"हैं! प्रेम से लाये हो। वह प्रेम कहां था। उस छलिये ने मिठाई और फल भेज कर ही मुझे टाला है। ऐसा कभी न होगा। मैं न खाऊंगा, यह उसी छलिये के पास ही... अच्छा-अच्छा लाओ! लाओ! उस मेरे प्यारे प्रेम मूर्ति का निरादर न हो। मेरे सिर पर रख दो"। आदमी ने नीचे जमीन पर रखने को हाथ बढ़ाया, उसी वक्त यति जी ने उसे उठा अपने सिर पर चढ़ाया और कहा "मेरे प्यारे प्रेम! मैं तुम्हारा आदर करता हूं" कह पास ही रख लिया और बोले-"जाओ! उससे कहना कि जब तक तुम न पहुंचोगे, वह मिठाई और फल न खाये जाएंगे, आदर के साथ रख लिए हैं।''

वह आदमी कुछ देर बैठ कर न जाने क्या समझ कर उठकर चला गया। तव यति जी अपने आप ही कहने लगे-"देखो! तुम बड़े ही नटखट बालक हो, अरे! हम भी तो कभी तुम्हारी उमर के थे, हम में यह नटखटपना नहीं आया था। पहले भी हम तुम बहुत साथ रहे, तब तुममें यह बातें नहीं थीं। यह अब तुमने कहां से सीखीं। बताओ! बताओ!!"-कह ही रहे थे, उसी वक्त एक तरफ से पांच छह लड़के खेलते-कूदते आकर इनके पास आये और बोले-"यति जी महाराज, क्या हो रहा है, कई दिन से यहीं बैठे हो, घर नहीं जाते"। उसी वक्त यति जी उस मिठाई और फलों को उठा कर उन बालकों से बोले "लो मेरे प्यारे किशोर के साथियों लो! खाओ"। बच्चे यह देख आपस में एक-एक का मुंह देखने लगे। यति जी बोले-भाई प्यारो! यह प्रेम का भेजा प्रसाद है। इसका आदर करो-इंकार न करना। तब एक बालक झट बोल पड़ा-"हां! हां!! ले लो, यति जी का कहना जरूर मानो"। तब सब फल और मिठाई का यति जी ने बराबर भाग किया। तब लड़के बोले-"जी तुम भूले, इसके सात भाग बनाओ। यति जी-"तुम छह हो, फिर सातवां किसका" एक लड़के ने झट कहा "अपना"। यति जी बोले-"नहीं, मैं नहीं, मेरा भाग नहीं।'' तब एक लड़का बोला-"बस। यही तो भूल है"। यति जी सोचने लगे, यही भूल हुई-सोच रहे थे कि लड़कों ने इनका भाग निकाल इनके सामने रख दिया और एक लड़के ने एक मिठाई की डली उठा इनके मुंह में दे दी।

यति जी–हैं! हैं!! यह क्या शैतानी!!!

बालक–"हां!हां!!! हम तो शैतान भी हैं नटखट भी हैं, छलिया भी हैं, जो कहो सो हैं। मैंने सुना है तुमने छह दिन से नहीं खाया, यह खा लो"

यति जी–"मैं अपने प्यारे किशोर, उस किशोर के आए बगैर न खाऊंगा"

बालक बोला–"बस! तुम्हारी यही भूल है, यह देखो मैं कौन हूं"

तब एरे-एरे चांद आओ। आओ!!! मेरे जीवन के आधार आओ, आप मेरे सामने सदा ही रहो करो।

बालक हां! हां!! रहा करें और कोई काम नहीं है, अब इन्हें तो खाओ, कहा।

यति जी की आंखों से प्रेम नीर बहने लगा और बोले "प्यारे किशोर! आप भी तो खाओ"

सब बच्चे खाने लगे और वह एक बालक हंसने लगा। तब यति जी अपने भाग में से मिठाई लेकर उस हंसने वाले प्यारे बालक को खिलाने लगे। वह बालक भी अपने भाग से यति जी को खिलाता रहा। आखिर वे और बच्चे, अब इन दोनों को देख हंस कर बोले "अरे भाई। यह खूब फलों को छिलके समेत खा रहे हैं और खिला रहे हैं"। यह सुन यति जी को छील कर खिलाऊं, का ख्याल आया और उन बालकों से चाकू मांगा। पर बालक बोले "अब जरा नीचे तो देखो-छीलोगे क्या! फल तो तुम सब खा चुके हो"।

यति जी नीचे देखने लगे कि सब लड़के एक दो ग्यारह हो (भाग) गए! यति जी उन्हें भागते देख उनके पीछे-पीछे चल पड़े। परन्तु वे बालक न मालूम कहां लोप हो गए। प्रभु का प्यारा फिर उसी पत्थर पर बैठ अपनी धुन में गाने लगा–

प्रेम से मिलने की अपने दिल में हसरत हो गई।
जैसी सूरत प्रेम की वह दिल की सूरत हो गई॥
रात दिन बस एक धुन रहती है दिल में प्रेम की।
हर घड़ी बस प्रेम के दर्शन की आदत हो गई॥
हम तो जीते हैं प्रभु के प्रेम के आधार पर।
दिल के दर्पण में सदा रहती है मूरत प्रेम की॥
अब तुम्हें क्या काम के.सी. नरक औ वैकुण्ठ से।
प्रेम प्यारे से तेरी साहब सलामत हो गई॥

सैंतीसवां अध्याय

प्रेम-पुजारी

ढाई आखर प्रेम का पढ़े सो पण्डित होय।

अब कुछ दिनों पश्चात यह प्रेम की चिंगारी चिंगारी न रही, तो दहकती हुई अग्नि की दिल में ज्वाला सी बन उठी। इस प्रेम की ज्वालाग्नि में यति जी ने अपनी सब ओर की इच्छाओं को डाल कर भस्म कर दिया, अपने पास केवल उस सुन्दर बालक के दर्शन की इच्छा को रखा। औषधियों का काम भी सब छोड़ दिया। नौकरों को हटा दिया, जो बाहर की चिट्ठियां आती, पहले तो कभी-कभी जवाब दे देते, फिर वह भी सब छोड़ दिया। कभी गंगा किनारे जंगल में, कभी पहाड़ों पर कभी किसी गली कूचों में तो कभी सड़कों पर, कभी-कभी कड़कड़ाती धूप में, तो कभी किसी पेड़ के नीचे, कभी बारिश में तो कभी घोर सर्दियों में कहीं खड़े हैं तो कहीं पड़े, कहीं दौड़ रहे हैं तो कहीं बैठे हुए... बस इसी तरह-

बैठे हुए दिल में प्यारे का गुण गाते रहते। कभी-कभी गाते-गाते नाचने लगते, कभी-कभी हंसने लगते तो कभी रोने लग जाते। इस प्रेम का अजीब ही नक्शा बन गया। इष्ट मित्रों ने इनसे बहुत पूछताछ की यह क्या बात है आप अपने को यह क्या कर रहे हैं, न खाना-पीना, न रहना, न कुछ ठिकाना। हम तो आप को देखते हैं तो बड़ा ही दुःख होता है।" यति जी उन्हें ध्यान से देख हंस पड़ते और कहते वाह! यह खूब उस छलिया का छल है। तुम नहीं वो और है, मेरा है किशोर है, चन्द्र है, छलिया है, मेरा है, तब लोग पूछते "वह कौन है, क्या है? तब बोलते" किशोर है, चन्द्र है, आधा नाम उसका है आधा नाम मेरा है, देखो-देखो तलाश करो यदि तुम्हें वह मिल जाए तो उसे कहना "तू छली है छलिया है, वो मेरा प्रेम है, मेरे प्रेम का अवतार है, मेरा है वह मेरा है।" लोग बेचारे यह सुन कर आपस में यह कहते हुए चले जाते थे कि इनको किसी ने छल लिया है। तभी से इनकी यह हालत है। पर प्रेम

क्या है प्रेम का रास्ता कैसा अजीब रास्ता है। बाहर (और लोग) समझते हैं कि यह बड़ी तकलीफ में है, पर इस प्रेम के पथ पर चलने वालों से पूछो तो वे कहते हैं कि जितना सुख इस प्रेम के रास्ते में है, उतना सुख संसार के किसी भी पदार्थ में नहीं है, सब सुखों में से यह एक ही सुख है। इस सुख की खातिर गृहस्थी घर को, राजा राज्य को छोड़ इस अढ़ाई अक्षर के नामधारी "क्या प्रेम" इस प्रेम की सेवा में अपने अस्तित्व को मिटा देते हैं! अहा! जरा ख्याल तो कीजिए, संसार में आपको एक विचित्र अद्‌भुत वस्तु देखने में आ रही है जिसने सारे विश्व को अपने तेज प्रताप से वशीभूत कर रखा है, जिसकी पहुंच क्या राजा क्या रंक, सभी तक है। सर्वत्र जिसका सम्मान किया जाता है, लोग सदा जिसका स्वागत करने को उत्सुक रहते हैं, जिसके आगे बड़े-बड़े देवता, ज्ञानी, ध्यानी, योगी, यति, नम्रता से सिर नीचे किए रहते हैं, जिसने देवादिदेव महादेव को भी "साथ" ले लिया है, वह कौन है? है, वह है पवित्र शुद्ध निर्मल ढाई अक्षर का विचित्र विलक्षण विश्व का पति प्रभु-प्रभुओं का भी प्रभु, नाम जिसका केवल एक "प्रेम" है। सच है, प्रेम एक ऐसी अनोखी वस्तु है क्या मनुष्य क्या देवता क्या असुर, क्या किन्नर, क्या पक्षी, क्या जन्तु, क्या कीट इत्यादि के दिलों पर "प्रेम" अपनी अपूर्व सुखमई पताका आभा के साथ लहरा रहा है। सारा जगत् इसका आदर करता है, और ठीक भी है। जिसके हृदय में प्रेम नहीं, वह मनुष्य नहीं केवल एक मिट्टी की मूर्ति है। प्रेम के बिना संसार दु:खों का घर है, प्रेम बिना संसार में नहीं कोई आधार है, "प्रेम" सत्य शुद्ध प्रेम, मेरा प्यारा प्रेम-प्रेम ही सत्य पथ दिखाता है, प्रेम ही बिछड़ों से मिलाता है, प्रेम ही मित्रों से भेंट कराता है, प्रेम ही से प्रतिभा का विकास होता है। प्रेम ही अनाथों का सहारा है, प्रेमी के हृदय पर सदा ईश्वर का हाथ धरा है, प्रेम ही में सब सुख भरा है, प्रेम पर सर्वस्व निर्भर है, प्रेम में मग्न होकर ही मनुष्य बड़े-बड़े विकट काननों तथा भयंकर कंकरीले पथरीले पर्वतों को पार कर जाता है, प्रेम ही मनुष्यों को "मोक्ष" का मार्ग दिखाता है, "प्रेम सत्य शुद्ध प्रेम" हां! स्वार्थ भय अथवा अपनी कुछ कार्य सिद्धि के लिए प्रेम करना प्रेम नहीं, वरना छल करना है, प्रेम नि:स्वार्थ होना चाहिए। शुद्ध तथा निर्मल प्रेम का परिणाम (अंत) सुखकर एवं स्वार्थमय प्रेम का दुखकर है, सत्य प्रेम सदा विजयी होता है, इसमें कोई शक नहीं।

एक दिन इसी धुन में घूमते-फिरते यति जी शाम के वक्त अपने मकान से निकल श्री गंगा के किनारे-किनारे रायवाला की देवी जी के मन्दिर पर पहुंच गए। मन्दिर के सामने वाले लम्बे-चौड़े जंगल में ऊपर ही ऊपर गंगा

किनारे किनारे बहुत आगे बढ़ने के बाद बिल्कुल नीचे गंगा जी का किनारा आ जाता है। वहां एक गूलर का पेड़ उस ढाल से ढला हुआ लगा है। यति जी ने उस पेड़ के नीचे कुछ ऊंची-सी रेत की चबूतरी बनी हुई देखी और कुछ थोड़ी-सी लकड़ियां पड़ी हुई। मालूम होता था कि यहां कभी किसी ने आग भी जलाई थी। यह देख यति जी आज यहां ही ठहर गए। अभी सूर्यनारायण जल्दी-जल्दी अस्ताचल पर जा रहे थे, पहाड़ों पर धूप कुछ-कुछ मालूम होती थी, पर यहां गंगा तट पर अच्छी छाया हो चुकी थी। वहां श्री गंगा जी की निर्मल धारा बड़े गहरेपन से मन्द-मन्द चाल से चल रही थी और उस धारा पर एक अजीब ही दृश्य पैदा हो रहा था। हजारों जलमुरगाबी जल में तैरते हुए कोई आधे मील तक चलीं जातीं और फिर लौट कर डार की डार उसी जगह से फिर तैरते, डुबकी मारते, खेलते-कूदते आनन्द से निर्भय हो, ऐसे ही जब तक सूर्यनारायण का चांदना रहा तब तक वे पक्षी, अपना आनंद लेते रहे और यति जी बैठे देखते रहे। सूर्यनारायण अस्त हुए और कुछ-कुछ अंधेरा होने लगा, न मालूम पक्षी कहां अपने-अपने घोंसलों में जा छुपे।

सर्दियों के दिन थे। रात अन्धेरी थी। पहले तो यति जी वैसे ही बैठे रहे "हे देव-नदी, तेरे तट पर हमेशा ही देवता लोग निवास करते और सदा विचरण करते हैं। हे भगवती, तेरा विस्तार भी बड़ा है। तू स्वर्ग से कैलाश पर, कैलाश से इस भूमंडल पर घूमती-फिरती समुद्र में पहुंचती है। हे देवी! जरा यह तो बता, कहीं तूने मेरा देवता, मेरे दिल का देवता कहीं देखा है। उस दिन उसने मुझे बड़ी चाल पर रखा था और फिर गायब हो गया। मैंने कहा मेरे पास रहा करें अथवा मुझे ही अपने पास रखो, देखो क्या जवाब दिया कि हां और तो मुझे कुछ काम ही नहीं है, मतलब कि बड़ा ही काम में लगा रहता हूं। मुझे फुरसत नहीं है। ओहो बातें तो देखो! सारी दुनिया की उसे फिक्र है, सब का काम वही करता है। फिर उनसे पूछो खेलता-कूदता कौन फिरता है। अरे नटखट खिलाड़ी कहता है, कभी-कभी जरूर मिलूंगा। मैंने कहा अब कब मिलोगे तो कहता है "टूमारो" यानी कल। अच्छा कल सही, यह कल ही नहीं आती। कल भी कल नहीं रहती। हर वक्त आज ही हो जाती है। हां! उस दिन प्यारे ने मुझे यति जी क्यों कहा? क्या मैं यति हूं! अच्छा आज! आज मैं अपने नाम के पीछे यति शब्द लगाऊंगा पर हां, उस रोज नाम का भी झगड़ा पड़ रहा था। अपने को क्या कहूं और प्यारे को क्या कहूं। नाम के द्वैत भाव के द्वंद्व को दूर करूं और नाम में तो एक एकता का प्रकाश करूं। यहां "नन्द" और "भाग्य" को दूर करके आखिरी के छत्र "किशोर" और "चन्द्र" को भी लाऊं तो क्या बना। वो ही उस दिन वाला "किशोर चन्द्र" हुआ। अब प्यारे

का बताया हुआ भी साथ रख लूं। "यति" तो अब अपना और प्यारे का नाम मिलकर बन गया "किशोरचन्द्र यति"। दुनिया में नाम कोई चीज नहीं है। केवल याददाश्त बुलाना वगैरह के लिए ही होता है। उस दिन प्यारे ने कहा भी था, अच्छा!

अब रात बहुत बीत गई। जरा लकड़ियों का धुआं जला दूं। दियासलाई कर्मझोली से निकाल आग जलाने लगे "बस मुझे दुनिया में कल से नहीं-नहीं अभी इसी वक्त से किशोरचन्द्र यति (के.सी.) कहा करेंगे" कहते हुए आग जला दी और पास सिद्ध आसन लगा कर प्यारे के ध्यान में बैठे ही थे कि सामने से श्री गंगाजी के मझाड़े में से, (मझाड़ा उसे कहते हैं जिसमें दरिया चारों तरफ हो और बीच में सूखी पड़ी जगह में घास फूस पेड़ वगैरह लगे हों।) एक आवाज आई, "को है" को हैरे कौ है" फिर दो तीन बार वैसे ही आवाजें आती रहीं पर यति ती कुछ भी न बोले, तब थोड़ी-सी देर में गंगा जी के पानी में थप-थप की आवाज होती हुई पास में आती मालूम हुई। जब कुछ दूर गंगा जी की थप थप हुई तो फिर एक आवाज "कौहे कौहे" कहता हुआ गंगाजी से एक आदमी बाहर आकर यति जी से बोला–"क्यों जलाई?" यति जी ने कहा–"सेकने के लिए।" वह आदमी बोला–"यह तो मैंने रखी थी" यति जी–"तूने क्यों रखी थी।" आदमी "सेकने के लिए"। तब यति जी बोले–"भोले! मैंने जला दी तेरे सेकने के लिये। आजा आगे आजा बैठ जा, सेक!'' आदमी कहा–"अच्छा बाबाजी"! कह कर आग सेकने लगा। यति जी आख मींच ध्यान करने लगे। इतने ही में एक आदमी जल्दी-जल्दी गंगाजी में तैरता-तैरता आया और अपने पास की चीजें नीचे रख खड़ा-खड़ा यह बोला– "भाई एक चुड़ैल (भूतनी) आकाश में उड़ी जा रही थी और उसके पेट से बड़ी जोर की खड़-खड़ की आवाज आ रही थी। सिर पर लम्बे-लम्बे बाल और उसकी दोनों दूधी (छाती) तो बड़ी लम्बी, जमीन तक लटक रही थी। दांत तो दो नीचे और दो ऊपर जा रहे थे। पैर उलटे हुए और हाथ में दो बालक बड़े ही सुन्दर थे। उनको लटकाये लिए जाती थी। मैं तो उसे देख छुप कर बैठ गया। पहला आदमी–"भाई तूने उसे आज ही देखा, वह तो रोज तीन-तीन चार-चार बच्चों को ले जाती है आज दो बच्चों को ही ले गई, क्या बात।" दूसरा आदमी–"हां भाई, या तो उसे बाज भूख कम है या और बच्चे मिले नहीं।"

यह बातें चुपचाप बैठे हुए यति जी सुन रहे थे। जब यह कहके चुप हुआ तो यति जी हंस कर उस वाद में आए। आदमी से बोले, वाह भाई, वाह! अगर तूने सचमुच ही चुड़ैल देखी तो बड़ी मूर्खता की जो हमें उस वक्त न बताया। अरे! हम तो जंगलों में इसीलिए घूमते-फिरते हैं कि कोई डरावनी शाकनी

चुड़ैल भूत-भूतनी मिले। आजा! तू ऊपर बैठ आग सेक ले। वह पीछे आया। वह भी आग सेकने लगा और बोला-"आज वह दो ही बच्चे ले गई है।" यति जी बोले "तेरा साथी कहता है कि रोज तीन चार ले जाती है सो, आज वह जाते हुए तुम दोनों को देख गई होगी कि आज दो तो यह हैं, दो और ले आऊं, सो, वह अब तुम्हारी तलाश में आएगी, अच्छा हुआ तुम मेरे पास आकर बैठ गए। नहीं तो थोड़ी देर तक उस लम्बे-लम्बे दांतों के नीचे होते" पहला आदमी बोला-"बाबा जी यहां तो नहीं आयेगी।"

यति जी-"यहां उसे कोई मनाई है"? दूसरा आदमी हंस कर बोला-"मैं तो चादर ओढ़ कर लेट जाता हूं, मुझे तो मुरदा समझ कुछ नहीं कहेगी"। पहला-"अरे भाई! वह आई तो उसने चार पूरे करने हैं"। दूसरा लेटे ही लेटे बोला-"तुम जो दो बैठे हो" पहला बोला-"यह तो बाबा जी है, इन्हें कुछ नहीं कहना, हम ही हैं।"

यति जी मन ही मन में इन मनुष्यों की बात पर मुस्कराये और बोले-घबराओं मत, यहां आने के बाद तुम लोग अभय हो गए हो। यहां तुम्हें कोई भय नहीं, निर्भय हो मौज करो। परन्तु यह तो बताओ तुम कहां के रहने वाले हो? और यहां गंगा जी में आधी-रात के समय क्या करते हो"? बैठा हुआ पहला आदमी बोला-"बाबा जी हम लोग जिले जम्बू के रहने वाले हैं और यहां रात को जाल फैला कर मछलियां पकड़ते हैं"। यति जी बोले-इन्हें पकड़ कर क्या करते हैं? वह आदमी बोला-"ठेकेदार को दे देते हैं। वह सहारनपुर, देहरादून ले जाकर खाने वालो के हाथ बेच देता है। हमारा बस रोज का यही काम है। यति जी बोले-"क्यों भाई! तुम्हारे पीछे जम्बू जिले में घर पर क्या काम होता है?" "वे बोले-महाराज खेती बाड़ी" यति जी बोले-क्यों भाई, मैं तुम से एक बात पूछता हूं, जरा सोच समझ कर जवाब देना" तुम तो यहां हो और वहां तुम्हारे बाल बच्चों को कोई जबरदस्त चोर बदमाश या सरकार पकड़ ले तो तुम्हें तकलीफ होती है या नहीं, आदमी बोला। ''होती है।'' यति जी बोले-अगर उन्हें जान से मार दें तो। आदमी-"तो ज्यादा होती है" यति जी बोले ''अच्छा! तुम सब अपने परिवार में मिल कर बैठे हो और उस वक्त कोई जबरदस्ती आ कर तुम्हें पकड़ तुम्हारे कुटुम्ब वालों के सामने तुम्हारी या उनकी गर्दन मरोड़ दे तो तुम्हें या उन्हें तो तकलीफ होगी या नहीं।'' आदमी बोला- क्यों नहीं, होती है।

इतना सुन यति जी उन दोनों आदमियों को बोले-"देखो वह भी आदमी है जो इस वक्त आराम से अपने-अपने बाल बच्चों के साथ सो रहे होंगे" और एक तुम भी आदमी हो जो आधी-रात सर्दी में ठंडे पानी में घुस कर उन

आराम करती हुई गरीब मछलियां, जो तुम्हारा कोई नुकसान न करके अपने साथियों के साथ आराम करती हैं, को मारते हो। देखो! न मालूम तुमने ऐसे कौन-से पाप किए हैं जो तुम्हें यह कर्म भोगना पड़ रहा है। और यह पाप करके न मालूम तुम किस नरक (दु:ख) में पड़ोगे। तुम्हारे घर पर खेती होती है। खेती सबसे अच्छी बताई गई है। हिंसा से जितना पाप-कर्म बन जाता है, खेती से कई गुणा पुण्य बन जाता है। तुम्हारे बोए हुए दानों से सैंकड़ों जीव पलते हैं, कहां तुम्हारा वह धर्म का रास्ता और कहां यह तुम्हारा स्वार्थ, फिर भी स्वार्थपूर्ण ही तुम यहां तड़पते हो, तुम्हारे बच्चे वहां तड़पते हैं। यह तुमने कभी सोचा कि हम क्या कर रहे हैं। अभी भी सम्भलो? समझे! मैं एक साधु हूं और आधी रात में घोर जंगल के अन्दर गंगा किनारे बैठे हुए तुम्हें यह नेक बात बता रहा हूं। तुम कुछ समझे; बोलो बोलो, मेरी बात का जवाब दो।

जो वहीं बैठा हुआ आदमी था वह तो चुप ही रहा, उसके मुंह से तो कुछ भी न निकला और जो कपड़ा ओढ़ कर सो गया था, वह एक दम उठ बैठा और बोला-"महाराज! यह क्या समझेगा, मैं समझा। बस आज से आगे मछली तो मछली, जान कर मैं किसी जीव को न मारूंगा। महाराज पिछली करनी को बख्शो, अब आगे न करूंगा" कहता हुआ उठा और एक बड़ा भारी पत्थर उठाकर अपनी तैरने की फूली हुई सरनाई पर जोर से दे मारा। सरनाई भारी पत्थर के पड़ने से एक दम बड़े धड़ाक के साथ फूट गई और उस आदमी ने उसके टुकड़े-टुकड़े कर गंगा मैं फैंक दिया और जाल को आग पर रख जला दिया। यति जी के पैर पकड़ बोला "लो महाराज आपकी बात मैंने अपने दिल में रख ली और सुबह ही अपने घर जिले जम्बू में चला जाऊंगा। एक बनिए के अस्सी रुपये देने हैं वह कोई और मेहनत करके चुका दूंगा। परन्तु ऐसा नारकी पाप आगे न करूंगा" कह उसी वक्त वहां से चला गया। वहां बैठा हुआ जो सुन रहा था बोला "हां महाराज! मैं भी छोड़ दूंगा" कह उठ के वह भी चला गया।

यति जी वहीं आनंद से बैठे रहे। सुबह हो गई और वहां से उठ इधर-उधर घूम रेत में लेटे नहाए धोए, ध्यान में बैठे। शाम के तीन बजे तब प्रभु प्यारे का गुण गाते नाचते प्रेम की मधुर-मधुर बंसुरी बजाते जंगल की तरफ से घूमते हुए हरीपुर के रास्ते हरिद्वार की ओर चल दिए।

❑❑❑

वह जो सो रहा था, वह उठा और हाथ जोड़कर बोला, महाराज! यह न समझा मै समझा।

अड़तीसवां अध्याय

अपने प्रभु की गोद में

यह तो घर है प्रेम का खाला का घर नाहीं।
सीस उतारै भुई धरै तब पैठे घर माहीं॥

भादो का महीना था। अन्धेरी रात थी। आकाश में बिजली चमक रही थी, चारों ओर बादलों की घटाटोप थी। कभी-कभी दूर बादलों की गड़बड़ाहट हो जाती थी।

किशोरचन्द्र यति जी जंगल की तरफ चल दिए और सामने ही पहाड़ पर चढ़ गए। चलते-चलते आगे सबसे ऊंचे पहाड़ पर जा पहुंचे और वहां बैठे-बैठे मन में विचार किया "देखो जी आज कितने ही दिन हो गए, प्यारे के दर्शन न मिले" कह एक दम खड़े हो प्रेम मग्न हो गाने लगे...

गीत

तुम जीवन प्राण हमारे, दर्शन देवो नन्द दुलारे॥ टेक॥
कारी निशि अंधियारी घटा झुक आई, छिप गए चन्द्र और तारे।
तुम बिन पल छिन कल न पड़त है, तरसत नैन हमारे॥ दर्शन॰॥
पवन चलत है पुरवई सनननन, पपीहा आदिक पुकारे।
पिया के प्रेम में विरह सतावे, अंसुवन बहत पनारे॥ दर्शन॰॥

घटा घिरी चहूं ओर झूम रहे, बदरा कारे कारे।
पावस में पिया पास नहीं है, कैसे होय गुजारे॥ दर्शन॰॥
बिजली डरावे नींद न आवे, नैनन बीच हमारे।
कैसे करूं कित जाऊं सखी री, पिया बिछड़े दुःख भारे॥ दर्शन॰॥

इसी प्रकार प्रेम मग्न हो गाते हुए आगे जंगल में चले गए, तो वहां एक जंगली सुअर खड़ा छोटे-छोटे पेड़ों की जड़ निकाल-निकाल खा रहा था। उसी की तरफ "कैसे करूं कित जाऊं सखीरी" कहते हुए धीरे-धीरे जा रहे थे। यति जी ने इसे नहीं देखा। यति जी तो अपनी ही धुन में मस्त हो उस प्यारे के वियोग में विलाप करते चल रहे थे। उस सुअर (वाराह) ने इन्हें देखा और अपना मुंह उठा हूं हूं हूं कर यति जी की ओर आया। उसे आते देख दोनों हाथ फैला कर उसकी तरफ दौड़ते हुए चिल्ला कर बोले "आओ! मेरे प्यारे आओ" कहते हुए उस बाराह की तरफ दौड़े, तो कहां तो वह यति जी को मारने इनकी तरफ हूं हूं हूं कर आ रहा था, कि इन्हें अपनी ओर आते देख वाराह उलटे पैर वापस भागा। यति जी उसके पीछे ही पीछे। हे प्यारे! कहो, कहो तुम उसकी क्या खबर लाये हो। तुम ने क्या कहा, मैंने नहीं सुना। बताओ! बताओ!! मेरे प्यारे की क्या खबर लेकर आए हो। क्यों भागे जाते हो? कुछ मेरी भी खबर उनको सुनाना। सुनो-सुनो कहते हुए उसके पीछे चले। परन्तु वह सुअर दौड़ कर नीचे उतरता हुआ न जाने कहां लोप हो गया। जब आंखों से ओझल हो गया तो यति जी "हा! हा!! वह तो छलिया था, पर उसके भेजे खबर देने वाले भी कितने छलिया हैं। मुंह उठा कर आए और प्यारे का हाल पूछा तो भाग गए। अच्छा प्यारे! इतना क्यों सताता है। अब तेरा प्रेम मेरे लिए मौत की निशानी बन गया है। तेरे बिना अब मेरा जीना असम्भव है। कहते हुए फिर उसी तरफ जहां से गए थे वहीं आए और उस ऊंची जगह पर बैठ कर बोले "इस रोज-रोज की तकलीफ से एक ही दिन क्यों न तकलीफ उठा लूं। मेरे कारण से उस मेरे प्यारे को भी तकलीफ होती है। उसने एक दिन कहा भी था कि हां मुझे और काम कुछ नहीं करना? अच्छा! उनको और काम करने दो उन्हें... तंग न करो।

अबसे उन्हें न बुलाओ। उन्हें तकलीफ न दो। लो प्यारे! आज से तुमसे मैं बहुत दूर जाता हूं। लो अब तुम्हें आने की कभी जरूरत न पड़ेगी। तुम अपने साथियों के साथ ही सदा खेलते रहो। मैं तो पागल हूं। आपके साथी मुझे देख-देख कर हंसते हैं। यदि मैं पागल न होता तो प्यारे उस दिन छिलकों समेत फल आपको क्यों खिलाता। हां! हां!! आप भी उस दिन से मुझसे घबरा गए। मैं जमीन पर रखे फल देखता रहा और आप अपने साथियों के साथ एक दो ग्यारह हो गए। मैं आवाज़ देता रहा आप गायब हुए। ऐसे कब तक काम चलेगा। कुछ तो कहो कहां छिपे बैठे हो। कहां मुंह ढक कर सोये हो। आओ! आओ!! अब एक बार और आखिरी बार तो आओ। प्यारे! मैं आपको अब बार-बार थोड़े ही कहूंगा। आओ मेरे चांद! मेरी आंखों की चमक आओ मेरे

दिल को जलाने वाले एक बार आओ। तुम्हारे आए बिना प्यारे अब मेरी जिन्दगी आखिरी है।" कह कर एक दम खड़े हो गए। और हे मेरे देवता! मेरे अन्तःकरण के स्वामी! लो! तुम्हें मेरे पास आने से दुःख होगा, अब मैं आपको दुःख देना नहीं चाहता। हे मेरे ईश! मेरे परमेश्वर! मेरे सब कुछ तुम ही हो, तुम्हारे से पृथक जगत् में मैं अपना कुछ नहीं देखता। फिर मैं प्रभु से अलग क्यों रहूं। लो मैं तुम्हारे पास ही आया। प्यारे परमेश्वर! कहकर उस पहाड़ की ऊंची चोटी से नीचे धड़ाम से गिरे और सोचा "कि अब मेरे सब दुःख दूर हुए मैं अपने भगवान से जा मिलूंगा।"

परन्तु प्रभु की लीला न्यारी है। प्रभु अपने भक्तों की परीक्षा लेते हैं और जब भक्त अपने आपको परीक्षा अग्नि में तपाने को सचमुच फेंक देता है तब प्रभु उसकी रक्षा भी करते हैं।

अब यह सोचकर छलांग लगाई थी, उसी वक्त पहाड़ के नीचे जहां यह गिरे वहां यह मालूम हुआ कि इन्हें गिरते-गिरते ही किसी शक्ति ने हाथ में उठा लिया है और मानो किसी मखमल के कमानीदार गद्दे पर छाल मार कर जैसे कोई बैठ जाता है वैसे ही बैठ गए। यह देख अपने को फिर भी अच्छी हालत में देखा तो बोले "देखो! देखो! यही तो है तुम्हारा छलियापन" कह रोने लगे। उसी वक्त जोर से बारिश शुरू हो हुई तो आप बोल पड़े "लो भगवन् आपको क्या तकलीफ हुई? आप क्यों रो-रो आंखों से यह नदी बहा रहे हो। आप आओ न, आओ मैं तो अब कुछ नहीं कहता आपको कि आप आओ" कह रहे थे कि एक साधु ने आवाज़ दी। यह कौन है जो इस बारिश में और इस घोर अन्धेरी रात में रो रहा है। साधु जरा चल आगे आया और इन्हें देखकर "अरे यति जी! तुम इस वक्त यहां कैसे बारिश मैं बैठे भीग रहे हो। आओ-आओ!" उठो ऐसे कहा। यति जी ने इन साधुजी को पहले नहीं देखा था। इस साधु के आओ, उठो आओ, और यति जी, कहने को सुन यति जी ने दिल में सोचा, यह महात्मा मुझे जानता है। मैंने तो इन्हें देखा नहीं। अच्छा! कह यति जी उठे और उस साधु की तरफ गए। साधु जी एक पेड़ तले ज़रा सा फूसफास इकट्ठा करके छपरी सी बनाये बैठे थे। यति जी को भी उसी में ले गए और बैठा कर बोले "कुछ खाओगे?" यति जी ने नहीं कहा और बोले "भगवान! यह तो बताइये, मैंने थोड़ी देर पहले इस पहाड़ पर से नीचे छलांग लगाई तो मुझे यह मालूम हुआ कि किसी ने मुझे गिरते-गिरते पकड़ लिया और आराम से नीचे बैठा दिया, मुझे चोट जरा भी नहीं आई बल्कि यह मालूम हुआ कि मैं किसी लचक (कमानी) दार पलंग पर कूदकर बैठा हूं। साधु जी बोले "तुमने ऊंचे पहाड़ से, इतने ऊंचे पहाड़ से छलांग क्यों मारी? क्यों गिरे।" यति जी बोले-"मरने के लिए।"

साधुजी बोले–"यह आत्महत्या क्यों किसलिए?" यति जी बोले–"यह प्यारे के प्रेम में।"

साधुजी बोले–"यह प्रेम नहीं यह तो द्वेष है, प्रेम में आत्महत्या करना किसने कहा?"

यति जी बोले–"यह मेरे दिल ने कहा।

साधु जी बोले तुम इतने समझदार हो। लोगों में तुम्हारी चर्चा हो रही है और आज पहाड़ से गिरे और उस वक्त मर जाते तो क्या आपके प्रेमी को कष्ट न होता और दुनिया में उस प्रेमी का क्या काला मुंह नहीं होता? लोग क्या उसे यह नहीं कहते कि देखो आपके प्रेम के लिए उसने अपनी जान खो दी और आपने अपने प्रेमी की जरा भी रक्षा न की। इस दुनिया की बात को तुम्हारा प्रेमी सुनता तो क्या उसे दुःख न होता। बस यही तुम्हारी भूल है" कह साधु जी चुप हुए।

तब यति जी बोले "हां! यह मेरी भूल है।"

साधुजी फिर बोले "इस भूल से कितनी हानि होती, कितना दुःख होता, आगे प्रेमी की क्या अवस्था होती, प्रेम से प्रेमी परमेश्वर होता है। तुम्हारी रक्षा तुम्हारे प्रेम रूपी परमेश्वर ने की है"।

यति जी बोले "ओहो! उस प्यारे को मेरे कारण बड़ा दुःख हुआ। साधु जी! अब मैं क्या करूं।"

साधु जी बोले "धैर्य करो शांत भाव से प्रेम करो। वह प्यारा तुम्हारे पास ही है"।

यति जी बोले "कहां है, साधुजी! मुझे तो वह पास में प्यारा नहीं दिखता"।

साधु जी "उसे इन आंखों से नहीं देख सकोगे उसके लिए दूसरी निगाह होती है"।

यति जी सिर हिलाते हुए बोले "वह आंखें, साधु जी वह आंखें मुझे कब मिलेंगी, जो मैं अपने प्यारे को सदा अपने पास देखा करूंगा"।

साधु जी बोले "कुछ समय इन्तजार करो और धीरे-धीरे प्रेम के पथ पर चलते रहो। अब ऐसा उठकर अपने मकान पर चले जाना और आगे को फिर ऐसी भूल न करना" कह कुटिया के बाहर निकलने लगे तो यति जी बोले "भगवन्! आप कहां जा रहे हैं"।

साधु जी बोले–"मुझे और किसी ने याद किया है, मैं वहीं जा रहा हूं" इतना कहते ही बाहर निकल न जाने कहां चले गए।

❑❑❑

उनतालीसवां अध्याय

न इस पार, न उस पार

पर उपदेश कुशल बहुतेरे।
जे आचरहीं ते नर न घनेरे॥

कुछ-कुछ चांदनी होते ही यति जी उठे और उस कुटी से बाहर निकल देखा तो वह कुटी-कुटी नहीं वह तो एक छोटे से पेड़ की छाया है। इसे देख दिल ही दिल में रात की सारी बात फिर याद की और विचार किया, बस! रात मुझे बचाने वाले भी यही साधु जी थे। रात के वक्त तो यह कुटी बनी मालूम होती थी, इस वक्त यह एक छोटा-सा वृक्ष है। फिर सुबह होने से पहले ही वह साधु जी यहां से चले गए। बस यह इन महात्मा की लीला थी। मुझे जाते-जाते उन्होंने अच्छी बातें बताईं। मैं अब वैसे ही करूंगा, कह वहां से हरिद्वार अपने मकान पर लौट आए और मन में साधु जी की बातों का ख्याल करते रहे।

उस साधु की अद्‌भुत कुटिया से निकल यति जी हरिद्वार अपने स्थान पर आए परन्तु साधुजी का ध्यान चित्त पर ऐसा जमा कि बस चौबीसों घंटे उधर ही ध्यान लगा रहता...इस घटना के कुछ दिन पश्चात...

कार्तिक का महीना था। चांदना पर्व था। सूर्य भगवान् की किरणों का तेज कुछ शीतल रूप धारण कर चुका था। आकाश निर्मल था। गंगा जी भी अपने शुद्ध, अमल, शीतल, जल को लिए कलकल निनाद करती हुई अपने हिमाद्रि पिता की गोद में अठखेलियां कर रही थी।

एक दिन यति किशोरचन्द्र प्रभु के गुण गाते, गंगाजी के किनारे-किनारे चलते-चलते ऋषिकेश पहुंच गए। ऋषिकेश से कुछ आगे दो पर्वत मालाओं के बीच में एक स्थान विशेष वसुधारी के नाम से प्रसिद्ध है, यहां का प्राकृतिक दृश्य बड़ा मनमोहक है। तीर्थ यात्री जो ऋषिकेश जाते हैं उनमें से

अधिकतर वसुधारा भी हो आते हैं। धर्म-ध्वजियों ने धर्म भीरुओं को लूटने के लिए यहां भी जाल बिछा रखा है। जब कोई व्यक्ति एक बड़े भारी भवन (hall) में अथवा दो बड़ी-बड़ी ऊंची दीवारों के बीच मे खड़ा होकर बोलता है तो ध्वनि परिवर्तन के द्वारा गुम्बज की आवाज़ आ जाती है इस प्राकृतिक नियम की आड़ में धर्म के ठेकेदारों ने भोली-भाली जनता को लूटने का अच्छा षड्यन्त्र रचा है–जो भी जाता है स्वाभाविक ही एक दूसरे का अनुकरण करते हुए प्रत्येक व्यक्ति "वसुधारा लड्डू खाएगी कि पेड़ा" ऐसे उच्च स्वर से कहता है–अन्तिम शब्द पेड़ा–प्रतिध्वनित हो उठता है। धर्म भीरु वहां पेड़ों का ढेर लगा देते हैं।

यदि इस दृष्टिकोण की तनिक अवहेलना करली जाए तो पर्वत का यह भाग वास्तव में बड़ा शांत, सुन्दर, स्वच्छ और प्राकृतिक दृश्यों से परिपूर्ण है, अपनी आत्मिक शांति के लिए यदि कोई व्यक्ति कोई ठौर पाना चाहता है तो सचमुच यह स्थान अनुपम है।

यति किशोरचन्द्र दो तीन दिन इस स्थान पर रहे। चौथे दिन लगभग शाम के चार बजे यति जी ने ऊपर से दस बारह बेड़े आते हुए देखे। यह बेड़े हरिद्वार जा रहे थे। थोड़ी देर में वे वसुधारा के घाट पर लगे। बेड़ों को बांध मल्लाह लोग वृक्षों के नीचे विश्राम करने बैठ गए।

उन बेड़ों को देख यति जी के दिल में विचार उठा, इन सलीपरों के बेड़े पर ही बैठे हुए श्री गंगाजी में ही भजन करते हुए और जंगलों की सैर करते हरिद्वार चलें, ऐसा मन में संकल्प धर यति जी आगे बढ़े और बेड़ों के पास ही बैठे मल्लाहों से बोले "भाई! यह तुम्हारे बेड़े हरिद्वार कब जावेंगे" मल्लाहों ने सविनय उत्तर दिया "महाराज! कल सुबह" यति जी ने अपनी आकांक्षा उन मल्लाहों से प्रकट की....यति जी के शब्दों को सुन कर मल्लाह बोले "महाराज हमें ऐसा हुकम नहीं।"

"हुकम किसका नहीं?"

"सरकार का, महाराज!" मल्लाह हाथ जोड़ बोले और हाथ से सलीपरों की बनी झोपड़ी की ओर इशारा कर बोले "महाराज वहां मुंशी जी बैठे हैं, वही हमारी सरकार है, वे हुक्म दें तो हम आपको ले जावें।"

ब्रह्मचारी जी झट मुंशी जी के पास गए। उन्हें देख मुंशी जी बोले "आओ! महाराज बैठिये, कहिये कैसे आना हुआ।" थोड़ी-सी शिष्टाचार की बातों के पश्चात यति जी ने अपने हृदय की इच्छा कही–तब मुंशी जी बोले "महाराज क्या करें सरकार का हुक्म नहीं।"

मुंशी जी के शब्द सुन यति जी बोले! मुंशीजी! यहां सरकार कहां बैठी है, सरकार तो आप ही से शुरू होती है, सरकार का हुक्म यदि है भी तो उन गृहस्थियों के लिए है जिनके डूब जाने पर पीछे उनके बाल-बच्चे, स्त्री इत्यादि रोने पीटने वाले हों। हमारे सरीखे फक्कड़ों के डूब जाने अथवा मर जाने पर न कोई पूछनेवाला न कोई रोने वाला, फिर आपको किस बात का भय है, परन्तु मुंशी साहब यह मत समझिये कि हम डूबने वालों में हैं, देखो आपके सामने हम सात प्रकार का तैरना तैर कर दिखा देते हैं। वैसे तो किसी बात का अभिमान नहीं करना चाहिए–मुंशीजी! भावी प्रबल है-डूबना हो, बदनाम होना हो किसी तरह का नुकसान होना हो वह तो किसी न किसी बहाने होकर ही रहता है, उसमें तो न आप, न मैं, और न आपकी सरकार ही कुछ कर सकती है, मैं आपको तैर कर दिखाता हूं कि जल पर लेट कर, खड़ा होकर कैसे पार उतरता हूं।

हरिद्वार पहुंचने के तो कई और भी साधन हैं। मेरी तो एक इच्छा है-गंगाजी के बीचोंबीच इधर-उधर के घोर वन, पर्वत और साधु, महात्माओं के आश्रमों को देखता भालता हुआ हरिद्वार पहुंचूं–इतना कह यति जी लंगोट कसने लगे तो मुंशी जी बोले "अच्छा तो आप कल सुबह ही आ जावें-यह बेड़े कल सुबह ही छूट जावेंगे।

"अच्छा धन्यवाद! आप अपने इन मल्लाहों से बोल देवें-ऐसा कह यति जी उस छपरी से बाहर निकले-मुंशी जी ने तत्काल मल्लाहों को बुला उन्हें कहा "देखो भाई! जब तुम कल सुबह अपने बेड़े छोड़ो! तब इन महाराज को लेते जाना..."

अगले दिन सुबह ही सुबह ब्रह्ममुहूर्त तीन बजे उठ नित्य कर्म से निबट गंगाजी में स्नान कर चार बजे के लगभग यति जी बेड़े पर बैठे प्रभु भजन में लीन हो गए।

सुबह सात बजे के लगभग मल्लाहों ने अपने बेड़े छोड़े। कुल तीन बेड़े थे। प्रत्येक बेड़े में दो-दो मल्लाह थे। जिस बेड़े में यति जी बैठे थे, वह बेड़ा सबसे पीछे था।

वह दृश्य भी क्या ही मनमोहक था। बल खाती हुई तीव्रगति से बहती हुई गंगा जी की धार पर सर्पगति के सदृश भागता हुआ वह बेड़ा कैसा सुहावना प्रतीत होता था। दोनों ओर हरे-हरे घने जंगल और इनके पीछे खड़े ऊंचे-ऊंचे पर्वत कैसे शोभायमान प्रतीत हो रहे थे।

गंगाजी की तरंगों के संघर्ष से जल के कन उछल-उछल कर बेड़े पर आते और यति किशोरचन्द्र के चरणों का स्पर्श कर लौट जाते फिर आते और फिर लौट जाते...उस समय प्रेम, आनन्द; श्रद्धा भक्ति के वशीभूत हो यति किशोरचन्द्र भक्ति तरंग में आ गाने लगे...

गंगातीरे हिमगिरिशिलाबद्धपद्मासनस्य।
ब्रह्मध्यानाभ्यसनविधिना योगनिद्रां गतस्य॥
किं तैर्भाव्यं मम सुदिवसैर्यत्र ते निर्विशंकाः।
कंडूयन्ते जरठहरिणा स्वांगमंगे मदीये॥

"जिस समय हम गंगा के तट पर हिमाचल की शिला पर आसन लगा प्रशासन बांधे बैठेंगे और ब्रह्मज्ञान के अभ्यास में विधिपूर्वक आंख मूंद योग निद्रा में प्राप्त होंगे, देखे हमारे ऐसे सुदिन कब होते हैं। जहां निःशंक हो बूढ़े-बूढ़े हरिण हमारे देह में अपना अंग रगड़ के खुजलाहट मिटावेंगे।"

भर्तृहरि जी को तो वे दिन अपने जीवन में उपलब्ध न हुए यति किशोचन्द्र ने अपने आपको भर्तृहरि से भी अधिक भाग्यशाली समझा। पक्षीगण भांति-भांति की बोलियां बोल रहे हैं। कहीं गंगा जी के तट पर सन्त महात्माओं की कुटियाओं से धूनी का पवित्र धूम उठ रहा है...ऐसे ही प्राकृतिक सौन्दर्य का रसास्वादन करते हुए यति किशोरचन्द्र हरिद्वार की ओर बढ़े।

ऋषिकेश से लगभग पांच मील नीचे एक तुम्बे वाला तैरता हुआ बेड़े की ओर बढ़ा और "मैं भी इसी बेड़े पर हरिद्वार जाऊंगा" कह इसी बेड़े पर बैठ गया। अब बेड़ें पर चार व्यक्ति हो गए।

यति जी अपने साथ ऋषिकेश से चार पेड़े लाये थे। उस समय उन्होंने पेड़ों की पोटली खोल कर एक-एक पेड़ा तीनों सज्जनों को दिया। शेष एक में से आधे से गंगाजी को भोग लगाया और आधा स्वयं मुंह में डाल चरणामृत लिया और प्रभु का गुण गाते दोनों ओर प्रकृति की शोभा को निहारते आनन्द में चले। वीरभद्रजी के मन्दिर के लगभग दो मील नीचे गंगा दो धाराओं में विभक्त हो जाती है, एक बड़ी धार पर्वतीय मार्ग से जाती है, दूसरी छोटी धार मैदान के रास्ते होकर जाती है। बेड़ों के आने जाने के लिए दोनों मार्गों में से पर्वतीय मार्ग ही अच्छा है। छोटे रास्ते से जाने से बेड़े कुछ दूर जाकर अटक जाते हैं। यति किशोरचन्द्र जिस बेड़े मैं बैठे थे उससे आगे थोड़े-थोड़े फासले पर दो बेड़े जा रहे थे। उन बेड़ों में एक पर्वतीय धार में चला गया और दूसरा

बेड़ा नीचे वाली छोटी धार में। यति जी वाले बेड़े के दोनों मल्लाहों ने इसे देखा, बस लगे एक दूसरे की निन्दा स्तुति करने। परन्तु...

जहां दो धारायें फटती हैं वहां इनका बेड़ा न तो बड़ी धार में गया और न ही छोटी में एकदम सूखे पर ग्रड ग्रड ण ण ण करके चढ़ गया....

मल्लाह "अरे... रे... रे कर उठे।

उस स्थान पर पानी एक फूट के लगभग गहरा था। उसमें ही बड़े पत्थर पड़े थे जिन पर इन बातूनी आदमियों का बेड़ा चढ़ गया। दोनों मल्लाह उस किश्ती को धकेलने का प्रयत्न करने लगे। यति जी ने उस समय उनका साथ देना अपना परम धर्म समझा। वे भी उन दोनों के प्रयत्न में सम्मिलित हो गए। तुम्बे वाला भी जोर लगाने लगा। परन्तु वह बेड़ा वहां से तिल भर भी न हट पाया।

वह तुम्बे वाला तो अपने तुम्बे को छाती के नीचे रख पार हो सड़क के रास्ते हरिद्वार चल दिया और इन दोनों मल्लाहों सहित यति जी उसी टापू में ही रह गए।

बाबा जी आप यहीं बैठिये इस छोटी धार में आगे वाला जो बेड़ा फंसा हुआ है हम उसे छुड़ा कर फिर इस बेड़े को निकालेंगे, जब वह बेड़ा निकल जावेगा उस समय हम आपको आवाज देंगे। उसी बेड़े में आपको गौरी घाट ले चलेंगे।

"आपका यह बेड़ा यहां से कब चलेगा" यति जी ने पूछा।

"आज तो जाता नहीं दीखता कल सुबह ही इसे आकर निकालेंगे..."

दोनों मल्लाह अगले बेड़े को निकालने के लिए चल दिए और यति किशोरचन्द्र वहीं शीशम के पेड़ के नीचे चादर बिछा अपनी विचारधारा में मग्न हो गए।

"सचमुच ही यह सारा संसार अज्ञानतारूपी अंधकार से ढंप रहा है। अपनी वास्तविकता पर तो कोई विरला ही दृष्टिपात करता होगा। परन्तु परछिद्रान्वेशन में वह सर्वत्र उद्यत रहता है, अपने बेड़े को तो निकाल नहीं सके... दूसरे की निन्दा स्तुति में फंस स्वयं अपने बेड़े को त्रिशंकु के समान लटका छोड़ दिया और आप चले हैं, दूसरों को पार लगाने "हम पहले आगे फंसों को पार लगा आवें और फिर अपने बेड़े को निकालेंगे" क्या यही कुछ इस समस्त क्रियात्मक जगत् में नहीं हो रहा? ऐसे लोग हैं जाति के नेता बने

हुए, स्वयं नाना प्रकार की व्याधियों से ग्रसे हुए प्राणी डॉक्टरी का ठप्पा लगाए, इस रोगी भारत का इलाज करने वाले–

"हम नेता हैं हम तुम्हें पार लगा देंगे"

हम सरीखे भोले-भोले लोग हैं उन धर्मध्वजियों पर भरोसा कर अपना सर्वस्व उन्हें सौंप देते हैं वह चाहे तो डुबा दें और चाहे तो पार लगा दें।

कोई हुआ विरला लाख में से एक तुम्बे वाला वह स्वयं तैर कर पार लग गया, परन्तु हम जैसे लोगों का भविष्य तो इन जैसे मिथ्याभिमानी मल्लाहों के हाथ में ही है।"

सच है जिस जाति की नैया को चलाने वाले ऐसे धर्मध्वजी नाविक मिले हों उसका सर्वनाश तो होगा ही। आज हिन्दू जाति की दुर्दशा भी ऐसी ही है। न इस पार न उस पार। न मरों में न जीतों में। 30 करोड़ देवता एक हजार वर्ष से पराधीनता का जीवन व्यतीत कर रहे हैं, परन्तु यह धर्मध्वजी जाति के मल्लोमल्ली (जबरन) नेता बने हुए नीम हकीम इस रोगी का पीछा तो अब भी नहीं छोड़ते। क्या बनेगा इस देश और जाति का!

इसी प्रकार के विचार-सागर में डुबे हुए यति जी को इस शीशम के वृक्ष के नीचे लेटे लगभग तीन घंटे हो गए–उसी समय यति जी के कानों में यह शब्द पड़े–"बाबा जी! बाबा जी!! आ जाओ-बेड़े निकाल लिए..."

जो बेड़ा आगे फंसा हुआ था वह अब निकल चुका था... उसमें बैठे यति जी रात्रि के लगभग आठ बजे गौरीघाट पहुंचे।

वह रात वहीं गौरीघाट में ही व्यतीत करनी थी। चांदनीरात थी। तारे चमक रहे थे गंगाजी की रेती में पत्थर का सिरहना लगा आनंद में मग्न-यति जी गाने लगे।

क्वचिद् भूमौ शय्य:क्वचिदपि च पर्यङ्क शयन:।
क्वचिच्छकाहार:क्वचिदपी च शाल्योदनरुचि॥
क्वचित्कन्थाधारी:क्वचिदपि च दिव्याम्बरधरो।
मनस्वी कार्यार्थी न गणपति दु:खमं च सुखम्॥

सुबह हुई। मल्लाह बोले "बाबा जी" हम अपने फंसे बेड़े को छुड़ाने के लिए जाते हैं आप यहीं विश्राम करें हम फिर यहीं आकर आपको ले जावेंगे।

परन्तु यति जी भी उनके साथ जंगल में घूमते घामते उसी स्थान के दूसरी ओर पहुंच गए, जहां पहिले दिन बेड़ा अड़ा था। मल्लाह लोग बेड़े निकालने के लिए उस स्थान पर चले गए।

एक बड़ा भारी जंगली हाथी उस वन से निकल मल्लाहों की ओर बढ़ा-मल्लाह गंगा जी में तैर गए। हाथी भी उनके पीछे-पीछे पानी में घुसा-परन्तु थोड़ी ही देर के पश्चात् पता नहीं क्या समझ वापिस लौट आया।

उसी समय एक जम्बू की ओर का गूजर जो वहां अपनी भैंस चरा रहा था, वह कुछ अनोखी सी बोली बोला। उसकी बोली सुन हाथी को फिर गुस्सा आया और हाथी फिर उस ओर भागा। परन्तु दूसरी बार भी वापिस लौट आया।

उधर से निराश हो हाथी उस ओर बढ़ा जिधर यति किशोरचन्द्र खड़े थे। उस समय मल्लाहों ने आवाज दी "बालाजी हाथी तुम्हारी तरफ आ रहा है"। यति जी ने देखा सचमुच हाथी गंगा जी के बीच में से होता हुआ उनकी ओर बढ़ा आ रहा था। यति जी एक ऊंचे सम्बल के वृक्ष पर चढ़ गए... गंगा जी को पार करता हुआ वह यति जी से लगभग साठ सत्तर कदम के फासले पर निकला-

जिस वृक्ष पर यति जी बैठे थे-हाथी उस ओर बढ़ा और उसी वृक्ष के नीचे आ जमीन को सूंघ जंगल की ओर भाग गया...

मल्लाहों ने फिर आवाज दी "बाबा जी! हाथी तुम्हारी तरफ आ गया कि नहीं-"

"आ गया, और आ कर जंगल की ओर भाग गया अब कोई खतरा नहीं"-यति जी ने जोर से कहा। "अच्छा! तो आप गंगा जी के किनारे-किनारे गौरीघाट पहुंच जाएं, आप चले चलें, हम बेड़ा ले कर आते है..."

उसी दिन शाम के चार बजे गौरीघाट से हरिद्वार के लिए बेड़े छूटे...परन्तु वाह री किस्मत फिर वही बेड़ा थोड़ी दूर चल घोर जंगल में एक स्थान पर फंस गया। वह था एक घोर जंगल... जहां आसपास कहीं मनुष्य का चिह्न तक न था। यति किशोरचन्द्र उस बेड़े से उतर पड़े, वे हैरान थे उन मल्लाहों की अनुभव हीनता पर..."अब आप लोग इस बेड़े को हरिद्वार कब ले जाएंगे।"

बाबाजी-हम इस बेड़े में से थोड़े से सलीपर यहीं छोड़ जाएंगे। शेष अभी लेकर हरिद्वार चलेंगे-जो सलीपर यहां छोड़ जाएंगे वे परसों दूसरे बेड़े के साथ ले लेंगे।

एक बार फिर उस बेड़े को छोड़ घोर जंगल में टिकना पड़ा। रात्रि के बारह बजे थे। चारों ओर सन्नाटा छा रहा था। दूर पर्वत पर थोड़ी-सी रोशनी दिखाई दे रही थी। यति जी एक ओर बैठ अपनी योग समाधि में मग्न हो गए।

थोड़ी ही देर में मल्लाहों ने बेड़े को फिर ठीक कर लिया... "बाबा जी बेड़ा तैयार है, बैठिये हरिद्वार चलें!"

यति किशोरचन्द्र फिर उस बेड़े पर बैठे...रात के बारह बजने का समय था। उन्हें भय था कि इस रात्रि में यह अनुभवहीन मल्लाह बेड़े को कहीं दूधियाबन्ध की तेज धार में न बहा दे... परन्तु भगवान ने इस बेड़े को सुरक्षित रूपेण दूधियाबंध के तट पर लगा दिया। भगवान का गुणगान करते यति किशोरचन्द्र अपने मकान की ओर चल दिए। चलते समय उन मल्लांहों को प्रातः ही उन्हें अपने मकान पर आने के लिए कहा...अगले दिन यति जी के कथनानुसार वे मल्लाह यति जी के मकान पर आए--यति जी ने उन्हें आदर सहित बिठाया और चार रुपये उन्हें इनाम के दिए।

□□□

चालीसवां अध्याय

अनंत के पथ पर

What shadows we are

What shadows we Persue.

समय का चक्र बड़ा ही प्रबल है! काल के चक्र में पड़ा हुआ व्यक्ति कुछ का कुछ बन जाता है। बड़े-बड़े राजा रंक बन जाते है और रंक राज़ा बन जाते हैं। पराधीन स्वाधीन बन जाते हैं और स्वाधीन अपनी स्वाधीनता को खो बैठते हैं। जहां छाया होती है वहां धूप आ जाती है और जहां धूप होती है वहां छाया की कालिमा फिर जाती है-सुख में दु:ख हो जाता है और दु:ख में सुख, बलवान निर्बल बन जाते हैं और निर्बल सबल बन रणक्षेत्र में आ डटते हैं, इसे कहते हैं परिवर्तन काल का क्रांतिकारी चक्र।

यति किशोरचन्द्र को आज का रोग छू तक नहीं गया था। घोर जंगलों में विचरण करते हुए भी उनके शरीर पर किसी प्रकार की निर्बलता प्रतीत न दी थी परन्तु जिस काम को बाहर के अत्याचारों की तलवार भी न कर पाई उस काम को कर दिखाया मन्मथनाथ के विरह ने। उनका इकलिंग जिस क्षण भाग्यचन्द्र के रूप में भाग-भाग के उनके सामने आया और फिर चला गया उस दिन से मानो उनके जीवन का सार ही भाग्यचन्द्र के साथ चला गया। पूर्वर्षियों ने कहा है, समय स्वयं शोक को हलका कर देता है, परन्तु यति जी के कोरे चिकने हृदय कागज पर लिखे हुए इकलिंग की याद को समय भी हलका न कर सका।

इस याद का कुप्रभाव तो तत्क्षण ही प्रकट हो गया था जबकि सात प्रकार की तैराकियां जानते हुए भी वे उस दिन गंगा जी में डूबने से बचे।

कनखल में रामकृष्ण मिशन वालों का एक बड़ा भारी अस्पताल है। उन दिनों उस अस्पताल के इंचार्ज श्री डॉक्टर कल्याणानन्दजी बड़े ही सज्जन

पुरुष थे। यदि किशोरचन्द्र जी से उनका बहुत स्नेह था। यति जी की अस्वस्थता की सूचना पाते ही वे उन्हें देखने गए। उस समय यति जी चारपाई पर रुग्णावस्था में लेटे हुए थे। उनके पास ही श्री शिवदयालगिरिजी बैठे थे। डॉक्टर कल्याणानन्द ने यति जी की नाड़ी की परीक्षा की। उन्होंने देखा रोग का आक्रमण अपनी साधारण गतिविधि से कुछ आगे बढ़ चुका था। थोड़ी देर कुछ सोच विचार कर डॉक्टर साहब गिरी जी से बोले। "गिरी जी! रोग बढ़ रहा है, मेरा ख्याल है यदि यति जी मिशन के अस्पताल में चलें तो बहुत अच्छा हो, वहां चौबीसों घंटे मेरे लिए इनकी देखभाल करना आसान रहेगा"?

••• ••• •••

यति किशोरचन्द्र कनखलस्थ रामकृष्ण अस्पताल में पहुंचा दिए गए। डॉक्टर कल्याणानन्द जी तथा उनके सहयोगी डॉ. तुरियानन्द जी ने यति जी के उपचार में कुछ भी कसर न छोड़ी, परन्तु यति जी को मिशन में पहुंचे तीन ही दिन हुए थे... सुबह के लगभग आठ बजे तीन चार डॉक्टरों के बैठे-बैठे यति जी ने हमेशा के लिए आंखें बन्द कर लीं। नाड़ी की गति भी बन्द हो गई, श्वास आना ही बन्द हो गया। डॉक्टर बृन्द देखते ही रह गए और यति जी अपने सूक्ष्म शरीर में परिवर्तित हो किसी अनन्त की ओर चल दिए।

डॉक्टर बृन्द को इस दुर्घटना से बहुत खेद हुआ। परन्तु अब तो पक्षी पिंजरे से उड़ चुका था। एक खाली पिंजर पड़ा था। उस पिंजर को हिन्दू धर्म शास्त्रों की आज्ञानुसार एक कपड़े में लपेट गंगा जी की नीलधारा में डाल दिया गया...उत्तराखण्ड का भूतपूर्व यात्री अब उत्तराखण्ड से अनन्त की ओर चल पड़ा।

इस घटना के थोड़ी देर के बाद–

स्वामी तुरियानन्द जी इसी चिन्ता सागर में मग्न अस्पताल के बाहर टहल रहे थे। उस समय दो पूर्विये अपने कंधों एक एक गठरी-सी उठाये अस्पताल के द्वार पर आकर रुके... उन्हें देख डॉक्टर साहब का ध्यान टूटा। उन पूर्वियों को सम्बोधित कर वे बोले–

"क्या कोई मरीज है?"

"जी हां"

"अच्छा ले चलो अन्दर"

दोनों पूर्विये वैसे ही रोगी को उठाये अस्पताल के अन्दर दाखिल हुए। स्वामी तुरियानन्द भी उनके साथ ही साथ अन्दर आ गए...

दोनों पूर्वियों ने रोगी को एक चारपाई पर लिटा दिया। डॉक्टर कल्याणानन्द रोगी को देखने के लिए उस ओर बढ़े।

रोगी के मुंह से कपड़ा हटाते ही वे अवाक रहे गए।

"यति किशोरचन्द्र!!! यह शब्द सुनते ही तुरियानन्द भी उस ओर बढ़े... ओहो! सचमुच यति किशोरचन्द्र। मरे हुए नहीं...केवल एक पिंजरा ही नहीं बल्कि पंछी के समेत पिंजरे वाले यति किशोरचन्द्र।

वे दोनों पूर्विये अभी तक वहीं खड़े थे.....उनको सम्बोधन करते हुए डॉक्टर साहब बोले....तुम लोग इन्हें कहां से लाये।

"नील धारा से"

उधर उस खाट पर लेटा हुआ अनन्त का भूतपूर्व यात्री भूक से विह्वल हो उठा। "डॉक्टर साहब मुझे भूख लग रही है।"

"आपको भूख लग रही है......लो! मैं अभी आप के लिए मूंग की दाल का पानी तैयार करवाता हूं।"

"मुझसे तो मूंग की दाल का पानी पिया नहीं जाएगा, मुझे रोटी चाहिए।"

"रोटी चाहिए आपको! यति जी महाराज रोटियों की कमी नहीं है, परन्तु आपने दस दिन से कुछ खाया नहीं और अभी-अभी आप यमराज के घर से लौटे हैं। इसीलिए अभी दाल का पानी अच्छा रहेगा"।

"नहीं, नहीं...मैं तो दाल रोटी खाऊंगा"

"आप तो स्वयं समझदार हैं, यति जी! आप जानते ही हैं रोगी की तृष्णा भड़का ही करती है, जिस वस्तु को उसे नहीं खाना चाहिए, उसी को खाने की उसकी इच्छा भड़कती है।"

"आप सब कुछ ठीक कहते हैं। परन्तु मैं दाल का पानी नहीं पिऊंगा।"

"अच्छा अभी आप दाल चावल खालेवें" इतना कह डॉक्टर साहब अपने कमरे में चले गए...उन्हें उत्सुकता लग रही थी यह रहस्य जानने की यति जी किस प्रकार बच गए। अपने कमरे में एक दो मिनट कुछ आवश्यक कार्य कर वे बाहर उस स्थान पर पहुंचे जहां वे दोनों पूर्विये बैठे थे। डॉक्टर साहब कुर्सी परा बैठते ही बोले। "हां! भैया लोगों–यति जी आप को कहां से मिले।

उन दोनों में से एक हाथ जोड़ बोला "महाराज! मेरा नाम हीरा है और इसका देवी। हम दोनों कनखल में रहते हैं और लकड़ियां काट कर अपना

गुजारा करते हैं। आज सुबह लकड़ियां काटने के लिए हम नीलधारा के किनारे-किनारे जा रहे थे। जहां काली ठोकर है वहां चिलम भरने को आग बनाने के लिए बैठ गए। उस समय अचानक ही मेरा ध्यान गंगाजी की धार की ओर गया, तो मैंने नीलधारा के जल से एक गठड़ी को पानी के ऊपर उभरते देखा। मैंने ध्यान से देखा, उस गठड़ी में से किसी मनुष्य की कुहनी हिलती हुई प्रत्यक्ष दीख रही थी। उस समय मैंने वह गठड़ी अपने साथी इस देवी को भी दिखाई। सहसा हमारे कानों में "ओ३म् ओ३म्" की आवाज़ आई।

पहले हमारा ख्याल था कि वह शव किसी मृतक साधु महात्मा का होगा। परन्तु जब हमने "ओ३म्, ओ३म्" की ध्वनि सुनी उस समय तुरंत मैंने अपनी कल्हाड़ी को पानी में आगे बढ़ा उस गठड़ी को खैंच लिया। जिस समय गठड़ी को किनारे पर धरा उस समय हमने देखा उस गठड़ी में बंधे हुए शरीर में अभी जान थी। बदन कुछ-कुछ गरम था। श्वास भी चल रहा था। हमें विश्वास हो गया कि यह बच जावेंगे सो हमने इनको रेत पर लिटा दिया और हम दोनों पास बैठ हुक्का पीने में लग गए। थोड़ी देर के पश्चात इन्होंने आंख खोली। और उस समय इन्होंने हमसे पूछा "मुझे यहां कौन ले आया?"

मैंने पूछा... कहां थे आप।

तब इन्होंने कुछ कहा जो हमारी समझ में न आया—हमने फिर इनसे पूछा—"आप कहां से आए।"

तब इन्होंने बंगाली शफाखाने का नाम लिया और अपने आप को वहीं ले चलने को कहा।

महाराज! तब इन्हीं के कहने के मुताबिक हम दोनों इन्हें आराम से उठा यहां आपके पास ले आए...यही हमारी कहानी है।

••• ••• •••

सभी लोगों ने पूर्वियों के साहस की सराहना की। स्वामी तुरियानन्द जी ने उन्हें 5 रुपये पुरस्कार देना चाहा परन्तु उन धर्म भक्तों ने स्वीकार नहीं किया... "हमने कोई किसी पर अहसान नहीं किया, डॉक्टर साहब! हमने तो अपना धर्म निभाया है...हमें इनाम शनाम सों कुछ काम नाहीं।"

❑❑❑

इकतालीसवां अध्याय

शिवलोक तथा स्वर्गलोक की यात्रा

स्वर्गे लोके न भयं किञ्चनास्ति।
न तत्र मृत्यो न जरया विभेति॥

पूर्वीय बंधुओं की कथा सुनने के पश्चात्... डॉक्टर कल्याणानन्द यति जी के कमरे की ओर बढ़े। क़मरे के अन्दर पाओं धरते ही वे एक दम सन्न रह गए। खाट जिस पर यति जी लेटे थे बिल्कुल खाली पड़ी थी...

एक समस्या पूर्ण रूप से सुलझ भी न पाई थी कि दूसरी आ सामने उपस्थित हुई। अस्पताल के समस्त कर्मचारियों से उन्होंने यति जी के बारे में पूछताछ की, परन्तु वे तो सभी पूर्वियों की कथा सुनने में लगे थे। डॉक्टर साहब ने अस्पताल के इधर-उधर यति जी की खोज की, परन्तु सब निष्फल। जिस समय डॉक्टर साहब यति जी को दाल चावल का भोजन बता स्वयं पूर्वियों की कथा सुनने के लिए बाहर चले गए थे, उसी समय डॉक्टर साहब के नौकर ने घर से यति जी को दाल चावल ला दिए परन्तु यति जी की भूख तो उतने दाल चावलों से शान्त न हुई... उस क्षण तो मानो पिछले पन्द्रह दिन की भूख एक ही क्षण में इकट्ठी हो उनके पेट में धरना दिए बैठी थी।

अस्पताल की पराधीनता में उन्होंने अपनी क्षुधा शान्ति का कुछ भी उपाय न देख, वहां से भाग जाने का निश्चय किया। उस समय सभी लोग बड़े डॉक्टर से ले कर छोटे से चपरासी तक सभी उन पूर्वियों की राम कहानी सुनने में लगे थे, भाग निकलने का ऐसा सुवर्ण अवसर फिर कहां मिलेगा। ऐसी मन में विचार कर यति किशोरचन्द्र बाहर के दरवाजे से निकल शहर की ओर भाग गए.... और ऐसे भागे कि एक दम हरिद्वार में घुस कर और रोटी वाले की दुकान पर पहुंचते ही दम लिया।

रोटी वाले की दुकान पर पहुंचते ही वे बोले-"शम्भू! दो आदमियों का भोजन तैयार करो, मैं अपनी लायब्रेरी में बैठा हूं। जब भोजन तैयार हो जाए

मुझे बुला लेना। दुकान वाले को इतना कह कर सेर भर अंगूर, आधा सेर सेब लेकर लायब्रेरी में आ बैठे, थोड़ी देर के पश्चात रोटी वाले का आदमी बुलाने आया "महाराज भोजन तैयार है।"

यति जी उठे और अकेले ही उसके साथ चल दिए। "दूसरा आदमी-कहां है?"–रोटी वाले ने पूछा। "वह भी अभी-अभी आ जाएगा... पहले मुझे तो परोसो।" परन्तु दूसरे ने आना ही कहां से था। एक का भाग ग्रहण करने के पश्चात वे स्वयं ही दूसरे बन बैठे। उस रोटी वाले की दुकान से उठ थोड़ी देर अपनी लायब्रेरी में विश्वास कर यति जी हर की पौढ़ी की ओर टहलने चल दिए। वहां कश्मीर के प. रत्नचन्द जी वेदपाठी तथा अन्य मित्र उन्हें देख चकित रह गए... यति जी को देखते ही वे बोल उठे–"ओहो-यति जी हमने तो अभी-अभी सुना कि आप.... यति जी ने वहीं बात काट कर कहा... "हां! हां!! पार्सल तो कर दिए गए थे यमराज के घर पर, परन्तु लेबल गलत लग जाने से लौटा दिए गए"–सभी मित्र इस रहस्यपूर्ण घटना को सुनने के अत्यंत इच्छुक थे–यति जी ने अपनी राम कहानी सुनानी आरम्भ की–

डॉक्टर कल्याणानन्द जी ने जब यति जी को अपने कमरे में न देखा, उन्हें बड़ा आश्चर्य हुआ। यमराज के घर से अभी-अभी लौटा हुआ एक रोगी जिसने पन्द्रह दिन से कुछ खाया पिया भी नहीं, वह एकाएक कहां लुप्त हो गया। दोनों डॉक्टर वृन्द उसी समय यति जी की लायब्रेरी की ओर चल दिए। परन्तु लायब्रेरी बंद थी... वहां से वे यति जी की खोज में ही हर की पौड़ी की ओर चल दिए.... अपनी मित्र मंडली के बीच में यति जी को बैठे देख डॉक्टर वृन्द मुस्करा दिए–उन्हें देखते ही यति जी ने सादर नमस्कार किया और अपनी मित्र मंडली को सम्बोधन कर बोले–"यही वे महात्मा डॉक्टर साहब हैं जिनकी अपार दयालुता से आज मेरे प्राण बच पाये"... डॉक्टर वृन्द भी मित्र मंडली में सम्मिलित हो गए.... यति जी ने फिर से अपनी राम कहानी शुरू की.... "इन्हीं डॉक्टर साहब के कमरे में मृत्यु शैया पर पड़े-पड़े मैंने ऐसा अनुभव किया मानो मुझमें बोलने की हिम्मत नहीं थी और न ही बोलने की इच्छा थी। देखते-देखते आंखों की ज्योति क्षीण हो गई, तत्पश्चात इन्होंने क्या किया, मुझे अपने इस स्थूल शरीर का कुछ पता ही न रहा। जिस समय मेरी आंखों से इन बाहर खड़े हुओं की सूरत जाती रही, उस समय मुझे ऐसा अनुभव हुआ मानो मेरे शरीर से कोई वस्तु निकलना चाहती हो और मानो मैं ही इस शरीर से निकलना चाहता हूं। इस शरीर में ऐसा प्रतीत होता था कि मैं किसी तेज़ तर तेज़ चक्र में चकरा रहा हूं और उस चक्र से निकल जाने पर ही मेरा कष्ट दूर होगा। मैं अपने सूक्ष्म शरीर के रूप में ऐसा सोच ही रहा

था कि थोड़ी ही देर में चुटकी बजने के सदृश खटका-सा हुआ और उस समय मैंने अपने आपको उस तेजी से घूमते चक्र से बाहर पाया और मेरा वह कष्ट भी जाता रहा। उस चक्र से निकल मैंने अपने आपको एक बड़े ही सुन्दर उपवन में पाया। हरित वसन पहने नन्ही-नन्ही घास चारों ओर खेल रही थी। शीतल सुगधिंत पवन चित्त को शान्ति दे रहा था। उसी उपवन में बहते हुए एक शुद्ध जल के झरने के किनारे-किनारे मैं जा रहा हूं। थोड़ी ही दूर चलने पर मैंने देखा उसी झरने के तट पर एक लंगोटबन्द बाबा तन पर भभूत रमाये सिर जटा सजाए अपने तुम्बे को धो रहे हैं।

उस समय मेरे आनन्द का पारावार न रहा। प्रसन्नता के मारे एक शब्द भी मुंह से बोल न सका। मेरे पास शब्द नहीं जो मैं उस आनन्द का शब्द-चित्र खींच सकूं। वह स्थान था कैलाश और उस झरने पर बैठे वृद्ध महात्मा थे कैलाशपति। मैंने चाहा उनके चरणों पर अपना मस्तक निवाऊं। हृदय में प्रबल चाह उठी... परन्तु आनन्द की मस्ती में मैं आगे बढ़ता ही गया और दिल भर कर उनकी छवि को निहारता ही रहा। हृदय-देश में प्रेम की ऐसी बाढ़ आई, कि पैर आसमान से बातें करने लगे। चलते-चलते बहुत दूर एक संगमरमर का एकमंजिला मकान दीखा, उस मकान में से पीताम्बरधारी एक ही उमर के ऋषि कुमार निकले–उसी मकान के सामने बने हुए चबूतरे के सहारे खड़ा हुआ मैं यह दृश्य देख रहा था। छोटे-छोटे ऋषि कुमार एक द्वार से निकल मेरे सामने से होते हुए दूसरे द्वार से महल में प्रविष्ट हो जाते। वह था वैकुंठ-वहां न तो शोक है न सन्ताप। न दुःख है न खेद। न अभाव है न अशान्ति। न विषाद, न विनाश। वह केवल सुखद, अह्लाद और शान्तदायी उल्लास की मन मोहक वाटिका और रमणीय रंगस्थली है। जिधर देखो उधर ही सुहावने पारिजात, नागकेशर, कमल तथा चम्पक इत्यादि के मन भावने फूलों का लहलहाता उपवन प्रलोभन का जाल पसारता रहता है। पारावात, कोकिला, सारस, चक्रवाक, शुक आदि कमनीय पक्षियों का कोलाहल मुनियों का भी मन बरबस मुग्ध कर देता है।

उसी विमल वन के बीच सौन्दर्य की राशी सात महलों की एक पुरी है उस पुरी के सातवें महल में भगवान् के रहने का स्थान है–सब महलों की दीवारें स्फटिकमणि की बनी हैं-दीवारों में चारों ओर पद्मराग वैदूर्य तथा मरकत मणि के फूल पत्ते लगे हैं। महल के खम्भे मणि मुक्ताओं से जड़े हैं।

उस पारलौकिक जगत् की अनुपम छटा छहरती देख, भगवान् विश्वेश्वर के दर्शनों की उत्कंठा सहस्र गुणा बढ़ गई। दिल में विचार उठा अनेक जन्म पवित्र और प्रचुर पुण्य का उपार्जन करने के बाद भगवद्भक्त को यह दिव्य

लोक मिलता है। जो लोग यहां आते हैं या रहते हैं वे बड़े ही सुकृत कमाने के बाद ही यहां आते हैं। जिस अलौकिक स्वरूप की झलक मात्र देखने के लिए भक्त लोग अनन्त जन्म तपस्याएं करते हैं उस चराचर के स्वामी, सर्व-नियन्ता, और परम तत्त्व के मैं क्यों न दर्शन करूं। मन में यह विचार उठते ही मैं उन ऋषि कुमारों के पीछे-पीछे हो लिया। कुछ क्षण चलने के पश्चात् मैंने सात महलों की एक पावन पुरी देखी-"भगवान् का यही निवासस्थल है।" ऐसा विचार से मैं उधर चल दिया। उस पुरी की सुन्दरता अनुपम थी।

यूं तो निखिल वैकुंठ में ललित और अतुल लावण्य की झड़ी लगी है, परन्तु जिस स्थान पर मैं खड़ा था, उसकी शोभा तो वर्णन की छटा और भाषा की घटा से बिल्कुल परे है। छह द्वार पार कर मैं आगे सातवें द्वार पर पहुंचा। वहां दो पहरेदार चक्कर काटते पहरा दे रहे थे। उनके कानों में कुंडल, गले में तुलसी की माला सुहाती थी। दोनों के हाथ में एक-एक गदा और एक-एक बांस की चौड़ी छड़ी थी। उन पहरेदारों ने मुझे रोका नहीं मैं अपनी मस्ती में आगे बढ़ता गया–भक्तिरस में उन्मत्त गन्धर्वों और गन्धर्व ललनाओं की सरस स्वर लहरी उस समय कान में सुधा धारा बहा रही थी। उस आनन्द ध्वनि को दूर से सुन आनन्द से चित्त गद-गद हो गया, हृदय बावला हो गया और सारे शरीर में पुलकावली छा गई। आगे जा मैंने देव समूह में जगन्नियन्ता, आनन्द की मूर्ति-विष्णु भगवान् को देखा सादर प्रणाम किया भगवान् के दोनों ओर दो हंसों जैसे सफेद चंवर और मस्तक पर श्वेत छत्र लगे हैं। भगवान के मस्तक पर भव्य-मणि, कानों में कमनीय कुंडल हृदय में वनमाला–उनके दाहिने हाथ में नीला कमल था और बायां हाथ गरुड़ के कन्धे पर था।

भगवान् की सेवा के लिए जब लक्ष्मी अपना नीला कमल लेकर इधर उधर जाती-आती तब दीवारों में उनका प्रतिबिम्ब देख कर भ्रम हो जाता है कि वे अपने नीला कमल से दीवारें साफ कर रही हैं। भगवान् की पूजा के लिए मनोहर सरोवरों से लक्ष्मी की सखियां जल लाते समय जो हरिगुण गान करती हैं उसे सुन कर भक्त लोग आनन्द की अठखेलियां खेलने लग जाते हैं। भगवान् श्री निवास और भगवती श्री के अनुपम रूप सामने ही देख चित्त गदगद हो उठा। अतृप्त नयन टक लगा कर उन्हें देखने लगे....

उस समय दोपहर के बारह बज चुके थे। यह समय देवताओं के भोजन का है। जब वे अपना भोजन करेंगे तो मुझे भी अतिथि समझ भोजन अवश्य देंगे, बस यह भाव मन में उठते ही आंखों के सामने वाला सारा का सारा दृश्य जाता रहा अब वहां कुछ भी न था... उस समय मेरे मुख से ओ३म्-ओ३म् निकला और मैंने अपने आप को नीलधारा के तट पर पड़ा पाया।

❑❑❑

ब्यालीसवां अध्याय

नीलकंठ पर विचित्र साधु

महाशय्या पृथ्वी विपुलमुपधानं भुजलता।
वितानं चाकाशं व्यंजनमनुकूलोऽमविला।।
शरचन्द्रो दीपो विरति वनितासंगमुदितः।
सुखी शान्तः शतै मुनिरतनुभूर्तिनृप इव।।

यति किशोरचन्द्र को आरम्भ से ही भ्रमण का बहुत शौक था। यद्यपि अपने औषधालय तथा लायब्रेरी की बदौलत वे हरिद्वार में बंध से गए थे, परन्तु इन जंजालों में बंधे होने पर भी अपनी ईश्वर प्रदत्त स्वतंत्रता को हाथ से नहीं छोड़ा। यदा-कदा कुछ समय के लिए वे हरिद्वार से बाहर पास वाले किसी पर्वत विशेष पर भ्रमणार्थ अवंश्य चले जाते थे।

अनन्त पथ के यात्री को स्वर्गलोक से लौटे थोड़े ही दिन हुए थे, ज्वालापुर का लक्ष्मीचन्द्र ब्रह्माण्डी यति जी के पास आ उन्हें नीलकंठ पर एक दिन चलने के लिए विवश करने लगा। यति जी लक्ष्मीचन्द के सदाचार का बहुत मान करते थे। सप्रेम की गई मित्र की विजय को अस्वीकार करना उनके लिए कठिन हो गया और अगले ही दिन हरिद्वार से प्रस्थान करने का निश्चय हुआ।

नीलकंठ महादेव लक्ष्मण झूला से कुछ आगे गंगाजी की दूसरी ओर दो पर्वतों के बीच नीचाई में बना छोटा-सा शिवजी का मन्दिर है। यह स्थान हरिद्वार से लगभग 30-35 मील ब्रिटिश गढ़वाल में है। मन्दिर का दृश्य अत्यंत चित्ताकर्षक है। मन्दिर के पास ही एक झरना बहता है, रास्ता चढ़ाई का है, पानी रास्ते में कहीं नहीं मिलता। समस्त मार्ग में केवल एक स्थान पर बरसात का इकट्ठा हुआ पानी उपलब्ध होता है।

नीलकंठ के दोनों ही यात्री खाने-पीने का सामान बांध यात्रा पर चल दिए। लक्ष्मण झूले के पुल को पार कर घोर जंगल में दाखिल हुए। समय बड़ा ही सुहावना था। धूप खूब हो रही थी। दिन भी काफी चढ़ चुका था। दोपहर के लगभग दस ग्यारह बज चुके थे। चढ़ाई बहुत कठिन थी। रास्ते में पानी तक कहीं पीने को मिलना नहीं था। कुछ आगे जा एक स्थान पर गन्दे पानी का एक कुन्ड सा मिला। दोनों मित्र कुछ देर के लिए वहां ठहरे। पानी समीप देख ब्रह्मांडी लघुशंका करने एक ओर गया परन्तु थोड़ी ही देर में चिल्लाते हए बोला–"महाराज! यहां आओ! जल्दी आओ! देखो-देखो वह पेड़ में लिपटा हुआ हिरण को मुंह में दबाये हुए अजगर ... यति जी झटपट दौड़ कर उधर गए... ब्रह्मांडी बोला "महाराज! इस हिरण की जान बचानी चाहिए" परन्तु यति जी ने ध्यानपूर्वक देखा वह हिरण अब निर्जीव था "ब्रह्मांडी! यह हिरण अब मिट्टी के समान है..... इस अजगर ने अपने पापी पेट की ज्वाला को शांत करने के लिए अपने पुरुषार्थ से इसका शिकार किया है, अब इसे अपने पेट को भरने दो। यदि यह हिरण जिन्दा होता तो इसकी जान बचाते, परन्तु यह तो मर चुका है।

दोनों मित्र आगे बढ़े। ऊंचे-नीचे होते चलते-चलते नीलकंठ महादेव पहुंच गए। ब्रह्मांडी ने अपनी लोई बिछा दी और हाथ जोड़ यति जी से बोला–"महाराज! आप यहीं विश्राम करें, मैं मिनटों में आपके खाने के लिए भोजन तैयार करता हूं।"

ब्रह्मांडी ने यति जी को कोई काम नहीं करने दिया। खुद जाकर ईंधन इकट्ठा कर लाया। दाल, बाटी, चूरमा तैयार कर वहां से पत्ते तोड़ लाया और बोला–"यति जी! आप स्नान कर महादेव जी को भोग लगा कर आ जावें, फिर भोजन करें।"

यति जी ने पास ही बहते हुए सुन्दर, निर्मल झरने में स्नान कर शिवजी का पूजन किया और दाल बाटी चूर्मे का शिवजी को भोग लगाया। तत्पश्चात यति जी ब्रह्मांडी से बोले–ब्रह्मांडी! तुम अपनी ओर मेरी दोनों की पत्तल परोसो, दोनों इकट्ठे ही भोजन करेंगे।

दोनों मित्र भोजन करने बैठे। अतिथि को भोजन कराकर पुनः स्वयं भोजन करना यह आर्य सभ्यता का देदीप्यमान आदर्श है। भोजन करने से पहले यति जी ने सब ओर देखा, उनके बिना तीसरा आदमी कोई वहां था नहीं। अस्तु! तीसरे आदमी का भोजन पृथक छोड़ दोनों ने स्वयं भोजन किया।

उस दिन भोजन का बड़ा ही आनन्द आया। आनन्द वास्तव में मनुष्य के अपने ही अन्दर होता है। चीज वही होती है लेकिन जब अपने अन्दर आनन्द हो तो उस वस्तु में भी आनन्द आता है। परन्तु जब अपने अन्दर आनन्द नहीं फिर वही वस्तु निरानन्द बन जाती है। जिसके भीतर आनन्द है उसके लिए सारा संसार आनन्दमय है। जिसके भीतर ही अंधकार है सूर्य का प्रकाश भी उसके लिए अंधेरा ही है। राजाओं को अपने राज प्रासाद के छत्तीस प्रकार के भोजन करके भी वह आनन्द नहीं आता जो कि ऋषियों को अपनी कुटिया में कन्द मूल फल खाने में आता है। घर से बाहर यात्रा पर हों, थकावट हो, चित्त शांत हो, भूख लगी हो फिर तो सूखे टुकड़ों में भी कितना आनन्द आता है। पेट भरा हुआ हो तो सामने खीर खांड ही क्यूं न परोस रखा हो, परन्तु उस समय वह बात कहां।

भोजन हो गया। यति जी मुंह हाथ धोने पास ही बहते हुए झरने पर चले गए। ब्रह्मांडी भी अपना भोजन समाप्त कर उठा ही था, उसने देखा कि एक वृद्ध साधु महात्मा सिर पर एक गठड़ी धरे, अपने एक हाथ में एक गठरी पकड़े तथा दूसरे हाथ में लाठी दबाये मन्दिर की ओर आ रहे थे। ब्रह्मांडी को बड़ी प्रसन्नता हुई। उसने तीसरे व्यक्ति का भाग जो पहले ही रख छोड़ा था वह उठाया और बड़े आदर के साथ उस साधु की ओर बढ़ा। वह साधु मन्दिर के बिल्कुल पास ही पहुंच चुका था। उस साधु के पास जा हाथ पर पत्तल धर ब्रह्मांडी ने साधु को बड़े आदर से कहा–"महाराज! यह आप ही का भाग है, इन गठरियों को यहां रख कर प्रसाद ग्रहण कीजिए।"

ब्रह्मांडी के शब्दों में कोई बात ऐसी न थी, जिससे महात्मा जी को व्यर्थ ही क्रोध आता, परन्तु जिसकी आशा स्वप्न में भी न थी वही हुआ। वे गठरी वाले साधुजी महाराज अपनी छड़ी उठा ब्रह्मांडी को मारने दौड़े। ब्रह्मांडी बेचारा अपनी जान बचा झरने की ओर भागा और वे साधु जी महाराज मन्दिर के पास अपनी गठरियों को रख बैठे-बैठे बड़बड़ाने लगे...

"हमें कहता है प्रसाद ले लो। पहले आप खा चुका और पीछे हमें अपना झूठा खिलाना चाहता है।"

वे महात्मा जी गालियां दे रहे थे और ब्रह्मांडी दूर हाथ जोड़े खड़ा था। थोड़ी देर के पश्चात उन्होंने गालियों की गोलियां बरसानी बन्द की। यति जी समय को पहचानने वाले अनुभवी थे। वे धीरे-धीरे दूसरे मार्ग से मन्दिर की ओर बढ़े और शिवजी के मन्दिर में जा "शिव हर शंकर, शंभो नमामि शंकर, हे गिरिजापति, शिवशंकर शम्भो" बोल हाथ जोड़ बाहर निकले और गठरी

वाले महाराज की ओर हाथ जोड़ उन्हें नमस्कार किया। यति जी को देख वह गठरी वाला साधु बोला–"देखो जी हमें जूठा प्रसाद देता है, देखा।"

यति जी बोले "महाराज यह आपको समझ नहीं सका, आप महात्मा हैं क्षमा करें, यह सीधा सादा ब्रह्म देवता है।"

"हां! सीधा साधा ब्रह्मदेवता है तभी तो हमें अपना झूठा प्रसाद भोग लगाने को दे रहा है।" वे गठरी वाले महाराज बोले।

इसे कुछ समझ नहीं है।

"समझ कहां से हो! सारा दिन तो सुलफे में मस्त रहता है।" यह शब्द ब्रह्मांडी सुन रहा था, उसी क्षण वह आगे आ हाथ जोड़ बोला– "महाराज! मैं परमात्मा की शपथ लेकर कहता हूं कि मैं आज से कभी सुलफा नहीं पियूंगा।"

अब उस गठरी वाले महाराज का कोप शांत हो चुका था। उधर यति किशोरचन्द्रजी को उन गठरियों के बारे में कुछ जानने की उत्सुकता लग रही थी। हाथ जोड़ वे फिर बोले "भगवन! अपराध क्षमा हो, हम आपके बच्चे हैं, हमसे कुछ उद्दण्डता हो भी जाए तो आपको ही क्षमा कर देना चाहिए। फिर उन गठरियों की ओर संकेत कर बोले–भगवन! इस वृद्धावस्था में आप भारी-भारी गठरियों को संभाले हुए इन घोर जंगलों में विचर रहे हैं। इन पर्वतों पर तो हम सरीखे नवयुवकों के लिए भी बोझ उठा कर चढ़ना कठिन ही नहीं असम्भव हो जाता है। आप इस वृद्धावस्था में इतना भारी बोझ उठा-उठा कर इतने ऊंचे पर्वतों पर चढ़ते हैं। इसमें मुझे कुछ रहस्य-सा प्रतीत होता है। क्या आप मेरे बढ़ते हुए कौतूहल को शान्त करने की कृपा करेंगे।" यति जी के गम्भीर शब्द को सुन महात्मा बोले–"वत्स हमने सब पृथ्वी की प्रदक्षिणा की है, सब तीर्थों में गए और प्रत्येक नदी में से एक-एक शालिग्राम उठा लाए। यह हमारे गुरुदेव की आज्ञा थी, हम अब अन्तिमरूप में देवनदी भागीरथी का स्नान कर वहां से भी एक शालिग्राम उठा अपने गुरु के आश्रम को लौट जाएंगे।

पहली उत्सुकता कुछ कम तो हो गई, परन्तु उसके स्थान पर उससे भी दोगुनी उत्सुकता उन शालिग्रामों के दर्शन की जाग उठी। नम्रता-पूर्वक महात्मा जी को हाथ जोड़ बोले–"भगवन् आपकी इस पवित्र गठरी में जितने भी कंकर हैं उतने ही शंकर हैं। क्या आप इन शंकरों के दर्शन करा कर मुझ सेवक को अनुगृहीत करेंगे।"

गठड़ी वाले महाराज थोड़ी देर के लिए कुछ सोच में पड़ गए। कुछ सोच कर उन्होंने हाथ पर लटकाने वाली गठरी खोली–यति जी ने हाथ के इशारे से ब्रह्मांडी को भी पास बुला लिया। नीलकंठ के दोनों ही यात्रियों ने उस अद्भुत साधु के उन हजारों शंकरों को देखा। उस साधु ने गठरी को फिर मजबूती से बांध लिया। यति जी हाथ जोड़ बोले–"महाराज आज्ञा हो तो आपके लिए कुछ फलाहार लाऊं?"

"नहीं नहीं.... अब तो मैं जा रहा हूं....." इतना कह महात्माजी खड़े हो गए और उन दोनों को सम्बोधित करके बोले–"यह गठरी मेरे सिर पर तो रखवा दो।"

बात साधारण सी थी। यति जी ने आगे बढ़ उस गठरी को उठाने का प्रयत्न किया, परन्तु वाह रे कौतुक वह गठरी तो अंगद का पैर बनी भूमि पर गड़ रही थी यति जी अपना सारा जोर लगा कर भी गठरी को हिला तक न सके।...

"कोई बात नहीं, अपने उस सीधे ब्रह्म देवता को भी बुलवा लो"–वे गठरी वाले महात्मा बोले। दोनों मित्रों ने मिलकर उस गठरी को उठाने का प्रयत्न किया परन्तु असफल...

ओहो! आप दोनों मिल कर भी इसे हिला तक न सके। छोड़ो, इसे मैं स्वयं ही उठा लूंगा, परन्तु वह छोटी गठरी तो मुझे पकड़ा दोगे–

"अवश्य"–अच्छा इसे तनिक मेरे पास तो कर दो....

दोनों मित्रों ने जोर लगाया लेकिन वह छोटी गठरी भी न हिली।

अच्छा! छोड़ो इन्हें, मैं स्वयं ही उठा लूंगा। इतना कह वे महात्मा उठे। एक हाथ से बड़ी गठरी को उठा उन्होंने अपने सिर पर रख लिया और लकड़ी पकड़ खड़े हो हंस कर बोले–

"तुम लोग दाल बाटी चूर्मा खाते हो, हम लोग कभी जल, कभी हवा, खाकर दिन बिता देते हैं। अच्छा खुश रहो हम जाते हैं। वे दोनों मित्र देखते ही रह गए और समस्त भूतल का वह अनूठा यात्री अपनी लकड़ी टेकता-टेकता तीव्र गति से पर्वत की तलहटियों में आंख से ओझल हो गया।

नीलकंठ के उस साधु की विचित्र लीला को देख यति जी को बड़ा ही आश्चर्य हुआ। दो ही घंटे के अंदर दिखाई गई उसकी विविध भृकुटियों यति जी की आंखों के सामने एक फिल्म चित्र बन कर नाचती रहीं। "यह महात्मा

असाधारण सत्ताधारी थे। तुम दाल बाटी और चूर्मा खाते हो हम हवा फांकते हैं। उस महात्मा के इन शब्दों में कितना पवित्र अधिमान और आदर्श भरा था। उन की गर्वोक्ति वास्तव में उचित थी। उन्होंने इसे चरितार्थ करके दिखा दिया।"

परन्तु वे महात्मा अब आंखों से ओझल हो चुके थे। "देव नदी गंगा की यात्रा करके वहां से भी एक कंकर ले हम अपने गुरु के पास जावेंगे। अस्तु! शीघ्र हरिद्वार पहुंच उन महात्मा का एक बार दर्शन अवश्य करना चाहिए। ऐसा विचार कर यति जी उसी क्षण उसी साधु के पीछे-पीछे अपने साथी के साथ हरिद्वार की ओर चल पड़े।

❑❑❑

तैंतालीसवां अध्याय

पहाड़ की परियां

भक्तिर्भवे मरण जन्म भयं हृदिस्थं
स्नेहो न बन्धुषु न मन्मथजा विकासः।
संसर्ग दोष रहितः विजना बनान्ता
वैराग्य मस्ति किमतः परमर्थनीयम्॥

नीलकंठ महाराज से हरिद्वार जाने के लिए सीधा रास्ता तो वही था जिस रास्ते से वे पहले आए थे अर्थात लक्ष्मण झूले से होकर, परन्तु वह रास्ता बहुत लम्बा था। उन्हें हरिद्वार पहुंचने की जल्दी थी, अस्तु! उस मार्ग से न जाकर उन्होंने भुवनेश्वरी देवी से होते-होते गौरी घाट पर जाने का निश्चय किया।

यह मार्ग छोटा था, परन्तु जंगल का रास्ता होने के कारण अधिक चालू न था। परन्तु जंगल का सफर यति जी के लिए कोई नई चीज़ न थी। वे साधु जी भी इधर ही गए थे। वह रात भुवनेश्वरी के मन्दिर में काटी, वहीं पहुंच कर यति जी को पता लगा कि वह रास्ता पन्द्रह बीस दिन से बिल्कुल बन्द है। उस स्थान से लगभग छह-सात मील पर उसी रास्ते पर एक जंगली भैंसा रहता है। उस भैंसे के कारण से रास्ता बहुत खतरनाक बन चुका है। मन्दिर में उपस्थित कई एक लोगों ने यति जी को उस मार्ग से न जाने की प्रेरणा की, परन्तु यति जी अपने संकल्प से टले नहीं। अपने साथी ब्रह्मांडी को साथ लिए यति जी उसी मार्ग से हरिद्वार की ओर चल पड़े। जिस स्थान पर उस भैंसे का होना मन्दिर के लोगों ने बताया था। उस स्थान के पास पहुंच वे कुछ सावधान हो गए। उस पर्वत के शिखिर पर पहुंच नीचे उन्होंने दूर से देखा "भैंसा और हाथी का युद्ध हो रहा था। ब्रह्मांडी तो वहां खड़ा-खड़ा भी डर रहा था परन्तु यति जी ने उसे हौंसला दिया। वहीं पर खड़े हो दोनों मित्रों ने भैंसे और हाथी का युद्ध देखा। तत्पश्चात वे उसी पहाड़ से गौरीघाट होते

हरिद्वार पहुंच गए। वह नीलकंठ का विचित्र साधु! हरिद्वार पहुंचते ही यति जी ने उसकी बहुत खोज की परन्तु उसका कुछ भी पता न चला...

नीलकंठ से लौटे थोड़े ही दिन हुए थे। यात्रा की थकान अभी पूर्ण रूप से मिट भी न पाई थी। एक दिन सुबह ही सुबह यति जी के परममित्र भारती उनके मकान पर आए और हाथ जोड़ बोले–"गुरु जी महाराज! रामजी वाला के पर्वत पर परसों परियों का नाच होगा, हमारे आदमी इसीलिए मुझे बुलाने आए हैं। मेरी इच्छा है गुरुजी भी इन परियों के नाच को अपनी आंख से देखें।

"परन्तु मैं तो जा नहीं सकता। अभी-अभी तो मैं नीलकण्ठ से लौट कर आया हूं और भारती! तुम जानते ही हो मेरा हरिद्वार से लगातार बहुत देर तक बाहर रहना ठीक नहीं–लायब्रेरी है, औषधालय है और पाठशालाओं तथा ग्रामोद्धार का काम भी बहुत रहता है।"

परन्तु इसमें देर तो कुछ न लगेगी। रामजी वाला पर्वत है भी कितनी दूर। कल चलेंगे नाच देख कर एक दो दिन में लौट आवेंगे।

"परन्तु मुझे तो नाच देखने का शौक नहीं!"

"शौक तो मुझे भी नहीं, गुरुजी! परन्तु साक्षात परियों का नाच तो एक देखने की ही वस्तु है।"

"साक्षात परियां भारती! यह बात बीसवीं शताब्दी का मुझ सरीखा प्रशस्त बुद्धिवाद का पंथी नहीं मान सकता।"

परन्तु "प्रत्यक्षं किं प्रमाणम्" ग्राम के तीन आदमी जो मुझे बुलाने आए हैं, वे इस बात की शपथ खा रहे हैं कि नाच साक्षात परियों का है।

"गाँवों की परियां" मैंने बहुत देखी हैं। वहां तो जिसके सिर पर भी सब्ज़ दुपट्टा पहना दो वही सब्ज परी बन जाती है। सचमुच परों वाली, पक्षियों के सदृश उड़ने वाली औरतें यह आज तक आंखों से किसी ने नहीं देखी। हां किस्से कहानियों में अवश्य ही इनका वर्णन आता है।

"कुछ भी हो मेरे साथ तो आप को जाना ही पड़ेगा।" भारती दृढ़ता से बोला।

"तो यूं कहो परियों के नाच का प्रलोभन दे कर अपनी यात्रा का एक मुफ्त का साथी मिलाना चाहते हो...

"आप जो कुछ भी कह लें, परन्तु आपको परियों का नाच अवश्य दिखाना है।"

अगले दिन सुबह ही प्रस्थान करने का निश्चय हुआ। यति किशोरचन्द्र तथा भारती जी के छह-सात साथी दूधिया बन्द की किश्ती में बैठ नीलधारा

से पार उतर, जंगल-जंगल नदी नालों को पार करते रामजी वाले की ओर चल दिए। जंगल का रास्ता खत्म हुआ अब आगे पर्वत था। सभी लोगों ने पर्वत पर चढ़ना आरम्भ किया। पर्वत पर थोड़ी ही दूर एक पानी का कुण्ड-सा था। यति जी का यह स्वभाव ही था-जंगल हो अथवा पर्वत वहां के किसी भी प्राकृतिक दृश्य को देखने के लिए वे कुछ देर वहां रुक जाया करते थे। उस पर्वत मार्ग में उस कुंड को देखने के लिए वे अकेले कहीं उस ओर बढ़े। उन्होंने दूर ही से एक सांप, डोर के समान पतला, सफेद, दो गज लम्बा सांप-उंगली के नाखून के समान चौड़ा फन उठाये...देखा। उस सांप की आंखें चमक रही थी, वह था मूछों वाला सांप।

"सांप-सांप" यति जी ने आवाज दी। सभी लोग यति जी की ओर भागे परन्तु भीरु भारती वहीं खड़ा रहा। यति जी का स्वभाव अत्यन्त हंसमुख था। उनके साथ सचमुच कोसों की यात्रा हंसते खेलते कदमों में कहीं कट जाती। उस समय उन्हें एक मज़ाक सूझा। लकड़ी के सिर पर उस सांप को लपेट वे भारती जी की ओर बढ़े...और यति जी के मजाक का अभिप्राय समझ भारती महोदय अपने सिर पर टांगें धर वहां से भागे।"

एक रात रास्ते में ठहर दूसरे दिन लगभग शाम के छह बजे सभी लोग रामजी वाले पर्वत पर पहुंच गए। भारती जी की यहां कुछ रिश्तेदारी थी और इस बार उन्हें यहां कुछ प्राइवेट काम भी था।

उसी पर्वत के सामने वाले पर्वत पर उसी रात नाच होना था। वैसे तो वह पर्वत वहां से एक दो फर्लांग ही प्रतीत होता था, परन्तु पर्वतीय चढ़ाई उतराई के कारण लगभग मील डेढ़ मील का चक्कर था।

नाच रात्रि के ग्यारह बजे आरम्भ होना था। उस समय लगभग सात का समय था। "यति जी! आप भोजन करके दो तीन घंटे आराम कर लें, हम ठीक समय पर आप को जगा देंगे,"-भारती, यति जी को हाथ जोड़ बोला। यति जी को चाहिए ही क्या था-वे सो गए।

यति जी सो रहे थे। परियों के नाच पर जाने का विचार उनके दिमाग में था ही नहीं। रात्रि के लगभग दस बजे भारती ने आ जगाया "गुरु जी, गुरु जी! चलो चलें अब नाच होने ही वाला है।"

"मुझे सोने दो मेरी नींद खराब मत करो, इस तुम्हारे नाच से मेरी नींद मुझे लाख गुना प्यारी है। परन्तु भारती टला नहीं! यति जी उठे और उसके साथ सामने वाले पहाड़ पर चल दिए-

सचमुच उस पर्वत शिखर पर रोशनी भी थी और ढोल तथा सारंगी की आवाज भी आती थी। परन्तु केवल इन्हीं तीन चीजों का होना सचमुच परियों

के वहां नाचने का कोई प्रमाण न था। नीचे उतरने पर वह आवाज स्वाभाविक मध्यम पड़ गई। अधिक नीचे उतरने पर बिल्कुल ही लोप हो गई। अब सामने वाले पर्वत की चढ़ाई थी। ज्योंही उस पर चढ़ना आरम्भ किया थोड़ी ही दूर पर फिर वैसी ही ढोल सारंगी की आवाज आई और ज्यों-ज्यों वे ऊपर चढ़ते त्यों-त्यों आवाज ऊंची से ऊंची सुनाई देती रही।''

वे लोग अब उन परियों के नृत्यस्थल के समीप ही पहुंच गए थे। यति जी ने देखा दो व्यक्ति हाथों में एक मशाल पकड़े बैठे हैं और इनके इर्द-गिर्द बहुत से आदमी बैठे हैं और बीच में लाल परी अपने लाल देव के साथ नाच रही है।

सब उपस्थित लोगों ने अपने सम्मानित अतिथि का उठ कर सत्कार किया। नाच दो मिनट के लिए बन्द कर दिया गया। यति जी योग्य आसन पर सुशोभित हुए। उपस्थित जनों ने करतल ध्वनि की। नाच फिर आरम्भ हुआ।

भारती अपनी विजय पर फूला न समाता था। यति जी को सुनाते हुए पास ही बैठे एक आदमी को वह बोला ''यह तो हुई लाल परी, परन्तु उसके साथ वह दूसरा कौन है?''

यह है इस लाल परी का लाल देव। भारती यह साबित करना चाहता था कि सचमुच लालपरी और लालदेव नाच रहे हैं, परन्तु यति जी ने भी तो इसी भारती को अपने हाथों पाला था। वे तत्क्षण बोले ''कहां हैं इसके पर''?

''ओहो! आप को पर भी नहीं दीखते। वह उसकी पीठ पर जो ऊंचा-ऊंचा उठ रहा है, वे इसके पर ही तो हैं।''

परन्तु वह ऊंची जगह तो बहुत कुछ हो सकती है। उड़ने वाली के पर इस प्रकार छुपाने की आवश्यकता ही क्या है—कहां हैं इसके पर, ज़रा कपड़े के नीचे से दिखा तो दो।''

भारती झुंझला उठा—''खिसियानी बिल्ली खम्भा नोचे'' वाली बात हुई। गुस्से में आ कर वह बोला ''वाह गुरुजी! आपको परी के पर की ही अभी तक पड़ी है। बाग में दाखिल होकर आप अभी तक पत्ते गिनने में ही लगे हुए हैं। देखो तो सही कैसा अच्छा गा रही है...गाना सुनो, नाच देखो—इन परों के झमेले में क्या पड़ गए।''

यति जी जो कुछ समझना चाहते थे, वे भारती के बोलने के ढंग से ओर बाग में पत्ते गिनने के दृष्टान्त से ही समझ गए। उन्हें कुछ भी निराशा नहीं हुई क्योंकि वे आशा लेकर वहां आए ही नहीं थे।

❑❑❑

चौवालीसवां अध्याय

सिद्धस्रोत की यात्रा

धैर्यं यस्य पिता क्षमा च जननी शांतिश्चिरं गहिनी
सत्यं मित्रमिदं दया च भगिनी भ्राता मनः संयमः।
शय्या भूमितलं दिशोऽपि वसनं ज्ञानामृतं भोजनम्!
होते यस्य कुटुंबिनो वद सखे कस्माद्भयं योगिनः॥

वर्षा ऋतु ज़ोरों पर थी। भागीरथी माता खूब उछल-उछल कर अपनी यात्रा पर आगे बढ़ रही थी। प्रकृति के पुजारियों को ओर कुछ चाहिए ही क्या। आकाश पर मेघ छा रहे हों, सामने ऊंचे-ऊंचे पर्वत अपने हरित वसन धारे अपनी अनुपम मनमोहन छटा दिखा रहे हों। गंगा माई सी देव नदी अपने विचित्र क्षोभ से कलकल निनाद करती पास में ही शोभायमान हो। मन्द-मन्द शीतल सुखद समीर बह रहा हो प्रभु के भक्तों को इससे अधिक चाहिए ही क्या।

उन दिनों यति किशोरचन्द्र अपना अधिक समय गंगा तट पर ही प्रभु की भक्ति में गुजारा करते थे। घूमते-फिरते जहां भी मन जम गया बस वहीं तीन-तीन चार दिन टिक गए।

एक दिन की बात है। ... वर्षा हो रही थी। आकाश मेघों से परिपूर्ण था। यति जी के दिल में विचार उठा, आज सिद्ध स्रोत की यात्रा करें। सिद्ध स्रोत को जाने के लिए कई रास्ते हैं। एक रास्ता शामपुर हो कर जाता है दूसरा चंडी को।

यह स्थान बड़ा खतरनाक है। साधारण व्यक्ति का काम नहीं कि वह यहां तक पहुंच जाए। यहां कोई आबादी तो है नहीं...जब कभी महकमा जंगलात के लोग इधर आ जाते हैं। एक बड़ा भारी दल अस्त्र-शस्त्र साथ-साथ लिए चलता है। शेर बाघ इत्यादि हिंसक पशु बहुतायत से पाये जाते हैं।

यति किशोरचन्द्र इन सब बातों को जानते थे, परन्तु जिसके मन से तू-तू और मैं-मैं का द्वैत भाव निकल चुका हो, उसे तो सारा संसार ही ब्रह्म रूप दिखाई देता है। उसके लिए तो एक अजगर के अन्दर भी वही ज्योति है जो एक शेर के अन्दर और एक मनुष्य के अन्दर है। उसके हृदय से भय निकल जाता है। वह प्राणीमात्र को ब्रह्म रूप समझ उनसे प्रेम करता है। वह भयानक जंगल में चलता हुआ शेर को देखता है। शेर के अन्दर उसे परमात्मा—प्रेम रूप परमात्मा की ही झलक दीखती है। वह शेर के पास से भजन गाता-गाता गुज़र जाता है...सर्पों को वह अपने हाथ से पकड़ लेता है...जंगली सुअरों के वह पीछे भागता है—एक प्रेमी के लिए तो ये सभी विभूतियां प्रेम-सन्देश का वाहक हैं। जिसके हृदय से काम, क्रोध, लोभ, मोह, अहंकार, ईर्ष्या, द्वेष, विषाद, भय, शोक, संताप, दुःख सब निकल चुके उसके लिए सारा संसार प्रेम रूप हो जाता है। सच्चा प्रेमी...उसे जो आनन्द आता है इसे तो वही जान सकता है।

गोस्वामी तुलसीदास, रामचरित्र मानस अमर काव्य के रचयिता गोस्वामी तुलसीदास अपनी धर्मपत्नी से बड़ा ही प्रेम करते थे। दोनों में इतना प्रेम था कि एक क्षण की जुदाई भी सहन नहीं हो सकती थी। उनकी धर्मपत्नी पिता के घर गई हुई थी। बैठे-बैठे प्रेम ने जो जोश मारा तो बस चल दिए अंधेरी रात में अपने घर से...अंधेरी-तूफान बला का था—चारों ओर बिजली कड़कती थी—नदी-नाले चढ़े हुए थे। परन्तु प्रेम के अन्दर पता नहीं कौन-सी शक्ति आ जाती है कि यह सभी भय उसके लिए संजीवनी बन जाते हैं।

सामने दरया ठाठें मार रहा था—तुलसी, प्रेमी तुलसी, दरिया में कूद गया। एक मुरदा तैरता बह रहा था, वह उसी के ऊपर डट गया। उसने समझा मेरी प्राणेश्वरी ने मेरे लिए पार जाने को यह तुम्बा भेजा है। नदी को पार किया, घर पहुंचे, दरवाजे बन्द थे, अपने आने की पूर्व सूचना दी न थी। रात्रि के दो बजने वाले थे, चारों ओर सन्नाटा था। अंधा प्रेमी बाहर खड़ा सोच रहा था ऊपर कैसे चढ़ूं.. एक सांप दीवार से लटक रहा था। तुलसी ने समझा प्रियतमा ने मेरे ऊपर चढ़ने को रस्सी लटका दी है। उसी सांप को पकड़ वह ऊपर चढ़ गया। जिस सांप शब्द का नाम सुनते ही मनुष्य कांप उठता है, प्रेम की तरंग ने उस सांप को रस्सी बना दिया। यह है प्रेम की शक्ति। स्वामी रामतीर्थ भयानक जंगलों में भटकते थे। ऋषि दयानन्द शेरों की गुफा में जाते थे। यह सब प्रभु के प्रेम की शक्ति ही का तो प्रताप है।

वह शक्ति यति किशोरचन्द्र को मिल ही चुकी थी। यह उन्हें बालपन में ही मिल गई थी। सिद्ध स्रोत के मार्ग में यद्यपि भयंकर पशु बहुतायत से पाये जाते थे परन्तु यति जी को इसकी कुछ भी परवाह न थी। उनकी दृढ़

इच्छा थी। वे उस एकान्त स्थान पर जा कर सात आठ दिन रहे। परमात्मा की उस अद्भुत रचना में परमात्मा के उन निर्दोष प्राणियों के साथ रल मिल कर गुजारे।

इसी सदिच्छा को हृदय में धार अपने साथ थोड़ें से भुने चने, गुड़ और सत्तु बांध अपनी जीवन संगनी बंसी को ले वे बेलवाले के जंगल में पहुंच गए। वहीं बंसी बजाते हरि गुन गाते रात्रि पड़ गई। उन्होंने विचार किया रात बेलवाले के पुल पर गंगाजी के तट पर विश्राम कर सुबह ही गंगा पार हो अपनी यात्रा पर चल दें। उस समय शाम के लगभग चार बज चुके थे। प्रभु भक्ति में मग्न यति किशोरचन्द्र गंगा तट पर घूमते-घूमते बेलवाला के पुल के ठेकेदार की झौंपड़ी में जा पहुंचे। वर्षा ऋतु में चंडी जी का पुल टूट चुका था। इसलिये यह छप्पर बिल्कुल खाली था।

उस दिन आप इसी झौंपड़ी में ही टिक गए। वर्षा ज्यूं थमी आप छप्पर से निकल गंगा जी के तट पर बैठ प्रभु गुणगान में ऐसे लीन हुए कि चार बजे के बैठे-बैठे नौ बज गए। चारों ओर अन्धकार छा रहा था। हां कभी-कभी बिजली की चमक से थोड़ी देर के लिए प्रकाश हो जाता था। उसी प्रकाश में मार्ग ढूंढ़ वे उस छप्पर में आए।

इस छप्पर में रात्रि को कोई व्यक्ति नहीं ठहरता था। दिन के समय केवल मल्लाह लोग विश्राम करने के लिए इसमें आ बैठते थे।

यति जी का ख्याल था कि छप्पर बिल्कुल खाली होगा। छप्पर तो खाली ही था परन्तु बिजली के प्रकाश में उन्होंने देखा छप्पर के बाहर खाट पर कोई व्यक्ति लेट रहा है।

यति जी उस ओर बढ़े। बिजली की चमक में उन्होंने देखा अघोरी बाबा कामराज के पोते चेले अघोरी देवीनन्द जी सोते हुए खुर्राटे भर रहे हैं। यति जी ने उस समय उस अघोरी को कुछ नहीं कहा। चुपचाप एक खाट छप्पर में से निकाल बाहर बेल वृक्ष के तले डाल उस पर लेट गए।

थोड़ी ही देर में बादल गरजने लगा। बिजली तेजी से चमकने लगी। वर्षा हुई और इतने जोर की हुई कि यति को अपनी खाट उस बेल वृक्ष के नीचे से उस छप्पर में ले जानी पड़ी।

इतने में देवीनन्द अघोरी भी उठा और अपनी चारपाई को लेकर छप्पर में आया। उसे आया देख यति जी ने उसकी चारपाई भी अपने पास ही बिछवा दी।

अघोरी जी अपनी खाट पर बैठ गए। वर्षा जोरों पर थी। चारों ओर अंधकार छा रहा था, हाथ को हाथ सुझाई न देता था। अघोरी बाबा ने यति जी

को पहचाना नहीं...यदि वह पहचान लेता तो सम्भवत: वह अपनी बात का ढंग बदलता।

अघोरी बाबा! "आदमी का मांस कुछ-कुछ खारा होता है।

छाती का मांस तो बड़ा ही स्वादिष्ट होता है। औरत की जंघों के मांस में चरबी ज्यादा होती है। मर्द के गुर्दे का मांस बड़ा ताकत वाला होता है। मर्द के भेजे का मांस एक महीना रोज खाये तो आकाश में चलने वाला बन जाए...इत्यादि। तात्पर्य यह कि उस अघोरी ने मर्द, औरत, मरे और जिन्दा दोनों के प्रत्येक अंग की महिमा खूब बखानी।

यति जी चुपचाप यह सुन रहे थे। उन्होंने इन बातों में कोई विशेष रुचि नहीं प्रकट की। उधर वह अपने आप अपनी कथा अलाप रहा था। इधर यति जी मन ही मन में सोच रहे थे, यह आदमी है या आदमखोर। अघोरी की बातें सुन उनका चित्त अशांत हो उठा। अहिंसा के देवता के सामने एक पशु ही नहीं परन्तु इंसान के रूप में एक नर पशु पाश्विक वृत्ति में बोल रहा था, उन्होंने उस नर-राक्षस की बातों में कोई दखल नहीं दिया।

यद्यपि उस दुष्ट ने यति जी को न पहचाना था परन्तु यति जी को तो पता था कि वह अघोरी है। इन अघोरियों की दुष्ट लीलाओं से वे पूर्व-परिचित तो थे ही। जिस समय वे बालक फूलकुंवर के रूप में काशी से हरिद्वार पैदल आ रहे थे तो रास्ते में शमशेरपुर गांव में उन्होंने अघोरियों के भैरवी चक्र की लीला सुनी थी। उस उस समय उन्हें उनके बारे में केवल इतना ही ज्ञान था कि वे शराब पीते हैं, मांस खाते हैं, नाचते, कूदते हैं...व्यभिचार करते हैं परन्तु उन्हें यह पता नहीं था कि यह नरपशु मनुष्यों का मांस भी खा जाते हैं।

इधर यति किशोरचन्द्र इस प्रकार के विचारों में मग्न थे उधर अघोरी बाबा सब प्रकार के मांसों का वर्णन कर बोले-"क्या करूं मुझे तो बड़ी भूख लगी है...."

यति जी बोले, "आपको भूख लगी है तो मेरे पास सत्तू-शक्कर, चने, गुड़ हैं, आप जो कहें मैं आप को देता हूं।"

अघोरी जी मुंह बना कर बोले "ऊंहू यह तो मैं नहीं खाता। यह मुझे अच्छे नहीं लगते।

यति जी बोले "सत्तू बहुत बढ़िया और अच्छी शक्कर है-इन्हें पानी में घोल कर लाता हूं उसे आप खाएं....

अघोरी फिर भी न माना।

तब यति जी बोले "भाई! और तो मेरे पास कुछ है नहीं-अगर सत्तू चने अच्छे नहीं लगते तो और क्या खाओगे।

वह दुष्ट अघोरी मुंह बना कर बोला "ऊं! ऊं मैं तो तुझे ही खाऊंगा।" यति जी बड़े मधुर-मधुर शब्दों में बोले "महाराज! मुझे न खाओ, मैं तो अपनी मां का इकला लाड़ला बेटा हूं-मेरी मां मुझे बड़ा प्यार करती है। बड़े प्यार मुहब्बत से माखन मिश्री खिला-खिला इतना बड़ा किया है। अब आप मुझे खा जावेंगे। वह बेचारी मुझे तलाश करेगी। जब मैं उससे न मिलूंगा तो वह रो-रो कर मर जावेगी। आप मुझे न खावे आप मुझ पर और जिस मां का मैं इकलौता बेटा हूं उस पर कुछ दया करें..."

डरे पर सब शेर बन जाते हैं। यति जी के ऐसे नम्रता-पूर्ण शब्द सुन अघोरी समझा आज तो अच्छा बुद्धू-सा शिकार मिला। फिर मुंह बना कर बोला "ऊं ऊं मैं तो तुम्हें ही खाऊं..."

यति जी ने फिर कहा "भाई खाना है तो सत्तू खाले, गुड़ खाले, चने खाले..मुझ गरीब को खा कर क्या करेगा।"

वह अघोरी फिर बोला "न, न, मैं तो तुम्हें ही खाऊं..."

यति जी ने देखा, यह दुष्ट मेरी नम्रता से उड़द के आटे के समान अकड़ा ही जा रहा है। नम्रता से तो काम न चलेगा। नम्रता प्रत्येक स्थान पर शोभा भी नहीं देती। वे खूब जानते थे दुष्टों को नम्रता ठीक नहीं कर सकती। ईंट को मोम क्या खाक तोड़ेगा-ईंट तोड़ने को तो पत्थर चाहिए। यति जी कोरे निकम्मे ईश्वर भगत नहीं थे। वे तो सच्चे कर्म-योगी थे। दुष्टों को दण्ड देते समय वे कठोरतम रूप धारण कर लेते थे। जब कि बार-बार कहने पर अघोरी सिर पर चढ़ता ही गया, तो वे भी जरा सम्भल कर और कड़क कर बोले, "देख बाबा अगर चना, गुड़ खाना है तो खा ले नहीं तो यह सोटासिंह तुम्हारा बिस्तरा यहीं बिछा देगा।"

वह दुष्ट बात काट बीच में ही बोल पड़ा-"न, न, मैं तो तुझे ही खाऊं..."

"अच्छा ले खा मुझे" इतना कह यति जी खाट से उठ खड़े हुए और हाथ में डंडा ले आगे बढ़ बोले-"ले-दुष्ट आ जरा अब तू मुझे ही खा।"

"अच्छा तुझे खाऊं" अघोरी बाबा ने इतना कहा ही था, यति जी ने जोर से एक डंडा उसकी खाट पर धड़ाक से मारा और बोले-"ले यह पहला ग्रास तो खा दूसरा भी पीछे-पीछे आता है। सम्भल अब दूसरा ग्रास इससे भी बड़ा स्वादिष्ट होगा।" इतना कह यति जी ने दूसरा डंडा मारने को उठाया ही था कि अघोरी जी ने एक दम चिल्ला कर बोले "मैं नहीं खाता, मैं नहीं खाता" तब यति कड़क कर बोले "न-न खाले अब तो पेट भर कर ही खाले"-

"तोबा मेरी-मेरी तोबा-मैं न खाऊं" अघोरी फिर चिल्लाया। तू कौन है, मुझे यह तो बता। कल मैं जब यहां आया उस समय यहां कोई भी न था, तू कहां से आ गया....अच्छा! अच्छा!! अब मैं समझा तू मुझे सिद्ध करने के लिए मुझसे पहले ही आ कर इस सामने के बेल वृक्ष पर चढ़ बैठा था। तूने मुझे अपने काबू में कर लिया।"

यति जी बोले–सोते हो या जागते, मैं तो जागतों को काबू में किया करता हूं।

अघोरी बोला–"महाराज मैं तो सो रहा हूं, सोटे सिंह जी मुझे कुछ न कहना यह कह लम्बी तान खाट पर सो गया...."

सुबह हुई। यति जी किश्ती में गंगा जी को पार कर चंडी पर्वत पर चढ़े...चंडी माता को नमस्कार कर वे भजन गाते हुए आगे बढ़े–

यति दु:ख पावे जिया मती मार॥
आजापुत्र का शीश काट के नर–नरपशु बने खावे।
मिथ्याचारी देवी देव को विरथा दोष लगावे॥
शरम न आवे जिया मती मार॥
दूध दही अमृत फल तज के मूरख खावें मांस।
इस नर देह को कबर बना कर करें नरक में बास॥
करें निज नास जिया मति मार॥
पलपल छिनछिन गिन-गिन दिनदिन अपनी राखे जान।
पर हिंसा में क्यूं है रत तू रे मूरख नादान॥
बना हैवान जिया मती मार।
हिंसा करनी छोड़ दिवाने क्यों इतना भरमावे॥
के. सी. कहे ओ मूरख बन्दे कित कित धक्के खावे॥
शरम न आवे जिया मती मार॥

आकाश निर्मल रूप धारण कर चुका था। मीठी-मीठी मन्द-मन्द पवन नील पर्वत पर वह रही थी। वृक्षों ने नूतन कलेवर धारण कर रखा था। पर्वतों ने बरसाती बाना ओढ़ा था। इसी प्रकार हरि गुण गाते बंसी बजाते यति किशोरचन्द्र सिद्ध स्रोत के पर्वत पर पहुंच गए।

□□□

पैंतालीसवां अध्याय

अयोध्या का राजा

गंगा तरंग कण शीकर शीतलानि।
विद्याधराध्युषित चारु शिलातलानि॥
स्थानानि किं हिमवतः प्रलयंगतानि।
यत्सावमानपर पिण्डरता मनुष्याः॥

उस पर्वत शिखर पर खड़े यति किशोरचन्द्र ने दूर निचान में धूआं-सा उठता देखा। ऐसे भयानक जंगल में इस धूएं के चिह्न को देख यति जी उत्सुकतापूर्ण उस ओर बढ़े। वहां पहुंच उन्होंने देखा उस सुरम्य वन के बीच एक बाग में सुन्दर कुटिया बनी है। उस कुटिया के बाहर एक वयोवृद्ध महात्मा धूनी के आगे सिद्ध आसन में बैठे हैं....यति जी के हृदय की भावभक्ति जाग्रत हो उठी...श्रद्धापूर्वक महाराज के चरण कमलों को नमस्कार करके वे भी धूनी के पास बैठ गए।

महात्मा अपने ध्यान में मस्त थे और लगभग चार घंटे तक ध्यान में जमे रहे। यति जी के आने की, वहां बैठने की उन्हें कुछ भी सुध न थी। यति जी भी सिद्ध आसन जमा महात्मा के सामने ही बैठ गए... लगभग चार घंटे पश्चात महात्मा ने समाधि भंग की। अपने सन्मुख बैठे हुए बाल-तपस्वी को देख महात्मा बोले "भक्त! यहां घोर जगल में अकेले कैसे आए..."

यति जी बोले "महाराज! मैं अकेला तो नहीं आया-मेरे साथ-प्रेम, सत्साहस, ईश्वर भक्ति, उत्साह सभी आए हैं..."

तुम वीर पुरुष हो–तुम्हारी वाणी में ओज हैं, तुम्हारी आकृति में एक तेज है....हरिद्वार से आए हो क्या?

"जी हां हरिद्वार से आया हूं। भगवद् चरणों का चरणमृत पान कर अपनी आत्मिक तृष्णा को शांत करने के लिए अपने प्यारे मित्र को खोजने के लिये।"

"तुम्हारा मित्र क्या सिद्ध स्रोत के जंगलों में भाग आया...कहां से भागा था।"

"गंगा तट से वह भागा था। मैं एक पत्थर पर बैठा ही रह गया। वह अपने कतिपय बालकों के साथ खेलता-खेलता इधर आया। थोड़ी देर मेरे पास ठहरा, फिर भाग गया। वह छोटा-सा था, बड़ा ही हंसमुख था, प्रेम की मानो प्रतिमा था, सौन्दर्य की मानो मूर्ति था, चंचलता, चपलता का मानो साकार रूप था। वह आया और चला गया।"

"चला कहां गया"-यति जी-वह तुम्हारा प्रेमी तो तुम्हारे पास सर्वत्र रहता है। उस दिन जब तुम ने अपने पागलपन के वशीभूत हो पर्वत से छाल मारी थी-वही तुम्हारा प्रेमी तो उस समय तुम्हारी रक्षा को आया था। तुम गिरे और उस प्रेमी ने आगे बढ़ तुम्हें गोदी में उठा लिया। फिर वहीं गंगा तट पर कुटिया में महात्मा ने जो तुम्हें उपदेश दिया था। वह क्या भूल गये।"

महात्मा जी के मुखारविन्द से इस प्रकार सुन यति किशोरचन्द्र मन ही मन गद-गद हो उठे-ओहो! इन महात्मा को भी मेरी आत्म-कथा का पता है। इन्होंने मुझे यति कह कर सम्बोधन किया, इन्हें क्या पता मेरा नाम यति से आरम्भ होता है। यति किशोरचन्द ने महात्मा के चरणों पर फिर अपना सिर रख दिया और गदगद हो बोले-"महात्मा जी! उस दिन कुटिया में गंगा तट पर मुझे जो महात्मा मिले क्या वे आप ही नहीं थे!...महाराज! मुझे मेरा प्रियतम प्यारा कब मिलेगा?...

महाराज बोले-"यति किशोरचन्द्र! प्रियतम प्यारा कोई तुझ से अलग थोड़े ही है। तेरा प्रियतम प्यारा दिन-रात चौबीसों घंटे तेरे साथ ही रहता है, औरों को ब्रह्मज्ञान की दीक्षा देने वाले, किशोरचन्द्र! क्या तुम अपने आपको भी भूल गए-"तुम्हारा प्रियतम तुझमें ज्यूं तिल मांही तेल"....सन्तों की वाणी को तू पढ़ता है ओर सन्तों की वाणी ही का तू औरों को उपदेश देता है। क्या तू स्वयं की वाणी को भूल गया...

भूला भूला क्या फिरे सिर पर बंधि गई बेल।
तेरा साई तुझ में ज्यों तिल माहीं तेल॥
समझा का घर और है अनसमझा का और।
जा घर में साहब बसै बिरला जानै ठौर॥
पानी हूं ते पातला, धुआं हूं ते झीन।
तिन हूं ते अति अतला, दोस्त कबीरा कीन॥

मन मथुरा, दिल द्वारका काया कासी जांनु।
दस द्वारे का पींजरा ता में ज्योत पछानु॥
हिरदै में महबूब है, हर दम का प्याला।
पीयेगा कोई जौहरी, गुरु मुख मतवाला॥

तेरा प्यारा तो प्रतिक्षण तेरे हृदय में ही रहता है, तू भला किसे खोजता फिरता है। यह तुम्हारा शरीर ही अयोध्या है...तू इस अयोध्या का राजा है। दशरथ है....दश जा तुम्हारी इन्द्रियां हैं तू उस दशेन्द्रिय रथ का योग्य रथिन है...यह तुम्हारी शरीर रूपी जो अयोध्यापुरी है, उसे संसार की कोई भी शक्ति जीत नहीं सकती है।

अयोध्या शब्द का अर्थ भी यही है। यह वस्तु जिसे संसार की कोई सत्ता जीत न सके। यति! तू बड़ा सौभाग्यवान है, तू ने तो अपनी देह को पहले ही अयोध्या बना लिया है। यह जो तू अपने प्यारे के प्रेम में बावला हुआ फिरता है, यह तो तेरे हृदय का एक भ्रम मात्र है। देख! मैं तुम्हें कहता हूं तू अपनी आत्मा को यथापूर्व दृढ़ रख, प्रभु प्रीतम प्राप्ति को जो मार्ग तू ने ग्रहण किया था वही मार्ग सर्वश्रेष्ठ है अर्थात लोक संग्रह का मार्ग। तू उसी जन-सेवा के मार्ग पर दृढ़ता से डटा रह। यति किशोरचन्द्र ने हाथ जोड़ महात्मा जी से याचना की प्रभो, दीनानाथ आप मुझ पर सदैव अनुग्रह करते रहे हैं, मैं श्रीमुख से जानना चाहता हूं–मैं परम धाम को कैसे प्राप्त करूंगा–

परम धाम! यति किशोरचन्द्र! भगवान् भी तो सदैव इसी भारत भूतल पर ही आते रहे हैं....भारत भूतल तो स्वयं भगवान का परम धाम है। इस परम धाम में रहते हुए तुम और किस परम धाम में जाना चाहते हो।

गायन्ति देवाः किलगीतिकानि धन्यास्तु ते भारतभूमिभागे।
स्वर्गोपवर्गस्य च हेतु भूमे भवन्ति भूयः पुरुषः सुरत्वात्॥

"यह भारत ही परम धाम है, आज भारतवासियों ने अपनी मूर्खता के कारण अपने परम धाम को नरक धाम बना रखा है। यदि तुम परमधाम को प्राप्त करना चाहते हो तो अपनी जननी जन्मभूमि को स्वाधीन करने का प्रयत्न करो। अपने देश को महादेव समझो, अपनी जाति को अपना ईश्वर समझो और दत्त चित्त हो इन दोनों की सेवा में जुट जाओ।"

यति किशोरचन्द्र ने महात्मा के चरणों पर सिर रखा–"भगवन्! मुझे आशीर्वाद दीजिये मैं आपके कथन को अपने जीवन में धारण कर सकूं।"

❑❑❑

छयालीसवां अध्याय

शाकुम्भरी देवी की यात्रा

वितीर्णे सर्वस्वे तरुणकरुणापूर्णहृदयाः।
स्मरन्तः संसारे विगुणपरिणामां विधिगतिम्।।
वयं पुण्यारण्ये परिणतशरच्चन्द्रकिरण।
स्त्रियामा नेष्यामो हरचरणचिंतैकशरणाः।।

यति किशोरचन्द्र सिद्धस्रोत से लौटे कुछ ही दिन विश्राम कर पाये थे कि एक दिन उनके परम मित्र वैद्य शिवचन्द्र जी ने यति जी से शाकुम्भरी देवी की यात्रा पर चलने की प्रार्थना की।

हरिद्वार से उत्तर पश्चिम की ओर सहारनपुर जिले में एक सिरमौर रियासत है। उसी रियासत में छाये हुए हिमाद्रि गिरिराज की तलहटियों में शाकुम्भरी देवी का मन्दिर है। विजयदशमी के पश्चात चौदस के दिन वहां बड़ा भारी मेला लगता है। शीतऋतु में प्रायः सर्वत्र ही मक्खियों का अभाव रहता है, और जहां बारहों महीने शीत हो वहां तो सदैव ही मक्खियों का अभाव रहना स्वभाविक ही है, परन्तु इस प्राकृतिक नियम को शाकुम्भरी देवी के भक्त उस मन्दिर के माहात्म्य के साथ सम्बन्धित करते हैं।

मेले में लाखों की भीड़ होती है। यद्यपि शाकुम्भरी देवी तक आवागमन का कोई रेल मोटर का साधन नहीं (अब बस-सेवा पूरे साल भर उपलब्ध रहती है), तथापि यात्रियों का तोड़ा कभी नहीं रहता। चौदस के दिन देवी जी की भेंट में इतना कढ़ाह प्रसाद (हलवा) चढ़ जाता है कि यदि देवी जी मुंह खोल कर उसे खाना शुरू करें, निरन्तर दिन-रात खाती रहें तो भी दस जन्मों में उसे समाप्त न कर पायें....खैर...

जब तक किसी भी वस्तु के साथ थोड़ा बहुत प्रलोभन, चमत्कार, आकर्षण, न लगाया जाए, तब तक उस वस्तु का कुछ महत्त्व ही नहीं समझा

जाता। भारत के कोने-कोने में फैले हुए प्रत्येक तीर्थ के साथ स्वर्ग-प्राप्ति की ओट तो लगी ही है, परन्तु इसके साथ ही साथ कुछ एक प्राकृतिक नियमों को भी उस देवताविशेष के साथ सम्बन्धित कर उस देवता की महानता-वृद्धि विशेष रूप से करने का प्रयत्न किया जाता है।

पंजाब के पहाड़ी इलाके कांगडा में कुल्लू, मणीकर्ण, ज्वालामुखी इत्यादि कई एक तीर्थ हैं। परम-पिता परमात्मा ने अपनी अपार लीला का प्रदर्शन इस रंगस्थली में किया है। गरम पानी के खौलते हुए स्त्रोत बहाये हैं-जहां तक प्रभु की प्रतिभा का सम्बन्ध है, वह तो प्रत्येक व्यक्ति के लिए दर्शनीय है ही-परन्तु धर्मभीरुओं ने उन स्त्रोतों पर दृष्टिपात कर लेने को भी नर्क-स्वर्ग प्राप्ति के साथ जोड़ लिया है।

यदि गंगा सागर में वर्ष भर में माघ संक्रान्ति को समुद्र की लहरों की गति के अनुसार एक विशेष अवसर पर एक विशेष लहर सी उठती है-और जो क्रिया शत प्रतिशत ज्योतिष के साथ सम्बन्धित है, उसे भी धर्मभीरुओं ने नर्क-स्वर्ग की लाट्री बना रखा है।

वैष्णोदेवी, अमरनाथ, केदारनाथ का जो माहात्म्य है, वह भी सारा इसी प्रकार के प्राकृतिक नियमों पर ख्वामख्वाह माहात्म्य का लेबल लगा रखा है। वहां के प्राकृतिक दृश्य देखने के लिए लगभग सभी जातियों, के देशों के लोग जाते हैं-परन्तु हिन्दू प्राकृतिक दृश्य देखने नहीं जाता, वह तो स्वर्ग के उम्मीदवारों में अपना भी नाम लिखवाने जाता है।

यह है हिन्दुओं की दान महिमा। वे जिस पर मेहरबान होंगे तो उसे इतना देंगे कि वह तो क्या उसकी संतान भी उसे जन्म जन्मांतरों में खत्म न कर सके, और जिस किसी के वे हाथ धोकर पीछे पड़ जाएंगे उस बेचारे को देना लेना तो क्या इस धरती तल पर उसका जीना, सांस लेना तक मुश्किल कर देंगे।

श्राद्धों के दिन एक-एक ब्राह्मण दस-दस न्योते जेंव जाता है...न्योता देने वाले जानते हैं, कि इसके पास पहले भी न्योतों की भरमार है, परन्तु लोगों को उससे क्या मतलब। लैटर बक्स तो भले ही मुंह तक चिट्ठियों से भर रहा हो, चिट्ठी डालने वाला तो फिर भी उस में अपनी चिट्ठी ठूंस ही जावेगा। जब इस लोक की साधारण-सी डाक का यह हाल है तो फिर भला परलोक की डाक का तो कहना ही क्या। परलोक-मेल सर्विस की महत्ता तो एयर मेल से भी कई गुना बढ़ कर है।

एक ब्राह्मण के घर में पहले ही दस गौएं बंधी हों-और एक पास में ही गरीब भाई अपने भारी परिवार के साथ दाने-दाने के लिए क्यों न बिलक रहा

हो–परन्तु हिन्दू उस ब्राह्मण देवता के यहां एक ग्यारहवीं गौ भेज देगा, परन्तु उस गरीब को एक दाना तक नहीं दे सकता...चिट्ठी तो सरकारी लैटर बक्स में डालने पर ही दूसरे तक पहुंच सकती है...वैसे बाजार में उससे भी दस गुना बड़ा लोहे का बॉक्स क्यों न रहा हो, उसमें तो कोई रद्दी का टुकड़ा भी नहीं डालता।

यह है हिन्दू कौम की दान-फिलॉसफी। गुग्गा नौमी के दिन वह बीसियों मन सेमियां (आटे की लम्बी-लम्बी बत्तियां सी बनी हुई) सांपों की वर्णी पर फैंक देगा, फागुन की सप्तमी को वह हजारों रोटियां एक ब्राह्मण विशेष के घर में डाल आवेगा चाहे वह ब्राह्मण उन रोटियों को बाजार में टके सेर ही क्यों न बेचता फिरे।...हिन्दू ने कभी इस बात पर विचार ही नहीं किया, उसे तो आरम्भ से ही यह मंत्र पढ़ाया गया है–"तुम्हें क्या, तूने दे दिया...आगे दूसरा भुगतेगा, तेरा काम था लैटर बॉक्स में चिट्ठी डालना, तूने डाल दी। बस अब राम भरोसे बैठ कर रहो खाट पै सो।

कम से कम एक लाख यात्री प्रत्येक वर्ष शाकुम्भरी देवी जाते हैं। पंजाब में शाकुम्भरी देवी के स्थान पर चिन्ता पूर्णी तक वैष्णोदेवी की यात्रा होती है। प्रत्येक प्रान्त में कोई न कोई ऐसी देवी अवश्य है। दशहरा से पश्चात यहां जा कर हिन्दू धर्म-भीरू कडाह परशाद चढ़ावें–और प्रत्येक स्थान पर एक से एक बढ़ कर भीड़ होती है। एक लाख यात्रियों में से यदि प्रत्येक यात्री कम से कम आधा सेर कडाह परशाद भी देवी के अर्पण करे और बाकी आप खाले तो पच्चास हजार सेर अर्थात 1250 मन हलवा हुआ। यह है उस देश की अवस्था जिस के बारे में कहा जाता है कि सात करोड़ नर-नारियों को यहां दोनों समय पेट भर कर राटी भी नहीं मिलती, जिसकी रोजाना आमदनी पांच पैसे से भी कम है, जिसकी आय का साधन दिन प्रतिदिन कम हो रहा है।

यति जी यद्यपि अभी पूर्ण रूप से विश्राम न कर पाये थे, तथापि आदरणीय मित्र की प्रार्थना को अस्वीकार करना उनके लिए कठिन हो गया। अगले दिन जंगल के रास्ते से देहरादून वाली मोड़ की चौकी होते हुए शाकुम्भरी देवी की यात्रा आरम्भ करने का निश्चय हुआ।

निश्चय तो पैदल यात्रा का ही हुआ था, परन्तु सम्भवत: मार्ग में कोई घटना घट जाए, किसी के चोट लग जाए इसलिये सावधानी के लिए उन्होंने गौशाला से अपनी यात्रा के लिए एक घोड़ी ले चलने का निश्चय किया। अगले दिन प्रात: पं. शिवचन्द्रजी, उनके पांच विद्यार्थी, मास्टर सन्तराम तथा

स्वयं यति किशोरचन्द्र कुल आठ व्यक्ति उस जंगल के रास्ते से शाकुम्भरी देवी की यात्रा पर चल पड़े। मास्टर सन्तराम घोड़ी पर सवार था, पांचों विद्यार्थी मार्ग में जड़ी बूटियों को देखते-देखते तथा उनके सम्बन्ध में गुरु जी से नाना प्रकार के प्रश्न पूछते जा रहे थे। मास्टर सन्तराम को यद्यपि जड़ी बूटी विज्ञान कुछ भी न था, परन्तु इस विज्ञान के बारे में बहुत कुछ जानने का वह सदैव इच्छुक रहता था। घोड़ी पर चढ़ा हुआ वह जड़ी-बूटियों के सम्बन्ध में विद्यार्थियों की विविध वार्ता को भली प्रकार सुन भी न सकता था और स्वयं उन बूटियों को देख भी न सकता था। अस्तु! वह थोड़ी ही दूर जा कर घोड़ी से उतर गया और घोड़ी यति जी के हवाले कर वह भी जड़ी-बूटी-अनुसंधान संघ में जा सम्मिलित हुआ।

आकाश पर बादल छा रहे थे। धीमी-धीमी बूंदा बांदी भी हो रही थी। जंगल का दृश्य बड़ा भयंकर था, परन्तु शाकुम्भरी देवी के यात्री निर्भयता से निरन्तर आगे बढ़ते जा रहे थे। आगे-आगे विद्यार्थीगण अपने गुरु तथा मास्टर सन्तराम के साथ इधर-उधर भिन्न-भिन्न पत्र-पुष्प को निहारते जा रहे थे और उनके पीछे घोड़ी पर चढ़े हुए यतिवर किशोरचन्द्र...और सिवाय उन आठ यात्रियों के उस घोर जंगल में दूर-दूर तक किसी भी मनुष्य की शक्ल तक दिखाई न देती थी।

चलते-चलते शाम के चार बज गए। उस घोर जंगल में उन्होंने दूर से कुछ सफेद-सफेद तम्बू गड़े हुए देखे। सामने दो हाथी बन्धे थे। कुछ आदमी भी बाहर बैठे हुक्का पी रहे थे। वह थी जंगलात वालो की चौकी। उन दिनों देहरादून से कुछ पल्टन के गोरे उस जंगल में शिकार खेलने आए हुए थे। शाकुम्भरी के यात्री चलते-चलते उस स्थान पर पहुंचे। दिन थोड़ा ही बाकी था वहां के आदमियों ने कहा "आप लोग आज रात यहीं विश्राम करें। आगे रास्ता बहुत खराब है। शेर, हाथी बहुत हैं। दिन के समय तो फिर भी कोई न कोई उपाय करके जंगल को पार किया भी जा सके, परन्तु अन्धेरी रात में आगे कदम बढ़ाना तो मानो जानबूझ कर यम के घर में कूदना है। अपनी घोड़ी को इस हाथी के पास बांध दें और रात आप यहीं विश्राम करें।" उन हाथीवानों की बात सुन वैद्य शिवचन्द्रजी बोले-"भाई! यहां आटा वगैरह भी मिल जाएगा"! हाथीवान बोले "यहां से गांव दस बारह मील नीचे है, यह तो जंगल है, यहां आटा कहां से आया-हम तो वहीं से लाते हैं, हां हमारे साहब लोग अभी-अभी शिकार से लौटने वाले हैं-वे हुकम देवें तो शायद आपको कुछ मिल जावे-वे जो सामने तम्बू गाड़े हैं वहीं पर वे साहब मिलेंगे।"

वैद्य जी के कहने पर यति जी उन कैम्पों में साहब लोगों को मिलने के लिए गए। कैम्प खाली थे, साहब लोग अभी शिकार से लौटे न थे। यति जी ने वहीं थोड़ी देर तक उनकी प्रतीक्षा की। पांच छह मिनट के पश्चात ही दो साहब जंगल के बीच में से निकल तम्बुओं की ओर आए। उन्हें देख, यति जी उनकी ओर बढ़े। शिष्टाचार पालन के लिए साहब बहादुर को गुड-ईवनिंग किया। यति जी को देख साहब चकित हो कर बोला–

''ओहो। तुम लोग यहां कैसे आया।''

यति जी बोले–''साहब हम मुसाफिर आदमी हैं। हरिद्वार से आया है और कल शाकुम्भरी जाएगा–आज आपके यहां ठहरा है। आप हमको रोटी के लिए आटा दाल देवें।''

साहब बोला–''क्या तुम्हारे पास हथियार है?''

यति जी बोले ''नहीं साहब''–साहब हैरान हो कर बोला ''तो क्या तुम जंगल से डरता नहीं?''

यति जी–''साहब, हमें हथियार की कोई जरूरत नहीं, जंगल वाले ही हम से डरते हैं, हम बुरे कामों से डरते हैं।''

साहब ''तुम शेर हाथी से नहीं डरता।''

यति जी ''हम डरता नहीं हम उन से मुहब्बत करता है।''

साहब हंस कर बोला–''ओहो! आप बाबा लोग हैं?''

यति जी बोले ''हां साहब।''

साहब बोला ''अच्छा देखो! हम अभी-अभी यह शिकार लाया है, तुम जितना मांगता है ले जा सकता है।

यति जी फिर बोले ''साहब हम बाबा लोग है, शिकार नहीं खाता!''

साहब–''नहीं-नहीं मैन! हम बहुत अच्छा हिरन और चीतल का शिकार लाया है-जितना मांगता है, ले जा सकता है।''

यति जी ''नहीं-नहीं साहब! बाबा लोग शिकार नहीं खाता है।''

यति जी की बात सुन दूसरा साहब बोला ''अच्छा बाबा साहब हमारे खानसामां के पास आटा होगा तो हम देगा। उस समय साहब ने अपने खानसामां को बुलवाया और उसे कहा ''देखो बाबा साहब आटा मांगता है, हो तो दे दो।''

खानसामां हाथ जोड़ बोला ''हजूर कितना आटा दिया जाए।

''यति जी बोले ''आठ आदमियों को कम से कम 3 सेर आटा तो चाहिए।''

आटा और नमक मिल तो गए, परन्तु उन मांसभक्षियों द्वारा स्पर्श किए गए नमक और आटे से यति जी को घृणा हो गई। ''मैं रोटी नहीं खाऊंगा, क्योंकि जब खानसामां साहब का खाना बनाता होगा तो क्या मांस के हाथ धो कर थोड़े ही नमक को लगाता होगा-मैं रोटी नहीं खाऊंगा।'' पं. शिवचन्द्र तथा उनके विद्यार्थी भोजन बनाने में लगे और यति जी जो थोड़ा-सा मेवा अपने साथ लाये थे उसमें से दो-दो मुट्ठी सब को बांट, दो मुट्ठी आप खा, पानी पी पास ही पड़े हुए तख्त पर लेट गए।

रात के लगभग नौ बजे थे। वैद्य जी तथा उनके विद्यार्थी गण अभी खाना बना ही रहे थे। यति जी भी अभी सोये नहीं थे, केवल तख्त पर लेटे-लेटे उन गोरे मांस भक्षियों की हिंसक वृत्ति पर सोच ही रहे थे कि वह आदमी उनके तख्त के सिरहाने आकर बोला ''कौन तख्त पर सो रहा है?'' यति जी तो अभी जग ही रहे थे-वे झटपट उठ बैठे। उनकी ओर देखते ही वह आदमी दोनों हाथ जोड़ उनके चरण पर गिर पड़ा ''भगवन् आप कहां?''

यति जी इस व्यक्ति से पूर्व परिचित न थे, परन्तु वह तो यति जी को पहले से ही खूब जानता था...

''हम हरिद्वार से आ रहे हैं, वैद्य शिवचन्द्र जी भी साथ हैं, वो देखो भोजन की तैयारी में जुट रहे हैं, हम शाकुम्भरी जा रहे हैं।''

यह व्यक्ति वैद्य शिवचन्द्र जी से भी भली-भांति परिचित था। वह उस चौकी का चौकीदार था और हरिद्वार में उसकी रिश्तेदारी थी, वहीं पर आने जाने से उसने यति जी को कई बार देखा था। वह अभी-अभी गांवों से सौदा ले कर लौटा था। उसने अपनी शक्ति के अनुसार यात्रियों की खूब सेवा की।

सुबह सूर्य निकलते ही शाकुम्भरी के यात्री अपने यात्रा पर चल पड़े। घोड़ी सन्तराम के हवाले कर दी गई। घोर जंगल में से होते हुए सभी लोग आगे बढे। लगभग छह सात फर्लांग चल कर आगे दो रास्ते फटते थे। सभी लोग इस मार्ग से बिल्कुल अपरिचित थे। अब दोनों में से किस ओर जाएं, सभी लोग असमंजस में पड़ गए। अन्त में यति जी ने नीचे के रास्ते से ही चलने का परामर्श दिया और उनका यह परामर्श पीछे ठीक निकला। शाकुम्भरी का ठीक-ठीक रास्ता वही था। सन्तराम अपनी घोड़ी के साथ कुछ पीछे हट गया था वह भी तब तक मंडली में आ मिला और सभी लोग उसी नीचे वाले मार्ग पर चल दिए।

मास्टर सन्तराम सुबह से अब तक घोड़ी पर चढ़ा आ रहा था। पिछले दिन भी वह बहुत देर तक घोड़ी पर चढ़ चुका था। यति जी भी कुछ घंटे पिछले दिन घोड़ी पर चढ़ चुके थे, परन्तु वैद्य शिवचन्द्रजी अभी तक पैदल ही आ रहे थे-यति किशोरचन्द्र ने उस मोड़ के स्थान पर सन्तराम को घोड़ी से उतर जाने को कहा!

''सन्तराम! अब इस घोड़ी पर वैद्य जी का अधिकार है, हम और आपकी बारी तो हो ली...यह बातें हो ही रही थी घोड़ी बराबर चल ही रही थी– ''थोड़ी देर और'' मास्टर थोड़ी देर ही कर रहा था, वह अभी घोड़ी से उतरा नहीं था, घोड़ी एक दम चलती-चलती खड़ी हो गई और उसके खड़ी होते ही उसके कान और रोम-रोम खड़े हो गए ''चलती-चलती घोड़ी एक दम खड़ी हो गई'' यति जी तो इस रहस्य को कुछ-कुछ समझ गए परन्तु विद्यार्थी गण इसे साधारण सी घटना समझ हंसकर बोले...''यह घोड़ी तो अब अपने ऊपर गुरु जी को बिठाना चाहती है।''

सन्तराम घोड़ी से उतर गया और उस स्थान पर वैद्य शिवचन्द्र बैठे, परन्तु घोड़ी फिर भी न चली। आखिर यति जी ने वैद्य जी को नीचे उतार घोड़ी को थपकी दी–उसका कान मला और उसके बदन पर हाथ फेरा। तत्पश्चात वे स्वयं उस घोड़ी पर चढ़े। बोले-''चल बच्चा''...और वह घोड़ी आगे चल पड़ी। वहां से लगभग पच्चास साठ कदम ही मुश्किल से चले होंगे कि जंगल में से चालीस पच्चास हाथियों की एक कतार वह रास्ता काट कर एक ओर से दूसरी ओर गई।

लगभग बारह बजे इस घोर जंगल को पार कर साधारण से मार्ग पर आए। यति जी स्वयं घोड़ी से उतर पड़े और अपने स्थान पर उन्होंने शिवचन्द्र जी को बिठाया। वैद्यजी घोड़ी पर बैठे ही थे कि एक विद्यार्थी छड़ी से घोड़ी को पीछे से मार-मार कर भगा कर ले गया। वैद्यजी बहुत आगे निकल गए और वैसे भी नजर से ओझल हो गए। वैद्य जी की इस हरकत पर यति जी को बड़ा क्रोध आया। उस समय उन्होंने निश्चय कर लिया कि आगे मोड़ की चौकी पर से शाकुम्भरी न जा कर सीधा देहरादून से हरिद्वार चला जाऊंगा। माता शाकुम्भरी अपने भगत के इस निश्चय को जानते ही विचलित हो उठी। क्या मेरा भगत इतनी कठिन यात्रा को पार करके वापस लौट जाएगा।

उसी क्षण मैला-सा कपड़ा कमर पर लपेटे हुए, भयंकर रूपधारी मोटा ताजा एक श्यामवर्ण पुरुष जंगल की ऊंची-ऊंची घास में से निकल रास्ता काट दूसरी ओर जाता हुआ यति जी को दिखाई दिया। उसे देखते ही यति जी

ने उसे पुकारा "ओ जाने वाले भाई यहां कहीं पानी भी मिलेगा।" वह आदमी खड़ा हो गया और एक ओर हाथ का इशारा करता हुआ बोला–"देखिये, आपको प्यास भी लगी है और भूख भी अधिक लग रही है–वहां उस पेड़ के नीचे तुम्हें दूध मिलेगा।"

सचमुच उस पेड़ के नीचे उन्होंने एक आशातीत दृश्य देखा, जिसे देखते ही उनकी सारी ही थकावट मानो भाग सी गई। उस पेड़ के नीचे सत्रह अठारह वर्ष की एक अत्यन्त स्वरूपवती रमणी, बदन पर सुन्दर सुखकर आभूषण धारण किए और चित्ताकर्षक वेश सजाए मानो उनका स्वागत करने के लिए वहां खड़ी थी। उस देवी के सामने एक मिट्टी का मटका धरा था, मटके के ऊपर एक घड़ा था। उस देवी के हाथ में एक बड़ा ही चमकीला सुन्दर लोटा था, जिसे वह दोनों हाथों से पकड़े खड़ी थी, उस देवी के पास ही अधेड़ उमर की एक औरत अपने हाथों में वृक्ष की टहनी पकड़े खड़ी थी।

शाकुम्भरी देवी के यात्री उस वृक्ष के सामने आकर अभी रुके ही थे उसी समय वह देवी उन्हें सम्बोधन करती हुई बोली–"लो दूध पी लो।"

यति जी ने सोचा दूध किस में ले कर पीयें। सामने ही एक बेल का वृक्ष देख यति जी बोले–"चौड़े पत्ते तोड़ लाओ।" इतने में एक विद्यार्थी बोला यति जी! हमारे पास एक गड़वी (लोटा) है। तब यति जी ने कहा अच्छा निकाल लो। विद्यार्थी तो लोटा निकालने लगा और उधर मास्टर झट आगे हो बोला–"ला माई मुझे तो वैसे ही ओक से पिला दे" कह बैठ गया। देवी जी ने अपने हाथ की लुटिया उसकी ओर झुका दी। मास्टर ने लम्बे सांस ले ले कर खूब पिया। विद्यार्थी की लुटिया में बारी बारी सबने दूध पिया।

वाह री प्रभू की माया! मनुष्य के दर्शनों को तरसते थे लेकिन इस बन–खण्ड में तो साक्षात देवी के दर्शन हुए–पानी की चाहना करने वालों को मीठा अमृत मिल गया...सबने पेट भर कर दूध पिया–

दूध पी चुकने के पश्चात यति जी ने एक रुपया निकाल देवी जी की ओर हाथ बढ़ाया। देवी जी हंस कर बोलीं–"हमारी कोई दूध की दुकान नहीं है, हम यहां दूध बेचने नहीं आईं, तुम लोगों को भूखा–प्यासा देख तुम्हें पिला दिया है, अधिक चाह हो तो और पी लो...चाह न हो तो जाओ।" शाकुम्भरी देवी के यात्री अपने रास्ते पर चल दिए। आगे–आगे यति जी जा रहे थे, पीछे–पीछे मास्टर सांहब तथा विद्यार्थीगण। थोड़ी दूर जर कर यति जी ने पीछे मुंह फेर मास्टर साहब को कहा–"क्यूं जी मास्टर साहब, देखी प्रभु की शान...पानी को तरसते थे भगवान् ने दूध दिया।" इतना कहने में यति जी की

दृष्टि स्वाभाविक ही उसी वृक्ष की ओर पड़ी। परन्तु उस समय उन्होंने देखा न तो वहां वह देवी ही थी और न ही वहां वे दूध के मटके। यह रहस्य देखते ही यति जी पिछले कदमों लौट पड़े। उन्हें इस प्रकार पीछे लौटते देख मास्टर सन्तराम बोल उठा "यति जी क्या अभी दूध पीने में कसर पूरी करनी है।" "नहीं—मास्टर साहब।" इतना कहते हुए यति जी दो ही कदम पीछे हटे थे कि फिर उन्होंने दूर से ही उसी वृक्ष के नीचे वही देवी यथापूर्व दूध के मटके आगे धर हाथ में लोटा पकड़े खड़ी देखी। यह दृश्य देखते ही यति जी फिर लौट आगे को चल दिए। थोड़ी दूर आगे चल कर यति जी ने फिर पीछे मुड़ कर देखा तो उस स्थान पर न ही कोई वृक्ष था न ही वह देवी....

यात्री गण चलते-चलते शाम के चार बजे के लगभग एक सुखी नदी में पहुंचे। वहां पहुंच कर उन्होंने देखा एक ओर खैर के पेड़ों के नीचे वैद्य जी पड़े हैं, थोड़ी ही दूर पर घोड़ी चारों पैर फैलाये सांस ले-ले हांप रही है।

विद्यार्थियों ने वैद्य जी को "देवी जी के दूध की घटना सुनाई।" यह घटना सुनते ही वैद्य जी उछल कर बोले—"वाह जी! मैं भी तो उसी रास्ते से आया हूं—मुझे तो रास्ते में एक पक्षी तक नहीं मिला और जौन सी जगह तुम बताते हो वहां पर तो मैंने कोई ऐसा पेड़ भी नहीं देखा।" उस समय वैद्यजी बहुत पछताए और बोले "वह तो साक्षात माता शाकुम्भरी अपने भक्तों को सान्त्वना देने के लिए आई थीं, मैंने बहुत गलती की जो यति जी का साथ छोड़ा।" वैद्य जी बार-बार यति जी से घोड़ी भगा कर ले आने के स्व-अपराध के लिए क्षमा याचना करने लगे और बोले "महाराज! मैं तो इसलिये भाग कर आया था कि मोड़ की चौकी से आप लोगों के खाने के लिए कुछ ले चलूं। मैंने अपने साथ वाले विद्यार्थी को आगे भेज दिया है।

इतने में वह विद्यार्थी भी कुछ चने गुड़ लेकर आ गया।

कुछ चने गुड़ ले कर यति जी घोड़ी को खिलाने लगे पर उसने नहीं खाया। तब यति जी ने और मास्टर ने मिल कर घोड़ी को खूब मला तब घोड़ी ठीक हुई और सब वहां से शाकुम्भरी देवी को चल दिए। रास्ता अच्छा था। रात हो गई थी रातों-रात चल कर एक या डेढ़ बजे मेले में पहुंच गए। जब से दूध पीया था, तब से एक तरह से वापस जाना यति जी भूल ही गए थे। शाकुम्भरी जी पहुंच खूब दर्शन किये। आते हुए फिर उस जंगल के रास्ते पर नहीं आए। आम रास्ते आए। बड़ा ही आनन्द देखने में आया और जिस किसी आदमी को दूध वाली बात सुनाई तो उन्होंने यही कहा कि यति जी आप को तो साक्षात् शाकुम्भरी माता के दर्शन हुए हैं।

□□□

सैंतालीसवां अध्याय

एक हमदर्द कुत्ता

पातालमाविशसि यासि नभो विलंघ्य।
दिङ्.मण्डलं भ्रमसि मानस चापलेन॥
भ्रान्त्यापि जातु विमलं कथमात्मनीनम्।
न ब्रह्म संस्मरसि निर्वृतिमेषि येन ॥

यति किशोरचन्द्र को किसी विशेष कार्यवश महाराज सीकर से मिलने जाना था। सीकर जयपुर रियासत में एक ठिकाना है। वहां के राजा को राव राजा कहते हैं। उनके साथ उनके एक परम मित्र महन्त खुशीराम भारती ने भी चलने की इच्छा प्रकट की।

अजमेर होते हुए दोनों मित्र सीकर पहुंचे, उस समय सूर्य छिप चुका था। सुबह महाराज से मिलना था। अस्तु! उस रात उन्होंने स्टेशन के पास ही धर्मशाला में विश्राम किया।

सुबह हुई, दोनों मित्र नहा धो, नित्य-नियम से निवृत्त हो, कपड़े पहन शहर जाने को तैयार ही थे, उस समय दो तीन कुत्ते बाहर से लड़ते हुए आए। इनमें से दो कुत्ते थे और एक कुत्तिया थी। इस एक कुत्ती के कारण दोनों कुत्ते आपस में लड़ रहे थे। दोनों मित्रों का ध्यान उन कुत्तों की ओर आकर्षित हुआ। खुशीराम ने उन दोनों में से एक कुत्ते को जो देखने में कमजोर और दांत दिखाने में खूब तेज था, डांटा और वह कुत्ता वहां से भगा दिया।

और उस कुत्ते के वहां से भगते ही कुत्तिया भी उसके पीछे-पीछे भागी तो खुशीराम हंस के बोला "ले-ले। सुसरी! तेरा मालिक तो यह है, तू उसके साथ कहां जाती है।" वह कुत्ती भगती-भगती कुछ ठहर गई-भारती ने ले! ले!! करके उसे बुला लिया। यह कुत्ती लौट आई और भारती के पास ही जो दूसरा कुत्ता खड़ा था, उस कुत्ते को दुम हिला-हिला प्यार करने लगी, परन्तु उस कुत्ते ने उसकी कुछ भी परवाह न की। जब उस कुत्ते ने उसी कुत्ती के

प्रेम की कुछ भी परवाह न की तब कुत्ती दूर जा कर बैठ गई। वह कुत्ता भी अपने दोनों अगले पांव जोड़ भारती की ओर मुंह करके बैठ गया। वही कुत्ती फिर उस कुत्ते के पास गई और लगी लाड प्यार करने, परन्तु कुत्ता जैसा बैठा था वैसे ही बैठा रहा। जब कुत्ती ज्यादा दुम हिला-हिला कर उस कुत्ते को प्यार करने लगी तो कुत्ते ने घुड़क कर उस कुत्ती को परे भगा दिया और स्वयं वहीं बैठा रहा।

कुत्ता देखने भालने में भी अच्छा था। बड़े अच्छे कद का खूब लम्बा-झम्बा, मोटा-ताजा...बलवान। रंग का लाल था इसे देख यति जी बोले ''खुशीराम! बाहर कोई चीज खाने को मिलती है तो इस कुत्ते को डालो। ''बहुत अच्छा'' कह खुशीराम बाहर गया और थोड़ी ही देर में वापस आ कर बोला ''गुरु जी महाराज! दुकानों पर अभी कुछ नहीं बना–एक दुकान पर तेल के बने कल के पकौड़े रखे हैं। आपकी आज्ञा हो तो वे ला कर इस कुत्ते को डाल दूं– यति जी बोले ''हां! हां!! एक पैसे के वही ले आओ और इसे डालो।'' भरती ने एक पैसे के पकौड़े ला कर कुत्ते को डाले–कुत्ता पहले चुपचाप बैठा देखता रहा–जब उसे पुचकार के कहा ''खाले! खाले!!'' तब उन पकौड़ों को खाने लगा–

खैर! समय काफी बीत चुका था। दोनों मित्र महाराज को मिलने के लिए महलों की ओर चल पड़े। वह कुत्ता भी दुम हिलाता-हिलाता उनके आगे-आगे ही हो लिया। थोड़ी ही दूर चले थे, आगे एक स्थान पर दो रास्ते हो गए...वहां कुछ कुत्ते इस अकेले कुत्ते पर टूट पड़े, परन्तु वह बहादुर कुत्ता डरा नहीं, वह अकेला ही उस दल से भिड़ गया, एक कुत्ते की गरदन मुंह से पकड़, झंझोड़ने लगा, सभी कुत्ते भयभीत हो भाग गए।...

इधर वह बहादुर कुत्ता रण-भूमि में अपने जौहर दिखा रहा था, उधर दोनों मित्र बहुत आगे चले गए थे।....उन कुत्तों को भगा कर यही कुत्ता फिर दुम हिलाता-हिलाता उनके आगे-आगे हो लिया।

थोड़ी दूर जा कर फिर एक भारी कुत्ता भौंकता हुआ आया और उस कुत्ते पर टूट पड़ा। परन्तु इस कुत्ते ने आते ही उसकी गरदन पकड़ उसे हिला दिया–वह दूसरा कुत्ता बड़े जोर से रोने लगा, तब इस कुत्ते ने उसे छोड़ दिया वह बेचारा जान बचा कर भागा और और दूर जा कर भौंकने लगा।

अब शहर बिल्कुल पास था। दोनों मित्रों ने इसको टालने की बहुत कोशिश की परन्तु इसने इनका साथ नहीं छोड़ा। यति जी बोले! ''भारती जी! रास्ते में तो अनेक कुत्ते मिलेंगे। यदि यह ऐसे ही मैदान मारता गया तो हमारे साथ भौंकता–लड़ता जाये अच्छा नहीं...फिर राजमहल में इसका साथ जाना भी तो उचित नहीं, किसी न किसी प्रकार इसे टालना ही चाहिए।

परन्तु लाख टलाने पर भी वह कुत्ता टला नहीं, शहर में भी लड़ता-झगड़ता, युद्ध करता यह साथ-साथ चलता ही गया....

राजमहल पास ही था। कुत्ते की समस्या वैसी की वैसी बनी थी। ''इसको किस प्रकार टालें'' यति जी! इसका हमारे साथ महल के अन्दर जाना तो अच्छा न होगा। उस समय वह कुत्ता उनसे पांच छह कदम आगे खड़ा पूंछ हिला-हिला कर उन दोनों की ओर देख रहा था। यति जी ने चुपके से एक मिट्टी का ढेला-सा उठाया और पूरे जोर से एक तरफ़ फैंक कुत्ते को दिखाते बोले-''लो'' वह कुत्ता उस ढेले को गेंद समझ उधर लपका और दोनों मित्र महल के मुख्य द्वार में प्रविष्ट हो गए।

लगभग डेढ घंटा महाराज से भेंट करने के पश्चात दोनों मित्र राजमहल से बाहर निकले। वह कुत्ता वहां पर नहीं था। बाजार में से होते-होते वे धर्मशाला की ओर चले। बाजार से निकल वे थोड़ी ही दूर आगे बढ़े कि यहां दो रास्ते पड़ते हैं, वहां जब दोनों मित्र पहुंचे तो एकाएक वही कुत्ता पूंछ हिलाता हुआ उनके आगे-आगे फिर चल दिया, मानो वह वहां खड़ा हुआ इनकी बाट ही देख रहा था।

धर्मशाला में पहुंच यति जी ने इस कुत्ते को तीन चार पूड़ी और कुछ पकौड़े खिलाये। खा पी कर वह कुत्ता उनके पास ही वहीं बैठ गया। उस समय बातों ही बातों में भारती बोला ''गुरुजी एक बात मेरी समझ में नहीं आई। पहले तो यह कुत्ता इस कुत्ती की खातिर दूसरे कुत्ते से लड़ा-फिर जब उसे इसने भगा दिया तो इसने कुत्ती की ओर ताका तक नहीं...यह क्या बात है?

यति जी बोले ''भारती जी, इस कुत्ते ने एक महान् आदर्श को क्रियात्मक रूप में अभी हमारे समक्ष कर दिखाया है—यह वीर है और इसने वीरता की लाज रखी है। वीर एक आदर्श के लिए लड़ा करते हैं—किसी प्रलोभन के लिए नहीं। यह कुत्ता यदि उस कमजोर कुत्ते से लड़ा था तो इसलिये नहीं कि उसे भगा कर यह इस कुतिया को अपने घर में डाल कर बैठ जाए, बल्कि इसके सामने एक दुष्ट के हाथों से एक अबला की रक्षा करने का आदर्श था। इसमें इसे सफलता मिली। इसने अपना धर्म समझ कर यह वीर कर्म किया था। भगवान कृष्ण ने कर्म योग का जो आदर्श गीता के अन्दर निष्काम-कर्म के रूप में लिखा है आज इस वीर-पशु ने इस कथन को सार्थक कर दिखाया है। इस घटना ने यह बात प्रत्यक्ष प्रमाणित कर दी है कि पशुओं में भी इंसानियत है। साधारण तथा अत्यन्त कामी व्यभिचारी पुरुष की उपमा कुत्ते से दी जाती है ''अजी छोड़ो उसकी बात, वह तो एक

कामी कुत्ता है'' परन्तु आज उसी कलंकित जाति के एक सभ्य ने यह कर दिखाया है कि नर-पशुओं से साक्षात पशु कई गुना अच्छे हैं।

भारत में कितने ही नर पशुओं ने तो केवल एक रूपवती रमणी के लिए ही सहस्त्रों निरपराधियों को मौत के घाट उतार दिया। एक औरत के लिए नरेश कहाने वाले नर-पशुओं ने पता नहीं कितनी औरतों को विधवा बना दिया, पता नहीं कितने घरों को बदबाद करके रख दिया। उन नर-पशुओं से तो सचमुच यह पशु ही भले।

आज किसी अदालत में चले जाओ, औरत के लिए लड़ाई-झगड़े। क्या यह मानवता है? वीर पुरुष दूसरों की स्त्री को...नहीं-नहीं सिवाय एक वैदिक विधि से अपनी सहधर्मचारिणी स्वीकृत की हुई देवी के, संसार की समस्त देवियों को माता के समान मानते हैं, शास्त्र ने लिखा है-

मातृवत् परदारेषु

यह वीरों का आदर्श होता है और यही मंत्र भारतीय बालक को शिक्षा के आरम्भ में पढ़ाया जाता है।

इस बहादुर ने एक बात प्रत्यक्ष यह दिखाई है कि वीर सर्वप्रथम रक्षक बन कर पीछे भक्षक नहीं बना करते। आर्यवर्त का इतिहास इसी आदर्श से परिपूर्ण है। भारत के इतिहास में यवन-उत्पात केवल एक स्त्री के लिए हुए। अलाउद्दीन यदि चित्तौड़ पर चढ़ा तो पत्नी के लिए। औरंगजेब यदि रूपनगर की ईंट से ईंट बजाने पर कटिवद्ध हुआ तो चंचलकुमारी के लिए। अन्य भी युद्ध स्थलों में प्राप्त मातृशक्ति के साथ इन यवनों ने कैसा पाश्विक व्यवहार किया। अच्छी रहीं वही देवियां जो दहकती हुई चिता में अपना पवित्र स्तीत्व अपने साथ सुरक्षित ले गईं, एक यह आदर्श है....प्रातः स्मरणीय छत्रपति शिवाजी के पास उनके सिपाही लूट का माल लाते हैं उसी लूट के माल में बेगमात को ला पेश किया जाता है, परन्तु शिवाजी महाराज ने उन देवियों को माता के नाम से सम्बोधित किया। यह होता है वीरों का आदर्श-वीर सर्वप्रथम रक्षक बनकर फिर भक्षक नहीं बना करते।''

दिन भर के थके हारे दोनों मित्र पलंग बिछा, किवाड़ बन्द कर बरामदे में सो गए। नींद आ गई लगभग ग्यारह बजे होंगे कुत्ता एकाएक भौंकने लगा सर्वप्रथम तो यति जी ने इसके भौंकने की ओर कुछ भी ध्यान न दिया। समझे यूंही रात्रि के समय भौंक रहा है। परन्तु वह कुत्ता निरन्तर भौंकता ही रहा और अपनी दोनों आगे की टांगे कभी यति जी के पलंग पर कभी भारती जी के

पलंग पर रख-रख कर भौंकता। फिर कभी मकान के दरवाजे पर जाता और दरवाजे को धक्का देता। यति जी ने कई बार इसे भौंकने से रोका परन्तु यह समझदार पशु तो हटा नहीं।

आखिर यति जी को विश्वास हो गया कि कुछ न कुछ बात जरूर है। एक नजर उन्होंने दरवाज़े पर डाली, ताला यथापूर्व लगा था, कोई चोर कमरे में घुस गया हो ऐसी भी कोई सम्भावना न थी। परन्तु कुत्ता फिर अपने पंजे किवाड़ों पर मारने लगा-उस समय यति जी ने सोचा ''कुछ न कुछ बात अवश्य है वे उठे उन्होंने भारती जी को भी जगाया। दरवाज़े का ताला बिल्कुल बन्द था, परन्तु कुत्ते मियां अपनी दोनों टागों को द्वार के साथ बराबर पटक रहे थे।

यति जी ने ताला खोला और जलती हुई मोमबत्ती हाथ में ले आगे बढ़ने लगे कुत्ता झटपट लपक कर उनके पाओं के आगे खड़ा हो गया। इतने में भारती बोल उठा गुरु जी गुरु जी! आगे मत जाना सांप-काला सांप-मेरे सूटकेस के नीचे। यति जी ने देखा दो ढाई गज लंबा काला भुजंग कुंडली मारे बैठा फुंकारे मार रहा है।

सांप-सांप का शोर सुन आसपास के बहुत से आदमी इकट्ठे हो गए।

मारो-मारो का शोर मच गया-

''मारो नहीं'' -यति जी बोले, इसने हमें कोई नुकसान तो पहुंचाया नहीं फिर इसे मारें क्यों। मैं अभी नागफास में बांध इसे दूर फैंक आता हूं। मुझे एक पतली सूत की अथवा सन की रस्सी और एक बांस लाकर दो।

इकत्रित लोगों ने सांप को जान से मार देने पर जोर दिया...परन्तु अहिंसा धर्म के महान् प्रसारक **सर्वेषु भूतेषु एकमेवद्धितीयम** का स्वरूप देखने वाले यति किशोरचन्द्र अपने सामने इस हिंसा को सहन न कर सकते थे, उन्होंने उन लोगों की बात नहीं मानी। यति जी ने नागफांस में उस सांप को जकड़ा और दूर जाकर उसे फैंक आए।

यह मानो यति जी का एक और पुनर्जन्म ही हुआ, उस कुत्ते के प्रताप से। यदि वह कुत्ता इस प्रकार दरवाजे के साथ पैर मार-मार कर यति जी को न जगाता तो सुबह उठने पर यति जी जब दरवाजा खोल अन्दर घुसते...तो न जाने क्या से क्या हो जाता।

कुत्ते की स्वामी-भक्ति जगत् विख्यात है, परन्तु यति जी तो उसके स्वामी नहीं थे। वे तो कुछ घंटे पहले अचानक ही उसे मिल गए थे। फिर उस

वीरपशु के इस वीर कृत्य को केवल स्वामी-भक्ति तक ही सीमित क्यों रखें! क्यों इसे कर्तव्य भक्ति-मनुष्यमात्र भक्ति के सदगुणों से समलंकृत करें।

संसार के साहित्य में कुत्ते की कृतज्ञता की तो कहानियां भरी पड़ी हैं। एक पुरुष नामधारी नौकर भले ही किसी क्षण धोखा दे दे, परन्तु एक पशु-कुत्ता घर में केवल दो सूखे टुकड़े खा कर घर की पूरी चौकसी करता हुआ कदापि-कदापि धोखा न देगा।

कुत्ता ही एक ऐसा जीव है जिसको मनुष्य ने सदैव अपने द्वार पर बैठने दिया। भैरव जी ने तथा दत्तात्रेय जी ने इस कुत्ते को सदा अपने साथ रखा-और तो और धर्मराज ने भी कुत्ते का रूप धार कर पांडु पुत्र युधिष्ठिर जी के स्वर्गारोहण पर उनका साथ दिया। जब सभी साथी, सभी भाई रास्ते में बिछड़ते गए एक साथी कुत्ता ही अन्तिम क्षण तक उनके साथ रहा।

उस समय उस बहादुर कृतज्ञ पशु के कारण दोनों मित्रों की जान बची, सुबह नौ की गाड़ी दोनों मित्रों ने जयपुर की ओर जाना था। जाने की सब तैयारी हो चुकी थी। सामान बंधा पड़ा था। भारती बोला "गुरु जी यह कुत्ता तो हमारा साथ नहीं छोड़ेगा। इसे किसी न किसी प्रकार टालना ही पड़ेगा। यति जी बोले "हां! इसे न टाला तो साथ ही गाड़ी में बैठ कर चल देगा।" देखो मैं एक अच्छा उपाय बताता हूं। इस समय साढ़े सात बजे हैं, गाड़ी में अभी डेढ़ घंटा बाकी है यहां से पूरे साढ़े आठ चलेंगे। इस कुत्ते को इसी कमरे में बंद कर जाएंगे और पास के कमरे वाले को कह देंगे, वह दस पन्दह मिनट तक इसे बाहर निकाल दे। अभी तुम एक सेर पूरी ले आओ। दोनों मित्रों ने भोजन किया। उस वफदार कुत्ते को भी भर पेट भोजन करवाया।

गाड़ी का समय बिलकुल पास ही था। यति जी बोले-"भारती! देखो पहले तो सारा सामान बाहर निकल धर दो। हम किसी बहाने इस कुत्ते को साथ वाले कमरे में बन्द कर देवेंगे और यहां के किसी आदमी को कह जावेंगे यह पांच दस मिनट के पश्चात इसे कमरे से निकाल दे।

एक खाली कमरे में उसे बन्द कर और कुली पर सामान रखवा दोनों मित्र स्टेशन की ओर चल दिए। जाते हुए उस कुत्ते को खिलाने-पिलाने के लिए धर्मशाला के मालिक को एक अठन्नी दे गए।

जयपुर की गाड़ी तैयार थी। टिकट ले दोनों मित्र गाड़ी में सवार हो गए। कहीं वह कुत्ता स्टेशन पर आकर हमें न देख ले-इसी विचार से दोनों मित्र प्लैटफार्म के पिछली ओर मुहं करके बैठे। गाड़ी चलने में पूरे पांच मिनट

बाकी थे। कुत्ते की समझ पर दोनों मित्र वार्तालाप के मग्न थे। एकाएक उनके कानों में भौं भौं के शब्द पड़े। भारती जी ने बाहर झांक कर देखा...वही कुत्ता गाड़ी के बाहर खड़ा हुआ...उछल-उछल कर मानो गाड़ी में सवार होने की कोशिश कर रहा था और जब वह एक बार कूद कर अपने आपको अपने परिश्रम में सफल न पाता तो वह भौंकता। बड़े जोर के साथ मानो वह इन अपने दोनों आदरणीय मालिकों को सुना-सुना कर कह रहा था–"देखो! मैंने ही तुम्हें आज पुनर्जीवन दिया है–रात मैंने ही उस काले सांप से तुम्हारी रक्षा की थी। मैं कितना स्वामी-भक्त हूं। मुझे यहां मत छोड़ो, मुझे इस गाड़ी में बिठा कर अपने साथ ले चलो–मैं तुम्हारी बहुत सेवा करूंगा।"

परन्तु उस स्वामी-भक्त पशु की इस प्रार्थना पर न तो भारती जी ने ही ध्यान दिया और न ही यति जी ने उस स्वामी-भक्त पशु की कुछ महत्ता पहचानी और वह कुत्ता बराबर उछल कर गाड़ी में बैठ जाने की चेष्टा कर रहा था।

दो ही मिनट के पश्चात इंजन ने सीटी दी–गाड़ी चल दी। और उसके साथ ही वह हमदर्द कुत्ता भी भागता गया। शुरू-शुरू में गाड़ी की रफ्तार धीमी थी, वह कुत्ता बराबर गाड़ी के साथ उसी डब्बे के साथ-साथ चलता रहा...फिर गाड़ी की रफ्तार तेज हो गई.......परन्तु वह कुत्ता बराबर भाग रहा था...

पुरुष अपने आप को "अशरफुल्मखलूक" अर्थात् सृष्टि में जितने भी प्राणी हैं उन सब में श्रेष्ठ समझता है परन्तु यदि वह अपनी संकुचता तथा संकीर्णता को तिलांजलि दे ध्यानपूर्वक सोचे तो वह पशुओं के अन्दर अपने से भी कई गुना मानवता पाएगा। वह स्वामी भक्त पशु निरन्तर भाग रहा था और गाड़ी के सभी मुसाफिर उसे उत्सुकता के साथ देख रहे थे। उस समय उस कुत्ते की अवस्था देख यति जी को ध्यान आया–क्या ही अच्छा होता यदि उस कर्तव्यपरायण पशु को मैं अपने साथ ही हरिद्वार ले चलता परन्तु अब क्या हो सकता था। उस समय सहसा उनके सामने उनके बालपन का वह चित्र खिंच गया जब कि वे इसी प्रकार गाड़ी में बैठे अजमेर की ओर भाग रहे थे और गाड़ी के साथ ही साथ अपनी नवरत्न घोड़ी पर उनका बालसखा राजकुमार विक्रम भी भाग रहा था।

परन्तु कहां लोहे का इंजन और कहां देह धारी प्राणी...तीन चार मील तक तो वह कुत्ता गाड़ी के साथ-साथ भागता रहा फिर वह पीछे छूट गया।

□□□

अड़तालीसवां अध्याय

नील पर्वत पर महाल की माखी

कदा वाराणस्याममरतटिनीरोधसि वसन्।
वसानः कौपीनं शिरसि निदधानोऽजंलिपुटम्।।
अये गौरीनाथ त्रिपुरहर शंभो त्रिनयन।
प्रसीदेति क्रोशन्निमिषमिव नेष्यामि दिवसान् ।।

निशाकर प्रभु तारागण के बीच में नभतल में जैसे शोभायमान हैं, उसी प्रकार इस भूतल पर हरिद्वार रूपी चन्द्र अपने चारों ओर छोटे-छोटे तीर्थ स्थानों से घिरा हुआ शोभायमान है। इन्हीं तीर्थ नक्षत्रों में हरिद्वार से थोड़ी दूर नीलकेश्वर पर्वत है। दृश्य बड़ा ही लुभावना है।

शाकुम्भरी की यात्रा से लौटे थोड़ा ही समय हुआ था। वर्षा ऋतु भी समाप्त हो चुकी थी। शीत ऋतु का आरम्भ था–आकाश निर्मल था। एक दिन यति किशोरचन्द्र श्री शास्त्री जी की दुकान पर बैठे थे, वहीं पर लुधियाने के एक डॉक्टर काहनसिंह जी तथा यति जी के एक परम मित्र पं. गंगाप्रसाद जी भी बैठे थे। बातों ही बातों में नीलकंठ महादेव की यात्रा की चर्चा चली। पं गंगाप्रसाद जी ने प्रस्ताव पेश किया, शास्त्री जी ने अनुमोदन किया, डॉक्टर साहब ने भी सिर हिला दिया...चौथे सदस्य को "हां, करनी ही पड़ी"–यति किशोरचन्द्र यद्यपि शाकुम्भरी तथा सीकर यात्रा से लौट पूर्ण विश्राम भी न कर पाये थे कि उन्हें अब नील पर्वत की यात्रा को जाना पड़ा। यह निश्चय हुआ कि भोजन इत्यादि यहीं से बना कर साथ ले लिया जावे और अगले दिन प्रातः ही यात्रा आरम्भ कर दी जाए। भोजन का भार पं. गंगा प्रसाद जी ने अपने जिम्मे लिया।

निश्चित समय पर चारों मित्र नील पर्वत यात्रा पर चल दिए। साथ में पं. गंगा प्रसाद जी का नौकर तथा शास्त्री का नौकर शिवप्रसाद भी था, कुल छह आदमी सूर्य उदय होने से पहले ही गंगा जी के पुल को लांघ, नील धारा

को किश्ती से पार कर पहले रेत पत्थरों में होते, उछलते-कूदते आगे जा खोखीला नामक जंगल में जा पहुंचे। जंगल की शोभा को निहारते-निहारते यात्री गण आगे बढ़े। थोड़ी दूर चल गंगा प्रसाद जी बोले "ओहो, हमने तो बड़ी भूल की। यदि हम उधर दूसरी ओर से हो कर आते तो चंडी माई के दर्शन का सौभाग्य भी प्राप्त होता। डॉक्टर साहब ने पंडित जी की हां में हां मिलाई। शास्त्री जी मुस्करा के बोले "अजी! बात ही क्या है, देखना चंडीजी को वहीं बुला लेंगे–एक बार देवी का अवाहन किया, देवी तो भागी-भागी आवेगी।" ऐसी ही बेतुकी बातें करते-करते हंसते खेलते जंगल को पार कर गंगा जी के छोटे-से नाले को लांघ गौरी शंकर महादेव के मन्दिर पर जा पहुंचे। मन्दिर के बाबा सीता राम बैरागी से जय-जय सीता राम कर मन्दिर में जा गौरीशंकर महादेव के दर्शन किये।

उस समय 10 बज चुके थे, यात्रा की थकावट ने सब को खूब भूख लगा दी, भोजन का तो वैसे भी समय हो गया था। मन्दिर के सामने ही कुछ कदमों पर एक खोल में पानी का कुण्ड था। इसे गौरी कुण्ड कहते थे। उसी कुण्ड पर जा कर नील पर्वत के यात्रियों ने भोजन करने का निश्चय किया।

सभी लोग भोजन करने के लिए गौरीकुण्ड के पास आ बैठे। पं. गंगाप्रसादजी ने खाना परोसा...

यति किशोरचन्द्र अपना भाग ले उस कुण्ड के बीच पड़े एक भारी पत्थर पर जा बैठे बाकी सभी लोग वहीं बैठ भोजन करने लगे।

परन्तु वाह रे कौतुक–दाने-दाने पर मुहर है। कुण्ड के तट पर बैठे सभी लोगों ने मुश्किल से एकाध ग्रास तोड़ का मुंह में डाला होगा, उस समय एक महाल की मक्खी आई और शिवप्रसाद (शास्त्रीजी का नौकर) के मुंह पर चक्कर काटने लगी।

शिवप्रसाद हाथ से इस मक्खी को बार-बार हटा रहा था परन्तु वह तो हटने का नाम न लेती। यह कौतुक देख यति जी बोले "शिवप्रसाद तू इसे कुछ न कह–यह थोड़ी ही देर में स्वयं चली जाएगी इतने में ही वह मक्खी उड़ी और अपने साथ दूसरी मक्खी को लिवा लाई–बस फिर तो दानों मक्खियों ने उसके मुंह पर चक्कर बांध दिया। एक हाथ में उसके पूरी थी दूसरे हाथ से वह उन दोनों मक्खियों को उड़ने लगा। उस समय काहनसिंह जी ने "शिवप्रसाद तू यहां से उठ कर उधर कहीं बैठ जा–काहनसिंह जी के मुंह से यह शब्द पूर्णरूप से निकल भी न पाये थे कि एक मक्खी झट अपने छत्ते की ओर उड़ी।

अब वहां पर हजारों मक्खियों की सेना उमड़ पड़ी...उन सब मक्खियों ने शिवप्रसाद एण्ड कम्पनी पर एक दम हल्ला बोल दिया। आक्रमण ने मित्र मंडली में एक आफत सी मचा दी...जो कुछ हाथों में बचा था, वहीं फैंक अपना आप बचा कर मन्दिर की ओर भागे, और जहां किसी को ठौर मिला वहीं सिर छुपा छिप रहे–

मन्दिर के बैरागी बाबा और दो अन्य यात्रियों ने यह जबरदस्त वबाल देखा–उन्होंने भी किसी गुप्त स्थान की शरण ली। उधर मन्दिर की ओर से खूब चिल्लाने की आवाजें आ रही थीं इधर उस कुण्ड के मध्य मैं बैठे यति किशोरचन्द्र यह सारा दृश्य देख रहे थे। उन तक एक भी मक्खी न पहुंची।

यति जी ने निश्चिन्त खाना खाया, पानी पिया। उस समय तक मक्खियां विजय प्राप्त कर अपने अपने कैम्पों को लौट चुकी थीं।

थोड़ी देर के पश्चात यति जी ने अपने दिल में सोचा कि अब उन लोगों के कपड़े जूते और सरदाई का यह समान उठा कर मैं ले चलूं। वे तो अब न आवेंगे न मालूम उनका क्या हाल है। ऐसा विचार कर यति जी वहां से उठे और सब समान उठाने लगे। उस समय तक उनकी ओर एक भी मक्खी न फटकी थी...परन्तु ज्यूं ही उस गठरी को उठा यति जी उन लोगों के जूते उठाने लगे कि वह मक्खियों का दल उन पर भी टूट पड़ा और उनकी भी वैसी ही हालत हुई। अपना आप बचा सारे सामान को वहीं छोड़ वे भी मन्दिर की ओर भागे और वहीं जा छिपे।

इस जन-जन्तु युद्ध के थोड़ी देर पश्चात–

सभी मित्र इकट्ठे हुए...डॉक्टर काहनसिंह जी की अवस्था बहुत चिन्ताजनक थी। यति जी के सिर पर घुंघराले बाल थे उनमें सुगंधीदार तेल लगा था। मक्खियां बालों में उलझ-उलझ कर ही बेसुध हो गईं, परन्तु दुर्भाग्य वश डॉक्टर काहनसिंहजी मन्दिर के एक कमरे में जा घुसे उसी कमरे में मक्खियां भी भर गईं। उनका सारा शरीर ही डंकों से भर रहा था।

लगभग दो घंटे तक यति जी ने डॉक्टर साहब के बदन से सभी डंक निकाले परन्तु उनकी बेहोशी वैसे ही बन रही थी। आखिर दो आदमियों ने आसरा दे उन्हें उठाया ओर गौरी कुंड से सामान ले सब नील पर्वत के यात्री काली मन्दिर की ओर चल पड़े।

उस समय एक विचित्र घटना घटी। जिस समय नील पर्वत के यात्री नीचे चलने की तैयारियों में थे, उस समय उनके आस-पास एक भी मक्खी न थी, परन्तु ज्यूंही वे वहां से चले उस समय एक मक्खी उनके साथ-साथ

चली। जैसे कि किसी (Unwanted Person) खतरनाक आदमी को शहर बाहर करने के लिए पुलिस के घेरे में लिया जा रहा हो ठीक उसी के सदृश मानो वह मक्खी उन (Unwanted six) को अपने इलाके से निकालने चली हो।

डॉक्टर साहब चलने में असमर्थ थे, उन पर विष का प्रभाव अधिक था। यति जी तथा शास्त्री जी उन्हें दोनों सुख-पूर्वक उठा कर नीचे को चले...जहां वे दम लेने के लिए ठहरते वहां वह मक्खी भी कहीं पेड़ पर लोप हो जाती और जब वे चल पड़ते तो वह भी साथ ही चल पड़ती।

गौरी कुंड से चलते-चलते सभी लोगों ने थोड़ी देर के पश्चात स्वामी कालकानन्द जी के मन्दिर के नीचे कुएं पर आम के पेड़ के नीचे विश्राम किया।

उसी आम वृक्ष के नीचे लगभग दो घन्टे पश्चात काहनसिंह जी को कुछ होश आया–वहीं पर सभी लोगों ने सरदाई बना कर पी...उस मन्दिर के अधिकारी स्वामी कालकानन्द जी ने भी उनके भोजन का अच्छा प्रबंध किया...

थोड़ी देर के पश्चात डॉक्टर साहब पूर्ण रूप से स्वस्थ हो गए उस समय वे बोले मेरे को बहुत मक्खियों ने काटा...इतना भी अच्छा है कि मेरे को पहले पागल कुत्ते ने काटा हुआ था। यदि उसने न काटा होता तो सचमुच मैं तो इस विष के प्रभाव से कभी न बच सकता...

खैर! वहां कुछ देर विश्राम करने के पश्चात सभी मित्र वहां से चल नीलधारा की किश्ती में आ बैठ कर चल दिए...उस समय यति किशोरचन्द्र ने देखा एक मक्खी बराबर उनके सिर पर मंडरा रही थी। सब मित्रों को नीलधारा से पार उतरते ही वह मक्खी तीर के समान उड़ती हुई सीधी नीलपर्वत की ओर भाग गई–सभी मित्र हंसते-हंसते अपने घरों को आ गए।

पशु-पक्षी कीट पतंग बुद्धि का यह एक और दृष्टांत है। हमदर्द कुत्ते की घटना में एक पशु ने अपने कर्तव्य का पालन चरम सीमा तक किया....इस घटना में एक साधारण सी कीट (मक्खी) यह जानती थी कि यह लोग यहां गौरीशंकर पर आ हमारी जन्मसिद्ध स्वतंत्रता में बाधक बन रहे हैं। उसने अपने साथियों सहित आक्रमण करके उन्हें भगाया...उन (Unwanted men) को भगा कर भी उन्हें शान्ति कहां। शान्ति तो उन्हें तब मिली जब नील पर्वत के यात्री पर्वत सीमा को पार कर गंगाजी के इस पार उतर अपने घर में आ विराजे।

उनचासवां अध्याय

दक्ष घाट पर अभूतपूर्व दृश्य

महेश्वरे वा जगतामधीश्वरे।
जनार्दने वा जगदन्तरात्मनि॥
न वस्तुभेदप्रतिपतिरस्ति मे।
तथापि भक्तिस्तरुणेन्दुशेखरे॥

पंचपुरी के समूह को हरिद्वार कहा जाता है। ज्वालापुर, मायापुर, कनखल, जगजीतपुर, हरिद्वार। वैसे आजकल तो हरिद्वार का जो नाम सब से अधिक मशहूर है प्राचीनता की दृष्टि से वह कनखल ही मुख्य है।

हरिद्वार से कनखल का महत्त्व अधिक है। प्राचीन ग्रंथों में हरिद्वार की अपेक्षा कनखल की महिमा को कवियों ने अधिक बखाना है। मेघदूत में कालिदास यक्ष के मुंह से जब मेघ को अपने घर का रास्ता बताता है उस समय वह कहता है—

''तस्माद गच्छे अनुकनखलं शैल राजा वतोर्णाम्''

अर्थात् पर्वत हिमालय के चरणों में पड़ा हुआ जो कनखल है तू वहां जाना।

वैसे भी हरिद्वार की अपेक्षा कनखल में ही अधिकता से पुराने मकान मिलते हैं। हरिद्वार तो कनखल का सिविल लाइंस है। सिविल लाइंस का महत्त्व तो इस बीसवीं शताब्दी में प्राचीन नगर की अपेक्षा अधिक हुआ ही करता है। हरिद्वार में अभी चालीस पचास वर्ष पहले कुछ था ही नहीं। कुछ एक झोपड़ियां थीं और बस; नहाने का माहात्म्य भी गंगा जी में कनखल का ही अधिक है। जिस दिन से सप्तसरोवर पर से रुड़की वाली नहर चलाई गई

है उस दिन से हरिद्वार के स्नान का महत्त्व नहर के तट पर होने के कारण बहुत बढ़ गया।

कनखल एक ऐतिहासिक नगर है। प्राचीनकाल में कनखल उत्तर हिमालय प्रदेश की राजधानी थी। आज जैसे टिहरी गढ़वाल की राजधानी नरेन्द्र नगर है, उसी प्रकार टिहरी गढ़वाल के राजा लोग कनखल में रहा करते थे। कनखल के राजा की उपाधि दक्ष थी और यहां के राजा दक्ष प्रजापति कहलाते थे। अर्थात् सत्युग में जबकि जनसंख्या पर्वतों पर अधिक थी, उस समय जो महत्त्व आज दिल्ली को है, वह महत्त्व उस समय कनखल का था। कनखल निखिल भारत की राजधानी थी और भारतवर्ष की इस राजधानी के राजा को दक्ष प्रजापति कहा जाता था। इसी कनखल में दक्ष प्रजापति की पावनस्मृति को प्रतिक्षण नवीन करने के हेतु एक दक्ष नाम से घाट है। यहां लाखों व्यक्ति स्नान कर उस अपने उज्ज्वल अतीत पर श्रद्धा के पुष्प चढ़ाते हैं।

श्रावण के मास में गंगा जी अपने पूरे यौवन पर होती हैं और यह मास इस घाट पर स्नान करने का सबसे महत्त्वपूर्ण है। श्रावण मास में यहां पर बने हुए शिवजी महाराज की, जो कि दक्ष प्रजापति की सारी हिमालय रूपी रियासत के एक प्रतीक हैं, उसकी उपासना करते हैं, और उस पर अपनी श्रद्धा के पुष्प चढ़ाते हैं।

सावन का मास था। सोमवार का दिन था। लोगों को बड़ी खुशी हो रही थी, क्योंकि आज भोले बाबा (शिवजी) का पूजन और व्रत का खास दिन था। दूर दूर से लोग भक्ति में लवलीन होकर हाथों में पूजन का समान लिए नंगे सिर और नंगे पैरों ही हर-हर महादेव जै शिव हर-हर बोलते उछलते-कूदते खुशी-खुशी उस प्रभु भवभय विनाशक भगवान् दक्ष प्रजापति महादेव को जल चढ़ाकर अपना अहोभाग्य समझते हैं।

उस दिन सुबह ही श्री शास्त्री जी महाराज यति जी से बोले—आज सोमवार का दिन है, कुछ-कुछ वर्षा भी हो रही है, चलो कनखल चलें और भगवान शंकर (दक्षजी) को जल (पूजा) चढ़ा आवें। यति जी बोले—"अच्छा बड़ी अच्छी बात है, श्रीगंगाजी के किनारे-किनारे पैदल ही यहां से चलेंगे" तब शास्त्री जी ने कहा "पैदल ही चलने में आनन्द रहेगा।

तुम यहां इस शम्भू की दुकान से दो कंच की गोमुखी लेकर हर की पौड़ी से बड़ी पवित्रता से भर लाओ।"

यति जी "बहुत अच्छा!" कह शम्भु पं. की दुकान से दो शीशी (गोमुखी) लेकर हर की पौड़ी से जल भरकर ले आए और शास्त्रीजी से बोले "लो महाराज! चलिये" पग-पग पर प्रभु प्रजापति को याद करते हुए उनके दरबार में शास्त्री जी अपनी किताबों की दुकान बन्द कर कनखल चले।

आगे-आगे श्री शास्त्री जी और पीछे-पीछे यति जी गंगा के किनारे-किनारे कच्चे रास्ते से चल रहे थे। जब भोलागिर के मकान से जरा आगे गंगा के पास आए तो यति जी के दिल में न मालूम यह क्या भाव भक्ति उमड़ आई और जो दो शीशी हरकी पौड़ी से भर कर शिवजी को चढ़ाने लाये थे उनमें से एक शास्त्री जी की थी और एक यति जी की, पर वे दोनों शीशी यति जी के ही पास छाती वाली जेब में रखी थी। जब चल रहे थे तो चलते-चलते ही जेब से एक शीशी निकाल कर "हर-हर महादेव" कह अपने मुख में उस गोमुखी का जल उंडेल लिया और दूसरी शीशी पर भी हाथ धरा था पर पहली शीशी में से जब "हरहर महादेव" करके गंगाजल पिया उस वक्त शास्त्री जी ने एकदम पीछे फिर कर यह लीला देखी तो बोले "अहा! क्या कर रहे हो?"

यति जी ने कहा–मैं कर क्या रहा हूं! भगवान शंकर को जल चढ़ा रहा हूं।

यह सुनते ही शास्त्रीजी कड़क कर बोले–"वाह! तुम ऐसे ही किया करते हो। मेरी शीशी मुझे दे दो"। यति जी ने जेब से शीशी निकाल कर उनसे कहा–"महाराज! अपनी शीशी आप ले लो, हम अपनी शीशी को फिर यहीं से ही भर लेते हैं। गंगा सर्वत्र एक है", कह कर उनकी शीशी उन्हें दे दी और अपनी शीशी वहीं से भरके जेब में रख उनके साथ-साथ ही कनखल दक्षघाट पर आ गए।

यहां आज श्रीगंगा ने अपना विराटरूप धारण कर रखा था। दक्षघाट से लेकर सामने के पहाड़ तक तीन मील दूर तक चौड़ा फांट था। फिर जल का उछलना कूदना, कहीं-कहीं गोल घुमड़ा और जोर-शोर के साथ बड़ी तेजी से बहता देख दुश्मनों (पापियों) के दिलों को दहलाता और श्रेष्ठ भक्त पुरुषों के आनन्द को बढ़ाता हुआ बह रहा था। दक्षघाट पर तो और भी अधिक तेजी से जल बहता था। लोग किनारे पर बैठकर नहाते थे। साधारण मनुष्य की हिम्मत आगे जाने की नहीं होती थी। पर शास्त्रीजी यति जी से बोले–"चलो आगे तैरेंगे।"

यति जी तो इन बातों में बड़े खुश रहा करते थे। झट कपड़े उतार दिए और शास्त्रीजी को पुकारा। शास्त्रीजी भी खूब तैरने वाले थे। यह दोनों जल में उतर गए और जहां जोर का जल था वहां खड़े होकर यति जी से शास्त्रीजी

बोले–"चलो-चलो तैरो" यति जी झट आगे धार में हुए, पर शास्त्री जी को वहीं खड़े हुए देख पानी को काटकर बाहर आ झट शास्त्रीजी के पास आकर बोले–"आप क्यों नहीं आए?" शास्त्रीजी ने झट कहा, चलो-चलो जल्दी मैं भी आता हूं। कहकर यति जी को फिर तैरने को जल में धकेल दिया। यति जी ने फिर दोबारा भी शास्त्रीजी को वहीं खड़े का खड़ा ही देखा तो पहले के समान फिर गंगा की बहती हुई भारी धार से निकल उनके पास जा पहुंचे और बोले–"आप क्यों नहीं तैरते हैं। बार-बार मैं आप को देख कर निकल आता हूं, चलिये अब आप पहले चलें फिर मैं आपके पीछे चलूंगा। पर शास्त्रीजी ने कहा "नहीं-नहीं मैं अबके जरूर आऊंगा देरी न करो, जल्दी चलो" कहकर यति जी को फिर से तीसरी बार तैरने को गंगा में धकेल दिया। यति जी अबके वहां जहां कि पहले और दूसरी बार किनारे पर निकल गए थे, वहां न निकल सके क्योंकि पानी ने बड़े जोर का धक्का दिया। सो धारो-धार आगे हो गए कि थोड़ी दूर आगे एक बड़ा भारी घेरा घुमंडा (चक्र) पड़ता था। यति जी को इसका कुछ भी पता नहीं था। जल ने एकदम जोर से यति जी को अपनी तरफ खींच लिया और लगा घुमंड़े में घुमाने। यति जी भी उसमें घूमने लगे और श्रीगंगा जी के किनारे सतियों के पास हजारों नर-नारी इस दृश्य को उत्सुकता से देख रहे थे। कोई-कोई हां-हां भी कर रहे थे, पर किसी माई के लाल की हिम्मत नहीं पड़ी जो इस चक्र में चक्राते हुए यति जी को निकाल सके। जब कुछ देर उस चक्र में चकराते हुए देर हुई तो यति जी को यह मालूम हुआ कि मुझे नीचे कोई ले जा रहा है और मैं जल में उतर रहा हूं। उसी वक्त प्रभु को याद किया कि हे देवादिदेव आप ही सबके रक्षक हैं। इतने में ही सामने पहाड़ की तरफ से उछलती कूदती श्रीगंगाजी की लहरों पै तैरता हुआ एक वृद्ध पुरुष जिसकी दाढ़ी और भौएं तथा सिर की जटाएं बिलकुल सफेद बगले के पर की मानिंद चमकती, आंखें लाल-लाल दहकती, गोल चेहरा, सुन्दर शरीर वाले व्यक्ति ने आ यति जी का झट हाथ पकड़ लिया और तूम्बों पै लेटा कर जहां वह लोग खड़े तमाशा देख रहे थे उन्हीं में खड़ा करके न मालूम कहां चले गए।

इधर जब यति जी शास्त्रीजी के पास अबके न पहुंचे तो शास्त्रीजी जल से बाहर ही बाहर सतियों की तरफ यति जी को देखने आए। यति जी को सैंकड़ों आदमियों से घिरा हुआ देख शास्त्री जी बोले–"यति जी क्या बात है।" यति जी तो चुपचाप पत्थर के बुत की तरह खड़े जैसे वह वृद्ध खड़ा कर गया था वैसे ही खड़े थे। तब लोगों ने कहा यह तो इस चक्र में डूब रहा था, एक बूढ़े ने जो गौरीशंकर की तरफ से आया मालूम होता था, उसने

निकाला है। तब तो घबराकर शास्त्रीजी ने यति जी का हाथ पकड़कर हिलाया और बोले ''यति जी क्या बात है बोलते क्यों नहीं।''

तब यति जी ने देखा और बोले ''बात क्या है बात विचित्र है'' जब आपने मुझे तैरने को कहा मैं वहां से तैरकर यहां आया तो इस घुमंडे (भंवर) में मैं आ घिरा। उसी वक्त यहां पाताल लोक से जल के देवता वरुणजी ने आकर मेरे पैर पकड़ लिएं और मुझ से बड़ी विनय से बोले ''आप मेरे स्थान वरुण लोक को चलिये'' इतने ही में कहीं से भगवान विनायकधारी शंकरजी आए और झट मेरा हाथ पकड़ लिया और बोले अभी यह मेरे दरबार में ही रहेगा कहकर मुझे वहां से यहां बाहर लाकर खड़ा करके चले गए हैं। मैं उन्हीं को देख रहा हूं, वह कहां गए हैं?

जब यति जी के मुख से यह बात पास खड़े लोगों ने सुनी तो लोगों के दिलों में बड़ी भाव भक्ति पैदा हुई। इन लोगों ने यति जी को निकालने वाले वृद्ध पुरुष को तो निकालते हुए देखा और वह निकालते ही यहां खड़ा करके फौरन चला गया किसी से कुछ कहा भी नहीं और जाने कहां चला गया। लोगों ने यति जी से यह सुना कि भगवान विनायकधारी शंकर मेरा हाथ पकड़ बाहर निकाल यहां खड़ा कर गए हैं मैं उन्हीं को देख रहा हूं वह कहां गए हैं। इस बात को सुनते ही लोग उस बूढ़े पुरुष की तलाश में इधर-उधर भागे पर वह कहां मिलते कहीं भी नहीं। बहुत से लोगों ने यह बात सुनते ही यति जी के हाथों को और पैरों को छू-छू कर अपनी आंखों और माथे को लगा-लगा कर अपने को कृतार्थ समझा।

यति जी शास्त्रीजी के साथ ही साथ फिर दक्षजी के घाट पर आए। जल की अपनी वही शीशी जो रास्ते से भर के लाये थे वो हर हर के साथ दक्षजी पर चढ़ाई। और विनय करी–हे देव मैं आपके दरबार की सेवा करता रहूंगा। आप बड़े दयालु हैं कृपालु हैं आप की महिमा सारे जगत् में फैल रही है मुझे भी उसी सेवा में रखें कहते हुए मंदिर से आए।

एक और बात हुई, मन्दिर में बड़ी भीड़ हो रही थी, परन्तु जब यति जी मन्दिर में जल चढ़ाने गए, उस समय भीड़ अपने आप अलग होती गई। जनता ने इनके लिए रास्ता छोड़ दिया और सभी हाथ जोड़ खड़े उत्सुकता से उनकी ओर देखते रहे। जब यति जी जल चढ़ा कर मन्दिर से निकल हरिद्वार की ओर चलने लगे तब सभी लोग उनके चरणों पर गिर पड़े सभी लोगों ने उनकी चरण-रज को अपने मस्तक पर चढ़ाया, बहुत से लोग अपने पल्लों में चरण-रज बांध अपने बच्चों के लिए भभूति ले गए।

❑❑❑

पचासवां अध्याय

सिद्धनाथ के दर्शन

कौपीनं शतखण्डजर्जरतरं कन्था पुनस्तादृशी।
नैश्चिन्त्यं निरपेक्षभैक्ष्यमशनं निद्रा श्मशाने वने।।
स्वातंत्र्येण निरंकुशं विहरणं स्वातं प्रशांतं सदा।
स्थैर्यं योगमहोत्सवेऽपि च यदि त्रैलोक्यराज्येन किम्।।

सर्दियों के दिन थे। सुबह का समय था। शीतल और सुगन्धित मन्द-मन्द पवन हिमालय की चोटी से उतर नीचे हिमालय की तलहटी हरिद्वार तक आ रही थी। उसी समय यति जी और पं. गंगाप्रसाद उपनाम बूढ़े पंडित तथा श्री शास्त्री जी हरिद्वार से चल कर सप्तसरोवर पहुंचे। वहां श्री गंगा जी की छोटी-छोटी तीन धाराओं को पार कर बड़ी धार के किनारे रेते में कपड़े उतार स्नान कर संध्या वन्दन करने को बैठ गए। उस समय मन की एकाग्रता होने से चित्त में बड़ा ही आनन्द प्राप्त हुआ और यह भी सुध-बुध न रही, कि हम धूप में बैठे हैं अथवा छाया में। भूख लगी है या नहीं। जब सूर्यनारायण बिल्कुल सिर पर आ गए तो ध्यान टूटा और इधर-उधर देखा तो कहीं रेत में शास्त्री जी लुड़क रहे हैं तो कहीं बूढ़े पंडित जी। तब यति जी हरी ॐ हरी ॐ कहते हुए उठे तो बूढ़े पंडित जी बोले-''अब तो बारह भी बज चुके हैं चलो धूप भी जोर की हो रही है और रोटी भी खानी है''। शास्त्री जी बोले-''यहां से जाने को चित्त नहीं चाहता। किसी नौकर को साथ लाते तो रोटी मंगा लेते और सारा दिन यहां ही रहते''। यति जी बोले ''आप लोग रोज रोटी खाते हो आज न खाई तो समझ लेवें कि उपवास से हैं, पेट साफ हो जाएगा, पहला खाया-पिया पचेगा और आगे को खूब भूख लगेगी। फिर जो आप अपनी भूख से कुछ कम व खूब चबा के खाएंगे, वह स्वाद भी लगेगा और आप की देह में खून भी बढ़ाएगा, फिर शुद्ध खून से वीर्य बढ़ेगा और वीर्य के बढ़ने से अच्छी तरह उसकी संभाल रखने से कठिन से कठिन कार्य

को आप सहज में ही पूरा कर लेगें। बूढ़े पंडित बोले–''यति जी महाराज आप तपस्वी हैं, सब कुछ करने में समर्थ हैं, हम गृहस्थी लोगों से एकदम इतनी तितीक्षा साधना नहीं हो सकती। धीरे-धीरे सब हो जाएगा। अब तो कृपा करो, चलो-चलो। शास्त्री जी भी उठ कर बोले ''चलो जब यही मरजी है।'' आगे शास्त्री जी थे, पीछे बूढ़े पंडित और उनके पीछे यति किशोरचन्द्र वहां से बातचीत करते-कराते बांध के पास आए तो शास्त्री जी बोले ''देखो। वह सामने गंगा जी की तरफ से निकल कर एक महात्मा जा रहे हैं। यह सुन यति जी झट आगे हो कर महात्मा जी को देख उनकी तरफ जा उनको हाथ जोड़ आगे खड़े हो गए। इतने में ही शास्त्री जी और बूढ़े पंडित भी आ गए। बूढ़े पंडित जी ने भी इन्हें हाथ जोड़ प्रणाम किया। शास्त्री जी को कुछ विद्या का, कुछ धन का, कुछ जवानी का और सब से ज्यादा यह कि इनकी किताबों की दुकान होने से सब साधु अपनी-अपनी विरती के अनुसार पुस्तकें लेने आते थे और करीब-करीब यह बहुत साधुओं को जानते थे इस कारण कुछ अहंकार-सा था, यह सभी किसी साधु को हाथ नहीं जोड़ते थे। पर इस स्थूल देह जिसके सिर पर जटा और अल्प नंगे अंग में विभूत रमाये दोनों कानों में मुद्रा पहने गोरखनाथ के संप्रदाय के दिव्य मूर्ति वाले बाबा जी को देखते ही बड़ी नम्रता से प्रणाम किया और बाले ''भगवन! यह भोजन का समय है हमारे साथ स्थान पर चलें या यहीं मंगाया जाए''। वह महात्मा अपने मुंह से कुछ नहीं बोले। तब फिर शास्त्री जी ने और बूढ़े पंडित ने कहा ''भगवन्! आज्ञा करें क्या किया जाए, आप चलेंगे।'' सिद्धनाथ ने हाथ के इशारे से मना कर दिया तब इन लोगों ने बहुत प्रार्थना करी–''महाराज! अगर आप उधर नहीं चलेंगे तो इधर ही ठहर जाएं, आज हमारी प्रार्थना जरूर स्वीकार करें''। तब महात्मा सिद्धनाथ जी जहां खड़े थे वहां से फिर उधर चल दिए, जिधर से वे आए थे। इतने में शास्त्री जी ने यति जी से कहा ''लो एक रुपया ले जाओ और सुरजन सिंह चौधरी की दुकान से फौरन इन महात्मा जी के वास्ते खाना ले आओ''। यति जी खूब हृष्ट-पुष्ट थे और दौड़ने-भागने में भी ज़बरदस्त थे, रुपया मुठ्ठी में दबाया और वहां से भागे और एक दो श्वासों में ही चौधरी सुरजन सिंह की दुकान पर आ तीसरी बार लंबी सांस ली। वहां जाकर रुपया दिया और आध सेर कचौड़ी, पावभर पेड़ा टोकरी में रखने को कहा। वह देने लगे और यति जी ने उसकी दुकान पर दो तीन चक्कर जो कि पन्द्रह बीस कदम घूमें होंगे कि उसने कचौरी झट दे दी। कचौरियों की टोकरी उससे लेकर जब वापिस लौटे तो यति जी को रास्ता चलना कुछ मालूम ही न हुआ और झट जहां महात्मा को और शास्त्रीजी को छोड़ गए थे, वहां पहुंच दोनों

को देखने लगे। वहां न देख उन्हें इधर-उधर दृष्टि दौड़ा कर देख ही रहे थे, कि गंगाजी की ओर से शास्त्रीजी की आवाज आई–"यति जी अभी आप यहीं घूम रहे हैं, तब किस वक्त कचौरी लेके आओगे! हमने भी घर जाना है।

जल्दी जाओ" कहा पर यति जी उन्हीं की तरफ चले।

वे लोग नीचे जमीन पर नन्हीं-नन्हीं हरी-हरी घास पर बैठे थे और सिद्धनाथ जी एक ऊंचे सिमेंट के चबूतरे पर सिद्ध आसन से आंखें बन्द किए बैठे थे। आते ही शास्त्रीजी से कहा लो खाना तो मैं ले आया हूं। शास्त्री जी ने यति जी के हाथ में खाने की टोकरी देखी तो एकदम आश्चर्य कर बोले "क्या यह सचमुच ही ले आए? यति जी ने कहा "हां! ले आया हूं।" शास्त्रीजी और बूढ़े पंडित ने बड़ा आश्चर्य किया। यह क्या लीला है अभी तो यह हमारे पास ही खड़े थे और हम यहां आकर बैठे ही हैं और यह कहते हैं कि मैं ले आया। हाथ में कचौरियों की टोकरी भी है, कैसे इतनी सी देर में ले आए। शास्त्रीजी ने अपनी जेब से घड़ी निकाल कर देखा। जब यति जी यहां से गए थे उस समय मेरी घड़ी में बारह बजकर पांच मिनट थे अब बारह बजकर दस मिनट हो गए हैं। क्या बात है पंडितजी! पांच मिनट में चार मील, दो मील जाना दो मील आना कैसे हो सकता है कुछ देर हलवाई के यहां भी खाना लेते हुए लगी होगी।

बूढ़े पंडित बोले–कचौरियों की टोकरी नाथजी महाराज के आगे रख दो। यति जी ने सिद्धनाथजी के आगे टोकरी रखी और हाथ जोड़ कर प्रार्थना करी "प्रभु नाथजी महाराज! कृपा करें प्रसाद ले आया हूं, आप अब भोग लगाएं।" नाथजी ने नेत्र खोल के टोकरी से पेड़ा उठाकर एक शास्त्रीजी को, एक बूढ़े पंडित को एक यति जी को और आधा पेड़ा एक कचौरी पर रख गंगाजी में चढ़ा देने का इशारा किया। यति जी दौड़ कर गंगाजी को चढ़ा आए। अब आधा पेड़ा सिद्धनाथजी को बच गया उन्होंने उसे खा लिया। यति जी ने सिद्धनाथजी का दिया हुआ पेड़ा फिर उनके आगे रख दिया। वह भी खा गए, शास्त्री जी ने भी रख दिया, बह भी खा गए। बूढ़े पंडित ने आधा अपने पास रख लिया और आधा उन्होंने नाथजी के आगे रख दिया। नाथजी पेड़ा कचौड़ी खा चुके तो यति जी ने उस टोकरी के पत्ते उठाये और उसका दूना बना उसमें गंगाजी से पानी ला उनको पानी पिला दिया। नाथजी ने वहीं बैठे-बैठे सब काम करके फिर आंखें मीच लीं। तब एक बजा था। यह देखकर शास्त्रीजी यति जी से बोले "चलो चलें"। यति जी ने कहा–"आप जाएं मैं यहीं नाथजी के पास ही अभी ठहरूंगा।"

शास्त्रीजी तथा बूढ़े पंडित आ गए। सिद्धनाथजी जिस आसन से पहले बैठे थे, उसी आसन से ध्यान में शाम तक बैठे रहे। अपने आसन को जरा न हिलाया। यति जी भी नीचे उनके सामने ही अपने गौमुख आसन से डट कर बैठ गए। आखिर शाम के छह साढ़े छह का वक्त हुआ। महात्मा वहां से उठे। यति जी भी उठ गए। जहां सुबह खड़े हुए थे, वहां एक बड़ा भारी सम्बल का पेड़ था और छोटी-सी राह, चलने वालों की बटिया डंडी सी थी, उसके एक तरफ जा खड़े हुए। यति जी हाथ जोड़ सामने खड़े हो गए। तब उस वक्त सिद्धनाथ यति जी से हाथ के इशारे से बता करके बोले-"आसन यहां लगा लेवें।" तब यति जी बोले-"प्रभु! इस पेड़ के नीचे आसन लगाना मेरी समझ में तो अच्छा नहीं है, क्योंकि एक तो यह पेड़ बहुत बड़ा है। इस पर बहुत पक्षी विश्राम कर रहे हैं। रात्रि में न मालूम कौन पक्षी ऊपर से मल मूत्र त्यागे और ऊपर गिरे। दूसरी बात यह है कि यह आम रास्ता पास ही है, दूधिया बंध पर आने-जाने वाले सब आपके पास आएंगे और आपके ध्यान में बाधा डालेंगे, इसलिये मेरी राय में वहां मैदान में मैं स्थान साफ कर देता हूं, वहां आसन लगाएं। यति जी के युक्तियुक्त शब्द सुन कर सिद्धनाथजी बड़े ही खुश हुए और कहा-"अच्छा!"

तब यति जी जरा आगे बढ़े। जगह तो पहले ही साफ थी पर फिर भी इधर-उधर हाथ फेर दिया और बोले "आइये, प्रभु! आप यहां आसन करें।" नाथजी फिर कुछ न बोले और चुपचाप अपनी समाधि लगा ली। तब यति जी वहां से उठे और महात्मा सिद्धनाथजी से बोले-"प्रभु अब मैं हरिद्वार से आपके और अपने लिए मूंग की दाल और फुलका लेने जाता हूं, कह हरिद्वार आए।

रात के नौ बजे वापिस गए, तो देखा सिद्धनाथ के पास एक लोटा रखा है और एक नया कम्बल बिछा है और सामने आग का धूना जल रहा है। इन्हें देख यति जी को बड़ा आश्चर्य हुआ और मालूम किया, मेरे पीछे यहां कोई आया है। खैर! रोटी ले जा कर सिद्ध जी के आगे धरी। सिद्ध जी ने जरा भी ख्याल न किया। फिर यति जी रोटी से एक ग्रास तोड़ नाथजी के मुख पर रखकर बोले-"लो प्रभु! लो! फिर न सुनी। उस ग्रास को अलग रख दिया। फिर दूसरे ग्रास को भी वैसे ही कर उसे भी रखा तब तीसरा ग्रास तोड़ नाथ जी के मुख पर रखा और यति जी बोले-"प्रभु! यह आपको पता है कि मैंने सुबह से कुछ नहीं खाया है, और जब तक आप कुछ थोड़ा बहुत न खाएंगे,

तब तक मैं न खाऊंगा। फिर तीसरा ग्रास, मुंह में रख लिया और फिर एक ग्रास मुंह में देने लगे तो महात्मा ने हु: कह कर न लिया। तब यति जी वहां से उठ कर रोटियां ले गंगा किनारे गए। वहां बैठ कर खा पी कर वापस आ नाथ जी के पास ही आसन पर बैठ गए। सिद्धनाथ जी वैसे ही जैसे दिन में आसन लगाए थे बैठे रहे, कुछ न बोले, न उठे। सुबह हुई तो हरिद्वार की तरफ से आदमियों के आने का नम्बर लग गया। थोड़ी-सी देर में नाथ जी के सामने एक मेला सा लग गया। तब यति जी वहां से उठ कर एक ओर जा बैठे कि थोड़ी देर में शास्त्रीजी और वही बूढ़े पंडित भी आकर यति जी से बोले-''आप रात में भी यहां ही रहे, हम और लाला रामप्रसाद जी शाम आए थे, उस वक्त आप कहां चले गए थे। हम आपके और महात्माजी के लिए खाना लाये थे, न आप हमें यहां मिले न महात्माजी ने खाना खाया। यति जी बोले-''मैं हरिद्वार गया हुआ था, रात नौ बजे यहां आकर देखा तो महात्मा जी के नीचे कम्बल बिछा था, पास गड़वी रखी थी।'' पंडितजी बोले ये लाला रामप्रसाद जी के यहां से आए हैं, वही कम्बल बिछा के गए और पूर्वियों ने लकड़ी जला दी। यह महात्मा किसी से न बोले न उठे। सारा दिन एक मेला सा रहा। शाम हुई और एक भी आदमी वहां न रहा।

महात्मा जी को बिल्कुल अकेले देख यति जी दूर से उठ इनके पास ही आ बैठे। तीसरा दिन भी वैसे ही बैठे रहे। न रात में न दिन में सिद्ध जी उठे ही नहीं। अब तीसरी रात के प्रात: चार बजे महात्माजी उठे और सीधे गंगा किनारे गए। यति जी तितीक्षु थे, वे भी उनके उठते ही उठ उनके साथ-साथ गंगा पर गए। सिद्धनाथ ने स्नान गंगा में करा, उस वक्त यति जी भी साथ में ही गंगा में गए ओर अपने हाथ से सिद्धनाथ जी का खूब मल मल के नहलाया और आप भी नहा लिए। सिद्ध जी तो अल्प नंगे थे, उनके पास तो कोई कपड़ा भी न था। यति जी लंगोटी बांध क्रे महात्मा के सामने आए और हाथ जोडे खड़े रहे तो सिद्धनाथ जी बोले-''मैं तेरे प्रेम और भक्ति से बहुत खुश हुआ हूं, आज दिन के लिए ही मै ठहरा था, अब जाता हूं। यति जी नम्रता से माथा नीचा कर बोले-प्रभु! मुझे कौन कर्म करने हैं और कौन कर चुका हूं, कौन से कर रहा हूं, किस चक्र में मैं पड़ा हूं, मुझे क्या करना है। भगवन! आप कुछ बताएं।

तब सिद्धनाथ जी ने प्रेम से मीठे शब्दों में कहा ''मैं तुझे गुप्त भेद बताता हूं'' ध्यान से सुन। देख जो अपने मन में यह भेदभाव नहीं रखता कि मैं अलग हूं भगवान अलग है और सब लोग भिन्न हैं, किन्तु जो सब प्राणियों के विषय

में यह भाव रखता है कि भगवान और मैं दोनों एक हैं, और जो यह समझता है कि सब प्राणी भगवान् में और मुझ में भी हैं, वही सब भागवतों में श्रेष्ठ है, बस यही एक भेद है। अध्यात्मशास्त्र में यह बात युक्तिवाद से और योगशास्त्र में अनुभव से सिद्ध हो चुकी है कि परमात्मा के अव्यक्त होने के कारण सारा जगत् आत्ममय है, परन्तु भक्ति-मार्ग प्रत्यक्ष-अवगम्य है, इसलिये परमेश्वर की अनेक व्यक्त विभूतियों का वर्णन करके भगवान् ने अर्जुन को दिव्य-दृष्टि देकर प्रत्यक्ष विश्वरूप-दर्शन से इस बात की साक्षात् प्रतीति करा दी है, कि सारा जगत् परमेश्वरमय (आत्ममय) है। अध्यात्मशास्त्र में कहा गया है कि कर्म का क्षय ज्ञान से होता है, परन्तु भक्ति-मार्ग का यह तत्त्व है कि सगुण परमेश्वर के सिवा इस जगत् में और कुछ नहीं है—वही ज्ञान है, वही कर्म है, वही ज्ञाता है वही करने वाला, करवाने वाला और फल देने वाला भी है; अतएव संचित, प्रारब्ध, क्रियमाण इत्यादि कर्म भेदों के झंझट में न पड़। भक्ति-मार्ग के अनुसार यह प्रतिपादन किया जाता है कि कर्म करने की बुद्धि देने वाला कर्म का फल देने वाला और कर्म का क्षय करने वाला एक परमेश्वर ही है। इसलिए तू सही समझ कि प्रारब्ध, क्रियमाण और संचित का झगड़ा भक्तों के लिए नहीं है । देखो सब कुछ ईश्वर ही है जो भीतर बाहर सर्वत्र व्याप्त है। भगवद्गीता में भगवान् ने यही कहा है कि ईश्वर ही सब लोगों के हृदय में निवास करके उनसे यंत्र के समान सब कर्म कराता है। संसार में सब कर्म परमेश्वर की ही सत्ता से हुआ करते हैं, इसलिये भक्ति-मार्ग में यह वर्णन पाया जाता है कि वायु भी उसी के भय से चलती है और सूर्य तथा चन्द्र भी उसी की शक्ति से चलते हैं। अधिक क्या कहा जाए उसकी इच्छा के बिना पेड़ का एक पत्ता तक भी नहीं हिलता। यह समझ कर कोई चिन्ता न करें। वक्त जरूरत पर फिर मैं कभी मिलूंगा'' कह महात्मा सिद्धनाथजी आगे चले तो यति जी भी उनके पीछे चलते हुए बोले—''प्रभु मैं सेवा के लिए साथ चलता हूं''। इतने में चलते-चलते यति जी के पैर में जरा कंकड़ चुभा तो गरदन नीचे कर अपने पैरों की तरफ देखा और फिर आगे चले तो सिद्धनाथजी वहीं मैदान में ॐॐॐ उच्चारण करते हुए अंतर्ध्यान हो गए। यति जी ने उनको इधर-उधर बहुत तलाश किया पर न मिले तो आप अपने मकान पर आ गए। कुछ दिनों के बाद बदरीनाथ से जो दो साधु आए उनसे सिद्धनाथ जी के बारे में जिक्र किया तो उन्होंने बताया कि इस तरह का वह महात्मा हमने बदरीनाथजी से चार पड़ाव ऊपर बर्फ में समाधि लगाये देखा था। शायद वो ही हों।

❑❑❑

इक्यावनवां अध्याय

फकीरों की टोली में

अब तो बस डाल चुके अपने गले में झोली।
एक होती है फकीरों की हमेशा बोली।।
खून से फाग रचायेगी हमारी टोली।
जब से बंगाल में खेले हैं कन्हैया होली।।
कोई उस दिन से नहीं पूछता बरसाने को।

सिद्धस्रोत के महात्मा के शब्द तथा बाबा सिद्धनाथ का धर्मोपदेश अपना रंग लाया। स्वदेश-सेवा की अग्नि पर वेदान्त की धूल फूकों से उड़ गई—भीतर से दहकती हुई ज्वाला चमक उठी।

यतिवर किशोरचन्द्र का हृदय अपनी प्यारी मातृभूमि की वेदना से पीड़ित हो रहा था। मेरा देश अपनी खोई हुई स्वतंत्रता को पुनः प्राप्त कर ले। रात-दिन उन्हें इसी की धून रहती। इसी धुन में उन्होंने भगवती भागीरथी के तट पर ब्रह्मचारी पं. नन्दकिशोर शर्मा सन्त लायब्रेरी की स्थापना की। इसी धुन में उन्होंने ग्रामों में पाठशालाएं खुलवाईं और अब वे इन सब से आगे एक कदम जाना चाहते थे।

उस समय कांग्रेस का अस्तित्व केवल नाममात्र के लिए था, कांग्रेस केवल कतिपय अंग्रेजी भाषा-भाषी वकीलों, बैरिस्टरों, रायबहादुरों तथा सरकारी पिठ्ठुओं की एक संस्था थी। वर्ष भर में एक बार दिसंबर मास की बड़े दिन की छुट्टियों में यह लोग किसी बड़े शहर में इकट्ठे हो अपना जलसा कर लेते और कुछ एक प्रस्ताव पास करके गौरांग महाप्रभुओं की अर्चना में भेज देते।

परन्तु सुदूर पूर्व में क्रान्ति का बालरवि उदय हो चुका था। ईसा की बीसवीं शताब्दी के प्रथम क्षण ही वह बालरवि बंगाल की खाड़ी में से एक नवीन संदेश बजाता हुआ उठा।

"आज़ादी हमारा जन्मसिद्ध अधिकार है, आज़ादी भिक्षा मांगने से नहीं मिलेगी। आज़ादी तो तुम्हारे बाहुबल के अन्दर है-उठो। कमर कस के तैयार हो जाओ! ओ भारत जननी के बीर बांकुरों, उठो! अपने बाहुबल पर भरोसा कर के उठो और अपनी अस्थियों का बज्र बना इस कर्ज़नशाही का नाश कर दो।"

उस बालरवि के उदय होते ही क्रान्ति का गीत गाती हुई अमर समीर बहने लगी। अपने सन्त-पुस्तकालय में बैठे हुए यति किशोरचन्द ने इस क्रान्ति के संदेश को सुना। उनका रोम-रोम पुलकित हो उठा। अब तो मेरी मातृ-भूमि तुरन्त आजाद हो जाएगी।

उस समय सहसा उनके चित्त में चाह उठी, मायादेवी के ऊंचे शिखिर पर चढ़ कर इस क्रान्ति के संदेश को जी भर कर एक बार सुन लूं। वे पुस्तकालय से उठे और अपने एक सुहृदय मित्र मास्टर लक्ष्मण नजीबाबादी के साथ उस पर्वत की ओर चल दिए....रास्ता कठिन था, कंकरीले घने जंगल सिर पर खड़े थे, भयानक हिंसक जीव उन जंगलों में विचरते हुए दिल दहला देने वाली गर्जना करते प्रत्यक्ष दिखाई दे रहे थे, परन्तु वह क्रांन्ति देवी का नवीन पुजारी अपने मित्र को साथ ले आगे बढ़ता ही गया, पीछे मुड़ कर एक क्षण के लिए भी उसने देखा नहीं।

वह चलता-चलता बहुत दूर निकल गया। तब बहुत दूर चल कर उसने देखा शैलशिखर की ओर से एक सौम्य रूप व्यक्ति नीचे की ओर आ रहा है। उसकी वेशभूषा बंगालियों जैसी देख क्रान्ति के उस नवीन पुजारी का हृदय पुलकित हो उठा।

क्रान्ति के देश का यह क्रान्ति-संदेश वाहक मेरे लिए सजीव-क्रान्तिकारी संदेश लाया है।"

वह ऊपर से नीचे की ओर जाने वाला व्यक्ति अब बहुत ही निकट पहुंच चुका था। "आप बंगाल से आए हैं?" यति किशोरचन्द्र ने उसे पूछा?

हां!-आपका शुभ नाम?

मेरा नाम है यति किशोरचन्द्र।

बहुत खूब-आप ही यति किशोरचन्द्र हैं। मैंने आपके नाम की ख्याति हरिद्वार में कई सज्जनों के मुंह से सुनी थी। आज आपको प्रत्यक्ष देख मुझे बहुत आनन्द प्राप्त हुआ।

"आप बंगाल से कब आए?"

"मुझे बंगाल से आए लगभग एक मास हुआ"

''और हरिद्वार आए?''

पांच छह दिन हुए।''

''तो क्या आप इस उत्तर भारत में क्रान्ति का संदेश ले कर आए हैं?

''क्रान्ति का संदेश'' यति जी महाराज! आप किस क्रान्ति की ओर इशारा करते हैं। जिस क्रान्ति का लक्ष्य हृदय में आपने धारण कर के उपर्युक्त शब्द कहे हैं, भारतवर्ष अभी क्या इस क्रान्ति के लिए तैयार है? कदापि नहीं–यदि आज भारतवर्ष उस क्रान्ति के लिए तैयार हो तो सत्तावन का तूफान अरब खाड़ी में ही गरक न हो जाता।

देश की वर्तमान सामाजिक दुरवस्था में ऐसी क्रान्ति की भावना करना आकाशपथ में प्रासाद का निर्माण करने के समान हैं। राजनैतिक क्रान्ति से पहले देश के अंदर सामाजिक क्रान्ति की अत्यन्त आवश्यकता है, पुराने ढर्रे का खोखला समाज क्या राजनैतिक तूफानों को सहन कर सकेगा?

जिन देश के अन्दर छह-छह महीने के नवजात शिशुओं को भी विधवा कहा जाए-जिस देश के प्राण रूप आठ करोड़ पुत्र अछूत कह कर ठुकरा दिए गए हों–आचार भ्रष्ट निरक्षर भट्टाचार्य जहां ब्राह्मण की पदवी धारण किए हों–एक चुहिया की चींचीं से भयभीत हो जाने वाले जहां अपने आपको क्षत्रिय कहते हों–आलस प्रमाद की साकार प्रतिमाओं को साधु समझा जाता हो क्या वह देश क्रान्ति के संघर्ष में एक पल भर टिक सकेगा।

विलंब-रक्तपात-तो तभी सफल हो सकता है जब कि समूचा देश इसके लिए कटिबद्ध हो, ''हर-हर महादेव'' कहता अपने घर से निकल आए, परन्तु यहां तो यह अवस्था है कि एक करे भी तो सहस्त्रों उसको पकड़वाने को तैयार। ऐसी परिस्थिति में हम और आप कर ही क्या सकते हैं? जब खेत ही बाड़ को खाने लग जाए तो फिर भला बाहर से किसी को कुल्हाड़ी ले कर बाड़ को काट कर फैंक देने की आवश्यकता ही क्या है?

आपका कहना तो सर्वथा यथार्थ है, सुरेश बाबु। परन्तु क्या इन बातों से भयभीत हो कर जननी जन्मभूमि के भाग्य को विधाता के हाथों छोड़कर भारत-पुत्रों को अकर्मण्यता का चोला धारण कर कुम्भकरणी निद्रा में सो जाना चाहिए।

''मैं कब कहता हूं–सो जाना चाहिए। मैं तो केवल इतना कहता हूं कि जिस क्रान्ति का भावना-चित्र हमारे विचार-संसार में बना हुआ है, उसके लिए देश को तैयार करना चाहिए। जिन लाइन्स पर चल कर गुरु गोविन्दसिंह जी तथा गुरु रामदास जी ने देश भर में क्रान्ति की लहर छोड़ी थी, उसी लाइंस

पर चलते हुए हमें भी देश के अन्दर क्रान्ति की लहर छोड़नी चाहिए। इस आधुनिक युग में ऋषि दयानन्द ने क्रान्ति की एक तरंग छोड़ी थी, परन्तु देश का दुर्भाग्य रहा कि ऋषि अपने मिशन को पूरा किए बिना ही स्वर्ग सिधार गए–आज फिर दक्षिण दिशा में छत्रपति महाराष्ट्र केसरी की आत्मा का पुनः जागरण हुआ है। जिस क्रान्ति का नाद लोकमान्य तिलक ने गुंजाया है सचमुच देश का उससे बड़ा ही लाभ होगा। लोकमान्य को देश ने भगवान् की उपाधि दी है, वास्तव में भारत के भाग्य विधाता वे ही लोकमान्य भगवान् हैं।"

यति किशोरचन्द्र भगवान् तिलक के नाम से अपरिचित न थे। सन्त लायब्रेरी में मराठा तथा केसरी दोनों ही पत्र आया करते थे। यति जी के हृदय में लोकमान्य के प्रति अगाध श्रद्धा थी। उक्त बंगाली मित्र के मुख से लोकमान्य की इस प्रकार महानता सुन, वे बोले "सुरेश बाबू! लोकमान्य का मिशन क्या है, वे किस प्रकार से भारत को स्वाधीन बनाना चाहते हैं। मैंने सुना है कांग्रेस नामी एक संस्था देश में स्थापित हो चुकी है, जिसका उद्देश्य भी अपनी जननी जन्मभूमि का स्वतंत्र कराना ही है। दोनों के कार्यक्रम में क्या अन्तर हैं?

"अन्तर! यति जी जहां तक अन्तिम उद्देश्य प्राप्ति का प्रश्न है, उद्देश्य दोनों का एक है, परन्तु कांग्रेस वाले गिड़गिड़ा कर, अंग्रेज की चौखट पर नाक रगड़ कर, उन की खुशामदें करके, अपना उद्देश्य पूरा करना चाहते हैं, परन्तु लोकमान्य जन-साधारण के अन्दर स्वराज्य की सच्ची भावना जाग्रत कर राष्ट्र को स्वाधीनता के निकट ले जाना चाहते हैं। लोकमान्य–छत्रपति शिवाजी तथा योगेश्वर कृष्णा के परम उपासक हैं। वे राजनीति के पंडित हैं। आप महाराष्ट्र में जा कर देखिए लोकमान्य ने महाराष्ट्र की आत्मा में कैसी नव जीवन ज्योति जगा दी है। अंग्रेजों की कूटनीति से वे खूब सुलझना जानते हैं "शठे शाठ्यम्" कूटनीति वालों के साथ किस प्रकार व्यवहार करना है आज सिवाय लोकमान्य के कोई भी नेता नहीं जानता। ये जो धारा-प्रवाह अंग्रेजी बोलने वाले सर बहादुर प्लेटफार्म पर खड़े हो कर लैक्चर झाड़ना जानते हैं ये तो कुछ भी नहीं करेंगे। राष्ट्र तो जन साधारण के हृदयों में विशुद्ध राष्ट्रीयता की भावना जाग्रत करने से ही उठा करता है न कि पतलून की जेब में हाथ डालकर रगमंच पर अभिनय करने से। आधुनिक युग में जिस प्रकार पराधीनता के पिशाच ने राष्ट्र को निरस्त्र करके निकम्मा भीरू बना दिया है, भगवान् तिलक राष्ट्र को फिर से सैनिक बना देना चाहते हैं। हम नवयुवक उन्हीं के पथ-प्रदर्शन पर चल कर चरम-उद्देश्य को प्राप्त कर सकते हैं।

''आप तो बंगाल के रहने वाले हैं क्या बंगाल में भी जनता लोकमान्य ही के आदेश पर चलती है?

महाराष्ट्रीय हो अथवा बंगाली! यति जी भारत तो एक और अखंड है। लोकमान्य अकेले महाराष्ट्र के ही नेता नहीं। वे तो समस्त राष्ट्र के नेता हैं।

मैं तो कहूंगा महाराष्ट्र के पश्चात यदि लोकमान्य के संदेश को क्रियात्मक रूप में किसी ने अपनाया है तो वह बंगाल है। हमारे बंगाल में नवयुवकों का एक दल है, जिसे दुनिया क्रान्तिकारी दल के नाम से पुकारती है। परन्तु यति जी! क्रान्ति का अर्थ रक्त-पात अथवा नर-हत्या कदापि नहीं। हम लोग नर-नारायण के उपासक हैं, अहिंसा हमारा धर्म है। हम तो सारे संसार को एक ही बड़ा कुटुम्ब समझते हैं। अंग्रेज हों अथवा भारतीय हों, जर्मन हो अथवा जापानी हो हम तो सबका मान करते हैं। परन्तु अपने देश के लिए और इसकी स्वाधीनता के लिए हमारे हृदय में एक ज्वाला दहक रही है। हम अपना सर्वस्व देकर भी अपने देश की स्वाधीनता की रक्षा करेंगे। हमारे बंगाल में एक से एक बढ़िया रत्न हैं। आज भले ही संसार उनके नामों से परिचित न हो, परन्तु वे हमारे नवयुवक राष्ट्रीय गगन के देदीप्यमान नक्षत्र हैं। उन्होंने सर्वसम्पन होते हुए भी सब कुछ त्याग दिया। शहंशाह होते हुए भी वह फकीर बने। आज हमारे बंगाल में ऐसे ही फकीरों की एक जबरदस्त टोली है....

''आप की टोली में कितने फकीर हैं?

''सहस्रों हैं यति जी...अब तो सारा बंगाल ही स्वाधीनता की देवी का फकीर बन रहा है।''

''वे फकीर करते क्या हैं।''

अपना कर्तव्य समझते हुए, निष्काम भाव से ख्याति की लालसा को छोड़ कर भारत माता की स्वाधीनता का यत्न करते हैं।''

ऐसे फकीरों का जाल क्या इस उत्तर भारत में नहीं बिछ जाना चाहिए?

उत्तर भारत ही क्यों, मैं तो कहता हूं ऐसे फकीरों का जाल तो सारे ही भारत में बिछ जाना चाहिए।

क्या इस उत्तर भारत में ऐसे फकीरों का जाल बिछा देने में आप हमसे सहयोग कर सकते हैं?

''क्यों नहीं अवश्य इससे बढ़ कर मेरा क्या सौभाग्य हो सकता है''...

बहुत अच्छा आज से मैं आपका नाम फकीरों की टोली में लिखता हूं....यति किशोरचन्द्र उत्तम भारत के बड़े फकीर होंगे।

❑❑❑

खंड पांचवां

स्वाधीनता का पुजारी

I know destruction awaits.
Him, who first rises against the oppressors yoke,
Against Tyranqy & autocracy.
My fate I feel it & I know it.
But tell me where, when.
Was ever without victons freedom won.

मैं उस यश का भक्त नहीं जो दुनिया के बाज़ारों में चांदी के चंद ठीकरे जुटा देने से, प्रतियोगिता या व्याख्यानों में लाखों तालियों के बज उठने से, अपने बलिदान का ढिंढ़ोरा पीट कर एसम्बली की नरम-नरम गद्दियों पर डट जाने से, अपनी कुर्बानियों के फलस्वरूप बड़ी-बड़ी दावतें, टी-पार्टियां अथवा मानपत्र स्वीकार करने से कुछेक के आंसू रोकने व थैलियां इकट्ठी करने से और साहसिक कार्यों से दुनिया को चक्कर में डाल देने से प्राप्त होता है। मैं उस यश को यश कहता हूं, जो एक दीन दुखिया के कलेजे में सुख की वह सुधा वर्षा करता है, जिसके आनन्द से, स्नेह से, आंख में आंसू भर आते हैं। मुंह से बोल नहीं सकता और हृदय अनुभव करता है कि दुनिया में मनुष्य भी है और मनुष्यता भी है।

बावनवां अध्याय

लोकमान्य तिलक से भेंट

प्रातः स्मरणीय शिवाजी महाराज के पश्चात् महाराष्ट्र के पवित्र अंचल को सब प्रकार से गौरवान्वित करने वाला यदि कोई हुआ है तो वह है भारत का बालरवि लोकमान्य बाल गंगाधर तिलक। यद्यपि आज हमारा तिलक हमारे बीच में नहीं है, किन्तु उसका शौर्य, उसका चमत्कार और उसकी अजेय शक्ति आज भी ज्यूं की त्यूं विद्यमान है और उसी के पुण्य का प्रताप है कि आज भारत स्वतंत्रता के बहुत निकट पहुंच गया है....

''तुम कहते हो मैंने एक बड़ा भारी पाप किया है, जिसका दंड आजन्म कारावास तथा फांसी तक हो सकता है। मेरा सबसे बड़ा अपराध यह है कि मैं अपनी मातृ-भूमि के चरणपाशों को देखता हुआ चुप नहीं रह सकता। परन्तु क्या देश भक्ति पाप है? यदि आज रौमन लोग अपने पाशिवक बल के प्रदर्शन से इंग्लैंड को अपने आधीन कर लें तो क्या अंग्रेज जाति इसे आकाशीय आशीर्वाद समझ कर चुप हो जाएगी? और यदि कोई आंग्ल वीर अपनी जन्मभूमि को रौमन आतताइओं से आज़ाद कराने का प्रयत्न करे तो क्या वह भी इसी पाप का भागी होगा? और पितृ-भूमि इंग्लैंड के लिए आत्मोत्सर्ग करने वाले किसी भी आंगल वीर को यदि रौमन लोग फांसी अथवा कालेपानी का दंड दे दें तो क्या समस्त आंग्ल जाति इसे पीयूषधारा समझ कर पी जावेगी? यदि इंग्लैंड के अधिवासी अपनी पराधीनता को एक क्षण भर के लिए भी सहन नहीं कर सकते तो भारत माता के सुपुत्र भी अपनी मातृभूमि की पराधीनता को कैसे चुपचाप सह सकते हैं? अपने अधिकारों की रक्षा करना प्रत्येक मनुष्य का परम धर्म हैं–**स्वराज्य हमारा जन्म सिद्ध अधिकार है।** जब तक इस मेरी देह में रक्त का एक भी अन्तिम बिन्दु है, तब तक मैं अपने इस स्वातंत्र्य-क्षेत्र से एक कदम भी पीछे नहीं हटूंगा''।

यति किशोरचन्द्र द्वारा स्थापित पुस्तकालय में महाराष्ट्र से निकलने वाले केसरी तथा मराठा दोनों ही पत्र आया करते थे और यति जी इन दोनों पत्रों को बड़े ही ध्यानपूर्वक पढ़ा करते थे। इन दोनों पत्रों का सम्पादन राष्ट्र के तत्कालीन सूत्रधार लोकमान्य बाल गंगाधर तिलक के सुयोग्य करकमलों द्वारा होता था। स्वाधीन भारत के हेतु लड़े जा रहे स्वातंत्र्य संग्राम के वे भीष्म-पितामह थे। जिस युग में स्वाधीनता का विचार तक मन में लाना नौकरशाही के सामने एक अपराध माना जाता था, वन्दे-मातरम् का शब्द उच्चारण मात्र करने से जब भारत-सपूतों को देश निकाले तक का दंड दिया जा सकता था उस समय इसी महाराष्ट्र के सूत्रधार ने भारत के मुख्यद्वार पर खड़े होकर सिंहनाद करते हुए कहा था-

''स्वराज्य हमारा जन्मसिद्ध अधिकार है''

बीसवीं शताब्दी नवजात शिशु के समान अभी रेंगना भी न सीखी थी, उस समय एकाएक भारती गगन पर तीन दिशाओं में...लाल-बाल-पाल...रूपी आदित्य त्रय का प्रादुर्भाव हुआ-

पश्चिम की ओर लाला लाजपतराय, दक्षिण की ओर लोकमान्य बाल गंगाधर तिलक तथा पूर्व की ओर विपिनचन्द्र पाल। उत्तर की ओर तो पहले ही गिरिराज आदित्य के सामने तेजस्वी रूप बना खड़ा ही था।

यति किशोरचन्द्र के हृदय में भगवान् तिलक के प्रति अगाध श्रद्धा थी। वे भगवान् द्वारा लिखे गए अथवा बोले गए शब्दों को अनेक बार पढ़ते और उन पर गम्भीरता पूर्वक विचार करते-और अब उक्त बंगाली महाशय द्वारा पूना में लोकमान्य से मिलकर राष्ट्र-निर्माण योजना के सम्बन्ध में उनका पथ-प्रदर्शन प्राप्त करने की उन्हें प्रेरणा प्राप्त हुई।

उन दिनों लोकमान्य पूना में थे। यति किशोरचन्द्र हरिद्वार से गाड़ी में बैठ पूना पहुंचे। अपने आने की सूचना तथा यात्रा का उद्देश्य उन्होंने हरिद्वार से ही भगवान् को लिख भेजा था। लोकमान्य से यह उनकी सर्वप्रथम भेंट थी। यति किशोरचन्द्र ने तिलक जी के सम्मुख उपस्थित होते ही उनके पदारविन्द पर अपना शीश धर उनका आशीर्वाद प्राप्त किया। यथोचित अतिथि सत्कार के पश्चात बातों ही बातों में देश की तत्कालीन अवस्था तथा उसके उत्थान पर वार्तालाप चली।

यति- इस भारतवर्ष का कुछ बन भी सकेगा कि नहीं?

तिलक– नहीं की बात ही क्या है। यति जी! जो बालक ठोकर खा कर एकबार गिर गया हो क्या वह फिर उठ नहीं सकता!

यति– एक ठोकर लगी हो तो उठ सकता है, भगवन! परन्तु यदि सारा ही शरीर ठोकरों से छलनी हो चुका हो तो फिर उठना कैसा!!

तिलक– फिर भी उठ सकता है।

यति– कैसे?

तिलक– अपनी आत्मिक शक्ति के बल से। शरीर के छलनी हो जाने पर आत्मा तो छलनी नहीं हो सकती।

यति– परन्तु जिसकी आत्मा भी मर चुकी हो?

तिलक– क्या आत्मा कभी मर सकती है। यदि मृत्यु भी मनुष्य की आत्मा का हनन नहीं कर सकती, तो क्या कोई भी सांसारिक सत्ता राष्ट्र की आत्मा का नाश कर सकती है?

यति– परन्तु, भगवन! एक सहस्त्र वर्षों की गुलामी।

तिलक– एक सहस्त्र वर्षों की गुलामी! क्या एक सहस्त्र वर्षों में हम एक बार भी नहीं उठे! यति जी महाराज! देश का इतिहास तो न आप से छुपा है न मुझ से छुपा है। क्या इन एक हजार वर्षों में हमने एक बार भी आजाद होने की कोशिश नहीं की–की है! अवश्य की है–केवल कोशिश ही नहीं की बल्कि इस कोशिश में हम शतांश सफल भी हुए हैं।

यति– कहां सफल हुए हैं भगवन्! यदि हम अपने प्रयत्न में सफल हुए होते तो आज भी हम पराधीन क्यों होते।

तिलक– परन्तु आज की पराधीनता क्या एक सहस्त्र वर्षों से चली आती है–यति जी महाराज! क्या अंग्रेज का शासन एक हजार वर्षों से चला आता है। अंग्रेजों को तो भारतवर्ष में एक बनिये के रूप में आए हुए भी मुश्किल से तीन सौ वर्ष हुए हैं और उनके शासन को सुचारू रूप से सुसंगठित हुए तो अभी तक शताब्दी भी पूरी नहीं हुई। जिस समय अंग्रेज भारतवर्ष में आए उस समय गुलामी थी ही कहां–म्लेच्छों के राज्य का तो सत्यानाश हो ही चुका था। दिल्ली का तख्त छिन्न-भिन्न हो चुका था। भारत भर में था ही कौन मुगल-सम्राट्! रामेश्वर से लेकर यमुना के पूर्वी तीर तक और यमुना के पूर्वी तीर से लेकर सुदूर बंगाल की खाड़ी तक तथा बंगाल की खाड़ी से लेकर मुम्बई के तट तक सार्वभौम मराठों का राज्य था। और यमुनाजी के पश्चिमी

तट से लेकर खैबर के भी परे गज़नी-काबुल कंधार तक पंजाब के बहादुर खालसा शूरमाओं का राज्य था। मुसलमानी थी ही कहां-एक मुहम्मद अली दक्षिण में एक नवाब अवध उत्तर में और एक अलीवरदी बंगाल में। परन्तु यह तीनों ही नवाब क्या मराठों का कर नहीं भरते थे?

यति– तो फिर यह इतना बड़ा हिन्दू-साम्राज्य कहां लोप हो गया?

तिलक– उत्थान-पतन, प्रकाश-अन्धकार, प्रकट-लोप, यह तो सब एक ही रस्सी के दो सिरे हैं। संसार के परिवर्तनशील चक्र में पिसते जा रहे प्राणियों को दोनों ही का रसास्वादन करना पड़ता है। हम उठें और इतनी शान के साथ उठें कि हमें गिराने वाले तब से आज तक कभी फिर उठने न पाएं।

यति– परन्तु वह हमारा हिन्दू-साम्राज्य कहां गया?

तिलक– वह हमारा साम्राज्य-स्वार्थपूर्ण, विलासता रूपिणी सर्वभक्षिणी नटी का ग्रास बन गया-यति जी! जातीय जीवन एक खेल तमाशा नहीं है। बल्कि समय का एक-एक क्षण जातियों के जीवन मृत्यु का संदेश लिए घूमता है। जो जाति अपने चरित्र को सुरक्षित रखती हुई, परस्पर प्रेम, स्नेह को बढ़ाती हुई अपने कर्तव्य पालन पर दृढ रहती है वह जाति तभी तक जीवित रहती है-परन्तु जो जाति विपरीत गामिनी हो मिथ्याचार तथा विलसता के वशीभूत हो अंधी हो जाती है उसका पतन तो हुआ ही करता है। जब तक हमारा चरित्र सुरक्षित था, हम पर कितने अत्याचार हुए परन्तु हम उन समस्त अत्याचारों का सामना करते हुए भी प्रताप, शिवा, गुरु तेगबहादुर सरीखे शूरवीरों को पैदा करते रहे।

जब तक यावनी अत्याचार हम पर होते रहे, तब तक हम कमजोर नहीं हुए, हमने तो अपने शरीर की हड्डी से यावनी तलवार की धार को मोड़ दिया। हमारा शरीर भले ही गुलाम था, परन्तु हमारी आत्माएं स्वतंत्र थीं और यह हमारी स्वतंत्र आत्मा छत्रपति शिवा जी महाराज के रूप में प्रकट हुई और उस सोलहवीं शताब्दी के योगेश्वर ने औरंगज़ेब रूपी कंस के एकतंत्र साम्राज्य को नष्ट भ्रष्ट करके रख दिया। परन्तु छत्रपति के पीछे आने वाले पेशवाओं ने अपने कर्तव्य को भली-भांति निभाया नहीं। राष्ट्र का सदाचार न्यूनतम हो गया और वह प्राप्त की गई स्वाधीनता फिर छिन गई।

उत्तर पश्चिम में महाराजा रणजीतसिंह का विशाल साम्राज्य भी उनके पश्चात आने वाले निकम्मे वंशजों ने केवल नौ वर्ष में नष्ट भ्रष्ट कर दिया। सात सहस्त्र मील से आए हुए कुछेक गोरे वणिक्-दल ने उनकी कमजोरी का

लाभ उठाते हुए भाई से भाई को लड़वा कर अपना साम्राज्य बढ़ाना आरम्भ किया, परन्तु अब फिर संसार चक्र चलने वाला है, भारत अपनी खोई हुई स्वाधीनता को अवश्यमेव प्राप्त करेगा। ईसा की बीसवीं शताब्दी एक नवीन संदेश ले कर रणक्षेत्र में उतरी है....भारत की स्वधीनता दूर नहीं।

यति– आप जो कुछ कहते हैं वह सब अक्षरशः सत्य है, भगवन्! परन्तु इस समय तो देश की अवस्था बड़ी खराब हो रही है।

तिलक– आज खराब है तो अच्छी कब थी। इसकी अच्छाई तो हर्ष और भोज के साथ चली गई। परन्तु मैं निराशावादी नहीं हूं और न ही मैं किसी के द्वारा किसी प्रकार की निराशा की बातें सुनना चाहता हूं। मुझे तो पूर्ण विश्वास है कि जो जाति महाराणा प्रताप, श्री छत्रपति शिवाजी, गुरुगोविन्दसिंह से नरसिंहों को पैदा कर सकती है, वह जाति कदापि बहुत देर तक गुलाम नहीं रह सकती।

यति– तो क्या भारत अपनी खोई हुई स्वाधीनता को पुनः प्राप्त कर लेगा?

तिलक– अवश्य, और शीघ्र ही! संसार चक्र घूमने लगा है। भारत की सोई हुई आत्मा चेत उठी है, जो जाति अपनी पराधीनता का अनुभव करने लग जाती है उस जाति को अधिक देर पराधीन बना कर रखा नहीं जा सकता, जिस संध्या देवी को अपने डंडे के ज़ोर से गोरे धोबी गधा बना उस पर बोझा ढो रहे थे वह गधा अब अपने वास्तविक सिंहरूप को पहचान गया है, भारतवर्ष को अपनी स्वाधीनता प्राप्त करने में अधिक देर नहीं लगेगी।

यति– परन्तु स्वाधीनता की देवी तो लाने से आवेगी अपने आप तो नहीं आ जावेगी। उसको शीघ्र लाने के लिए हम नवयुवकों को क्या करना चाहिए?

तिलक– यह एक बात आपने बड़े काम की पूछी है, क्या करना चाहिए। देखो यति जी महाराज! प्लैटफार्म पर खड़े हो कर दोनों हाथ पतलून की जेबों में डाल धाराप्रवाह अंग्रेजी बोल-बोल कर सरकार को कोरी धमकियां देने से कुछ न होगा। भारत की वास्तविक शक्ति शहरों में नहीं बल्कि ग्रामों में है। आज़ादी वायसराय की कोठी में नहीं, बल्कि आजादी गरीब की झौपड़ी में है। इस समय ग्रामों में घुस कर ग्रामीण जनता में क्रान्ति मचाने की बड़ी भारी आवश्यकता है। इन ग्रामीण लोगों में अंध विश्वास है, जहालत है, परस्पर मुकदमे बाजी है–इन बातों को दूर करने के लिए उनमें प्रचार करना चाहिए तथा उनकी आने वाली संतान का सुधार करने के लिए ग्राम-ग्राम में पाठशालाएं खोल कर उनके बच्चों को सुशिक्षित करना चाहिए। हिन्दुओं के अन्दर जो जन्मगत जातपात तथा छुआछूत का भूत है, यह देशोन्नति के मार्ग

में एक बड़ी भारी बाधा है। अस्तु! देश के उठते हुए नवयुवकों को इन सामाजिक अत्याचारों के प्रति विद्रोह मचाना चाहिए। हिन्दुओं के मेले, ठेले, पर्व, उत्सव सभी अपनी वास्तविकता को तिलांजली दे अपना विकृत रूप धारण कर चुके हैं। हमें इन मेलों को सुचारु रूप से चलाना चाहिए। जिस प्रकार महाराष्ट्र के अन्दर गणपति उत्सव तथा शिवाजी उत्सव मनाये जाते हैं, उसी प्रकार से उत्तर भारत में रामलीला-कृष्णलीला इत्यादि को मनाना चाहिए। हमको अधिक ध्यान जनसाधारण की शारीरिक अवस्था तथा उनके सुधार की ओर देना चाहिए...

यदि हम स्वयं अपने भीतर जो बुराइयां हैं, उन्हें दूर कर लें....सच्ची शिक्षा, सच्चा जीवन, सच्चा धर्म पालन यदि हम सब में आ जाए तो सचमुच देश तत्काल स्वाधीन हो जाए। मेरा तो यह दृढ़ विश्वास है कि हमारी त्रुटियों ने ही हमें गुलाम बना रखा है। भारतवर्ष में ईश्वर की चर्चा तो बहुत होती है, परन्तु ईश्वर क्या है, भारतीय लोग यह जानते ही नहीं। इस लोक में रहते हुए उन्हें सदैव परलोक की ही चिन्ता रहती है। जिस प्रकार भारत के मुसलमान भारत में रहते हुए मक्का-मदीना के गीत गाते हैं, उसी प्रकार भारत के हिन्दू भारत में रहते परलोक के गीत गाते हैं। हमें यह परलोक का मिथ्या भय इनके दिल से निकालना होगा।

यति जी– आप का कथन सर्वथा उचित हैं। भगवन्! मैं आपसे परामर्श प्राप्त करने आया हूं-हम नवयुवक उत्तर भारत में आपके संदेश को क्रियात्मक रूप में किस प्रकार धारण कर सकते हैं?

तिलक जी–यति जी! जिस के हृदय में सेवा की सच्ची भावना है वह तो अपने लिए सेवा का क्षेत्र सर्वत्र ही ढूंढ़ लेता है, और जब सेवा की सच्ची भावना हो तो फिर उस भावना का प्रभाव पड़ता ही है। आप उत्तर भारत में क्षात्रधर्म की दीक्षा का प्रचार कीजिए, नवयुवकों का संगठन कीजिए, उत्सवों तथा महापर्वों को ठीक ढंग पर मनाने का जनता में प्रचार कीजिये। यदि आप यह तीन बातें कर लेंगे तो मैं आपको विश्वास दिलाता हूं, आप राष्ट्र की आत्मा के अन्दर जीवन ज्योति जगाने में पूर्णतया सफल होंगे।

❑❑❑

तिरपनवां अध्याय

आनंद-सेवक पंथ

I offer neither pay nor quarter, nor provision,

I offer hunger, thirst, forced marches battle & death.

Let him who love his country in his heart not with his lips only follow me.

लोकमान्य भगवान् के मुखश्री से नवजीवन संचित सन्देश प्राप्त कर यति किशोरचन्द्र हरिद्वार लौटे। लोकमान्य के सन्देश को कार्य रूप में तो उन्होंने पहले ही परिणत कर दिया था। हरिद्वार में सन्त लाइब्रेरी तथा पंचपुरी के भिन्न-भिन्न ग्रामों में पाठशालाएं तो में वे पूना जाने से बहुत वर्ष पहले ही स्थापित कर चुके थे। प्राचीन संस्कृति की रक्षा, आयुर्वेद का पुनरुद्धार तथा स्वदेशी वस्तुओं के प्रयोग का कठोर व्रत यह तीन वस्तुएं अपने जीवन में वे पहले ही धारण कर चुके थे।

पूना से लौटे उन्हें काफी दिन हो चुके थे। फाल्गुन का महीना था। बसन्त की बहार थी। वृक्ष अपने-अपने कलेवर को बदल रहे थे, टूटे-फूटे खुरदरे पत्तों का परित्याग कर नवीन कोंपलें धारण कर रहे थे। एक दिन यति जी ठंडी-ठंडी सुगन्धित वायु में घूमते-घूमते सप्त-सरोवर की तपोभूमि की ओर निकल गए। उस स्थान का दृश्य बहुत ही सुन्दर है। एक ही क्षण में देखने वालों के चित्त को मोह लेता है। सामने ही अनेक प्रकार के छोटे-बड़े वृक्षों, जड़ी-बूटियों, खिले हुए पलास के फूलों का लाल-लाल जंगल छा रहा है। उसी के आंचल में पतित पावनी मातेश्वरी भागीरथी कलकल का निनाद मचाती अपनी सप्त धाराओं में प्रस्फुटित हो अपने सौन्दर्य का प्रदर्शन कर रही है।

उस दिन यति जी को यह दृश्य इतना सुन्दर तथा चित्ताकर्षक प्रतीत हुआ कि वहां से घर लौटने का ख्याल तक भूला गये। एक के पश्चात् एक ऐसी पांच धाराओं को पार कर छटी धार के किनारे रेती में एक वृक्ष के नीचे बैठ गए। वहां बैठ गंगा जी की शोभा निहारते-निहारते इतना आनन्द आया कि वहीं बैठे-बैठे बारह बज गए। धूप तो खूब चमक रही थी, परन्तु साथ ही साथ ठंडी पवन के बहने से उसका ताप असह्य न था।

अस्तु! कपड़े उतार रेते में लेट अनेक प्रकार की चिड़ियों का चियाऊं-मियाऊं सुनते-सुनते उस जगत्-पिता की रची प्रकृति को देख-देख प्रसन्न हो रहे थे।

वही रेती पर लेटे-लेटे यति जी ने सामने बह रही गंगाजी की दूसरी ओर एक साधारण-सा दृश्य देखा। एक हाथी सामने के जंगल में से निकल कर धीरे-धीरे श्रीगंगाजी की ओर आ रहा था। जब एक हाथी रेते में आकर पानी पीने के लिए पानी की ओर आने लगा, उसी समय एक छोटी-सी चिड़िया उड़ी और बार-बार चीं-चीं करती हुई उस हाथी के कान के पास से होकर अपनी पूरी शक्ति से उस पर हमला करने लगी और वह हाथी इसका कुछ भी परवाह न कर अपनी ही चाल में पानी की ओर आगे बढ़ता गया। अब वहां एक के बजाय पांच छह चिड़ियां हो गई और सभी चिड़ियों ने मिल कर उस हाथी पर हमला बोल दिया। चीं चीं चीं चीं करती हुई चिड़ियों ने हाथी के दोनों कानों पर चक्कर-सा बांध दिया। अब तो इतने बड़े डील-डौल वाले गजराज का भी धैर्य टूट गया। वह सहसा रुक गया। चिड़ियों ने फिर भी हमला बन्द नहीं किया। हाथी के पांव उखड़ गए और वह एक दम दुम दबा कर जिधर से आया था, उधर ही भाग गया।

यह घटना इतनी साधारण-सी थी कि यदि उसे देख कर कोई भुला भी दे तो कोई आश्चर्य की बात नहीं, परन्तु संसार के अन्दर कतिपय असाधारण विभूतियां जो संसार के कल्याण के लिए अवतरित होती हैं, वे तो इन साधारण घटनाओं में से असाधारण परिणाम निकाल लेती हैं। न्यूटन ने एक आम को वृक्ष से गिरते हुए देखा। उसी घटना ने उसे प्रसिद्धि दी। स्टीफंस ने देगची पर उछलते हुए ढकने को देखा, वही घटना उसके द्वारा इंजन तैयार करने का हेतु सिद्ध हुई। महर्षि वाल्मीकि ऋषि ने एक दिन तमसा नदी के तट पर टहलते-टहलते एक निषाद को एक हंस दंपति की ओर तीर छोड़ते देखा उस समय ऋषि के मुंह से सहसा निकल पड़ा-

मा निषाद प्रतिष्ठामत्वमगमः शाश्वती समः।
यत्क्रौञ्च मिथुनादेकमवधि काम मोहितम्॥

यह साधारण सी घटना ही रामायण के निर्माण का हेतु बनी।

यति किशोरचन्द्र ने इस घटना को देखा। उनके हृदय में एक विचार उठा। संगठन में कितनी शक्ति है। कहां इतना बड़ा भारी हाथी और कहां यह छोटी-छोटी चिड़ियां। यदि यह घटना मैंने आंखों न देखी होती और कोई व्यक्ति मुझे आ कर कहता कि अमुक स्थान पर पांच चिड़ियों ने एक ज़ोरावर हाथी को भगा दिया तो मैं कभी सच न मानता, परन्तु आंखों को देख कर अविश्वास कैसा। यह सब संगठन की कृपा है। इन चिड़ियों ने जो इतनी सत्ता प्राप्त की है, यह सब संगठन की सत्ता है! शास्त्र ने भी संगठन की कितनी महिमा गाई है–

न वै भिन्ना जातु चरन्ति धर्म।

संघ धर्म ही सबसे अधिक बलवान है। इसी संघ धर्म के बल पर ही तो कभी सारे संसार में बौद्धधर्म की पताका फहराया करती थी। आज भी मुट्ठी भर गोरे अपने संगठन की शक्ति से 35 करोड़ भारतीयों पर शासन करते हैं। एक अंग्रेज एक हजार भारतीयों पर शासन करता है। क्या एक आदमी एक हजार भेड़ों को काबू में कर सकता है? क्या हम हिन्दुस्तानी भेड़ों से भी गए गुज़रे हैं। यदि हम भी इन चिड़ियों के समान एक हो जाएं तो सचमुच इस भारतीय उपवन को नष्ट भ्रष्ट करने वाले लाखों सफेद हाथी दुम दबा कर जिधर से आए हैं, उधर ही भाग जावें।

ऐसे ही विचारों से प्रेरित हो उसी रेती पर लेटे हुए यति ने देश के अन्दर एक नवीन युग लाने वाले नवयुवकों का संगठन करने पर विचार किया।

इस संगठन का नाम उन्होंने रखा "आनन्दसेवक पन्थ" अर्थात् अपनी निष्काम सेवाओं द्वारा संसार का दुःख ताप मिटा उसे आनन्दित करने वाले संसार क्षेत्र के विजयी यात्रीगण। इस पन्थ की भूमिका उन्होंने हरिद्वार में ही बांधी।

अत्यन्त सोच-विचार करने के पश्चात् उन्होंने अपने मिशन को जनता के सम्मुख एक विशेष नियमों की शृखंला में पिरो कर पेश किया।

हमारा उद्देश्य

1. (क) मेलों ठेलों पर तथा कुम्भ इत्यादि विविध पर्वों पर जनता की सेवा करना।

   (ख) बीमार तथा असहाय यात्रियों की सहायता करना।

(ग) गंगाजी तथा अन्य पवित्र स्थानों पर स्नान करते हुए यात्रियों की देख-भाल करना उन्हें डूबने से बचाना।

(घ) अनेकानेक विधर्मी गुण्डे साधुओं का वेश धारण कर इन पर्वों पर अहिन्दु बालक-बालिकाओं का अपहरण करते हैं। ऐसे गुण्डों की मरम्मत करना।

(ङ) खोये हुए लड़के-लड़कियों को खोजकर उनके सरंक्षकों तक उन्हें पहुंचाना।

2. व्यायाम के लिए अखाड़े खोलना। वर्तमान सरकारी कानून जहां तक भी अस्त्र-शस्त्र के प्रयोग की आज्ञा देता हो, वहां तक इन अखाड़ों में अस्त्र-शस्त्र शिक्षा का प्रबन्ध करना।

3. राम-लीला, होली, शिवाजी उत्सव सरीखे प्रसिद्ध-प्रसिद्ध राष्ट्रीय त्योहारों को वीरता के साथ मनाना।

4. छुट्टी के दिन अथवा अवकाश-प्राप्ति पर निर्धन जातियों के मोहल्लों में जाकर उन्हें अच्छे-अच्छे उपेदश सुनाना।

5. हिन्दू समाज में फैली हुई कुरीतियों को दूर करने के लिए सदैव कटिबद्ध रहना।

आनन्द सेवक पन्थ के पथिकों को पन्थ में सम्मिलित होते समय निम्न-प्रतिज्ञाओं के पालन की शपथ लेनी पड़ेगी-

1. मैं दूसरों के साथ ऐसा ही व्यवहार करूंगा जैसा कि मैं स्वयं चाहता हूं कि दूसरे मेरे साथ व्यवहार करें।

2. मैं सदैव सत्य का पालन करूंगा। अपना जीवन धर्मानुकूल बनाऊंगा। ईश्वर में मेरा दृढ़ विश्वास होगा और मैं ईश्वर की सन्तान की सेवा को ही ईश्वर प्राप्ति का साधन समझ अपने ध्येय पर अटल रहूंगा।

3. मैं अपने साथियों में सदैव प्रेम भाव बनाये रखूंगा और अपने संघ-डिसिप्लिन पर सच्चे हृदय से आचरण करूंगा।

4. मैं जहां तक मुझसे हो सकेगा ब्रह्मचर्य का पालन करूंगा। अपने आपको अपनी सन्तान को तथा अपने सर्वस्व को मैं राष्ट्र की संपत्ति समझूंगा।

5. जात-पात, ऊंच-नीच, छुआछूत को मैं राष्ट्र के लिए अहितकर समझता हूं। मैं सब प्राणियों में एक ईश्वर की आत्मा का रूप देखता हुआ सर्वत्र समता की दृष्टि का आचरण करूंगा।

6. परोपकार मेरे जीवन का उद्देश्य होगा।

7. मैं अपनी मातृभाषा हिन्दी से प्रेम करूंगा और अपना निजी व्यवहार केवल हिन्दी भाषा में ही करूंगा।

8. मैं अपनी अनावश्यक आवश्यकताओं को कम करूंगा और विवाह शादियों पर फिजुलखर्ची बन्द कर दूंगा और इस प्रकार बचे हुए धन को राष्ट्र के हित के लिए लगा दूंगा।

9. मनुष्य की आत्मा को ऊंचा करने वाले जो हमारे पूर्वजों ने धर्म के दस लक्षण कहे हैं मैं उनके अनुसार आचरण करूंगा।

10. भारत की नष्ट हुई स्वाधीनता को प्राप्त करने के लिए मुझे किसी प्रकार का त्याग बलिदान करते समय किसी प्रकार का शोक संताप न होगा।

यति किशोरचन्द्र इस पवित्र मिशन के प्रवर्तक बने। इस संजीवनी संदेश को लेकर वे दूर आगरा, मथुरा, अलीगढ़, हाथरस तक पहुंचे...उन्होंने इसी विषय में 'सत्यता की कुंजी' और 'उपदेशामृत' प्रभृति ग्रन्थों की रचना की। थोड़े ही समय में उनके पन्थ के पथिकों की संख्या तीन हजार तक पहुंच गई।

एक स्थान पर अपने पथिकों को सम्बोधित करते हुए उन्होंने कहा इस समय हमारी प्यारी मातृभूमि की अवस्था अत्यन्त शोचनीय है। एक ओर सप्त-सिन्धु पार से आए हुए गोरे व्यापारी हमारी मातृभूमि का रक्त चूस रहे हैं तो दूसरी ओर स्वयं भारत-पुत्र घोरतम अंधकार में फंसे हुए प्रकाश के नाम से ही भय खाते हैं। उन्नति की प्रत्येक बात से उन्हें द्वेष है। आज हमारे देश की अवस्था उस दुर्भाग्य मृत प्राय रोगी के सदृश हो रही है जो मृत्यु शैया पर पड़ा हुआ अपने शुभचिन्तक डॉक्टर को गालियां दे रहा हो।

देवी-देवताओं के नाम पर कितने-कितने भीषण अत्याचार होते हैं—मातृ रूपिणी देवी की गोद में कितने मूक प्राणियों को काट-काट कर फैंक दिया जाता है। विवेक से भ्रष्ट हुए प्राणियों का शतोमुखी पतन तो हुआ ही करता है। हमारा ईश्वर पर से विश्वास कतई उठता जा रहा है। ईश्वर की रट लगाते हुए भी हम अनीश्वरता की लीला रचते हैं। आस्तिकता का ढिंढोरा पीट-पीट कर हम घोर नास्तिकता का पालन करते हैं। सैयद पीर, फकीर, जादू, टोना, कबर, मढ़ी, ताजिया, झाड़-फूंक पर अपना मत्था रगड़ना क्या यही है ईश्वर विश्वास।

आनन्द सेवक पंथ के पथिकों मैं तुम्हें आदेश करता हूं, इन कुरीतियों के ढेर को ठोकर मारकर चूर-चूर कर दो—बालू की भीति कब तक टिकेगी?

देश माता के पांवों की बेड़ियां काटने के लिए इस बालू की भीति को तो गिरना ही पड़ेगा।''

एक अन्य स्थान पर अपने पन्थ के पथिकों को सम्बोधित करते हुए आपने कहा–''कोई भी जाति बाहर से आकर दूसरी जाति को गिरा नहीं सकती है, यदि एक जाति दूसरी जाति को पाशिवक बल के प्रदर्शन से ही पराधीन बना सकती तो आज केवल हमारा भारतवर्ष अकेला संसार में गुलाम न होता। जाति के पतन का कारण उस जाति पर हो रहे बाहर के अत्याचार नहीं बल्कि वह जाति स्वयं कुछ पाप करती है और जाति के ये पाप ही उस जाति का सर्वनाश कर डालते हैं। जिस देश के सात करोड़ पुत्रों को अछूत कह कर बिल्कुल नकारा बना दिया हो। जिस देश में मानवता का इतना भी मान न हो जितना अन्य देशों में कुत्ते तथा बिल्लियों का होता है, जिस देश में एक-एक वर्ष से भी कम लाखों अबोध कन्याएं विधवा कहलाती हों और जात-पात रूपिणि राक्षसी ने जिस देश-पुत्रों के एक दो नहीं, अपितु पूरे 9999 टुकड़े कर दिए हों; वह जाति यदि पराधीन बन जाए तो कोई आश्चर्य की बात नहीं। आनन्द-सेवक-पन्थ के पथिकों मैं तुम्हें आदेश करता हूं यदि तुम भारत माता को स्वाधीन बनाना चाहते हो तो इस जात-पात और इस छूतछात का सर्वनाश कर दो।''

एक अन्य स्थान पर अपने पन्थ के पथिकों को सम्बोधित करते हुए आपने बड़े मार्के की बात कह दी–

''समय बहुत थोड़ा है–कार्य अधिक है परन्तु हमें उत्साहहीन नहीं होना चाहिए। आर्य-पुत्रों के लिए संसार में कुछ भी असम्भव नहीं हुआ करता। आप उन महापुरुषों की सन्तान हैं, जिन्होंने अपने बाहुबल से समस्त भूतल पर एकछत्र शासन किया। तुम उन ऋषियों के वंशज हो जिन्होंने एक ही घूंट में सारे सागर को पी लिया, तुम धैर्य से काम करते जाओ, सफलता तो स्वयं भागी-भागी तुम्हारी ओर आवेगी।

सेवा का पथ तो त्याग और बलिदान का पथ है। जिस प्रकार बाहर के अत्याचारों की अपेक्षा भीतर के अत्याचार किसी भी जाति के लिए अधिक घातक हुआ करते है, ऐसे ही मनुष्य के पतन में भी बाहर की अपेक्षा भीतरी शैतान अधिक हेतु बना करता है। बाहर लाखों शैतान घूमते हैं, परन्तु मैं तुमसे सच कहता हूं यदि तुम अपने भीतरी शैतान को जीत लोगे तो यह बाहर के लाखों शैतान तुम्हारा कुछ भी बिगाड़ न कर सकेंगे। इस भीतर के शैतान को

वश में करने का सर्वोत्तम नुस्खा है 'ब्रह्मचर्य।' ब्रह्मचर्य ही सब रोगों की औषधि है। ब्रह्मचर्य ही मानव-जीवन का सार रूप है। ब्रह्मचर्य ही सदाचार की कुंजी है। इसलिए आनन्द सेवक पन्थ के पथिकों आज से ब्रह्मचर्य महाव्रत का कठोरता से पालन करने की प्रतिज्ञा लो।

किसी भी अत्याचारी शक्ति के सामने तुम्हें सिर झुकाने की आवश्यकता नहीं। यदि सत्य और धर्म के प्रति तुम्हारा अटल विश्वास है, तो भीषण विपत्ति तथा निन्दनीय अत्याचार में भी समुद्र के सदृश गम्भीर तथा हिमालय के समान अचल बने रहो। अन्त में विजय तुम्हारे साथ है।''

यति को उनके इस प्रयास में सफलता प्राप्त हुई। जब कहीं कांग्रेस का नाम तक न था, केवल एक नाममात्र। संस्था सेवा समिति और महावीर दल का अस्तित्व तक न था, उस समय यति किशोरचन्द्र की सेना अपने इस महान राष्ट्रीय कर्तव्य को पूरा करने में लगी थी।

एक बार यति किशोरचन्द्र अपने पंथ का संगठन करने के लिए बुलन्दशहर गए। बुलन्दशहर में लाखों मलकाना लोग हैं जिनके हृदय में हिन्दुत्व का प्रेम है परन्तु विवशता से वे मुसलमान हैं। यति जी के हृदय में मलकाना लोगों में अपने मिशन का प्रचार करने की धुन थी। इसी उद्देश्य को दृष्टि में रखते हुए उसी नगर में उन्होंने अपने पन्थ के पथिकों को संबोधित करते हुए कहा–

मेरे आदरणीय बंधुओ! हमने इस गिरे हुए राष्ट्र को उठाना है। एक योग्य वैद्य बनकर हमने इस भारतीय राष्ट्र का उपचार करना है। पहले हमें इस रोगी राष्ट्र के रोग की पहचान करनी चाहिए। राष्ट्र व्यक्तियों के समूह से बनता है! एक ही संस्कृति और एक ही सभ्यता को धारण करने वाले व्यक्तियों के समूह को राष्ट्र कहते हैं। जब तक इस मानव शरीर में काम करने वाली सभी नस-नाड़ियां नियमित रूप से अपना कार्य करती रहती हैं, तब तक शरीर स्वस्थ रहता है, परन्तु ज्यूं ही इस शरीर रूपी मशीन के अन्दर असंयमता आ जाती है तभी यह शरीर रोगी बन जाता है। यही अवस्था इस राष्ट्रीय शरीर की है, जब तक राष्ट्र की प्रत्येक नस-नाड़ी अपना कर्तव्य नियमित रूप से निभाती है तब तक राष्ट्र भी सुचारु रूप से चलता है, परन्तु जब राष्ट्र का प्रत्येक व्यक्ति अपने कर्तव्य को भूल जाता है, अपनी संस्कृति से पथ-भ्रान्त हो जाता है, तो उस राष्ट्र का पतन हो ही जाया करता है।

आज भारत-पुत्र अपनी संस्कृति से पथ-भ्रान्त हो गए हैं। हमें इनको सीधे रास्ते पर लाना है। अपनी संस्कृति का पालन करना ही तो हिन्दू धर्म है। धर्म

का अर्थ होता है संयम। वे नियम जिनका पालन करने से हमारे शरीर के भीतर समता (Regularity) रहे। हिन्दू-धर्म मनुष्य का सम्बन्ध प्रकृति के साथ सम्बन्धित करता है। प्रकृति+मानव शरीर = हिन्दू धर्म This human machines of flesh and blood acting in accordance with the laws of nature is called a Hinduism.

यही हिन्दू धर्म की विशेषता है। आपने प्रायः सुना होगा अमुक व्यक्ति मुसलमान बन गया, परन्तु यह आपने कदापि नहीं सुना होगा कि मुसलमान हिन्दू बन गया। गंगा उल्टी बह रही है। चाहिए यह था कि संसार उन्नति की ओर जाता, पशुता से मानवता की ओर सरकता, मायावाद से प्रकृति की ओर बढ़ता, परन्तु आज संसार प्रकृति को छोड़ मायावाद के पीछ उन्मत्त हो रहा है। हिन्दुत्व को छोड़ना तो मानवता को तिलांजली देना है।

मनुष्य के दो संसार होते हैं। एक संसार वह है जो उसे आँखें खोल कर दीखता है और दूसरा संसार वह है जो उसे आंखें बन्द करके दीखता है। हिन्दू धर्म दोनों संसारों में जीने का ढंग बताता है। कोई माने अथवा न माने उसकी मर्जी, परन्तु वेद भगवान् तो पुकार-पुकार कर कह रहा है।

अन्धमतमः प्रविशन्ति ये अविद्यामुपासते।
ततो भूय इव ते तमो ये विद्याया ँरता।।
विद्यामं च अविद्याम् च यो नस्तद्वेदीभ्यम्सह।
अविद्यया मृत्युमं तीर्त्वा विद्ययाऽमृतमश्नते।।

अर्थात् मनुष्यों को दोनों ही संसारों में सुखपूर्वक रहने का ढंग आना ही चाहिए। विद्या (metaphysics) तथा अविद्या (materialism) का पूरा ज्ञान चाहिए।

संसार में धर्म एक है, परन्तु मज़हब अनेक हैं। मजहब बदला जा सकता है परन्तु धर्म को बदला नहीं जा सकता। आज संसार में धर्म की छीछालेदर हो रही है, मज़हब वालों की गुड्डी चढ़ रही है, मिथ्याचारी अपनी-अपनी भेड़ें बढ़ाने में लगे हुए हैं। विशाल भारत आज दो प्रमुख गिरोहों में विभक्त हो चुका है। एक गिरोह है राष्ट्रवादियों का, स्वाधीनता के पुजारियों का, भारत माता के सच्चे सपूतों का, उनका जो दिन-रात अपनी जननी जन्म भूमि के चरण पाश काटने की चिन्ता में ही लगे रहते हैं...उन्हें हिन्दू कहा जाता है। दूसरा गिरोह है मुसलमानों और ईसाइयों का...भारतीय राष्ट्र के प्रति देशद्रोह

करने वाले भारत कपूतों का। आज देश में इसी गिरोह की प्रबलता है। वे लोग गली-कूचों में ढोल बजा-बजा कर चिल्ला रहे हैं....'तुम दुनिया में लाख पाप कर लो, इंसान होते हुए और अशरफुल्मखलूक कहलाते हुए तुम भले ही हैवानों से भी निकृष्ट काम कर लो, परन्तु इस हमारे गिरोह में अपना नाम लिखा दो, तुम्हारे सभी पाप बख्श दिए जावें।'' परन्तु भारतीय राष्ट्र के सुपुत्र तो व्यक्ति को संयम की जंजीरों में जकड़ रखते हैं। मुसलमान लोग अपने औरंगजेब, अपने अल्तमश, गौरी के गीत गाते हैं। उनके गिरोह का कोई भी व्यक्ति लाख पाप कर आए वह तो पूज्य से भी पूज्यतर बन जाता है, परन्तु आप हिन्दू होते हुए रत्ती भर भी भूल कर बैठें, आपको या तो जाति से बाहर निकाल दिया जावेगा या आपको अपने प्राण संशय में डाल कर भी उस अपने पाप का प्रायश्चित करना होगा। एक मुसलमान हिन्दू देवी को भगा कर लाता है, मुसलमानों के घर में घी के चिराग जलते हैं, परन्तु एक हिन्दू नवयुवक यदि किसी मुसलमान लड़की को उस लड़की की रज़ामन्दी से ही ले आता है तो स्वयं हिन्दू-समाज ही उसका जीना हराम कर देता है। दुर्योधन को, दु:शासन को, रावण को, कंस को, हिरण्यकश्यप को कोई भी लाख गालियां निकाल ले, हिन्दू बुरा नहीं मानेगा, परन्तु सचमुच बड़े से बड़े बदमाश मुसलमान को आप बदमाश कहें, मुसलमान उसे सुनने को तैयार न होगा। यह भेद क्यों है? आनन्द सेवक पंथ के पथिको! मैं यह बताने के लिए तुम्हारे सामने उपस्थित हुआ हूं। इस भेद का प्रमुख कारण मैं तुम्हें बताना चाहता हूं। यह कारण जानना तुम्हारे लिए अत्यावश्यक है।

आज भारतवर्ष में छह करोड़ मुसलमान हैं। यह सब के सब न तो अरब से ही आए और न ही अल्लामियां ने इनको आकाश से फैंका है। यह मुसलमान हमारे अपने ही भाई हैं, और भाई जब अपने भाई से लड़कर जुदा हो जाता है तो प्राय: वे पड़ोसियों पर तो भले ही कभी दया कर ले, किसी बेगाने से भले ही वह हंस कर बोल ले, परन्तु अपने भाई के मर जाने पर भी वह शोक के दो शब्द तक न कहेगा। यही अवस्था इन मुसलमानों की है। ब्राह्मणों के अत्याचार से पीड़ित हो हमारे भाई हिन्दू-समाज को छोड़ने के लिए बाधित हुए। एक बात साथ-साथ मैं आपको और बता देना चाहता हूं। एक हिन्दू कभी भी खुश हो कर मुसलमान नहीं बनता। मुसलमान बनने की अपेक्षा वह मर जाना अच्छा समझता है, परन्तु समाज के चौधरियों के अत्याचार के सामने उसकी पेश नहीं जाती। वह घर से बाहर जाना नहीं चाहता, परन्तु बिरादरी के चौधरी धक्के दे दे कर उसे अपने घर से निकाल

देते हैं। वह बेचारा फिर बाहर खड़ा दरवाजे तोड़ता है, रोता है, चिल्लाता है, मुझे अन्दर दाखिल कर लो, मैं भूला, क्षमा कर दो पश्चाताप करता हूं...परन्तु ज़ालिम-समाज का पत्थर दिल पसीजता नहीं। वह उस समय अपने आपको छोटा खुदा (God incarnate) समझता है। वह बाहर का आदमी इस अवस्था में क्या करे? इन बिरादरी के चौधरियों ने हमारे 6 करोड़ भाइयों को हमारा शत्रु बना दिया, जिसका परिणाम हमने भोगा और खूब भोगा।

जिस समय सर्वप्रथम छठी शताब्दी में अरब और भारत के संबंध का श्रीगणेश मुहम्मद बिन कासम के आक्रमण से हुआ, उस समय समाज के चौधरी अपने अत्याचारों की सीमा तक पहुंच चुके थे। समाज के सताये हुए दलित-वर्ग ने यवनों के साथ मिल कर इस ब्राह्मण-एकतंत्र (Brahmanic Autocracy) को जड़ से उखाड़ फैंका।

तत्पश्चात् महमूद गजनबी, सुबकतगीन, मोहम्मद गौरी के आक्रमण हुए। इन तीनों व्यक्तियों का इस्लाम के साथ कुछ भी सम्बन्ध न था। वे तो थे केवल एक लुटेरे। लूटने आए थे, लूटलाट कर वे चल दिए।

परन्तु भारत तो एक पारसमणी है। वे गजनी के लुटेरे लोहा हाथों में लेकर आए थे, इस भारतीय पारस-मणी का स्पर्श करते ही वे पारस बन गए, परन्तु अत्याचारी धर्म-ध्वजियों ने इस पारसमणी को लोहा रहने पर ही विवश किया।

फिरोज़शाह, शेरशाह सूरी, अकबर की कथाएं तो जगत्प्रसिद्ध हैं—अकबर और बीरबल का गाय-गधा वाला किस्सा तो सभी जानते हैं। यही एक किस्सा तत्कालीन हिन्दू-मनोवृत्ति का स्पष्ट उदाहरण है। धर्म-ध्वजाधारियों ने उन भारत-सम्राटों को हिन्दू तो नहीं बनाया, परन्तु स्वयं उन मुसलमानों की जूतियां चाटना सहर्ष स्वीकार कर लिया। यह हमारे पतन का इतिहास है।

अब इन धर्मध्वजियों के अत्याचार की प्रतिक्रिया हुई, छोटी जातियों के लोगों पर इनका अत्याचार बढ़ता ही गया। यवन-साम्राज्य को भी अपने आप को एक सम्प्रदाय के साथ सम्बन्धित करना पड़ा। उन्होंने इन धर्म के ठेकेदारों को स्पष्ट कह दिया, "हमें हिन्दू बना लो—शुद्ध कर लो नहीं तो हम हिन्दुत्व का खात्मा कर देंगे", परन्तु धर्म के सोल-एजेन्टों ने तो साफ कह दिया, "तुम धर्म का भले ही गला घोंट दो परन्तु हम तुम्हें हिन्दू नहीं बनाएंगे।"

अब यवनों की तलवार चली, अपनी मर्ज़ी के बिना हिन्दुओं को जबरदस्ती मुसलमान बनाया जाने लगा। तत्कालीन धर्म-ध्वजियों के कानों पर

जूं तक न रींगी। परिणाम वही हुआ जो होना था। देश के प्राण, गरीब लोग धड़ाधड़ मुसलमान बनाए जाने लगे।

आज भारतवर्ष के अन्दर मुसलमानों के जो बड़े-बड़े खानदान दिखाई दे रहे हैं, वे सब के सब थोड़े ही दिन पहले हिन्दू थे। राणा प्रताप की सन्तान थे। मैं तो उन्हें अब तक भी प्रताप की सन्तान ही कहता हूं, परन्तु भारत के पथ-भ्रष्ट पुत्र अपने आप को विदेशी समझते हैं। इसमें मैं अपना ही दोष समझता हूं।

जगन्नाथ पण्डितराज, जिन्होंने गंगा जी की अमर लहरी लिखी और जो कि अपने समय के एक माने हुए प्रसिद्ध पण्डित थे, उनके बारे में एक ऐतिहासिक घटना है। उनकी औरंगजेब के साथ गंगाजल तथा आबे-ज़मज़म (मक्का के एक नाले का पानी) की शुद्धता के बारे में बहस हो गई। बड़े ज़ोर का शास्त्रार्थ रहा। एक ओर बड़े-बड़े मौलाना थे और दूसरी ओर थे पण्डित-राज। शर्त यही ठहरी की यदि पण्डितराज हारें तो वे मुसलमान हो जावें और यदि मुल्ला हारें तो औरंगजेब अपनी लड़की का विवाह पण्डितराज से कर दे। लम्बे चौड़े झगड़े के पश्चात पण्डितराज की जीत हुई। औरंगज़ेब को अपनी लड़की का विवाह पण्डितराज से करना ही पड़ा।

आगे आगे सुनिये, जिस तात्पर्य के लिए मैंने इस दृष्टांत को छेड़ा था, उस मुस्लिम राजकुमारी को गंगा का अमृत छका, उससे सर्वशुद्ध बना पण्डितराज जब काशी अपने घर की ओर चले तो बजाय इसके कि काशी स्थिति पण्डितगण अपने नेता का स्वागत करते, उन स्वार्थी दुष्टों ने शहर के दरवाजे बन्द कर लिए, और मशहूर कर दिया कि पण्डितराज मुसलमान हो गये हैं। काशी के पंडितों ने व्यवस्था दी कि यदि कोई हिन्दू मुसलमानों देवी से विवाह करे तो वह भी मुसलमान और यदि कोई हिन्दू देवी मुसलमान से विवाह करे तो वह देवी भी मुसलमान। चाहे चाकू खरबूज़े पर गिरे अथवा खरबूज़ा चाकू पर गिरे...गला तो खरबूजे का ही कटेगा।

आज तक भी अलीगढ़, मेरठ, बदायूं, अलवर, मथुरा, इटावा में लाखों मुसलमान ऐसे हैं जो अपने विवाह शादियों के अवसर पर गो-ब्राह्मण की पूजा करते हैं। वे यद्यपि अपने आपको मल्काने कहते हैं, परन्तु दिल में उन्हें दुःख है कि वे मुसलमान समझे जाते हैं। परन्तु करें क्या कुछ पेश नहीं जाती। अजब समां होता है, विवाह आदि संस्कारों पर ब्राह्मण भी और काजी भी दोनों ही अपनी-अपनी क्रिया करवाते हैं।

मैं तुम्हें कहता हूं ''आनन्द सेवक पन्थ के पथिकों यह हमारे लिए एक मृत्यु की घंटी (Death Signal) है। यदि तुम अभी न चेते तो यह लाखों रत्न हाथ से निकल जावेंगे। आज यह हमारे लाखों भाई 60 प्रतिशत हिन्दू हैं केवल 40% मुसलमान हैं, परन्तु यदि हम लोग सोते ही रहे तो निःसन्देह थोड़े ही वर्षों में उलट-पुलट हो जाएंगे। यह केवल 40% हिन्दू रहेंगे और 60% मुसलमान हो जावेंगे। इसलिये यदि आप ऋषियों के ऋण को चुकाना चाहते हो, यदि आप अपने ही भाइयों के शोक संताप को शान्त करना चाहते हो तो अपने इन धर्म बन्धुओं की, इन पतित भाइयों की सुध लो। ये रत्न हैं रत्न, इन्हें कंकर मत समझो। ये वे रत्न हैं जिनमें से एक-एक की कीमत लाखों पड़ेंगी। संसार का उपकार करना, संसार को आगे ले जाना हमारा परम धर्म है। मैं सच कहता हूं यदि तुम अपने इन करोड़ों भाइयों के अन्दर हिन्दुत्व का बीज बो दोगे, तुम एक ऐसा सुकृत्य कमाओगे कि पूर्वर्षियों की आत्मा आकाश से तुम पर पुष्प वृष्टि करेगी।''

बुलन्दशहर से आ यति जी कुछ दिन हरिद्वार में ठहरे। सोमवती अमावस्या थी। उस दिन हरिद्वार का तगड़ा स्नान था। यति जी गंगाजी के किनारे-किनारे टहल रहे थे। उन्होंने देखा गंगा जी के तट पर बैठे कुछ लोग गंगा जी में पानी के चुल्लु भर फिर गंगा जी में ही फैंक रहे हैं। एक आदमी गंगा जी में ही मैल से सने कपड़े धो रहा है। यति जी के हृदय पर इस दृश्य से बड़ी चोट लगी, उन्होंने उन आदमियों को ऐसा करने से रोका। उस समय यति जी के दिल में विचार उठा। राष्ट्र का कितना आत्मिक पतन हो चुका है।

थोड़े ही दिनों के पश्चात अपने स्वयं-सेवकों के साप्ताहिक सत्संग में बोलते हुए उन्होंने इस घटना का विशेष रूप से वर्णन किया-''मेरे प्रिय बंधुओं! देखिये हमारा नैतिक पतन और देखिये इसकी चरम सीमा। एक ओर हमारा आदर्श इतना ऊंचा है कि हम भक्ति भावना के वश हो गंगा जी को मातेश्वरी, जगज्जनी भगवती के अलंकारों से सम्बोधित करते हैं। सहस्रों योजनों से चल कर मातेश्वरी के दर्शन करने आते हैं, परन्तु क्या माता के मुंह पर जूठे पत्ते फैंकना, जूठा पानी उसमें फैंकना, मैला धोना, मूर्खता नहीं-आज यह बीमारी सर्वत्र फैल चुकी है। आप इसे छोटी बात कहते होंगे, परन्तु मैं तो इस बात को महत्त्व देता हूं। मेरी तो यह नीति है कि यदि तुम्हें लाख की रक्षा करनी है तो एक की रक्षा करो। जब एक की रक्षा भली प्रकार से होगी तो लाख स्वयं बच जावेंगे। हमने जब छोटी बातों को छोटी समझ उनकी परवाह न की तो वे बढ़ती-बढ़ती बहुत हो गईं। इसलिये हमें छोटी-छोटी बातों की

ओर तो पहले ध्यान देना पड़ेगा। जल को हम देवता कहते हैं, परन्तु हम केवल कहते ही हैं। हिन्दू धर्म एक वैज्ञानिक धर्म है, हमें इसकी वैज्ञानिकता पर तर्क नहीं करना चाहिए। ऋषियों ने बड़ी-बड़ी तपस्याएं कर, बड़े-बड़े तर्क कर सभी बातें निश्चित कर दीं। हमें उन बातों को यथावत मान लेना चाहिए। रूढ़ी, परम्परा और विज्ञान यह तीनों भिन्न-भिन्न बातें हैं। अपनी बुद्धि को तिलांजलि दे कर आंखें मूंद भेड़चाल चलना रूढ़ी है। यदि किसी की माता ने किसी विशेष दिन अपनी परिस्थिति तथा स्वास्थ्य के अनुसार खिचड़ी बना कर खाई तो जरूरी नहीं उसका लड़का अथवा लड़की भी अगले वर्ष उसी दिन उसी घड़ी खिचड़ी ही बना कर खाए–यह एक मोटी मिसाल है रूढ़ि की। रूढ़ि त्याज्य है। परम्परा भी समयानुकूल विचार कर पाली जाती है, परन्तु संस्कृति तो सर्वत्र पालनीय है।

गंगाजी का जल करोड़ों प्राणी पीते है। हम यदि जल को खराब करेंगे तो वही खराब जल कई एक प्राणियों की व्याधि का कारण बन जावेगा। इसलिये तुम किसी को पानी में गन्दी चीज़ फैंकते देखो, पीने के पानी में कपड़े धोते देखो। उसे तत्काल रोको। सार्वजनिक स्थान पर किसी को पेशाब करते देखो? उसे समझाओ। वे इसी कार्य के लिए नियत स्थान जाकर मूत्र त्यागें। हमारे घरों में आज कितनी बुरी प्रथा है। माताएं प्रातःकाल अपने बच्चे को गली में घर के दरवाजे पर ही टट्टी करने बिठा देती है। वह यह नहीं समझती कि यदि प्रत्येक घर वाले अपने-अपने बच्चों को इसी प्रकार गली में टट्टी करने बिठा दें तो दो ही दिन में उस गली का क्या नक्शा बन जावेगा। परन्तु हम तो कह छोड़ते हैं। ''हमें क्या ''सानू की जी'' इस ''हमें क्या'' और ''सानू की जी'' ने सारे राष्ट्र का नाश कर दिया। अपने घर को साफ कर हम सारा कूड़ा-कर्कट झट गली में फैंक देते हैं। हम यह तो समझते हैं कि यह घर हमारा है परन्तु गली भी हमारी है यह हम नहीं समझते, यदि समझते होते तो गली को इस प्रकार नरक न बनाते।

सामूहिक जीवन, नागरिक जीवन में हमें छू तक नहीं गया। आवश्यकता है इस बात की कि हम इस नागरिक जीवन (citizen life) का सुन्दर आदर्श जनता को समझावें। How to live an excellent life सुन्दर जीवन कैसे व्यतीत करना है, उन्हें यह बतावें। स्वराज्य प्राप्ति का यही सर्वप्रथम मन्त्र है। जब हम भारत-पुत्रों को व्यक्तिगत जीवन से निकाल कर सामूहिक जीवन में ले आवेंगे तो राष्ट्र के उद्धार की भूमिका बंधेगी। आज हमारे सहभोजों में, विवाह शादियों में जूठन छोड़ना अपने बड़प्पन की निशानी समझी जाती है।

पतन की पराकाष्ठा तो देखिए–100 आदमी भोजन करने बैठे। भोजन के उपरांत सबने दो-दो रोटियां, मिठाई, भाजी जूठी छोड़ दी। वह अब भला किस काम की हैं? यदि वह पहले ही न ली जातीं तो उसी से 50 आदमियों का पेट भर सकता था। परन्तु शान के बन्दों को किसी का पेट भरने की चिन्ता ही कहां है। इस राष्ट्रीय ह्रास (National waste) से देश को कितना कष्ट होता है–सात करोड़ भारत सपूतों को एक वक्त भी पेट भर खाना नहीं मिलता। इस अपने ही पतन का अनुभव सर्वप्रथम गुरु गोविन्द सिंह जी महाराज ने किया था और आज तक सिख भाइयों में यह रिवाज है कि चाहे लाखों की संगत परशादा छकने बैठेगी...एक रोटी भी व्यर्थ न जावेगी। "खालो! जितनी चाहो पर व्यर्थ मत गंवाओ। जो एक भी परशादा जूठा छोड़ेगा उसे सवा रुपया दण्ड लगेगा, यह नियम था राष्ट्र के इस आर्थिक ह्रास को रोकने के लिए जो कि दशम पादशाह ने बनाया था। आज हमें इस नियम का तथा ऐसे ही अन्य नियमों का कठोरता से पालन करना होगा।

इसी नागरिक जीवन को आज जापान ने खूब पहचाना है। संसार के सब से अधिक क्षेत्रफल वाले रूस ने जापान पर आक्रमण किया। जापान एक छोटा-सा देश है। जितना बड़ा यह संयुक्त प्रान्त है उतना या उससे ड्योढ़ा होगा–परन्तु सामूहिक जीवन के तत्त्व को समझने वाला जापान आज इतने बड़े भारी शक्तिशाली साम्राज्य से टक्कर ले रहा है।

जापान के नागरिक जीवन की कथाएं तो आज भारत के बच्चे-बच्चे के मुख पर हैं। जापानी नवयुवकों के हृदय में अपने देश का कितना गौरव है। आप जापान की किसी रेल में यात्रा कर रहे हों, डिब्बे में स्थान न हो...जापानी स्वयं खड़ा हो कर तुम्हें स्थान देगा। आप जहाज में जापान जा रहे हैं, जापानी नवयुवक तुम्हारी सब प्रकार से सेवा करेगा...पैसों की इच्छा से नहीं बल्कि इसी इच्छा से कि आप जापान के बारे में अच्छे विचार ले कर अपने देश में लौटें। यह होती है देशभक्ति। जापान में कोई आदमी भूखा नहीं मरता।सरकार ने जापानी माल पर 100% तक टैक्स लगा रखा है परन्तु जापानी माल मारकेट में फिर भी सस्ता बिक रहा है। राष्ट्रों का अपना सदाचार ही राष्ट्रीय जीवन का चिह्न है।

यहां आप किसी स्टेशन पर चले जावें आपके लिए टिकट तक खरीदना मुश्किल हो जाएगा। स्टेशन पर टिकट खरीदना पहलवानों के दंगल में उतरना है। पहले तो पगड़ी उतार बगल में लो, धोती को लंगोटे के सामने कसो फिर हिम्मत बांध जोर लगा आगे को बढ़ो...फिर भी अच्छी किस्मत जो टिकट ले

कर सही सलामत लौट आओ। परन्तु अन्य देशों में यह बात नहीं। टिकट लेने वाले भले ही सहस्रों हों, परन्तु पंक्ति बांध बारी-बारी एक-एक यात्री आता है और टिकट ले आगे सीधा चल देता है। यह है जीवन का संयम (Regularity of life)।

हमारे मेले ठेले तो देखिए। विजय दशमी का उत्सव वीरता के प्रदर्शन का महोत्सव है। परन्तु आप किसी भी नगर में चले जाइए और देखिये रामलीला के मेले में लोग क्या करते हैं। आलू छोले की चाट के बिना वहां होता ही क्या है? इस समय भारतीय जीवन में वास्तविकता लाने की परम आवश्यकता है। आनन्द सेवक पन्थ के पथिको! तुम्ही ने यह वास्तविकता लानी है। भारत अपने पथ से पथभ्रान्त हो चुका है, आपने इसे मार्ग दिखाना है। शताब्दियों से एक ही स्थान पर खड़ा पानी सड़ चुका है। अब इस स्थिरता में हलचल चाहिए, शान्ति में क्रान्ति चाहिए। क्रान्ति के सैनिको! उठो और इस सोते हुए राष्ट्र को जगाओ।

❑❑❑

चौव्वनवां अध्याय

कुम्भ का स्वयं-सेवक

शिरः शार्वं स्वर्गात्पशुपति शिरस्तः क्षितिधरम्।
महीध्राम्दुत्तुंङ्गादवनि भवनेश्चापि जलधिम्।।
अधो गंगा सेयं पदमुपगता स्तोकमथवा।
विवेक भ्रष्टानां भवति विनिपातः शतमुखः।।

आनन्द सेवक पन्थ को संगठित हुए थोड़ी ही दिन हुए थे। बारह वर्ष के पश्चात् आने वाला हरिद्वार-कुम्भ का महामेला उसी वर्ष पड़ता था। यति किशोरचन्द्र कुम्भ के विपक्ष में नहीं थे। कुम्भ के वास्तविक तत्त्व को वे जानते थे परन्तु इस महानतम राष्ट्रीय सम्मेलन ने उस समय जो आडम्बर-युक्त विशाल रूप धारण कर लिया था उसका ध्यान आते ही उनकी आत्मा दुखह हो उठती।

करोड़ों रुपया खर्च करके नाना प्रकार के शारीरिक कष्टों को सहन कर लाखों धर्मभीरु जो यहां एकत्रित होते हैं आखिर उसका परिणाम ही क्या निकलता है? यदि इतना रुपया देश की शिल्प वृद्धि के निमित्त लगाया जाए तो देश का कितना उपकार हो। परन्तु देशोपकार की चिन्ता ही किसे है, चिन्ता तो है केवल अपने लिए स्वर्ग का पासपोर्ट कटवाने की। कुम्भ का वास्तविक उद्देश्य कितना ऊंचा था!

सभी विचारों के, सभी सम्प्रदायों के लोग पतित पावनी भगवती भागीरथी के तट पर इकट्ठे होकर देश की अवस्था पर ध्यान पूर्वक विचार करते और देश को उन्नति की ओर ले जाने के लिए कोई प्रोग्राम बनाते परन्तु अब तो वे बातें ही नहीं। देश की पराधीनता के साथ ही साथ राष्ट्र के सदाचार का भी नाश हो गया और आज हरिद्वार का कुम्भ...हैजा, चेचक सरीखी बीमारियों का एक गढ़ बन जाता है। हरिद्वार तो आजकल पंजाब का पैरिस बन चुका

है। विदेशी शासन के साथ-साथ यदि विदेशी सभ्यता का चमत्कार देखना हो तो वह सोलहों आने आप को गंगा जी के प्लेटफार्म पर देखने को मिलेगा। जहां किसी समय में ब्रह्मवेत्ता ऋषि-मुनि भगवती मातेश्वरी को वन्दना कर भगवान् का भजन किया करते थे, वहीं आज आलू कचालू चटपटे वालों की पंक्ति की पंक्ति बैठे आपको दिखाई देगी। कहीं किसी का धर्म-कर्म से कोई सम्बन्ध नहीं। बस बैठी पत्ते चाट रहे हैं ओर गंगा जी में फैंक रहे हैं। विवेक से भ्रष्ट हुए मूर्ख प्राणियों का शतोमुखी पतन तभी तो हुआ करता है जब गंगामाई के अपने होनहार सुपुत्र ही अपनी माता के मुंह पर जूठे पत्तों की बोछाड़ लगावें तो दूसरे तो जो करलें सो थोड़ा। हरिद्वार में ऋषि मुनियों के तपोवन तो सतयुग की बातें हैं, कलियुग में तो उन्हीं ऋषियों ने हलवाई का रूप धारण करके हरकी पौड़ी के पास ही अड्डा आ जमाया है। सच है सतयुग के लोगों का धर्म आत्मा में निवास करता था, इसलिये उन्हें आत्मा को उठाने की आवश्यकता थी। कलियुग का धर्म पेट में रहता है इसलिए उन्हें आज पेट को उन्नत करने की शिक्षा मिलनी चाहिए सो हरकी पौड़ी पर तो इन हलवाइयों की इतनी रौनक रहती है कि हरिद्वार में आज जिधर देखो आपको तीन ही चीजें नजर आवेंगी--हलवाई, लुगाई, और नाई।

जहां कभी ऋषि लोग तपस्या किया करते थे, वहीं पर आज हलवाई लोग बैठे पूरियां तल रहे हैं। जहां कभी सती साध्वी पार्वतियां ब्रह्मज्ञान में लीन हो आत्म शुद्धि में निरत रहती थीं, वहीं पर आज पंजाबी लैलाएं जौरजट की साड़ियां पहिने, अपनी गालों पर Evening in Paris का पाउडर लगाए, अपने पतले-पतले कोमल-कोमल होठों पर सुर्खी चढ़ाये सोलहों श्रृंगार किए अपने बालम के संग बिहार करती हैं।

हरिद्वार यदि पैरिस नहीं तो पैरिस का छोटा भाई तो बन ही चुका है। हरकी पौड़ी से लेकर रेलवे स्टेशन तक आप सारे बाजार में घूम जाइए, सौ में से 50 दुकानें हलवाइयों की, 30 रंग-बिरंगे पाउडर, क्रीम, सैंट इत्यादि श्रृंगार की वस्तुओं की, 10 विदेशी कपड़े, साड़ियां जैम्पर की और बाकी दस धातुपुष्ट, गर्भ-निरोध, सुपारी पाक, नैकटेरियन पिल्ज़, जवानी की रात...बेचने वालों की और बेचारा ब्रह्मज्ञान जब उसका ग्राहक ही कोई नहीं तो वह करता ही क्या, वह तो 1924 की बाढ़ में ही बह गया।

साधुओं का तो बस लोप ही हो गया, परन्तु गेरवे कपड़े पहने भिखारी तो हजारों अब भी हैं। आप एक आने की पाइयां तुड़वा लें और प्लेटफार्म पर बैठ किसी फकीर के हाथ पर एक पाई धर दें फिर देखिए मजा। चीलों के

समान इतने फकीर तुम्हें घेर लेंगे कि अपनी रक्षा के लिए पुलिस बुलवानी पड़ेगी और पुलिस भी आपको न बचा सकेगी और तुम्हें स्वयं ही अपने पाँव सिर पर रख कर वहां से भागना पड़ेगा। आदमी नाना प्रकार के कष्ट सहन कर शान्ति की खोज में हरिद्वार आता है परन्तु हरिद्वार की सीमा में पदार्पण करते ही वह अशांत हो उठता है। हरिद्वार अभी पहुंचे ही नहीं पांच मील इधर ही हरिद्वार के राहु आप को ग्रसने को तैयार खड़े हैं। कौन देश, कहां के वासी...बोलो तो खैर नहीं, न बोलो तो खैर नहीं।

आपके पास कुछ सामान हो स्टेशन पर बीसियों कुली आपके सामान को घेर लेंगे और सब के सब उसे उठाने की कोशिश करेंगे। आपका बिस्तर भले ही फट जाए, आपका ट्रंक भले ही गिर कर टूट जाए, परन्तु कुलियों को तो इससे कोई मतलब नहीं। बड़ी कठिनता से लड़ झगड़कर आखिर में एक कुली सामान उठाकर स्टेशन के बाहर पहुंचा देगा। अब टांगे वालों की बारी है। जिस प्रकार चीलों का समुदाय एक मांस के टुकड़े पर निर्दयता से टूट पड़ता है, ऐसे ही आपको देखकर दस बीस टांगे वाले टूट पडेंगे। कोई आपकी कमीज पकड़ कर खैंचेगा, कोई आपकी धोती खैंचेगा, तीन चार आपका दायां हाथ पकड़ कर खैंचेंगे। एक अली बाबा और चालीस चोर का ड्रामा-सा हो जाएगा...आपका हाथ भले ही टूट जाए, आपके कपड़े भले ही फट जाएं, आपका सामान भले ही इधर उधर हो जाए, परन्तु...

तांगे वालों से भी जान बचाई और तनिक आगे बढ़े तो स्वर्ग के ट्रैफिक इंस्पैक्टर आपकी राजी खुशी पूछने को पहले ही विराजमान हैं–

''कहां से आए लाला...कहां से आए लाला...''

बस एक दो बार ''यहां से'' आए कहने की देर है बीसियों स्वर्ग के ठेकेदार आप का बुकिंग करने को तैयार...''यह मेरा यात्री है। यह मेरा...अबे हट! आया कहां से...यह तो हमारा यात्री है।...अबे दूर हो साले।...'' यह हैं हरिद्वार की तीन सौगातें जो कि गाड़ी से उतरते ही आपका स्वागत करने को तैयार हैं।

हरिद्वार अब केवल एक नाममात्र ही है। यदि गंगाजी के उत्तरी तट के साथ-साथ एक लम्बी-सी दीवार बना दी जाए जिससे गंगा के दर्शन न होवें और कोई आदमी हरिद्वार में से गुजर जाए तो वह यही कहे यह तो लाहौर का अनारकली बाजार है। बड़े-बड़े गगनचुंबी प्रासाद खड़े हैं, बड़े-बड़े सेठों की बनाई धर्मशालाएं खड़ी हैं।

इन बड़े-बड़े प्रासादों ने हरिद्वार की प्राकृतिक शोभा को नष्ट भ्रष्ट कर दिया है। गरीबों के खून से होली मनाने वाले कुछ एक लुटेरे सेठों की सफेद-सफेद ठीकरियों से बने हुए प्रासादों से और हो ही क्या सकता था?

जहां पहले ऋषियों के शांति-कुटीर थे वहीं पर आज गरीब मजदूर किसानों की लाश पर बड़े-बड़े मकबरे दीख रहे हैं। जहां पहले ब्रह्मघोष के साथ-साथ यज्ञ धूम उठा करता था वहीं पर आज भ्रूण-हत्या, गर्भपात के भयंकर पाप कुंड में तड़प रहे नर-पशुओं का अन्तर्दाह उठता है। हरिद्वार के पास ही ज्वालापुर है—18000 जनसंख्या में 10 हजार मुसलमान हैं, मात्र हरिद्वार में दो हजार मुसलमान हैं। आप रुड़की से नहर के साथ-साथ हरिद्वार तक चलें। रास्ते में आपको बीसियों गांव मिलेंगे परन्तु बहादुराबाद तक आप को 12 मील के अन्दर एक भी हिन्दू का घर नहीं दिखाई देगा, पंचपुरी की जनसंख्या लगभग 50 हजार है उस में से 18 हजार मुसलमान हैं, तभी तो किसी मुसलमान ने कहा था—

चलती है हरदवार की, चक्की घुमड़ घुमड़।
लेकिन है उसके पास ही, इस्लाम का खरास॥

हरिद्वार तो बिल्कुल नष्ट भ्रष्ट हो चुका है—केवल एक लाश पड़ी है उसे भी अब पीटा जा रहा है—और कुछ नहीं। तनिक इन हिन्दुओं की समझ और इनकी संघशक्ति तो देखिए। लाखों हिन्दू हरिद्वार में आते हैं। आते हैं और चटर-पटर खाकर गंगा में एक दो गोते लगा कर और अपना सब कुछ लुटा कर अपने घर चले जाते हैं।

इससे अधिक तो कुछ नहीं होता। हरिद्वार में तो चौबीसों घंटे एक मेला सा लगा रहता है, परन्तु छह वर्ष ओर बारह वर्ष के पश्चात एक महा मेला लगता है इसे अर्ध कुम्भी और पूर्ण कुम्भ का नाम दिया है। कोई जमाना था जब कि हरिद्वार भी वास्तव में सच्चा हरिद्वार था और कुम्भ भी एक सच्चा सम्मेलन था परन्तु आज...कुम्भ पर बीस पच्चीस लाख आदमी इकट्ठे होते हैं, मद्रास, सिन्ध, हैदराबाद, तक के लोग अपने समस्त परिवार के साथ आते हैं। कम से कम दो ढाई करोड़ रुपया तो रेलवे वालों की ही आमदनी हो जाती है। हरिद्वार एक छोटी-सी जगह है। वहां तो अधिक से अधिक 20, 25 हजार आदमी समा सकते हैं...इतने छोटे से स्थान में जब 20, 25 लाख मनुष्य जम जाते हैं तो फिर महामारी को तो अपना उच्छा खासा शिकार मिल ही जाता

है। इन दिनों पूरियों का भाव दो रुपया सेर तक चढ़ जाता है। दो आने सेर का दूध दो-दो रुपये सेर में बिकता है। परन्तु स्वर्ग का पासपोर्ट लेने की कामना से आए हुए यात्रियों के लिए यह कोई महंगा नहीं। कुम्भ के दिनों में छोटा-सा हरिद्वार पन्द्रह-पन्द्रह मील तक फैल जाता है। गंगा जी पर दस पन्द्रह पुल बांध कर अगल बगल में एक नगर बसा दिया जाता है।

जाति के रुधिर को जोंकों के समान चूसने वाले धर्मध्वजियों की पोल का इस समय पर एक अच्छा प्रदर्शन हो जाता है। जिस प्रकार सावन की तीजों में नवविवाहित युवतियां अपने बढ़िया शृंगार का प्रदर्शन करने के लिए परदा बाग में नाचने आती है, उसी प्रकार हिन्दूजाति की शक्ति को चूस-चूस कर खूब मोटे ताज़े हुए ये धर्म के ठेकेदार अपनी शानोशौकत के प्रदर्शन में कुछ भी कसर उठा नहीं रखते। कुम्भ तो आज केवल इन धार्मिक लुटेरों की लूट का एक प्रदर्शन-सा बन चुका है। नागे, बैरागी, संन्यासी, उदासी, निर्मले और पता नहीं क्या उस दिन अपना यौवन, अपना वैभव दिखाने का पूरा-पूरा प्रयत्न करते हैं।

कुम्भ का समय जब आता है तो एक प्रलय का ही दृश्य बन जाता है। गाड़ी का समय होता है। टिकट बाबू की खिड़की खुलती है। टिकट लेने वालों का अब दृश्य देखिए, खींचातानी होती है। कितने गुत्थम-गुत्था होते हैं। कैसा दंगल मचता है, जबकि लोग जानते हैं कि यह गाड़ी छूट भी गई तो एक ही घंटे के पश्चात दूसरी मिल जाएगी और जबकि लोग यह भी जानते हैं कि टिकट सभी को मिल ही जाएगा और यदि न भी मिला तो गाड़ी में ही मिल जाएगा, गार्ड को कहकर भी लिया जा सकता है; उसे पहले बताकर बिना टिकट भी बैठा जा सकता है और यदि कुछ भी न हुआ तो एक घंटे की तो और बात है, अगली गाड़ी में ही सही। इन सब बातों को जानते हुए भी जब एक साधारण से स्टेशन की टिकट की खिड़की पर एक दंगल-सा मच जाता है तो स्वर्ग को जाने वाली गाड़ी जो कि अगर छूट गई तो फिर बारह वर्ष तक न मिल सकेगी और इस गाड़ी का Stopage केवल दो घंटे ओर गाड़ी पर चढ़ने वाले 25 लाख तो फिर ऐसी अवस्था में तो जो दृश्य हो सो हो।

कोई ऐसा कुम्भ नहीं हुआ, जबकि केवल टिकट लेते-लेते ही सौ दो सौ आदमी भीड़ में कुचले जाकर सीधे ही मेल ट्रेन द्वारा बिना टिकट स्वर्ग न सिधारे हों। धन्य हैं भागीरथी माता जो इतने समुदाय को अपनी गोद में समाती है।

कुम्भ के समय सब से पहले स्नान करना यह भी एक बड़ा भारी बड़प्पन समझा जाता है। "हम पहले नहायेंगे" केवल इतनी-सी बात पर लाठियां चल जाती हैं, सर कट जाते हैं; खून की नदियां बह जाती हैं।

साधुओं का कुम्भ-स्नान एक छोटी मोटी बात नहीं। साधुओं के चारों ओर सशस्त्र पुलिस का पहरा चलता है। एक पुलिस का डंडा ही इन साधुओं को सीधा करता है...

सबसे पहले नागे नहाने के लिए आते हैं और बड़ी शान के साथ आते हैं। आगे-आगे पुलिस का एक दस्ता चलता है उसके पीछे सुपरिन्टैंडैन्ट-पुलिस अपने मोटर साइकिल पर चलता है और उसके पीछे एक ऐसा दृश्य होता है मानो महमूद गजनवी सोमनाथ की दौलत को लूट कर ले जा रहा है–

बड़े-बड़े ऐरावत हाथियों पर सोने के हौदों में मखमल तथा कमखाब के गलीचे बिछाये नागे साधू शोभायमान हो ऐसी शान के साथ नहाने जाते हैं मानो महाराज अशोक भारत दिग्विजय के पश्चात पाटलीपुत्र को लौट रहे हों। और ये नागे हैं यदि कपड़े पहनने वाले होते तो पता नहीं क्या कुछ कर पाते। इन नागो के पीछे अन्य साधू-सम्प्रदाय चलते हैं, आते हैं अपनी सज-धज के साथ गंगा में एक डुबकी लगाई ओर चल दिए...

यह है हिन्दुओं की मूर्खता का एक प्रदर्शन, जिसे कुम्भ कहा जाता है, कम से कम 10 करोड़ रुपया इस एक कुम्भ पर व्यय हो जाता है और हाथ पल्ले क्या आता है? खाक!!

1903 का वर्ष था। आनन्द सेवक पन्थ को संगठित हुए थोड़ी ही देर हुई थी। यही बारह वर्ष के पश्चात आने वाला हिन्दुओं का मेला कुम्भ था। यति किशोरचन्द्र को इन मेले ठेलों से स्वाभाविक घृणा थी। इन मेलों का परिणाम तो कुछ निकलता नहीं केवल शक्ति का दुरुपयोग अथवा धन का अपव्यय मात्र होता है। परन्तु कुछ ऐसी बात थी कि जो उन्हें कुम्भ-क्षेत्र में कूदने को विवश करती थी। भोली-भाली हिन्दू देवियों को बहकाने के लिए, उन्हें पथ-भ्रष्ट करने के लिए बहुत से मुसलमान गुण्डे भगवे कपड़े पहन कर माला कण्ठी धारण कर साधु के वेश में आ जाते हैं और यह गेरुवे कपड़े का आतंक तो हिन्दुओं के दिल पर इतना जमा हुआ है कि कोई चोर डाकू बदमाश भी गेरुवे कपड़े पहिन कर आ जावे तो यह तो उसके भी चरण चूमने को तैयार है। हिन्दुओं के इस भोलेपन का मुसलमान गुण्डे दुरुपयोग करते हैं और वे सैंकड़ों स्त्रियों को बहका कर उन्हें मुसलमान बना लेते हैं। ईसाई

पादरी और मुसलमान चौराहों पर खड़े हो कर इस तलाश में रहते हैं कि वे थोड़े से पैसे के लोभ में भोले-भाले हिन्दुओं को बहका कर उन्हें विधर्मी बनाएं। हिन्दुओं का जान माल सब पुलिस के रहम पर होता है और पुलिस में भी प्राय: मुसलमान ही होते हैं। ऐसी ही अनेक बातें थीं जो कि यति किशोरचन्द्र को कुम्भ क्षेत्र में कूदने के लिए विवश करती थीं।

यति जी ने आनन्द सेवक पंथ के स्वयं सेवकों का जाल सारे कुंभ क्षेत्र में फैला दिया और उन्हें उस वर्ष केवल दो काम दिए–भूले-भटके बालकों की खोज करना और साधु वेश में विचर रहे मुसलमान गुंडों की मरम्मत करना और उस वर्ष आनन्द सेवक पंथ ने 250 बालक खोज कर दिए और 50 ऐसे छद्मवेशी साधुओं की मरम्मत की।

एक स्थान पर यति जी ने देखा एक हट्टा-कट्टा साधु अपने शरीर पर पाखाना मले हुए लेटा है, वह पाखाना खाता है और पेशाब पीता है, यह एक अचंभे की बात थी। परमात्मा की सृष्टि में अचंभा भी एक से एक बढ़ कर है। यति जी ने देखा उसके चारों ओर देखने वालों की भीड़ लगी है और भीड़ में कई एक भोले-भाले हिन्दू तो उसे कोई पहुंचा हुआ सिद्ध कह रहे हैं। हिन्दू की तो यह एक आदत ही बन गई है, वह पागलों को देवता बनाता है... बिल्कुल निकम्मे आदमियों से मुरादें मांगता है। यति जी ने देखा बहुत लोग उससे हाथ जोड़ मुरादें मांग रहे हैं।

''महाराज मेरी एक कामना है।'' एक दर्शक बोला...

''पहले चोटी और यज्ञोपवीत उतार कर हमारे चेले बनो फिर अपना पेशाब मुझे पीने को दो...तब तुम्हारी कामना पूरी होगी'' वह पाखंडी बोला।

यति जी का माथा ठनका। दाल में कुछ काला है। चेला बनाने के लिए चोटी तथा यज्ञोपवीत उतारने की आवश्यकता ही क्या...यति जी ने थोड़ा-सा आगे बढ़ कर देखा। वहां सौ दो सौ आदमियों के यज्ञोपवीत पहले ही तोड़े पड़े थे। यति जी का हृदय कांप उठा। यह तो सरासर धोखा है। अपने दो तीन स्वयं सेवकों को बुला कर उनसे सब रहस्य बताया और सबसे पहले दो तीन पानी की बालटियां उन्हें लाने को कहा। स्वयं सेवक पानी की बालटियां लाए। यति जी ने एक के पश्चात एक सब उस छद्मी पर गिरा कर उसके शरीर का मैल कुछ-कुछ धो दिया। फिर उसको गले से पकड़ पांच छह उसके टिकाई, ''सच-सच बताओ तुम कौन हो'' तीन चार और चपत लगाई।

बस फिर क्या था। वह दुष्ट स्वयं ही बक पड़ा "महाराज! मुझे क्षमा कर दो, मैं मुसलमान हूं और यह सारा प्रपंच मैंने हिन्दुओं को गिराने के लिए ही किया था।" क्षमा का दूसरा नाम कायरता है। धर्म के वास्तविक स्वरूप को वे भली प्रकार से समझते थे। यदि उनके स्थान पर कोई और होता तो "दया धर्म का मूल है" की रट लगाता हुआ उसे क्षमा कर देता परन्तु यति जी तो जानते थे हिन्दुओं की इसी दया ने हिन्दुओं का सर्वनाश कर दिया। पृथ्वीराज ने मोहम्मद गौरी को सात बार पकड़ा, अपने पास कैद में रखा, परन्तु फिर दया करके छोड़ दिया। और जब एक बार मुहम्मद गौरी ने पृथ्वीराज को पकड़ा तो पास बैठे वज़ीर ने कहा "सुलतान पृथ्वीराज ने तुम्हें सात बार पकड़ कर छोड़ दिया, तुम उसे एक बार ही छोड़ दो।" सुलतान बोला "पृथ्वीराज मूर्ख था, मैं मूर्ख नहीं..."

यति जी ने उस गुंडे को छोड़ा नहीं। पहले तो स्वयं उसकी मरम्मत की इसके अनन्तर अपने स्वयं सेवकों से उसे पिटवाया और फिर उसे पुलिस के हवाले कर दिया। यति जी ने ऐसे बीसियों धूर्त मेले में बिखरे हुए पकड़े। वहीं कुम्भ-क्षेत्र में एक स्थान पर एक बदमाश तीन लौंडों को कृष्ण बलदेव और सुभद्रा बनाए बैठा था—लौंडों ने बड़े अच्छे स्वांग बना रखे थे और वह आदमी भी खूब चालाक था। मूर्ख हिन्दू पास से जाते, मत्था टेक एक पैसा चढ़ा जाते। इस प्रकार उन लौंडों के सामने पैसों का ढेर-सा लग रहा था। यति जी इस बात को बहुत बुरा समझते कि इस प्रकार महापुरुषों के स्वांग बना कर उनसे भिक्षा मंगवाई जाए—और उनको यह भी विश्वास हो चुका था कि इस ढोंग को रचने वाले प्रायः मुसलमान होते हैं। यति जी को सन्देह हुआ...उन्होंने उन लौंडों के पीछे से जाते-जाते उनमें से एक लौंडे के सिर से जो कि कृष्ण बना बैठा था मुकुट उतार कर फैंक दिया...उसका सर बिल्कुल रुण्ड—चोटी का चिह्न तक नदारद। यति जी का सन्देह पक्का हो गया, यह तो मुसलमान है। कड़क कर बोले! "तुम हिन्दू हो या मुसलमान हो?"

यति जी का रोबदाव देख कर पाखंडीराम तो कांप उठे...मुंह एकदम फक हो गया, यति जी ने एक चपत जड़ी—"बोलता क्यों नहीं, सूअर! कहता क्यों नहीं मैं मुसलमान हूं...यति जी ने अपने स्वयं सेवकों को बुला, उन चारों दुष्टों को पकड़ कर पुलिस के हवाले कर दिया और जो चढ़ावे के पैसे चढ़े थे वे गंगा जी के मन्दिर में जाकर चढ़ा दिए।

हिन्दू को तो बालपन में ही यह शिक्षा दी जाती है...दया, दया... क्षमा..क्षमा...। पापी को दंड स्वयं परमात्मा देगा..बस हिन्दुओं की इस दुर्बलता का दुरुपयोग इन मेलों में विधर्मियों द्वारा खूब होता है।

यति जी को वैसे भी हरिद्वार की पवित्रता का बड़ा ही ख्याल था। उनको यह विश्वास हो चुका था कि देश भर के छटे हुए बदमाश और बाज़ारी औरतें हरिद्वार में आकर व्यभिचार करते हैं। उन्होंने स्वयं कई ऐसे केस पकड़े। कहां वह हरिद्वार कि एक चोरी की नियत से आया हुआ चोर भी गंगा माई के दर्शन करते ही साधु बन जाए, परन्तु समय का परिवर्तन तो देखिए–गंगाजी वही है, सामने खड़ा चंडी का पर्वत भी वही है, पीछे सूर्य कुंड भी वही है, सब कुछ वही है, परन्तु हरिद्वार बदल गया। जिन बातों का ध्यान आते ही हृदय विदीर्ण हो उठता था और उस हृदय की विदीर्णता को शान्त करने के लिए ही संतप्त प्राणी हरिद्वार में भागीरथी माता की गोद में आया करते थे...परन्तु आज भागीरथी की गोद में शान्ति कहां।

यति जी उस समय कुम्भ के दिनों में जनता की जितनी भी सेवा कर सकते थे, अपने स्वास्थ्य की कुछ भी चिन्ता न करते हुए उन्होंने की। जहां भी उन्होंने सुना हैजे का प्रकोप हुआ वे अपने स्वयंसेवकों सहित वहीं पहुंचे।

यति जी को हरिद्वार की स्वच्छता का ध्यान निरन्तर बना रहता था। एक ही शक्ति से तो लड़ा भी जा सकता है, परन्तु जो कोई माई का लाल हिन्दू जाति को सुधारने के लिए reform करने के लिए आगे बढ़ता है उसे तो सर्वतोमुखी युद्ध करना पड़ता है। सर्वप्रथम तो उसे अपने ही भाइयों द्वारा डाली गई अनेकनेक बाधाओं का सामना करना होता है। दूसरे चाहे करें अथवा न करें, परन्तु हिन्दू स्वयं ही पहले उस सुधार का विरोध करेगा। यति जी की यह हार्दिक इच्छा थी कि हरिद्वार में श्री गंगा माता का तट भारत माता के सभी विचारों के सपूतों का एक संगठित केन्द्र Common Platform बन जाए।

उस समय जो भी हरिद्वार के प्रमुख-प्रमुख सज्जन थे, उनके साथ मिल कर यति जी ने हरिद्वार की अवस्था का सुधार करने के लिए निम्न प्रकार से एक योजना तैयार की–

1. सर्वप्रथम भारतवर्ष की समस्त हिन्दू-मात्र जनता की ओर से इस बात का आन्दोलन किया किया जाए कि हर की पौड़ी से चारों ओर दस-दस मील तक के क्षेत्र को सरकार एक स्वतंत्र हिन्दू-स्टेट बनाने का प्रयत्न करे।

2. जब तक बरतानवी हुकूमत इस मांग को पूरा न करे, तब तक उसे हरिद्वार के प्रबंध में निम्न बातों का ध्यान अवश्यमेव रखना चाहिए।

(क) ज्वालापुर में यवनों की संख्या भले ही कितनी भी हो परन्तु हरिद्वार यूनियन में उनका कुछ भी प्रतिनिधित्व नहीं होना चाहिए।

(ख) पंचपुरी के समस्त थानों (Police-Stations) के थानेदार मुंशी-कांस्टेबल तक सभी हिन्दू होवें।

(ग) हरिद्वार-यूनियन का चेयरमैन रुड़की का ज्वाइन्ट-मजिस्ट्रेट नहीं होना चाहिए, चेयरमैन मैम्बरों में से ही कोई चुना जाए।

(घ) पोस्ट-ऑफिस, नहर आदि के महकमों में किसी अहिन्दू को भर्ती न किया जावे।

(ङ) हरिद्वार के स्टेशन का सारा स्टाफ हिन्दू ही होना चाहिए। स्टेशन के कुलियों में से 95% हिन्दू कुली रखे जावें।

3. हर की पौड़ी पर जो अनेकानेक छोटे-छोटे मन्दिर बने हैं उन सबको मिला कर श्री गंगा जी के तट पर एक भारत माता का विशाल मन्दिर बनवाया जावे। इस मन्दिर में भारतवर्ष के मानचित्र में दशायुध धारिणी दुर्गा रूपिणी भारत माता का चित्र हो। उसके सामने माता को-हाथ जोड़े, ब्रह्मा, विष्णु, महादेव, भरत, राम, कृष्ण, बुद्ध, प्रताप, शिवा जी तथा गुरु गोविन्द सिंह जी महाराज दिखाये जावें। भारत माता के शीश से गंगा जी बहती दिखाई जाएं। बस केवल एक यही मन्दिर समस्त हिन्दू जनता का हो। जिस किसी को जो कुछ भी श्रद्धा से दक्षिणा देनी हो वह सब कुछ इसी मन्दिर में दे। मन्दिर की आय का पूरा-पूरा ब्योरा रखा जाए, उसी मन्दिर की राशि से प्लेटफार्म पर धर्म-प्रचार तथा स्वयं सेवकों का प्रबंध किया जाए।

पूजा के समान धर्म प्रचार का भी केवल एक ही केन्द्र हो। धर्म-प्रचार का अर्थ दो घड़ी की बकवास नहीं, बल्कि धर्म-प्रचार का अर्थ है–आध्यात्मिक, शारीरिक, मानसिक, सामाजिक तथा राजनैतिक सब प्रकार से मनुष्य की उन्नति। धर्म-प्रचार में सप्ताह के विषय पहले ही नियत कर देने चाहिएँ, उन्हीं विषयों पर सात दिन तक विद्वान जनता को धर्मोपदेश देवें। सप्ताह का प्रोग्राम...

(क) हिन्दू-धर्म की विशेषताएँ।

(ख) हिन्दू धर्म जब से चला तब से उसमें क्या-क्या ऐतिहासिक उत्थान-पतन आए?

(ग) आजकल देश में क्या हो रहा है। इस घटना चक्र का भारत के भविष्य पर क्या प्रभाव पड़ेगा। अंतर्राष्ट्रीय घटना चक्र पर भी प्रकाश डाला जाए।

(घ) हमारे धर्म-ग्रन्थ-रामायण, महाभारत इत्यादि की कथा पर ज़ोर न दे कर उनके अन्दर जो हमारे उज्ज्वल अतीत का वर्णन है उसकी व्याख्या की जावे।

(ङ) तीर्थों का माहात्म्य-भारत के भूगोल पर तथा भारत के जितने भी तीर्थ हैं उनकी ऐतिहासिक महानता पर जोर दिया जावे।

(च) मानव शरीर की रचना स्वास्थ्य का पथ-How to live a handsome life?

(छ) शक्ति का मार्ग-कर्मयोग।

हरिद्वार में समस्त धर्मशालाओं में प्रातः 8 से 9 बजे तक धर्म प्रचार का प्रबंध हो। धर्मशालाओं में रहने वाले को उस सत्संग में अवश्यमेव सम्मिलित होना पड़े।

4. हरिद्वार की सीमा में से मदिरा-मांस की दुकानें जबरन उठा दी जावें।

5. गंगा जी में स्त्रियों के स्नान के लिए एक सुरक्षित घाट बनाया जावे ताकि हर की पौड़ी पर स्त्री-पुरुष इकट्ठे नहाने पर विवश न हों।

6. हर की पौड़ी से 50 गज़ के अन्दर जो भी व्यक्ति आए वह जूती उतार कर आए।

❑❑❑

पचपनवां अध्याय

प्रकृति का उपासक

Nature is the best cure.

कुम्भ के अवसर पर जहां हरिद्वार में और सम्प्रदाय सन्त-महन्त अपनी शान का प्रदर्शन करने के लिए आते हैं, वहां पर सर्व-भक्षिणी महामारी भी अपना दल बल लिए साथ ही साथ आती है। मृगों से भरे हुए जंगल को छोड़ कर कोई शिकारी क्या मरुस्थल में शिकार करने जाएगा? 25 लाख नर-नारी एक सीमित स्थान पर जब Black hole के सामान बिल्कुल पैक-अप हो जाएंगे तो फिर इससे बढ़ कर और क्रीड़ा-क्षेत्र महामारी को कहां मिलेगा? इस पर्व पर हिन्दुओं को सभी ने शक्ति भर लूटा, और यात्री गण भी तो अपने घर से अपने आप को लुटवाने के लिए ही निकलते हैं। फिर जो आदमी धन की पोटली बगल में दबाये अपने आप को लुटवाने के लिए ही घर से निकला हो उसे यदि कोई लूट ले तो इसमें अपराधी कौन? उस समय सभी ने लूट मचाई और खूब मनमानी लूट मचाई। रेल ने लूटा, टांगे वालों और कुलियों ने लूटा-पंडों ने लूटा, पूरी कचौरी वालों ने, दूध दही वालों ने, शाक सब्जी वालों ने जी खोल कर लूटा-साधुओं ने भी लूटा-तो फिर क्या बेचारी महामारी ही खाली पेट रह जाती-सब को लूट मचाते देख वह भी झपटी...

यति जी को बीमारी कभी छुई तक न थी। हां! केवल एक बार इस घटना से पूर्व शिवलोक तथा स्वर्गलोक की यात्रा की कामना से उन्होंने बीमारी का एक छोटा-सा परीक्षण किया था। मानव शरीर आखिर रुधिर, मांस मज्जा ही का तो बना हुआ है। बड़े-बड़े शक्तिशाली लौह-दानव तक चलते-चलते फेल हो जाते हैं। कुंभक्षेत्र तो महामारी का हैडक्वाटर होता है। उस हैडक्वाटर पर निरंतर एक मास एक सफलता-पूर्वक आक्रमण कर यति जी ने महामारी

के चुंगल से सहस्त्रशः प्राणियों की रक्षा की। यति जी का तो प्रादुर्भाव ही इसी पवित्र उद्देश्य-पूर्ति के लिए हुआ था। जिस समय उनकी जन्म भूमि ब्रह्मपुरी पर महामारी का प्रकोप टूटा था, उस समय उन्होंने अपने शरीर से धरती को छूते ही इस दुष्टा को भगा दिया था। फिर क्या इस धर्मक्षेत्र हरिद्वार की रक्षा के लिए वे इस दुष्टा का सामना न करते।

आनन्द-सेवक पन्थ के स्वयं सेवकों ने तथा यति किशोरचन्द्र ने अपने प्राणों की कुछ भी परवाह न कर जनता की सेवा की। हैज़े के क्षेत्र में वे कूद पड़े और शक्ति भर महामारी के साथ लड़े।

जहां भी उन्होंने सुना अमुक स्थान पर हैज़े का केस हो गया, तुरन्त वहां भाग कर गए और रोगियों की दवा दारू कर यति किशोरचन्द्र ने महामारी का सामना किया।

कुम्भ समाप्त हुए चार पांच दिन हो गए थे। महामारी का प्रकोप भी शान्त हो चुका था। यति जी ने सहसा ऐसा अनुभव किया मानो उन पर भी जाती-जाती महामारी ने अपना वार कर ही दिया हो। यति जी की तबीयत मचलने लगी। दस्त और वमन ने प्रबलता पकड़ी।

महामारी के सभी चिन्ह प्रकट होने लगे। परन्तु ''विपदि धैर्यम्'' तो क्रियावान् पुरुषों का आभूषण कहा ही है। यद्यपि महामारी ने अपना अमोघास्त्र छोड़ उनके कवच सदृश देह पर एक तीव्र प्रहार कर ही दिया था, परन्तु यति जी उस अमोघशक्ति की सत्ता को नष्ट भ्रष्ट करना भी जानते थे।

उन्होंने कोई दवाई नहीं की, दवाई में उनका विश्वास भी नहीं था। वे स्वयं एक कुशल वैद्य थे। यदि वे कोई दवाई लेना चाहते तो स्वयं ही अपने लिए कोई बूटी चुन लेते-परन्तु वे तो प्रकृति को ही सर्वोत्तम बूटी समझते थे। वे प्रकृति के परम उपासक थे। उनका यह दृढ़ विश्वास था कि प्रकृति ही सब रोगों की सर्वोत्कृष्ट औषधि है। यह विश्वास कोई तत्काल ही उपजने वाला न था। वे तो अपने प्रारम्भिक जीवन से ही प्रकृति के पुजारी थे। जिस समय अपनी लायब्रेरी में बैठे हुए कीकर सिंह की खबर पढ़ उन्होंने अपने निर्बल होने का अनुभव किया, तत्पश्चात कितने ही वैद्य डॉक्टरों ने नुस्खे लिख-लिख कर उन्हें दिए थे। परन्तु उन्होंने एक भी नुस्खे का प्रयोग न किया। प्रकृति पर उनका पूरा विश्वास था और वे प्रकृति को ही सर्वोत्तम नुस्खा समझते थे। और यह है भी ठीक। प्राणीमात्र में हम नित्यप्रति देखते हैं...पशु-पक्षी जिनका जीवन शत प्रतिशत प्रकृति के ही आधीन है वे रूखा मिस्सा खा कर भी सदैव निरोग रहते हैं...किसी कवि ने कहा है-

सर्पा पिवन्ति पवनं न च दुर्बलास्ते
शुष्कैः तृणैः वन गजाः बलिनो भवन्ति।
कन्दै फलैः मुनिवराः क्षपयन्ति काल॥

वनों के अन्दर पशु-पक्षी निर्भयता से विचरण करते हुए कितने बलवान् रहते हैं...पंचतंत्र में संजीवक बैल, जिसको लंगड़ा जान उसका मालिक उसे जंगल में फैंक गया था, वह थोड़े ही दिनों में इतना जोरावर हो गया कि उस जंगल का राजा शेर भी उसकी गर्जना सुन भयभीत हो उठा। आज भी भारत के गावों में बिना अस्पतालों के ही 28 करोड़ जनता बसती है, परन्तु थोड़े से शहरों में सहस्त्र अस्पताल भी दिन प्रति-दिन की बढ़ती मृत्यु संख्या को रोक नहीं सकते। शहरों में कितने ही जच्चा-बच्चा के अस्पताल बन रहे हैं, परन्तु ग्राम में खेतों में काम करती-करती किसान औरतों को बड़े सुडौल बच्चे पैदा हो जाते हैं। जो व्यक्ति प्रकृति के जितना निकट है, वह उतना ही सुखी है।

अपने शरीर के भीतर महामारी के कीटाणुओं का अनुभव कर यति किशोरचन्द्र आत्मरक्षा को सुसज्जित हुए। लंगोटा कस कर वे भाग पड़े। खूब भागे। भागने में तो वह खूब दक्ष थे ही। बाबा सिद्धनाथ की पूजा के लिए जब वे पूरियां लेने गए तो पांच ही मिनट में जा कर पूरियां ले कर लौट भी आए थे। वे भागे चंडी के पर्वत की ओर। यह चंडी का पर्वत ही उनका सदैव रक्षक बना करता था, सम्भवतः इसलिए कि जब वे सर्वप्रथम पैदल हरिद्वार आ रहे थे तो पहली रात उन्होंने चंडी माता के चरणों में ही व्यतीत की थी। पंचपुरी में सर्व प्रथम जो वस्तु उन्होंने देखी वह था चंडी का पर्वत, उत्तराखण्ड के मुख्य द्वार में प्रविष्ट होते ही जिस देवी का उन्होंने सर्व प्रथम दर्शन किया, वह देवी थी चंडिका देवी, फिर भला चंडिका देवी प्रत्येक दुःख, शोक, संताप, निराशा में उनका साथ क्यों न देती?

जब वे अपने प्यारे बालसखा की धुन में मस्त थे, उस समय भी इसी चंडी पर्वत की ओर ही वे भागे थे। जिस समय भी उनके हृदय में अशान्ति उठी, इसी चंडी माई की पावन गोदी में ही उन्होंने शान्ति का अनुभव किया।

अब भी वे चंडी के ही पर्वत की ओर भागे। नीलधारा के पूल का ठेकेदार गौरीशंकर अपनी झौंपड़ी के बाहर बैठा हुक्का पी रहा था। सामने से यति जी को सरपट भागते देख हैरान हो हुक्का छोड़ वह उठा और दो ही कदम आगे बढ़ा था और यति जी भी पास ही पहुंच गए...

"क्या बात है भगवन्!-गौरीशंकर हाथ जोड़ बोला।"

"कुछ बात नहीं—गौरी शंकर! अभी मुझे जिधर जाता हूं उधर जाने दो। फिर बताऊंगा।"

"परन्तु कुछ बात भी तो हो।"

"बात क्या, लाला जी! मुझे हैजा हो रहा है।"

"तो फिर इसका उपाय कीजिए...।"

"अच्छा, लाला जी! अब मैं चलता हूं—फिर दर्शन करूंगा।"

गौरी शंकर देखता ही रह गया। यति किशोरचन्द्र वायु वेग से भागते हुए उस पुल को पार कर जंगल में प्रविष्ट हो गए।

वे भागे, पूरे जोर के साथ खूब भागे। अब उनका बदन पसीने से तर था। उनके शरीर से मानों पानी के फव्वारे छूट रहे हों। अब उन्हें कुछ-कुछ प्यास का अनुभव हुआ, परन्तु वे जानते थे ऐसी अवस्था में पानी पीना हानिकारक है। उन्होंने अपने आपको काबू में किया और फिर निरन्तर भागते रहे।

इतना भागे कि सारा शरीर पसीने से तर बतर हो गया। बड़ी सख्त प्यास लगी परन्तु यति जी ने पानी नहीं पिया...हैज़े में पानी नहीं पीना चाहिए, वे इस बात को जानते थे। प्यास की कोई परवाह नहीं की। भागते-भागते वे जहां चीला वाले जंगलात का दफ्तर है वहां पहुंचे। साहब का साईस बाहर बैठा था...यति जी को अत्यन्त प्यास लग रही थी। उन्होंने सोचा कुछ गरम पानी पीलूं तो कोई हर्ज नहीं...उस साईस को यति जी ने गरम पानी पिलाने को कहा, परन्तु वह बोला "महाराज आप उच्च वंश के दीखते हैं मैं नीच ठहरा, फिर अपने हाथ का पानी आपको पिला आपका धर्म खराब कर महाराज क्या मैं नरक में जाऊंगा। यति जी दंग रह गए—अरे जब मैं अपने आप पानी मांगता हूं तो भी तुम्हारा धर्म खराब होगा।

परन्तु वाह रे साईस तेरा धर्म...यति जी की बात सुन वह हाथ जोड़ बोला "महाराज म्हारे ओछी जात होवे आप ऊंची वर्ण होवें आपको आपुना हाथ सो पानी देवन की सामर्थ्य नाहीं, हमरो धर्म खराब हो जावे।"

"एक प्यासे को पानी पिला देने से तुम्हारा धर्म खराब हो जावे।"

जी हां महाराज! पुरुखन की चलाई बातन को माननो चाहिए। सो हमहौं नीची जात आपुनो ठहरो बढ़ो। हमुरो हाथ को पानी पावों आपु को धर्म खराब होवे ताही को फल तो हमहों भोगै।

वाह रे हिन्दू धर्म! तै ने अपने बड़प्पन की छाप भारतीयों के दिल पर क्या खूब बिठाई है। एक गुलामी वह होती है कि पराधीन स्वयं हल्ला मार कर उठते हैं और अपने आपको गुलाम रखने वालो को पछाड़ कर परे फैंक

देते हैं, परन्तु यह अजब किस्म की गुलामी है कि आजाद करने वाला तो आकर कहता है–न महाराज! मेरे उठने से आपकी बड़ाई में फर्क आ जावेगा–मैं उठता ही नहीं। अंग्रेज को भारतवर्ष में शासन करते 300 वर्ष हो गए, भारत अपने अधिकारों को तड़प रहा है, परन्तु हिन्दू राज्य को गए सहस्राब्दियां हो गईं परन्तु ब्राह्मणिक स्वेच्छाचारों का आतंक आज तक भी हिन्दू के दिल और दिमाग पर धावा बोले बैठा है। पांच सौ वर्ष का बौद्ध साम्राज्य तथा एक सहस्र वर्षों का इस्लामी राज्य भी इस आतंक को ढीला नहीं कर सका।

बात कितनी अद्भुत है। यदि एक नीची जात का व्यक्ति किसी ऊँची जात के व्यक्ति को उसकी इच्छा पर पानी भी पिला दे तो धर्म खराब।

यति जी को प्यास बहुत लग रही थी। मारे प्यास के प्राण निकले जा रहे थे। उधर साईस महाशय धर्म-अधर्म की दुविधा में पड़े थे। मानवता का धर्म यह कह रहा था कि भूखे प्यासे को पानी पिलाने का बड़ा भारी पुण्य है, परन्तु वे संस्कार जो परम्परा से रुधिर में मिलते आ रहे थे वे कह रहे थे नहीं! नहीं!! कदापि नहीं–तेरे हाथ का पानी पी लेने से महाराज का धर्म खराब हो जावेगा और उस धर्म के खराब हो जाने का पाप तुम्हें ही लगेगा। बेचारा साईस मन मसोस कर रह जाता है।

''महाराज! आपको पानी पिलाने सों म्हारो बड़ो पातक होवे आपके धर्म भ्रष्ट होने का पाप लगे।''

''अरे धर्म भ्रष्ट किसका।''

''आपका भगवन्।''

''अरे! तुम्हारा और मेरा धर्म कोई दो हैं–मूर्ख! तेरा धर्म क्या है क्या तेरा धर्म मुझसे भिन्न है? तू भी हिन्दू और मैं भी हिन्दू फिर धर्म भ्रष्ट किसका?

''परन्तु महाराज हम ठहरे नीच!''

नीच-ऊँच क्या एक पानी पर ही बरस पड़ी। भोले नादान क्या हिन्दू मुसलमान तक के हाथ का कच्चा दूध नहीं पी लेते, कटा तरबूज तक खा जाते हैं, उनका भरा पानी तक पी जाते हैं तो पाप और धर्म भ्रष्ट क्या अपने भाई के हाथ का पानी पीने से ही होता है।

डरो मत कोई भय मत करो, साईस! हमें पानी पिलाने से तुम्हारा धर्म खराब न होगा, किन्तु धर्म तुम्हारा बन जावेगा। परमात्मा यह तेरे हिसाब में लिख लेगा कि तुमने अमुक समय अमुक प्यासे को पानी पिलाया।

परन्तु शताब्दियों से कुचली हुई आत्मा एक क्षण में फूंक मारते ही क्या चेत उठती...?

यति जी फिर बोले–देख भाई! आपद् धर्म भी तो पुरुखों ने सोच समझ कर ही बनाया है–आपद्काल के वश हो कर तो राजा हरीश्चन्द्र भी डोम के घर बिक गए। डोम के घर रहते उसकी नौकरी बजाते क्या उन्होंने डोम के घर का पानी न पिया होगा।

आपद् काल में तो भीम भी रसोईया बन गया। ऋषि विश्वामित्र आपत काल में कुत्ते का मांस तक खा गए। आपत धर्म भी तो पुरुषों के लिए ही बना है। इसलिये तू डर मत।

किसी को पानी पिलाने में भी धर्म खराब होता है? पानी तो श्री गंगा जी का है जो कि बड़े से बड़े पापियों को भी अपने स्पर्श मात्र से पवित्र कर देती है...मुझे पानी गर्म करके पिलाओ। बेचारे साईस ने डरते-डरते पानी गरम किया और यति जी ने डट कर तीन गिलास पिये–पानी पी कर वे फिर भागे और भागते भागते वे गौरी घाट पर पहुंच गए। वहां एक दुकानदार से चार गिलास पानी में पाव भर गुड़ और तुलसी के पत्ते डलवा कर गरम-गरम पिये और वह पीकर एक पेड़ के नीचे गंगाजी के तट पर सो गए। बस फिर सो कर उठे तो बिल्कुल स्वस्थ।

यति जी उसी गौरी घाट पर दस दिन ठहरे। जिस समय वे अपने निवास स्थान से चंडी की ओर भागे थे, उस समय अपने घर को खुला ही छोड़ आए थे। यति जी अपने घर को तथा लायब्रेरी को कभी भी ताला नहीं लगाते थे। लायब्रेरी को खाली कुंडा लगा रहता। पढ़ने वाले आते पढ़-पुढ़ कर स्वयं चले जाते। कई बार लायब्रेरी के कपाट तक खुले रह जाते। यही अवस्था उनके घर की थी। इस बार भी जब वे भागे तो घर-दर खुला ही छोड़ गए।

गौरी घाट में दस दिन तक प्रकृति की गोदी में विहार करके अपने घर लौटे तो घर में पांच छह पंजाबी यात्री मकान में ठहरे हुए थे। यति जी को उन्हें देख कोई आश्चर्य नहीं हुआ। वे उन व्यक्तियों से पूर्व परिचित भी न थे।

उन्हें निःशंक अपने घर में प्रविष्ट होते देख यात्रियों ने पूछा–''महाराज यह घर आपका है?''

''मेरा नहीं! यह तो आप ही लोगों का है।''

''क्या आप ही का नाम यति किशोरचन्द्र है।''

यति जी ने उन पंजाबी यात्रियों को सिर से पैर तक बड़े ही ध्यान पूर्वक देख पूछा–''आपको यति किशोरचन्द्र से कुछ काम है?''

''जी हां।''

''यदि आप इस मकान में रहना चाहते हैं, तीर्थयात्री हैं, तो जब तक आपका दिल चाहे आप रहें। इस कुटिया को अपना ही घर समझिये, परन्तु

यदि यति किशोरचन्द्र से ही आपको कोई अत्यावश्यक कार्य है तो यति जी आपको शीघ्र ही मिल सकते हैं।"

"हमको तो साक्षात यति जी से ही शीघ्र मिलना है।"

"किसलिए।"

"यह तो हम उन्हीं को बता सकते हैं।"

"समझ लीजिए आप उन्हीं को बता रहे हैं।"

इतना सुनते ही यात्री कुछ सहम से गए। एक बोला "तो साफ क्यूं नहीं कह देते कि आप ही यति किशोरचन्द्र हैं।"

"अच्छा! लो मैं साफ कह देता हूं–मैं ही यति किशोरचन्द्र हूं, अब कहिए आप कहां से आए हैं और किस प्रयोजन से आए हैं?"

"हम आए हैं लाहौर से और आए हैं भारत माता की स्वाधीनता के पुजारी यति किशोरचन्द्र को मिलने के लिये।"

"बहुत अच्छा! आप यति किशोरचन्द्र को मिल गए।"

यात्रियों में से एक ने पत्र निकाल यति जी को दिखाया...यति जी ने उसे पढ़ा...

लाहौर, 13-5-1903

आदरणीय यति जी,

पिछली बार मेरे हरिद्वार आने पर आपने भारतीय स्वाधीनता के प्रतीक–स्वराज्य के झंडे के निर्माण की समस्या छेड़ी थी। वास्तव में वह आपका विचार शुभ है। इस संसार-सागर पर विचर रहे स्वाधीनता-पोत के लिए यह झंडा सचमुच एक ज्योति-स्तंभ का काम देगा। आपके उस अमूल्य-विचार का मैंने जिस किसी के साथ भी प्रसंग छेड़ा है, उसी ने उसे सराहा है। यदि आप अपने प्रयास में सफल हुए तो सचमुच आने वाली सन्तानों के लिए आप बड़ा उपकार कर जावेंगे। अब तो माया देवी के शिखर पर स्वाधीनता की पताका फहरानी ही चाहिए। ये चार नवयुवक हमारी पंजाबी भारत-माता-सेना के रत्न हैं। माया देवी के पर्वत पर स्वराज्य का पहला झंडा फहराने में आपका लैफ्ट हैंड (left hand) बनेंगे।

आपका...सुरेश बाबू

❑❑❑

छप्पनवां अध्याय

स्वराज्य का पहला झंडा

इस झंडे के नीचे निर्भय, लें स्वराज्य हो अविचल निश्चय।
बोलो भारत माता की जय, स्वतंत्रता हो ध्येय-हमारा।।

'स्वराज्य का पहला झंडा' जब इन शब्दों को यतिवर किशोरचन्द्र के नाम से संबोधित किया जाता है तो वास्तव में इस शब्द-समूह में ''पहला'' कुछ-कुछ अखरता है। स्वराज्य का पहला झंडा तो गाड़ा था स्वयं वेद भगवान् के रूप में सृष्टिकर्ता परम ब्रह्म परमात्मा ने जब उसने सांसारिकों को आदेश किया-

यस्यामापः परिचरा समानी रहो रात्रे अप्रमादं क्षरन्ति।
सा नो भूमि भूरिधारा पयो दुहामथो उक्षतु वर्चसा।।

अथर्व-12/1/9

अर्थात्-जिस मातृभूमि पर चल-प्रवाहों के समान स्वयं-सेवक दिन-रात प्रमाद न करते हुए घूमते हैं, वह हमारी बहुत धारा प्रवाह धन देने वाली मातृभूमि हमारे लिए दूध देवे और तेज से हमें युक्त करे।

यह है स्वराज्य का सर्वप्रथम आदेश जो कि वेद भगवान् ने सांसारिकों को दिया। इसी आदेश का अनुसरण करते हुए भारत पुत्रों ने कोटि-कोटि वर्षों पर्यन्त इस स्वराज्य की विजय-वैजयंती को फहराया। भारत के अन्तिम सम्राट् विक्रमादित्य के आठ सौ वर्ष पश्चात तक भी स्वाधीन भारत की अमर पताका गिरिराज की उच्चतम शिखा पर फहराती हुई संसार में सुख शान्ति की समीर बहाती रही।

फिर समय ने पलटा खाया। स्वयं भारत-पुत्रों ने ही यवनों के भय से अपने करकमलों से इस पताका को उखाड़कर अरब की खाड़ी में डुबा दिया।

पुनः राजस्थान केशरी ने इस भारतीय श्री को अरब की खाड़ी से निकालने की कोशिश की। उन्हें आंशिक सफलता प्राप्त हुई। तत्पश्चात छत्रपति शिवा जी महाराज ने तो इस भारत सर्वस्व को एक बार फिर हिमालय शैल-शिखर पर फहरा कर ही छोड़ा। पंजाब के खालसा सूरमाओं को इस पर भी संतोष नहीं हुआ। स्वाधीन-भारत की पताका उठाये वे गजनी की ओर बढ़े। जिस स्थान पर महमूद ने भारत की लक्ष्मी को अनेकों बार लूट-लूट कर बंदी बना रखा था खालसा सूरमाओं ने उसी की चोटी पर भारतीय-राष्ट्र की पताका फहराई।

परन्तु सम्भवतः भगवान् को भारत का वह वैभव अधिक देर तक सहन न हो पाया। उसने अपनी माया से खालसाओं की बुद्धि को चक्कर में डाल दिया। थोड़े ही वर्षों के पश्चात खालसा बहादुर स्वयं ही उस भारत की दिग्विजयनी-पताका को गजनी से उखाड़ लाए। पश्चात गौरांग महाप्रभुओं ने भारत-भूतल पर पदार्पण करते ही इस पताका को नष्ट-भ्रष्ट कर देने के लिए एक विशाल षडयन्त्र रचा। गौरांग वीर डलहौजी ने इस पताका को उखाड़ कर सात समुद्र पर श्वेत-भवन की दीवारों के अंदर बंद कर दिया।

क्षुभित भारत ने फिर एक बार उस खोई हुई ध्वजा को प्राप्त करने की कोशिश की। यद्यपि उन वीरों का प्रयास विफल रहा, तथापि जब तक भारत में एक भी स्वतंत्रता का पुजारी रहेगा, तब तक नाना, लक्ष्मीबाई तथा तांत्या टोपे का नाम अमर है।

उन्नीसवीं शताब्दी के अन्त में ऋषि दयानन्द ने फिर इस पताका को ऊंचा किया। अपने **सत्यार्थ प्रकाश** में ऋषि ने लिखा-"विदेशी शासन भले ही कितना ही सुन्दर तथा सुखमय क्यूं न हो परन्तु स्वराज्य की तुलना वह कदापि नहीं कर सकता।"

यतिवर किशोरचन्द्र के व्यक्तित्व के साथ जब हम "स्वराज्य का पहला झंडा" यह वाक्य संबोधित करते हैं तो इसका तात्पर्य यह है कि बीसवीं शताब्दी में स्वराज्य का झंडा पहराने वालो में सर्वप्रथम स्थान उन्हीं का है। सरदार अजीत सिंह, सूफी अम्बा प्रसाद, लाला हरदयाल के उस युग में वह सर्वप्रथम व्यक्ति थे जिनके हृदय में स्वराज्य का पहला झंडा शैल शिखर पर फहराने की एक आकांक्षा जागी।

उन्हीं दिनों बीसवी शताब्दी के प्रथम चरण में उत्तर-भारतीय क्रान्तिकारी दल की एक मीटिंग सन्त पुस्तकालय में हुई। उस मीटिंग में यति जी ने

प्रस्ताव रखा "प्रत्येक राष्ट्र की राष्ट्रीयता का प्रतीक एक विशेष झंडा होता है, परन्तु हमारे राष्ट्र का अपना कोई झंडा नहीं है। जिस प्रकार एक आस्तिक कहलाने वाला भगवद्-भक्त अपने सन्मुख धरी हुई मूर्ति में भगवान् की ज्योति देखता है, भगवान् तक पहुंचने के लिए उसको एक प्रतीक का आश्रय लेना पड़ता है, उसी प्रकार स्वाधीनता देवी के पुजारियों के लिए भी एक स्वाधीनता का प्रतीक चाहिए। यह स्वाधीनता का प्रतीक हमारा झण्डा होगा। हम इस झण्डे को माया देवी के उच्चतम शिखर पर फहरायेंगे। इस माया देवी के पर्वत का महान् ऐतिहासिक महत्त्व है। यहां किसी युग में जब कि भारत पूर्णतया स्वतंत्र था, वेण राजा का सुदृढ़ किला था। उसी दुर्ग शिखर पर हम इस स्वतंत्रता के प्रतीक को पहराएंगे। यह झण्डा हमारी श्रद्धा तथा देश-भक्ति का केन्द्र होगा। हम एक बार इसे ऊंचा उठा पुनः कदापि-कदापि इसे नीचा नहीं होने देंगे।"

यति जी के इस प्रस्ताव की सभी ने मुक्त-कंठ से प्रशंसा की। अगले ही दिन माया देवी की चोटी पर स्वराज्य का झंडा फहराने का निश्चय हुआ।

अगले दिन, क्रान्ति देवी के वे सभी पुजारी प्रातः ही सन्त-पुस्तकालय से माया देवी के पर्वत की ओर चल दिए। गिनती में वे कुल पन्द्रह थे, परन्तु उन में से एक-एक सवा-सवा लाख के बराबर था। स्वतंत्रता देवी के पुजारियों की यह टोली स्वाधीन भारत के गीत गाती हुई बड़े समारोह से उस पर्वत शिखर की ओर चल पड़ी।

ओ भारत के वीर बांकुरो साथ हमारे आ जाओ।
स्वतंत्रता की विजय पताका शैल-शिखर पै फहराओ॥
बन्दा वैरागी को ध्याके, छत्रपति की जय जय गा के।
स्वतंत्रता के उन वीरों को, निज ध्येय का आदर्श बना के।
पराधीन भारत माता को, तुम स्वाधीन बना जाओ॥
भारत के बन्धन कट जाएं, विपदाओं के दिन घट जाएं।
पराधीनता के यह बादल, भारत के नभ पै फट जाएं।
तुम बत्तीस करोड़ मिल कर जो नभ-मंडल में फूंक लगाओ॥
ओ अनपढ़ मूर्ख विद्वानों, हिन्दू मुस्लिम और क्रिस्चानो।
जैन पारसी सिख महानो, उठो और निज धर्म पहचानो।
तुम बत्तीस करोड़ हो कर भी, काहे को पराधीन कहाओ॥
स्वारथ और मत-भेद भुला के, बैर फूट को दूर भगा के।

स्वतंत्रता की ध्वजा उठा के, मातृ-भूमि की जय जय गा के।
निखल जगत में आज़ादी का विजयी नाद बजा जाओ॥
भारत मां की झोली भर दो, तन मन धन सब अर्पण कर दो।
सीस हथेली पै लेजा कर, भारत मां के आगे धर दो।
स्वतंत्रता की बलि वेदी पै हस हस सर्वस्व चढ़ाओ॥
चली फकीरों की यह टोली, आजादी की लेकर झोली।
जिसको लेनी हो आज़ादी, बन जाए हमरा हमजोली।
आओ मिलकर साथ हमारे, भारत मां की जय-जय गाओ॥

सन्त-कुटीर से निकल पंचपुरी की परिक्रमा करते हुए वे स्वाधीनता के पुजारी पतित-पावनी भगवती भगीरथी का आशीर्वाद प्राप्त करने के लिए हर की पौडी की ओर बढ़े। गंगामाई का प्रत्येक जल-कण उन स्वातंत्र्य-वीरों के स्वागत में उछल-उछल कर गाने लगा।

कोटि कोटि पुत्रन की माता, सकल जगत की जीवन दाता।
निखिल जगत की मंगल-कारिणी, क्यूं हो उसका बाम विधाता।
सूख जाप सागर भी तुम मिल घूंट घूंट जो पी जाओ॥

वे स्वतंत्रता के पुजारी आगे बढ़े। मातेश्वरी को नमस्कार कर उसके जल-कण को मस्तक पै आरूढ़ कर उन्होंने वर मांगा।

रोम रोम में शक्ति भर दे, भारत मां की भक्ति भर दे।
मातृ भूमि पै सर्वस वारें, जगदम्बे! हमको यह वर दे।
कह दे-हो बलिदान देश पर, वीरगति को पा जाओ॥

उन भारत वीरों के उन हृदय उद्गारों ने मातेश्वरी के हृदय में उल्लास उत्पन्न कर दिया। प्रेम, वात्सल्य, ओज, सान्त्वना भरे शब्दों में मातेश्वरी ने उनको आशीर्वाद दिया।

जाओ प्यारे वीरो जाओ, भारत मां का दुःख मिटाओ।
आजादी की बलि वेदी पै, जा करके सर्वस्व चढ़ाओ।
स्वतंत्र भारत की नैया को, वीरो रलमिल पार लगाओ॥
बढ़ो समर भूमि में निर्भय, विजय तुम्हारी होगी निश्चय।
एक साथ सब मिलकर गाओ, "बोलो स्वतंत्र भारत की जय।"
क्रान्तिदेव के देव दूत बन निखल जगत पै छा जाओ॥

मातेश्वरी का आशीर्वाद प्राप्त कर वे स्वातंत्र्य-सूरमा वेण-राजा की उस प्राचीन राजधानी की ओर बढ़े-

भारत प्यारा देश हमारा, प्राणों से भी बढ़ कर प्यारा।
इस पर हम तन मन वारेंगे, स्वतंत्रता है ध्येय हमारा।
द्वात्रिंश कोटि भुजा उठा कर पार करेंगे इसकी नावे॥

इस प्रकार आजादी के गीत गाते हुए, वह स्वतंत्रता के पुजारी माया देवी के शिखर पर पहुंच गए। वेण राजा के उस ऐतिहासिक प्राचीन प्राकृतिक दुर्ग पर यति किशोरचन्द्र ने स्वराज्य का पहला झंडा फहराया। समस्त उपस्थित जनों ने स्वदेशाभिमान के उस सर्वोत्तम प्रतीक का अभिवादन किया-

आंच न आने देंगे तुम पर, लौटेंगे आजादी ले कर।
या स्वतंत्रता की वेदी पै कर देंगे निज प्राण न्योछावर।
स्वतंत्रता के इस प्रतीक को, वीरो सादर सीस झुकाओ॥

स्वाधीनता देवी के उन पुजारियों की उस विजय-ध्वनि से प्रति ध्वनित हो, वह हिमाद्रि भी गुनगुनाने लगा।

यह भारत तो नन्दन वन है, स्वर्गोपम इसका कन कन है।
बना स्वयं काहे को निर्धन यह तो सारे जन का धन है।
भुजा उठाये द्वात्रिंश कोटि आओ...चक्कर घुमा जाओ॥

शैल शिखर पर कहती हुई सुन्दर सुखद समीर भी थोड़ी देर के लिए वहीं रुक गई। हिमाद्रि पिता के स्वर में स्वर मिला कर वह भी वही अमर गीत गाने लगी-

फ्रांस, रूस, जापान, जर्मनी, अमरीका, इंग्लैंड, इटली।
चीन स्पेन, स्वीडन, हंगरी, आयलैंड इजिप्ट और टरकी।
हैं स्वतंत्र सब, तुम भी निज भारत स्वाधीन बना जाओ॥

चंडी का पर्वत भी उन वीरों के उस विजयोत्सव में सम्मिलित होने के लिए भागने लगा। परन्तु वह अपने स्थान से हिल न सका। पर्वत शिखर पर चढ़ कर वहीं खड़ा-खड़ा वह उच्च स्वर से गाने लगा-

पग पीछे न कभी हटाना, ध्येय अपना न कभी भुलाना।
भारत मां की जय जय गाते, तुम आगे ही बढ़ते जाना।
विजय तुम्हारी होगी निश्चय-दृढ़प्रतिज्ञ हो कदम बढ़ाओ॥

❑❑❑

सत्तावनवां अध्याय

युगांतर और लोकांतर

जननी जन्म भूमि देवी पर, जो सर्वस्व चढ़ाते हैं।
धन्य-धन्य है जीवन उनका, वही जन्म फल पाते हैं।।

वास्तव में इहलोक में सफलता ही महानता का सर्वश्रेष्ठ चिह्न है। मनुष्य कितना ही बड़ा क्यों न हो, उसका ध्येय कितना ही ऊंचा क्यों न हो, उसका आदर्श कितना ही विशाल क्यों न हो, परन्तु यदि अन्त में उसे अपने ध्येय प्राप्ति में विफलता का मुख देखना पड़ता है तो उस व्यक्ति की महानता, उसका आदर्श सर्व-साधारण की नजरों में कुछ भी नहीं रहता। एक चोर में और सरदार में, एक कैदी में और हाकिम में केवल इतना ही अन्तर है कि जब चोर अपने प्रयास में निष्फल हो जाता है तो वह कैदी कहलाता है, और जब वह सफल हो जाता है तो वह राजा, हाकिम, सरदार तथा अफसरे-आला बन जाता है। नैपोलियन जब तक अपने प्रयास में सफल रहा वह यूरोप का सम्राट् रहा, जब उसे वाटरलू में विफलता का मुख देखना पड़ा तो वही नैपोलियन एक बन्दी के रूप में सैन्टहैलीना के द्वीप में अपने दिन काटने लगा। भारत में विप्लव-वादियों का सबसे बड़ा दोष यही था कि वे अपने उद्‍देश्य साधन में कृतकार्य नहीं हो सके। जिस पथ का अन्तिम परिणाम केवल व्यर्थता हो सर्वसाधारण तो क्या देश के बड़े-बड़े अभिज्ञ नेता तक उस पथ के पथिकों को पथ-भ्रान्त कह देते हैं। भारत के इन विप्लवियों की ओर निर्देश करके ही प्रसिद्ध कानून पेशा बैरिस्टर नार्टन साहब ने एक बार कहा था, ''ये सब विप्लवी अपने अभीष्ट साधन में कृतकार्य नहीं हो पाते, इसी कारण आज वह सरकार के अपराधी तथा स्वयंभू नेताओं के ''इडयट्स'' (बुद्‍धु) हैं, किन्तु यदि ये अपने उद्देश्य को सफल कर सकते तो फिर यही संसार में स्वदेश-भक्त, वीर तथा साधक कह-कर पूजे जाते।

संसार में कुछ लोग सुविधाभोगी होते हैं जो जनता के मनोभावों से क्रीड़ा कर अपना उल्लू सीधा करना जानते हैं परन्तु कुछेक विभूतियां अपना धर्म समझती हुई निर्धन देश-वासियों के लिए दीप-बाती के समान जल-जल कर अपने को राख कर देती हैं।

इन बेचारे नौजवानों को कितनी महान् विपत्तियां सहनी पड़ीं। जिनके विरुद्ध तनिक-सा भी प्रमाण पाया गया, उन्हें अंग्रेजी सरकार के हाथों कठोरता का दंड भोगना पड़ा, अनेक ने फांसी के तख्ते पर जीवन दिया, बहुतों को कालापानी हुआ, पुलिस का उत्पात या जेल की कठोरता न सह सकने पर कई युवकों ने आत्म-हत्या का आश्रय लिया। "भारत-रक्षा आईन के ज़ोर पर ज़रा सा संदेह होते ही दल के दल युवकों को वर्षों की नजरबन्दी में ढकेल दिया गया, सहस्त्रों की जवानियां लुट गईं, सैकड़ों के घर बरबाद हो गए परन्तु यह बहादुर फिर भी नहीं हारे।

भारत के प्रवीण विज्ञ तथा राजनीति विशारद नेता लोग देर से यह बात कहते आते थे कि भारत का यह विप्लव प्रयास केवल लड़कपन है, व्यर्थ है। किन्तु वर्तानवी गवर्नमैंट तो यह बात भली प्रकार से जान गई थी कि इन विप्लवियों को यदि कुछ दिन भी निर्विघ्न रूप से अपने मतलब के अनुसार काम करने का अवसर और सुयोग मिल जाए तो भारत की अवस्था में सचमुच एक अभूतपूर्व परिवर्तन हो जाएगा। इसीलिए गवर्नमैंट भारत के भिन्न-भिन्न आंदोलनों में से एकमात्र विप्लवांदोलन को ही चिन्ता करने लायक मानती थी। इसीलिए इस गवर्नमैंट में जो कुछ जहर था, इन्हीं विप्लवियों पर उसका प्रयोग किया गया।

जब कोई पराधीन जाति जागने लगती है, तब उस जागरण को व्यर्थ करने के लिए ऐसी ही कठोरता की जाती है, किन्तु जाति जब सचमुच जाग उठती है तब संसार की कोई भी कठोर नीति उस जागरण को व्यर्थ नहीं कर सकती, वरन् इस प्रकार की कठोरनीति के द्वारा जाति की केवल शक्ति-परीक्षा होती है। जाति में यदि सचमुच प्राण शक्ति हो तो यह सब कठोरता जागृति की रुकावट न होकर सहायक हो जाती है। इसी से जागरण के हित राजकोप को वास्तव में कोप न समझ कर भगवान का अनुग्रह समझना ही उचित है। भारत के विप्लवियों ने भी सचमुच कभी भी इस दमन नीति के लिए अंग्रेज को दोषी नहीं ठहराया, प्रत्युत वे तो यह सोचते थे कि इन समस्त कठोरताओं में से गुजर कर भगवान् जाति को पुनर्जीवित करने के लिए आह्वान करते हैं।

वे जानते थे कि पराधीन जाति का स्वाधीनता प्रयास इन सब कठोरताओं में से गुजर कर ही सार्थक होता है। सभी दमन नीति मानो एक प्रकार के मील पत्थर हैं। कोई पराधीन जाति स्वाधीनता प्राप्ति के पथ में कितनी आगे बढ़ती है, यह मानो दमन नीति ही उसका परिचय देती है। प्राणों के बलिदान से ही जाति में प्राणों का संचार होता है। इसीलिए विप्लवी प्राणों का बलिदान देने से बिल्कुल नहीं घबराए।

विप्लवी लोग अपने को गुप्त रख कर भी विप्लव-कार्य में लिप्त रहते थे, इसी कारण वे बार-बार विपत्ति में पड़ते थे, किन्तु केवल प्राण बचाना ही तो विप्लवियों का उद्देश्य न था, जीवन यदि देश के काम में नहीं लगा तो जीवन बने रहने से क्या बनेगा? यही थी विप्लवियों की धारणा। उनका आदर्श महान् था। उनमें से प्राय: सभी अच्छे-अच्छे घरों के कुलीन नवयुवक थे और यदि वे आराम से घर पर रह कर अपने दिन काटना चाहते तो उन्हें सचमुच किसी भी बात की कमी न थी। परन्तु उनके हृदय में अपनी मातृभूमि की स्वतंत्रता की एक आग जल रही थी। उस आग ने उन्हें बेचैन कर रखा था। किसी ने उन्हें द्रोही कहा किसी ने उन्हें उन्मत्त कहा, किसी ने पागल कहा, वास्तव में वे सचमुच देश की आजादी के पीछे पागल थे।

सामयिक उत्तेजना में आ कर थोड़े ही दिन मनुष्य कूद फांद सकता है। लेकिन महीने के बाद महीने चले जाएं, साल के बाद साल गुज़र जाएं फिर भी अपने लक्ष्य पर डटे रहना सामयिक उत्तेजना का लक्षण नहीं। वीरता, त्याग और देश-प्रेम में वे आदर्श होते थे। उपयुक्त नेतृत्व के अभाव से इनमें जो अमूल्य वस्तु थी वह व्यक्त होने न पाई। किसी प्रेरणा से अनुप्राणित होकर ये सब नौजवान अपने जीवन के खिलवाड़ की सामग्री समझ कर जीवन के सुख-दु:ख को तुच्छ मानकर आग में कूद पड़े थे। वे भी अपने मां-बाप के दुलारे थे, इनके भी भाई-बहनें थीं, वह भी स्नेह और प्रेम के भिखारी थे। फिर भी कोई माया का बन्धन उन्हें बांध न पाया। वास्तव में वे क्रान्तिकारी अपने रास्ते का निर्णय करते समय यह नहीं सोचते थे कि हम कहां तक जा सकते हैं, बल्कि वे यह सोचते थे कि हमें कहां तक आगे जाना चाहिए...जो कुछ भी उन्होंने किया अपने लिए नहीं, अपने बाल बच्चों के लिए नहीं बल्कि देश ही के लिये किया। मातृभूमि के कोटि-कोटि सपूतों के लिए किया, देश के नंगे भूखे किसानों और मजदूरों के लिए किया, उनके लिए किया जिन्होंने उन स्वातंत्र्य वीरों को पागल की उपाधि से विभूषित किया।

वीर विप्लवियों ने अपने यौवन को स्वाधीनता की बलिवेदी पर चढ़ा दिया, परन्तु इस पैंतीस करोड़ के लम्बे चौड़े देश में से किसी ने उनका जलूस नहीं निकाला, किसीने उनके गले में फूलों के हार तक नहीं डाले, किसी ने उनको मान-पत्र और थैलियां भेंट नहीं कीं, किसी ने उनकी जय के नारे तक नहीं लगाए। छोटी-छोटी नाममात्र की चंदाबटोरू सभाओं के मंत्री और खज़ानची बनने के लिए भी जिस देश में जूतियां चल जाती हैं, चुंगी की मैंबरी लेने के लिए जिस देश में इलैक्शन से छह-छह महीने पहले ही दंगल जुट जाते हैं, साधारण-सी बात पर जहां भले मानसों की पगड़ियाँ उछाली जाती हैं उस देश में उन महान आत्मा नवयुवकों के आदर्श की कद्र कहां?

कांग्रेस-आन्दोलन में जिन बड़े-बड़े नेता कहलाने वाले लोगों ने कुर्बानियां दीं वे उन विप्लवी वीरों की तुलना में तिल भर भी नहीं। केवल चार दिन की जेल में ही बड़े-बड़े वक्तव्य छपने लग जाते हैं। गिरफ्तार होते समय यदि कोई अखबार का रिपोर्टर बयान लेने नहीं आया तो वे इसे अपना अपमान समझते हैं। जेल जाने पर यदि अखबार में उनका ब्लाक नहीं छपा तो वे जेल में ही बैठे-बैठे सम्पादक पर गालियों की बौछाड़ लगाते हैं। जेल में जा कर फिर जेल से बाहर आने के लिए नाना प्रकार के षड्यन्त्र रचे जाते हैं। एक सप्ताह की जेल काटने के पश्चात यदि श्रीमान जी का जलूस नहीं निकला तो जनाब अगले ही दिन अपना त्यागपत्र कांग्रेस के दफ्तर में भेज देते हैं। जेल जाने पर यदि ए या बी क्लास न मिले तो अखबारों में जबरदस्त आन्दोलन छेड़ कर आकाश सर पर उठा लिया जाता है।

परन्तु वे नवयुवक धन्य थे। उनकी महानता के कुछेक उदाहरण तो देखिए-बंगाल के विप्लववादी नलिनी घायल अवस्था में अस्पताल में लेटे हुए हैं, पुलिस नाम धाम लेने में व्यग्र है-डाईंग डिक्लेरेशन-मरते समय का इजहार मांगती है।

मृत्युशैया पर लेटे घायल विप्लवी असह्य यंत्रणा सहते हुए मृत्यु की प्रतीक्षा में हैं, ऐसे समय साधारण व्यक्ति अपने का छिपा नहीं सकता। वरन् इच्छा होती है कि उसके कार्यों को देशवासी भलीभांति जान जाएं, जिनके लिए वह मरता है, वह जान जाएं कि किस प्रकार वह उनके लिए प्राण दे गया। साधारण मनुष्य की यही इच्छा होती है, किन्तु विप्लववादियों की अपने को छिपाने की शैली साधारण नहीं होती। शिक्षा और साधना के बिना आत्म-गोपन का वैसा सामर्थ्य आता ही नहीं, मृत्यु के समय भी इच्छा नहीं

है कोई उन्हें जान जाए, या कोई उनका मूल्य समझ ले। कोई संदेश नहीं ''Unwept, Unhonoured, Unsung, ही वह जाना चाहता है। वह नहीं चाहता कोई उस पर आंसू बहाये, कोई उसका नाम याद करे, कोई भी उसका गीत गाये। वह उस यश का भगत नहीं जो दुनिया के बाजारों में चांदी के चन्द ठीकरे लुटा देने से, प्रतियोगिता या व्याख्यानों में लाखों तालियों के बज उठने से, अपने बलिदान का ढिंढोरा पीट कर असेंबली की नरम-नरम गद्दियों पर डट जाने से, अपनी कुरबानी के फलस्वरूप बड़ी-बड़ी टी-पार्टियां व मान-पत्र या दावतें स्वीकार करने से, कुछके आंसु रोकर थैलियां इकट्ठी करने से प्राप्त होता है। वह उस यश को यश समझता है जो एक दीन दुखिया के कलेजे में सुख का वह सुधा वर्षा करता है, जिससे आनन्द से, स्नेह से आंखों में आंसु भर आते हैं, मुंह से बोल नहीं निकलता और हृदय अनुभव करता है कि दुनिया में मनुष्य भी है और मनुष्यता भी है।

इसीलिए मृत्यु शैया पर पड़े हुए विप्लव-वादी के क्षीण कण्ठ से उत्तर निकला, ''Don't disturb me, please let me die peacefully'' मुझे तंग न करो मुझे शान्ति से मरने दो। पुलिस ने अनेक प्रकार से बात निकालने की चेष्टा की-कहा नाम तो बताओ, घर कहां है? किन्तु उसका वही एक उत्तर था...Don,t disturb me, please let me die.

बंगाल के एक प्रसिद्ध विप्लव-वादी यतीन्द्रनाथ कई दिन के भूखे-प्यासे अपने साथियों सहित जंगलों में घूम रहे हैं। सशस्त्र पुलिस उनका पीछा कर रही है। एक स्थान पर पुलिस ने जंगल को चारों ओर से घेर लिया। बचने की कोई आशा न देख यतीन्द्र के साथियों ने सजल नेत्रों से प्रार्थना की-वे मरते हैं तो मरें, यतीन्द्रनाथ कपट वेश से दूसरी जगह निकल जाएं। किन्तु उस बहादुर वीर यतीन्द्र ने यह प्रस्ताव नहीं माना। वह बोला ''प्यारे भाई, देखो, विचार करो, हम सब माता-पिता की स्नेहमयी गोद, स्त्री पुत्रों का माया-बन्धन, बंधु-बांधवों का प्यार-दुलार और घर की सुख शान्ति छोड़ कर आए हैं। एक संग काम करेंगे यह कह कर न कर दी। अब इस विपत्ति के समय वह प्रण क्योंकर छोड़ दें। मनुष्य तो अमर नहीं है। एक न एक दिन उसे मरना ही होगा। तब कायरों की तरह मरने से लाभ क्या?' यह था उन विप्लव-वादियों का, स्वतंत्रता के पागल-प्रेमियों का आदर्श।

मृत्यु की काल-कोठरी में बैठे हुए, कटक के फांसी घर के अंधेरे कोने से बंगाल के दो तरुण तपस्वियों मनोरंजन और नरेन्द्र ने अपने एक मित्र को

चिट्ठी में लिखा–"चित्तप्रिय और दादा चले गए, हम भी जाते हैं, आशा है आप पहले के समान काम चलाएंगे। भगवान् आप लोगों को सफलता दान करेंगे। आज हमारे जीवन की विजयदशमी है। अन्तिम नमस्कार। जो चले गए, उन्हें लौटा लाने का कोई उपाय नहीं, किन्तु ज्योतिष की मुक्ति के लिए क्या करना चाहिए, यह उनके स्वदेशवासी ही निश्चय करेंगे।" इन शब्दों में कितना साहस, कितना औदार्य भरा है।

लाहौर के एक तरुण वीर करतार सिंह हथकड़ियों तथा बेड़ियों में जकड़े हुए भी ऐसे तेजस्वी रूप में प्रतीत हो रहे थे मानो स्वतंत्रता देवी के दूल्हा बन कर स्वर्गलोक में उस देवी का पाणी-ग्रहण करने जा रहे हैं।

वर्मा के महान् विप्लवी सोहनलाल पाठक सिपाहियों में विद्रोह मचा रहे थे। एक जमादार ने एक दिन उन्हें पकड़ लिया। उस समय सोहनलाल की जेब में तीन भरे हुए पिस्तौल थे। वह चाहते तो उनका प्रयोग कर उस प्राणघाती से अपनी रक्षा कर सकते थे परन्तु उनका आदर्श तो देखिए। उस समय वह उस जमादार से बोले–"अरे भाई तू मुझे पकड़ा देगा? तू क्या भूला जाता है कि मैं तो तेरा भाई हूं। भाई को पकड़ा देने में तुझे क्या कुछ भी दर्द नहीं होता। अरे तू कैसा भाई है, भाई हो कर भाई को पकड़ाए देता है।"

यही सोहनलाल फांसी के तख्ते पर खड़े किए गए। साहब बोला– "सोहनलाल एक बार क्षमा मांग लो जान बच जाएगी।" वह शेर बोला "क्षमा मांगनी है तो अंग्रेज हम से क्षमा मांगें, मैं किसलिये तुम्हारे पास क्षमा मांगने आऊंगा।"

कन्हैयालाल दत्त 105 डिग्री के ताप में जेल में पड़े हैं, परन्तु उसी अवस्था में एक दिन पड़े-पड़े उन्हें पता नहीं क्या सूझी, वहां पर भी उनके हाथों में कहीं से पिस्टल आ ही गया और वहां भी वे अपने काम को कर ही गए। अलीपुर जेल में गाया हुआ वीरवर ओ३म प्रकाश का वह अमर गीत भला किसी को भूल सकता है!

हैफ़ जिस पै कि हम तैयार थे मर जाने को।
जीते जी हम से छुड़ाया उसी काशाने को॥
आसमां क्या यही बाकी था गज़ब ढाने को।
लाके गुर्बत में जो रखा हमें तड़पाने को॥
क्या कोई और बहाना न था तरसाने को॥1॥

फिर न गुलशन में हमें लाएगा सैय्याद कभी।
क्या सुनेगा तू हमारी कोई फरियाद कभी।।
याद आएगा किसे यह दिल, नाशाद कभी।
हम भी इस बाग में थे कैद से आजाद कभी।।
अब तो काहे को मिलेगी यह हवा खाने को।।2।।
दिल फिदा करते हैं कुर्बान जिगर करते हैं।
पास जो कुछ है वह माता की नज़र करते हैं।।
खाने वीरान कहां देखिये घर करते हैं।
खुश रहो अहलेवतन हमतो सफ़र करते हैं।।
जाके आबाद करेंगे किसी वीराने को।।3।।
देखिये कब यह असीराने मुसीबत छूटें।
मादरे हिन्द के अब भाग खुले या फूटें।।
देश सेवक सभी अब जेल में मूजें कुटें।
आप यां ऐश से दिन-रात बहारें लूटें।।
क्यों न तरजीह दें इस जीने पै मर जाने को।।4।।
कोई माता की उम्मीदों पर न डाले पानी।
जिन्दगी भर को हमें भेज के काले पानी।।
मुंह में, जल्लाद! हुए जाते हैं छाले पानी।
अब खंजर का पिला करके दुआले पानी।।
भर न क्यों जाएं हम इस उम्र में पैमाने को।।5।।
हम भी आराम उठा सकते थे घरपर रहकर।
हमको भी पाला था मां-बाप ने दुःख सह सहकर।।
वक्ते रुखसत उन्हें इतना भी न आए कहकर।
गोद में आंसू कभी टपके जो रुख से बह कर।।
तिफ्ल उनको ही समझ लेना जी बहलाने को।।6।।
देश सेवा ही का बहता है लहू नस नस में।
अब तो खा बैठे हैं चित्तौड़ गढ़ की कस्में।।
सर फरोशी की अदा होती है यूं ही रस्में।
भाई खंजर ले गले मिलते हैं सच आपस में।।
बहनें तैयार चिताओं में हैं जल जाने को।।7।।
नौजवानों जो तबीयत में तुम्हारी खटके।
याद कर लेना कभी हमको भी भूले भटके।।

आप के अज़ा बदन होवें जुदा कट कटके।
और सर चाक हो माता का कलेजा फटके॥
पर न माथे पर शिकन आए कसम खाने की॥8॥
अपनी किस्मत में अजल से ही सितम रखा था।
रंज रखां था महन रखा था गम रखा था
किसकी परवाह थी और किसमें यह दम रखा था।
हमने जब वादिये गुरबत में कदम रखा था
दूर तक यादे वतन आई थी समझाने को॥9॥
अपना कुछ गम नहीं लेकिन यह ख्याल आता है।
मादरे हिन्द पर कब तक वह उबाल आता है।
देश आज़ादी का कब तक हिन्द में ख्याला आता है।
कौम अपनी पर तो रो रो के मलाल आता है॥
मुन्तजिर रहते हैं हम खाक में मिल जाने को॥10॥
मैकदा किसका है यह जामे सबू किसका है।
बार किसका है मेरी जां यह गलू किसका है॥
जो बहें कौम की खातिर वह लहू किसका है।
आत्मा साफ बतादे तू अदू किसका है।
क्यों नये रंग बदलता है तू तड़पाने को॥11॥
दर्द मन्दों से मुसीबत का हवालत पूछो।
मरने वालों से जरा लुत्फे शहादत पूछो॥
वन के पंछी से आज़ादी की नयामत पूछो।
चश्म-मुशताक से कुछ दीद की हसरत पूछो॥
सोज़ कहते हैं किसे पूछो तो परवाने को॥12॥
बात तो जब है कि इस बात की जिद्द ठानें।
देश के वास्ते कुरबान करें सब जानें॥
लाख समझाये कोई एक न उसकी मानें।
कहता है खून से मत अपना गरेबां सानें॥
नासहा आग लगे तेरे इस समझाने को॥13॥
न मयस्सर हुआ राहत में कभी मेल हमें।
जान पर खेल के भया न कोई खेल हमें॥
एक दिन को भी न मंजूर हुई बेल हमें।
याद आएगी अलीपुर की बहुत जेल हमें॥

लोग तो भूल ही जाएंगे इस अफसाने को।।14।।
अब तो हम डाल चुके अपने गले में झोली।
एक होती है फकीरों की हमेशा बोली।।
खून से फाग रचाएगी हमारी टोली।
जब से बंगाल में खेले हैं कन्हैया होली।।
कोई उस दिन से नहीं पूछता बरसाने को।।15।।

यह ग्रन्थ भारतीय विप्लववाद का इतिहास नहीं है और न ही इस अध्याय का आशय भारतीय विप्लववाद को कोई इतिहास लिखना ही है। ऊपर जो कतिपय उदाहरण दिए गए हैं, वे केवल यह दिखाने के लिए ही उद्धृत किए गए हैं कि मातृभूमि की स्वतंत्रता के वे दीवाने कितने त्याग, तपस्या तथा आदर्शयुक्त महान-पुरुष थे। महामति तिलक ने भी जेल से बाहर आकर पुराने आदर्शों में भ्रम देखा और अपना मत बदल लिया और अन्त में देश छोड़ कर जर्मनी जाने का भी संकल्प किया। मनीषी विपिनचंद्र पाल भी इंग्लैंड से वापस आकर अपनी सारी शक्ति के प्रयोग से यह प्रचार करने लग गए कि पूर्ण स्वाधीनता का आदर्श भारत के लिए सुविधाजनक न होगा। ऋषि अरविन्द राजनैतिक क्षेत्र से छुट्टी लेकर भगवान् की लीला के उपयुक्त आधार बनने के लिए तपस्या करने लगे और पूर्ण-योग के आदर्श का, गृहस्थ और संन्यासी जीवन में सामंजस्य की कल्पना का तथा यह जगत् मिथ्या नहीं, उसी सर्वशक्तिमान का विलास ही है, लीलामय का लीला क्षेत्र ही है इत्यादि बातों का प्रचार करने लगे। उस समय भी वे अज्ञात देशभक्त (Unknown-Patriots) अपनी जननी जन्म-भूमि के लोह पाशों को काटने के प्रयत्न में जुटे थे।

यदि उन नवयुवकों को अपने ध्येय में सफलता प्राप्त नहीं हुई तो इसका यह कारण नहीं कि उन नवयुवकों की चेष्टाओं में कोई त्रुटि रह गई थी, बल्कि केवल इसलिए कि देश ने उनकी परवाह नहीं की। जहां तक उन नवयुवकों के आचार विचार का प्रश्न है वे स्फटिक मणि के सदृश निर्मल थे। जिस चरित्र बल के रहने से जीवन की समस्त व्यर्थताओं के बीच मनुष्य का आदर्श भ्रष्ट नहीं होता, सम्यगविपद् में, सफलता निष्फलता में, जीवन की सब अवस्थाओं में, जिस चरित्र बल के जोर पर मनुष्य अपने आदर्श को लिए हुए उठा रहता है, विप्लवियों के बीच वैसे चरित्र वाले लोग जिस परिमाण में पाए जाते हैं, विप्लव दल के बाहर कतिपय महाप्राण नेताओं को छोड़ कर वैसे बलिष्ठ चरित्र के आदमी पाना दुर्लभ है।

महात्मा गांधी के कांग्रेस आन्दोलन में आने से पहले कांग्रेस नरम दल के नेतृत्व में चल रही थी। फिर भी अरविन्द घोष, तिलक और कुछ दिन तक विपिनचन्द्र पाल व लाला लाजपतराय के कारण से राष्ट्रीय आन्दोलन में एक नई जान आ गई थी। इन्होंने स्पष्ट शब्दों में और शुद्ध विचार से भारत के सामने स्वाधीनता के आदर्श को इस तरह रखा था कि भारत के सैकड़ों नौजवान फांसी पर चढ़ने के लिए तैयार हो गए। केवल इतना ही नहीं, उन दिनों राष्ट्रीय आन्दोलन ऐसे मार्ग पर चल रहा था कि राष्ट्र में अंतर्राष्ट्रीय जीवन के स्थल में एक नवीन प्राण का संचार हुआ था, जिसके परिणाम में न केवल राजनीतिक क्षेत्र में, बल्कि हर एक विभाग में नवीन चेतना का संचार हुआ था। काव्य में, कला में, इतिहास में, विज्ञान में और आर्थिक योजनाओं में, उद्योग धंधों में, समाज की प्रत्येक दशा में नव जागरण की हिलोर से कल्याणमय, अग्निमय, प्राणस्पर्शी प्रेरणाओं द्वारा राष्ट्र में नवयुग आ गया था। इस युगान्तर के प्रतीक स्वरूप जिस दिन "युगान्तर" का आविर्भाव हुआ उस दिन यथार्थ स्वरूप में युगान्तर की प्रेरणा से जाति में सच्ची प्राण-प्रतिष्ठा हुई थी और उसी प्राण-प्रतिष्ठा का परिणाम है कि आज 30 साल के उत्पीड़न और अत्याचार के बाद भी स्वाधीनता के पुजारियों ने अपने अभीष्ट साध्य के लिए असाध्य साधन करके दिखाये हैं।

बंगाल विप्लव दल ने एक पत्र निकाला उसका नाम था 'युगान्तर' अर्थात् युग पलटाने वाला। पत्र "यथा नामो तथा गुणा:" था। सरकार इस पत्र से थर-थर कांपती थी। इस पत्र का एक-एक अक्षर मानो अधिकारियों के लिए बम का गोला था। यह केवल एक ही पृष्ठ का अखबार बंगाली तथा अंग्रेजी दोनों भाषाओं में छपता था। उस पत्र की ललकार सुन सरकार भयभीत हो उठी।

'युगान्तर' की आवाज़ को कुचलने के लिए सरकार ने अपनी पूरी शक्ति लगा दी परन्तु युगान्तर भयभीत नहीं हुआ। यदि वह भयभीत हो जाता तो फिर वह 'युगान्तर' काहे को कहलाता। 'युगान्तर' सचमुच युगान्तर ही था। वह युग पलटने आया था और सचमुच उसने युग पलट कर दिखा दिया। एक पृष्ठ का 'युगान्तर' दस-दस रुपये को बिका। सरकार ने एक-एक दिन में तीन-तीन बार उसका प्रेस ज़ब्त किया, परन्तु वाह रे 'युगान्तर'! वह तो दिन में चार-चार बार पीठ ठोंक कर मैदान में आ डटा।

कोई भी अत्याचारिणी शक्ति किसी दूसरी शक्ति को अपने अत्याचार से दबा नहीं सकती। संसार में एक भी उदाहरण नहीं मिलता जहां कोई भी उठता

हुआ राष्ट्र आसुरी शक्ति से दब सका हो। जहां कहीं भी विप्लवियों की असफलता रही वह उनके अपने दलों में फूट तथा किसी एक नियमित संगठन न होने के कारण ही थी।

'युगान्तर' पहले अकेला था। अब अपने अनुज 'लोकान्तर' को भी साथ ले आया। यह अनुज अंग्रेज से भी बढ़-चढ़ कर नहले पर दहला बन कर आया। 'लोकान्तर' मानो सरकारी अफसरों के नाम यमराज के घर का वारंट (Warrant) ही था। सरकार तो बेचारी एक 'युगान्तर' से ही परेशान थी, अब 'लोकान्तर' भी समरक्षेत्र में आ डटा। सरकार ने इन दोनों को कुचलने की पूरी-पूरी कोशिश की परन्तु 'युगान्तर' ने एक ही ललकार में कह दिया-"युगान्तर तब तक निकलता रहेगा जबतक कि युग न पलट जाए, यह युगान्तर शहरों में निकलेगा, जंगलों में से निकलेगा, नदियों और तालाबों में से निकलेगा, पहाड़ों की चोटी, पेड़ों की टहनी, साधु तथा ब्रह्मचारियों की कुटिया में से निकलेगा। कोई मानुषिक सत्ता 'युगान्तर' को बंद नहीं करवा सकती।"

अब तो 'युगान्तर' ने अपने और भी पर फैलाये और जिधर देखो उधर ही युगान्तर। इसकी ऐसी माया फैली कि अब तो प्रैस की भी जरूरत न रही। अब तो युगान्तर हिमालय की चोटी पर, कभी हरिद्वार में चंडी के पहाड़ पर, कभी गंगा से पार, कभी गंगा के वार कभी यति किशोरचन्द्र जी की कुटिया से, कभी इनकी लायब्रेरी से छप-छप कर लिफाफों में बैठ अपने भक्तों के पास जाने लगा।

उत्तर भारत में यति किशोरचन्द्र का सन्त-पुस्तकालय युगान्तर-प्रकाशन मन्दिर का रूप धारण कर चुका था। देश के उन्नतिशील क्रान्तिकारी महात्माओं का मानो यह गढ़ ही था। उस दिन यति जी को ऐसा अनुभव हुआ मानो कोई खुफिया-पुलिस का आदमी उनकी कुटिया के आस-पास कई बार घूम चुका है। यति जी ने 'युगान्तर' को किसी अन्य स्थान पर ले जाने के लिए अपने सहयोगियों से मन्त्रणा की। एक तेज तर्रार नौजवान अपना पिस्तौल तान यति जी के सामने आ कर बोला-"बस, देख लिया तुम्हें, तुम हम को डरा धमका कर यहां से निकाल देना चाहते हो" इतना कह उस उजड्ड ने पिस्तौल यति जी की ओर किया ही था। यति जी ने लपक कर उसके हाथ से पिस्तौल छीन लिया और हंस कर बोले-"तुम बड़े ही मूर्ख हो, तुम इस हथियार का मूल्य समझे ही नहीं। तुम में धैर्य, सहनशीलता नाम को भी नहीं-तुम जैसे जोशीले भावुक, अल्लहड़ नवयुवक ही आखिर धोखे के जाल में फंस कर अपनी जान गंवा देते हैं।"

बर्तानवी सरकार ने 'युगान्तर' को कुचलने की पूरी-पूरी कोशिश की, परन्तु उन तपस्वियों ने प्राणों की बाज़ी लगा कर भी युगान्तर पर आंच न आने दी। तोपों, बन्दूकों, संगीनों, हवालात के सीखचों, जेल की कोठरियों, हथकड़ियों तथा बेड़ियों के बीच में भी वे नौजवान अपने ध्येय से विचलित नहीं हुए।

इस प्रकार जो मृत्यु को महिमामय बना सकते थे, इस प्रकार जिन्होंने आत्मगोपन करना सीखा था, उनकी कहानी पर देशवासियों ने क्या कभी गौर किया? वे लोग जीवन की सब आशा प्रतीक्षा अपूर्ण रख कर संसार से एक दम निश्चिन्त हो गए। प्रतिष्ठा की रत्ती भर भी कामना उन्होंने नहीं रखी। मृत्यु के दरवाजे पर पहुंच कर जहां कोई बात खुल जाने का डर नहीं वहां भी ख्याति का निषेध करके शान्ति से मरते हैं। वे अपने कर्म से यदि किसी को तप्त करना चाहते हैं तो केवल अपनी ही अंतरात्मा को।

इन सब विप्लवियों को न जाने क्या कह कर बुलाना चाहिए? शायद ये पागल थे, या शायद ये भ्रान्त निर्बोध बालक थे, क्योंकि हमारे इस अभागे देश के स्वयंभू नेता और राजनीति विशारद, विचक्षण पंडित इन्हीं शब्दों से उन्हें पुकारते हैं।

❑❑❑

अठावनवां अध्याय

सी.आई.डी. की दुर्गति

अस्य दग्धोदरस्यार्थे कः कुर्यात् पातकं महत्॥

देश की आधुनिक परिस्थिति में तथा उस समय की अवस्था में आकाश पाताल का अन्तर है। आज वह युग है कि सरकार स्वयं आजादी की घोषणा करती है। वह देश को आजाद करे अथवा न करे यह दूसरी बात है, परन्तु अपने भाषणों में वह यही कहती है–''हम शीघ्र ही हिन्दुस्तान को आजादी दे देंगे...परन्तु वह समय बड़ा ही भयंकर था। स्वराज्य का नाम तक लेना एक बड़ा भारी अपराध समझा जाता था, जिसके लिए प्राण दंड तक हो सकता था–Home rule is our birth right. स्वराज्य हमारा जन्म-सिद्ध अधिकार है केवल इतने शब्द कहने पर ही भगवान् लोकमान्य छह वर्ष के लिए मांडले जेल में भेज दिए गए। बेचारे अजीतसिंह को केवल इसी अपराध में भारत को छोड़ बाहर कहीं अपने प्राणों की रक्षा करनी पड़ी। बंगाल के सैकड़ों नौजवान केवल इसी अपराध में फांसी के तख्ते पर लटका दिए गए।

भारत के आकाश पर दमन के काले बादल छा रहे थे। जहां-तहां पकड़ धकड़ हो रही थी। ज़बानों पर कानून के ताले डाल रखे थे। दमन चक्र अपने पूरे वेग से भारत की आत्मा को कुचलने का प्रयत्न कर रहा था। टिड्डी दल के समान सरकार की C.I.D. भारत भर में छा रही थी। C.I.D.(Criminal Investigation Department) अर्थात् गुनहगार कातलों की खोज करने वाला महकमा प्रत्येक देश में है, भारतवर्ष में भी यह बहुत प्राचीन काल से चला आता है। गुप्तचर विभाग तो राम के समय में भी था। नीति के एक श्लोक के अनुसार गुप्तचर को राजा के नेत्र कहा है।

चारैः पश्यन्ति राजानः

अर्थात् गुप्तचरों के द्वारा ही राजा लोग देखते हैं। परन्तु एक स्वतंत्र तथा परतंत्र देश के इस विभाग में आकाश-पाताल का अन्तर है। वास्तव में गुप्तचर विभाग स्थापना गुप्तरूप से जनता के दुःख दर्द की कहानी जानने के लिए ही की गई थी। जब श्री रामचन्द्र जी महाराज वनों से लौटे उस समय उनको सदैव इस बात का ध्यान रहता कि मेरी प्रजा मुझसे नाराज़ तो नहीं। मेरी प्रजा को कोई दुःख तकलीफ़ तो नहीं। दुर्मुख नामी गुप्तचर ने ही तो भगवान् राम को जनता में सीता के बारे में हो रही चर्चा का पता दिया था।

परन्तु यह अवस्था तब थी, जब कि हमारा देश स्वतंत्र था, आज तो अवस्था इसके बिल्कुल विपरीत है। जनता के रोने को आज सुनता ही कौन है। आज तो यदि कलक्टर के बंगले पर अपना दुःख दर्द रोने भी जाओ तो पुलिस पहले ही तुम्हारा सर फोड़ने को वहां विराजमान है। इस पापी पेट के लिए मनुष्य क्या कुछ नहीं करता। यह पेट बड़े-बड़े भयंकर पाप मनुष्य से कराता है। इसी पापी पेट की ज्वाला को शान्त करने के लिए सर्पिणी अपने ही पेट के जाए अंड़ों को निगल जाती है। इसी पापी पेट के लिए तो संसार में इतना छल कपट किया जाता है।

स्वच्छन्द वन जातेन शाकेनापि प्रपूर्यते।
अस्य दग्धोदरस्यार्थे कः कुर्यात् पातकम् महत्॥

यह पेट तो जंगल में उपजे घास के पत्तों से भी भर जाता है, फिर इस पापी पेट के लिए मनुष्य इतने पाप क्यों करता है?

इस पापी पेट के लिए ही मनुष्य अपने घर दर को छोड़ परदेशी बनता है। इस संसार में कितना पशुवध होता है, कितना नर-संहार होता है, यह सब कुछ पापी पेट के लिये। चोर चोरी करता है; एक दुबला-पतला क्लर्क सुबह से शाम तक नीची आंखें किए बैठा साहब की झिड़कियां सहता है—गढ़वाली छोकरे अपने घर से निकल दूसरों के घर में बैठ उनके जूठे बर्तन मांजते हैं, वकील लोग कचहरी में जा नाना प्रकार के झूठे षड्यंत्र रचते हैं, वेश्याएं अपने जीवन को नरककुंड में डालती है—किसलिए? इस पापी पेट के लिये। इस संसार में मनुष्य को सैकड़ों ही ऐसे काम करने पड़ते हैं, जिन्हें करने के लिए उसकी आत्मा उसे बराबर फटकारती है, परन्तु पापी पेट की खातिर उसे सब कुछ करना ही पड़ता है।

संसार में यह हाय तौबा काहे को मच रही है। परमात्मा ने कौन-सी चीज संसार को नहीं दी जिसे प्राप्त करने के लिए संसार के ये प्राणी रात-दिन

कोल्हू के बैल के समान चक्कर काटते रहते हैं। पेट तो उपवन में अपने आप उगे हुए घास में नमक डाल उसे उबाल कर खा जाने से भी भर जाता है, फिर यह नर भला किस बात के लिए दूसरों की आहों का शिकार बनता है?

सात समुद्र पार के इस बर्तानवी साम्राज्य ने देश को सबसे प्रमुख नुकसान यही पहुंचाया है कि इस गुलामी ने भारतीयों के जीवन का आदर्श बिल्कुल बदल दिया।

भारतीय आदर्श था "कर्म-वीरता" का, उसके स्थान पर आज विलासिता ने आ अड्डा जमाया। किसी लेखक ने एक स्थान पर लिखा है।

An ideal Hindu never lived to eat, but he ate simply to live, but since the influence of the illcultured foreigners this conception of Hindu life has been althrough changed. Now a days a Hindu lives to eat.

अर्थात् हिन्दू-जीवन का उद्देश्य भोग-विलास कदापि न था, परन्तु पराधीनता ने इस के अन्दर यह कीटाणु दाखिल किए जिन्होंने हिन्दू को भीरू बना दिया। और आज यह अवस्था है कि किसी के हाथ पर दो पैसे रख जो चाहो उससे करवा लो।

देवी स्वतंत्रता के फकीरों की टोली जिन अभागे भारतीयों के कल्याण के लिए अपने प्राणों पर खेल जाने को तैयार थी, वही अभागे भारतीय हाथ में झोली उठा टोड़ी-सा वेश बना नौजवानों के खून से लिपड़े हुए कतिपय टुकड़ों के लिए देश की आत्मा का नाश करवा रहे थे।

देश में सी.आई.डी. का जाल बिछा था। कहीं कोई उत्साही नवयुवक बाजार में जाता दीखा उसके साथ ही सी.आई.डी. चल पड़ी। कोई आदमी अभिमान से छाती ठोंक बाज़ार में चलता दीखा कि उसके पीछे सी.आई.डी. चल पड़ी। सरकार के पास पैसा था और वह भी कागज का, एक रद्दी सा कागज लिया उसे मशीन के नीचे रगड़ झट दस का नोट बना लिया और एक आदमी को खरीद लिया। भारत में जयचंदों की कमी तो कभी भी नहीं हुई! 35 करोड़ का देश है उसमें सभी प्रकार के व्यक्ति मिल जाते हैं, ऐसे भी व्यक्ति हैं जिन्होंने देश की आजादी के लिए अपना सर्वत्र त्यागा, यदि वे धन कमाना चाहते तो रोज का सौ-सौ रुपया कमा लेते, परन्तु उन्होंने अमीरी छोड़ फकीरी मोल ली और ऐसे लोग की भी देश में कमी नहीं जिन्होंने केवल दो रुपयों के बदले में अपने सगे भाई तक को मरवा दिया हो...।

स्वतंत्रता के पुजारियों के चारों ओर सी.आई.डी. का दल छा गया और ब्रिटिश हकूमत ने यति जी के पीछे तो विशेष रूप से एक बड़ा ही अनुभवी सी.आई.डी. छोड़ा। यति जी के पीछे-पीछे यह आदमी दिन-रात छाया के समान लगा रहता। यति जी बड़े ही जिन्दादिल थे। उनके स्वभाव में एक विशेष प्रकार का रस था। वे विपदा को भी अपनी सम्पदा समझ उसका बड़े आदर से स्वागत करते थे। वे तो कठिनाइयों के साथ क्रीड़ा किया करते थे। उन्हें एक दिन बैठे-बैठे मज़ाक सूझा। यह आदमी जो सरकार ने उनके पीछे छोड़ा है कम्बख्त से पूरा-पूरा नौकर का काम लेना चाहिए। काम हमारा करे और पैसे सरकार दे। उस सी.आई.डी. के आदमी का नाम था ''राम-सेवक।'' यति जी उसे ''सरकार-सेवक'' कहा करते थे। सरकार-सेवक यति के पीछे ही पीछे रहा करता था। यति जी ने एक दिन सरकार-सेवक को अपने पास बुलाया और बड़े प्रेम के साथ बोले ''क्यूं भाई तुम्हारी नौकरी हमारे साथ रहने की है या आगे पीछे रहने की।''

सरकार सेवक–महाराज कहीं भी रह कर आपकी देखभाल करने की।

यति–परन्तु देखभाल तो साथ में रह कर बहुत अच्छी होती है। हमको तुम पर बड़ा तरस आता है। हमने कई बार देखा है हम तो रात को अपनी कुटिया में जा कर सोते हैं, परन्तु तुम कड़कती सरदी में बाहर ही अकड़ा करते हो। हम तो इस अपनी लायब्रेरी में आराम से बैठे होते हैं तुम व्यर्थ ही सड़क पर लुढ़कते रहते हो। यह हमें अच्छा नहीं लगता। C.I.D. हो तो क्या हुआ आखिर हो तो हमारे भाई ही। यह तुम्हारी दुर्गति हमसे देखी नहीं जाती। तुमने तो अपनी आत्मा को 10 रु. में बेच दिया, परन्तु तुम्हारे अपमान को तो हम भारतीयता का अपमान समझते हैं। देखो तुम आज से हमारे साथ ही रहा करो आगे पीछे नहीं। हम घर जाएं तो घर पर रहा करो। हमारे घर में बहुत से कमरे हैं, तुम्हें एक कमरा दे देंगे और दिन में इस लायब्रेरी में ही रहा करो।

''रामसेवक'' यति जी की उदारता पर बहुत लज्जित हुआ और हाथ जोड़ कर बोला-''महाराज आप धन्य हैं। जैसा यश मैंने आपका सुना था आपको साक्षात देख उससे भी कई गुना बढ़ कर पाया। महाराज! मैं बड़ा पापी हूं जो कि पेट की खातिर आज यह दुष्कर्म करता हूं। भगवन् आप तो हमारे पूज्य हैं। आप साधु हैं सच्चे महात्मा है, मैं तो आपको अपना इष्टदेव समझता हूं और महाराज मैं तो अपने मन ही मन कई बार इस सरकार को कोसा करता हूं। जिन महान् आत्माओं का आशीर्वाद पा कर सरकार को अपने शासन को चिरकाल तक सुरक्षित रखना था, जिन विभूतियों के दर्शनमात्र से उसे अपने

आपको कृतकृत्य समझना था, महाराज! उन्हीं महापुरुषों को सरकार अपना शत्रु समझती है। और उन्हें अनारकिस्ट कहती हुई चारों और डाकुओं से भी बुरा समझ उनके पीछे अपने आदमी छोड़ती है। महाराज! मुझे तो अपने काम पर स्वयं अत्यन्त ग्लानि आती है, किन्तु मैं निर्दोष हूं। महाराज! मैं स्वयं कुछ नहीं करता, जो कुछ करवाता है पापी पेट करवाता है।

यति जी ने उसे प्रोत्साहन दिया...नहीं भाई सरकारसेवक तुम्हारा काम बुरा नहीं–काम तो अच्छा है, यदि तुम लोग सच्चाई पर रहो। तुम्हारा कर्तव्य है हमारे साथ रहना। जो कुछ हम करते हैं इसकी सच्ची-सच्ची खबर सरकार को देना। यदि तुम वास्तव में सरकार को जाकर सचसच बताओ तो इसमें कोई बुराई नहीं। परन्तु तुम लोग तो झूठ-मूठ बातें बना-बना कर बेगुनाहों को फंसाते हो।

रामसेवक उस दिन से यति जी के साथ ही रहने लगा। यति जी ने सोचा इससे कुछ काम भी लेना चाहिए। अब तो सारा ही घर का काम रामसेवक के मत्थे मढ़ दिया गया। मकान में झाड़ू देना, घर की सफाई करना, लायब्रेरी की देखभाल करना, यति जी का आसन तथा पानी का बर्तन उठाना, यह ड्यूटी राम सेवक की लगा दी। नौकरी सरकार दे और काम यति जी का मुफ्त में हो।

यति जी अपने कपड़े धोबी से नहीं धुलवाते थे, वे आप ही धोया करते थे। धीरे-धीरे यति जी ने उस काम का भी चार्ज सरकार-सेवक को ही दे देने का निश्चय किया। अब तो सरकार-सेवक बहुत घबराया। यह डबल की मार पड़ी, उसने कहा–"महाराज मैं पानी तो भर देता हूं परन्तु कपड़े मुझसे नहीं धुलते।"

उसी दिन से वह धीरे-धीरे अपनी पहली अवस्था पर ज़ाने लगा–यति जी का सभी काम करना उसने बन्द कर दिया।

यति जी बड़े राजनीतिज्ञ थे। वे दयालु थे तो इतने दयालु थे कि अपने परमशत्रु को भी क्षमा कर देते थे परन्तु जब वे किसी को मजा चखाने पर तुल जाते तो फिर एक बार कसर पूरी करके ही दम लेते।

महान् आत्माओं के हृदय की बनावट भी बड़ी अद्भुत हुआ करती है। उनका हृदय कोमल होता है तो इतना कोमल कि पुष्प से भी अधिक और कठोर होता है तो इतना कठोर कि वज्र से भी कठोर।

वज्रादपि कठोराणि मृदुनि कुसुमादपि।
लोकोत्तरानामं चेतांसि को न विज्ञातु मर्हति॥

सरकार सेवक अब पूर्ववत यति जी से पृथक रहने लगा। यति जी ने भी सोचा कि एक बार तो इसे बता ही दे यह सी.आई.डी. पन क्या होता है।

सरकार सेवक प्रात:काल यति जी की कुटिया के बाहर चक्कर काटने लग जाता। कभी-कभी झांक कर देख लेता अन्दर हैं अथवा नहीं। जब उसे यति जी अन्दर बैठे दीख जाते तो वह सुख का सांस लेता। बेचारे की बड़ी मिट्टी खराब थी, न उसके सोने का समय न जागने का, न उसके खाने का समय, न टट्टी जाने का, न नहाने का। बेचारे की जान मुसीबत में आई हुई थी।

सुबह उठता, एक बार देख जाता, यति जी कुटिया में ही हैं। फिर कहीं टट्टी जाता और टट्टी में भी बेचारे को यही चिन्ता रहती कि पता नहीं पीछे यति जी कहीं भाग न जाएं। यति जी दोपहर को एक दो घंटे के लिए सोया करते थे, उस समय बेचारा सरकार सेवक जा कर रोटी खाता। अब यति जी ने दोपहर का सोना छोड़ दिया और सरकार सेवक की रोटी का यह समय भी जाता रहा।

दोपहर के लगभग 2 बजे होंगे। सरकार सेवक इस प्रतीक्षा में थे कि यति जी सोयें तो वे जाकर रोटी खाने वाला बने परन्तु उसके आश्चर्य की कोई सीमा न रही जब यति जी सोने की अपेक्षा–हाथ में दंड-कमंडल ले सूर्य कुण्ड पर्वत की राह पर चल दिए।

सरकार सेवक उन्हें जाने से रोक तो सकता नहीं था। उसने समझा सम्भवत: यति जी थोड़ी ही दूर जा रहे हैं। वे भी पीछे-पीछे साथ हो लिया।

गर्मियों के दिन और शिखर दोपहर। यति जी बड़ी तेज रफ्तार से सूर्य कुंड के पर्वत की ओर चल पड़े। अब तो सिपाही राम के होश ही उड़ गए दोपहर का भोजन नहीं किया–सुबह से भी कुछ खाया नहीं और कड़कती धूप में तपती पाषाण शिलाओं पर पर्वत की चढ़ाई चढ़ना और फिर यह भी कोई निश्चित नहीं यह महात्मा जी सूर्य कुण्ड तक ही बस करेंगे अथवा उससे भी कुछ आगे चलेंगे।

परन्तु हो ही क्या सकता था। बेचारे को वैसे ही जाना पड़ा। यति जी की तो यह नित्य की आदत ही थी, उन्हें तो कुछ मालूम ही नहीं। परन्तु बेचारे सिपाही राम का उस दिन तो भुरता बन गया...

रात्रि काफी बीत चुकी थी, उस समय सूर्य कुंड की सैर करके यति जी अपने कुटिया में पहुंचे और तब कहीं जाकर सिपाही राम को रोटी नसीब हुई।

एक दिन यति जी अपने मकान पर अपने चार पांच मित्रों सहित बैठे देश

की राजनीति पर बातें कर रहे थे। राम-सेवक यथा-पूर्व मकान के बाहर टहल रहा था। कभी-कभी खिड़की में से झांक कर देख जाता। सहसा यति जी के दिल में विचार उठा, आज तो सरकार सेवक को सी.आई.डी. का विराट रूप दिखलाएं। पांचों मित्र अपना-अपना भोजन कर ही चुके थे। राम-सेवक महाशय यति जी के सो जाने पर लगभग बारह बजे भोजन करता था। उस दिन लगभग ग्यारह बजे थे। पांचों मित्र मुख्य द्वार से निकल पैदल ही हंसते खेलते चंडी पर्वत की ओर चल दिए। रात उन्होंने चंडी पर्वत पर ही व्यतीत करने का निश्चय किया। सरकार-सेवक भी उनके पीछे-पीछे हो लिया-रोक वह सकता नहीं था। वे कहां जा रहे हैं इतना भी पूछने का उसका कुछ भी अधिकार न था, वह तो उनके पीछे-पीछे जा सकता था! काफी देर तक वह चलता गया। जब यति जी अपने मित्रों सहित किश्ती में बैठ नीलधारा को पार करने लगे तो सरकार सेवक के तो बस हाथ पांव फूल गए...न जाने गंगा पार यह स्वाधीनता के पुजारी कहां जाएंगे। बेचारे की जान शिकंजे में फंस गई। उजाड़ बियाबान में उनके पीछे-पीछे उसकी जाने की हिम्मत न थी। बेचारा वहीं गंगा के किनारे बैठ गया और रात भर वहीं बैठा रहा।

वह परेशान था कि अब क्या करे। किश्ती में उन सबके साथ बैठ कर पार जाने का उसे साहस न पड़ता था। उधर वह टोली आंखों से ओझल हो चुकी थी। उसकी जान तो मानो शिकंजे में फंस गई। उसने सोचा तीन चार घंटे उधर घूम-फिर कर सभी मित्र लौट आएंगे परन्तु यति जी यदि उस सरकार सेवक को मजा चखाने की नियत से न गए होते तो सम्भवतः शाम तक लौट भी आ सकते थे, परन्तु रात्रि के दस बजे तक सरकार सेवक वहां बैठा प्रतीक्षा करता रहा...आखिर वह निराश हो भूखा प्यासा वहीं घाट पर सो रहा।

यति जी तो सब मार्गों से परिचित थे ही। वे पार ही पार मित्रों सहित चलते-चलते गौरी घाट पहुंचे। गौरी घाट से सीधे वे अपने मकान पर गए। सरकार सेवक वहीं चंडी के पुल पर ही इनकी बाट देख रहा था, यति जी अपने मकान पर बैठे थे।

इस प्रकार की नित्य की घटनाओं से बेचारा सरकार सेवक परेशान था, परन्तु उसे सूझता न था, उस परिस्थिति में वह करे क्या...

अगला दिन चढ़ा। फिर दोपहर का एक बजा। धूप वैसी ही कड़क रही थी। पृथ्वी माता वैसे ही संताप से तप रही थी। यति किशोरचन्द्र अपना दंड कमल उठा नील-धारा की ओर चल दिए, बेचारे सिपाही राम के रोंगटे खड़े हो गए। उस बेचारे का तो कल ही भुरता बन चुका था, उसके पावों में छाले

पड़ गए थे। उसने कुछ दूर तक तो जाने का साहस किया परन्तु...अन्त में वह गिड़गिड़ा कर यति जी के पांव पर आकर गिर गया...''दया करो महात्मन्! मुझ गरीब पर दया करो, मैं भी बाल बच्चे वाला हूं। या तो आप मुझ पर दया करें नहीं तो यदि आप चाहते हैं तो मैं आज ही यह नौकरी छोड़ देता हूं।''

यति जी ने बात सुनी अनसुनी कर दी और उसे एक ओर को हटा दिया–''अरे! तुम हमारे मार्ग को रोकने वाले कौन? हम साधु हैं, जहां दिल करता है जाते हैं, तुम इसमें बाधा डालने वाले कौन? हम चंडी छोड़ चाहे कैलाश को जाएं, तुम जाकर कह दो अपनी सरकार को कि यति आज चंडी पर गया है। तुम मेरे मार्ग में बाधा डालने वाले कौन हो? मैं तो एक स्वतंत्र आदमी हूं तुम्हारी जो नौकरी है उसे पूरी बजाओ, मैं तुम्हें कोई मना नहीं करता, परन्तु मुझे तुम टोकने और रोकने वाले कौन?

सरकार सेवक यति जी के पांव पकड़ कर बैठ गया ''भगवन्! मैं बड़ा पापी हूं। भगवन्! मैं आपका बड़ा भारी अपराधी हूं, मुझे क्षमा करो, मुझ पर दया करो। मेरे बाल बच्चों पर दया करो। आप जैसे कहेंगे मैं वैसे ही करूंगा।''

यति जी फिर हंस कर बोले–''अरे भई! हम जंगल में जाते हैं, तुम मत जाओ, यहीं विश्राम करो। हम रात्रि को यहीं आ जाएंगे।'' सिपाहीराम गिड़गिड़ा कर बोला ''महाराज! हमें कड़ा हुक्म है, एक मिनट के लिए भी पीछा न छोड़ो।''

यति जी–''तो फिर भई हम क्या करें। हमें तो जंगल में घूमने में बड़ा ही आनन्द आता है। तुम्हारे पास हमने कोई अपनी स्वतंत्रता थोड़े ही बेच दी है। हम अपनी इच्छा के मालिक हैं जो दिल में आ गया करेंगे।''

सिपाही राम ने पांव छोड़े नहीं, महाराज को दया आ गई। सरकार-सेवक दीन भाव से फिर बोला– महाराज मैं आप के कपड़े भी धोऊंगा और बड़ी ही प्रसन्नता से धोऊंगा।

यति जी वापिस लौट आए। वे तो सिपाही राम को जरा सी.आई.डी. पने का मजा चखाना चाहते थे, सो उन्होंने खूब चखा दिया। अब वही खुफिया पुलिस वाला घर का सारा काम करता, झाड़ू देता, बर्तन साफ करता, लायब्रेरी को साफ करता संवारता और बड़ी खुशी से यति जी के कपड़े भी धोता–पैसे सरकार देती थी, काम यति जी का होता था।

❑❑❑

उनसठवां अध्याय

लार्ड हार्डिंग पर बम

Animal power—the power of swords & bomb shells no doubt can for a While crush the mortal structures, but how long can this tyranny last? Ever lasting is the power of Satya, of Ahimsa, of Satyagrah that Conquers & controls the human souls for ever.

सन सत्तावन की महत्तम अग्नि-परीक्षा को पार कर गौरांग-महाप्रभुओं का सिंहासन अपने आपको मानो स्वयंभू प्रभु का सहोदर समझ निरंकुश हो आपे से बाहर होने लगा। भगवान् के पूरे एक दर्जन लैफ्टनैन्ट बदरीनाथ, केदारनाथ, अमरनाथ, त्रियुगीनाथ, अम्बरनाथ, रामेश्वरनाथ, सोमनाथ, वैद्यनाथ, द्वारिकानाथ, अयोध्यानाथ, विश्वनाथ, जगन्नाथ सभी एक टक देखते ही रह गए और यह निरंकुश-राज्य सरपट भागता हुआ बीसवीं शताब्दी में प्रविष्ट हो गया।

महाराणी सीता के वरदान स्वरूप ही जिस त्रिजटा माई ने श्रीमती महाराणी विक्टोरिया का रूप धारण कर भारतवर्ष पर सात पीढ़ी पर्यन्त शासन कर भारत-भूतल को कृतकृत्य किया हो और वाराणसीपति बाबा विश्वनाथ ने भी जिन त्रिजटा-सपूतों को "जीवेम शरदः शतम" का आशीर्वाद प्रदान किया हो उनका भला यह तांत्या टोपे, लक्ष्मीबाई, नान प्रभृति भारतीय योद्धा क्या बिगाड़ सकते थे।

अब तो अपने आपको अमरपुत्र समझ गौरांङ्ग महाप्रभुओं ने भारतवर्ष की गुलामी की बेड़ियों को कठोर से कठोरतम करना आरम्भ कर दिया, परन्तु दुर्दैव! इस घोर कलिकाल की बीसवीं शताब्दी के प्रथम चरण में ही इस कलियुगी-त्रिजटा का शरीरान्त हो गया।

महाराणी विक्टोरिया नेक थीं, अच्छी थीं, प्रजावत्सला थीं, परन्तु सात सहस्र मील दूर पड़ी हुई उनकी इस नेकी और अच्छाई का भला भारत को

लाभ ही क्या। यहां तो था उस समय कर्ज़नशाही का जोर। उन दिनों भारतवर्ष की राजधानी कलकत्ता थी। सैकड़ों मूक प्राणियों का रक्तपान करने वाली रक्तपात काली गौरांग महाप्रभुओं के लिए आशीर्वाद का रूप बन कर प्रकट हुई।

बंगाल तो क्रान्ति का गढ़ ही था। अंग्रेजी राज्य का सबसे अधिक आनन्द भी तो बंगाल ने ही चखा था। पंजाब में यद्यपि अंग्रेजी राज्य के अभी पच्चास वर्ष भी पूरे नहीं हुए थे, बंगाल को गोरा-शाही राज्यरस का रसास्वादन करते एक सौ पच्चास वर्ष हो गए थे तथापि परन्तु बंगाल इस कटुरस को पीता-पीता ऊब चुका था। उस समय बंगाल में एक क्रान्ति की लहर उठी। बंगालियों की एकता को नष्ट-भ्रष्ट कर उनकी आत्माओं पर पराधीनता की अमर छाप लगाने के आकांक्षी, अपनी सत्ता के मद के मतवाले कलकत्ता के लाट कर्जन ने बंग भंग का तीर मार बंगाल की आत्मा के टुकड़े-टुकड़े कर दिये। तरुण-बंगाल का हृदय क्षुभित हो उठा। उस समय कन्हैयालाल दत्त, खुदीराम बोस प्रभूति बंगवीरों ने अपनी खोई हुई स्वाधीनता को प्राप्त करने का संकल्प लिया। इन कतिपय बंगवीरों के दृढ़ संकल्प से भयभीत हो नौकरशाही का आसन डोल गया।

बंगाल में देशभक्ति की अपूर्व गंगा बहने लगी। स्वनामधन्य स्वर्गीय श्री बंकिमचन्द्र चैटर्जी की अमर लेखनी ने 'आनन्द मठ' के रूप में वन्देमातरम् का अमरमंत्र प्रत्येक बंगाली नवयुवक के हृदय में फूंक बंगाल को वीरभूमि बना दिया। अरविन्दघोष तथा कविवर रवीन्द्र की कविताओं ने भी खूबं जीवन-ज्योति पैदा की। बड़ी सरकार का कलकत्ते में टिकना असम्भव हो गया।

बंगाल को छोड़ कर नौकरशाही ने दिल्ली में अपना आसन जमाने का निश्चय किया। उन दिनों लार्ड हार्डिंग भारत के बड़े लाट थे, उनकी यह हार्दिक आकांक्षा थी कि भारत सम्राट् जार्ज पंचम स्वयं भारत में पदापर्ण कर दिल्ली में ब्रिटिश शासन के इस नूतन केन्द्र का उद्घाटन करें।

जिस यमुना-स्तम्भ के शिखर पर खड़े हो कर अपने असीम राज्य को देख अपने मन ही मन में औरंगजेब अपने अमरत्व के स्वप्न देखा करता था, उसी स्तम्भ शिखर पर खड़े होकर सम्राट जार्ज भी एक बार उसी अभिमान तथा तकब्बर से परिपूर्ण आंखों से अपने असीम राज्य को देख...

I am the master of all I survey,
My right there is none to dispute.

From the centre all round to the sea,
I am the lord of the fowls and the brute.

की विजयध्वनि लगाना चाहते थे।

परन्तु बंगाल के वे बहादुर सूरमा जिन्होंने नौकरशाही के सिंहासन को कलकत्ता में डावांडोल कर दिया, वे भला दिल्ली में उसी को दोबारा क्या जमने देते! एक हल्ला मारकर उन्होंने एक सहस्र मील गोरे शाही सरकार को पटक दिया...यदि दूसरे हल्ले में एक हजार मील और पश्चिम की ओर धक्का दिया जा सके तो फिर तो बेड़ा ही पार समझो।

यति किशोरचन्द्र क्रान्ति के पुजारी थे, परन्तु उनकी क्रान्ति का रूप कुछ और था वे साधु वृत्ति के थे। धर्मात्मा थे और अहिंसा को वे धर्म का प्रमुख अंग समझते थे–

अहिंसा नामैको धर्मों न भूतो न भविष्यति

"हिंसा के द्वारा" प्राप्त स्वराज्य कदापि चिरस्थायी नहीं रह सकता। यह उनका दृढ़ विश्वास था और उनका यह विश्वास बिल्कुल सत्य था। अहिंसा की शक्ति ही सदैव जीवित रहती है। हिंसा की शक्ति तो उस हिंसक प्राणी के साथ ही समाप्त हो जाती है। समस्त संसार में कितने बड़े-बड़े हिंसक हुए, परन्तु आज वे कहां हैं? उनका नाम तक संसार भूल गया। कहां है नादिर, कहां है तैमूर, कहां है जार, कहां है हिरण्यकश्यप और कहां है औरंगज़ेब! दुनिया उनका नाम सुनते ही घृणा से मुंह फेर लेती है। बच्चा सक्का की ढाई दिन की हुकूमत कहां लोप हो गई। संसार का इतिहास इस बात का साक्षी है कि मारकाट द्वारा प्राप्त सत्ता शीघ्र ही नष्ट-भ्रष्ट हो गई। महाराज रणजीतसिंह ने अपने आचार-बल से इतना साम्राज्य प्राप्त किया, परन्तु उनके आंख मूंदते ही केवल नौ वर्ष में वह साम्राज्य इसी हिंसकवृत्ति की भेंट चढ़ गया। परन्तु अहिंसा का साम्राज्य तो आज भी यथावत स्थिर है। महावीर स्वामी की आज भी वैसी ही पूजा होती है। श्री बुद्धभगवान् के पवित्र नाम को जपने वाले आज भी इस धरती तल पर 70 करोड़ नर नारी हैं...और जब तक सूर्य चन्द्र है तब तक ईसा मसीह तथा महात्मा गांधी का नाम संसार में अमर रहेगा। यह सब अहिंसा व्रत की महिमा है। आज जर्मनी के अन्दर हिटलर-मनोवृत्ति जो इतना भीषण नरसंहार कर रही है उसका परिणाम कोई अच्छा न होगा। हिटलर की शक्ति, उसकी कीर्ति और उसका प्राप्त साम्राज्य उसकी मृत्यु के साथ ही नष्ट भ्रष्ट हो जाएगा।

क्रान्ति का अर्थ हिंसा कदापि नहीं। यदि कोई व्यक्ति भारतवर्ष में क्रान्ति चाहता है तो इसका अर्थ यह कदापि नहीं कि वह रक्त-पात का इच्छुक है। क्या बुद्ध भगवान् क्रान्तिकारी नहीं थे। उनसे बढ़ कर क्रान्ति का उपासक इतिहास पटल पर मिलना ही दुर्लभ है।

रक्तपात से किसी भी सत्ता का क्षणिक नाश तो किया जा सकता है, परन्तु उस सत्ता को नष्ट-भष्ट कर उसके स्थान पर दूसरी सत्ता को स्थापित करना बड़ा ही कठिन है। संसार की शान्ति तो अहिंसा में ही निहित है।

गांधीजी की शान्ति को आज सारा संसार मानता है। गांधी के पास कोई बम नहीं पिस्तौल नहीं, हवाई जहाज नहीं, गांधी के पास केवल एक आत्मिक शक्ति है। यह आत्मिक शक्ति गांधी जी ने अहिंसाव्रत के द्वारा ही प्राप्त की है। गांधी-इरविन पैक्ट के समय जब इरविन-महात्मा जी के सामने आकर बैठा तो यही आत्मिक शक्ति थी जिसने उस लाट के सभी होश हवास अपनी ओर खींच अपनी आत्मा में केन्द्रित कर लिए थे। गांधी जी के बारे में इन्हीं लार्ड इरविन साहब ने विलायत जाकर कहा था–

"गांधी एक जादूगर है। मैंने जब भी उससे बात की मैं अपने आपको ही भूल गया, मुझे समझ ही न पड़ी मुझे क्या कहना है और मैं क्या कह रहा हूं।"

यह होता है आत्म-शक्ति का बल। लार्ड विलिंगडन गांधी जी से इसीलिए नहीं मिलते थे। उन्हें भय था कि गांधी के सामने आते ही यह मेरा राज-मद तो एकदम चूर-चूर हो जावेगा और उस फकीर की लकीर पर मुझे चलना ही पड़ेगा। आधुनिक युद्ध में सर्वप्रथम लिथलिथगो साहब ने महात्मा जी से युद्ध सम्बन्धी परामर्श प्राप्त करने की चेष्टा की और तीन-तीन घंटे तक निरन्तर बार-बार शिमला बुला कर उस लंगोटबन्द फकीर से मिले। यह हमारे सामने सत्य और अहिंसा की विजयनी शक्ति का प्रत्यक्ष जीवित उदाहरण है। यद्यपि गांधी ने अपने सत्याग्रह की शक्ति से अंग्रेज को भारत से निकाल तो नहीं दिया, परन्तु अंग्रेज की मशीन के पुर्जों को बहुत ढीला तो अवश्य ही कर दिया।

इसीलिए यद्यपि मातृ-भक्ति यति जी के रोम-रोम में कूट-कूट कर भरी थी तथापि वे हिंसा से अपनी कार्य-सिद्धि करना न केवल अपने लिए ही बुरा समझते थे अपितु भारत के भविष्य निर्माण में भी इसे वे एक बड़ी भारी बाधा समझते थे।

उस समय कुछ ऐसे पवित्रात्मा देश-भक्त नवयुवक थे जो भारतीय कल्पवृक्ष के पत्तों पर पानी छिड़क अपने पास से कागज के कृत्रिम पुष्प बना; इस वृक्ष की टहनियों से बांध इसे फूलता-फुलता समझ फूले नहीं समाते थे। परन्तु यति किशोरचन्द्र की आत्मा तो उन्हें निरन्तर कह रही थी "यह भारत का कल्पवृक्ष पत्तों पर पानी छिड़कने से हरा-भरा नहीं होगा, इसे हरा-भरा करना है तो इसकी जड़ों पर अमृत वर्षा करो, जड़ों पर डाला गया अमृत इस वृक्ष के शिखर तक स्वयं पहुंच इसे हरा-भरा कर देगा।" यति किशोरचन्द्र ने आनन्द सेवक पन्थ की योजना इस वृक्ष की जड़ों पर अमृत सींचने के लिए ही रची थी।

रक्तपात के वे घोर विरोधी थे और इस बारे में उनका अनेकानेक बंग-युवकों से मतभेद भी रहता था।

दिल्ली-दरबार-समारोह में लगभग पन्द्रह दिन शेष थे। दोनों पक्ष अपने आपको पूर्णरूपेण सुदृढ़ बनाने में जुटे थे। कुछ तो लगे थे भारत पर अपने वैभव की अमिट छाप का प्रदर्शन करने के लिए भारत के देशी नरेशों का जार्जपंचम के सन्मुख नाच दिखाने और कुछ लगे थे इस रंग में भंग का एक लोटा गिराने में।

यति किशोरचन्द्र उन दिनों हरिद्वार में ही थे और दिल्ली दरबार में वैभव को देखने की उनकी भी इच्छा थी।

परन्तु उस दरबार के समय किसी प्रकार का षड्यंत्र रचाने के वे विरोधी थे। जिस किए हुए कर्म का कुछ अच्छा परिणाम निकलने की आशा हो वह काम तो भले ही कर लिया जावे, परन्तु अच्छाई के बदले बुराई प्रत्यक्ष हो तो वह काम नहीं करना चाहिए। दरबार के समय एक आध बम फैंक देने से क्या भारत स्वाधीन हो जाएगा। लार्ड हारडिंग साहब का अन्त करने में यदि षड्यंत्रकारी सफल हो भी गए तो क्या उनके अन्त के साथ इस ब्रिटिश साम्राज्य का भी अन्त हो जाएगा...कदापि नहीं। यह तो शासन प्रणाली ही और प्रकार की है। हिन्दुस्तान किसी एक अंग्रेज़ की मलकियत नहीं, यह तो सारी अंग्रेज जाति की सम्पत्ति है। किंग जार्ज अथवा एडवर्ड भले ही इंग्लैंड का बादशाह हो, परन्तु यह जरूरी नहीं कि उसका लड़का भारत में आकर हुकूमत करे। जब तक अंग्रेज का एक बच्चा भी इस धरती तल पर जीवित है तब तक हिन्दुस्तान के लिए लाटों की कमी नहीं।

ऐसे अवसरों पर अपनी शक्ति प्रदर्शन के सिवाय होता कुछ भी नहीं, उलटे बहुत से बेगुनाह मारे जाते हैं। जो अपराधी होता है वह तो भाग जाता है परन्तु निर्दोष दोषी बना लिए जाते हैं। यति जी केवल राज्य-वैभव देखने की इच्छा से दिल्ली जाना चाहते थे।

उस रात प्रातः तीन बजे यति किशोरचन्द्र ने एक स्वप्न देखा। चूड़ीदार पाजामा, लम्बी अचकन, पटयालवी डिज़ाइन की पगड़ी और पांव में एक सुन्दर बूटों का जोड़ा पहने वे किसी बहुत बड़े शहर के बाजार में से जा रहे हैं। बाजार के दोनों ओर ऊंचे-ऊंचे गगनचुम्बी प्रासाद खड़े हैं। आने-जाने वालों की बड़ी भीड़ लगी है। बाज़ार बहुत चौड़े हैं। मोटर गाड़ियों का तांता बंध रहा है। दुकानों की शोभा बड़ी ही मनोहर है। ऐसा प्रतीत हो रहा है मानो यह नगर किसी बड़े राजा की राजधानी हो। उस दिन उस नगर की शोभा बड़ी ही चित्ताकर्षक हो रही है। तोरण, पताकाओं से सारा शहर सजा है, मानो आज इस राजधानी में किसी बड़े राजाधिराज का विजय उत्सव मनाया जाएगा। इसी प्रकार मन में विचार करते हुए और...उस अत्यन्त शोभायमान नगर के विविध बाजारों की सैर करते नगर की शोभा को निहारते वे एक बहुत बड़े बाजार में पहुंचे। यह बाजार अन्य बाजारों की अपेक्षा अधिक चौड़ा और अधिक सजा हुआ था। ''यह सड़क किधर को जाती है'' उस बाजार में थोड़ी दूर चलते-चलते यति जी ने एक व्यक्ति से पूछा। ''यह जाती है इस नगर के राजा के महल की ओर''...''धन्यवाद'' कह यति जी उस सड़क के साथ ही साथ उसी राजा के महल की ओर चल दिए। अभी मुश्किल से वे दस बारह कदम ही उस ओर चले होंगे–उन्हें ऐसा आभास हुआ मानो किसी अज्ञात व्यक्ति ने उसकी अचकन के पल्ले में कोई भारी चीज रख दी हो और उसी स्वप्नावस्था में लेटे हुए यति जी को ऐसा भी आभास हुआ कि उन्होंने उस वस्तु को अपनी अचकन के पल्ले में ही दबा लिया और उसी अवस्था में वे राजमहल की ओर निरन्तर चलते रहे।

अब वह राजमहल उनकी आंखों के सामने था। लाल-लाल बड़ा ही शोभायमान अपने लक्ष्य को अपने से पच्चास-साठ कदम पर ही देख कर उन्होंने तीव्रगति से...उस ओर कदम बढ़ाया।

परन्तु वाह रे स्वप्न-लोक...धुआं...कदम-कदम पर धुआं...जमीन पर पैर धरते ही अग्निवमन...चिंगारे...वे हैरान थे–आखिर यह बात क्या है। उन्होंने अपने चारों ओर देखा–एक ओर थोड़ी दूर पर एक सक्का अपनी पीठ पर पानी से भरी मशक लादे जाता उन्हें दिखाई दिया। यति जी ने उसे आवाज देकर बुलाया और धुएं की स्थान पर पानी गिरा देने को कहा, परन्तु वाह रे कौतक, उस सक्के की मशक का एक-एक जलकण तो उस भूतल का स्पर्श करते ही एक दहकती चिंगारी बन गया। थोड़ी-सी देर में वह सारा बाजार ही एक अग्नि की चिंगारी थी। सर्वत्र अग्निदेव का साम्राज्य था–गगन चुम्बी प्रासाद देखते ही देखते ज्वालामुखी के रूप धारण कर गए।

उसी स्वप्नलोक में उस बड़े बाजार में लाल-महल के सामने खड़े हुए यति किशोरचन्द्र ने उस विशाल राजधानी के इस अग्निकाण्ड का रहस्य जानने का प्रयत्न किया...परन्तु वे कुछ भी समझ न सके।

उस समय उन्होंने अपनी अचकन के पल्ले में गोल-गोल वस्तु का अनुभव किया...उस समय अचानक वह पल्ला उनके हाथ से छूट गया। वे भारी-भारी सफेद-सफेद गोले जमीन पर गिरते ही फट गए। उनके फटते ही एक जोर से धमाका हुआ और चारों ओर प्रकाश फैल गया। उस प्रकाश में यति जी झट शहर के बाहर निकल गए। उन्होंने देखा शहर के बाहर बड़े-बड़े तम्बू गड़ रहे हैं-और सहस्रों हाथी घोड़े बैल वहां बाहर बंधे हुए हैं।

एक अद्‌भुत स्वप्न-यति जी सोते से चौंक उठे, यह बड़ा शहर कौन, यह राज्य-महल किसका, वह अचकन के पल्ले में सम्भले हुए भारी-भारी गोले कहां...उनके गिरते ही उत्पन्न हुआ वह प्रकाश कहां...स्वप्न! यति जी को स्वप्न बहुत कम आया करते थे। जब कभी आते भी तो उनका कुछ अर्थ होता था और वे प्राय: सत्य ही होते थे...यति जी तत्क्षण शैया त्याग उठ खड़े हुए।

नित्यकर्म निवृत्त हो यति जी गंगा स्नान कर अपने ध्यान में बैठे, परन्तु ध्यान तो था रात्रि के स्वप्न की ओर, वह रात का स्वप्न तो एक फिल्म चित्र बन कर उनकी आंखों के सामने नृत्य कर रहा था।

पन्द्रह ही दिन के पश्चात लार्ड हार्डिंग दिल्ली में बड़ा भारी राज्य दरबार करने वाले थे। यति जी भी दिल्ली जाने की तैयारियों में आजकल-आजकल कर रहे थे। उन्हें इस बात की भी शंका थी कि रक्तपात और हिंसा में विश्वास रखने वाली बंगाल की पार्टी इस दिल्ली दरबार में कुछ न कुछ उपद्रव अवश्यमेव मचाएगी। यह स्वप्न उस आने वाले उपद्रव का पूर्वद्योतक तो नहीं था क्या! यह बम का फटना, राज-दरबार में यह अग्नि-काण्ड तत्त्वहीन तो नहीं हो सकते। एक विचार आता दूसरा जाता। उस समय उनके मन की अवस्था विचित्र थी। अपने चित्त को शान्त करने के लिए वे अपने घर से निकल सप्त-सरोवर की ओर चल दिए। अभी थोड़े ही कदम चले होंगे, रास्ते में लाला रामप्रसाद जी अपने कतिपय मित्रों सहित अपनी दुकान के बाहर बैठे थे। यति जी ने उन्हें नमस्कार किया। यति जी की नमस्कार का उत्तर देने के पश्चात लालाजी बोले "बैठिये यति जी-कहिये दिल्ली कब तक जाने का विचार है।" यति जी बोले-"अभी तो दरबार होने में दस बारह दिन

बाकी हैं, एक दो दिन तक मेरा ख्याल है मैं दिल्ली के लिए चल पूड़ूंगा"– इतना कहते ही यति जी ने रात्रि का स्वप्न शब्दशः लालाजी को सुना दिया। लालाजी भी अनुभवी थे। उन्होंने भी जीवन के 70 वर्ष गिने थे। यति जी की स्वप्न-कथा सुन वे गम्भीर मुद्रा धारण कर बोले–"यति जी! आपने सचमुच बहुत अच्छा किया जो यह अपनी स्वप्न कथा मुझे सुना दी। मैं आपको यह परामर्श देता हूं कि आप दिल्ली जाने का विचार बिल्कुल छोड़ देवें। दिल्ली दरबार के अवसर पर कुछ न कुछ अनिष्ट होकर रहेगा ही। परमात्मा ने इस स्वप्न के द्वारा आपको अभी से सावधान हो जाने की लिए चेतावनी दे दी है, आप इस चेतावनी की अवहेलना मत करें। दरबार के दिन कुछ न कुछ षड्यंत्र होगा ही। आपका नाम तो पुलिस की काली लिस्ट में पहले ही प्रथम नम्बर पर लिखा रखा है। आप जिस गाड़ी में भी बैठेंगे बस आप फिर भले ही दिल्ली जाएं अथवा मुरादाबाद तक ही। आपके नाम के साथ भी "दिल्ली दरबार में उपस्थित" लिख लिया जावेगा। आप भले ही स्वयं कुछ करें अथवा न करें परन्तु आपका हरिद्वार से बाहर जाना यही एक बड़ा भारी अपराध समझा जाएगा। आप भले ही अपने आपको निर्दोष निर्दोष कहते रहें परन्तु आपका हरिद्वार से बाहर जाना ही सब से बड़ा भारी दोष बन जाएगा।

आपके अन्दर जोश है, देश-भक्ति की सच्ची तड़प है परन्तु इतना भी मैं समझ सकता हूं कि जोश के साथ-साथ होश भी आपके अन्दर है। आप अहिंसा के पुजारी हैं क्रान्ति-रक्त-पात नर हत्या में आपका विश्वास नहीं, परन्तु जिस समय पकड़-धकड़ होती है उस समय इन मन्तव्यों की छान-बीन ही कौन करता है। जल में बन्द हो कर सड़ते रहना भली बात तो नहीं। मतलब तो काम करने से है। आप जितनी देश सेवा जेल के बाहर रहकर कर सकते हैं, जेल जाने पर उसका अंशमात्र भी नहीं कर सकते।

इसलिये मेरी तो आपको यही सलाह है कि आप हरिद्वार में ही रहिए। दिल्ली में देखने वाली बात है भी कौन-सी। फिर सबसे बड़ी बात तो यह भी देखनी है कि सरकार के कान तो पहले ही खड़े है। उसे तो प्रतिक्षण शंका है कि अनर्थ अवश्य होकर ही रहेगा। एक बार दिल्ली की ओर कदम बढ़ाने के अपराध में जीवन भर जेलखाने में ही रहना पड़ेगा। प्रातःकाल के स्वप्न को धर्मशास्त्रों ने सत्य ही कहा है। आंवलें का खाया हुआ और वृद्धों का कहा हुआ पीछे मीठा लगा करता है। अपना कर्तव्य समझ आपके हित की बात मैंने आपको कह दी मानना या न मानना आपके अधीन है।

□□□

साठवां अध्याय

तीन लाख पर लात

For my native land I perish,
I feel it and I know it,
But tell me where & when was
even without Victims freedom won.

ओहो! मिस्टर रासबिहारी–आप कहाँ?

''मैं अपने सुहृदय-मित्र यतिवर किशोरचन्द्र के पास।''

''परन्तु आप इस समय आ कहां से रहे हैं।''

''मैं देहरारदून से आ रहा हूं–''

''देहरादून से अथवा देहली से?''

''देहली से आता तो आपको ज्वालापुर की ओर से आता हुआ मिलता न कि इस उजाड़ जंगल मोतीचूर की ओर से।''

''परन्तु देहली-बम-काण्ड के धीरोदत्त को यहां पंचपुरी में देख मुझे सचमुच महान आश्चर्य हो रहा है। दहकती हुई ज्वालामुखी में से आप सुरक्षित कैसे निकल आए, रासबिहारी?''

''परन्तु इस प्रकार की लम्बी चौड़ी बातें करने के लिए यह स्थान तो उचित नहीं। आप को पता है कि पुलिस छाया के समान मेरा पीछा कर रही है। मैं हरिद्वार में कुछ दिन विश्राम करने के लिए आया हूं। क्या आप इस जिम्मेदारी को निभाने की हिम्मत रखते हैं?''

''आप हिम्मत पूछते हैं, रासबिहारी! यह शरीर यदि सुहृदय मित्र की प्राण-रक्षा के निमित्त पुरज़ा-पुरज़ा कट जाए तो भी यति किशोरचन्द्र उफ तक

नहीं करेगा...अब आप अपने आप को सुरक्षित समझिए, जब तक यह सर है तब तक मैं अपने सरदार को एक आंच तक न आने दूंगा।''

नगर के बाहर गंगा जी के तट पर यति के मकान में रासबिहारी बोस रहने लगे। यति किशोरचन्द्र इस जिम्मेदारी को भली-भांति समझते थे। रासबिहारी को अपने घर में छिपा कर रखना मानो प्रतिक्षण अपने आपको काल के जबड़े में गया हुआ समझना है। रासबिहारी वह शक्ति था, जिसने न केवल गोराशाही हुकूमत को ही बल्कि उसके काले पिट्ठू देशी नरेशों को भी चकाचौंध कर दिया था।

देहली-दरबार के समय जो बम-घटना हुई उसमें पता नहीं किसका हाथ था, परन्तु पुलिस का ख्याल था कि इस षड्यन्त्र का मूल-कारण रास बिहारी बोस ही है। रास बिहारी को गिरफ्तार करने की सरकार ने पूरी-पूरी कोशिश की, सरकार के छोटे मियाओं, पिट्ठू, देशी-नरेशों ने बड़े मियां से भी बढ़-चढ़ कर हाथ पैर मारे।

इन दोनों प्रभुशक्तियों की सी.आई.डी. का देश भर में जाल बिछ चुका था, परन्तु अपने प्राणों की कुछ भी चिन्ता न कर एक सच्चे आर्य के समान यति किशोरचन्द्र ने मित्र को आश्रय दैना अपना परम धर्म समझा।

••• ••• •••

''तीन लाख नकद इनाम''

पास से गुजरने वाले की दृष्टि स्वाभाविक ही इन अक्षरों की ओर खिंच जाती और वह ध्यान से इस विज्ञापन को आदि से अन्त तक पढ़ता। इन्हीं शब्दों के नीचे एक सुन्दर नौजवान की तस्वीर थी। यह भारी इनाम था जो कि सरकार इंग्लिशिया ने दिल्ली बमकाण्ड के धीरोदत्त नायक को पकड़वाने वाले किसी भी व्यक्ति को पुरस्कार रूप में देना घोषित किया था।

यति किशोरचन्द्र किसी कार्यवश हरिद्वार रेलवे स्टेशन की ओर जा रहे थे। हरिद्वार स्टेशन की दीवारों पर चिपके हुए उस पुरस्कारी विज्ञापन को देख वे उत्सुकता से उस ओर बढ़े। सर्वप्रथम उनका ध्यान नीचे वाली तस्वीर की ओर खिंचा।

यह चित्र था उनके सुहृदय-मित्र तत्कालीन तरुण भारत के हृदय सम्राट् रास बिहारी बोस का।

तीन लाख नकद इनाम।

उस शख्स को दिया जावेगा जो कि दिल्ली बम कांड के मफरूर अभियुक्त रास बिहारी बोस को पकड़वाने में सरकार की सहायता करेगा।''

इन शब्दों को पढ़ते ही यति जी उलटे पैरों घर लौट चले। इस समाचार को पढ़ने से उन्हें कोई चिन्ता, शोक, विषाद न था। एक भागे हुए अभियुक्त को पकड़ने के लिए सरकार जो कुछ कर ले सोई थोड़ा।

••• ••• •••

''रास बिहारी! सरकार ने आखिर आपके सर की कीमत दीवारों पर चिपका ही दी'' रास बिहारी के सम्मुख जाते ही यति ने मुस्करा कर कहा। सिख सूरमाओं के सर की कीमत थी कुल तीन रुपया, परन्तु रास बिहारी! आपके सर की कीमत सरकार ने रखी है तीन लाख।

''तीन लाख! तब तो आपका भाग्य चमक उठा, यति जी! अब प्रतीक्षा किस बात की है, कमाइये तीन लाख''–बोस बाबू ने व्यंगात्मक हंसी-हंसते कहा।

''आपको भी खूब मज़ाक सूझता है, रास बिहारी! तुम तीन लाख कहते हो, मैं तुम्हारे लिए तीन लोक की सम्पदा को ठुकरा सकता हूं''... रास बिहारी सुनते ही हंस दिए...इतने में यति के कानों में एक आवाज पड़ी मानो बाहर उन्हें कोई बुला रहा है–यति जी! यति जी!!

''कौन है भाई''...यति जी ने बाहर झांक कर देखा; एक पुलिस कांस्टेबल बाहर खड़ा आवाजें दे रहा था।

''क्या बात है,'' यति जी उसे देखते ही बोले। सिपाही ने पहले तो सादर नमस्कार किया फिर बोला–''महाराज! पुलिस के बड़े अफसर आज यहां आए हैं, उन्होंने मुझे आपको थाने में बुलाने के लिए भेजा है।''

यति जी राजनीति के पूरे पण्डित थे। वे तुरन्त उस पुलिसमैन के साथ ही थाने में चल दिए। उन्होंने थाने में पहुंच कर देखा वहां सुपरिटैन्डैन्ट साहब, रुड़की के एजेन्ट साहब तथा बड़े थानेदार साहब तीनों बैठे मानो उन्हीं की बाट देख रहे थे।

तीनों सज्जनों ने अपने-अपने स्थानों पर बैठे-बैठे यति जी को नमस्कार किया तथा उन्हें आदर सहित कुरसी पर बिठा दो-तीन इधर-उधर की बातें करने के पश्चात् सुपरिटैंडैन्ट साहब बोले–

"यति जी! आपने बहुत अच्छा किया जो आप दरबार के समय देहली न गए, नहीं तो एक की करनी अनेक को भरने वाली बात हो जाती और इन अनेक में ही आप भी धर लिए जाते।"

यति कुछ बोले नहीं, चुपचाप बैठे रहे। बड़े अफसर की बात सुन थानेदार साहब बोले—"लेकिर आखिर यह शरारत की किसने, मेरा तो ख्याल है यति जी इस बारे में काफी जानकारी रखते होंगे, क्योंकि इनका तो युगान्तर पार्टी से निकट सम्बन्ध रहता है।"

यति जी अब भी चुप थे। उनसे कोई सीधा प्रश्न तो किया ही न गया था, जिसका उत्तर वे सीधे देते। थानेदार साहब की बात पूरी होते ही बड़े साहब बोले "लेकिन अब तो मुलज़िम का पक्का पता लगाया जा चुका है। (यति जी की ओर मुंह फेर कर) "यति जी आप रास बिहारी बोस को जानते हैं।"

"हां साहब जानता तो हूं परन्तु केवल इसी हैसियत से जैसे एक इंसान दूसरे इंसान को साधारणतया जाना करता है। रासबिहारी के मनुष्यत्व से मेरा परिचय अवश्य है, परन्तु उसके षड्यंत्रों के बारे में मुझे कुछ ज्ञान नहीं।"

"आप को रासबिहारी से मिले कितनी देर हो गई।"

"साहब! दो वर्ष तो हो ही गए होंगे....तब वे मुझे गया से बनारस आते हुए एक बार ट्रेन में मिले थे।"

"देहली के बम-विस्फोट के सम्बन्ध में आपको कुछ इल्म है।"

"निश्चय ही बहुत कम, मैं तो पिछले तीन महीनों से हरिद्वार के बाहर नहीं जा सका।"

"परन्तु षड्यंत्र के ज्ञान के लिए हरिद्वार से बाहर जाने की तो आवश्यकता नहीं। षड्यंत्र तो हरिद्वार में रहते हुए भी हो सकता है।

"साहब! आपको पहले ही पता है कि दया, अहिंसा, सत्य, विश्व-बन्धुत्व मेरा धर्म है। यद्यपि मैं भी स्वाधीनता का पुजारी हूं, भारत की खोई हुई स्वाधीनता को प्राप्त करने के लिए मेरी आत्मा में भी वही तड़प है जो तड़प कि रास बिहारी की आत्मा में अथवा किसी भी सच्चे देश-भक्त की आत्मा में, परन्तु इस प्रकार के बम-विस्फोट में न मेरा विश्वास ही है और न ही इसमें विश्वास रखने वालो के साथ मेरी सहानुभूति, मैं देशभक्त हूं, मैं भारत-माता को आजाद कराने के लिए त्याग कर सकता हूं, डरता नहीं, परन्तु

मेरी आत्मा तो मुझे स्वयं पुकार-पुकार कर कह रही है कि आतंकवाद से भारत का कल्याण नहीं होगा। भारत की स्वाधीनता के लिए हमें रचनात्मक कार्य करना चाहिए। रासबिहारी बोस, जहां तक उसके व्यक्तित्व का संबंध है मैं उसका आदर हृदय से करता हूं, परन्तु उसके प्रोग्राम के बारे में मुझे कुछ लगाव नहीं।

''परन्तु आपको पता है सरकार ने रासबिहारी की गिरफ्तारी के लिए तीन लाख के इनाम की घोषणा की है।''

''मैं जानता हूं! मैंने स्टेशन की दीवार पर लगा हुआ वह विज्ञापन और उसमें रास बिहारी का चित्र सब कुछ देखा है।''

''तो क्या इस काम में मैं आपसे कुछ मदद की उम्मीद कर सकता हूं।''

''साहब! अगर मुझे रास बिहारी के संबंध में कुछ भी जानकारी होती तब तो आप यह बातें कहते भी अच्छे लगते थे, परन्तु जबकि बोस बाबू को मिले भी दो वर्ष हो गए और इस देहलवी-दुर्घटना का मुझे कुछ ज्ञान ही नहीं तो मैं इसमें आपकी तथा सरकार की क्या मदद कर सकता हूं।''

''यति जी महाराज! जीवन में ऐसा अवसर बार-बार नहीं आया करता। तीन लाख की रकम कुछ कम नहीं होती। एक क्षण में रंक से राजा बनने वाली बात है। मेरा ख्याल है अगर आप थोड़ी सी भी कोशिश करें तो आप इस भारी रकम को हासिल कर सकते हैं। इस इनाम के अतिरिक्त मैं आपको विश्वास दिलाता हूं कि सरकार इस काम में मदद देने वाले को बड़ी भारी जागीर तथा रायबहादुरी का खिताब भी देगी। क्या मैं उम्मीद करूं कि आप इस बारे में सरकार को पूरी-पूरी मदद पहुंचा कर अपना मुस्तकबिल रौशन करेंगे।''

यति जी उस समय अपने मन ही मन में मुस्कराए, परन्तु वह मन ही मन की हंसी बाहर भी फूट पड़ी। यह कैसे भोले लोग हैं समझते हैं इनके बिना संसार में कोई अक्लमंद है ही नहीं, यही हैं केवल बुद्धि वाले, बाकी तो हैं सब बुद्धू।

यदि पुलिस का अफसर उन्हें बुद्धू बनाना चाहता था तो वे भी निःसन्देह उसे कोरे उल्लू ही रखना चाहते थे। अफसर का इस प्रकार का उपेदश सुन वे बोले-''साहब आप बिल्कुल निश्चिंत रहिये मैं अपनी शक्ति के मुताबिक सरकार की पूरी-पूरी मदद करूंगा।''

••• ••• •••

"कहां गए थे आप।"

"साहब बहादुर का उपदेश श्रवण करने के लिए।"

"कौन-सा उपदेश, कहां का उपदेश।"

"अजी वही पुराना रट...सरकार की मदद वाली।"

"कौन-सुपरिटैन्डैन्ट साहब थे-"

"हां-परन्तु मैं अब सोच रहा हूं हमें इस बारे में अधिक सावधान हो जाना चाहिए। जिन लोगों ने इस प्रकार मुलाकातों की भूमिका बांधी है, वे किसी न किसी रूप में इस मकान में आपकी खोज लगाने के लिए अवश्यमेव आवेंगे। मैं आज से पहरा और भी अधिक कड़ा कर देता हूं, रास बिहारी तुम निश्चिंत रहो...

"परन्तु एक बात मैं कहता हूं, यति जी महाराज!"

"हां-हां-कहिए..."

"चार मित्र लाहौर से मुझे मिलने के लिए आवेंगे...जब वे आवें मुझे सूचना दे देना"...बहुत अच्छा...।

दो ही दिन के पश्चात्-यति जी मकान के बाहर टहल रहे थे। कभी वे गंगा की ओर देखते कभी नीलवर्ण आकाश की ओर। उनकी मुखमुद्रा गम्भीर थी मानो वे किसी गूढ़तम गुत्थी को सुलझा रहे थे।

"रास बिहारी तू धन्य है और तेरी जननी भी धन्य है, तुझमें कितना साहस है, कितनी वीरता है, कितनी दृढ़ता है-अकेले महावीर बजरंगी के समान लंकाधिपति की नाक के तले जाकर आग लगा आया। देश देशान्तर के राजा लोगों की भरी सभा में लाखों नर-नारियों के बीच में तू गया, अपने उद्देश्य को पूरा करने के लिए, तेरे उद्देश्य पूर्ति का साधन मेरे साधन से भले ही भिन्न हो। हमारे मार्ग भले ही दो हों...परन्तु पहुंचना दोनों को एक ही स्थान पर है। जो मार्ग हमने ग्रहण किया है वह मार्ग है लम्बा, नौ दिन चले अढ़ाई कोस का, परन्तु तेरा मार्ग है हिमालय की चोटी से एक दम छलांग लगा कर नीचे कूद पड़ने का परन्तु तेरे मार्ग में त्याग की प्रबलता है। जान को हथेली पर धर कर यमराज के साथ युद्ध करने वाली बात है। रास-बिहारी! यह तेरी सुन्दरता और यह तेरा यौवन। यदि तू वैभव का जीवन व्यतीत करना चाहता, तो तेरे लिए किसी भी बात की कमी न थी-परन्तु! आज अपने देश के लिए अपनी जननी जन्म भूमि की ममता के लिए तू ने अपना सर्वस्व न्योछावर कर

दिया–धन्य! धन्य!! भारत वसुंधरा भी तो तेरे सरीखे वीर सपूतों की ओर ही आशा भरे नयनों से सहस्रों वर्ष तक देख-देख कर जीवित है–धन्य! धन्य!!

यति जी इन्हीं विचारों में मग्न थे उस समय...चार नवयुवक पंजाबी ढंग के वस्त्र धारण किए उनके मकान के सामने रुके। ''क्या यति किशोरचन्द्र का मकान यही है।'' उनमें से एक ने यति किशोरचन्द्र से पूछा...

यति जी उस नवयुवक की ओर ध्यान पूर्वक देखा–''हां भई! यति जी का यही मकान है।''

''क्या किशोरचन्द्र यति आप ही का नाम है?''

''कहिये–मेरे योग्य सेवा।''

''हमें रासबिहारी बाबू से मिलना है।''

''परन्तु रासबिहारी बाबू तो यहां नहीं हैं। यहां उनका आने का मतलब भी क्या है। आप लोग कहां से आए हैं?''

''हम लोग लाहौर से आए हैं, हमें रासबिहारी से शीघ्र ही मिलना है।''

''परन्तु रासबिहारी का तो मुझसे कुछ परिचय नहीं। खाली नाम सुन रखा है...यह तो हरिद्वार है, भाई! यहां धर्म की बात करो...यह बातें...''

''यति जी महाराज! हमें सी.आई.डी. के आदमी मत समझो। हम तो रासबिहारी के खास आदमी हैं, इतना कहते ही एक आदमी ने झुक कर अपने बूट के तलबे में रबड़ के नीचे रखा एक पत्र निकाल यति जी को दिया–''

यति जी ने उस पत्र को हाथ में ले कर देखा। वह पत्र रासबिहारी ने उन नवयुवकों को लिखा था और उसमें उन्हें हरिद्वार में यति जी के मकान पर मिलने को कहा था।

अब यति जी को निश्चय हो गया कि वे आदमी सी.आई.डी. के नहीं थे बल्कि वे वही नवयुवक थे जिनके बारे में स्वयं रासबिहारी ने उनसे कहा था–

''यति जी राजनीति के पूर्ण-पण्डित थे। सी.आई.डी. वालों की उन्होंने सैंकड़ों कहानियां सुन रखी थीं। उस समय उन नवयुवकों को एक दम रासबिहारी के पास ले जाना कोरी मूर्खता होगी, ऐसा विचार कर उन्होंने एक बार फिर इस बात को टाला...

''देखो भाइयो! इस समय तो बोस बाबू यहां हैं नहीं। हां, आप आशा से यहां आए हैं। आप एक प्रकार के मेरे अतिथि हैं, मैं आपका हार्दिक स्वागत

करता हूं यह घर आप ही लोगों का है आप इसमें ठहरिये। यदि रासबिहारी बाबू हरिद्वार में कहीं भी हुए तो उनका पता शीघ्र ही चल जाएगा।

अपने मकान के एक भाग में यति जी ने उन नवयुवकों को ठहरा दिया। वे भी थोड़ी देर के लिए गंगा जी की तटवर्ती शोभा को देखने के लिए चले गए।

चारों नवयुवकों के बाहर चले जाने पर यति जी ने बोस बाबू के पास जा सारी घटना कह सुनाई। वह पत्र भी उन्हें दिखाया तथा उन सबकी शारीरिक रूपरेखा भी सविस्तार कह सुनाई, परन्तु बोस बाबू भी सहसा आत्मसमर्पण करने वाले न थे। उन्होंने आत्म-संशय की निवृत्ति के निमित्त एक प्रश्न पूछने के लिए यति जी को कहा। "आप उनसे पूछें हरीश बाबू कहां हैं..."

लगभग चार घंटे के पश्चात् वे नौजवान सैर-सपाटे से वापस लौटे... बातों ही बातों में यति जी ने पूछा-"हरीश बाबू का आप लोगों को कुछ पता है"। उन्हीं नवयुवकों में से एक बोला "मेरा ही नाम तो हरीश बाबू..."

"अच्छा! आप ही का नाम हरीश बाबू है। आपको मैं विश्वास दिलाता हूं कि मि. रास बिहारी आपको शीघ्र ही मिलेंगे"। इतना कह यति जी रास बिहारी के पास पहुंचे और हरीश बाबू की वेश भूषा सब कुछ उन्हें सुझाया। रास बिहारी को विश्वास हो गया कि वे चारों नवयुवक उनके अपने ही मित्र हैं, अतः उन्होंने यति जी को उन नौजवानों को अपने पास लाने की आज्ञा दे दी।

यति जी बाहर निकल हरीश बाबू के पास जा कर बोले-चलिए हरीश बाबू! आपको रास बिहारी ने याद किया है। चारों मित्र रास बिहारी से मिलने को चल पड़े। उस समय यति जी को यह देख कर बड़ा ही आश्चर्य हुआ कि वे चारों सज्जन जो वेश भूषा से पंजाबी प्रतीत होते थे, वे वास्तव में पंजाबी न थे...अब वे बिल्कुल बंगाली प्रतीत हो रहे थे।

बिछड़ों का मिलाप हुआ। रात्रि भर खूब आनन्द मंगलाचार रहा, अब एक से पांच हो गए-पांचों बंधुओं ने प्रातः ही कलकत्ते चले जाने का निश्चय किया।

वह भी कैसा हृदय-स्पर्शी दृश्य था, मानो भरतमिलाप की एक पुनरावृत्ति हो रही थी। चारों मित्र अपने सरदार से बड़े ही प्रेमपूर्वक मिले। घुल मिल कर बातें हुईं।

खैर! पहले एक था अब पांच हो गए और पांचों में परमेश्वर थे–यति किशोरचन्द्र।

"अब हमें शीघ्र ही यहां से चल देना चाहिए। आत्मरक्षा के लिए, हमें हरिद्वार को अब छोड़ना ही पड़ेगा।" रास बिहारी ने हरीश बाबू से कहा।

"मेरा भी यही विचार है"–हरीश बाबू ने उत्तर दिया।

"परन्तु यहां से निकलना कैसे होगा। पुलिस तो छाया के समान सर्वत्र हमारे पीछे डोल रही है।"

"इसका उपाय हमारे पास है। अच्छा अब मार्च की तैयारी कीजिए।" उस समय रात्रि के दो बजे थे। सभी मित्रों ने अपने वेश बदलने शुरू किए। रासबिहारी बाबू ने पटयालवी दाढ़ी का वेश सजाया। सिर पर बनावटी केश लगाए। सुन्दर खालसाओं की-सी पाग बांधी। अचकन, तंग पाजामा, बूट और हाथ में काली घड़ी सजा वे तो सचमुच सिंह सज गए। चारों मित्रों ने भी वही पहला-सा पंजाबी तीर्थयात्रियों का-सा रूप सजाया।

प्रातः के साढ़े तीन बजे थे। चारों ओर सन्नाटा था। उस समय यति किशोरचन्द्र के घर का बड़ा द्वार खुला। उस द्वार में से पांच शूरवीर निकल स्टेशन राह पर द्रुत गति से चल दिए।

❑❑❑

इक्सठवां अध्याय

रास बिहारी बनारस में

We die, so that others may live.

अज्ञात वास का जीवन व्यतीत कर रहे इन पांचों शूरवीरों को अपने कंधे पर उठाए हुए देहरा-एक्सप्रैस बनारस की ओर भाग चली। यति किशोरचन्द्र अभी हरिद्वार में ही रह गए।

प्रभु की अपार माया! जिस रात रास बिहारी बनारस गए सुबह ही पुलिस ने यति जी के मकान को घेर लिया। घर का चप्पा-चप्पा छान मारा, परन्तु शिकार तो पिंजरे से निकल चुका था।

उससे अगले दिन यति किशोरचन्द्र भी बनारस के लिए चल दिए, परन्तु वे फूंक-फूंक कर कदम रखते थे। सी.आई.डी. वालों की तो पाताल में जड़ें हुआ करती हैं। ये लोग नाना प्रकार के रूप धारण कर अपने पेट की ज्वाला को शान्त करने की लिप्सा से पता नहीं क्या कुछ करने को तैयार रहते हैं। यति जी ने सोचा इस समय मुझे सीधा बनारस का टिकट नहीं लेना चाहिए। रासबिहारी आजकल बनारस में हैं, यदि मैं आज बनारस का टिकट लूं तो पुलिस को यह दृढ़ विश्वास हो जावेगा कि रास बिहारी सचमुच बनारस में ही हैं। अस्तु! उन्होंने सर्वप्रथम सहारनपुर का टिकट लिया। सहारनपुर से दिल्ली और फिर बनारस पहुंचे।

गंगा जी के तट पर एक साधारण से मकान में रास बिहारी अपने चारों मित्रों सहित टिके थे, पांचवां मित्र भी इसी टोली में सम्मिलित हो गया। फूलकुंवर के रूप में अपने बालपन की लीला स्थली में पदार्पण कर यति जी को बड़ी ही प्रसन्नता हुई।

उस दिन यति जी बोले–"रास बिहारी! तुम्हारा विचार तो ठीक है, परन्तु मातृभूमि के वियोग का दु:सह संताप क्या तुम झेल सकोगे?"

"मातृभूमि के त्याग का संताप तो वास्तव में असह्य है, परन्तु यति जी! आप स्वयं बुद्धिमान हैं, सिवाय इस उपाय का अवलंबन किए शेष मार्ग है ही

कौन-सा।'' ''मातृभूमि की स्वाधीनता के लिए एक अन्तिम प्रयत्न।''

''अन्तिम प्रयत्न, यति जी!

दिल्ली के चान्दनी चौक में जो प्रयत्न किया गया था क्या उससे बढ़ कर भी कोई अन्तिम प्रयत्न हो सकता है।''

''होने को सब कुछ हो सकता है?'' ''केवल शब्दों ही में अन्यथा क्रियात्मक रूप में...आज देश कहां है इतना बड़ा भारी देश...क्या यह मिल कर भी एक व्यक्ति की रक्षा नहीं कर सकता।''

''यदि कर सकता होता तो फिर आपको दर-दर भागने की आवश्यकता ही क्यों पड़ती। पराधीनता भी तो इसी का नाम है। जिस महान् आत्मा के पवित्र नाम की समस्त देश माला जपता है, ज़ोरावरों के सामने उस व्यक्ति का नाम तक जुबान पर लाना एक अपराध है; समस्त देश जिसे अपना नेता, अपना वीर, अपना शुभचिन्तक समझता है, ज़ोरावरों की नजरों में वही व्यक्ति विद्रोही और अपराधी है। थोड़ी देर रुक कर यति जी बोले-''तो क्या आप भारत को त्यागने का निश्चय कर चुके हैं।''

''हां, यति जी महाराज! निःसन्देह राष्ट्र के शत्रुओं के हाथों बेमौत मरने की अपेक्षा कुछ दिन और जी कर राष्ट्र की सेवा करना अच्छा ही समझता हूं। देश की वर्तमान अवस्था में मेरा देश में रहना देश के लिए ठीक नहीं। ऐसी भागा दौड़ी लुक छिप आखिर कब तक चलेगी।''

''परन्तु देश से बाहर जाया कैसे जाएगा। छाया के समान तो सी.आई. डी. पीछे लग रही है। देश के बाहर एक ओर गगनचुंबी हिमालय पर्वत है, क़ैलाश, आसाम की पहाड़ियां हैं, वर्मा के जंगल हैं दूसरी ओर यवनों से भरा हुआ सीमांत का पर्वतीय प्रदेश है, तीसरी ओर समुद्र है, ऊपर आकाश है, नीचे पृथ्वी है। आप कहां जाना चाहते हैं?''

''भारत के सुदूर पूर्व में छाया हुआ बौद्ध साम्राज्य निराश भारत की आशा है। जापान का उठता हुआ राष्ट्र भारत का आशा स्रोत है। रूस जापान युद्ध में जापान ने जो अद्‌भुत वीरता का परिचय दिया है, वही वीरता भारत में स्वाधीनता का वृक्ष बोएगी। जापान में मैं भारत की स्वाधीनता का कल्प वृक्ष बोऊंगा।

''परन्तु जापान कोई एक दो मील की तो बात नहीं। अंग्रेजों से पासपोर्ट लेकर, अंग्रेजों के जहाज पर चढ़ कर अंग्रेजों की बन्दरगाहों में से गुजर कर अंग्रेजों के बीच में ही कई दिन ठहर कर जापान कैसे पहुंचा जाएगा।''

''यति किशोरचन्द्र! आप निश्चिंत रहिए। पुलिस की आंखों में धूल झोंककर साफ बच कर निकल जाना यह रास बिहारी के बाएं हाथ का खेल है। रास बिहारी सुरक्षित जापान पहुँच जाएगा।''

❑❑❑

अध्याय बासठवां

गिरी जी रूपी राहू

ऊपर दरसै सुमिल सों, अन्तर अनिमल आंक।
कपटी जन की प्रीति है, खीरा की सी फांक॥

जापान की ओर प्रस्थान करते हुए भारतीय स्वाधीनता के उस अनन्य पुजारी को अन्तिम नमस्कार कर यति किशोरचन्द्र हरिद्वार लौट आए। इधर भगवान ने यति जी के भावी जीवन यात्रा की पहले ही भूमिका सोच रखी थी। यति जी के मित्र श्रीशिवदयाल गिरी को कुछ रुपये नीलकंठ महादेव अपने किसी सम्बन्धी के यहां भेजने थे। यति जी प्रायः नीलकंठ महादेव की ओर पर्वत पर भ्रमणार्थ जाया ही करते थे। गिरी महोदय ने सोचा यति जी के हाथों यह रुपये अपने सम्बन्धी को भिजवा दूं। ऐसा मन में विचार कर वह यति जी के पास पहुंचा और प्रार्थना की ''गुरुदेव! यह 300 रु. और धोती जोड़ा नीलकंठ महादेव पहुंचाना है...आपकी बड़ी कृपा होगी। आप प्रायः उस ओर घूमने जाया ही करते हैं, यह हमारा भी काम कर देना'' यद्यपि उन दिनों यति जी का उस ओर जाने का कुछ भी विचार न था, परन्तु एक काम दो काज; सैर की सैर और मित्र का कार्य भी पूरा हो जावे, इसी विचार से उन्होंने नीलकंठ महादेव की ओर जाने का विचार कर लिया। गिरि से रुपये और धोती जोड़ा ले इन दोनों वस्तुओं को यति जी ने लायब्रेरी में दरवाजे के ऊपर रख दिया।

साधो सन्तसमान चित्त–सन्तजन समस्त जगत् को अपने ही समान समझते हैं। जैसा पवित्र उनका अन्तःकरण होता है, वे समझते हैं सारे जगत का अन्तःकरण भी उतना ही स्वच्छ है। यति किशोर चन्द्र अपने वाचनालय को ताला नहीं लगाया करते थे। जब उनके लिए जगत् में कोई चोर था ही नहीं तो ताला भला किसलिए लगाते।

सुबह हुई, ज्ञान ध्यान से निवृत्त हो भोजन कर यति जी यात्रा पर चलने

को तैयार हुए। भली-भांति तैयार हो कपाट पर हाथ जो बढ़ाया तो रुपयों की पोटली 'नदारद'।

परन्तु उस समय उनके हृदय में किसी प्रकार का क्षोभ नहीं हुआ। पराई अमानत खो जाने पर चित्त में स्वभाविक दुःख हुआ ही करता है, परन्तु सन्तजनों का हृदय सागर के समान अचल होता है–

अपूर्यमानमविचल प्रतिष्ठं समुद्रमापाः प्रविशन्तियद्वत्।

कुछ भी हो गिरिजी की अमानत तो नीलकंठ महादेव पहुंचानी ही थी। उस समय उनके पास अपना रुपया न था। समय-समय की बातें हुआ करती हैं। लक्ष्मी चंचल है, विशेष करके सच्चे सन्त महात्माओं का तो लक्ष्मीदेवी ने बहिष्कार ही कर रखा है। यति जी ने सोचा गिरि जी महाराज को रुपये खो जाने की घटना बता दूं और उन्हीं से रुपये लेकर नीलकंठ महादेव पहुंच उनका कार्य कर आऊं। जो रुपये खोए गए हैं वे मेरे नाम रहेंगे, मैं शीघ्र ही इन्हें चुकाने की कोशिश करूंगा। मन में ऐसा विचार कर यति जी गिरि जी के पास पहुंचे। यति जी को दूर से आते देख गिरि जी महाराज आगे बढ़ लम्बे-लम्बे हाथ बढ़ा यति जी का स्वागत करते हुए बोले, "पधारिये गुरुदेव! कहिये आज तो बड़ी जल्दी नीलकंठ हो आए।"

यति जी बोले "गिरि जी! मैं अभी तक नीलकंठ जा ही नहीं सका। भगवान की लीला बड़ी ही विचित्र है...वे जो रुपये 300 आपने दिए थे, मैंने उन्हें अपनी लायब्रेरी के दरवाजे के ऊपर रख दिया था। अभी जब मैं भोजन कर नीलकंठ चलने को तैयार हुआ उस समय मैंने देखा वहां धोती जोड़ा तो था परन्तु रुपये न थे...खैर! रुपये खो जाने का दुःख आप को नहीं होना चहिए, आपके रुपये खरे हैं। आपकी अमानत मुझसे खोई गई मैं आपके तीन सौ रुपयों का ऋणी हूं, इस समय मैं आप को यही बात कहने के लिए आया हूं कि आप मुझे 300 रु. और दे दें...जो 300 खोया गया उसका मैं देनदार हूं..."

बात साधारण थी; परन्तु वाह रे धन! चांदी की गोल-गोल ठीकरियों तुझ में कितनी शक्ति है। संसार में असल, नकल की पहचान कराने वाली तू ही एक खरी कसौटी है। व्यक्ति की वास्तविकता को जांचने का एकमात्र तू ही खरा तोल है।

पैसा मनुष्य को कैसे बदल देता है। पैसा पूत को कपूत बना देता है, सगे भाइयों को आपस में लड़ा देता है। आदमी वही होता है, प्रत्यक्ष रूप में उसमें कुछ घटती-बढ़ती नहीं होती, परन्तु वही आखें-आखें होकर भी कुछ और बन जाती हैं। वही जिह्वा जिह्वा कहती हुई भी विष वमन करने लग जाती है। पैसे की महिमा बड़ी विचित्र है, किसी कवि ने तभी तो कहा है–

अर्थोश्मणा विरहिताः पुरुषः स एव।
त्वन्यः क्षणेन भवतीति विचित्रमेतत्॥

300 रु. अपने गुरुतुल्य मित्र को थोड़े दिनों के लिए उधार दे देना गिरी के लिए कुछ भी मुश्किल बात न थी। गिरि जी महाराज लखपति थे। उनके पास इतनी बड़ी जायदाद थी, जिससे उन्हें सहस्रों मासिक 'आय' होती थी। 300 तो क्या अपने मित्र पर सहस्रों रुपये न्योछावर कर देना उनके लिए एक साधारण-सी बात थी, परन्तु मनुष्य की अन्तरात्मा में झांकने को कोई खिड़की तो है नहीं, आंखें बहुत बार धोखा दे जाती हैं, मनुष्य को बदलते कुछ भी देर नहीं लगती।

किसी कवि ने कहा है–

एते सतपुरुषा परर्थघटकाःस्वार्थान परित्यज्यये।
सामान्यास्तु परार्थमुद्यत भृतःस्वार्थाविरोधेनये॥
तेऽभि मानुष राक्षसाःपरहितं स्वार्थाय निघ्नन्ति ये।
से तु घ्नन्ति निरर्थकं परहितं ते के न जानीमहे॥

संसार में कुछ ऐसी विभूतियां होती हैं जो अपने स्वार्थ की कुछ भी चिन्ता न करते हुए परोपकार करना अपना परम धर्म समझती हैं। उनसे उतर कर कुछ ऐसे सज्जन होते हैं जो अपने स्वार्थ को दृष्टि में रखते हुए दूसरों का काम बनाते हैं, तीसरे वे घटिया दर्जे के प्राणी होते हैं जो अपने स्वार्थ के लिए दूसरों का काम बिगाड़ते हैं, परन्तु जो व्यर्थ ही दूसरे का काम बिगाड़ते हैं, अपना कुछ बने या न बने परन्तु दूसरों का जरूर बिगड़ जाए, जिसकी ऐसी तुच्छ बुद्धि है वह प्राणी तो सचमुच इस धरती तल पर केवल एक भार रूप मात्र है।

वही गिरि जी महाराज जो लम्बे-लम्बे हाथ बढ़ा अभी कुछ ही क्षण पूर्व गुरुदेव का स्वागत करने के लिए आगे बढ़े थे वे अब बदल गए। संन्यासी

के बाणे में शैतानियत का भूत जाग उठा। अमृत-धारा लेबल वाली बोतल के अन्दर का विष बाहर उछल पड़ा। कोटि-कोटि धर्म भीरुओं की भावनाओं से क्रीड़ा करने वाले, निर्धन भारत के धर्म-विश्वास से विश्वासघात करने वाले, दिन-रात मुफ्त के माल पर डकार हांकने वाले धर्मध्वजधारियों में दया...बालू में जैसे तेल।

संन्यासी ने राक्षस का रूप धारण कर लिया। तत्क्षण वह कड़क कर बोला-"इस कहानी से मुझे कोई सरोकार नहीं। मेरा रुपया मुझे लौटा दीजिए-"

"आप के रुपये! गिरि जी महाराज! वे मैं बहुत जल्दी चुका दूंगा। वे रुपये आप मेरे नाम लिख लेवें। मैं निर्दोष हूं...हो सकता है किसी व्यक्ति ने मुझे रुपये लायब्रेरी में रखते देख लिया हो और वह इनकी ताक में रहा हो और जब मैं भोजन के लिए गया, वह अपना काम कर गया, परन्तु कुछ भी हो जो कुछ हुआ है उसका जिम्मेदार मैं हूं। मैंने आप से रुपये लिए, मेरे द्वारा वे रुपये खोए गए। इस समय रुपये मेरे पास नहीं हैं, आप मुझे मित्र समझ कर इस समय 300 रु. दे दीजिए, ताकि मैं नीलकंठ महादेव पहुंच आपका कार्य कर आऊं।"

"मुझे अपना कार्य करवाने की कोई आवश्यकता नहीं। तुम झूठ बोलते हो। मेरे रुपये खोए नहीं गए बल्कि तुमने दबा लिए हैं। मैं इतना मूर्ख नहीं जो तुम को 300 रु. और दे दूं। मेरे रुपये जल्दी दो और अभी दो" गिरि कड़क कर बोला।

यति जी फिर शांत स्वर से बोले "स्वामीजी महाराज! संसार में विश्वास भी आखिर कुछ चीज़ है। मैं परमात्मा को साक्षी करके कहता हूं कि रुपये खो गए हैं।"

"खो नहीं गए, बल्कि तुमने मेरे रुपये दबा लिए" वह शाहीलोक फिर कड़क कर बोला-"देखो! मेरे रुपये मुझे अभी दे दो नहीं तो पुलिस के हवाले कर दूंगा।"

"आप पुलिस छोड़ चाहे फौज के हवाले कर दें, परन्तु आखिर कुछ बात भी तो हो। आप और भी अनेक आदमियों को सूद पर रुपया देते हो। आपके हजारों रुपये कसाइओं तक में बिखरे पड़े हैं, यदि वह 300 रु. की रकम आप सूद पर मेरे नाम लिख लें तो आपके लिए कोई मुश्किल बात नहीं है।"

"कसाई को दे सकता हूं परन्तु तुम्हें नहीं दे सकता... अपनी खैर चाहते हो तो मेरा रुपया अभी वापस कर दो।" वह ब्रह्मराक्षस भुजा उठा कर बोला।

यति जी चुप थे...परन्तु वह गिरी अपनी वही महारानी रटे जा रहा था... उस समय नगर के एक प्रतिष्ठित सज्जन ला. गौरीमलजी बाजार में से गुजरे...दूर से ही यह नाटक देख यति जी को एक ओर बुला सारी घटना सुनी। घटना सुन लाला जी बोले–"यति जी! इस दुष्ट की आप इतनी बातें काहे को व्यर्थ में ही सुन रहें हैं...आप स्पष्ट शब्दों में कह दें–इसने आपको रुपया दिया ही नहीं...इसने जो रुपया आप को दिया था क्या उसकी कोई रसीद भी इसके पास है? कुछ नहीं, तो फिर यह आपका बिगाड़ ही क्या सकता है।

"रसीद! लाला जी...यति किशोरचन्द्र कभी झूठ नहीं बोल सकता। मैं मानता हूं गिरी ने मुझे 300 रु. दिया...जब यह सच है तो मैं कैसे कह दूं नहीं दिए?"

"दुष्टों के साथ दुष्टता करनी चाहिए"–लाल जी बोले।

"परन्तु दुष्टता का अर्थ यह तो नहीं कि हम स्वयं ही दुष्ट बन जावें। 300 की तो बात ही क्या है, सत्य के सामने तो प्राण भी तुच्छ है।" यति जी का ऐसा उत्तर सुन लाल जी अपने रास्ते पर चल दिए।

यति किशोरचन्द्र यथापूर्व गिरी जी के पास आ बैठे...अब गिरी के कोप का पारा पहले से भी दुगुना चढ़ चुका था, वह फिर कड़क कर बोला–"बताओ! बताओ!! क्या फैसला किया, रुपया दोगे या पुलिस बुलाऊं।"

थोड़ी ही देर के पश्चात भारती जी वहां आ गए। गिरी ओर भारती संन्यासी सन्तों की दो भिन्न-भिन्न श्रेणियों के नाम हैं...सर्वप्रथम हरिद्वार गंगा जी के तट पर साधु महात्मा साधारण झौंपड़ियां बना कर रहते थे...रेलगाड़ी थी नहीं। हरिद्वार में इतनी भीड़ भी न होती थी। इसीलिए इतने बड़े-बड़े महलों की भी आवश्यकता न थी। धीरे-धीरे पाश्चात्य शासन ने अपना पदार्पण किया, उसके साथ ही हरिद्वार में पक्के मकान बनने शुरू हो गए...हरिद्वार की कुटियों का काया कल्प हुआ। धीरे-धीरे उसने बढ़ना आरम्भ किया। वह फैला और अपने पूरे ज़ोर से फैला। बड़े-बड़े दानवीर सेठ साहूकारों ने जनता की भलाई के लिए परोपकार वृत्ति से अनेक धर्मशालाएं मठ तथा मन्दिर बनाए। उन्हीं धर्मशालाओं मठों तथा मन्दिरों की देखभाल के लिए प्रबंधक के रूप में परोपकारी त्यागी संतों को नियत किया। सर्वप्रथम तो वे सन्त-महन्त सच्चे अर्थों में त्यागी तपस्वी थे, परन्तु प्रभुता में मद होता ही है; लक्ष्मी की चंचलता

मन को चलायमान कर ही देती है। उन्हीं सन्त-महात्माओं की सन्तान ने उन सार्वजनिक वस्तुओं को अपने अधिकार में कर लिया और उस परोपकारार्थ बनी संस्थाओं की कमाई खाने लगे...गृहस्थियों के समान रहने लगे। इसी श्रेणी के भिन्न-भिन्न लोगों में गिरी और भारती भी दो श्रेणियां हैं।

भारती जी बड़े धनी व्यक्ति थे...यति जी को इस प्रकार गिरी जी की बाण-वर्षा का शिकार होते सुन वे तुरंत वहां पहुंचे...यति जी को सादर नमस्कार कर बोले–"गुरुदेव! बात क्या है...आज यहां विराजमान हैं।" यति जी बोलने भी न पाए थे गिरी तुरंत भड़क कर बोला "बात क्या है, रुपया मारे बैठा है और बात क्या है।"

भारती जी ने गिरी की उस ओछी बात का कुछ उत्तर नहीं दिया। यति जी को एक ओर ले जा कर उन्होंने सारी घटना सुनी। फिर वे गिरी जी के पास आकर बोले, "देखिए महाराज! यति जी की ओर जितना भी रुपया है उसका जिम्मा मैं लेता हूं।"

"तुम जिम्मा लेते हो?"

"हां, आप इन्हें कुछ न कहें।"

"अच्छा तो! लाओ फैंको 300"

"300 मेरे लिए कुछ भी चीज नहीं, गिरी जी! आप कपड़ों से बाहर मत होइए।"

"मुझे अपने रुपये चाहिए।"

"आपके रुपये आप को शीघ्र मिलेंगे आप धैर्य रखें" भारती ने नम्रता से कहा

"मैं रुपये लिए बिना नहीं छोड़ूंगा–और रुपये अभी लूंगा" गिरी कड़क कर बोला–"तुम इसकी हिमायत करने आए हो–अच्छा लाओ तुम्हीं दो..."

भारती फिर नम्रता से बोले–"गिरी जी! देखो! रुपये मैं आपको अभी दे देता परन्तु मेरा भतीजा कल सहारनपुर किसी कार्य वश चला गया और गलती से पेटी की चाबियां भी अपने साथ ही ले गया। वह एक दो दिन में आ जाएगा, आप एक दो दिन तो ठहरिए।"

"मुझमें एक दो दिन ठहरने की हिम्मत नहीं, मुझे अपने रुपये अभी चाहिए।" गिरी उतनी ही ऊंची आवाज में बोला।

भारती जी के गले में सोने का बहुमूल्य हार था। उसे उतार उन्होंने गिरी की ओर फैंक दिया..."लो महाराज यह हार अपने पास रखिए। जब मैं 300

दे जाऊंगा यह हार ले जाऊंगा'' इस हार का मूल्य 3000 से कम न था। इस हार को देख गिरी जी के जलते हुए क्रोध पर मानो घृत डाल दिया गया ''वह बोला–ओहो किसे धोखा दे रहो हो–मैं जानता हूं। तुम लोगों ने मुझे फंसाने के लिए ही यह सारा षड्यंत्र रचा है–ले लो इनका हार। बड़े चले हैं 3000 का हार 300 में देने–मैं नहीं लेता हार। मुझे अपने रुपये चाहिए''।

''देखो गिरी जी महाराज! संसार में मनुष्यता भी कुछ चीज होती है। इस समय मेरे पास रुपया नहीं तो आप यह हार रख ले नहीं तो मैं स्वयं अपने हाथ से परोनोट लिख देता हूं...किसी तरह मानोगे भी'' भारती बोला।

गिरी बराबर बड़बड़ा रहा था। उसी समय गिरी जी महाराज का मुंशी ज्वाला प्रसाद आया। सारी घटना जान वह भी चकित रह गया। गिरी जी को एक ओर ले जा कर उसने कुछ समझाया। लौट कर गिरी बोला ''अच्छा भारती! लो यहां 300 का रुक्का लिखो। भारती ने 300 का रुक्का लिख दिया। तीसरे दिन भारती ने यति जी की ओर से वह रुपया चुका दिया।

❑❑❑

तिरसठवां अध्याय

भारती जी का ऋण

किसी कवि ने बड़े ही सुन्दर शब्दों में कहा—

न तोप न बन्दूक न किरपान से मारो।
गर मारना इन्सां है तो एहसान से मारो।।

गिरी रूपी राहु से ग्रसे हुए पूर्णचन्द्र किशोर यति की ठीक समय पर रक्षा करके भारती जी ने जो एहसान यति जी पर किया, उस एहसान से यति किशोर चन्द्र इतने दब गए कि अब प्रतिक्षण उस भार को उतार फैंकने की उन्हें चिन्ता लगी रहती।

समय करे न क्या करे, समय बड़ा बलवान, समय के चक्र में तो पांडव सरीखे वीर-योद्धा भी डाकुओं से पिट गए थे। मत्त गजेन्द्र के सदृश विशाल वपुधारी वह भीम क्या उसने विराट राजा की रोटियां पकाने के लिए ही डंड पेले थे? क्या महाबली अर्जुन ने विराट ललनाओं को नाचना सिखाने के लिए ही गांडीव धारण किया था? पांडव-महिषी द्रौपदी ने एक पापी-क्रूर दुराचारी कीचक की वक्रदृष्टि का ग्रास बनने के लिए ही क्या अतुलित रुपयौवन पाया था? समय के प्रवल वेग ने यह सब कुछ अनहोनी भी होनी में बदल कर दिखा दी।

एक बीस वर्षीय स्वरूपवती ललना एक लाख की नकद सम्पत्ति लेकर बालब्रह्मचारी के सम्मुख उपस्थित हुई—"भगवन! मुझ दासी पर अनुग्रह करिए" परन्तु कल्याण मार्ग के उस अनूठे पथिक ने इस प्रलोभन को ठुकरा दिया। सोलह वर्ष की एक अत्यन्त स्वरूपवती ललना अपना सर्वस्व लिए बाल-तपस्वी के चरणों पर गिर पड़ी परन्तु वह सन्मार्ग यात्री अपने सतपथ से विचलित नहीं हुआ। राजाओं महाराजाओं ने आदर प्रेम तथा श्रद्धा के साथ हजारों की पूजा श्रीपाद को भेंट करनी चाही, परन्तु उस तपोनिष्ठ ब्रह्मज्ञानी ने

निर्धनों के रुधिर से लिथड़े हुए उन शुभ्र-रजत टुकड़ों को अस्वीकार कर दिया। वे तो सारे संसार की दौलत को अपना ही समझते थे। उनकी जीवन-नैया अपनी मस्तानी-गति से इस संसार-सागर के विशाल वृक्ष पर टहल रहीं थी। उन्हें क्या पता था कि एकाएक पवन का इतना प्रबल प्रवाह प्रवाहित हो उठेगा कि इस नैया को सम्भालना तक मुश्किल हो जाएगा। उन्हें क्या पता था, यह गिरी जो ऊपर से नारियल की गिरी के समान देखने में इतना कोमल, विनम्र ओर मधुर दीख रहा है वास्तव में भीतर से बड़ा ही कटु, कठोर तथा तिक्त है। यदि उन्हें इस बद्रिकाकार नारियल का वास्तविक रूप ज्ञान होता तो संभवत: वे इस गिरी को मुंह ही न लगाते।

300 रुपया चांदी की 300 गोल-गोल ठीकरियां जिन सबका घेरा अढ़ाई इंच हो, जिनमें से प्रत्येक का वजन ठीक एक तोला हो, जिसके ऊपर विशेष प्रकार के कुछ अंग्रेजी के शब्द अंकित हों; एक पुरुष विशेष की जिस पर तस्वीर भी हो और उस चांदी के टुकड़े को जोर से यदि किसी चीज़ से टकराया जाए तो उसमें से आवाज भी ऐसी निकले जिससे सुनने वाले को झट संतोष आ जाए, ऐसे 300 रुपये भारती जी को शीघ्रातिशीघ्र दे कर इस ऋण से मुक्त होऊं।

अहिल्या बाई की धर्मशाला वाले घाट पर गंगाजी के तट पर बैठे यति किशोरचन्द्र इसी चिन्ता सागर में मग्न सर्व संकट मोचन हारी सर्वांतर्यामी भगवान् को याद कर रहे थे। ''प्रभो! दीनानाथ-दयासिन्धो!! जब-जब भी मुझ पर आपत्ति आई आपने सदैव ही आगे बढ़ मेरी रक्षा की। कृपालु देव! क्या आप मेरी इस समय लज्जा नहीं राखोगे? भगवन्! आप जानते हैं आपके इस सेवक ने आज तक किसी भी व्यक्ति से किसी प्रकार की याचना नहीं की, भारती जी का भार मेरे लिए असह्य हो रहा है-कृपा सिन्धो! अपने भक्त की रक्षा कीजिए।''

यति किशोरचन्द्र एकटक भागीरथी की तरंगों में निहित अपने परम प्यारे प्रभो की आभा से मन ही मन इस प्रकार हृदय-कथा अलाप रहे थे, सहसा उनके कानों में धीमी-सी आवाज आई...''क्यों जी! आज यहां किस चिन्ता में बैठे हो।''

उस अकस्मात ध्वनि से यति जी चौंक गए। उन्होंने पीछे गरदन फेर कर देखा तन पर फटे पुराने कपड़े पहने, हाथ में लाठी थामे, नंगे सिर, नंगें पांव... एक निर्धन-सा भिखारी-सा व्यक्ति। यति जी ने उस वृद्ध को सिर से पैर तक देखा।

"क्यों जी! आज आपको कौन-सी चिन्ता ने घेरा है"–वह वृद्ध बोला।

यति जी ने कुछ भी ध्यान नहीं दिया। उस वृद्ध की ओर से ध्यान हटा वे फिर मातेश्वरी की तरंगों में छुपे हुए अपने भगवान् को खोजने लगे। वह वृद्ध फिर बोला–

"क्यों जी महाराज बताने में क्या हर्ज है।"

यति जी हाथ जोड़ बोले–"जाओ बाबा जाओ क्षमा करो।"

परन्तु वह बूढ़ा भी तो पता नहीं किस धातु का बना था। इस प्रकार तिरस्कार पूर्ण शब्द सुन कर भी वह वहां से हटा नहीं और बोला–

"आखिर चिन्ता का कुछ कारण भी तो हो, बताने में क्या हर्ज है।"

"जाओ बाबा जाओ अपना काम करो" कह पीठ मोड़ यति जी उसी प्रकार चिन्तासागर में डूब गए। वह बूढ़ा फिर भी वहां से हिला नहीं..."ओहो! तुम्हें तो बड़ी भारी चिन्ता है।" यति जी गुस्से में आ कर बोले..."जाओ बाबा जाओ, तुम्हें इन बातों से क्या लेना देना। यदि कोई चिन्ता ही है तो तुम क्या किसी की चिन्ता को दूर कर दोगे–जाओ प्लेटफार्म पर जा कर टहलो"।

वह वृद्ध हंस कर बोला–"बेटा! मैं यदि तुम्हारी चिन्ता दूर करने वाला होता तो क्या इसी मैले-कुचैले वेश में तुम्हारे पास आता चिन्ता तो सबकी भगवान् ही दूर करते हैं"।

हां, बाबा हां। भगवान् ही सबकी चिन्ताओं को दूर करने वाले हैं–मुझे भगवान् पर ही पूरा भरोसा है, उसके दरबार में अन्धेर नहीं चाहे देर भले ही हो। मेरी चिन्ताओं को आज तक उन्होंने ही दूर किया है अब आगे भी वही दूर करेंगे।"

बूढ़ा आदमी गरदन हिलाता हुआ बोला–"तुम बिल्कुल ठीक कहते हो, भई! लेकिन मेरी एक बात मान लेना–आज से पूरे आठ दिन तक अपने शहर से कहीं बाहर मत जाना।"

बूढ़े की बात को हंसी मजाक में टालते हुए यति जी बोले–"अच्छा बाबा अच्छा–जाओ" और वह बूढ़ा वहां से लकड़ी टेकता हुआ चला गया।

कैसा अद्भुत व्यक्ति है "आंख से अंधी ओर नाम चरागो" पाओं में जूता तक नहीं तन पर भी श्रीमान जी के एक लत्ता तक नहीं और निकले हैं संसार की चिन्ताएं निबटाने। उस बूढ़े की बात को यति जी ने एक पागल का प्रलाप समझ को टाल दिया।

••• ••• •••

इस घटना के पूरे सात दिन पश्चात। यति किशोरचन्द्र अपने प्रिय मित्र पं हरिश्चन्द्र जी की दुकान पर बैठे थे। कुशावर्त घाट वाले बाजार में पं. हरिश्चन्द्र जी की पुस्तकों की बड़ी भारी दुकान थी। सुबह के लगभग नौ बजे थे, वहीं दुकान पर बैठे-बैठे यति जी को पोस्टमैन ने उनके नाम से आई एक रजिस्टरी दी। यति जी ने रजिस्टरी लेकर उसके ऊपर भेजने वाले का पता देखने के लिए उस रजिस्टरी को उलट-पुलट कर देखा, परन्तु उस पर भेजने वाले का कहीं नाम तक न था। देखने से ऐसा प्रतीत होता था मानो यह कोई बंगभाषा का पत्र नमूने के तौर पर किसी ने भेजा है। परन्तु फिर उनके दिल में ख्याल आया। नमूने का पत्र रजिस्टरी द्वारा भेजने की किसी को क्या जरूरत थी। कौन-सा ऐसा मूर्ख है जो चार आने की अखबार मुफ्त भेजे ऊपर रजिस्टरी के उतने ही पैसे लगाए और यह सब कुछ कर करा कर भी उस रजिस्टरी पर अपना नाम तक न लिखे। यति जी ने सोचा सम्भवतः पोस्टमैन किसी दूसरे के नाम की रजिस्टरी गलती से उन्हें दे गया है। एक बार उन्होंने ध्यानपूर्वक पते को पढ़ा, परन्तु उस पर तो स्पष्ट शब्दों में लिखा था–किशोरचन्द्र यति, सन्त लायब्रेरी, हरिद्वार।

यति जी ने रसीद पर हस्ताक्षर कर वह रजिस्टरी ले ली और पं. हरिश्चन्द्र जी से कैंची मांग मजबूती से मोटे डोरे से बंधी उस पुस्तक को खोला। वह था बंगभाषा के सुविख्यात पत्र वसुमति का कोई पुराना अंक। यति जी का आश्चर्य अभी तक यथापूर्व बना था। यह पुराना-सा पत्र इसे यदि साधारण पोस्ट द्वारा भेज दिया जाता तो भी यहां तक पहुंच सकता था। खैर! उन्होंने अखबार का एक पन्ना पलटा–परन्तु वाह रे कौतुक 100 का नोट।

पं. हरिश्चन्द्र जी अपनी चिट्ठियां पढ़ने में लगे थे, उन्होंने इस ओर कोई ध्यान नहीं दिया। यति जी ने आश्चर्य को काबू में करते हुए दो पत्र और पलटे, फिर 100 का नोट। यति जी का कौतुहल बढ़ता ही गया। उन्हें विश्वास हो गया कि न तो मैं सो रहा हूं और न ही मदारी का तमाशा कर रहा हूं।

पं. हरिश्चन्द्र जी उस समय तक अपनी चिट्ठियां पढ़ चुके थे। उन्हें संबोधित करते हुए यति जी बोले "पण्डित जी यह कौतुक भी देखिए।"

"क्या बात है" यति जी!"

"बात तो देखने से ही पता चलेगी" पण्डित जी की ओर अखबार बढ़ाते हुए यति जी बोले।

"देखूं क्या, महाराज! बंगाली का कोई मासिक पत्र प्रतीत होता है।"

''हां प्रतीत तो जो होता है सो होता ही है। तनिक हाथ में लेकर तो देखें।''

पं. हरिश्चन्द्र जी बंगाली नहीं जानते थे, इसीलिए वे इस पत्र को देखने के उत्सुक न थे, परन्तु यति जी के बार-बार कहने पर उन्होंने पत्र हाथ में लिया। मुख पृष्ठ देखते ही बोले ''यह तो कलकत्ते से निकलने वाला वसुमति है।'' इतना कह पंडितजी ने वह पत्र वापस यति जी को लौटाने के लिए हाथ बढ़ाया।

''ओहो! आप इसे जरा अन्दर से तो देखें वसुमती है या मायावती है।''

पंडित जी ने यति जी के बार-बार कहने पर एक पत्र उलटा...100 का नोट...यह क्या!! यति जी बोले ''आप शुरू से देखें फिर आपको पता चलेगा यह क्या''...पण्डित जी ने शुरू से देखना आरम्भ किया, ओहो! यह तो सचमुच मायावती है। ''कदम-कदम पर सौ-सौ के नोट। पण्डित जी बोले'' यति जी आप दिन-रात भगवान् को याद किया करते थे, लो आज भगवान् के घर से नोटों की रजिस्टरी आ गई। देखो न इस पर तो भेजने वाले का नाम तक नहीं और आपका पता भी ठीक है। भगवान् की सम्पत्ति है भगवान् के भगत संभाल लें।

नोटों की आश्चर्य जनक समस्या ने दोनों ही बंधुओं को कुछ क्षण के लिए विस्मित सा कर दिया। पं. हरिश्चन्द्र जी को इस बात का भली-भांति ज्ञान था कि यति जी को भारतीजी के रुपये देने हैं। इसीलिए उन्होंने फिर एकबार पूछा-''यति जी! आपने अपनी सहायता के लिए अवश्यमेव किसी न किसी व्यक्ति को लिखा होगा।''

उसी क्षण यति जी को गंगा तट पर घटी वही घटना याद आई-''देखो भाई! सात दिन तक हरिद्वार में ही रहना, कहीं बाहर मत जाना।'' वही घटना शब्दशः यति जी ने पण्डित जी को सुना दी।

सारी घटना सुन चुकने के पश्चात पं. जी बोले ''यति जी महाराज! वे वृद्ध आदमी सिवाय भगवान् के और कोई न थे। भगवान् अपने भगत को नाना रूप में दर्शन देते हैं। किसी को मच्छ रूप में, किसी को वामन रूप में, किसी को मुरलीधर रूप में और किसी को नृसिंह रूप में। आपको भगवान् ने वृद्ध के रूप में दर्शन दिए। भगवान् की दया से आपका यह कार्य सफल हुआ। अब तो भारती जी के रुपये सहज में ही दिए जा सकेंगे। भारती जी के रुपये तो आज ही सूद सहित निबटा दो।''

''निबटा तो दें पंडित जी, परन्तु ऐसी बातों में पीछे आफत भी आ जाया करती है। क्या पता है यह रुपये किसने भेजे...कहां से भेजे। कल को कोई बात हो जाए। सरकार की तो लिस्ट में पहले ही बदनाम हैं–हो सकता है किसी सरकारी पिट्ठू ने ही षड्यंत्र रचा हो। इसलिए मेरा तो यही विचार है कि सात आठ दिन तक इन रुपयों को ऐसे ही धरा रहने दें, फिर देखा जाएगा। पंडित जी ने यति जी के इस विचार का अनुमोदन किया। यति जी ने वह रुपये पं. हरिश्चन्द्र जी के पास ही रख दिए और दोनों बन्धु अब इसके पश्चात घटने वाली घटनाओं की प्रतीक्षा में सावधान हो गए।

इस दैवी घटना को घटे तीन दिन हो गए। दोनों ही मित्र इस महान् षड्यंत्र की भूमिका के रूप में प्राप्त हुए नोटों के बंडल का प्रथम अंक भी देखने को उत्सुक थे। चौथे दिन यति जी को पोस्टमैन ने एक पत्र दिया। उस पत्र पर आगरा फोर्ट की मोहर थी। यति जी ने उस पत्र को खोला।

आगरा फोर्ट

23-6-14

प्रिय बंधु!

''इस पत्र को देखते ही आप शीघ्रातिशीघ्र आगरा फोर्ट के लिए चल पड़ें। आगरा फोर्ट स्टेशन के पास ही एक धर्मशाला है। आप उस धर्मशाला में ठहर कर मुझे शीघ्र मिलें। मैं कौन हूं, क्या हूं आपको बुलाने का मेरा क्या प्रयोजन है, यह सब यहां आकर पता लग जाएगा। मैं आपको भली-भांति पहचानता हूं। आप बेखटके यहां आ जाएं इसमें आपको बहुत लाभ है।''

यति जी ने वह पत्र पढ़ कर पंडित जी की ओर बढ़ाते हुए कहा लीजिए महाराज–

इब्तिदाये इश्क है रोता है क्या।
आगे आगे देखना होता है क्या।।

वह विशाल षड्यंत्र जिसकी भूमिका वसुमति के पार्सल के रूप में बंधी थी यह उसका प्रथम अध्याय भी पढ़कर देखिए।

पंडित जी ने उस पत्र को आद्योपान्त पढ़ा...वे मुस्कराते हुए बोले–''यति जी! तो फिर कहिए क्या राय है।''

''राय कैसी, पंडित जी अब तो यह सारी पुस्तक ही पढ़नी पड़ेगी। पार्सल की भूमिका के पश्चात इस पत्र के रूप में जिस बृहत पुस्तक का

प्रथम अध्याय लिखा जा चुका है उसका अब दूसरा अध्याय पढ़ने के लिए मन बड़ा उत्सुक हो रहा है। मैं तो कल ही सुबह की गाड़ी से आगरा जा रहा हूं। वहां किले के पास वाली धर्मशाला में ठहरूंगा। यदि कोई विशेष वृत्तांत हो तो मुझे उसी पते से लिखना।''

अपने मन में अनेकानेक आशा तंतुओं का जाल बिछाते हुए यति किशोरचन्द्र हरिद्वार से आगरे की ओर चले...उन्हें इस बात की बड़ी ही चाह लगी थी कि वह शीघ्रातिशीघ्र नोटों का पुलंदा भेजने वाले उस अदृष्ट पूर्व व्यक्ति के दर्शन करें। उस अज्ञात व्यक्ति द्वारा स्टेशन पर स्वागत किए जाने की तो उन्हें सम्भावना न थी, क्योंकि यति जी के आने का निश्चित समय न था परन्तु इतना तो उन्हें विश्वास था कि उस धर्मशाला में पदार्पण करते ही उनकी कामना पूरी होगी। गाड़ी आगरा फोर्ट के स्टेशन पर पहुंची। जिस धर्मशाला में पत्र प्रेषक ने उन्हें मिलने के लिए कहा था वे उस धर्मशाला में पहुंचे। परन्तु जिस आशा, उत्साह, उत्सुकता के साथ वे धर्मशाला की ओर बढ़ रहे थे धर्मशाला में पांव रखते ही वह सब निराशा में बदल गई। उनको इस बात का दृढ़ विश्वास था कि इस पत्र का लिखने वाला धर्मशाला के द्वार पर उनका दिल खोल कर स्वागत करने को उपस्थित रहेगा, परन्तु यति जी को तो उस धर्मशाला में रहते हुए भी तीन चार दिन हो गए कोई भी व्यक्ति उनसे मिलने नहीं आया।

चौथे दिन पं. हरिश्चन्द्रजी अपने घर खेचड़ी राजपूताना जाते समय आगरा से गुज़रे। कुछ समय के लिए यति जी के मायावती काण्ड का दूसरा अध्याय बांचने के लिए वे भी आगरा में रुक गए। परन्तु तीन दिन तक यति जी को मिलने कोई भी नहीं आया यह जान उन्हें भी आश्चर्य हुआ...खैर!

उस दिन यति जी तथा पं. हरिश्चन्द्र दोनों ने आगरा की खूब सैर की...किला, ताज, आगरे का पागल खाना सब दर्शनीय चीजें देखीं...उसी रात पं. हरिश्चन्द्र जी आगे चले गए और यति किशोरचन्द्र वहीं धर्मशाला में पत्र प्रेषक महाशय की प्रतीक्षा करते रहे।

••• ••• •••

इस घटना के पूरे एक सप्ताह पश्चात्!

बत्तीस तैतीस वर्ष का एक सुन्दर नौजवान यति जी के कमरे में आकर बोला–''क्या आप हरिद्वार से आए हैं?''

यति जी बोल–''हां''

"क्या आपका नाम किशोरचन्द्र यति है।" उस नौजवान ने पूछा।

"हां" यति जी ने उतर में कहा।

यति जी ने सिर से पैर तक उस आदमी को देखा। उसे पहचानने का पूरा-पूरा यत्न किया परन्तु लाख सर पटकने पर भी वे उसे पहचान नहीं सके।

दस पन्द्रह मिनट इधर-उधर की बातें करने के पश्चात वह नौजवान बोला "यति जी! इस धर्मशाला में रहते काफी दिन हो गए हैं, अब मेरा ख्याल है यहां अधिक ठहरना उचित नहीं। देखो मैं आजकल में आपके ठहरने का बहुत अच्छा प्रबंध कर दूंगा।

अगले ही दिन वह नौजवान यति जी को एक बड़े ही सुन्दर मकान में ले गया। यह मकान उस नौजवान ने चालीस रुपये मासिक किराये पर लिया था। खाने-पीने का सारा सामान उस नवयुवक ने उस मकान में मंगा दिया। दो नौकर स्थायी रूप से सेवा के लिए तैयार रहते एक मोटर और घोड़ा गाड़ी द्वार पर खड़ी रहती। उस पत्थर वाले महल में केवल तीन ही दिन के भीतर उस नौजवान ने यह राजसी ठाठ खड़ा करके दिखा दिया। चौथे दिन वह यति जी से बोला-"महाराज! मैं आज कुछ दिन के लिए बाहर जा रहा हूं आप यहीं ठहरें। यह सब कुछ मैंने आपकी सुविधा तथा सुख के लिए ही किया है। घर में सब प्रकार की खाद्य सामग्री उपस्थित है, नौकर चाकर सेवा के लिए हाजिर हैं। सैर करने को मोटर घोड़ा गाड़ी सब मैंने कल ही खरीदीं हैं।"

उस समय उस नौजवान ने सौ-सौ रुपये के दस नोट यति जी को देते हुए कहा-"यह लीजिए कुछ दिनों का जेब खर्च। आप किसी प्रकार से यहां तंग होकर मत रहिए। खूब मजे में दिन गुजारिए। मैं सात आठ दिन तक आऊंगा। एक बात जाते-जाते और कह देता हूं यदि कोई पता पूछे तो अपना पता हरिद्वार ही बताना।" इतना कह वह नौजवान तो बाहर चला गया और यति जी बड़े आराम से उसी पत्थर महल में रहते रहे।

वही नौजवान सात दिन के पश्चात फिर लौटा और यति जी को दो हजार रुपये के नोट देकर एक रात वहां रह अगले ही दिन फिर कहीं चला गया। यति जी बड़े ही आनंदपूर्वक वहां रहते रहे।

डेढ़ महीने के पश्चात वही नौजवान फिर लौटा। कुछ दिन पत्थर महल में रहने के पश्चात यति जी से बोला-"यदि आपकी इच्छा विंध्याचल पर्वत पर कुछ दिन निवास करने की हो तो वहीं चले चलें, मुझे कुछ दिन के लिए उधर जाना है।"

परन्तु यति किशोरचन्द्र को हरिद्वार से आए बहुत दिन हो गए थे। जिस वसुमति कांड का वे दूसरा अध्याय पढ़ने को इच्छुक थे अब तो उसके छह अध्याय भी पूरे हो चुके थे। यति जी विंध्याचल जाने पर राजी न हुए। अगले ही दिन वे हरिद्वार के लिए चल पड़े। चलते समय उसी नौजवान ने एक हजार रुपये के नोट यति जी को और दिए।

यति जी ने हरिद्वार में आ भारती जी का ऋण चुका दिया। परन्तु वह आगरे वाला नवयुवक कौन था—उसका गंगा जी पर मिलने वाले बूढ़े से क्या संबंध था यह तो वे न उस समय जान सके और न आज ही वे इस रहस्य को जानते हैं।

❑❑❑

चौंसठवां अध्याय

शहीदों का खून

My challenge to the British nation is

Will you settle it with pen or sword, with ink or blood?

India has no arms,

But if she has to fight with her back to the walls

She can make swords out of her bows & she will have her freedom

भगवान् लोकमान्य की तपस्या ने पापाचारिणी नौकरशाही के शठता पूर्ण कुशासन को डावांडोल कर दिया। तिलक और गांधी भारतीय गगन के दिवाकर और निशाकर–सूर्य और चांद–इस नक्षत्र युगल के प्रकाशमान होते ही भारत का समस्त अंधकार प्रकाश में बदल गया। भारत का सोया हुआ शेर जाग उठा।

''संध्या'' नामिनी एक काल्पनिक दुष्टा के भय से भयभीत अपनी वास्तविकता को भूल चुका भारतीय सिंह फिर से अपने आप को पहचानने लगा। मैं तो शेर हूं यह विचार करते ही उस सिंह ने अपने तुमुल निनाद से सप्तसिंधु को कंपायमान कर दिया। सात हजार मील से आए हुए इस भारती सिंह पर

"Our Reserved Donkey"

का साइन बोर्ड लटकाये उस पर अपना बोझा लादे हाथों में डंडा ले मजे से पीछे-पीछे–

God save the King

Long live our noble King.

का गीत गाते जा रहे गोरे धोबी उस सिंह गर्जना को सुनते ही थर्रा उठे।

भारत का सोया हुआ शेर जाग उठा। अब वह अपने वास्तविक स्वरूप को पहचान गया। अपने निराशा पूर्ण भविष्य को देख गोरे धोबी भयभीत हो उठे। अब यह गधा हमारा बोझा उठाएगा नहीं, इसे पीटो–खूब जोर-जोर से पीटो, सम्भवत: यह मार पीट से भयभीत हो अपने आपको धोबी का गधा ही बनाए रखे।

बैसाखी का पवित्र दिन था। ईसा की बीसवीं शताब्दी का उन्नीसवां साल (सन् 1919) था। गुरु अमरदास की पावनपुरी में प्रबुद्ध भारत के सपूतों ने स्वाधीनता का यज्ञ रचा। तीस हजार भारत-पुत्रों ने एक स्वर से उस जालियांवाले शिवालय में देवी स्वाधीनता का आवाहन किया।

आजा आजादी की देवी, भारत में फिर आ जा।
ऊजड़ शुष्क स्थलों पै अपनी, सुखद समीर बहा जा।।
गत जीवन भारत में नवजीवन सरसाजा।
स्वतंत्रता का स्रोत बहाने भारत में फिर आ जा।।
शोणित संचित सुरसरिता में पीयूष प्रवाह बहाजा।
किंकर्तव्य मूढ़ भरत को सन्मारग दर्शा जा।।
आशाहीन तमोमय पथ पर आशा दीप जला जा।
दासता का अभिशाप मिटाने भारत में फिर आ जा।।

और उस वीरभूमि के कण-कण से उठी वह आज़ादी की विजयध्वनि पांचाल के कोने-कोने में गूंज उठी। इरावती तट पर हताश खड़े गोरे धोबी उन्मत्त हो अपने पशु बल का प्रदर्शन करने उस शिवालय की ओर भागे...

तड़क! तड़क!! तड़क!!!

वह पन्द्रह मिनट तक निरन्तर अग्नि वर्षा करता रहा। उसी शिवालय के चारों ओर ऊंची-ऊंची दीवारें थीं, उसमें प्रवेश का केवल एक ही द्वार था। उस छोटे से द्वार पर भी उस हत्यारे ने अपनी मशीनगन दाग दी...

तड़क! तड़क!! तड़क!!!

उसने 1756 गोलियां चलाईं और वह तब तक गोली चलाता रहा जब तक कि उसके पास एक भी गोली बची रही। अमृत के सरोवर में उस नर पशु ने शहीदों के खून की नदी बहा दी।

पंजाब का शेर उन दिनों पंजाब में नहीं था। स्वाधीन भारत की विजय वैजयंती फहराने के लिए वह पाताल लोक का यात्री बन चुका था। भारत–मार्तंड लोकमान्य तिलक दंडकारण्य में निशाचर नाश की परिक्रमा बांध रहे थे। साबरमती के दधीचि महात्मा मोहनदास गांधी इस ब्रिटिश एकतंत्री साम्राज्य को असहयोग की चक्की में पीस डालने का आयोजन रच रहे थे...त्रिवेणी पति राजर्षि मोतीलाल नेहरू वाराणसी पति मदनमोहन मालवीय, बंगाल नृसिंह देशबंधु चितरंजन दास अपने–अपने प्रान्तों में व्यूह रचना कर रहे थे। पंजाब के बीसियों रत्न–किचलू, सत्यपाल, बुग्गा, रत्नचन्द, राजाराम प्रभृति नौकरशाही के दमन का शिकार हो चुके थे।

दंडकारण्य के देवर्षि–काशी के ब्रह्मर्षि–त्रिवेणी के राजर्षि...पांचाल वीरों की रक्षा के लिए गुरु की नगरी की ओर भागे। नौकरशाही ने उन्हें पंजाब की सीमा में कदम तक न धरने दिया। गुरु की नगरी के उन हताहतों की रक्षा के लिए जो भी उधर आया नौकर शाही के कारिन्दों ने उसे सतलुज पार होते ही रोक लिया। पांचाल की वीर भूमि देवासुर संग्राम का रंगस्थल बन चुकी थी। स्वाधीनता की चंडी सम्भवत: भारत सपूतों के तप त्याग की परीक्षा लेने उतरी थी।

यति किशोर चन्द्र अपनी लायब्रेरी में बैठे थे। पोस्टमैन के आने का समय हो चुका था। उन दिनों अखबार का प्रचार बहुत कम था। अखबार प्राय: डाक द्वारा ही भेजे जाते थे। पंजाब की खबरें गरमागरम थीं...थोड़ी ही देर में पोस्टमैन आया...पंजाब का 'प्रताप' हाथ में आते ही यति जी ने उसे खोला...मुख्य पृष्ठ पर पर बड़े शब्दों को पढ़ते ही उन का दिल धक–सा रह गया।

गुरु की नगरी में डायर द्वारा अग्निवर्षा

निरन्तर 15 मिनट तक गोली चली।...जिल्ल्यांवाला बाग में खून का दरया बह गया।...जिल्ल्यांवाला में हो रहे एक जलसे पर डायर ने गोली चला दी...गोली चलने से पहले चेतावनी तक न दी गई।

यति जी यद्यपि पंजाबी नहीं थे परन्तु उन्हें पंजाब से उतना ही स्नेह था जितना किसी अन्य प्रांत से। वे तो संन्यासी थे, बाल संन्यासी थे, जहां वे थे वहां राजपूताना पंजाब का प्रश्न ही न था, हरदयाल, अजीतसिंह, सूफी अंबाप्रसाद, श्रद्धानंद तथा लाजपत के पंजाब से उन्हें प्रेम था।

••• ••• •••

गुरु की नगरी के इस पाशविक दमनचक्र की करुण-कथा सुन कर यति किशोरचन्द्र भला हरिद्वार में निश्चिंत कैसे बैठे रहते। इस हत्याकांड के तीसरे दिन वे अपने चार अन्य साथियों सहित गुरु की नगरी में संतप्त भारत की सेवा करने चल पड़े। श्री योगेश्वर भगवान् ने अपनी वीणा में जिस निष्काम कर्मयोग की महिमा गाई है-

कर्मण्येवाधिकारस्ते मा फलेषु कदाचन॥
मा कर्मफल हेतुर्भू मास्तेसंगोऽस्त्वकर्मणि॥
तस्मादसक्तः सततं कार्यकर्म समाचार॥

इसी भगवद्वाणी को अपने हृदय में धारण कर पतित पावनी भागवती भागीरथी को मस्तक झुका कर वे शहीदों की नगरी की ओर चल दिए।

इन्हें किसी फल की इच्छा नहीं थी। उन्हें अपनी सेवाओं के प्रतिकार स्वरूप किसी पुरस्कार की भी चाह नहीं थी। अपने व्यक्तित्व के साथ किसी प्रकार की लीडरशिप का ठप्पा लगाने की उन्हें आकांक्षा न थी।

उन्हें चाह थी केवल अपने आपको संतप्तों की सेवा में भुला देने की। उनकी चाह थी-एक पुष्प की-सी जो भगवान् के भक्तों के चरणों में पड़ा हुआ अपने आपको परम सौभाग्यशाली समझ उन्नतमना हो गाता है-

चाह नहीं मैं सुर बाला के बालों में गूंथा जाऊं।
चाह नहीं प्रेमीमाला में विध प्यारी को ललचाऊं॥
चाह नहीं सम्राटों के शव पर चढ़ूं कर गौरव पाऊं।
चाह नहीं मैं महादेव पर चढ़ूं भाग्य पर इतराऊं॥
मुझे तोड़ लेना वन माली उस पथ में देना तू फेंक।
मातृभूमि पर सीस चढ़ाने जिस पथ जावें वीर अनेक॥

उसी पुष्प की अभिलाषा लेकर यति किशोर चन्द्र उस गुरु की नगरी में पहुंचे और तन, मन, धन, से उन्होंने भारतपुत्रों की सेवा की।

❑❑❑

पैंसठवां अध्याय

अमृतसर कांग्रेस

शहीदों की चिताओं पै लगेंगे हर बरस मेले।
वतन पै मरने वालों का यही बाकी निशां होगा॥

उस दिन गुरु की नगरी में बड़ा भारी मेला लगा था। बलिदान-पवित्र बलिदान कभी अकारथ नहीं जाता। स्वाधीनता की बलिवेदी पर जीवनोत्सर्ग करने वाले राष्ट्रमाता के वीर-बांकुरों के पवित्र शौणित से सना हुआ उसी धरती का एक-एक कण कल्प वृक्ष बन कर फूटा ही करता है। फिर भला जलियांवाला के शहीदों का खून क्या अकारथ ही जाता!

उस दिन गुरु की नगरी में बड़ा भारी मेला लगा था। पांचाल-वीर जलियांवाला के शहीदों द्वारा अपने पवित्र शौणित से सींचे हुए स्वाधीनता तरु का नई-नई कोपलों की छटा निहारने के लिए उस वीरभूमि में एकत्रित हुए थे। लोहगढ़ के बाहर उन्होंने अमर-शहीदों की पावन-स्मृति में एक बड़ा भारी यज्ञ रचाया-वह एक महान् यज्ञ था। वह यज्ञ भी एक अभूतपूर्व था-होता भी क्यों न-जिस यज्ञ में स्वयं विश्वामित्र गांधी, वसिष्ठ मालवीय और अगस्त्य लोकमान्य अपने अन्य देवर्षिवृन्द सहित विराजमान हों, वह यज्ञ भला अभूतपूर्व क्यों न होता।

उस यज्ञ के ब्रह्मा थे साबरमति के सन्त महात्मा गांधी। यज्ञ के अधिष्ठाता थे लोकमान्य बाल गंगाधर तिलक। यज्ञ के पुरोहित थे पं. मदनमोहन मालवीय। यज्ञ के अधिपति थे पं. मोतीलाल नेहरू। यज्ञ के होता थे देशबंधु चितरंजन दास, गणेशशंकर विद्यार्थी, वी.जे. पटेल और हकीम अजमल खां-और उस यज्ञ के यजमान थे श्री स्वामी श्रद्धानंद जी महाराज! वे प्रातः स्मरणीय स्वामी कितने साहसी थे। पंजाब की वीर भूमि में जब वन्देमातरम् शब्द का उच्चारण मात्र राजद्रोह समझा जाता था, स्वराज्य का नाम तक जुबान पर लाना एक

अपराध था, उस समय वह अकेला संन्यासी स्वाधीनता की पताका उठाए आगे बढ़ा–

उसी समर भूमि में जंह था डायर ने नरमेध रचा।
जिल्ल्यांवाले हवन कुंड में सब डाले न एक बचा।
उसी समर भूमि में गरजा श्रद्धानंद भारत का शेर।
विजय पताका गाड़ी, जय भारत की बोली बीसों वेर।।
दिल्ली की चांदनी चौक में असुर चला संगीनें तान।
भारत के निर्दोष खून से खूनी खूं की प्यास बुझान।
अहा! वहां भी एक पलक में जा गरजा भारत का शेर।
बोला खोल बटन छाती के ले! ले अब ले क्या है देर।।
हो तैयार उठा संगीने बटन दबा कर पूरी आस।
संन्यासी के शुद्ध रक्त से भली बुझेगी तेरी प्यास।।
हां! श्रद्धा का पात्र श्रद्धानंद पांचली का अनुपम लाल।
धर्मान्धिता की भेंट चढ़ा, हां फूट गया भारत का भाल।।

यति किशोरचन्द्र उस यज्ञ की रक्षा के लिए पहिले ही पहुंच चुके थे। उस समय वे पूरे दो महीने अमृतसर में रहे–एक आदर्श राष्ट्रीय सेवक के रूप में जिस प्रकार लंकाविजय में हनुमान ने अपने कर्तव्य पालन से भगवान् मर्यादा पुरुषोत्तम राम के यज्ञ को सफल किया उसी प्रकार यति किशोरचन्द्र ने भी तन-मन धन से इस राष्ट्रीय यज्ञ को सफल बनाने में कोई त्रुटि न रखी। उस बृहत यज्ञ के यजमान स्वामी श्रद्धानंद जी महाराज के लैफ्ट हैंड बनकर उन्होंने उस यज्ञ को पूरा करने में मारुति का क्रियात्मक अनुकरण किया...

वह पवित्र दिन भी आ गया। राष्ट्र के सूत्रधार लोकमान्य तिलक गुरु की नगरी में पहुंचे। वीर भूमि पांचाल का एक-एक कण महाराष्ट्र केसरी की जय से गूंज उठा।

लोकमान्य भगवान् की जय। महाराष्ट्र केशरी की जय।

यज्ञ के यजमान स्वामी श्रद्धानंद जी महाराज के साथ आगे जा यति किशोरचन्द्र ने तिलक का स्वागत किया। लाखों नर-नारी उस स्वाधीनता देवी के पुजारी के दर्शनों की लालसा से तड़प रहे थे। यात्रा की थकावट से लोकमान्य अस्वस्थ से प्रतीत हो रहे थे। लोकमान्य की दिव्याकृति का दर्शन पा नर-नारियों ने अपने आपको कृतार्थ समझा–

लोकमान्य बाल गंगाधर तिलक की जय।

वह विशाल नर-सागर अपने हृदय सम्राट् को आंखों पर बिठाए यज्ञ-स्थल की ओर चल दिया।

यज्ञ आरम्भ हुआ। निशाचरों ने यज्ञ का विध्वंस करने में कोई कसर न छोड़ी परन्तु तिलक और गांधी–दो सूर्य और चन्द्र तथा मालवीय, मोतीलाल, देशबंधु, चिरंजनदास, स्वामी श्रद्धानंद, सुभाष बोस, जवाहरलाल आदि सप्त ऋषियों की उपस्थिति में किस निशाचर की हिम्मत थी कि वह यज्ञस्थल के पास भी फटकने पाता...यज्ञ सफल हुआ–"जिल्ल्यांवाला बाग में प्रवाहित शहीदों का खून वृथा नहीं गया।"

••• ••• •••

कांग्रेस के बत्तीसवें अधिवेशन के सभापति-आसन पर पं. मोतीलाल जी नेहरू शोभायमान थे। अत्याचारी डायर की पाशिवक नीति के प्रति घृणा का प्रस्ताव जनता के सामने था। श्री गणेश शंकर विद्यार्थी इस प्रस्ताव को उपस्थित कर अपने आसन पर बैठ चुके थे...उस समय उनके प्रस्ताव का समर्थन करने के लिए एक तेजस्वी महात्मा उठा–उसकी मुखाकृति पर सभी आंखें गड़ गई...उसकी आवाज़ मेघ गर्जना के समान गूंज गई...वह तरुणा-तपस्वी बोला–

"विद्यार्थी जी के इस प्रस्ताव का समर्थन करने के लिए ही मैं आप लोगों के सन्मुख उपस्थित हुआ हूं–मैं ही नहीं घृणा तो उस नर-पशु के दुष्कृत्य के प्रति प्रत्येक अणु-प्रमाणु तक प्रकट कर रहा है, परन्तु मेरा यह विश्वास है कि यह अत्याचार इस सोये हुए भारतीय कुंभकर्ण को जगाने के लिए ही हो रहा है–प्रभु की भी इसी में इच्छा है–प्रभु अब इस भारती शेर को अधिक देर तक सोते देखना नहीं चाहते। वह इसे जगाकर अपने खोए हुए, नहीं-नहीं किसी आतताई द्वारा छीने हुए अधिकारों के प्राप्ति के लिए चेतावनी दे रहे हैं। उसी ने उस नर-पशु को अमृत के सरोवर में रक्त प्रवाह की प्रेरणा दी थी, हमारे कुछ भाई उस पवित्र भूमि में शहीद हो गए, परन्तु आजादी के वृक्ष को सींचने के लिए वीरों का थोड़ा बहुत पवित्र रक्त तो चाहिए ही...मीर मन्नू ने खालसा वीरों पर इतने अत्याचार किए तो क्या खालसाओं का बीज नाश हो गया...क्या इसी मीर मन्नू के अत्याचार और गुरु के बहादुर सिखों का बलिदान ही काबुल कंधार तक महाराजा रणजीत सिंह की विजय वैजयंती फहराने का हेतु नहीं बना था? बलिदान ही से तो आजादी के कल्प वृक्ष का विकास हुआ करता है।

पंजाब के बहादुरो! मैं तुम्हें इस बात के लिए बधाई देता हूं कि यह स्वाधीन भारत का कल्प वृक्ष आपके प्रांत में उपजा है। गांधीजी, मालवीय जी, भगवान् तिलक और मोतीलाल का आशीर्वाद आपके साथ है...निर्भय हो कर तुम आगे बढ़ो। स्वाधीन भारत की वैजयंती फहराते हुए तुम आगे बढ़ो–विजय तुम्हारे चरणों पर लोटपोट हो जाएगी'' वे तेजस्वी महात्मा इतने शब्द कह अपने स्थान पर बैठ गए। सभा मंडप ''क्रान्ति चिरायु हो'' की विजय ध्वनि से गूंज उठा। वे महात्मा यति किशोरचन्द्र ही थे।

अधिवेशन के दूसरे दिन...लोहगढ़ से जलियांवाला बाग तक सुबह ही, सूर्योदय से पूर्व ही प्रेम, श्रद्धा, भक्ति, उत्साह–का एक विशाल सिन्धु बह गया। आज महाराष्ट्र केसरी लोकमान्य बाल गंगाधार तिलक शहीदों की उस भूमि का दर्शन करने जाएंगे। यति किशोरचन्द्र अपने कतिपय स्वयं सेवकों सहित दो घंटे पहिले ही जलियांवाला बाग में पहुंच गए। ठीक दस बजे दोपहर लोकमान्य उस स्वाधीनता के शिवालय के द्वार पर पहुंचे। यति किशोरचन्द्र ने आगे बढ़ भगवान् का स्वागत किया और उन्हें जलियांवाला बाग का दिग्दर्शन कराया। ''भगवन् यही है वह आजादी का शिवालय जहां नवसंवत्सर के पवित्र दिवस पर तीस हजार देवताओं के समूह पर उस नरपिशाच डायर ने अग्निवर्षा की थी।''

तिलक आए, कुछ देर उस शिवालय में ठहर कर चले गए। उनके जाने के पश्चात भी वहां एक बड़ी भारी भीड़ थी, उसी स्थान पर सभा को संबोधित करते हुए यति किशोरचन्द्र ने कहा–

''भाइयो! आजादी की देवी सदा बलिदान से प्रसन्न होती है। भारत माता के दो हाथ पंजाब और बंगाल अपने-अपने बलिदान में एक दूसरे से स्पर्धा ले जाने की होड़ लगा रहे हैं...बंगाल के अंदर कन्हैयालाल दत्त, खुदीराम बोस, प्रभृति नौजवानों ने बंग-भंग के दिन जिस स्वाधीनता के वृक्ष को बोया था, वही वृक्ष फलता-फूलता वृक्ष आज फिर गुरु की नगरी में पांचाल वीरों के रक्त-अमृत द्वारा सींचा हुआ कल्प वृक्ष बनकर समस्त भारत में फैल जाएगा।''

उस समय जलियांवाला के शहीदों के बलिदान का वर्णन करते हुए यति किशोरचन्द्र ने वीरों के स्मारक की रचना के लिए जनता से एक-एक पैसे की अपील की। कुछ ही मिनटों में केवल एक-एक पैसे से ही 125 रु. हो गए जो कि जलियांवाला बाग कमेटी को दे दिए।

❑❑❑

छियासठवां अध्याय

कटारपुर केस

गुरुम्बा बालवृद्धौ वा ब्राह्मणम्वा बहुश्रुतम्।
आतताईनमायान्तं हन्यादेवऽविचारयन्॥

हिन्दू जाति ने एक बहुत भारी पाप किया। धर्म के ठेकेदारों ने अपनी व्यक्तिगत प्रभुताई पर देश के धन को बेगानों के हाथों सौंप दिया। निर्धन, दलित लोग जाति की रीढ़ की हड्डी होते हैं। जो जाति अपने गरीबों की कद्र नहीं करती, वह जाति थोड़े ही दिन जी कर नष्ट-भ्रष्ट हो जाती है। गरीब अमीर–अच्छे बुरे लोग सदैव ही प्रत्येक जाति में हुआ करते हैं। पांचों उंगलियां भी तो बराबर नहीं हैं। सारी दुनिया न तो देवता ही बन सकती है और न ही शैतान, दोनों प्रकार के लोग साथ ही साथ रहते आए हैं। परन्तु हिन्दू चाहता है कि सारा संसार देवता का ही रूप हो और इसी अनधिकार चेष्टा को परिपूर्ण करने के लिए उसने चुन-चुन कर अपने जातीय जनों को बाहर निकालना शुरू किया। थोड़ी-सी भूल करने पर जाति बहिष्कार...निकाल दो निकाल दो। दुर्गुणों से रहित तो सिवाय एक निर्गुण ब्रह्म के इस धरती पर कोई बिरला ही माई का लाल होगा, परन्तु यदि किसी मनुष्य में दुर्गुण हों भी तो मनुष्य के दुर्गुणों को दूर करने का उपाय उनका सुधार है, न कि बहिष्कार।

जाति के ठेकेदारों ने नाना प्रकार के अपराध लगाकर भारत जननी के सात करोड़ बच्चों को अरबी विमाता की गोद में चले जाने को विवश किया।

हिन्दू जाति से बलपूर्वक निकाले गए भारत सपूतों के सरों पर बदले का भूत सवार हुआ। आत्म-सम्मान की भावना तो पांवों के नीचे दबी हुई मिट्टी में भी होती है। जोर से जमीन पर पांव मारने पर तो पद दलित धूली भी सर की ओर आक्रमण करने के लिए उभरती है। समाज से बहिष्कृत लोग सब एक हो गए और उन्होंने अपने ऊपर अत्याचार करने वाले धर्म के ठेकेदारों

के धर्म को चूर-चूर कर देने का दृढ़ संकल्प किया। उन्होंने एक दृढ़ संगठन बनाया, जिनका नाम उन्होंने मुसलमान रखा, और इस संगठन का उद्देश्य हिन्दू धर्म की प्रत्येक बात का विरोध करना निश्चित हुआ। "जो कुछ हिन्दू लोग करें तुम उससे उलट करो। जिन बातों से उनका दिल दुःखे तुम वही बातें उन्हें दिखा-दिखा कर करो। जिसे हिन्दू धर्म पुण्य कहे तुम उसे पाप कहो, जिसे हिन्दू साधु कहे तुम उसे चोर कहो, जिसे हिन्दू माता कहे तुम उस माता की गरदन पर छुरी चलाओ।" यह था उस नए मजहब का सर्वतोमुखी सिद्धान्त।

क्रिया की प्रतिक्रिया तो गति का नियम ही है–

To every action there is equal and opposite reaction.

निरन्तर शताब्दियों तक ब्राह्मणों के अत्याचारों की प्रतिक्रिया का अब श्रीगणेश होना था और यह शुभ श्रीगणेश भी हुआ पतित पावनी भगवती भागीरथी के तट पर।

हरिद्वार से लगभग 7 मील की दूरी पर गंगा जी के तट पर एक कटारपुर गांव है। वहां के बहिष्कृत गरीब मुसलमानों ने गंगाजी के तट पर गोवध करने का निश्चय किया। आज तक कभी भी उस गांव में तथा उस गांव के आस-पास में कहीं भी गोवध नहीं होता था। ज्वालापुर थाने के मुसलमान दरोगा की उकसाहट पर उस गांव के मुसलमानों ने ईद के दिन गोवध करने का निश्चय किया।

यह खबर बिजली के समान आसपास सर्वत्र फैल गई। जिसने भी सुना उसका हृदय दुःख से पीड़ित हो उठा।

पतित पावनी अमृत वाहिनी भगवती भागीरथी की अमृत धारा में गोरक्त... शिव ओ३म, शिव ओ३म्। पंचपुरी के गो-भक्तों ने इन नर-पिशाचों को यह कुकृत्य न करने के लिए बहुत समझाया परन्तु वे माने नहीं। ज्वालापुर के थाने का मुसलमान दरोगा इसी बहाने हिन्दुओं से बहुत रुपया ऐंठना चाहता था। परन्तु हिन्दुओं ने इस ओर कोई विशेष ध्यान नहीं दिया। हिन्दुओं ने उस गांव के मुसलमानों को भ्रातृ भाव से समझाया और उन्हें गो-हत्या का पाप का भागी बनने से रोका। हिन्दुओं ने तो यहां तक कह दिया यदि उस गांव के मुसलमान गो हत्या का विचार को छोड़ दें तो वे लोग उन्हें 500 रु. मस्जिद बनाने के लिए तथा ईद के दिन कुरबानी के बकरे भी अपने पास से देंगे...परन्तु बदले का भूत सिर पर बैठा हुआ अकल को कब ठिकाने रहने देता है। गो-हत्यारे अपने कुचेष्ठा से टले नहीं।

वह दिन भी आ गया। बीस-बीस कोस से हज़ारों यवन उस समय उस गांव में इकट्ठे हो गए। ज्वालापुर से पुलिस की सुरक्षा टीम भी घटना स्थल पर आ चुकी थी, रुड़की के एजेन्ट साहब भी उस समय घटना स्थल पर थे।

उत्तेजित यवन दल अली-अली का शोर मचाता हुआ मन्दिर की ओर बढ़ा। मज़हबी पागलपन में वे सहस्रों नर नरपशु बन चुके थे। इन दुष्टों से कोई भला-मानस पूछे कि यदि एक क्षण के लिए यह मान भी लिया जाए कि हिन्दुओं ने तुम्हारा कुछ बिगाड़ा है तो इसका बदला हिन्दुओं से ही लेना चाहिए। बेचारी गौ माता ने तुम्हारा क्या बिगाड़ा। क्या गौ माता मुसलमानों को दूध नहीं देती-क्या गौ माता के लाखों बच्चे मुसलमानों की जमीनों में हल नहीं जोतते। फिर भला यह मुसलमान गोवध काहे को करते हैं।

इस्लाम गोवध की आज्ञा कदापि नहीं देता। अनेकानेक मुस्लिम राज्यों में गोवध कानूनन बन्द है। अंग्रेजों के राज्य से पूर्व बड़े-बड़े ज़बरदस्त मुगल-सम्राटों के समय में भी भारत में गो-वध प्रायः बन्द था। आज यदि भारत के धर्मान्ध मूर्ख यवन गोवध करते हैं तो केवल इसीलिए कि इससे हिन्दुओं का दिल दुःखे।

यदि थोड़ी देर के लिए मान भी लिया जाए, कि राष्ट्र की सामयिक हिन्दू-मुस्लिम समस्या को सुलझाने के लिए मुसलमानों को गोवध की आज्ञा मिलनी ही चाहिए तो दीवार के पीछे प्रत्येक व्यक्ति जो चाहे सो कर सकता है, परन्तु एक मूक-प्राणी को जलूस की शक्ल में सजा कर गाजे-बाजे के साथ बाजार में से किल्कारियां मारते हुए नारे लगाते हुए हिन्दुओं को दिखा-दिखा कर बधालय की ओर ले जाना यह मजहब नहीं बल्कि 28 करोड़ गोभक्तों के स्वाभिमान को एक चैलेंज है।

''ओ राम-कृष्ण के वंशजो! ओ गोपाल-कृष्ण के नाम लेने वालो! आज तुम्हारी सहनशीलता, तुम्हारे संतोष, तुम्हारे संयम, तुम्हारे धर्म प्रेम की परीक्षा है। आओ तुम्हारे अंदर यदि शक्ति है तो इस अपनी माता की रक्षा करो। यह गाय जो बाजार में से ले जाई जा रही है यह अपनी रक्षा के लिए गोपाल के भक्तों को पुकार रही है-है कोई माई का लाल जो इस माता की रक्षा कर सके। यदि यह गाय बाजार में से सुरक्षित चली गई तो हम समझेंगे भारत से हिन्दुओं का सर्वनाश हो गया और अब भारत में केवल गोघातियों का ही परचम फहराएगा।''

गोवध का प्रश्न गोमाता की आड़ में राष्ट्र के स्वाभिमान की रक्षा का प्रश्न है। यही कारण है कि गोवध का नाम सुनते ही प्रत्येक हिन्दू-वीर की नसों में खून खौलने लग जाता है।

उस दिन कटारपुर में भी यही हुआ। देवी के मन्दिर के सामने गली में एक आवाज आई।

''है कोई काफिर जो अपनी मां को बचाए''।

मन्दिर के अन्दर एक महात्मा बैठे थे। उनके कानों में ये शब्द पड़े– तत्क्षण उनका खून खौल उठा! नाराए- बजरंगी–हर हर महादेव!! का जयकारा बोलते हुए वह महात्मा बाहर निकल पूरी शक्ति से उस कसाई की ओर झपटा। उस दुष्ट के हाथों से गाय का रस्सा छुड़वा उसने गोमाता की रक्षा की।

मारो काफिर को! मारो काफिर को!! चारों ओर से यवन दल उस महात्मा पर टूट पड़ा...सर पर आई इस बला को टालने के लिए हिन्दुओं का रुधिर भी गरम हुआ। यवन दल से गो-भक्त भिड़ गया। बस फिर क्या था–

कत्ता की कराकनि चकत्ता काक कटक काटी।
कीन्हीं शिवराज वीर अकह कहानियां।।
भूषण भनत तिहूं लोक मां तिहारी धाक।
दिल्ली और बिलायत सकल विललानियां।।
आगरे अगारन है फांदती कगारन पै।
वांधती न वारन मुखन कुम्हलानियां।।
सीवी कहै मुखतै और गरीबी गहै भागजैवै।
बी बा गहे सुथनी तो नीवी गहे रानियां।

जिस दिन यह घटना घटी यति किशोरचन्द्र उस दिन कनखल में नहीं थे। वे अपने भक्तों के आग्रह पर आगरे गए हुए थे। इसी ईद के दिन वे आगरे के पास एक कैलाश नामक स्थान पर थे। यह स्थान आगरा से थोड़ी-ही दूर नीचे यमुना के तट पर है। यहां प्रायः साधु-महात्माओं का निवास रहता है। कैलाश एक अत्यन्त रमणीक स्थल है। इस स्थल से थोड़ी ही दूर रेणुका है। इस स्थान पर यमुना जी दक्षिण की ओर जाती हुई एक दम पूर्व की ओर फिर जाती है। एक जनोक्ति है कि इस स्थान पर परशुराम ने अपने पिता की आज्ञा से अपनी माता का सिर काटा था। यहां एक गुफा भी पृथ्वी के अन्दर बनी है–इसी गुफा के पास यमुना तट पर एक प्राचीन वट वृक्ष है। यति किशोरचन्द्र प्रातः उठ नित्य कर्म से निबट इसी वट वृक्ष के नीचे ईश्वरोपासना किया करते थे। उस दिन लगभग ग्यारह बजे ध्यान से उठे। ध्यान से उठ वे कुटिया में प्रतीक्षा कर रहे अपने सतसंगियों के पास गए। यति जी ने ऐसा अनुभव किया मानो सतसंगीजन कुछ उदास से हैं।

''क्या कारण है–आज आप लोग इतने उदास क्यों हैं''–यति जी ने कुटिया में पांव धरते ही सत्संगियों से पूछा।

एक सतसंगी बोला–''भगवन्! आज मुसलमानों की ईद है। इन यवनों के मातम तो मातम ही ठहरे परन्तु उत्सव तो मातमों से भी बुरे–आज शहर भर में आतंक छाया है, सब ओर हिन्दू जनता परेशान हैं; इस बात की शहर में प्रबल चर्चा है कि आज हिन्दू-मुसलमान की लड़ाई अवश्य हो कर रहेगी। कुछ मुसलमान गुंडे इस कोशिश में हैं कि झगड़ा जरूर हो, ताकि उन्हें लूट मार करने का एक अच्छा अवसर मिले।

यति जी बोले–''नहीं! नहीं!! आपके आगरे में लड़ाई न होगी।

लड़ाई तो हो गई हमारे हरिद्वार ज्वालापुर के पास और खूब हुई।

एक सत्संगी बोला–''भगवन्! आप तो कई दिन से यहां आगरे में हैं। आपको कैसे मालूम पड़ा कि आज ही ज्वालापुर हरिद्वार के पास लड़ाई हो गई।

यति जी बोले–''प्यारे भाई! जब मैं अभी-अभी प्रभु का ध्यान कर रहा था, तो मेरे अन्तःकरण में यह भाव रह-रह कर उठ रहा था।''

यति जी की बात को सुन सत्संगी बोला–''भगवन्! अभी दो घंटे में नौकर आवेगा उससे पता लग जावेगा।''

समय व्यतीत होता गया–दो तीन घंटे पश्चात नौकर शहर से खबर देने के लिए आया। उसने खबर दी ''आगरे में तो शान्ति से दिन बीत गया, कोई लड़ाई-झगड़ा नहीं हुआ, परन्तु टेलीफोन से मालूम हुआ है और इस बात की शहर में बड़ी चर्चा है कि हरिद्वार के पास बड़ी भारी लड़ाई हो गई।''

यति जी की अन्तरात्मा ने तो पहले ही टेलीफोन खड़का दिया था। नौकर से उसका समर्थन होते ही वे हरिद्वार जाने को उतावले हो गए और झट-पट हरिद्वार के लिए चल पड़े। आगरा से हरिद्वार जाते हुए मुरादाबाद रास्ते में ही पड़ता है। मुरादाबाद में यति जी के बहुत मित्र तथा सत्संगी थे। मुरादाबाद में यति जी को हरिद्वार की गाड़ी बदलनी थी। थोड़े समय के लिए यति जी अपने सत्संगी भाइयों को तथा मित्र-बंधुओं का मिलने के लिए शहर चले गए। वहां यति जी के शुभचिन्तकों ने उन्हें हरिद्वार जाने से रोका–''महाराज! आप हरिद्वार मत जाएं, हरिद्वार में बहुत भारी झगड़ा हो चुका है। झगड़ा तो अब शांत है, परन्तु पकड़-धकड़ जोरों पर है। यदि आप जाएंगे तो आपको स्टेशन

पर उतरते ही पकड़ लिया जाएगा। यति जी हरिद्वार जाने को उतावले हो रहे थे, परन्तु सत्संगी भाइयों ने उन्हें कुछ दिन मुरादाबाद में ही थामे रखा।

कुछ दिन मुरादाबाद ठहर कर यति जी हरिद्वार के लिए चल दिए। हरिद्वार के स्टेशन पर उतरते ही उन्हें लाला किशनचन्द्र रईस मिले।

लाल जी उस समय कुछ घबराए हुए थे। यति जी ने उन्हें प्रेम से पूछा– ''लाला जी आप किधर जा रहे हैं और आपकी बस्ती का क्या हाल है।''

लाला जी बोले–''यहां तो बड़ी पकड़-धकड़ हो रही है। मैं लखनऊ जा रहा हूं, आप भी लखनऊ चलें।'' यति जी अभी स्टेशन पर उतरे ही थे, वे शहर की हालत का स्वयं अपनी आंखों से अध्ययन करना चाहते थे। लाला जी के उत्तर को सुनकर वे बोले...''अच्छा लाला जी! आप लखनऊ चलिये। परिस्थिति का अध्ययन करने के पश्चात यदि उचित समझा तो मैं भी आऊंगा।

लाला जी लखनऊ चले गए। यति जी स्टेशन से निकल शहर में दाखिल हुए। नगर में चारों ओर सन्नाटा छा रहा था। पुलिस का आतंक चारों ओर छा रहा था। पैसे की भूखी पुलिस जान-बूझ कर लोगों को तंग करती थी। रास्ते में चलते हुए अथवा दुकान पर बैठे किसी भी व्यक्ति को बैठे-बिठाये पकड़ लेती और खाहमखाह उसे तंग कर उससे भारी रकम ले छोड़ देती। जो कोई गरीब आदमी पुलिस को मुंह मांगी रकम न दे पाता उसे हवालात में बन्द कर दिया जाता। पुलिस वाले क्या बड़े और क्या छोटे इस समय अपनी जेबें गरम करने में जुटे हुए थे। उस समय यति जी ने देखा वे उस हालत में हरिद्वार वासियों की कुछ भी सेवा नहीं कर सकते। ऐसा विचार कर और परिस्थिति को यथोचित अध्ययन कर उन्होंने हरिद्वार से कहीं बाहर चले जाने में ही भलाई समझी और वे कुछ दिन. के लिए ऋषिकेश चले गए। लाला किशनचन्द जी लखनऊ चले गए थे, परन्तु होनी बड़ी प्रबल है। वहां जाकर वे एक मूर्खता कर बैठे। उन्होंने सोचा कुछ और था परन्तु हो गया कुछ और। वे कनखल के सब-से-बड़े रईस थे। सरकार धीरे-धीरे उन्हें भी पकड़ना चाहती थी परन्तु वे तो लखनऊ भाग गए। जिस समय लखनऊ गए उस समय तक सरकार ने उनकी गिरफ्तारी की कोई घोषणा नहीं की थी। परन्तु सरकार उन्हें शीघ्र पकड़ना चाहती थी। उन दिनों गौड साहब (Gaud) सहारनपुर जिला पुलिस के बड़े कप्तान थे। लखनऊ से लाला किशनचन्द्र ने उन्हें चिट्ठी लिखी कि यदि इस मामले में उनकी सहायता की आवश्यकता हो तो

वे हरिद्वार आ सकते हैं। गौड़ साहब तो यह चाहते ही थे। उन्होंने झट तार द्वारा लाल जी को हरिद्वार पधारने की सूचना भेज दी और साथ ही पुलिस को आज्ञा दे दी कि वे किशनचन्द को स्टेशन से उतरते ही गिरफ्तार कर लें।

और जैसे पहले सोचा था वैसा ही हुआ। लाला किशनचन्द जी हरिद्वार पहुंचते ही स्टेशन पर गिरफ्तार कर लिए गए और उन पर यह अपराध लगाया गया कि वे हिन्दू दल के नेता थे, सारी सलाहें उन्हीं के घर पर हुआ करती थीं। उन्होंने चने तथा गुड़ की बोरियां तथा दवाई इत्यादि सामान कटारपुर भेजा।

जेल के भीतर ही अदालत हुई। लाला जी को इसी अपराध में आजन्म कारावास का दंड दे दिया गया।

विजेताओं के पाप और पुण्य की व्याख्या भी कितनी अद्भुत है। यदि एक व्यक्ति अपने स्वाभिमान की रक्षा के लिए किसी भी गुंडें, चोर, डाकू और उपद्रवी का वध कर देता है तो वह सरकार की नजरों में अपराधी है, जिसके लिए उसे फांसी का दंड मिलना चाहिए। परन्तु विजेताओं की सेना में भर्ती होकर वही व्यक्ति जितने भी अधिक से अधिक प्राणियों का वध करे उसे वही सरकार उतना ही अधिक पुरस्कार दे। वीर खड्ग बहादुर ने एक अबला की रक्षा करके भला क्या पाप किया था?

एक चोर बदमाश हमारी बहन की इज्जत पर आक्रमण करता है। हम आंखों से देखते हुए और उस गुंडे को दंड देने की शक्ति रखते हुए भी यदि कुछ करेंगे तो अपराध है। हम केवल थाने में जा कर रिपोर्ट दर्ज करवा सकते हैं—गुलामी भी तो इसी का नाम है।

संसार में दीनता पराधीनता ही सबसे बड़ा पाप है।

जापान के एक स्कूल में एक बार अफ्रीका का एक प्रौफेसर गया। एक क्लास में जाकर उसने एक लड़के से पूछा Well my boy. Will you please tell me who is your Guru—मेरे बच्चे क्या तुम मुझे बताओगे तुम्हारा धर्म गुरु कौन है। वह लड़का बोला—महात्मा बुद्ध।

And your God—और तुम्हारा देवता ''कौन्फिशस''

"Well, if some one dishonours your God & your Deota?"

यदि कोई व्यक्ति तुम्हारे देवता तथा तुम्हारे धर्म-गुरु का अपमान करे।

"We shall beat him" हम उसे मारेंगे। वह जापानी बच्चा तुरंत बोल पड़ा। Very good, my brave boy! suppose an army with Budha as the Commander & Confucious as the Governor attack Japan.

अच्छा मेरे बहादुर लड़के यदि कोई फौज जिसका कमांडर महात्मा बुद्ध और जिसका शासक कौन्फिशस हो, तुम्हारे जापान पर आक्रमण करे, तो तुम क्या करो–

वह जापान का बच्चा निर्भय हो बोला... We shall beat them both off–हम इन दोनों को मार भगा देंगे।

अमरीकन विद्वान् उस जापान के बच्चे को इस प्रकार के उद्गार सुनकर बड़ा ही प्रसन्न हुआ। वह जापान का बच्चा फिर बोला–

Do not think sir, by so doing we are doing any disgrace to our God & to our Guru, but we fairly know so long as our Japan is free our God & our Teacher both are free, when our country will be enslaved, our every thing shall become a slave.

हमारा सर्वोत्तम देवता यह जापान है। यदि यह पराधीन बन गया तो हमारे बुद्ध और कौन्फिशस को भी पराधीन बनना पड़ेगा।

••• ••• •••

अपने स्वत्व बल से स्वाभिमान की रक्षा करने के अपराध में सैंकड़ों गो-भक्तों पर मुकदमा चला। पंचपुरी के लगभग सभी हिन्दू नेताओं को यहां तक कि हरिद्वार के सब-इंस्पैक्टर पुलिस और चुंगी के हिन्दू सैक्रेट्री तक गिरफ्तार कर लिए गए। मुकदमें में बातें तो अनेकानेक एक से एक बढ़कर करुणाजनक थीं, परन्तु एक बात तो विशेष रूप से दिल हिला देने वाली थी। लाला किशनचन्द्र जी के अमृतसर, लाहौर, लायलपुर इत्यादि नगरों में बड़े-बड़े सेठ साहूकार मित्र थे, इनमें से अनेक तो ऐसे थे जिनको स्वयं लाला जी ने ही बड़ा बनाया था। मुकदमें में सफाई की ओर से इन लालाओं को गवाहीं के लिए बुलाया गया, परन्तु वाह रे तोताचश्म लाला लोगों...तुम ने पता नहीं लाला जी के कौन से पिछले जन्म का बदला लिया। आए तो थे यह लाला लोग लाला जी के पक्ष का समर्थन करने को, परन्तु जब मजिस्ट्रेट ने इनसे पूछा ''क्या तुम लाला किशनचंद को जानते हो?''

लाला बोला–''साहब! हम तो लाला जी को बिल्कुल नहीं जानते। हमारा तो उनसे कुछ भी संबंध नहीं। हमें तो खाहमखाह इस मुकदमें में गवाह बनाकर घसीट लिया गया है। हम कुछ नहीं जानते। यह थी उन कृतघ्नों की पाश्विकता जो लाला जी के टुकड़ों पर पले थे, जो उनको दूर से झुक-झुक नमस्कार किया करते थे।

परंतु धन्य थे वे ग्राम के गरीब निर्धन लोग। उन्होंने अपना कर्तव्य खूब निभाया। निभाते भी क्यों न--भारत की परम्परा में जिन्होंने सदैव हिन्दू-स्वाभिमान की रक्षा की, वे इस कठिन अवसर पर अपने कर्तव्य से विमुख कैसे हो सकते थे? प्रश्न केवल लाला किशनचन्द का ही न था, प्रश्न था हिन्दू राष्ट्र के स्वाभिमान की रक्षा का। राम के वानर बनकर, कृष्ण के ग्वाले बनकर, बुद्ध के भिक्षु बन कर, प्रताप के भील बन कर, छत्रपति के सैनिक बनकर, गुरु के पांच प्यारे बनकर जिन्होंने सदैव ही हिन्दू राष्ट्र की रक्षा की वे इस समय भला अपने कर्तव्य का क्योंकर पालन न करते? गरीब लोगों ने अपना पूरा जोर लगाया जो कुछ उनकी सत्ता में था उन्होंने किया, परन्तु नौकरशाही के न्याय का कुचक्र उनसे सीधा न हुआ। मुकद्दमें का फैसला हुआ। छह को फांसी की सजा हुई साठ को आजन्म कालापानी का दंड हुआ। लाला किशनचन्द्र आजन्म कारागार में भेज दिए गए।

❑❑❑

सड़सठवां अध्याय

गौ भक्तों की रक्षा

जे न मित्र दुःख हो हीं दुखारी।
तिनही विलोकत पातक भारी।
निज कर दुःख सब तृण सम जाना।
मित्र के दुःख शत मेरु समाना।।

गौ माता के बीसियों भक्त, केवल इसी अपराध में जेलखानों में ठोस दिए गए कि उन्होंने सूखे तिनके चबाकर भी अपने स्तनों से दूध की धाराएं बहाकर सांसारिकों का पालन-पोषण करने वाली माता रूपिणी गौमाता के शत्रुओं को अपनी शत्रुता से बचे रहने की प्रेरणा की। परन्तु गुलामों का मजहब और गुलामों का ईश्वर है ही क्या। जिसके पास डंडा है, सब उसी के साथ हैं। अंधकार में तो छाया भी साथ छोड़ देती है। गजराज के स्वर्ण-जड़ित हौदों पर सवारी करने वाले, सहस्रों की पकड़ को भोजन करा पश्चात् स्वयं अन्न ग्रहण करने वाले, करोड़ों-पति महन्त, मठाधीश, लखपति सेठ साहूकार पकड़-पकड़ कर जेलों में ठूंस दिए गए।

उन्हीं दिनों गौराङ्ग महाप्रभुओं ने Divide et empera—लड़ाओ और हुकूमत करो का नया-नया पाठ पढ़ा था। यह पाठ था तो बहुत पुराना, परन्तु सन् सत्तावन के विप्लव के पश्चात श्वेतांग-सूरमा अपने राज्य को अमर जान सुख की नींद सो गए। क्लाइव, वैल्जली, कर्जन, ब्रिटिश सूरमाओं द्वारा पाली गई इस परंपरा को गौरांग-वीर थोड़ी देर के लिए भूल गए। उन्होंने सोचा हिन्दू और मुसलमान प्रकृति से ही दो ऐसे दल बन चुके हैं कि उनके उस सिर फटाऊ गुरुमंत्र के बिना भी भारत में एकता कभी हो ही नहीं सकती। परन्तु कांग्रेस के हिन्दू-मुस्लिम इत्तिहाद के शोर ने अंग्रेजों के कान खड़े कर दिए। क्या कांग्रेस असंभव को सम्भव कर देगी! पूर्व और पश्चिम क्या सचमुच एक

हो जावेंगे। गौरांग महाप्रभु विचलित हो उठे। उन्होंने फिर अपना वही अमोघ अस्त्र चलाया (Divide et empera) लड़ाओ और हुकूमत करो।

हिन्दू तो जन्म से ही देश-भक्त हैं। हिन्दू को खरीदना बहुत मुश्किल है। हां! मुसलमान तो मार्केट में सदैव (for Sale) बिकाऊ माल है। गौरांग महाप्रभुओं ने मुसलमान को खरीदना था। केवल इसी मृगतृष्णा में ज़ोरावरों ने उस कटारपुरी वाली घटना को अपनी इच्छानुसार रंग दे कर, बीसियों धर्मवीरों को फांसी, कालापानी और चौदह-चौदह वर्ष के लिए काल-कोठरी में डाल दिया।

जेल क्या है? विश्वकोश में वे शब्द नहीं जिनमें जेल शब्द की व्याख्या हो सके। गौरांग जल-यात्रियों के लिए जेल स्वर्ग है। ए और बी क्लास वालों के लिए जेल विश्रामगृह (Rest House) है। सी क्लास वालों के लिए जेल एक मुसीबत है। परन्तु प्रतिक्रिया के भूत के वश में हुए मज़हबी दीवानों के अत्याचारों की चक्की में पिसे जा रहे धर्माभिमानियों के लिए जेल नरक से भी कुछ अधिक है। उन दिनों नवाब महमूदाबाद जेल के वजीर थे। कटारपुर के कैदियों को तंग करना वे अपने लिए कारे सवाब समझते थे।

यति किशोरचन्द्र ने गौ-भक्तों की रक्षा का प्रयत्न करने में कोई भी कसर न उठा रखी, परन्तु विधर्मिणी नौकरशाही के पक्षपात-पूर्ण षड्यंत्रों के सामने उनकी कुछ भी पेश न गई। बहुत दिन बीत गए। एक दिन प्रतापगढ़ जेल से यति जी को लाला किशनचंद की चिट्ठी मिली, जिसमें लिखा था ''शीघ्र आ कर मुझे एक बार मिलिए। सम्भवतः हमारा यह अंतिम मिलन हो।''

बेचारे लाला किशनचन्द जेल की कठिनाइयों में पिस-पिस कर मरणासन्न हो रहे थे। तनिक परमात्मा की लीला तो देखो...दर्जनों दास दासियों, सेवक, सेविकाओं जिनकी आज्ञा की प्रतीक्षा में आंखें बिछाए खड़े रहते थे, आज वे ही दो कौड़ी के वार्डरों की झिड़कियां खाकर भी संतोष के घूंट पी कर रह जाते थे। टमटम, घोड़ा-गाड़ी, मोटर बिना एक कदम पैदल चलना जिन्हें महाल था वही कड़कती धूप में सड़कों पर पत्थर कूटते, कुओं से पानी भरते थे। गंगा माई की शीतल छाया में रहते हुए भी गरमी के दिनों में हिमालय के शैल शिखर पर गए बिना उन्हें चैन न पड़ती थी वे ज्येष्ठ-आषाढ़ की भीषण गर्मियों में जेल की काल कोठरी के भीतर साँस लेते हुए मिनट सैकंड गिन-गिन कर रातें काटते थे। नीचे फर्श का बिछौना बिछा है, ईंटों का तकिया लगा है...और ऊपर मच्छरों की चादर बिछी है। ऐसे नारकीय जीवन में वह

इतनी देर तक जिन्दा भी कैसे रह सके आश्चर्य तो इसी बात का था। परन्तु परमात्मा की माया भी कितनी विचित्र है। मृत्यु के जबड़े में छलांग लगाने पर भी तो अपने नियत समय से पहले मृत्यु किसी को खा नहीं सकती।

लाला जी का पत्र पाते ही यति जी प्रतापगढ़ चल दिए। जिस समय वह प्रतापगढ़ पहुंचे उस समय रात्रि थी। रात धर्मशाला में विश्राम कर प्रातःकाल प्रभु का ध्यान कर और प्रभु के दरबार में अपने पवित्र कार्य में सफलता प्रदान करने की याचना कर वह जेल के द्वार पर पहुंचे। उसी समय एक साहब अपनी साइकिल पर चढ़ा हुआ जेल फाटक के सामने आकर उतरा।

विशालकाय तेजस्वी यति जी को वहां देख कर साहब बोला–"कहिए महाराज! क्या आज्ञा है।"

"मैं अपने एक सम्बन्धी से मुलाकात करना चाहता हूं।"

"आपको किस से मुलाकात करना है?"

"कटारपुर केस वाले लाला किशनचंद से"

"बहुत अच्छा! मुलाकात तो हो जाएगी। एक अर्ज़ी लिखकर बाहर पैटीशन बॉक्स में डाल दें, कल सुबह नौ बजे मुलाक़ात हो जाएगी।"

यति जी ने एक मुलाकाती अर्जी उस बॉक्स में डाल दी, परन्तु मित्र का समाचार जानने के लिए एक-एक क्षण उनके लिए वर्ष भर हो रहा था। उनका हृदय बेचैन था परन्तु अपने बुद्धिबल पर उन्हें विश्वास था। वह अपने निवास स्थान पर लौटकर नहीं गए बल्कि जेल के बाहर एक हलवाई की दुकान पर बैठ गए।

हलवाई सज्जन था। यति जी को साधु जान बड़े आदर सत्कार से उसने उन्हें बिठाया। वहीं पर बैठे-बैठे यति जी को थोड़ी देर के पश्चात बाहर से चालीस पचास के लगभग कैदी चार-चार की कतार बांधे जेल की तरफ आते दिखाई दिए। वे कैदी यति जी के पास से गुजरते हुए यति जी को साधु समझ नमस्कार करते हुए आगे बढ़ते।

यति जी समय को बहुत अच्छा साधना जानते थे। उनके हृदय में इच्छा हुई "मैं इन कैदियों से लाला किशनचन्द जी के बारे में कुछ पूछूं।" वे अपनी खाट से उठे और उन कैदियों का इंचार्ज जो था उसके पास जाकर बोले "जमादार साहब! आप कटारपुर केस के लाला किशनचन्द को जानते हैं!"

"हां महाराज, मैं जानता हूं।"

"अच्छा! अभी उन्हें कह देना हरिद्वार से आपने जिन्हें मुलाकात के लिए बुलाया था वे महात्मा आ गए हैं। कल सुबह नौ बजे मुलाकात का समय निश्चित हुआ है।"

"बहुत अच्छा महाराज...मैं आपका संदेश पहुंचा दूंगा और उनका उत्तर भी आपको अभी-अभी ला दूंगा, आप यहीं ठहरना।"

यति जी का हृदय प्रसन्नता के मारे खिल उठा। प्रभु का धन्यवाद कर उस खाट पर आ बैठे। उसी हलवाई की दुकान से कुछ खा पीकर जमादार के आने की प्रतीक्षा करने लगे।

लगभग दो बजे–वही जमादार कुछ कैदियों सहित बाहर निकला। यति जी की दृष्टि बहुत देर से जेल के फाट पर जमी हुई थी। यति जी के पास जा नमस्कार कर उनके हाथ में लाला किशनचन्द जी का भेजा हुआ एक रुक्का देते हुए जमादार बोला "लाला जी अच्छी तरह हैं। आपकी मुलाकात की उन्हें बहुत खुशी है। उन्होंने चार सेर पक्का गुड़ मंगवाया है।"

"चार सेर पक्का गुड़ अंदर कैसे जा सकेगा?" यति जी ने कौतूहल से पूछा।

"इसकी आपको क्या चिन्ता है। यह काम तो हमारा है। आप चार सेर गुड़ पर ही हैरान हो रहे हैं, हम तो समूचे के समूचे हाथी को भी फाटक भीतर से निकाल दें।"

••• ••• •••

रविवार प्रात: नौ बजे मुलाकात का समय था। उस दिन शुक्रवार था अगले दिन शनिवार की रात्रि को ही जेल के सामने उस हलवाई के यहां टिकने का उन्होंने निश्चय किया। गर्मियों के दिन थे, बाहर खुले में रात काटना मुश्किल न था। रात वहीं रहने से मुलाकात करने में सुविधा रहेगी ऐसा विचार कर यति जी शनिवार को शाम के 5 बजे ही अपने निवास स्थान से जेल की ओर चल पड़े।

यति जी जेल की ओर जा रहे थे। उन्होंने रास्ते में एक साहब को साइकिल पर सामने से आते हुए देखा। वह साकहब बड़ी दूर से यति जी को निरंतर देखता आ रहा था और यद्यपि वह यति जी के पास से होकर गुजर भी गया फिर भी वह पीछे मुड़-मुड़ कर बहुत दूर तक यति जी की ओर देखता ही रहा।

यह साहब कौन था? न तो यति जी को उस समय इस बात का कुछ ज्ञान था और न ही उन्हें कुछ इस बारे में जानने का कौतूहल ही था।

अगले दिन रविवार नौ बजे मुलाकात का समय निश्चित हो चुका था। परन्तु नौ छोड़ कर ग्यारह भी बज गए यति जी को मुलाकात के लिए आवाज नहीं पड़ी। जब 11 बज कर दस मिनट के ऊपर भी हो गए उस समय वह जेलर साहब के पास जा कर बोले–"साहब! आपने ही तो रविवार सुबह नौ बजे मुलाकात करा देने का वचन दिया था, परन्तु ग्यारह बज चुके हैं अभी तक मुलाकात नहीं हो पाई।"

साहब बोला–"बाबा साहब! जिस आदमी से आप मुलाकात करना चाहते हैं उसकी मुलाकात थोड़े ही दिन पहले हो चुकी है। कायदे के मुताबिक अब उनके साथ कोई आदमी मुलाकात नहीं कर सकता।"

यति जी को साहब के उन शब्दों से बड़ी निराशा हुई–वह बोले "साहब! मैं बहुत दूर हरिद्वार से नाना प्रकार के कष्ट सहता हुआ केवल मुलाकात की इच्छा से यहां आया हूं। आपने उस दिन रविवार को मुलाकात कराने का वचन दिया था अब आप इस प्रकार कायदे कानून की बातों से मुझे निराश कर रहे हैं।"

"लेकिन बाबा साहब! उस समय मुझे इस बात का इल्म नहीं था कि उस कैदी की मुलाकात हो चुकी है। हमें जेल के नियम पालने ही पड़ते हैं। हमारा अफसर बड़ा सख्त है–उसकी इजाज़त के बिना हम इस प्रकार की मुलाकत को इजाजत नहीं दे सकते।"

"तो अब मुझे बड़े जेलर से मिलना होगा।"

"हां! अगर आपको मुलाकात करनी है तो आपको उनसे मिलना ही पड़ेगा..."

"बहुत अच्छा..." कह यति जी फाटक के बाहर आ गए।

••• ••• •••

एक दो मंजिल मकान के बरामदे में बैठे दो सज्जन आपस में बातें कर रहे थे। उसी समय उस मकान के नीचे गली में एक टांगा रुका। वह टांगा तो उसी दम आगे चला गया परन्तु इस टांगे में से उतरा हुआ एक सौम्यरूप तेजस्वी महात्मा उस मकान के नीचे खड़ा किसी की प्रतीक्षा में था। उस समय उन दोनों व्यक्तियों में से एक उठ कर कुछ आगे बढ़ा और उस टांगे में से

उतरने वाले महात्मा से बोला–आप यहां किसकी इंतज़ार में हैं। क्या आप किसी से मिलना चाहते हैं?

"हां! मैं जेलर साहब से मिलना चाहता हूं" क्या साहब ऊपर हैं।

"हां! आप ऊपर आकर उनसे मिल सकते हैं।"

यति जी मकान के ऊपर आए और उन दोनों सज्जनों के पास ही पड़ी कुर्सी पर बैठ गए...उन्हें बड़ा आश्चर्य हुआ। कल जेल की ओर जाते हुए साइकिल का वह सवार जो उन्हें मुड़-मुड़ कर देख रहा था...वह अब उनके सामने जेलर के रूप में बैठा था।

"कहिए महाराज–" जेलर साहब बोले।

यति जी ने संक्षिप्त रूप से अपनी सारी दास्तान सुना दी। यति जी की सभी बातें ध्यानपूर्वक सुन कर जेलर बोला–"अच्छा महाराज! आप कल सुबह छह बजे जेल के दरवाजे पर आ जाना आपकी मुलाकात हो जावेगी।"

अगले दिन यति जी पांच बजे ही जेल के बाहर आ बैठ गए। उस समय लगभग सवा पांच बजे जेल के जमादार सिपाही इत्यादि कवायद करने जाते हुए यति जी के पास से गुजरे...

एक सिपाही बोला–"यह बाबा कौन है? कई दिनों से यहां चक्कर काट रहा है।" "कहीं जेल से कैदियों को भगाने की साजिश तो नहीं कर रहा।" दूसरा बोला। "अरे लगता तो कोई ऐसा वैसा ही है...मैंने तो कई बार इसे कैदियों से बातें करते देखा है।" तीसरे ने दूसरे की बात का समर्थन करते हुए कहा। चौथा बोला–"ओहो! यह तो बड़ा खराब आदमी है। मैंने तो इसकी कई बातें सुनी हैं, यह दो तीन दिन यहां रह गया तो जेल तुड़वा देगा।" उधर सिपाही लोग ऐसी बातें कर रहे थे इधर यति किशोरचंद्र वहां बैठे उन सिपाहियों की ओर देख-देख कर हंस रहे थे।

पूरे छह बजे...वही जेलर अपने साइकिल पर चढ़े हुए जेल के दरवाजे के आगे उतरा। यति जी भी उसके पीछे-पीछे बड़े फाटक के पास आ गए। थोड़ी देर के बाद छोटे जेलर साहब जेल से बाहर आए। यति जी को वहां बैठे देख कर उसने उनसे हाथ मिलाया और कल की मुलाकात के बारे में पूछा।

यति जी बोले–"बड़े साहब ने अभी-अभी मुलाकात करा देने के लिए कहा है।"

इतने में एक आदमी अंदर से बाहर आकर यति जी से बोला–"आपको बड़े साहब बुलाते हैं।" यति जी अंदर गए। जेलर साहब ने पूछा "क्या बिना मुलाकात किए आपको अपने मुकदमें में नुकसान पहुंचेगा।" "हां, साहब नुकसान तो अवश्य पहुंचेगा।" यति ने उत्तर दिया।

अच्छा...एक लिखा हुआ कागज यति जी की ओर बढ़ाते हुए वह जेलर बोला "इस पर हस्ताक्षर कर दो।" यति जी ने उस कागज पर हस्ताक्षर कर दिए। यति जी को ले जाकर सिपाही ने एक कमरे में बैठा दिया। थोड़ी ही देर में लाला जी को भी वहां लाया गया।

लाला किशनचन्द बहुत ही कमजोर हो चुके थे। दो बिछुड़े हुए धर्मबंधुओं की मुलाकात का वह दृश्य कितना हृदयग्राही था। लाला किशनचन्द जी बहुत कमजोर हो चुके थे, परन्तु इतना भी परमात्मा का शुक्र था कि वह थे तो सही।

❑❑❑

अड़सठवां अध्याय

धर्म युद्ध का वीर सैनिक

प्राक् पादयो पतति खादति पृष्ठ मांसम्।
कर्णे कलं किमपि रौति क्षणै विचित्रम्।।
छिद्रं निरूप्य सहसा प्रविशत्य शंकाम्।
सर्वं खलस्य चरितं मशकः करोति।।

किसी कवि ने खल मनोवृत्ति का कैसा ही उत्तम शब्द चित्र खींचा है। कवि ने खल की उपमा मच्छर से की है। मच्छर सर्वप्रथम पाओं पर गिरता है, परन्तु वह कितना कूटनीतिज्ञ हैं। अपने में दूसरे को तत्क्षण ड़सने की शंक्ति रखता हुआ भी वह दूसरे के पाओं पर गिर कर उसे काटता नहीं। धीरे-धीरे वह ऊपर उठता है। जब पीठ पर आता है तो वह थोड़ा-सा डंक-प्रयोग करता है, इस बात की परीक्षा लेने के लिए कि जिस व्यक्ति को उसने घेर रखा है, इसमें कुछ थोड़ी बहुत चेतना ही भी कि नहीं। वह व्यक्ति अपनी सहनशीलता तथा दया धर्म के वशीभूत हुआ उस दुष्ट की थोड़ी-सी भी अवहेलना कर गया कि बस वह दुष्ट कुछ और आगे बढ़ा और कान के पास जा कुछ सुरीली-सी विष भरी वीणा बजा सीधा कान में घुस गया। उस समय वह व्यक्ति तड़पता है, कान खुजलाता है उंगलियां बजाता है, परन्तु जब वह उस दुष्ट का बाहर कुछ बिगाड़ न सका तो अन्दर घुस जाने पर वह उसका क्या बिगाड़ सकता है।

महमूद गज़नवी भारत के विपुल वैभव से अपनी धन पिपासा को शांत करने के लिए भारत के शस्य श्यामला क्षेत्रों की ओर बढ़ा। कहां मध्य एशिया और कहां सोमनाथ। वह अपने घर से चला, अटक को पार कर वह राजस्थान की मरुभूमि में दाखिल हुआ। वह आगे बढ़ता ही गया। रास्ते में एक दो बार उसने अपना डंक चला कर भारत की चेतनता की परीक्षा ली, उसने देखा

भारत मृत्यु की नींद सोया पड़ा है। उत्साह से वह आगे बढ़ा और एकदम अली-अली की हुंकार मचाता हुआ, वह सोमनाथ में दाखिल हो गया।

शहाबुद्दीन गौरी छह बार पृथ्वीराज के पांव पर गिरा। पृथ्वीराज ने उस दहकते हुए अंगारे को पांव के नीचे मसला नहीं, उस पर पानी डाल उसकी उष्णता बुझाई नहीं बल्कि उस अंगारे पर थोड़ी-सी धूल डाल दी। परन्तु वह धूल कबतक टिकी रहती। हवा का एक झोंका आया, पांव से उठ वह शहाबुदीन ऊपर उड़ा। सातवीं बार उसने पृथ्वीराज की पीठ पर काटा... पृथ्वीराज ने कुछ परवाह नहीं की, धीरे-धीरे वह गौरी आगे बढ़ा और अली-अली का नाद बजाता हुआ पृथ्वीराज के कान में घुस गया। पृथ्वीराज तड़पने लगा, परन्तु अब पछताए होत क्या...

भारत का इतिहास हिन्दू-जाति की इसी प्रकार की ऐतिहासिक मूर्खताओं का संग्रह है। नादिर, तैमूर, अब्दाली, बाबर, चंगेज़ प्रभृति जितने भी मच्छर उड़े जब तक वे पानीपत के मैदान में आ कान में घूर नहीं गए, तब तक किसी भी दिल्ली-पति ने उनकी ओर तनिक भी ध्यान नहीं दिया और जब वह मच्छर कान में दाखिल हो कर भी कसने लगा उस समय दिल्ली-पति कान खुजलाते-खुजलाते पानीपत की ओर चले। यह मश्क-मनोवृत्ति आज भी भारत में यथावत बनी है। सहारनपुर के अन्दर कुछ एक पैसे वाले लालाओं ने अपने घरों में मुसलमान नौकरों को रखा इस ख्याल से कि जब कभी शहर में हिन्दु-मुस्लिम फसाद होगा, यह हमारे घर के मुसलमान नौकर बाहर के दंगाई मुसलमानों से हमारी रक्षा करेंगे, परन्तु हुआ बिल्कुल इसके विपरीत। जब सन् 1924 में वह समय आया तो यही घर में पाले हुए मच्छर लालाओं के कानों में घुस कर उन्हें तड़पाने लगा। ठीक समय पर इन्हीं मच्छरों ने अंदर से कुंडे खोल दिए और यही रक्षक भक्षक का वेश बना लालाओं पर टूट पड़े। कलकत्ता के एक मारवाड़ी सेठ ने अपनी दो लड़कियों को एक मुसलमान के साथ राजपूताना की ओर भेजा। यही मच्छर रास्ते में अमरोहा तक पहुंचते ही अपने विराट रूप में प्रकट हुआ। दोनों लड़कियों को उनके घर छोड़ आने की बजाए वह उन्हें अमरोहा की मस्जिद में ले घुसा। वे लड़कियां आज तक अपने घर नहीं पहुंची।

आगरे में एक साहूकार ने ज़मीन खरीदी। मकान बनाने के लिए नींव खोदने को मजदूर लगाये। दुर्भाग्य से वे सब के सब मुसलमान थे। नींव खोदते-खोदते दो ही दिन हुए थे। एक मज़दूर सहसा चिल्ला उठा। "लो!

हड्डियां निकल आईं, यहां किसी जमाने में हमारे पीर दबाए गए होंगे। इस ज़मीन पर किसी काफिर का घर नहीं बन सकता। यहां मस्जिद बनेगी"। मामला धीरे-धीरे बढ़ता गया। अब मुसलमानों से मत्था कौन भिड़ाये। लाचार बेचारे लाला को उस जमीन से ही हाथ धोने पड़े।

भारत माता के सात करोड़ सौतेले बच्चों ने देशद्रोह की मानो कसम ही उठा रखी है। एक सार्वजनिक स्थान पर किसी मोमन ने नमाज़ पढ़नी शुरू कर दी। पास से आने-जाने वालो ने इस ओर कुछ भी ध्यान न दिया। अगर कोई खुदा का बन्दा अपने अकीदे के मुताबिक अपने अल्ला मियां को याद करता है तो इसमें हस्तक्षेप की बात ही क्या है। हिन्दू का धर्म तो कहता है–

ये यथा मां प्रपद्यन्ते तांस्तथैव भजाम्यहम्।

अर्थात्, जो कोई भगवान् को जिस प्रकार से भी भजता है भगवान् उसके पास वैसे ही पहुंच जाते हैं। स्थान पहुंचने का सब का एक है, पहुंचना सभी ने स्टेशन पर है कोई मोटर में चल दिया कोई ऊंट पर चल दिया, कोई टांगे में बैठ गया, कोई घोड़े पर चल पड़ा और कोई बेचारा पैदल ही पहुंच गया। उद्देश्य सबका एक है। ईश्वर को याद करना है, किसी ने शान्तिपूर्वक बैठ कर नाम ले लिया, किसी ने नाम लेते समय सिट-स्टैंड कर लिया। नाम तो एक ही परमात्मा का लिया गया। तभी तो भगवान् ने सांसारिकों के प्रति आदेश किया। तुम किसी भी रास्ते से चल कर मेरे पास पहुंच जाओ मैं तुम्हें मिल ही जाऊंगा।

हिन्दू को परमात्मा ने सीमा से अधिक शान्ति दी है। एक हज़ार वर्ष तक वह निरन्तर गुलाम रहा, परन्तु वह शान्त रहा। अनेक बार मध्य एशिया के लुटेरों ने उसके घर को बरबाद किया परन्तु वह फिर भी शान्त रहा। आज भी डंडे वाले मनमाने कानून बना कर हिन्दुओं के हाथों से सारी सत्ता छीन रहें हैं, परन्तु हिन्दू फिर भी शान्त है। अपनी जमीनें खोकर, अपने कर्जे मरवा कर, अपनी नौकरियों से हाथ धोकर भी वह शान्त है और परमात्मा से प्रार्थना करता है कि वह उसे इससे भी अधिक शान्ति दे। श्मशान भूमि की मिट्टी में मिल कर भी वह–

ओम् शान्ति! शान्ति!! शान्ति!!! का पाठ नहीं भूलता।

हिन्दुओं की इसी शांत वृत्ति का दुरुपयोग करता हुआ वह व्यक्ति जो सार्वजनिक स्थान पर कुछ दिन ऊठक-बैठक करता रहा, वह उसी स्थान पर दो ईंटें रख देता है और उन दो ईंटों पर कहीं से थोड़ी-सी सफेदी लाकर डाल

देता है। अपने एक मोमन को खुदा की इबादत करते देख तीन-चार और मोमन भाई भी वहां सिट स्टैंड की परेड करने लगे। थोड़े ही दिनों में वह स्थान अब मस्जिद कहलाने लगी। "हम यहां मस्जिद बनाएंगे।" किसी भले मानस ने पूछा "क्यों"–उत्तर मिला "यहां हमने नमाज़ पढ़ी है, यहां हमारी मस्जिद है। एक मोमन एक बार भी जहां नमाज़ पढ़ ले–वह जगह मस्जिद है।" सुनने वाले ने कहा–अरे भले आदमी! नमाज़ तो तुम रेलगाड़ी में भी पढ़ लेते हो। हज को जाते समय जहाज में बीसियों बार पढ़ते हो फिर गाड़ी और जहाज में मस्जिद क्यों न बनी।" बस इतने में मामला ही टेढ़ा हो गया। फिर किसकी मजाल जो उन दो ईंटों को हाथ भी लगा पाए...इस्लाम खतरे में!

कुछ वर्ष पहले लखनऊ में यही हुआ। अंग्रेजी राज्य से पहले लखनऊ इतना विशाल नहीं था। वास्तव में भारतवर्ष में आज जितने भी बड़े-बड़े नगर दिखाई दे रहे हैं, यह सब गौरांग महाप्रभुओं की ही माया है। सबसे बड़ा नगर कलकत्ता सोलहवीं शताब्दी में एक साधारण-सा गांव था। मुम्बई 300 वर्ष पूर्व कुछ भी न था। लाहौर, दिल्ली जो आज इतने बड़े दिखाई दे रहे हैं आज से केवल बीस वर्ष पूर्व यह आज से पांचवां हिस्सा भी न थे।

लखनऊ का असली शहर बहुत बड़ा न था, परन्तु गौरांग महाप्रभुओं के पदारविंद का स्पर्श करते ही इस नगर ने वामन के पांव के समान फैलना आरम्भ किया। लखनऊ के आस-पास जितने भी गांव थे, वे सब एक-एक करके आधुनिक लखनऊ ने ग्रस लिए। आज यहां लखनऊ शहर में अमीनाबाद पार्क शोभायमान है और उसके चारों ओर जहां आज भव्य प्रासाद और गगन चुंबी अट्टालिकाएं खड़ी हैं; वहां आज से पचास साठ वर्ष पूर्व एक साधारण-सा अमीनाबाद नामी गांव था। उस गांव में सौ पचास गरीबों की झौपड़ियां थीं। उन्हीं झौंपड़ियों की कब्र पर आज वहां वह जगमग जगमग करता हुआ सुरम्य पार्क शोभायमान है।

अंग्रेज में एक खूबी है। वह अपने निकट भूत की घटनाओं से कुछ शिक्षा ग्रहण करता है। अंग्रेज को जब रत्ती भर भी राज्य की उदंडता का मद चढ़ा उसी क्षण सिपाही विद्रोह उसे पाठ पढाने के लिए भयंकर वेश में फूट पड़ा। अंग्रेज ने उस विद्रोह से शिक्षा प्राप्त की। अमीनाबाद गांव के मध्य में एक हनुमान जी का बहुत पुराना मन्दिर था, गौरांग महाप्रभुओं ने उस मन्दिर पर कृपा दृष्टि की। उस ग्राम को पार्क में परिवर्तन करते समय उन्होंने हनुमान मन्दिर की जान बख़्श दी। परन्तु होनी हो कर रहती है। जिन अद्भुत व्यक्तियों

ने राष्ट्र की शान्ति को प्रतिक्षण भंग करने की कसम खा रखी है, वे भला उस समय शरारत करने से कैसे रुके रहते।

उसी हनुमान जी के मन्दिर के पास ही एक दो अल्लामियों के चहेते बेटों ने नमाज़ पढ़नी शुरू कर दी। साधारण-सी बात समझ हिन्दुओं ने इसमें कुछ भी बाधा नहीं डाली, परन्तु मश्क-मनोवृत्ति ने धीरे-धीरे विराट रूप दिखाना ही था। पहले उस स्थान पर एक आदमी नमाज़ पढ़ता था, अब वहां पचास मिल कर सिटस्टैंड करने लगे। **सर्वं खल्विदम् ब्रह्म** के मायाजाल में फंसे हुए धर्म-भीरुओं ने इधर कुछ ध्यान ही न दिया। उन्हें तो अपनी-अपनी मुक्ति के लिए अपील करने से अवकाश ही कहाँ था।

रोग का आरंभ में ही निदान हुआ नहीं। अग्नि की छोटी-सी चिंगारी की अवहेलना की गई। परिणाम जो होना था वही हुआ। पाओं पर गिरा हुआ मच्छर समय पाते ही कान का छिद्र देख उसमें घुस गया।

"तुम्हारी आरती के वक्त घड़ियाल की आवाज से हमारी नमाज़ में खलल पड़ता है इसलिये अपनी आरती बंद कर दो।" अल्लामियां के बंदों ने शरारत की भूमिका बांध दी।

बाजार में से घूं...घूं...करती मोटरें भले ही प्रतिक्षण गुजरती रहें, उससे तो नमाज़ में कुछ खलल नहीं पड़ता। रेल गाड़ी में इंजन की घडड घडड के बीच में नमाज़ पढ़ते वक्त शान्ति भंग नहीं होती। सिनेमा के प्रौपेगण्डा करने वाले भले ही बाजा बजाते मस्जिद के सामने से प्रतिक्षण गुजरते रहें, परन्तु एक हिन्दू के घड़ियाल बजने पर मुसलमान की नमाज़ भंग हो जाती है। क्या खूब। पिछले जन्म का बदला चुकाने के यही तो ढंग होते हैं।

मुसलमानों ने अपना मजहब भी क्या अजीब बना रखा है। पतलून पहन कर हैट-नकटाई लगा कर मूंछ मुंडवा कर और अंग्रेजी की गिटपिट बोल कर तो वह खराब नहीं होता, परन्तु धोती लगाते और शंख का शब्द सुनते ही वह तिलमला उठता है।

"तुम्हारी आरती से हमारी नमाज़ में खलल पड़ता है...परन्तु उस समय किसी भले मानस ने पूछा नहीं कि यदि हमारे शंख बजाने से तुम्हारी नमाज़ में विघ्न पड़ता है तो तुम्हारे कानों में उंगलियां दे कर चिल्लाने से क्या हमारी संध्या का ध्यान भंग नहीं होता।...परंतु पूछे कौन और सुने कौन। यहां तो हर हालत में जोरावर का नौ बीस में सौ है।

रस्सी और लड़ाई का बढ़ाना ही क्या। जितना चाहो बढ़ा लो...मुसलमान हिन्दुओं की जान के प्यासे थे। इसी आरती-नमाज़ का बहाना बना कर वे

अपने भाइयों के सामाजिक अत्याचारों का उनसे बदला चुकाना चाहते थे। भूखे-नंगे लुटेरों को दंगा खुदा दे...दंगा होगा धड़ाधड़ दौलत भागी-भागी उनके पास आएगी, मुफ्त का माल हाथ लगेगा। यह डाका तो वैसे भी डाला जा सकता है, परन्तु जब इस डाके पर "मज़हब खतरे में" का लेबल ठुक जाता है तो जो करे सो तो न भरे और जो न करे सो भरे की बात अक्षरशः चरितार्थ हो जाती है।

कुछ एक मज़हबी लुटेरों ने लखनऊ के वातावरण को एकदम क्षुभित कर दिया है। लखनऊ शहर का वातावरण सांप्रदायिकता के विष से एकदम विषैला हो उठा। भीषण दंगे की आशंका प्रतिक्षण बन रही थी। अधिकारी वर्ग भली प्रकार से जानता था कि इस विष के उत्पादन की ज़िम्मेदारी मुस्लिम गुंडों पर है, परन्तु इन भिर्ड़ों के छते में हाथ कौन डाले। नितांत अधिकारियों ने उस समय के प्रमुख हिन्दू नेता श्री आर. एस. नारायण स्वामी तथा दो तीन अन्य हिन्दू नेताओं को बुला कर आरती का समय बदल देने को कहा...

"शहर का वातावरण बिगड़ चुका है–आप लोग अपनी आरती का समय नमाज़ के पहिले या उसके बाद बदल देवें तो शहर में अमन हो सकता है।"

"तो क्या शहर के अमन को बिगाड़ने की जिम्मेदारी आप हिन्दुओं पर डालते हैं, क्या यह सच नहीं कि उक्त मन्दिर में सैकड़ों वर्षों से आरती होती आई है। अब कुछेक गुंडों के उपद्रव के कारण क्या हिन्दू अपनी इस धार्मिक परंपरा को छोड़ दें।"

"छोड़ने का सवाल नहीं–आरती का टाइम बदल दिया जाए।"

"आखिर बदलने का कोई कारण भी तो हो। उस स्थान पर उन लोगों की क्या कोई मस्जिद है! एक पब्लिक पार्क में इस प्रकार इकट्ठे हो कर वे लोग जो नमाज़ पढतें हैं कल को वहां पर वे लोग अपनी मस्जिद बना लेवें तो क्या आप हमें अपना प्राचीन मन्दिर वहां से उठा लेने या गिरा देने की सलाह देंगे? साहब! मैं इसे न केवल पक्षपात ही समझता हूं बल्कि मैं इसे ब्रिटिश शासन की सब से बड़ी अन्यायपूर्ण निर्बलता कहता हूं। न तो हिन्दू अपनी आरती का समय ही बदल सकतें हैं और न ही आरती में घड़ियाल बजाना ही बंद कर सकते हैं–अगर आपको शान्ति स्थापना की इच्छा है तो आप उस सार्वजनिक पार्क में उन लोगों को नमाज़ पढ़ने से रोक सकते हैं...

"परन्तु शहर के अमन को तो कायम रखना ही होगा।"

‘‘तो क्या इस शहर का अमन आप हिन्दुओं की कब्र पर कायम रखना चाहते हैं। आप मुसलमानों को क्यों नहीं रोकते।’’

‘‘उनमें मज़हबी दीवानगी बहुत है।’’

‘‘इसलिए भोले-भाले हिन्दुओं पर नाजायज़ दबाव डाला जाए। क्या यही आपका इंसाफ है।’’

‘‘इंसाफ की बात नहीं, हम लोग Situation (परिस्थिति) देखता है। इस वक्त शहर की जो (Situation) परिस्थिति हो रही है उसको ध्यान में रखते हुए आपको आरती का समय इधर-उधर करना ही पड़ेगा।

‘‘तो इसमें मैं अकेला क्या कर सकता हूं।’’

‘‘आप हिन्दुओं के लीडर हैं, उन्हें समझाएं।’’

‘‘किस बात पर समझाऊं, साहब! क्या आप समझते हैं कि हिन्दुओं की आत्मा बिल्कुल ही मर चुकी है। क्या आप यह उम्मीद रखते हो कि हिन्दू आपके हुक्म को वरदान समझ उसे शिरोधार्य करेंगे? ऐसी उम्मीद करना व्यर्थ है। हिन्दू के अन्दर अपने धर्म के प्रति अभी स्वाभिमान है, मरा नहीं।’’

‘‘मैंने कोई लंबा चौड़ा लैक्चर सुनने के लिए आपको यहां नहीं बुलाया। मैं सिर्फ आपसे यह जानना चाहता हूं कि शहर के अमन को कायम रखने में आप हमारी मदद कर सकते हैं कि नहीं।’’

‘‘सब हिन्दुओं की तरफ से जवाब देने का मुझे कोई अधिकार नहीं। इसके लिए सभा में उनसे पूछना होगा कि ऐसी परिस्थिति में हिन्दू क्या कर सकता है।’’

••• ••• •••

श्री आर.एस.नारायण स्वामी जी के साथ अधिकारियों की बातचीत की चर्चा सारे शहर में फैल गई। दंगाइयों के हौसले दस गुणा बढ़ गए। महावीर के भगतों ने प्रौटेस्ट के तौर पर न केवल अपनी आरती ही बंद कर दी अपितु उन्होंने मन्दिर को भी उस समय तक बन्द रखने का निश्चय किया जब तक कि किसी प्रकार का सम्मानित समझौता नहीं हो जाता।

छेदीलाल की धर्मशाला के विशाल आंगन में हिन्दुओं की विराट सभा जम रही थी। चारों तरफ जोश का समुद्र ठाठें मार रहा था। धर्मरक्षा के विजयमंत्र ने उस घड़ी निर्बलों को भी बलवान बना रखा था। लगभग दस बारह हजार के जनसमुद्र के सामने आर.एस.नारायण स्वामी भाषण दे रहे थे।

वह हिन्दुओं को अपने कर्तव्य समझा रहे थे...चारों ओर सन्नाटा था...जनता दत्तचित्त श्री स्वामी जी के दिव्य-संदेश को सुन रही थी, उसी क्षण एक विशालकाय दिव्य पुरुष भीड़ में से होता हुआ स्टेज की ओर बढ़ा।

सभापति के आसन से श्री नारायण स्वामी जी महाराज अपने भाषण के अन्त में बोले–

"हमारे सौभाग्य से आज हमारे बीच में एक ऐसे महात्मा उपस्थित हैं, जिन पर मैं ही नहीं अपितु सारा हिन्दू जगत् गौरव कर सकता है। कटारपुर केस के वे वीर नेता आज हमारा पथप्रदर्शन करने के लिए हमारे बीच में हैं। आप कटारपुर केस के अभियुक्तों की रक्षा के पवित्र मिशन को लेकर यहां लखनऊ पधारे हैं। उनका अधिक परिचय देना मानो आकाश पर चमकते हुए सूर्य को प्रकाश दिखाना है। वह शीघ्र ही आपके सम्मुख उपस्थित हो अपने दिव्य संदेश से हम सबको कृतार्थ करेंगे, उनका तेजस्वी स्वरूप, दिव्य तेज, विशाल देह स्वयं उनके तप त्याग का परिचय है। आप का नाम है यति किशोरचंद्र। मैं यति जी से प्रार्थना करता हूं कि वह इस समय अपने सदुपदेश से हमारा पथ प्रदर्शन करें।"

"हर हर महादेव" के गगनवेधी जयकारों के बीच यति जी जनता के सामने उपस्थित हुए। एक बार फिर जयघोष हुआ...तत्पश्चात सर्वत्र शान्ति का साम्राज्य था। मेघगर्जन के सदृश तेजस्वी वाणी से यति जी बोले–

"श्री पूज्य प्रधान जी तथा उपस्थित सज्जनो! इस समय आप सबके हृदय में स्वत्वाभिमान की जो ज्वाला जगमगा रही है, उसे देख कर मेरा हृदय उल्लास से उछल रहा है। आज हमने यह सच्चा अनुभव किया है कि हमारे अधिकारों पर किसी शक्ति ने अनुचित हस्तक्षेप किया है। आज हम अपने अधिकारों की पहचान करना सीखें हैं और मेरा तो यह दृढ़ विश्वास है कि जो जाति अपने और बेगाने में पहचान करना सीख जाती है और जिस जाति के हृदय में अपने खोए हुए अधिकारों को प्राप्त करने की सच्ची तड़प पैदा हो जाती है उस जाति का भविष्य बड़ा ही उज्ज्वल है।

"जीओ और जीने दो, खाओ और खाने दो" यह हमारी संस्कृति का आधार है। हमारे सत्य-सनातन वैदिक धर्म का सर्वतोमुखी आदर्श है।

सर्वे भवन्तु सुखिनः सर्वे सन्तु निरामया।
सर्वे भद्राणि पश्यन्तु मा कश्चित् दुःखभाग्भवेत्॥

हम सबको सुखी देखना चाहते हैं। हमने किसी से कभी झगड़ा नहीं किया। हमने अपनी संस्कृति का कठोरता से यहां तक पालन किया कि हमारे देश पर कितने ही आक्रमण हुए, परन्तु सब कुछ होने के पश्चात भी हमने मानवता को तिलांजली नहीं दी। हमने कभी पहल नहीं की, हम सदा दूसरे नम्बर पर रहे। महमूद, चंगेज़, नादिर, अहमदशाह, बख्त्यार प्रभृति डाकुओं ने हमारे देश पर इतनी आपत्ति ढाई, परन्तु हमने एक बार भी गजनी में जाकर नहीं देखा कि सोमनाथ की दौलत कहां लूट-लूट कर धरी है। हमने मार भी खाई, लुटे भी, खज्जल भी हुए परन्तु हमने शान्ति को नहीं छोड़ा। शान्ति! शान्ति!! शान्ति!!! की ही सदैव हमने याचना की।

परन्तु आज मैं स्वयं अपनी आंखों से उस शान्ति का क्रान्तिमय रूप देख रहा हूं। वह हमारी शान्ति श्मशान भूमि की-सी शान्ति न थी, वह हमारी शान्ति भयानक बियावन की-सी शान्ति न थी–वह हमारी शान्ति उत्तरीय ध्रुव प्रदेश की-सी शान्ति न थी–वह हमारी शान्ति मृत्यु की-सी शान्ति नहीं थी–परन्तु वह शान्ति थी प्रशान्त सागर की-सी शान्ति जो यदि चाहे तो शताब्दियों तक अपने वक्ष पर विशालकाय पोतों को नचा ले परन्तु जब अपनी आई पर आ जाए तो फिर अपने वीचि-क्षोभ से उन्हीं पोतों को उल्ट-पुल्ट कर निगल जाए। वह शान्ति थी राख से ढंपे हुए अंगारों की-सी शान्ति–देखने वाला समझता है इस राख के नीचे कुछ भी नहीं है, यह मिट्टी है मर चुकी है परन्तु ज्यूं ही उसने ऊपर पांव धरा कि बस जल मरा।

हवा के एक ही झोंकें ने आज हमारे तेज को फिर से प्रकाशमान किया है। जिन मिथ्याचारियों ने हमें शांत समझ हमारी भावनाओं के साथ खेलने की चेष्टा की थी आज वह स्वयं हमारे तेज में विध्वंस हो जाएंगे।

जो कुछ हुआ है स्वयं हमें भी उससे शिक्षा प्राप्त करनी चाहिए। समझदारों का लक्षण यही होता है, जो एक गलती करके फिर दूसरी बार उस गलती को न दोहराए। गलती करना गलती नहीं, परन्तु गलती है गलितयां करके और गलितयों का दुष्परिणाम भोगते हुए भी अपनी गलती को ठीक न करना। हिंदू तब चेतता है जब मुसीबत ठीक उसके सिर पर आकर मंडराने लग जाती है। हमारा समूचा इतिहास इन्हीं ऐतिहासिक गलितयों से भरा पडा है, हमने बीमारी का इलाज पहले नहीं किया। सर्प ने जब सर उठाया तुरतातुरत उसकी गिच्ची नहीं फोड़ी, खड़े तमाशा देखते रहे। मुहम्मद गौरी गजनी से चला, हमने भी उसी समय दिल्ली से चल कर पेशावर की सीमा

पर उसको नहीं रोका। रोका तब जब वह पानीपत के मैदान में बिल्कुल सिर पर ही आ चढ़ा। यदि हम इस प्रकार की कपोतनीति का परित्याग कर सिंहनीति का पालन करना जानते तो आज आरती और नमाज़ का झगड़ा ही न पड़ता। वास्तव में झगड़ा आरती नमाज़ का नहीं झगड़ा तो केवल दो भिन्न-भिन्न संस्कृतियों का है।

आज हममें चेतना आई है। यह भी हमारे सौभाग्य का चिह्न है। मुसीबत सिर पर है हम इसका इलाज करने चले हैं–परन्तु मैं आपको यह कहता हूं। आपको दो प्रमुख शक्तियों का सामना करना है, एक शक्ति वह है जिसने इस क्लेश को खड़ा किया है और दूसरी शक्ति है, उन अधिकारियों की जो उस शक्ति से डर कर भीगी बिल्ली बने बैठे हैं।

श्रीनारायण स्वामी जी अभी-अभी अधिकारियों से बातचीत कर चुके हैं। तनिक न्याय तो देखिए–दिल से यह मानते हुए भी कि यवन-दल अन्याय पर है फिर भी हिन्दुओं को ही आरती का समय स्थगित करने के लिए कहा जा रहा है।

भाइयो! हमारे सामने भीषण समस्या है। आज हम यहां इस धर्मशाला में धर्म युद्ध का श्रीगणेश करने लगे हैं। परमात्मा हम सब को दृढ़ता दे ताकि हम अपने अधिकार की रक्षा कर सकें।

एक बात और! यवन दल उत्पात करने पर तुल चुका है। लड़ाई होगी ओर बड़े जोर की होगी। यदि तुम अपने अन्दर संगठन रखोगे तो कोई भी दुराचारी तुम्हारा बाल तक बांका नहीं कर सकता, परन्तु यदि तुम्हारे अंदर आपाधापी मच गई तो तुम एक-एक करके मारे जाओगे। खुशी में भले ही अनेकता हो, परन्तु गम में तो एकता होनी ही चाहिए। तुम किसी भी सत्ता का भय मत मानो, भय स्वयं भयमान नहीं परन्तु भावी भय का भय अधिक भयंकर है। यह मुसलमान चीज ही क्या है? कौन कहता है मुसलमान वीर हैं? कदापि नहीं! मुसलमान पहले गुर्राता है दूसरों पर रोब जमाता है परन्तु जब सामने वाला भी छाती ठोक कर मैदान में डट जाता है तो मुसलमान भागता भी दिखाई नहीं देता। हिन्दू की तारीफ यह है वह पहले तो किसी को छेड़ता नहीं परन्तु जब एक बार छेड़ ले तो फिर उसे छोड़ता नहीं।

हम उस पृथ्वीराज और समर सिंह की सन्तान हैं जिन्होंने वर्षों तक इन म्लेच्छों को लंगोटी में बांधे रखा फिर हमारे हृदयों में भला इनका भय ही क्यों हो।

यति जी अभी व्याखान दे ही रहे थे उसी समय एक व्यक्ति भागा-भागा बाहर से आया और धर्मशाला के अंदर प्रविष्ट होते ही उच्चस्वर से बोला-

''तुम लोग यहां सभा कर रहे हो उधर मुसलमान एक हिन्दू बालक को जबरदस्ती मुसलमान बना रहे हैं।''

इन शब्दों ने सभा का रंग ही बदल दिया, जोश तो पहले ही था, बस उसी क्षण लोग उठ-उठ कर उधर भागने लगे...इतने में मंच पर से आवाज़ आई-

''ठहरो ! कहां जाते हो, मैं मानता हूं तुम्हारे अन्दर जोश है परन्तु जोश के साथ होश भी तो चाहिए। ऐसे खाली हाथ लटकाते कहां जाओगे। वहां जा कर क्या करोगे...अगर जाना है तो हाथ में आत्मरक्षा का साधन ले कर जाओ...''

बाकी लोग तो लौट आए परंतु जिनके पास लट्ठ थे, वह चालीस पच्चास नौजवान उस लड़के के पीछे-पीछे हो लिए।

वास्तव में यह उस बताने वाले की शरारत थी। यह संसार उस विश्वकर्मा का एक अदभुत पिटारा है। आग लगा कर तमाशा देखने वालो की यहां कोई कमी नहीं। वैसे तो उन दिनों में पता नहीं कितने विशेष असहाय बच्चों को ज़बरदस्ती मुसलमान बनाया गया। पता नहीं कितनी अबोध बालिकाओं को पथ-भ्रष्ट किया गया परन्तु उन सब घटनाओं से उस व्यक्ति का तात्पर्य न था। उसने एक शरारत करनी थी और उसने वह शरारत भली प्रकार से करली। आगे-आगे वह शरारती चला और पीछे-पीछे लट्ठबंद हिन्दू वीर चले।

वह दुकान थी एक मुसलमान बसाती वाले की। जोश में भरे हुए हिन्दू वीर उस दुकान पर टूट पड़े। अकस्मात आक्रमण के भय से दुकानदार ने आत्म-रक्षा का कोई अन्य उपाय न देख बिजली बुझा दी। अब वहां चारों ओर अंधकार था। यदि बिजली न बुझाई जाती तो सम्भवत: थोड़ी ही देर में हिन्दू वीरों को स्वयं ही दीख जाता कि वास्तव में उस स्थान पर किसी भी लड़के को जबरदस्ती मुसलमान नहीं बनाया जा रहा था, परन्तु बत्ती बुझ जाने से उनका विचार और भी पक्का हो गया और उन्होंने अपने दिल का बुखार भर पेट निकाला-खूब निकाला। उस मुसलमान की दुकान का हिन्दू वीरों ने कोना-कोना छान मारा, परन्तु वहां कहीं भी उन्हें वह तबलीगी दृश्य दिखाई न दिया। नितांत हिन्दू वीर उसकी दुकान के शीशे तोड़-फोड़ कर चल दिए।

आग तो पहले ही सुलग रही थी, आवश्यकता थी केवल एक फूंक लगाने की...वह भी लगा दी गई। यवन दल भीतर ही भीतर जो मनसूबे बांध रहा था, उसे पूरा करने का समय आ गया। दंगे का भय सर्वत्र छा रहा था। हिन्दू वीरों द्वारा उस मुसलमान की दुकान लुट जाने की चर्चा यवन दल में बिजली के समान फैल गई...बस फिर क्या था, लगे झुंड के झुंड जमा हो-हो कर अली अली का शोर मचाने ।

छेदीलाल जी की धर्मशाला यवन आक्रमणकारियों का लक्ष्य था। व्याख्यान समाप्त होते-होते विषमता दोनों ओर से इस सीमा तक बढ़ चुकी थी कि धर्मशाला से निकल अपने घर तक सुरक्षित पहुंच जाना कोई साधारण-सी बात न थी।

रात्रि के ग्यारह बज चुके थे। सभा विसर्जित हो चुकी थी परन्तु सभासद जाएं कहां। यति किशोरचंद्र के सामने यह एक समस्या थी । जिन लोगों के घर निखालस हिन्दू मोहल्लों में थे और वहां तक पहुंचने में भी किसी मुस्लिम बस्ती से नहीं गुजरना पड़ता था उन्हें सौ-सौ पच्चास-पच्चास के झुंड में यति जी ने विदा किया। जो शेष बचे उन्हें यति जी ने रात भर उसी धर्मशाला में ठहर सुबह ही अपने-अपने घरों को जाने का परामर्श दिया। धर्मशाला की रक्षा का प्रश्न भी उनके सामने था। उस समय यति जी फिर धर्मशाला के ऊपर जा चढ़े। उन्होंने देखा पार्क की ओर वाले दरवाजे से दो सौ के लगभग आदमी धर्मशाला से निकले, वे थोड़ी ही दूर गए थे कि एक तरफ से आवाज आई-"ओ जाने वाले काफिरों ! ठहर जाओ...देखो अभी..." बस जो आगे चलते थे वे पीछे हो गए जो पीछे चलते थे वे आगे हो गए और इस शान से भागे कि बस जान बची सो लाखों पाये, खैर से बुद्धु घर को आए।

छत पर खड़े हुए यति जी यह कौतुक देख रहे थे। इस प्रकार से कायरों के सामने भागते हुए हिन्दुओं को देख यति जी ललकार कर बोले-"ओ बहादुर मां बाप के बेटों क्यों अपने बुजुर्गों का अपमान कर रहे हो । तुम वीर हो, बहादुर हो, वीर रण से भागा नहीं करते।"

वे सभी आदमी भागते-भागते धर्मशाला में आ घुसे। यति जी भी नीचे आए-देखा चारों ओर हाहाकार मची है। अपने-अपने घर सबको याद आ रहे है। कोई कहता मेरा घर मुसलमानी मुहल्ले में है, घर पर कोई आदमी नहीं, मुसलमान मेरे बच्चों को मार देंगे। कोई कहता मेरा घर इस समय खाली है, मुसलमान मेरे घर को लूट ले जाएंगे । चारों ओर हाहाकार मच रही है। उस

समय एक ऊंचे मेज पर खड़े हो यति जी बोले ''भाइयों आप लोग चुपचाप हो कर मेरी बात को सुनो–आप लोग अपने–अपने घरों को जाने के लिए तड़प रहे हैं। मैं आपको इसका सहज उपाय बताता हूं । सुनो! सबसे पहली बात तो तुम यह करो कि गणेशगंज की ओर जाने वाले पूर्व की ओर हज़रतगंज को जाने वाले पच्छिम की ओर और सब्ज़ीमंडी की तरफ जाने वाले आदमी उत्तर की ओर एक एक टोली में इकट्ठे हो जाएं। आप प्रत्येक टोली अपने में एकता रख हाथों में ईंटें तथा लकड़ी ले अपने–अपने घरों को जाए। मैं तुम्हें विश्वास दिलाता हूं कोई भी तुम्हें कुछ नहीं कहेगा और अगर कहेगा भी तो तुम इधर–उधर भागना नहीं बल्कि सब इकट्ठे होकर मुकाबला करना। अगर तुम इस प्रकार चलोगे तो तुम सभी सुरक्षित अपने घरों में पहुंच जाओगे और अगर तुम अपने–अपने बचाव के लिए यत्न करोगे तो कोई भी नहीं बचेगा। मैंने तुमको पहले भी कहा था और अब भी कहता हूं कि मुसलमान का खौफ अपने दिल से मिटा दो। मुसलमान की यह आदत है कि पहले तो वह ईंट उठा कर बडे तकब्बर से आगे बढ़ता है परन्तु सामने पत्थर देख अपनी ईंट वहीं छोड़ भाग जाता है। तुम्हारी कमज़ोरी केवल इतनी है कि तुम लोगों में एकता नहीं सुख में चाहे एकता हो अथवा न हो परन्तु दुःख में तो एकता होनी ही चाहिए। संगठन में वास्तविक शक्ति है। संगठन ही सब निर्बलताओं का बल है। छोटे–छोटे तिनके भी जब मिल जाते है तो बड़ा जबरदस्त हाथी उनसे बंध जाता है। जब छोटे–छोटे बेजान तिनको का यह हाल है तो जानदार मनुष्यों का संगठन तो बड़ा ही बलशाली होना चाहिए। रण से पीठ दिखा कर भागना आर्य वीरों की शान नहीं। हमारे इतिहास में लिखा है कि यदि कोई राजपूत जीवन के मोह में अथवा अपनी रमणी के प्रेम वश रण से भाग आता था तो वीर राजपूतनी उसके लिए अपने घर के दरवाजे बंद कर लेती थी। तुम रण से पीठ दिखाकर अपने कुल को लाज लगा कर आए हो इस घर में तुम्हारे लिए कोई स्थान नहीं। तुम अभी–अभी जो भागे आए हो यदि मैं उस समय इस चौक में होता तो तुम्हारे लिए कभी दरवाजे न खोलता और कह देता जाओ कायरों के लिए यहां कोई स्थान नहीं। अब भी मैं तुम्हें कहता हूं तुम एक होकर यहां से चलो, यदि मुसलमान तुम पर हमला करें तो तुम भी ''हर–हर महादेव'' का नाद बजाते हुए उनपर टूट पडो।''–इस प्रकार नवजीवन संदेश प्राप्त कर वे लोग बाहर निकले और सुरक्षित अपने–अपने घर गए। इधर यति जी धर्मशाला की मोरचाबंदी करने लगे। सर्वप्रथम तो जितने भी आदमी धर्मशाला में बाकी बचे थे, उनमें से केवल पचास साठ

नवयुवक अपने पास रख यति जी ने बाकी सबको धर्मशाला की कोठरियों में निश्चित सो जाने को कहा, स्वयं वह धर्मशाला के शिखर पर चढ़ वहां से आक्रमणकारियों की गतिविधि का निरीक्षण करने लगे। धर्मशाला के साथ में ही किसी लाला का मकान बन रहा था, यति जी कुछ नवयुवकों सहित उधर उतर पड़े और सैकडों ईंटें और बांस के पोरे वहां से उठा-उठा कर उन्होंने धर्मशाला की छत पर इकत्रित कर लिए।

हिन्दू वीरों की ओर से मुसलमान की दुकान पर जो कुछ भी किया गया, उसकी प्रतिक्रिया दोनों ओर से होगी यह यति जी को पूरा-पूरा विश्वास था। यवन दल भी इधर आवेगा और अधिकारी गण भी हिन्दुओं को दोषी ठहरा यहां आवेंगे। इसीलिए यति जी खूब चैतन्य थे और हुआ भी ऐसा ही। रात के लगभग दो बजे पुलिस कप्तान बहुत से सिपाहियों को लेकर धर्मशाला के दरवाजे पर आया। यति जी ने झट नीचे उतर किवाड़ खोल दिए, पुलिस कप्तान दलबल सहित अंदर दाखिल हुआ, पुलिस का ख्याल था कि धर्मशाला में युद्ध की खूब तैयारियां हो रही होंगी परन्तु यहां का नक्शा ही विपरीत देख थोड़ी ही देर के पश्चात पुलिस कप्तान वापिस लौट गया।

श्री आर.एस.नारायण स्वामी जी को मुसलमानों की ओर से बड़ा भय था। उन्हें इस प्रकार भयभीत देख यति जी बोले–"कृपानिधान! आप रत्ती भर भी चिन्ता मत करिए। जब तक मैं आपके साथ हूं तब तक आपकी ओर कोई टेढ़ी भृकुटी तान कर भी देखने का साहस नहीं कर सकता। आप निश्चिंत रहिए। प्रातःकाल होते ही स्वामी जी महाराज अपने घर मारवाड़ी गली में जाने को तैयार हुए–"यति जी! यही अवसर है यहां से सुरक्षित निकल जाने का। दिन चढने पर फिर यहां से निकलना कठिन हो जाएगा।" यति जी ने स्वामी जी को उसी समय सुरक्षित उनके मकान पर मारवाड़ी गली में पहुंचा दिया।

सुबह हुई, दिन बहुत निकल आया। बहुत से मारवाड़ी लोग भागे-भागे स्वामी जी के पास आए-महाराज! कहिए अब क्या करें बात बहुत बढ़ चुकी है। हमारे घरों के पीछे कसाइओं का मुहल्ला है। अगर यह कसाई सभी एक होकर लड़ने पर आ गए तो हम क्या करेंगे। स्वामी जी बोले "भाइयो! तुम्हें यह पता है मुसलमान मेरे कितने दुश्मन हैं। मेरा दिमाग तो इस समय कुछ काम नहीं करता फिर यति जी की ओर इशारा करके बोले–यह देखिये तेजस्वी महात्मा। आप लोगों की रक्षा के लिए भगवान् ने इन्हें हमारे पास भेजा है। अभी तक भी इन्होंने हमारी रक्षा की है आगे भी यही करेंगे। आप इन्हीं

से सलाह पूछिये'' तब सभी मारवाड़ी यति जी के पास आकर बोले–''महाराज! आप ही बताइए हमें क्या करना चाहिए। जिससे हम अपनी रक्षा कर सकें।'' सेठ लोगों की ऐसी बात सुनकर यति जी हंस कर बोले–

''सेठ लोगो! तुम्हारे अन्दर पैसे का मोह बहुत अधिक है। दिन-रात तुम्हें पैसे की ही चिन्ता लगी रहती है। आप लोगों ने जीवन का लक्ष्य पैसा बना रखा है। आपका धर्म, ईश्वर, मजहब सभी कुछ पैसे में है। आपने पैसा कमाना सीखा पैसे की रक्षा करनी बिल्कुल नहीं सीखी और आज यह पैसा ही तुम्हारा दुश्मन बन रहा है। पैसा है ताकत वाले का। अभी यह कसाई लोग यदि तुम्हारे घरों पर चढ़ आए तो तुम्हीं बताओ यह तुम्हारा पैसा किस काम आएगा। इसलिए इस मौके से शिक्षा प्राप्त करो ओर पैसा कमाने से पहले पैसे की रक्षा करना सीखो–

तुम आज मुझे पूछते हो कि रक्षा किस प्रकार से हो सकती है। रक्षा हो सकती है ताकत से क्या–आपके पास ताकत है?–''हमारे पास ताकत कहां''–मारवाड़ी बोले। यति जी बोले–तो फिर मरते मरो-दुःख भी तो यही है? क्या कभी तुमने सोचा भी इन तुम्हारे बाल बच्चों का आखिर बनेगा क्या! मैं तुम्हें कहता हूं कि अपने बच्चों को किसी ताकत के काम में लगाओ। दिन-रात गधेलों पर बैठे फुटबाल बन कर कुछ नहीं होता–अच्छा आपके पास कितने नौकर हैं और कोई हथियार बंदूक, पिस्तौल, तलवार, कटार भी है। यह सारी बात बताओ और घबराओ बिल्कुल नहीं। मारवाड़ी लोग लगे इधर-उधर बगलें झांकने –एक मारवाड़ी बोला–''महाराज! एक बंदूक है, ला. हरनारायण के पास और नौकरों की गिनती करके बोले–नौकर 18 हैं।'' यति जी उस बंदूक वाले सेठ से बोले –सेठसाहब! मौका पड़ने पर क्या आप अपनी बंदूक चलाकर हमारी रक्षा कर सकोगे? सेठ बोला–महाराज! यह काम तो मुझसे होगा नहीं।

''आपसे नहीं होगा तो अपनी बंदूक हमें दे दें। हम ही उससे काम ले लेगें''–सेठ साहब बोले–महाराज! मैं अपनी बंदूक भी आपको नहीं दे सकता...यति जी बोले–अच्छा न साथ रहो और न हमें अपनी बंदूक ही दो परन्तु कोठे पर चढ़ कर फायर तो कर सकोगे...सेठ बोला–अगर इतनी ही जरूरत पड़ी तो हमारा नौकर मदद कर देगा–''परन्तु सेठ साहब आपका नौकर तो हमारे साथ रहेगा।'' आखिर में यति जी बोले–देखो भाइयों, तुम

घबराओ मत। तुम्हारा रत्ती भर भी नुकसान नहीं होगा इसका जिम्मा मैं लेता हूं, परन्तु मेरी बात आपको माननी ही होगी।

सेठ बोले–महाराज! जो आप कहें हम वही करेंगे।

यति जी बोले–देखो पहली बात यह करो कि अपने सभी नौकर मेरे हवाले कर दो। (2) एक बोरी पिसी हुई लाल मिर्चों की मंगा दो। (3) आठ कनस्तर मिट्टी के तेल के। (4) एक हजार ईंटें। (5) दस बारह पानी के बल्टोहे। (6)कुछ पुराने फटे चिथड़े । यह सब चीजें अपनी गली के दोनों ओर तीसरे और चौथे मकान के ऊपर रखवा दो। आप लोग अपने मकानों के अंदर से किवाड़ बंद कर लो। औरत बच्चे सब नीचे रहो और बूढ़े जवान आदमी कोठों पर जहां मैं कहूं वहां बैठें। यति जी ने दो घड़ियाल भी मंगा लिए और नीचे बैठे आदमियों के पास घड़ियाल रख दिए–"जिस समय कोई मुसलमान आए घड़ियाल बजा दो।" शिखर पर बैठने वालों को यति जी ने कहा–देखो जिस समय घड़ियाल बजे उसी समय दोनों तरफ से लाल मिर्चों का पानी फैंकों, साथ ही ईंटें जो जोर-जोर से मारो। मिट्टी के तेल के लोटे भर-भर कर फैंके और फिर यह मिट्टी के तेल में भरा हुआ जलता हुआ कपड़ा फैंको दे। यह काम आप अच्छी तरह कर सकते हैं। आप चौकन्ने होकर खूब होशयारी से बैठें। घड़ियाल की आवाज पर सब कुछ कर देना–तुम ऊंचे हो तुम्हारी तरफ कोई कुछ फैंक नहीं सकता। फैंकेगा भी तो अपने आप सर फोड़वाएगा। तुम्हें तो कोई भय की बात ही नहीं।

इस प्रकार समझा कर यति जी स्वयं नीचे गए और उस मकान में कुछ अस्त्र-शस्त्र भी धरे थे। यति जी ने वे अस्त्र-शस्त्र निकलवाए। जिनके मकान में यति जी उस समय बैठे थे उस मकान के मालिक का थोड़े ही वर्ष हुए देहांत हो चुका था। उनके दो लड़के विद्यानन्द और शिवानंद उस मकान में रहते थे। इनके पिता जिनके यह शस्त्र थे वह वायसराय के (Body Guard) अंग रक्षक थे। आपत्ति के समय इनसे काम लेने के विचार से यति जी ने इन्हें बाहर निकाल रखा था। इतने में पुलिस इंस्पैक्टर कुछ पुलिसमैनों को साथ लिए वहां आ गया और अपने सिपाहियों को बोला–उठा लो यह हथियार। सिपाही हथियार उठा कर जाने लगे, यति जी ने पुलिस कप्तान साहब से कहा–साहब! तुम इन्हें ले जाना चाहते हो तो भले ही ले जाओ, लेकिन हमारा अगर सारा घर लुट गया फिर आप ही कहिए इसका कौन जिम्मेदार है। यति जी की बात को तो साहब टाल गया, परंतु उसी समय कागज उसके आगे

धर हाथ में पैंसिल पकड़ाते हुए यति जी बोले–साहब! लो यहां पर लिख दो कि यदि हमारा नुकसान हुआ तो इसके आप जिम्मेदार हैं। साहब से कुछ भी जबाब न बन पड़ा उन अस्त्रों को वहीं छोड़ वह चला गया।

मारवाड़ी गली के उस तेजस्वी सरदार के द्वारा की जा रही मोर्चा बंदी की खबर केवल मारवाड़ी गली तक ही सीमित न रह सकी। मुस्लिम फिसादियों में और विशेष करके कसाइओं में यह खबर फैल गई कि मारवाड़ी गली के बड़े सेठ विद्यानंद ने अपने गांव से सैकड़ों लट्ठबंद लड़के मंगवा रखे हैं। लड़ाई का पूरा-पूरा सामान जुटा रखा है। यह खबर पाते ही यवन दल में एक आतंक-सा छा गया।

अपने चौदह साथियों को साथ लेकर यति किशोरचंद्र उस गली के बीचों-बीच सज गए। चार मकान छोड पांचवें मकान के चबूतरे पर गली के दोनों ओर उन्होंने दो-दो आदमी घड़ियाल लेकर बिठा दिए और उन्हें कह दिया जिस समय कोई भी मुसलमान उस गली में घुसे, एक मकान के दरवाजे से एक इंच भी आगे आ जाए, तुम उसी समय जोर से घड़ियाल बजाते हुए हमारी ओर दौड़ आओ। ऊपर बैठे लालाओं से कहा–तुम घड़ियाल की आवाज सुनते ही अपना मसाला नीचे गिराना शुरू कर दो। बंदूक वाले से कह दिया तुम उसी समय आकाश में फायर कर दो और अपने साथ वालों से कहा–जिस समय घड़ियाल बजे उसी समय हर-हर महादेव कहते हुए दौड़ कर उन सब को मार भगाने की कोशिश करो। और मकानों के अंदर बैठे हुए औरतों तथा बच्चों से कह दिया जब घड़ियाल बजे उस वक्त सब मिल कर जोर-जोर से चिल्लाओ–मारो–मारो–काटो काटो।

उसी दिन शाम के लगभग चार बजे 500 मुसलमानों एक जत्था मारवाड़ी गली की ओर अन्दर घुसा। उसी समय घड़ियाल की आवाज हुई और बस वही नक्शा–

तोबा तोबा करि घर को तुरक भागे।
होश भी न रही कुछ रोजे और नमाज़ की।।
प्रबल प्रचण्ड यम दण्ड के समान वण्ड।
देख के उदण्ड असि यति महाराज की।।
लपक लपेट लेत एक ही चपेट खेत।
झपट झपेट मानो चिड़ियों पै बाज की।।

झुंड खिन्न-खिन्न कर प्रच्छन्न कियो तुर्की दल।
सहज उधेरे जैसे छिलकियां पियाज की।।
तेरी यह त्रिशूल महादेव के त्रिशूल कैधों।
तेरो यह दण्ड काल दण्ड के समान है।।
तेरो यह परशु परशुराम को परशु कैधों।
तेरो गदा भीम की गदा के अनुमान है।।
भृकुटी का तेज मानो ब्रह्म ही का तेज है जो।
नैकुही छडावती म्लेच्छन के प्राण है।।
तेरो बान राजा रामचन्द्र जुको बान कैधों।
तेरो यह कृपान महा काली की कृपान है।।

तीन ही मिनट में उन 500 यवनों का पता नहीं चला वे कहां भाग गए।

सूर्य छुप गया...यह कहर की दूसरी रात थी... यति किशोरचन्द्र ने सब को हौसला दिया–तुम घबराओ मत । जब तक यह तलवार मेरे हाथ में है तब तक किसी म्लेच्छ की ताकत नहीं वह इस गली में पांव तक धर सके–

रात निकल गई। सुबह हुई भय वैसे का वैसे बना था। कल चार बजे वाली घटना ने यवन दल में एकदम भय पैदा कर दिया। अब अपनी पिशाचता का भरोसा छोड़ वे मुसलमान पुलिस वालों के पास पहुंचे और वहां जाकर खूब बढ़ा चढ़ा कर बातें कीं। ''मारवाड़ी गली वालों ने लड़ाई का पूरा सामान जुटा रखा है। उन्होंने हजारों जवान बाहर से बुला लिए हैं और अब वे मुसलमानी मोहल्लों पर हमला करने वाले हैं।'' मुसलमानों की फरियाद सुन एक गोरा अंग्रेज चार सिपाही साथ ले मौका देखने चला। वह अंग्रेज गली में घुसा ही था कि ऊपर से किसी आदमी ने मुसलमान को उस अंग्रेज के पीछे आता देख ईंटें बरसानी शुरू कर दीं। पहली ईंट के गिरते ही अंग्रेज तो अपना टोप वहीं छोड़ उलटे पांव भागा। उस गोरे सार्जन्ट के चले जाने पर यति जी को विश्वास हो गया कि अब अधिक पुलिस आवेगी, अस्तु! उन्होंने सबको हिदायत कर दी कि अब बिना घड़ियाल की आवाज सुने ऊपर से कुछ मत फैंकना। थोड़ी देर में वही अंग्रेज बीस पच्चीस सिपाही साथ लेकर आया। यति जी ने सारी परिस्थिति उसके सामने रखी और आखिर में उसे कहा कि जब सरकार इन लोगों की रक्षा करने में असमर्थ है तो क्या हम अपना सर्वनाश अपनी आंखों से देखते रहें? साहब आया और लौट गया...उसके जाने के थोड़ी ही देर बाद बाहर से अल्ला अकबर की आवाजें आने लगीं–लगभग

शाम के छह बजे 1000 मुसलमानों का गिरोह तलवारों, बरछियों, लाठियों से सुसज्जित उस गली की ओर बढ़ा–उसी समय घड़ियाल की जोर से आवाज हुई और देखते ही देखते उस गली का नक्शा ही बदल गया।

दाढ़ी के रखैयन की दाढ़ी से रहित छाती।
बाढ़ी-मरजाद, जस, हद-हिन्दुवाने की॥
कढ़ि गई रैय्यत के मन की कसक सब।
मिटि गई ठसक तमाम तुरकाने की॥
भूषण भनत दिल्ली पति दिल धक धक।
सुनि सुनि धाक शिवाराज मरदाने की।
मोटी भई चंडी बिन चोटी के चबाये सीस।
खोटी भई अकल चकत्ता के घराने की॥
पैज प्रतिपाल भूमि भारको हमाल।
चहुचक्क को अमाल भयो दण्डक जहान को॥
साहिनको साल भयो ज्वार को जवाल भयो।
हर को कृपाल भयो हार के विधान को॥
वीर रस ख्याल शिवराज भुवपाल तुव।
हाथ को विसाल भयो भूषण वखान को॥
तेरो करवाल भयो दक्षिण को ढाल भयो।
हिन्दू को दिवाल भयो काल तुरकान को॥

□□□

उनहत्तरवां अध्याय

सुल्तानपुर का अभूतपूर्व दृश्य

प्रारभ्यते न खलु विघ्नभयेन नीचैः, प्रारभ्य विघ्न विहता विरमन्ति मध्याः।
विघ्नैर्मुर्हुर्मुहुरपि प्रतिहन्यमानाः, प्रारब्धमुत्तमगुणा न परित्यजन्ति॥

फिरंगियों की जेल से किसी कैदी को छुड़ाना कोई सहज बात नहीं। इसका तो केवल एक यही उपाय है कि गौरांग महाप्रभु स्वयं अपने हृदय में दयादेवी को धारण कर उस प्राणी को मुक्त कर दें। वैसे किसी विशाल षड्यन्त्र द्वारा यदि कोई व्यक्ति किसी कैदी को भगाना चाहे तो यह कार्य कठिन नहीं परन्तु कठिन समस्या तो यह है कि वह भागा हुआ व्यक्ति जाएगा कहां पर। धरती पर तो उसके लिए कोई स्थान नहीं। अपनी सी. आई. डी. के रूप में सर्वव्यापक गौरांग महाप्रभुओं की गृध्र दृष्टि से बचकर तो कोई प्राणी इस भारत-भूतल पर रह ही नहीं सकता। जेल से भागना मानो अपने आपको छोटी जेल से निकाल कर बड़ी जेल में ला फैंकना है। मानो आकाश से गिर कर खजूर में सिर नीचे और पांव ऊपर करके लटकने के समान है।

यति जी के सामने यही एक उग्र समस्या थी। वह चाहते थे कि अधिकारियों का हृदय पिघल जाए, और स्वयं सत्य का अनुभव कर वे कटारपुर के समस्त निर्दोष व्यक्तियों को छोड़ दें। लखनऊ में भी वह इसी प्रयत्न को लेकर आए थे। नवलकिशोर प्रेस के अध्यक्ष केसरीदास सेठ से मिल कर उन्होंने अधिकारियों तक उन गो-भक्तों की मुक्ति की समस्या सुलझाने में कोई भी कसर न छोड़ी थी, परन्तु वह अपने परिश्रम में कृतकार्य नहीं हो पाए। जिन तिलों में से वह तेल निकालना चाहते थे उन तिलों में तेल था ही नहीं।

लखनऊ में वह आए थे किसी और प्रयोजन को लेकर, परन्तु यहां उन्हें अकस्मात ही धर्म युद्ध का सैनिक बनना पड़ा। युद्ध की समाप्ति पर लगभग पन्द्रह बीस दिन तक यति जी लखनऊ में ठहरे। जब नगर में सुख-शान्ति हो गई, यावनी-आतंक का कोई भय न रहा तो यति जी लखनऊ से हरिद्वार चले गए।

यति जी की निरन्तर कोशिशों के परिणामस्वरूप यद्यपि लाला किशनचंद जी सर्वथा मुक्त तो नहीं हो पाये थे, परन्तु इतना तो अवश्य हो गया कि प्रतापगढ़ जैसे नारकीय जेल से उनका तबादला सुल्तानपुर सैनीटोरियम जेल में कर दिया गया। यह यति जी की पहली विजय थी। इसके लिए भी यति जी को बड़ा भारी प्रयत्न करना पड़ा। परन्तु जबतक वह अपने धर्म बंधुओं को सर्वथा मुक्त न करवा लेते तब तक उन्हें चैन कहां थी। हरिद्वार में थोड़े ही दिन ठहर कर यति जी सुल्तानपुर जेल में लाला किशनचंद जी से मुलाकात करने तथा उनकी रिहाई के लिए यत्न करने चल दिए।

सुल्तानपुर गोमती नदी के तट पर एक सुन्दर कस्बा है। यहां का जल-वायु भी अच्छा है। सुल्तानपुर पहुंच कर यति जी ने एक शिवालय में डेरा लगाया। सुल्तानपुर से दो फर्लांग की दूरी पर गोमती नदी बहती है, जिसके तट पर कहीं-कहीं मन्दिर तथा सुन्दर घाट बने हैं। यति जी नित्य-प्रति प्रातः उठ गोमती के तट पर घूमने तथा स्नान ध्यान करने जाते। उस दिन नदी के साथ ही साथ टहलते-टहलते यति जी बहुत दूर निकल गए। लौटते हुए बड़ी धूप हो गई थी। ग्यारह बज चुके थे। ऊपर सूर्य तप रहा था, नीचे रेत तप रही थी, नदी के किनारे ही किनारे चलते-चलते यति जी ने एक ओर बड़ा ही सुन्दर रमणीक स्थल देखा। तीन पेड़ आम के, एक पीपल का उनके नीचे कुआं और एक छोटा-सा मन्दिर था। यति जी कुछ देर विश्राम करने के लिए उस पीपल के पास वाले चबूतरे पर जा बैठे।

यति जी के समीप ही एक ब्राह्मण देवता बैठे रसोई बनाने की योजना रच रहे थे। रसोई की तैयारी क्या थी मानो पानीपत के मैदान में भिड़ने की तैयारी थी। शरीर पर केवल एक धोती, गले में जनेऊ और माथे पर तिलक लगाए ब्राह्मण देवता मोर्चाबन्दी में जुट रहे थे। सर्वप्रथम तो उसने एक वृक्ष पर आक्रमण किया उसके अंश काट कर उन्हें इकट्ठा कर चूल्हा में जलाने को लाए। तीन ईंटों को तरीके से रख चुल्हा बना उसमें आग जलाई। उस पर देगची रख कुछ चीज उस देगची में पकानी शुरू की।

यति जी ने इस ओर कुछ ध्यान नहीं दिया। जिस स्थान पर वह पहले बैठे थे वहां कुछ असुविधा-सी देख वह उसी वृक्ष के नीचे एक दूसरी जगह पर बैठ गए। यति जी अभी वहां बैठे ही थे कि पंडित ही महाराज का पारा तो 212 डिग्री फारनहाइट से भी ऊपर चढ़ गया और वह क्रोध में आकर बोला "दीखता नहीं हमारा यह चौका है।"

यति जी बोले "देवता स्वरूप जी महाराज! आप का चौका है, मैं यह जानता हूं।"

"तो फिर पास से गुजरते हुए क्या अंधे हो गए थे।"

यति जी के हृदय में ब्राह्मणों के प्रति बड़ी श्रद्धा थी। उस ब्राह्मण देवता के कटु शब्दों को सुन कर भी उन्होंने सहनशीलता को छोड़ा नहीं और वह फिर भी नम्रता से बोले-"देवता स्वरूप! मैं तो आपके चौके से बच कर गुजरा हूं।"

पंडित जी महाराज एक अनोखी भृकुटि तान कर बोले "अरे! अगर यही दूर है तो धोरे क्या हुआ।"

यति जी ने फिर भी नम्रता को नहीं छोड़ा। वह फिर हाथ जोड़ कर बोले-"कृपा निधान! मैं तो आपके चौके से बच कर निकला हूं, यदि कुछ गलती हो भी गई तो भी आप मुझे क्षमा कर दें।" यति जी की नम्रता को पंडित महोदय ने उनकी कायरता समझा, बस फिर क्या था-जितना यति जी झुके वह उतना ही अकड़ता गया।

वह ब्राह्मण निरंतर बड़-बड़ कर ही रहा था। आखिर प्रत्येक बात की सीमा होती है। सीमा से अधिक तो अमृत भी विष बन जाता है। यति जी तनिक कठोरता से बोले-"अरे क्या टर-टर करता है, मैं कहता हूं माफ कर माफ कर और तू सिर पर ही चढ़ता जाता है। खाना-पीना जाता रहा। क्या कर दिया मैंने तेरे खाने-पीने को! मैं यहां बैठा हूं, तेरा चुल्हा वह दूर है। मैंने तेरा क्या खाना पीना छीन लिया। पैसे की दाल और धेले का मसाला, डेढ़ पैसे का माल नहीं और टर-टर लगाता है दस रुपये की। ले अपने दो पैसे ले ले।"

यति जी की कड़क आवाज सुनकर ब्राह्मण देवता का सारा का सारा जोश पता नहीं कहां भाग गया, परन्तु खसियानी बिल्ली खंबा नोचे-रस्सी जल कर भी बल न जाने वाली बात थी। "ले लो इसके दो पैसे! तीन आने की मेरी सुद्धि है चार पैसे का इस में घी है जो मेहनत करी सो तो रही अलग और ले लो इससे दो पैसे।"

"तीन आने की सुद्धि" यति जी ने सुद्धि का नाम कभी नहीं सुना था। वह चकित होकर बोले–सुद्धि क्या होती है, महाराज!

पंडित जी वैसे ही बड़-बड़ करने लगे। "सुद्धि क्या होती है–जानता नहीं, बताओ इसे–दूध पीता लल्ला है न।"

यति जी फिर हंस कर बोले–"देवता! हमें तो पता नहीं यह तुम्हारी सुद्धी क्या है।"

"अच्छा! हटो-हटो यहां से, नहीं पता तो न सही मैंने तुम्हें पता लगवा कर क्या लेना है।"

यति जी ने सोचा यह कम्बख्त उन्हें किसी न किसी बहाने वहां से उठाना चाहता है। वहां बैठने की उन्हें कोई ज़िद तो थी नहीं। वहां से उठ कर वह कुछ दूर जा बैठे। थोड़ी ही देर में उधर से जाता हुआ एक और सज्जन विश्राम करने के लिए यति जी के पास ही आ बैठा। यति जी ने उस आदमी से पूछा– महाशय! यह आदमी जो यहां बैठा रसोई बना रहा है, कहता है मेरी तीन आने की सुद्धी है हम तो समझे नहीं यह सुद्धी क्या चीज होती है। वह आदमी बोला–महाराज! सुद्धी मांस को कहते हैं।

यति जी को बड़ा ही आश्चर्य हुआ "ब्राह्मण और मांस भक्षी"। कहां ब्राह्मण और कहां मांस! यह दुष्ट ब्राह्मण नहीं यह तो राक्षस है। यति जी ने पीछे मुड़ कर देखा। वह ब्राह्मण देगची में कड़छी फेर रहा था और एक दो बार कड़छी में कुछ अंश बाहर निकाल कर भी उसने देखा। यति जी ने उसकी कड़छी में मांस की हड्डियां चमकती देखीं। उन्हें बड़ा ही क्रोध आया। और वे वहीं खड़े-खड़े बोले–अरे दुष्ट! तू ब्राह्मण है या राक्षस! तेरा पेट है या कि कब्रिस्तान। तेरा चूल्हा है या चिता–अरे मक्कार! एक तरफ तू चौके का ढोंग रचता है। शरीर के कपड़े उतार कर अपने धर्मात्मा-पन का साईन बोर्ड लटका कर दुनिया को धोखा देता है। दूसरी ओर मांस-भक्षण करता है। यह दृश्य देख यति जी से तो वहां एक सैकंड भी बैठा न गया। और वह वहां से उठ अपने स्थान को चल दिए।

उस समय उनके हृदय में महान-क्षोभ हो रहा था। वह अपने निवास-स्थान की ओर चलते-चलते उस ब्राह्मण की सुद्धी पर सोच विचार कर रहे थे। कितना ढोंग! ब्राह्मण और मांस-भक्षी। जब रक्षक ही भक्षक बन गए तो फिर देश तो रसातल में जाना ही था, जब बाग के माली ही हाथों में कुल्हाड़ा लेकर बाग का बर्बाद करने लग जाएं तो फिर बाग के नष्ट-भ्रष्ट होने में सन्देह ही

क्या। ब्राह्मण का धर्म तो था देश का पथ-प्रदर्शन करना-परन्तु यहां तो स्वयं जगाने वाले ही अंधकूप में गिरे हुए हैं। वास्तव में देश के पतन का हेतु भी यही मूर्खता है। उस दिन तिलक महाराज ने बिल्कुल ठीक ही कहा था "राष्ट्र का पतन बाहर के अत्याचारों से नहीं होता बल्कि राष्ट्र अपने ही भ्रष्टाचार से पतित हो जाता है। जिस देश में नेता उच्चतम आचार के हों वह देश जीवित रहेगा, परन्तु जहां सर्वत्र स्वेच्छाचारी-आडंबर घुस चुका हो उस देश का पतन तो अवश्यम्भावी ही है। ब्राह्मण देश के नेता थे, परन्तु वह स्वयं पथ-भ्रष्ट हो गए। क्या बनेगा इस देश का। एक ओर शुद्धि का इतना ढोंग कि रोटी भी कपड़े उतार कर पकाओ। चौके में जब कूदो तो दोनों पैर इकट्ठे चौके में धरो। आग भी लकड़ियां धोकर जलाओ। और यह सब कुछ करते हुए भी दूसरी ओर मूक प्राणियों का यावनी संस्कारों द्वारा मारा हुआ मांस खाओ।"

ऐसे ही विचारों में मग्न यति जी अपने निवास-स्थान पर पहुंचे! मन्दिर के पुजारी से उन्होंने वह रास्ते की घटना कही। पुजारी बोला-महाराज! अभी आपने देखा ही क्या है, कान्यकुब्जों की बरात में जाओ तो पता लगे। उसी समय यति जी को सुल्तानपुर-जेल से किशनचन्द जी का पत्र मिला-कल सवेरे जेलर साहब से मिलकर मेरी दरख्वास्त का पता ले लिया जाए। ऊपर से कोई हुक्म आया कि नहीं।

••• ••• •••

अगले दिन जेलर के यहां जल्दी जाना था इसलिये प्रातः ही यति जी गोमती की ओर भ्रमणार्थ न जाकर मन्दिर के थोड़ी ही दूर एक सेठ के बगीचे में स्नान करने चल दिए। यह बड़ा ही सुन्दर बाग था। उस बाग में नाना प्रकार के सुन्दर-सुन्दर फूल लग रहे थे। सभी ऋतुओं के फलों के पेड़ भी उस बाग में काफी संख्या में थे। बाग की छटा वास्तव में अवलोकनीय थी। बाग के चारों ओर बड़ी ही सुन्दर दीवार खिंची थी। फल-फूलों के पेड़ बड़े ही सुन्दर क्रम से लगाए गए थे। मुख्य द्वार पर एक बहुत बढ़िया कोठी थी। भीतर एक ओर एक बहुत अच्छा कुआं था। कुँए के पास ही एक शिव जी का मन्दिर था, मन्दिर काफी बड़ा था इसमें कई एक देवताओं की मूर्तियां थीं। मन्दिर के बाहर एक बड़ा लम्बा-चौड़ा चबूतरा बना था।

उस दिन यति जी ने उसी कुँए पर स्नान किया और स्नान से निबट वह उसी महादेव के मन्दिर में पूजा-पाठ करने को बैठे गए और "शिव हर शंकर,

नमामि शंकर। शिव शंकर शम्भू! रे गिरिजा पते भवानी शंकर, शिव शंकर शम्भो'' इस प्रकार शिव जी महाराज का जाप करते हुए सिद्ध आसन लगाए प्रभु के ध्यान में बैठ गए। थोड़ी देर भजन कर आंखें खोली तो अपने सामने एक और ही अदभुत दृश्य पाया।

एक अच्छे के दर्शन–पन्द्रह सोलह वर्ष की आयु का एक बड़ा ही सुन्दर बालक बड़े ही सुन्दर बहु-मूल्य वस्त्र पहने उनके सामने खड़ा था। उस छोटे से बालक की छवि अनोखी ही थी। उसके सिर पर काले-काले घुंघराले चमकते बाल, रंग गोरा, चमकीले मृगी के समान चपल नेत्र, धनुष के समान तनी हुई भौहें, अनार के दानों के सदृश दांत, लाल होंठ, वह बालक बड़ा ही सुन्दर था। उसकी सुन्दरता में विशेष आकर्षण था। उसके सुन्दर-सुन्दर शरीर पर पहने हुए सुन्दर-सुन्दर कपड़ों, के ऊपर सुन्दर-सुन्दर चैस्टर कैसा शोभायमान लगता था।

यति जी हर-हर महादेव कहते हुए खड़े हुए तो उसी समय उस लड़के ने मन्दिर के अन्दर घुस कर यति जी के चरण पकड़ लिए और फिर हाथ जोड़ कर मीठे तथा मधुर स्वर में बोला। ''भगवन्! मेरे तो बहुत ही बड़े भाग्य हैं, आज मैंने किसी अच्छे के दर्शन किए हैं, आज आप के दर्शनों से मेरे सब संकट कट गए। महाराज! जब से आप ध्यान में मग्न हुए तभी से मैं आपकी ओर देख-देख कर अपनी आत्मा को तृप्त करता रहा। भगवन्! मुझे आशीर्वाद दीजिए, मैं अपने जीवन में ईश्वरीय-सुख भोगूं; ईश्वर-भक्ति में अपना अधिक समय लगाऊं और आप सरीखे सन्त महात्माओं के चरण कमल की सेवा में ही रत रहूं।''

उस बच्चे की मीठी-मीठी मनोहर वाणी को सुनकर यति जी का हृदय कमल विकसित हो उठा। ''इस बालक का हृदय त्वचा से भी अधिक सुन्दर है। यदि इस बालक की त्वचा में अमृत हैं तो इसकी वाणी में भी कम अमृत नहीं हैं। यह बालक बड़ा ही होनहार है। इस बाग का मालिक जो है उसका लड़का प्रतीत होता है। धन्य हैं वे माता-पिता जिन्हें ऐसा योग्य पुत्र रत्न प्राप्त हुआ। यति जी का हृदय उस बालक के प्रति आदर, सम्मान तथा वात्सल्य प्रेम से परिपूरित हो गया। उन्होंने पूछा-''प्यारे बालक! तुम्हारा नाम क्या है?''

वह सुन्दर बालक बोला-''प्रभो! मेरे जैसे तुच्छ अन्न के कीड़ों का नाम ही क्या? नाम है आप सरीखे महात्माओं का या उस परमेश्वर का। मुझे राजकुमार कहते हैं।''

"राजकुमार! तुम सचमुच राजकुमार ही हो। राजकुमारों में जो लक्षण होने चाहिएँ वे सभी तुम में हैं। राजकुमार! तुम बड़े ही सुन्दर हो और सुशील भी हो। तुम्हारे मुखपर शांति, कांति और गम्भीरता सब कुछ है। तुम बहुत अच्छे बालक हो। तुम्हारा स्वभाव बहुत ही अच्छा है। और हे बालक! तुम्हारे इस भोलेपन ने तुम्हारी सुन्दरता को चार चांद लगा दिए हैं। मैं तेरे लिए परमात्मा से प्रार्थना करूंगा–वह परमात्मा तुम्हें दीर्घ आयु प्रदान करें और तुम्हारे अन्दर ऐसी ही दैविक भावनाओं को बनाए रखें। मैं तुम से बहुत प्रसन्न हूं–मुझ से तुम क्या चाहते हो?

वह बालक जो निरन्तर हाथ जोड़े खड़ा था, बोला–भगवन्! जो कुछ चाहिए था वह तो आपके दर्शन करके ही मिल गया। अब मेरी केवल यही प्रार्थना है कि आप मुझ सेवक के यहां पधार कर मेरी कुटिया को पवित्र करें।

यति जी बोले–प्यारे बालक! अब तो मैं किसी भी हालत में तुम्हारे घर नहीं जा सकता। मैं इस समय आवश्यक कार्य के लिए जेलर साहब की कोठी पर जा रहा हूं। अभी-अभी उनसे मिला जाएगा नहीं तो फिर सारा दिन वह न मिल सकेंगे। प्यारे बच्चे! तुम्हारा घर कहां पर है। मुझे अपने मकान का पता बता दो, मैं अवश्य तुम्हारे घर पर स्वयं आ जाऊंगा। वह बालक प्रसन्नचित हो बोला-भगवन्! इस समय तो मैं इस बाग के बाहर जो कोठी है उसमें रहता हूं–वैसे मेरा घर इलाहाबाद में है।

"अच्छा बालक! मैं तुम्हारे मकान पर जरूर आऊंगा"। इतना कह यति जी मंदिर से बाहर निकले। बड़े दरवाजे के बाहर मिरज़ापुरी लकड़ी हाथों में लिए दोनों ओर खड़े चार-चार जवानों ने यति जी का अभिनंदन किया। उन्हें देख यति जी बोले–"कहो भई! यहां कैसे।"

ये नौजवान हाथ जोड़ कर बोले–"महाराज! हम तो राजकुमार के साथ हैं और राजकुमार भी हाथ जोड़ बोला–"प्रभो! यह सब आप ही के दास हैं।"

"अच्छा! प्यारे राजकुंवर मैं जेलर को मिल कर तुम्हारे मकान पर आऊंगा।"

"आप किस समय आयेंगे? राजकुमार ने पूछा।"

"मैं अभी तो कुछ नहीं कह सकता, सरकारी काम है, हो जाए तो झटपट न हो तो चाहे कितनी ही देर बैठे रहो। फिर भी तुम सच जानो मैं जरूर आऊंगा।"

वह बालक बोला–"अच्छा! भगवन् आप जहां ठहरे हैं, हम वहीं से आपको बुला लेंगे। आप कहां ठहरे हैं?

"मैं रघुनाथ जी के मंदिर में ठहरा हूं।"

राजकुंवर ने फिर यति जी को प्रणाम किया। यति जी वहां से रघुनाथ जी के मन्दिर में जल्दी से आए और कपड़े पहनते ही जेलर की कोठी की तरफ तांगे में बैठ कर चल दिए।

••• ••• •••

कोठी पर पहुंच कर मालूम हुआ कि बहुत देर से जेलर साहब कहीं गए हैं और अभी आने वाले हैं। यति जी के लिए नौकर ने कोठी के बाहर कुर्सी बिछा दी और कहा–आप बैठिए, वह आते ही होंगे। यति जी कुर्सी पर बैठ गए और राजकुमार की बात विचारने लगे। राजकुमार सचमुच ही भोला है, कितना प्रेम उसके दिल में था। बोलने का ढंग कैसा अच्छा, नम्रता तो मानो कूट-कूट कर प्रत्येक शब्द में भरी थी। अहंकार तो उसे छू तक नहीं गया। कितनी नम्रता से नीची निगाह करके बात करता था और वास्तव में होना भी तो ऐसा ही चाहिए। योग्य पुरुषों की अच्छी शिक्षा होती है और वह अच्छी शिक्षा से ही अच्छे बनते है।" यति जी इन्हीं विचारों में मग्न थे, इतने में जेलर साहब भी मोटर में आ गए। आते ही वह अपनी कोठी में चले गए। मोटर वहां से हटा ली गई। थोड़ी-सी देर में यति जी के पास नौकर आकर बोला-आपको साहब बुलाते हैं। यति जी जेलर के पास गए। सर्वप्रथम आदर सहित पानी वगैरा को पूछ, तत्पश्चात जेलर महोदय बोले-आपने जो दरख्वास्त दी थी मैंने उस पर अपनी तरफ से भी लिख दिया था, परंतु उसका कुछ जवाब नहीं आया और न ही जवाब आने की उम्मीद है। जवाब देना होता है तो वे फौरन दे देते हैं। यति जी बोले–कारण क्या है क्यों नहीं जवाब देते। जवाब तो देना ही चाहिए। जेलर बोला-जवाब देना जरूरी नहीं है कोई काम जो करना होता है तो फौरन जवाब देते हैं। यति जी ने पूछा–अब क्या करना चाहिए, आपकी जेल में चार-पांच महीने हो गए। कोई ऐसी तरकीब बताओ जो कुछ काम हो जाए। जेलर बोला–मेरी राय (सलाह) पूछते हो तो आप लखनऊ में कोशिश करें और नवाब साहब महमूदाबाद से मिलें अथवा सिफारिशें कराएं तो कामयाब हो सकते हैं, वरना मुश्किल है। यति जी बोले "अच्छा, आप लाला किशनचन्द जी से मुलाकात करा देवें फिर मैं चला जाऊंगा और कोशिश वहीं करूंगा।

जेलर साहब बोले–"कल आपकी मुलाकात करा दूंगा। कल आप जेल पर सुबह ही आ जाएं।"

जेलर साहब से विदा होकर यति किशोरचन्द्र अपने निवास-स्थान पर पहुंचे। मन्दिर का पुजारी बोला–महाराज! आपको दो तीन बार आदमी बुलाने आ चुका है। यति जी को यह जान कर कोई कौतूहल नहीं हुआ। क्योंकि वह जानते ही थे कि राजकुमार का आदमी पीछे से बुलाने आएगा ही। थोड़ी ही देर के पश्चात स्वयं राजकुमार अपने नौकरों सहित यति जी के सामने उपस्थित हुआ। ''प्रभो! चलिए दास की कुटिया पर, अब तो काफी देर हो चुकी है।'' यति जी बोले-राजकुमार! तुम चलो मैं भी आधे ही घंटे में आता हूं। देर तो वास्तव में बहुत हो गई है, तुमने अभी तक कुछ खाया पिया कि नहीं।'' राजकुमार तो चुप था परन्तु साथ का आदमी बोला–भगवन् इन्होंने अभी तक कुछ नहीं खाया, आप को खिलाकर पश्चात स्वयं....वह आदमी बात पूरी भी न कर पाया था, यति जी बोले–

''ओहो राजकुमार! तूने सुबह का कुछ नहीं खाया। जाओ जल्दी जाकर भोजन पाओ...राजकुमार की आंखों में आंसू भरे थे। वह हाथ जोड़ फिर बोला–प्रभो! आप भी वहीं भोजन पाइए। यति जी बोले–राजकुमार मैं भोजन तो नहीं करूंगा, परन्तु तुम्हारे पास आधे घंटे तक अवश्य पहुंच जाऊंगा। राजकुमार बराबर प्रेरणा करता रहा, परंतु यति जी ने समझा बुझाकर उसे भेज दिया।

राजकुमार के चले जाने पर यति जी पुजारी को बोले–''देखो पुजारी जी कैसा सुशील लड़का है।''

''लड़का कहां से है, बाबा जी! यह तो लड़की है। एक सेठ की बारात आई है उस में यह लड़की एक हजार रुपये पर गाने के लिए आई है। यह बाग के दरवाजे पर कोठी में ठहरी है। इलाहाबाद की मशहूर गाने वाली एक ही अप्सरा है।''

यति जी हैरान हो कर बोले–यह लड़की है! मैं तो इसे लड़का ही समझ रहा था। और वह भी अपने आपको लड़का समझ कर ही बातें कर रहा था। लड़की होती तो उसका नाम राजकुमारी होना चाहिए था।

पुजारी बोला–''महाराज! चाहिए चुहिये तो मुझे पता नहीं लेकिन है यह लड़की।'' उस समय अपनी प्रतिज्ञा के अनुसार यति जी को राजकुमार के पास जाना ही था, वह गए। राजकुमार ने उनका स्वागत किया, बड़े आदर से बिठाया। ''महाराज! आज मैं धन्य हूं, जो मेरे घर को आपने अपने चरण-स्पर्श

से पवित्र किया। महाराज! मैंने आपसे एकांत में एक बात कहनी है, इससे मेरा दिल हलका हो जाएगा। इसीलिए यहां आने का मैंने आपको कष्ट दिया है।''

''एकांत में मैं आपसे कुछ कहना चाहती हूं।'' यति जी को पता लग ही चुका था कि यह लड़का नहीं लड़की है। लड़की मुझे एकान्त में क्या कहना चाहती है। कितनी सुन्दर लडकी है। कौन-सा ऐसा दुनिया में आदमी होगा, इसे देखते ही जिसके दिल में प्रेम की धाराएं नहीं छूट पड़ेंगी...और यह लड़की जो एक हजार रुपया गाने का लेती है, यह मुझे एकान्त में क्या कहेगी। परन्तु लड़की की सुशीलता, सज्जनता, सरलता तथा भोलेपन को देख कर यति जी को उसके चरित्र पर कुछ भी संदेह नहीं हुआ।

एकांत में वह यति जी से बोली-''मेरे प्रभु! मैं बड़ी ही पापिन हूं, परन्तु जहां तक मुझे याद है मैंने अपने जीवन में आज तक कोई पाप नहीं किया, कुछ पिछले जन्म के पाप हैं कि मैंने वेश्या के घर जन्म लिया है, पर मैं भगवान् को साक्षी करके कहती हूं कि भगवान् ने आज तक मुझे बुरे कर्म से बचा रखा है। मैंने संस्कृत पढ़ी, उर्दू पढ़ी, अंग्रेजी की भी एंट्रेन्स पास की। मेरी उमर अब सोलह वर्ष की है आज शंकर भगवान् ने मेरी सुन ली जो आपके दर्शन हुए और मैंने आपके चेहरे पर तप का तेज देख यह अनुभव किया कि त्याग तपस्या से तेज पैदा होता है। आप को देखते ही मेरे तो सभी पातक धुल गए।''

''सो तो हुआ देवी, परन्तु आखिर तुम चाहती क्या हो?''

''मैं इस अपने कुत्सित पेशे को छोड़ कर किसी भद्र पुरुष के साथ धर्मानुसार विवाह करके अपने बिखरे हुए प्रेम को एक ही व्यक्ति में केन्द्री-भूत कर देना चाहती हूं। प्रभो! मुझे आशीर्वाद दीजिए, मेरी मनोकामना पूर्ण हो।''

यति जी ने आशीर्वाद दिया-''राजकुंवर! तुम्हारी इच्छा प्रभु पूर्ण करेंगे। परन्तु मैं यह जानना चाहता हूं कि तुम विवाह किस के साथ करोगी और विवाह करके क्या तुम्हें यह विश्वास है कि तुम सुख-पूर्वक रहोगी।''

गर्दन नीचे कर राजकुंवर बोली-''हां प्रभो! मैंने उन्हें देख लिया है, वह एक धार्मिक विचार रखने वाले नवयुवक हैं और उनका संबंध भी एक प्रतिष्ठित कुल से है।''

''परन्तु तुम तो वेश्या-पुत्री हो।''

''वह इस बात को जानता है।''

"धर्म के ठेकेदारों को क्या बनेगा?"

"वह कहता है मुझे उनकी परवाह नहीं।"

"क्या वह भी तुमसे प्रेम करता है?"

"बहुत।"

"क्या उसका प्रेम शाश्वत होगा?"

"राजकुंवर थोड़ी देर चुप रही, पश्चात कुछ सोच कर बोली–प्रभो! मेरी आत्मा शुद्ध है, पवित्र है ओर वह भी बहुत सदाचारी है।"

"वह कहां के रहने वाले हैं?"

"वह इलाहाबाद के एक बड़े रईस के लड़के हैं और इसी बारात में आए हुए हैं–राजकुंवर ने उनका नाम पता सब बता दिया।"

यति जी ने राजकुंवर को आशीर्वाद दिया–"पुत्री! तुम्हारा भविष्य बड़ा ही उज्ज्वल है। आज तो मैं भी अपने आपको अहोभाग्य समझता हूं, कि आज मुझे साक्षात दुर्गा के दर्शन हो रहे हैं। पुत्री! तेरी इच्छा पूर्ण हो। मैं अब अपने स्थान पर जाता हूं, कल फिर कुछ समय के लिए आ जाऊंगा।" राजकुंवर ने यति जी के चरण छुए–प्रभो! कल को भोजन यहीं करना–कितने बजे आपको लेने आऊं–

"पुत्री! मैं स्वयं ही बारह बजे तक आ जाऊंगा"–

यति किशोरचन्द्र राजकुंवर की आत्म-कथा सुनकर अपने निवास-स्थान को चले गए, परन्तु रह-रह कर उनके हृदय में यही विचार उठता था–भोली भाली लड़की है, कहीं किसी के माया जाल में न फंस जाए और अपना जीवन ही नष्ट न कर ले...ऐसा सोच उन्होंने उस नौजवान से स्वयं ही मिलना उचित समझा। राजकुंवर तो उससे प्रेम करती है परन्तु क्या वह नवयुवक भी राजकुंवर से प्रेम करता है–राजकुंवर तो बहुत सुन्दरी है, उससे प्रेम हो जाना स्वभाविक ही है। उसे तो जो कोई भी देखता है वही उससे प्रेम करने लग जाता है परन्तु प्रेम, प्रेम में अन्तर होता है। पति-पत्नी का प्रेम, माता और पुत्र का प्रेम, मित्र का प्रेम, प्रेमी और प्रेमिका का प्रेम–सब अपनी अपनी किस्म के प्रेम हैं। वह नौजवान जिसे राजकुंवर प्रेम करती है क्या वह भी सच्चे दिल से इसे प्रेम करता है। और क्या उसका प्रेम क्षणिक है, पाशिवक है अथवा सच्चा और शाश्वत है। ऐसा विचार एक मित्र के हाथ उन्होंने उस नौजवान को पत्र द्वारा अपने पास बुलाया–"प्यारे, मुझे आपसे मिलना है। आपको कष्ट तो होगा परन्तु बड़ी कृपा होगी यदि आप मुझे अभी आकर मिलें।"

वह नौजवान आया। आते ही उसने यति जी को सादर नमस्कार किया। यति जी ने आशीर्वाद दिया। ''पधारिए, प्रियवर पधारिए–आपको कष्ट तो हुआ ही होगा।''

''नहीं स्वामिन! कष्ट काहे का। साधु महात्माओं का तो दर्शन ही बड़ा दुर्लभ है। लोग बिना बुलाए दूर तक चल कर दर्शन करने जाते हैं, मुझे तो आपने स्वयं ही बुलाया। यह मेरा सौभाग्य ही तो है।''

''आप इलाहाबाद से आए हैं।''

''जी!''

''जिस लड़के का विवाह है, वह आपका कोई निकट संबंधी है।''

''जी हां! वह मेरा पास के रिश्ते का भाई है।''

''आप आजकल क्या काम करते हैं।''

''मैंने अभी-अभी वकालत की परीक्षा पास की है, अब इलाहाबाद में प्रैक्टिस करने का विचार है।''

''विचार तो आप का अच्छा है, परमात्मा आपको सफलता दे–मुझे क्षमा करना, मैं आपसे एक ऐसा प्रश्न पूछना चाहता हूं, सम्भवतः वह आपको अखरे। आपका विवाह तो हो चुका होगा।''

''नहीं।''

''अमीर घरानों के लड़कों का विवाह जल्दी ही हो जाया करता है इसीलिए मैंने आपको यह पूछा था, क्षमा करना। माता-पिता को पुत्र के विवाह का बड़ा शौक होता है, आप अब तककैसे बचे रहे।''

''मेरे माता-पिता समाज-सुधारक विचारों के हैं। वह इस बात को भी भली प्रकार से समझते हैं कि विवाह का अर्थ क्या है? वह यह भी जानते हैं कि जब लड़का पढ़ लिख कर स्वयं विवाह का भार सहने के योग्य हो जाए तभी उसका विवाह करना चाहिए, और विवाह में लड़के की इच्छा पर ही सब कुछ करना चाहिए।''

''तो आप अपने विवाह के बारे में स्वतंत्र हैं।''

''जी हां! मैं चुनाव करने में तो स्वतंत्र हूं, परन्तु अन्तिम निर्णय माता-पिता को ही करना होगा।''

"सो तो बहुत ठीक बात है क्या आपने अपने विवाह के बारे में कुछ सोचा है।"

"अभी मुझे सोचने की आवश्यकता ही नहीं।"

"तो क्या आप सारी उम्र कुंवारे ही रहना चाहते हो।"

"नहीं।"

"तो फिर विवाह कब करोगे। देखो! आपने पढ़ाई भी समाप्त कर ली ब्रह्मचर्य आश्रम भी पूरा कर लिया, अब तो विवाह करने के पूर्ण योग्य हो।"

नवयुवक चुप रहा।

यति जी बोले–"आपने राजकुंवर का नाम सुना है?"

"वह तो हमारी बारात के साथ आई है? वही तो बाग के दरवाजे की कोठी में रहती है।"

"जी हां, वही। मुझे पता लगा है कि वह बड़ी योग्य कन्या है। वह आपसे प्रेम करती है। प्रियवर! यदि आपको विवाह करना ही है तो उससे बढ़ कर स्त्री रत्न आपको संसार के कोने-कोने में खोजने पर भी न मिलेगा। वह एक आदर्श देवी है। वह सर्वगुण सम्पन्न है, विदुषी है, एक रत्न है। उसे सह-धर्मिणी के रूप में पाकर आपका जीवन सचमुच स्वर्गिक बन जाएगा।"

"परन्तु वह तो वेश्या-पुत्री है।"

"वेश्या-पुत्री ही है स्वयं तो वेश्या नहीं। यदि माता ने कोई पाप किया तो इसका अपराध कन्या पर तो नहीं। यदि ऋषिवर विश्वामित्र ने मेनका से सहवास किया तो शकुन्तला को तो कण्व और दुष्यन्त ने ठुकराया नहीं। शकुन्तला के पुत्र भरत पर तो किसी ने लांछन नहीं लगाया। आज तक इस देश का नाम शकुन्तला-पुत्र के नाम पर भारत वर्ष है। मेरे प्यारे! राजकुंवर भी एक शकुन्तला है। उसके साथ तुम सचमुच दुष्यन्त बन जाओगे। मैं कल से उसका धर्म-पिता बना हूं। राजकुंवर मेरी पुत्री है। मैंने तुम्हें अपने पास बुलाया है। मैं अपनी राजकुंवर को तुम्हें सौपना चाहता हूं। राजकुंवर तुम्हारे धन की भूखी नहीं। तुम्हें पता है वह हजारों रुपये रोज कमा सकती है। राजकुंवर को प्रेमियों की कमी नहीं, बड़े-बड़े राजे महाराजाओं के युवराज उस पर प्राण देते हैं। उसे संसार की किसी भी वस्तु की चाह नहीं। उसे चाह है एक सच्चे और शाश्वत प्रेम की। वही एक सद्-गृहस्थी की सद्-गृहस्थी बनना चाहती है। वह आपसे प्रेम करती है और आपके प्रेम पर विश्वास करती है।

"प्रेम तो मैं भी उससे करता हूं। परन्तु समाज क्या कहेगा?"

"समाज क्या कहेगा, भोले नौजवान! समाज है कहां? 70 वर्ष के बूढ़े शमशान भूमि के यात्री पन्द्रह वर्ष की बालिकाओं का जीवन नष्ट करते हैं, परन्तु यह समाज कुछ कहता नहीं। एक पत्नी के होते होते समाज का चौधरी सात-सात पत्नियों को जब घर में डाल लेता है उस समय समाज कहां चला जाता है? गंगा माई के तट पर हरिद्वार क्षेत्र में जब नवयुवतियों से बलात्कार किए जाते हैं उस समय यह समाज कहां धंस जाता है? बाज़ारों की गन्दी नालियों में जब एक-एक दिन के नवजात शिशु पाए जाते हैं, उस समय यह समाज कहां डूब जाता है? अपनी ही माताओं बहनों को वेश्या रूप में देख कर उनसे कुत्सित कर्म करता हुआ भी समाज कहां चला जाता है? तुम्हें पता है संसार के अन्दर क्या कुछ होता है, फिर भी यह कम्बख़्त समाज क्यूं नहीं कुछ भी करता? क्या यह ऊपर के कर्म सभी पुण्य हैं और एक कन्या-रत्न को पाप के गर्त से गिरते हुए बचाना क्या यही सबसे बड़ा पाप है?"

"महाराज! राजकुंवर के साथ तो मैं भी प्रेम करता हूं और मुझे पता है वह भी मुझ से प्रेम करती है।"

"तो फिर क्यूं नहीं सत्य पर चलते हुए इस धर्म-ध्वजी समाज को रास्ते पर लाते।"

"आपकी बातें सभी सत्य हैं।"

"तो फिर सत्य पर चलने से डरते क्यों हो।"

"लोकलाज के लिए ।"

"अरे भोले! फिर वही लोकलाज। सत्य के सामने लोकलाज है क्या।"

नौजवान सोच में पड़ गया। यति जी बोले—कहो तैयार हो।

"हां भगवन्! मैं राजकुंवर को अपनी धर्म-पत्नी समझूंगा ओर उसके भावी जीवन को सुखमय बनाने का भरपूर प्रयत्न करूंगा।"

यति जी ने नवयुवक को आशीर्वाद दिया। यति जी इस नवयुवक के पिता से मिले। वह भी यति जी से सहमत थे।

उसी दिन सुलतानपुर के उसी बाग में एक अभूतपूर्व दृश्य था। यतीवर किशोरचन्द्र राजकुंवर के पिता बने। उन्होंने अपनी धर्मपुत्री का हाथ उस नौजवान के हाथ में दे दिया।

जनकानम् रघुनाम् च सम्बन्धो कस्य न प्रियः।
यत्र दाता गृहीताश्च स्वयं कुशिक नन्दनः।।

सत्तरवां अध्याय

मुल्ला के वेश में

राम काज लगि तब अवतारी।
सुनि कपि भयो पर्वताकारा॥

सुल्तानपुर जेल में यति जी ने लाला किशनचन्द से मुलाकात की। जेलर महोदय ने और लाला जी ने भी उन्हें यही उपाय सुझाया कि लखनऊ में किसी न किसी रूप में महमूदाबाद के नवाव साहब से मिल कर उनका दृष्टि-कोण बदला जाए।

महमूदाबाद के नवाब साहब से मिलकर उनके हृदय में कटारपुर-केस में दंडित निर्दोष व्यक्तियों के छुटकारे की प्रेरणा उपजाना कोई सहज बात न थी। यदि यह प्रश्न केवल राजकीय होता तो बात साधारण थी, परन्तु राज्य-सत्ता पर जब मज़हबी तअस्सुब की पॉलिश चढ़ जाती है तो उस समय रोग असाध्य हो जाता है। नव-मुस्लिम एक पुराने मुस्लिम से अधिक भयंकर होता है। विशेष करके वह नव-मुस्लिम जिसकी नस-नस में अभी राजपूती खून भड़क रहा है। परन्तु उस क्षत्रिय की मूंछों की ऐंठ स्वार्थाभिमानी धर्म-ध्वजियों की मूर्खता की भेंट चढ़ चुकी हो।

महमूदाबाद के नवाब साहब क्षत्रिय वंश से थे। उनके अन्दर राम, कृष्ण, शिवा, प्रताप का रुधिर बहता था; उनके अन्तःकरण में गौतम, कपिल, कणाद की आत्मा का निवास था, परन्तु वह थे मुसलमान...और क्योंकि वह नव-मुस्लिम थे, इसलिए उनका कट्टर होना स्वभाविक ही था। कटारपुर-केस के अभियुक्तों की रिहाई की बात पर विचार करना तो दूर रहा, नवाब साहब कभी इस ख्याल को अपने दिमाग में लाना तक अपने लिए कुफर समझते थे। फिर उनके पास कैसे पहुंचा जाए। यति किशोरचन्द्र दिन-रात इसी चिंता में लगे रहते...परन्तु उन्होंने हिम्मत नहीं हारी। भगवान् पर भरोसा रख वह

सुल्तानपुर से सीधे लखनऊ पहुंचे। नवाब साहब से मुलाकात करना कोई कठिन बात न थी, परन्तु उनसे मिलकर उनके हृदय में कटारपुर के बन्दियों के प्रति दया भाव उत्पन्न करना कठिन ही नहीं बल्कि असम्भव था।

सुल्तानपुर से यति जी लखनऊ पहुंचे। शहर के भीतर न जा कर उन्होंने कैसर बाग में डेरा लगाया। एक बैंच पर बैठे हुए वह नवाब साहब से मिलने की समस्या पर विचार कर रहे थे। इतने में एक बूढ़ा मुसलमान वहां आया और यति जी को भी मुसलमान समझ उनके पास ही बैंच पर बैठ गया। कुछ देर बैठने के पश्चात वह बूढ़ा बोला–"कहां से तशरीफ आवरी हुई, साईं साहब।" उस बूढ़े के उस प्रश्न में यति जी को अपनी समस्या-पूर्ति का सरल उपाय मिल गया। उनकी चिन्ता जाती रही। उनके चेहरे पर प्रसन्नता की लहर दौड़ गई। वह बोले–"मियां साहब! मैं अजमेर शरीफ से आ रहा हूं।"

"और जनाब का दौलत खाना।"

"मियां! फकीरों का दौलत खाना तो सारा जहान है।"

"आखिर कहीं तो तकिया किया होगा" वह बूढ़ा मुसलमान बोला।

"तकिया रब का! हम गुनाहगारों का तकिया क्या। बन्दा पीरान कलियर का रहने वाला है।"

"वह मियां बोले–तो इधर कैसे आना हुआ? "

यति जी ने जवाब दिया–फकीरों का कैसे क्या पूछना ऐसे ही घूमते-घामते इधर आ निकले। सुना है यहां महमूदाबाद के नवाव साहब रहते हैं....।

वह मियां बीच ही में बात काट कर बोला–"हां! हां, यह नवाब साहब तो बड़े ही पारसा, नेक दिल खुदा के बन्दे हैं। साईं लोगों की बड़ी खिदमत करते हैं। जुम्मे के दिन मोती मस्जिद में नमाज़ पढ़ने आते हैं, वहां फकीर-फुकरों को खाना वगैरह भी खूब खिलाते हैं।"

"कहां है वह मोती मस्जिद?" यति जी ने पूछा।

"अजी वह तो बिल्कुल उनकी कोठी के सामने ही है। साई साहब! आप नवाब साहब से जरूर मिलिए। उनकी मुलाकात का नियाज जरूर हासिल कीजिए। वह आपको सब तरह की मदद देंगे; रुपये से, कपड़े से गर्ज़िके सब तरह से आपकी खिदमत करेंगे।

बूढ़े मियां अभी कुछ और कहते इतने में उसके दो तीन बच्चे खेलते हुए एक नौकर के साथ आए और उससे चिपट कर पैसे मांगने लगे। बूढ़ा यति जी को सलाम कर उन बच्चों के साथ ही चला गया।

नवाब साहब को कैसे मिला जाए। यति जी इसी समस्या पर विचार मग्न हो गए।

उनकी आत्मा दृढ़ थी, उनकी मनोकामना पवित्र थी। परमात्मा ने उनके लिए मार्ग भी बना दिया। उन्होंने सोचा मुसलमान के वेश में नवाब साहब को मिला जाए और मुसलमान का वेश बनाना है भी कौन-सी मुश्किल बात। मुसलमानों के चार पैर तो होते नहीं और न ही उनके सिर पर सींग होते हैं। एक नाई और दर्जी यदि चाहे तो किसी को पकड़कर उसे दो चार मिनट में ही हिन्दू से मुसलमान बना दे। हिन्दू और मुसलमान दो जातियां नहीं केवल दो दल (Parties) है। एक जाति में दूसरी जाति की अपेक्षा कुछ बाहरी बनावट में भिन्नता हुआ करती है। गाय की जाति गधे की जाति से भिन्न है; परन्तु हिंदू ओर मुसलमान की दो जातियां नहीं। गधे को मार-मार कर गाय नहीं बनाया जा सकता, परन्तु हिन्दू तो किसी के हाथ का पानी पीते ही मुसलमान बन जाता है। यदि भारत के 28 करोड़ हिन्दुओं को तथा 7 करोड़ मुसलमानों को एक ही कतार में बिठा कर नाइयों की पल्टन से उनकी एक जैसी हजामत बना दी जाए और उन सब को एक समान कपड़े पहना दिए जाएं तो उन पैंतीस करोड़ व्यक्तियों में से एक भी मुसलमान की पहचान करना कठिन है।

परमात्मा की कृपा से यति किशोरचन्द्र को साईं रूप धरने में कुछ भी कठिनता नहीं हुई। शरीर उन का खूब हृष्ट-पुष्ट था ही, दाढ़ी भी अच्छी खासी थी, सिर पर लम्बे-लम्बे केश भी थे, बस गले में एक तसबीह (माला) और नीले रंग की धारियों वाला तम्बा लगाने की कसर भी। यति ज़ी ने वह कसर भी पूरी कर दी। अब वह अच्छे खासे साईं (मुस्लिम फकीर) लगते थे। नकल नहीं, किन्तु असल। देखने वाले को उनके साईं होने में रत्ती भर भी संदेह न था। पूरी तैयारी करके यति जी महाराज मोती मस्जिद की ओर चल पड़े। यति जी ने देखा सामने मस्जिद का द्वार खुला था उस समय वहीं पर खड़े हो यति जी ने भगवान् से मन ही मन प्रार्थना की-

''दयामय, दीनानाथ, दीनबन्धू! आप ही भक्तों का संकट निवारण करने वाले हैं। आज आपके सैकड़ों भक्त जेलों में बैठे हैं। रक्षा करो! रक्षा करो!! रक्षा करो!!!''

इतना कह यति जी आगे बढ़े और तेजस्वी वेश धारण कर जूते हाथ में पकड़ मस्जिद में दाखिल हुए। उस समय अंदर खड़े कई मुसलमान

यति जी के मुखार विंद पर छा रहे तेज तप को देख बड़े ही प्रभावित हो हाथ जोड़-जोड़ कर सलाम करने लगे। "सलाम...हजूर साई साहब, जनाब की तशरीफ कहां से ..."

साईं जी चुप रहे। अन्दर एक अच्छी सी जगह देख वहां बैठ गए और तस्वी हाथ में ले लगे उसे मशीन के पट्टे की तरह घुमाने। मस्जिद में खड़े सभी मुसलमान साईं जी को चारों ओर से घेर कर खड़े हो गए।

"जनाब साईं साहब! आपकी तशरीफ आवरी किधर से हुई।"

साईं साहब ने आखें खोली और बोले-"हमारा आना हजूर की दरगाह अजमेर शरीफ से। अब मेरा इरादा है कि मैं चन्द भौम यहीं पर आराम करूं और जरा देर खुदा की याद करूं।"

उन मुसलमानों में से एक बोला-"साई साहब! आप कहां तशरीफ रखते हैं?"

"पराण-कलियर साहब के हजूर में।"

दूसरा मुसलमान बोला-"हां! हां! मुझे बखूबी याद है। पारसाल पीरान कलियर साहब के हजूर में गया था तो बम्बई की मशरी जान के मुजरे में आप से मिलने का नियाज़ हासिल हुआ था।"

साईं साहब ने जरा गर्दन हिला दी...तब एक मुसलमान दूसरे मुसलमान से बोला-"साईं साहब को मुल्लां जी के पास ही ठहरा दो। वह मुल्लां भी रुड़की हो आया है।" दूसरा मुसलमान बोला-"अरे मियां! यह तो पहुंचे हुए फकीर हैं। इन्हें तो किसी अलग कमरे में ठहराओ।"

साईं जी को एक अलग कोठरी में ठहरा दिया गया। एक आदमी बोला-अजी साईं साहब के खाने का भी कुछ फिक्र किया है।

साईं जी बोले-खाना तो मैं खा कर आया हूं अभी तो कोई जरूरत है नहीं, जब जरूरत होगी तो कह दूंगा। मैं तो फकीर आदमी हूं। इतना कह साई साहब चटाई पर बैठ गए और बड़े ही मीठे स्वर में नग़मा गाने लगे।

करम कर, अय खुदाया! मेरे हाल पर तू।
मैं आजिज़ हूं मेरा मददगार है तू॥

साईं साहब गाने में मस्त हो गए और ऐसे मधुर स्वर से गाना गाया कि उनकी आंखों से प्रेमाश्रु जो छूटे सो तो छूटे ही सुनने वालों की आंखों से भी प्रेम की नदियां बहने लगीं।

आखिर साईं साहब गाते-गाते चुप हो गए। आंखें बन्द कर दोनों हाथ जोड़ इबादत में चुपचाप बैठ गए। साईं जी का इबादत में बैठे देख सब मुसलमान आपस में कहने लगे–''चलो भई, चलो अब यहां से। साईं साहब को इबादत करने दो। हमारे शोरगुल से इनकी इबादत में खलल पड़ता है। मियां, यह तो पहुंचे हुए फकीर है। पीरान कलियर के मेले पर इनकी बड़ी धूम मची हुई थी। मुझे तो इनकी वहीं से दुआ मिली। मेरा एक बहुत बड़ा काम अटका हुआ था, मेरे यहां आते ही वह काम भी पूरा हो गया। मुझे उस काम के पूरा होने की कोई उम्मीद न थी।''

उसकी हां में हां मिलाता हुआ पास ही खड़ा एक आदमी बोला–हां! हां!! खुदापरस्त फकीर तो अब भी दुनिया में है, जो चाहें सो कर सकते हैं।

साईं साहब (यति जी) को तो समाधि लगाने की पूरी-पूरी आदत थी। वह घंटों बैठ सकते थे। थोड़े ही समय में साई जी की खुदा परस्ती की चर्चा मस्जिद में सर्वत्र फैल गई। मस्जिद में जितने भी लोग थे वह साईं जी के पास आ-आ कर झुक-झुक कर सलाम करते, कोई-कोई इनके पैरों के तलवे से मिट्टी उठा-उठा कर माथे पर लगाते हुए कहता–शान है खुदा की; मियां! हमने तो ऐसे साईं पहुंचे हुए फकीर का दीदार आज खुदा के फज़ल से ही पाया है।

शाम हुई, नमाज़ का वक्त आया। साई साहब वैसे के वैसे ही ध्यान में बैठे थे। नमाज़ में शरीक नहीं हुए। कुछ एक मुसलमान इसी बात की चर्चा करने लगे कि साईं साहब ने नमाज़ नहीं पढ़ी। दूसरा जो पास ही खड़ा था बोला–''अजी नमाज़ क्या पढ़ें यह तो उस दर्जे को पार कर चुके हैं। यह तो दिन-रात चौबीसों घंटे नमाज़ पढ़ने में ही लगे रहते हैं, देखो न जब से आए हैं तभी से खुदा की इबादत में लगे हैं। यही इनका नमाज़ है।'' दूसरा बोला–''मियां! साईं साहब के खाने-पीने का इन्तजाम भी तो करो। तीसरा बोला ''इंतजाम तो झट पट हो जाएगा पहिले कुछ अरशाद भी तो फरमाएं।'' इतने में एक आदमी तश्तरी में रूमाल से ढक कर कुछ खाने को लाया। खाना बड़ी इज्जत के साथ साईं जी के सामने धरा और बोला–साईं साहब! बन्दा हाजिरे खिदमत है, खाना नोश फरमाइये। साईं साहब ने आंखें खोली ही नहीं, अपने ही ध्यान में बैठे रहे।

एक मुसलमान बोला–''अरे मियां! अब चलो यहां से इनकी इबादत में खलल मत डालो। खाना यहीं रखा रहने दो, पानी का लोटा पास धर दो। जब

इबादत से उठेंगे खा लेंगे''। यह बात सबको जच गई और सब लोग खाना वहीं छोड़ चले गए।

रात्रि के ग्यारह बजे होंगे। मस्जिद के मुल्ला तथा दो तीन और खुदा के बन्दों ने आकर देखा तो साईं साहब वैसे के वैसे इबादत में बैठे थे और खाना भी वैसे का वैसा ही आगे धरा था। ऐसी बात देख वह सब लोग आपस में बात-चीत करने लगे।

एक बोला-''अजी मुल्ला जी! हमने तो अपनी सारी उमर में आज पहली ही बार ऐसे पहुंचे हुए फकीर के दीदार का नियाज़ हासिल किया है।''

''हां! हां!! ऐसे पहुंचे हुए साईं लोग कोई रोज-रोज थोड़े ही मिलते हैं। यह तो कभी उमर भर में एक आंध बार भूले-भटके आ जाते हैं।''

रात्रि के बारह बज चुके थे। एक मुसलमान बोला ''अब चलो भई जा कर सोवें। साई साहब तो रात भर ऐसे ही इबादत में बैठे रहेगे।''

अगला दिन जुमे का था। नवाब महमूदाबाद जूमे के दिन इस मस्जिद में दोपहर की नमाज पढ़ने आया करते थे। दिन चढ़ते ही सैकड़ों मुसलमान साईं साहब की ज़ियारत को आने लगे। थोड़े ही समय में साई जी की चर्चा चारों तरफ फैल गई। ''कल से बराबर इबादत में बैठे हैं। रात के बारह बजे भी हम ने देखा बराबर ऐसे ही बैठे थे। बहुत पहुंचे हुए फकीर हैं। देखो न रात का खाना वैसे का वैसा ही धरा है।'' सब लोगों को बड़ा ताज्जुब हुआ। सब की ज़बान पर बस साईं जी की ही चर्चा थी।

आखिर जुमे की नमाज़ का वक्त भी आ गया। साईं जी की चर्चा के कारण उस दिन जुमे की नमाज़ में भीड़ बहुत अधिक थी। नवाब महमूदाबाद भी अपने ठीक वक्त पर मस्जिद में आए और सब लोगों के मुंह पर साईं जी की चर्चा सुन वह भी बड़े अदब से साईं जी के पास गए। साईं जी आंखें बन्द किए अपनी इबादत में लीन थे। भीड़ बहुत हो गई थी। नवाब साहब को आगे होकर साई साहब की कदम बोसी करना था। चारों ओर शोर मच जाने से साईं साहब का ध्यान टूट गया। उन्होंने आखें खोली। उनके सामने बड़ी भारी भीड़ खड़ी थी। साईं जी ने फिर आंखें बन्द कर ली और सरूर में आकर गाने लगे।

करम कर, अय खुदाया! मेरे हाल पर तू।
मैं आजिज़ हूं मेरा मददगार है तू॥

गाते-गाते साई साहब की आंखों से पानी निकल आया। लोग भी पनाह है मेरे खुदा की, पनाह है मेरे खुदा की कहते हुए आनन्द में आ झूमने लगे।

साईं जी ने आंखें खोली, अपने सामने हाथ बांधे खड़ी हुई बड़ी भारी भीड़ को देखा। उस भीड़ के आगे जो आदमी खड़ा था वह बोला–"हुजूरे आली की आमद किधर से हुई।"

"मैं हजूर ख्वाजा साहब अजमेर शरीफ की दरगाह से चला आ रहा हूं।"

"हजूरे आली ने यहां तशरीफ फर्माकर हमको अपने दीदार से ममनूं कर लिया है।"

"हो! अल्ला ताला की रज़ा है...जहां का आबो दाना होता है वहां किसी न किसी बहाने कदम रखने ही होते हैं।"

"यहां हज़ूर का कितने यौम तक कयाम रहेगा?"

"मैं तो आज ही यहां से रवाना होने का ख्याल कर रहा हूं। यहां खुदा के बन्दे आकर शोरगुल बहुत मचाते हैं।"

वही आदमी बोला–"हज़ूर! आप तकलीफ गवारा न करें। आप बन्दा के गरीब खाने पर तशरीफ ले चलें, वहां आपकी इबादत में कुछ भी खलल न होगा और आपको सब तरह से आराम भी रहेगा।"

"इसके लिए तो आपका बहुत-बहुत शुक्रिया, लेकिन हम तो यहां से आज ही जरूर चल देंगे।"

वही आदमी फिर बोला–"साईं साहब! आप एक दो रोज के लिए बन्दा के गरीब खाने को जरूर पाक करें।"–जिस कारण यति जी ने यह सारी माया रची थी उसके पूरा होने का यही तो समय था। यह मौका वह खोना नहीं चाहते थे। उन्हें पता था कि वह आगे बढ़ कर बात करने वाले खुद नवाब साहब महमूदाबाद ही थे। मौके की नज़ाकत को पहचानते हुए साईं जी बोले–"आपका दौलतखाना कहां है?"

एक दूसरा आदमी बोला–जनाबे आली! आप महमूदाबाद के नवाब साहब हैं और यह पास में ही आपकी कोठी है। वहां हजूर की इबादत में कोई शोरगुल न होगी।

नवाब साहब फिर हाथ जोड़ कर बोले–हजूर! मेरी एक मुअद्दवाना दरख्वास्त है, आप मंजूर करें और मेरे गरीब खाने पर तशरीफ ले चलें।

साईं साहब बोले–अच्छा खुदा की यही मर्ज़ी है। इतना कह वह उठ खड़े हुए। आगे-आगे साईं साहब उनके साथ ही नवाब साहब और उसके पीछे हज़ारों की खलकत। वह दृश्य भी देखने ही योग्य था।

नवाब साहब की कोठी के पास ही थी, थोड़ी ही देर में पहुंच गए। नवाब साहब बड़े अदब के साथ साईं जी को अपनी बैठक में ले गए। थोड़ी देर पश्चात नवाब साहब बोले–हजरत ने रात भी खाना नहीं खाया। अब पहले आप यह फर्माइए कि आप क्या खाएंगे। वैसे तो खाना तैयार है आगे जैसा आपका हुकम हो।

साई जी बोले–हम लोग तो फकीर हैं। खुदा की मर्जी के खिलाफ हम कोई काम नहीं करते, खुदा हमारा हाफिज़ है। हम सब उसके बन्दे हैं, कुछ साल से जब से खुदा की इबादत में लगा हूं, तब से नमक और आग पर पकी चीज़ खानी छोड़ दी और रोज का खाना भी छोड़ रखा है।

नवाब साहब बड़े ही आजिज़ाना लहजे में बोले–साईं साहब! वह बिना पकी चीजें कौन-कौन सी हैं जो आप खायेंगे, और खाना कितने दिन के बाद खाया करते हैं।

साईं जी बोले–नवाब साहब! मैं तीन दिन और तीन रात छोड़ कर चौथे दिन खाना खाता हूं और कच्ची मौसमी चीजें आलू, बैंगन, मूली, शकरकन्दी और फल वगैरह पीर साहब भिजवा देते हैं।

इतना सुनने पर नवाब साहब के दिल की मुहब्बत और भी बढ़ गईं। ''पीर साहब कौन-से हैं,'' उन्होंने पूछा।

''वही पीरान-कलियर के साहबज़ादे!''

नवाब साहब बोले–हुजूर भी क्या वहीं तशरीफ रखते हैं।

''जी हां'' सांई साहब बोले–जब वहां पर हिन्दू मुसलमान की लड़ाई हुई थी, मैं तब से दो साल पहले से वहां रहता हूं। वह लड़ाई भी बड़े जोर की हुई थी। हमारी सारी तहसील के करीबन दस हज़ार मुसलमान वहां थे और बाहर से भी इधर-उधर खबर भेज कर लड़ने वालों को बुला लिया, हिन्दुओं के छक्के छुड़ा दिए।

नवाब साहब बोले–खास रुड़की में तो कोई लड़ाई नहीं हुई।

साईं जी बोले–खास रुड़की में तो कोई लड़ाई नहीं हुई। रुड़की तहसील में एक छोटा-सा गांव कटारपुर है, वहां की बात कह रहा हूं।

नवाब साहब बोले–लेकिन साईं साहब! वहां तो हिन्दुओं ने सैकड़ों मुसलमानों को मार डाला, सैकड़ों जिन्दा मुसलमानों को जलती आग में जला दिया। हिन्दुओं ने मुसलमानों की औरतों और बच्चों को मार-मार कर गंगा में बहा दिया।

साईं साहब ने दोनों हाथ अपने कान पर रख लिए। पनाह! पनाह!! पनाह!!! मेरे खुदावन्द करीम की मैं तो खुद उस लड़ाई में गया था। यह सारी शैतानी तो ज्वालापुर के थानेदार हसमतुल्ला की थी। मैंने उससे मिल कर उसको पहले ही समझाया था कि वह खून खराबे का ख्याल बिल्कुल छोड़ दे। उसने मुझसे वायदा भी किया था कि मैं झगड़े को जल्दी ही बंद करा दूंगा, पर वह तो वायदा करके भी खुदा के खिलाफ काम करता रहा, वह ऐसी शैतानी करके हरिद्वार के महन्तों से बहुत रुपया ऐंठना चाहता था, लेकिन उसे रिश्वत के रुपये न मिले। बस उसने एक शैतानी की और खुदा के बन्दों को लड़वा दिया।

साईं जी की जवान से ऐसे शब्द सुन कर नवाब साहब का कौतूहल और भी बढ़ा। साईं जी में उनकी श्रद्धा तो पहले ही बहुत बन चुकी थी। वह बोले–साईं साहब। आपकी बड़ी ही महरबानी होगी, अगर आप सही–सही बारदात मुझे बता दें।

साईं जी बोले–''हम फकीर आदमी हैं। हमेशा घूमते-फिरते खुदा को याद करते हैं। इस कटारपुर गांव में मैं घूमता फिरता कई बार गया हूं, और कई रोज तक ठहरा हूं। कई दफा ईद के वक्त भी गया और कई रोज वहां ठहरा। उस गांव में कोई मस्जिद भी नहीं थी और न ही गौकशी होती थी। उस गांव में हिन्दू ज्यादा तादाद में रहते हैं, थोड़े से मुसलमान झोझे है। मैं आमतौर पर इन्हीं में जाकर ठहरा करता था। लड़ाई से एक महीना पेश्तर मै वहां गया, और उन दिनों मुसलमान झोझों में यह बात खूब जोर से चल रही थी कि ज्वालापुर का थानेदार कहता है कि तुम इस साल गौ की कुरबानी जरूर करो, मैं तुम्हारी मदद करूंगा। जब मैंने यह बात सुनी तो इन लोगों को समझाया कि वह दारोगा की बातों में न आवें। वह तो आप लोगों को लड़वा कर अपनी जेब गरम करना चाहता है। मैंने वहां के मुसलमानों को यह भी समझाया कि तुम्हारी तादाद बहुत कम है, हिन्दू ज्यादा हैं।

तब एक अब्दुल्ला झोझा बोला–साईं जी! हमें दारोगा साहब ने कहा है कि उस दिन वह दूर-दूर से बड़े-बड़े मुसलमान लड़ने वालों को बुला लेगा। कुरबानी इस साल जरूर करनी है।

मैंने सोचा जाकर ज्वालापुर के दारोगा को ही समझाऊं क्योंकि सारे फसाद की जड़ तो वही है। मैं उस गांव से चलकर ज्वालापुर थाने में पहुंचा और उस दारोगा को समझाया कि वह अपनी शैतानी से बाज रहे और कुछ

टकों की खातिर कई एक बेगुनाहों का खून न बहाए। इस साजिश का जो बुरा नतीजा निकलना था उससे मैंने उसे पहले ही आगाह कर दिया। उस वक्त तो वह मान गया और उसने वायदा भी किया कि वह उस मौके पर खुद पहुंच कर लड़ाई न होने देगा। लेकिन यह शैतान अपनी शैतानी से बाज नहीं आया और जो कुछ यह चाहता था वह करके ही रहा। ईद में सिर्फ दो-तीन रोज बाकी थे, हजारों मुसलमान कटारपुर की तरफ जाने लगे और कोई-कोई हिन्दू भी जाने लगे। मैं फिर एक बार ज्वालापुर जाकर उसी दारोगा से मिला कि वह मौके की नजाकत को पहचाने। अभी तो कुछ बिगड़ा नहीं लेकिन थोड़ी सी बेपरवाही से इतना बिगड़ जाएगा कि फिर बनाना नामुमकिन हो जाएगा। मैं कनखल के हिन्दुओं से भी मिला। उनकी उस दिन सभा थी। सभा में उन्होंने यह पास किया कि वे 500 रु. मुसलमानों को कटारपुर में मस्जिद बनाने के लिए देगें और कुरबानी के लिए बकरे भी अपने पास से देंगे। यह सब कुछ लड़ाई फसाद टालने के लिए हिन्दुओं ने करने का मशवरा किया। झोझे लोग उस फैसले को मानने को तैयार थे लेकिन ज्वालापुर का दारोगा तो फसाद करने पर उतारू हो चुका था। आखिर वह दिन भी आ गया। ज्वालापुर खास से दारोगा ने ईद पर कसाई को गौ काटने के लिए भेजा और खुद मौके पर जाकर उसने मुसलमानों को भड़काया।

और अगर गऊ कशी करनी ही थी तो वह अपने घरों में चुपचाप कर सकते थे। लेकिन उस दिन गौ-कशी कोई मज़हबी रसूम अदा करने के लिए तो की नहीं गई थी। यह तो की गई थी सिर्फ एक फसाद वरपा करने के लिए। मुसलमान लोग गाये को सजाकर गली में से लाए और एक मन्दिर के दरवाजे के सामने जा कर ईदे कसाई ने गौ की गरदन पर छुरी रखते ही ललकारा।

"है कोई काफिर जो अपनी मां को बचाए।" बस फिर क्या था-लड़ाई शुरू हो गई। दारोगा साहब ने हिन्दुओं को यह यकीन दिला दिया था कि गाय की कुरबानी नहीं की जाएगी सिर्फ बकरे की ही कुरबानी होगी, इसलिए हिन्दू लड़ने को तैयार ही न थे और नवाब साहब! आप जानते हैं "दया धर्म का मूल है" की दुहाई मचाने वाले हिन्दू लड़ाई क्या जानें। तभी तो वह मस्जिद के लिए रुपया और अपने खर्च से कुरबानी के लिए बकरे देने को तैयार थे। हिन्दू तो चाहते थे कि किसी न किसी तरह से यह लड़ाई टल जाए। आखिर झगड़ा होकर ही रहा। दो हजार लड़ाके मुसलमान सिर्फ लड़ने और लूटमार

करने की गरज से आए हुए थे। उनके सामने हिन्दू लोग कहां टिक सकते थे। उस दिन मुसलमानों ने खूब कत्ले आम मचाई।''

''तो क्या कत्ल मुसलमानों ने किया'' नवाब साहब बोले।

''देखो नवाब साहब! हम तो फकीर आदमी हैं। हमारे दिल में खुदा का खौफ है। सारी मखलूक उसी खालिक की है। उस खुदा की खुदाई पर यकसां रहम करना चाहिए।''

''लेकिन रुड़की के एजेन्ट साहब भी तो वहां मौके पर थे। वह एक बहुत भले आदमी हैं, उन्होंने भी कुछ इन्तजाम नहीं किया।''

''वह इंतजाम क्या करते। दारोगा ने उन्हें शुरू से ही धोखे में रखा। असलियत में यह दारोगा बड़ा मक्कार और बदजात खुदा के आगे गुनहगार था। उसी ने यह झगड़ा कराया और अब खुदा की मर्जी से अपने गुनाहों के फल खुद जेल में पड़ा सड़ रहा है। खुदा खैर करे। इन गलितयों के गुनाहों से बचाए और हमारे दिल में इंसानियत का मुद्दा पैदा करे; हमारा खुदा एक है। हमें अगर खुदा ने किसी लायक बनाया है तो खुदा की खुदाई की खिदमत करें, किसी पर जुल्म न करें। हमको खुदा ने हुक्म ही यह दिया है कि सच्चे हाकिम बनें, जिससे खुदा के आगे हमको मुंह नहीं छिपाना पड़े। खुदा के लिए न हिन्दू है न मुसलमान न ईसाई। उसके लिए सब एक हैं। हम सब उसके बच्चे हैं।''

''तो उसमें सिर्फ हिन्दुओं को ही सजा क्यों हुई।''

साईं जी बोले–नवाब साहब! हम तो एक फकीर हैं, हमको सही बात कहने में कोई डर नहीं। उस वक्त दारोगा से मिल कर गौड़ साहब हिन्दुओं से बीस हजार रुपया मांगते थे, हिन्दू दस हज़ार दे रहे थे, सौदा पटा नहीं। इसी पर सब बड़े-बड़े हिन्दुओं के दूर से ही नाम सुन-सुन कर वारंट निकाल दिए गए। पकड़-पकड़ कर सब हिन्दू हवालात में डाले जाने लगे। जिसने मुंह मांगी रकम दी वही बचा, जिसने न दी वह पकड़ कर जेल में डाल दिया गया।

नवाब साहब कुछ सोचकर बोले–आप कहते हैं कि जुल्म हिन्दुओं पर हुआ। साईं साहब बोले–मुझे तो हिन्दू मुसलमान में भेद नहीं। न खुदा के दरबार में भेद है, हमारा दरबार तो खुदा का दरबार है। हमने जो कुछ अपनी आंखों देखा था वह सच-सच कह दिया। मैंने सुनी सुनाई बात नहीं कही। उस गांव के मुसलमानों ने भी बाद में यह मान लिया कि दारोगा के धोखे में आकर उन्होंने बड़ी भारी भूल की।

नवाब साहब बोले–साईं जी सुनने में और देखने में बहुत फरक है। मेरे कानों में तो यही डाला गया था कि कुल कत्ल हिन्दुओं की तरफ से हुए। आप की जबान से मुझे सच्चाई का इल्म हुआ है, अब समझ गया कि कसूर दारोगा का था जबकि हिन्दू मस्जिद बनाने को रुपये, कुरबानी को बकरे देते थे तो गौ कशी की जरूरत ही क्या थी?

साईं साहब बोले–जो खुदा को मंजूर होता है, वही हो कर रहता है। अच्छा नवाब साहब! खुदा के फज़ल से आपका नयाज हासिल हो गया, अब हम जाते हैं।

"नहीं-नहीं साईं साहब! यह घर आपका ही है चंद रोज यहीं कायम रखिए।"

"नवाब साहब! हम लोग जंगल के रहने वाले हैं। यह महल आप लोगों को ही सजते हैं। हमें तो जंगल में ही मजा आता है। हमारी झौंपड़ी पीरान कलियर से एक मील आगे जंगल में है। मैं अब अपनी झौंपडी में जाकर इबादत करना चाहता हूं। मुझे अब इजाज़त दीजिए, मैं जाता हूं। मुझे खुदा बुला रहा है।" नवाब साहब ने कुछ फल और रुपया साई जी की भेंट किए। साई जी ने फल तो ले लिए रुपया नहीं लिया और दुआ दे कर चल दिए। चलते समय नवाब साहब ने कदम बोसी की–"मैं भी कभी आपको आपके दरे दौलत पर मिलने आऊंगा। मेरे हक में खुदा के दरबार में दुआ करना।" साईं साहब अपने सूफियाना अन्दाज में बोले–"नवाब साहब! आप भी गरीबों पर दया करना, खुदा भला करे।" इतना कह साईं जी वहां से चल दिए।

भगवान् का कार्य सफल हुआ। कटारपुर के सभी बन्दी शीघ्र ही छूट गए।

❑❑❑

इकहत्तरवां अध्याय

अनेक ग्रन्थों के रचयिता

इस अनित्य जगत् में के. सी, कौन वस्तु नित्य है?
इक है स्वयं भगवान्, दूजे राष्ट्र का साहित्य है॥

उस दिनों यति जी ने अनेक ग्रन्थों की रचना की। उनकी रचनाओं में भक्तिरस सर्वत्र प्रधान है। वे उपनाम किशोर का प्रथम अक्षर (K) और चन्द्र का (C) के.सी. से अपनी रचना लिखते थे। उनकी वृत्ति सूफियाना थी। इसी सूफियाना मनोवृत्ति में ही उन्होंने सभी पुस्तकें लिखीं। ये पुस्तकें प्रायः भक्त-जनों के लिए ही लिखी जाती थीं। अन्य-ग्रन्थमालाओं के समान उनकी इस ग्रन्थ माला का भी विशेष नाम था। परन्तु यह नाम था सूफियाना-**''के. सी चमन की लताएं''** बीसवीं शताब्दी की दूसरी दशाब्दी के आस-पास के. सी. चमन की चौदह लताएं प्रकाशित हो चुकी थीं। यह पुस्तकें अधिकतर नवलकिशोर प्रेस लखनऊ में छपीं।

चौदह-पन्द्रह का अखिल भारतीय विप्लव जब अकारथ गया, उसकी प्रतिक्रिया के रूप में यति किशोरचन्द्र जी को भी अपना कार्य-क्षेत्र बदलना पड़ा। देश की आजादी के लिए युद्ध करना यह तो सामूहिक संघर्ष में ही सफल होता है। जब यह सामूहिक संघर्ष विफल रहा हो, जब समस्त देश पर तूफान के पहले की सी खामोशी छा रही हो, अथवा एक बड़े तूफान के पश्चात आकाश मंडल नितान्त निराश हो कर अस्त्र डाल दे, उस समय सन्त-जन अपने दिव्य-सन्देश से उस सेना को चेताया करते हैं। राष्ट्र के आधार का निर्माण करना राष्ट्र की सेवा करना ही है। और सन्त-जनों के राष्ट्र-निर्माण का ढंग अनूठा ही होता है। वे देश को सच्ची आस्तिकता तथा सच्ची भगवद् भक्ति का उपदेश देते हैं। यही उनका उपदेश पुनः वीर वेश धारण कर रण क्षेत्र में उतरता है। गुरु नानक देव द्वारा बोए हुए भगवद् भक्ति

के कल्प-वृक्ष के फल गुरु गोविन्द सिंह जी ही थे। समर्थ गुरु रामदास की वाणी का फल छत्रपति शिवा जी महाराज थे।

यति किशोरचन्द्र ने उस समय अपनी आध्यात्मिक बीणा बजाई। उनकी एक रचना भजनामृत (जो कि सन् 23 में छपी) के अन्तिम पृष्ठ पर उनकी रचनाओं की सूची है। नीचे ग्रन्थ-प्राप्ति का पता पाठक-गण ध्यान से पढ़ें।

रमते राम बाबा किशोरचन्द्र यति रचित पुस्तकें अर्थात्

के. सी. चमन की विविध लताएं

1. के सी, प्रश्नोत्तरी। (भगवान् से बात)
2. के सी, बारहमासा।
3. के सी, ज्ञान कटारा (मोक्ष की सीढ़ी)
4. के सी, बाग बहार (जागती कला)
5. के सी, दोहावली (उपदेशामृत)
6. के सी, जुल्म की घटा (कर्म की मार)
7. के सी, कुरान (सत्यता की कुंजी)
8. ज्ञाने-इश्क (इश्क को डूम डूम)
9. के सी, अनल हक (तू ही तू है)
10. के सी, शांति सरोवर।
11. के सी. नर नारायण पट दर्शन।
12. के सी. गंगापंचरत्न।
13. प्रेमरस भरा प्याला (ईश्वर की पूर्ण-भक्ति)
14. भजनामृत (प्रेमज्ञान-भक्ति प्रकाश)

पता–

के. सी. माई डियर चेतन देव शहंशाह,

सत्संग आश्रम जहां-तहां

हरिद्वार, कनखल, मथुरा, आगरा, लखनऊ और काशी।

यह सूची यति जी की रचनाओं की विज्ञप्ति के रूप में यहां नहीं दी गई है। तात्पर्य केवल पुस्तक प्राप्ति के स्थान की ओर पाठकों का ध्यान

आकर्षित करना है। आप ही सोचिए यदि किसी ने पुस्तक मंगानी भी हो तो वह चिट्ठी कहां लिखे। यह होती है सूफीयाना–शोखी।

अब तनिक के सी चमन की कतिपय लताओं के एक-एक फूल की सुगन्धी से अपने आपको सुरभित कर लीजिए।

(के. सी. गंगा पंचरत्न से)

श्री चरण कमल चित्त लाय के, सुमरि विष्णु भगवान्।
श्री गंगा जी की स्तुति लिखूं, करि महेश का ध्यान॥
जो समृद्ध सौभाग्य सबै या वसुधावारो।
अति शिव को ऐश्वर्य सहज जिन जग रचि डारो॥
जौन निगम सर्वस्व, पुण्य देवन को प्यारो।
हरै पाप मम जौन सुधा सम सलिल तिहारो॥
अन्य क्लीव जड़ व्यंग, अन्त्यज रोगी पातकी।
गंगा सेवन संग, समता पावहिं सुरन की॥
चलत भक्तियुत जोय, गंगा मज्जन अर्थ सों।
अश्वमेघ फल होय, पग-पग पर उस प्राणि को॥
के. सी, श्री भगवान के दर्शन का फल जोय।
भक्ति भावयुत सुरसरी दर्शन सों सोई होय॥
लीक लीक ज्यूं चले भागीरथ, आगे सुरसरि वारि नमो।
जय श्री गंगे, जय श्री गंगे, पतितोद्धारिणी धार नमो॥

(के. सी, ईश्वर की पूर्ण भक्ति से)

भजन

श्री ओंकार नाम ईश्वर का मंत्रराज श्रुति गाया है रे।
ओंकार प्रति मूर्ति ब्रह्म की इसमें ब्रह्म समाया है रे॥
प्रणव अनाम धाम त्रिकुटी के पार अपार लखाया है रे।
अलख झलख झलकत खलकत में नूरहि नूर नुमाया है रे॥
ओम् ओम् ब्रह्मंड पिंड के रोम रोम में छाया है रे।
होम करै जो सुरतशब्द का सोम सुधा रस पाया है रे॥
के. सी, करे प्रणाम प्रणव को सबको अति सुखदाया है रे।

(के. सी ज्ञाने-इश्क से)

"धूली में भी कमोल देखा, यह तो तेरे चरण की है।
चेतन रूप खिला उजाला, के. सी के वरण की है॥

(के. सी. दोहावली से)

श्रीगुरु चरण कमल सुमिरि, नारद शारद शेष।
के. सी दोहावली लिखूं, रक्षक गौरि गणेश॥1॥
''के. सी, दिखता है नहीं, देता है आवाज।
शब्द शब्द में रम रहा, वहीं गरीब नेवाज''॥2॥
''सच्चा अपना ध्यान घर, सच्चा करले जाप।
के. सी सच्चे चित्त से, जित देखो तित आप''॥

(भजनामृत से)

भजन

हरी का ध्यान धरे प्यारे, वह तीनों ताप हरते हैं
हरी के गाईये गुणगण, तो सारे पाप टरते हैं॥1॥
जो श्रीहरी नाम हैं पीते, वह जग-मग मौज में जीते।
वह यम से जग हैं जीते, किसी से भी न डरते हैं॥2॥
हरी हर प्रेमरस प्याला, तू पी के बनजा मतवाला।
निराला सबसे सुखआला, हरीजन लाभ करते हैं॥3॥
हरीहर कह हरीहर कह, हरीहर हर घड़ी हरदम।
हरीहर जो जपैं के. सी, वह भवसारग से तरते हैं॥4॥

(नर-नारायण पट दर्शन से)

भजन-रागटोड़ी

करो जी कृपा, हम पै कृष्ण मुरारी ।टेक॥
रखते हो लाज तुम भक्तों की, जब भीड़ बने आ भारी॥
मयदानक मारा कंस पछाड़ा, मात यशोदा के हितकारी॥
चरण धरत नाग फन ऊपर, नृत्य करे गिरधारी।
नगर नगर प्रसिद्ध हुई है, लीला तेरी रासबिहारी॥
दरशन कर नागों की नारी, लागी स्तुति करन तुम्हारी।
किशोरचन्द्र हर जोगी आए, सुन बन्सी के टेर तुम्हारी॥

(के. सी ज्ञान कटारा के दस पापों की सूचना)

1. **अनीति से वस्तु लेना**—जैसी चोरी जुआ या छल या दबाव से या अग्रहणीय विदेश अपवित्र वस्तुओं का ग्रहण करना।

2. **हिंसा**—अर्थात् किसी के शरीर को अथवा मन को दुःख देना। किसी भी जीव का वध करना।
3. **परस्त्रीगमन**—परस्त्री को ताकना व उसे देखकर मन में पाप लाना भी व्यभिचार है।
4. **पारुष्य**—अर्थात् किसी को धमकाने या अपमानित करने के लिए कठोर वचन कहना।
5. **पिशुनता**—किसी के अफसर, गुरु, सम्बन्धी अथवा मित्र के सामने उसकी हानि की नियत से उसकी बुराई करना।
6. **अनृत**—झूठ बोलना, अपने देश की सेवा से वंचित रहना।
7. **वृथालाप**—व्यर्थ भाषण।
8. **परधनहरण**—अनुचित उपाय से किसी के धन को हरने की इच्छा करना, रिश्वत खाना।
9. **दूसरे का अनिष्टचिन्तन**—दिल में मेल का न होना।
10. **असत्य वस्तु में संकल्प**—अर्थात् अविवेक भ्रांति अज्ञान प्रमाद। इनमें प्रथम तीन पाप शरीर के फिर चार पाप वचन के फिर तीन पाप मन के हैं।

के. सी दूर करो यह दस पाप।
तीर्थ व्रत स्नान का तब फल हो आप॥

सोरठा

छांड़हुं मन दस पाप, धारण कर दस वर्ष को।
देखु आप में आप, ज्ञानदृष्टि को खोलिके॥

दस पुण्यों की सूचना

1. "सत्य बोलो। मन, वाणी, कर्म के एक होने का नाम सत्य है। सत्य के समान दूसरा धर्म नहीं। सत्य ही की सदा जय है। सत्य ही ईश्वर है। सत्य ही प्रकाश है। सत्य ही सुख है। सत्य ही सब तपों, व्रतों और नियमों का मूल हैं।"
2. "मत करो दूसरों के साथ कोई काम, जो आपको अप्रिय हो, यही सब धर्मों का सार है।"

3. ''अपनी हानि से अथवा आप दु:ख उठाकर भी पर कार्य संवारना सज्जनों का धर्म है।''

4. ''जो अपने आप आए अथवा जिससे मिलो उससे सत्य और मधुर भाषण और शुद्ध बर्ताव करना और प्रेम भरी दृष्टि से देखना यही श्रेष्ठ पुरुषों का नियम है।''

5. ''काम से, क्रोध से, लोभ से, भय से धर्म को कभी भी न छोड़ें।' धर्म ही नित्य है, सुख-दु:ख अनित्य है–यही धर्म की मर्यादा है।''

6. ''सबके साथ सीधा सच्चा बर्ताव, दान, दया, इन्द्रियों को कुमार्ग से रोकना यही धर्म का तत्त्व है।''

7. ''मत समझो कि हमारे पापों को कोई नहीं देखता, जो सबका पैदा करने वाला, पालन करने वाला, सर्वव्यापी, सर्वज्ञ, सर्वदर्शी, सत्यज्ञान, अनन्तरूप, सबका अन्तरात्मा है, वह भगवान् उन्हें सदा देखता है। इसलिए सदा पाप कर्म से बचने और पुण्य कर्म में प्रवृत्त होने की प्रार्थना प्रात:काल और सायंकाल शुद्ध होकर जरूर-जरूर किया करें। यही धर्म का मुख्य अंग है।''

8. ''मनुष्य देह अति उत्तम है। उसे स्वस्थ और पवित्र रखना चाहिए, बिना देह की आरोग्यता और बल के कोई धर्म-कर्म नहीं बन सकता। आरोग्यता और बल बढ़ाने के लिए समय-समय के देवता की बात मानना, मानकर उस बात के मुताबिक चलना यही उत्तम पुरुषों का नियम है।''

9. ''सब कर्मों को केवल कर्तव्य बुद्धि से करना और सबमें सम-दृष्टि रखना यही ईश्वर की बड़ी पूजा है।''

10. ''सबके हृदय में विराजमान सब कर्मों के साक्षी सब फल के दाता ईश्वर को जानकर, जिह्वा से उसके गुण गाकर, हाथों को उसकी सेवा करने कानों को उसकी चरित्रों का श्रवण करके देह को उसीके काम में अर्पण कर मन को उसी में लगाकर बुद्धि को उसी के ध्यान में तत्पर करके स्नान कर शुद्ध बनना और प्रेम भक्ति से दर्शन श्रीगंगा का करना।''

❑❑❑

बहत्तरवां अध्याय

गांधी की आंधी में

धरणी धरहुं मन धीर, कहि विरंचि हरिपद सुमरि।
आरत जन की पीर, प्रभु भंजहिं दारुण विपदि॥

साबरमती के संत ने मातृभूमि को पीड़ितावस्था में देख उसकी रक्षा के हेतु घोर तपस्या की। अंध द्वीप (अफ्रीका) के क्षेत्र में जहां अहिरावण ने त्रेतायुग में उत्पात मचाया था, सर्वप्रथम देवर्षि गांधी ने उसी स्थल को अपना तपोवन बनाया। देवर्षि की तपस्या फल लाई। गौरांग प्रभुओं का सिंहासन हिल गया। अंध-द्वीप पर स्थित भारतीयों के दु:खों का नाश करके महात्मा भारत में आए। साबरमती के तट पर उन्होंने तपस्या का श्रीगणेश किया। तन पर केवल एक लंगोटी पहन कर महात्मा ने समाधि लगाई।

यूरोपीय महासमर के उपलक्ष स्वरूप में दिया गया वह (Rowlatt Act) रोलट ऐक्ट... भारत पुत्रों का सर्व-संहार कर रहा था। देश में त्राहि, त्राहि का निनाद मच गया। असंख्य भारत पुत्र निराश हुए आकाश की ओर देख रहे थे। उस समय आकाश में एक आवाज आई...।

''भोले भारतीयो! आज तुम इन्द्रकोश से भयभीत हुए चिल्ला रहे हो। परन्तु यह (Rowlatt Act) रूपी आसुरी-दावानल इसकी वर्षा का दिन लाने वाले तुम्हीं थे। अब तुम रो रहे हो। तुम रक्षा चाहते हो।''

''जाओ! साबरमती के तीर पर बैठा हुआ एक तपस्वी तुम्हारी रक्षा के लिए घोर तपस्या कर रहा है...उसकी शरण में जाओ।''

••• ••• •••

गांधी की तपस्या ने आजादी के देवी का सिंहासन हिला दिया। आज़ादी की देवी ने प्रसन्न होकर साबरमती के सन्त को दो वरदान दिए। सत्याग्रह और चरखा अर्थात् ढाल और तलवार। इन दोनों बला तथा अति-बला रूपी

वरदानों से सुसज्जित हो साबरमती के सन्त का तेज भारत में सर्वत्र छा गया। उस समय अन्तरिक्ष से आवाज आई, जय साबरमती के सन्त! अब तू इसी तपोवन में स्वाधीनता के यज्ञ रचा। सत्यमेव तेरी विजय होगी। त्रेता में कौशिक रूप में जो तूने यक्ष-लोक में यज्ञ किया था, आज वही इतिहास अपने को दोहराने आया है। जिन दो राजकुमारों ने उस युग में तेरे यज्ञ की रक्षा की थी, वे दोनों राजकुमार आज भी विद्यमान हैं। जा त्रिवेणी के राजकुमार जवाहर और बंगाल के सूरमा सुभाष इन दोनों कुमारों को लाकर अपना यज्ञ सफल कर।

प्रयाग तीर्थराज है। मंदाकिनी तथा कालिन्दी का संगम स्थान है। महर्षि भारद्वाज की आश्रम-भूमि है। उद्गीथ-गाथा राजर्षियों का तपोवन है। मर्यादा पुरुषोत्तम राम का वन-यात्रा का स्मृति-चिह्न है। 35 करोड़ भारत-पुत्रों के हृदय मिलन का केन्द्र है। त्रिवेणी की पवित्र धारा पापियों के मनों को भी एक मुहूर्त भर के लिए तो पवित्र कर ही देती है। देवर्षि की दिव्य दृष्टि भारत के कोने-कोने में फिर गई और त्रिवेणी की विमल धारा का स्पर्श करते ही उस में अटक गई। प्रयागराज के महाराजाधिराज, राज राजेश्वर राजर्षि मोतीलाल नेहरू का राजकुमार, त्रिवेणी नरेश का युवराज! मोती का लाल जवाहर... हां! हां!! वही तरुण-भारत का हृदय सम्राट् महामुनि कौशिक के यज्ञ की रक्षा कर सकता है।

देवर्षि ने देखा–साबरमती के तीर पर बैठे हुए...उन्हीं आंखों से; जिन आंखों से देखा था यज्ञ-लोक में बैठे हुए ऋषि विश्वामित्र ने दशरथ कुमार राम को–जिन आंखों से देखा था गुरु रामदास ने दण्डकारण्य में फैले अनार्यत्व का नाश करने वाले छत्रपति शिवाजी महाराज को–जिन आंखों से देखा था भगवान शाक्य देव ने अपने अगणित भिक्षु समुदाय में बुद्ध रूप नन्द को–जिन आंखों से देखा था ईरावती तट पर बैठे हुए भारत के शेर गुरुगोविन्द सिंह जी महाराज ने गोदावरी के सन्त बन्दा वैरागी को–और जिन आंखों से देखा था प्रज्ञाचक्षु विरजानन्द ने विद्यार्थी मूलशंकर के हृदय में एक देदीप्यमान ज्योति को...उन्हीं आंखों से देखा साबरमती-तट पर बैठे हुए महामुनि गांधी ने त्रिवेणी के राजकुमार जवाहर को।

साबरमती के देव उठे और चले तीर्थराज की ओर–जवाहर याचना के लिए। भारत के कोने-कोने में फैले हुए तम-तोम के विनाशक एक ज्योति-स्तम्भ के निर्माण के लिए। चारों ओर फूट रहे अनार्यत्व का गला घोंटने वाले राम को स्वाधीनता का पाठ पढ़ाने के लिए, भारतीय नौका के कर्णधार जवाहर को

नाव संचालन की दीक्षा देने के लिए। सत्य और अहिंसा के अमोघ अस्त्रों से जवाहर को सुसज्जित करने के लिए देव गए मोतीलाल की राजधानी में।

राजर्षि और देवर्षि का मिलाप हुआ। यथा योग्य सेवा सुश्रूषा के अनन्तर राजर्षि बोले–"देव, आगमन का हेतु"। सादर प्रार्थित देव बोले–राज राजेश्वर आप की जय हो! सावरमती आश्रम में ऋषि लोग स्वराज्य यज्ञ कर रहे हैं। विरोधी दल हमारे यज्ञ–मार्ग में निरन्तर बाधक हो रहा है। अस्तु! यज्ञ रक्षा के हेतु राज–पुत्र जवाहर हमें प्रदान कीजिए।

जवाहर का नाम सुनते ही राजर्षि के हृदय में पुत्र–स्नेह का विशाल सागर उमड़ पड़ा। जवाहर का नाम तो इतना प्यारा था कि राजर्षि कभी सुनते–सुनते थकते ही न थे। परन्तु इस बार तो देवर्षि गांधी के मुख से जवाहर का नाम सुनते ही राजर्षि का हृदय क्षुभित हो उठा। पुत्र! और तिस पर भी इकलौता पुत्र!! देव उसे भी मुझसे छीन लेना चाहते हैं। हृदय के उद्गार मुंह के रास्ते फूट पड़े–"देव! जवाहर अभी बच्चा है, राजनीति में अभी कच्चा है। रणविद्या से भी भली–भांति परिचित नहीं है। इतने बड़े साम्राज्य का सामना कैसे कर सकेगा–मेरा अकेला जवाहर।"

परन्तु देव तो जानते थे, जवाहर बच्चा नहीं। जवाहर बच्चा होगा मोतीलाल का, परन्तु राष्ट्र का वह भावी–राष्ट्रपति है। पुत्र–स्नेह से राजर्षि का हृदय सरोवर क्षुभित हो उठा। देवर्षि ने आंख उठाई, राजर्षि के नेत्र भी उठे। साबरमती के जादूगर का जादू काम कर गया। चुम्बक की शक्ति ने संसर्ग के मोह को हृदय से निकाल कर बाहर फैंक दिया। राजराजेश्वर का मोह दूर हुआ और जवाहर का हाथ देवर्षि के हाथ देते हुए कहा–यह लो मेरा लाल!

राम तो मिल गए। अब राम का साथी लक्ष्मण चाहिए। वही लक्ष्मण लाल जो राम के सुख को अपना सुख और राम के दुःख को अपना दुःख समझे। वह लक्ष्मण जो राम के एक इंगित मात्र पर अपने प्राणों पर खेल जाए। वह लक्ष्मण जो राम के लिए अपने आप को भी भूल जाए। वह बाल–ब्रह्मचारी लक्ष्मण। यह यति सती लक्ष्मण, सिवाय सुभाष बोस के और कौन हो सकता था–अस्तु! जवाहर तथा सुभाष को लेकर देवर्षि ने यज्ञ–स्थल की ओर प्रस्थान किया।

पुरुष सिंह दोउ वीर, हर्षि चले मुनि भय हरण।
कृपा सिन्धु मति धीर, अखिल विश्व तारण तरण।।

इन दोनों राजकुमारों को साथ लेकर साबरमती के सन्त यज्ञ-स्थल पर आए। यज्ञ आरम्भ हुआ। यह यज्ञ भी अनुपम था। जिस यज्ञ में ब्रह्मा गांधी हो, अधिष्ठाता स्वयं भगवान् लोकमान्य हों, पुरोहित मालवीय हों, यजमान मोतीलाल नेहरू हों, गणेश-शंकर विद्यार्थी, प्रधान पटेल, स्वामी श्रद्धानन्द और चित्तरंजन दास होता हों! और जिसकी रक्षा के लिए तरुण-भारत की दोनों भुजाएं सशस्त्र सुसज्जित हों वह यज्ञ अनुपम होना ही था।

गांधी का यज्ञ सफल हुआ। उस यज्ञ से एक सहस्र भुजा देवी उठी। भारत-वीरों ने उस सहस्र भुजा देवी को साक्षात प्रणाम किया।

विश्वेश्वरी त्वं परिपासि विश्वं, विश्वात्मिका धारयसीति विश्वम्।
विश्वेशवन्द्या भवती भवन्ति, विश्वाश्रया ये त्वयि भक्ति नम्राः॥

हे आजादी के देवी! तू सारे संसार का पालन करने वाली है। तेरे आश्रय पर ही सारा संसार जीवित है। जिस पर तेरी कृपा दृष्टि हो जाती है उसका कोई बाल तक बांका नहीं कर सकता-तन, धन, मान-अपमान, वैभव सब तेरे ही आश्रित हैं, जो सच्चे हृदय से तेरी उपासना करते हैं तू उन पर प्रसन्न हो कर उन्हें अपना आशीर्वाद देती है।

आधारभूता जगतस्त्वमेको, देवी स्वरूपेण यतः स्थितोसि।
अपां स्वरूप स्थितया त्वमैतद्, अप्यायते कृत्स्नमलंघ्य वीर्ये॥

हे स्वाधीनता की देवी! इस सारे संसार का आधार तू ही है। इस साबरमती के पवित्र तट पर वरुण देव के विशाल वक्षःस्थल पर तेरा प्रकाश देखकर हमारे अन्दर नवजीवन का संचार होता है। हे देवी! हमें शक्ति दे कि हम तुझे प्राप्त करने के योग्य बन सकें।

पारतंत्र्य-दुर्गन्ध विनाशक परिमल मधुर प्रचारी हो।
स्वतंत्रते! तु कुसुद कोकनद की प्यारी फुलवारी हो॥
तब मकरन्द तृषित यह भारत भवंर महा दुःख पाता है।
प्यासे अलि की प्यास बुझाना, किसलय का यह नाता है॥
रोगानशेषानपहंसि तुष्टा, रुष्टास्तु कामान्सकलानभीष्टान्।
त्वामाश्रितानां न विपन्नराणां, त्वामाश्रिता ह्याश्रयतां प्रयान्ति॥

हे स्वतंत्रता की देवी! अपने भक्तों की सच्ची भक्ति से तू अवश्यमेव प्रसन्न होती है और तू प्रसन्न होकर उनको पराधीनता के पाशों से मुक्त कर

देती है, ऐसा हमने सुना है और आंखों से ऐसा होते देखा है। दुःख से, गुलामी से, बेकारी से, गरीबी से पिसे जा रहे संतप्त प्राणियों पर तू अपनी दया-दृष्टि का आशीर्वाद संचार कर उनके दुःख ताप का नाश करती है।

त्वं वैष्णवी शक्तिरनन्तवीर्या, विश्वस्य बीजं परमासि माया।
सम्मोहितं देवि समस्तमेतत्, त्वं वै प्रसन्ना भुवि मुक्ति हेतुः॥

हे स्वाधीनता की देवी! तू साक्षात परमात्मा की पुत्री है, तुझे स्मरण करना ही परमात्मा का स्मरण करना है–तेरे गुण गाना, तेरी भक्ति करना, तेरा जाप करना और तुझे प्राप्त करने के लिए तप करना ही वास्तव में परमात्मा का पाना है। तेरे जीने से सारा संसार जीता है। तू ने अपने स्वरूप से, अपने गुणों से सारे संसार को मोह लिया है। सारा संसार तुझ पर मोहित है और रात-दिन तुझे प्राप्त करने की धुन में लगा रहता है–सुख-सम्पत्ति का साधन एक तू ही है। हे आज़ादी की देवी, तू हम पर प्रसन्न हो।

कृपा कटाक्ष तुम्हारी जननी! नहीं जाति जिस पर होता।
विदेशियों के दास भाव में सर्वनाश उसका होता॥
कृपा स्वाति की बूंद तुम्हारी यदि शीघ्र नहीं आवेगी।
आरत भारत चातक फिर क्या भला शेष रह जावेगी।
ते सम्मता जनपदेषु धनानि तेषां, तेषां यशांसि न च सीदति धर्मवर्गः।
धन्यस्त एव निभृतात्मजभृत्यदारा, येषां सदाऽभ्युदया भवती प्रसन्ना॥

हे आजादी के देवी! धन, दौलत, मान, भाई, बन्धु, यश, धर्म सब कुछ तेरे ही होने से प्राप्त होता है। गुलामों का तो जीना भी मरने से बुरा है। तुम्हारे होने से ही जाति की उन्नति हो सकती है। धन्य हैं वे जो तेरा उपभोग कर अपने राष्ट्र को उन्नत कर रहे हैं।

धर्म्याणि देवी सकलाणि सदेव कर्मणयत्यहतः प्रतिदिनं सुकृति करोषि।
स्वर्ग प्रयाति च ततो भवती प्रसादात्, लोकत्रयेऽपिफलदो ननु देवी तेन॥

हे आज़ादी की देवी! धर्म, कर्म, नित्य-नेम जो भी कुछ मनुष्य के लिए कल्याणकारी कहे हैं, वे सब तेरे होने से भी फलीभूत होते हैं। तेरा ही पुण्यदायक आशीर्वाद पाकर मनुष्य इस मृत्युलोक में स्वर्ग के सदृश सुखों का उपभोग करता है।

देवी स्मृता हरसि भीतिमशेषजन्तोः स्वस्थैः स्मृता मतीमतीवशुभां ददासि।
दारिद्र्यदुःखभय हारिणी का त्वदन्या सर्वोपकार करणाय सदार्द्रिचित्ता।।

हे स्वाधीनता की देवी! जो भी व्यक्ति अथवा जो भी जाति सच्चे हृदय से तेरा स्मरण करती है और तेरे आदेशों का पालन करती है तू उसके सब दुखों को दूरकर उसे सुख देती है। देश की गरीबी, कंगाली, पराधीनता, लाचारी, बेबसी तथा भूख की एकमात्र तू ही औषधि है।''

वह आजादी की देवी बोली-''जय स्वाधीनता के पुजारियों! तुम्हारी यह पूजा स्वीकृत हुई। भारत में स्वाधीनता की देवी का प्रकाश हो गया है। परन्तु तनिक अपने हृदयों को टटोल कर बताओ तो सही-क्या भारत में आई हुई स्वाधीनता की तुम रक्षा भी कर सकोगे? भारत तो स्वाधीनता की देवी का जन्म-स्थान है। सात समुद्र पार भेजी हुई स्वाधीनता की देवी तो भारत में आने के लिए तड़प रही है। पिछली शताब्दी में भी वह एक बार आई थी। उससे पहले भी वह कई बार आई, परन्तु क्या तुम उसे सम्भाल सके। आज जो तुम उस देवी का आह्वान कर रहे हो क्या भारत में आई हुई उस देवी की तुम रक्षा कर सकोगे?

स्वाधीनता की देवी सर्वप्रथम तुम्हारे बाहुबल की, तुम्हारे तप, त्याग की परीक्षा लेना चाहती है। आज 19 का सन् है। दस वर्ष तुम्हें परीक्षा के लिए देती हूं। यदि तुम इस परीक्षा में पास हुए तो 29 के सन् को अन्तिम क्षण स्वाधीनता की देवी पंजाब की वीर भूमि में, रावी के तट पर प्रकट होगी और जिस वीर ने गांधी के यज्ञ की रक्षा की है, उसके गले में अपनी जयमाला डालूंगी।

वीर जवाहर, रावी तट पै, फिर से छेड़ो ऐसी तान।
स्वतंत्रता का मद मतवाला, नाच उठे फिर हिन्दुस्तान।।
मोती के तुम लाल जवाहर, भारत के नयनऽभिराम।
कमला के सर्वस्व कोटिशः, हिन्दिन के हृदय विश्राम।।

इतना कह वह स्वाधीनता की देवी चली गई। सात समुद्र पर गौरांग महाप्रभुओं ने भारत नभ पर चमकते हुए प्रकाश को देखा। अंधकार में यह प्रकाश किसका! गौरांग महारथियों ने अपने सरदार ड्यूक ऑफ कनाट को तत्क्षण भारत-भूतल से उस प्रकाश को नष्ट करने के लिए भेजा।

जिस क्षण उस लाट-लाटेश्वर ने अपने गौरांग-चरणों से भारत-माता के पवित्र अंचल का स्पर्श किया तत्क्षण धरती माता कांप उठी। वसुधा का हृदय क्षुभित हो उठा। उस समय साबरमती तट से एक आंधी उठी। उस लाट-लाटेश्वर को उठा कर उसने वहीं से सात समुद्र पार फैंक दिया।

यह था असहयोग-आन्दोलन का श्रीगणेश। वह आंधी उठी। उसे शान्त हुए भी कई वर्ष हो गए। विगत बीस वर्षों में उसने तीन बार हल्ला बोला। कोई नहीं कह सकता उसका चौथा हल्ला कब लगे। राख के नीचे छुपे हुए दहकते अंगारे हैं, कौन जानता है कब और किस क्षण भड़क उठें।

सन् 1921 की वह आंधी सबसे प्रबल थी। कइयों का विचार है कि यह भी गांधी का सुदर्शन चक्र था, जो घूम फिर कर गांधी की ही लंगोटी से चिपट गया। गांधी ने ही इसे चलाया था, गांधी ने ही उसे लौटा लिया। आज भी गांधी चाहे तो उसे चला सकता है। इस चक्र को चलाने की उसकी हिम्मत है। परमात्मा उसे राजी रखे।

वह तो जीते रहे हज़ार वर्ष, हर वर्ष के हों दिन पच्चास हजार।

वह एक बार और अन्तिम बार इस सत्याग्रह के चक्र को फिर घुमाएं। और परमात्मा उन्हें इस शुभ प्रयास में पूर्ण सफलता प्रदान करे।

1921 की आंधी बड़ी प्रबल थी। उस समय तो सचमुच फिरंगियों के पांव उखड़ गए थे। स्वतंत्रता के लिए किए जाने वाले प्रत्येक आन्दोलन का साथ देना यति जी अपना परम धर्म समझते थे। उन दिनों गांव-गांव में घूम कर उन्होंने जनता को आजादी का पाठ पढ़ाया। चरखे का तथा स्वदेशी का उन्होंने खूब प्रचार किया। पंचपुरी के राजनैतिक जीवन के स्तम्भ रूप हो उस परम देश-भक्त पर अपने हाथों से बीस वर्ष पूर्व स्वराज्य का पहला झंडा फहराया था, उसे अपनी ही आंखों से घर-घर में फहराता हुआ आजादी का तिरंगा झंडा देख कर कितनी प्रसन्नता हुई होगी।

□□□

तिहत्तरवां अध्याय

दहकती हुई होली में

स्वयं न खादन्ति फलानि वृक्षा।
स्वयं ही चाम्भः न पिवन्ति नद्याः॥
धराधरो वर्षति नात्म हेतो।
परोपकाराय सताम विभूतयाः॥

होरी है भई होरी है, किस भड़ुए दी चोरी है...वह विचारा रोकता ही रह गया, परन्तु नक्कारखाने में तूती की सुनता ही कौन है। वह बेचारा हाथ ही जोड़ता रह गया और वे तीन दिन के नादिरशाह उसका ठेला हांक कर ले चले–

"होरी है भई होरी है, किस भड़ुए दी चोरी है।" अर्थात्–आज कल होली के दिन हैं। इन तीन दिनों में चोरी करने की, डाका डालने की खुली छुट्टी है। इसी स्वयंकृत डंडा-स्मृति की तेरहवीं धारा के अनुसार वे नट खट बालक उस बेचारे गरीब का ठेला हांक कर चल दिए– और कोई चारा न देख वह बेचारा ठेले वाला भागा-भागा यति जी के पास आया। "महाराज! मैं गरीब आदमी मेहनत मज़दूरी करके पेट पालता हूं। यह ठेली ही एक मेरी जीवन की पूंजी है। यह छोकरे जबरदस्ती उसे भी जलाने को लिए जा रहे हैं"। यति जी उसी क्षण उसे साथ लिए घटनास्थल पर पहुंचे। उन्हें देखते ही लड़के फिर जोर-जोर से "होरी है भई होरी है" का जयकारा लगाने लगे। यति जी ने जाते ही ठेले को पीछे से पकड़ लिया और लड़कों से बोले–

"अरे! इस गरीब का ठेला कहां लिए जा रहे हो।"

"होरी है भई होरी है, किस भड़ुए की चोरी है।" उत्तर मिला।

"परन्तु यह ठेला तो उस बेचारे का एकमात्र रोजगार है, इसे जला कर क्या उस बेचारे को भूखा मारोगे।"

यति जी ने बहुतेरा समझाया, परन्तु न जाने इन तीन दिनों में परमात्मा हिन्दू-नवयुवकों के अंदर क्या परिवर्तन कर देता है।

पंजाब के अंदर एक रिवाज है। जिन-जिन घरों में उस वर्ष पुत्र-रत्न उत्पन्न हों वे लोग मकर-संक्रान्ति के दिन पैसे या धेले बांटते हैं। बड़े-बड़े लखपतियों के लड़के स्वयं अपने आश्रितों के घर पर एक-एक धेला मांगने जाते हैं और उस एक धेले को प्राप्त करने के लिए उन्हें भीड़ में इतना संघर्ष करना पड़ता है कि दृश्य देखते ही बनता है। वास्तव में हिन्दू-धर्म की प्रत्येक बात पूर्वजों ने सोच-समझ कर रची थी। हिन्दू धर्म साम्यवादी-धर्म है। एक लखपति अमीर का बेटा एक निर्धन के घर जाकर एक धेले के लिए संघर्ष करता है क्या यह साम्यवाद नहीं?

यह दूसरी बात है कि हुगली के स्थान पर पहुंच कर गंगा जल में वह गंगोत्तरी के जल की-सी निर्मलता नहीं रहती। परन्तु जब कोई व्यक्ति गंगा जल के गुणों का वर्णन करता है तो उसका लक्ष्य वह गंगोत्तरी का जल ही होता है। आदर्श सत्य-सनातन वैदिक धर्म तो गंगोत्तरी के जल के समान निर्मल है।

यह हिन्दू-धर्म तो सर्व-रस संग्रह है। वर्ष भर के 360 दिन तो यह उपदेश देता है कि तुम दूसरे के स्वर्ण को भी पत्थर के समान जानों, अनाथों पर दया करो, गरीबों की सहायता करो। परन्तु कहीं सभी लोग दया-धर्म, सम कांचन-लोष्ठवत का पाठ पढ़ते-पढ़ते निकम्मे ही न हो जाएं। वर्ष में बाकी तीन दिन यह उपदेश देता है—इन तीन दिनों में तुम गरीबों के पथे हुए उपलें चुरा लाओ, जाओ निर्भय होकर किसी गरीब किसान के खेत से गन्ने उखाड़ लाओ। जाओ! जिस किसी की लकड़ियां उठा कर ला सकते हो ले आओ! जाओ जहां कहीं से जो कुछ भी लूट सकते हो, लूट लाओ और दहकती होली में लाकर फूंक दो।

इस परिवर्तन के लिए तो भगवान् का कोटि-कोटि धन्यवाद है। सहस्रों वर्षों से परवशता की चक्की में पिसे जा रहे भारतीय-सपूतों के हृदय में यदि इतना उत्साह तथा चपलता है तो मानो भारत के तमोमय-भविष्य पथ पर एक प्रकाश की रेखा है। परन्तु दुःख तो इसी बात का है कि हिन्दू यदि चंचल है तो अपने ही भाई को तंग करने के लिए, यदि वह चालाक है तो अपने ही भाई की जेब काटने के लिए, यदि वह कठोर है तो अपने ही भाई का गला दबाने के लिए, यदि वह पाषाण-हृदयी है तो अपनी ही बहनों पर अत्याचार

करने के लिए, यदि वह बलवान है तो अपने ही पद-दलित भाइयों को पांव तले रोंदने के लिए। यदि वह उद्दण्ड है तो अपने ही भाई के सिर पर खाक डालने के लिए, यदि वह शठ है तो अपने ही भाइयों के मुंह पर नाली के गन्दे पानी की पिचकारी फैंकने के लिए। डंडाधारी विधर्मियों को देखते ही वह दया, स्नेह, अहिंसा, क्षमा, दान और धर्म की साक्षात प्रतिमा बन जाता है।

यति जी ने उन छोकरों को बहुत समझाया परन्तु वे माने नहीं। वे चाहते तो उस ठेले को पीछे से इस जोर से पकड़ते रखते कि सभी लड़के मिल कर भी उसे हिला न सकते परन्तु उस समय यति जी के हृदय में न मालूम क्या विचार उठा वे कूद कर उस ठेले पर बैठ गए और बोले-"चलो भई"-

"होरी है भई होरी! आज यह भी इस ठेले के साथ ही सता होंगे।" ले चलो आज इनकी भी होली मनाओ। बच्चों की शरारत में चार चांद लग गए। यह सारा नाटक उनके लिए एक अच्छा खासा तमाशा बन गया। ठेले को वे दहकती हुई होली की ओर ले चले। यति जी के गाम्भीर्य में कुछ भी अन्तर नहीं आया, वे यथा-पूर्व तेजस्वी रूप में वहां बैठे थे, मानो वे भगवान् से प्रार्थना कर रहे थे-"भगवन्! भारती-वीरों को उदण्डता क्या भोले-भाले गरीबों को सताने के लिए ही दी थी। प्रभो! मैं यह तो नहीं कहता कि आप इनकी यह चपलता, चंचलता छीन लो, परन्तु मैं इतना तो अवश्य कहता हूं-प्रभो! भारतीय-वीरों की उदण्डता गरीब देश-वासियों को सताने के लिए न हो, बल्कि किसी आतताई द्वारा सताए जा रहे अपने गरीब देशवासियों की रक्षा के लिए हो।"

इतने में वह होली का दहकता कुण्ड ही आ गया।

"आप ठेले पर से उतर जाएं-हम इसे अग्नि में डालेंगे"। लड़के बोले-

"एक निर्धन की आजीविका का एकमात्र साधन मैं अग्नि के अर्पण कदापि-कदापि नहीं होने दूंगा।

"हम कुछ सुनने को तैयार नहीं हैं।"

"तो मैं भी उतरने को तैयार नहीं।"

"अच्छा! तो धकेलो ठेले को"। एक लड़का जोर से बोला-

होरी है भई होरी है, किस भड़ुए दी चोरी है।

जोर से आवाज़ हुई और उन नटखट बालकों ने सचमुच उस ठेले को आग में धकेल दिया।

परन्तु उसी ठेले पर बैठा हुआ वह महान तेजस्वी ध्रुव के समान अटल था। जिस अदृश्य सत्ता ने पर्वत से गिरते हुए प्रह्लाद की रक्षा की, जिस गुप्त-शक्ति ने सत्येन्द्र हरिश्चन्द के मृतक पुत्र की देह में जान डाली उसी शक्ति ने उस अपने भगत की रक्षा की। वह ठेला आग के ऊपर से होकर सुरक्षित पार चला गया। यति जी पर आंच तक न आई। अब उन शैतान लड़कों की बुद्धि ठिकाने लगी। वे सब यति जी के चरणों पर गिर पड़े–"भगवन! हमें क्षमा करो।"

सत्य तो यह है–यदि देश सच्चे हृदय से निष्काम भाव हो स्वतंत्रता के पथ पर चल पड़े तो यह लम्बा मार्ग तो कुछ ही दिनों में कट जाए।

❑❑❑

चौहत्तरवां अध्याय

आदर्श देशभक्त

देशन में भारत भलो, हिन्दी भाषन माहिं।
जातिन में हिन्दू भलो, और भलो कछु नाहिं।।

यति किशोर चन्द्र एक आदर्श देश-भक्त थे। देश में जब भी कभी मातृ-भूमि की स्वतंत्रता का प्रयास हुआ, उनको सब ने प्रथम श्रेणी में खड़े हुए पाया। यह दूसरी बात है कि उनके नाम से आज संसार इतना परिचित न हो। परन्तु केवल इसीलिए कि हम अमुक व्यक्ति के नाम से परिचित नहीं हम उसके त्याग और तपस्या के बारे में कोई संदेह नहीं कर सकते। जैसे हर एक अमीर आदमी भला मानस नहीं होता और हर एक गरीब आदमी बुरा नहीं होता उसी प्रकार हर एक सुविख्यात व्यक्ति आवश्यक नहीं कि उसकी देश सेवा असन्दिग्ध हो और प्रत्येक अज्ञात व्यक्ति यदि वह देश के लिये अपनी जान पर भी खेल जाये तो जरूरी नहीं कि हम उसकी बलिदान-गाथा को सुनकर उसकी देश-सेवा को सुविख्यात व्यक्ति की समता में ही न लावें। सन पन्द्रह के शतशः स्वातंत्र्य वीरों के एक नहीं बल्कि अनेकों नाम लिखे जा सकते हैं, जिनके नाम से परिचित व्यक्ति केवल उंगलियों पर ही गिने जा सकेंगे। परन्तु जहां तक सेवा के (Standard) माप तौल का प्रश्न है बीसियों सुविख्यात व्यक्तियों की सेवा मिल कर भी उन वीरों के चरण रज की समता तक नहीं कर सकती। यदि किसी की अपनी मिलें खड़ी हैं, यदि किसी के लिमिटेड कम्पनियों में लाखों के शेयर हैं, यदि किसी के लड़के-लड़कियां सात समुद्र पार पढ़ते हैं, तो इससे बेचारे गरीब किसान को क्या मतलब, इससे हिन्दुस्तान की आजादी का क्या वास्ता।

लगे बादशाहत को ज्वाला मां के लिये फकीर भला।

स्वतंत्रता के पथ पर निरन्तर छप्पन वर्ष चल कर भी आज देश कहां है। यदि कांग्रेस ने आठ प्रान्तों में हिन्दुओं की वोट-शक्ति से सत्ता प्राप्त कर भी ली थी तो इससे क्या देश आज़ाद हो गय थाा; और यदि कांग्रेस ने बाद में मंत्री-पद छोड़ दिये तो इससे क्या देश रसातल में चला गया? निराशा की बात नहीं, परन्तु सत्य तो यह है-यदि देश सच्चे हृदय से निष्काम भाव हो स्वतंत्रता के पथ पर चल पड़े तो यह लम्बा मार्ग तो कुछ ही दिनों में कट जाए।

यदि छप्पन वर्ष चल कर भी हम कहीं पहुंच नहीं पाए तो इसका कारण केवल हमारी दूषित मनो-भावनाएं ही हैं। हम सच्चे सेवकों का मान करना सीखे ही नहीं। हमने अच्छे बुरे की सही पहचान करनी सीखी ही नहीं। अपने और पराय की परख हमें अभी तक आई ही नहीं। यदि हमको अपने पराए की परख होती, तो देश के लिए सर्वस्व होम कर देने वाले हजारों नवयुवकों का खून व्यर्थ ही न जाता।

रामायण में एक कथा आती है। कथा की वर्णन शैली काव्यमय है, अलंकारिक है, परन्तु है भावपूर्ण। कहते हैं लंका विजय के पश्चात श्रीराम जी ने अयोध्या में एक बड़ा भारी दरबार किया। युद्ध में सहयोग देने वालो को पारितोषिक बांटा जा रहा था। राम ने सीता के हाथों में बहुमूल्य हार देते हुए कहा-

''प्रयच्छ सुभगे हारं येन तुष्टासि भामिनी।'' प्रिय! जिसकी सेवाओं का तू सबसे अधिक मान करती है उसके गले में यह हार डाल दे। सीता जी ने वह हार हनुमान के गले में डाल दिया। बजरंगी ने वह हार उसी क्षण उतार लिया। ओर उसके मनके तोड़-तोड़ कर देखने लगे। सीता जी बोलीं-बजरंगी! यह क्या कर रहे हो। वह आदर्श-देश भक्त बोला-''माता! मैं इन मनकों में राम नाम खोज रहा हूं।''

यति किशोरचन्द्र ऐसे ही देश-भक्त थे। उन दिनों खद्दर पहनना और खिलाफत के गीत गाना देश-भक्ति की व्याख्या थी। यति किशोरचन्द्र खादी के परम उपासक थे । वह तो बचपन से ही खद्दर धारी थे। खद्दर पहनने से आजादी मिल जाएगी, यद्यपि ऐसा उनका विश्वास नहीं था, तथापि खद्दर से निर्धन भारत को पेट भरकर दो रोटियां मिल सकेंगी यह तो वह मानते ही थे। यदि खद्दर पहनने से आजादी मिल जाएगी तो क्या अठारहवीं शताब्दी से पूर्व जबकि भारत में विदेशी कपड़ा बिल्कुल नहीं आता था बल्कि उलटा हमारा

अपना सूरत और ढाके का कपड़ा बाहर जाता था, उस समय क्या देश आज़ाद था? आजादी तो बाहुबल तथा आचार बल से प्राप्त होती है। परन्तु मानवता के लिए तथा निर्धन देश को दो-दो रोटियां देने के लिए प्रत्येक को खादी पहननी ही चाहिए।

कांग्रेस के साथ उनका थोड़ा-सा मत भेद था। वह मतभेद उनका आज तक भी यथावत बना है। यह ठीक बात है कि कांग्रेस देश की सर्वतोमुखी संस्था है, परन्तु इस सर्वतोमुखी संस्था का हृदय से मान करते हुए भी और इसके उज्ज्वल भविष्य के प्रति मन में शुभ कामनाएं रखते हुए भी यदि कोई व्यक्ति सच्चे हृदय से थोड़ा बहुत कांग्रेस की नीति से मत-भेद रखता है तो वह कोई पाप नहीं करता। उनकी आजादी की व्याख्या में तथा कांग्रेस की आजादी में थोड़ी-सी भिन्नता थी। कांग्रेस की आजादी थी Politics minus culture (आज़ादी-संस्कृति) और यति जी की आजादी थी Politics Plus culture आज़ादी+संस्कृति। यद्यपि कांग्रेस पीछे चल कर महात्माओं के हाथों में आ गई परन्तु गोदी तो इसे पतलून–कोटधारी मिस्ट्रों ने ही खिलाया था। यद्यपि इस वृक्ष को फलीभूत बाल, लाल, पाल ने ही किया था, परन्तु बीज तो विलायती मनोवृत्ति वालों ने ही बोया था।

मुसलमान जब तक वह, अरबी लिपि के कुरान, अरबी-पैगम्बर तथा अरबी लुटेरों (Arabian-Knights) के गीत गाता है तब तक वह कदापि देश भक्त नहीं कहला सकता। यह सच है कि आठ करोड़ मुसलमानों को हिन्दुस्तान से निकाला नहीं जा सकता। यह भी मान लेने वाली बात है कि भारत के स्थायी भविष्य का कुछ सन्तोषजनक उपाय सोचने के लिए इन आठ करोड़ बे–मां के बच्चों का कुछ न कुछ इलाज करना ही होगा। परन्तु यह सब कुछ मानते हुए भी यति जी का यह दृढ़ विश्वास था, और यह उनका विश्वास अब तक भी है कि इन लोगों की खुशामदें करना, इनकी प्रत्येक अनुचित बात को शिरोधार्य करना, यह इस रोग का वास्तविक निदान नहीं है।

देश-भक्ति का अर्थ है जिस देश विशेष की भक्ति का कोई व्यक्ति दावा करे सर्वप्रथम वह उस देश की भाषा, उसका इतिहास, उसका साहित्य, परम्परा, सभ्यता, संस्कृति इन सब से प्रेम करे। भारत की भाषा हिन्दी है, इसकी लिपि देवनागरी है, इसका इतिहास राजपूतों के बलिदान, मराठों के उत्कर्ष तथा खालसा सूरमाओं की वीरता की यशोगाथा है। इसका साहित्य

व्यास, वाल्मीकि, कालीदास, भवभूति, तुलसी तथा सूरदास की अमृत-वाणी में है। इसकी परम्परा गो, ब्राह्मण, हिमाचल तथा भागीरथी के उपकारों को मानते हुए उनके प्रति अपनी कृतज्ञता के प्रगटाने में है, इसकी सभ्यता-जीओ और जीने दो, खाओ और खाने दो, रहो और रहने दो के क्रियात्मक जीवन में है। इसकी संस्कृति बाहर के जगत् के साथ अपने भीतर के तत्त्व के सम्बन्ध को पहचानते हुए अपने आपको ऊंचा करने में है। और यही वास्तव में भारतीय-देश की भक्ति का अर्थ है। देश-भक्ति की इस अनन्य व्याख्या को सुन कर यदि कोई नाक भौं सुकेड़ता है तो वह ढ़ोंगी है, देश-भक्ति का साईन बोर्ड लटकाए हुए वह एक छद्म वेषधारी देश-द्रोही है।

❑❑❑

पचहत्तरवां अध्याय

स्वाभिमान की मूर्ति

यस्मिन यथा वर्तते यो मनुष्यः तस्मिन् तथा वर्तितव्यम् स धर्मः।
माया चारो मायया वाधितव्यः साध्वः चारो साधुना प्रत्युपेया।।

"देखो सूर्यभान हम दोनों हरिद्वार स्टेशन से सुबह सात बजे की गाड़ी में बैठेंगे। तुम्हें ज्वालापुर स्टेशन से वह गाड़ी पकड़ने में सुविधा रहेगी। टिकट तुम्हारा हमीं ले लेंगे। तुम ज्वालापुर स्टेशन पर हमारे साथ गाड़ी में बैठ जाना।"

यति किशोरचन्द्र जी के निरन्तर प्रयत्नों के फलस्वरूप कटारपुर केस के वीर योद्धा ला. किशनचन्द जेल से मुक्त हो चुके थे। बहुत दिन हो गए। उन्हीं ला. किशनचन्द जी को सहारनपुर कचहरी में कुछ काम था। प्रत्येक उलझन में वह यति जी का ही सहारा लेते थे। वह यति जी को भी अपने साथ सहारनपुर ले जाना चाहते थे उपरोक्त शब्द लाला जी ने अपने मुनीम सूर्यभान से कहे।

अगले दिन सुबह यति जी तथा लाला जी स्टेशन पर पहुंचे। गाड़ी आने में अभी आध घंटा बाकी था। लाला जी तीन टिकट सहारनपुर के लेने लगे, परन्तु यति जी ने उन्हें दो ही टिकट लेने की अनुमति दी–"अभी आप केवल दो ही टिकट लेवें, हो सकता है किसी कारणवश उस समय सूर्यभान गाड़ी पर न आ सके। ऐसी अवस्था में अभी से उसका लिया हुआ टिकट बेकार जाएगा। यदि सूर्यभान गाड़ी के ठीक समय पर आ भी गया तो भी उसी समय ज्वालापूर से ही उसके लिए टिकट ले लिया जावेगा। वहां गाड़ी चार पांच मिनट रुकती ही है, इतनी देर में टिकट लेना मुश्किल नहीं। यदि जल्दी के कारण टिकट न भी लिया जा सका तो भी गार्ड को सूचना दे देना ही काफी रहेगा। इसलिए मेरा तो यह विचार है कि अभी आप केवल मेरा तथा अपना दो ही टिकट लेवें।

यति जी की सुलझी हुई बात लाला जी के मन लग गई। दो टिकट खरीद वे गाड़ी में बैठ गए...गाड़ी चली, थोड़ी देर पश्चात ज्वालापुर का स्टेशन भी आ गया। यति जी का ख्याल ठीक निकला, सूर्यभान स्टेशन पर किसी कारण से न आ सका था।

सहारनपुर पहुंच दोनों मित्र अपने कार्य के सम्बन्ध में कुछ लोगों से मिले-जुले। हरिद्वार से अगली गाड़ी लगभग तीन बजे आती थी। सूर्यभान को लेने के लिए दोनों मित्र स्टेशन पर पहुंच गए।

गाड़ी आई। कुछ देर ठहरी ओर आगे चल दी। गाड़ी से उतरने वाले मुसाफिर भी अपना-अपना टिकट देकर प्लैटफार्म से बाहर आ गए। उस समय यति जी ने ध्यान से प्लेटफार्म पर झांका...सूर्यभान नम्बर तीन प्लैटफार्म पर रोनी सूरत बनाए खड़ा था। उसके आस-पास कुछ तमाशाई खड़े थे। पास ही टी.टी.आई. खड़ा था। ''क्या हुआ सूर्यभान?'' यति जी ने पास जाते ही पूछा।

सूर्यभान चुप था-''तुम बोलते क्यूं नहीं''? यति जी ने फिर पूछा।

सूर्यभान फिर भी चुप था-पास ही खड़ा एक आदमी बोला...''बाबा जी! वह जो साहब उस बेंच पर बैठा है, उसने इसे बहुत मारा...

••• ••• •••

जिस गाड़ी से यति जी तथा लाला किशन चन्द सहारनपुर आए थे। सूर्यभान उस गाड़ी पर न पहुंच सका था! लाला जी ने कह ही दिया था कि उसका टिकट वही ले लेंगे, अस्तु! वह इसी ख्याल से बिना टिकट लिए अगली गाड़ी में बैठ गया। वह सहारनपुर गाड़ी से उतरा। उसके पास टिकट था नहीं। अपने लाला जी की देखभाल में वह इधर-उधर झांकने लगा। उसे इस प्रकार इधर-उधर भटकता देख टी.टी.आई. को सन्देह हुआ, पास आकर उसने पूछा ''टिकट!''

''मेरा टिकट मेरे लाला जी के पास है।'' सूर्यभान बोला।

''कहां हैं तुम्हारे लाला जी?'' सूर्यभान बोला-''शायद बाहर चले गए हैं।''

वह टी.टी.आई. सूर्यभान को लिए हुए प्लैटफार्म नम्बर 1 की ओर आ रहा था। उस समय एक अंग्रेज प्लैटफार्म 3 पर जा रहा था। टी.टी. ने उस अंग्रेज को टिकट दिखाने के लिए कहा-"Ticket Please"-

वह अंग्रेज कड़क कर बोला–You black coolies! How dare you ask white men for a ticket. (तुम काला आदमी! तुम साहब लोगों से टिकट मांगने का कैसे हौसला कर सकता है) परन्तु उस मुस्लिम टी.टी.आई. के अन्दर स्वाभिमान की भावना मर नहीं चुकी थी...वह भी बड़े रोब से बोला–"Sahib-You know I am on duty." साहब तुम जानते हो मैं अपनी ड्यूटी पर हूं। उस साहिब तथा टी.टी.आई. की झड़प सुन कुछ इधर-उधर के मुसाफिर भी वहां इकठ्ठे हो गए। वह अंग्रेज भला इसे कैसे सहन कर लेता। इसे अपनी भद्द समझ उन लोगों पर वह गोरा अपना रोब जमाने लगा। बाकी लोग तो इधर-उधर छंट गए, परन्तु बेचारा सूर्यभान टी.टी.आई. के साथ होने के क़ारण इधर-उधर कैसे जा सकता था...उस अंग्रेज ने गुस्से में आ सूर्यभान के चार-पांच चांटे जड़ दिए। ईंट का जवाब पत्थर से देने के लिए सूर्यभान ने भी हाथ उठाया, परन्तु एक हिन्दू टी.टी.आई. ने उसका हाथ पकड़ बोला ''अरे दीखता नहीं, अंग्रेज के चांटे मारेगा''। सूर्यभान बेचारा मन मसोस कर रह गया। उस उद्दण्ड गोरे की और भी चिढ़ मच गई। चार पांच चपेटें और टिका कर वह अंग्रेज तो अकड़ता हुआ नम्बर 3 प्लैट फार्म पर चला गया और सूर्यभान वहीं रोनी सूरत बनाए खड़ा था।

••• ••• •••

उस समय यति जी उस मुसलमान टी.टी.आई. को सम्बोधित करते हुए बोले ''टी.टी.आई. साहब! क्या उस उद्दण्ड गोरे द्वारा किए गए अपने इस अपमान को अमृत-धारा समझ कर पी जाना चाहिए''।

''मैं कब कहता हूं पी जाना चाहिए। लेकिन गोरों के मामलों में हिम्मत से काम लेना पड़ता है...अगर आप इस गोरे को उसकी उद्दण्डता का मजा चखाना चाहते हैं तो मैं आप के साथ हूं।''

वास्तव में सूर्यभान के इतनी जबरदस्त चोट तो न लगी थी। सात-आठ चपेटें लगी होगी। यह मार उसके लिए इतनी न थी कि मामले को आगे बढ़ाया जाता। परन्तु उस स्वाभिमान की मूर्ति यति किशोरचन्द्र जी ने इसे सूर्यभान का ही नहीं बल्कि उस गोरे द्वारा समस्त भारतीयत्व का अपमान समझा। यदि कोई साधारण व्यक्ति होता तो वह या तो उन दो चपेटों को गौरांग महा-प्रभु का आशीर्वाद समझ कर सन्तोष के घूंट पी जाता, अथवा–

दो पैयां किद्दर गैयां, सदका मेरी ढूई दा।

ऐसा कहकर चुप हो जाता। परन्तु यति जी उस गोरे को उसकी काली करतूत का मज़ा चखाना चाहते थे।

'मार्शल लॉ' के दिनों में इन्हीं नौकरशाही के कल पुर्जों द्वारा गुजरांवाला, कसूर तथा अमृतसर में किस प्रकार भारतीयों को पेट के बल चलाया गया, किस प्रकार उनको पशुओं का आकार देकर उनके फोटो खींच-खींच कर इन अंग्रेजों ने विदेशों में भारतीयों का अपमान किया था–उस समय यह सारा नक्शा यति जी की आंखों के सामने खिंच गया। वह अब उस अंग्रेज को उसकी उद्दण्डता का मज़ा चखाना चाहते थे। वह जानते थे कि कार्य कठिन है। वह जानते थे कि गोरी हकूमत से किसी गोरे के कान खिंचवाना मुश्किल है, परन्तु शिष्य भी तो वह उसी तिलक के थे जो कि इस सारी ''ब्रिटिश रूल इन इंडिया'' के काले कारनामें को लेकर प्रिवी कौंसिल तक पहुंचे थे। सूर्यभान के चोट बहुत जबरदस्त न लगी थी, परन्तु यति जी ने उसे इशारे से समझा दिया कि वह अपने को ऐसा बनाए मानो उसके बड़ी भयंकर चोट लगी है...सूर्यभान को लिए हुए यति जी स्टेशन–पुलिस के थाने में गए। थाने के दारोगा से उन्होंने सूर्यभान के उस अंग्रेज द्वारा पिटे जाने की सारी बातें कहीं।

उसी समय छोटे थानेदार ने एक सादे कपड़े पहने हुए सिपाही को उस अंग्रेज की देख-रेख के लिए भेज दिया और सहारनपुर स्टेशन पर जो गोरा सारजन्ट रहता था उसे बुलाने के लिए दूसरे सिपाही को भेज दिया। फिर उसने अपने से बड़े थानेदार को टेलिफोन द्वारा बुलाया और स्वयं उसी प्रकार साधारण कपड़े पहने प्लैटफार्म की ओर चल पड़ा। यति जी तथा लाला जी भी सूर्यभान को सहारा देते हुए उसके साथ ही साथ चले।

वह गोरा नं. 3 प्लैटफार्म पर एक बैंच पर बैठा था। दारोगा उसके पास जाकर बोला–Sahib! I think you have beaten this man सूर्यभान की ओर इशारा करके वह छोटा थानेदार उस अंग्रेज से बोला–''साहब! तुमने इस आदमी को मारा है। परन्तु वह तकब्बर का भरा हुआ गोरा असभ्यता से बोला– "You dame Indian! how dare you threaten an English man" तुम काला आदमी! तुम एक गोरे को दबाने का साहस कैसे कर सकते हो?

सूर्यभान मुनीम पीछे खड़ा मुस्करा रहा था। उसे मुस्कराता देख वह अंग्रेज बोला–You say I have beaten this man. See he is smiling there. ''तुम कहते हो मैंने इस आदमी को मारा है। देखो उधर वह तो वहां खड़ा मुस्करा रहा है।''

यति जी ने मामले को झट भांप लिया। उन्होंने सूर्यभान को मुस्कराना बन्द करके गम्भीर रूप धारण करने के लिए इशारे से ही समझाया, परन्तु वह समझा नहीं। यति जी ने चुपके से उसकी कमर में कुहनी मारी–कुहनी लगने के दर्द से सूर्यभान स्वभाविक रोनी सी सूरत बनाये एक ओर को कमर दबाता हुआ झुका। यति जी ने हाथ के इशारे से फिर समझाया–''कुछ समय तक ऐसे ही बने रहो।'' सूर्यभान तब कहीं जाकर समझा। और सचमुच वह खूब समझा। उसके पश्चात उसने अपना अभिनय खूब निभया।

प्लैट फार्म नं. 1 पर गोरे सारजैन्ट को देख छोटा थानेदार उसके पास पहुंचा और उसे कुछ कहा। तब गोरे सारजैन्ट ने हाथ का इशारा करके इस अंग्रेज को अपने पास नं. 1 पर बुला लिया। इधर यति जी ने एक कुली से कहा–''भई! तनिक इस हमारे आदमी को सहारा दे कर उस प्लैटफार्म पर तो ले चलो और सूर्यभान को कहा–तुम टेढ़े तिरछे पैर धरते गिरते पड़ते जाना।'' कुली बोला–''बाबा जी! कहो तो इसे अपनी पीठ पर लाद कर ले चलूं।'' इससे अधिक यति जी को और क्या चाहिए था। वह बोले–''बहुत अच्छा भई ले चलो और सूर्यभान को समझाया–सूर्यभान! अब समय को साधो और अपने हाथ पैर बिल्कुल ढीले छोड़ दो और दूसरे कुली को कहा–''लो भई तुम इसके हाथ पांव सम्भालते चलना।''

नम्बर 1 प्लैटफार्म पर स्टेशन मास्टर तथा गोरे सारजैन्ट सब ने अपनी आंखों से सूर्यभान की उस अवस्था को देखा। उस समय तो सचमुच सूर्यभान ने अपने को मृत-प्राय: ही बना रखा था। अपने अंग्रेज भाई के पक्ष को मजबूत करने के लिए स्टेशन मास्टर बोला–''Just a short time before I saw this man moving alright. (अभी थोड़ी ही देर पहले तो इस आदमी को चंगे भले यहां आते जाते देखा था)'' यति जी बोले–''साहब! उस समय घाव ताज़ा था, कुछ मालूम न दिया। अब उसका असर हो रहा है।'' परन्तु यति जी चाहते थे उन लोगों को एक बार सूर्यभान की अवस्था दिखाकर शीघ्र ही उसे वहां से हटा दिया जाए। अस्तु! शीघ्र ही सूर्यभान को उसी अवस्था में रेलवे थाने में पहुंचा दिया गया। यति जी ने सूर्यभान को जमीन पर लम्बा लिटा दिया। सूर्यभान ने भी अपना पार्ट खूब निभाया। उसने जमीन पर लेटते ही अपने हाथ पैर फैला दिए, आंखें ऊपर को चढ़ा लीं। मुंह का सदर दरवाजा खोल दिया, मानो सूर्यभान जी की कफनी ही वहां पड़ी है।

जिस बड़े थानेदार को दारोगा साहब ने टेलिफोन द्वारा बुलाया था, वह भी आ गया। एक नजर से उसने सूर्यभान को देखा। मामले को संगीन समझ

थानेदार ने अंग्रेज कप्तान को फोन किया। वह कप्तान भी अपनी मोटर साइकिल पर बैठ जल्दी ही थाने में आ गया। उसे आया देख प्लैटफार्म पर खड़े अंग्रेज भी वहां आ गए। कुछ इधर-उधर के लोग भी इकट्ठे हो गए। वहां एक अच्छी खासी भीड़ लग गई। कप्तान साहब तथा उन तीन चार अंग्रेजों में कुछ बातचीत हुई। कुछ देर पीछे अंग्रेज पुलिस अफसर यति जी से बोला–"बाबा जी! यह आदमी तुम्हारा है।"

यति जी बोले–"साहब! हमारा तो नहीं। होगा यह अपने घर वालों का।"

साहिब फिर बोला–"देखो बाबा साहब! इसके तो चोट लग चुकी, अब तो कुछ हो ही नहीं सकता। जिसने मारा है उसे माफी दे दो" सब अंग्रेज भी कप्तान की हां में हां मिला कर बोले–"हां बाबा साहब! इस साहिब को माफी दे दो"।

"माफी किस बात की। यह गरीब तो जान से जावे और तुम्हारी माफी हो। यह हरगिज न होगा। मैंने इस अंग्रेज की बाबत औरों से भी सुना है, यह पहले भी दो आदमियों को मार चुका है और उनसे माफी मांग कर छूटता रहा है। अभी तो यह अंग्रेज जवान है। अभी तक इसने तीन आदमियों को मारा आगे पता नहीं क्या करेगा इसे माफी नहीं देगे।"

इतने में वह मुसलमान टी.टी.आई. भी वहां पहुंच गया। अपने अंग्रेज भाई का पक्ष पूरने के लिए वह स्टेशन मास्टर उस टी.टी.आई. पर रोब जमाता हुआ बोला–"तुम इस गाड़ी से आए हो?"

"हां साहब।" टी.टी.आई. ने शान से जवाब दिया।

स्टेशन मास्टर ने पूछा–तुम्हारे पास कोई रेलवे का चिह्न है?

वह टी.टी.आई. बोला–"साहब इस प्रश्न को मुझसे मेरे महकमे का अफसर पूछेगा।" तब पुलिस कप्तान ने उस टी.टी.आई. से पूछा–"क्या तुम्हारे सामने मारा था?" टी.टी.आई बोला–हां साहब! मेरे सामने मारा और खाहमखाह बे-कसूर को मारा। कप्तान ने एक बार फिर यति जी से माफी देने के लिए कहा परन्तु यति जी ने दृढ़ता से फिर इंकार कर दिया।

तब कप्तान थानेदार से बोला–इन दोनों आदमियों के हाज़री के पचास-पचास रुपये के मुचलके और (जिस अंग्रेज ने सूर्यभान को मारा था) उसका पांच सौ का मुचलका और पांच सौ की जमानत ले लो। स्वयं वह वहां से उठ कर अपनी मोटर साइकिल पर बैठ अपनी कोठी पर चला गया।

वह दिन लगभग व्यतीत हो चुका था। अगला दिन रविवार था। उससे अगले दिन सोमवार को सुबह दस बजे कादरी साहब की अदालत में मुकद्दमा पेश होना था।

यति जी अदालत में कुछ एक वकीलों से मिले और दो अच्छे वकीलों को इस मुकद्दमें की पैरवी के लिए तैयार किया। तत्पश्चात वह कोर्ट-इंस्पैक्टर से मिले ओर उन्हें सारी बात समझाई। कोर्ट-इंस्पैक्टर साहब ने इस विषय में अपना पूर्ण रूप से सहयोग देने का वचन दिया।

मुकद्दमा अदालत में पेश हुआ। सूर्यभान की ओर से केवल दो गवाह मांगे गए थे, यति जी तथा टी.टी.आई. दोनों के बयान हुए।

गवाहों के बयान सुन कादरी साहब उस अंग्रेज को सम्बोधित करते हुए बोले-"देखो साहब! रेलवे ऐक्ट दफा 307 के आप मुजरिम हैं। आपको छह महीने की सजा दी जा सकती है, अच्छा हो अगर आप इनसे राज़ीनामा कर लें। आप लोगों को मैं दो बजे तक की मोहलत देता हूं।

सब लोग बाहर चले गए। अदालत ने यति जी को बुला कर एक बार फिर कहा-"मैं इसका एक साल का मुचलका कर दूंगा इस गरीब (सूर्यभान)को कुछ दिला कर राज़ीनामा कर लो।"

यति जी अदालत से बाहर आए। बड़ी भारी भीड़ इस मुकद्दमे का परिणाम सुनने के लिए उत्सुक हो रही थी। भीड़ ने यति जी को चारों ओर से घेर लिया। वे अंग्रेज भी यति जी के पास आ हाथ जोड़ बोले-बाबा जी! इस हमारे साथी को माफी दे दो।

"माफी-माफी का नाम मत लो। माफी देनी होती तो उसी दिन दे देता" यति जी ने दृढ़ता से कहा-भीड़ में उल्लास छा गया। "बाबा जी की जय हो। यति किशोरचन्द्र ही जय हो, भारत माता की जय हो" के आकाश वेधी जयकारों से अदालत का अहाता गूंज उठा।

वह अंग्रेज फिर गिड़गिड़ा कर हाथ जोड़ बोला-"माफी दे दो बाबा जी।"

"अरे! तुम लोगों की माफी ही रह गई। अगर यह बेचारा मर जाता तो फिर"-तब एक अंग्रेज बोला-"हम इसे खाने को रुपया देंगे, आप माफ कर दें।"

"तुम रुपया दोगे-ओहो!" फिर पता नहीं उनके दिल में क्या खयाल आया गम्भीर रूप धारण कर वे बोले-"अच्छा बताओ कितना रुपया दोगे।"

"हम दस रुपया देंगे।"

एक अद्‌भूत भृकुटी तान कर यति जी बोले—"ओहो! तुम दस रुपये में एक इंसान की जान खरीदना चाहते हो। क्या तुम्हारी नजरों में एक हिन्दोस्तानी की जान की कीमत कुल 10 ही है...रख लो इन दस रुपयों को अपने पास"...

सैंकड़ों तमाशाई चारों तरफ खड़े इस दृश्य को देख रहे थे।

वह अंग्रेज फिर बोला—"बाबा साहिब! हम 10 रु. देंगे और माफी मांगेंगे।"

"अच्छा यति जी बोले—अगर दस रुपये देकर माफी मांगोगे तो हिन्दुस्तानी माफी मांगनी होगी।"

"हिन्दोस्तानी माफी! वह क्या?" अंग्रेज ने पूछा—

तब यति जी ने उन सब खड़े हुए आदमियों की ओर इशारा करके कहा—"देखो साहब! यह सब मेरे भाई लोग खड़े है। इनसे पूछो यह बता देंगे।"

यति जी के मुंह से यह शब्द निकले ही थे कि चारों ओर से आवाजें आने लगीं "बाबा जी आप ही बताइए—बाबा साहब आप ही बताइए।"

जनता के अन्दर इस प्रकार बढ़े हुऐ उत्साह को देख यति जी बोले—"अच्छा सुनो, मैं ही तुम्हें हिन्दोस्तानी माफी बताता हूं। तब एक अंग्रेज को सम्बोधित करके बोले—देखो साहब! इस साहब के (जिसने सूर्यभान को पीटा था) पैरों में विलायती पक्का बूट है, अच्छा है साफ है और नया है। और फिर सूर्यभान की तरफ इशारा करके बोले—यह देखो! इसके पैरों में हिन्दुस्तान की बनी हुई जूती है, पुरानी है, धूल मिट्टी से सन रही है। यह हाथ में जूती लेकर एक, दो, तीन, चार, पांच जोर-जोर से इस अंग्रेज के सिर पर मार-मार कर भूल जाए। पांच-पांच मार-मार कर जब समझे कि पूरे पच्चास हो गए तब समझो माफी पूरी हो गई। इतना कह यति जी ने सारी जनता का सम्बोधन कर कहा—क्यों भाइयों! यह माफी ठीक हिन्दोस्तानी माफी है न।

"ठीक है, बिल्कुल ठीक है। यही हिन्दुस्तानी माफी है। बाबा जी की जय हो।"

परन्तु वे अंग्रेज इस प्रकार की माफी मांगने को तैयार न थे। राज़ीनामा नहीं हो सका।

दो बज गए। अदालत का अहाता तमाशाइयों से भरा पड़ा था। उस उद्दण्ड गोरे द्वारा की गई काली करतूत का परिणाम तमाशाई शीघ्र ही देखना चाहते थे।

यति जी भी अदालत के अहाते में ही एक ओर आम्र वृक्ष के नीचे बैठे थे। थोड़ी देर पश्चात फिर वही अंग्रेज यति जी के पास आए, फिर वही किस्सा छिड़ा। जनता भी उसी वृक्ष के चारों ओर छा गई।

"बाबा जी हम बीस रुपया देंगे ओर माफी मांगेंगे।" वह अंग्रेज बोला। यति जी व्यंग्यात्मक हंसी हंसते हुए बोले–अच्छा 50 रुपये दो और दोनों कान पकड़ कर उठक-बैठक करो।

नहीं बाबा जी हम 20 रुपया देंगे, माफी मांगेंगे और कुछ न करेंगे। चारों ओर से आवाज आई–यह बाबा बड़ी तकलीफ देगा। अब तो बड़े विकट आदमी से वासता पड़ा है–बाबा जी की जय हो।

यति जी बोले–अभी-अभी तो फौजदारी का फैसला होने दो उसके बाद दीवानी मुकद्दमा चलेगा। तुम्हें पता है यह (सूर्यभान) बड़ा रईस जमींदार है। अपनी हत्तक इज्जत का दावा करेगा। हम तो चाहते हैं कि आपका फैसला हो जाए। आप मान जाएं तो अच्छा हो।

तब वह मारने वाला अंग्रेज बोला–"अच्छा हम और आप कहीं एक तरफ चलता है, वहीं जो आप कहेगा हम कर देगा।"

यति जी बोले–"देखो साहब! इंसाफ की बात करनी चाहिए। इस बेचारे को तुमने अकेले में ले जाकर अगर मारा होता तो हम माफी भी अकेले में ही मंगवा लेते। जब तुमने मारा इसको सबके सामने तो अब माफी भी सबके ही सामने मांगनी पड़ेगी। इज्ज़त सबकी एक जैसी होती है। जो हमने कहा वह करना है तो अभी कर लो, दो बज चुके हैं। तीन बजे तक की मोहलत है।

"अच्छा बाबा जी आप जो कहता है हम वही करेगा, माफी दो।"

यति जी बोले–अच्छा साहब! मंजूर है तो इसे 20 रुपया दे दो साहब ने 20 रुपया दे दिए और अपने कान पकड़ कर बोला–अच्छा हम करें।

करो...उस अंग्रेज ने अपने कान पकड़ एक ही बार बैठक की थी कि यति जी बोले–ठहरो! वह ठहर गया। तब यति जी ने भीड़ को सम्बोधित करके कहा–पीछे हो जाओ। साहब भी पीछे-पीछे सरकने लगा। यति जी और थोड़ा सा और थोड़ा-सा कहते रहे, आखिर वह साहब उस पेड़ की छाया से

निकल कड़कती धूप में पहुंच गया। यति जी बोले–"हां अब बैठक निकालो।"

उठक-बैठक करते हुए उस गोरे की ओर इशारा करके उस समय यति किशोरचन्द्र अपने हिन्दोस्तानी भाइयों को सम्बोधित करते हुए बोले।

"भाइयों यह वही गोरा साहब है जिसने अपनी चाकर-शाही राजसत्ता के मद में इस गरीब हिन्दोस्तानी को मारा था। और आज यह उस अपनी उद्दण्डता का फल भोग रहा है । जो कुछ आपके सामने हो रहा है यह मेरी विजय नहीं बल्कि स्वाभिमान की विजय है। आप लोगों को डरपोक समझ कर ये लोग तुम्हें डराते हैं यदि आप लोग भी अपने मान की कुछ कीमत समझते हुए इसी प्रकार दृढ़ता के साथ अपने स्वाभिमान की रक्षा करें तो किसी भी व्यक्ति को चाहे उसकी चमड़ी कितनी भी गोरी हो हिम्मत नहीं हो सकती कि वह आपकी तरफ उंगली तक उठा सके। सन् सत्तावन के स्वातन्त्र्य समर के पश्चात आज यह प्रथम दिन है जब कि कड़कती हुई धूप में हमने एक गोरे को अपने दोनों कान पकड़ कर उठक-बैठक करते देखा है। यह निश्चय ही बलवान आत्मा की सफलता है। आप लोग अपनी आत्मा को बलवान बनाइए।" यति जी इतना कह चुप हो गए। जनता ने हर्ष ध्वनि की।

भारत माता की जय हो, यति किशोरचन्द्र की जय हो।

तीन बजे कादरी की अदालत में राजीनामा पेश कर दिया गया।

❑❑❑

अध्याय छिहत्तरवां

महात्मा हंसराज जी को लायब्रेरी भेंट

सर्वेषामेव दानानाम् ब्रह्म दानम् विशिष्यते।

वी. पी.एन. के शर्मा पब्लिक सन्त लायब्रेरी हरिद्वार की सर्वोत्तम संस्था थी। हरिद्वार में आने वाले यात्रियों को विशेष करके स्वाध्याय प्रेमी विद्वजनों को सन्त-लायब्रेरी का बड़ा आश्रय रहता था। यति जी ने बड़ी ही परिश्रम से उत्तमोत्तम ग्रन्थों का संग्रह किया। देश के सभी प्रसिद्ध पत्र वाचनालय में आते थे, यही सन्त-वाचनालय पंच-पुरीस्थ आज़ादी के दीवानों का शिवालय था।

यति जी अपनी लायब्रेरी को ताला नहीं लगाते थे। वह स्वयं भी उस संसार में रहते थे जहां तालों की आवश्यकता ही नहीं। परन्तु सभी दुनिया तो एक सी नहीं। हरिद्वार के वे प्रारम्भिक दिन वास्तव में स्वर्ण अक्षरों से लिखने योग्य थे, जबकि पंचपुरी में पदार्पण करते ही पापियों की आत्मा भी पुकार उठती थी–''अन्य स्थलों पर किए गए पाप तो हरिद्वार में कटेंगे, परन्तु हरिद्वार में किए हुए पाप कहां कटेंगे।'' परन्तु धीरे-धीरे जमाना बदल गया । अब तो यहां तक नौबत आ गई कि लोग पुस्तक पढ़ने आते कोई पुस्तक ही बगल में दबा ले जाता कोई पुस्तक में से पन्ने फाड़ कर ले जाता। यति जी प्राय: बाहर रहते थे। लायब्रेरी दिन भर खुली रहती। बस फिर क्या था–

घर वाला घर नहीं, हमें किसी का डर नहीं।

यति जी का कार्य क्षेत्र बहुत विस्तृत हो चुका था। 25 वर्ष थोड़े नहीं होते। इस समय तो सन्त-पुस्तकालय की रजत जयन्ती मनाई जानी चाहिए थी। परन्तु यति जी का ध्यान अब सर्वथा योगाभ्यास की ओर खिंच चुका था। देश की तत्कालीन राजनीति में उन्होंने बढ़-चढ़ कर भाग लिया, धर्म वीरों की रक्षा करने में भी वह सदैव अग्रसर रहे, अब वह अपनी सारी शक्ति योगाभ्यास

में लगा देना चाहते थे। अपने औषधालय तथा वाचनालय के प्रति उनका विरक्त भाव हो गया। किसी बड़े आदमी का कथन है–

Time brings every thing with itself. साधारण शब्दों में वह यति का वानप्रस्थ आश्रम था। हरिद्वार से भी आगे उत्तराखण्ड की ओर वह एक साधारण सी कुटिया में बैठ प्रकृति–माता की गोदी में फूलते–फलते हुए ब्रह्मानंद को प्राप्त करना चाहते थे। उनकी यह इच्छा थी कि उन्हें कोई पात्र मिल जाए तो वह वाचनालय का कार्य भार उसको सौंप कर निश्चिन्त हो जाएं।

सन्तों के चित्त की महिमा अपार है। साधारण व्यक्ति की बुद्धि तो वहां तक पहुंच भी नहीं पाती। सन्त–जन संसार सागर में कमल के समान रहते हैं। संसर्ग का मोह उन्हें छू तक नहीं पाता। जब तक उनका किसी वस्तु के साथ लगाव हो। वह उसे कल्प–वृक्ष के समान फलीभूत करते है, परन्तु अपने हाथों से लगाए हुए अपने ही रक्त द्वारा सींचे हुए उसी वृक्ष को यदि उन्हें अपने ही हाथों उखड़ फैंकना पड़े तो उनके चित्त को चिन्ता भी नहीं होती। महात्मा गांधी जी को साबरमती आश्रम से कितना प्यार था, परन्तु जब उनकी अन्तरात्मा से आवाज उठी–उन्होंने अपने ही हाथों से उस उपवन को उजाड़ दिया। स्वामी श्रद्धानन्द जी महाराज ने अपने कर–कमलों द्वारा जिस गुरुकुल रूपी ज्ञान कल्पतरु को उपजाया था अपने अन्तिम दिनों में उससे निराश हो वह भी दिल्ली में आ बैठे। उन्हें 25 वर्ष का संसर्ग छोड़ते कुछ भी मोह नहीं हुआ। मोह हो भी किस बात का। गोविन्द की वस्तु को निमित्त मात्र प्रयोग में लाते हुए धीर वीर महाजनों का आत्मा उसी वस्तु को गोविन्द के ही अर्पण करते हुए क्षुभित क्यों हो।

यति जी वाचनालय के उत्तरदायित्व से मुक्त हो जाना चाहते थे। निरन्तर 25 वर्ष उन्होंने इस कार्यभार को खूब भली प्रकार से निभाया। वह किसी पात्र की खोज में थे। उन्हीं दिनों स्वर्गीय श्री महात्मा हंसराज जी हरिद्वार में ही थे। पंजाब का तो कोई बिरला ही हिन्दू होगा जो महात्मा जी के नाम से परिचित न होगा। महात्मा जी आर्यसमाज तथा डी.ए.वी. कालेज के प्राण थे। पंजाब में जन–साधारण में शिक्षा का प्रसार करने में जिन जिन विभूतियों ने भाग लिया– महात्मा जी का नाम उस लिस्ट के ऊपर पहले नम्बर पर सदैव रहेगा। इन्हीं महात्मा हंसराज जी ने वैदिक धर्म प्रचारार्थ भोपत वाला में मोहन आश्रम की स्थापना की थी। यति जी के शुभचिन्तकों ने उन्हें परामर्श दिया कि वह सन्त–वाचनालय महात्मा जी के मोहन आश्रम को दान कर दें। महात्मा जी के लिए यति जी के हृदय में बड़ा मान था और उन्हें विश्वास था कि महात्मा जी के हाथों में गई हुई इनकी प्रिय–वस्तु का भला ही होगा।

महात्मा हंसराज जी से बढ़ कर पुस्तकालय के दान–ग्रहण का और पात्र

कौन हो सकता था। परन्तु यति जी जिस किसी को भी यह ब्रह्मदान देना चाहते थे उनकी यह प्रबल इच्छा थी कि वह सज्जन उन्हें इस बात का विश्वास दिलाए कि इस ब्रह्मदान की स्वीकृति के पश्चात इस पुस्तकालय की एक शाखा हरिद्वार शहर में अवश्य रहेगी। महात्मा हंसराज जी ने यति जी को यह विश्वास दिलाया कि वह हरिद्वार में पुस्तकालय की शाखा अवश्यमेव रखेंगे। अस्तु! यति जी ने विधि पूर्वक महात्मा जी के प्रति वाचनालय का दान कर दिया।

••• ••• •••

मोहन आश्रम में बड़ी भारी सभा जम रही थी। महात्मा जी भाषण दे रहे थे। अपने भाषण की समाप्ति पर वह बोले–''आज मैं अपने हृदय में गौरव का अनुभव कर रहा हूं कि मुझे एक ऐसे महापुरुष का धन्यवाद करने का सौभाग्य मिल रहा है, जिस महापुरुष को वास्तव में पंच-पुरी की आत्मा ही कहना चाहिए। वह महात्मा किसी बाहर से आने वाले व्यक्ति के लिए भले ही नवीन हों परन्तु हरिद्वार वालों के लिए वे नए नहीं। उन महात्मा का नाम यति किशोरचन्द्र है। आपने एक वृहत्त-पुस्तकालय जिसमें लगभग 3000 उत्तमोत्तम ग्रन्थ हैं, आज मोहन आश्रम को दान दिया है। शास्त्र ने ब्रह्मदान विद्या दान सब दानों से श्रेष्ठ-सर्वोत्तम कहा है। वास्तव में मोहन आश्रम ही नहीं बल्कि समस्त आर्य जगत् यति जी का ऋणी है। मैं अपनी ओर से, मोहन आश्रम के अधिकारियों की ओर से तथा समस्त आर्य जगत् की ओर से यति जी के इस दान के लिए उनका हार्दिक धन्यवाद करता हूं और मैं भरी सभा में उन्हें यह विश्वास दिलाता हूं कि उनके इस दान से हम भी जनता को उसी प्रकार लाभ पहुचाते रहेंगे जैसे कि वह स्वयं विगत पच्चीस वर्ष तक पहुंचाते रहे हैं। यद्यपि वह महात्मा आप सब के लिए नए नहीं फिर भी मैं यति जी से सादर प्रार्थना करता हूं कि वह मंच पर आकर हम सब को अपने दर्शनों से कृतार्थ करें''–

उस समय एक विशालकाय तेजस्वी स्वरूप महात्मा दोनों हाथ जोड़े हुए जनता के सामने उपस्थित हुए–जनता ने मुक्तकण्ठ से तालियां बजा कर उस महात्मा का अभिनन्दन किया...

''बोले सो अभय । वैदिक धर्म की जय ॥''

के गगन बेधी जयकारों से आकाश गूंज उठा ।

❑❑❑

खंड छठा

कल्याण मार्ग का पथिक

अन्धन्तमः प्रविशन्ति ये ऽविद्यामुपासते।
ततो भूय इव ते तमो ये विद्याया ॐ रता।।

विद्याञ्चाविद्याञ्च यस्तेद्वेदोभ्यंॐसह।
अविद्यया मृत्युम् तीर्त्वा, विद्ययाऽमृतमश्नुते।।

यतीवर किशोर चन्द्र

Those who simply dwell in politics go into wilderness. Into the greater widerness go those, who are engaged only in metaphysics, Some thigs are gained by politics & som through metaphysics. The wise adopt both. Through politics the nation retains her existance, while through metaphysics she enjoys it.

सतहत्तरवां अध्याय

यति जी की नाग कुटी

योगिनाः कर्म कुर्वन्ति संगमत्यक्त्वा धनंजयः

वह उनकी एक ही प्रिय वस्तु जिसे वह इतना स्नेह करते थे उसे उसी प्रिय वस्तु के उज्ज्वल भविष्य के लिए उन्होंने बड़े हाथों में सौप दिया। अब वे बिल्कुल निश्चिंत थे। हरिद्वार को छोड़ वे कुछ ऊपर की ओर बढ़े। हर की पौडी से लगभग दो-ढ़ाई मील ऊपर श्री गंगा जी के तटपर बागरों नदी के पार एक बड़ा विशाल जंगल था इसे भोपत वाला का जंगल कहते थे। आज तो उस जंगल को हरिद्वार के विशाल-वपु ने अपने में इस प्रकार समा लिया है, कि देखने वाले को बताने पर भी विश्वास नहीं होता कि इस स्थान पर भी कभी कोई जंगल था, परन्तु अब से केवल दस बारह वर्ष पूर्व हरिद्वार का नक्शा कुछ और ही था। इसी जंगल के बीच में अपनी कुटिया बनाकर यति जी इसमें रहने लगे। संसार में रहते हुए भी संसार से पृथक होकर यतिवर किशोरचन्द्र अपनी शेष आयु धर्मशास्त्रों के स्वाध्याय में ही बिताना चाहते थे। योग में उनकी विशेष रुचि थी। एकान्त में रहकर योगाभ्यास द्वारा आत्मा का साक्षात्कार करने की उनकी लालसा थी।

यह उनका पौलिटिकल संन्यास था। जब से उन्होंने होश संभाला, देश की स्वतन्त्रता की ज्वाला तो तभी से उनके अंग-अंग में दहक रही थी, और उन्होंने देश को स्वतन्त्र बनाने के लिए अपनी शक्ति भर सब कुछ किया। उनके जीवन का एक-एक क्षण राजनीति के रंग में रंगा हुआ था। अब वे दूर जंगल के एक कोने में बैठ आत्म-चिन्तन करना चाहते थे। तपस्वी अरविन्द के समान वे आध्यात्मिक स्वराज्य की खोज में जुट गए।

वह घोर जंगल था। रात में ही नहीं, दिन में भी वहां शेर, हाथी अनेकानेक वन-पशु अपनी ललकार से मीलों तक दिशाओं को भयमान कर

दिया करते थे। परन्तु सत्य और प्रेम के उस सच्चे उपासक यति किशोरचन्द्र को इन हिंसक प्राणियों की आत्मा में भी उसी प्रेम रूप परमात्मा की आभा दीखी। उन्हीं के बीच में उन्होंने निर्भयता से अपना डेरा जमा दिया।

बागरों नदी के तट पर उन्होंने साधारण-सी फूस की एक बड़ी सुंदर कुटिया बनाई। एक तो जंगल, दूसरे नदी का तट होने से वहां सर्प बहुत थे। जैसे कीड़े-मकौड़े जमीन पर रींगते फिरते हैं, ऐसे ही सर्प वहां घूमते थे। कुटी के बाहर बरामदे में यति जी अपना स्वाध्याय करने बैठते तो कई-कई बार तो सर्प उनके ऊपर से गुजर जाते। सांपों की बहुतायत होने के कारण ही प्रायः लोग कुटी को नाग कुटी कहा करते थे। एक दिन यति जी कुटिया में ईंटों के बनाए हुए ऊंचे चबूतरे पर बैठ, सिद्ध आसन जमा "योग कल्प द्रुम" ग्रंथ का स्वाध्याय कर रहे थे। इतने में एक काला भयंकर सर्प चबूतरे पर चढ फन फैलाए सामने पुस्तक रखने वाली लकड़ी की रेलिंग के नीचे बैठ गया। यति जी खेचरी मुद्रा के विचार में मग्न हो सिद्ध आसन में जमे बैठे थे। उसी अवस्था में बैठे-बैठे यति जी ने सांप को देखा। एक बार उसे देख यथापूर्व अपने विचार में लीन हो गए। थोड़ी देर में वह सर्प अपने फैलाए हुए फनों को समेट यति जी के सिद्ध आसन में लगे हुए पैरों पर चढ़ पीछे उतर गया, यति जी देख रहे थे, परन्तु मन में उस सर्प को मार डालने का कुछ भी खयाल नहीं आया।

नाग पंचमी का दिन था, इस दिन धर्मभीरु सांपों को दूध पिलाया करते हैं। सापों को दूध पिलाना हिन्दू की एक अच्छी भली आदत बन चुकी है। हिन्दू की यह दया की चर्म सीमा है। सर्प से बढ़ कर विषैला प्राणी भला और कौन होगा। जिस वस्तु का नाम सुनने मात्र से दिल दहल जाता हैं हिन्दू उसे भी दूध पिलाता है।

हिन्दू कितना दयावान है। यदि किसी को यह देखना हो तो नाग पंचमी के दिन किसी साँपों की वर्णी पर जाकर देख आए। आश्चर्य तो केवल इतना ही है कि जो हिन्दू इतना दयावान है; करोड़ों विधवाओं की आहें सुनकर, यतीमों की चीख-पुकार सुनकर, गरीब हरिजनों नित्य-प्रति की आपत्तियों को देख कर भी उसके कठोर हृदय में लेशमात्र भी दया क्यों नहीं आती।

उस दिन नाग पंचमी थी। लोग दूध भरे कटोरे हाथों में थामें यति जी की कुटी की ओर बढ़ रहे थे। नाग कुटी के सामने पच्चीस तीस भक्त अपने हाथों में दूध के कटोरे लिए खड़े थे। यति जी उस समय अपनी कुटिया में

नहीं थे, वे गंगा स्नान को गए हुए थे। भक्त लोगों की भला इतनी हिम्मत कहां जो वे कुटिया के भीतर एक कदम तक रख सकते। बाहर खड़े-खड़े वे यति जी को आवाजें दे रहे थे, परन्तु यति जी तो कुटिया में थे नहीं।

थोड़ी ही देर में यति जी स्नान करके लौटे–सभी लोगों ने यति जी को सादर नमस्कार किया। उन सब लोगों को देख यति जी बोले–"कहिए आज सुबह ही सुबह आप लोगों का कैसे आना हुआ।" सब लोग बोले–"महाराज! सांपों के लिए दूध लाए हैं।" यति जी हंस कर बोले "लाला लोगों! आज तो तुम इन्हें दूध पिला जाओगे, कल मुझे यह तंग करेंगे, फिर इन्हें दूध कौन लाकर देगा। इन्हें दूध की चाट न लगाओ जैसे रहते हैं, रहने दो।"

परन्तु अंधविश्वास में समझ ही कहां! यति जी ने एक थाल में सब दूध डलवाया और बोले 'देखो! अभी मेरे सर्प दूध पीने आवेंगे; आप लोगों को दर्शन करने हो तो अन्दर आजाओ । परन्तु अन्दर जाने की हिम्मत ही किसकी थी। भक्तों ने देखने का आग्रह किया। भक्तों के जोर देने पर यति जी ने वह दूध का थाल कुटिया के बाहर रख दिया।

वह दृश्य! दस-दस बारह-बारह सांपों का इकट्ठे आ उस थाल में से दूध पीना देख भक्त लोगों ने अपने आपको धन्य-धन्य समझा। उनकी दी हुई भेंट आज उनकी आंखों के सामने उनके इष्ट देव ने स्वीकार की, इससे बढ़कर और दूसरा सौभाग्य क्या हो सकता था। यति जी की जय-जय गाते सभी भक्त-जन अपने स्थानों को चले गए।

इन्हीं भक्त जनों में श्री महन्त काहन दास जी भी यह दृश्य देख रहे थे। महन्त जी हरिद्वार के एक माने हुए महन्त थे और यति जी से उनका बड़ा स्नेह था। उस दिन यह अभूतपूर्व दृश्य देख यति जी से बोले–"महाराज! मैं हैरान हूं आप इन सर्पों के बीच में कैसे रहते हैं, क्या आपने इन्हें किसी मंत्र द्वारा कील रखा है।"

यति जी बोले–जब महाभारत काल में जनमेजय ने सर्प यज्ञ किया था और तक्ष के भानजे आस्तीक ऋषि ने सब सर्पों को यज्ञ में भस्म होने से बचाया था, तब आस्तीक ऋषि को सब सर्पों ने आशीष देकर कुछ वरदान दिया था। आस्तीक ऋषि के इन मन्त्रों का पाठ तो जरूर करता हूं वह भी कभी-कभी पर कीलना वीलना मैं कुछ नहीं जानता। हां! मेरे दिल में यह भाव पक्का और दृढ़ है कि मेरे में और इनमें एक-सी आत्मा है, सिर्फ पंचमहाभूत से बने इस शरीर की आकृति अलग-अलग बनी है। आत्मा एक है। इन जीवों को कोई कष्ट न देने से यह भी किसी को कष्ट न देंगे और एक बात यह भी दिल में पक्की है कि जैसे मौत ने आना है वह वैसे ही उसी वक्त आएगी,

जरा भी इधर-उधर न आगे-पीछे होगी, फिर किसका डर। इस भाव को लेकर निर्भय होकर रहता हूं।''

केसी निर्भय विचरता, मन में नहीं डराय।
अब तो डर के स्थान में, ईश्वर दर्श दिखाय ॥

उपनिषदों का प्रवचन है—

अग्निर्यथैको भुवनं प्रविष्टो।
रूपं रूपं प्रति रूपं बभूव॥
एकस्तथा सर्व भूतान्तरात्मा।
रूपं रूपं प्रति रूपोवहिश्च॥
एको वशी सर्व भूतान्तरात्मा।
एकं रूपं बहुधा य करोति॥
तमात्मस्थं येऽनुपश्यन्ति धीराः।
तेषां सुखं शाश्वती नेऽतरेषाम्॥
इह चेद वेदीदथ सत्यमस्ति।
नो चेद् वेदीनमहती विनष्टी॥
भूतेषु भूतेषु विचिन्त्य धीराः।
प्रेत्यास्माल्लोकादमृता भवन्ति॥

नाथ जी! यह भगवान की लीला है। भगवान सर्वव्यापक हैं। कण-कण में भगवान् का निवास है। हमें फिर हरएक से प्रेम होना चाहिए। जहां प्रेम है वहां डर कहां जहां डर है वहां प्रेम कहां। प्रेम परमात्मा है। संसार प्रेममय है, हमें एक दूसरे से प्रेम करना चाहिए। संसार में कोई प्राणी किसी भी दूसरे प्राणी के मारने के लिए नहीं पैदा हुआ। स्वयं संसार के प्राणी ही एक दूसरे के प्रति निरर्थक भय मानते हैं। हमें यह कदापि न भूलना चाहिए कि सर्प के शरीर में भी आत्मा है। सर्प की जीवात्मा का सम्बन्ध भी उसी महानतम शक्ति केन्द्र के साथ है जिसके साथ कि हमारा और आपका सम्बन्ध है। वह ज्योति सबमें एक समान ही है, तो एक ही शक्ति समान शक्ति को कैसे नाश कर सकती है।'' नाथ जी प्रसन्नचित्त हो यति जी को सादर नमस्कार कर अपने स्थान को चले गए।

❑❑❑

अठहत्तरवां अध्याय

एक योगी की अद्‌भुत लीला

In this wonderful world there are many things beyond our wisdom's reach, but what we can't follow is not certainly said to be an un-true.

भोपत वाला के उस घोर जंगल में जहां यति किशोरचन्द्र जी की वह नाग कुटी थी उसके सामने ही पतित पावनी भगवती भागीरथी के प्रवाह को रोकने के लिए गौरांग महाप्रभुओं ने एक बड़ा विशाल षडयन्त्र रच रखा है। विष्णु भगवान् की अवज्ञा का ही गंगाजी को यह फल भोगना पड़ा है। कहते हैं यही गंगा जी कभी आकाश पर विहार करती थीं। देवता लोग नित्य प्रति इस अमृत वाहिनी भगवती के अमृतरस के दर्शन, मज्जन, पान द्वारा अपने आपको कृतार्थ किया करते थे...इसीलिए श्री गंगा जी को आज भी कई लोग देव-नदी के नाम से याद कर लिया करते हैं। गगन में स्वतंत्र रूप से विहार कर रही भगवती भागीरथी ने एक दिन नीचे भूतल पर एक चमत्कार देखा। उसे देख देव-नदी के हृदय में कामना जाग्रत हुई, ''इस अद्‌भुत मृत्यु लोक में जाकर विहार करूं।'' देव-नदी की ऐसी कामना देख देव-वृन्द में हाहाकार मच गया। स्वयं देवराज ने गंगा जी को बहुत समझाया, परन्तु बालहठ समझा नहीं। वैकुंठ नाथ ने भी अपने भरे दरबार में भगवती महामाया को बुला कर कहा ''पुत्री! मृत्यु लोक में जाने का विचार त्याग दो। मृत्यु लोक में स्वार्थी झगड़ालू प्राणी बसते हैं। वे स्वार्थी निखट्टू तेरी महिमा को नहीं पहचान सकेंगे। व्यर्थ में तेरा तिरस्कार होगा। तुम्हें भी दुःख होगा, मुझे भी क्लेश होगा। तू मृत्यु लोक में मत जा। मृत्यु लोक में निशाचरों का वास है, मृत्युलोक में जाने की तेरी यह मिथ्या अभिलाषा है। देवी! इसका परित्याग करो, देव लोक से यथापूर्व ही अनुराग करो''...

परन्तु गंगा जी मानी नहीं और एकदम अपनी उसी मृगतृष्णा में भूतल पर कूद पड़ीं–भागते-भागते...अपने हिमाद्री पिता के घर के मुख्यद्वार से निकलते ही ग्रस ली गईं...गौरांग-महाप्रभुओं ने अपनी फौलादी शृंखलाओं में गंगा जी को जकड़ लिया।

अपने वश में किए हुए बन्दर को जैसे मदारी नाच नचाता है, उसी प्रकार गौरांग महाप्रभु भी श्री गंगा जी को वैसा ही नाच नचाने लगे।

यति जी की कुटिया के सामने ही गंगा जी को बांधने वाला वह बड़ा भारी बाँध है। इसी बाँध के पास में अनेकों बड़े-बड़े घनी छाया वाले वृक्ष शोभायमान हैं। इस स्थान का नाम चमारी ठोकर ही अधिक विख्यात है। जिन दिनों में यह बाँध बनाया जा रहा था, ज्वालापुर के अनेक मजदूर यहां मजदूरी करने आया करते थे। उन अनेकानेक मजदूरों में एक बेचारी बड़े ही सौम्य स्वभाव वाली भलीमानस चमारी भी थी। एक दिन वह चमारी अचानक ठोकर लग जाने से गिर पड़ी और गिरते ही उसके प्राण-पखेरू उड़ गए। उसी की याद में उस स्थान का नाम चमारी ठोकर पड़ा।

यह स्थान बड़ा ही रमणीक है। एक ओर कल-कल निनाद करती हुई गंगाजी बह रही हैं, तिसके पास ही सुन्दर सुहावना पर्वत बिखरा पड़ा है, दूसरी ओर हरिद्वार की सुन्दरतम पुरी शोभायमान है। यही वह स्थान है जहां प्रायः साधु, सन्त, महात्मा आकर निवास करते हैं।

उस दिन यति जी प्रातःकाल घूमते घामते इसी ओर आ निकले। उन्होंने वृक्षों के नीचे एक महात्मा को गोमुख आसन लगाए बैठे देखा। यति जी उन्हें देख सादर नमस्कार कर उनके पास ही बैठ गए। थोड़ी देर में महात्मा जी यति जी को सम्बोधित करते हुए बोले "तुम खेचरी मुद्रा करते मालूम पड़ते हो।" यति जी बोले "जी हां! कुछ-कुछ अभ्यास अवश्य किया करता हूं।"

वार्तालाप का श्रीगणेश हो ही चुका था। यति जी भी विद्वानजनों के भगत थे। बात को आगे बढ़ाते हुए यति जी बोले–"महाराज आप का शुभागमन किधर से हुआ।"

महात्मा बोले–"इसं समय मैं दरभंगा से आ रहा हूं, और कश्मीर जाऊंगा।"

यति जी ने उस समय योगी जी की ओर ध्यानपूर्वक देखा। यद्यपि योगी जी की देह वृद्ध थी, परन्तु उनकी आंखों में तरुणावस्था की-सी चमक थी और उनके हृदय में नवयुवकों का-सा उत्साह था। उनके चेहरे पर तेज था

और योग की चमक थी। यति जी ने उनसे अपनी कुटिया पर चलने की प्रार्थना की–"भगवन! अपने चरण कमलों से दास की कुटिया को पवित्र कीजिए और प्रसाद भी वहीं पाइए"–योगी जी बोले–"आपकी कुटी यहां से कितनी दूर है।"

"दो अढाई सौ कदम पर" यति जी ने उत्तर में कहा। योगी जी फिर बोले "देखिए महाराज! मैं बहुत दिनों से अन्न नहीं खाता हूं, केवल थोड़े-सा दूध पीता हूं।"

यति जी हंस कर बोले–"आप जितना दूध चाहते हैं उतना पी लेना।"

वह साधु बोला–"परन्तु एक बात और है।"

"वह क्या भगवन्!" यति जी ने पूछा।

"मैं औषधि के रूप में सोमरस का पान किया करता हूं–आप को बुरा तो न लगेगा।"

"बुराई इसमें क्या है–यदि आप एक औषध विशेष के सहारे अपने शरीर को स्वस्थ बनाए रख रहे हैं तो भला इसमें बुराई की अथवा घृणा की बात ही क्या है" यति जी ने कहा।

साधु जी बोले "मैं अब इस वृद्ध पुरातन शरीर को जल्दी ही छोड़ दूंगा और कहीं से नई अच्छी कफनी मिलेगी तो उसमें प्रवेश कर जाऊंगा।"

यति जी हाथ जोड़ बोले–"महाराज! आप सब सामर्थ्यवान हैं, जो चाहें कर सकते हैं...कृपया मेरी कुटिया को श्री चरणों के स्पर्श से पवित्र कीजिए!"

"चलूं तो सही, परन्तु हमारा एक प्यारा सेवक देहरादून की गाड़ी से आने वाला है।"

"तो इसमें चिन्ता की बात क्या है, आप कुटिया पर चलिए वहीं पर वह आपका सेवक भी आ जावेगा।"

साधु जी महाराज उठे और यति जी के साथ ही कुटिया की ओर चल दिए। यति जी ने बाहर के खन में उन्हें ठहराया। वह साधु जी का सेवक भी थोड़ी देर में वहीं कुटिया पर आ गया। उसने चार बोतलें औषधि की साधु जी को दीं। साधु जी ने आधी बोतल उसी समय पीली बाकी बोतलें एक ओर रख दीं। सेवक को यति जी ने कुटिया के पास ही बने महन्त काहन दास जी के छप्पर में ठहराया और योगी जी यति जी के पास ही ठहरे। सन्तों का समागम बड़े ही सौभाग्य से होता है। दो योगियों का सत्संग लगा। यति जी ने देखा वे साधु जी पूर्ण योगी थे। उनका नाम हरिहर नाथ योगी था। वे एक बड़े ही रहस्यपूर्ण व्यक्ति थे ।

''सख्यं सताम सप्त पदीनमुच्यते''...यति जी और योगी जी का आपस में घनिष्ठ प्रेम हो गया। योगी जी ने यति जी के अंदर भी एक चमकती हुई आत्मा का प्रकाश देखा। जिस व्यक्ति की उन्हें खोज थी मानो वह उन्हें मिल गया। योगी जी बोले–''यति जी! हमारे एक प्रेमी भक्त चोख़ाराम जी वकील बड़े सज्जन पुरुष हैं। वे कल सुबह की गाड़ी से यहां कश्मीर से आ रहें हैं। मैंने उन्हें लिख दिया था कि वे भीमगोड़े के स्टेशन पर उतरें। वे सुबह 10 बजे की गाड़ी से आवेंगे।

यति जी ने कहा–''महाराज! आप कोई चिन्ता न कीजिए। वकील साहब यहीं आपके पास पहुंच जावेंगे। मैं सारा प्रबंध कर दूंगा।''

सुबह लगभग ग्यारह बजे वकील साहिब कुटिया पर पहुंचे। कुशल मंगल के उपरांत योगी जी तथा वकील साहब की परस्पर बहुत-सी निजी बातें हुईं।

लगभग एक सप्ताह बीत गया। अब योगी जी और वकील साहब को कश्मीर जाना था। चलने से कुछ देर पहिले योगी जी यति जी से प्रेम-पूर्वक बोले–''यति जी! आपको याद होगा कुछ दिन पूर्व मैंने आपसे कहा था कि मैं अब इस अपने पुराने चोले को छोड़ कर नया चोला धारण करूंगा। मैं पहले भी दो बार इस चोले को बदल चुका हूं। अब इस चोले के फेफड़े बहुत खराब हो गए हैं, इन्हें बदलने की आवश्यकता है। इस देह का अब भार मालूम होता है। मैं इस कार्य में आपका सहयोग प्राप्त करना चाहता हूं।'' यति जी बोले–''भगवन! यदि मेरे बस की बात हुई तो मैं आपकी सहायता करने में कोई कसर न छोड़ूंगा, परन्तु मैं इस कार्य में आपकी सहायता कर ही क्या सकता हूं।''

वह योगी जी बोले–आपसे हम केवल इतनी ही सहायता चाहते हैं कि यदि यहां कोई मुसलमान का नौजवान ख़ूबसूरत लड़का मर जावे और उसे कब्र में गाड़ देवें तो उसी वक्त मुझे श्री नगर बा. चोखाराम वकील की मार्फ़त तार देना, अथवा मुझे स्वयं वहीं ऐसा अवसर मिल जावेगा तो मैं आपको तार दूंगा। तार पाते ही मुझे शीघ्र जहां मैं बुलाऊं वहां आकर मिलो। बाकी जो रहस्य की बात है वह मैं फिर बताऊंगा।''

इतना कह महात्मा चुप हो गए। यति जी के हृदय में कौतूहल तो बहुत था, परन्तु वे आगे कुछ भी पूछ न सके। ''जैसे आप कहते हैं वैसे ही करूंगा'' केवल इतना कह चुप रहे।

योगी जी अपनी मंडली सहित कश्मीर चले गए। बात आई गई हो गई। यति जी तो रहते ही नगर के बाहर थे और हरिद्वार में मुसलमान थे ही कितने।

ज्वालापुर के मुसलमान मरने के लिए क्या भोपत वाला में आते। यति जी ने इस ओर कुछ विशेष ध्यान नहीं दिया। वे अपने योग साधना में निरन्तर रत रहते।

योगी राज को गए हुए लगभग एक महीना हो गया। एक दिन पोस्टमैन ने यति जी के हाथ में तार लाकर दिया। यह तार कश्मीर से भेजा गया था। यति जी ने उस तार को खोल कर पढ़ा। लिखा था Come Soon (शीघ्र आओ!)

यति जी को अपनी प्रतिज्ञा का स्मरण हुआ। शीघ्र ही तैयार हो रात की गाड़ी से रावलपिंडी के लिए चल दिए। उन दिनों रावलपिंडी होकर कश्मीर जाने का रास्ता ही अधिकतर चालू था। वैसे तो कश्मीर को जम्मू से भी मार्ग जाता है परन्तु यात्री गण अधिकतर रावलपिंडी के मार्ग से ही यात्रा करते हैं, क्योंकि यह मार्ग अधिक सुरक्षित है। रावलपिंडी से मोटर में बैठ यति जी श्री नगर की ओर बढ़े परन्तु वाह री परमात्मा की शान ''तेरे मन कुछ और है मेरे मन कुछ और।'' इधर यति जी को श्रीनगर पहुंचने की जल्दी थी, उधर कोहमरी में इतने जोर की वर्षा हुई कि रास्ते में पत्थर गिरने से मोटर का रास्ता एकदम बन्द हो गया। यति जी ने सोचा श्रीनगर तार दे दूं, परन्तु पर्वत टूट जाने से खम्बे उखड़ गए और तार का सम्बन्ध भी टूट चुका था। परिस्थिति के आगे मानव सत्ता की पेश ही क्या चलती है। लाचार यति जी को दो तीन दिन वहीं रावलपिंडी में ही टिकना पड़ा।

तीसरे दिन यति जी श्रीनगर पहुंचे। वकील चोखाराम का पता पूछ उनके घर गए, परन्तु वहां और ही लीला देखी। वकील साहब पर एकाएक ऐसा रोग सवार हुआ जो किसी की समझ में ही न आ सका। अभी दो ही दिन हुए कि खूब चंगे भले थे, परन्तु एकाएक रात के बारह बजे बेहोशी की अवस्था में अपने ही मकान के बाहर पड़े पाए गए। पड़ोसियों ने होश में लाने की पूरी-पूरी कोशिश की परन्तु मुंह से आवाज तक नहीं निकालती थी। उनकी ऐसी अवस्था देख यति जो को बड़ा आश्चर्य हुआ। उन्होंने यत्न किया वे स्वयं वकील साहब को पूछें कि उनके साथ यह किस छलिया ने छल किया है, परन्तु उनका समाधान किसी प्रकार भी न हो सका। नितान्त उन्होंने पास ही खड़े वकील साहब के नौकर को पूछा, ''क्यों भई! कुछ पता है योगी हरीहर नाथ जी कहां रहते हैं। नौकर बोला-''हां महाराज ! मैं जानता हूं। यहां से दो मील पर एक शिवालय है, वे वहीं रहते हैं।''

"क्या तुम हमें वहां तक पहुंचा सकते हो?" यति जी ने पूछा।

"जी हां" नौकर बोला।

उसे साथ ले यति जी उस शिवालय पर पहुंचे। उस शिवालय में कई साधु बैठे थे। यति जी ने हरिहर नाथ योगी के बारे में साधुओं से पूछा। साधु बोले–"महाराज! वे तो परसों जम्बू जाने को कहते थे, सम्भवतः उधर ही चले गए होंगे।"

इतना कष्ट उठा कर इतनी दूर पहुंचे ओर फिर भी इतने परिश्रम का कुछ फल न निकला। परन्तु अब क्या हो सकता था। आखिर वकील साहब के नौकर को वापस लौटा यति जी वहीं मन्दिर में ठहर गए। हरिहर नाथ योगी जी के एकदम शहर से इस प्रकार लोप हो जाने से और इसी घटना के साथ चोखाराम जी के उस अनूठे पागलपन से नगर भर में खूब चर्चा चल रही थी। स्वयं योगी जी के ही मन्दिर के साधु-जन भी इसी चर्चा में लगे थे। हरिहर नाथ योगी अपने देह परिवर्तन की कहानी तो स्वयं अपने मुख से ही हरिद्वार में यति जी से कह चुके थे। जिस उद्देश्य के लिए यति जी को तार भेजा गया था, वह उद्देश्य भी यति जी से छिपा न था। केवल यति जी की यह लालसा कि सारी क्रिया उनकी आंखों के सामने हो, पूरी न हो सकी। उन्हें यह दृढ़ विश्वास हो गया था कि योगी जी अपनी देह परिवर्तन कर चुके हैं और चोखाराम की अवस्था का संबंध उसी क्रिया के साथ है। परन्तु यति जी ने अपने मन की बात किसी से कही नहीं। उसी मन्दिर में रहते-रहते उन्होंने अन्दर ही अन्दर चुपचाप इस विषय में खोज आरम्भ की। खोजते-खोजते उन्हें पता चला कि श्रीनगर के रेशम के प्रसिद्ध व्यापारी अल्लाबख़्श का एक सोलह वर्ष का सुन्दर जवान बेटा दो तीन दिन हुए मरा है। यह बात जानकर यति जी का सन्देह और भी पक्का हो गया।

उसी मन्दिर में टिके हुए यति जी इस प्रतीक्षा में थे कि वकील साहब जरा होश में आवें तो सारा रहस्य उनसे ज्ञात हो। उधर दूसरे दिन एक अद्भूत घटना ने मामले का रंग ही बदल दिया। अल्लाबख्श पशमीने वाले को (जिसका लड़का दो तीन दिन पहले मरा था) अमृतसर से उसके साले का तार मिला कि "रहमतुल्ला यहां हमारे पास आ गया है, सकुशल है कोई चिन्ता न करना।"

रहमतुल्ला उस लड़के का नाम था जो कि दो दिन पहले मर चुका था और जिसके मां-बाप, यार-मित्र सब कब्र में अपने हाथों से जिसे दफना आए

थे। एक मरे हुए लड़के का मामा स्वयं अपने बहनोई को तार दे रहा है कि लड़का सकुशल यहां हमारे पास है, इससे बढ़कर आश्चर्य और क्या हो सकता है।

अमृतसर से तार देने के थोड़ी ही देर बाद एक चिट्ठी रहीमबख़्श को मिली, जिसमें लिखा था रहमतुल्ला मर गया है आप लोग आएं। इस चिट्ठी को रहीमबख़्श पढ़कर चकित रह गया कि यह क्या लिख रहे हैं। शायद यह लड़का वहां से भाग कर आया है इसलिए नाराज़ होकर लिखा हो, पर ऐसे नहीं लिख सकते यह क्या बात है। आखिर सोचा, तार का जवाब आएगा। लड़का मेरे पास है यह चिट्ठी किसी दुश्मन ने मौका देख कर डाली है। यह तो सही बात है कि लड़का नाराज़ होकर घर से भाग आया है। जब मैं दुकान पर बैठा था तो यह मुंह फेर कर आगे निकल गया, आवाज दी फिर भी परवाह नहीं की। मैं उठ कर पकड़ कर लाया तो मुश्किल से आया और ठीक बात भी नहीं बताई। अपनी मामी के पास दौड़ कर जाता था वैसे नहीं गया, कुछ उदास-सा मालूम होता था। जब मैंने कई बार कहा कि अन्दर जा अपनी मामी से मिल तब कहीं अन्दर गया। मांलूम होता है लड़के को कुछ नाराजगी है। इसी प्रकार विचरता हुआ अपनी जेब में वह आई हुई चिट्ठी रख घर रोटी खाने और दुकान पर अपने भानजे रहमतुल्ला को लेने के लिए गया। घर जाकर अपनी औरत से पूछा ''रहमतुल्ला कहां है।'' औरत ने कहा ''अभी तो वह टट्टी फिरने गया था, मैंने उसे अभी पानी दिया है।'' रहीमबख़्श ने आवाज दी; टट्टी के बाहर जाकर देखा, पानी का बर्तन रखा हुआ है परन्तु अन्दर से कोई नहीं बोला। रहीमबख़्श का माथा ठनका। अब अन्दर जाकर देखा वहां खाली खुड्डी देख कर घबरा गया और घर में अपनी औरत से लड़ने लगा कि कमबख़्त तुझे बोल कर गया था कि लड़का नाराज हो भाग कर आया है। इसको पास रखना, बाहर न जाने देना। औरत बोली ''मैं अब तक तो उसकी निगरानी कर रहीं थी, अब वह पाखाने गया है और मैं जरा अन्दर आ गई, इतने ही में बस तुम आ गए हो। लड़का ही बड़ा शैतान है सबको दु:ख दे रहा है। भला मां-बाप नाराज़ होते ही हैं, क्या लड़के घर छोड़ कर भाग जाते हैं। वैसे खाना पका रखा है, मैंने कहा यह पाखाने से आ जाए तो इसे फिर खाना खिलाऊं। अब तुम गुस्से होते हो, मेरा क्या कसूर है। तुम्हीं बताओ'' रहीमबख़्श बोला ''ओहो! खाना भी नहीं खाया। अच्छा ठहरो जरा इधर-उधर देख आता हूं।''

रहीमबख़्श बहुत घूमा, बहुत दौड़ा भागा परन्तु लड़के का तो कहीं पता न चला आखिर लाचार हो वह अपने मकान को आ रहा था उसी वक्त उसे श्रीनगर से एक तार मिला कि तुम फौरन श्रीनगर आ जाओ। इस तार को देखते ही पहली गाड़ी से रहीमबख़्श कश्मीर के लिए रवाना हो गया। दूसरे दिन श्रीनगर अपने बहनोई के घर गया। रास्ते में उनकी दुकान पड़ती थी। उसे बन्द हुई देख एक आदमी से पूछा कि इनकी दुकान बन्द क्यों है। उस आदमी ने कहा "इनका लड़का आवारा हो गया है" यह अपने मकान पर मिलेंगे"।

रहीमबख़्श ने सोचा लड़का तो मेरे पास गया है मेरी औरत के पास रहा है और यह आदमी ऐसे क्या बकता है। मालूम होता है यह आदमी मेरे बहनोई का बड़ा पक्का दुश्मन है। मुमकिन है चिट्ठी भी इसी ने भेजी हो। इसी प्रकार विचारता हुआ अपने बहनोई के घर पहुंचा। इसे देखते ही इसकी बहिन और सब रोने लगे और उन्हें रोते देख कुछ यह भी रोया और बोला–"घबराओ मत, तलाश करने से मिल जाएगा, मेरे हाथ लग गया था परन्तु घर की औरत ने उसे खो दिया।"

जब बहन और बहनोई ने उसके मुंह से ऐसी बहकी-बहकी बातें सुनी तो लोगों ने समझा बस इसका दिमाग चल गया है। तब रहीमबख़्श ने अपनी जेब से वह चिठ्ठी निकाल कर अपने बहनोई को दी ओर बोला "यह अपने दुश्मन की बंदमाशी देखिए और वही इस चिट्ठी के भेजने वाला बदमाश इत्तफाक से मुझे यहां मिला। मैंने उसे न पहचान कर पूछा "मियां यह दुकान क्यों बन्द है। उस शैतान के बच्चे ने इस चिट्ठी वाली बात को फिर दोहराया। दिल में तो बड़ा गुस्सा आया पर मेरी तबियत लड़के के घर से निकल जाने के दुःख में दुःखी होने से कुछ नहीं बोला।"

तब अल्लाबख़्श उसका बहनोई बोला–"मियां खत तो हमने ही भेजा है, तुम यह कैसी बहकी-बहकी बातें कर रहे हो।"

रहीम बख्श बोला "मियां मैं बहकी-बहकी बातें नहीं कर रहा, तुम्हीं बहकी-बहकी बातें कर रहो हो। मालूम होता है लड़के के भाग जाने से तुम्हें ज्यादा दुःख हुआ है, और मियां तुम्हारा दिमाग पलट गया है।"

इन दोनों की बातें सुनकर सुनने वाले लोग हैरान थे। रहीमबख्श कहता है कि लड़का मेरे मकान पर रहा, मैं उसे बाजार में घूमते हुए पकड़ कर ले गया, फिर भाग गया, इसका तो गोद खिलाया बच्चा है, इसका सगा भनजा है, क्या यह उसे पहचान नहीं सकता जरूर कुछ बात है। उधर अल्लाबख़्श के

लड़के को हम दफना आए हैं। अब क्या कहें समझ नहीं सकते। मामा कहता है लड़का जिन्दा है मैंने देखा, अपने मकान पर ले गया; मामी के पास रहा है। यह बात शहर के हिन्दू-मुसलमान छोटे-बड़े सब में फैल गई। तब सबकी यह सलाह हुई कि मौलवियों से फतवा ले लिया जावे, कब्र खोद कर देख लेवें। मौलवियों ने फतवा दे दिया, आदमियों की भीड़ शहर से कब्रिस्तान की तरफ जाने लगी। थोड़ी-सी देर में कब्र पर हजारों मुसलमान और हिन्दू तमाशाइयों की भीड़ लग गई। मौलवी और मुल्लां कब्र के पास बैठ कुरान की आयतें पढ़ने लगे और हुक्म दे दिया कि कब्र खोदी जाए। जब कब्र खोदने लगे तो जैसे मिट्टी को दबा कर गए थे वैसी कड़ी नहीं थी। जब कुछ मिट्टी हटा दी गई तो वहां एक फावला मिला। इसे देख कुछ आश्चर्य-सा होने लगा। आखिर ज्यों-ज्यों कब्र खोदी जाती त्यूं-त्यूं लोगों के दिलों में कौतूहल बढ़ता ही जाता। पुलिस का पूरा पहरा था, फिर भी भीड़ इतनी थी कि एक पर एक टूटा जा रहा था। आखिर शव निकला और कपड़ा हटा कर देखा तो आश्चर्य का कोई ठिकाना न रहा। यह लाश किसी बूढ़े आदमी की थी। रहमतुल्ला के मां बाप और रिश्तेदार चिल्ला उठे-''यह हमारे बच्चे रहमतुल्ला का शव नहीं है, उसे कोई निकाल कर ले गया और इस बूढ़े का शव यहां दफना गया।''

इस लाश को पुलिस ने अपने काबू में किया और इसको पहचानने का ढिंढोरा करा दिया। जरा-सी देर में यह खबर सारे शहर भर में बिजली की तरह फैल गई। लोगों के झुंड के झुंड इस घटना को सुन-सुन कर आने लगे। कई आदमियों ने इस लाश को पहचान लिया और कई आदमी पहचान कर चुप रहे और कइयों ने कहा यह तो एक पहुंचे हुए फकीर हरीहर योगी की लाश है। यह यहां कैसे आई। आज तीन चार दिन हुए इन्हें हमने देखा था। इनकी भी यहां लोग बड़ी तलाश करते फिरते हैं। पहचानने के बाद फोटो लेकर लाश दफना दी गई और अब सारी बात रहीमबख़्श से सुनकर लोगों को यह विश्वास हो गया कि जो इसका मामा कहता है सो ठीक है। लड़के को अमृतसर में जरूर देखा होगा। लोगों ने सोचा इस बात का पता लगाना चाहिए कि इस कब्र में से लड़के को कौन निकाल कर ले गया और इस बूढ़े की लाश को यहां कौन डाल गया? पुलिस में रिपोर्ट लिखवा दी गई और लड़के के तलाश पर हजार रुपया इनाम रखा गया और रहमतुल्ला का सारा हुलिया ओर फोटो अखबारों में छप गया। उस लड़के का बाप ओर मामा भी लड़के की खोज में घर से निकल गए। इधर सारे शहर में गली कूचों में, मुहल्लों बाजारों में, दुकानों घरों में औरत मर्द और बच्चों की जुबान पर यही

चर्चा थी। जो योगी बाहर अच्छे भले घूमते थे वे कब्र में और जो कब्र में रहमतुल्ला पड़ा था वह बाहर निकल कर कहीं घूम रहा है यह क्या हुआ, कैसे हुआ?

इधर वकील चोखाराम जी को अफवाह भी बड़े जोरों से फैल चुकी थी। लोगों में यह चर्चा हुई कि इन योगी जी के अनन्य भक्त चोखाराम जी वकील की हालत उसी दिन से वैसी ही है ओर उनसे सारा भेद मालूम हो सकता है। उधर राज्य की पुलिस ने भी वकील चोखाराम जी पर सारी बात बताने को बड़ा जोर दिया। सर्वप्रथम वकील साहब ने बताने से साफ इनकार कर दिया। परन्तु जब उन्हें ऊपर के बड़े अफसरों ने विवश किया और उन्हें पूरा विश्वास दिलाया कि आप सारी बात बताइए आपके ऊपर कोई बात न आएगी तब चोखाराम वकील ने इस प्रकार रहस्य बताना शुरू किया–''हरीहर योगी मेरे गुरु हैं, इनका शरीर बहुत वृद्ध हो गया था, चलते-फिरते उठते-बैठते इन्हें भार मालूम होता था। इनकी यह बहुत दिनों से इच्छा थी कि इस शरीर को योग की रीति से बदल दूं। पहला शरीर भी बदला हुआ बताते थे। शरीर बदलने में बड़ी कठिनाई यह पहुंची कि हिन्दुओं के मुरदे तो फूंक दिए जाते हैं, इसलिए किसी हिन्दू का शव मिलना कठिन था परन्तु मुसलमानों के शव जैसे के तैसे ही दबा दिए जाते हैं। योगी जी कुछ महीनों से इस तलाश में थे कि कहीं मुसलमानों मरे हुए लड़के की खोल (लाश) मिले तो वे अपनी यह पुरानी खोल छोड़ दें और उस नई थोड़े दिनों की जो खोल कोई जीवात्मा किसी कारण से इसे छोड़ गई है उसमें योग बल से प्रविष्ट हो जावें। वे इसी तलाश में थे कि एक लड़का किसी मुसलमान भाई का मर गया। वे लोग बेचारे रोते-पीटते कब्र में दफना आए। इधर योगी जी ने अपने मित्र को इस काम के लिए हरिद्वार तार दिया, परन्तु वह न आ सके। योगी जी मुझसे बोले ''देखो तुम्हें एक बात जैसे मैं कहूं वैसे करनी होगी।'' मैं इनकी इज्जत करता था, वह पहुंचे हुए फकीर आदमी थे और मैं डरता था कि कही शाप न दे दें। मैं उनकी बात को मान गया। उन्होंने कहा ''इस काम के लिए हरिद्वार से मैंने अपने मित्र यति जी को तार देकर बुलाया था। वे वहां से चल दिए पर रास्ते में कोहमरी में भारी बारिश होने से दो-तीन दिन तक वे नहीं आ सकेंगे। इतने में मेरा काम अर्थात वह चोला जमीन में पड़ा खराब हो जाएगा तो फिर किसी काम का न रहेगा। आज रात के ग्यारह बजे मेरे पास आओ मैं तुम्हें जैसे बताऊंगा वैसे ही कर देना।'' मैं उन योगी जी के कहे के अनुसार उनके पास गया तो योगी जी तीन कटोरों में जो मुझसे पहले रोज मंगा कर

रखे थे, उनमें कोई चीज रख रहे थे। मैंने उन्हें नहीं पूछा, पर मैंने अंदाज से दो चीजों को तो लगभग पहचान लिया कि एक कटोरे में खीर थी, दूसरे में पानी, तीसरे का पता न लगा सका वह क्या था और एक फ़ावला ले लिया, इन चारों चीजों को लेकर रात के एक बजे हम दोनों उस कब्र पर गए, जहां वह लड़का गाड़ा गया था। वहां योगी जी ने मुझसे कहा–"देखो डर की कोई बात नहीं मैं अपने योग बल से इस शरीर से निकल कर उसमें जाऊंगा। यह शरीर मुर्दा हो जावेगा और वह जिन्दा होगा, जब उस जिन्दा हुए का हाथ तुम्हारी तरफ हो तो पहले यह पानी का कटोरा देना, फिर यह दूसरा फिर यह तीसरा। जब मैं हाथ लम्बा करूं तब ही तब दे देना, बस यही काम तुम्हारा है कह कर गोल लाईन खींची और बोले"–लो तुम्हें यहां कोई डर नहीं होगा, यहां इसमें बैठो। फिर इसी के पास आप लेट कर जमीन को नापा और फिर उठ कर दो लम्बे आदमियों के कद के बराबर एक से एक मिलते हुए केंचीनुमा दो लाईनें जमीन पर खींची और कुछ पढ़ा। पढ़ने के पश्चात् कब्र खोदी और उस लड़के की लाश निकाल कर उस खींची हुई लाईन में अलफ़नगी करके लिटा दी और उसके मुंह पर नाक तथा कान में कोई चीज लगाई। योगी जी भी उस मुर्दे के मुंह से करीबन चार अंगुल के फासले पर अपना मुंह करके सीधे लेटे। मैं बैठा हुआ सब बातें देख रहा था। कुछ ही देर में यह लड़के की लाश फड़फड़ाई और योगी जी की भी। अब ऐसे ही योगी जी की वृद्ध लाश कम हिलने लगी और यह अधिक। आखिर वृद्ध लाश तो बिल्कुल स्थिर हो गई और यह लड़के वाली लाश खूब हिलने लगी। मैं डरा तो सही, पर हिम्मत बांध कर बैठा रहा। कुछ देर में मेरे पास ही लेटी हुई उस लड़के की हिलती-जुलती लाश ने हाथ फैलाया। मैंने झट पहला कटोरा जो वृद्ध योगी ने कायदे से रख दिया था और मुझे बता दिया था उसी तरह मैंने पानी का कटोरा दिया। उसने कुछ पिया कुछ वहां गिरा दिया। कुछ देरी के बाद फिर हाथ फैलाया तो वह दूसरा कटोरा यह किसी चीज का रस मालूम होता था दिया, इसे सब पी गए। फिर थोड़ी देर में वह खीर का कटोरा दे दिया गया, कुछ देर के पश्चात वे हरि हर कह के उठ बैठे और कुछ पढ़ते हुए उस कफन को इस वृद्ध पर लपेटा और फिर उस कब्र में लड़के की जगह उस वृद्ध शरीर को दबा दिया। फावला भी वहीं दबा कर मुझसे बोले–"चोखाराम! आओ मेरे साथ आओ। परन्तु मैं डर चुका था। मेरी हिम्मत इस लाइन से बाहर निकलने को नहीं पड़ती थी। आखिर मैंने कहा–प्रभु! मुझ में सामर्थ्य नहीं कि मैं बाहर आऊं। तब उस नए महात्मा ने मेरा हाथ पकड़ कर कहा डरते क्यों हो, मैं तुम्हारा वही हरि हर योगी हूं। वह चोला पुराना

छोड़ दिया है और यह धारण कर लिया है कहते हुए वह गोल लाईन काट दी और सब लाईने मिटा दीं। फिर कटोरे उठाकर मेरा हाथ पकड़े हुए मुझे मेरे मकान के बाहर तक छोड़ कर बोले–"लो तुम्हारा मकान आ गया, तुम अब अन्दर जाओ। किसी पर यह बात जाहिर न करना। तुमने मेरी जो सहायता की है इसका बदला भगवान् तुम्हें किसी अच्छी बात से देगा। मैं अब यहां से जाता हूं और फिर किसी वक्त कहीं मिलूंगा। इतना कह कर योगी जी रम गए। मैं वहीं पर गिर गया। मुझे चार दिन के बाद होश आया है।" इतना कह वकील साहब चुप हो गए।

पुलिस अफसर ने पूछा वे यति जी इनके मित्र क्या फिर यहां आए है? वकील साहब बोले "हां! आए हैं और वे आपके सामने ही बैठे हैं।"

पुलिस के अफसर ने यति जी को सम्बोधित करते हुए पूछा "क्या आप हरिहर नाथ योगी को जानते हैं।"

"हां मैं उन्हें जानता हूं, वे बड़े ही पहुंचे हुए सिद्ध फकीर हैं।"

"क्या आप बता सकते हैं वे इस वक्त कहां हैं।"

"इस सवाल के बारे में जितना आप जानते हैं उतना ही मैं जानता हूं।"

"क्या आप श्रीनगर आ कर योगी जी से मिले हैं?" अफसर ने पूछा।

यति जी ने नकार में उतर दिया–अफसर ने फिर पूछा–

"जो तार आपको श्रीनगर से भेजा गया था क्या वह आपके पास है?"

वह तार यति जी के पास ही था। उसे निकाल यति जी ने अफसर के हाथ में दिया। उस तार में केवल यति जी को शीघ्र श्रीनगर पहुंचने की प्रेरणा की गई थी।

पुलिस अफसर तार को पढ़ यति जी से बोला "क्या आप भी योगी हैं।"

"मैं योगी तो नहीं हूं लेकिन हां योग की बातों में दिलचस्पी जरूर लेता हूं वैसे मैं योग की बहुत-सी बातें जानता हूं।

अफसर बोला–"आप योग की जो बात जानते हैं क्या हमें बता सकते हैं।"

यति जी बोले "साहब! योग की क्रियाओं पर बहुत-सी किताबें छपी हैं, परन्तु उन पर अमल करने वाले आदमी इस संसार में बिरले ही हैं। हरिहर नाथ योगी सच्चे पहुंचे हुए सिद्ध पुरुष थे। उन्होंने योग की शक्ति से उस

नवयुवक की देह को धारण कर लिया। योग से आदमी मौत को जीत लेता है। इस देश में भीष्म, व्यास इत्यादि बड़े-बड़े योगी हुए हैं। श्री जगतगुरु शंकराचार्य भी मंडन मिश्र की धर्मपत्नी द्वारा काम शास्त्र पर शास्त्रार्थ का चैलेंज दिए जाने पर, काम शास्त्र का अध्ययन करने के लिए एक वृद्ध राजा के शरीर में दाखिल हो गए थे। और थोड़े दिन बाद फिर अपने उसी शरीर में आ गए थे। सच्चे योगी के लिए कुछ भी असम्भव नहीं।''

''क्या हरिहर नाथ कश्मीर आने से पहले आप से हरिद्वार में मिले थे।''

''हां! केवल मिले ही नहीं बल्कि मेरे स्थान पर बहुत दिन रहे भी थे।''

''इस वक्त आपको पता है वे कहां हैं।''

''मैं आपको पहले ही कह चुका हूं, कि मैं इस बारे में कुछ नहीं जानता।''

क्या आपको आशा है आप उनसे फिर मिलेंगे।''

कोई पक्की बात नहीं है। देह परिवर्तन के पश्चात मुझे मिलने न मिलने का सवाल पहले पैदा ही नहीं हुआ। हां! अगर उनकी देह परिवर्तन के समय मैं उनके पास होता तो बात दूसरी थी। लेकिन मेरा ख्याल है, वास्तव में आज जो रहमतुल्ला के मां बाप रोते हैं उन्हें रोने की बजाय खुशी होनी चाहिए कि उनका लड़का इस संसार में उसी रंग रूप में जीवित हो चुका है।''

❑❑❑

स्वामी शंकरदेवजी महाराज

संचालक: कृपालुबाग आश्रम, कनखल

उन्यासीवां अध्याय

सन्त-दर्शन

साधूनां दर्शनं पुण्यं तीर्थं भूता हि साधवा:।
तीर्थ फलति कालेन सद्य: साधु समागम:।।

यदि संसार में पारसमणि वस्तु है, तो संतों का शरीर ही वास्तव में मणि है। सन्त जन एक जहाज है जिस पर चढ़कर एक साधारण प्राणी संसार सागर से पार उतरता है। सन्त जन एक ऐसी पारसमणि हैं, जिसका स्पर्श ही लोहरूपी साधारण जन कंचन बन जाता है। इस संसार में कितने ही शक्तिशाली राजा हुए, कितने ही चक्रवर्ती सम्राट् हुए, कितने ही लुटेरे और डाकू परन्तु आज संसार उनके नाम तक से परिचित नहीं और यदि नाम से परिचित भी हैं तो भी उनका सम्बन्ध उस व्यक्ति से केवल इतना ही है कि यदि कहीं इतिहास कथा में उनका नाम आ जाए तो वह कह दे "हां मैंने इनका नाम पहले सुन रखा है।" परन्तु सन्तों का नाम तो प्रत्येक व्यक्ति प्रात:काल ब्रह्म मुहूर्त में ही लेता है। जब वह दिन भर का थका हारा रात को निद्रादेवी की गोद में शांति प्राप्त करता है तो उसका वह विश्वास रहता है कि सोते समय किसी सन्त महात्मा का नाम लेने से उसकी रात चैन से कटेगी।

महात्माओं की सम्पदा है, शील। स्वयं यह गुण महात्माओं के रोम-रोम में बन कर चमकता है। यही गुण सारे संसार को सन्तों के चरणों पर लाता है। जो हठीला व्यक्ति किसी अत्याचारी शासक की रक्त पिपासु तलवार की धार के आगे भी सिर नहीं झुकाता, वह भी स्वयं श्रद्धा से सन्तों के चरणों पर झुक जाता है।

हरिहर नाथ योगी की उस आंखों देखी लीला से प्रभावित हो यति किशोरचन्द्र योग साधना की ओर विशेष ध्यान देने लगे। योगाभ्यासी तो वे पहले थी थे, परन्तु नाथ की घटना से उनके हृदय में एक विशेष लालसा उपजी कि वे भी वैसी ही शक्ति प्राप्त करें। श्रीनगर से लौट अपनी नाग कुटी

में वे इसी योग में जुट गए। सर्वप्रथम उन्होंने अपना आहार घटाने की ओर ध्यान दिया। जो उनका इससे पहले ही घटा हुआ था, परन्तु साधन लगने पर उसे और भी कम कर दिया। दोनों समय का खाना छोड़ चौबीस घंटों में केवल एक ही बार भोजन करने लगे। अब खाना तो एक दम छोड़ दिया, चौबीस घंटे में आध पाव खिचड़ी दो तोले घी मिला, बिना नमक मिर्च खाते। धीरे-धीरे यह खिचड़ी भी छोड़ दी और जंगल में उगे विल्व (बेल पत्थर) पर ही निर्भर रहने लगे। जंगल में जाकर विल्व वृक्ष के नीचे गिरे पड़े विल्व उठा लाते, उनका शर्बत बना कर पीते। कभी-कभी उनके जाने से पहले ही वनचर उन विल्वों का समाप्त कर देते। उस अवस्था में यति जी ब्रह्मी के कुछ पत्ते चबा कर ऊपर से गंगा जल पी लेते और सदा ईश्वर भजन में लीन रहते।

भारतीय इतिहास में शुकदेव, ध्रुव प्रभृति जितने भी महात्मा हुए, उत्कर्ष की ओर जाते हुए उन्होंने इसी मार्ग का अवलंबन किया। इस क्रिया को अन्तरात्मा की शुद्धि कहा जाता है। महर्षि पातञ्जलि ने योग दर्शन में लिखा है **''तदाद्रष्टु स्वरूपेऽवस्थनम्।''** उस समय अर्थात् चित्तवृत्ति निरुद्धकाल में देखने वाले जीवात्मा का अपने स्वरूप में ठहराव होता है। चित्त की वृत्तियां दो प्रकार की होती है। चित्त की वृत्तियां जो सांसारिक विषयों में आत्मा को फंसाए रखती हैं, वे क्लिष्ट अर्थात् दु:खदायी कहलाती हैं और ज्ञान विषय वाली जो तीन गुणों के अधिकार को नष्ट करके मोक्ष कराती हैं वे अक्लिष्ट अर्थात दु:ख रहित कहलाती हैं। सन्त जन दु:ख दाई चित्तवृत्तियों का परित्याग कर ज्ञान वाली वृत्तियों का पालन करते हैं। उनका मार्ग श्रेय मार्ग होता है और यह श्रेय मार्ग चित्त की निर्मलता से प्राप्त होता है।

यति जी का चित्त गंगाजल के समान निर्मल था। एक साधारण से प्राणी का रत्ती भर कष्ट उन्हें असह्य हो उठता। एक दिन अनजाने में ही यति जी के हाथों से एक मक्खी बेहोश हो गई। उस मक्खी को भूमि पर तड़पती देख यति जी करुणा से विह्वल हो उठे। उस मक्खी को अपने हाथ में उठा उसे गरमी पहुंचाई। मुट्ठी बन्द कर उसके अन्दर अपने मुख द्वारा प्राण वायु का संचार कर उसे जीवित करके ही सुख की सांस ली। उस भयानक जंगल के बीच में रहते हुए वे मानो उसी जंगल के आदिम-निवासी हो गए। पशु-पक्षी तक उनसे प्रेम करने लगे। जब वे अपनी कुटी के बाहर वृक्षों की छाया में बैठ भगवद्भक्ति में मगन हो तुलसी रामायण का गायन करते, तो उनकी उस मधुर-मधुर वाणी का रसास्वादन करने के लिए वन के बन्दर और लंगूर उन

वृक्षों पर झूल-झूल उनका वह गायन सुनते और कई बार तो सैकड़ों बन्दर बुद्धिमान सत्संगी पुरुषों के समान पंक्तियों में आगे बैठ एक चित्त हो उनकी कथा का श्रवण करते।

वह पागल जवान अपनी धुन में तेज़ी से आगे को बढ़ रहा था, होश में तो वह था ही नहीं। थोड़ी ही दूर चलकर सड़क के किनारे एक वृक्ष के साथ उसका माथा टकरा गया। चोट अधिक लगी। वह बेहोश होकर गिर पड़ा। यति जी भी थोड़ी ही दूर आगे बढे थे और चलते-चलते वे भी कभी-कभी उस नवयुवक को देखकर भगवान् की विचित्र लीला पर चकित हो रहे थे। उस समय एकाएक उन्होंने उस नवयुवक को वृक्ष के साथ टकराते हुए और मूर्च्छित हो गिरते हुए देखा। करुणा के सागर यति किशोरचन्द्र उस ओर भागे और तत्काल अपनी धोती में से एक टुकड़ा फाड उसके पट्टी बांधी। उनके हृदय में उस समय उस नवयुवक के उद्दण्डता पूर्ण व्यवहार के प्रति अंशमात्र भी रोष न था। यति जी उस नवयुवक को शीघ्र होश में लाने का यत्न कर रहे थे।

सन्तों का चित्त पता नहीं परमात्मा ने किस विचित्र धातु का बनाया है। महर्षि दयानन्द जी महाराज को जान-बूझ कर जगन्नाथ रसोइया ने भोजन में जहर खिलाया भोजनोपरान्त महर्षि ने जगन्नाथ को बुलाया और कुछ रुपये उसे दिए और बोले ''तुम शहर छोड़ कर भाग जाओ। विष देने के अपराध में तुम कहीं पकड़े न जाओ।'' अपने हत्यारे को भी क्षमा कर देना यह तो महात्माओं में ही शक्ति हैं। अपने अपकारक पर भी उपकार करना ऐसी अनुपम विभूतियां संसार में बिरली ही हैं।

तीन मजदूर दूर से खड़े यह दृश्य देख रहे थे। वे इस घटना को तभी से देख रहे थे जब उस पागल ने यति जी के मुंहपर तमाचा मारा था। उन्हें तो यह आशा थी कि यति जी उस दुष्ट की खूब भली प्रकार से मरम्मत करेंगे, परन्तु उन्हें इस प्रकार इस दुष्ट के उपचार में लगे देख वे यति जी के पास आ हाथ जोड़ बोले-''महाराज! मरने दो इस दुष्ट को, आपने तो इसको क्षमा कर दिया, परन्तु परमात्मा तो न्याय करता है, परमात्मा के न्याय को अब फलने दीजिए। हम तो उसी समय भाग कर इसकी मरम्मत कर देते, परन्तु हमारा आदमी कुएं में उतर रहा था। यह आप क्या कर रहे हैं! ओहो आपने तो दुष्ट के लिए अपनी धोती भी फाड दी और अब इसके सिर को गोद में थामे बैठे हैं, मरने दीजिए इसे।''

यति जी बोले-''भाई! यह तुम्हारा विचार ठीक नहीं। इसने मेरे वह चपेट कोई दुश्मनी से तो मारी नहीं थी। वह इसके अख्त्यार की बात न थी। खैर

मैं साधु हूं। मेरा हृदय द्वेष से रहित है। इसकी चपेट से मेरा क्या घट गया। मेरा धर्म मुझे यह कहता है कि तुम इस प्रकार के प्राणियों पर दया करो। अपनी आंखों के सामने इसको इस अवस्था में देख मैं कैसे पत्थर का हृदय बना इसकी ओर से आंखें फेर लेता। आप लोग मेरी मदद को आए है तो आपका धन्यवाद। यदि आप मेरी मदद करना चाहते हैं तो मदद करिए और इसे बेचारे की जान बचाइए और जल्दी पानी लाओ, इसके मुंह में डालना है, जल्दी लाओ, न जाने ऐसी कड़कती धूप में यह बेचारा कहां से पैदल चलता हुआ आया है।'' एक आदमी दौड़कर पानी लाया। पानी मुंह में डालने से भी होश नहीं आया। तब यति जी ने उसे उठवा कुआं के पेड़ के नीचे एक चटाई पर लिटा दिया और पास के गांव से एक आदमी को भेज दूध मंगवाया। दूध में शिलाजीत डालकर उसे पिलाया।

करुणा के वशीभूत हो यति जी ने मन ही मन परमात्मा से याचना की ''प्रभो दीनानाथ! इस गरीब भूले भटके प्राणी पर दया करो। दीनबन्धो! इसकी इस विपदा का कारण कुछ-कुछ मैं ही हूं. जो कुछ होना होता है होकर ही रहता है। परन्तु भगवन्! इस होने का हेतु बहुत कुछ मैं ही हूं। मैं यदि अपनी कुटिया से बाहर न निकलता तो यह बेचारा सीधा चला जाता। भगवन्! इसके लिए न सही स्वयं अपने लिए मैं आप से प्रार्थना कर रहा हूं कि आप इस प्राणी को क्षमा करें।''

सन्तों की महिमा बड़ी विचित्र है। सन्त तुकाराम महाराष्ट्र के एक स्वनाम धन्य भगवद् भक्त हुए हैं। आप ''विढोवा'' इष्टदेव के परम भक्त थे। और नित्य प्रति भगवान् की प्रतिमा के सम्मुख अपनी गाथा का कीर्तन किया करते थे। मम्बाजी बाबाजी नामक एक व्यक्ति ने विढोवा मन्दिर के समीप अपने बाग के चारों ओर कंटीली झाड़ी लगा दी। तुकाराम ने यह सोच कर उसे उखाड़ डाला कि इससे मन्दिर आने वाले भक्तों को असुविधा होगी। यह देखकर मम्बाजी बहुत बिगड़ा। उसने तुकाराम की पीठपर कंटीली लाठी से निर्दयतापूर्वक प्रहार किया। इस मार को तुकाराम ने चुपचाप सह लिया। मम्बाजी नित्य संध्या समय तुकाराम का कीर्तन सुनने आया करता था, किन्तु उस दिन वह उनके कीर्तन में नहीं आया। कीर्तन में उसे न देखकर तुकाराम ने उसके पास अपना आदमी भेजा, किन्तु वह फिर भी न आया। सन्त तुकाराम स्वयं उसके घर गए और चरणों पर गिर कर बोले ''बाबाजी! यदि मैं आपकी बाड़ी को न उखाड़ता तो आप मुझे कभी न मारते, अतएव मैं ही अपराधी हूं आप मुझे क्षमा कर दीजिए'' तुकाराम के धैर्य और विनय पर मुग्ध होकर मम्बाजी उनका शिष्य हो गया।

पूना के रामेश्वर भट्ट ने द्वेष से तुकाराम को ग्राम से बाहर निकलवा दिया और उनकी समस्त आयु की कमाई ''गाथा'' इन्द्रायणी नदी में फेंकवादी। इतना दारुण संताप सहकर भी रामेश्वर के प्रति सन्त को कुछ भी घृणा नहीं हुई। थोड़े ही दिनों के पश्चात एक दिन नहाने के उपरांत एकाएक रामेश्वर के जलन शुरू हो गई। उस रात स्वप्न में भगवान ने उसे आदेश दिया कि वह सन्त तुकाराम की शरण में जाए। वह रामेश्वर उसी समय तुकाराम की शरण में गया। सन्त ने उसे क्षमा कर दिया।

महात्मा गांधी वर्धा में रोग शैया पर पड़े हैं। मालावार हिल पर बैठा हुआ जिन्ना कहता है ''यदि मुझ से मिलना चाहते हो तो यहां मेरे घर पर आकर मिलो।'' गांधी जानते हैं जिन्ना दुष्ट है, उसने कई बार दुष्टता की परन्तु उसकी दुष्टता पर उन्होंने कभी ध्यान न दिया। उसी रुग्नावस्था में उसे मिलने गए। एक बार नहीं बीसियों बार उस दुष्ट पर उन्होंने विश्वास किया। निखिल भारत में जिस व्यक्ति से बढ़ कर कोई कपटी, चालाक, वाचाल न मिल सकेगा, गांधी प्रत्येक समय पर उसके पूर्व पापों को भूला कर उसे सिर पर चढ़ाते ही रहे। महात्माओं की लीला बड़ी ही विचित्र है। महात्माओं का हृदय कितना निर्मल है, इसी मन की निर्मलता से महात्माओं की वाणी में जीवन-दान की शक्ति आ जाती है, महात्माओं का कथन कदापि अकारथ नहीं जाता। महात्मा तुलसीदास के बारे में एक कथा है।

''एक बार पति के मर जाने पर एक ब्राह्मणी सब श्रृंगारों से भूषित हो पति की सहगामिनी होने जा रही थी। रास्ते में गोसाई जी के दर्शन पा उसने हाथ जोड़ कर प्रेम पूर्वक प्रणाम किया। गोसाई जी ने उसे सौभाग्यवती होने का आशीर्वाद दिया। इस पर उसके साथियों ने गोसाई जी से उसके पति की मृत्यु की बात कही, साथ ही यह भी कहा-''आपका आशीर्वाद भी तो व्यर्थ नहीं जा सकता।' तक गोस्वामी जी ने अपने करुणामय स्वामी को स्मरण कर कहा-''जब तक मैं लौट कर न आऊं, इसके स्वामी का दाह-कर्म न किया जाए।'' बस आप गंगा स्नान करने चल दिए और वहां भगवान् की स्तुति में मग्न हो रहे। तीन घण्टे के अनन्तर वह मृतक ब्राह्मण, नींद से जाग कर उठे हुए व्यक्ति की भांति, उठ बैठा।''

यति जी ने भगवान् के दरवार में उस पागल नौजवान के लिए प्रार्थना की। उनकी प्रार्थना स्वीकार हुई। उस समय उस नौजवान ने आंख खोली और ''हाय मां'' कह कर चिल्लाया। यति जी ने उसे थोड़ा-सा दूध और पिलाया। थोड़ी ही देर में वह नौजवान होश में आ गया और यति जी को अपने सेवा सुश्रुषा में लगे देख झट उठ महाराज के पांव पकड़ लिए, हाथ जोड़ वह क्षमा

याचना करने लगा। "भगवन्! मेरा किया दोष क्षमा कर दें।" वह अब पागल नहीं था। उसकी वह पहली उद्दण्डता भाग चुकी थी। पारस मणि का स्पर्श करते ही वह कूड़े से कंचन बन चुका था। ज्ञान रूपी सूर्य का प्रकाश पाकर उसके हृदय का अंधकार दूर हो चुका था। वह नौजवान यति जी के चरण छू हरिद्वार की ओर चल दिया। यति जी गंगा स्नान को चले गए।

उसी दिन शाम के लगभग पांच बजे थे। यति जी अपनी कुटिया में सायं संध्या में मग्न थे, उस समय उन्हें ऐसा प्रतीत दिया मानो बाहर उन्हें कोई बाबा जी! बाबाजी। की आवाजें दे रहा है। यति जी बाहर निकलें। उन्होंने देखा, वही दोपहर वाला नौजवान था। उसके साथ दो सज्जन और थे एक स्त्री थी और एक बच्चा था। यति जी को देखते ही वह नौजवान दौड़ कर यति जी के चरणों में गिर पड़ा। साथ वाले सभी व्यक्तियों ने यति जी के चरण छुए। लड़के का पिता हाथ जोड़ कर बोला–"कृपा सिन्धो महात्मन! यह इस लड़के की माता है, मैं इसका पिता हूं यह चचा है और यह छोटा इसका बच्चा है। एक महीने से इसकी तबियत खराब हो गई थी। इसका बहुतेरा इलाज कराया; अनेक दवाइयां भी दीं, परन्तु कुछ आराम न हुआ। रोग बढ़ता ही गया सबको यह गालियां देता, जो रास्ते में मिल जाता उसे मारता। मंदिर में जाता ठाकुर जी को उठा कर फैंक देता है। कई बार मस्जिद में मैला कर डाला। यह पागल हो गया इसका दिमाग फिर गया, हमें भी इसने कई बार मारा। आज छह दिन हुए, यह घर से भाग गया था। इसका कुछ भी पता ठिकाना न मिला। हमें किसी से पता चला कि यह हरिद्वार की ओर भाग गया है। महाराज! आज हमें हरिद्वार में आए चार दिन हो गए। हरिद्वार में आकर भी हमें इसका कुछ पता न चला था। आज अचानक हम भीमगोडे आए तो यह पट्टी बांधे इधर से हरिद्वार की ओर जा रहा था। हमने इसे नहीं देखा, इसने हमें देखते ही हमारे पांव पकड़ लिए, अपने बच्चे से भी प्यार किया और आपके दर्शन कर जिस प्रकार से यह इस संसार नैया से पार उतरा है वह कथा भी सारी कही। महाराज! आप सन्त रूप में हमें परमात्मा बन कर प्राप्त हुए है। हमें अपने बच्चे के मिलने की कुछ आशा न थी, बच्चा मिल भी जाता तो वह इसका पागलपन तो हर घड़ी एक दुःखदायी वस्तु थी। महात्मन्! आपने इसे एक नवीन जन्म दिया है। आपकी दयालुता धन्य है। आप हमारे लड़के का अपराध क्षमा कर देना।" यति जी ने लड़के को आशीर्वाद दिया और सभी लोग यति जी का नमस्कार कर उनके गुण गाते हंसी खुशी अपने घर गए।

❑❑❑

अस्सीवां अध्याय

अध्यात्म-धारा

न तु मां शक्यसे द्रष्टु मनेनैव स्वचक्षुषा।
दिव्यं ददामि ते चक्षुः पश्य मे योगमीश्वरम्॥

Do not seek him out. Thy marker, O man! is seated in the bottom of thy heart. He and you are one not two. Simply you ought to find out an eye, to differenciate.

••• ••• •••

यति किशोरचन्द्र योगाभ्यास में लगे थे। उन दिनों वे बहुत कम बोला करते थे। देश स्वराज्य प्राप्ति के महान-यज्ञ में जुटा था और वे उस स्वराज्य-यज्ञ को फलीभूत करने के लिए भगवान से तपस्या द्वारा वर मांग रहे थे। हरिद्वार में वैसे तो नित्य प्रति मेला लगा रहता है; यति जी के अनेक भगत गंगा स्नानार्थ हरिद्वार आते ही रहते थे, परन्तु यति जी नगर को छोड़ दूर घोर जंगल में डेरा डाले अध्यात्मचिन्तन में रत थे। उस वर्ष महावारुणी का बड़ा भारी पर्व था। यति जी के अपने सहस्रों भगत हरिद्वार पधारे थे। यति जी की नाग कुटी भी एक बृहत्तीर्थ अंतर्गत लघुतीर्थ बन चुकी थी।

भक्त-जन हाथ जोड़े यति जी से प्रार्थना करने लगे, गुरुदेव! तीर्थों का माहात्म्य महापुरुषों के श्रीमुख से उपदेश ग्रहण करने में ही होता है। गंगा स्नान तो केवल एक बहाना मात्र है, वास्तविक स्नान तो महात्माओं का ज्ञानामृत ही करवाता है। गुरुदेव! हम बड़ी आकांक्षा से आपके पास आए हैं। हमें ज्ञान-सुधा-पान द्वारा कृतार्थ कीजिए।

भक्तों की सविनय, सप्रेम प्रार्थना को टालना यति जी के लिए कठिन था...उस समय दिन लगभग समाप्त हो चुका था। अगले दिन यति जी ने भगतों की आकांक्षा पूर्ण करने का वचन दिया।

अगले दिन सुबह से ही भक्त-जन यति जी की कुटिया पर पधारने शुरू हुए...एक भक्त ने जिज्ञासा की-"भगवन्! आप आजकल योग साधना में रत हैं, हम आप से योग ही के बारे कुछ जानना चाहते हैं।"

सत्संगी सज्जनों के इस प्रकार आग्रह पर यति जी महाराज बोले-

"योगशास्त्र को हमारे धर्म शास्त्रों ने बड़ा ही महत्त्व दिया है। भगवान् कृष्ण ने गीता में एक स्थान पर अर्जुन को कहा है-

तपस्विभ्योऽधिको योगी ज्ञानिभ्योऽपि मतोऽधिकः।
कर्मिभ्यश्चाधिको योगी तस्माद्योगी भवार्जुन॥

हे अर्जुन! तपस्वी लोगों की अपेक्षा (योगी) श्रेष्ठ है, ज्ञानी पुरुषों की अपेक्षा भी योगी श्रेष्ठ है और कर्मकाण्ड वालों की अपेक्षा भी योगी श्रेष्ठ है, इसलिए अर्जुन! तू योगी बन।

योग भारतवर्ष की अत्यन्त प्राचीन सम्पत्ति है। योग प्राप्त करना अथवा योगाभ्यास के लिए प्रयास करना यह बात तो केवल भारतवर्ष में ही पाई जाती है। वैदिक साहित्य योग की महिमा से भरपूर पड़ा है। इस विज्ञान पर आज भी भारतवर्ष मान करता है। परन्तु यह मार्ग है बड़ा कठिन, सहस्रों मनुष्य इस ऊंची चढ़ाई पर चढ़ने का प्रयत्न करते हैं, परन्तु उन सब में से कोई विरला ही माई का लाल शिखर पर पहुंच पाता है।

मनुष्याणां सहस्रेषु कश्चिद्यतति सिद्धये।
यततामपि सिद्धानां कश्चिनमां वेत्ति तत्त्वतः॥

हे अर्जुन! संसार के अन्दर कोटि-कोटि मनुष्य हैं। उनमें से थोड़े ही मेरे पास पहुंचने का यत्न करते हैं और उन थोड़े से यत्न करने वालो में भी बहुत थोड़े हैं जो अपने यत्न में फलीभूत होते हैं।

योग कहने की नहीं अपितु करने की चीज है। चित्तकी वृत्तियों के निरोध का नाम योग है। जिसके बिना जीवात्मा नाना क्लेशों को भोगता और धर्म, अर्थ, काम, मोक्ष रूपी पदार्थ को खोता है। इसलिए श्रेष्ठ पुरुषों को चित्त के निरोध करने के निमित्त योग रूपी मार्ग में पूर्ण सामर्थ्य से पग रखना योग्य है। योग का मार्ग आत्म-संयम (Self Control) का मार्ग है। आत्म संयम के लिए मनुष्य के अन्दर आत्मिक बल की आवश्यकता चाहिए। बाहर के शैतान को लाठी से मार देना तो बहुत से शूरवीरों का काम हो सकता है, परन्तु अपने

भीतर जो छुपा हुआ शैतान है उसे मारने वाला कोई बिरला ही माई का लाल निकलता है। अपनी भुजाओं के बल से संसार का जीत लेना और बात है परन्तु अपने भीतर की कमजोरियों पर विजय प्राप्त करना यह तो सभी का काम नहीं–

योग साधना के इच्छुक व्यक्ति को सर्व प्रथम अपने आप पर विजय प्राप्त करने का यत्न करना चाहिए।

अष्ट चक्रा नवद्वारा देवानां पुरयोध्या।
तस्यां हिरण्यमयः कोशा स्वर्गोज्योतिषावृतः॥

इन आठ चक्रों तथा नवद्वारों से घिरी यह मानव शरीर रूपी जो अयोध्या है, इसे विजय करना ही योग कहलाता है। शास्त्रकारों ने इस शरीर रूपी दुर्ग का नाम अयोध्या रखा है, अर्थात् जिससे लड़ा न जा सके। योग साधना मानव शरीर की अमूल्य निधि है। जो चीज मुश्किल हो–बहुमूल्य हो उसके नक्काल भी बहुत पैदा हो जाते हैं। नकली हीरा, नकली सोना, नकली मोती, नकली रेशम, ऐसे ही इस संसार में नकली योगी भी बहुत पैदा हो गए। आजकल तो जो कोई भिक्षुक गेरुये कपड़े पहन कर किसी विद्या को न जानने के कारण बिना परिश्रम किए आलस्य में चूर होकर उदर पोषण के अर्थ घर–घर भीख मांगते हैं उनको भी योगी जी कहते हैं। कोई–कोई ऐसा भी सुना है; जो परिवार छोड़ जंगल में चला जाए वही योगी है। परन्तु यह सब मिथ्या बाते हैं। योग के अर्थ जंगल में जाने, कपड़े रंगने और कनफटे बनने की कुछ आवश्यकता नहीं क्योंकि योग का संबंध चित्त से है न कि जगह से तथा कपड़े रंगने से। हे बंधुओ! यदि कोई जंगल में तो चला जावे, परन्तु उसकी इन्द्रियां उसकी आधीन न हों तो वह वन में जाकर भी क्या करेगा। इसलिए यह सब मिथ्या बातें हैं, क्योंकि चित्त की स्थिर वृत्तियों का नाम ही योग है न कि इस प्रकार की दिखावट तथा दुकानदारी का नाम।

हम लोग नित्य प्रति अपने जीवन में देखते हैं, गाँवों की औरतें अपने सिर पर पांच–पांच पानी के घड़े लादे चली जाती हैं, बाजीगंर दो खंबों के बीच में लटक रही पतली–सी डोरी पर दौड़ लेता है, अपनी उंगली पर एक लम्बे बांस को टिका लेता है, यह सब चित्त की स्थिरता से ही होता है। चित्त की स्थिरता घर में रह कर भी हो सकती है। राजा जनक, भगवान श्री कृष्ण, राम, वसिष्ठ, बुद्ध, शंकर सब योगी थे। महर्षि पातञ्जलि ने अपने अमर ग्रंथ योग शास्त्र में एक स्थान पर बड़ा ही उत्तम लिखा है।

"उस समय अर्थात् चित्त वृत्ति निरुद्धकाल में देखने वाले जीवात्मा का अपने स्वरूप में ठहराव होता है। शान्त सरोवर के तट पर बैठा हुआ जिस प्रकार एक व्यक्ति अपने मुख को नीचे पानी में देखता है, परन्तु उसी सरोवर के शान्त जल के अशान्त हो उठने से फिर वह अपने को नहीं देख सकता; ऐसे ही जीवात्मा रूपी पुरुष के शान्त चित्त में ही अपने रूप का प्रकाश करता है।"

इसलिए प्यारे भाइयो! हमें यह जानना चाहिए कि वेद-शास्त्र ज्ञान, विज्ञान नरक, स्वर्ग जो भी कुछ है सब कुछ इसी शरीर के अन्दर है, बाहर नहीं। और यदि कोई व्यक्ति इनमें से किसी भी वस्तु की प्राप्ति का यत्न करना चाहता है तो उसके लिए इधर-उधर भटकने की अपेक्षा अपने अन्दर से ही इन बातों को प्राप्त करना चाहिए। यही मनुष्य की शरीर रूपी अयोध्या है, जिसके साथ ही संसारी स्वर्ग को चला जाता है।

यह शरीर उस सर्व शक्तिमान ज्योति स्वरूप का घर है। इस घर की सफाई करके इसे पवित्र करना ही योग कहलाता है। मानव हृदय एक चमकते हुए दर्पण के समान है। इस पर काम, क्रोध लोभ, मोह, अहंकार का मल जम जाता है। इसी मल के कारण ज्योति स्वरूप सच्चिदान्नद का स्वरूप उस में नहीं दीखता। इस मल को दूर कर देना ही योग कहलाता है। योगाभ्यासी को एक बात जान लेनी चाहिए।

शरीरमाद्यं खलु धर्म साधनम्।

योग साधना की मशीन यह मनुष्य का शरीर है। गीता में श्री कृष्ण ने कहा है।

नात्यश्नतस्तु योगोस्ति ने चैकान्तमनश्चतः।
न चातिस्वप्न शीलाश्च जग्रतो नैव चार्जुन।।

न तो बहुत ख़ाने वाले को योग सिद्ध होता है और न ही एक दम भूखे रहने वाले को

युक्ताहार विहारस्य युक्त चेतस्य कर्मसु।
युक्त स्वप्ना बवोधस्य योगो भवति दुःख हा।।

जिसका खान-पान उचित रीति पर हो, जिसका भोग विलास नियमपूर्वक हो, जिसका काम काज में नियमितपन हो उसी का योग दुःख नाश करने वाला

होता है। भगवान श्री योगेश्वर ने इस श्लोक के अन्दर योग शास्त्र का अत्यंत गूढ़ तत्त्व भर दिया है। प्रत्येक बात में सयंम होना चाहिए।

मनुष्य और विशेषकर भारत का मनुष्य संयम कम सीखा है। वह ऊंचा चढ़ेगा तो एक दम आकाश पर, वह नीचे गिरेगा तो एक दम रसातल में। यदि वह भोगी बनता है तो इतना कि रात दिन काम वासना में ही लिप्त रहता है, और फिर कहीं टुकराता है तो एक दम आत्म-हत्या को उतारू हो जाता है। परन्तु ऐसा मनुष्य योग सिद्धि प्राप्त नहीं कर सकता। योगी को युक्त होना चाहिए।

युक्त–उचित अर्थात् वह खाए जो मानवता की मान मर्यादा के अनुकूल हो, मनुष्य होकर जंगली जानवरों का-सा खाना न खाए। मनुष्य प्रकृति से शाकाहारी है, मांसाहारी नहीं। अस्तु! योगाकांक्षी को मांसादिक भोजन त्याग कर शाक पात पर ही अपना जीवन निर्वाह करना चाहिए।

युक्त का अर्थ है नियमित रूप से खाए। खाने का समय नियत होना चाहिए। ऐसा नहीं कि जहां कहीं मिला वही खाने बैठ गए। जो भी वस्तु गले से उदर में उतरती है उसके पचने का समय नियत होता है। जब तक पहली डाली हुई वस्तु अपने ठिकाने न लग जाए, तब तक दूसरी वस्तु उस पर नहीं ठूँसनी चाहिए। नियमित का अर्थ है regular। एक घड़ी जिसको 12 घंटे के पश्चात चाबी देनी चाहिए। यदि उसको ठीक 12 घंटे के पश्चात ही चाबी दी जाए तो वह बहुत देर तक चलेगा और यदि उसे जब चाहा चाबी भर दी तो वह थोड़े ही दिनों में बिगड़ जाएगी। जब एक साधारण-सी मशीन की यह अवस्था है तो इस मानवी मशीन की क्या अवस्था होगी, इसलिए योगाभ्यास की तैयारी करने वाले व्यक्ति को अपना खानपान नियमित (regular) करना चाहिए।

युक्त का तीसरा अर्थ है जैसा होना चाहिए वैसा। जिस वस्तु को जिस अवस्था में परमात्मा ने पैदा किया है वास्तव में उचित तो मनुष्य के लिए उसे उसी अवस्था में खाना है, परन्तु सभ्यता रूपी पिशाचिनी के फन्दे में फंसा हुआ व्यक्ति प्रकृतिक वस्तुओं पर सभ्यता की पुट लगाकर अभिमान से फूला नहीं समाता। वह प्रत्येक वस्तु की वास्तविकता नष्ट कर उसके भीतर कृत्रिम स्वाद दाखिल कर उसे फिर अपने प्रयोग में लाता है।

एक सच्चे योगी का जीवन प्रकृति देवी के निकट होना चाहिए। उसे अधिकतर मूल फल-पके फल अधिकतर खाने चाहिएँ। और यदि गेहूं खाना

हो तो गेहूं को उबाल कर या उसका दलिया बनाकर ही खाना चाहिए। मिर्च मसालों से बचकर रहना आवश्यक है। यह वस्तुएं इन्द्रियों के अन्दर उत्तेजना उत्पन्न करती हैं।

आप लोग मेरी बातों पर आश्चर्य करेंगे, पर मैं आपसे सत्य कहता हूं कि यदि आप एक वर्ष के बच्चे को जंगल में जाकर छोड़ आवें और वह बच्चा जंगल के कन्दमूल फल खाकर ही बड़ा हो तो आप देखेंगे उस बच्चे के अन्दर 12, 14 वर्ष में ही कितनी शक्ति आ जाती है। रामायण, महाभारत के समय की कथाएं हम लोग सुनते हैं और उन पर अतिशयोक्ति का दोष लगाते हैं। परन्तु आजकल हम लोगों का खान-पान इतना बनावटी हो गया है। कि हम उस समय के जीवन को समझकर भी समझ नहीं सकते। युक्त का एक और अर्थ है देश काल को समझ कर किया जाने वाला। देश का जैसा जलवायु हो और जैसी ऋतु हो वैसा ही भोजन किया जाए।

युक्त का अर्थ है अपनी स्थिति तथा आस-पास का सभी विचार करके किया हुआ काम। युक्त का अर्थ है अपने शरीर का, प्रकृति का तथा ऋतु का विचार कर किया जाने वाला काम। युक्त का अर्थ है शास्त्र की मर्यादा का ख्याल रखते हुए किया जाने वाला काम। युक्त का अर्थ है अपने अन्तःकरण की प्रेरणा तथा आत्मा की आवाज के अनुसार किया हुआ काम।

इन सब बातों का ध्यान रख कर ही जैसा उचित जान पड़े वैसा खाना-पीना चाहिए इस प्रकार के युक्तपन से ही दुःख मिटाने वाला योग होता है।

योगाभ्यासी को मिताहारी होना चाहिए। मिताहार का अर्थ है अपने कर्तव्य पालन द्वारा ईमानदारी से उपार्जित अपने अन्तःकरण के अनुकूल भगवदार्पण सत्व गुणी पदार्थों का सेवन। ऐसे मिताहारी महात्मा की इन्द्रियां उसके वश में होती हैं। उसका मन पवित्र होता है। उसकी बुद्धि विशाल होती है। उसका अहंभाव सत्वगुणी होता है और उसकी आत्मा को अनन्तता की ओर उड़ने के लिए छोटे छोटे पंख मिल जाते हैं। जो मनुष्य दिन-रात खाने-पीने में ही रहता है और प्रकृति के ऊंचे तत्त्वों से लाभ नहीं उठाता उसका शरीर बड़ा जड़ होता है, बहुत मल-मूत्र वाला होता है, बहुत विकार वाला निद्रावाला होता है। उसकी इन्द्रियां उसके वश में नहीं रह सकतीं। उसका मन बहुत चंचल होता है। उसकी बुद्धि बहुत ऊंचा तत्त्व ग्रहण नहीं कर सकती और जीवात्मा काल कोठरी की तरह रहता है। इसलिए यह न तो अपना ही और न जगत् का ही कुछ उपकार कर सकता है।

अस्तु! योग साधना के इच्छुक को पेट के चार भागों में से दो भाग अन्न से, एक पानी से और एक हवा के लिए खाली छोड़ना चाहिए। जहां तक हो सके सात्विक पदार्थ खाना नशे की कोई वस्तु न खाना, न पीना, समय-समय पर आवश्यकतानुसार उपवास रखना और जहां तक हो सके प्रकृति के नियमों के अनुसार चलना चाहिए। मनुष्य जो कुछ भी खाता है वैसा ही उसका शरीर बन जाता है।

फलाहार अत्यन्त प्राकृतिक तथा प्राण शक्ति से परिपूर्ण आहार है। फल में सूर्य तेज तथा बिजली भरी रहती है, जो कि बुद्धि बल वीर्य के लिए अत्यन्त हितकारी है।

फलाहार के साथ साथ दुग्धाहार भी उत्तम है। दिन भर में एक बार भोजन करना सर्वोत्कृष्ट है। "एक बार युक्त सदा रोग मुक्त"। पानी दांतों को एक दूसरे से मिलाकर पीना चाहिए। दो बार मल-मूत्र त्याग। शौच दो बार जाने की आदत डालनी चाहिए। भोजन तथा बुद्धि का परस्पर घनिष्ठ सम्बन्ध है। भोजन करते समय जिस प्रकार के विचार होंगे शरीर पर वैसा ही प्रभाव पड़ेगा। अस्तु! भोजन करते समय उच्च पवित्र शांति तथा ब्रह्मचर्य विषयक विचार अवश्य रखने चाहिए। योग साधना करने वाले सज्जन का रहन-सहन तथा पहनावा भी सात्विक होना चाहिए। वस्त्र शुद्ध हों, साफ हों तथा देश कालानुकूल हों।

खान-पान तथा पहनावे के पश्चात दूसरे बात है निद्रा की। बहुत से ऐसे लोग हैं जो निद्रा को जीवन लूट लेने वाली एक राक्षसनी कहते हैं, परन्तु कई ऐसे भी हैं जो इसे व्यवहार के जंजाल से तपे हुऐ जीवों को शांति देने वाली ईश्वरीय कृपा कहते हैं। कुछ भी हो दुनिया में कोई वस्तु बुरी नहीं, केवल उसका दुरुपयोग उसे बुरा बना देता है। यद्यपि निद्रा एक प्राकृतिक क्रिया है, तथपि उसे घटाना-बढ़ाना मनुष्य के अपने ही हाथों में है। भगवान ने गीता में कहा है-युक्त निद्रा तथा युक्त जागरण वाला योगी होता है। युक्त निद्रा का अर्थ है देह को उसी थकान के अंदाज से इतना विश्राम देना कि जिससे आत्मा अपनी सत्ता के ज्ञान को भूल न जाए। युक्त जागरण का अर्थ है लोक संग्रहार्थ जगत् में ईश्वरीय स्नेह के प्रसार के निमित्त प्रकृति के नियमों का पालन करते हुए जागना।

सुख मनुष्य के भीतर है बाहर नहीं। बाहर का सुख क्षणिक है। बाहर के भोग भी क्षणिक ही हैं, क्षण भंगुर हैं। उनमें सुख नहीं। सुख वास्तव में वह अमर वस्तु है जिसे प्राप्त कर मनुष्य सदैव के लिए सुखी हो। भोगों के सुख

थोड़ी देर के लिए होते हैं। जब तक स्पर्श है तब तक सुख, फिर दुःख। सच्चा सुख आत्मा का सुख है, इन्द्रियों का सुख नहीं।

योग साधना के सच्चे इच्छुक को अपनी निद्रा कम करनी चाहिए। भगवान् कृष्णचन्द्र ने अर्जुन को गुडाकेश कहा है, अर्थात निद्रा जीतने वाला। ज्ञानी जब बहुत आगे बढ जाते हैं और योगी जब उत्तम कोटि में चढ़ जाते हैं तो स्वभावतः उनकी निद्रा कम हो जाती है।

उच्च उद्देश्य को सामने रख कर जो अपनी निद्रा घटाता है, योग साधना के लिए अपने मन का जीतने के लिए तथा अपने विकारों को रोकने के लिए जो अपनी निद्रा घटाता हैं; आहार-विहार में तथा काम-काज में नियम से रहकर तथा मिताहार से सत्वगुणी पदार्थों का सेवन कर जो अपने शरीर को सूक्ष्म प्रभाव ग्रहण करने योग्य बनाता है तथा परमार्थ के लिए जो अपनी निद्रा को वश में करता है उस भाग्यवान् भक्त का कल्याण होता है।

मन को नींद की जरूरत नहीं। बुद्धि, चित्त, अहंकार, तथा आत्मा को भी नींद की जरूरत नहीं। नींद की जरूरत है तो केवल देह को। अस्तु! निद्रा को स्वभाविक ही नियमित रखना चाहिए। किसी कवि ने कहा है–

आयुर्वर्ष शतं नृणाम् परिमितं रात्रौ तदर्द्ध गतं
तस्यार्द्धस्य परस्य चार्द्धमपरं बालत्व वृद्धत्वयोः।
शेषं व्याधिवियोगदुःख सहितं संवादिभिर्नीयते
जीवे वारितरंगचञ्चलतरे सौख्यं कुतः प्राणिनाम्।।

परमात्मा ने मनुष्य को सौ वर्ष की आयु प्रदान की है। आधी तो सोने में बीत गई, आधी से आधी बचपन तथा बुढ़ापे में चली गई। शेष पच्चीस में से आधी बाल बच्चों के खिलाने में ही चली गई। परमात्मा का नाम कब लिया?

योग साधना की पहली पौड़ी थी आहार विहार में युक्त। इसे पार करके मनुष्य को दूसरी मंजिल तय करनी चाहिए। वह मंजिल है पांच शत्रुओं को मारना, जो कि प्रत्येक उन्नति का मार्ग में बाधक होते हैं। काम, क्रोध, लोभ, मोह, अहंकार।

भगवान स्वयं गीता में कहते हैं–

अहंकारं बलं दर्पं कामं क्रोधं परिग्रहम्।
विमुच्य निर्ममः शान्तोब्रह्मभूयाय कल्पते।।

अहंकारं बलं दर्प कामं क्रोधं च संश्रिताः।
मामात्मपरदेहेषु प्रद्विषनताऽभ्य सूयकाः॥
तानहम् द्विषतः क्रूरान्संसारेषु नरधमानम्।
क्षिपाम्यज्स्रमशुभानामसुरीश्वेव योनिषु॥

अहंकार से, बल से, दर्प से, काम से, क्रोध से, भूल कर अपनी और पराई देह में वर्तमान मेरा द्वेष करने वाले निन्दक तथा अशुभ काम करने वाले द्वेषी तथा क्रूर अधम नरों को में संसार की आसुरी अर्थात् पाप योनियों में ही सदैव भटकाता रहता हूं।

समय अधिक हो चुका था। यति जी ने अपने प्रवचन को समाप्त किया। भक्त गण हाथ जोड़ बोले! ''भगवन्! इस पांच शत्रुओं पर विजय कैसे प्राप्त की जाए, हमे आपके श्रीमुख से विस्तृत रूप से पथ प्रदर्शन चाहते हैं। भक्तों के आग्रह पर यति जी ने अगले दिन भी प्रवचन करना स्वीकार कर लिया।

❑❑❑

इक्यासीवां अध्याय

योग की गूढ़ गुत्थियां

तस्माद् योगाच्च युन्यस्व योगः कर्मसु कौशलम्।

सुन्दर और सुहावने वृक्षों की शीतल छाया में संघ संघठित है। जंगल में मंगल लगा हुआ है। अनेक नर-नारी योग के गूढ़ तत्त्वों का श्रवण करने के अत्यन्त इच्छुक है। पतित पावनी भागीरथी का स्वच्छ जल मधुर-मधुर कल्लोल करता हुआ बह रहा है। सामने बड़े-बड़े पर्वत खड़े हैं। हरे-हरे वृक्षों से छाया हुआ पर्वत का शरीर बड़ा ही शोभायमान प्रतीत हो रहा है। शांति का वायु प्रवाहित है। ईश्वर के आह्लादप्रद वातावरण से चित्त आह्लादित हो जाता है। कल की अपेक्षा आज श्रोताओं की संख्या बहुत अधिक है। सत्संग का निश्चित समय प्रातः 8 बजे से है; अभी केवल 7 बजे हैं परन्तु भक्तजनों का पारावार नहीं। सत्संग में अभी पन्द्रह मिनट बाकी है, एक भगत ने मधुर-मधुर स्वर से गाना शुरू किया–

हुआ ध्यान में ईश्वर के जो मगन उसे कोई क्लेश लगा न रहा।
जब ज्ञान की गंगा में न्हाया तो मन पर मैल जरा न रहा॥
परमात्मा को निज आत्मा में लिया देख ज्ञान की आँखों से।
परकाश हुआ मन में उसके कोई उससे भेद छिपा न रहा॥
दुःख दाई है सब शत्रु हैं यह विषय हैं जितने दुनिया के।
वही पार हुआ भवसागर के जो जाल में इनके न रहा॥
पुरुषार्थ ही इस दुनिया में सब कामना पूरी करता है।
सब कामना हुई उसकी पूरण जो आलसी बन के पड़ा न रहा॥
यहां बड़े-बड़े धनवान हुए बलवान हुए विद्वान हुए।
पर मौत के पंजे से केवल दुनिया में आके बचा न रहा॥

आठ बजने में केवल एक मिनट बाकी था। यति किशोरचन्द्र अपनी कुटिया से निकल सभा स्थल की ओर बढ़े। यतिवर को सभा स्थल की ओर आते देख भक्तजन सादर हाथ जोड़ खड़े हो गए। यति जी ने हाथ के इशारे से उन्हें बैठने का आदेश किया। वे स्वयं भी एक सजे हुए आसन पर बैठे... प्रवचन शुरू हुआ। यति किशोरचन्द्र बोलें, काम, क्रोध, लोभ, मोह और अहंकार यह हृदय के पांच मल है। एक भक्त जो आत्मशुद्धि चाहता है वह नित्य प्रति भगवान से प्रार्थना करता है।

काम, क्रोध, लोभ, मोह, अहंकार से मुझे बचा।
यह पांच शत्रु हैं मेरे तू इनसे दे मुझे छुड़ा।।

इन पांचों शत्रुओं को वश में करने के लिए सर्वप्रथम मन क्या है, हमें इसके बारे में कुछ जानना है।

गीता में अर्जुन भगवान् श्रीकृष्ण के प्रति कहता है–

चंचलं हि मनः कृष्ण प्रमाथि बलवद्दृढम्।
तस्याहमं निग्रइं मन्येवायोरिव सुदुष्करम्।।

यह मन हठीला-चंचल-बलवान तथा दृढ़ है। वायु के समान अर्थात् हवा की गठड़ी बांधने के समान इसका निग्रह करना मुझे अत्यन्त दुष्कर दिखता है–

योऽयं योगस्त्वया प्रोक्तः साम्येन मधुसूदन।
एतस्याहं न पश्यामि चंचलत्वात्स्थितिं स्थिराम।।

और इसीलिए हे केशव ये सारी योग विद्या जो आपने मुझे कही है, मैं इसे अपने मन की चंचलता के कारण समझ नहीं सकता।

जब अर्जुन ने इस प्रकार कहा तो उस समय श्रीकृष्ण भगवान् बोले–

असंशयं महाबाहो मनो दुर्निग्रहं चलम्।
अभ्यासेन तु कौन्तेय वैराग्येण गृह्यते।।

अर्जुन! मन वास्तव में बड़ा ही चंचल है, परन्तु कोशिश करने पर वैराग्य से तथा अभ्यास से यह भी काबू में आ सकता है।

ऐसे मनुष्य का जिसका मन वश में नहीं, योग के लिए प्रयत्न करना सर्वथा निष्फल ही है। अन्तःकरण को काबू में रखकर प्रयत्न करते रहने पर उपाय से योग प्राप्त होना सम्भव है।

मन के निग्रह में सर्वप्रथम स्थान है ब्रह्मचर्य का। जो मनुष्य योग सिद्धि को पाना चाहता है, सबसे पहले उसे पूर्ण रूप से ब्रह्मचर्य को धारण करना चाहिए। काम, क्रोध, लोभ, मोह और अहंकार यह पंचमल जो मन रूपी दर्पण को मलिन बनाए रखते हैं इन्हें धो डालने के लिए ब्रह्मचर्य एक सर्वोत्तम वार्निश है। यह एक शक्ति है जो अपना बल पाकर इस चंचलता के पुतले की लगामों को ऐसे कस लेगी कि फिर यह एक इंच भी इधर-उधर भटकने नहीं पाएगा। जिस प्रकार किसी भी मशीन के पुरजों को मशीनमैन तेल देता है ऐसे ही यह ब्रह्मचर्य भी इस मशीन रूपी शरीर के पुर्जों के लिए एक तेल है। यह तेल जब तक शरीर के पुर्जों में है तभी तक जीवन है-इसके बिना कुछ नहीं। इसके बिना तो सभी पुर्जे एक ही रगड़ में चूर-चूर हो जाएंगे।

ब्रह्मचर्य के बिना योग का अंकुर ऐसे ही नहीं उग सकता जिस प्रकार जल के बिना बीज। ब्रह्मचर्य की निष्ठा के बिना योग का विचार करना मानो अपनी मृत्यु आप बुलाना है। योगशास्त्र में कहा है-

स्थिरे विन्दौ स्थिरः प्राणः ब्रह्मचर्य प्रतिष्ठायां वीर्यलाभः।

जब तक मनुष्य सच्चे अर्थों में ब्रह्मचारी है तब तक उसे मृत्यु का भय ही नहीं-

ब्रह्मचर्येण तपसा देवाः मृत्युमपाघ्नत।
मरणं विन्दुपातेन जीवनं बिन्दुधारणात्।।

ब्रह्मचर्य का अर्थ कुंवारा रहना नहीं-इसका स्थूल अर्थ है-वीर्य को रोक कर वेद ज्ञान को प्राप्त कर सत् चित् आनन्द में समाना ।

इसलिए प्रिय भक्तो! योग का अभ्यास करने वाले व्यक्ति को सर्वप्रथम ब्रह्मचर्य का पालन करना आवश्यक है। इतने में सत्संगियों में से एक भक्त हाथ जोड़कर खड़ा हो गया और बोला-"कृपा निधान! क्या विवाहित आदमी योगाभ्यास नहीं कर सकता।"

यति जी बोले-"मैं पहले ही कह चुका हूं कि ब्रह्मचर्य का अर्थ अविवाहित या कुँवाारा नहीं। जिसने तत्त्व को जान लिया है वह विवाहित रह

कर भी ब्रह्मचारी रह सकता है। परन्तु आप आजकल के स्कूलों कॉलेजों में देखते नहीं, कारों तथा कारियों की क्या हालत हो रही है। महाराज जनक भी तो विवाहित थे। भगवान श्रीकृष्ण भी तो विवाहित थे। वे भी तो विवाहित होकर योगीराज कहलाए। विवाह का अर्थ बच्चे पैदा करने का लायसेंस ले लेना तो है ही नहीं। एक व्यक्ति जो संयम से गृहस्थ का उपभोग करता है, वह भी ब्रह्मचारी कहलाता है। संसार के भोगों में हमें नहीं फंसना चाहिए, विषयों की कीच में हमें कमल के समान रहना चाहिए।

यत्रास्ति भोगो न च तत्र मोक्षो, यत्रास्ति मोक्षो न च तत्र भोगाः।
श्री सुन्दरी सेवन तत्परोणां योगश्च मोक्षश्च परस्य एव॥

भोग अर्थात् इन्द्रियों का दुरुपयोग–अनावश्यक आवश्यकताओं का प्रसार, अपने आप को संसार के विषयवासनाओं में लवलीन रखना। भोगों में सुख नहीं सुख मनुष्य के बाहर नहीं अपितु भीतर है। जिस मनुष्य की जिह्वा का स्वाद बिगड़ गया हो अथवा जिसे अपचन हो रहा हो उसके आगे छत्तीस प्रकार के भोजन परोस कर आप रख दो परन्तु वह मनुष्य उन पदार्थों की ओर ताकेगा भी नहीं। यह नहीं कि उन पदार्थों के स्वाद में भेद है परन्तु क्योंकि उस मनुष्य के भीतर का स्वाद नहीं इसलिए बाहर का स्वाद भी उसके लिए स्वाद नहीं है।

मन को काबू करने के लिए नियमपूर्वक प्रत्येक कार्य करना चाहिए। मन की क्रियाओं पर सदैव विचार करते रहना चाहिए। मन एक नटखट बालक के समान कुछ न कुछ करता ही रहता है। देह के सो जाने पर भी यह मन अपने उतार चढ़ाव में लगा ही रहता है, इसलिए मन जो कुछ भी सोचे उस बात पर खूब विचार करना चाहिए। जिस प्रकार एक अफसर अपने मातहत द्वारा लिखे गए हिसाब-किताब को पास करने से पहिले उसकी पड़ताल करता है ऐसे ही मनुष्य को अपने मन की प्रत्येक क्रिया पर विचार करना चाहिए।

और यदि मनुष्य यह समझता है कि चंचलता के वशीभूत होकर मन कुपथ पर जा रहा है तो उसे चाहिए कि वह उसे जोर से खींच कर सुपथ पर लाए।

एक कथा प्रचलित है कि एक आदमी के पास एक व्यक्ति आया और बोला "मुझे नौकर रख लो। मैं आपका बहुत काम करूंगा। परन्तु मेरे काम की एक शर्त है कि मुझे कोई न कोई काम मिलना ही चाहिए। मैं खाली एक

क्षण भी न बैठूंगा। उस आदमी ने सोचा यह अच्छा नौकर मिल गया बड़ा मेहनती है, कहता है मैं एक क्षण भर के लिए भी बेकार नहीं बैठूंगा। उस आदमी ने उसे नौकर रख लिया। काम जितना उसके पास था वह उसे देता रहा। जब काम खत्म हो गया तो नौकर फिर आया "काम बताओ" आखिर काम तो सीमित था ही। बेचारा मालिक परेशान हो गया–नौकर ने काम बताओ, काम बताओ कह कर जीना दूभर कर दिया। वह मालिक उदास बैठा था, एक महात्मा पास से गुजरे "क्या बात है।" मालिक ने सभी बात बताई। साधु बोले तो इसमें चिन्ता की क्या बात है बाहर खेत में एक खम्बा गड़वा दो और इसे कह दो लो इस खम्भे पर रात दिन चढ़ता रह उतरता रह, जब काम हुआ काम करवा लिया जब काम न रहा तो कह दिया इस खम्बे पर चढ़ता रह उतरता रह।

भाइयो! ठीक ऐसे ही अवस्था मन की है। मन तो मनुष्य का सेवक है, परन्तु सेवक है इसी शैतान के समान–

मन को काबू करने के लिए ही पातञ्जलि- योग शास्त्र में अष्टांग योग का वर्णन किया है।

योगाङ्गानुष्ठानादशुद्धिक्षये ज्ञानदीप्तिरा विवेकख्याते।।

अर्थात योग के अङ्गों का अनुष्ठान करने से क्लेश रूपी अशुद्धि के नाश होने पर विवेक ख्याति पर्यन्त ज्ञान का प्रकाश होता है।

यम, नियम, आसन, प्राणायाम, प्रत्याहार, धारणा, ध्यान, समाधि यह योग के आठ अंग हैं। मैं संक्षिप्त रूप से आपके सामने इस सबका वर्णन करता हूं।

यम–अहिंसा, सत्य, चोरी का त्याग, ब्रह्मचर्य, लोभ रहितता यह पांच यम कहलाते हैं। सर्व प्रकार से सर्व काल में सर्व प्राणियों का चित्त में भी द्रोह न करना अहिंसा कहलाती है। यह सारा संसार ब्रह्मरूप है। जिस प्रकार एक तार में भिन्न-भिन्न बिजली की बत्तियां जल रही होती हैं, परन्तु उनमें प्रकाश एक ही Power House शक्ति केन्द्र से आता है इसी प्रकार हम जितने भी प्राणी हैं वे सब भिन्न-भिन्न बिजली के बल्व हैं। हम सब एक ही परमात्मा की ज्योति हैं– सर्प, बाध, सिंह में भी उसी परमात्मा की ज्योति है। यह समस्त जगत प्रेम रूप है। अहिंसा की शास्त्र में विशेष-विशेष स्थानों पर आज्ञा है। आतताई की हिंसा करना हिंसा नहीं कहलाती। घर को अथवा नगर को आग लगाने वाला, धन का चुराने वाला अपने को मारने के लिए उत्तेजित हुआ व्यक्ति, वध करने योग्य है।

अहिंसा को योग-साधन में सर्वप्रथम स्थान दिया है। किसी को गाली देना भी हिंसा है। किसी निर्दोष प्राणी का मन में बुरा ताकना भी हिंसा है। किसी के द्वारा की हुई हिंसा में सहयोग देना भी हिंसा ही है। कसाई बकरे मारता है उसकी हिंसा का आधा पाप उन पर है जो उसे हिंसा करने पर बाधित करते हैं; उसका मारा हुआ मांस मोल लेते हैं। हमें मांस से बचना चाहिए।

अहिंसा के पश्चात सत्य को स्थान दिया है, अर्थानुकूल वाणी और मन का व्यवहार होना, जैसा देखा हो, जैसा अनुमान किया हो, जैसा बना हो वैसा वाणी से कथन करना और मन में धारण करना। अपने बोध के अनुसार ज्ञान कराने में कही हुई वाणी यदि वह धोखा देने वाली, भ्रांति पैदा करने वाली या उलटी बंधन करने वाली न हो तो वह "सत्य" है।

सत्य के पश्चात स्तेय का स्थान है। शास्त्र आज्ञा विरुद्ध धनादि का दूसरों से लेना वह चोरी कहलाती है। चोरी की परिभाषा आजकल बड़ी विचित्र हो चुकी है। पाश्चात्य सभ्यता ने पाप पूर्ण कुकर्मों को एक और रूपान्तर देकर उन पर सभ्यता का लेबल लगा दिया है। जुआ खेलना पाप है, परन्तु शर्तें लगा कर घोड़े दौड़ाने पर सरकार जीतने वाले जुआरियों को पारितोषक दे सकती है; जुए में जीते हुए धन से बड़े धनवान बने जुआरियों को "सर" के खिताब दे सकती है। बाजारों में सर्व साधारण मार्गों पर जुआरी डाईस टेबल बिछाये बैठे हैं उन्हें कोई पूछता तक नहीं। क्या यह पाप नहीं है? क्या यह चोरी नहीं है? एक बेचारा किसान तो खेत पर दिन-रात कड़कती धूप में और भीषण सर्दियों में खून पसीना एक करके अन्न पैदा करे और जमींदार कहलाने वाला एक नामधारी जीव जिसने वर्ष भर कभी खेती की ओर मुँह तक न किया वह सारा अनाज अपने घर में भर ले क्या यह चोरी नहीं है। एक बेचारा क्लर्क तो सुबह से शाम तक आंखें नीचे किए कलम घिसता रहे; उसे तो रोज़ के आठ आने भी न मिलें और दफ्तर में आ इधर-उधर सब को डांट डपट बता अपनी कोठी पर चल दे वह 600 प्राप्त करे—क्या यह चोरी नहीं है!

वैदिक दृष्टि में यह चोरी है। राजा में और चोर में केवल इतना ही भेद है कि सफल चोर का दूसरा नाम राजा है।

चोरी क्या है। इसकी व्याख्या करना बड़ा कठिन है तथापि एक योगाभ्यासी व्यक्ति को इस बात की ओर पूरा-पूरा ध्यान देना चाहिए कि वह अपने किसी सहयोगी का अधिकार छीने बिना संसार में अधिक से अधिक ऐश्वर्य प्राप्त करने का यत्न करे और उस प्राप्त किए ऐश्वर्य को राष्ट्र के हित में लगा दे।

स्तेय के पश्चात ब्रह्मचर्य का नम्बर है, उपस्थ इन्द्रिय का रोकना ब्रह्मचर्य कहलाता है।

दर्शन, स्पर्शन, स्मरण, क्रीडन, कीर्तन, एकान्तवास, गुह्यभाषण, क्रिया निवृत्ति यह आठ ब्रह्मचर्य के बाधक हैं। इनसे बचना चाहिए।

पांचवां यम अपरिग्रह है–विषयों का प्राप्त करना, फिर उनकी रक्षा की चिन्ता, फिर उनके नाश का चित्त में क्षोभ फिर उनका संग और उनमें हिंसा के विचार से उनका स्वीकार न करना अपरिग्रह कहलाता है। यमों की व्याख्या हो गई।

शौच, सन्तोष, तप, स्वाध्याय, ईश्वर प्रणिधान–ये पांच नियम कहलाते हैं।

मृत्तिका जलादि से शरीर और पवित्र परिमित आहार द्वारा उदर प्रक्षालन बाह्य शौच कहलाता है। अन्दर की पवित्रता यह है कि चित्त के मलों को धोना अर्थात राग द्वेषादि से रहित होना। काम, क्रोध, लोभ, मोह, अहंकार यह पांच चित्त के मल हैं इन्हें मारना चाहिए। कल के प्रसंग में जो जिज्ञासा की गई थी वह इन्हीं पांच शत्रुओं को वश करने के सम्बन्ध में थी। आज के प्रवचन का मुख्य उद्देश्य भी इसी विषय पर प्रकाश डालना है।

काम को वश में करना

"काम" सब फसादों की जड़ है। अपने शरीर की शक्ति को धक्के दे देकर अपने भीतर से निकाल फैंकना काम कहलाता है। काम का अर्थ है किसी भी सुन्दर वस्तु को इस दृष्टि से देखना कि हमारे अन्दर व्यर्थ में ही उत्तेजना उत्पन्न हो। काम को वश में करना चाहिए। अपनी उपस्थेंद्रिय को काट कर फेंक देने से, अथवा अपने नंगे शरीर को लोहे की जंजीरें पीटने से काम काबू में नहीं रहता। काम को वश में करने का उपाय है, अपने विचारों का संयम। हमें अपने मन में सदैव अच्छे विचार का चिन्तन करना चाहिए। सदैव उत्तमोत्तम ग्रन्थों का पठन-पाठन करना चाहिए। असभ्य तथा चरित्रहीन तस्वीरों को देखने से बचना चाहिए। अश्लील भजनों को नहीं सुनना चाहिए। स्त्रियों में अधिक नहीं रहना चाहिए। प्रात:काल उठ बाहर जंगल में भ्रमणार्थ जा शौच से निवृत्त हो स्नान ध्यान कर प्रभु का चिन्तन करना चाहिए। आहार विहार नियमबद्ध हो, मदिरा, मांस, मच्छी का सेवन नहीं करना चाहिए। यह वस्तुएं हृदय में ऐसी भाप उत्पन्न करती हैं, जिसे वश में करना मानव शक्ति के वश की बात नहीं। यही भाप काबू से बाहर होकर उपस्थेन्द्रिय के मार्ग

से शरीर से बाहर निकलने को भागता है। हमें सदैव उत्तमोत्तम सात्विक पदार्थों का सेवन करना चाहिए। रात्रि को सोते समय भी प्रभु का ही चिन्तन करना चाहिए, और सिवाय अपनी एक धर्मपत्नी के अलावा सकल जगत् के स्त्रियों को माता तथा बहन के तुल्य मानना चाहिए। जब मन में बुरे विचार उठें तो मन को किसी कार्य में लगा देना चाहिए।

अस्तु! मन को काबू में करने का यही उपाय है कि इस मन को किसी न किसी काम में लगाए रखें।

1. जब भी कभी फालतू समय हो तब प्रभु भक्ति के भजन गाना, वेद मन्त्रों को स्वर से पढ़ना तथा अच्छे-अच्छे महापुरुषों का स्मरण करना चाहिए।
2. कहीं मन बेकाबू हो जाए, बुरे-बुरे विचारों में फंस जाए तो उस समय खड़े होकर अथवा पालथी मार कर लम्बे-लम्बे श्वास लेकर ओ३म् ओ३म् का उच्चारण करना चाहिए।
3. सद्ग्रंथों का अध्ययन करना चाहिए। विचारों का प्रभाव मानव शरीर पर बहुत शीघ्र पड़ता है। जब मन में कोई विकार उठे तो उस समय अच्छे-अच्छे ग्रंथों का स्वाध्याय करना चाहिए।
4. पालती मार कर प्राणायाम करना चाहिए। प्राणायाम की शास्त्रों में बड़ी महिमा गाई है।

क्रोध को वश में करना

क्रोध शरीर का एक विकृत रूप है। हमें यह समझना चाहिए कि जब मनुष्य क्रोधी बनता है तो बाहर से तो उसके शरीर में कोई वस्तु आ नहीं जाती; जो कुछ विकार होता है वह शरीर के भीतर ही होता है। क्रोध जब किसी मनुष्य को आता है तो मनुष्य के रुधिर में विषैले कीटाणु भर जाते हैं जो कि मनुष्य को दुर्बल बना देते हैं। वैसे तो मनुष्य के अन्दर क्रोध का पैदा होना स्वाभाविक ही है, परन्तु है यह हमारी कमजोरी। कमजोर व्यक्ति, क्रोध में जल्दी आता है। क्रोध को वश में करने का सरल उपाय है कि हमें अपने अन्दर सहनशीलता पैदा करनी चाहिए। जिस समय हमें क्रोध आए, हमें अपने आपको वश में कर उस घटनास्थल से इधर-उधर हो जाना चाहिए। प्रायः देखा जाता है कि क्रोधित हुआ व्यक्ति तत्क्षण कुछ ऐसा कार्य कर देता है, जिसके लिए उसे पीछे पछताना पड़ता है, यदि क्रोधावेश में आया हुआ व्यक्ति, कुछ देर चुप रहे और अपना ध्यान किसी दूसरे केन्द्र में लगा ले तो क्रोध पर वह विजय प्राप्त कर लेता है।

लोभ को वश करना

संसार में किसी भी वस्तु को प्राप्त करने की लालसा रखना लोभ नहीं कहलाता; संसार की सभी वस्तुएं मनुष्य के प्राप्त करने के लिए ही तो बनी हैं। हमें संसार में रहते हुए उन्नति करनी चाहिए, परन्तु किसी दूसरे की अवनति करके अपनी उन्नति का विचार नहीं करना चाहिए। किसी निर्धन की कब्र पर अपना मकबरा खड़ा नहीं करना चाहिए। अनुचित उपायों से अपनी अनावश्यक आवश्यकताओं को पूरा करने के लिए दूसरों का अधिकार छीनना लोभ कहलाता है। ऐसे लोभ को रोकना चाहिए, इससे राष्ट्र की शक्ति का ह्रास होता है।

आज हमारा जीवन सर्वथा वेद की आज्ञाओं के प्रतिकूल हो रहा है। यही हमारे दुःख और पतन का हेतु है। वेद कहता है कि तुम्हारा यह शरीर राष्ट्र की सम्पत्ति है, तुम्हारा सब कुछ राष्ट्र का है, स्वतंत्र रूप से तुम्हारा अपना कुछ नहीं। यह मकान, यह दुकान, यह पुत्र, यह पुत्रियां और यह तुम्हारी समस्त चल तथा अचल सम्पत्ति राष्ट्र की है, तुम्हें इस पर केवल इतना ही अधिकार है जितना कि एक अवैतनिक स्कूल–मैनेजर को स्कूल पर। वेद का आदेश है–

ईशावास्यमिदꣳसर्वं यत्किञ्च जगत्यां जगत्।

यदि प्रत्येक व्यक्ति अपनी सम्पत्ति को राष्ट्र की अमानत मान कर उसका उपयोग करे तो सचमुच संसार से लोभ की मात्रा कम हो जावे। लोभ को वश में करने का एकमात्र उपाय यही है कि हम अपने भीतर से "अहम्" भाव निकालें। अपने अन्दर से अहम्भाव को निकालना ही सच्चे अर्थों में राष्ट्र सेवी बनना है। लोभ को दूर करने का, संसार के अन्दर शक्ति स्थापना करने का, देश में सच्चे अर्थों में राष्ट्रीयता की तरंग बहाने का एकमात्र यही उपाय है।

मोह को मारना

मोह को मारने का उपाय लोभ को मारने के सदृश ही है। लोभ से ही मोह पैदा होता है। मोह का अर्थ है, किसी वस्तु के साथ अधिक आसक्ति। मृत्यु के पश्चात जो दुःख होता है यह दुःख मोह के कारण ही होता है, और यह है भी स्वाभाविक। जब दो व्यक्ति साथ–साथ रहते हैं तो उनमें मोह पैदा होना स्वाभाविक ही है। मोह तभी पैदा होता है जब हम किसी वस्तु में ममत्व

की भावना रखते हैं। जब हम संसार में ईश्वरार्पण बुद्धि से अनासक्ति भाव ही रहेंगे तो हमें मोह नहीं हो सकता। जब हम प्रत्येक वस्तु को होम करते हुए **इद्रं न मम** का पाठ पढ़ेंगे तो निःसंदेह उस वस्तु को हमसे पृथक हो जाने पर हमें लेशमात्र भी दुःख न होगा। यह ठीक है कि जब तक किसी वस्तु में ममत्व पैदा न किया जावे तब तक उस वस्तु के साथ हमारी पूरी संलग्नता नहीं होती, परन्तु हमें यह भी न भूल जाना चाहिए कि प्रत्येक का एक न एक दिन त्याग करना ही है। इसी आशय को स्पष्ट करते हुए भगवान् श्रीकृष्ण ने अर्जुन को उपदेश करते हुए योगीजनों को **पद्म पत्रमिवाम्भसा** इस संसार सागर में कमल के समान रहने का आदेश किया है।

अहंकार को वश में करना

जब हमारे भीतर से ममत्व निकल जाएगा, हमारे अन्दर सच्चे कर्मयोग की भावना जाग्रत होगी और हम समझेंगे कि हम तो किसी अज्ञात शक्ति के द्वारा चलायमान हुए ही यह सब कुछ कर रहे हैं। हम तो एक यन्त्र हैं, इसका घुमाने वाला कोई और ही है। काम, क्रोध, लोभ, मोह, अहंकार इन पांच पिशाचों के नाश करने का एकमात्र उपाय यही है कि अपने आप को देश और जाति का समझ संसार में जहां तक हो सके परोपकारमय जीवन-व्यतीत करें। जब हम किसी की धरोहर को अपना समझने लग जाते हैं उस समय हमें पांचों पिशाच घेर लेते हैं। हमें इतिहास से कुछ शिक्षा प्राप्त करनी चाहिए। अहंकार होता है शाश्वत वस्तु का। शरीर तो क्षणभंगुर है। फिर भला अभिमान काहे का।

शौच के पश्चात् दूसरा नियम सन्तोष है। असीमित साधनों के होते हुए भी अधिक प्राप्ति की इच्छा न होना यह सन्तोष कहलाता है। आज संसार में जो सर्वत्र असन्तोष छा रहा है उसका प्रमुख कारण यही है कि मनुष्य परमात्मा पर से अपना विश्वास हटा चुका है। आज संसार में जो इतना भीषण संघर्ष चल रहा है आखिर उसका परिणाम क्या है। यदि हम ध्यानपूर्वक सुख की समस्या पर विचार करें तो निःसन्देह हम इस परिणाम पर पहुंचेंगे कि सुख अपनी आवश्यकताओं को बढ़ाने में नहीं है; परन्तु सुख अपनी आवश्यकताओं को सीमित करने में है। बड़े-बड़े धनवान जिनके गगन चुम्बी प्रासाद को देखने मात्र से गरीबों की पगड़ी सिर पर से गिर पड़ती है यदि उन अमीरों की अभ्यान्तरिक स्थिति को हम समझ लें तो हम परमात्मा से प्रार्थना करेंगे "परमात्मन् हमें ऐसा मत बनाना।" बड़े-बड़े करोड़पतियों ने आत्महत्याएं कर

लीं–क्या धन में सुख है? निर्धनों के खून से होली खेलने वाले–सभ्य डाकूओं की सम्पदा में सुख है ही कहां? शान्ति के उपासक का आदर्श अपनी आवश्यकताओं को घटा कर परमानन्द की प्राप्ति होना चाहिए। यह संसार यात्री तो एक कोल्हु का बैल है, जो दिन भर चलता हुआ रहता वहीं का वहीं है।

संतोष के पश्चात् तीसरा नम्बर तप का है। तप द्वन्द्व सहन को कहते हैं। किसी कार्य को जीतने के लिए अपने अन्दर दृढ़ता पैदा करना और दृढ़ता के साथ उस कार्य को पूरा करने के लिए डटे रहना, तप कहाता हैं। गांधी जी आज सच्चे तपस्वी हैं। लाखों वीर जो जेलों में देश के लिए कष्ट भोग रहे हैं वे सच्चे तपस्वी हैं। अपने स्वार्थ को पूरा करने के लिए यदि कोई ढोंग रचाता है, आडम्बर रचाता है, हाथों में माला पकड़े चरखा चलाता है, एक टांग के भार खड़ा रहता है यह कोई तप नहीं–परोपकार के लिए कष्ट सहना, और देश जाति के लिए प्रयत्न करना तप कहलाता है। तपस्वी को यद्यपि शारीरिक कष्ट तो होता ही है, परन्तु उसके साथ ही साथ जो उसे आत्मिक आनन्द का अनुभव होता है शारीरिक कष्ट उसके आगे कुछ भी नहीं।

चौथा नियम स्वाध्याय का है। मोक्ष विषयक ग्रंथों का पढ़ना स्वाध्याय कहलाता है। स्वाध्याय के सिद्ध होने से इष्ट देव परमात्मा के साथ योग होता है।

अन्तिम नियम है ईश्वर प्रणिधान; उस परम गुरु परमात्मा में सर्व कर्मों का अर्पण।

ईश्वर प्रणिधान के पूर्ण होने पर समाधि की सिद्धि होती है। हमें ईश्वर में विश्वास करते हुए निष्काम बुद्धि से अपने कर्म का पालन करना चाहिए। यदि हमारी भावना में शुद्धि होगी, यदि हमारा प्रयत्न निष्कपट होगा तो सचमुच हमें अपने कर्म से सफलता ही प्राप्त होगी। यह है यम नियम।

यम नियम के पश्चात योग का तीसरा अंग आसन है। आसन की व्याख्या करते हुए पतञ्जलि जी लिखते हैं–**स्थिरसुखमासनम्।**

जिसमें स्थिरता हो और सुख हो वही आसन है। आसनों द्वारा सर्व नाड़ी मल रहित होने से प्राणायाम करने की योग्यता आती है। आसन करने से चित्त भी स्थिर होता है। शरीर आरोग्य होता है और अंगों में चपलता आती है। आसनों की क्रिया कहने की वस्तु नहीं बल्कि करने की वस्तु है।

अब अगला नम्बर धारणा का है। चित्तवृत्ति का देश विशेष में बांधना अर्थात् रोकना धारणा कहलाती है। अपनी समस्त शक्तियों को एक केन्द्र में लगा देने से तात्पर्य है।

सातवां और आठवां अंग है ध्यान और समाधि

संक्षिप्त रूप से यह बातें जो योग के साथ संबंधित थीं वे मैंने कहीं हैं। आजकल योग की परिभाषा नष्ट भ्रष्ट हो चुकी है। योग सिखाने के स्थान-स्थान पर स्कूल खुल रहे हैं, परन्तु सच तो यह है कि कोई व्यक्ति किसी को योग नहीं सिखा सकता। यह तो मनुष्य स्वयं ही चाहे तो कुछ कर सकता है। योग बाजारों में बिकता नहीं, योग कोई व्यापार की चीज नहीं, योग तो एक महान् तपस्या है, जिसको मनुष्य अपने शरीर द्वारा ही प्राप्त कर सकता है किसी अन्य के द्वारा नहीं।

यह जो मैंने अभी-अभी आपको ब्रह्मचर्य के बारे में और इन्द्रिय संयम के बारे में कहा है इसे शास्त्र ने अष्टांग योग के नाम से लिखा है। यह सब चित्त वृत्तियों को एक केन्द्र में लाने के लिए ही है। यदि मनुष्य इसको सच्चे अर्थों में अपने जीवन में धारण करे तो सचमुच वह मृत्यु को वश में कर सकता है।"

एक सत्संगी हाथ जोड़ कर बोला "भगवन! एक जिज्ञासा है.... मृत्यु का समय यदि नियत है तो फिर मृत्यु को वश में करने का प्रश्न ही व्यर्थ है। प्रायः ऐसा भी देखा है कि योगी अल्पायु में ही स्वर्ग सिधार जाते हैं। स्वामी रामतीर्थ, पं. गुरुदत्त इसके प्रत्यक्ष उदाहरण हैं। इसका क्या कारण है? हम विस्तारपूर्वक जानना चाहते हैं-मृत्यु क्या है, इसकी क्रिया कैसे होती है-मृत्यु के पश्चात् मृतक व्यक्ति का क्या बनता है। यह नाना प्रकार के लोक-चन्द्र लोक, सूर्य लोक, भूलोक इत्यादि यह क्या है।" यति किशोर चन्द्र बोले, "आपकी जिज्ञासा प्रशंसीय है-परन्तु यह जटिल समस्या शीघ्र सुलझने वाली नहीं। अब समय अधिक हो गया है। आप भक्तजनों को कल के सत्संग में मैं इसी संबंध में कुछ बताऊंगा।

❑❑❑

बयासीवां अध्याय

मृत्यु का स्वरूप

सस्यमिव पच्यते जन्तुः सस्यमिव जायते पुनः।

अगले दिन निश्चित समय पर फिर सत्संग शुरू हुआ। मृत्यु का स्वरूप क्या है यह था उस सत्संग का विषय। भारत का मनुष्य मृत्यु के बारे में जानने का सदैव ही इच्छुक रहता है। जी कर क्या हो रहा है यह उसने कभी सोचा नहीं, परन्तु मर कर क्या होगा यह जानने की उसे सदैव ही उत्कंठा बनी रहती है। अनुभवी यतिवर के श्रीमुख से मृत्यु का स्वरूप श्रवण करने के लिए पिछले दिन से भी कई गुना अधिक श्रोता उपस्थित हैं। सभी आंखें उनकी राह पर छाई हुई हैं। ठीक समय पर यति जी आकर अपने आसन पर सुशोभित हुए... ईश्वर स्तुति के पश्चात यति जी अपने प्रवचन को आरम्भ करते हुए बोले–

"मृत्यु क्या है! इसके सम्बन्ध में अनेक प्रकार की बातें अनेक सम्प्रदायों में प्रचलित हैं। परन्तु जीवन और मृत्यु का वास्तविक रूप यह है कि अनेक नाड़ी और नसों से बने हुए शरीर और अमर आत्मा के संयोग का नाम जीवन है और उन्हीं के वियोग का नाम मृत्यु है। जीवन और मृत्यु दिन और रात के समान हैं।

जब जीवन रूपी दिन में मनुष्य काम करते-करते थक जाता है तब मृत्यु रूपी रात्रि आराम देकर निकम्मापन दूर करने के लिए आती है। जिस प्रकार रात्रि में आराम पाकर प्रातःकाल होने पर मनुष्य नए उत्साह, नए सामर्थ्य, नई फुर्ती के साथ उठता है, उसी प्रकार मृत्यु रूपी रात्रि में आराम पाकर मनुष्य जीवन रूपी दिन के प्रातःकाल रूपी बाल्यावस्था में नए उत्साह, नई शक्ति, नए सामर्थ्य और नई फुर्ती के साथ उत्पन्न होता हैं।

जहां बुढ़ापे में हाथ पांव हिलाना मुश्किल था, वहां बाल्यावस्था इसके सर्वथा विपरीत है–बाल्यकाल में सामर्थ्य की इतनी बाहुल्यता कि बालक को

हाथ पांव ठहराना कठिन है। इतना परिवर्तन केवल इसीलिए हो गया कि मृत्यु रूपी रात्रि ने आराम देकर बुढ़ापे की अकर्मण्यता को बाल्यावस्था की इस अपूर्व कर्मण्यता में बदल दिया। भगवान् श्रीकृष्ण ने गीता में कहा है–

वासांसि जीर्णानि यथा विहाय, नवाणि गृह्णाति नरोऽपराणि।
तथा शरीराणि विहाय जीर्णा, न्यन्यानि संयाति नवानि देहि॥

अर्थात् जिस प्रकार मनुष्य फटे पुराने वस्त्र छोड़ कर नए वस्त्र धारण कर लेता है, इसी प्रकार आत्मा जीर्ण और निकम्मे शरीर को छोड़ कर नया शरीर ग्रहण कर लेती है। जिस प्रकार मनुष्य को अपनी देह से पुराने कपड़े उतार कर नए कपड़े धारण करते दुःख की अपेक्षा सुख होता है उसी प्रकार आत्मा रूपी पुरुष को इस पुरानी जीर्ण शीर्ण देह रूपी कपड़े को छोड़कर नवीन देह धारण करते हुए सुख होता है।

यति जी महाराज के मुखारविन्द से यह शब्द सुनकर वही जिज्ञासु भक्त हाथ जोड़कर खड़ा हो गया। गुरु जी महाराज थोड़ी देर के लिए चुप हो गए।

वह भक्त हाथ जोड़कर बोला–"गुरुदेव! आपने कहा है कि मृत्यु का परिणाम सुखप्रद है। यदि यह वास्तव में ऐसा ही है, तो मरते समय मनुष्य रोता क्यों है? एक कोढ़ी जिसके अंग प्रत्यंग गल सड़ चुके हैं जिसकी ओर देख कर दर्शकों को भी ग्लानी आ जाती है, और जिसे देख कर दर्शक स्वयं भगवान से प्रार्थना करते हैं "प्रभु! इसे मृत्यु देकर शांति प्रदान करो।" वह व्यक्ति भी मरना नहीं चाहता। इसका कारण क्या है। क्या वास्तव में मृत्यु दुःखदायी है?

वह भक्त अपने स्थान पर बैठ गया। यति किशोरचन्द्र बोले, "मरते समय मनुष्य को जो पीड़ा होती है वह क्रिया से होती है अथवा किसी अन्य कारणों से? सर्वप्रथम हमने इस प्रश्न पर विचार करना है। परमात्मा का यह नियम है कि प्राकृतिक क्रिया में कभी दुःख नहीं होता। जन्म और मृत्यु एक प्राकृतिक क्रिया है। इनके होने में दुःख कदापि नहीं हो सकता। एक कच्चा फल यदि कोई उसे तोड़े तो वह टूटता भी कठिनता से है और जब उसे तोड़ो तो उसमें से एक विशेष प्रकार का रस भी बहने लग जाता है, परन्तु यदि कोई उस फल को न तोड़े और वह फल डाल के साथ लगा ही रहे तो समय आने पर वह पक कर स्वयं ही टूट कर गिर जावेगा। टूट कर गिरना तो प्रकृति का नियम ही है; इसमें कष्ट नहीं होता। प्रसव की वेदना बहुत मानी जाती है,

परन्तु ग्राम के अन्दर स्त्रियों को कपास चुनते-चुनते बच्चे पैदा हो जाते हैं उन्हें कुछ भी वेदना नहीं होती। बड़े-बड़े शहरों की हवा में पली हुई पढ़ी लिखी लड़कियों को वेदना बहुत होती है। क्यों?–प्रसव की क्रिया तो दोनों अवस्थाओं में एक ही थी, फिर एक में सुख क्यों और दूसरी में दुःख क्यूं? हमारा जीवन जितना भी प्रकृति के निकट होगा हमें प्राकृतिक क्रियाओं में उतना ही सुख होगा और हम प्रकृति के जितना ही दूर होंगे हमारा जीवन उतना ही दुःखी होगा।

मृत्यु की क्रिया दुःख मय नहीं। ऋषि दयानन्द जी महाराज ने जब "प्रभु तेरी इच्छा पूर्ण हो" कहते हुए शरीर त्यागा उस समय उनके चेहरे पर तेज था। और भी अनेकानेक तपस्वियों के उदाहरण मिलते हैं, जिन्होंने हंसते-हंसते मृत्यु का आलिंगन किया। मृत्यु के समय जो हमें दुःख होता है वह संसर्ग (Attachment) का मोह है उसी का दुःख है। यह मोह ही दुःख का कारण है और मोह अज्ञानता से पैदा होता है। एक उदाहरण आपके सन्मुख है–

एक यात्री धर्मशाला में आकर रहता है। धर्मशाला में उसे तीन दिन ठहरने की आज्ञा है। वह तीन दिन का वचन करके वहां ठहरा है। धर्मशाला में पलंग, मेज, कुर्सी सब उसे मिलता है–रसोई का सामान भी सारा मिलता है।

अब यदि वह आदमी दो दिन के पश्चात् वहां से जाता हुआ इन सब वस्तुओं को अपने साथ ले जाने की चेष्टा करे तो क्या उसकी मूर्खता नहीं। यह सब वस्तुएं वह अपने साथ नहीं लाया था इस बात को वह भूल ही जाता है। और इतना मूर्ख और विवेकहीन हो जाता है कि उन वस्तुओं को अपनी समझ अपने साथ ले जाने का उपाय सोचता है। परन्तु ठीक समय पर चौकीदार आता है और कहता है "साहब!" आपके दो दिन पूरे हो गए कोठरी खाली कर दो".... उस समय यदि वह मूर्ख दुःख माने तो इसमें आने जाने की क्रिया जो है वह तो दुःख का कारण नहीं। दुःख का कारण तो उन वस्तुओं का मिथ्या संसर्ग है।

एक उदाहरण मैंने अभी-अभी दिया है जिसमें मुसाफिर को धर्मशाला में सब प्रकार का आराम मिला और धर्मशाला छोड़ते उसने दुःख माना अब एक और उदाहरण सुनिए–एक दूसरी धर्मशाला है वहां पर धर्मशाला की ओर से यात्रियों को वस्त्र, खाट और भोजन का कोई प्रबन्ध नहीं, केवल यात्री उसमें ठहर सकते हैं। ऐसी धर्मशाला में एक यात्री आकार दो दिन के लिए रहता है। वहां से जाते समय उसे कुछ भी दुःख नहीं होता। प्रायः देखा गया है कि

ऐसी धर्मशालाओं में ठहरते दुःख ही होता है। आने जाने और ठहरने की क्रिया तो दोनों अवस्थाओं में एक ही है फिर पहली अवस्था में दुःख क्यों और दूसरी में सुख क्यों?

सुख दुःख केवल अज्ञानतापूर्ण ममता का कारण है। स्वार्थी मनुष्य इस बात को भूल जाता है कि जो कुछ उसे इस जीवन में भोग सामग्री उपलब्ध थी। यह सब उसके प्रयोग के लिए ही दी गई थी... न कि धर्मशाला छोड़ते समय यह सब वस्तुएं अपने साथ ले जाने के लिए। मनुष्य को तो धर्मशाला के अधिकारी का धन्यवाद करना चाहिए उसका कृतज्ञ होना चाहिए, परन्तु वह अपना उपकार करने वाले के प्रति विश्वासघात करने की घात में रहता है। जो वस्तु उसे प्रयोगार्थ दी गई थी, वह उस वस्तु पर ही हाथ साफ करना चाहता है। यह उसकी कितनी मूर्खता है?

इच्छा के विपरीत जो कुछ होता है उसी से दुःख होता है। एक और उदाहरण से यह बात स्पष्ट हो जाएगी। पाठशाला में मास्टर विद्यार्थियों को पढ़ाते हैं; पाठशाला में मेज़, कुर्सी, नकशे, चटाई, घंटा, रजिस्टर इत्यादि सब कुछ स्कूल के ही होते हैं। मास्टरों तथा विद्यार्थियों को तो वे केवल प्रयोगार्थ कुछ समय के लिए दे दिए जाते हैं। विद्यार्थी रोज स्कूल आते हैं और छुट्टी हो जाने पर मास्टर तथा विद्यार्थी दोनों ही स्कूल की सब वस्तुएं स्कूल में छोड़ अपने-अपने घर चले जाते हैं। उस समय उन्हें कुछ भी दुःख नहीं होता। दुःख की अपेक्षा उन्हें खुशी होती है। इसी प्रकार समस्त प्राप्त वस्तुओं सम्पत्ति आदि को स्वयंमेव यहीं छोड़कर यह समझता हुआ कि जीवन रूपी स्कूल के समाप्त हो जाने पर इनके प्रयोग की अवधि भी समाप्त हो गई है, वह प्रसन्नता के साथ संसार से चल देगा तो उसे कुछ भी दुख न होगा। दुःख आवागमन की क्रिया से नहीं दुःख तो केवल मोह से है। मनुष्य का इन वस्तुओं को अपना समझना ही दुःख का कारण है तथा पागलपन है।

किसी राजा ने एक जड़ाऊ छड़ी बनवाई, जिसमें लाखों रुपये के हीरे मोती लगा दिए। एक दिन राजा शमशान से होकर निकले, वहां एक पागल को देखा। राजा ने उससे कहा–तुम नगर में क्यों नहीं आते? दीवाने ने उत्तर दिया–जो नगर में हैं वे कहां जाते हैं अंत में वे भी तो यहीं आते हैं। पागल की इस बात को सुनकर राजा ने छड़ी उसको दे दी। पागल ने कहा–मैं इसका क्या करूं, यह मेरे किस काम की है। राजा ने कहा–इसे रखो जब कोई तुम से अधिक उन्मत्त मिले तो उसे दे देना। पागल ने वह छड़ी ले ली। कुछ समय

के पश्चात् राजा की मृत्यु के दिन समीप आए। यह समाचार पागल को मिला। वह राजा के समीप गया और राजा से हाल पूछा। राजा ने कहा–हमारे अन्तिम मार्ग का समय है। पागल ने पूछा-आप कहां जाएंगे। राजा ने कहा–यह तो मालूम नहीं। पागल ने कहा–जहां आप जाएंगे कितनी सेना, रिसाला, तोपें और पियादे साथ ले जाएंगे। राजा ने कहा–तब ही तो तुझे पागल कहते हैं।, भला इस अन्तिम मार्ग में कहीं ऐसा सामान भी जाया करता है। पागल ने फिर कहा–कितना कोष आप साथ ले जाएंगे क्योंकि इतनी बड़ी यात्रा के लिए जिसका पता ही नहीं व्यय की आवश्यकता है। राजा ने कहा–वास्तव में तू पागल है। भला कहीं अन्तिम यात्रा में कोष साथ जाया करता है। इस यात्रा में बिना धन के ही जाना पड़ता है। पागल ने कहा–अच्छा कौन-कौन से मन्त्री आपके साथ जावेंगे, क्योंकि बिना मन्त्री के तो काम चल ही नहीं सकता। राजा ने कहा–तू बड़ा पागल है कहीं इस अन्तिम यात्रा में मन्त्री भी साथ जाया करते हैं। पागल ने कहा–अच्छा कौन-कौन-सी रानियां साथ जावेंगी, क्योंकि बिना रानियों के यात्रा में अकेले आपका काम कैसे चलेगा? राजा ने कहा तुझ से बढ़ कर मूर्ख कौन होगा–क्या इस अन्तिम यात्रा में रानियां साथ जाया करती हैं। पागल ने कहा–रानियां नहीं तो राजकुमार तो साथ में जावेंगे, इनके बिना यात्रा में सन्तोष कैसे मिलेगा। राजा ने कहा–नहीं! इस यात्रा में राजकुमार भी न जा सकेंगे। पागल ने पूछा–तो फिर अकेले ही सही, परन्तु किस सवारी में आप जावेंगे। राजा ने कहा–अरे मूर्ख! इस यात्रा में सवारी भी साथ नहीं जा सकती। यह सुनकर पागल ने छड़ी राजा के सामने फैंक दी और कहा–मुझसे अधिक पागल तू है–सहस्रों मनुष्यों को दुख देकर ऐसा सामान एकत्रित किया, जिसको साथ नहीं ले जा सकता–तुझसे अधिक पागल कौन होगा। राजा सुनकर पश्चाताप करने लगा।

तो यह दृष्टान्त मैंने आप लोगों को केवल इसीलिए सुनाया कि मृत्यु के पश्चात् कोई वस्तु साथ नहीं जाती।

संसार की प्रत्येक वस्तु में प्रयोगाधिकार समझ कर यदि उसे काम में लावें तो मृत्यु के समय प्राणी को दुःख न हो। मैंने अभी-अभी स्कूल तथा विद्यार्थियों की बात कही थी। छुट्टी के समय स्कूल छोड़ते और स्कूल के नक्शे बैंच-डेस्क छोड़ते उन्हें खुशी ही होती है। अब एक और कल्पना कीजिए। स्कूल के प्रबन्धकर्ता यदि किसी कारण से स्कूल मास्टर को 24 घंटे के अन्दर स्कूल से निकल जाने की आज्ञा देते हैं अथवा स्कूल का मास्टर

किसी लड़के को क्लास से बाहर निकल जाने की आज्ञा देता है तो इन दोनों अवस्थाओं में दोनों को ही कितना दुःख होता हैं और यदि स्कूल मास्टर अपनी इच्छा से त्यागपत्र देकर और विद्यार्थी अपनी मर्जी से छुट्टी की अर्जी देकर स्कूल से चले जाएं तो उन्हें कुछ भी दुःख न होगा। तो विचार यह करना है कि दोनों अवस्थाओं में स्कूल छोड़ना पड़ता है। परन्तु जब वह स्वयं छोड़ता है तो दुख नहीं होता और जब कोई उसे मजबूर करके स्कूल छुड़वाता है तो उसे दुःख होता है। इन दोनों अवस्थाओं में जो दो प्रकार की क्रियाएं होती हैं इसका कारण यह है कि जब मनुष्य अपनी इच्छा से कोई काम करता है तब उसे दुःख नहीं होता परन्तु वही काम जब अनिच्छा से करता है तो उसे दुःख होता है। इसी उदाहरण के अनुसार जब मनुष्य संसार की सांसारिक वस्तुओं में ममता का नाता न जोड़कर स्वयं छोड़ता है तब उसे मृत्यु के समय दुःख नहीं होता परन्तु जब ममता के वश होकर प्राणी संसार को स्वयं नहीं छोड़ता मृत्यु बलपूर्वक उसकी इच्छा के विरुद्ध उससे संसार छुड़ा देती है तब उसे क्लेशित होना पड़ता है। अतः स्पष्ट है कि मनुष्य की मृत्यु के समय उसके दुःख का कारण संसार के न छोड़ने की इच्छा है न कि स्वयं मृत्यु। और इस संसार के न छोड़ने की इच्छा मनुष्य को क्यों उत्पन्न होती है। इसका कारण वही ममता है जिसके फेर में पड़कर संसार की पराई धरोहर को अपनी-अपनी मानने लग जाता है।

इसीलिए गीता में भगवान् ने अर्जुन के प्रति उपदेश किया है। संसार को कर्मभूमि समझ कर जीवेम् शरदः शतम का पाठ पढ़ते हुए जीवन यात्रा को पूरा करना चाहिए।

खैर! मृत्यु स्वयं सुखप्रद है। ममता के दोष से ही प्राणी को दुःख होता है और ममता के दोष ही से सम्बन्धियों को दुःख होता है।

बृहदारण्यकोपनिषद में याज्ञवल्क्य ने अपनी पत्नी मैत्रयी को उपदेश करते हुए कहा है–

नवा अरे पत्युः कामाय पति प्रियो भवति।
आत्मनस्तु कामाय पतिः प्रियो भवति।।
नवा अरे पुत्राणाम् कामाय पुत्राः प्रिया भवन्ति।
आत्मनस्तु कामाय जाया प्रिया भवन्ति।।
नवा अरे जायायै कामाय जाया प्रिया भवति।।

आत्मनस्तु कामाय जाया प्रिया भवति॥
नवा अरे भूतानां कामयाभूतानि प्रियाणि भवन्ति।
आत्मनस्तु कामाय भूतानि प्रियाणि भवन्ति॥
नवा अरे सर्वस्य कामाय सर्वंप्रियं भवति।
आत्मनस्तु कामाय एव सर्व प्रियं भवति॥

हे मैत्रयी! पति की कामना के लिए पत्नी को पति प्रिय नहीं होता, किन्तु अपनी कामना के लिए पति प्रिय होता है।

पुत्रों की कामना के लिए माता-पिता को पुत्र प्यारे नहीं होते, अपनी कामना के लिए ही पुत्र प्रिय होते हैं।

निश्चय ही भार्या की कामना के लिए पति को भार्या प्यारी नहीं होती, अपनी कामना के लिए ही पति को भार्या प्यारी होती है।

निश्चय प्राणी की कामना के लिय मनुष्य को प्राणी प्रिय नहीं होते अपने ही कामना के लिए होते हैं।

निश्चय ही सबकी कामना के लिए सब प्रिय नहीं होते अपनी कामना के लिए ही सब प्रिय होते हैं।

जगत् में प्राणियों के विमुक्त होने पर जो दुःख अवशिष्ट प्राणियों को हुआ करता है उसका हेतु यह नहीं होता कि विमुक्त प्राणी उन्हें बहुत प्रिय था बल्कि असली कारण यह होता है कि विमुक्त प्राणि के साथ अवशिष्ट परिवार के स्वार्थ जुड़े थे। बस असली दुःख इसी बात का है।

यदि मनुष्य में किसी प्रकार से यह योग्यता आ जाए कि वह अपने संबंधियों तथा स्त्री पुत्रादि के साथ जो उसने कामनाएं जोड़ी हुई हैं उसे पृथक कर लेवे तो क्या उस समय भी मनुष्य को किसी की मृत्यु का दुःख हो सकता है। यदि विमुक्त और अवशिष्ट के बीच में स्वार्थ का संबंध न हो तो मृत्यु फिर किसी को क्लेशित नहीं कर सकती। संसार में सहस्रों मनुष्य रोज पैदा होते हैं और सहस्रों ही मरते हैं परन्तु हमें कुछ भी हर्ष तथा शोक नहीं होता। कारण इसका यही है कि उनकी उत्पत्ति तथा मरण के साथ हमारा अपना स्वार्थ नहीं। जिनके साथ हमारा स्वार्थ होता है उनके जन्म मरण पर हम हर्ष तथा शोक प्रकट करते ही हैं।

सारांश स्पष्ट हो गया है कि मृत्यु स्वयं दुःखप्रद नहीं। अब प्रश्न यह है कि मृत प्राणी का मरने के पश्चात क्या बनता है। जब से संसार बना है, यह प्रश्न तभी से सांसारिकों को पीड़ा दे रहा है। वास्तव में यदि हम गंभीरतापूर्वक

सोचें तो हम भी इसी परिणाम पर पहुंचेंगे कि इस प्रश्न का ठीक-ठीक उत्तर न मिलने में ही संसार का कल्याण है। कुछ एक बातें हैं जिनका उत्तर परमात्मा ने अपने ही हाथों में रखा है और संसार को न बताना ही उसने संसार के लिए कल्याणकारी समझा है।

मृत्यु के पश्चात क्या होता है यदि इस बात का मनुष्य को ठीक-ठीक पता लग भी जावे तो आपही बताइए कि इससे संसार का क्या उपकार होगा? और ऐसी अवस्था में संसार की व्यवस्था क्या होगा? मैं तो समझता हूं कि मृत्यु के पश्चात होने वाले रहस्यों का यदि संसार को ठीक-ठीक पता लग जाए तो संसार की श्रृंखला ही टूट जाए; दुनिया के सभी काम चौपट हो जाएं।

आज तक मनुष्य जो कुछ पता लगा सकता है वह केवल अनुमान है। कोई उस पर विश्वास लाता है कोई नहीं लाता, परन्तु यदि वह अनुमान सत्य के समान प्रकाशित होकर प्रकट हो जाए तो सचमुच करोड़ों व्यक्ति तो मूल्य के पश्चात होने वाले भयों के भय से मृत्यु के पहिले ही तड़प-तड़प कर मर जाएं।

कठोपनिषद में नचिकेता यमाचार्य से तीसरे वरदान स्वरूप में कहता है।

येयं प्रेते विचिकित्सामनुष्ये।
अस्तीत्येके नायमस्तीति चैके॥
एतद्विद्यामनुशिष्ट स्त्वयाऽहं।
वराणामेष वरस्तृतीयः॥

भगवन्! कई कहते हैं कि शरीर मर जाने पर आत्मा भी मर जाती है कई कहते हैं कि आत्मा अमर हो जाती है। सच्चाई क्या है।

यमराज ने इसका उत्तर देते हुए कहा था –

न जायते मृयतेवा विपश्चिन्नायं कुतश्चिन्न बभूव कश्चित।
अजोनित्यः शाश्वतोऽयम्पुराणो न हन्यते हन्यमाने शरीरे॥

शरीर के नाश होने पर आत्मा का नाश नहीं होता–यजुर्वेद में लिखा है।

वायु रनिलमृतमथेदं भस्मान्त ॐ शरीरम्।

आत्मा न तो उत्पन्न होती है और न ही मरती है। न कोई उसका उपादान कारण है और न ही वह किसी का उपादान कारण है–यही शब्द गीता में भगवान श्रीकृष्ण ने अर्जुन को कहे–

मरने के पश्चात एक प्रकार के प्राणी तो जंगम (मनुष्य, पशु-पक्षी आदि) योनियों को प्राप्त होते हैं। परन्तु दूसरे प्रकार के प्राणी स्थावर (वृक्षादि) योनियों में जाते हैं—यमाचार्य ने नचिकेता को कठोपनिषद् में ऐसा ही कहा है—

योनिमन्ये प्रपद्यन्ते शरीरत्वाय देहिनः।
स्थाणु मन्येऽनु संयन्ति यथा कर्म यथाश्रुतम॥

यह विभिन्न मनुष्यों के ज्ञान तथा कर्म की विभिन्नता के कारण ही है—जब मनुष्य के पुण्य पाप बराबर या पुण्य कर्म अधिक होते हैं तब मनुष्य योनि प्राप्त होती है परन्तु जब अवस्था इसके विरुद्ध होती है तो उसको मनुष्य से नीचे की योनि में चल तथा अचल योनियों में जाना पड़ता है।

विकास तथा ह्रास तो साथ ही साथ चलते हैं। जो प्राणी जैसे कर्म करते वैसे फल पाते हैं। जो पुण्य और पाप मिश्रत होते हैं पर वे फिर मनुष्य जन्म लेते हैं और अपने अच्छे बुरे कर्मों का फल इसी जगत् में आकर भोगते हैं।

एक दूसरे प्रकार के मनुष्य होते हैं जो सकाम भाव से अच्छे से अच्छे कर्म करते हैं। कर्म दो प्रकार के होते हैं सकाम तथा निष्काम। सकाम कर्म वे होते हैं जिनमें कर्म करने से पूर्व फल की इच्छा कर ली जाती है; निष्काम कर्म वे हैं जो ईश्वरार्पण किए जाते हैं। निष्काम कर्म का वैदिक धर्म में सर्वोच्च स्थान है-वेद तथा उपनिषदों ने निष्काम कर्म को मृत्यु के बंधन काट देने का साधन माना है। गीता में भगवान् ने अर्जुन को कहा है-

कर्मण्येवाधिकारस्ते मा फलेषु कदाचन।
मा कर्म फलहेतुर्भूमाते संगोऽस्त्वकर्मणि॥

जहां निष्काम कर्म का इतना उच्चासन है वहां सकाम कर्म बन्धन का हेतु ठहराया गया है-

भिद्यते हृदय ग्रन्थिश्छिद्यन्ते सर्व संशय।
चीयन्ते चास्यकर्माणि तस्मिन्दृष्टे परावरे॥

मुण्डकोपनिषद में कहा है—जब हृदय की गांठ खुल जाती है अर्थात् सकाम कर्म जन्म वासना नष्ट हो जाती है। संपूर्ण संशय दूर हो जाते हैं और सब सकाम कर्मक्षीण हो जाते हैं तब मनुष्य मोक्ष का अधिकारी होता है।

ऐसे सकाम कर्म करने वाले मनुष्य जिस वासना को ले कर मरते हैं उनका वैसा ही जन्म होता है। उपनिषद् में कहा है-

यच्चितस्तेनैव प्राणमायाति प्राणास्तेजसायुक्तः।
सहात्मना यथा संकल्पितं लोकं नयति॥

मरते समय प्राणी जैसे वासना से युक्त चित्त वाला होता है उसी चित्त के साथ प्राण का आश्रय लेता है-इसी आशय को एक दूसरे स्थान पर कहा है-

यं यं लोकं मनसा संविभति, विशुद्धसंप्वः कामयते यांश्चकामान्।
तं तं लोकं जायते ताश्चकामांस्तस्मादात्मज्ञं ह्यर्चयेद्भूतिकामः॥

निर्मल बुद्धि वाला पुरुष जिस-जिस लोक (योनि) की मन से चिन्ता करता है जिन भोगों को (वासना के वशीभूत होकर) चाहता है उस उस लोक तथा उन-उन भोगों को प्राप्त होता है, इसलिए सिद्धि के इच्छुक आत्मचित्त पुरुष की पूजा करें।

भगवान् योगेश्वर द्वारा अर्जुन को कहे गए शब्दों का तत्त्व यही है, कि हे अर्जुन! निष्काम भाव से ईश्वरापर्ण हो सब काम करो। अन्तकाल में जिस भावना से सभी किए कामों की वासना करोगे, वैसा ही उसका परिणाम भोगोगे। इसलिए परमब्रह्म का ध्यान करो। अपने सब कामों को परमब्रह्म के ऊपर कर दो, ताकि मृत्यु के पश्चात् परमात्मा में ही मिल जाओ।

वासना से परिपूरित मनुष्यों का जन्म-मरण से छुटकारा नहीं होता।

यत्र काले त्वनावृत्तिमा वृत्ति चैवयोगिनः।
प्रयाता यांस्ति तं कालं वक्ष्यामि भरतर्षभ ॥

हे भारत श्रेष्ठ! अब तुझे मैं वह काल कहता हूं जिस काल में योगी मरने पर इस लोक में जन्मने के लिए लौट नहीं आते और जिस काल में मरने पर लौट आते हैं।

अग्निर्ज्योतिरहः शुक्लः षणमासा उत्तरायणम्।
तत्र प्रयाता गच्छन्ति ब्रह्म ब्रह्मविदो जनाः॥
धूमो रात्रिस्तथा कृष्णः षड्मासा दक्षिणायनम्।
तत्र चांद्रमसं ज्योतियोगी प्राप्यनिवर्तते॥

अग्नि से धूम दशा-धूम से रात्रिवत दशा रात्रि से ऊपर कृष्णपक्षीय।

ऊपर कृष्ण दशा से षणमासिक दाक्षिणायण दशा षणमासिक दशा से पैतृक दशा। पैतृक से आकाशीय दशा और अन्तिम चन्द्रमसी दशा को प्राप्त होते हैं।

इन सब कर्मों में यह दिखाया है कि धीरे-धीरे जीव प्रकाश की ओर जाता है। उस समय बीच में ही अर्थ वायवीय दशा है। पितर नाम वायु का भी है। पांच भूतों में आकाश के पश्चात् वायु का स्थान है।

दूसरा भक्त–भगवन्! क्या चन्द्रमसी लोक का अर्थ चन्द्रमा से है?

यति जी बोले–चंद्रमसी दशा को प्राप्त होने का भाव हर्ष होने के भाव से है। इस क्रम से जीव ऊपर चढ़ता है अपने कर्म योग से फिर उसी क्रम से वापिस लौटता है।

चन्द्रमासी दशा से आकाशीय-आकाश से वायवीय-वायवीय से धूम्र।

धूम्र दशा से अभ्र-सूक्ष्म बादल। अभ्र से मेघ (बरसने वाले) के साथ अन्न के द्वारा वे मनुष्य के शरीर में पहुंचते हैं और वीर्य के साथ रज से मिल माता के शरीर में गर्भ रूप धारण करके मनुष्य रूप लेते हैं।

वही भक्त बोला-तो गुरुदेव! चन्द्रमसी दशा को प्राप्त करके क्या फिर मनुष्य जन्म मिला, ऐसे क्यों?

यति जी बोले-वासना का नाश जब तक नहीं होता, तब तक तो मनुष्य योनि में आना ही पड़ेगा। हां केवल इतना है, कि सकाम पूर्ण अच्छे कर्म करने वाले मनुष्यों का दर्जा जन्म के पश्चात् उच्च कोटि का होता है। अब तीसरे प्रकार के मनुष्यों की अवस्था का वर्णन है। जो पुरुष निष्काम प्रिया है, निष्काम कर्म करना ही जिन्होंने अपने जीवन का लक्ष्य बना रखा है और श्रद्धामय तथा तपस्वी जीवन व्यतीत करते हैं ऐसे पुरुष जीवन काल में ही जीवन मुक्त कहलाते हैं, और जब मरते हैं तो आवागमन के बन्धन से छूट कर मुक्त हो जाते हैं। वे मर कर इस क्रम से ब्रह्म को पाते हैं:

1. अग्नि की ज्वाला-लपट।
2. दिन की दशा।
3. शुक्ल पक्ष।
4. उत्तरायणी त्षाणमासिक दशा।
5. सम्वतसरी (पूरे वर्ष की)।
6. सूर्य समान।
7. चन्द्रमासी।
8. बिजली।
9. ब्रह्म लोक।

इस अवस्था को प्राप्त कर लेना मनुष्य के जीवनोद्देश्य की चरम सीमा और मनुष्यत्व की अंतर्गति है।

वही भक्त बोला–भगवन्! ब्रह्म लोक क्या विशेष स्थान का नाम है जो मुक्त जीवों के निवास के लिए सुरक्षित रखा है।

यति जी बोले–ब्रह्म लोक किसी स्थान विशेष का नाम नहीं, न ही मुक्त किसी स्थान विशेष में निवास करते हैं। ब्रह्म लोक का भाव यह है कि प्राणी उस अवस्था को प्राप्त कर लेवे जिसमें उसकी अत्यन्त समीपता और प्रकृति से निवृत्ति होती है। आनन्द की प्राप्ति ब्रह्म की समीपता का भाव है तथा दुखों की निवृत्ति प्रकृति से निवृत्ति का तात्पर्य। इस अवस्था को प्राप्त पुरुष पूर्ण स्वतन्त्र होते हैं।

वही भक्त बोला–तो भगवान क्या मोक्ष प्राप्त करके भी वे सशरीर भ्रमण करते हैं।

यति जी–नहीं! मुक्त जीव किसी प्रकार का शरीर नहीं रखते। विशुद्ध मुक्तात्मा प्रत्येक प्रकार के मल और विकास से रहित हो जाता है इसीलिए प्राकृतिक बन्धन उसे पीड़ा नहीं दे सकते।

••• ••• •••

एक अन्य सत्संगी बोला-भगवन्! सप्त लोक जो कहे जाते हैं....वे क्या हैं? यति जी बोले–33 देवताओं की गणना में 8 वसु हैं। वसु उन स्थानों का नाम है जहां प्राणी बस सकते हैं। उन्हीं 8 वसुओं को 7 लोकों में विभक्त कर दिया है–

8 वसु–(1) अग्नि, (2) पृथ्वी, (3) वायु, (4) अन्तरिक्ष, (5) आदित्य (6) द्यौः, (7) चन्द्रमा, (8) नक्षत्र।

सप्त लोक–(1) पृथ्वी-भूः, (2) अन्तरिक्ष-भुवः, (3) वायु-महः, (4) आदित्य-तपः, (5) चन्द्र-स्वः, (6) नक्षत्र-जनः, (7) ब्रह्मलोक-सत्यम्।

जब तक जीवात्मा आवागमन के बन्धन से नहीं छूटता तब तक उसे पहले के लोकों में ही रहना पड़ता है, परन्तु इस बन्धन से छूट कर वह ब्रह्म लोक का अधिकारी बनता है। ब्रह्म विभु होने से सर्वदेशी है। इसलिए इसका कोई स्थान विशेष नहीं। ब्रह्म को प्राप्त करके जब जीवात्मा ब्रह्मानन्द का अनुभव करने लग जाता है, उसको ब्रह्म प्राप्त हुआ समझा जाने लगता है।

इसी ब्रह्म लोक का दूसरा नाम स्वर्ग लोक है, इसी के बारे में उपनिषद ने कहा है:

स्वर्गे लोके न भयं किंचनास्ति। नः तत्र मृत्यो न जरयाविभेति॥

स्वर्ग लोक में कोई भय नहीं। न तो वहां बुढ़ापा है और न ही वहां मृत्यु है। स्वर्ग लोक में जाकर मनुष्य को परमानन्द की प्राप्ति होती है।

एक दूसरा सत्संगी हाथ जोड़ बोला-कृपा निधान! आपकी यह जो आध्यात्मिक रहस्यों से परिपूर्ण गूढ़ वाणी है, हम अल्प बुद्धि जीव भली-भांति इसका तत्त्व समझ नहीं सकते हैं। मोटे अर्थों में हम यह जानना चाहते हैं कि यह जो इतनी बड़ी धरती है, इससे पृथक कहीं ऊपर अथवा नीचे कोई अन्य भूखंड भी है जिसे स्वर्ग कहते हैं और जहां मनुष्य मृत्यु के पश्चात जाता है।

यति किशोर चन्द्र बोले-"मैं स्पष्ट शब्दों में कह चुका हूं कि नरक और स्वर्ग इस ससार से भिन्न नहीं हैं। जीवात्मा घूम फिर कर अन्त में इसी संसार में आता है। परन्तु पुनर्जन्म में उसके संस्कार पूर्वजन्म के किए कर्मों के अनुसार होते हैं। वास्तव में यह भारत ही सब कुछ है। जहां चार भले मानस सत्पुरुष बैठेंगे वहां वे नरक में भी झाड़ बुहारी लगा कर उसे स्वर्ग में बदल लेंगे, और जहां चार भौंदू स्वार्थी बैठेंगे, वे स्वर्ग को भी नरक बना लेंगें। स्वर्ग में कदम रखते ही अगले दिन वे किसी गौरी अथवा गज़नवी को भारतीय स्वर्ग को लूट लेने का निमंत्रण भेज देंगे।

इन तीन श्रृंखलाबद्ध प्रवचनों में मैंने स्वर्ग प्राप्ति का सीधा, सुगम मार्ग कहा है। ब्रह्मचर्य तथा सदाचार द्वारा अपने अन्दर शक्ति पैदा करना और उस शक्ति तथा विद्वत्ता को देश की भलाई में लगा देना। पराधीन देश को स्वाधीन बनाने का यत्न करना, स्वाधीन देश की स्वाधीनता की रक्षा करना; पतितों को उठाना, उठों को चलाना, चलते हुए को चरमोद्देश्य तक पहुंचाना, यह है वास्तव में स्वर्ग। आस्तिकता पूर्ण सुखी तथा स्वाधीनता पूर्ण परोपकारी जीवन ही स्वर्ग का जीवन है; और जिस धरती पर ऐसे सत्पुरुषों का निवास है उसी धरती को स्वर्ग लोक कहते हैं। हमारा भारत कभी स्वर्ग था, हम यदि चाहें तो आज भी इसे स्वर्ग बना सकते हैं। मेरे इन तीन प्रवचनों का यही सार है कि हमें व्यक्तिवाद की अन्धेरी गुफा से निकल कर राष्ट्रवाद तथा समष्टिवाद के पूर्ण ज्योतिर्मय क्षेत्र में उतरना चाहिए। मरने की चिन्ता इस जीवन में नहीं करनी चाहिए। मर कर क्या होगा इसकी चिन्ता ही क्या है, जो सब के साथ होगा वही हमारे तथा आपके साथ होगा। फिर भला चिन्ता ही किस बात की... जहां इष्ट मित्र जाएंगे, माता-पिता, भाई-बन्धु जावेंगे वहीं स्वर्ग बन जाएगा। अस्तु! हमें निर्भय हो संसार में अच्छे कर्म करते हुए जीवन यात्रा को पूरा करना चाहिए।

आज हमारे सत्संग की अन्तिम लड़ी की इतिश्री है। आप सज्जनों की ज्ञान-पिपासु भावना से मेरा रोम-रोम पुलकित हो रहा है। परमात्मा आपकी श्रद्धा को इसी प्रकार बनाए रखें।"

प्रवचन समाप्त हुआ- भक्तों की श्रवण तृष्णा अभी यथावत बनी थी, परन्तु समय अधिक हो जाने के कारण यति जी ने प्रसंग को वहीं समाप्त कर दिया। व्यास-आसन के समीप ही बैठे, दो भक्त प्रेम मग्न हो गाने लगे-

जीवन बन तू फूल समान।

पर उपकार सुरभि से सुरभित सन्तत हो सुखदान॥ जीवन बन...
स्वच्छ हृदय तो खिल जा प्यारे! तू भी परम प्रेम को धारे।
सुखदाई हो सब का जग में, पा सब से सम्मान॥ जीवन बन...
कठिन कण्टकों के घेरे में, दारुण दुःखदायी फेरे में।
पड़ कर विचलित कहीं न होना बनना नहीं अजान॥ जीवन...
शत्रु मित्र दोनों का हित हो, पावन यह तेरा शुभ व्रत हो।
मधु दाता बन सबका प्यारा, तज कर भेद विधान॥ जीवन...
दे तू सुरभि टूटने पर भी, पैरों तले टूटने पर भी।
इस विधि से प्रभु की माया में पाले प्रिय स्थान॥ जीवन...

□□□

तिरासीवां अध्याय

सात्विक भावना का फल

अन्त काले च मामेव स्मरन्मुक्ता कलेवरम्।

भगवान् ने गीता जी में अर्जुन को उपदेश दिया है–अर्जुन! अन्त काल में मेरा ही स्मरण करते हुए अपने आपको ईश्वर के अर्पण करो। मनुष्य की जैसी भावना होती है वैसा ही उसे फल मिलता है। मृत्यु के समय तथा निद्रा देवी की गोदी में अपने आपको भेंट करते समय मनुष्य के जो विचार होते हैं, जो-जो उसकी कामनाएं होती हैं सूक्ष्म शरीर उन्हीं कामनाओं के इधर-उधर मंडराता रहता है। सूक्ष्म शरीर के इसी क्रिया-क्षेत्र को स्वप्न लोक कहते हैं।

उस दिन यति किशोरचन्द्र दिन भर जंगल में प्रभु के गीत गाते सायंकाल अपनी कुटिया में पधारे। यद्यपि ऋतु बरसात की थी, परन्तु उस दिन बरसात का कोई चिह्न न था। सूर्य भगवान अस्त होने ही वाले थे। थोड़ा-सा फलाहार कर यति जी तख्त पर बैठ प्रभु-ध्यान में लीन हो गए। प्रभु की भक्ति में तन बदन की सुध भी न रही। उनका पंच भौतिक शरीर उसी काष्ठ के तख्त पर था, परन्तु उनका वास्तविक शरीर लोक लोकान्तरों की यात्रा पर चढ़ चुका था। स्वप्न लोक में विचरन करते हुए यति जी ने अनुभव किया मानो एक बड़ा भारी समुद्र है। उस महार्णव के बीच में कोमल-कोमल शैया पर वे शयन कर रहे हैं। सिर पर शेष नाग अपने फन फैलाए शान्ति से बैठे हैं। पाओं की ओर एक अनुपम सुन्दरी लज्जा से सर नीचे किए उनके चरणों को दबा रही है। चारों ओर सुख शान्ति का साम्राज्य है। कभी-कभी अन्तरिक्ष में मंगल गान गा रहे अदृश्य प्राणियों की मधुर-मधुर वीणा की झंकार उस महार्णव की शान्ति में माधुर्य का मिलान कर देती है।

उस समय उसी शेष शैय्या पर शयन कर रहे यतिवर ने अपने आपको धन्य-धन्य समझा-आज मैं धन्य हूं.....जिस परम पद को प्राप्त करने के लिए इन्द्रादि देवगण भी घोरतम तपस्याएं करते हैं, जिस भगवान् के चरण कमल

का दर्शन करने के लिए सिद्ध गण नाना प्रकार की तपस्याएं करते हैं, जिस परम धाम तक पहुंचने के लिए योगी जन इतनी घोर यातनाएं सहते हैं, मानव जीवन का चरमोद्देश्य ही जिस परम पद की प्राप्ति कहा है, शुभ कर्मों के प्रताप से मैं उस परम धाम को प्राप्त करने के योग्य हुआ हूं। अब मैं स्वर्ग का राजा हूं, यह देवी जो मेरे चरण दबा रही है वह लक्ष्मी है- जिस पवित्र स्थान पर कभी भगवान् कमलनाभ शयन करते हुए संसार के सूत्रधार का पार्ट खेला करते हैं आज मैं कितना भाग्यशाली हूं कि स्वयम् उसी स्थिति को प्राप्त कर सका हूं।"

उसी समय उसी कोमल-कोमल शैया पर शयन कर रहे उसी स्वप्न लोक में सहसा यति जी के दिल में विचार उठा- "रमा इस मेरे वाम चरण को काफी देर से दबा रही है, अब दूसरा पैर आगे करूं"- ऐसा सोच उन्होंने जो करवट ली तो एक पैर उस तख्त पोश से जिस पर वास्तव में वे लेट रहे थे, नीचे पड़ा-और ऐसा प्रतीत हुआ मानो ठंडे जल में जा गिरा हो। ठंडे पानी का स्पर्श होते ही यति जी की आंख खुल गई। उन्होंने अपने चारों ओर देखा.... उनका काठ का तख्त शेषासन के स्थान पर पड़ा था- शेष नाग के फन के स्थान पर उनका अंगोछा एक ओर लटक रहा था.... और उनकी कुटिया में चारों ओर पानी ही पानी भर रहा था। ...सचमुच एक स्वप्न का सा दृश्य प्रत्यक्ष रूप में प्रगट हो रहा था। चारों ओर पानी ही पानी है बीचों-बीच काठासन पर अभी-अभी के भूतपूर्व स्थानापन्न रमापति सुशोभित हैं-

यति जी महाराज यह अदभुत दृश्य देख कर चकित रह गए- क्या यह भी एक स्वप्न है...उन्होंने अपने चारों ओर देखा–मैं तो हरिद्वार में हूं फिर यहां यह समुद्र कैसा...उनकी सारी ही कुटिया में पानी भर रहा था। यह समस्या कुछ समय तक एक समस्या ही रही–थोड़ी देर अपने काष्ठासन पर बैठने के पश्चात उन्हें यह निश्चय हो गया कि वे स्वप्न नहीं देख रहे- उस समय वे अपने आसन से नीचे उतरे...पानी कमर तक था...और सर्वत्र पानी ही पानी था-यति जी हैरान थे! "जब मैं घूम कर कुटिया में लौटा था उस समय बागरों नदी बहुत उतरी हुई थी। यह एकाएक थोड़े ही समय में क्या परिवर्तन आ गया। इतना जल कहां से आ गया।" रात्रि अभी दो पहर शेष थी। चारों ओर अंधेरा था। दो तीन कदम आगे बढ़ बाहर मुंह निकाल, कुटिया से थोड़ी दूर कानदास जोगी बाड़े के महन्त की जगह में उसका नौकर कल्लू रहता था, उसे आवाज दी–कल्लू-कल्लू-ओ कल्लू।

"जी हां" कल्लू वहीं से बोला।

"अपनी लालटेन लेकर यहां आओ...यहां तो सब पानी ही पानी भर रहा है, क्या बात है।" यति जी ने कहा।

कल्लू ने शीघ्र ही लालटेन जलाई और फिर वहीं से बोला–"महाराज! हमारे बाग में भी सर्वत्र पानी ही पानी भर रहा है। बाग के चारों ओर पक्की दीवार है, केवल एक नाला बाहर पानी जाने का है परन्तु उसी रास्ते से पानी आ-आ कर सारे पानी ही पानी हो गया। आपकी नाग कुटी तो बिल्कुल नदी के तट पर है, वहां तो बहुत पानी होगा।"

इतने में वह लालटेन लेकर भी आ गया...यति जी ने देखा सिवाय उस ऊंची खाट के पांव धरने तक को कुटिया में सूखी जगह न बची थी...

कल्लू बोला- "महाराज! आप हमारे बाग में आजाएं। वहां दीवार होने के कारण पानी बहुत कम चढ़ा है और जो थोड़ा बहुत चढ़ा भी है वह शीघ्र ही उतर जाएगा। आप वहीं चलें आपकी कुटी निचान में है यहां पानी अधिक हो गया तो यह तख्त भी डूब जाएगा।"

कल्लू की बातों को सुन यति जी दृढ़ता से बोले–"कल्लू! मैं अपनी कुटिया से बाहर नहीं जाऊंगा। मेरे बैठे-बैठे पानी कदापि नहीं चढ़ सकता।"

"और यह जो इतना चढ़ गया है यह भी तो आपके बैठे-बैठे चढ़ा है।" कल्लू बोला!

"नहीं कल्लू यह हमारे बैठे-बैठे नहीं वरन् सोते-सोते चढ़ा है, अच्छा तुम जाओ।"

कल्लू चला गया। उस समय तीन बजे थे। दिन चढ़ने ही वाला था। अपने आसान पर बैठ यति जी प्रभु के प्रेम में मग्न हो गाने लगे–

पार किसे न पाया तेरी महिमा दा।
सूरज, चन्द्र तेरो यश गावें, योगी यति सब तोको ध्यावें॥
गीत सबों ने गाया तेरी महिमा दा।
बिन वाणी तू शब्द बुलावें, पांव बिना गिरी राज चढ़ावें॥
दर्श अनोखा पाया तेरी महिमा दा।
जल बिच थल तूं पल बिच लांदा, थल ते छिन माहिं सागर बहांदा॥
धन्न-धन्न तेरी माया तेरी महिमा दा।
के. सी कृपानिधि नाम तिहारो, सकल जगत का पालन हारो॥
रूप लखत भरपाया तेरी महिमा दा।

उसी समय पानी अपने आप उतरना शुरू हो गया। थोड़ी ही देर में बागरों नदी अपनी काया समेट नाग कुटी से बाहर चली गई।

□□□

अध्याय चौरासीवां

ओ३म् धुन में दो बाल ऋषि

ओमित्येनदक्षरमिद सर्वतस्पोपव्याख्यानं भूतं भवद्भविश्यदिति
सर्वमोङ्कार एव। यन्चान्यत् त्रिकालातीतं तदप्योङ्कार एव॥

••• ••• •••

बागरों नदी का जल अपनी निर्मलता तथा स्वच्छन्दता के मधुर-मधुर गीत गाता हुआ मजे में बह रहा था। ऋतु बड़ी ही सुहावनी थी। नाग कुटी में यतिवर ब्रह्म मुहूर्त में उठ बागरों नदी के साथ ही साथ प्यारे प्रभु का गीत गाते चल दिए। नदी के दोनों ओर ऊंचे-ऊंचे हरे भरे पर्वत आकाश की ओर गौरवान्वित सर उठाए इस महार्णव की यात्रियों को मानो स्वागतम् कह रहे थे। आगे एक बड़ा भारी मैदान उस नदी के दोनों ओर फैला था। उस समय उस जंगल में प्यारे प्रभु की लीला तथा प्रभु के उस अनूठे भक्त के बिना और कोई न था।

प्रेम की मूर्ति को देखकर सारा वायुमंडल प्रेममय हो गया। जंगल के हिंसक पशु तक पास से आते और प्रेम का राग आलापन करते-करते पास से गुजर जाते। यति जी महाराज नित्य प्रति बागरों के तट पर इस प्राकृतिक प्रेम का रसास्वादन करने जाते और जब दिन खूब चढ़ जाता तो लौट कर अपनी नाग कुटी में आते। परन्तु उस दिन वे आगे ही आगे चले गए। अपनी उसी अवधूत अवस्था में प्रेम में मग्न, ओ३म् का जाप करते नदी के किनारे-किनारे फैली भांति-भांति की रंग-बिरंगी बट्टियों की शोभा देखते-देखती बहुत दूर तक जहाँ पानी का कुंड था वहां पहुंच गए।

उस जल कुंड पर मुंह हाथ धोकर यति जी उठे ही थे कि उन्हें एक खेल सूझा... उसी कुंड के पास ही एक रेत का ढेर-सा लगा कर वे उसके ऊपर भिन्न-भिन्न प्रकार की बट्टियों का ओ३म्कार रचने लगे। मुंह में ओ३म्-चित्र में ओ३म्-सर्वत्र ओ३म् ही ओ३म्। हृदय में एक अभिलाषा

उमड़ रही थी–आज ऐसा बढ़िया ओ३म् रचूं कि जैसा आज तक किसी ने न रचा हो। सुन्दर से सुन्दर बट्टियों की तलाश में ही ओ३म् का रचयिता जुट गया। थोड़े ही समय में ओ३म् का एक बड़ा ही सुन्दर आकार बन कर तैयार हुआ। यति जी के हृदय को असीम आनन्द प्राप्त हुआ। गदगद मन हो यति जी महाराज ने उस ओंकार पर उस कुंड का जल छिड़का... अब तो वह ओ३म् और भी अधिक चमक उठा। गदगद मन हो यति जी उस ओ३म्कार की परिक्रमा करते हुए गाने लगे।

तेरे नाम ओ३म्कार, तेरी महिमा है अपार॥
सूर्य, चंद्र तारागण, तोहे गावें प्रतिक्षण।
सकल जगत के अधार, तेरो नाम ओ३म्कार॥
सत्-चित तू आनंद, जग के तूही काटे फन्द।
तेरा पा सकूं न पार, अय जगत के कर्णधार॥

ओ३म् का उच्चारण करते ओ३म् की महिमा गाते उस ओंकार की परिक्रमा करने लगे। बार-बार उस पर जल छिड़कते और निरंतर ओ३म् की महिमा गाते। उसी क्षण किसी अज्ञात दिशा से उसी स्थान पर दो सुन्दर बालक आए। उनके शरीर एक दम हृष्ट-पुष्ट थे। उनके अंग-अंग में से दैवी तेज टपकता था, नितान्त नग्न वेश में वे दो ऋषि कुमार जैसे सुन्दर प्रतीत हो रहे थे।

वे आए, यति जी को नमस्कार कर बिना कुछ कहे ओ३म्कार की परिक्रमा में यति जी के साथ ही साथ स्वर में स्वर मिला गाने लगे–

सत्य शुद्ध प्रेम रूप, तेरी महिमा है अनूप।
वेद पा सके न सार, तेरो नाम ओ३म्कार॥
तेरी महिमा है अनन्त, गावें कोटि-कोटि सन्त।
सौख्य, शांति आगार, ओ३म्कार, ओ३म्कार॥
कल्प वृक्ष तेरो नाम, पूरण करत सकल काम।
नाम लेत हो उद्धार, तेरो नाम ओ३म्कार॥

बीच-बीच में जब यति ओ३म्कार पर जल छिड़कते तो वे दोनों बालक भी वैसे ही जल छिड़क कर परिक्रमा में लग जाते।

सूर्य भगवान् पूर्व दिशा में अपना बालरवि का तेज लिए प्रकट होने ही वाले थे। उस समय यति जी महाराज ने परिक्रमा बन्द कर दी। दोनों बालक भी वहीं रुक गए और तत्क्षण बिना ही कुछ बोले यति जी को नमस्कार कर

एक ओर को चल दिए। उस समय उनके पीछे ही दो कदम चल यति जी हाथ जोड़ बोले–"आर्य ऋषि कुमारों! मैं तुम्हें प्रणाम करता हूं। आप लोग कहां जा रहे हैं... आप देखने को भले ही छोटे बालक प्रतीत हों, परन्तु वास्तव में आप कोई बड़े तपस्वी, सिद्ध महात्मा का रूप हैं। मैं आदर के साथ आप दोनों को नमस्कार करता हूं और मैं यह जानना चाहता हूं कि आप कौन हैं? आपका आश्रम कहां हैं?"

वे दोनों बालक चलते-चलते सहसा रुक गए। उनमें से एक बोला..."महात्मन्! हम अपने गुरु के आश्रम में रहते हैं। आजकल हमारे गुरुजी एक बड़ी घोर समाधि में लीन हैं। अपने आश्रम में बैठे हुए हमने दूर से आप के द्वारा ओंकार की लीला को देखा और हम भी आ उसमें सम्मिलित हुए। आपकी ओंकार परिक्रमा समाप्त हुई। अब हम जाते हैं।

"आपके गुरुदेव का आश्रम कहां है?" यति जी ने पूछा।

"आपको हमारे गुरुजी का आश्रम देखने की बहुत लालसा है?"

"हां!"

अच्छा चलो हम तुम्हें वह दिखा देते हैं। देखिए वह जो सामने पर्वत है उसके ठीक बीच में सफेद रंग की कुटिया जो दीख रही है वही हमारे गुरु का आश्रम है। यति जी ने ध्यानपूर्वक उधर देखा। वास्तव में वहां एक सुन्दर रमणीक आश्रम था।... अत्यंत श्रद्धा भक्ति के साथ वहीं से यति जी ने गुरुदेवजी को नमस्कार किया और फिर उन दोनों बालकों से बोले..."प्रिय बालको! यदि आप आश्रम में ही लौटकर जा रहे हैं तो मुझे भी अपने गुरुदेवजी के दर्शन अवश्य कराइए।"

"परन्तु ऐसा तो हो नहीं सकता। हम लाचार हैं। वहां हम आपको नहीं ले जा सकते, अभी गुरुदेव जी की आज्ञा नहीं फिर कभी आपका सौभाग्य होगा और गुरुदेवजी की कृपा होगी तो आपको भले ही दर्शन हो जाएं...।"

इतना कह वे दोनों ऋषि कुमार चल दिए और यति जी भी उनके पीछे ही पीछे गुरुदेव जी के दर्शनों की आकांक्षा से चल पड़े।

"अच्छा हम अब जाते हैं।" इतना कह ऋषि कुमार चल दिए।

"और मैं?" दो कदम उन्हीं के पीछे चल यति जी बोले।

"अच्छा है आप अभी यहीं रहें...।"

इतना कह वे दोनों कुमार तो चल पड़े और यति जी भी पीछे-पीछे चलने लगे। अभी कुल दो ही कदम चले थे कि एकाएक यति जी के पांव में कांटा गड़ गया। यति जी उस कांटे को निकालने के लिए झुके ही थे। इतने में ऋषि कुमार पता नहीं कहां लोप हो गए।

❑❑❑

पच्चासीवां अध्याय

सन्तों की अमृत वाणी

सन्तों के श्रीमुख से निकला हुआ एक-एक शब्द अक्षर है–अमर है। शताब्दियां बीत गईं, युग पलट गए, परन्तु व्यास, वसिष्ठ, मनु, तुलसी, कबीर, नानक की वाणी आज भी वैसी की वैसी ताजी है। सन्त किसी सांसारिक यूनिवर्सिटी के ग्रैज्युएट नहीं थे। कबीर साहिब किसी भी स्कूल की पहली पास भी न थे, परन्तु आज एम.ए. तक में उनकी वचनावली पढ़ाई जाती है। प्रकाश तो सूर्य से पृथ्वी की ओर जाया करता है न कि पृथ्वी से सूर्य की ओर। जो ज्ञान साधारण मनुष्य सैकड़ों किताबें पढ़ कर भी प्राप्त नहीं कर सकते, सन्त-जनों के हृदय में उस ज्ञान का स्वतः प्रकाश हो जाता है। वेद भगवान् के बारे में कहा जाता है कि यह प्रभु की वाणी है, परन्तु साथ ही साथ प्रभु की व्याख्या करते हुए कहा जाता है कि प्रभु निराकार है, सहस्राक्ष होते हुए भी उनकी आंखें नहीं हैं, जगद्वाणी होते हुए भी उनमें बोलने की सामर्थ्य नहीं, तो इस प्रकार के भगवान् भला स्वयं अपने हाथों से किसी पुस्तक को कैसे लिख सकते हैं। प्रभु ने अपनी पूर्ण सत्ता का अंगिरा, अग्नि इत्यादि सन्तों के हृदय में स्वतः प्रकाश किया; परमात्मा गुरुओं का भी गुरु है–वही सर्व-प्रकाश है। सन्त-जन परमात्मा के अत्यंन्त निकट रहते हैं। इसीलिए उनका भीतर प्रकाशमान होता है। उसी प्रकार से अपनी अमृत वाणी द्वारा वे सांसारिकों के हृदय अंधकार को दूर करते हैं।

यति किशोरचन्द्र के हृदय में सच्ची देश-भक्ति कूट-कूट कर भरी थी। आस्तिकता तो मानवता का शृंगार है। जिस मनुष्य में आस्तिकता नहीं उसे मनुष्य कहलाने का कोई अधिकार नहीं। धर्म, आस्तिकता तथा स्वतंत्रता का आपस में घनिष्ठ सम्बन्ध है। इन तीनों का सम्मिश्रण ही भारतीय स्वाधीनता का वास्तविक रूप है। अन्य सन्त-जनों के समान आपने भावपूर्ण आध्यात्मिक काव्य सुधा बहाई। 'के' से किशोर और 'सी' से चन्द–आप उपनाम के. सी.

से अपनी काव्य रचना करते थे। यति जी के हृदय में मातृभूमि की स्वाधीनता की तड़प थी, यह तड़प उनकी काव्यधारा के एक-एक बिन्दु में प्रत्यक्ष दीख पड़ती है। यति जी की समस्त राजनैतिक तथा आध्यात्मिक कविताओं को इस स्थान पर पूर्णतया उद्धृत करना, अप्रसांगिक तो नहीं, किन्तु स्थानाभाव के कारण प्रिय पाठकों को इस अमृत-वाणी के कतिपय घूंट ही चखने को उपलब्ध हो सकेंगे।

जहाँ नहीं स्वाधीनता, वहाँ नहीं भगवान्।
के. सी प्रभु के हेत कर, स्वतन्त्रता रस पान ॥1॥
भारत आरत दीन हो, लखत तुम्हारी ओर।
के. सी कर्म कृपाण ले, चरण पाश अब तोड़॥2॥
जिनके हिरदय में नहीं, देश जाति का मान।
के. सी उन नर पशुन को, कूकर शूकर जान।3॥
प्राणन से भी अति प्रिय, मातृभूमि का नेह।
के. सी न तदपि तजूं, जो खण्ड-खण्ड हो देह॥4॥
गांधी की आंधी चली, उड़े फिरंगी लोग।
के. सी अब भाग जाएगा, पराधीनता रोग॥5॥
चरखा चक्र सुदर्शन, सत्याग्रह की ढाल।
के. सी धारे रण जुटे, भारत मां के लाल॥6॥
उदय हो हीं आदित्य त्रय, लाल बाल अरु पाल।
के. सी निर्धन देश अब, शीघ्र होहीं खुशहाल॥7॥
मांडले के कृष्ण बने, महाराष्ट्रकुल भान।
के. सी भारत मात का, संकट काटत जान॥8॥
देश हेतु स्वदेश को, तज कर जाते आज।
रास बिहारी की सदा, राखें के. सी लाज॥9॥
जलियांवाले बाग का, यह उत्सर्ग महान।
आजादी उपजाएगा, के. सी निश्चय जान॥10॥

◆◆◆◆◆

जेलन में दुख भोगते, गो-माता के भक्त।
के. सी रंग रंगायेगा, इन वीरों का रक्त॥11॥
वृक्ष न अपने फल चखैं, नदी न पीवे नीर।
के. सी पर उपकार हित, सन्तन धरयो शरीर॥12॥
जे नर नर-तन पाय के, करें न पर उपकार।

के. सी ऐसे नरन पै, कोटि-कोटि धिक्कार॥13॥
के. सी जग में आय के, करो सभी संग प्रीत।
यह नर तन तो क्षणिक है, ज्यों बालू की भीत॥14॥
मैं ब्राह्मण तू बानियां, मैं ठाकुर तू सूद।
के. सी ऐसी भावना, सब जानों बेहूद॥15॥
के. सी गो द्विज पे पड़ा, आजु कष्ट महान्।
भारत में कब आएंगे, भारत के भगवान्॥16॥
कोटि-कोटि सुत न करें, जिस माता का त्राण।
के. सी क्या कर पायेंगे, उस का श्री भगवान्॥17॥
के. सी अब तुम ही करो, "तत्त्वमसि" का जाप।
तुम्हरे ही मेटे मिटे, भारत का दुःख ताप॥18॥
जात पात के भंवर में, फंसी देश की नाव।
प्रेम चप्पु सों ताहि को, के. सी पार लगाव॥19॥
इक जननी इक जनक का, सकल जगत है पूत।
के. सी फिर निज भ्रात को, क्यूं कर कहें अछूत॥20॥
सकल जगत् के एक पिता, वही हैं श्री भगवान्।
के. सी क्यूं बिरथा करे, जाति का अभिमान॥21॥
के. सी अवसर यह तुम्हें, मिले न बारम्बार।
जग में नर तन पाय के, प्रभु को नाहिं बिसार॥22॥
हर बिसरे दुःख होत है, हर सुमिरे सुख पाय।
के. सी ऐसे समझ के, हर में ध्यान लगाय॥23॥
के. सी नर तन पाय के, करिये पर उपकार।
करके पर उपकार को, दीजै सुरत विसार॥24॥
के. सी या संसार में, दया करो हर चन्द।
दया धर्म की सार है, सदा रहो आनन्द॥25॥
के. सी टूटी झोझरी, नैया है मंझधार।
निज बल्ली है धर्म की, खेवटिया करतार॥26॥
अमृत चाखन चाहत है, विष दीना है बोय।
के. सी जैसा वृक्ष है, तैसा ही फल होय॥27॥
विषयन के वश होय के, मट्टी कीनी ख्वार।
के. सी नर तन पाय के, लखा न निज करतार॥28॥
सुध बिसराई गर्भ की, होता तेरह तीन।
के. सी मारग यार का, चीन-चीन अब चीन॥29॥

काम क्रोध मोहादि से, पड़े जगत् में भूल।
के. सी या व्यवहार में, व्याज मिले न मूल॥30॥
के. सी जग में ज्ञान को, क्रोध देत है खोय।
क्षमा और सन्तोष से, शांति चित्त को होय॥31॥
जो कहले यह जान दे, अपना है नहिं दोष।
के. सी मूरख जो कहै, करिये न कुछ रोष॥32॥
के. सी जब तक प्राण हैं, रखिये सत्य हमेश।
सत के बल से भूमि को, स्थिर राखत है शेष॥33॥
इनसे लिपटे होत हैं, काया कंचन कांच।
के. सी है विष की भरी, नाग नागनि पांच॥34॥
रंगरेजा की प्रीति में, पड़त उछट के रंग।
के. सी ऐसा जानिये, सन्तन का सतसंग॥35॥
घाव कलेजे करत है, बाणी कहत कठोर।
के. सी मीठे वचन से, रीझें नन्द किशोर॥36॥
कहनी है करनी नहीं, कैसे होय निशंख।
के. सी गिर-गिर जात है, ज्यों पंछी बिन पंख॥37॥
मन बानी और देह से, हो हिंसा दे छोड़।
के. सी सिंह भुजंग सब, चले जांय मुख मोड़॥38॥
जिसमें सब का लाभ हो, वैसा वचन निकाल।
के. सी ऐसी रीति से, प्रभू मिलै तत्काल॥39॥
मन बानी और देह सों, तज पर धन का ध्यान।
के. सी जो इच्छा करे, सोई दे भगवान्॥40॥
मन बानी और देह से, ब्रह्मचर्य को धार।
के. सी शक्ति धैर्य की, देती मोद अपार॥41॥
के. सी तन में रहत बल, भला बुरा सह जाय।
तेज कान्ति अंग-अंग लखें, चित्त शान्त रस पाय॥42॥
के. सी धन और बन्धु जन, छुटत न करिये सोग।
मिलने की तज के खुशी, चित्त में नित सुख भोग॥43॥
के. सी शत्रु मित्र का, दिल से करिये हित।
सब प्राणी जन खुश रहैं, सुख पाओ तुम नित्त॥44॥
अर्पण करके राम को, पीछे भोजन खाय।
के. सी प्रभु के अन्न से, रोग कोई नहिं आय॥45॥

माटी मल कर न्हाय से, काया निर्मल होय।
के. सी अन्तःकरण तो, आत्म बोध से धोय।।46।।
चन्द्रायण व्रत आदि का, जोई करें अभ्यास।
के. सी शुद्ध शरीर हो, होती पूरण आस।।47।।
यही आस्तिक धर्म है, ईश्वर का लो नाम।
के. सी वैदिक धर्म से, निशि दिन रखो काम।।48।।
के. सी धर्म-द्रव्य का, निर्भय करिये दान।
दीन्हे दीन कुलीन को, दूना होय प्रमान।।49।।
श्रद्धा से उस देव को, सुमिरो करके ध्यान।
के. सी वह परमात्मा, फल देता है आन।।50।।
जो वेदों को सुनतं है, उनके समझो कान।
के. सी वेद सुने नहीं, उनको बहरा जान।।51।।
बुरे कर्म से शर्म कर, अच्छा ले ले हाथ।
के. सी ऐसी रीति से, कर सन्तन का साथ।।52।।
जो कुछ तुझको प्राप्त हो, कर उसमें सन्तोष।
के. सी चित्त पवित्र से, आवे अपना होश।।53।।
के. सी कह तू कौन है, कितसे आया यार।
करना क्या कहाँ जायेगा, यह तो तनिक विचार।।54।।
ओम नाम जपते रहो, जिसमें हो कल्याण।
के. सी सोहं शब्द का, घल पल रखिये ध्यान।।55।।
अग्नि में दे आहुति, संध्या विमल उचार।
के. सी यह करनी करो, रहे प्रसन्न करतार।।56।।
रहकर यम में नियम में, साधो अब तुम योग।
के. सी काया में कभी, रहै न कोई रोग।।57।।
शस्त्र धर्म को बांध कर, कूद पड़ो मैदान।
विजय तुम्हारी होयगी, के. सी निश्चय जान।।58।।
काम क्रोध लोभादि को, मारे सोई वीर।
के. सी ऐसे वीर से, आय मिलें रघुवीर।।59।।
के. सी वाह्यक ज्ञान की, क्या कीजै परतीति।
छूवत ही गिर जात है, ज्यों बालू की भीति।।60।।
के. सी तुम करते नहीं, साधु की पहिचान।
ठग डाकू और आलसी, क्या साधु सम जान।।61।।

साधु का बाण धरे, फिरे बहुत कंगाल।
के. सी इन के कारणें, देश हुआ बेहाल।।62।।
के. सी सच्चे साधु तो, धन राखैं नहिं पास।
जो ताको धन देत हैं, वाको नरक निवास।।63।।
के. सी तू मत सोच कर, सोच करे क्यों होय।
जैसी जाकी कल्पना, वैसा ही फल होय।।64।।
इधर उधर की जान दे, अपना आप सम्भाल।
के. सी अवसर जात है, सीस विराजै काल।।65।।
के. सी या संसार में, विविध भांति के पंथ।
वह ही पंथ सराहिये, भीतर खोले ग्रन्थ।।66।।
रवि रंक सब जात हैं, हम तुम रहे न कोय।
के. सी या संसार से, सब को चलना होय।।67।।
के. सी पहिले आप को, लीजै आप संभाल।
सिर पै तेरे घूमता, ज्यूं बदरा है काल।।68।।
जीवन नर तन का सभी, नेम धर्म से काट।
के. सी कंचन देह को, मत कर बारह बाट।।69।।
पूर्व जन्म के कर्म से, देह मिली अनमोल।
के. सी नर तन पायके, राम रमापत बोल।।70।।
के. सी दुख को सुख गिनो, जो चाहो आराम।
समय न एक समान है, इत छाया उत घाम।।71।।
जिसने हरि के हेत में, गिना न अपना अंग।
के. सी जो माटी बना, हर है वाके संग।।72।।
के. सी ताको मरण है, जो जावे प्रतिकूल।
जिसका सत् व्यवहार हो, चुभे न उसके शूल।।73।।
अजर अमर के. सी रहे, ताको नहिं विनाश।
कर विचार मन में जरा, ईश्वर तेरे पास।।74।।
व्यापक तो घट घट रहे, नयनन नहीं दिखाय।
के. सी वासे मिलन को, बिरला सेवक जाय।।75।।
विषयन की तृष्णा तजो, भजो रकार मकार।
के. सी या संसार में, राम नाम है सार।।76।।
बरतन नर तन रूप है, मुक्ति द्वार मशहूर।
के. सी हरि रस पीवहिं, जीवहिं सब दुख दूर।।77।

नर तन रतन अमोल है, या को मोल अपार।
सौदा लो हरि भक्ति का, लगा जगत् बाजार।।78।।
अमल मुझे तव नाम का, नशा हुआ भरपूर।
के. सी चबीना चाह का, निगाह में आया नूर।।79।।
माया ठगिनी जगत् की, जहां जगत् ठग जाय।
के. सी ठग बन कर ठगी, ठगिनी आप लखाय।।80।।
शंका लंका दहन को, राम नाम हनुमन्त।
के. सी निश्चिन्त कर, सुमरि सदा सिय कंत।।81।।
कलिमल कलुष निकन्दन, दशरथ नन्दन राम।
धनुष बाण धारण किये, बसत हृदय के धाम।।82।।
रसना रस चख नाम का, के. सी आठो याम।
कसना तन को चाहिए, बसना गोकुल ग्राम।।83।।
मिथ्या स्वप्न समान जग, सत्य रूप श्री राम।
के. सी सगुण स्वरूप से, लीला करै ललाम।।84।।
श्रद्धा भक्ति के बिना, के. सी कैसा मोक्ष।
ज्ञान बिना दीखै नहीं, देवी दृश्य परोक्ष।।85।।
संतन के सत्संग से, लाभहि लाभ न हानि।
के. सी सुख कारिणो, सत्संगति सुख खानि।।86।।
भटका भटका फिरत क्यों, खटका है दिशि चार।
के. सी सतगुरु शरण हो, घट का खुलै किवार।।87।।
लख चौरासी फन्द में, फांसे माया नारि।
के. सी सतगुरु बालका, पल में डारे फारि।।88।।
निरख अलख की झलक को, खलक फलक में ज्योति।
निर्गुण चश्मा नैन पै, के. सी देख उदोति।।89।।
बाधा बाधक हो नहीं, साधक सच्चा होय।
सतगुरु सिद्ध कृपालु तौ, के. सी पावै सोय।।90।।
सीधा सुखद सुमन्त्र है, सोहं सोहं जाप।
मौन मौन में पौन थिर, के. सी आवै आप।।91।।
ताप त्रय सन्ताप का, रहै न नाम निशान।
भजन प्रभाव प्रदीप्त हो, के. सी मोद महान्।।92।।
भाव चाहिए भक्ति का, तौ रीझे भगवान्।
सरस ज्ञान से दरश हो, के. सी प्रभु की शान।।93।।

श्रवण नासिका वृत्ति से, त्रिकुटि जुड़ावै नैन।
भृकुटि बीच में खींचले, के. सी उतरे ऐन।।94।।
करिये प्राणायाम करि, प्राणपान समान।
व्यानोदान समान गति, के. सी ईश्वर ध्यान।।95।।
विश्वविकाशी विमल विभु, निष्कलंक निर्गुणय।
के. सी निरख निरंजन, जो पूरणबल पुण्य।।96।।
रमा राम की मूर्ति की, छवि कवि बरणो कौन।
हृदय हर्ष हुलसावनी, के. सी मन में मौन।।97।।
चित की चंचलता थिरै, ऐसी कीजै युक्ति!
निष्कलंक के दरश से, के. सी पावे मुक्ति।98।।
तरुण अरुण नीरज नयन नील कमल तन श्याम।
क्षीरसिंधु के. सी शयन, शय्या शेष ललाम।।99।।
ज्ञान गम्य गीता गहन, गुप्त ग्वाल गोपाल।
के. सी पर करुणा किये कमला कन्त कृपाल।।100।।
नराकार में प्रगट हो, निराकार भगवान्।
हरा धरा के भार को, के. सी कृपा निधान।।101।।
योग ध्यान में मग्न है, ज्ञानी योगारूढ़।
सुगम भक्ति उनको जिन्हें, के. सी ज्ञान सुगूढ़।।102।।
गहैं भक्ति जो सगुण की, के. सी हरिगुण गाय।
बिना परिश्रम भव तरे, सुगम परम पद पाय।।103।।
हाथ बिराज बांसुरी, मधुर रसीलो तान।
ओंकार धुन का सदा, करते के. सी गान।।104।।
बन ठन ब्रज बनिता चलीं, दरशन को चित चाव।
आली बन माली मिले, के. सी भक्ति प्रभाव।।105।।
नदी किनारे खेत की, क्या करता है आस।
के. सी लोभ तरंग आ, कर देगी सब नास।।106।।
के. सी हाट हवेली पर, क्यों इतना इतरात।
लंकापति क्या ले गया, गया पसारे हाथ।।107।।
के. सी जग से उठ गए, बड़े-बड़े बलवान।
तू तो इतना है नहीं, अर्जुन भीम समान।।108।।
के. सी मोह मद में फंसा हर को दिया विसार।
बोझ गले में बांध कर, उतरा चाहे पार।।109।।

गई वाय तो जान दे, हर से करले हेत।
के. सी काफी सो लिया, मूरख अब तो चेत॥110॥
नैन लगे करतार से, बिन देखे नहिं चैन।
के. सी जासों प्रभु लखूं, वहीं नैन हैं नैन॥111॥
के. सी नयनन हैं वही, जिन नैनन में यार।
सच्चे नयन मिलाय तो, तुरत मिले करतार॥112॥
अद्भुत चाह यह प्रेम की, नयनन रही समाय।
इत इत ज्यूं के. सी पिये, उत उत बढ़ती जाय॥113॥
बिरथा इस संसार में, मत मन को भटकाय।
के. सी जो भीतर लखे, तो आपहि आप दिखाय॥114॥
के. सी ज्यों संसार में, किरन पसारे भान।
एवं श्री भगवान् को, सर्व व्यापक जान॥115॥
पांच तत्त्व का पुतला, मनवा पड़ गया नाम।
के. सी अंग प्रत्यंग में, रमा वही है राम॥116॥
रग-रग में रंग रहा, उसी प्रभु का रंग।
के. सी ताकी प्रीति ही, अन्त जायगी संग॥117॥
रोम रोम में रम रहा, वही रमापति राम।
के. सी प्राणधार है, सकल लोक विश्राम॥118॥
ज्ञान रंग में रंग रंगों, तब हो हरि का ध्यान।
के. सी अपने प्रेम की, तभी होत पहचान॥119॥
जन दारा सुत लक्ष्मी, इनका का क्या अभिमान।
के. सी इनका नेह तज, सुमिरो श्री भगवान्॥120॥
ऊंचे महल बनावता, भूमि अपनी जान।
काया तक तेरी नहीं, के. सी किस का मान॥121॥
के. सी हरि है आपुनो, उससे नेह लगाओ।
अशरण की वही शरण है, ताकी शरणी जाओ॥122॥
के. सी जाको कहत तू, तात मात अरु भ्रात।
सुख के साथी हैं सभी, दुख में मारें लात॥123॥
के. सी जग में आय के, हर को दिया विसार।
सत्य रूप को छोड़ कर, माया से है प्यार॥124॥
के. सी हर का नाम लो, जो सब का करतार।
ताकी किरपा से होईं, भव सागर से पार॥125॥

के. सी मन में कीजिये, मित्रन की पहिचान।
सत्य मित्र परमात्मा, सब को झूठा जान।।126।।
के. सी सुमिरो मित्र को, प्रात धरो पग माथ।
वे ही सच्चे मित्र हैं, त्रयलोकी के नाथ।।127।।
के. सी मन से छोड़ दे, झूठ मित्र की आस।
मित्र उसी को जानिये, जो नित अपने पास।।128।।
के. सी अपने मित्र से, पाते हो आराम।
भीर पड़े पर मित्र ही, आ जाता है काम।।129।
के. सी जग के मित्र भी, जग तक साथ दिखात।
अन्त मित्र परमात्मा, रखते सब दिन बात।।130।।
के. सी सब के मित्र सब ले जाते माल।
देने वाला मित्र है, वह ही मदन गोपाल।।131।।
के. सी इस संसार में मित्र मिला नहीं कोय।
ईश्वर सच्चा-मित्र है, जासों आनन्द होय।।132।।
के. सी ऐसे मित्र से, क्यों नहिं करिये प्यार।
पहिले अपने जन्म से, भोजन किया तैयार।।133।।
के. सी झूठे मित्र का, मत करिये विश्वास।
सत्य मित्र गोपाल हैं, तिनकी राखो आस।।134।।
के. सी कैसे मित्र हैं, इस दुनिया के माहिं।
मतलब है जब तक रहें, फिर आने के नाहिं।।135।।
के. सी जग के बीच में, सत्य मित्र भगवान्
बने बनाये मित्र सब, करते हैं नुकसान।।136।।
के. सी ऐसे मित्र की, निशिदिन करिये आस।
जीते जी तन में रहे, मरे पै स्वर्ग निवास।।137।।
के. सी अपने मित्र का, विमल विमल यश गान।
उसके हैं सब मंगता, योगी राजा राव।।138।।
के. सी ऐसे मित्र की, कर लीजे परतीति।
बिन स्वारथ हरिजन मिले, करे सत्य की रीति।।139।।
के. सी सच्चा मित्र, जो सब को सुख देत ।
तन मन धन अर्पण करो, कृष्णा मित्र के हेत ।।140।।
के सी या संसार में, मान बढ़ाई छार ।
दीन होय हर को भजे, वह ही नर की सार ।।141।।

गुण अवगुण में और के, जबहि धरो यह ध्यान ।
के. सी पहले आपकी, कर लीजे पहिचान॥142॥
अन्तर हरि का नाम ले, बाहर दया पसार।
के. सी ऐसी युक्ति से, कभी न होवे हार॥143॥
के. सी हरि के प्रेम में, भिक्षा तू मत मांग।
मांगे जो उनको गिनो, पाखण्डी को स्वांग॥144॥
वह हरि सब को देत हैं, उनकी लम्बी बांह।
के. सी उनसे मांग ले, जो मांगन की चाह॥145॥
के. सी हरि का नाम लो, वही है सुमिरन योग।
ताके सुमिरन से कटें, भव सागर के रोग॥146॥
सब रोगन की औषधि एक प्रभु का नाम।
के. सी सिमरण मात्र सों, सिद्धहोत सब काम॥147॥
भीतर तेरे राम है, तू खोजे किस ठौर।
के. सी अपने राम से, नहीं भिन्न तू और॥148॥
पारस हरि का नाम है, लोहा नर की देह।
के. सी कंचन बनन को, करो हरि सों नेह॥149॥
के. सी हरि के स्पर्श से, सिन्धु तरे पाषाण।
पारस के सत-संग से लोहा महंग बिकान॥150॥
स्वर्ग सात आकाश पै, क्यों ढूंढ़त है मूढ़।
के. सी भीतर स्वर्ग है, ज्ञान चक्षु सों ढूंढ़॥151॥
मोह माया के फेर में, भूल गया संसार।
के. सी प्रभु के नाम बिन, कबहुं न उतरे पार।152॥
काशी मथुरा द्वारिका, सब पुरियन के मांहि।
के. सी हरि को ढूंढ़यो, वह तो मिल्यो नाहि॥153॥
इत उत क्यूं भटकत फिरे, पास तेरे भगवान्।
मन मन्दिर में कीजिये, के. सी उसका ध्यान॥154॥
ज्योति रूप परमात्मा, घट घट रह्यो समाय।
के. सी ताको खोजने, इत उत विरथा जाय॥155॥
के. सी जग में आयके, हर का लियो न नाम।
माटी केरी भाव में, देही करी निलाम॥156॥
के. सी हरि का नाम ही, नर जीवन का सार।
संग वही इक जायगा, प्रियतम प्राणाधार ॥157॥

के. सी हरि का नाम ही, केवल जगदाधार।
क्षण भंगुर है शेष सब, तिसका नाम उचार॥158॥
के. सी अपने दास को, राखत सदा सुमान।
बने सारथी पार्थ के भक्त हेतु भगवान् ॥159॥
के. सी ताके दास पै, कबहुं न संकट आय।
जो कदपि कबहुं परत होहीं तुरत सहाय॥160॥
द्रुपद सुता की लाज रखि, गज के राखे प्रान ।
निज भक्तन के दास हैं, के. सी श्री भगवान्॥161॥
गज को ग्राह्यो ग्राह जब, निबल पुकारयो दीन।
के. सी आरत की तुरत प्रभु आ रक्षा कीन॥162॥
गर्व मिटायो इन्द्र को, गोवर्धन नख धार।
ब्रज को लियो बचाय तुरत, के. सी नन्द कुमार॥163॥
निर्गुन सगुनहु भेद नहीं, के. सी निश्चय जान।
ज्ञान मांहि निर्गुन लाखे, सगुन प्रेम पहिचान॥164॥
महिमा प्रभु की देख के , जिसे ज्ञान न होय।
के. सी या संसार में, वा सम मूढ़ न कोय॥165॥
के. सी ज्यूं ज्यूं बढ़त है, धरती को अधभार।
भार हरन को तत्क्षण, लेत ईश अवतार॥166॥
के. सी ताके दास पै, जब जब परती भीर।
नर नारायण रूप में, प्रभु तब धरे शरीर॥167॥
तीन लोक नव खंड औ, भुवन चतुर्दशा माँहि।
के. सी नाना रूप में आप ही आप समाहि॥168॥
ताकी महिमा अगम है, जाको पार न वार।
के. सी तिस को ध्याइये, वही सार में सार॥169॥
तीन लोक दसहुं दिशा, व्यापक वही महान्।
तारागण रवि शशि करें के. सी ताको गान॥170॥
मंगल मय मंगल करन मंगल फल दातार।
के. सी मंगल कारणो सुमिरो मंगल सार॥171॥
वही गणेश, महेश वही, वही सारद अरु शेष।
वही ब्रह्म अरु जीव वही, के. सी के प्राणेश॥172॥
के. सी जगदाधार है वही लोक आराम।
तन मन धन तिस, भेंटकर, भजौ ताहि निष्काम॥173॥

सर के निर्मल नीर में, प्रतिबिम्ब दर्शाय।
हृदय सरोवर में तिमि, के. सी अलख लखाय ॥174॥
अजर अमर अविनाश विभु, सत्य चित्त आनन्द।
जगदाधार कृपालु प्रभु, के. सी परमानन्द॥175॥
महादेव, ब्रह्मा, हरी, जगदीश्वर सुखधाम।
के. सी उस परमेश के, कोटि-कोटि शत नाम॥176॥
के. सी उस परमेश के हैं तो नाम अनेक।
सब नामन सों श्रेष्ठ है, ओ३म् नाम बस एक॥177॥
सब नामन में ओ३म् ही, सकल शिरोमणि नाम।
के. सी ताको सुमरिये, सुख-सागर सुख-धाम॥178॥
ओ३म् नाम जिसके हिये, सब जग ताके साथ।
के. सी नृप संग भृत्य को, सही नवावें माथ॥179॥
ओ३म् नाम जपते रहो, जब लग घट में प्राण।
सार हीन नर-देह का, यही सार इक जान॥180॥
ओ३म् नाम है कल्प द्रुम, के. सी हृदय समाय।
के. सी ताके ध्यान सों, मनवांछित फल पाय॥181॥
हरत विघ्न बाधा सबै, करत सुपूरन आस।
रहत निकट अपने सदा, के. सी ताको दास॥182॥
के. सी हर के नाम सों दूर जाहिं सब क्लेश।
काम, क्रोध, मन, लोभ का, रहत हृदय न लेश॥183
दीनानाथ अनाथ पै, ऐसे होत सनाथ।
के. सी कियो अमीर तुरत, गहत सुदामा हाथ॥184॥
जानहु इस भवसिन्धु सों, तुम्हीं लगावत पार।
इह जानि के. सी गह्यो, प्रभु तुम्हरो आधार॥185॥
तो सम दाता है नहीं, के. सी सम नहिं दीन।
नाथ इह विधि जानके, हुआ तेरे आधीन ॥186॥
दीन बन्धु तुम दीन की, एकमात्र हो आस।
के. सी एवं जानके, आया तुम्हरे पास ॥187॥
के. सी तो छोटो बहुत, प्रभु तुम अति महान्।
कृपा दृष्टि सों देखिये, मो को सेवक जान॥188॥
तुम रवि सम खद्योत मैं, तुम मानिक हम पोत।
तुम बारिध हम बून्द, बस आस तुम्हरो होत॥189॥

इन्द्रिन के वश होय के, लीनों जनम बिगार।
के. सी नर तन पायके, पशु सदृश व्यवहार॥190॥
चिन्ता की ज्वाला जगे, जले सकल संसार।
सुखी ताहि को जानिये, के. सी नामाधार॥191॥
विषयन में ऐसा फंसा, भूल गया हरिनाम।
के. सी यूं पथ भ्रान्त हो, सभी बिगारे काम॥192॥
त्रिविधि ताप को फंद परो, सूझत वार न पार।
के. सी छिनमंह काल सब, मारि नर्क में डार॥193॥
के. सी घर घर गाजिया, तृष्णा भई छिनार।
इस कुटनी के फेर में, पीसि गया संसार॥194॥
काम क्रोध मद लोभ से, तू के. सी मनमोड़।
मित्र रूप में शत्रु हैं, इन से नाता तोड़॥195॥
वाणा धरयो साध का, पर साधी न देह।
के. सी जगत ठगायो, हर से कियो न नेह॥196॥
जटा रखाये सीस पै, तन पर डारी खाक।
हंस बनन यूं चहत है, के. सी कारो काक॥197॥
शील, स्नेह, शीतल वचन, यह संतन की रीति।
के. सी संतन का हृदय, ऐसा ज्यों नवनीत॥198॥
जिमिकर शीतल चन्द्रमा, तैसे शीतल सन्त।
के. सी संतन दर्श सों, पातक मिटें तुरन्त॥199॥
जिनके हृदय राम है, झूठ कपट नहिं अंग।
के. सी दुर्लभ जानिये, उन सन्तन को संग॥200॥
काम क्रोध मद लोभ की, देह बनी है खान।
लेवल लग्यो साध को, के. सी मिथ्या जान॥201॥
दया धर्म हिरदय बसो, बोले अमृत बैन।
के. सी ऊंची सोई है, जिनके नीचे नैन॥202॥
के. सी मन को मारि के, तजि मद मोह प्रपंच।
त्यागि दम्भ पाखण्ड सब, तपहु प्रेम को अंच॥203॥
बढ़त पाप जब अधिक तब, होत विधाता वाम।
पाप कर्म से बचे रहो, के. सी आठों याम॥204॥
के. सी हर के नाम सों, पातक मिटें अनेक।
निशिदिन हर को ध्याइए, के. सी सहित विवेक॥205॥

सुमिरन सों हरिनाम के, पूर्ण होत सब काम।
के. सी उस जगदीश का, निश दिन लेवो नाम।।206।।
जे माया मोह में भरे, ते नर अधम गंवार।
जन्म जन्म डोलत फिरें के. सी न पावहिं पार।।207।।
सोया सम्मुख बाढ़ के, के. सी पांव पसार।
चेत चेत ओ गाफिला, देख आवती धार ।।208।।
के. सी हर के नाम का, तनिक न करे विचार।
खेवट के बिन नाव यह, कैसे उतरे पार।।209।।
नर तन दुर्लभ न मिले, कीन्हें कोटि उपाय।
के. सी रत्न अमोल क्यूं, माटी तोल बिकाय।।210।।
नर देही दुर्लभ बड़ी, मिले न बारम्बार।
के. सी हर के भजन सों अपनो आप सुधार।।211।।
हर का नाम जहाज है, ता में हो असवार।
के. सी निर्भय हूजिये, भव सागर के पार ।।212।।
के. सी जप तप नेम सों, होत न पूरो काज।
भव सागर से तरन को, हर का नाम जहाज।।213।।
परमातम के नेह सों, सुफल होत यह देह।
एक चित के. सी करो, चरण कमल सों नेह।।214।।
के. सी यह संसार तो, ज्यों कागद की नाव।
काल भंवर तंह आयके, छिन में देत डुबाव।।215।।
पांच तत्त्व की देह में ज्यों सुर व्यापक होइ।
विश्व रूप मंह ब्रह्म ज्यों, के. सी व्यापक सोइ।।216।।
अग्नि में भी आप ही, वायु में भी आप।
सब जीवन में आप ही, लखत निरालो आप।।217।।
फूलन में पुनि आपही, फल रस में पुनि आप।
प्रतिमा में पुनि आपही, प्रियतम में पुनि आप।।218।।
जल थल नभ में रम रहा, पूरण पुरुष महान्।
एकै आतम सकल घट, के. सी कर पहचान।।219।।
सब जीवन में रम रहा, ब्रह्म सनातन आद।
ज्यूं माटी के घटन की, के. सी माटि बुनियाद।।220।।
आदि अन्त अरुमध्य में, जो है स्वयं प्रकाश।
ताके चरणन की धरे, के. सी दिल में आश।।221।।

भक्ति दान प्रभु दीजिये, तुम देवन के देव।
चरन कमल बिसरों नहीं, के. सी करौं पद सेव ॥222॥
तुम जगदीश दयाल प्रभु, अधम उधारन हार।
के. सी सदृश दीन की, तुमही राखो वार॥223॥
भगतन को तुम तारिहौ, अधम कहां पर जाय।
अधम अधारन तुम बिना, के. सी ठौर न पाय॥224॥
तीरथ व्रत मैं न करौं, न पूजूं पाषाण।
के. सी निशि दिन करत है, केवल तुम्हरो ध्यान॥225॥
काया काशी समझ के, मथुरा मन की मान।
ज्ञानगंग की धार में, के. सी. करे स्नान॥226॥
बनी बनाई द्वारिका, दिल के है दरम्यान।
कृष्ण रूप जहं रम रहे, के. सी श्री भगवान्॥227॥
शरण तुम्हारी छांड़ि के, जाऊं प्रभु किस ठौर।
के. सी. का तेरे बिना, जग में न कोई और॥228॥
के. सी. पर दया करो, काटि देहु सब फंद।
पार होहिं भव सिन्धु के, पाऊं परमानन्द॥229॥
विषयन में चित लायके, कियो न हर सों नेह।
के. सी कंचन सारखी, कूड़ा कीनी देह ॥230॥
ऋषि मुनि खोजहीं ताहिको, नैकुन पावहिं सोहि।
तारन तरन अगम्य तुम, के. सी खोजे तोहि॥231॥
मन मन्दिर में है लगी, एक तुम्हारी आस।
के. सी वर्षा बूंद बिन, चातक बुझे न प्यास॥232॥
सन्तों के सत्संग से मन होवत है शुद्ध।
के. सी तहां न जाइये, उपजत जहां कुबुद्ध॥233॥
बिन्दु बिन्दु जल गिरन सों, जैसे घट भरजाय।
के. सी धन अरु धर्म का, तैसे होहि समुदाय॥234॥
मधुर मनोहर वचन तो, बोलें पुरुष अनेक।
कटु भाषी हित कर सोई, के. सी विरला एक॥235॥
मीठे वचन उचारिये, ता में लगे न मोल।
के. सी मीठे वचन सों, सब जग तुम्हारे कोल॥236॥
के. सी ऐसे न बढ़ो, जैसे सिन्धु खजूर।
प्यासे को पानी नहीं, भूखे को फल दूर॥237॥

बढ़ना तो ऐसे बढ़ो, जैसे बढ़ता आम।
भूखे को फल-रस मिले, पथिकों को विश्राम॥238॥
गर्व करत किस बात का, ओ भोले नादान।
रहे न जग दसकंध से, दिग्विजयी बलवान॥239॥
दुखिया दीन दरिद्र की, करुणा कथा सुनि कान।
के. सी स्मर्प्यों प्रेम सों, जन जीवन धन प्राण॥240॥
पर कारज साधहिं सदा, तजि सुख स्वार्थ अनन्त।
पदम पत्र जिमि जग जियें, धनि धनि सन्त महन्त॥241॥
पी पी गरिबन को लहु, बने बड़े धनवान।
चल्हीं गरीब निवाज पै, अन्त पाप बख्शान॥242॥
तहं काशी तहं सुरसरी, तंह तीरथ जप याग।
के. सी जसु हृदय जली, प्रभु मिलन की आग॥243॥
बिना निहारे आपके, नहीं पड़त है चैन।
नैनन में निंदिया नहीं, बैरन हो गई रैन॥244॥
शब्द मधुर धुन प्रेम की, दिल में गई समाय।
तन मन से मोहित भई, कछु ना मोहिं सुहाय॥245॥
मन में मोहन बस गए, दिल में बस गई आस।
मोहन अपने प्रिय सदा, हम मोहन के दास॥246॥
हम तो तेरी आश में, बैठे हैं मन मार।
माला तेरे नाम की, जपते हैं हर बार॥247॥
तुम्हीं दीनदयाल हो सब दुख भंजन हार।
के. सी के तो एक हो, तुम्हीं नामाधार॥248॥
घट घट में व्यापक रहो, सब से प्रेम पियार।
सब प्रानन के प्रान हो, जग-जीवन के आधार॥249॥
महिमा तीनों लोक में, रच रखी यक सार।
के. सी. सब में रम रहे, एक वही सरकार॥250॥
छोड़ तुम्हें कित जाऊं मैं, तुम से मेरी पुकार।
तुम अनाथ के नाथ हो, सब के पालन हार॥251॥

महान् आत्माएं इस संसार में **पद्मपत्रमिवाम्भसा** रहती हैं। बाहर के स्वराज्य की अपेक्षा वे भीतर के स्वराज्य को अधिक महत्त्व देती हैं। सन्तों का हृदय पवित्र होता है। उनकी वाणी भी पवित्र आत्मा का ही रस होता है। उनकी वह वाणी एक देशीय नहीं, परन्तु सर्वदेशीय होती है। सन्त समस्त

जगत् का कल्याण चाहते हैं। संकीर्णता की तंग गुफा के बन्दी न बन कर वे विशाल अंतर्राष्ट्रीय जगत् के एक स्वतन्त्र पक्षी बन कर विहार करते हैं। वेद भगवान् ने जो–

यस्तु सर्वाणि भूतानि आत्मन्येव भूत विजानतः।
तत्र कः मोहा कः शोकः एकत्वमनुपश्यतः॥

उपदेश दिया था, सन्त जन इसका अक्षरशः पालन करते हैं। इसी भगवद्वाणी के पालन करने में ही उनकी महानता का रहस्य निहित है।

आज हमारा देश पराधीन है। हम अपनी खोई हुई स्वाधीनता को पाना चाहते है। हमारा आदर्श विश्व-प्रेम तथा विश्व-बन्धुत्व का है। इसी के द्वारा प्राप्त किया हुआ स्वराज्य स्थिर रह सकता है। विश्व-वन्द्य महात्मा गांधी जी का यही आदर्श है। सच्चे सन्त अपने कठोर शत्रुओं के प्रति भी अपने हृदय में लेशमात्र भी घृणा का भाव नहीं लाते।

यह ठीक है कि शताब्दियों से पराधीनता-पाश में जकड़ा हुआ भारतीय नव युवक **ब्रह्म सत्यम् जगन्मिथ्या** की थोथी बात नहीं सुनना चाहता। उसके कान रण दुन्दुभी का निनाद सुनना चाहते हैं, परन्तु जोश के साथ होश भी तो चाहिए। सन्तों की वाणी हमें होश दिलाती है। संतो की वाणी हमारे अन्दर (National character) उच्चतम राष्ट्रीय आचार संचार करती है। यह आचार ही राष्ट्र का जीवन है ओर निराशा की बात...निराशा है कहां–

जहां सुमति तहं सम्पति नाना।
जहां कुमति तहं विपति निधाना॥
पराधीनता दुःख महा, सुख जग में स्वाधीन।
सुखी रहत वन वन फिरें, कनक पींजरे दीन॥
पतित वहै, नास्तिक वहै, रोगी वहै मलीन।
हीन, दीन, दुर्बल वहै, जो जग में परधीन॥
परभाषा, पर भव, पर भूषन पर परिधान।
परधीन जन की अहै, यह पूरी पहिचान॥
वही धर्म, वहि कर्म बल, वहि विद्या, वहि मंत्र।
जासों निज गौरव सहित, होय स्वदेश स्वतंत्र॥
जो अधीन, तौ छांड़िये, स्वर्गहु विभव-विलास।
जो पै हम स्वाधीन तौ, भलो नरक में बास॥

भखत मांसु, मदिरा पियत, ताकत पर तिय द्वार।
धिक तेरा जीवन, मरन, लम्पट चोर लवार॥
दिव्य दीनता के दुखन, का जाने जग अंधु।
भली विचारी दीनता, दीन बन्धु से बन्धु॥
पर आधीन पर दास है, सहत किते अपमान।
तऊ कहत "हम हैं अहो! ऋषियों की सन्तान॥

यह भी सन्तों ही की वाणी है! इसमें कितना जीवन है, कितना गौरव है।

यह ठीक है कि सन्त संसार के मिथ्यवाद का उपदेश देते हैं, परन्तु इस का अर्थ यह तो नहीं कि यह उपदेश किसी जाति को स्वतन्त्रता प्राप्त कराने में बाधक है। राष्ट्र के अभ्यान्तरिक आचार को ऊंचा करने के लिए महान् आत्माओं को इसी प्रकार का उपदेश देना पड़ता है।

यति किशोरचन्द्र ने अन्य महात्माओं के सदृश आध्यात्मिक चरित्र को उज्ज्वल करने वाले एक महान् काव्य-साहित्य का निर्माण किया।

पाठकों को उसी काव्यसुधा के कतिपय घूंट चखने का सौभाग्य प्राप्त हुआ है। दोहों के अतिरिक्त यति जी ने भजनामृत नाम से भक्ति रस सने उत्तमोत्तम भजनों का सुन्दर संग्रह किया।

भजनामृत-पान

प्रभो! हमें सभी पार लगाओ!
जब जब भीर पड़ी भारत पे तब तब तूने किया बचाओ।
यह लीला भूमि ऋषियन की इसका संकट आन मिटाओ॥
पराधीन भारत माता को फिर से आ स्वाधीन बनाओ।
करी प्रतिज्ञा जो गीता में भगवन् उसको आन निभाओ॥
अय भारत के भाग्य विधाता! भारत में तुम फिर से आओ।

(भजन)

जीवन है अनमोल! रे बन्दे, जीवन हे अनमोल!!
जीवन तो है एक खजाना, इसमें है परमातम पाना।
इसलिये नृप के घर जाना, इसे प्रभु की भेंट चढ़ाना॥
इसे वृथा न रोल रे बन्दे, जीवन है अनमोल!!
पाखण्डी-सा वेष बनाकर, माया का प्रपंच रचाकर।
फिरता निज को बड़ा बनाकर, राजा के दरबार में जाकर॥

खुल जायेगी पोल-रे बन्दे, जीवन है अनमोल!!
सत्य रूप से प्रेम बढ़ाले, निज प्रियतम से नेह लगाले।
प्रभु प्यारों में नाम लिखाले, बिगड़ी है जो उसे बनाले॥
कहां फिरे अनमोल-रे बन्दे, जीवन है अनमोल!!
यह माया है आनी जानी, ज्यों दरिया का बहता पानी।
जीवन तो है राम कहानी, क्या चाहता है ओ अभिमानी॥
अमृत में विष घोल न बन्दे, जीवन है अनमोल!!

(भजन)

प्रियतम के गुण गाना, बन्दे!
झूठे जग में मन ललचाकर सत्य को न विसराना बन्दे।
यह दुनियां है चार दिनों की, मनको न फंसाना बन्दे॥
यहां नहीं रहना है, आखिर साहिब के घर जाना बन्दे।
कहता जिसको मेरी मेरी उसे छोड़ के जाना बन्दे॥
ऐसा कर जा काम जगत् में, पड़े न फिर पछताना बन्दे।
सांचहु है अमूल्य यह नर तन, इसे न वृथा गंवाना बन्दे॥
इस नर-देह-नाव में चढ़ भवसागर पार तराना बन्दे।
छल औ कपट द्वेष को तज कर पहन प्रेम का बाना बन्दें॥

भजन

नमो श्रीगणेशं नमो श्रीगणेशम्।
नमामि प्रभो देहि प्रज्ञाम् विशेषम्॥1॥
नमो सिद्धिदाता नमो बुद्धिदाता।
नमो ज्ञान विज्ञान विद्या विधाता॥2॥
नमो विघ्नहारी नमो मोदकारी।
नमो भक्त के सर्व संकट संहारी॥3॥
चरण की शरण में रहें जो हमेशा।
कभी हों न के. सी उन्हें पंच क्लेशा॥4॥

(प्रेम)

प्रेम ही बस ज्ञानियों की पुण्य गति का द्वार है।
प्रेम ही से मनुज का होता सदा उद्धार है॥

जिस हृदय में प्रेम का उठता नहीं उद्‌गार है।
वह हृदय निःसार है और राष्ट्र भूखा भार है।।

(ग़ज़ल)

रमा है राम घट-घट में, तो घट में उसका दर्शन हो।
जो अपने आप में देखो, तो सच्चे चित्त का दर्शन हो।।1।।
वही ब्रह्म वही विष्णु, वही शिव कृष्णा नारायण।
जो अपने ब्रह्म को चीन्हे, वही तो सच्चा ब्राह्मन हो।।2।।
सतोगुण की करे वृत्ती, उसी को राम मिलता है।
लगी हो प्रेम की डोरी तो मन माला से सुमिरन हो।।3।।
दया तो मुख्य है तुमको दया ईश्वर भी करता है।
उसी को धर्म्म कहने में दया का पूरा पालन हो।।4।।
निहारे शब्द को के. सी. उसी को साधु कहते हैं।
मिले पलमात्र में ईश्वर जो अपने सुरका साधन हो।।5।।

(भजन)

राम सिया राम सिया, सुमिर सियाराम को।
राम रटो रैन दिवस, राम सुबह शाम को।।
सन्त के सहाय सदा, कन्त सियामइ सदा।
पन्थ मुक्ति दाइ सदा, गाइये शुभ नाम को।।
धर्म हेतु रूप धरे, श्याम छवि अनूप धरे।
भक्तन भवकूप परे, निरख रूप राम को।।
सीस सोहे मुकुट जटा, मनको मोहे सुछवि छटा।
कमर कसे पीत पटा, विजय करैं काम को।।
हाथ धनुषवाण लिए, मनमें न अभिमान किये।
असुरन के प्रान लिए, सुरन के सुकाम को।।
जब कि यम से जंग डटै, के. सी. राम नाम रटै।
कोटि कठिन कष्ट कटें, जीते स्वर्ग धाम को।।

भजन

मन मेरे रे गोविन्द के गुण गाओ।। टेक ।।
काम क्रोध और मोह लोभ तज, हरचरनन से नेह लगाओ।।
अहंकार अज्ञान व माया दिल से इन्हें बिसराओ।।

जिन-जिन नाम गोविंद को गायो, लौट जगत् नहिं आओ।
के. सी के मन मान ध्यान कर, प्रभु चरनन चित लाओ।।

(भजन ताल कहरवा)

कैसे मिले हमें व्रजवासी ।। टेक ।।
मथुरा खोजा वृन्दावन खोजा खोजत-खोजत पहुंच गए काशी।।
मक्का खोजा मदीना खोजा इटली खोज हम भयें उदासी।।
ओ मूर्ख कहं खोजत ताको वह तो तेरे घट-घट बासी।।
जल थल में आकाश पवन में घट घट व्यापक है अविनाशी।।
कैसे हरि से नेह हटाऊं दृष्टि थी दर्शन की प्यासी।।
के. सी. घट के बीच निहारे दर्शन पाय मिटी चौरासी।।

(भजन प्रभाती दादरा कहरवा)

क्यों नर तन पाय भुलाना रे, क्यों नर तन पाय भुलाना।
नौ दस मास गर्भ में बसके लेतहि जन्म रुलाना।।1।।
बाल अवस्था में तू मूरख, लड़कन खेल खिनाना।।2।।
तरुण अवस्था में तरुणी को, अपने अंग लिपटाना।।3।।
वृद्ध हुआ चिन्ता चित्त लागी, अन्त समय पछताना।।4।।
के. सी जो हरिनाम बिसारा, यम के हाथ बिकाना।।5।।

(प्रभाती दादरा कहरवा)

क्यों फिरता भूला भूला, अरे क्यों फिरता भूला भूला । टेक।
पग तीरथ को कर हैं दान को, तू क्या लंगड़ा लूला।।1।।
भूखे को भोजन नहिं दीन्हा, वृथा बनाया चूला।।2।।
बिना भजन के तू झूलेगा, आवागमन का झूला।।3।।
के. सी तजो जगत की माया बने रहो नित दूला।।4।।
क्यों फिरता भूला भूला, अरे क्यों फिरता भूला भूला।।5।।

(भजन प्रभाती)

नरदेही की सार न जानी, माया मोह भ्रमाना है रे।।1।।
कौल करार पै बैठ भूला, ऐसा हुआ दिवाना है रे।।2।।
माता-पिता और कुटुम्बकबीला, यह अपना कर माना है रे।।3।।
कोई न तेरे संग चलेगा, आप अकेला जाना है रे।।4।।

काम क्रोध और लोभ मोह में, ऐसा तू लिपटाना है रे॥5॥
न्हाय धोय के वस्त्र धारता, इत्र फुलेल लगाना है रे॥6॥
यह काया मिट्टी का पुतला, सो अपना कर जाना है रे॥7॥
सोच समझ अब तो मन-मूरख, हर को मुख दिखलाना है रे॥8॥
के. सी. कहे माया में फंसकर, अन्त समय पछताना है रे॥9॥

(ग़ज़ल)

सदा लो नाम ईश्वर का त्याग के काम को भाई।
नसेनी ब्रह्मचर्य से चढ़ों निज वाम को भाई ॥1॥
सभी संसार की नारी को अपनी मातु सम समझो।
तजो जैसे तजा शुकदेव ने इस काम को भाई ॥2॥
तुम्हारी ज्ञानबुद्धि भी इसी साधन से हो उज्ज्वल।
गती ब्रह्मा की देखो ओर चलो निज धाम को भाई ॥3॥
यही है दस्तबस्ता अर्ज मेरी नौ जवानों से।
ऋषि सन्तान हो तुम तो न देखो चाम को भाई ॥4॥
संभालो ब्रह्मचर्य ब्रह्मचारी हो कहैं के. सी.।
बना कर ऐसी युक्ति को भजो निपत राम को भाई ॥5॥

(ग़ज़ल)

नींद से सोते हुओं को अब जगाना चाहिए।
चुटकी देकर ज्ञान की उनको उठाना चाहिए॥1॥
भ्रम में जो कोई पड़े हैं उनको चेताना भला।
भूलता है जो उसे रास्ता बताना चाहिए॥2॥
सार नरतन का यही है तन से पर उपकार हो।
दूसरों के सुख की खातिर दुख उठाना चाहिए॥3॥
आप को नुकसान हो जब दूसरों को फायदा।
फायदा नुकसान में करके दिखाना चाहिए॥4॥
द्वेष को ईर्ष्या को और मद मोह को मन से निकाल।
प्रेम की गंगा में अब सब को नहाना चाहिए॥5॥
देश में हर चार सू सुख शान्ति का राज्य हो।
स्वर्ग भारत-वर्ष को फिर से बनाना चाहिए॥6॥
प्रथम अपने प्रेम में बस काम है सन्तोष का।
के. सी. हर दर्शन का दिल में ध्यान लाना चाहिए॥7॥

(भजन)

शारदा मातु सिद्धकर काज, ज्ञान बुद्धि को बढ़ाने वाली।
देती बुद्धि का वरदान, पाते मुझसे बल बलवान।
तुही जगदम्बा गुण की खान, असुर का मान घटाने वाली॥1॥
ध्यावें तुमको नित्य सुरेश, तुम्हारे सगुण सुनावें शेष।
दायिनी आनन्द देता विशेष, विघ्न संकट की मिटानेवाली॥2॥
तुम्हारी महिमा अपरम्पार, तुम्हारे गुण गावैं श्रुतिचार।
न पाया माया का विस्तार, धन्य सम्पति दिलाने वाली॥3॥
करते हरिजन तेरी आस, भगवती करती घट घट वास।
त्रिलोकी में तुम्हारों परकाश, भगत की लाज बचाने वाली॥4॥
मंगल देनी तुम महारानी असुर दल पल में मार गिरानी।
तुम्ही हो संतन की सुखदानी, सत्य तपतेज बढ़ाने वाली॥5॥
तही जननी जनकी रखलाज, चित्त में मेरे आन विराज।
इंद्र सुरवृंदकी हो सिरताज, जगमगज्योति जगाने वाली॥6॥
तेरी शक्ति का नहीं प्रमान, तेज से दीप्त कोटि शशिभान।
तूही के. सी के जीवन प्रान, तेरे चरणों से लगन लगाली॥7॥

(भजन प्रभाती)

जाग जाग मन लाग भजन में किस गफ़लत में सोया है रे।
गर्भवास की सुध बिसराई, माया में मन मोया है रे॥
मुट्ठी बोध जो लाया बंदे, वह पदार्थ कहां खोया है रे।
आन पड़ा भ्रम में प्यारे, चित्त नारी ने लुभाया है रे॥
राम नाम की सार न जानी, रस में जहर भिगोया है रे।
झूठे मन को औ इस तनको, नित नित गंग डुबोया है रे॥
अन्त कपट का दाग न छूटा, वृथाहि मल मल धोया है रे।
के. सी कहै इस नर देही का, ऐसा औसर खोया हे रे॥
जिसका फल हो सुफल अंत में, वह तरुवर नहिं बोया है रे।

(प्रभाती)

बन्दौं श्री गिरीशनन्द गणपति चरणारविन्द।
एक दन्त वक्र तुंड शुभ्र शुंड धारी॥1॥
नव निधि सब सिद्धि भवन सुंदर सिन्दूर फवन।

झलक तिलक भाल लाल मंगल मुदकारी।।2।।
मानत सुरगण सुरेश सूर्य चन्द्र तारा शेष।
विघ्न हरण हरत क्लेश करत सुख अपारी।।3।।
लियत नाम कियत काम सपुल सकल मनो काम।
के. सी कीजिये प्रणाम भक्त विपदहारी।।4।।

(भजन राग पीलू)

कपुत्र हैं फिर भी हम हैं प्रभो पुत्र तुम्हारे ।।टेक।।
रख लेओ गोद में अपनी तुम हो पिता हमारे।।
मन में ये ही जान चुके हैं, रहे न आज्ञाकारी तुम्हारे।
चरण पड़े अब प्रभु तुम्हारे, करो अपराध क्षमा हमारे।।
नर नारायण रूप धरे तन, भक्तजनों के दुःख निवारे।
दर्शन दे किशोर के प्यारे, के. सी जपता नाम तुम्हारे।।

(ग़ज़ल)

ध्यान उस करतार का दिल में सरा-सर हो गया।
मिल गया दर्शन मेरी काया का मन्दिर हो गया।।1।।
सीप मुंह खोले हुए थी इक तनिक सी बूंद थी।
एक जल की बूंद ही अमृत का सागर हो गया।।2।।
होगया परिपूर्ण गुरु की दीक्षा उपदेश से।
मिट गया खटका गुरु चेला बराबर हो गया।।3।।
आप अपने में निहारे तो वही ईश्वर मिले।
हमको दर्शन प्रेम का काया के अन्दर हो गया।।4।।
हम मिले प्रियतम से जब फिर हम ही प्रियतम हो गए।
प्रेम का हृदय ही उस प्रियतम का मन्दिर हो गया।।5।।
फिर भला सुमिरण ही किस का जब कि दोनों एक हों।
फिर कहां बिन्दु रहा, बिन्दु का सागर हो गया।।6।।
मिल गया जब नाम के. सी जाके सच्चे नाम से।
मिल के इक बिन्दु समुद्र में समुद्र हो गया।।7।।

श्री गंगा स्तुति छंद

बन्दौं श्रीगंगा महारानी, जगमाता जगतार नमो।
जय श्रीगंगे जय श्रीगंगे पतितोद्धारनि धार नमो।।

मोक्षदायनी परोक्ष फलदा, धर्मद्रव-भवहार नमो।
निर्गुण निरूपम निगम निरूपति, निरनिधि नीराकार नमो।।
विष्णुपदस्था त्रिपथगामिनी त्रितयतापसंहार नमो।
जह्नु महर्षि कन्या, धन्या, जगत जीवनाधार नमो।।
नगेन्द्रनन्दिनी पतितनिकन्दिनी, शिवशिर शोभाकार नमो।
जय श्री गंगे जय श्री गंगे पतितोद्धारनि धार नमो।।
बन्दौं श्री गंगा महारानी, जगमाता जगतार नमो।
अश्वमेध मख करने को हुए, राजासगर तयार नमो।।
घोड़ा छोड़ा देश देश, चल गया कपिल मुनिद्वार नमो।
तहां छिपाया अश्व इन्द्र ने, ढूंढ़ फिरे सरदार नमो।।
कपिल महामुनि के आश्रम में, बिचरे अश्व कुमार नमो।
माया से सुरराया की, पाया न पता उस पार नमो।।
जय श्रीगंगे जय श्री गंगे, पतितोद्धारनि धार नमो।
बन्दौं श्री गंगा महारानी जगमाता जगतार नमो।।
ढूंढ़त ढूंढ़त सगरपुत्र तंह, पहुंचें साठहजार नमो।
कपिलशापसे वह कटुवादी, हुए भस्मभूभार नमो।।
महाघोर तपकिया भगीरथ, नृपकर हर सत्कार नमो।
लीक लीक ज्यों चले भगीरथ, पीछे सुरसरिधार नमो।
जय श्रीगंगे जय श्रीगंगे, पतितोद्धारनि धारनमो।।
बन्दौं श्रीगंगा महारानी, जगमाता जगतार नमो।
गंगोत्तरी से उतरी पहुंची, ऋषीकेश हरिद्वार नमो।।
स्नान ध्यान नरनार करैं, करती पापों को छार नमो।
मायापुरी शास्त्र में वरणी, धर्मधुरी अघहार नमो।।
गढ़मुक्तेश्वर पर होती, पहुंची प्रयाग त्रयधार नमो।
शंभुपुरी काशी में रहती बहती मुक्ति भंडार नमो।।
जय श्रीगंगे जय श्रीगंगे पतितोद्धारनि धारनमो।
बन्दौं श्री गंगा महारानी, जगमाता जगतार नमो।।
कालीधाम नाम कलकत्ता में शुभ गंगागार नमो।
लाज जहाज हमारा तारा भारी बारापार नमो।।
श्रीकपिलाश्रम सुन्दरवन में सुन्दरता साकारनमो।
ध्यान समाधी साधी मुनिवर वरणी एकाकार नमो।।
कपिल तपोवन चले भगीरथ, संग गंग भयहार नमो।

जय श्रीगंगे जय श्रीगंगे, पतितोद्धारनि धार नमो।
बन्दौं श्रीगंगा महारानी, जगमाता जगतार नमो।
परसत पावन नीर पीर हारी सब राजकुमार नमो॥
भस्म हुए जो सो जीवित हो, पहुंचे सुरपुर द्वार नमो।
एकै बारी साठ हजारी, तारे तारनहार नमो॥
जयति उचारे जय जय कारे, होरहे बारम्बार नमो।
रहैं सुखी जो केसी गावैं, गंगास्तुति जयकार नमो॥
जय श्रीगंगे जय श्रीगंगे, पतितोद्धारनि धार नमो।
बन्दौं श्री गंगा महारानी, जगमाता जगतार नमो॥

भागीरथी महिमा

सज्जनों सुनाऊं हाल मैं अपने सुधार का।
उद्धार किस तरह हुआ मुझ गुनहगार का॥
ऐसा मैं अधम था कि न गम यम के द्वार का।
कुछ डर भी न था मुझको गुनह बेशुमार का॥
किस्मत ने लखा दृश्य भला गंगाधार का।
दिल को पसंद वास था गंगा किनारे का॥
रहता था हरिद्वार कभी जाके ऋषिकेश।
मानव के वेश में था मैं इक दानवी दरवेश॥
पापों का मेरे मन में हमेशा था समावेश।
भाता था न सन्तों के भी सत्संग का उपदेश॥
चित नित्य विषय वासना के फन्द फंसा था।
तृष्णा की नागिनी ने कलेजे को डसा था॥
डर जाय अजामिक्त भी जो मुझको देख पाय।
भागेगा वह सौ मील नजर फिर न कभी आए॥
'गणिका' मुकाबिले मेरे मुंह भी न दिखलाय।
'सदना' भी लेके बोरिया बदना कहीं छिपजाय॥
दुनिया के गरज जो कि थे पापी बड़े मशहूर।
सुन सुन के मेरे नाम को भागे थे दूर दूर॥
भक्ति करी हरि की न शिव जी का ध्यान था।
पापों का था अरमान गुनाह का गुमान था॥
जीवन जो मेरा मानो मृतक के समान था।
अभिमान भरा मन में न सज्जन का मान था॥

दिन रात फिक्र ऐश की आराम की रही।
चिन्ता कभी न राम के शुभ नाम की रही॥
गंगा के किनारे की मगर लहर सुहाती।
गंगा की तरंगों में मनोवृत्ति झुकाती॥
गंगा की तरंगों की मुझे शोभा सुहाती।
युक्ति यहि मुक्ति की मेरे मन को लुभाती॥
गंगा की तरंगों में जो कल कल का गान था।
अनहद अनादि नाद का प्यारा वह त्राण था॥
चौबीस बरस तक जो रहा गंगा किनारे।
सब पाप हुए दूर इक इक कर के सिधारे॥
श्री गंगा जी के जल के ही सेवन के सहारे।
काले जिगर में चक्के हैं अब नूर के तारे॥
गंगा की कृपा ही से हुआ के. सी. का उद्धार।
पापी से बदल कर हुआ धर्मात्मा शुम्मार॥

आरती शिव, शम्भु महादेव जी की

ओं शिव ओंकारी, हर हर ओं शिव ओंकारी।
शिव शिव शम्भो शम्भो जय जय त्रिपुरारी॥1॥
बाल गंगाधर शशि धर शंकर जन मन सुखकारी।
निर्गुण नित्य निरंजन जय सगुणा कारी॥2॥
लसें त्रिपुण्ड तिलक त्रय लोचन ताप हारी॥3॥
संकट विकट निवारण कारण महि सारी।
रक्षा करी हर विष पी हलाहल भारी॥4॥
कण्ठ नीलिमा नीलकण्ठ जय जय पर उपकारी।
शंभु शिवा अंग संग में द्वै एकाकारी॥5॥
लीला पुरुष प्रकृति की शोभित शुभ कारी।
मायातीत अमाया जग माया कारी॥6॥
नयन मयन मदहारी सुन्दर दर्शन छवि प्यारी।
बरणत के. सी. शिव गुण पावत फलचारी॥7॥

❑❑❑

छयासीवां अध्याय

मोनी की नदी में केहरी

मन वाणी और कर्म से, जो हिंसा देवे छोड़।
के. सी. सिंह भुजंग सब, चले जायें मुख मोड़॥

देहरादून से लगभग छह मील सहारनपुर की ओर बड़ी सड़क से दो ढाई मील हट कर एक अत्यन्त रमणीक स्थल है। दोनों ओर ऊंचे-ऊंचे पर्वत बीच में बहते हुए स्वच्छ जल के झरने, चारों ओर छाई हुई हरी-हरी घास, चित्त को बड़ी ही लोभायमान प्रतीत होती है। इसी उपवन में चन्द्रमणी नाम का महादेव का एक छोटा-सा मन्दिर है। लोग कहते हैं कि यहां पर कभी परशुराम जी रहा करते थे। यहीं पर कर्ण उनसे अस्त्र-शस्त्र की शिक्षा ग्रहण करने आया था। परीक्षा के समय गुरु ने जो चारों ओर एक सीमा बांधी थी उसी के महात्म्य रूप में इस स्थल का महत्त्व अमर हो गया। इसी स्थान पर एक छोटी-सी कुटिया बनाकर स्वामी माधवानन्द सरस्वती रहते थे। इन्हीं स्वामी जी महाराज के पास कुछ दिन ठहर कर यति जी हरिद्वार लौट रहे थे। गाड़ी में पास ही बैठे एक सज्जन ने नमस्कार कर यति जी से पूछा "भगवन्! इस समय आप किधर जा रहे हैं।"

यति जी बोले "मैं तो रायवाला उतर कर पैदल ऋषिकेश जाऊंगा।"

ऋषिकेश जाने का तो मेरा भी विचार है क्यों न हरिद्वार होते हुए ही दोनों ऋषिकेश चलें! उस व्यक्ति ने उत्तर में कहा।

मुझे तो ऋषिकेष अवश्य जाना है "...आपका शुभ नाम!" यति जी ने पूछा!

"ब्रह्मचारी कृष्णानन्द।"

"बहुत खूब! आप तो गुजराती प्रतीत होते हैं।"

"जी हां, मैं भावनगर काठियावाड़ का रहने वाला हूं।"

''इस समय आप कहां से आ रहे हैं।''

मैं भक्त बलदेवसिंह जी के मोहनी भवन डालने वाले से आ रहा हूं और हरिद्वार जाऊंगा।

ऐसी बातें हो रही थीं कि रायवाला का स्टेशन आ गया। यति जी को यहीं उतरना था। यति जी वहीं उतर गए और ब्रह्मचारी जी उसी गाड़ी में हरिद्वार की ओर चल दिए। रेल से उतर कर यति किशोरचन्द्र प्रभु के नाम का सुमिरण करते-करते सतनारायण के मन्दिर की ओर चल पड़े। हरिद्वार से जो सड़क ऋषिकेश को जाती है यह मन्दिर उसी रास्ते में पड़ता है। हिमालय के चरणों में छाया हुआ यह भू-भाग प्राय: नदी नालों से घिरा हुआ है। यति जी थोड़ी ही दूर गए थे, दो नदियों का संगम स्थल था। यति जी उस नदी के संगम पर कुछ देर विश्राम करने के लिए बैठे। दृश्य देखते-देखते बहुत देर हो गई। सूर्य भगवान् अस्ताचल की ओर प्रस्थान करने ही वाले थे। रात्रि सिर पर थी। उस समय यति जी के दिल में सहसा विचार उठा कि आज आगे जाने में कुछ लाभ नहीं....नाग कुटी यहां से पास ही है। इस घोर जंगल में रात्री काटना ठीक बात नहीं। अपने आश्रम में ही जाकर विश्राम करना चाहिए। ऐसा विचार कर वहां से उठ यति जी अपनी नागकुटी की ओर चल दिए। उस स्थान से वह आश्रम लगभग सात मील था। रास्ता घोर जंगल में से हो कर जाता था परन्तु जंगल तो यति जी का क्रीड़ा स्थल था ही उनके लिए भय की बात ही क्या थी। अत: पैदल ही घोर जंगल को पार करके वे रात के लगभग 12 बजे अपनी नागकुटी में आए।

सुबह लगभग आठ बजे होंगे। यति जी महाराज अपनी कुटिया के बाहर धूप में खड़े थे। उन्होंने देखा वही सज्जन जो उन्हें देहरादून से आते हुए रेल में मिले थे वही गुजराती ब्रह्मचारी कृष्णानन्द सड़क पर हरिद्वार की ओर जा रहे थे।

ब्रह्मचारी जी!!....ऐसा कहते हुए यति जी ने आवाज दी....।

ब्रह्मचारी कृष्णानन्द जी ने पीछे मुड़कर देखा...यति जी को पहचान कर वह बोला ''ओहो! आप तो ऋषिकेश जा रहे थे। अच्छा हुआ जो आप न गए। अब दोनों ही चलेंगे और मैं ऋषिकेश में आपको एक ऐसा स्थान दिखाऊंगा कि जिसे देखकर आप वहां से उठने का नाम भी न लेंगे।''

''बहुत खूब मैं भी ऐसा स्थान पाकर आपका बहुत धन्यवाद करूंगा। परन्तु आप चलेंगे कब तक।''

"कल ही चलने का विचार है।"

"बहुत अच्छा; परन्तु एक बात है। पैदल चलेंगे और गंगा जी की धार के साथ ही साथ चलेंगे।"

"बहुत अच्छा।"

अगले दिन यति जी तथा ब्रह्मचारी जी गंगा जी के किनारे-किनारे ऋषिकेश की ओर चल दिए। यात्रा के नैसर्गिक आनन्द का रसास्वादन करते करते-करते रात के लगभग 10 बजे दोनों मित्र ऋषिकेश जा पहुंचे। दिन भर की पैदल यात्रा और सुबह से कुछ खाया भी न था अतः यात्रा समाप्त करने पर दोनों मित्र त्रिवेणी के पास छपार वालों के मन्दिर में ठहरे। यति जी ने आध सेर दूध और एक पैसे की शक्कर मंगा दूध पिया। ब्रह्मचारी कृष्णानन्द ने पूरी खा कर भूख मिटाई। खा पीकर दोनों मित्र सो गए। उस रात नींद भी खूब आई। थके हुए जो थे।

सुबह हुई। ब्रह्ममुहूर्त में दोनों मित्र उठे। यति जी बोले-ब्रह्मचारी जी! आप कहते थे–तुम्हें ऐसी अच्छी जगह बताऊंगा जहां से उठने को दिल न करेगा। चलिए ब्रह्ममुहूर्त का समय यात्रा के लिये अच्छा होता है शौचादि नित्यकर्म से रास्ते में ही निबट लेगे।

दोनों मित्र उठे और उस स्थल की ओर चल दिए। पहले दिन यति जी आगे थे और ब्रह्मचारी जी पीछे आज ब्रह्मचारी जी आगे और यति जी पीछे। चलते-चलते दोनों मोनी की रेती में पहुंचे। पहले इस स्थान पर शत्रुघ्न का सुविख्यात मन्दिर था और पास ही वैष्णव साधुओं की कुछ फूस की कुटियाएं थीं और बाकी जंगल पहाड़ ही था। आज तो इस स्थान का नक्शा ही बदल चुका है। इस स्थान पर एक पहाड़ी नदी आती है। बरसात में इसमें बहुत पानी आ जाता है बाकी सारा साल यह सूखी रहती है। इस नदी के दोनों ओर पर्वत हैं। पर्वत के बीचों-बीच यह नदी बन गई है। आगे लगभग एक मील की दूरी पर इस नदी के किनारे चूना बनाने की एक भट्टी लगी थी। आगे चले तो थोड़ी दूर जाकर गीली जमीन दिखाई दी। थोड़ी दूर और आगे गए तो पानी बहता आ रहा था और वहीं मिट्टी में समाता जा रहा था। ज्यों-ज्यों आगे चलते गए त्यों-त्यों पानी अधिक होता गया। इसी नदी के साथ-साथ दोनों मित्र चलते-चलते एक ऐसे स्थान पहुंचे जहां पर नदी के दोनों ओर के पर्वत आपस में एक हो गए थे। उन दो पर्वतों के बीच में केवल पानी आने का एक रास्ता बचा था।

सूर्य भगवान् अभी तक उदय नहीं हुए थे और यदि उदय हो भी गए होते तो भी दोनों ओर के पर्वत इतने ऊंचे थे कि बारह बजे से पहले तो सूर्य भगवा्न भी यहां तक पहुंच न पाते।

कार्तिक का महीना था। सर्दी काफी पड़ती थी। कृष्णानन्द एक ऊंचे पत्थर पर चढ़ा और कुछ देर तक इधर-उधर घूमता रहा। थोड़ी देर तक देख भाल कर यति जी से बोला, "महाराज! जिस स्थान का दिग्दर्शन कराने आपको ले आया था उसका कुछ भी पता नहीं चला, भूल गया हूं। बरसात में घासफूस के कारण मार्गों का पहचानना कठिन है।"

यति जी बोले, भाई! यह तो साधारण सी बात है तप करने के लिए तो लक्ष्मण झूला के पास भी एकान्त में बड़े-बड़े अच्छे स्थान हैं। चलो अब यहां से लौट चलें। यति जी ने वहीं स्नान कर मृगछाला बिछा प्रभु का ध्यान किया। सर्दी से भयभीत हो कृष्णनन्द नहाए नहीं। स्नान ध्यान से निबट दोनों मित्र लक्ष्मण झूले की ओर चल दिए। कृष्णानन्द आगे-आगे जा रहा था और यति जी ओ३म् ओ३म् का जाप करते पीछे-पीछे चल रहे थे...सहसा कृष्णानन्द ने हाथ का इशारा करते हुए "केहरी शेर" ऐसे कहा। यति जी ने देखा एक बड़ा भयंकर शेर लगभग चार सौ कदम पर नदी में पानी पी रहा था।

"तो फिर चलते चलिए, यदि वह पानी पी रहा है तो इसमें भय की बात क्या है। यति जी निर्भयता से बोले।"

कृष्णानन्द डर गया था। पीछे होकर उसने यति जी की बांह में बांह डाल ली।

जिस क्षण कृष्णानन्द ने बगल में होने को पैंतरा बदला, उसी क्षण शेर ने एक दम पानी पीना छोड़कर अपनी लम्बी पूंछ को धनुषाकार बना अपने सिर तक खैंच लिया और मुंह उठाकर उसने यति जी की ओर देखा।

यति जी जिस गति से पहले चल रहे थे उसी गति से चलते रहे। यति जी को अपनी ओर आते हुए उस शेर ने देखा और तत्क्षण अपनी पूंछ उसने नीचे डाल दी और पानी पीने लग गया। यह सब कुछ यति जी ने देखा। इसका रहस्य वे समझ भी गए परन्तु वे उसी रफ्तार से बराबर चलते ही रहे। चलते-चलते कुल 20, 25 कदम का फासला रह गया। शेर पानी पी चुका था और वह पानी पीकर वहां से चुपचाप चल दिया। यति जी तथा कृष्णानन्द दोनों उसी रफ्तार से चलते रहे। जब बहुत दूर चलते-चलते निकल गए तो कृष्णानन्द की जान में जान आई और वह हाथ जोड़ यति जी से बोला

''भगवन्! मैं यह रहस्य जानना चाहता हूं वह शेर बड़ा भारी था उसने हमको आते हुए देखा, उसने अपनी पूंछ भी अकड़ाई। मनुष्य शेर का भक्ष्य है ही। भगवान्! इतना भारी शेर हमें देखकर चुपचाप चला गया यह क्या बात है।

यति जी बोले, ''कृष्णानन्द! तुम्हारा ईश्वर में विश्वास अभी कच्चा ही है पक्का नहीं। यदि पक्का होता तो तुम न तो ऐसा प्रश्न ही करते न ही केहरी से डर कर मेरी बगल में छुप जाते। संसार में जो कुछ भी है इसका करने वाला वह परमात्मा है और वह परमात्मा इस संसार के प्राणियों की इसलिए रचना नहीं करता कि वे एक दूसरे को खाएं और एक दूसरे के शत्रु बन कर परस्पर के द्वेषानल में ही जल मरें।''

❑❑❑

सत्तासीवां अध्याय

यौगिक चमत्कार

के. सी योगी जनन को, दुर्लभ है कछु नाहिं।
सार्व-शक्ति परमात्मा, रहत है तिनके पांहि।।

नाग कुटी में भक्तों को आवागमन में बड़ा ही कष्ट सहना पड़ता था, आखिर भक्तों के प्रेम-पूर्ण आग्रह पर यति जी ने भक्तों के निकट रहना स्वीकार कर ही लिया। अब वे भोपतवाला की बजाय बेलवाला के जंगल में रहने लगे। भक्तों को गुरुदेव के दर्शन में अब उतना कष्ट नहीं होता था।

बेलवाला के जंगल में नील धारा के तट पर यति किशोर चन्द्र का आसन था-दिशाएं उस कुटिया की दीवार थीं। नीलवर्ण आकाश उस कुटिया की छत था। गंगा के तट पर स्थित एक विल्ववृक्ष की शाखा के सहारे एक झूले पर आसन जमा यति जी अपने योगाभ्यास में लीन रहते। भक्त-जनों की भीड़ तो लगी ही रहती थी, परन्तु यति जी प्रायः अपने ध्यान में ही मग्न रहते। यतिवर का यह जाह्नवी तटस्थ वृक्ष भी जनता के लिए एक आकर्षण की वस्तु था। प्रभु के प्यारे ने इस वृक्ष के प्रत्येक पत्र पर अपने प्यारे ओ३म् को लिख दिया। हरे-हरे पत्रों पर शुभ्र लेखनी द्वारा भक्ति रस में लिखा हुआ ओ३म् कैसा शोभायमान प्रतीत हो रहा था–भक्त-जन इस शोभा का दर्शन कर अपने आपको कृतार्थ समझते।

एक दिन की बात है–वर्षांत की ऋतु थी। वर्षा का महादान पाए हुए सुरसरी सुरसा का रूप धारण कर चुकी थी। उस दिन साठ सत्तर भक्त-जन चंडी देवी के दर्शनों की लालसा से उधर आए–हिम्मत करके किश्ती में बैठ नील धारा से पार हो गए।

चंडी देवी के दर्शन कर वही लोग शाम को वापस आने के लिए किनारे पर खड़े थे। गंगा जी पहले से भी अधिक चढ़ी हुई थीं। पानी का वेग भी गति

पकड़ चुका था। ऊपर पर्वतों में वर्षा हो जाने के कारण गंगा जी में बड़े-बड़े लक्कड़ भी बह बह कर आने लगे थे।

चंडी की यात्रा को उस पार गई वही मंडली गंगा जी के तट पर खड़ी पार होने का विचार कर रही थी। शाम के पांच बजने वाले थे। दिन अभी थोड़ा ही बाकी था। गंगा इतने बेग से बह रही थी कि उसे देख कर भय लगता था। चंडी के यात्री भक्ति के वशीभूत हो पार तो चले गए पर अब लौटें कैसे? पानी का वेग अत्यधिक तेज था अतः मल्लाह स्वयं भयभीत हो अपनी किश्ती को पानी में ले जाने को तैयार नहीं था। पार होने का अन्य कोई उपाय नहीं–वर्षा के दिन–दिन भी केवल एक घंटा शेष...।

पं. हरप्रसाद जी मिश्र कनखल के एक सज्जन थे। उनके कुछ सगे सम्बन्धी उस मंडली में थे। समय अधिक हो जाने से उन्हें चिन्ता व्यापी और वह भागे-भागे उन लोगों की हाल जानने गंगा जी के तट पर आए। आकर उन्होंने देखा कि उनके आदमी चंडी के दर्शन कर लौट तो आए परन्तु गंगा जी की दूसरी ओर खड़े इधर आने का यत्न कर रहे थे। हरप्रसाद जी का दिल स्वयं बैठ गया। गंगा जी में किश्ती डालना खतरे से खाली नहीं–फिर होगा क्या?

हरिप्रसाद जी ने यति जी के पास आकर नमस्कार किया और अपने मन की चिन्ता यति जी से कही–

यति जी बोले "मिश्र जी! मेरे ख्याल से यदि वे वह लोग आज की रात उसी पार रहें और सुबह को इधर आवें तो अच्छा रहेगा। सुबह तक पानी स्वाभाविक ही कम हो जाएगा–उस समय नाव को कोई भय नहीं। यति जी के शब्द सुन मिश्र जी बोले "यति जी! आपका कहना तो सर्वथा ठीक है, परन्तु यह बात इन लोगों को इतनी दूर से कैसे समझाई जावे।" मिश्र जी केवल इतना ही कह पाए थे कि उधर पार खड़े यात्रियों ने किश्तियों में बैठना शुरू कर दिया। किश्तियां ठसाठस भर गई। "बोल चंडी माई की जय, बोल गंगा मैया की जय" की विजय तरंगे प्रवाहित हो उठीं।

"चलाओ भई नाव" पार जाने वाले यात्री बोले।

बेचारे मल्लाह एक ओर खड़े कभी गंगा जी के बहाव की ओर देखते तो कभी इन किश्तियों की ओर। "महाराज! किश्ती चलावन तो हमारो काम ही होवे, परन्तु गंगा जी के वेग को किश्ती संहाल नहीं सकती"–मल्लाह बोला।

"तो क्या अब रात को यहीं रखेगा"–मल्लाह को डांटते हुए यात्री बोले।

"मैं गरीब आपको रात्रि में यहां ठहरा आप की क्या सेवा कर सकौं महाराज! गंगा जी को प्रवाह बड़ा तेज होये। नाव ताहि को सहार न सकत। गंगा जी में एक बड़ों भारी छाल पड़त। तहां कठिन घेरो महं नाव फंसत कबहुं निंकल न सकत।"

"तुम लोग ऐसी ही बातें किया करते हो। तुम्हें दीखता नहीं रात सिर पर आ रही है। हमारे घर वालों का क्या हाल होगा।" यात्री कड़क कर बोले।

"हमौ नाव चलान महं कोई उजर नाहीं, महाराज! पर जो नाव कहीं धार में बह गई तो"। "तो फिर तुम्हें क्या–जो कुछ होगा हमें ही तो होगा। उठाओ चप्पु हमें जल्दी पार करो"। मल्लाहों ने बहुत समझाया परन्तु वे लोग माने नहीं। लाचार हो मल्लाहों ने भी अपने-अपने चप्पु संभाले।

भागीरथी देवी का शरीर पहले से भी स्थूल तर हो चुका था। जल गति पहले से भी तीव्र थी। धार का जोर पहले से भी अधिक था। ऊपर पहाड़ से शहतीर ऐसे बहते आ रहे थे मानों किसी जंगलात के ठेकेदार का समस्त भंडार ही जल की भेंट हो चुका हो।

बोलो चंडी देवी की जय।
बोलो गंगा मैया की जय।।

मल्लाहों ने अपने चप्पु संभाले। किश्ती हिली। इधर तट पर खड़े मिश्र हरप्रसाद जी का माथा ठनका। अनिष्ट होकर रहेगा। उनके हृदय में उथल-पुथल मचने लगी। उनकी दृष्टि बराबर उस किश्ती पर जमी थी।

"इन मूर्खों को कौन समझाए। सब के लिए न आने से एक रात ठहर कर आना अच्छा ही है" मिश्रजी के दु:खी हृदय से करुणा उठी। किश्ती तट को छोडकर गंगा जी के बीच में आ गई थी। मल्लाह बेचारे अपनी पूरी शक्ति से नाव संचालन में जुटे थे। बाबू हरप्रसाद की अवस्था विचित्र-सी हो रही थी। क्या किश्ती घाट को पार करती हुई सुरक्षित इस पार लग जाएगी?

जिस बात की शंका थी वही होकर रही। तेज धार में आते ही किश्ती काबू से बाहर हो गई मल्लाह भी सब आशा छोड़ निराश हो गए।

चंडी देवी की जय–नितांत खामोशी में बदल गई। धार की लपेटों में आई हुई किश्ती कब तक बचेगी?

हरप्रसाद के रहे सहे आशातन्तु भी टूट गए। "यति जी! यति जी!! किश्ती तो गई–"

"कहां गई–?"

उस समय यति जी ने आंख उठा कर देखा, किश्ती वास्तव में काबू से बाहर हो चुकी थी। मल्लाह भी आशा छोड़ रक्षा के लिए किसी अदृश्य सत्ता को पुकार रहे थे। जब खवैये ही निराश हो गए तो बेचारे मुसाफिरों का तो कहना ही क्या।

"आप धैर्य रखिये मिश्र जी, भगवान् अच्छा ही करेंगे"। यति जी मिश्र जी को सान्त्वना देते हुए बोले। इतना कह यति जी महाराज सीधे खड़े हो गए। सीधा हाथ उठाकर किश्ती पर उन्होंने नेत्र जमा दिए। तीन बार तारक मंत्र का जाप किया–और अपने योग की बेतार की तार में उस किश्ती को बांध घसीटने लगे–

थोड़ी ही देर में किश्ती किनारे पर आ लगी। मल्लाह बैठे रो ही रहे थे–यात्री भी जीवन की आशा छोड चुके थे। थोड़ी ही देर में किश्ती सुरक्षित किनारे पर आ लगी।

मिश्र जी ने यति जी के चरण पकड़ लिए "भगवन्! आज आपने मेरे वंश की रक्षा की।

भारतीय इतिहास में महात्माओं से संबंधित अनेकानेक ऐसी घटनाएँ मिलती हैं, जिन्हें साधारण व्यक्ति मानव शक्ति की पहुंच से बाहर समझ "ईश्वरीय" तथा पाश्चात्य सभ्यता में पला हुआ आज का नवयुवक ऐसी घटना को केवल कल्पना (Mythology) कह देता है। परन्तु सत्य तो यह है कि सच्चे योगियों में अपौरुषेय सत्ता आ ही जाती है।

महाराज परीक्षत जब उत्तरा के गर्भ से जन्में उस समय वे प्रायः मृतवत थे। उनका श्वास बिल्कुल बन्द था। पांडव वंश की सुन्दर सुहावनी लता के उस अन्तिम स्मृति पुष्प को इस अवस्था में उत्पन्न हुआ जान सर्वत्र शोक छा गया। अपने गाण्डीव की टंकोर से दिशाओं को कम्पायमान कर देने वाले अर्जुन के पौत्र और कुरुक्षेत्र के समरांगन में सात महारथियों से अकेले भीषण संग्राम लडने वाले उस तरुण योद्धा अभिमन्यु के पुत्र पांडव वंश की उस अन्तिम ज्योति को उदय होते ही बुझती देख जनता में, रणवास में सर्वत्र शोक की घटायें छा गई। उस समय योगिराज भगवान् आनन्द कन्द ने अपनी योग माया से उस मृतप्राय बालक के शरीर में प्राण वायु का संचार कर उस पांडव वंश की अन्तिम ज्योति को पुनः प्रकाशित किया।

••• ••• •••

कुरुक्षेत्र में भीषण संग्राम हो रहा था। सात महारथियों ने उस वीर अभिमन्यु को घेर लिया और अन्याय से उसका वध कर दिया। अर्जुन ने प्रतिज्ञा की–अगले दिन सूर्य अस्त होने से पूर्व ही पापी जयद्रथ का वध अवश्य करेगा और यदि वह सूर्य अस्त से पूर्व जयद्रथ का वध न कर सका तो अपने आपको जलती हुई चिता में दग्ध कर देगा। अर्जुन ने तो जोश में आकर शपथ लेली परन्तु योगिराज तो जानते थे, अर्जुन की इस प्रतिज्ञा का पूरा होना सहज नहीं। जयद्रथ के वध करने की शपथ है तो साधारण-सी बात, परन्तु एक नियत अल्प समय के अन्दर-अन्दर उसका वध होना असम्भव ही है। उन्हें यह विश्वास था कि अर्जुन की प्रतिज्ञा का ज्ञान होते ही दुर्योधन उसे कहीं छिपा कर बिठा देगा। सम्भवतः वह उसे रण-भूमि से ही दूर कहीं भेज दे। ऐसी अवस्था में जबकि जयद्रथ सामने आएगा ही नहीं तो अर्जुन उसे मार कैसे सकेगा। हुआ भी ऐसा ही। सूर्य अस्त होने में केवल दो घंटे बाकी थे, परन्तु जयद्रथ का कहीं पता तक न चला। वैसे तो अर्जुन अपनी पूर्ण गति से कौरवों के कटक को काटता हुआ आगे बढ़ रहा था, परन्तु उसका शिकार उसके सामने न था। इधर अर्जुन को जयद्रथ की खोज थी, उधर भगवान् कृष्ण दो घंटे पश्चात क्या होगा, इसी सोच में चिन्तित थे। सूर्य अस्त होने में अब केवल एक घंटा बाकी था, उस समय महाभारत के सूत्र-धार उस महान् योगी ने अपने सखा की जान बचाने के लिए योग माया का खेल रचाया। अपनी योग शक्ति से उन्होंने जयद्रथ को दुर्योधन के रक्षा-गृह से निकाल सूर्य अस्त होने से आध घंटा पहले अर्जुन के सामने खड़ा कर दिया। अर्जुन ने अपनी प्रतिज्ञा पूरी की। दिन को कुछ समय के लिए रात बना देना यह योगेश्वर भगवान् की योगमाया का ही चमत्कार था।

पांडव वन में थे। उन दिनों शाही फकीर थे। ऋषि दुर्वासा अपने सहस्रों शिष्यों सहित अकस्मात उसी जंगल में पधारे। वे धर्मराज के अतिथि थे। शिष्यों सहित ऋषिराज का आतिथ्य करना पांडव बन्धुओं का परम धर्म था, परन्तु उस समय उनके पास था ही क्या?

वही योगिराज भगवान् कृष्ण अपनी योगमाया को साथ ले उन शाही फकीरों के सम्मान की रक्षा को आए।

ऋषिराज अपनी शिष्य मंडली सहित स्नान करने नदी पर चले गए और वहां से वे फिर धर्मराज की कुटिया में नहीं लौटे। महाभारत में लिखा है–भगवान् कृष्ण ने धर्मराज की कुटिया में एक ही चावल अपने मुंह में लगाया। उसी एक चावल से दुर्वासा तथा उनकी शिष्य मंडली तृप्त हो गई।

यह भी भगवान् की योग माया का अनूठा चमत्कार था।

••• ••• •••

ऋषि दयानन्द ही महाराज उत्तराखण्ड में यात्रा कर रहे थे। ऊंचे पर्वत पर वे चढ़ रहे थे। उस समय बड़ा भारी तूफान उठा। ऋषिराज वहीं खड़े हो गए। अपनी दक्षिण भुजा उठा उन्होंने उस तूफान को ललकार कर कहा–"ओ तूफान! मैं कहता हूं तू अब ठहर जा।" और वह तूफान एक दम वही थम गया। यह भी ऋषि की योगमाया का चमत्कार ही था।

गुरु नानक देव अपने शिष्य दाना मरदाना सहित उत्तर पच्छिमी सीमा की यात्रा करते हुए हसन अब्दाल (पंजा साहिब) पहुंचे। उस गांव में एक ऊंची पहाड़ी पर एक वली रहता था। उसी पहाड़ी पर बड़ा सुन्दर चश्मा बहता था। गुरुदेव को प्यास लगी। भई दाना को उन्होंने वली के चश्मे से पानी लेने को भेजा। वली गुरु जी के चमत्कारों से पूर्व-परिचित था ही। मरदाने को पानी देने के स्थान पर उसने ताना मारा "जा अगर तेरा गुरु सचमुच बड़ा चमत्कारी है तों वह वहीं पानी बुलाले।" दाना ने वही शब्द गुरुदेव को आकर कह दिए। उसी समय गुरु नानक देव जी ने अपनी योग शक्ति से सचमुच उस पहाड़ी पर बहते हुए बली के चश्में को अपनी ओर खींच लिया। वली ने उस चश्में को वश में करने की बड़ी ही कोशिश की, परन्तु गुरुदेव की सत्ता के सामने उस की शक्ति बेकार गई। एक जनोक्ति है–उस समय वली ने गुरुदेव की ओर ऊपर से बड़े-बड़े भारी पत्थर लगातार गिराने शुरू किए, परन्तु उस समस्त पाषाण–समूह को गुरु नानक देव जी महाराज ने अपने पंजे के आश्रय से रोक लिया। यह भी गुरुदेव की योग माया का चमत्कार था।

••• ••• •••

बाबा सुन्दरनाथ उत्तर भारत के एक प्रसिद्ध योगी हुए हैं। उनके बारे में यह किंवदंती प्रख्यात है कि वे एक ही समय भिन्न-भिन्न स्थानों पर प्रकट हो जाया करते थे। एक बार यही बावा सुन्दरनाथ जी टेहरी गढ़वाल में गंगा जी के तट पर अपना आसन जमाए समाधी में बैठे थे। कुछ नटखट बालक पास से गुजर रहे थे। एक बाबा को ऐसे बैठा देख उन्हें उससे क्रीड़ा की सूझी। वे उसे छेड़ने लगे, परन्तु योगी जी हिले नहीं। बच्चों का उत्साह और भी बढ़ा। उन्होंने महात्मा जी की ओर ढेले फैंकने शुरू किए, परन्तु महाराज फिर भी नहीं हिले। बच्चों की शरारत बढ़ती ही गई उन्होंने योगी जी के शरीर में कांटे चुभोने शुरू किए, महात्मा फिर भी नहीं बोले। अब तो बच्चों की शरारत अपनी शैतानियत की चरम सीमा तक पहुंच गई। उन्होंने लकड़ियां इकट्ठी

की और उस महात्मा को मृतक जान वे उसे भस्म कर देने का षड्यन्त्र रचने लगे। उस समय राज्य के कतिपय कर्मचारियों का उधर से आना हुआ। बच्चों की ऐसी शरारत देख उन्होंने उन्हें डरा धमका कर भगा दिया। महात्मा जी के ऊपर पुलिस का अच्छा खासा पहरा लगा दिया गया। दिन रात निरन्तर पुलिस उनकी देखभाल करती।

इस घटना के दो ही दिन पश्चात-पहरेदारों के देखते-देखते वे महात्मा स-शरीर कहीं अंतर्ध्यान हो गए। पुलिस के बहुत खोजने पर भी उनका कुछ पता न चला। बहुत दिनों के पश्चात किसी ने आकर दरबार को यह सूचना दी कि वैसे ही महात्मा श्री बदरीनाथ जी के मन्दिर से कुछ दूरी पर हमने देखे हैं। शतशः व्यक्तियों के देखते देखते स-शरीर लोप हो जाना यह भी अपनी प्रकार का एक यौगिक चमत्कार ही है।

••• ••• •••

कबीर साहब हिन्दू-मुसलमान दोनों के प्रिय थे। जब उन्होंने शरीर छोड़ा उस समय उनके शिष्यों में उनकी अन्त्येष्टि के बारे में खैंचातानी होने लगी, परन्तु थोड़ी देर पश्चात जब शव पर से कपड़ा उठा कर देख गया तो वहां फूलों के ढेर के सिवा कुछ भी न था। यह भी कबीर साहब का एक यौगिक चमत्कार था।

••• ••• •••

स्वामी रामतीर्थ ने अमरीका में भाषण देते हुए कहा-जब भगवान् कृष्ण अपनी बंशी बजाते एक ओर चल देते तो सुनने वाले लोग अपनी अनिच्छा पर भी उनके पीछे-पीछे ऐसे भागते मानों भगवान् उन्हें खींच कर लिए जा रहे हों। राम की इस बात को बीसवीं शताब्दी के अक्लमंदों ने माना नहीं। अगले दिन स्वामी राम अपने व्याख्यान के बीच में ही व्याख्यान देते-देते एक ओर को चल दिए। अब राम आगे-आगे भाग रहा था और वे सभी अक्लमंद राम के पीछे-पीछे भाग रहे थे।

••• ••• •••

काशी में एक प्रसिद्ध तैलंग स्वामी हुए हैं। आप परम योगी तथा जीवन-मुक्त थे। एक समय आप त्रिवेणी तट पर खड़े थे। आंधी तूफान के कारण यात्रियों से भरी एक नाव तरंगों में घिर गई, आपने अपनी योग-शक्ति से उस नाव को खींच कर किनारे लगा दिया। यात्रियों ने चकित हो महाराज से इस शक्ति का रहस्य पूछा, महाराज बोले-ऐसी शक्ति सब मनुष्यों में है,

परन्तु प्रायः मनुष्य अनित्य संसार सुख के पीछे पड़े रहते हैं। अपनी उन्नति की ओर कोई तनिक ध्यान नहीं देता। मनुष्य जितना परिश्रम संसार के लिए करता है उसका शतांश भी यदि वह भगवान् के लिए करे तो वह उसे प्राप्त कर सकता है और उस समय उसके लिए संसार में कुछ भी असंभव नहीं रहता।

इन्ही श्री तैलंग स्वामी जी ने कौपीन तक पहननी छोड़ दी थी। नितांत अवधूत अवस्था में रहते। सरकार ने उन्हें पकड़ हवालात में बंद कर दिया। रात बंद किया, सुबह जेलर ने देखा हवालात का ताला वैसे ही बंद था, परंतु तैलंग स्वामी बाहर टहल रहे थे। जेलर चकित रह गया। स्वामी जी बोले–साहब! ताला चाबी बंद कर देने से ही किसी का जीव नहीं बांधा जाता, यदि ऐसा हो सकता तो मृत्यु काल में हवालात में बंद कर देने से मनुष्य मृत्यु के मुंह से बच सकता।

कहते हैं परमहंस स्वामी विशुद्धानंद जी महाराज ने एक बार अपने अंगों को पृथक-पृथक करके दिखा दिया और जिस पर भी अदृश्य रूप से शून्य में बोलते हुए शिष्यों को उपदेश कर रहे थे।

गोस्वामी तुलसीदास जी ने योग शक्ति द्वारा कई मृतकों को जीवन दान दिया। श्री जगद्‌गुरु शंकराचार्य अपनी योग शक्ति द्वारा एक वृद्ध राजा की देह में प्रविष्ट हो गए। ययाति राजा को योग शक्ति द्वारा बुढ़ापे में फिर से यौवन प्राप्त हुआ। गंगा जल छिड़क कर, मन्त्र पढ़ किसी भी मृतक शव को जीवन दान देना भारतीय इतिहास ऐसी घटनाओं से परिपूर्ण है। यह शक्ति योग सिद्धि द्वारा प्राप्त होती है।

मनुष्य में असीम संभावनाएं और शक्तियां मूर्च्छित छिपी पड़ी है। हम स्वयं भी नहीं जानते कि हममें असीम शक्ति है। इस अज्ञान और मोह के कारण छोटी-छोटी बातों पर हमें आश्चर्य होता है। यदि हम साधना द्वारा अपनी छिपी एवं सुप्त शक्तियों को जाग्रत कर लें तो कोई ऐसी बात नहीं जिसे हम सरलता पूर्वक न कर सकें। हम योगियों के वर्णन पढ़कर प्रायः उन्हें किस्से कह कर अपने हृदय में अहंकार का अनुभव करते हैं पर इसका कारण यह नहीं है कि वे बातें अवैज्ञानिक हैं या झूठी हैं, बल्कि यह कि हम नशे में हैं, अचेत हैं। हमें अपनी शक्ति का ज्ञान नहीं है।

जो अन्ध श्रद्धा आज हममें फैली हुई है उसने हमारी आत्मा को विकृत और शिथिल कर रखा है। आत्म-विश्वास क्षीण हो गया है, जीवन कृत्रिमताओं से भर गया हैं। कदाचित यूरोपीय सभ्यता ने हमारा सबसे अधिक अहित यही

किया है। इसने हमें सुविधाएं दी हैं पर हमारी शक्ति हरली है। इसने हमारे शरीर की रक्षा की पर आत्मा में आग लगा दी है। इसने हमें एक परमुखापेक्षी, अनात्मवादी जाति बना कर हमें दुनिया के मार्ग पर अपना दैन्य प्रदर्शित करने और भिक्षा मांगने के लिए छोड़ दिया है।

इसलिए यह स्वाभाविक ही है कि योग की अद्‌भुत शक्तियों और चमत्कारों की बात पढ़ कर या सुनकर हम अविश्वास की एक हंसी हंस दें, पर कदाचित हम भूल जाते है कि इन चमत्कारों में कुछ भी अवैज्ञानिक या अप्राकृतिक नहीं है। आधुनिक विज्ञान की गति भी उधर ही है और वह समय दूर नहीं है, जब वैज्ञानिक जगत् को यह देख कर आश्चर्य होगा कि जो कुछ यह जान सका है उससे बहुत अधिक उसके पूर्व ही जाना जा चुका है।

❑❑❑

अट्ठासीवां अध्याय

इकतारे का गवैया

जल में थल हो, थल में जल हो। यह परिवर्तन तो पल पल हो।।
फिर काहे का अभिमान करो...। हरि नाम जपो, सुख में दुःख में।।

उस वर्ष उत्तराखण्ड में बहुत वर्षा हुई। 27 का सन् था। लोग कहते हैं उस वर्ष सब जगह वर्षा अधिक हुई। यति जी की झौंपड़ी बिल्कुल गंगा जी के किनारे पर ही थी। किसी कृष्ण ने तो पर्वत उठाया नहीं था, परन्तु फिर भी उस रात इन्द्र देव को महाक्रोध आ गया और वह उत्तराखण्ड के पथ पर ऐसा बरसा जैसे वह पांच सहस्र वर्ष पूर्व वृन्दावन पर वर्षा था। घन घन घनघोर...घन घन घनघोर...आज मैं इस भूतल पर प्रलय लाकर दिखा दूंगा... घन घन घन घनघोर। सुदूर उत्तर की ओर से वह अपनी नभ सेना को सजाकर भूतल के प्राणियों को अपनी योग सिद्धि का प्रदर्शन दिखाने के लिए उठा।

दिन छुपने ही वाला था। असीमित नभ साम्राज्य पर ग्यारह घंटे तक एकछत्र शासन करने के पश्चात दिवाकर भगवान् स्वयं ही तारामण्डल को चार्ज देकर छुट्टी पर चले जाने को थे कि एकएक मेघ-समुदाय ने पीछे से होकर चारों ओर से भास्कर देव को ग्रस लिया। ''छोकरों के हाथों में बाबे की पाग'' बेचारे भास्कर भगवान् भी इन प्रहारों से भयभीत हो अस्ताचल की ओर भाग गए।

उस समय धीमी-धीमी वर्षा होने लगी। सामने चंडी के पर्वत पर विचर रहे काले-काले बादल बड़े ही शोभायमान प्रतीत हो रहे थे। तीव्र गति से बंहते हुए गंगा जी के पानी पर छोटी-छोटी बूंदों का बरसना कितना भला प्रतीत हो रहा था। सूर्य भगवान् मेघ मंडल से पीछा छुड़ा कर पहले ही भाग गए थे। अस्ताचल के पीछे एक सुरक्षित स्थान पर पहुंच आदित्य देव ने विश्राम लिया। छोटे-छोटे मेघसमूह द्वारा अपने अपमानित किया जाने का उन्हें महान् क्षोभ था। इसी क्षोभ के परिणामस्वरूप थोड़े ही क्षणों में मृत्यु लोक पर बिखरी हुई

समस्त ही प्रकाश रूपी सम्पत्ति को उन्होंने समेट लिया। आकाश आकाशपति के बिना हो गया। अब सर्वत्र पयोधर पिशाच का ताण्डव नृत्य था। आकाश एक दम काला पड़ गया। प्रकाश के स्थान पर अंधकार छा गया। निर्मलता के मुंह पर कालिमा पुत गई।

घर-घर घन घनघोर। अब आकाशमंडल पर इन्द्र देवता का एकछत्र शासन था। चारों ओर घना अंधकार हो गया। आकाश पर किसी नक्षत्र का भी स्वरूप दिखाई न देता था। हां! कभी-कभी बिजली के चमकने पर दूर के पर्वत तथा गंगा का जल अवश्य दृष्टि में आ जाता था। वर्षा का वेग अधिक हो चुका था। वर्षा के कनकन के शोर के सिवाय और कुछ सुनाई नहीं पड़ता था।

वर्षा सारी ही रात होती रही। भागीरथी देवी का शरीर भी फूलने लगा। यति किशोर-चन्द्र जी की कुटिया तो गंगा जी के तट के बिल्कुल पास ही थी। वहां तक पहुंचने में सुरसरी को बहुत देर नहीं लगी। बेचारा कमजोर दुबला-पतला छप्पर वह भला इन्द्र देवता के प्रहार को कब तक सहन कर सकता। परन्तु भला हो उस विधाता का जिसने गंगा के तट पर कुटी बनाने वाले को सद्बुद्धि दी और उसने इस कुटी को एक वृक्ष के नीचे बनाया। एक घने वृक्ष के नीचे होने के कारण ऊपर से इन्द्र देवता का सीधा प्रहार कुटिया पर न हो सका। यदि ऊपर वृक्ष की छत्र-छाया न होती तो कहां इन्द्र का कोप और कहां फूंस की झौपड़ी।

ऊपर की वर्षा से नीचे की वर्षा और भी भयंकर बन कर आई। दूर बद्री नारायण, गंगोत्तरी, केदारनाथ-उत्तर काशी तक का अथाह जल लिए हुए गंगा देवी अपने नए रूप में हरिद्वार में प्रविष्ट हुई।

सुबह के लगभग सात बजे होंगे-इन्द्र के हाथों पीड़ित संसार आशा भरे नयनों से आकाश की ओर देखने लगा-आदित्य देव अभी अपने सात घोड़ों वाले रथ पर चढ़ अपने तीक्षण अग्नि वाणों से इस मेघ मंडल पर प्रहार करेंगे और इस इन्द्र को मार भगाएंगे-परन्तु संसार देखता ही रह गया। आदित्य देव तो एक ही बार ऐसे डर कर भागे कि पूरे सात दिन तक प्रकट न हुए। गगन का साम्राज्य गगनपति से विहीन हो गए मैदान खाली पाकर इन्द्र देवता का उत्साह और भी बढ़ा...धड़ धड़ घन घन घोर....सुबह थोड़ा-सा प्रकाश हुआ इसमें भी इन्द्र देवता का कुछ षडयंत्र था। निरन्तर 12 घंटे तक उसने अपनी शक्ति को भूतल पर बखेरा था-अब उसने थोड़ा-सा प्रकाश भी करवा दिया-वह स्वयं भी देखे उसे कितनी विजय प्राप्त हुई और संसार को भी दिखाए। "अय संसार के प्राणियों! देखो! यह तो मेरे बल प्रदर्शन की भूमिका मात्र है।"

यति जी महाराज अपने तख्त पर बैठे ईश्वर भजन में मस्त थे। उस समय उस प्रकाश में उन्होंने देखा कि उनकी कुटिया के चारों ओर पानी ही पानी है। उनकी कुटिया एक छोटा-सा द्वीप बनी हुई थी। तख्त पर बैठे हुए उन्होंने दूर तक देखा जहां तक वह देख सके वहां तक पानी ही पानी था।फिर उन्होंने एक बार गंगा जी की ओर देखा और पाया कि गंगा जी का प्रत्येक कन उछल-उछल कर आपे से बाहर हो रहा था-

पानी का बेग और भी बढ रहा था। अब तो पानी तख्त के ऊपर ही आने लगा। यति जी महाराज की सम्पत्ति थी ही क्या! कुछ पुस्तकें एक इकतारा थोड़े से चने और गुड़, इन्हीं तीन चीजों को लेकर वे उस कुटिया के छप्पर पर जा चढ़े। छप्पर पर चढते ही ज्यूं ही गंगा जी की ओर यति जी की दृष्टि पड़ी त्यूं ही उनका दिल एक दम दहल उठा...घर के घर, ढोर, छप्पर सब पानी में बहते आ रहे थे। ग्राम के ग्राम बह गए। उस समय उसी छप्पर पर उस अनूठे प्रेमी ने अपना इकतारा बजाना आरम्भ किया-

सब नश्वर है, मत मान करो,
हरि नाम जपो, सुख में दुःख में।

इतने में वह वृक्ष जिस पर यति जी का झूला टंग रहा था वह भी पानी में बह गया। जब इतने बड़े भारी वृक्ष तक के पैर उखड़ गए तो यह बेचारा छप्पर मियां कब तक टिकेगा। यति जी महाराज यह सोच ही रहे थे कि धीरे से छप्पर भगवान् भी नीचे से खिसकने लगे। यति जी ने एक परने के दोनों लड़ों में किताबें और गुड़चने बांध कंधे पर धरे और हाथ में इकतारा उठा उसी धुन में गाने लगे-

दिन हंसता है, निशि रोती है,
पल-पल को आयु पिरोती है।
कब टूट पड़े यह तार डरो,
हरि नाम जपो, सुख में दुःख में।।

छप्पर भी बह गया और उस पर खड़े हुए यति जी भी बह गए। वह दृश्य भी कैसा हृदयद्रावक था। किसी का घर ही बह गया, किसी के बाल बच्चे, ढोर सब बह गए। वह गया, डूबा...पकड़ो...दौड़ो...भागो...चारों ओर हाहाकार मच रही थी। पंचपुरी में और जगजीतपुर, कनखल में तो विशेषतया एक प्रलय का-सा दृश्य बन रहा था। इन्द्र देवता पर तो किसी को रोष नहीं

आता था, उसका तो काम यही था। रोष तो था उस मातेश्वरी जगतारिणी गंगा पर जो माता कहलाती हुई भी उस समय इन्द्र देवता के हाथों की कठपुतली बन निरापराधियों की हत्या की भागिन बन रही थी।

छप्पर बह रहा था। यती जी महाराज उस पर ब्रज के कन्हैया बने खड़े थे। चारों ओर की हाहाकार उनके कानों में निरन्तर पड़ रही थी, परन्तु बाहर के प्रलय के आतंक से अपने अन्दर भी काहे को प्रलय मचा लें। वे निरन्तर उसी धुनी में गा रहे थे।

यह दुनिया राम कहानी है,
यह दुनिया बहता पानी है।
उस हर का प्रिय गुण गान करो,
हरि नाम जपो, सुख में दुःख में॥
यह जन्म-मरण की माया है,
अब धूप कहीं फिर छाया है।
इक रंग बनो, बहु रंग हरो,
हरि नाम जपो, सुख में दुःख में॥

गाते हुए कनखल के पास से गुज़रे। लोग अपने मकानों की छत्तों पर खड़े-खड़े इस अभूतपूर्व दृश्य को देख रहे थे। नीचे उतर दूसरे की जान कौन बचाये। वहां तो सबको अपनी-अपनी जान की चिन्ता पड़ी थी। लोगों ने देखा—एक विशाल काय काषाय वस्त्रधारी महात्मा छप्पर पर खड़े गंगा में जल विहार कर रहे हैं। जबकि दूर खड़े लोग हाहाकार मचा रहे हैं यह महात्मा धार के बीच में खड़े मस्ती में आ अपने इकतारे पर कैसी मनहर धुन में गा रहे हैं—

जल में थल हो, थल में जल हो,
यह परिवर्तन तो पल-पल हो।
फिर काहे का मद-मान करो,
हरि नाम जपो, सुख में दुःख में॥
प्रभु पीछे दुनिया पड़ती है,
जब बन कर बात बिगड़ती है।
नित भक्ति सुधा रस पान करो,
हरि नाम जपो, सुख में दुःख में॥

छप्पर बहता ही गया। वह कनखल को भी पार कर गया। गंगा की काया विशाल से विशालतर हो रही थी; परंतु वह प्रभु का प्यार अपनी उसी धुन में गा रहा था।

जब यौवन विकसाता है,
नहिं फूल समाता है।
गिरता मुरझा कर ध्यान धरो,
हरि नाम जपो, सुख में दुख में॥
बहु वीर हुए बलवान हुए,
कितने जाने महीपति मान हुए।
अब कौन कहां, कुछ ध्यान धरो,
हरि नाम जपो, सुख में दुख में

यति जी महाराज उसी धुन में मस्त हो गीत गाते जा रहे थे। वह छप्पर बहता बहता जगजीतपुर के बागों की ओर हो गया। बाग में आम के बड़े भारी वृक्ष थे। वह छप्पर तैरता-तैरता एक आम के वृक्ष के नीचे से गुजरा। वृक्ष नीचे को झुका हुआ था उसका तना भी अच्छा खासा मजबूत था। एकाएक यति जी के दिल में कुछ विचार उत्पन्न हुआ। टहने को पकड़ कर वे वृक्ष के ऊपर चढ़ गए। छप्पर आगे बह गया और थोड़ी ही दूर जाकर एक वृक्ष से टकराकर वह टुकड़े-टुकड़े हो गया। उसी आम्र-वृक्ष पर बैठ यति जी ने प्रभु का धन्यवाद किया। "भगवान्! तू कितना दयालु है। तुझे अपने भक्तों की कितनी चिन्ता रहती है। यह छप्पर इस वृक्ष से टकरा कर चूर-चूर होना था, तूने इसके पहले ही मुझे इस वृक्ष पर चढ़ा दिया। धन्य हो, भगवन्! धन्य हो। उन्होंने फिर इकतारा बजाया-

क्षण भर ही ज्योति दिखाती है,
पर चपला यों इतराती हैं,
बस खोज मिटे न गुमान करो,
हरि नाम जपो सुख में दुख में।
कुछ तत्त्व नहीं जग फन्दो में,
फंसना न कहीं छल छन्दों में,
के. सी. भवसागर पार तरो,
हरि नाम जपो सुख में दुख में।

❑❑❑

नवासीवां अध्याय

शुद्धि का चक्र

"कृण्वन्तो जगदार्यम", के. सी ध्वजा उठाय।
बढ़े चलो निर्भीक हो, भारत मात हिताय॥

यति किशोर चन्द्र कोरे निष्कर्मा अध्यात्मवादी ही न थे। उनकी नस नस में कर्मयोग का एक संचारित था। भागीरथी के तट पर बैठे हुए आत्म-सुधार में रत वे देश को भूल न थे भूले न देश ही ता उनका इष्ट-देव था। वे तो उस निर्जन तपोवन में बैठे हुए योग-बल द्वारा मानों अपने भीतर आने वाले संघर्ष में कूदने के लिए महानतम शक्ति-संचय कर रहे थे।

गांधी की आंधी बड़े जोर से चली। सम्भवत: वह इन फिरंगियों को उनके शासन समेत ही उड़ा ले जाती, परन्तु भारत-माता की किस्मत में अभी कुछ दिन और गुलामी लिखी थी। खिलाफत के असाम्यक तथा अव्यावहारिक पिशाच का भयंकर वेश देख कर आज़ादी की देवी भयभीत हो गई। फिरंगियों के दिन अच्छे थे। गांधी की आंधी आई और चली गई। हां, इत्तिहाद इत्तिहाद का शोर अपने पीछे छोड़ गई।

राजनैतिक क्षेत्र में मुसलमानों की गुड्डी चढ़ गई। वे सड़क पर बिखरे हुए कंकर थे जिनका कुछ भी मूल्य न था। गांधी ने उन्हें उठा कर अपनी दोनों जेबों में डाल लिया। महात्मा का स्पर्श करते ही उन कंकरों का भी माहात्म्य बढा, कूड़े पर कंचन होने का भूत सवार हो गया। जिन पद-दलित कंकरीटों की ओर किसी ने कभी आंख उठा कर ताका तक न था, वही गांधी का स्पर्श करते ही संसार की आंखों में खटकने लगे। गांधी ने उन्हें मस्तक पै चढ़ा लिया। आधा सेर के पात्र में सेर भरा जाने लगा...ब्लाडर के फट जाने पर भी उसमें हवा ठोंसी ही जाती रही।

राजनैतिक क्षेत्र में मुसलमान की नीलामी बोली गई। अंग्रेज ने उसकी अधिक बोली दी। वे सड़क के कंकर गांधी की जेबों से उछल कर गौरांग महाप्रभुओं के चरण कमल को धूल चाटने लगे। देश में साम्प्रदायिकता की दावानल दहक उठा। अमृतसर, सहारनपुर, रावलपिंडी, कोहाट में भीषण नर संहार हुआ। आशावादियों के आशा तन्तु टूट गए।

जितने मुसलमान नेता थे, वे एक-एक करके गांधी का साथ छोड़ गए। देश में तबलीग और तंजीम का का दौर चला। इस षड्यन्त्र की भूमिका कोहाट, रावलपिंडी, सहारनपुर तथा मालावार के नरसंहार से बांधी गई।

जाति के वे महान् रक्षक, भारत मां के तपस्वी सपूत-प्रातः स्मरणीय अमर शहीद स्वामी श्रद्धानन्द जी महाराज शुद्धि का चक्र संभाले आगे बढ़े, पंजाब केसरी लाला लाजपतराय तथा भारतभूषण श्री मालवीय जी भी उनके साथ हो लिए। और दूर गंगा के तट पर बैठे हुए यति किशोरचन्द्र भी उस समय अष्टांग योग की शिक्षा दीक्षा में ही नहीं लगे रहे। उस समय भीषण जातीय ह्रास का अनुभव कर वे अपनी उस तपोभूमि से निकल कर राष्ट्र की सम्पदा की रक्षा करने के लिए उस महान् तपस्वी श्रद्धानन्द संन्यासी के साथ-साथ चल दिए।

जिस परम त्यागी ने दहाड़ते हुए सिंहों के बीच में डेरा जमा कर गंगाजी के तट पर गुरुकुल रूपी ज्ञान की एक दूसरी गंगा बहा दी। घोर जंगल का भय जिस वीर को रत्ती भर भी भयभीत न कर सका। पंजाब की पवित्र भूमि में जब देशभक्ति का नाम तक लेना पाप समझा जाता था, उस समय जो शेर स्वाधीनता की विजय पताका गगन में फहराता हुआ आगे बढ़ा और तोपों और बन्दूकों के बीच में खड़े होकर जिस वीर ने गुरु की पवित्र नगरी में लोहगढ़ द्वार के बाहर स्वाधीनता की विजय वैजयन्ति फहराई, दिल्ली के चांदनी चौक में गोरे की संगीनों के सामने सीना तान कर जो शेर एक कदम भी पीछे नहीं हटा वही भारत का सच्चा सपूत जब शुद्धि का चक्र हाथों में उठाए चला तो विजय तो उसकी होनी ही थी।

और सचमुच उसकी विजय हुई। हिन्दू माता के करोड़ों विस्मृत लाल, धर्मांध धर्म-ध्वजियों के स्वार्थाभिमान से पीड़ित भारत माता के बिछड़े सपूत उस सच्चे संन्यासी के झंडे के नीचे एकत्रित हो गए। शुद्धि का चक्र अपने पूरे वेग से देश भर में घूमा। अलीगढ़ हाथरस, आगरा, कासगंज के इलाकों के लाखों मलकाने फिर से हिन्दू धर्म की शरण में आए।

यति किशोर चन्द्र के सहस्त्रों भगत इन इलाकों में बिखरे पड़े थे। उन्होंने उस समय इन इलाकों में फिर से एक बार भ्रमण किया और प्रयत्न कर सहस्त्रों पतित भाइयों को हिन्दू माता की गोद में ला बिठाया। परन्तु बुरा हो इन स्वार्थी धर्म-ध्वजि मक्कार उलटी खोपड़ी के दुष्टों का जो अपने भाई को मुसलमान बनाकर तो उसके हाथ का पानी मिला दूध पी सकते हैं, उसकी जूतियां चाट सकते है, परन्तु उसे हिंदू नहीं रख सकते....क्योंकि इससे उनका धर्म भ्रष्ट होता है।

□□□

नब्बेवां अध्याय

संगठन का बिगुल

त्रेतायां मंत्र शक्तिश्च, ज्ञान शक्तिः कृते युगे।
द्वापरे युद्ध शक्तिश्च, संघे शक्ति कलौयुगे।।

अपनी पूरी रफ्तार से चलती हुई गाड़ी जब एकाएक रुक जाती है तो क्रिया की सामान्य रूप से प्रतिक्रिया होती ही है। जितनी तेजी से गाड़ी भाग रही हो सवारियों को गाड़ी के एकदम खड़े होने पर उतने ही जोर का धक्का लगता है। असहयोग की भागती हुई गाड़ी पूरी रफ्तार से चलती हुई एकदम खड़ी हो गई–अली बन्धुओं ने देश को धोखा दिया। कांग्रेस की आड़ में उन्होंने तबलीग का जाल बिछाया। राष्ट्रीयता को लेवल लगाकर साम्प्रदायिकता का उन्होंने बीज बोया। महात्मा गांधी की महानता का उन्होंने पूर्ण रूप से अनुचित उपयोग किया। उनका उत्साह यहां तक बढ़ा कि कौकनाड़ा कांग्रेस के उत्सव पर छोटे अली-बंधु मुहम्मद अली भरी सभा में कह दिया ''आओ हम हिन्दू और मुसलमान दोनों मिलकर इन हरिजनों को आधा आधा बांट ले।'' जिस काम को औरंगजेब की चमकती तलवार भी न कर सकी उस काम को करना चाहता था।

हिन्दू की तो मां कैद है। अपनी माता का संताप दूर करने के लिए हिन्दू के रोम-रोम में ज्वाला धधक रही है। जो कोई उसे आकर कहे ''मैं तुम्हारी मां को आजाद करा दूंगा, वह आखें मूंद उसी के पीछे चल देता है। इसमें हिन्दू का कुछ भी दोष नहीं, मानव प्रकृति ही ऐसी है। निराश हुआ पथ-भ्रांत व्यक्ति जो भी कोई उसे आकर कहे-आ मैं तुझे रास्ता बता दूं, वह उसी के पीछे चल देता है। देश ने अली-बन्धुओं पर विश्वास किया, अली-बन्धुओं ने देश से विश्वास-घात किया।

देवताओं ने तथा असुरों ने इत्तिहाद-इत्तिहाद का शोर मचाकर थोड़े समय के लिए एक क्षणिक इत्तिहाद कर भारतीय स्वाधीनता के सागर का जो

अमृत-मंथन किया, इस अमृत मंथन से बड़े-बड़े रत्न निकले। हीरे, मोती, लाल और जवाहर निकले और इन रत्नों के साथ ही साम्प्रदायिकता का हलाहल विष भी निकला।

भला कभी कागज़ों पर किया हुआ इत्तिहाद भी टिका करता है? जब मन दो हैं तो कागज क्या मनों को एक कर देंगे? कागज़ के टुकड़े का मूल्य ही क्या होता है? जब मुसलमान कागज के टुकड़े का मूल्य समझने लग जायेंगे, तो दुनिया से हैवानियत अपने आप उठ जायेगी।

गांधी जी ने इत्तिहाद-इत्तिहाद का शोर मचा, थोड़े से बहुरूपियों को थोड़ी देर के लिए अपने साथ जरूर मिला लिया, परन्तु वे बहुरूपिये तो गांधी जी को बीच में ही छोड़ कर देश-द्रोहियों से जा मिले।

तंजीम और तबलीग का काम जोरों पर था। इधर स्वामी श्रद्धानन्द जी महाराज भी शुद्धि का चक्र घुमा चुके थे। तबलीग तथा तंजीम की प्रतिक्रिया के रूप में देश भर में संगठन का बिगुल बज गया। यतिवर किशोरचन्द्र ने हिन्दू संगठन का बड़ा काम किया। उनके हृदय में हिन्दू संगठन की कितनी चाह थी, यह उस समय एक सभा में कहे हुए उनके शब्दों से सही प्रत्यक्ष दीखता है:

''यह देश हमारा है। इस देश का नाम हिन्दुस्तान है। वैसे तो इस देश के तीन नाम हैं। आर्यावर्त सांस्कृतिक नाम है। भारतवर्ष ऐतिहासिक नाम है और हिन्दुस्तान भौगोलिक नाम है।''

जब से सृष्टि बनी तभी से हम लोग यहां रहते आए हैं। भारत हमारा घर है। मुसलमान अरब के स्वप्न देख सकता है। यदि आज भारत पर कोई विपदा आ जाये तो वह भाग कर मदीने जा सकता है (यद्यपि मदीने में घुसने उसे कोई न देगा) परन्तु हिन्दू तो कभी स्वप्न में भी भारत के बाहर का विचार अपने मन में नहीं ला सकता। श्री अमरनाथ, रामेश्वर, जगन्नाथ और बद्रीनाथ के बीच का यह देश हिन्दू की पवित्र भूमि है। आज समस्त शक्तियां हिन्दू को निर्बल बनाने में लगी हुई हैं, परन्तु जब तक हमारी नसों में प्राचीन ऋषियों का, अतीत के भारतीय वीरों का एक भी रुधिर बिन्दु है तब तक हम अपनी आंखों से भारत का ह्रास नहीं देख सकते। हम जानते हैं हमारे पास अस्त्र नहीं हैं, हम जानते हैं हमारे पास सुसज्जित चतुरंगिनी सेना नहीं है, हम जानते हैं हमारे पास तोप, बन्दूक, पिस्तौल, रायफल कुछ नहीं है, परन्तु हम निर्भय हैं क्योंकि हमें यह विश्वास है, जब तक हमारा मार्ग सच्चाई का मार्ग रहेगा, तब तक हमारी अस्थियों से टकरा कर इन अस्त्रों की धारें मुड़ती रहेगी।

हम अपना संगठन करेंगे, किसी का सिर फोड़ने के लिए नहीं, बल्कि अपने सिर की रक्षा करने के लिए। हम किसी की अवनति के लिए अपनी उन्नति नहीं करना चाहते, बल्कि हमारा तो यह विश्वास है कि समस्त जग का कल्याण हिन्दू संगठन में है। पिछले पांच वर्षों के सत्याग्रह संग्राम से हमें एक बात सीखनी है, वह है स्वराज्य की रक्षा। स्वराज्य प्राप्त करना मुश्किल बात नहीं, परन्तु मुश्किल तो है उस प्राप्त किए हुए स्वराज्य की रक्षा करना।

हम कांग्रेस को यह विश्वास दिलाते हैं कि हमारे हृदय में कांग्रेस के लिए महान् श्रद्धा है! हिन्दू संगठन से कांग्रेस को कुछ हानि नहीं पहुंचेगी, अपितु हमारा तो यह दृढ़ विश्वास है यदि भारत के हिन्दुओं में संगठन शक्ति आ गई और भारत के 28 करोड़ हिन्दू एक होकर मातृभूमि की स्वाधीनता पर कटिबद्ध हो गए तो देश मुसलमानों के सहयोग के बिना भी आजाद हो जायेगा। हम इत्तिहाद के विरोधी नहीं हैं। हम तो प्राणीमात्र में सद्भावना को जाग्रत करना चाहते हैं, परन्तु वह मानव धर्म को निभाने के लिए हो, स्वराज्य प्राप्ति के लिए नहीं। स्वराज्य शक्ति से मिलता है। एक शेर का जंगल में राज्य होता है लाखों गीदड़ों को पूछता ही कौन है। गुरु गोविन्द सिंह जी महाराज और छत्रपति शिवाजी महाराज ने जो स्वराज्य प्राप्त किया था वह क्या मुसलमानों की खुशामद से प्राप्त किया था? आज हम 28 करोड़ हैं, जब हम 28 करोड़ कुछ नहीं कर सकते तो निश्चय ही 35 करोड़ भी कुछ नहीं कर सकते। हमारा तो सिद्धांत है (If possible with them, if impossible without them.) यदि मुसलमान अपनी प्रसन्नता से आजादी की लड़ाई में सहयोग देना चाहते हैं तो अच्छा है, यदि वह सहयोग नहीं देना चाहते तो उनके बिना भी हम स्वराज्य लेंगे। स्वराज्य के लिए हिन्दू-मुस्लिम इत्तिहाद की इतनी आवश्यकता नहीं जितनी आवश्यकता हिन्दू संगठन की है।''

उपर्युक्त शब्दों में कितना स्वाभिमान, कितना स्वदेशाभिमान तथा कितनी विशुद्धता निहित है।

मेन लाइन पर चलती हुई गाड़ी के मार्ग में भिन्न-भिन्न स्थानों पर एक ऐसा स्थान आ जाता है, यहां गाड़ी का कांटा बदलने की आवश्यकता होती है, यदि कांटा न बदला जाए तो गाड़ी एकदम पथ-भ्रष्ट हो जाती है। वह 25 और 26 का सन् हिन्दू जाति की चलती हुई गाड़ी को ठीक मार्ग पर ले जाने के लिए कांटा बदलने का समय था। यति किशोरचन्द्र ने अपनी पूरी शक्ति से हिन्दू संगठन की देश में विजय दुंदभी बजाई।

❑❑❑

इक्यानबेवां अध्याय

यति जी और संन्यास

काम्यानाम् कर्मणां न्यासं संन्यास कवयो विदुः

यति जी और संन्यास-यह शब्द किसी अन्य के लिए भले ही उपयुक्त हों, परन्तु यतिवर किशोरचन्द्र के लिए यह शब्द कुछ महत्त्व ही नहीं रखते थे। वे तो इस संसार में आते ही संन्यासी हो गए। जो कुछ वे अपने जन्म के प्रथम दिवस थे वही अपनी जीवन यात्रा की पैंसठ सीढ़ियां पार कर वे रहे। जन्म के साथ ही उनके शरीर को उनके पिता ने भगवान् चारभुजानाथ की भेंट चढ़ा दिया...और जीवन के पैंसठ वर्ष पूरे करने के पश्चात् भी वे अपना सर्वस्व भगवदार्पण ही समझते थे। गीता में संन्यास की जो व्याख्या की गई है वह तो उनके सारे ही जीवन के एक-एक क्षण पर घटाई जा सकती थी।

तथापि एक परम्परा को स्थापित रखने के लिए उसका पालन करना अत्यावश्यक था। जब बड़े आदमी ही मर्यादा का उल्लंघन कर जाएं तो फिर साधारण व्यक्तियों का क्या बने? संन्यास आश्रम में प्रवेश करने से पूर्व ब्रह्मचर्य, गृहस्थ तथा वानप्रस्थ इन तीन आश्रमों को पार करना पड़ता है। यति जी ने भी अपने निराले ढंग से तीन आश्रम पार कर ही लिए थे। पहिले फूलकुंवर थे, फूलकुंवर से वे नन्दकिशोर बने, नन्दकिशोर से वे किशोरचन्द्र यति बने और अब यति किशोरचन्द्र से वे कुछ और बन जाना चाहते थे।

संन्यास आश्रम की दीक्षा देने के लिए कोई आदर्श गुरु चाहिए। यति जी का गुरु था एक ओ३मकार। वही उनका सखा था, वही उनका माता-पिता तथा बन्धु था तथा वही उनका गुरु था।

यही परमात्मा रूपी गुरु उनकी समस्त क्रियाओं का आज तक नियंत्रण करने वाला था। उनकी समस्त दीक्षाओं को देने वाला वही परमात्मा था। वे पैदा हुए...अचानक उनके पिता ने उन्हें भगवान् चार भुजानाथ की पूजा के

लिए पुष्प रूप में भेंट किया, इतने में वे भगवान् एक काली कमली वाले साधु के रूप में प्रकट हुए और उन्होंने बच्चे का नाम फूलकुंवर रखा।

आपत्तियों के पर्वत को सिर पर उठाए बाबा विश्वनाथ की नगरी में अपने प्रिय बन्धु एकलिंग द्वारा स्वप्न में उत्तराखंड की यात्रा की प्रेरणा पा भगवती भागीरथी के प्रसाद रूप में अकस्मात ही वे श्री वैद्य शास्त्री द्वारा फूलकुंवर से ब्रह्मचारी नन्दकिशोर के नाम से दीक्षित हुए। यह उनका दूसरा आश्रम था। पुनः भाग्य-चन्द्र के पीछे चंडी की ओर भागते हुए ब्रह्मचारी नन्द किशोर के स्थान पर यति किशोरचन्द्र बने और यति जी को अब भी पूरा विश्वास था कि अन्तिम दीक्षा देने के लिए श्री भगवान् स्वयं ही कोई न कोई साधना जुटा देंगे।

''भगवान् की जब इच्छा होगी उस समय वे स्वयं किसी न किसी रूप में प्रकट हो मेरी देह पर अपने हाथों से ही काषाय वस्त्र धारण करवा जाएंगे'' ऐसी मन में दृढ़ धारणा बैठा यति जी अपनी कुटिया में यथावत नित्य नियम से रहने लगे।

उनका अधिक समय ईश्वर भजन तथा दीन दुखियों की सेवा करने में ही व्यतित होता। पांच सात दुखी अनाथ, अपाहिज उनकी पर्ण कुटी में सदैव ही आश्रित रूप में रहते। जो भी कोई कुटी पर आता प्रसाद रूप में एक मुट्ठी चना तथा एक छटांक गुड़ उसे यति जी के कर कमलों से प्राप्त होते।

विधि पूर्वक गुरु द्वारा संन्यासी हो जाने से पूर्व ही यति जी संन्यासी हो गए। गुरु के लिए केवल इतना ही कार्य बाकी छोड़ा कि वह कोई संन्यासियों जैसा नाम चुनकर दे जाए और अपने हाथों से शरीर पर गेरुवे वस्त्र पहना जाए। तीन मिट्टी के घड़े, थोड़ी सी पुस्तकें, एक मिट्टी की हांडी। बस यह थी उनकी सम्पति जिसे लेकर वे अपने भगवान् की शरण में जा रहे थे। तीन घड़ों में से एक में चने, दूसरे में गुड़ तथा तीसरे में खिचड़ी भरी थी और हांडी थी खिचड़ी पकाने के लिए। उन दिनों खिचड़ी ही यति जी का आहार था। गिरी पड़ी लकड़ियां इकट्ठी कर मिट्टी की हंडिया में वे खिचड़ी पकाते; भगवान् को भोग लगा पत्तों पर डाल खा लेते।

यति जी चौबीस घंटे में केवल एक बार ही भोजन करते थे और तिस पर भी यदि खाने से पहले कोई भूखा भिखारी आ जाता तो पहले उसे खिलाकर स्वयं पीछे खाते।

इन्हीं दिनों में एक वृद्ध महात्मा यति जी के पास आने जाने लगे। यति जी ने इन महात्मा का समुचित आदर किया। यह महात्मा बड़े ही विद्वान कर्म योगी थे। ऐसा शास्त्र में लिखा है कि अच्छे पुरुषों की मैत्री सात कदमों में ही

हो जाती है। यति जी को इनसे और इनको यति जी से प्रेम हो गया। वे कर्म योगी सज्जन नित्य प्रति नियमपूर्वक आने लगे और आश्चर्य की बात यह थी कि रोज़ ठीक उसी समय आते जब यति जी की खिचड़ी पक कर बिल्कुल तैयार हो जाती। खिचड़ी बन कर तैयार होती पत्तल बिछा कर यति जी उस पर खिचड़ी परोस लेते, इतने में वह योगी जी कहीं से आ धमकते। बनी किसी के लिए खाई और किसी ने...वाली बात हो जाती। पांच दिन वही लीला हुई। योगी जी के आने की कोई सम्भावना तो होती ही न थी, अस्तु! खिचड़ी एक ही के लिए बनती। यति जी योगी जी को देखते ही आदर सहित उन्हें बिठाते ओर बड़े प्रेम, श्रद्धा तथा भक्ति से उन्हें जिमाते और वे योगी जी भी इतना खा जाते कि चावल का एक दाना तक बाकी न छोड़ते।

भगवान् जब अपने भक्तों की परीक्षा लेते हैं तो उस समय कुछ क्षण के लिए तो अपने हृदय को फौलाद का ढेला ही बना लेते हैं। भक्त भले ही भूखा मर जाए, परन्तु भगवान् तो दो पेट लगा कर भी हांडी का तला तक चाट जाने को तैयार हैं। इसी परीक्षा की हंसी खेल में ही तो ध्रुव, प्रह्लाद, मोरध्वज को इतनी कठोर यातनाएं सहनी पड़ी थीं। योगी जी महाराज यदि साधारणतया आते तो वे अपने साथ यति जी को भी भोजन करने का आग्रह करते, परन्तु वे इसी बहाने से तो उनके धैर्य सन्तोष तथा भगवद्भक्ति की परीक्षा लेना चाहते थे और यति जी में इन सद्वृत्तियों की इतनी बाहुल्यता थी कि ऐसी एक परीक्षा ही नहीं, अपितु बीसियों परीक्षाएं एक ही समय में हो जातीं, फिर भी धैर्य तथा संतोष का खजाना उनके पास से समाप्त न होता।

पांच दिन तक यति जी ने भोजन नहीं किया। खिचड़ी योगी जी खा जाते और स्वयं यति जी एक मुट्ठी चना तथा गुड़ खाकर पानी पी कर रह जाते। निरंतर पांच दिन परीक्षा ले चुकने के अनंतर योगी जी ने यति जी को प्रथम श्रेणी में पास कर दिया। पांचवां दिन था, कर्मयोगी जी खिचड़ी खाकर उठे ही थे, उस दिन वे यति जी को बोले "ओहो! तुमने तो कुछ खाया ही नहीं, तुम तो बड़े ही कृपालु हो। सब जीवों पर बड़ी कृपा करने वाले हो। पांच दिन से तुमने सिवाय केवल मुट्ठी चनों के कुछ खाया ही नहीं और बडे परिश्रम से बनाई खिचड़ी भी मुझे ही दे दी। तुमसे मैं बहुत खुश हूं। तुम सब पर दया करके सबको देने वाले देव हो, मैं आज से तुम्हारा नाम कृपालु देव रखता हूं।"

इतना सुनते ही यति किशोरचन्द्र हाथ जोड़ कर खड़े हो गए..."भगवन्! नाम तो बदलने वाली साधारण-सी वस्तु है, परन्तु आप महात्माओं में तो सब कुछ बदलने की सामर्थ्य है।"

❑❑❑

ग्यारहवां अध्याय

स्वामी कृपालु देव

धनि तेरी तप धीरता, धनि गुण-गण गंभीर।
मनहु धरयो कलिकाल महं, धर्महिं मनुज शरीर।

योगी जी के शब्दों से यति किशोरचन्द्र के हृदय में एक अद्भुत उल्लास भर उठा। जिस समय की प्रतीक्षा में वे भगवान् पर भरोसा किए बैठे थे, वह समय यही तो था। भगवान् स्वयं तो डंडा सोटा लेकर आया ही नहीं करते। वे तो किसी साधारण सत्ता द्वारा ही असाधारण शक्तियों का विकास कराया करते हैं। योगी जी के द्वारा आशीर्वाद रूप में अपना नवीन नाम कृपालु देव पाकर यति जी के हृदय में योगी जी के प्रति गुरु भाव पैदा हो गया।

"कृपालु देव! तुम आज तक नैष्ठिक ब्रह्मचारी हो। गृहस्थ में प्रवेश करने का तुम्हारा निश्चय है ही नहीं। क्यों नहीं संन्यास आश्रम में दीक्षित हो जाते। यह तो मैं मानता हूं कि तुम्हारा रहन-सहन एक सच्चे संन्यासी सरीखा ही है, परन्तु फिर भी मेरी यह इच्छा है कि तुम विधिवत संन्यास आश्रम में प्रविष्ट हो जगत् का उपकार करो। संन्यास आश्रम का आदर्श सब आश्रमों से ऊंचा है। देश के सच्चे सेवक तो सदैव ही संन्यासी होते हैं, परन्तु फिर भी संन्यासी शब्द में विषयों का, ऐश्वर्य का, काम, क्रोध, लोभ, मोह और अहंकार का त्याग है। मैं जानता हूं, कृपालु देव! तुम यह वस्तुएं पहले ही त्याग चुके हो, परन्तु फिर भी मेरी यह इच्छा है कि तुम संन्यास आश्रम में विधिवत प्रविष्ट हो जाओ।"

यति किशोरचन्द्र अब विधिवत संन्यासी बन गए, अपने आपको उन्होंने अपने गुरुदेव के अर्पण कर दिया। गुरुदेव बोले–

"मेरा नाम चिदघ्नदेव और तुम्हारा नाम कृपालुदेव है" इतना सुनते ही यति जी ने हाथ जोड़ मस्तक झुकाया, उस कर्म योगी महात्मा ने अपना वरद् हाथ कृपालु देव के सर पर रखा और यतिवर किशोरचन्द्र अब सन्त कृपालुदेव बन गए।

□□□

खंड सातवां

संत कृपालुदेव

अखिल भारतीय तीर्थ-यात्री

तिरानवां अध्याय

गुरु के साथ कश्मीर को

अत्र विष्णु सहस्राक्षः सहस्र चरणेऽव्ययया।
सहस्र शिरसः श्रीमानेका पश्यति मायया।।

श्री स्वामी चिदघ्नदेव जी एक पहुंचे हुए महात्मा थे। आप शास्त्रों के अच्छे ज्ञाता तथा पूरे कर्मकांडी साधू थे। आप निराकारी साधु बाबा हरिदास जी के बड़े शिष्य थे। आपके सबसे प्रिय शिष्यों में से एक थे बाबा हरिदास के भक्त-गण आज तक पंजाब भर में छाये हुए हैं। सदाचार तथा विद्वता की पूजा तो हुआ ही करती है। तिस पर भी प्राचीण गुरुओं के परम्परागत चरण चिह्नों पर चलता हुआ यदि कोई महान् आत्मा अपने ज्ञान तथा चरित्र को परोपकार के रंग में रंग देता है, फिर तो मानो सोने पै सुहागे का काम कर जाता है। चन्द्र ज्योति समान स्वामी चिदघ्नदेव की सर्वत्र फैली हुई ख्याति का यही रहस्य था।

महार्णव के विशाल वक्षःस्थल पर डोल रहे दो लकड़ी के टुकड़े वायु के वेग से हिल कर जिस प्रकार अकस्मात ही एक हो जाते हैं, उसी प्रकार इस संसार सागर पर पड़े हुए दो प्राणी समय की तरंगों पर तैरते हुए कहीं से कहीं आपस में मिल जाते हैं। इस विशाल जगत् के विश्वकर्मा को जिन-जिन टुकड़ों को मिलाना होता है, वह उन्हें मिलाने की कोई न कोई विधि अवश्य निकाल देता है। भगवान् की प्रेरणा से ही तो दो प्राणी आपस में मिलकर आत्मरूप में एक हो जाते हैं।

यति किशोरचन्द्र को ही स्वामी चिदघ्नदेव की प्रतीक्षा थी ऐसा नहीं था। अपितु स्वामी चिदघ्न देव को भी कृपालु देव की चाह थी। यति किशोरचन्द्र को चाह थी कि उन्हें संन्यास आश्रम में दीक्षित करने वाला कोई योग्य गुरु मिले और चिदघ्न देव जी की यह आकांक्षा थी कि उन्हें कोई ऐसा पुरुष मिले जो उनके पश्चात उनकी गौरवपूर्ण ख्याति को बनाये रख सके।

योगी जनों को परमात्मा एक ऐसी दिव्य दृष्टि दे देता है, जिसके द्वारा वे किसी भी मनुष्य को देखते ही उसकी अन्तरात्मा में घुस कर तत्क्षण उसका अध्ययन कर लेते हैं। यह दिव्य दृष्टि मिली थी महर्षि विश्वामित्र जी को जिसके द्वारा राजर्षि ने यक्ष-लोक में बैठे हुए समस्त आर्यवर्त में दृष्टि दौड़ा सूर्य तट पर दशरथ कुमार राम के अंदर भारत का उज्ज्वल भविष्य देखा। यह दिव्य-दृष्टि थी योगेश्वर कृष्ण के पास जिसकी शक्ति से उस महाभारत के सूत्रधार ने वारणावात के अग्निकांड में बचे हुए कुन्ती के पुत्रों में पार्थ को पहचाना। यह दिव्य-दृष्टि पाई थी उस बोधी वृक्ष के नीचे बैठे समाधिस्थ भगवान् शाक्यमुनि जी ने जिन्होंने उसी के द्वारा अपने सहस्रों शिष्यों में से एक नन्द को पहचाना। यही दिव्य-दृष्टि पाई थी समर्थ गुरु रामदास जी ने जिसके द्वारा आदर्श गुरुदेव जी ने शिवा जी महाराज के सिर पर हिन्दू साम्राज्य का झूलता हुआ छत्र देखा।

योगी चिदघ्न देव ने बेलवाले के उस शाही फकीर की खिचड़ी के एक-एक कण में श्रद्धा, भक्ति, दया, स्नेह, विश्वास, धर्म-दृढ़ता तथा त्याग की भावना को भांप लिया था। उनकी आत्मा को कितनी प्रसन्नता हुई होगी जब उन्होंने यति किशोरचंद के रूप में एक ऐसे शिष्य को पाया जो अपने गुरु की ख्याति अक्षुण्ण रखने में पूर्णतया समर्थवान् था।

योगी जी महाराज ने हरिद्वार में गंगा स्नान कर भागीरथी के अमृत जल में अपनी कामना को पूर्ण होते देखा। योगी जी का निवास-स्थान पंजाब में लायलपुर नामक स्थान पर था। हरिद्वार में काफी दिन रह कर अब उनकी इच्छा वापस पंजाब जाने की थी और वे संत-कृपालु देव जी को अपने साथ ही ले जाना चाहते थे।

वैशाख मास अपनी समाप्ति पर था। उस दिन योगी जी बोले "कृपालुदेव कुछ समय के लिए मेरा विचार कश्मीर जाने का है। उधर हमारे बहुत सेवक हैं। वैसे भी जलवायु की दृष्टि से वह स्थान बहुत अच्छा है। मैं चाहता हूं कि तुम भी मेरे साथ चलो।

योगी जी महाराज इतना कह उत्तर की प्रतीक्षा में चुप हो गए। सन्त जी महाराज हाथ जोड़कर बोले, "गुरुदेव! आपने जो औदार्य्य तथा प्रेम अपनी इस भावना में मेरे प्रति दर्शाया है, वास्तव में उसके लिए मैं अपने आपको कृतकृत्य समझता हूं। काश्मीर मेरा देखा हुआ है आपने जैसा कहा है वास्तव में वह वैसा ही है, परन्तु गंगा माई का तट तो उससे भी कहीं अधिक शान्तिप्रद है।

"शान्तिप्रद तो है, सब कुछ है, परन्तु अब तो तुम संन्यासी हो। गंगा जी के साथ तुम्हारा प्रेम है, भक्ति है, सब कुछ है, परन्तु उससे भी अधिक तुम को गंगा से मोह है। तुम तो एक परिव्राजक हो। इस बार यदि गुरु की आत्मा को शांत करने के लिए कश्मीर चले चलो तो इसमें हानि ही क्या है?

इतना कह योगी जी तनिक चुप हो गए। सन्त कृपालुदेव कुछ बोले नहीं–खामोशी भी आधी स्वीकृति ही होती है। योगी जी फिर बोले–"मुझे सेवकों ने आग्रह पूर्वक बुलाया है। स्वास्थ्य की दृष्टि से भी कश्मीर में रहना अच्छा ही है। मैं केवल चार पांच मास वहां रहूंगा, फिर यदि तुम को गंगा जी के तट से ही मोह है तो भले ही यहीं आ जाना।"

अगले दिन सुबह की गाड़ी से चलने का निश्चय हुआ। हरिद्वार से चले गुरु और चेला। लाहौर से गाड़ी बदल दोनों झंडावाला पहुंचे। झंडावाले के पास कोट दया किशन चक नं. 235 में योगी चिदघ्नदेव की गद्दी थी। यहां उनकी अपनी निजी काफी भू-सम्पत्ति भी थी और प्रायः योगी जी यहीं रहा करते थे। हरिद्वार से सीधे वे अपने घर पर आए। उस समय तक कृपालुदेव जी को इस बात का कुछ भी ज्ञान न था कि इन योगी जी महाराज की इसी गांव में बहुत-सी सम्पत्ति है। तीन दिन उसी गांव में रहकर गुरु और चेला दोनों रावलपिंडी चल दिए।

सन्त कृपालुदेव जी के लिए कश्मीर कोई नई वस्तु न थी, वे एक बार ही नहीं बल्कि कई बार कश्मीर हो आए थे। उन्होंने सभी रास्ते देखे थे और पैदल तथा मोटर दोनों प्रकार की यात्रा के आनन्द का अनुभव वे प्राप्त कर चुके थे। अब तो केवल गुरुजी की आज्ञा का पालन करने के लिए ही वे वहां जा रहे थे।

रावलपिंडी से दोनों महात्मा मोटर में बैठे। आजकल मोटर प्रतियोगिता के कारण किराए इतने सस्ते हो रहे हैं कि मुसाफिरों के किराए से मोटर वालों का पैट्रोल खर्च भी कैसे चलता होगा, यही एक समझ में न आने वाली बात है। रावलपिंडी से श्रीनगर 205 मील है। मार्ग इतना विकट है कि मोटर ड्राइवर एक क्षण के लिए भी बे-परवाही कर जाए तो मोटर चूर-चूर हो जाए। एक ओर झेलम बहता है, दूसरी ओर पर्वत खड़े हैं। बीच में ऊंची-ऊंची नीली बल खाती रस्सी के माफिक 205 मील लम्बी सड़क जाती है। कई-कई बार तो मोटर को आठ-आठ हजार फुट की सीधी चढ़ाई चढ़नी पड़ती है और सारा ही मार्ग ऐसा है कि मानों 205 मील लम्बे गोरख धंधे पहाड़ों की चट्टानों पर खींच दिए हों। इतना विकट और लम्बा रास्ता, मोटर कंपीटीशन ने इसका

किराया केवल चार रुपये तक रहने दिया उस पर भी मजे की बात यह है कि यदि मई, जून मास में श्रीनगर से वापस आना चाहो तो कभी-कभी केवल आठ आने में आ सकते हैं। जब पहले पहल मोटर काश्मीर को चली थी। उस समय एक मुसाफिर का किराया 75 रुपये था। घटते- घटते यह 35 हुआ और अब घटते-घटते 2 या 1 पर आ गया।

रावलपिंडी से मोटर में बैठ दोनों महात्मा काश्मीर के लिए चल दिए। मोटर रावलपिंडी से लगभग 7 बजे सुबह चली, 10 बजे मरी पहुंच गई। काश्मीर जाने वाला पर्वतीय मार्ग मरी से ही शुरू होता है। मरी में आध घंटा विश्राम कर सर्प के समान बल खाती सड़क पर सारा दिन मोटर चलती-चलती सूर्य अस्त के समय दोमेल पहुंची। इस स्थान पर झेलम तथा कृष्ण गंगा का शुभ-समागम होता है।

रात्रि को इस सड़क पर यात्रा करने की आज्ञा नहीं है और यदि आज्ञा हो भी तो भी बुद्धिमानों को रात्रि के समय यात्रा नहीं करनी चाहिए। यहां दोमेल में कृष्ण गंगा का बड़ा उत्तम दर्शन है। चारों ओर पर्वत खडे हैं और बीच में कृष्ण-गंगा बहती हैं। यात्रियों के विश्राम के लिए कृष्ण-गंगा के तट पर एक बड़ी अच्छी धर्मशाला बनी है। धर्मशाला के नीचे ही छह सात दुकानें हैं, यहां पर खाने-पीने को सब कुछ मिल जाता है। सन्त जी तथा योगी जी ने रात भर इसी में विश्राम किया सुबह हुई, तो महात्माओं ने कृष्ण-गंगा में स्नान किया। गुरुदेव बोले–

"लो कृपालुदेव हमें दोष मत देना। हरिद्वार से यद्यपि हम तुम्हें दूर ले आए परन्तु गंगा जी तो साथ ही साथ हैं। वह भगीरथी गंगा थी यह कृष्ण गंगा है।" कृपालुदेव जी बोले! गुरुदेव–इसे कृष्ण गंगा क्यों कहते हैं। योगी जी बोले–कृपालु देव! गंगा का अर्थ है वह वस्तु जो बहुत ऊंची जगह से नीचे की ओर जाए और कृष्ण का अर्थ है काली। इस नदी का पानी कुछ सांवला है इसीलिए इसे कृष्ण गंगा कहते हैं। भारतवर्ष के प्रत्येक पर्वत, नदी-नाले, नगर, वस्तु तथा मनुष्य का नाम उसी वस्तु के गुणों के अनुसार ही रखा जाता था। इसीलिए हमारे धर्मशास्त्र ने नामकरण संस्कार को बहुत महत्त्व दिया है। नाम का बहुत प्रभाव पड़ता है। आजकल भले ही नामकरण को कुछ महत्त्व न हो। परन्तु प्राचीन आर्यवर्त में नाम का बड़ा महत्त्व था। जितने भी प्राचीन नाम हैं सब का कुछ न कुछ अर्थ है। शतद्रु... का अर्थ है जो टेढ़ा हो, बहुत बलखाता जाए... इसी लक्षण के अनुसार सतलुज का नाम शतद्रु पड़ा। ऐसे ही

व्यास नदी का नाम था विपाशा। जेहलम का वितस्ता, चनाव का चंद्रभागा, रावी का ईरावती, इन समस्त नामों का युक्ति-युक्त अर्थ है।"

नदी में स्नान कर प्रभु का सिमरण किया, तत्पश्चात कुछ खाया पिया। आदित्यदेव अपने बाल रवि के रूप में आकाशासन पर शोभायमान हो चुके थे। दोमेल से मोटर चली और बारामूला होती हुई संध्या समय श्रीनगर पहुंच गई। झेलम नदी के दोनों ओर बसे हुए उस नगर को तथा झेलम नदी में तैरते हुए घरों की शोभा को जो व्यक्ति अपने जीवन में पहली ही बार देखता है, उसके लिए तो वह दृश्य कभी न भूलने वाला है। परन्तु स्वामी कृपालुदेव तथा योगी जी के लिए इस दृश्य में कोई नवीनता न थी।

कश्मीर की घाटी किसी समय एक विस्तृत एवं गम्भीर झील के रूप में थी। कालांतर में कश्यप मुनि ने विशाल गिरिमाला को बारामूला नामक स्थान पर विदीर्ण कर इस घाटी के जल को शुष्क किया। उन्हीं के नाम से यह देश काश्मीर कहलाया। यह प्राचीन ऋषियों एवं मुनियों की गौरव-स्थली तथा तपोभूमि रह चुका है। वे इसे **"तत्त्वं सर्वभूम्याम्"** इस संस्मरण से याद किया करते थे। जैमिनी पुराण में लिखा है कि पांडवों का चौदह वर्ष का अज्ञातवास यहीं हुआ था, तथा राजा अश्वरथ का युधिष्ठिर से साक्षात्कार भी यहीं हुआ था। यह स्थान योगियों तथा तपस्वियों को अत्यंत प्रिय था। अतः उनके इष्ट देवताओं की अर्चना के निमित्त यहां अगणित देवस्थान बनाए गए थे तथा इन मंदिरों में भिन्न-भिन्न देवी देवताओं की प्रतिमाएं स्थापित की गई थीं। नीलमथ पुराण में लिखा है कि –

पृथिव्यां यानि तीर्थानि तानि कश्मीर मंडले

कल्हण ने अपनी राजतरंगणी में भी ऐसा ही लिखा है –

चक्र भृद्धिजयेशादि केशवेशान भूषिते।
तिलांशोऽपि न यत्रास्तिपृथिव्यास्तीर्थैवहिकृतः॥

कश्मीर का तिल भर भाग भी तीर्थों से रहित नहीं है। यही पवित्र स्थान है, जहां महर्षि पतञ्जलि ने अपना योग-दर्शन लिखा था। अष्टाध्यायी के लेखक महर्षि पाणिनी भी इसी पवित्र प्रदेश के रहने वाले थे।

आज यहां सर्वत्र यवन ही यवन दीख पड़ते हैं। समय का चक्र जब चलता है तो जो भी इस लपेट में आ गया पिस गया। चौदहवीं शताब्दी में कुछ मुसलमान राजाओं ने कश्मीर पर आक्रमण किया। हिंसा ने अहिंसा पर, पाप

ने धर्म पर, अत्याचार ने सदाचार पर शारीरिक विजय प्राप्त की। यवन राजा हिन्दू होना चाहते थे, परन्तु यहां वही बीरबल के गधे वाली बात थी, राजा ने सारे देश को मुसलमान हो जाने की आज्ञा दी। जो मुसलमान हुआ वही बचा, जो न हुआ वह या तो मारा गया अथवा काश्मीर छोड़ बाहर भागा। आज भी पंजाब, यू.पी. में किचलू, सप्रू, नेहरू इत्यादि कुछ कश्मीरी पंडित मिलते हैं। यह लोग तभी के भागे हुए हैं।

परन्तु गुरु गोविन्द सिंह के बहादुर खालसाओं की बड़ी कृपा है जो आज काश्मीर में फिर से हिन्दू राज्य स्थापित है, यद्यपि यह बड़े दुःख की बात है कि हिन्दू राजा हिन्दू संस्कृति के पुनरुद्धार के लिए कुछ भी नहीं करते।

यह कश्मीर प्रकृति के स्वाभाविक सौंदर्य में तो आज भी अपना उदाहरण ही है। वास्तव में संसार में कोई भी ऐसा देश नहीं है जो पहाड़ी दृश्यों की भव्यता में नैसर्गिक स्रोतों में हरे-भरे जंगलों में, दुर्गम गुफाओं में, प्रभापूर्ण हिमराशियों में, तैरते हुए बागों में, प्राचीन मन्दिरों के भग्नावशेषों में, प्राकृतिक अध्ययनों में कश्मीर की समता में रखा जा सके। इसका प्राकृतिक सौंदर्य तो आज भी एक संस्कृत कवि के शब्दों में वैसा ही है–

विभाव्यते सान्द्रहिमार्द्र मूर्तिभिः।
प्रवर्तिताट्टालक मुद्रर्मिद्रभिः॥
मणिब्जैश्वर्यजितेन्द्रसूजितः।
प्रदक्षिण क्षीर सरस्वतेवयत्॥

कल्हण जी ने अपनी राज तरङ्गणी में ठीक ही कहा है –

त्रिलोक्यां रत्नसुःश्लाघ्यातस्मां धनपते हरित।
तत्र गौरीगुरुशैलो यत्रस्मिनिन्द्रमण्डलम्॥

त्रिलोक में पृथ्वी उत्तम है। उसमें उत्तर दिशा, उसमें गौरी गुरु हिमालय पर्वत और उसमें भी कश्मीर मंडल सर्वोत्तम है।

गुरुदेव के साथ स्वामी कृपालुदेव जी निरंतर कई महीनों तक कश्मीर ठहरे। श्री स्वामी कृपालुदेव जी को अपने भावी गुरु के रूप में प्राप्त कर भक्त गणों को बड़ी ही प्रसन्नता प्राप्त हुई। भक्तों ने श्री सन्त जी की उपस्थिति का पूरा-पूरा लाभ उठाया। स्वामी कृपालुदेव जी ने भी अपने भगतों को सुन्दर मनोहर उपदेशों से कृतार्थ किया। लगभग छह मास कश्मीर में ठहरकर दोनों महात्मा जम्बू के मार्ग से वापस लौटे। स्वामी चिदघ्नदेव जी ने कृपालुदेव जी

को अपने स्थान चक 235 में चलने के लिए विवश किया। परन्तु गंगा जी का वह अनन्य भक्त माना नहीं। गुरुजी महाराज को अपने स्थान पर सुरक्षित पहुंचा कतिपय दिन वहा ठहर स्वामी कृपालुदेव जी हरिद्वार चले गए। हरिद्वार पहुंचते ही उन्हें पता चला कि एक महात्मा जयदेव जी महाराज गंगा तट पर एक खोल में एक महीने से निरन्तर समाधि में बैठे हैं। स्वामी जी कृपालुदेव जी ने उनसे खेचरी मुद्रा की शिक्षा प्राप्त की और पुनः उसी बेलवाले में रहते हुए खेचरी मुद्रा का अभ्यास करने लगे।

❑❑❑

चौरानबवां अध्याय

अखिल भारत तीर्थ-यात्रा

पुण्योऽयं भारतवर्षो हिन्दुस्थान प्रकीर्तितः।
वरिष्ठः सर्व देशानां धन धर्म सुखप्रदः।।
यस्यास्तु मुखमप्रेक्ष्य जीवतिस्म सर्वं जगत्।
श्यामला सुफला भूमिः स्वर्गादपि गरीयसी।।

कश्मीर से लौट श्री स्वामी कृपालुदेव जी अखिल भारतीय तीर्थ-यात्रा पर चल दिए। उत्तर भारत के लगभग सभी प्रसिद्ध तीर्थों पर एक बार ही नहीं अपितु अनेक बार वह पहले भी हो आए थे, परन्तु इस बार उनकी यह अभिलाषा थी–वे एक क्रम से समस्त भारत की यात्रा करें। इसी अभिलाषा को हृदय में धारण कर श्री स्वामी जी हरिद्वार से चल रामगंगा का स्नान कर नीमसर पहुंचे। नीमसर का भारतीय इतिहास में बड़ा उच्च स्थान है। नीमसर शब्द का शुद्ध रूप वास्तव में नैमिषारण्य है। सौति ने इसी नैमिषारण्य में यज्ञ कर रहे पिप्लादि ऋषियों को महाभारत सुनाया था। तभी से इस ऐतिहासिक महाकाव्य का नाम महाभारत पड़ा। सर्वप्रथम जो ग्रन्थ वेदव्यास जी ने रचा था उसका नाम "जय" था। वैशम्पायन ने उस ग्रन्थ को जनमेजय के तक्षशिला वाले सर्प-यज्ञ में सुनाया तो उसका नाम भारत पड़ा। पुनः सौति ने नैमिषारण्य में उसी ग्रंथ को सुनाया तब से इसे ग्रंथ का नाम महाभारत हुआ।

नैमिषारण्य से चल लखनऊ में गोमती नदी का स्नान कर स्वामी जी कानपुर में वाल्मीकि ऋषि के आश्रम की यात्रा को गए। कानपुर के पास बिठूर में ऋषि का आश्रम था। यहीं पर लवकुश पले तथा पढ़े थे। रामायण के समय यहां एक बड़ा भारी विश्वविद्यालय था, जिसमें 60 हजार विद्यार्थी निःशुल्क शिक्षा प्राप्त करते थे। बिठौर में कुछ दिन ठहर चित्रकूट होते हुए महर्षि भारद्वाज के आश्रम प्रयाग की यात्रा को गए। प्रयाग से अयोध्या जी में सरयू का स्नान कर स्वामी जी बनारस पहुंचे। बाबा विश्वनाथ की पुरी में कुछ

दिन ठहर वे नालन्दा के प्राचीन विश्वविद्यालय को देखने गए। तक्षशिला तथा नालन्दा भारत के दो प्राचीन विश्वविद्यालय थे, परन्तु कुछ तो समय के फेर ने और कुछ-कुछ प्रकृति के प्रकोप ने उनके अस्तित्व तक को समाप्त कर दिया। कहते हैं कि इसी नालन्दा विश्वविद्यालय में सत्तर हजार विद्यार्थी शिक्षा प्राप्त करते थे। भारत-यात्री ह्वेनसांग ने अपने ग्रन्थों में इस विश्वविद्यालय का विस्तृत विवरण लिखा है। उसने स्वयं भी कई वर्ष तक इसी विद्यालय में रह कर शिक्षा प्राप्त की थी।

नालन्दा, राजगृह होते हुए स्वामी जी गया धाम पहुंचे। विष्णुपाद के मन्दिर में श्री विष्णु भगवान् के रजत पद-चिह्न के दर्शन तथा फल्गु नदी में स्नान कर वह श्री वैद्यनाथ धाम होते हुए कलकत्ता पहुंचे। काली मन्दिर का भयानक दृश्य देखकर उनके चित्त पर बड़ी चोट लगी। वह हैरान थे-इस प्रकाश के युग में उस भारत के सबसे बड़े नगर में यह महान् अंधकार कैसे टिक रहा है। उस दृश्य को अधिक देर तक वह देख न सके। रक्तापा अजा-भक्षिणी उस काली को दूर से ही देख घृणा से उन्होंने मुंह फेर लिया।

उन्हीं दिनों गंगासागर का मेला था। प्रकृति के कुछ एक नियमों को विद्वान् पूर्वजों ने देवता की उपाधि से समलंकृत कर उनके साथ **तीर्थ दर्शनं महापुण्यम्** की चाट लगा दी। तरंगों के उत्थान-पतन से वर्ष भर में एक विशेष समय पर समुद्र में बड़ी तरंग उठती है। श्रद्धालु भक्तजनों का विश्वास है कि उस दिन इसी तरंग रूप में श्री महादेव जी समुद्र में से प्रकट होते हैं। स्वामी जी के हृदय में भी इस दृश्य को देखने की एक इच्छा थी। सर्वसाधारण में एक कहावत भी है –

और तीरथ बार बार।
गंगा सागर एक बार॥

स्वामी जी ने यह एक बार का दर्शन भी कर लिया। गंगासागर से वे जगन्नाथपुरी पहुंचे। भगवान् के चार बड़े-बड़े लेफ्टीनेंट जो इस भारत भूतल पर भगवान् की पारलौकिक-सरकार के प्रबन्ध को स्थापित रखने के इंचार्ज हैं, उनमें सबसे बड़ा स्थान जगन्नाथ स्वामी जी का है। समुद्र के तट पर बसा हुआ श्री जगन्नाथ स्वामी का मन्दिर लगभग एक हजार वर्ष पूर्व किसी राजा ने बनवाया था। मन्दिर को देखने से ऐसा प्रतीत होता है मानों उन दिनों भारत में वाम-मार्ग का बड़ा जोर था। मन्दिर के बाहर स्त्री-पुरुष की ऐसी तस्वीरें बनी हैं, जिनका वर्णन करना लेखनी की मान मर्यादा के बाहर की बात है। "भगवान् के नाम पर" जो कुछ भी संसार में हो रहा है उसका (Eastern-front Head-quarter) पूर्वीय-हैडक्वार्टर यही मन्दिर है।

एक बड़े विशाल भवन के अंधकार पूर्ण कोने में टिकाये हुए तथाकथित जगन्नाथ जी महाराज की पाषाण-प्रतिमा को दूर से देखने की फीस–

स्पेशल क्लास–गांव, रिसायत तथा हाथी घोड़े दान...फर्स्ट क्लास–सहस्रों मुद्रा दान। सैकन्ड क्लास–पांच सौ मुद्रा दान। थर्ड क्लास–सवा आठ रुपया। इससे कम का टिकट नहीं मिलता। परन्तु विदाऊट (Without-ticket) चढ़ने वाले तो फ्रन्टियर मेल तक में विदाऊट चढ़ जाते हैं। स्वामी जी ने विदाऊट ही दर्शन किये।

(दक्षिण भारत में)

जगन्नाथपुरी से चल पांडीचेरी तपस्वी श्री योगी अरविन्द के आश्रम की यात्रा करते हुए–स्वामी जी मद्रास में दाखिल हुए। यह प्रान्त दिव्य देश कहलाता है। यहां के विद्वान तमिल भाषा में कहते हैं "कुन्चु-कुन्चु द्राविड़म धर्मः" अर्थात् धर्म का ह्रास हो जाने पर भी यहां धर्म बना रहेगा। खास मद्रास शहर में प्रांत का सुप्रसिद्ध श्री बालानाथ जी का मन्दिर है। यह मन्दिर साहूकारा पैठ चीना बाजार में है। भारत के दो प्रमुख नगर बम्बई, कलकत्ता के पश्चात मद्रास का ही नम्बर है। बालाजी की मूर्ति श्याम-वर्ण है तथा हाथ में खड्ग धारण किए है। आरती के समय देखने पर यह स्वरूप बड़ा ही तेजस्वी प्रतीत होता है। यह मन्दिर काफी बड़ा है। मद्रास का सारा नगर ही स्वयं एक तीर्थ है। बड़ा भारी मन्दिर है, मन्दिर में ही शहर बसा है। मन्दिर ऊंचे स्थान पर बना है, इस पर चढ़ने के लिए चांदी की सीढ़ियां बनी हैं। मन्दिर के आगे बड़ा भारी मैदान है। इस मैदान में एक तालाब है जिसे शिव-गंगा जी कहते हैं। मन्दिर में आने-जाने वाले पहले इस तालाब में स्नान करते हैं। इसका बड़ा माहात्म्य है। मन्दिर के अन्दर भगवान् भूतभावन चिदम्बरम् महादेव तांडव-नृत्य करते दीख रहे हैं।

चिदम्बरम् से श्रीरंगम जाते हुए रास्ते में कावेरी का बड़ा पुल आता है। श्री रंगम में बड़ा भारी मन्दिर है। दिन के समय भी श्रीरङ्ग जी की मूर्ति दीपों से देखी जाती है। शेषशायी विष्णु भगवान् की मूर्ति है। मूर्ति के आगे परदा टंगा रहता है, पेटी में एक आना डालने से पुजारी परदा उठा दर्शन करा देता है।

श्रीरङ्ग से चलकर स्वामी जी रामेश्वरम् पहुंचे। यहां का मन्दिर बहुत भारी है। यह तीर्थ-धाम कहलाता है। भगवान् राम जी ने लङ्का-विजय के समय यहीं पुल बांधा था। रामेश्वर धाम से धनुषकोटि, श्री रंगजी, चिङ्गल पेट,

श्री पक्षितीर्थ, शिवकांची, विष्णु कांची, तृचणापल्ली, श्री बालाजी, श्री कालहस्ती, तुङ्गभद्रा, पंडरपुर होते-होते पूना पहुंचे। पूना से मनमाड़ होते औरंगाबाद के निकट अजंता की प्राचीन गुफाओं को देखा। पर्वतों को काट-काट कर प्राचीन शिल्पकारों ने बड़े अद्‌भुत मन्दिर बनाए हैं। उनमें पत्थर की मूर्तियां बड़ी विचित्र देखीं। वहां से चलकर नासिक पहुंचे। गोदावरी का स्नान किया। वहां से बम्बई गए...बम्बई में समुद्र की शोभा देखी। साबरमती के तट पर महात्मा गांधी जी का सत्याग्रह आश्रम था। गांधी जी के दर्शन तो स्वामी जी ने कई बार किए थे, परन्तु इस जीवित तीर्थ साबरमती के दर्शनों की लालसा पूरी न हुई थी। अहमदाबाद होते हुए वे आश्रम में पहुंचे और तीन दिन वहां रहे। साबरमती से डाकोरजी जामनगर काठियावाड़, गुजरात होते द्वारका जी पहुंचे।

योगेश्वर भगवान् के कर कमलों द्वारा पांच सहस्त्र वर्ष पूर्व बसाई हुई उस नगरी को देखने की उन्हें प्रबल इच्छा थी। भगवान् कृष्ण का मन्दिर देखा, परन्तु चित प्रसन्न नहीं हुआ। मंदिर के पुजारियों की कुचेष्टाएं देख स्वामी जी का मन खट्टा हो गया। बेचारे गरीब का तो मरण है, तभी तो बिना पैसे के हिंदू होना पाप है। मंदिर है भगवान् का उस भगवान् का जो सारे जगत् का पालन करता है, परन्तु वाह रे भगवान् के अंग रक्षको! तुमने तो भगवान् पर भी टिकट लगा कर छोड़ा। तुमने तो साक्षात भगवान् को भी चिड़िया घर की वस्तु बनाकर छोड़ा, तुमने तो भगवान् को भी मार्वेुट में बैठा उस पर टिकट लगवा दिया। सवा रुपया भगवान् के दर्शनों का टिकट है। जिसके पास सवा रुपया न हो वह क्या करे। यह मार केवल द्वारका के मंदिर में ही नहीं, अब तो वह बीमारी सर्वत्र ही फैल चुकी है। किसी मंदिर में जाओ 1), 1-1) वसूल करने वाले रसीदें लिए बाहर बैठे हैं। चलो! चलो...भगवान् के पट खुलने वाले हैं, चलो। यह देश तभी तो गिरा। यदि हमाराा भगवान् में सच्चा विश्वास होता तो हम भगवान् की इतनी सस्ती नीलामी काहे को बोलते।

मध्य-भारत में-द्वारका से वे राजस्थान की ओर चले। अपनी मातृभूमि में पदार्पण कर किसका चित्त प्रसन्न नहीं होता। विद्यार्थी हो, गृहस्थी हो, नर हो नारी हो, यति हो अथवा भारती, मातृ-भूमि का नेह तो सभी को प्रभावित कर लेता है। जिसको द्रवीभूत नहीं करता उसका हृदय मांस का पिंड नहीं अपितु पत्थर का ढेला है।

जिस उज्जैन की महिमा कालीदास ने अपने अमर काव्य मेघदूत में गाई है—

हारांस्तारानतरलगुटिकांकोटिशः शंखशुक्ति।
सस्यश्यामान्र्मकतमणीनुनमयूख प्ररोहान।।
दृष्टवा यस्यां विपनि रचितानविद्रमानाम् च भंगाम्।
संलक्षयन्ते सलिल निधयस्तोयमात्रा विशेषः।।

उस प्राचीन वैभवशाली नगरी का दर्शन करते हुए वह राजस्थान में प्रविष्ट हुए।

राजस्थान के प्रसिद्ध तीर्थ सिद्धपुर आबू रोड होते हुए वे चितौड़गढ़ पहुंचे। चित्तौड़ का दुर्ग, महाराणा के प्राचीन महल देख अपने आपको कृत कृत्य समझा। चित्तौड़ से आगे बढ़कर उदयपुर, एकलिंग नाथ, काकडोली, केसरिया नाथ, नाथद्वारा के दर्शन किए। चीज तो सर्वत्र एक ही है, केवल मूर्तियां भिन्न-भिन्न हैं। जहां भी जाओ वह पुरानी बात तो रही नहीं। राम रहीम तो सुनने में नहीं आता। बस वही बेसुरा राग–**पैसे बालया बड़ी बहार, धेले बालया धक्के चार, बिना पैसया शहरों बार।**

नाथद्वारा से अपनी जन्म-भूमि ब्रह्मपुरी होते हुए अजमेर पुष्कर पहुंचे। पुष्कर में एक तालाब है; कहते हैं यहां ब्रह्मा जी ने तपस्या की थी। कटास ओर पुष्कर ब्रह्मा के दो आखें हैं। पुष्कर जी का माहात्म्य पूरा कर ग्वालियर का किला देख झांसी में महारानी लक्ष्मीबाई का किला देखा। वहां से आगरे गए। आगरे में कोई नई बात न थी। जो कुछ था वह स्वामी जी पहले ही देख चुके थे। आगरा से मथुरा-वृन्दावन गए। भगवान् कृष्ण के लीला स्थल को वह पहले भी देख चुके थे। शाह-बिहारी का मन्दिर नया ही बना था। यह मन्दिर संगमरमर का बना है। इसमें फव्वारे चलते हैं। एक बसंती कमरा है, वह तो वर्ष भर में केवल एक ही दिन खुलता है। स्तम्भ संगमरमर के टेढ़े बने हैं। अनेक स्थानों के दर्शन कर रंगनाथ का मन्दिर जिसमें 125 मन सोने के ठाकुर जी तथा उनकी प्रयोग सामग्री है उसके भी देखा। वैसे तो वृन्दावन सारा ही मन्दिरों से भर रहा है। तथापि बड़े-बड़े मंदिरों को देख कर वह मथुरा जी आए। भगवान् कृष्ण की जन्म भूमि के बीच में उन्हीं के जन्म स्थान पर बनी हुई विशाल मस्जिद को देख कर उनके दिल को बहुत दुःख हुआ। ''यदि यह शहर मुसलमानों का तीर्थ होता और उस तीर्थ के बीचों-बीच किसी मस्जिद को गिराकर कभी किसी जमाने में मन्दिर बना दिया गया होता तो वह मंदिर वहां कितने दिन रहने पाता।''

उत्तर-पश्चिम की ओर–तत्पश्चात देहली होते हुए अमृतसर, दरबारसाहिब को मत्था टेक गुरु का बाग जहां अकालियों पर गोली चली थी, उसके दर्शन किये। एक बार जलियांवाला बाग को भी देखा। अमृतसार से लाहौर पहुंचे।

लाहौर में इरावती में स्नान किया। वहां से करांची, कोयटा, बिलोचिस्तान होते हुए रावलपिंडी, टैक्सला आए। इसका असली नाम तक्षशिला था, बिगड़ कर टैकसला बना। यहीं पर जन्मेजय राजा को वैशम्पायन ने महाभारत सुनाया था। इसी स्थान पर जन्मेजय ने 12 वर्ष तक सर्प-यज्ञ किया था। महाभारत के पतन के पश्चात जब आफ्रीदी लोगों ने भारत पर आक्रमण किया तो उन्होंने पनीपत के पास परीक्षित राजा का वध कर दिया। बहुत वर्षों तक भारत असहाय पड़ा रहा। परीक्षित के पश्चात उसका लड़का जन्मेजय बड़ा बहादुर था, शक्ति संचय करके उसने आफ्रीदियों पर प्रबल आक्रमण किया और उनको भगा दिया। भागते-भागते वे तक्षशिला तक पहुंच गए। यहां पर 12 वर्ष तक मार्शियल ला लगा रहा। बड़ा सख्त हुकम था, यदि कोई आफ्रीदी भारतीय प्रदेश में आएगा गोली से उड़ा दिया जायेगा। इसी 12 वर्ष के फौजी कानून को महाभारतकार ने अलंकारिक भाषा में सर्प-सत्र के नाम से वर्णन किया है। महाराज अशोक पर्यन्त भी यह नगर अपनी उन्नति की उत्कृष्ट सीमा पर रहा। चीनी यात्रियों ने इसका विशेष वर्णन किया है।

(अमरनाथ यात्रा)

तत्पश्चात एवटाबाद के रास्ते कश्मीर पहुंचे। उन्हीं दिनों श्री अमरनाथ जी की यात्रा के दिन थे। श्रावण पूर्णिमा (रक्षा-बंधन) के दिन यहां दर्शन करने का माहात्म्य है। अमरनाथ दर्शन में विचित्रता तो कुछ नहीं, केवल इसी बहाने से कश्मीर देखने का सौभाग्य मिल जाता है। श्री नगर से लगभग 70 मील की दूरी पर पहलगाम है। पहलगाम से आगे 32 मील पर अमरनाथ की गुफा है। पहलगाम तक तो मार्ग मोटर का है, परन्तु आगे चढ़ाई बहुत है। पौराणिकों का कहना है कि इसी स्थान पर शिवजी महाराज ने पार्वती को अपनी अमर कथा सुनाई थी। सहस्रों यात्री प्रति वर्ष यात्रा पर जाते हैं, लाखों रुपयों का चढ़ावा प्रति वर्ष चढ़ता है। पाठकों को यह जान कर आश्चर्य होगा कि उस चढ़ावे का तीसरा भाग अनन्त नाग के मुसलमानों में बांटा जाता है। दुःख की बात तो यह है कि आज तक कभी किसी हिन्दू ने इस कुप्रथा के विरुद्ध आवाज तक नहीं उठाई।

जिस दिन श्री स्वामी जी श्रीनगर पहुंचे छड़ी की यात्रा में एक सप्ताह अभी शेष था। सामूहिक यात्रा को छड़ी कहते हैं। दुर्गानाग के महन्त भी अमरनाथ के चढ़ावे के एक भगीदार हैं। वे इस यात्रा के मुख्य अधिष्ठाता (Head-priest) माने जाते हैं। छड़ी के साथ सहस्रों साधुगण तथा अन्य यात्री भी चलते हैं। प्रायः यात्रा घोड़े पर, पालकियों में अथवा पैदल की जाती है।

श्रीनगर से मार्तंडेश्वर तक मोटर जाती थी। वहां तक वे सीधे मोटर में आए। मार्तंडेश्वर हिंदुओं का प्रसिद्ध तीर्थ है। इसे साधारण लोग मटन साहब कहते हैं। यहां पानी के बड़े-बड़े स्रोत बहते हैं। शुद्ध जल के सरोवर हैं। ऊपर पर्वत पर नहर चलती है लगभग 1500 वर्ष हुए कश्मीर के राजा रामदेव ने इसे बनवाया था। इसके आस-पास बहुत से प्राचीन मन्दिरों के खंडहर पाये जाते हैं।

मार्तण्ड से एक मील आगे एक प्राचीन गुफा है। ऐसा कहा जाता है कि यह प्राकृतिक सुरंग में संसार भर में सब से बड़ी है। रहनुमाई-यात्रा नामक पुस्तक के 34 वे पृष्ठ पर लिखा है कि इस सुरंग का दूसरा मुख चीन में निकलता है। गुफा के मुख से 200 गज की दूरी पर आजकल मार्ग बन्द कर दिया गया है। एक साधु जिसने बारह वर्ष तक इसी गुफा में बैठ कर घोर तपस्या की थी कुछ वर्ष पूर्व उसका यही देहान्त हो गया। कहा जाता है कि एक अंग्रेज यात्री ने श्रद्धापूर्वक उसकी अस्थियों को हरिद्वार में ले जा कर गंगा में प्रवाहित किया था। स्वामी जी जिस समय वहां पहुंचे, गुफा बर्फ सदृश ठंडी, घोर अंधकार में मग्न पानी से सीली हुई तथा चमगादड़ों से भरी हुई थी। उस गुफा में एक भक्त शिवलिंग की अर्चना किया करता था। यह गुफा हमारे हृदय में सहसा एक आतंकपूर्ण भाव को उत्पन्न कर देती है। इसके पास ही एक अन्य गुफा है, जिसे बिगाड़ कर मन्दिर का रूप दे दिया गया है। इसका परिमाण 28×27×13 फीट है। इस मन्दिर में लगभग 6 सहस्र वर्ष पुराना एक शिवलिंग है।

आगे जनक महल है। जिसे मुसलमान ऐश-मुकाम कहते हैं। कश्मीरान्तर्गत किश्तवार नामक स्थान के राजा जनक ने एक गुफा के ऊपर एक महल बनवाया था; जिस गुफा में उसने बाद में तपस्या की थी। उसके महल को आजकल मुसलमानों ने मस्जिद बना लिया है। महाराजा की वैरागन (साधुओं की खास लकड़ी) तथा खड़ाऊं अब भी सुरक्षित हैं। इस महल के अन्दर एक निर्मल जल का झरना झरता है। जलवायु और पहाड़ों की नैसर्गिक सुन्दरता के कारण इस स्थान ने यात्रियों के हृदय में विशेष स्थान बनाया हुआ है।

जनक-महल से आगे पहलगांव है। यह स्थान समुद्र पृष्ठ से 7300 फीट ऊंचा तथा ग्रीष्म निवास है। यह ग्रीष्म-निवास अंग्रेजों के समय नहीं बना है, अपितु प्राचीन काल में भृगु ऋषि को यहीं ब्रह्मज्ञान प्राप्त हुआ था। तब से यह स्थान अति पवित्र समझा जाता है। श्रीनगर से 59 मील की दूरी पर यह स्थित है तथा छड़ी का पंचम पड़ाव है। यहां मोटर का मार्ग समाप्त हो जाता है। इस स्थान पर छड़ी की शोभा द्विगुणित हो जाती है, क्योंकि यहां यात्रियों का खूब

जमघट हो जाता है। लम्बोदरी (लिदर) नदी के दूसरे तट पर मामर गांव है, जहां एक छोटे से स्रोत के समीप एक प्राचीन मन्दिर अवस्थित है, हाल ही में इसका जीर्णोद्धार हुआ है। इस मन्दिर की स्थिति, बनावट तथा पत्थर की किस्म सब उत्तम हैं। ऊपर के कुछ मार्ग (पहाड़ी मैदान) जैसे वैसराम तथा खिन्मत दर्शन के योग्य हैं। वहां से हिमालय के वनों की शोभा जिन में हिममयी सरिताएं बह रही हैं, बहुत भली दिख पड़ती है।

साढ़े सात मील चल कर स्वामी जी चंदन वाडी पहुंचे, जिसकी ऊंचाई 12000 फीट है। यहां खानाबदोश गूजरों के झौपड़ों के अतिरिक्त किसी मानुषिक बस्ती का पता नहीं। ये झोपड़ें भी गिने चुने और एक दूसरे से बहुत दूर हैं। गूजर भी केवल गर्मियों में अपने पशुओं को चराने के वास्ते यहां आते हैं, क्योंकि जाड़े में यहां सब बर्फ ही बर्फ होता है।

आगे पिस्सु घाटी की दो मील की चढ़ाई बहुत खड़ी और फिसलाने वाली है। इसका कारण कुछ पहाड़ी पौधों की विषैली गन्ध बताई जाती है। ऊंचे स्थानों में ये पौधे खूब फूलते-फलते हैं। चंदनवाड़ी से चार मील की दूरी पर दूधिया रंग की एक अत्यन्त सुन्दर झील है-जिसे शेषनाग कहते हैं। यह 12000 फीट की ऊंचाई पर स्थित है तथा इसके चारों ओर के पहाड़ कुछ बर्फ से तथा कुछ वनस्पति से आच्छादित हैं। पुराने बूढ़े शपथ खाकर कहते हुए सुने जाते हैं कि उन्होंने इसी झील में कई बहुमुखी सर्प देखे हैं। इस झील में स्नान करना बड़े साहस का काम है, किंतु फिर भी अनेक आदमी इसमें डुबकी लगाते हैं। यहां से आगे मार्ग वनस्पति शून्य तथा कुछ भागों में प्रायः जीवन शून्य है। इस स्थान से डेढ़ मील आगे वावजन नामक पड़ाव है। यहां बड़े ज़ोर की झंझावात चलती है तथा यह सबसे अधिक शीत जगह है। यहां का जल-वायु जब कि यहां तीखी धूप पड़ती है अनिश्चित है। अभी वर्षा हो रही है, तो घड़ी भर में धूप चमकने लगती है। ठीक उसी समय सामने कोने पर काली घटा, इन्द्र भगवान् के वज्र फैंकते हुए रुद्र रूप का दर्शन कराती है।

शेषनाग से आगे की चढ़ाई 4 मील की है जिसमें 16 हजार फीट ऊपर पहुंच कर फिर यात्री को पंचतरणी नामक पड़ाव के लिए नीचे उतराना पड़ता है। ''पंचतरणी'' नाम पांच छोटी-छोटी नदियों के संगम के कारण पड़ा है। यह स्थान 12900 फीट की ऊंचाई पर है तथा यह यात्रा का अन्तिम पड़ाव है। यात्रीगण अपना सामान यहां छोड़कर आगे अमरनाथ की गुफा के दर्शन के लिए पूर्णमासी के दिन चल पड़ते हैं। यहां से गुफा की दूरी तो केवल 4 मील ही है परन्तु भैरव घाटी की चढ़ाई अत्यन्त सीधी है तथा भयावह है।

भैरव पर्वत के शिखर पर एक विशाल चट्टान अवस्थित है–जो कि डाम्बेश्वर भैरव के नाम से प्रसिद्ध है–उसकी प्रदक्षिणा करनी होती है। इसके तीन ओर की प्रदक्षिणा तो सुगम है परन्तु चौथी ओर से कई एक यात्री फिसल कर अपने प्राण खो चुके हैं। डाम्बेश्वर चट्टान का माहात्म्य इस प्रकार है कि एक दिन महादेव जी स्कन्द कुमार के साथ खेल में ऐसे मग्न हो गए थे कि उन्हें संध्याकाल का कुछ भी ध्यान नहीं रहा। डाम्बेश्वर जी प्रतिदिन नक्कारे पर चोट लगा कर संध्याकाल की सूचना दिया करते थे, परन्तु उस दिन सूचना देना भूल गए। इस पर महादेव जी को क्रोध आया ओर उन्होंने हमेशा के वास्ते शाप देकर उसे पत्थर का बना दिया। जैसी इस पर्वत की चढ़ाई दुर्गम है इसकी उतराई वैसी ही कठिन है। सारी उतराई समाप्त हो जाने पर अमरावती नदी को–जो कि बर्फ के नीचे ही नीचे से बहती चली जाती है–पार करके अमरनाथ गुफा दीख पड़ती है!

(अमरनाथ गुफा)

अमरनाथ की गुफा 13000 फीट की ऊंचाई पर सफेद रंग के जिप्सम नामक पत्थर की एक विशाल चट्टान में बनी हुई है। इसका परिमाण 150×150×150 है। यह चारों ओर से 17000 से 18000 फीट ऊंचे पहाड़ों से घिरी हुई है। गुफा के अन्दर सदा बहने वाले कुछ स्रोत हैं, जिनका पानी सर्दियों में अपने निकास से बाहर आते ही जम जाता है परन्तु गार्मियों में सदा बहता रहता है। इन जलों के जमने से क्रमशः शिव, पार्वती, गणेश तथा शिवलिंग की आकृतियां बनती हैं। इनमें से शिव, गणेश और पार्वती की मूर्तियों का निर्माण इस प्रकार होता है कि इन तीन स्थानों पर चट्टान में से जल बाहर निकलता है और जिन छिद्रों द्वारा निकलता है उनके मुख पर ही जमता जाता है। इसी प्रकार निकास से पानी निकलता रहता है और पहले जमे हुए पानी पर जमता जाता है। इन जल के स्रोतों के जमते रहने से जो आकृतियों बनती हैं वे विशेष प्रकार की होती हैं। कट्टर धर्मान्ध विश्वासी विचार के लोगों का विश्वास है कि ईश्वर स्वयं इन हिमाकृतियों में मूर्तिमान होता है परन्तु सत्य तो यही है कि इन मूर्तियों का आकार अन्यथा बन ही नहीं सकता।

15000 फीट की उस उच्च शिखर पर खड़े हो प्रकृति देवी के उस अनन्य पुजारी ने अपनी मातृ-भूमि की ओर देखा। उसका हृदय गौरव से उछल पड़ा ऐसे अनुपम देवलोक को छोड़ कर यह संसार के मूर्ख प्राणी भला

किस स्वर्ग के पीछे मारे-मारे फिरते हैं। आओ! आओ!! ओ! स्वर्ग की खोज में इधर-उधर भटकने वाले प्राणियों इधर आओ। देखो भगवान् महादेव की इस क्रीड़ा स्थली को...यह ऋषियों की तपो-भूमि है, देवताओं का यह दिव्य-लोक है। ओ भारत माता के सपूतों एक बार यहां आकर देखो। हमारा हिमाद्री पिता (Our Father Himalaya) आज भी हमें गौरवान्वित सन्देश सुना रहा है। आज भी इस हमारे पिता का मस्तक पहले के समान ही महान् है; उच्चतम है।

स्वदेश-भक्ति के मद में मस्त हो वह अमरनाथ का यात्री हिमालय की 15000 फुट की ऊंची चोटी पर खड़ा हो गाने लगा:

(भारत स्तवन)

बन्दौं भारत भूमि सुहावन,
सजल, सफल, श्यामल थल सुंदर।
मलय समीर चलत मन भावन,
हिमकर निकर प्रकाशित रजनी, कुसुमित लता ललित छविवारी।
दिन मणि उदित मुदित मन पक्षी, विकसित कमल नयन सुखकारी।
तीस कोटि सुत जाके गर्जत,
साठ कोटि करवाल उठाय।
कौन कहत तोहि अबला जननी,
प्रवल प्रताप चहुं दिशि छाये।
धर्म कर्म और मर्म तुही है, शक्ति मुक्ति दैनी जय करनी।
तू जननी आराध्य हमारी, बहु बल धरनी रिपु दल दलनी।
सुस्मित सरला भूषित विमला,
धरनी भरनी जननी पावन।
सकल जगत कर जोरे बन्दन,
जय जय भारत भूमि सुहावन।
तू दुर्गा दस आयुध धारिनी, तू ही कमला कमल विहारिनी।
सुखदा, वरदा, अतुला, अमला, बल विद्या दायिनी तारिनी।

श्री अमरनाथ भगवान् के दर्शन कर श्री स्वामी जी महाराज वैश्नों देवी के दर्शन करते हुए जम्बू के रास्ते गुरुदेव का शुभाशीर्वाद प्राप्त करने के लिए कोट दया किशन पहुंचे। गुरुदेव के पास कुछ दिन रह कर हरिद्वार आ अपनी उसी बेल वाला की कुटिया में योगाभ्यास में लग गए।

(श्री बदरी-केदार गंगोत्तरी यात्रा)

अत्र वेदान जागौ पूर्वं भगवान् लोकपावनः।
अत्रैवोक्ता सवित्रासीत् सावित्री ब्रह्मवादिषु॥
अत्र दत्तानि सूर्येण यजूंषि द्विजसत्तम्।
अत्र लब्ध वरः सोमः सुरैः क्रतुषुपीयते॥

हरिद्वार से उत्तर की ओर लगभग 200 मील की दूरी पर बद्रीनाथ के नाम से एक सुविख्यात तीर्थ है। हिन्दू धर्म शास्त्रों में इस तीर्थ को बहुत महत्ता दी गई है। भारतीय तीर्थों में चार धामों का स्थान सबसे ऊंचा है। ब्रदीनाथ धाम की गणना इन्हीं चारों में होती है।

सृष्टि के आरम्भ में हिमालय पर्वत बहुत कम ऊंचा था। उस समय शीत भी इतना नहीं पड़ता था। हिमालय की चोटी पर हिमपात का आरम्भ नहीं हुआ था। उस समय इसी हिमालय में ऋषि मुनियों का निवास था। सृष्टि के प्रारम्भिक काल में इस स्थान को स्वर्ग लोक के नाम से पुकारा जाने लगा।

धीरे-धीरे समय पलटने लगा। कई शताब्दियां बीत गई। हिमालय ने अपना सर कुछ ऊंचा उठा लिया। हिमालय की चोटी पर शीत का वेग अधिक था। अतः ऋषि लोग उस स्थल से कुछ नीचे उतर आए । इस दूसरी बार जिस स्थान पर ऋषि लोग आकर रहे उसका नाम देवलोक पड़ा।

आधुनिक बद्रिकाश्रम इसी देवलोक की एक पावन स्मृति है। आर्य लोग उस अपने प्राचीन विहार-स्थल को भूले नहीं और वे कही भी हों और किसी भी अवस्था में क्यों न हों उनका चित्त प्रत्येक अवस्था में अपने पूर्वजों के घर की ओर रहता है।

नव वर्षारम्भ के पवित्र दिन आर्यलोग पतित पावनी भगवती भागीरथी का स्नान कर उदङ्मुख हो अपने पूर्वजों की यशोगाथा गाते हुए इस देवलोक की यात्रा को प्रस्तुत होते हैं। श्री स्वामी कृपालुदेव जी के हृदय में अपने पूर्वजों के इस प्राचीण निवास स्थान को देखने की तीव्र आकांक्षा उत्पन्न हुई और वैशाखी का स्नान कर वे बदरीनाथ की यात्रा पर चल पड़े।

आज तो विज्ञान ने प्रकृति के वैभव को बिल्कुल नष्ट भ्रष्ट कर दिया है। हरिद्वार से हिमालय तक के वायु-यान में आप दोपहर की रोटी खा कर बैठिये, बदरीनाथ के दर्शन कर शाम को रोटी फिर हरिद्वार आ खाइये। परन्तु यात्रा का आनन्द तो पैदल ही है मार्ग इतना कठिन नहीं, लम्बा अवश्य है। स्थान-स्थान पर चट्ठियां बनी हैं। खाने पीने की वस्तुएं भी उपलब्ध हैं।

ऋषिकेश-लक्ष्मण झूला होते हुए स्वामी जी देव प्रयाग पहुंचे। यह स्थान ऋषिकेश से 47 मील है। देव प्रयाग एक अत्यन्त रमणीक स्थान है। बस्ती अलकानन्दा के दोनों ओर है। यह स्थान एक लम्बे चौड़े मैदान में है, जिसे चारों ओर से ऊंचे-ऊंचे पर्वत घेरे हैं। पास ही श्री गंगा जी बहती हैं। इस स्थान पर भी गंगा जी का दृश्य कुछ और ही हो जाता है। जैसा गाम्भीर्य हरिद्वार में है, वहां ऐसा नहीं। वहां तो गंगा जी में चंचलता है। वहां तो शिलाओं से टकरा कर उछलती और कहीं वेग से गिरती हुई किसी अतलतल में जाकर वज्र गम्भीर ध्वनि करती हुई सुरसरी जाह्नवी संसार को तारने के लिए तीव्र गति से आगे भाग रही है। पहाड़ों के शरीर देवदारू के लम्बे-लम्बे वृक्षों से ढंपे हैं। मातेश्वरी भागीरथी की शीतलता से सनी हुई मृदु मंद वायु देवदारू के वृक्ष को धीरे-धीरे झुलाती है। यहां का दृश्य बड़ा ही सुंदर है। सूर्यास्त के समय पर्वत शिखरों पर गिरती हुई सूर्य की म्लान और पीली किरणें एक अपूर्व कान्ति धारण कर लेती हैं। सूर्य किरणों की चमक नष्ट हो जाने के पश्चात भी उन गिरी शिखरों पर से आंखें नहीं हटतीं। उसके पश्चात रात्रि धीरे-धीरे सारे संसार पर अंधकार की काली चादर फैला देती है। तारों के प्रकाशित होते ही सारा पर्वत प्रदेश उनके झिलमिल प्रकाश से चमक उठता है। गंगा की चंचल चपल तरंगों में पड़ कर चन्द्रमा की स्निग्ध ज्योत्स्ना चांदी के समान चमचमा उठती है। वृक्ष के पतों के हिलने से चन्द्रमा की चितकबरी किरणें धरित्री पर टहलने लगती हैं। नदी और पर्वत दोनों एक दूसरों को देखकर मुस्करा पड़तें हैं।

उस इन्द्रपुरी सदृश देव-नगरी की अनुपम छटा का दर्शन कर स्वामी जी का हृदय गदगद हो गया। सूर्य-देव उदय हो चुके थे, गंगा जी में स्नान कर खिली धूप में एक चट्टान पर बैठ वे आनन्द से गाने लगे।

गंगा यमुना की धारायें पावन करती जिसका अंग।
कृष्णा सिन्धु नर्मदा सरयू जहां दिखाते लहर उमंग॥
महा नदी बहती है जिसमें जल जिसका मलहारी है।
देव दुर्लभा पुण्य भूमि वह भारत माता हमारी हैं॥
वेद रूप ईश्वर की वाणी जहां सुनाता है सुखमूल।
षट दर्शन के मुक्ति सुधा वर्षण से भव के मिटते शूल॥
भारत-रामायण शिक्षामृत जंह त्रिविध तप हारी है।
देव दुर्लभा पुण्य भूमि वह भारत माता प्यारी है॥

देव प्रयाग से चल मार्ग के विविध दृश्यों की प्राकृतिक छटा का रसास्वादन करते हुए स्वामी जी बदरीनारायण की ओर बढ़े। जहां कहीं बहुत ही अच्छा दृश्य मिलता वहीं टिक जाते। कई-कई अच्छे-अच्छे दृश्यों पर तो वे निरन्तर कई-कई सप्ताह तक रहे। जहां कहीं पर्वत की ऊंची चोटी पर चढ़ते एक बार मुड़कर अपनी प्यारी मातृ-भूमि की ओर देख हाथ जोड़ मधुर-मधुर स्वर में गाने लगते:

विविध रूप धारण कर हरि ने लिए जहां थे शुभ अवतार।
तीर्थ तपोवन जहां अमित हैं महिमा जा की अपरम्पार॥
जहां तपस्वी कुल सुयशस्वी रहते जन हितकारी हैं।
मातृ-भूमि वह देव दुर्लभा भारत माता प्यारी है॥
उत्तर में है जहां हिमाचल औषधियों का वर भंडार।
दक्षिण में मलयाचल सुंदर चंदनवन सौरभ सुखसार॥
विन्ध्यमाल नीलादिक गिरी की जहं प्रकृति छवि न्यारी है।
मातृ भूमि वह देव दुर्लभा भारतमाता प्यारी है॥

चलते-चलते मार्ग में अनेक स्थलों पर ठहरते-ठहरते बदरीनाथ पहुंच गए। मन्दराचल पर्वत पर अलका नदी के बांये किनारे पर यह लगभग 300 घरों की बस्ती है। मन्दिर का कलश सोने का है। मुख्यद्वार पूर्व को है। सात आठ सीढ़ियां चढ़ मन्दिर का विशाल फाटक मिलता है। सभा मंडप के पश्चिम में बदरीनाथ की ध्यान परायण एक हाथ ऊंची पत्थर की एक मूर्ति है। ललाट पर हीरा चमकता है। ऊपर स्वर्ण छत्र टंगा है। भगवान् की मूर्ति के दाएं में कुबेर, उद्धव गणेश और गरुड़ हैं तथा बाएं ओर नर नारायण, लक्ष्मी जी तथा महर्षि नारद हैं। मन्दिर के नीचे अलका नदी बहती है। सीढ़ियों से नीचे जाना पड़ता है। नदी के एक ओर तप्त कुंड है। कहते हैं अग्नि देव ने तपस्या करके इस कुंड को प्राप्त किया था। इसके स्नान का बड़ा माहात्म्य है।

मन्दिर की वार्षिक आय एक लाख से अधिक है। मन्दिर की सम्पति का अधिकारी रावल है जो कि टेहरी दरबार की स्वीकृति से कोई दक्षिणी नाम्बूदरी ब्राह्मण होता है क्योंकि सर्वप्रथम शंकर स्वामी ने ही इस तीर्थ की स्थापना की थी, इसीलिए रावल का स्थान शंकर वंश में सुरक्षित है। बदरीनाथ से 23 मील नीचे जोशीमठ है। यहां नर नारायण का मन्दिर है। शीत काल में छह महीने बदरीनाथ जी की मूर्ति यहीं ला कर पूजी जाती है। बदरीनाथ के पुजारी रावल जी का हेड-क्वार्टर यहीं है।

स्वामी जी लगभग एक सप्ताह बदरीनाथ में रहे, बदरीनाथ-दर्शन के पश्चात केदारनाथ होते हुए उन्होंने गंगोत्तरी यात्रा का निश्चय किया। वैसे तो केदारनाथ और बदरीनाथ में कुल अढ़ाई मील का अन्तर है, परन्तु युगल पुरियों के बीच में गगनचुम्बी दुर्लंघ्य हिमाच्छादित विशाल पर्वत की दीवार खड़ी है। जिसके कारण 108 मील का चक्कर नौ दिन में पूरा होता है। सम्भवतः इतनी यात्रा पूरी करके ही किसी ने "नौ दिन चले अढ़ाई कोस" की उक्ति रची थी।

इसी लम्बे मार्ग को पार कर स्वामी जी केदारनाथ पहुंचे। यहां कोई मूर्ति तो नहीं, केवल डेढ़ हाथ चौड़ा, चार हाथ लम्बा, दो हाथ ऊंचा एक टीला है। इसी संबंध में एक कहानी प्रचलित है-शिव जी महाराज भैंसे का रूप धारण कर इसी पर्वत पर बिचर रहे थे। भीमसैन भी अपनी गदा थामे कहीं से आ निकले और इस भैंसे की पीठ पर जोर से गदा मारी। गदा प्रहार से पिछला भाग तो वहीं पत्थर हो गया और अगला धड़ पर्वत में घुस गया। अगला धड़ फिर नेपाल में प्रकट हो पशुपति नाथ के नाम से प्रसिद्ध तीर्थ बना। पिछला भाग जो पत्थर हो गया वह यही केदारनाथ है। तत्पश्चात पांडवों ने ही इस स्थान पर मन्दिर बना दिया। मन्दिर में प्रायः अन्धेरा रहने के कारण सदैव घी का चिराग जलता रहता है। ऊपर चांदी का छत्रटंगा है और शृंगार में पंच मुखी केदार का दर्शन होता है सभा मंडप में पत्थर के नन्दीश्वर की बड़ी मूर्ति है। दरवाजे पर द्वारपाल की प्रतिमा है, बाहर दीवार में पांचों पांडव, कुन्ती, द्रौपदी, लक्ष्मी तथा सरस्वती की प्रतिमाएं हैं।

केदारनाथ के दर्शन कर स्वामी जी चलते-चलते गंगोतरी पहुंच गए। यहां कुछ ऊंचे में गौ का मुख बना है। उसी में से पानी नीचे कुंड में आता है। यह कुंड बड़ा गहरा है। आगे समीप ही दो कुंड हैं। भगवान् की लीला तो देखो। हिमाच्छादित प्रदेश में साथ ही साथ दो कुंड हैं। एक में ठंडा जल है, दूसरे में गर्म है।

यहां का प्राकृतिक सौंदर्य लेखनी की वर्णन शक्ति के बस की बात नहीं। वह अनुपम प्राकृतिक सौंदर्य कहने की नहीं बल्कि अनुभव करने की तथा लिखने की बात नहीं बल्कि देखने की चीज है। कोटि-कोटि भारत-पुत्र जिस मातेश्वरी भगवती भागीरथी की नित्य प्रति जय-जय गाते हैं। जिस पतितोद्धारिणी मातेश्वरी के अमृत जल के पान से जन्म जन्मांतरों के पापों का नाश होता है, उस गंगा जी का यह उद्‌गम स्थल है। यह पवित्र स्रोत कोटि-कोटि आत्माओं का श्रद्धा-केंद्र है।

केदारनाथ से गंगोत्तरी जाते हुए एक साधु जी महाराज भी स्वामी जी के साथ ही साथ हो लिए थे। गंगोत्तरी के दर्शन कर साधु जी महाराज खिचड़ी बनाने में जुट गए।

''मैं अभी आता हूं'' इतना कह स्वामी जी महाराज उस पर्वत शिखर पर जा चढ़े। गिरिमाला की उच्चतम चोटी पर चढ़ उन्होंने एक बार अपनी जननी जन्म भूमि की ओर देखा। वह दृश्य कितना मनमोहक था। भारत-माता की ओर मुंह कर अपने हाथ जोड़ भक्ति भाव से वह मातृ गुणानुवाद गाने लगे:

(भारत-वन्दना)

अयि त्रिभुवन मन मोहिनी,
निर्मल सूर्य करोज्ज्वल धारिणी।
नील सिन्धु जल धौत चरण तल। अनिल विकम्पति श्यामल अञ्चल।
अम्बर चुम्बित भाल हिमाश्चल।।
शुभ्र तुषार किरीटिनी।
अयि त्रिभुवन मन मोहिनी।।
प्रथम प्रभात उदय तब गगने। प्रथम सामरव तव तपोवने।
प्रथम प्रचारित तव वन भवने।।
ज्ञान धर्म मत काव्य काहिनी।
अयि त्रिभुवन मन मोहिनी।।
अये! कल्याणमयी तुमि धन्य। देश विदेश वितरती अन्न।
जाह्नवी यमुना विगलिताकरण।।
पुण्य पीयूष स्तन वाहिनी।
अयि त्रिभुवन मन मोहिनी।।

और उस अलौकिक सौंदर्य में ऐसे भूले कि सूर्य भगवान् पूर्व से पश्चिम की ओर जाकर छुप भी गए, परंतु प्रकृति का वह उपासक उस पर्वत शिखर से नीचे नहीं उतरा। साथ वाले साधु जी महाराज ढूंढ़ते-ढूढ़ते वहां पहुंचे और उन्हें वहां से नीचे लाए। तत्पश्चात गंगोत्तरी से चल जमुनोत्तरी के दर्शन करते हुए स्वामी जी हरिद्वार लौटे और भागीरथी तटस्थ कुटिया में रहते हुए योगाभ्यास करने लगे।

❑❑❑

पंचानबवां अध्याय

कैलाश-दर्शन

हेमाम्भोज प्रसवि सलिलं मानसस्याददानः।
कैलासस्य त्रिदशवनिता दर्पणस्यातिथिः स्याः॥

समस्त भारत की यात्रा करने के पश्चात श्री स्वामी कृपालुदेव जी अपनी उसी बेलवाला की कुटिया में रहने लगे। थोड़े ही दिनों के पश्चात उनके दिल में विचार उठा... यात्रा तो सब देशों की कर ली, परन्तु अपने इष्ट-देव शिव जी महादेव का कैलाश देखना बाकी रह गया। कैलाश का नाम स्मरण होते ही कैलाश का भव्य चित्र उनकी आंखों के सन्मुख खिंच गया। ''वहां शिव जी महाराज की कुटिया है। उसके पास ही अस्सी नब्बे मील के घेरे में मानसरोवर की वह अद्भुत झील है। उस मानसरोवर के तट पर राजहंसों का निवास है। सच्चे मोती ही उन राजहंसों का आहार है। वह दृश्य भी कैसा अद्भुत होगा जब मैं मानसरोवर के तट पर खड़ा हुआ उन हंसों की कतार को देखूंगा।'' फागुन का महीना था। शिवरात्रि के पवित्र दिन दक्षप्रजापति के दर्शन कर हर-हर महादेव कहते हुए वे हरिद्वार से कैलाश की ओर चल दिए।

हरिद्वार से कैलाश जाने के कई रास्ते हैं। परन्तु हरिद्वार से रेल में बैठ कर बरेली, हल्द्वानी होते हुए अल्मोड़े से जो आगे रास्ता है, वही सब से अधिक चालू है। हरिद्वार से स्वामी जी सीधे बरेली पहुंचे। आगे हल्द्वानी की गाड़ी तैयार ही थी, हल्द्वानी होते हुए वे काठगोदाम पहुंच गऐ।

काठगोदाम रेल का अन्तिम स्टेशन है। इसके आगे अल्मोड़े तक मोटर जाती है। काठगोदाम से अल्मोड़ा 45 मील के लगभग है। स्वामी जी मोटर में बैठ अल्मोड़ा पहुंचे। अल्मोड़ा जिले का केन्द्र है, परंतु पहाड़ी इलाका होने के कारण छह महीने तो अच्छा बसा रहता है और छह महीने रौनक बहुत कम होती है।

अल्मोड़ा से ही वास्तव में कैलाश की यात्रा का श्रीगणेश होता है। अल्मोड़ा में एक दिन ठहर स्वामी जी आगे ताकुला पहुंचे। यह गांव अल्मोड़ा से 13 मील है। दो पर्वतों के बीच में एक घाटी पर बसा हुआ यह एक छोटा-सा गांव है जिसके बीच में गणामाथ नदी बहती है। साधारणतया यह नदी थोड़े ही जल वाली है परंतु बरसात में काफी पानी इसमें आ जाता है। प्रायः पहाड़ों में देखा जाता है कि खेत सीढ़ियों जैसे होते हैं, परन्तु यहां के खेत सीढ़ियों जैसे नहीं, घाटी चौड़ी होने के कारण, मैदानों सरीखे ही हैं। धान के खेत खूब हरे भरे हो रहे थे।

अगले दिन आसमान साफ था। प्रातः चार बजे ही स्वामी जी ताकुला से चल दिए। रास्ते में दोनों ओर पनचक्कियां देखने में आई। पहाड़ी दृश्यों को देखते देखते पहाड़ी नालों की गड़गड़ सुनते-सुनते वह आनन्द में मस्त हुए जा रहे थे। 8 बजे के लगभग एक ऊंची चढ़ाई पर पहुंचे। जहां से डेढ़ मील की विकट चढ़ाई है। साधारण मनुष्य तो इसे देखते ही हिम्मत तोड़ बैठे परंतु वह तो एक ही दम में उसे पार कर गए। ऊपर चढ़कर एक क्षण के लिए पीछे मुड़ कर देखा तो उन्हें आश्चर्य हुआ, ओहो! मैं इतनी ऊंची चढ़ाई चढ़ गया और वहां से थोड़ी ही दूर आगे गए, एक ठंडे पानी की धार मिली। धार के पास बैठ उन्होंने पानी के दो घूंट पिये। उस समय वह पानी कितना स्वाद लगता था। धूप भी खूब चमक रही थी। पानी शुद्ध, स्वच्छ, निर्मल और मधुर था। स्वामी जी ने वहीं स्नान किया।

चढ़ाई की समाप्ति पर उस धार में नहा नया जीवन प्राप्त कर वे आगे अपनी यात्रा पर चले। थोड़ी ही दूरी पर एक बड़ा सुंदर बगीचा देखनें में आया। धूप खूब खिल रही थी। उस समय धूप क्या ही सुंदर लग रही थी। उस बगीचे के चारों ओर दीवार थी। उस दीवार के नीचे एक स्थान पर बड़ा ही सुंदर पत्थर धरा था। स्वामी जी उस पत्थर पर बैठ आनन्द की हिलोर में आ गाने लगे-

जय जय प्यारा भारत देश।
जय जय शुभ्र हिमांचल शृंगा, कलरव नरत कालोलिनी गंगा।
भानु प्रताप चमत्कृत अंगा॥ रहे स्वतंत्र हमेशा ॥ जय जय०॥

इसी चतुष्पद को उन्होंने अनेक बार गाया। जब जी भर गया तब उठे और सूर्य भगवान् को नमस्कार कर आगे चले। आगे ढलान पड़ता था। चलते-चलते वे वागेश्वर पहुंचे। वागेश्वर एक अच्छा कस्बा है। यहां एक शिवालय में जाकर ठहरे। यहीं से उन्होंने कैलाश तक के मार्ग सम्बन्धी सारी पूछताछ की।

"आगे सर्दी अधिक पड़ती है, जितनी सर्दी बद्रीनाथ तथा गंगोत्तरी के मार्ग में पड़ती है, उससे कहीं अधिक है, मार्ग भी उससे अधिक दुर्गम है।" ऐसा जान स्वामी जी ने वागेश्वर से ही एक ऊनी वास्कट और लम्बी लोई का कोट व एक टोपा बनवाया...वागेश्वर से चल कर अगला पड़ाव 14 मील कपकोट में पड़ा।

कपकोट एक छोटा-सा गांव है, यहां पहुंच कर एक घंटा विश्राम किया। कुछ खाया पिया। फिर वहां से चल उसी दिन सामाधुरा पहुंचे। यह गांव कपकोट से 11 मील है। स्वामी जी अब तक 51 मील चल चुके थे। अगले दिन सुबह उठकर आगे चढ़ाई की। आध मील़ बड़ी कठिन चढ़ाई थी, परन्तु आगे मार्ग समतल ही था। चलते-चलते तेजम गांव पहुंचे। यह गांव सामधुरा से 8 मील है। साधारण से दस बीस घरों का गांव है। यहां ठहरे बिना ही आगे चलते गए। आगे अच्छी सड़क बनी है। सामने रामगंगा के दर्शन हुए। रामगंगा के साथ-साथ चलते-चलते एक स्थांन पर पहुंचे। यहां पर रामगंगा का दृश्य बड़ा ही विकट है। यहां पाट बहुत बड़ा हो गया है और दोनों ओर बड़े-बड़े पर्वत खड़े हैं। जहां उन्होंने स्नान किया। स्नान कर आगे चले। चलते चलते जामसु नाम का एक गांव पड़ा, रात्रि यहीं काटी।

सुबह होते ही यात्रा पर चल दिए। आगे ताकुला नदी का पुल पार कर उसके किनारे-किनारे पर्वत के ऊपर चढ़े। आगे एक छोटा-सा गांव पड़ा इसका नाम गिरगांव था। नाम बड़े और दर्शन छोटे। केवल दस घर का गांव और नाम गिरगांव। वहां ठहरने का लाभ ही क्या था। दिन काफी शेष था, वह आगे चलते गए। आगे चढ़ाई कठिन थी। काला-काला मुंह बनाये लंगूर मार्ग के दोनों ओर लटक रहे थे। आगे कुछ झंड़ियां-सी देखने में आई। यहां झंड़ियों का क्या काम। पूछने पर पता चला कि भोटिया लोग चढ़ाई की समाप्ति पर झंड़ियां लगा देते हैं। यह एक प्रकार का सिगनल है जो कहता है-"चढ़ने वाले मुसाफिर! थोड़ी-सी और हिम्मत कर मेरे पास पहुंच, फिर देखना आगे सड़क बिल्कुल समतल है।"

झंड़ियों के पीछे ढलान था। घना जंगल पार कर मनसारी पहुंचे। बेढंगा-सा गांव है। आगे चलते-चलते कई पड़ाव छोड़ सामने नन्दादेवी के पर्वत दिखाई दिए। नन्दा देवी की उस गिरीमाला को दूर से ही देख श्रद्धा-पूर्वक स्वामी जी ने उसे नमस्कार किया। यह स्थान देखते ही उन्हें श्री परशुराम जी की स्मृति हो आई। यही स्थान परशुराम जी का आश्रम था। जिस समय भगवान् राम ने धनुष भंग किया था उस समय श्री परशुराम जी इसी

पर्वत पर तप कर रहे थे। सामने नन्दा देवी को देखते-देखते वह उसकी ओर चलते गए। चलते-चलते एक पुल के पास पहुंचे। यह पुल गोरी नदी के साथ मिलने वाली बरखा नदी पर बंधा हुआ है। इसे देख मनुष्य भयभीत हो जाता है। बड़ी विकट नदी है। मन को दृढ़ कर इस नदी को पार किया। पार करके प्रभु का धन्यवाद किया। इसके आगे गिरिराज हिमवान का श्वेत भवन है, जिसे लांघकर तिब्बत जाना होता है।

आगे तिब्बत का इलाका है। तिब्बत की यात्रा करना मानो यमराज की गोदी में छलांग लगाना है। सर्दी अधिक थी, स्वामी जी ने अपने गरम कपड़े पहन लिए और प्रातः सूर्योदय होते ही यात्रा का श्री गणेश कर दिया। आगे थोड़ी दूर तक चढ़ाई बहुत अधिक है। 18,300 फीट की चढ़ाई पर बसे हुए कुंगरी वंगरी गांव में पहुंचे। यह भारतवर्ष की उत्तरी सीमा है। वहां एक ओर चोटी पर खड़े हो दक्षिण की ओर मुंह करके उन्होंने अपनी जन्म-भूमि भारत माता का दिल खोलकर दर्शन किया।

सामने बीस तीस मील के घेरे में प्रकृति के सौन्दर्य की अवरणनीय शोभा दृष्टिगोचर होती थी। पूर्व, उत्तर, दक्षिण और पश्चिम की ओर जिधर भी आंख उठाओ प्रभु की उत्कृष्ट विभूति का अद्वितीय चित्र दीख पड़ता था। पृथ्वीतल पर ऐसा मनोहर ऐसा अप्रतिम, ऐसा रमणीक स्थल क्या कहीं और होगा! विश्वकर्ता से एकान्त में बातें करने के लिए एकान्त स्थान और कहीं क्या मिल सकेगा! जिन आर्य वीरों ने हिमालय की प्रशंसा में अनेक ग्रन्थ रच डाले, वह आर्य वीर प्रभु की रचना शक्ति के रहस्य से सचमुच ही परिचित थे। उन आर्यों को सचमुच सुन्दरता की परख थी जिन्होंने उस प्रदेश में आकर अपने परम पुनीत मन्दिरों की स्थापना की और अपनी भावी सन्तान को उधर की यात्री का माहात्म्य बताया। गरदन तक विषय वासनाओं की कीच में डूबा हुआ व्यक्ति भी इस भू-पृष्ठ पर आकर ईश्वरीय अलौकिक शक्ति का गुणगान किये बिना न रहेगा। प्राचीन ऋषियों ने जो इस भूमि को तपोभूमि कहा है, अपने प्राचीन काव्यों में जो उन्होंने इस पवित्र भू-भाग को स्वर्ग के नाम से विभूषित किया है, सचमुच उन ऋषियों की आत्माएं बड़ी की उत्कृष्ट थीं।

"तीर्थ यात्रा करने से स्वर्ग की प्राप्ति होती है।" ऐसा जो प्राचीन तत्त्व-वेत्ताओं ने सूत्र रूप में लिखा था इसकी व्याख्या यदि किसी ने देखनी हो तो यहां आकर देख सकता है। कितना ही नास्तिक हो, कितना ही बड़े से बड़ा अवैदिक हो एक बार यहां आकर देखे और फिर देखो उसके हृदय की अवस्था। इससे बढ़कर भी संसार में कुछ हो सकता है। कमजोर, दुबला,

पतला मनुष्य इधर आ ही कहां सकता है? यहां तो आ ही वह सकता है, जिसके पैरों में शक्ति हो, जिसके हृदय में गति हो, जिसकी आंखों में प्रकृति को देखने का लालसा हो।

सचमुच वह समय भारतवर्ष के लिए बड़े ही गौरव का होगा, जिस समय निष्काम कर्म करने वाले ऋषिलोग इस तपो-भूमि में बैठकर मनुष्य जाति के उपकार के उपाय सोचा करते थे। इसी पवित्र भू-भाग में बैठ कर प्राचीन ब्रह्म-ऋषियों ने उपनिषद् तथा ब्राह्मण ग्रन्थों की रचना की। इसी प्रकार अपने हृदय की तरंगों पर बहते-बहते वह गाने लगे-

(शार्दूल-विक्रीडितम्)

श्वेताभा परिशोभिनी गगन की सम् कक्षता धारिणी।
अभ्राभा-रजतासिता सित-शिखा उच्चोच्च ओलालया॥
विन्ध्यैवम् जग व्यापिनी हिमवती सत्क्रान्ति धी श्रीमती।
वक्षोजा, श्रिय गंधमादन परा भूभारती राजती॥
श्यामल शस्य अलंकृता, फलवती, संजीवनी-उर्वरा।
वृक्षों से, द्रुमसे, लता अवलि से, छाया फलोपादिनी॥
सद-गंधस्य-प्रसारिणी बलप्रदा, पंथी-पथाश्रेयनी।
जीवों की जनकी, अहा जगत की भुक्षा व्यथा हारिणी॥
मुक्ताहार विहार-रुक्मणि की है खानि आलालया।
संव्यक्ता-कलरत्नदी बस यही है रत्नगर्भा धरा॥
शोभा से, बल से, अहा विभव से विद्या कला बुद्धि से।
वैकुण्ठस्थ धरा लजा छिप रही है व्योम आलोक में॥
गोदी में तुझ को हिमाद्रि-भर के बेटी बना पालता।
रक्षा से, निज स्मृद्धि से, विभव से, है आपदा टालता॥
मुग्धा सी भर अंक में प्रकृति है श्रृंगार श्रृंगारती।
तेरी जो लखती विदिव्य सुषमा सर्वस्व है भारती॥
शौर्यों से, बल-वीरता विभव से है काल की कांपता।
ब्रह्मा, विष्णु महेश भी तक गए आसन्धि ही हैं जिसे॥
सींचे हैं निज वृक्ष को रुधिर से जो जन्म-भू लाडिले।
सौभाग्यी बल राशि की बस यही उत्पादिका है धरा॥
धन्या मिष्ट नयोधरा-सरवती-पादाब्धि संचुम्बिता।
पीयूषाम्बु सरोवरा, रदशुभा, पदमा-समापूर्तिता॥

मुक्ता कीर्ति-कलाधि दिव्य पृषिता श्रोतस्वतीशोभिनी।
मेघों से असितासिता भरत की है मेदीनी मोहिनी।।

कंगरी वंगरी की शिखा पर मातृभूमि को नमस्कार कर स्वामी जी ने तिब्बत क्षेत्र में पदार्पण किया। आगे तुकुपु ग्राम है। तुकुपु एक छोटी-सी मंडी है, तुमुपु नदी के किनारे पर बसा यह साधारण-सा गांव है। कुछ आगे चले, एक बड़ी सुंदर नदी बहती दिखी। ''इस नदी का क्या नाम है?'' पास से जाने वाले एक पहाड़ी से उन्होंने पूछा। इसका नाम है दमयन्ती...''दमयन्ती'' कैसा शुद्ध भारतीय नाम है। सती साध्वी दमयन्ती के नाम को अमर करने वाली यह पवित्र नदी है। दिन के दस बज चुके थे, स्वामी जी ने उस नदी में स्नान किया। कई घंटे उसके तट पर बैठे उसकी छटा को निहारते रहे। आगे दो मील की दूरी पर एक बड़ी सुंदर झील के किनारे पहुंचे। यहां थोड़ी देर ठहर आगे चले। एक पर्वत को पार कर दूसरे पर्वत पर पहुंचे। सामने एक ऊंची घाटी दीख पड़ी...हिम्मत बांध उस घाटी पर चढ़े। सामने ढ़लान था, उतरकर तीर्थपुरी पहुंचे। शतद्रु नदी के किनारे तीन घाटियों के संगम पर तीर्थपुर है। यहां बुद्ध भगवान् का बड़ा भारी मन्दिर है। बौद्ध लोग यहां यात्रा करने आते हैं। विष्णु सहस्त्रनाम के सदृश यहां भी पुजारी लोग तथा भक्त लोग बुद्ध-सहस्त्रनाम का पाठ करते हैं। वैदिक तीर्थों पर जिस प्रकार पुजारी लोग लूट मचाते हैं इसी प्रकार यहां के पुजारी भी दांव पेंच में पीछे नहीं...तीर्थपुरी के दर्शन कर रात वहीं काटी। सुबह वहां से चले। तीर्थपुरी के पास ही गरम पानी के चश्मे देखे। भगवान् की लीला बड़ी ही विचित्र है। कुछ समझ ही नहीं आता। समझने की कोशिश करो तो सिर चकराने लग जाता है। 16,000 फीट की ऊंचाई पर जहां चारों ओर बर्फ ही बर्फ दिखाई देती है, वहां गरम पानी के चश्में। यदि यह बात आखों देखी न होती और दूसरा कोई इस प्रकार की बात करता तो उसे पागल का प्रलाप कह टाल दिया जाता। परन्तु यहां आंखें के सामने देख कर क्या कहा जाये। पानी इतना गरम था कि चावल की पोटली बांध कर गिराओ, झट उबल जाये। उधर एक लोग इस स्थान को भस्मासुर की ढेरी कहते हैं। इस सम्बन्ध में एक कथा है–

एक राक्षस था, उसका नाम भस्मासुर था। उस राक्षस ने शिवजी महाराज को प्रसन्न करने के लिए बड़ी कठिन तपस्या की। भोले बाबा उसकी तपस्या से प्रसन्न हो भागे-भागे उसके पास आए। सिर पर हाथ फेर बोले ''भक्त! वर मांगो।'' भस्मासुर बोला ''भगवन्! मुझे ऐसा वर दो कि ज़िसके सिर पर मैं हाथ रख दूं वह वहीं भस्म हो जाये।''

''एवमस्तु'' कह महादेव जी वहां से विदा होने लगे। जब भस्मासुर के हाथों में भस्म होने की शक्ति आ गई तो सबसे पहले वह महादेव जी के ही पीछे चल दिया। महादेव जी ने देखा भस्मासुर तो उन्हें ही भस्म करने के लिए हाथ बढ़ाये चला आ रहा है, वह भागे। भागते-भागते वे पाताल लोक में जा छुपे। महादेव जी को भगा कर भस्मासुर अब पार्वती के पीछे हुआ और उसके प्रति अपना प्रेम प्रकट करने लगा। पार्वती समझ गईं। अपनी रक्षा का उसे तत्काल एक उपाय सूझा। ''बहुत अच्छा! मैं तुम्हारी मनोकामना पूरी कर दूंगी, परन्तु मुझे तुम पहले शिवजी का ताण्डव नृत्य करके दिखाओ। बिना उस वस्तु को जाने भगवान् की वस्तु को प्राप्त करने का किसी को अधिकार नहीं।'' भस्मासुर उन्मत्त हो नाचने लगा और उसने तांडव नृत्य करते-करते अपने हाथों से अपने ही सिर को छू लिया। बस उसी की दुष्टता से उसका वहीं अन्त हुआ। इसी कारण इस स्थान को भस्मासुर की ढेरी कहा जाता है। भस्मासुर की ढेरी से थोड़ी दूर आगे चल सामने कैलाश दिखाई दिया। शंकर स्वामी का वह अनन्य भक्त वहीं पर खड़ा हो, हाथ जोड़ भगवान् शंकर की स्तुति गाने लगा।

जय हर हर महादेव!

कोटि कोटि सुत करिहैं, तब पर पंकज सेव॥
सुखद, वरद, सर्वद तुम, श्रीपति जगदाधार।
बदनाम्बुज सुरभि सों, सुरभित है संसार॥
जय हर हर महादेव!
त्याग भूमि, सुर भूमि, देव भूमि विख्यात।
करते निश दिन अगणित असुर समूह उत्पात॥
जय हर हर महादेव!
सकल-जगत को, तैं ने दीना जीवन-दान।
निज सर्वस्व लुटा कर, ओ भोले भगवान्॥
जय हर हर महादेव!
गौतम, कपिल, पराशर, कृष्ण चन्द्र श्रीराम।
शंकर, बुद्ध, कुमारल, दयानन्द गुणाधाम॥
जय हर हर महादेव!
गुरु गोविन्द, शिवा जी, वैरागी परताप।
बन कर नाथ हरेंगे, तेरा सकल सन्ताप॥
जय हर हर महादेव!

कृपालुदेव! हम सबको, दीजो यह वरदान।
तन, मन, धन, सुख सर्वस, तुझ पै हो बलिदान।।
जय हर हर महादेव!

श्री कैलाश जी का पर्वत सचमुच ईश्वरीय विभूति का अनोखा चमत्कार है। वैसे तो समस्त भारत में मन्दिरों, शिवालयों का अन्त नहीं, परन्तु ऐसा प्राकृतिक शिवालय तो सारे संसार में एक भी नहीं। भारतवर्ष में मनुष्य के द्वारा बनाये नकली शिवालयों को देखा था, परन्तु आज इन अपनी आंखों से भगवान् के बनाये उस सच्चे असली शिवालय के दर्शन कर अपने आप को कृत-कृत समझा। वैसे ही काट-छांट, वैसा ही रंग रूप, वैसा ही घेरा वैसी ही चिनाई वही सजावट, प्रकृति के ही द्वारा इस कैलाश पर्वत के निर्माण में खर्च की गई है।

21,850 फीट ऊंचे कैलाश की महिमा कौन वर्णन कर सकता है कि गौरव के साथ उन्नत मुख किये यह चारों ओर देख रहा है। इसकी दृष्टि अपने प्यारे भारत पर पड़ रही है, जहां इसकी प्रतिकृति बनाकर करोड़ों आत्माएं हर-हर महादेव की ध्वनि कर अपने को कृतार्थ मानती हैं, जिस कैलाश की महिमा पुराणों ने गाई है, जिसकी प्रशंसा में तिब्बती ग्रंथ भरे पड़े हैं, उस श्री कैलाश को देखकर स्वामी जी को असीम आनन्द प्राप्त हुआ और रास्ते के सभी कष्ट भूल से गए।

शिवशम्भु भगवान् की उसी रम्य रंग-स्थली में समाधि लगा वह प्रभु भक्ति में लीन हो गए।

(कैलाश से मानसरोवर)

कैलाश जी के ठीक पीछे उत्तर की ओर गौरीकुण्ड है। यह बारह महीने जमा रहता है। कुण्ड क्या है एक खासी झील है। बर्फ गिरने का समय था, शीघ्र आगे चलने का यत्न किया। आगे साढ़े तीन मील का ढ़लान था। धारचीन, जगड़ा शिरलांग, घुकडम, वारची, गुम्फा होकर टिटफू गुम्फा पर पहुंचे... थोड़ी दूर चल कर वह सरोवर भी दीखने लगा।

दक्षिण में प्रसिद्ध राक्षस तालाब है और पास में ही मानसरोवर झील है। दूर से देखने से ऐसा प्रतीत होता है कि वहां अब पहुंचें अभी पहुंचें, पास पहुंचते-पहुंचते चार घंटे लग जाते हैं। ठंड अधिक पड़ती है, चलते-चलते चित्त भी घबराने लग जाता है। स्वामी जी जब वारची में जा रहे थे तो एक

अंग्रेज यात्री भी उनके साथ हो लिया। इसका नाम मेक्स था और यह आस्ट्रेलिया का रहने वाला था। यह साहब बड़ा ही सज्जन था। स्वामी जी ने कई बार चाहा कि इससे अलग होकर यात्रा पर आगे तेजी से चलें, परन्तु इस साहब ने नहीं जाने दिया। स्वामी जी भी इसकी टूटी-फूटी हिन्दी के आकर्षण में आ इसके साथ ही चलने लगते।

आखिर गुम्फा से थोड़ी-सी चढ़ाई चढ़ कर मानसरोवर के पुनीत दर्शन का सौभाग्य प्राप्त हुआ। जिस मानसरोवर की महिमा बालपन से ही उन्होंने सुन रखी थी, जिसके दर्शनार्थ भारत की करोड़ों आत्माएं ललायित रहती हैं, जिसे देखने के लिए धुरंधर विद्वान् दूर-दूर से आते हैं, जिसकी नैसर्गिक छटा की प्रशंसा सब विदेशियों ने मुक्त-कण्ठ से की है, उस मानसरोवर के दर्शन कर उन्होंने अपना जन्म सफल समझा।

70 मील के घेरे में मानसरोवर छा रहा है। उसके चारों ओर पर्वत हैं। पर्वत का दृश्य जल में कितना सुन्दर प्रतीत देता है। उच्च मस्तक किये राजहंस इधर-उधर भ्रमण कर रहे, कैसे भले प्रतीत होते हैं। रात्रि के समय जब चंद्रमा कल धवल ज्योति में मानसरोवर चमकता है तो उस समय सचमुच ऐसा प्रतीत होता है, मानो प्रकृति देवी अपना पूरा श्रृंगार कर इस पर्वत पर जल विहार करने निकली है।

❑❑❑

छियानबवां अध्याय

मानसरोवर से नेपाल

एतद्धावं त्रिलोकस्य स्वर्गस्य च सुखस्य च।
पिवन्ति मुनयो यत्र हर्विधूमस्य धूमपाः॥
अत्र देवर्षयो नित्यं पितृलोकर्षस्य तथा।
तथा राजर्षयः सर्वे निवसन्ति गतव्यथा॥

मानसरोवर से स्वामी जी ने नेपाल जाने का निश्चय किया। सर्वप्रथम तो मानसरोवर से नेपाल को कोई सीधा चालू रास्ता है नहीं, जो थोड़ा बहुत है भी, वह इतना भयंकर तथा कठिन है कि उधर जाने का साहस करना साक्षात मृत्यु के मुख में कूदने के समान है। नेपाल जाने का सीधा रास्ता बी. एन. डब्ल्यू. रेलवे द्वारा है। बनारस, मुजफ्फरपुर, सारन होती हुई गाड़ी रक्सौल पहुंचती है। यह ब्रिटिश भारत का अन्तिम स्टेशन है। आगे नेपाल सरकार की अपनी नैरोगाज की रेल चलती है। क्योंकि नेपाल एक स्वतन्त्र देश है। इसलिए नेपाल यात्रा के नियम भी स्वतन्त्र देशों के सदृश ही हैं। बिना पासपोर्ट कोई बाहर का आदमी नेपाल नहीं जा सकता। वर्ष भर में केवल शिवरात्रि के समय एक सप्ताह तक जबकि नेपाल में पशुपतिनाथ का बड़ा मेला लगता है, उन दिनों यह पासपोर्ट की बन्दिश उठा ली जाती है। यदि कोई व्यक्ति रेल द्वारा नेपाल जाना चाहे तो उसे कोई कठिनाई नहीं। परन्तु कठिनाइयों से क्रीड़ा करने वालों को कठिनाइयों से भय ही क्या। भोपत वाला के घोर जंगल में अपनी कुटिया बना हिंसक जीवों के साथ जिन्होंने खेल खेला हो, भयानक केहरी-शेर को अपनी ओर आते देख जिन्होंने एक इंच भर भी पग पीछे न हटाया हो, सिद्धस्त्रोत सरीखे भयंकर पर्वतों पर जिन्होंने अकेले ही रातें बिताई हों, विशाल किराल सांपों को भी जिन्होंने अपने हाथों से दूध पिलाया हो, उन्हें भला भगवान् शिव शम्भू की उस रम्य रंग-स्थली में विचरन करते हुए भय ही काहे का था? जिन्होंने सकल जगत् को आत्म-रूप समझ लिया हो, उन्हें

तो इस ब्रह्मण्ड के कण-कण में प्रेम के स्रोत बहते दीखते हैं। स्वामी जी उसी पर्वत मार्ग से चल दिए।

वहां से चल पहला पड़ाव मासगु ग्राम में पड़ा। यहां बुद्ध भगवान् के एक मन्दिर में वे ठहरे। यहां एक बहुत बूढ़ा बौद्ध साधु स्वामी जी से मिला। यह बूढ़ा संस्कृत तथा प्राकृत का अच्छा ज्ञाता था। वह भारत के अनेक तीर्थों तथा बौद्ध-गया की यात्रा भी कर चुका था। स्वामी जी से यह बड़ा प्रेम करने लगा। उसी के प्रेम वश स्वामी जी को वहां दस दिन ठहरना पड़ा। यह स्थान अपनी प्राकृतिक शोभा में एक ही है।

दस दिन वहां ठहर स्वामी जी आगे यात्रा पर चले। भोटियों ने मार्ग की सब कठिनाइयों का वर्णन करते हुए उन्हें उस ओर जाने से रोका, परन्तु वह अपने ध्येय पर अटल थे। हरिद्वार से बद्रीनारायण, पहलगाम से अमरनाथ, अलमोड़ा से कैलाश, यह मार्ग कुछ कठिन तो है किन्तु अधिक चालू होने से भयंकर नहीं, परन्तु यह मार्ग लम्बा भी है, कठिन भी है, और चालू बिल्कुल नहीं।

चलते-चलते कई दिन हो गए। रास्ते में कोई गांव तो क्या किसी पुरुष की सूरत तक दिखाई न दी। मार्ग में समस्त कठिनाइयों को सहर्ष सहते हुए वह निर्भयता से आगे बढ़ते ही गए। अनेक रात्रि गुफाओं में अथवा वृक्षों के नीचे सो कर काटीं, अनेक स्थानों पर निरन्तर कई घंटे बर्फ पर चलना पड़ा, वर्षा हुई-तन के सभी कपड़े तक भीग गए, चोपता तथा गोपेश्वर के बीच में बड़े-बड़े पर्वतों को पार करना पड़ा, परतु उन्होंने हिम्मत नहीं हारी। वह निरन्तर आगे बढ़ते ही गए। आगे एक स्थान पर बड़े जोर का हिमपात शुरू हुआ। चारों ओर सर्वत्र धुन्ध का अन्धकार छा गया। आगे मार्ग ढूंढ़ना भी कठिन हो गया। थोड़ी देर के लिए वहीं बैठ गए। अपने साथ जो गरम कपड़े ले गए थे वे सभी अपने बदन पर ओढ़ लिए, परन्तु इतनी भारी सर्दी! एक लोई उसे भला कैसे रोक लेती। ऐसे अवस्था में वे कर ही क्या सकते थे। धीरे-धीरे बर्फ का बेग बढ़ता गया और इतनी बर्फ पड़ी कि वह बर्फ से ढंक गए। उनके ऊपर-नीचे इधर-उधर सब ओर बर्फ, मानों वे बर्फ की ही चादर अपने ऊपर ओढ़ रहे थे।

प्रकृति ने अपना काम करना ही था। स्वामी जी का शरीर मारे सर्दी से अकड़ने लगा। उन्होंने उठने की कोशिश की परन्तु वह उठ न सके। पांडवों के हिमालय में गल जाने की कहानी रह-रह कर उनके मन में उठ रही थी। उस समय उन्होंने अपनी समस्त चित्त-वृत्तियों को अपने प्यारे प्रभु में लगा दिया। अपनी जीवन नैया को उन्होंने प्रभु के हाथों सौंप दिया, फिर भला भगवान् अपने भगत की नैया कैसे न पार लगाता।

तत्क्षण सूर्य भगवान् आकाश पर प्रकट हुए। धीरे-धीरे गरमी लगनी शुरू हुई। वह बर्फ का बॉक्स गरमी से पिघल गया। वहां से उठ उन्होंने भगवान् का धन्यवाद किया। रास्ता तो वह पहले ही भूल चूके थे। आगे भी कोई मार्ग दीखता न था। अटकल से ही वह तीव्र गति से आगे चल पड़े। उसी अज्ञात दिशा में चलते चलते दैवयोग से वह एक झील के किनारे पहुंचे। इसे श्रौत झील कहते हैं। यहां बहुत से भोटियों के डेरे पड़े थे। भोटियों ने स्वामी जी को उधर से आते देख आश्चर्य से उनकी सारी राम कहानी सुनी। उनकी आपबीती सुन भोटिये बोले ''महाराज! आप रास्ता भूल कर आ गए हैं। जिस स्थान पर अपने जाना है, वह तो यहां से कम से कम दस दिन का रास्ता है।''

स्वामी जी के कपड़े भीग चुके थे। सर्वप्रथम उन्होंने अपने कपड़े सुखाये। भाटियों ने स्वामी जी का यथा योग्य आतिथ्य किया, उन्हें कपड़े ओढ़ने को दिए, खाने-पीने का सब प्रबंध किया। स्वामी जी इस स्थान पर तीन दिन ठहरे।

चौथे दिन वह उन भोटियों द्वारा बताये मार्ग पर नेपाल की ओर चले। कई दिन चलते-चलते लेदी तथा गरजिया के बीच एक उपवन के पास से गुजरे। पास ही एक सुन्दर स्वच्छ जल का झरना बहता था। स्वामी जी उस बगीची में निर्भयता से दाखिल हो गए, और एक पत्थर के चबूतरे पर जा बैठे। एक काला भंवरा फूलों पर घूं-घूं करता उड़ रहा था। स्वामी जी ध्यान पूर्वक उसे देखने लगे। इतने में वह भंवरा सहसा फूलों का रस लेता हुआ नीचे गिर पड़ा और अपने छह पैरों को आकाश की ओर उठाए सम्भलने की कोशिश करने लगा। यह देख स्वामी जी ने एक छोटी सी लकड़ी उठा कर उसे सीधा करने के लिए हाथ बढ़ाया। इतने में एक ओर से आवाज आई ''ठहरो! ठहरो!! इस रस चोर भौंरे को भगाना नहीं। परन्तु इतने में वह भौंरा उड़ चुका था। पर्वत गुफा से दो कुमार निकल स्वामी जी के पास आकर बोले ''आप यहां क्यों आए और उस रस चोर को हमारे मना करते-करते भी आपने क्यों उड़ा दिया।'' स्वामी जी प्रेम से बोले ''अये ऋषिकुमारो! तुम्हें देख कर मुझे बड़ी प्रसन्नता हुई है। मैं भी आप का अतिथि हूं। दूसरी रही भौंरे को उड़ाने की बात आप ही सोचिये एक संतप्त प्राणी पर दया करके मैंने कौन-सा अपराध किया है। मुझे अभी तक कौतूहल हो रहा है। आप ऋषि कुमार कौन हैं। वागेश्वर से मानसरोवर तथा मानसरोवर से इधर नेपाल की राह पर जब से चला हूं आज यह पहला अवसर है कि आप सरीखे उच्चकुलाद्भव ऋषिकुमारों को अपने सामने देख रहा हूं। आप कौन हैं, यह वनस्थली किसकी है-यह जानने का मुझे कौतूहल हो रहा है।''

वे कुमार बोले–"यदि आपको यह सब कुछ जानने की इच्छा है तो उठिये-चलिए हमारे साथ।" स्वामी जी उठे और उनके साथ ही चल दिए। वे दोनों कुमार जिधर से आए थे उसी ओर चले। स्वामी जी भी मन ही मन भगवान् के गुण गाते हुए उनके पीछे-पीछे हो लिए। गुफा-द्वार पर नील पत्थर की चौकियाँ पड़ी थीं। अन्दर जाने को बड़ा ही सुन्दर रास्ता था। स्वामी जी को बीच में लेकर स्वयं आगे पीछे हो वे दोनों ऋषि कुमार गुफा में प्रविष्ट हुए।

कुछ आगे जाकर पूरे आदम कद की गणेश जी की सुंदर स्फटिक मणि की बनी मूर्ति बैठी देख स्वामी जी ने उन्हें सादर नमस्कार किया। आगे एक छोटा-सा द्वार था, जिसमें चांदी के किवाड़ लगे थे। द्वार पर मुनिवर नारद की पूरे कद की मूर्ति शोभायमान थी। अपनी प्राकृतिक छटा में मुनिवर तम्बूरा लिए भगवद् भजन में मग्न थे। मूर्ति ऐसी सुंदर थी कि कृत्रिमता में तथा वास्तविकता में कुछ भी भेद न दीखता था। मुनिवर को नमस्कार कर आगे बढ़े, आगे श्वेत-पत्थर का एक सुंदर चौक था। झाड़ फानूस से सुसज्जित विशाल सुंदर क़मरे थे। दोनों कुमारों ने स्वामी जी को आसन पर बैठाया। पर्वत गुफा के भीतर इस स्वर्ग-पुरी की विचित्र रचना को स्वामी जी अभी तक भी कुछ समझ न पाये थे। इतने में उसी भवन में एक नौजवान ने प्रवेश किया। उस नवागन्तुक को उस भवन में पदार्पण करते देख वे दोनों कुमार हाथ जोड़ खड़े हो गए। उनके साथ ही श्री स्वामी जी भी उसी भांति खड़े हो गए।

स्वामी जी के सामने आ वह नौजवान बोला "आप कौन हैं-कहां से आए हैं।" स्वामी जी बोले-"मैं आपका अतिथि हूं, मानसरोवर से नेपाल पैदल जाता हुआ रास्ता भूल कर इधर आ निकला हूं। उस वाटिका में कुछ देर विश्राम करने के लिए ठहरा था, इतने में ये दोनों नवयुवक मुझे यहां ले आए।"

यह नौजवान बोला–हां! हां मैंने ही वहां आपको बैढे देख इन कुमारों को आपके पास भेजा था। आप हमारे अतिथि हैं। आपका आतिथ्य करना हमारा परम धर्म है। इस घर को आप अपना घर समझिये। यहां आपको किसी प्रकार का कष्ट न होगा।

उस नौजवान का धन्यवाद करते हुऐ स्वामी जी बोले–"महात्मन्! मेरे चित्त में बड़ी देर से यह जानने का कौतूहल हो रहा है कि आप कौन महापुरुष हैं, यह सारी रचना जो मैं अपनी आंखों से देख रहा हूं यह क्या है।"

वह नौजवान बोला–"महाराज हम लोग 'गर्दभ' हैं। इस स्थान को तुंग-भद्रा कैलाश कहते हैं। आपका सौभाग्य ही आपको यहां खींच लाया है। साधारण व्यक्ति तो यहां तक पहुंच ही नहीं सकता। भोटिया लोग भी इधर नहीं

आ सकते। देवादि-देव शंकर की आप पर बड़ी कृपा है जो आप आज हमारे बीच में हैं। भोजन अभी तैयार होता हैं, इतने में आप स्नान ध्यान से निपट लेवें।''

भोजन समाप्त कर उसी विश्राम-गृह में बैठे हुए स्वामी जी महाराज उस इन्द्रपुरी की रहस्यमयी लीला पर चकित हो रहे थे। उसी समय वह नौजवान सुन्दरतम स्त्री के साथ उनके सामने वाले कमरे में दाखिल हुआ। वे दोनों उसी कमरे में बैठ गए। थोड़ी ही देर पश्चात छोटे-छोटे बीसियों कुमार पंक्ति बांध उसी कमरे की ओर बढ़े। थोड़ी देर पश्चात एक नवयुवक स्वामी जी के पास आकर बोला-''भगवन! चलिए उस बड़े कमरे में आचार्य जी आपकी प्रतीक्षा में हैं।'' स्वामी जी उठे और उस नवयुवक के पीछे-पीछे चल दिऐ।

जिस इन्द्रपुरी की पुराणों में इतनी महिमा गाई है, ऐश्वर्य, सौन्दर्य, प्रतिभा का वह आगार मानो वास्तव में प्राचीन काल की वही इन्द्रपुरी ही था। स्वामी जी ने ज्योंही उस भवन में पदार्पण किया, सभी कुमार सादर हाथ जोड़ खड़े हो गए। सभा के आचार्य ने आगे बढ़ स्वामी जी का स्वागत किया और उन्हें सादर अपने पास बिठाया। आचार्य ने कुछ संकेत किया। कुमारों ने अपने वाद्यों को सम्भाल लिया। आचार्य जी फिर बोले-मेघ। उसी समय कुमारों ने मेघ-राग अलापना शुरू किया।

रात्रि के बारह बजे यह इन्द्र सभा विसर्जित हुई। आचार्य जी स्वामी जी से बोले ''महाराज! आपको कोई कष्ट तो नहीं हुआ।'' स्वामी जी बोले। ''महात्मन! क्या स्वर्ग में भी कष्ट हो सकता है। आपके आतिथ्य-सत्कार को मैं आयु-पर्यन्त भुला न सकूंगा, परन्तु मुझे प्रातः ही अपनी यात्रा पर अवश्यमेव चल देना है।''

''आपका साहस सराहनीय है'' आचार्य जी बोले, यहां से नेपाल का सीधा रास्ता 35 मील पर है और वहां से नेपाल 55 मील है। जहां से उस मार्ग तक जो 35 मील का रास्ता है, वह तो बड़ा ही कठिन है। खैर! आप कोई चिन्ता न करें। जब परमात्मा ने आपको हमारा अतिथि बनाया है तो हमारा यह परम धर्म है कि हम आपको भगवान् पशुपतिनाथ के श्रीचरणों तक सुरक्षित पहुंचाएँ। रात्रि बहुत जा चुकी है। अब आप निश्चिन्त हो विश्राम करें।''

नाना प्रकार की यातनाएं, भूख प्यास शीत सह कर इतना आदर सत्कार प्राप्त कर नींद तो अच्छी आनी ही थी। सोते ही उनकी आंख लग गई। प्रातः जब उनकी आंख खुली तो उन्होंने अपने का नेपाल की झामुटी चौकी के पास एक मन्दिर के चबूतरे पर लेटे पाया। स्वामी जी को बड़ा ही आश्चर्य हुआ। परन्तु ऐसे कौतुक तो उन्होंने अपने जन्म में अनेक बार देखे थे। उन्हीं

गर्दभों की लीला जान वह उठे और आगे राजधानी की ओर चल दिए। थोड़ी दूर जाकर उन्हें पुलिस चौकी में एक सिपाही मिला। स्वामी जी ने उसे पूछा–"यहां से काठमाण्डू कितनी दूर है।" सिपाही बोला–"पन्द्रह मील।" उस दिन वहीं ठहर, अगले दिन प्रातः चल सूर्यास्त के समय वह राजधानी में पहुंच गए।

पर्वतों को लांघ कर एक विस्तृत मैदान में बाघमती नदी के किनारे यह शहर बसा हुआ है। बड़ी सुन्दर नगरी है, ऐसा प्रतीत होता है मानो गिरिराज की गोद में साक्षात इन्द्र-पुरी के दर्शन हो रहे हैं। आबादी चार लाख के लगभग है।

नेपाल सरकार के अपने सिक्के हैं, हमारे सिक्के को वे कम्पनी का सिक्का कहते हैं। उनका रुपया हमारे साढ़े दस आने के बराबर है। डाकखाने के टिकट भी उनके अपने ही हैं जिन पर पशुपति नाथ जी का चित्र है। भाषा यहां नेपाली बोली जाती है, परन्तु अक्षर हिन्दी के ही हैं। बोलचाल में ठेठ हिन्दी के शब्दों का प्रयोग होता है। सारी वस्तुओं के नाम यहां शुद्ध हिन्दी में बोले जाते हैं; जैसे–फायर ब्रिगेड को वारुण-यन्त्रालय, बिजली को ज्योति, नल को जलधारा कहते हैं। सर्व साधारण से लेकर सारे राज्य अफसरों में इसी प्रकार की भाषा का प्रयोग होता है।

धर्म से यहां कट्टर पौराणिक हैं। आर्य समाज की तो यहां हवा भी नहीं। यदि आप स्वामी दयानन्द जी महाराज के पूर्व के पौराणिक धर्म का दिग्दर्शन करना चाहें तो यहां की अवस्था देखिए। जितने देवी, देवताओं के नाम पौराणिक ग्रंथ में मिलेंगे उन सबको मूर्ति के रूप में यहां देख लीजिये। बड़ी-बड़ी विशाल और विकराल मूर्तियां देखने को मिलती हैं। बाजारों में थोड़ी-थोड़ी दूर पर किसी न किसी देवता का मन्दिर जरूर मिलेगा। यहां का पशुपतिनाथ का मन्दिर तो प्रसिद्ध है। महाभारत में भी इसका वर्णन है। यह मन्दिर शहर से तीन मील की दूरी पर पहाड़ की जड़ में श्री वाघमती के किनारे पर है। यहां आस-पास और भी बहुत देवताओं के अनेक मन्दिर हैं। यात्रियों की भीड़ लगी रहती है। मन्दिर में मूर्ति एक पीराकार रूप में खड़ी है, जिसके पांच मुख हैं। एक ऊपर चार चारों तरफ। यात्रीगण जल के कलश तथा बेल पत्र चढ़ाते हैं। मन्दिर के सम्मुख ऊंचे चबूतरे पर एक विशाल नादिया बैठा है, जिस पर स्वर्ण पत्र चढ़ा हुआ है।

स्वतंत्र हिन्दू राष्ट्र नेपाल की यात्रा कर स्वामी जी रक्सौल के रास्ते गोरखपुर, सारन, चम्पारन होते हुए काशी जी पहुंचे। वहाँ कुछ दिन ठहर पुनः हरिद्वार आ योगाभ्यास में लग गए।

❑❑❑

सत्तानबवां अध्याय

जीवन मुक्त गीता

काम क्रोध तज मन वश कर, जो लोक संग्रह कर जाते हैं।
ऐसे ब्रह्म ज्ञान रस साधक जीवन मुक्त कहाते हैं।।

सन्तों की अमृतवाणी ही सन्तों की राम कहानी है। यही उनका जीवन यही उनकी जीवन कथा है। संसार के बड़े-बड़े दिग्विजयी बलवानों में हमें उनके द्वारा बड़े-बड़े देशों की विजय के वर्णन मिलते हैं, परन्तु सन्त ध्यान को विजय करने का उपाय बताते हैं, जिसके आगे सिकन्दर सरीखे दिग्विजयी योद्धा भी हार गए। सन्तों का यह आदेश है कि यदि मनुष्य अपने आपको जीत ले तो जीवन उसके लिए कुछ भी कठिन नहीं। यह अपने को जीतना ही सद्गति है। जो महान् आत्माएं अपने आपको जीत लेती हैं, उन्हीं को आध्यात्मिक जीवन मुक्त कहते हैं। यदि स्वामी कृपालु देव जी महाराज की वाणी उद्धृत की जाये तो वह स्वयं इस ग्रंथ से भी बड़ा एक पृथक ग्रन्थ है। पहले भी उनकी अमृतवाणी के कतिपय घूंटों का रसास्वादन कराते हुए अध्याय 85वें में उस ज्ञान सुधा की एक रूप रेखा सी दी गई है, जिसे सन्त धाम की यात्रा से लौट कर भागीरथी तटस्थ कुटिया में रहते हुए गाया था। उसी को बढ़ाते हुए कृालदेव जी महाराज की कतिपय पद्य-रचनाओं को यहाँ प्रस्तुत किया जा रहा है। इन रचनाओं में अध्यात्म की विरल एवं मनमोहक छटा देखने को मिलती है। इन रचनाओं में संत कृपालुदेव जी का जीवन भर का चिन्तन, अनुभूति, जीवन तत्व का सार अन्तर्निहित है। एक अनासक्त संत और हमेशा ब्रह्मचिंतन में सरोवर रहने वाला संत ब्रह्म आत्मा व प्रकृति को किस रूप में देखता व भोगता है इसका दिग्दर्शन इन पद्यों में दृष्टिगोचर है।

(कुण्डली)

जीवन मुक्त कथा लिखी, सब के ही सुख हेत
जे नर नारी पढ़े अभय मुक्ति को लेत।

अभय मुक्ति को लेत मिटे भय आवागमन के
परम तत्त्व करि प्राप्त, कटें सब संशय मन के
कहें कृपालु देव न जग से नेह लगाना
अन्त समय सब छांड़ि, उसी ही राह पर जाना।

(मंगला चरण)

स्वयं ही स्वयं स्वरूप को, स्वयं निवाऊं माथ।
स्वयं स्वयं हित गाउं मैं, जीवन मुक्त सुगाथ।।

(माहात्म्य)

जीवमुक्त सुगाथ को, जे जे पढ़त सुजान।
पढ़े पढ़ायें मनन करे, जीवन मुक्त तहं जान।।
जीवन मुक्त गाथा पढ़े जे नर मन चित लाय।
सुखी बसैं इह लोक में उही मरम पद पाय।।
जीव ब्रह्म का ऐक्य ही, इस गाथा का सार।
जे ध्यावें गाथा तरें भव सागर के पार।।
चार वेद छे शास्त्र में सुनत जो एकै तान।
परम ज्योति घट-घट लखैं जीवनमुक्त तिन जान।।
यह जीवनमुक्ति कथा जीवन में लो धार।
सांचहुं इसके ध्यान से हो जावे निस्तार।।

(मुक्ति के उपाय)

निर्मल जिनके कर्म हैं, निर्मल जिनके गोत्र।
ते नर जीवनमुक्त ही, मुक्ति के हैं सुपात्र।।
जे पालहिं यमनियम को साधहिं अपनी देह।
कन-कन में जो देखते, परमातम का गेह।।
महिमा यम अरु नियम की साधे सकल सुजान।
अलख लखें कन-कन में जो, जीवनमुक्त तहं जान।।
गया यम अरु नियम की निज जीवन में धार।
जे ध्यावें परमेश तिन मुक्ति का अधिकार।।
नर-देही रथ में चढ़ा जीव रथिन शहजोर।
बुद्धि ताको सारथी मन की थामें डोर।।
इन्द्रियन के घोड़े चले विषयन के पथ मांहि।

जिनके रथ वश में नहीं वे तो पहुंचे नाहि॥
युक्ति-युक्त हय जोरिके थामे हाथ लगाम।
ते नर सांवहु जात हैं, विष्णु के पर धाम॥

(ज्ञान का स्वरूप)

नाम रूप मेरा नहीं, न तन मन धन प्रान।
जीव ब्रह्म भरू प्रकृति सभी एक रसु जान॥
बीज वृक्ष में भेद नहीं वृक्ष बीज है एक।
ब्रह्म जगत में त्यों रमा, देखो सहित विवेक॥
जल तरंग में भेद नहीं जाने सकल जहान।
जीव ब्रह्म त्यों जो लखे जीवनमुक्त तहं जान॥
चन्द्र ज्योति और चन्द्रमा दोनों एक समान।
परम पुरुष और प्रकृति ऐसे ही इक जान॥
आपही बुन के जाल को फंसी ताहि में आप।
मक्ऱड़ी सम जग जाल में फंसा प्रभु वही आप॥
रचना जो रच आपनी आपही होत हैरान।
तत्त्व दृष्टि कर देखते जीवनमुक्त तहं जान॥
तन्तु वस्त्र के हैं घने ताना बाना एक।
सांचहु एवं जानिये, निखल जगत की टेक॥
कपड़े और कपास में भेद न कुछ अवगाहिं।
इक कारण इक कार्य है और भेद कछु नाहिं॥
ज्ञानी जन को सोच क्या, बस्ती या वीरान।
आत्म रूप सबको लखै, जीवनमुक्त तहं जान ॥
आभूषण यद्यपि बहुत सुवरण तो वही एक।
एक ब्रह्म ही से बने जग में पुरुष अनेक॥
ज्यों गन्ने में रस भरा ज्यों तिल माहीं तेल।
ऐसे ही निश दिन करे ब्रह्म जगत में खेल॥
ज्ञान में देखे कर्म को, कर्मणि देखे ज्ञान।
हो अलिप्त जो कर्म करे जीवनमुक्त सोई जान॥
समता होवे साथ में, दिल में नहीं गुमान।
ब्रह्मज्ञान लवलीन जो, जीवनमुक्त तहं जान॥
समता बिन नहिं स्थिर मति बुद्धि बिन नहिं भाव।
बिना भाव शांति नहीं हर को किस विधि पाव॥

त्यागे भय सब योग से पावहिं जो सद्ज्ञान।
दूर करे अभिमान को जीवनमुक्त सुजान॥
बाहिर वृत्त छांड़ि के अन्दर करता ध्यान।
हर्ष शोक में जो सदा रहता एक समान॥
तीन काल में जो रहे सागर सम गम्भीर।
सांचहु ताको जानिये जीवनमुक्त शरीर॥
जो निज में सन्तुष्ट है, दोष रहित निर्द्धन्द।
सम चित सिद्धिय-सिद्धि में, जीवनमुक्त कुल कन्द॥
ब्रह्म प्राप्ति का सांचहु लक्ष्य हृदय में ठान।
ब्रह्म तत्त्व में रत रहें जीवनमुक्त तिन जान॥
वही गोप वही गोपिका वही हलधर वही कान्ह।
स्वे स्वे रूपिणि ब्रह्म लखें जीवनमुक्त विद्वान॥
मनकी दुविधा छांड़ि के करें जो ताको जाप।
मन मन्दिर का देवता, भागा आए आप॥
मन की दुविधा छांड़ि के, एकै मैं है युक्त।
नियताहारा प्राणी वह, सांचहु जीवनमुक्त॥
संकल्प और विकल्प सब तज करि हो बलवान।
फिर ध्यावे परमेश को जीवनमुक्त तहं जान॥
लोहे और चुम्बक में पड़ो मिलन की बान।
लोह चुम्बक सम जानिये, भक्त और भगवान्॥
भीतर बाहिर शुद्ध हो धरें प्रभु का ध्यान।
ब्रह्म तत्त्व लवलीन जो जीवनमुक्त तहं जान॥
ज्ञानी अपने ज्ञान का, निश दिन करतें दान।
इक ज्ञानी पे वारिये कोटि-कोटि धनवान॥
कर्म संगति छांड़िजो करिहें कार्य समाप्त।
जीवनमुक्त वे करत हैं, अन्त सद्गति प्राप्त॥
उसी कृपालुदेव का दिया हुआ सब दान।
उसी निमित्त अर्पण करें, जीवनमुक्त सुजान॥

(जीवन-मुक्त छन्द)

केवल विष्णु के भी चरणों में, मन अरु बुद्धि लगाते हैं।
जन्म-मरण के भय को तज ये जीवनमुक्त कहलाते हैं॥

सुख में जा को हर्ष नहीं अरु दुख में मुख न करते म्लान।
निज बुद्धि को स्थिर करि राखें वे ही जीवन मुक्त सुजान।।

सांसारिक विषयों को जो नर, सब दुखों का जाने मूल।
पालन करके यम नियमों का अचरे सदा आत्म अनुकूल।।
आत्मज्ञान ही में जिस नर को सुख विश्राम दिखता है।
योगी पार ब्रह्म दर्शी वह जीवन मुक्त कहलाता है।।

इह असार संसार सिन्धु महं जो रहता है कमल समान।
करता हुआ भी कुछ नहीं करता, अहं भाव कुछ नहि मान।।
धार लिया जिसने जीवन में कर्म योग का जीवन मुक्त।
क्रिया-वान धृति-मान पुरुष वह सांचहुं जानो जीवन-मुक्त।।

पर उपकार ही करते-करते जिन के पाप हुए सब क्षीण।
भेद भाव जिनके मन नाही अचरण जिनका है स्वाधीन।।
काम क्रोध तज मन वश करके ईश भक्ति में ध्यान लगायें।
ऐसे ब्रह्म ज्ञान अभिलाषी सांचहुं जीवन-मुक्त कहलाये।।

विषयन की इच्छा से ही नित उपजत काम क्रोध का संग।
क्रोध करे फिर मोह बढ़त है मोह से होत भजन में भंग।।
सर्व इन्द्रियां जिस के वश में विषयों से मन लीना खींच।
अहै प्रतिष्ठित बुद्धि उसकी मुखी रहे इस जग के बीच।।

विषयासक्त होय नित जे नर प्रकृति औ गुण जाते भूल।
ते अल्पज्ञ मन्दमति दुर्भग सांचहुं जग में पाते शूल।।
जैसे अग्नि धूम से ढंपती ज्यूं हो मल से दर्पण म्लान।
जैसे गर्म त्वचा सो ढंपता तैसे ढंपे काम से ज्ञान।।

विषयाक्त मूढ़ नर जैसे घूमे कोल्हू-बैल समान।
लोक संग्रह हित तैसे सज्जन कर्म हैं करतें महा महान।।
बाहिर का सुख तज कर जो आत्माराम सुख पाते हैं।
ब्रह्म प्राप्ति कर अन्त समय वे जीवन-मुक्त कहलाते हैं।।

बिना योग नहीं बुद्धि मिलती बिना विवेक न होये ध्यान।
ध्यान बिना न मिले शांति, बिना शांति कहे सुख सद्ज्ञान।।
आत्म ही में रत होकर जो तृप्त-आत्मा पाते हैं।
आत्म में है संतुष्टि वह जीवन-मुक्त कहलाता है।।

विषयों में जो रक्त नहीं है यम नियमों से जो है युक्त।
सदा तृप्त है जो अपने में वही प्राज्ञ है जीवन-मुक्त॥
सुख दुख में गरमी सरदी में जो रहता है एक समान।
कभी हृदय में क्षोभ न लावे शत्रु मित्र को सम कर जान॥

रहित वासनाओं से जो हो निज आत्मा में है अनुरक्त।
हो निस्संग कर्म जो करता वही प्राज्ञ है जीवन मुक्त॥
कंचन और कामिनी को लख मन में तिल भर क्षोभ न लाए।
सिर पर आई मृत्यु पर भी जो मन में न रति घबराए॥

सम आत्म जो सब में जाने, सम दृष्टि से जो है युक्त।
योगी ज्ञानी पारदर्शी वह वही प्राज्ञ है जीवन-मुक्त॥
जो सागर सम निश्चल रहता, मन में क्षोभ कबहु नहीं लाय।
करता हुआ भी कुछ नहीं करता, सो नर जीवन मुक्त कहलाय॥

करता हुआ सकल कर्मों को, फिर भी है उन से निर्लेप।
किसी काल में भी न होता, जिस के मन में है विक्षेप॥
ममता और अहंता को तज हो निश्चिन्त आत्मा राम।
निरापेक्ष निर्द्वन्द्व होय जो, करता सफल कार्य निष्काम॥

सुख दुख दोनों सम करि जाने, स्वर्ण रेत सब एक समान।
महाप्राज्ञ स्वच्छन्द पुरुष को, सांचहु जीवन-मुक्त ही जान॥
पुत्रादि में मोह नहीं कुछ, न धन-दौलत का अभिमान।
सभी ब्रह्म है, नहीं अन्य कुछ, ऐसा जिसका हो दृढ़ ज्ञान॥

मन में जागे नहीं वासना, ब्रह्मानन्द से है भरपूर।
रहित सदा जो निन्दा स्तुति से, तिहुं अपनों से है दूर॥
दुनिया के सब धन्धे करता, उन में हो न कभी असक्त।
ऐसा जीवन-मुक्त पुरुष ही, सांचहु प्रभु का प्यारा भक्त॥

जीवन मुक्त अनुभव लहरी

जो जन इस शुभ गान को, पढ़ें प्रेम के साथ।
सांसारिक संकट कटै, रीझें श्री रघुनाथ॥

कहता हूं मैं आपनी सुन ले धर के ध्यान।
सुख में भी न कबहुं तजा, सुमिरण श्री भगवान् ॥1॥

वे तो दीन दयाल हैं, सब की ले संभाल।
भेद भाव न करत कछु, धनी हो या कंगाल ॥2॥
श्रद्धा औ विश्वास की, सम्पद जा के हाथ।
सांचहु तिनके साथ हैं, त्रैलोकी के नाथ ॥3॥
अजर अमर है आत्मा, ता में विभु समाय।
वह तो कबहुं न जरै, त्वचा भले जरि जाय ॥4॥
अपनी मरजी जागता, अपनी मरजी सोय।
लीला उस परमेश की, विरला जाने क़ोय ॥5॥
मैं, मेरा परमेश्वर, हम दोनों हैं एक।
मैं उस का संगीत हूं वह है मेरी टेक ॥6॥
एकै रंग में रंग रहे, दूजो रंग न कोय।
भरम भुलावा छांड़ि के, जित देखा तित सोय ॥7॥
श्रद्धा अरु विश्वास बिन, किये कोटि तप दान।
नैको न फूले फलें, सर्वे विरथा जान ॥8॥
सर्वोत्तम जगदीश है, सबका पालन हार।
अक्षर, आज, अविनाश वही, सब का प्राणाधार ॥9॥
आदि मध्य उसका नहीं, रवि शशि ताके नैन।
वही आनन्द विभुवर प्रभु, उपजे जग को एन ॥10॥
वही पाव प्रभु भक्ति-के, जिन त्यागे सब भोग।
स्वनेहु तिन न प्रभू मिले, जे हैं कामों लोग ॥11॥
पूर्ण प्रतिष्ठित सिन्धु में स्वतः मिले जल आय।
ज्यूं ही विषय तरंग आ, साधक हृदय समाय ॥12॥
काम, क्रोध, मद, लोभ का, कर हृदय से त्याग।
आत्म-ज्ञान रत हो सदा, हरि से कर अनुराग ॥13॥
काम, क्रोध, मद, लोभ यह सभी नरक के द्वार।
रे नर जे सुख चाहत है, भजो शान्ताकार ॥14॥
अटक भटक मन की मिटा, लखी प्रभु की ज़्योत।
वे तो ज्योति स्वरूप हैं, मैं केवल खद्योत ॥15॥
सचिदानन्द स्वरूप ही, व्यापक घट घट माहीं।
सारे नाच नचावता, सज्जन ताको ध्याहीं ॥16॥
एकै में अरु सहस में, प्रगटे एकै भानु।
तैसे घट घट व्याप्तही, परमेश्वर को जानु ॥17॥

छिन में माटी होयगी, पंच भूत की देह।
रे प्राणी क्यूं करत है, अहं भाव सों नेह ॥18॥
हृदय स्थित परमात्मा, मन में करे प्रकाश।
''मैं'' जो बोले देह में, उस का होय विकास ॥19॥
निखिल जगत के कर्म में, मन बन्धन का हेत।
मन, बच, कर्म किसान है, काया तिन का खेत ॥20॥
मोक्ष-पन्थ कहते उसे, दुःखों से छुट जाय।
जन्म मरण से रहित हो, जीव ब्रह्म गति पाय ॥21॥
जाकर उसकी शरण में, कबहुं क्लेश न पाय।
मुंह मांगी सम्पदं मिले, रित कबहुं नहीं आय ॥22॥
निराधार का वह सदा, एक मात्र आधार।
पकड़ ताहि का आसरा, होहिं भवाब्धि पार ॥23॥
सुमिरे हरि के नाम से, नरक भीति हो चूर।
छिन्न मंह करता भगत के, वह सब संकट दूर ॥24॥
ध्यान लगा हरी चरण में, रखे अति उत्साह।
वह नर सांचहूं जानिये, पावे मोद अथाह ॥25॥
सब को हरी नचात हैं, हरि को भक्त नचाये।
भक्त हेतु भगवान् तो, दौड़ा दौड़ा आए ॥26॥
जिस का साथी न कोई वह है उस के साथ।
निर्धन दलित अनाथ पै एक उसी का हाथ ॥27॥
अनुकम्पा से देव की हों सब संकट दूर।
कायर भी बलवान हों, रीते हों भरपूर ॥28॥
गूंगे को वाणी मिले, पंगु चढ़े पहार।
अन्धे की आंखे खुलें, ऐसा वह करतार ॥29॥
किरपा से प्रतिकूल भी हो जावे अनुकूल।
भक्षक भी रक्षक बने शूल भी बनते फूल ॥30॥
सकल जगत की सम्पदा, जिन चरणन की धूल।
उसे छांड़ क्यूं भटकता, यह मूरख प्रतिकूल ॥31॥
खरी के पाछे भागता, काम धेनु कर त्याग।
अन्त समय पछताएगा, यह मूरख मन्द भाग ॥32॥
वेद शास्त्र उपनिषद का, जो है सब का गेय।
वही त्रिलोकी नाथ है, सब का सब विधि ध्येय ॥33॥

सब सृष्टि में रम रहा, वही है सत्तावान।
सूर्य, चन्द्र अरु प्रकृति गाते उस का गान ॥34॥
जिस को तैने पावना, वह है रत्न अमोल।
अन्तः पूर से ले हटा मोह माया का झोल ॥35॥
भक्ति में विद्या बसै, विद्या में धन मान।
धन में बसते धर्म सुख, भक्ति सब गुण खान ॥36॥
जब जब चलती जगत में पाप की आंधी घोर।
तब तब ताको राखने, आएं नन्द किशोर ॥37॥
निराकर वह कभी कभी बन जाता साकार।
जब जब भारत भूमि पै बढ़ता है अघमार ॥38॥
प्रेम भक्ति से दिया हुआ, विष भी ताको पेय।
अमृत भी श्रद्धा बिना, ताके सम्मुख हेय ॥39॥
अनल, अनिल, जल, जलद में, चराचरों में व्याप्त।
मुझ में तुझ में सकल में व्याप्त पुरुष वही आप्त ॥40॥
यह मारग चलता रहे, थमैं नहीं क्षण एक।
बहु आवें बहु जात है, देखो सहित विवेक ॥41॥
जो सोवे तो सुन्न में, जागें तो हरिनाम।
बोलें तो थी हरी कथा, अचरे तो निष्काम ॥42॥
इस असार संसार का केवल यह इक सार।
मनसा, वाचा, कर्मणा सदा सत्य व्योहार ॥43॥
जां पै रहता सत्य है वा रहते भगवान्।
सब धर्मों का मूल तू एक सत्य को जान ॥44॥
पांच लुटेरे घूमते, गलियों में दिन रात।
नित्य नित्य अगणित की, करते हैं यह घात ॥45॥
इस असार संसार में सार हैं केवल चार।
गंगाजल सत्संग हरी भक्ति देश उद्धार ॥46॥
एक ब्रह्म की ज्योत ही घट घट रही समाय।
ऊंच नीच का भेद क्यूं मूरख नर मन लाय ॥47॥
समदर्शी भगवान् है, समदर्शी तू बन।
दोनों एक समान हैं, ब्राह्मण औ हरीजन ॥48॥
सुख पाय प्रसन्न नहीं, दुःख में नहीं अधीर।
शुभा शुभ फल को तजै भक्त वही गम्भीर ॥49॥

जिस घर परस्पर प्रेम है, सो घर स्वर्ग समान।
ऋद्धि-सिद्धि सम्पत सकल, स्वयं विराजे आन ॥50॥
भूखे भोजन दीजिये, प्यासे दीजिये नीर।
ऐसी वाणी बोलिए हरे जो मन की पीर ॥51॥
रंक दुखी राजा दुखी, दुखी सकल संसार।
सोई कृपालु देव! सुखी जा को नाम आधार ॥52॥

(ईश्वर का स्वरूप)

सब घट व्यापक राम है, घर घर रूप अनेक।
गज गणिका गौ श्वान में, दीप्त है दीपक एक ॥
प्रभु सर्वत्र अनादि अनन्ता। परम सूक्ष्म सब जगत निखन्ता॥
जगदाधार अचिन्त्य अरूपा। तमातीत दिनकर अनुरूपा॥
सर्वभूत भावन जग स्वामी। देव देव प्रभु अन्तर्यामी॥
प्रभु पुरुषोतम परम अनूपा। जानहु आप स्वयं निज रूपा॥
भूतन आदि मध्य अरु अन्ता। वह ही सचराचर भगवन्ता॥
वही विष्णु आदित्यन माहीं। ज्योतिन महं रवि सा सदाहीं॥
ध्रुव अचिन्त्य अथक स्वरूपा। सदा एक रस अचल अनूपा॥
सर्व व्याप्त अव्यक्त सुअक्षर। ध्यावहिं जो तामंह रहि तत्पर।
समदर्शी सर्वत्र सदाही। सो योगी निश्चय तहं पाही॥
ब्रह्म प्रत्यक्षहीं अनुभव जाके। श्रोत्रिय ब्रह्मनिष्ठ कही ताके॥
यह नव द्वारहीं युक्त वर, नगर शरीर बखान।
तिन में बैठा आत्म है, उस को तू पहचान॥
ज्ञानी पावें निकट हीं, मूरख जानें दूर।
है अखण्ड व्यापक सकल सदा रहे भरपूर॥

(आत्मा का स्वरूप)

परमातम तो नित्य है, जाको आदि न अन्त।
सत-चेतन आनन्द है, सब गण रहित अनन्त॥
एक रूप है जीव सदाही। निर्विकार नित्य मुक्त कहाही॥
अजर अमर सब इसको जानो। आतम में आतम पहचानो॥
यह आतम है सूक्ष्म स्वरूपा। अबल सनातन रहत अनूपा॥
मृत्यु भी तिस पास न आवे। सुख दुख ताको न कल्पावें।

अचल सर्वगत यह अविनाशी। स्थिर शाश्वत स्वयं प्रकाशी॥
यह अव्यक्त अगम अधिकारी। तिहुं काल इकरस समचारी॥
जे जन्महि ते अवसि नसाहीं। मरहिं अवसि ते जन्महि आही॥
जीवन मरन का सोच न करहू। धर्म सहित सन्मार्ग अचरहू॥
सुख दुख सांबहु एक समाना। धर्म तत्त्व जिसने इह जाना॥
वही धीर मुक्ति के योगू। नष्ट भ्रष्ट करि दुख सुख भोगू॥
शस्त्र न काटहीं जीव को, अनल न सकही जलाय।
नाहिं गलावहि नीर पुनि, वायु न सकहि सुखाय॥
जीव कबहुं नहीं मरत है, देह भले मरि जाय।
नष्ट होन पर देह के, जीव न कबहुं नसाय॥

(कुण्डली)

रथ शरीर है पुरुष को, इन्द्री ताके बाज।
रथी विराजत आतमा चक्र मनोरथ साज॥
चक्र मनोरथ साज बाज अति चंचल आहीं।
जितहीं कौ मुंह परै खैंच तितहीं ले जाहीं॥
ज्ञान रज्जु सों बांधि घोर जो करे आप हथ।
कठिन पन्थ संसार भलै पहुंचे ताके रथ॥

(छप्पय)

धन्य धन्य जे लोग भजत हरि नाम को।
हरि के नाम बिना नर देह किस काम को॥
इन्द्रियन को वश कर जो हर को ध्यावहीं।
सांचहुं ते उस परमेश्वर को पावहीं॥
वही कृपालुदेव! सभी की शरण है।
नर-जीवन का वही देव आमरण है॥

(निष्काम कर्म-योग)

कर्म मांही अधिकार तव, फल महं नहिं अधिकार।
तजहुं कर्म फल वासना, पर न कर्म व्यवहार॥
नियत कर्म कर पालहु धर्मा कर्म। श्रेष्ठ पुनि हीन अकर्मा।
तासों सब फल आसा त्यागी। मख हित कर्म करहुं अनुरागी॥
जिन निष्काम स्ववश मन कीन्हा। विषय भोग तृणावत जत दीन्हा॥

माटी कंच्चन जानी समाना। मुक्त सोई योगी यति माना।
जे नर कर्म योग आचरहीं। ज्ञान पाय संशय सब हरही॥
सुख दुख रहित योग आचरही। ते नर बिनु प्रयास भव तरही॥
योग युक्त जो होहि सुजाना। त्याग कर्म फल सुखी महाना॥
पर जो योग युक्त नहि होई। अन्त समय दुख पावत सोई॥
आत्म मांहि जिन मन थिर लाई। चिन्तन सकल देइ विसराई॥
अन्तःकरण शुद्ध करि ज्ञाना। तिन के चिदानन्द परमाना॥

मति भ्रम संशय हरहु सब, गहिके ज्ञान कृपान।
कर्म योग आचरहु तजि, मोह ममता अज्ञान॥
निरासक्त जो ब्रह्म हित, करहिं कछु अब नाहिं।
जिमि नहि भी जहिं तनिक हू, कमल पत्र जल माहिं॥
तित खोजत कित जात है, रे मन मूढ़ अजान।
भीतर तो भगवान् हैं, उसको तू पहचान॥

इन्द्रिय बुद्धि तथा मन माहीं। दुष्ट कामना बसहिं सदाहीं॥
प्रथम, रे नर! इन्द्रिय वश करहू। मोह विषाद सकल परिहरहू॥
सर्वेन्द्रिय की रसना त्यागी। देह मोह तज आतम पागी॥
जाके कर्म ज्ञान सों दहहीं। बुध जन ताहि सुपण्डित कही॥
प्रान अपान रोकि निज माही। प्राणायाम समाधि चढ़ाहीं॥
ज्ञान समान सांचु जग माहीं। परम पुनीत अपर कुछ नाहीं॥
अन्तर सुख अन्तर आरामा। अन्तर ज्योति ब्रह्म सुखधामा॥
ब्रह्म समान होहि सो योगी। ब्रह्महि पाइ अनन्य सुख भोगी॥
विषय भोग सों मन वश कीन्हा। काम क्रोंध मद लोभ विहीना॥
वही ज्ञाता ज्ञानी जग माहीं। बिनहिं प्रयास मोक्ष पद पाहीं॥

हर्ष नहीं प्रिय पाइ जहि, अप्रिय लहि दुःख नाहिं।
थिर मति ज्ञानी ब्रह्मविद, ब्रह्म पाइ तर जाहिं॥
सम आहार विहार जो, कर्म करहीं अनुकूल।
सोवहीं जागही नियम सों वही योग सुख-मूल॥
काम क्रोध मद लोभ सब तज भज हर का नाम।
सांचहु यह नर मुक्त हो, लहै अमर पूर धाम॥

सुख दुःख सम मानत जे धीरा। लहहिं अखण्ड अमर पद वीरा॥
काम क्रोध मद लोभ न जानी। कर्म जनित फल त्यागहिं ज्ञानी॥
जन्म मरण तिन सकल नसाही। दुःख विहरत पद ते नर पाही॥

चिन्तन विषय करहिं नर जेही। उपजहि विषय वासना तेही॥
तृप्त न होई काम बढ़ि आई। तासों बहुरि क्रोध उपजाई॥
होहं क्रोध ते मोह महाना। तासों मति भ्रम होइ सुजाना॥
भ्रम सो होइ बुद्धि कर नासा। बुद्धि नसे पुनि होहिं विनासा॥
श्रद्धा सहित यज्ञ नित करिहें। सदा वेद अनुकूल अचरिहैं॥
सकल विषय पुनि त्यागहि जोई। थिर मतिवान कहावहिं सोई॥
अन्तः करण शुद्ध रहीं जाको। निश्चय प्रभु प्रीति करे ताको॥

शील क्षमा सन्तोष गह, पांचौ इन्द्रिय जीत।
रे नर यह है सहज में, प्रभु मिलन की रीत॥
परमेश्वर की वासना, अन्त समय मन माहिं।
तन छूटे हरिकूं मिले, उपजै विनसैं नाहिं॥

(जगदीश वन्दना छन्द)

हे पिता परमात्मा तुम्हें बार बार प्रणाम हो।
तुम ही हो पालक सकल जग के और सब सुखधाम हो॥
तुम आदि देव पुराण हो इस विश्व के आधार हो।
ज्ञेय ज्ञाता धाम तुम व्यापक अखिल संसार हो॥
गही शरण दीनानाथ तव न कोऽपि रिक्तही आवही।
हों शूद्र वैश्य वारांगना वे भी परम गति पावहीं॥
धाता विधाता है तुही माता पिता संसार का।
ज्ञातव्य पावन प्रणव है, कर्ता श्रुति विस्तार का॥
तुम ज्ञेय परमाक्षर तथा जग के परम निधि आप हो।
तुम ही सनातन धर्म रक्षक हरण–दुख–सन्ताप हो॥
तुम अनादि अनन्त मध्य विहीन वीर्य अनन्त हो।
शशि सूर्य नेत्र अनन्त बाहु अनन्त श्री भगवन्त हो॥
हे विष्णु देव! प्रचण्ड तव सुप्रकाश द्वारा सब जगत।
परिपूर्ण पुनि तव तेजसों विश्वेश सब जग नित तपत॥
तुम परम अक्षर ज्ञेय पुनि जग के परम संस्थान हो।
शाश्वत धरम पालक पुरुष अक्षय अखण्ड पुराण हो।
श्री जग निवास दयालु श्री देवेश आप अनन्त हो।
सद सद परे अक्षर परम प्रभु आप श्री भगवन्त हो॥
तुम आदि देव पुरुष सनातन विश्व-पति अखिलेश हो।

जग के परम निधि आप हो भगवन्त तुम सर्वेश हो॥
प्रभु आप जानन हार जानन योग अरु पर-धाम हो।
तुम सों, प्रभो! परिपूर्ण विश्व अनन्त रूप निकाम हो॥
पवन, अग्नि, वरुण, यम, रवि-चन्द्र तारक आप हो।
सकल जग के करण कारण और कारक आप हो॥
प्रभु आप का परकाश ही चमका रहा संसार को।
निज तेज से पूरित किये तपता जगत व्यापार को॥
जे वेद विधि पथ त्याग चलते स्वयं स्वेछाचारा से।
सिद्धि मिले, नहीं सुख मिले नहीं छूटते संसार से॥
धाता विधाता है तुही माता पिता संसार का।
ज्ञातव्य पावन प्रणव, तू कर्ता श्रुति-विस्तार का॥
अक्षय अनन्त निवास जग सत् सत् परम देवेश हो।
शत शत प्रणाम तुझे प्रभो! तुमही आनन्द अशेष हो॥

❑❑❑

अट्ठानबवां अध्याय

वेदान्त सुधा

झुठा है यह संसार सब देह गेह धन धाम।
तात-माता, परिवार, सुख, मित्र-शत्रु पुर ग्राम॥
मित्र-शत्रु पुर ग्राम नाथ चलिहैं नहिं कोई।
राज-पाट, गढ़ कोट, फौज कितनी किसी होई॥
सन्त कृपालुदेव! दया सब माया जानो।
सत्य रूप परमेश्वर उस को तुम पहचानो॥

(1)

अलख निरंजन अगम अपार!
अपनी महिमा आप ही जानें ऐसा अद्भुत वह करतार।
आपै सरजे आपै पालै आपै सब का करै संहार॥
आपै नर आपै नारायण निराकार भी है साकार।
आदि मध्य अन्त में आपुही आप विराजै वार अरु पार॥
जल, थल, में पाताल गगन में व्यापक एक वही सरकार।
भजो कृपालु देव! उसे तुम वही है सबका प्राणाधार॥

(2)

अन्त समय भी समझ न आई!
यह अमूल्य नर देही पाकर सांचहु तैने वृथा गंवाई।
सौ वरषन की आयु पाकर, बतला क्या तैं करी कमाई?
कुछ तो बीती खेल कूद में कुछ सो सो के दीनि बिताई।
कुछ दारा के लाड़ प्यार में, कुछ विषयन की भेंट चढ़ाई॥
बाकी जो थी वह भी तू ने पापी पेट के अर्पण लाई।
बजा कूच का जभी दमामा, सिर धुनि धुनि रोवे पछिताई॥

अब रोकर क्या होगा बन्दे, चिरयन दीनो खेत चुगाई।
अब तो भज ले राम नाम, क्या अन्त समय भी होश न आई॥

(3)

बन्दे! हर का नाम सिमर तू!
यह संसार दहकती ज्वाला, रे नर! समझ समझ पग धर तू।
विषयन की वां आग जले है, चलना चाहता है उस पर तू॥
अंग अंग तव जरि जावेंगे फिर रोवेगा सीस पकर तू।
अभी चेत ओ मूरख प्राणी! चाहे अपना भला अगर तू॥
झूठे जग में जी ललचा कर भूल गया क्यूं सच्चा घर तू।
अन्त समय राजा घर जाना, क्यूं बैठा है यहां अकड़ तू॥
भूल गया क्या अपने प्रण को, अब करता है अगर मगर तू।
जो चाहे तू पार उतरता रे बन्दे! हरि नाम सिमर तू॥

(4)

साधो! संग कोई नहीं जावे!
संग जाना तो बड़ी बात है, दो घंटे भी नहीं निभावे।
छूअत भी सब भ्रष्ट होत हैं, छू कर के तन मलि मलि न्हावे॥
चलो! चलो!! अब इसे उठावो, यां पर यह दुर्गन्ध न फैलाओ।
खाने के सब साथी संगी, काम परे कोउ काम न आवे॥
खड़े-खड़े सब राह बतावन, पहुंचावन कोई संग न जावे।
नंग धड़ंग चला बनजार, जैसे आया वैसे जावे॥
चला जात अज्ञात दिशा में, इधर उधर कुछ दीख न पावे।
कौन, कृपालु देव! बिना यह यम की लाम्बी बाट कटावे॥

(5)

नंग धड़ंग चलो बनजारा!
यम की घाट चले बाबूजी कुटुम्ब कबीला देखे सारा।
धन दौलत भी साथ गई न साथ गया न कुछ घर बारा॥
संग गए न बेटा बेटी जिनकी खातिर पिट पिट हारा।
''मैं तेरा मैं तेरी बाबू, सब कुछ अपना तुझ पर वारा''॥
राग अलापे थे जो निशदिन उसने भी न दिया सहारा।
कपड़े लते सभी छीनकर फैंका जाके बीच उजारा॥

बिगड़ी पै कोउ काम न आवे चलती के हैं सब असवारा।
लंगोटी तक साथ नहीं–नंग धड़ंग चला बंजारा॥

(6)

चेत! चेत!! रे मूरख प्राणी!
इस माया मोह के जंगल में क्यूं तैं अपनी गति भरमानी।
धन, दारा, सुत, हाट हवेली यह तो तेरे संग न जानी॥
संग लाद अपने क्या ले गए–रावण हिरणकुश से मानी।
उनसे क्या तू बड़ा प्रबल है! संग बांधने की जो ठानी॥
रे मूरख इस मृगतृष्णा में वृथा गंवाये जीवन–ज्वानी।
सिमरण में तू उसी प्रभु के अर्पण कर दे मन अरू वाणी॥
यह माया है आनी जानी ज्यूं दरया का बहता पानी।
फंसा कर क्यों बीच भंवर के जीवन नैया चहत डुबानी॥
डूब रही है किश्ती, भोले! चेत! चेत!! रे मूरख प्राणी॥

(7)

घर घर फिरते पांच लुटेरे!
बड़े प्रतापी, बड़े प्रबल हैं निज बल सों सारे नर घेरे।
इतउत सबको लिए फिरते हैं गोल चक्कर मंह घुम्मन घेरे॥
ज्यूं कोल्हू का बैल चलत है, लेता है ज्यूं लाखों फेरे।
पर रहता है उसी फेर में चक्कर काटे बड़े घनेरे॥
काम-क्रोध मद लोभ मोह ने हैं घर घर में डाले डेरे।
जिनको बैठा मित्र जानि तू, वे तो हैं सब वैरी तेरे॥
इन्हीं लुटेरों ने नर नारी हैं विषयों के गरत में गेरे।
रे नर! इनके फन्दे में ही फंसा ले आवागमन के फेरे॥

(8)

सन्तो! परमारथ पहचानो!
परमतत्त्व का अवहेलन कर माया के भ्रम कहां भुलानो।
सत्य रूप है एक ब्रह्म, उसके बिन सब कुछ मिथ्या जानो॥
ब्रह्म प्रीति कर, ब्रह्म प्राप्ति कर अन्त काल जा ब्रह्म समानो।
यह जग है संपद सपुने की, तासों काहे नेह लगानो॥
आंख खुलत ही छिन्न-भिन्न होवे, काहे को विरथा लिपटानो।

फांसी काल लिए है द्वारे, रे नर! सुमिरो श्री भगवान्॥
जो व्यापक है घट घट वासी, पुरुषोतम अभी पिछानो।
सन्त कृपालुदेव! मोह माया तज परमारथ, पहचानो॥

(9)

बन्दे ! भजले सरजन हार!
उसी प्रभु की कृपा से चलता सभी जगत व्यवहार।
सूर्य, चन्द्र अरु तारगण में उसकी ज्योति का विस्तार॥
वायु, इन्द्र, रुद्र, यम, अग्नि सभी उसी के आज्ञाकार।
उस की महिमा अकथ अगम है कोई न उसका पावे पार॥
गूंगे को भी वाणी देता, बिन पैरों के चढ़े पहार।
उसी कृपालुदेव शरण गहि बन्दे! हो भवसागर पार॥

(10)

इक अचरज देख्यो अति भारी!
स्वयं उठा के कान्धे पै निज संगी साथी बाहिर डारी।
घर में आके फिर कहता है मेरी शक्ति यम से भारी ॥
दुनियां में न रहे कंस, हरणकुश, रावण से हंकारी।
नेरो और सिकन्दर नासे, नसे ज़ार से स्वेच्छाचारी॥
तू अपने को अमर जान के काहे बैठा पैर पसारी।
आज नहीं तो कल या परसों तेरी भी आएगी बारी॥

(11)

सुनो जगत की राम कहानी!
पांच तत्त्व का चूल्हा बना के मोह माया की देग चढ़ानी।
रैन दिवस का ईंधन लेकर सूरज की वां आग तपानी।
हाथ महीनों की ले कड़छी मोह रसना के बीच घुमानी॥
उस मोह माया में तलने को डाले जग के सभी प्राणी।
काल पास हलवाई बैठा पकड़ पकड़ सब बीच गिरानी॥

(12)

सन्तो! काल बना हलवाई!
भांत भांत के तले पकौड़े आपे तल के आपे खाई।

जब से बैठा तब से खाता इतनी उसने भूख बढ़ाई॥
इतना खाके फिर खाने को आगे राखे ढेर लगाई।
लेने जाओ तजो कहता है किसी भाव भी नहीं बिकाई॥
रे बन्दे कंह छुपाता फिरता तेरो भी तो बारी आई।

(13)

रे मनुआं क्यों डगमग डोले।
भीतर तेरे राम बसा है तू इत उत कहं खोजत भोले।
हाथ-गहि वस्तु पाने को सकल जगत की मिट्टी रोले।
बाहिर तो मल मल धोवत है पहले भीतर को तो धोले॥
बाहिर के पट भेड़ के बन्दे! जे तू भीतर के पट खोले।
तो सांचहु निज रामेश्वर को तू पावेगा अपने कोले॥

(14)

प्रीत करन की रीत न जानी!
भीतर कुछ है बाहिर कुछ है, धोखे का इक जाल बिछानी।
भीतर तो है मेरा मेरा ऊपर राम राम की वाणी।
घट घट वासी परमातम से चाहे अपनी मैल छिपानी॥
भीतर खोई सुई पान को सारे जग की मिट्टी छानी।
अपने सरजनहार को ठगने चला, ओहो यह मूरख प्राणी॥

(सवैया)

प्रभु! आस विहाय सभी जग की इक आस तुम्हारी धरी मन में।
जल में थल में नभ मंडल में तेरा तेज लखुं प्रति कन कन में ॥
तेरे नाम की मैं नित्य माला जपूं तुझे खोजे फिरूं मैं तो बन बन में।
किस भांति मिलूं जाके पीतम सों यही आग लगी है सदा तन में॥

(कुण्डलियां)

सत गुरु सम कोऊ है नहीं, या जग में दातार।
या जग में दातार वही इक परमेश्वर है।
जो है जगत पसार सभी उस पर निर्भर है॥
वही है सब का देव सभी का पालन कर्ता।
सब सुखों का मूल सभी दुखों का हर्ता॥

और कोई जो देवे सौ सौ बात सुनावे।
साई निशदिन देत वह तदपि दीख न पावे।।
यह सच्चा है देवता सब का पालन हार।
सत गुरु सम कोऊ है नहीं या जग में दातार।।
लख चौरासी योनि है मानुष जन्म अनूप।
मानुष जन्म अनूप मिले न बारम्बारा।
कोटि कोटि तप दान करन का यह फल मारा।।
ऐसे फल को पाय वृथा न इसे गंवाओ।
आगे और फले ऐसी करनी कर जाओ।।
ऐसी करनी करो चौरासी यह कट जावे।
मानुष योनि पाय पशु योनि नहीं आए।।
पीछे हटना नहीं एक दम आगे बढ़ना।
प्रभु मिलन के हेतु स्वर्ग की सीढ़ी चढ़ना।।
आगे जाके पावना वही स्वर्ग का भूप।
लख चौरासी योनि है मानुष जन्म अनूप।।

सन्तो जगत अनित्य है, आतम को नित्य जान।
आतम को नित जान, इसी से नेह लगाओ।
इसके बाहिर परमातम खोजन मत जाओ।।
त्रयी लोकी की सम्पद आतम बीच समाई।
सोई सुखी जिन आतम में परमातम पाई।।
मिथ्या जग जंजाल को तजि सुमिरो भगवान्।
सन्तो जगत अनित्य है, आतम को नित्य जान।।

माया का रस पीय के, फूटि गए दोऊ नैन।
फूटि गए दोऊ नैन सुजाखा बन गया अन्धा।
भागे बढ़ता जाय न दीखे यम का फन्दा।।
फंसा फन्द में मूढ़ पेश कुछ जावे नाहीं।
सब मतलब के यार पास कोई आवे नहीं।।
सन्त समय टकराय के तब आई है चैन।
ममता का रस पीय के फूटि गए दोऊ नैन।।
मनसा बाचा कर्मण विश्वम्भर विश्वास।
विश्वम्भर विश्वास, उसी की भक्ति करनी।

भवसागर के पास गमन की यही है तरनी॥
उसको मन से ध्यायें सभी हों कारज पूरे।
उसके सुमिरन बिना रहें सब काम अधूरे॥
वही कृपालुदेव करे सबकी पूरण आस।
मनसा बाचा कर्मणा विश्वम्भर विश्वास॥

सत समरथ मन राखिये, करिये जग का काम।
करिये जग का काम कभीं न आलस करिये।
उद्यम सहित निष्काम होय कुछ आगे बढ़िये॥
कर्म योग की असि, कवच हरि भक्ति घरना।
फल की आशा त्यागि निःस्पृह हो कारज करना॥
उसी कृपालुदेव को ध्यायें आठों याम।
सत समरथ मन राखिये करिये जग का काम॥

बन्दे ! कुछ तो सोच बिचार, बन्दे कुछ तो सोच विचार।
बालपने में खुल खुल खेला, तरूणाई में तरुणी-मेला।
पड़ा बना तो तन गया ठेला, ढो ढो बिरथा भार॥
बन्दे! कुछ तो सोच बिचार।
इस जीवन का अन्त कहां है, जीवन क्या है दुनिया क्या है।
यह जो माया जाल बिछा है, इस का क्या विस्तार॥
बन्दे! कुछ तो सोच विचार।
बतला दे तू क्या लाया था, दुनिया में तू जब आया था।
लेकर भी तू क्या जायेगा, राजा के दरबार॥
बन्दे! कुछ तो सोच विचार।
राज़ा के दरबार में जाना, अगला पिछला सभी चुकाना।
भले बुरे का है फल पाना, तज दे कपटाचार॥
बन्दे! कुछ तो सोच विचार।
नर जीवन है रत्न अमोला, काहे को तै बिरथा रोला।
जो माटी में अमृत घोला, वह तो है बेकार॥
बन्दे कुछ तो सोच विचार! बन्दे कुछ तो सोच विचार॥
भज मनराम नाम सुखदाई
भला करे तो ''मैं; मैं'' करत, करता, दोषराम के सिर जा धरता।
कामधेनु हरिनाम छोड़ के, जाय खरी की पूंछ पकरता॥
मूढ़ रे चाहत पार लगाई॥

जिनके कारण पिट पिट मरता, पाप जिन के हेतु करता।
क्या वे तेरे संग चलेंगे! जिनका तू है लहना भरता॥
संग कोई नहीं जाई॥
यम के मारग पै जब चरना, वैतरनी को पार जो करना।
रे मूरख भज राम नाम तू, जो तू चाहे पार उतरना॥
राम नाम गुन गाई॥
यह तो जग है गोरख धन्धा, माया का फैलाया फन्दा।
उसमें फंस के रामनाम को, भूल गया यह मूरख बन्दा॥
अन्त समय पछिताई।
धन दौलत कुछ काम न आनी, सुत दारासंग कबहुं न जानी।
जाकर यम के घर पर बन्दे, पाप पुण्य की कथा सुनानी॥
होंगे राम सहाई॥

भज मन राम नाम सुखदाई

राम नाम के उलटे जप सों, वाल्मीकि तर जाई।
जो तू सीधा जप ले बन्दे, तेरी भली बनाई॥
भज मन राम नाम सुखदाई॥
काठ की नैया स्वर्ण मयी जिन, छुवत दीनी बनाई।
तू तो पारस ही बन जाये, ताको हृदय बिठाई॥
भज मन राम नाम सुखदाई॥
जिन चरणन के स्पर्श मात्र से, तरी अहल्या माई।
उन चरणन की रज को बन्दे, ले निज सीस चढ़ाई॥
भज मन राम नाम सुखदाई॥
राम नाम तो कल्प तरू है, सिगरे फल उपजाई।
राम नाम की महिमा बन्दे, ले निज सीस चढ़ाई॥
भज मन राम नाम सुखदाई॥
दौलत भी कुछ साथ न जानी, न ही लोग लुगाई।
अन्त समय में तेरे, बन्दे! होंगे राम सहाई॥
भज मन राम नाम सुखदाई॥

विश्व ज्ञान मंदिर कनखल का उच्चकोटि का सामाजिक त ा साहित्यिक मुख-पत्र

निन्यानबवां अध्याय

विश्व-ज्ञान मन्दिर

विद्या नाम नरस्य रूपमधिकं प्रच्छन्नगुप्तं धनम्।
विद्या भोगकरी यशः सुखकरी विद्या गुरुणाम् गुरुः।।

अखिल-भारत तीर्थ यात्रा में एक नवोत्साहित अनुभव प्राप्त कर स्वामी जी हरिद्वार लौटे। अपने समस्त अनुभव तथा ज्ञान को वह साकार रूप में लाना चाहते थे। जिस ज्ञान और जिस अनुभव से कोई लाभ ही नहीं उठा सकता, जिस ज्ञान और अनुभव से देश को कुछ भी लाभ नहीं वह सब कुछ होता हुआ भी न होने के बराबर है। स्वामी जी के इसी विचार के फलस्वरूप उनका त्याग, तपस्या, विद्वता तथा अनुभव विश्व-ज्ञान मन्दिर के साकार रूप में प्रकट हुआ।

अपने अनेक मित्रों के और विशेषतया कटारपुर-केस के भूत-पूर्व बन्दी कनखल के प्रसिद्ध व्यक्ति लाला किशनचन्द जी के आग्रह पर स्वामी जी ने कनखल में ही विश्व-ज्ञान मन्दिर (The International Research Home) की स्थापना की । इस मन्दिर की स्थापना का उद्देश्य जैसा कि इसके नाम से ही प्रकट होता है साहित्यिक अनुसंधान करना था।

उसी समय विश्वज्ञान मन्दिर की ओर से उच्चकोटि का धार्मिक, राजनैतिक तथा साहित्यिक मुख-पत्र 'विश्व-ज्ञान' प्रकाशित हुआ। इस पत्र की देश के सभी विद्वानों ने मुक्त कण्ठ से प्रशंसा की थी। यह पत्र बहुत देर तक चलता रहा, परन्तु अच्छे सहयोगी न मिलने के कारण स्वामी जी को यह पत्र बन्द करना पड़ा।

यह विश्व-ज्ञान मन्दिर सन्त पुस्तकालय का मानो काया-कल्पित रूप था। सन्त-पुस्तकालय भी आजादी की देवी का मन्दिर था और विश्व-ज्ञान मन्दिर भी मानो पंचपुरी की समस्त राजनैतिक हलचलों का केन्द्र था।

तरुण भारत के हृदय सम्राट पं. जवाहरलाल जी नेहरू जब जब भी पंचपुरी में पधारे विश्वज्ञान की ओर से उनका हार्दिक स्वागत किया गया। 101 रुपये की थैली तथा अभिनन्दन पत्र उनकी सेवा में भेंट किये गए। स्वामी जी ने विश्व-ज्ञान मन्दिर में अनुसंधान कार्य बड़े वेग से चलाया स्वयं स्वामी जी ने भारतीय-नीति-शास्त्र को सरल तथा सुगम हिन्दी भाषा में लिखा। ग्रन्थ का आकार पहले ही काफी बड़ा हो चुका है अतः उनकी समस्त कृतियों को इस स्थान पर लिखना असम्भव सा है...केवल थोड़े से राजनीतिक श्लोकों का हिन्दी पद्यानुवाद नीचे दिया जा रहा है। प्रकाशकों की ओर से इस पद्य ग्रन्थ को पृथक छापने का भी आयोजन हो रहा है–

सवैया-भूषण

बालक ही हैं कहे कुल भूषण, बुद्धि का भूषण काव्य-सुधा है।
बाणी का भूषण, है सत्य भाषण, देह का भूषण लावण्यता है।।
सन्त-समागम चित्त का भूषण, ब्रहा का भूषण तेज कहा है।
आरोग्यता है शरीर का भूषण, वीर का भूषण एक क्षमा है।।

(कलि-महिमा)
शार्दूल-विक्रीडितम

शक्ति हीन बनी है आज वसुधा, रस हीन है औषधी।
पुत्रादि लरि हैं कुपुत्र बन के, ब्राह्मण हुए दुर्मती।।
परजा को नृप नोच-नोच भखिहैं, योगी भी भोगी बने।
भ्राता, दार, गुरु, सखा, सुत, सुता, हैं आज स्वारथ सने।।

••• ••• •••

हा हा अतुलित सम्पदा, भरत के कुल की विनाशी सभी।
वे हैं आज अनाथ हो! जगत् के सिरमौर थे जो कभी।।
भिक्षा जो कल मांगते फिरते थे, वे आज दाता बने।
वासी सात समुद्र पार के, हाय! हमारे विधाता बने।।

सवैया-कलि के मित्र

बात बढ़ा के चढ़ा के करें जब, काम परे रण से भाग जावें।
मुंह पर गावत गीत स्तुति केरि, पीठ परे तब दन्त चलावें।।
खाने को कांधे से कांधा भिड़ा चलें काम परे पर काम न आवें।
हा धिक! हा धिक!! ऐसे नराधम इह कलि काल में मित्र कहावें।।

दोहा

पर भोजन सों मुख जरै, पर धन जारे हाथ।
परदारा सों मन जरै, कलौ पाप का साथ॥

मद्य-निषेध

मांसाहारी मंह दया नहीं, सत्य न मद्य पाहीं।
कांमी को विद्या नहीं, निर्धन को सुख नाहीं॥

सवैया

व्याकुल हो बार बार गिरत महि, पागल हो अंड बंड बके है।
होश रही न कछु तन की जाके नालिन की गन्द-कीच चटे हैं॥
मात, सुता, भग्नी, भार्या मांही मूरख न भेद कुछ कर सके हैं।
आपुनो सर्वस नाश कराकर अन्त हवालात का मुंह तके हैं॥

नीति छन्द

जो तुम जै उपकार करे तो, उस पे करो सदा उपकार।
जो तुम से दुष्टता करे है उस से दुष्टों का व्यवहार॥
क्षमा तुल्य तप नहीं दूसरो सुख नाहीं सन्तोष समान।
तृष्णोपर नहीं व्याधि कोई, दयापरे कुछ धर्म न जान॥
भोगों के भोगन से कबहुं भोगों की जाती नहीं आस।
ज्यूं अग्नि में घी गेरन सों कबहुं न उसकी बुझती प्यास॥
सांसारिक भोगों में फंस कर जन्म अकारथ गंवा लिया।
हा ! हा !! इन अमूल्य रत्नों को माटी भाओ बेच दिया॥
काल प्राणियों को खा जाता, काल जगत् का करता नास।
काल सदा ही जगता रहता, काल का कबहुं न होता ह्रास॥
जिसने देश विदेश भ्रमण कर, भाषा भेष आदि नहीं जाना।
उस मनुष्य का पृथ्वी पर आ लेना जन्म वृथा ही माना॥
जैसे तिनकों की रस्सी से मदोन्मत हाथी बंध जावे।
अल्प वस्तुओं का संग्रह भी बड़े-बड़े कारज कर पावे॥

कुण्डलियां

दुर्जन के कुःसंग से, सज्जन पावें दोष।
जैसे हाथ कलाल के, सुरा है अमृत कोश॥

सुरा है अमृत कोश, घृणा सब उससे करि हैं
भीतर लखे न कोय, अपर का लेवल पढ़िहैं।
कहें कृपालुदेव! कुसंग से बन्धन भारी॥
ज्यूं रावण के दोष बांधि गयो सागर खारी॥

नीति के दोहे

विद्या मित्र विदेश में, घर में रमणी मित्र।
औषध मित्र रोग को, धर्म मृतक का मित्र॥
उद्यम से ही जगत् में, सफल होत सब काज।
पाइ सकहि न कबहुं मृग, हो आलसी मृग राज॥
रे नर! चाहे सफलता, आलस को दे त्याग।
यह तो शत्रु है तेरा, रे मूरख अब जाग॥
नर का भूषण वीरता, वीर भूषण दृढ़ व्रत॥
आने वाली विपद का, पहले करो विचार।
आग लगे पै कूप का, खोदन है बेकार॥
वाणी के माधुर्य से, अधिक प्रिय कछु नाहिं।
वाणी कठिन उचारिके, पुनि उपकार बृथाहिं॥
चिता जली चिन्ताओं की, बिन अग्नि धधकाय।
रे मूरख इसमें क्यूं, निश दिन जलता जाय॥
शान्ति सम तप और नहीं, सुख संतोष समान।
न तृष्णा सम व्याधि है, धर्म दयो सम जान॥
तृष्णा वैतरणी नदी, यम स्वरूप है रोप।
कामधेनु विद्या कही, नन्दन बन सन्तोष॥
दीपक तम को खात है, तो कज्जल उपजाय।
जैसा अन्न सब खात हैं, तैसी संतती पाय॥
सत्य ही ते रवि तपत है, सत्य पै ही भव भार।
बहै पवनहु सत्य ते सत्य ही सर्वाधार॥
भजी साधु संगत रुचिर, तजौ दुष्ट सहवास।
हरि सुमिरो इस जगत् में, करो पुण्य परकास॥
मुरख का पथ कण्ट का, दूई जगत् उपाय।
जूतिन ते सुख तोड़िवो, रहियो दूर बसाय॥

राज लक्षण

पीड़ित प्रजा के दुख को तन मन से करता दूर है।
शंख चक्र गदाधरी नृप सुख से वही भरपूर है॥
आपनी सारी प्रजा को पुत्र सम जो जानता।
और की बहू बेटियों को निज सुत कर मानता॥
वह गगन का ईश्वर जैसे जगत् की जान है।
है असी सम जो बना अपनी प्रजा का प्रान है॥
न्याय से विचलित कभी जो एक पग होता नहीं।
है सदा होशियार बन के सुस्त जो सोता नहीं॥
देश की गाढ़ी कमाई व्यर्थ जो खोता नहीं।
बेगुनाहों के लहू से हाथ जो धोता नहीं॥
मेघ जैसे प्राणियों के जीव का आधार है।
मेघ के ही आसरे जैसे खड़ा संसार है॥
मेघ सम ही जो प्रजा का न्याय से पालन करे।
दीन को होवे सहाई और कुकर्मों से डरे॥
राजगन-तारा-गणों में मानो चन्द्र समान है।
स्व प्रजा के वास्ते मानो वही भगवान् है॥

सेनापति वर्णन

नीति शास्त्र का अच्छा ज्ञाता, अर्थ शास्त्र में अति निपुण।
स्वामी के हित सदा करे जो, स्वामी की आज्ञा पालन॥
शूर वीर रणधीर वली हो, बांका घोड़े का असवार।
अस्त्र शस्त्र से सदा सुसज्जित सेनापति सोई होशियार॥

वीर-प्रशंसा

सूरा सोई सराहिये, लड़े दीन के हेत।
लड़े दीनके हेत, खेत कबहुं नहि छोड़े।
रण भूमि में डटे, समर से पीठ न मोड़े॥
समर द्वार को स्वर्ग द्वार सम पाने जो नर।
आगे बढ़ता जाय अभय ही वही वीर वर॥
पुरजा पुरजा कट मरे कभी न छोड़े खेत।
सूरा सोई सराहिये लड़े दीन के हेत॥

करने में निपुण हो, भेद मन का जानले।
से ले निवाह जो बात मनमें ठान ले॥
भाषण से कभी न एक पग पीछे हटे।
के झुण्ड में भी जाके स्थिरता से डटे॥
साहसी हो सूर हो विद्वान हो गुणवान हो।
सोचहुं उस दूत से ही राज्य का कल्याण हो।

संसार वर्णन

कैसा सुन्दर हढ़ भासे है बिना विचारे यह संसार।
परमा रथ दृष्टि सों देखो तो इस में कुछ भी न सार॥
मिथ्या नहीं सत्य है कर्मयोग मय है संसार।
सोवेगा सो खोवेगा जो जागे उसका बेड़ा पार॥
दुःख का दाता नहीं कोई लेने वाला है नर आप।
करता यह अभिमान तो केवल नर विरथा लाप॥

(दोहा)

जिसकी रस बती, पतिव्रता हो नारि।
कमल सम फलित हों, लक्ष्मी ठाडी द्वारि॥
मित्र अरु बन्धुजन करते जिनकी सेव।
नर को जानिये इस भूतल का देव॥
जीते बहुत जियें, ताको जीवन धन्य।
तो संसार में, को न जीवन अन्य॥
सभी को जारि हैं, शत्रु कोऽपिजग नांहि॥
कीर्ति हो जगत में, पुत्र भूमि अरु धन।
ताको जानिये देवलोक का जन॥

सोरठा

उत्तम जन है सोई, विषयन के वश जो नहीं।
आशा तृष्णा खोई, शान्त चित्त हरको भजे॥

(विद्या प्रशंसा कुण्डलियां)

विद्या उत्तम सम्पदी, सब सम्पद का मूल।
इस को तज कर मूढ़ न, और घनों में भूल॥

और धनों में भूल, सभी घन शीघ्र नसाबें।
नष्ट भ्रष्ट हो जायें, चोर डाकू ले जावें।।
कहें कृपालुदेव यह विद्या धन अद्‌भुत है।
ज्यूं ज्यूं ताको देयो त्यूं त्यूं नित्य बढ़त है।।

(कुण्डलियां)

विद्या रूप प्रकाश से हो अज्ञान विनाश।
सत चित आनन्द सदा ज्ञानगोविन्द प्रकाश।।
ज्ञान गोविन्द प्रकाश सभी दुःख मेटन हारा।
पिता के सम हित लाय, मातु सम देत सहारा।।
कहें कृजालु देव इसे न चोर ले जाय।
ज्यूं ज्यूं ताको देयो त्यूं त्यूं बढ़ता जाय।।

(नीति के छन्द)

राजा जिस की प्रशंसा करे, ब्राह्मण जिस का राखे मान।
साधुजन जिस का आदर करें, उस को ही पुरुषोत्तम जान।।
जिस कुल में सब ही नेता बन अपना अपना बाज बजाबें।
साचहुं वह मूरख अभिमानी कुकृत्यों से वंश नसाबें।।
शूर वीर रण भूमि में जा, भय सों कबहुं न पीठ दिखाबें।
मरना तो अवश्य ही, फिर क्यूं अपने कुल को दाग लगाबे।।
कौन समय अरु कौन मित्र है, कौन देश और कौन विहार।
कौन हूं मैं, क्या मेरी शक्ति यह चिन्तन कर बारम्बार।।
सज्जन की ही संगत करिये, सज्जन ही से प्रीत लगाय।
ज्यूं पुष्पों के संग ढोर भी देव-मूरति पै चढ़ जाय।।
सत्पुरुषों के कथित मार्ग पै थोड़ा सा भी जो चल लेते।
साचंहु ते नर जीवन नैया भली-भांति कौशल्य से खेते।।
आपद आने के पहले ही उस पर कींजे सोच विचार।
घर में अग्नि लग जाने पै कुआं खोदनों ज्यूं बेकार।।
इस संसार में दो व्यक्ति ही स्वर्ग से भी कुछ ऊपर रहते।
क्षमायुत शक्तिवान अरु दूजे निर्धन दान जो देते।।
संसार में दो व्यक्ति न पीछे हुए न आगे होंगे।
एक वह जिससे जो मांगा देवे दूजा यह जो कभी कुछ न मांगे।।
भी नहीं देखना कामान्धः भी नहीं लखाय।

भी नहीं देखना अर्थी भी न कुछ लख पाय॥
ज्ञान के देह शून्य, बिन बन्धु जन के शून्य दिशा है।
पुत्र साचंहु घर सूना निर्धन सूनी सब दुनिया है॥
याचकों से लोभीजन चोर चांदनी सों भय माने।
हटायें भय खायें पती सों, हित वक्ता खल रिपु करि जाने॥
सुगम अरु सरल वस्तु का, जग में न आदर हो पाता।
व्रता पत्नी को तज कर, मूरख दर दर धक्के खाता॥
सम से सब ज्ञान नष्ट हो, पर आश्रित नामै नारी।
सैना पति सैन नष्ट हो, अल्प वृष्टि सों खेती सारी॥
मुख पर्वत युद्ध गाथा, दूर ही सों अच्छे लागें।
जाये कुछ रूप न रंगत, सब तृष्णा आशा भागे॥
प्रसंग करे जो भाषण प्यार करे सदभावानुसार।
करे स्ववृत्ति देख कर, उसे कबहु न होवे हार॥
दिन में देख सके न, कौआ देख सके नहीं रात।
काम-कामी नर पशु बन, देख सके न दिन अरुरात॥
हाथों में गया हुआ धन, पुस्तक में विद्या सारी।
परै कोऊ काम न आवे, चाहे हो कितना भारी॥

(गुणी प्रशंसा)

गुण है यदि किसी पुरुष में तो वह छिपाय न छिपे॥
फूल में जैसे सुगन्धी, न छिपाय न छिपे।
सद्गुणों का संग्रह सबको ही करना चाहिए।
जन के साथ भवसागर को तरना चाहिए॥
यों से ही पुरुष पाता जगत में मान है।
ही दौलत यही–ये ही तो नर की शान है॥

(पण्डित लक्ष्मण)

शुभ कर्मों का आवरण करके निन्दित कर्मों का कर त्याग।
श्रद्धा भक्ति विनय संयुत हो तिस नर को जानों बड़ भाग॥
हर्ष नहीं सन्मान पाई अपमान पाई न होवे खेद।
दोनों में राखे सम विरती मित्र शत्रु में कुछ न भेद॥
निश्चय करके कार्य करे अरु व्यर्थ समय न कभी गंवाय।

कर्म सदा निष्काम करें जो, पण्डित बड़ा वही कहलाय॥
काम, क्रोध, मद, लोभ, मोह ममता द्वेष ईर्ष्या अभिमान।
इन सब व्यसनों से जो रहित हो तिस को ही तू पण्डित जान॥
पर नारी स्वमातु करि जानै, परधन जाने धूल समान।
सम बुद्धि सत्कर्म युक्त हो ऐसे नर को पण्डित मान॥

(आशा तृष्णा निन्दा)

जे नर आशा के दास बने, वे दास सकल जग के बन जाते।
जिन की आशा दासी हो बनी, वे नर जग के स्वामी कहलाते॥

(सवैया)

मुख-दन्त गिरे शिर केश पके, अरु नयनन की सब ज्योति विनासी।
अंग-प्रत्यंग भये सभी जर्जर भोगन को चलहीं ज्यूं चौरासी॥
देश-विदेश में डोले फिरे, कोई दे जाय भीक मुझे तो जरा सी।
ऐसे तो दीन भये, पर हाय! जीने की आस कबहुं नहीं नासी॥
भीकहु मांग के पेट भरें अरु भूमि पै सो सो के रैन बिताई।
जाति व वंश का मान मिटा कर देश-विदेश मैं डौंडी पिटाई॥
लत्ते धरे तन जीरण शीरण आप हंसे जग कीनी हंसाई।
लाठी को हाथ में टेक चलें पर जीवन की अभी आश टिकाई॥

(वसन्त तालिका)

न भोग भोगे हम मुक्त हो गए, तपादि को भी न तपे हमी तपे।
हमी चले काल चला नहीं अहो, न जीर्ण आशा हम जीर्ण हो चले॥

(बसन्त तालिका)

अपने समान सब भूत लखौ सदाही, दुःखांत दीन जन पै करना दया हीं।
तज कीर्ति वृद्धि कर स्व कर्तव्य पालो, सत्संग से रे नर तू! पाले सुबुद्धि॥

□□□

सौवां अध्याय

हिन्दू नवजीवन सम्मेलन

Hinduism is another name for Nationalism. To become a true Nationanlist is first to claim Hinduism i.e. Love for Indian language, Indian Tradition, Indian History, Indian Culture etc.

सन् सत्ताईस के पश्चात हरिद्वार का महाकुम्भ सन् 1939 में आना चाहिए था। परन्तु जिन धर्म-जीवियों ने एक-एक पल गिन-गिन कर ग्यारह वर्ष काटे एक वर्ष और उनके लिए काटना असम्भव-सा हो गया। विश्वनाथ हैडकार्टेज के सर्वाधिकारियों ने अर्जेन्ट तार भेज कर एक वर्ष पहले ही कुम्भ महाराज को 13 अप्रैल दिन के 10 बजे हरिद्वार हर की पौड़ी पर पधारने का आर्डर भेज डाला। भारतधर्म महा मंडल के सर्वे सर्वाओं की आज्ञा का उलंघन करना कुम्भ देवता की शक्ति से बाहर की बात थी। उसे नियत समय पर आना ही पड़ा। वह आया और अपनी पूरी शान के साथ आया। उसके नाम में जादू था, उसके व्यक्तित्व में आकर्षण था। बिना किसी अखबारी विज्ञापन के बिना किसी प्रौपेगेण्डा के उसने लाखों नर नारियों को अपने चरणों पर लिटा लिया।

"कुम्भ पर लाखों हिन्दू नर नारी आवेंगे, उन्हें जातीय धर्म की शिक्षा देनी चाहिए, हिन्दू जाति की अंध श्रद्धा को ठीक केन्द्र पर लाना चाहिए। यह सत्य है कि आज कल की जो मेलों ठोलों की परिपाटी है यह देश के लिए हितकर नहीं, परन्तु खण्डन से भी कुछ लाभ नहीं। बुद्धिमता इसी में है कि लपक कर इस चलती हुई गाड़ी पर चढ़ स्वयं इसके ड्राईवर बन उसे ठीक लाइन पर ले जाया जाए। वैसे भी कांग्रेस अथवा हिन्दू महासभा के वार्षिकोत्सव होते हैं। इस कुम्भ को भी हिन्दू जाति का एक महासम्मेलन समझ लिया जावे।"

इसी दृष्टिकोण से स्वामी कृपालु देव जी ने कुम्भ अवसर पर धर्म प्रचार का बृहद् आयोजन रचा। उसका समस्त अर्थ भार स्वामी जी ने स्वयं ही सहा। मायापुर वाटिका के विशाल मैदान में नहर के किनारे बृहद् सम्मेलन रचा गया।

हिन्दू नवजीवन सम्मेलन, साधु सम्मेलन तथा महिला सम्मेलन इस आयोजन के विविध अंग थे। साधु-सम्मेलन के सभापति जगद्गुरु शंकराचार्य थे। हिन्दू नवजीवन सम्मेलन के सभापति पंजाब के प्रसिद्ध पत्रकार, आर्य प्रादेशिक सभा के सभापति श्री महाशय खुशहाल चन्द जी खुरसन्द थे। उक्त सम्मेलन के साथ खुशहाल चन्द जी का सभापति के नाते से सम्बन्ध ही सम्मलेन पूर्ण सफलता का द्योतक है। स्वामी कृपालु देव जी महाराज ने इस सम्मेलन के स्वागताध्यक्ष के पद से एक सारगर्भित भाषण देते हुए कहा-

"कुम्भ महापर्व के इस प्रसिद्ध मेले में लाखों हिन्दू भाई और बहनें देश के कोने-कोने से पतित पावनी भागीरथी के स्नान के लिए पधारे हैं। ऐसे महापर्व हमारे ऋषिं मुनियों ने जाति में नव प्रेरणा और शुभ भावनाएं उत्पन्न करने के लिए स्थापित किये थे। यह संसार परिवर्तनशील है, समय के साथ सब चीजें बदलती हैं। मानव शरीर भी जब जीर्ण हो जाता है तो बदल जाता है। सारी प्रकृति परिवर्तन रूप है। आप देखते हैं कि अभी-अभी वृक्षों ने अपना जीर्ण कलेवर बदल कर नव पल्लव धारण किये हैं-वन, उपवन, वृक्ष और लताएं सभी सड़े गले वेश को छोड़ कर नई कलिकाओं और पुष्प लताओं से जगमगा उठे हैं। हमारे ऋषि मुनियों ने भी प्रकृति के इस परिवर्तित रूप से शिक्षा लेकर हिन्दू समाज में समय-समय पर नव विचारों को प्रवाहित करने के लिए जातीय पर्वों का निर्माण किया था।

हमारे जातीय पर्वों का प्रारंभिक इतिहास बड़ा उद्बोधक और महान् है और सच बात तो यह है कि इतने विरोधी आक्रमण और दुर्घटनाएं होने पर भी आज भी आर्य संस्कृति जिस अक्षुण्ण रूप में आपके समक्ष उपस्थित है वह इन्हीं पर्वों से प्राप्त होने वाली संजीवन शक्ति का परिणाम है। लेकिन दुर्भाग्य यह है कि हम पर्वों के इस तथ्य और महत्त्व को भूल कर उन्हें भी एक रूढ़ि बना बैठे।

अखिल भारतवर्षीय हिन्दू नव जीवन के कुम्भ के अवसर पर योजना का एकमात्र यही उद्देश्य है कि यहां आने वाले लाखों हिन्दू स्त्री पुरुषों को जीवनप्रद संदेश दें जिससे उनका आत्माभिमान और विवेक जाग उठे और एक बार फिर शिव में हिन्दू संस्कृति, आर्य सभ्यता और हिन्दुत्व का गौरव फैल जाये। भारतवर्ष की जनता आज एक क्रांतिकारी युग में से होकर गुजर रही है।

राष्ट्रीय जागरण की दुंदभी बज उठी है और भारतीय राष्ट्र दासता के बंधनों को अब अधिक काल तक सहन करने के लिए तैयार नहीं है। लेकिन खेद है कि आज भी देश में एक ऐसा दल है जो देश की इस उन्नति और प्रगति को नहीं देखना चाहता और बाधाएं डालता है। यह हर बात में धर्म-धर्म की दुहाई देता है। समाज और देश को उन्नति के लिए अगर कोई उपयोगी आन्दोलन प्रारम्भ होता है या कानून पास होता है तो इस दल की ओर से तूफान उठ खड़ा होता है। ये लोग हिन्दुओं में भी हैं और मुसलमानों में भी। मगर हम इस समय हिंदुत्व के नाते ही विचार करने के लिए एकत्र हुए हैं।

बंधुओ और बहिनो! हमारे समक्ष आज बड़ी-बड़ी समस्याएं उपस्थित हैं। हमारा देश एक अजीब परिस्थिति में से होकर गुजर रहा है। सारा राष्ट्र आज बन्धन मुक्त होने के लिए छटपटा रहा है। फिर वह बन्धन भले ही राजनैतिक हों या सामाजिक या धार्मिक। राष्ट्र की इस तैयारी का लाभ उठाना देश के नेताओं और कार्यकर्ताओं का काम है। हिंदुओं के ऊपर राष्ट्रीय जागृति और राष्ट्रीय मुक्ति की सबसे बड़ी जिम्मेदारी है। इसलिए हिंदुओं के नेताओं का यह कर्तव्य है कि हिंदुओं का सुदृढ़ और व्यापक संगठन करें जो उनमें निरन्तर इसी भावना का प्रचार करता रहे। ऐसे संगठन का देश भर में एक जाल बिछ जाना चाहिए।

हिन्दू धर्म की सभी बातें अच्छी हैं, यदि उन्हें हम बुद्धिमता पूर्वक उपयोग में लावें। इस अवसर पर हरिद्वार में लगभग 30 लाख श्रद्धालु नर-नारी आए होंगे। यदि हमारे देश के नेता इन पर्वों को एक सुसंगठित रूप से चलाने का उद्योग करें तो सचमुच इसी एक कार्य को भली-भांति निभाने से हमारा संगठन हो सकता है। अनुमान लगाया गया है, कि इस प्रकार के मेलों ठेलों पर हिन्दू जाति लगभग एक अरब रुपया सालाना खर्च करती है। यदि ध्यानपूर्वक अनुशीलन करके देखा जाए तो यह सब का सब रुपया हमारी जाति के किसी काम नहीं आता। इस समय हमारे देश की प्रमुख समस्या हिन्दुओं के मेलों, पर्वों उत्सवों को सुचारू रूप से चलाना तथा हिन्दुओं की दान-प्रणाली को ठीक रास्तें पर लाना है। मन्दिरों, तीर्थों तथा साधुओं की समस्या भी इसी श्रेणी की है। यदि इन मन्दिरों तथा तीर्थों को किसी खास आदमी की व्यक्तिगत सम्पति न रखते हुए जातीय सम्पति बना दिया जाए और भारत के साधु समाज को (Hindu Militia) हिन्दू राष्ट्रीय सेना में बदला जा सके तो हिन्दू जाति पर आने वाली नित्य नित्य की मुसीबतों का सदैव के लिए खात्मा हो जाए।''

❑❑❑

उपसंहार

राष्ट्र-धर्म महामंडल

भाई! मैं तो अपना सब कुछ कर आया उस पर बलिदान।
बचा न एक तनय भी मेरा फल के दाता श्री भगवान्।।

राजस्थान की मरुभूमि में फूलकुंवर के रूप में उपजा हुआ नन्हा-सा पौधा पतित पावनी भगवती भागीरथी के पवित्र तट पर कल्प-वृक्ष के रूप में प्रकट हुआ। राष्ट्रधर्म महामंडल उसी वृक्ष का एक मधुर फल है। स्वेच्छाचारी सम्प्रदायवादियों के विध्वंसक कुकृत्यों का सामना करते हुए देश के अन्दर सच्ची राष्ट्रीयता की लहर बहाना यह राष्ट्र धर्म महामंडल का मुख्य उद्देश्य है।

वे महान आत्माएं जो देश की तरनी को तारने के लिए अवतरित होती हैं वे भिन्न-भिन्न काल-खण्डों में देश के वास्तविक रोग के निदान को भली-भांति समझ कर ही देश का पथ-प्रदर्शन किया करती हैं। आज देश की जो अवस्था है और जो समस्याएं हैं वह बीस वर्ष पहले नहीं थीं और जो आज समस्याएं हैं वह पता नहीं आने वाले बीस वर्ष में रहेगी या नहीं। राष्ट्रधर्म महामंडल देश की सामयिक समस्या को सुलझाने के लिए कार्य-क्षेत्र में उतर रहा है। आजकल हिन्दू मुस्लिम समस्या देश की सबसे प्रमुख समस्या बना दी गई है, परन्तु यदि ध्यानपूर्वक देखा जाये तो वास्तव में हिन्दू-मुस्लिम समस्या सिवाय शब्दाडम्बर के और कुछ भी नहीं। अपने-अपने विचार के अनुसार अपने इष्ट-देव की आराधना करना प्रत्येक व्यक्ति का जन्म-सिद्ध अधिकार है। आदमी मर कर कहां जाता है, मर कर फिर लौटता है कि नहीं, इन झगड़ों के साथ राष्ट्र का कोई सम्बन्ध नहीं। साम्प्रदायिक समस्या को हल करने का एकमात्र यही उपाय है कि हम ''हिन्दू-मुस्लिम समस्या'' शब्द का विचार तक मन में न लायें। देश की आजादी की जंग में जो कोई भी अपनी खुशी से शामिल होना चाहता है हो जाए। यही राष्ट्र धर्म का आदेश है।

भारत की स्वाधीनता हमारा जीवनोद्देश्य है, कांग्रेस का विचार है कि यह स्वाधीनता हिन्दू-मुस्लिम एकता द्वारा प्राप्त होगी; हिन्दू सभा का विचार है कि यह स्वाधीनता हिन्दुओं को कांग्रेस के पंजे से छुटकारा दिलाने से प्राप्त होगी, आर्य समाज का ख्याल है कि वेद और ईश्वर का प्रौपैगंडा करने से ही देश की आजादी होगी, सनातन धर्म को देश की आजादी का ख्याल ही नहीं क्यूं कि उसके लिए यह लोक पानी का बुलबुला है सब कुछ परलोक ही परलोक है। राष्ट्र धर्म महामंडल के प्रवर्तक का यह विश्वास है कि हिन्दुत्व ही भारतवर्ष का सच्चा राष्ट्रीय़त्व है। और हिन्दू वह है जो जो अपने उधार धर्म को किसी भी रूप में मानता हुआ भारतवर्ष को अपनी पितृ-भूमि और धर्म-भूमि समझे।

किसी को बुरा भला कहने से, बड़े-बड़े उत्सव मनाने से, किसी की निन्दा अथवा स्तुति के प्रस्ताव पास करने से देश का न कभी कुछ बना है और न कभी बनेगा। देश की आज़ादी के रचनात्मक कार्य की आवश्य़कता है। कई एक लोगों का विचार है कि सर्वप्रथम आजादी चाहिये, रचनात्मक कार्य आजादी मिलने पर ही सफल हो सकता है। इस विचार से किसी को भी मतभेद नहीं हो सकता। केवल यही एक शंका है कि यदि निरन्तर पच्चास वर्ष आजादी के लिए पूरी-पूरी कोशिश करने पर भी देश आजाद नहीं हो सका तो इस असफलता के कारणों का दृष्टिपात कर लेना कोई बुरी बात नहीं। यदि हम सर्वप्रथम रचनात्मक कार्य की ओर ध्यान देते और फिर एक सुशिक्षित, सुसंगठित सेना आज़ादी की लड़ाई में ले जाते तो हमें निराशा का मुंह न देखना पड़ता।

देश की सामयिक समस्याएँ–हिन्दुओं में क्षात्र धर्म का प्रचार, प्राचीन साहित्य का संशोधन, आजादी, स्वावलम्बी शिक्षा का प्रचार, हिन्दी का पुनरुद्धार, जात-पात का सर्वनाश, मन्दिरों की आय का नियंत्रण, मेलों तथा पर्वों की व्यवस्था, तीर्थों तथा साधुओं का सुधार, हिन्दू समाज के भीतरी रोग, विवाह शादियों के अपव्यय, विधवाओं का संकट-मोचन, शिल्प-शिक्षा का प्रसार... यह राष्ट्र की प्रमुख समस्याएं हैं। राष्ट्र-धर्म महामंडल इन्हीं समस्याओं को सुलझाने का एक उद्योग है। यह तो मानने वाली बात है कि यदि हमारे पास दंड-शक्ति हो तो यह सभी समस्याएं एक ही दिन में सुलझ जायें, परन्तु जब तक हमारे पास दंड-शक्ति नहीं आ जाती तब तक हमारे लिये एक यही मार्ग है कि जनता के हृदयों को बदला जाय। जनता के हृदयों को बदलने के लिए बड़ी जबरदस्त विचारधारा की आवश्यकता है। राष्ट्र-धर्म महामंडल का

पहला कदम इस विचारधारा को देश के कोने-कोने में बहाने वाले नवयुवकों को तैयार करना है। (भारतवर्ष में लगभग 226 जिले हैं। वर्तमान में यह संख्या 500 के लगभग हैं।) प्रत्येक जिले से एक-एक नवयुवक को इस कार्य के लिए ट्रेनिंग देकर पुनः उसी जिले में कार्य करने के लिए तैयार करना यह मंडल का सर्वप्रथम ध्येय है।

ट्रेनिंग का समय केवल एक वर्ष का होगा और एक समय एक प्रान्त के भिन्न-भिन्न जिलों से केवल 10 लड़के ही लिए जाएंगे। यह आवश्यक नहीं कि इस कार्य के लिए चुने जाने वाले नवयुवक किसी अंग्रेजी यूनिवर्सिटी के डिग्री-होल्डर ही हों, परन्तु इतना तो आवश्यक है कि उसमें इस शिक्षा क्रम को समझने की योग्यता होनी चाहिए। इतिहास, अंग्रेजी, हिन्दी तथा संस्कृत का काफी ज्ञान पहले ही होना चाहिए। विद्यार्थी के पास मिट्टी, गारा, चूना, ईंट सब कुछ हो मंडल के अधिकारियों का काम केवल उसकी अपनी सामग्री से मकान बनाकर खड़ा कर देना है। निरन्तर एक वर्ष तक विद्यार्थियों को मंडल में ही गुरु की सेवा में रहना होगा। शिक्षा प्राप्त करने के पश्चात उसे पूर्ण स्वतंत्रता है वह जहां दिल चाहे रहे और अपने जीवन का कार्यक्रम जो चाहे बनाये, परन्तु मंडल उससे प्रतिज्ञा लेगा कि वह जहां भी रहे वहां जनता को शिक्षित करने के लिए निम्न प्रकार का उपदेश-क्रम नित्य प्रति अवश्यमेव पालन करेगा।

1. राष्ट्रों का उत्थान।
2. राष्ट्रीयता का शुद्ध स्वरूप।
3. हिन्दू-राष्ट्र का पुनरुत्थान।
4. संगठन का उपाय।
5. हिन्दू जीवन का रहस्य
6. त्योहारों तथा पर्वों को मनाने का ठीक-ठीक उपाय
7. भारत का सच्चा इतिहास
8. रामायण से पहले का युग
9. रामायण का ऐतिहासिक रूप
10. राम से कृष्ण तक
11. महाभारत के सूत्रधार
12. गीता का तत्व

13. हमारा उज्ज्वल अतीत
14. भारतीय सभ्यता का दिव्य स्वरूप
15. हमारे पतन का कारण
16. महाभारत से महात्मा बुद्ध तक
17. राजपूतों का बलिदान
18. मराठों का उत्कर्ष
19. खालसा सूरमाओं का वीरता
20. भारत में अंग्रेजी राज्य
21. कांग्रेस की राजनीति और देश की आजादी
22. अन्तर्राष्ट्रीय राजनीति चक्र
23. हमारे धर्म शास्त्र
24. ईश्वर, धर्म तथा जीवन का यथार्थ स्वरूप
25. रशियन साम्यवाद तथा वैदिक साम्यवाद
26. सम्प्रदायवाद तथा राष्ट्रीयता का विकास
27. हिन्दू धर्म की विशेषताएं
28. समाज सुधार का उपाय
29. हमारा भविष्य उज्ज्वल कैसे हो।

इस प्रकार के नवयुवकों की ट्रेनिंग के लिए राष्ट्र-धर्म महामण्डल की ओर से कनखल में राष्ट्र-धर्म विद्यापीठ के नाम से एक शिक्षण संस्था खोलने का आयोजन किया जा रहा है, जिसका पाठ्यक्रम निम्न प्रकार से होगा।

शिक्षा-क्रम

1. विश्व-इतिहास.... विशेष करके भारतवर्ष का प्राक् बौद्ध कालीन इतिहास।
   1. भारतीय इतिहास का रूप रेखा (जयचन्द्र)
   2. भारतवर्ष का इतिहास (भाई परमानन्द, लाजपतराय, रामदेव)।
   3. विश्व इतिहास की झलक (जवाहरलाल)।
   4. यूरोप का इतिहास (भाई परमानन्द)।
   5. इस्लामिक हिस्टरी

2. धर्मों का तुलनात्मक अध्ययन।

1. गीता रहस्य।

2. धर्म पथ।

3. हिन्दुत्व

4. भारतीय संतों की वाणियां

5. Hindu Philosophy, (S. Radhakrishnan)

3. भारतीय साहित्य का स्वाध्याय

1. बाल्मीकि रामायण (मूल संस्कृत)

2. महाभारत (मूल संस्कृत)

3. रघुवंश, हर्ष चरित्र, राज तरंगणी, उत्तर रामचरितम्।

4. तुलसी, भूषण

5. प्राचीन-साहित्य

4. राजनीति शास्त्र का स्वाध्याय

दुखी भारत, तरुण भारत, कौटिल्य अर्थशास्त्र। (State socialism.)

5. स्वाधीन भारत की अमर कथा [पाराशर कृत]

देश की आवश्यकताएं तो अनेक हैं, परन्तु पैर भी तो चादर देख कर ही पसारे जाते हैं। मंडल ने दो कार्य निभाने का भार अपने ऊपर लिया है। पहला कार्य था राष्ट्र-धर्म का प्रचार करने वाले ढ़ाई सौ नवयुवकों को तैयार करना, दूसरा काम है अपनी संस्कृति की रक्षा करना। भारत की आजादी का अर्थ भारतीय-संस्कृति की आजादी ही है। आज इतिहाद की मृगतृष्णा में हमारी संस्कृति का गला घोंटा जा रहा है, राम और कृष्ण की वाणियों पर हिन्दुस्तानियत की पुट चढ़ाई जाने लगी है। एक हजार वर्ष निरन्तर गुलामी सहते हुए भी जिस पीयूष-धारा का रसास्वादन करते हुए हम जीवित थे क्या उस अपनी ही आँखों के सामने नष्ट-भ्रष्ट होते हम देख सकते हैं? आज हमें अपना सर्वस्व होम करके भी अपनी संस्कृति की रक्षा करनी है। हमारे इतिहास ने एक कल्पना का रूप धारण कर लिया है। हमें सर्वप्रथम अपने इतिहास की सत्यता संसार के समक्ष सिद्ध करनी है। अपने रामायण, महाभारत, गीता और पुराणों को आज हमने संसार के सामने इस रूप मे पेश करना है कि हमें स्वयं उसके लिए लज्जित न होना पड़े। हुगली के मैले जल को हमने इस रूप से (Filter) निर्मल करना है कि बड़े से बड़ा नास्तिक भी

एक बार तो कह ही दे "वास्तव में इस जल का एक ही घूंट पी लेने से कोटि-कोटि जन्मों के पातक कट जाते हैं। राष्ट्र-धर्म महामंडल ने राष्ट्र की इस परम आवश्यकता को पूरा करने के लिए अपनी पूरी शक्ति से कार्य करना शुरू कर दिया है और शीघ्र ही-

1. रामायण का ऐतिहासिक रूप
2. महाभारत के सूत्रधार
3. हमारा उज्ज्वल अतीत
4. भारत सर्वस्व।

यह चार ग्रंथ मंडल की ओर से प्रकाशित किए जाएंगे। अनन्त चतुर्दशी, कात्यायिनी शान्ति, व्यास पूर्णिमा, अश्लेषा शान्ति इत्यादि जितनी भी कथायें प्रचलित हैं मंडल यह प्रयत्न कर रहा है कि उन सबको इस प्रकार से रूपान्तर में प्रकाशित किया जावे कि उसमें कुछ न कुछ ऐतिहासिक तत्व हो और सुनने वाले को भी ज्ञान-प्रद लगे।

देश में आज चारों तरफ जागृति हो रही है और सभी तरफ कुछ न कुछ हो रहा है, पर यह दिशा अभी शून्य है और जहां हम जानते हैं, राष्ट्रधर्म महामंडल इस दिशा की ओर पहला प्रयत्न है।

हम जब यह देखते हैं कि राष्ट्र कितना महान् है, पर जागृति के इस युग में भी उसका कोई सच्चा इतिहास नहीं, तो हमारा हृदय दुःख से भर जाता है। यह कितनी लज्जा की बात है कि हमारे इतिहास का चिंता इंगलैण्ड वालों को है और हमारी प्राचीन संस्कृति की खोज का केन्द्र जर्मनी है। हम कहां जा डूबें कि हमारे महान् ग्रंथ हमारे यहां अप्राप्य हैं और उनका रक्षा का भंडार है लंदन का ब्रिटिश म्यूजियम, पैरिस की लाइब्रेरियां और जर्मनी के पुस्तकालय। हमारे गंभीर ग्रंथों के लिए भारत के प्रकाशन नहीं मिलते, उनका प्रकाशन होता है विदेशों में और हम इतने कलावादी हो गये हैं कि फड़कते हुए उपन्यास चुहचुहाती कवितायें और दिलचस्प कहानी के अतिरिक्त और कुछ हमारे गले उतरता ही नहीं।

राष्ट्र-धर्म महामंडल जहां खोज का केन्द्र रहेगा, वहां खोजे हुए ज्ञान का प्रचार का भी प्रयत्न करेगा। हम नहीं चाहते कि ज्ञान केवल कुछ विद्वानों के जीवन का ही विषय रहे और जन-साधारण से उसका कुछ संबंध ही न हो। हरिद्वार में गर्मियों में हजारों यात्री भारत के भिन्न-भिन्न स्थानों से आते हैं, पर दुर्भाग्यवश उनकी यह यात्रा ज्ञान यात्रा न होकर सैर सपाटा ही रह जाती है।

मंडल प्रयत्न करेगा, कि इस सीजन पर भारत के विभिन्न विद्वानों को निमंत्रित कर जनता को लाभ पहुँचाये।

देश में कई एक विद्वान हैं जो कि भारतीय इतिहास पर कुछ लिखना चाहते हैं, परन्तु उनके पास न तो आवश्यक पुस्तकें हैं और न खोज के लिए निश्चिततापूर्वक खाने-पीने के साधन ही हैं, वे मंडल में पधारें और अपना काम करें। मंडल सम्मानपूर्वक उनके स्थान, पुस्तकादि और सेवा-शुश्रूषा का प्रबंध करेगा।

बहुत सोच विचार के बाद मंडल के लिए कनखल (हरिद्वार) का चुनाव किया गया है। प्राकृतिक दृष्टि से यह स्थान भारत के सर्वश्रेष्ठ स्थानों में से एक है। स्वास्थ्य की दृष्टि से भी उपयुक्त है। गंगा हमारी संस्कृति की सरसता है। गंगा मानो हमारा मूर्तिमान तरल इतिहास है। यहां का वातावरण सरस्वती की आराधना के उपर्युक्त है—सांस्कृतिक दृष्टि से, प्राकृतिक दृष्टि से और भौगोलिक दृष्टि से भी।

संकल्प मानव का स्वभाव है। रात-दिन हमारे मन में न जाने कितने संकल्प उठते रहते हैं। इन संकल्पों का धारा जब विश्वात्मा की ओर अभिमुख होती है, जब उसका लक्ष्य व्यक्तिगत क्षुद्र स्वार्थों को छोड़ कर कल्याणमयी प्रवृत्ति से प्रभावित होता है, तो क्षण-क्षण मन में उठने और विलीन होने वाला सामान्य विचार शिव-संकल्प का महान पद प्राप्त करता है।

शिव-संकल्प स्वयं एक शक्ति है और जब इसमें सात्विक सक्रियता का संयोग होता है, तो यह अजेय महाशक्ति का रूप धारण कर लेता है। विश्वात्मक विभु इसके संरक्षक हैं और परीक्षा के बाद सिद्धि उनकी कार्यप्रणाली है। अपनी मानवीय निर्बलताओं के गहरे पर्यवेक्षण के बाद अत्यंत नमूना के साथ हम कहते हैं—राष्ट्र-धर्म महामंडल इस ग्रंथ के चरित्रनायक का शिव संकल्प है और इसकी सिद्धि में हमें न संशय है न खतरा। आओ! हम सब मिलकर परमात्मा से प्रार्थना करें वह सर्वशक्तिमान विभु उनके इस शिव-संकल्प को पूर्ण करे।

है। इसी ग्राम में महाराणा प्रताप का राजतलिक हुआ था। यह मन्दिर गोविन्द श्याम चारभुजा के नाम से प्रसिद्ध हैं।

चमत्कारों का यह सिलसिला किशोरचन्द्र के जीवन में अनवरत चलता रहा जिसका उल्लेख करते हुए कृपालुदेव जी महाराज ने स्व-रचित पुस्तक वेदसार गीता में लिखा है–

1. हे भगवन्! यह तो मुझे भी स्मरण है कि आपने एक बार मुझे नाकू (मगरमच्छ) के मुख से छुड़ाया।

2. आकाश से होते हुए अशानिपात (बिजली) से मुझे बचाया।

3. आपने ही मुझे डाकुओं की नंगी चमकती तलवार के नीचे से निकाला।

4. गंगा धार में बहते हुए मुझ निस्सहाय को दक्ष घाट पर अपने दयालु हाथ का सहारा दे, मुझ डूबते हुए को बाहर निकाला।

हे दीनानाथ! कृपा सिन्धु!! एक बार अपने मुझे मृतयु के मुख में झोंक कर भूतनाथ, भूतपति, भूतेश्वर, भगवान शंकर के चरणों के दर्शन कराये और फिर देवलोक में देवों के दर्शनों की एक झांकी दिखा ॐ ॐ की ध्वनि के साथ ही फिर मुझे इस मृतक देह में लौटा दिया। हे लीलापति! तेरी ये क्या लीलाएं हैं, कुछ समझ में नहीं आता।

6. हे देव! आपने ही एक बार मुझ शक्तिहीन को महान् शक्ति प्रदान की।

7. सिद्ध स्रोत से लौटते समय अथाह जल में मैं गोता खाने लगा। 'मुझे बचाओ, बचाओ' इस प्रकार चिल्लाते हुए तथा गोता खाते हुए को आपने अपने करुणामय हाथ का सहारा दे बाहर निकाला।

8. हे परमेश्वर! कहां तक गिनाऊं, आपने कई बार मुझे शेर तथा सर्पों के साथ खेल खिलाया।

9. हे दयामय! भारतीय स्वाधीनता संग्राम के भीषण समरांगण में विदेशी नौकरशाही से युद्ध करते समय अपने मेरी सदैव रक्षा की। प्रह्लाद के समान दमन चक्र के दावानल में तपते हुए आपकी अदृश्य शक्ति ने निरन्तर संभाला। आपकी इस अदृश्य शक्ति को इस नेत्रों से मैंने देखना चाहा, परन्तु हे मेरे परमेश्वर आप मुझे कहीं दिखाई नहीं दिए–

10. आपके दर्शनों के लिए वर्षों से पागल हुआ-हुआ, आपकी खोज में वन-उपवन, नदी-नाले, घोर जंगल और पर्वतों की कन्दराओं में रात-दिन घूमता-फिरता रहा। एक दिन बहुत भर आया, रहा नहीं गया, रोते-रोते

जमीन पर गिर पड़ा। उसी समय किसी एक अज्ञात शक्ति से उठो! उठो! कह के हाथ पकड़कर बैठा दिया। मुझे द्वैत की भूमि से उठाकर अद्वैत के मण्डल पर खड़ा कर आप अन्तर्ध्यान हुए।

अनुभूतियों की इस सूची पर दृष्टिनिक्षेप करते हुए निश्चय ही यह बात सामने आती है कि महात्मा कृपालुदेव एक तपस्वी और ब्रह्मनिष्ठ संत साधक थे। उच्च कोटि के साधु-संतों और योगी-तपस्वियों का सान्निध्य लाभ उठाकर वे अध्यात्म के पथ के पथिक बन चुके थे और उनके जीवन में भय, शंका, चिन्ता, द्वेष, संकट के लिए कोई स्थान नहीं बचा था। परोपकारिता का उच्चादर्श उनके जीवन में मूर्तिमंत हो उठा था।

लायलपुर (पाकिस्तान) मठ के महंत बाबा हीरालाल के शिष्य संत चिद्घनदेव हरिद्वार में एक स्थायी निवास (आश्रम) साध-संगत के लिए बनवाना चाहते थे। इस मठ के साथ दो मुरब्बे (10 किलो/50 बीघे) जमीन भी थी। जब कृपालुदेव जी संत चिद्घनदेव के सम्पर्क में आये तो उन्हें विश्वास हो गया कि हरिद्वार के भावी आश्रम का संचालन करने में कृपालुदेव पूर्णतया सक्षम हैं। उन्होंने ही यति किशोरचन्द्र को संन्यास की दीक्षा देकर उनके गुण-कर्म स्वभाव को देखते हुए कृपालुदेव नाम रखा। सन् 1930 में आश्रम के लिए एक एकड़ जमीन कनखल में, सन् 1925 में निर्मित शाखा नहर, के किनारे पर खरीदी गई। सन् 1932 में इस आश्रम का भवन तैयार हो गया। लोगों की वचनबद्धता, विश्वसनीयता और पारस्परिक व्यवहार उस समय कितना पुख्ता होता था इसका अनुमान इस बात से लगाया जा सकता है कि आश्रम बनने के आठ साल बाद अर्थात् 1940 में जाकर इस जमीन की रजिस्ट्री हुई। इस आश्रम का नाम 'विश्व ज्ञान मन्दिर' रखा गया लेकिन यह प्रसिद्ध हुआ कृपालुदेव आश्रम के नाम से ही। वर्तमान में यही आश्रम सुप्रसिद्ध योगाचार्य स्वामी रामदेव जी द्वारा स्थापित दिव्य योग मंदिर ट्रस्ट का मुख्यालय है।

स्वामी कृपालुदेव जी अपनी वृद्धावस्था इसी आश्रम में व्यतीत की। इस आश्रम में उन्होंने 'विश्वज्ञान पत्रिका' तथा अनेक पुस्तकें प्रकाशित की। इसके लिए उन्होंने पालीवाल धर्मशाला में एक मुद्रणालय (प्रिटिंग प्रेस) भी स्थापित किया। इन कार्यों में श्यामजी पाराशर, एम.ए. ने उनको सक्रिय सहयोग दिया। कृपालुदेव जी के अन्तिम दिनों में पाराशर जी 'विश्वज्ञान पत्रिका' और प्रेस को जालन्धर उठा ले गये। कृपालुदेव जी के आँख बन्द करने से पहले ही

प्रेस बेच दी गई और पत्रिका का प्रकाशन बन्द कर दिया गया जिनसे उनको गहरा सदमा पहुँचा। लेकिन वे चारपाई पर पड़े थे अतः कर भी क्या सकते थे।

संत कृपालुदेव जी ने स्वाधीनता संग्राम में बढ़-चढ़ कर भाग लिया। सन् 1942 के 'भारत छोड़ो' आंदोलन में वे विशेष रूप से सक्रिय रहे। पहले वे क्रान्तिकारियों के साथ काम करते रहे फिर कांग्रेस से आ जुड़े। कांग्रेस में बाल गंगाधर तिलक, मदन मोहन मालवीय, मोतीलाल नेहरू, महात्मा गांधी, चितरंजन दास, गणेश शंकर विद्यार्थी, बी.जे. पटेल, हकीम अजमल खाँ के गहन सम्पर्क में रहे। उनके आश्रम पर वर्षों पुलिस का पहरा बैठा रहा। इस दौरान उन्होंने उत्तरांचल के पर्वतीय क्षेत्रों का सघन दौरा कर जनता को स्वाधीनता संग्राम के लिए तैयार किया।

स्वामी कृपालुदेव जी सौ वर्ष की आयु पूरी कर चुके थे अतः उन्हें किसी ऐसे योग्य शिष्य की तलाश थी जो उनके बाद आश्रम का संचालन सुचारु रूप से कर सके। उनकी दृष्टि स्वामी शंकरदेव जी पर जा टिकी। स्वामी शंकरदेव जी का जन्म सन् 1930 में जिला अल्मोड़ा के कुलांटेश्वर पत्रालय के अंतर्गत लखौरा क्षेत्र के गांव लखरकोट में एक सूर्यवंशी राजपूत घराने में हुआ था। कुलांटेश्वर ने साधुओं का एक मठ था जो इनके विद्यालय के पास ही था। आते-जाते बालक शंकर इन साधुओं के साथ सत्संग करने लगा। उनके बाल-मन में साधू बनने की धनु सवार हुई और वह सन् 1945 में 15 वर्ष की आयु में गृह-त्याग कर इन साधुओं के संग यत्र-तत्र तीर्थ-यात्रा करने लगा। सन् 1957 में जब वे हरिद्वार पहुँचे तो अवधूत मण्डल में पहली बार उनसे भेंट कृपालुदेव जी महाराज से हुई। कृपालुदेव जी उन दिनों अवधूत मण्डल में ही रहते थे। शंकरदेव जी ने उनको गुरु मान उनकी सेवा करनी शुरू कर दी। गुरु की आज्ञा शिरोधार्य कर उन्होंने अप्रैल 1958 में गंगा दशहरा पर स्वामी इन्द्रदेव जी से संन्यास की दीक्षा ली। इन्द्रदेव जी का निधन जून 2005 में हुआ। फरवरी 1968 में स्वामी शंकरदेव जी अवधूत मण्डल छोड़ कर विश्वज्ञान मन्दिर में ही रहने लगे। अपने निधन से पूर्व ही कृपालुदेव जी ने आश्रम की वसीयत स्वामी शंकरदेव के नाम कर दी।

सन् 1955 में विश्वज्ञान मंदिर की सीढ़ी से फिसल कर कृपालुदेव महाराज गिर पड़े। पाँव में फ्रेक्चर आने से छह महीने अस्पताल में दाखिल रहे। चोट व वृद्धावस्था के कारण शरीर अशक्त रहने लगा था। कभी-कभी विशेष निमंत्रण पर सभा-सम्मेलन में चले जाते थे अन्यथा आश्रम में ही